TCP/IP

Netzwerk-Administration

TCP/IP
Netzwerk-Administration

Craig Hunt

Deutsche Übersetzung von
Peter Klicman

Beijing · Cambridge · Köln · Paris · Sebastopol · Taipei · Tokyo

Kommentare und Fragen können Sie gerne an uns richten:
O'Reilly Verlag
Balthasarstr. 81
50670 Köln
Tel.: 0221/9731600
Fax: 0221/9731608
E-Mail: kommentar@oreilly.de

Copyright der deutschen Ausgabe:
© 1998, 1995 by O'Reilly Verlag
1. Auflage 1995
2. aktualisierte und erweiterte Auflage 1998
1. korrigierter Nachdruck Januar 1999
2. korrigierter Nachdruck Dezember 2000

Die Originalausgabe erschien 1998 unter dem Titel
TCP/IP Network Administration, 2nd Edition im Verlag O'Reilly & Associates, Inc.

Die Darstellung einer Krabbe im Zusammenhang mit dem Thema TCP/IP ist ein Warenzeichen von O'Reilly & Associates, Inc.

Die Deutsche Bibliothek - CIP - Einheitsaufnahme

Hunt, Craig:
TCP/IP Netzwerk-Administration / Craig Hunt. [Übers. und dt. Bearb.: Peter Klicman].
– 2. Aufl. – Köln : O'Reilly, 1998
Engl. Ausg. u.d.T.: Hunt, Craig: TCP/IP Network Administration
ISBN 3-89721-110-6

Übersetzung und deutsche Bearbeitung: Peter Klicman, Köln
Lektorat: Kerstin Grebenstein & Boris Karnikowski, Köln
Korrektorat: Imke Schenk, Hannover
Fachliches Gutachten: Christoph Badura, Köln & Rainer Fügenstein, Stockerau (Österreich)
Satz: Stefan Göbel, reemers publishing services gmbh, Krefeld
Umschlaggestaltung: Edie Freedman & Hanna Dyer, Boston
Produktion: Geesche Kieckbusch, Köln
Belichtung, Druck und buchbinderische Verarbeitung:
Kösel, Kempten; www.Koeselbuch.de

Inhalt

Vorwort . . . . *ix*

1: TCP/IP: Übersicht *1*

TCP/IP und das Internet 2
Ein Modell der Datenkommunikation 5
Die Protokollarchitektur von TCP/IP 9
Die Netzzugangsschicht 11
Die Internetschicht 12
Die Transportschicht 17
Die Anwendungsschicht 22
Zusammenfassung 23

2: Die Übertragung von Daten *25*

Adressierung, Routing und Multiplexing 25
Die IP-Adresse 27
Subnetze 34
Die Routing-Architektur des Internet 36
Die Routing-Tabelle 39
Adreßauflösung 43
Protokolle, Ports und Sockets 44
Zusammenfassung 50

3: Netzwerkdienste *51*

Namen und Adressen 52
Die Hosttabelle 53
Domain Name Service 55

Mail-Services 63

Konfigurationsserver 75

Bootstrap Protocol 77

File- und Printserver 80

Zusammenfassung 82

4: Erste Schritte **85**

Konnektierte und nicht konnektierte Netzwerke 86

Grundlegende Informationen 88

Das Routing planen 95

Den Nameservice planen 98

Weitere Dienste 101

Die Benutzer informieren 104

netconfig 106

Zusammenfassung 108

5: Die Basis-Konfiguration **109**

Kernel-Konfiguration 109

Kernel-Konfiguration bei Linux 110

Die Konfigurationsdatei des BSD-Kernels 116

Der Internet-Daemon 122

Zusammenfassung 126

6: Die Konfiguration der Schnittstelle **127**

Der ifconfig-Befehl 127

TCP/IP über eine serielle Leitung 141

PPP installieren 144

SLIP installieren 158

Zusammenfassung 167

7: Die Konfiguration des Routing **169**

Gängige Routing-Konfigurationen 169

Die minimale Routing-Tabelle 170

Aufbau einer statischen Routing-Tabelle 172

Interne Routing-Protokolle 178

Externe Routing-Protokolle 189

Gateway Routing Daemon 193

gated konfigurieren 195
Zusammenfassung 206

8: *Die Konfiguration des DNS* *207*

BIND: UNIX-Name-Service 208
Die Konfiguration des Resolvers 210
Die Konfiguration von named 213
Arbeiten mit nslookup 226
Zusammenfassung 230

9: *Die Konfiguration von Netzwerk-Servern* *231*

Das Network File System 231
Line Printer Daemon 246
Network Information Service 251
Ein BOOTP-Server 256
DHCP 265
Pflege verteilter Server 270
Mailserver 273
Zusammenfassung 276

10: *sendmail* *279*

Die Aufgabe von sendmail 280
sendmail als Daemon betreiben 281
Aliases unter sendmail 282
Die Datei sendmail.cf 284
Die Konfiguration von sendmail 291
Umbildung der Mail-Adresse 304
Modifikation einer sendmail.cf-Datei 313
Testen der sendmail.cf 318
Zusammenfassung 328

11: *Fehlersuche bei TCP/IP* *329*

Herangehen an ein Problem 329
Diagnose-Tools 332
Die Verbindung prüfen 334
Fehlersuche beim Netzwerkzugriff 338
Das Routing prüfen 345
Den Nameservice prüfen 351

Protokollprobleme analysieren 360
Protokoll-Fallstudie 363
Simple Network Management Protocol 367
Zusammenfassung 371

12: Netzwerksicherheit **373**
Sicherheit planen 374
Benutzer-Authentizierung 379
Sicherheit von Anwendungen 396
Überwachung der Sicherheit 397
Zugriffskontrolle 405
Verschlüsselung 408
Firewalls 410
Ein letzter Rat 416
Zusammenfassung 417

13: Informationsquellen im Internet **419**
Das World Wide Web 419
Anonymes FTP 423
Dateien finden 426
Abruf von RFCs 431
Mailinglisten 433
White Pages 437
Zusammenfassung 441

A: PPP-Tools **443**

B: gated-Referenz **463**

C: named-Referenz **511**

D: dhcpd-Referenz **533**

E: sendmail-Referenz **547**

F: Ausgewählte TCP/IP-Header **601**

Index **607**

Vorwort

Der Protokollkrieg ist vorbei, und TCP/IP hat gewonnen. TCP/IP wird nun allgemein als das überragende Kommunikationsprotokoll für die Koppelung unterschiedlicher Computersysteme anerkannt. Die Bedeutung einer übergreifenden Datenkommunikation und globaler Computernetzwerke wird nun nicht länger diskutiert. Das war allerdings nicht immer so. Als ich die erste Ausgabe dieses Buches schrieb, war IPX das mit weitem Abstand führende Kommunikationsprotokoll für PCs. Microsoft hat keinerlei Kommunikationsprotokolle mit seinen Betriebssystemen mitgeliefert. Unternehmensweite Netzwerke waren derart von SNA abhängig, daß viele Administratoren solcher Unternehmensnetze noch nie etwas von TCP/IP gehört hatten. Selbst unter UNIX, der Mutter von TCP/IP, wurde eine große Anzahl reiner UUCP-Netzwerke gehegt und gepflegt. Damals habe ich die Bedeutung von TCP/IP damit begründet, daß es von Tausenden von Netzwerken und Hunderttausenden Computern verwendet wird. Wie sich die Zeiten geändert haben! Heute bewegen sich alleine die im Internet angebundenen Hosts und Benutzer im zweistelligen Millionenbereich. Und das Internet ist nur die Spitze des TCP/IP-Eisbergs. Der größte Markt für TCP/IP ist das firmeneigene »Intranet«. Ein Intranet ist ein privates TCP/IP-Netzwerk, über das Informationen innerhalb des Unternehmens verbreitet werden. Konkurrierende Netzwerktechnologien sind zu Nischenprodukten verkümmert, die spezielle Bedürfnisse erfüllen, während TCP/IP zu der Kommunikationssoftware geworden ist, die die Welt miteinander verbindet.

Die Akzeptanz von TCP/IP als weltweitem Standard und die Größe der globalen Benutzerbasis sind nicht die einzigen Dinge, die sich geändert haben. 1991 habe ich das Fehlen einer adäquaten Dokumentation kritisiert. Zu jener Zeit war es für einen Netzwerkadministrator schwierig, die zur Erledigung seiner oder ihrer Aufgabe benötigten Informationen zu finden. Seit dieser Zeit ist die Zahl der Bücher über TCP/IP und das Internet explodiert. Dennoch gibt es immer noch zu wenige Bücher, die sich darauf konzentrieren, was ein Systemadministrator wirklich über die TCP/IP-Administration wissen muß, während es zu viele Bücher gibt, die Ihnen sagen, wie man im Web surft. In diesem Buch versuche ich, mich auf TCP/IP und UNIX zu konzentrieren, ohne mich durch das Phänomen Internet ablenken zu lassen.

Ich bin sehr stolz auf die erste Ausgabe von *TCP/IP Netzwerk-Administration*. Bei der zweiten Ausgabe habe ich alles getan, um den grundlegenden Charakter des Buches zu erhalten, während ich gleichzeitig versucht habe, es zu verbessern. Das Material zum Domain Name Service behandelt nun die neueste Version von BIND 4. Die E-Mail-Konfiguration basiert nun auf der sendmail-Version 8, und die Betriebssystem-Beispiele basieren auf den aktuellen Versionen von Solaris und Linux. Die Betrachtung des Routing-Protokolls umfaßt nun auch das Open Shortest Path First (OSPF) und das Border Gateway Protocol (BGP). Gleichzeitig wurden auch neue Themen aufgenommen, wie beispielsweise Einmalpaßwörter, auf dem Dynamic Host Configuration Protocol (DHCP) basierende Konfigurations-Server und das Bootstrap-Protokoll (BOOTP). Trotz dieser zusätzlichen Themen wurde das Buch in einer vernünftigen Länge gehalten.

Ein Großteil dieser Ausgabe leitet sich direkt aus der ersten Ausgabe ab. Um zu unterstreichen, daß sich zwar die Zeiten, nicht aber mein Bemühen um praktische Informationen geändert haben, habe ich die einführenden Absätze aus der ersten Ausgabe übernommen.

Vorwort zur ersten Ausgabe

Das Internet, das größte Computernetzwerk der Welt, wuchs von weniger als 6000 Computern gegen Ende des Jahres 1986 auf mehr als 600.000 Rechner im Jahre 1991 an.[1] Dieses explosionsartige Wachstum verdeutlicht den enormen Bedarf an Netzwerkdiensten. Dieses Wachstum fand statt, obwohl praktische Informationen für Netzwerkadministratoren fehlten. Die meisten Administratoren waren gezwungen, sich mit Manpages, Protokollspezifikationen und wissenschaftlichen Publikationen, die die Sicht der Protokolldesigner wiedergeben, auseinanderzusetzen. Für praktische Tips haben sich die meisten von uns auf Ratschläge von Freunden verlassen, die ihre Computer bereits vernetzt hatten. Das vorliegende Buch versucht, diesen Mangel an Informationen zu beheben, indem es praktische, detaillierte Informationen zu diesem Thema für den UNIX-Systemadministrator bereitstellt.

Netzwerke sind so gewaltig gewachsen, weil sie einen sehr wichtigen Service bereitstellen. Es liegt in der Natur von Computern, Informationen zu generieren und zu verarbeiten, aber diese Informationen sind nutzlos, solange sie nicht von den Leuten genutzt werden können, die sie benötigen. Das Netzwerk ist das Medium, das diesen Austausch von Daten ermöglicht. Haben Sie Ihren Computer erst einmal vernetzt, werden Sie nie wieder an einem isolierten System arbeiten wollen.

Der kleinste gemeinsame Nenner, über den das riesige Internet zusammengehalten wird, ist die TCP/IP-Netzwerksoftware. TCP/IP ist eine Sammlung von Kommunikationsprotokollen, in denen definiert wird, wie verschiedene Arten von Computern sich

---

1 Diese Werte stammen von Seite 4 des RFC 1296, *Internet Growth (1981-1991)* von M. Lottor (SRI International). Lesen Sie dieses Buch und Sie werden lernen, was ein RFC ist und wie Sie an Ihr eigenes, kostenloses Exemplar gelangen!

miteinander unterhalten. Dieses Buch behandelt, wie Sie Ihr eigenes, auf TCP/IP basierendes Netzwerk aufbauen können. Es dient sowohl als Einführung in das »wie« und »warum« der TCP/IP-Vernetzung als auch als Nachschlagewerk für bestimmte Netzwerkprogramme.

Die Leser

Dieses Buch richtet sich an alle, die einen UNIX-Computer besitzen, der an ein TCP/IP-Netzwerk angeschlossen ist.[2] Dies schließt zum einen Netzwerkmanager und Systemadministratoren ein, die für die Einrichtung und den Betrieb von Computern und Netzwerken verantwortlich sind, andererseits aber auch jeden Anwender, der verstehen möchte, wie sein oder ihr Computer mit anderen Systemen kommuniziert. Die Unterscheidung zwischen einem »Systemadministrator« und einem »Endanwender« ist etwas schwammig. Vielleicht sehen Sie sich selbst als Endanwender, aber wenn Sie an einer UNIX-Workstation arbeiten, müssen Sie wahrscheinlich auch Aufgaben eines Systemadministrators übernehmen.

In den letzten Jahren sind eine Reihe von Büchern für »Dummies« und »Idioten« erschienen. Wenn Sie sich, wenn es um UNIX geht, selbst als »Idioten« betrachten, dann ist dieses Buch nicht für Sie geeignet. Auch ist dieses Buch möglicherweise nicht die richtige Wahl, wenn Sie ein »Administrationsgenie« sind. Liegen Ihre Kenntnisse hingegen irgendwo zwischen diesen beiden Extremen, hat dieses Buch sicher einiges zu bieten.

Wir setzen voraus, daß Sie ein gutes Verständnis von Computern und deren Arbeitsweise besitzen und über grundlegende Kenntnisse der UNIX-Systemadministration verfügen. Ist das nicht der Fall, vermittelt Ihnen das Nutshell-Handbuch *UNIX System Administration* von Æleen Frisch (erschienen im O'Reilly Verlag) die nötigen Grundlagen.

Der Aufbau

Konzeptionell gliedert sich dieses Buch in drei Teile: grundlegende Konzepte, Einführung und Referenz. Die ersten drei Kapitel enthalten eine grundlegende Diskussion der TCP/IP-Protokolle und -Dienste. Diese Betrachtung macht Sie mit den fundamentalen Konzepten vertraut, die notwendig sind, um den Rest des Buches verstehen zu können. Die Kapitel 4 bis 7 behandeln die Planung einer Netzwerkinstallation und die Konfiguration grundlegender Software, die zum Betrieb des Netzwerks notwendig ist. In den Kapiteln 8 bis 10 besprechen wir die Einrichtung verschiedener wichtiger Netzwerkdienste. Die letzten Kapitel, 11 bis 13, befassen sich mit den immer wiederkehrenden

---

2 Ein Großteil des Textes gilt auch für Nicht-UNIX-Systeme. Viele Dateiformate und Befehle sowie alle Protokollbeschreibungen gelten gleichermaßen auch für Windows 95, Windows NT und andere Betriebssysteme. Machen Sie sich keine Sorgen, wenn Sie NT-Administrator sind. Ich schreibe gerade eine NT-Version dieses Buches.

Aufgaben, die für den zuverlässigen Betrieb eines Netzwerkes von Bedeutung sind. Hierzu gehören beispielsweise die Fehlersuche, die Sicherheit und die Aktualisierung von Netzwerkinformationen. Das Buch endet mit technischen Referenzen wichtiger Befehle und Programme, die wir in Anhängen aufgenommen haben.

Das Buch enthält folgende Kapitel:

Kapitel 1, *TCP/IP: Übersicht*, gibt einen historischen Einblick in TCP/IP, beschreibt die Struktur der Protokollarchitektur und enthält eine elementare Beschreibung der Funktionsweise der Protokolle.

Kapitel 2, *Die Übertragung von Daten*, beschreibt die Adressierung und den Transport von Daten durch ein Netzwerk.

Kapitel 3, *Netzwerkdienste*, betrachtet das Verhältnis zwischen Clients und Serversystemen sowie den verschiedenen Diensten, die für das Funktionieren eines modernen Internet von zentraler Bedeutung sind.

Kapitel 4, *Erste Schritte*, behandelt die ersten Schritte des Einrichtens und der Konfiguration von Netzwerken. Es betrachtet die für die Systeme in Ihrem Netzwerk notwendigen Vorplanungen.

Kapitel 5, *Die Basiskonfiguration*, beschreibt die Konfiguration von TCP/IP im UNIX-Kern. Außerdem wird die Konfiguration des Internet-Daemons behandelt, der die meisten Netzwerkdienste startet.

Kapitel 6, *Die Konfiguration der Schnittstelle*, zeigt Ihnen, wie Sie die Netzwerk-Software über Netzwerkschnittstellen informieren. Das Kapitel enthält Beispiele für die Konfiguration von Ethernet-, SLIP- und PPP-Schnittstellen.

Kapitel 7, *Die Konfiguration des Routing*, erläutert die Einrichtung des Routing, mit dem die Systeme in Ihrem Netzwerk mit Rechnern in anderen Netzwerken kommunizieren können. Es behandelt die statische Routing-Tabelle, gängige Routing-Protokolle sowie ein Paket namens gated, das die neuesten Implementierungen verschiedener Routing-Protokolle enthält.

Kapitel 8, *Die Konfiguration des DNS*, behandelt die Administration des Nameserver-Programms, das Systemnamen in Internetadressen umwandelt.

Kapitel 9, *Die Konfiguration von Netzwerk-Servern*, behandelt die Konfiguration der gängigsten Netzwerk-Server. Das Kapitel diskutiert die BOOTP- und DHCP-Konfigurationsserver, den LPD-Printserver, die POP- und IMAP-Mailserver, das Network Filesystem (NFS) und das Network Information System (NIS).

Kapitel 10, *sendmail*, behandelt die Konfiguration von sendmail, dem für die Auslieferung elektronischer Post zuständigen Daemon.

Kapitel 11, *Fehlersuche bei TCP/IP*, erläutert, was zu tun ist, wenn etwas schiefgeht. Es beschreibt die Techniken und Werkzeuge, die zur Fehlersuche von TCP/IP-Problemen verwendet werden. Sie finden hier auch Beispiele realer Probleme und deren Lösungen.

Kapitel 12, *Netzwerksicherheit*, beschreibt, wie man ohne unnötige Risiken im Internet »überleben« kann. Das Kapitel behandelt die durch das Netzwerk entstehenden Gefahren sowie die Planungen und Vorbereitungen, die Sie treffen können, um sich gegen diese Gefahren zu wappnen.

Kapitel 13, *Informationsquellen im Internet*, beschreibt die im Internet verfügbaren Informationsquellen, und wie man sie nutzen kann. Darüber hinaus wird erklärt, wie Sie einen eigenen Informationsserver einrichten können.

Anhang A, *PPP-Tools*, enthält eine Kurzreferenz der verschiedenen Programme, die zur TCP/IP-Konfiguration einer seriellen Schnittstelle zur Verfügung stehen. Dieser Referenzteil behandelt **dip**, **pppd** und **chat**.

Anhang B, *gated-Referenz*, enthält eine vollständige Übersicht der Konfigurationssprache des Routing-Paketes **gated**.

Anhang C, *named-Referenz*, enthält eine Übersicht der Berkeley Internet Name Domain (BIND) Nameserver-Software.

Anhang D, *dhcpd-Referenz*, enthält eine Übersicht des Dynamic Host Configuration Protocol Daemon (**dhcpd**).

Anhang E, *sendmail-Referenz*, enthält eine ausführliche Übersicht der Syntax, Optionen und Flags von sendmail. Der Anhang enthält auch Abschnitte zur Konfigurationsdatei *sendmail.cf*, die aus den Beispielen in Kapitel 10 entwickelt wurden.

Anhang F, *Ausgewählte TCP/IP-Header*, enthält detaillierte Protokollübersichten (direkt aus den RFCs), die für die Beispiele zur Protokoll-Fehlersuche in Kapitel 11 von Bedeutung sind.

UNIX-Versionen

Die meisten Beispiele in diesem Buch basieren auf Linux 2.0.0, einem frei verfügbaren UNIX-Derivat, und auf Solaris 2.5.1, dem auf System-V UNIX basierenden Betriebssystem von Sun. Glücklicherweise ist TCP/IP-Software, egal auf welchem System, ziemlich standardisiert. Da die TCP/IP-Software so einheitlich ist, sollten die Beispiele auf jedem Linux-, System-V- oder BSD-basierten UNIX-System laufen. Es gibt kleine Unterschiede in den Befehlsausgaben oder den Befehlszeilenargumenten, aber diese Variationen sollten kein Problem darstellen.

Einige der verwendeten Softwarepakete besitzen eigene Versionsnummern. Die wichtigsten dieser Pakete sind:

BIND

> Unsere Betrachtung der BIND-Software basiert auf Version 4.9.5, installiert auf einem Slackware 96 Linux-System. Diese BIND-Version unterstützt alle Standard Resource-Records, und es gibt nur wenige Unterschiede zwischen dieser und den aktuellen BIND-Versionen der Computerhersteller.

sendmail

> Unsere Betrachtung von sendmail basiert auf der Release 8.8.5. Diese Version sollte mit anderen Releases von sendmail v8 kompatibel sein. Allerdings hat sich sendmail in den letzten Jahren recht schnell verändert.

Typografische Konventionen

In diesem Buch gelten die folgenden typografischen Konventionen:

Kursivschrift

> wird für Datei-, Verzeichnis-, Host- und Domain-Namen verwendet und kennzeichnet neu eingeführte Begriffe.

Fettdruck

> kennzeichnet Befehle.

`Blocksatz`

> wird für den Inhalt von Dateien und die Ausgabe von Befehlen verwendet. Schlüsselworte erscheinen ebenfalls in `Blocksatz`.

`Blocksatz fett`

> kennzeichnet in Beispielen von Ihnen einzugebende Befehle oder Textstellen.

`Blocksatz kursiv`

> wird in Beispielen und an Textstellen verwendet, um Variablen zu kennzeichnen, für die Sie eine kontextspezifische Ersetzung vornehmen müssen. (Die Variable `dateiname` würde beispielsweise durch einen existierenden Dateinamen ersetzt werden.)

%, #

> Um interaktive Befehle zu kennzeichnen, verwenden wir den Standardprompt der C-Shell (%). Muß ein solcher Befehl als root ausgeführt werden, verwenden wir den Standard Superuser-Prompt (#). Da die Beispiele mehrere Systeme eines Netzwerks einschließen können, kann dem Prompt der Name des Systems voranstehen, auf dem der Befehl einzugeben ist.

[*Option*]

> Bei der Darstellung der Befehlssyntax stellen wir optionale Teile des Befehls in eckigen Klammern dar. So bedeutet zum Beispiel **ls** [**-l**], daß die Option **-l** nicht notwendig ist.

Danksagungen

Ich würde gerne den vielen Leuten danken, die bei der Erstellung dieses Buches geholfen haben. All den Leuten, die zur ersten Ausgabe beigetragen haben – John Wack, Matt Bishop, Wietse Venema, Eric Allman, Jeff Honig, Scott Brim und John Dorgan – gebührt Dank, weil so viel von ihrem Beitrag in dieser Ausgabe weiterlebt.

Die zweite Ausgabe hat von vielen Beitragenden profitiert. Bryan Costales und Eric Allman taten ihr Bestes, um mich über sendmail V8 aufzuklären. Cricket Liu und Paul Albitz halfen mit ihren vielen Kommentaren, die Abschnitte über den Domain Name Service zu verbessern. Ted Lemon lieferte tiefe Einblicke in die technischen Details von DHCP und **dhcpd**. Elizabeth Zwickys und Brent Chapmans Einblicke in das Thema Sicherheit waren sehr hilfreich. Simson Garfinkel gab ebenfalls Hinweise zum Thema Sicherheit. (Man kann mit Sicherheit nicht vorsichtig genug sein!) Jeff Sedayao hat das gesamte Buch korrekturgelesen und Verbesserungen für nahezu jedes Kapitel geliefert. Und schließlich hat mir Æleen Frisch die Lücken aufgezeigt, die es zu schließen galt. All diese Leute haben mir dabei geholfen, dieses Buch besser zu machen als die erste Ausgabe. Danke!

Alle Mitarbeiter von O'Reilly & Associates waren sehr hilfreich. Mike Loukides, mein Lektor, verdient einen besonderen Dank. Mike hat mir immer die richtige Richtung gewiesen, wenn mich mein Enthusiasmus verließ. Gigi Estabrook hatte die sehr hektische Aufgabe, die zweite Ausgabe zu redigieren. Nicole Gipson Arigo war die Projekt- und Produktionsmanagerin. Nancy Wolfe Kotary und Jane Ellin übernahmen die Qualitätskontrolle. Bruce Tracy schrieb den Index. Edie Freedman entwarf den Buchumschlag, und Nancy Priest entwarf das im Inneren des Buches verwendete Format. Lenny Muellner implementierte das Format in troff. Chris Reilleys Zeichnungen der ersten Ausgabe wurden von Robert Romano aktualisiert, der die Grafiken für diese Ausgabe hergestellt hat.

Schließlich möchte ich meiner Familie danken: Kathy, Sara, David und Rebecca. Sie brachten mich mit beiden Beinen wieder auf die Erde, wenn der Druck von Abgabefristen mich in den Orbit zu schießen drohte. Sie sind die Besten.

In diesem Kapitel:
- *TCP/IP und das Internet*
- *Ein Modell der Daten-
  kommunikation*
- *Die Protokollarchitektur
  von TCP/IP*
- *Die Netzzugangsschicht*
- *Die Internetschicht*
- *Die Transportschicht*
- *Die Anwendungsschicht*
- *Zusammenfassung*

1

TCP/IP: Übersicht

All diejenigen, die einen UNIX-Rechner auf ihrem Tisch stehen haben – Ingenieure, Lehrende, Wissenschaftler und Geschäftsleute –, sind im Nebenberuf auch UNIX-Systemadministratoren. Durch die Vernetzung dieser Computer erhalten sie neue Aufgaben als Netzwerkadministratoren.

Netzwerk- und Systemadministration sind zwei verschiedene Jobs. Die Aufgaben der Systemadministration, etwa das Hinzufügen von Benutzern oder das Erstellen von Backups, erfolgen isoliert auf einem unabhängigen Computersystem. Nicht so bei der Netzwerkadministration. Sobald Ihr Rechner einmal in ein Netzwerk eingebunden wurde, kommuniziert er mit vielen anderen Systemen. Die Art und Weise, auf die Sie die Ihnen übertragenen Aufgaben der Netzwerkadministration erledigen, hat Auswirkungen (gute und schlechte), die sich nicht nur auf Ihr System beschränken, sondern auch auf anderen Systemen des Netzwerks ihre Spuren hinterlassen können. Ein grundlegendes Verständnis der Netzwerkadministration ist daher für jeden von Vorteil.

Die Vernetzung von Computern erhöht deutlich deren Fähigkeit zur Kommunikation – und die meisten Computer werden mehr zur Kommunikation als für Berechnungen genutzt. Viele Mainframes und Supercomputer sind mit der Berechnung von Zahlen für geschäftliche und wissenschaftliche Anwendungen ausgelastet. Die Zahl dieser Systeme verblaßt aber im Vergleich zu den Millionen von Systemen, die damit beschäftigt sind, E-Mails an Kollegen zu verschicken oder Informationen von entfernten Rechnern zu holen. Denken wir dann auch noch an die Hunderte von Millionen Desktopsysteme, die hauptsächlich zur Aufbereitung von Dokumenten verwendet werden, um Ideen von einer Person zu einer anderen zu kommunizieren, ist einfach zu erkennen, warum die meisten Computer als »Kommunikationsgeräte« betrachtet werden können.

Die positiven Auswirkungen dieser Kommunikation erhöhen sich mit der Zahl und der Art von Computern, die an diesem Netzwerk teilnehmen. Einer der großen Vorteile von TCP/IP ist die Tatsache, daß es die Kommunikation zwischen allen Arten von Hardware und allen Formen von Betriebssystemen ermöglicht.

Dieses Buch ist eine praktische, Schritt für Schritt vorgehende Anleitung zur Konfiguration und Pflege von TCP/IP-Netzwerk-Software auf UNIX-Computersystemen. TCP/IP ist das Softwarepaket, das die Datenkommunikation unter UNIX dominiert. Es ist die führende Kommunikationssoftware für lokale Netzwerke und unternehmensweite Intranets unter UNIX und bildet die Grundlage des weltweiten Internet.

Der Name »TCP/IP« steht für das gesamte Paket (die »Suite«) aller Datenkommunikationsprotokolle. Die Suite hat ihren Namen von zwei der zu ihr gehörenden Protokolle erhalten: dem Transmission Control Protocol und dem Internet Protocol. Zwar besteht die Suite aus vielen weiteren Protokollen, aber TCP und IP sind sicher zwei der wichtigsten.

Der erste Teil dieses Buches behandelt die Grundlagen von TCP/IP und erläutert, wie es Daten über ein Netzwerk transportiert. Der zweite Teil beschreibt, wie man TCP/IP auf einem UNIX-System konfiguriert und betreibt. Fangen wir mit ein wenig Geschichte an.

TCP/IP und das Internet

1969 unterstützte die Advanced Research Projects Agency (ARPA) ein Forschungs- und Entwicklungsprojekt, um ein experimentelles, paketorientiertes Netzwerk zu entwickeln. Dieses Netzwerk, genannt *ARPANET*, wurde aufgebaut, um Techniken zu erproben, mit denen eine robuste, zuverlässige und herstellerunabhängige Datenkommunikation möglich ist. Viele Techniken der modernen Datenkommunikation wurden im ARPANET entwickelt.

Dieses experimentelle ARPANET war so erfolgreich, daß viele der angeschlossenen Organisationen begannen, es für ihre tägliche Datenkommunikation zu nutzen. 1975 wurde das ARPANET von einem experimentellen Netzwerk in ein normal einsetzbares Netzwerk umgewandelt, und die Verantwortung für die Administration des Netzwerks wurde der Defense Communications Agency (DCA) übertragen.[1] Allerdings hat die Entwicklung des ARPANET nicht einfach aufgehört, nur weil es nunmehr als gewöhnliches Netzwerk betrieben wurde. Die grundlegenden TCP/IP-Protokolle wurden erst entwickelt, nachdem das ARPANET in Betrieb war.

Die TCP/IP-Protokolle wurden 1983 als militärische Standards (MIL STD) übernommen. Dementsprechend mußten alle an das Netzwerk angebundenen Hosts zu diesen neuen Protokollen wechseln. Um diesen Wechsel zu vereinfachen, hat die DARPA[2] Bolt, Beranek und Newman (BBN) bei der Implementierung von TCP/IP in Berkeley (BSD) UNIX unterstützt. Damit begann die Ehe zwischen UNIX und TCP/IP.

---

1 Der Name DCA wurde mittlerweile in Defense Information Systems Agency (DISA) geändert.
2 Während der 80er und frühen 90er Jahre hieß die ARPA, die dem US-Verteidigungsministerium angehört, noch Defense Advanced Research Projects Agency (DARPA). Augenblicklich unter dem Namen ARPA bekannt, soll der Name erneut in DARPA geändert werden. Gleichgültig ob ARPA oder DARPA, die Agentur und ihre Aufgabe der (finanziellen) Unterstützung fortschrittlicher Forschungen haben sich nicht geändert.

Zu der Zeit, als TCP/IP sich zu einem Standard entwickelte, fand auch der Begriff *Internet* Verbreitung. 1983 wurde das alte ARPANET in das MILNET, den öffentlichen (nicht geheimen) Teil des Defense Data Network (DDN), und ein neues, kleineres ARPANET unterteilt. Der Begriff »Internet« wurde für das gesamte Netzwerk, MILNET und ARPANET, verwendet.

1985 baute die National Science Foundation (NSF) das NSFNet auf und band es an das Internet in seiner damaligen Form an. Das ursprüngliche NSFNet verband die fünf NSF-Supercomputer-Center untereinander. Es war kleiner als das ARPANET und schneller war es auch nicht – 56Kbps. Dennoch war der Aufbau des NSFNet ein bedeutsames Ereignis in der Geschichte des Internet, weil die NSF eine neue Vision von der Nutzung des Internet hatte. Die NSF wollte das Netzwerk auf jeden Wissenschaftler und Ingenieur in den Vereinigten Staaten ausdehnen. Um dies zu erreichen, baute die NSF 1987 ein neues, schnelleres Backbone auf sowie eine dreistufige Netzwerktopologie, die das Backbone, regionale und lokale Netzwerke umfaßte.

1990 hörte das ARPANET formal auf zu existieren, und das NSFNet übernahm 1995 die Rolle des primären Internet-Backbonenetzes. Heute ist das Internet größer als jemals zuvor und schließt weltweit mehr als 95.000 Netzwerke ein. Dieses Netzwerk von Netzwerken trifft in den USA an verschiedenen Hauptverbindungspunkten zusammen:

- Den drei vom NSF aufgebauten Network Access Points (NAPs), die einen fortlaufenden, breiten Zugang zum Internet sicherstellen sollen.
- Den Federal Information Exchanges (FIXs), die amerikanische Behördennetzwerke verbinden.
- Das Commercial Information Exchange (CIX) war der erste, speziell für kommerzielle Internet Service Provider (ISPs) eingerichtete Austauschpunkt.
- Die Metropolitan Area Exchanges (MAEs) wurden ebenfalls für die Verbindung zwischen kommerziellen ISPs aufgebaut.

Das Internet ist weit über den anfänglichen Rahmen hinausgewachsen. Die ursprünglichen Netzwerke und Agenturen, die das Internet aufgebaut haben, haben für das aktuelle Netzwerk keine wesentliche Bedeutung mehr. Das Internet hat sich von einem einfachen Backbone-Netz über eine dreistufige, hierarchische Struktur zu einem riesigen Netzwerk untereinander verbundener, verteilter Netzwerkhubs entwickelt. Seit 1983 wächst es exponentiell und verdoppelt seine Größe jedes Jahr. Trotz all dieser unglaublichen Veränderungen hat sich eine Sache aber nie geändert: Das Internet basiert nach wie vor auf der TCP/IP-Protokollsuite.

Ein Zeichen für den Erfolg des Netzwerkes ist die Verwirrung, die um den Begriff *Internet* herrscht. Ursprünglich war dies einfach nur der Name des Netzwerks, das auf dem Internet-Protokoll basierte. Nun ist *Internet* ein allgemeiner Begriff, der für eine ganze Klasse von Netzwerken verwendet wird. »Ein« Internet ist jede Gruppe separater physikalischer Netzwerke, die untereinander durch ein gemeinsames Protokoll verbunden sind, um ein einzelnes logisches Netzwerk zu bilden. »Das« Internet ist die weltweite Gruppe untereinander verbundener Netzwerke, hervorgegangen aus dem ursprünglichen ARPANET, die das *Internet Protocol* (IP) nutzen, um die verschiedenen physikalischen Netzwerke zu einem einzigen logischen Netzwerk zu verbinden. In diesem Buch verwenden wir den Begriff »Internet« für Netzwerke, die untereinander mittels TCP/IP verbunden sind.

Weil TCP/IP für die Internetanbindung notwendig ist, hat das Wachstum des Internet auch das Interesse an TCP/IP erhöht. Je mehr sich Organisationen mit TCP/IP vertraut machen, desto klarer erkennen sie, daß seine Leistungsfähigkeit auch für andere Netzwerkanwendungen genutzt werden kann. Die Internetprotokolle werden häufig in lokalen Netzwerken verwendet, auch wenn das lokale Netz nicht an das Internet angeschlossen ist. TCP/IP ist auch weit verbreitet, wenn es um den Aufbau unternehmensweiter Netzwerke geht. Auf TCP/IP basierende Netzwerke, die Internet-Techniken und World Wide Web Tools nutzen, um interne Unternehmensdaten zu verbreiten, werden *Intranets* genannt. TCP/IP bildet dabei die Grundlage all dieser unterschiedlichen Netzwerke.

Merkmale von TCP/IP

Die Beliebtheit der TCP/IP-Protokolle hat nicht so schnell zugenommen, nur weil die Protokolle eben vorhanden waren, oder weil die Anbindung an das Internet ihre Benutzung verlangte. Sie haben einen wichtigen Bedarf (die weltweite Datenkommunikation) zur rechten Zeit erfüllt, und sie besitzen verschiedene wichtige Merkmale, die es ermöglichen, diesem Bedarf gerecht zu werden. Diese Merkmale sind:

- Offene Protokollstandards, frei verfügbar und unabhängig von einer bestimmten Hardware oder einem bestimmten Betriebssystem entwickelt. Da es auf einer breiten Basis unterstützt wird, ist TCP/IP ideal zur Vereinigung unterschiedlicher Hard- und Softwaresysteme geeignet, selbst wenn diese nicht über das Internet kommunizieren.

- Unabhängigkeit von bestimmter physikalischer Netzwerk-Hardware. Das erlaubt TCP/IP die Integration vieler unterschiedlicher Arten von Netzwerken. TCP/IP kann mit Ethernet, Token Ring, Wählleitungen, FDDI und nahezu jeder anderen Form physikalischer Übertragungsmedien eingesetzt werden.

- Ein einheitliches Adressierungsschema, das es jeder TCP/IP-Einheit erlaubt, jede andere Einheit im gesamten Netzwerk eindeutig zu adressieren, selbst wenn das Netzwerk so groß ist wie das weltweite Internet.

- Standardisierte High-Level-Protokolle für konsistente, weit verbreitete Benutzerdienste.

Protokollstandards

Protokolle sind formale Verhaltensregeln. Auf internationaler Ebene minimieren Protokolle die Probleme, die durch kulturelle Unterschiede entstehen können, wenn verschiedene Nationen zusammenarbeiten. Indem man sich auf einen gemeinsamen Satz von Regeln verständigt, die allgemein bekannt und von nationalen Sitten unabhängig sind, minimieren diplomatische Protokolle eventuelle Mißverständnisse. Jeder weiß, wie er sich zu verhalten und die Handlungen des anderen zu interpretieren hat. In der gleichen Weise ist es bei Computern notwendig, einen Satz von Regeln zu definieren, der die Kommunikation steuert.

In der Datenkommunikation werden solche Gruppen von Regeln ebenfalls als *Protokolle* bezeichnet. In homogenen Netzwerken legt ein einzelner Computerhersteller den Satz der Kommunikationsregeln fest. Diese sind so konzipiert, daß sie die Stärken des Betriebssystems und der Hardwarearchitektur des Herstellers nutzen. Aber homogene Netzwerke sind wie die Kultur eines einzelnen Landes – nur die Einheimischen fühlen sich wirklich zuhause. TCP/IP versucht, ein heterogenes Netzwerk aufzubauen, indem es offene Protokolle zur Verfügung stellt, die von Unterschieden in Betriebssystemen und Architekturen unabhängig sind. Die TCP/IP-Protokolle sind für jeden verfügbar und werden gemeinschaftlich entwickelt und geändert – sie sind nicht der Willkür eines einzelnen Herstellers unterworfen. Es ist jedem freigestellt, Produkte zu entwickeln, die diese offenen Protokollspezifikationen erfüllen.

Diese offene Natur der TCP/IP-Protokolle verlangt allgemein zugängliche Dokumente zu den Standards. Alle Protokolle der TCP/IP-Protokollsuite sind in einer der drei Publikationen zu den Internet-Standards definiert. Einige dieser Protokolle wurden als militärische Standards (MIL STD) übernommen. Andere wurden als *Internet Engineering Notes* (IENs) veröffentlicht – obgleich die IEN-Variante der Veröffentlichung mittlerweile aufgegeben wurde. Aber die meisten Informationen über TCP/IP-Protokolle werden in Form von *Requests for Comments* (RFCs) veröffentlicht. RFCs enthalten die neuesten Versionen der Spezifikationen aller Standard-TCP/IP-Protokolle.[3] Wie es der Titel »Request for Comments«, also etwa »Aufforderung zum Kommentar«, andeutet, sind Stil und Inhalt dieser Dokumente weit weniger steif als bei den meisten Dokumenten über Standards. RFCs enthalten viele interessante und nützliche Informationen und sind nicht auf die formale Spezifikation von Datenkommunikationsprotokollen beschränkt.

Als Netzwerkadministrator werden Sie ohne Zweifel viele der RFCs selbst lesen. Einige enthalten praktische Hinweise und Anleitungen, die einfach zu verstehen sind. Andere RFCs enthalten Implementierungsspezifikationen für Protokolle und sind in einer Terminologie verfaßt, wie sie für die Datenkommunikation üblich ist.

Ein Modell der Datenkommunikation

Für eine Diskussion über die Vernetzung von Computern müssen wir mit Begriffen arbeiten, die eine besondere Bedeutung haben. Selbst Computerprofis werden nicht alle Begriffe dieses Netzwerk-Buchstabensalats kennen. Wie immer stammen die ganzen Begriffe aus dem Englischen, und wie immer sind Englisch und Computer-Chinesisch nicht die gleichen Sprachen (manchmal sind sie nicht einmal verwandt). Obwohl

---

3 Sind Sie daran interessiert, wie Internet-Standards entstehen? Lesen Sie RFC 1310, *The Internet Standards Process*.

Erklärungen und Beispiele die Bedeutung des Netzwerk-Jargons offensichtlicher machen sollten, sind manche Begriffe doch zweideutig. Daher ist eine allgemeine, als Referenz dienende Basis notwendig, um die Terminologie der Datenkommunikation verstehen zu können.

Ein von der International Standards Organization (ISO) entwickeltes Architekturmodell wird häufig genutzt, um die Struktur und die Funktion von Datenkommunikationsprotokollen zu beschreiben. Dieses Architekturmodell, das als *Open Systems Interconnect Reference Model* (OSI) bezeichnet wird, stellt eine gemeinsame Basis für Diskussionen über Kommunikation dar. Die bei diesem Modell definierten Begriffe werden von der Datenkommunikationsgemeinde allgemein akzeptiert und häufig verwendet, sogar so häufig, daß eine Diskussion über Datenkommunikation ohne OSI-Terminologie nur schwer möglich ist.

Das OSI-Referenzmodell enthält sieben *Schichten (layer)*, die die Funktionen der Datenkommunikationsprotokolle definieren. Jede Schicht des OSI-Modells repräsentiert eine Funktion, die ausgeführt wird, wenn Daten zwischen kooperierenden Anwendungen über ein dazwischenliegendes Netzwerk übertragen werden. In Abbildung 1-1 sind die einzelnen Schichten mit Namen und einer kurzen Funktionsbeschreibung dargestellt. Betrachtet man diese Abbildung, wirken die Protokolle wie eine Reihe von Funktionseinheiten, die übereinander gestapelt wurden. Aufgrund dieses Aussehens wird die Struktur häufig als *Stack* (also »Stapel«) oder *Protokoll-Stack* bezeichnet.

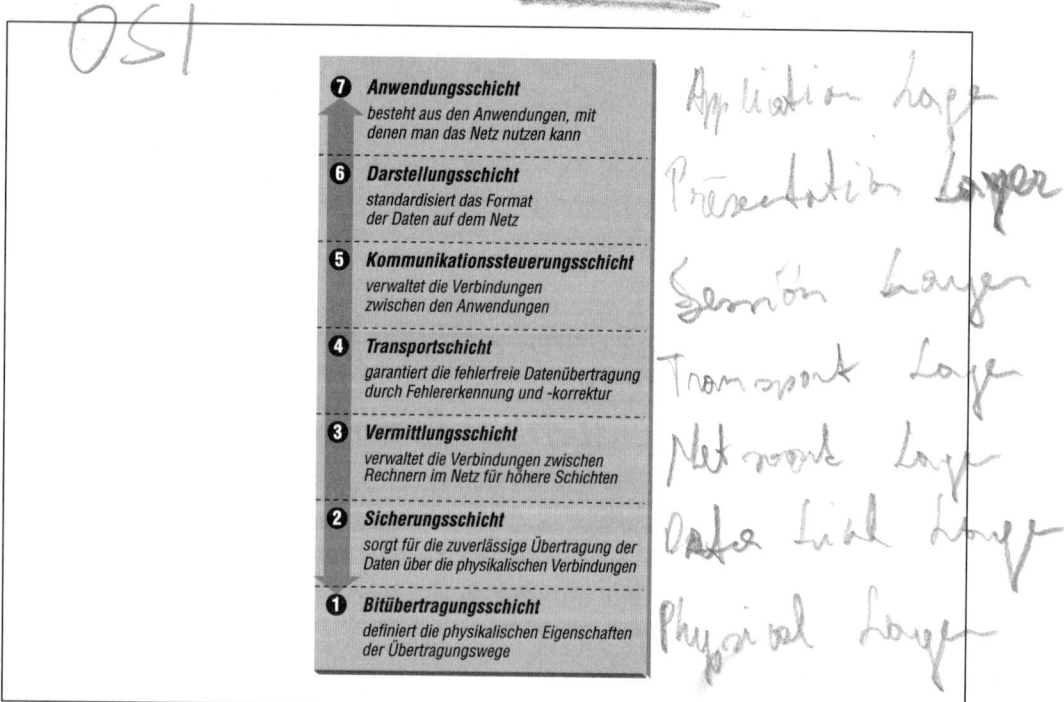

Abbildung 1-1: Das OSI-Referenzmodell

Eine Schicht definiert kein einzelnes Protokoll – vielmehr definiert sie eine Funktion zur Datenkommunikation, die von einer beliebigen Anzahl von Protokollen ausgeführt werden kann. Daher kann jede Schicht mehrere Protokolle enthalten, von denen jedes einen Service (Dienst) bereitstellt, der der jeweiligen Funktion dieser Schicht entspricht. Zum Beispiel stellen ein Filetransfer-Protokoll und ein E-Mail-Protokoll beide Benutzerservices bereit und sind beide Teil der Anwendungsschicht.

Jedes Protokoll kommuniziert mit einem Gegenstück, dem sog. *Peer*. Ein Peer ist die Implementierung des gleichen Protokolls im gleichen Layer auf einem entfernten System. So ist beispielsweise das lokale Filetransfer-Protokoll der Peer eines entfernten Filetransfer-Protokolls. Die Kommunikation auf Peer-Ebene muß standardisiert sein, damit eine erfolgreiche Kommunikation stattfinden kann. Rein theoretisch betrachtet, kommuniziert jedes Protokoll nur mit seinem Peer, d.h., es kümmert sich nicht um darüber- oder darunterliegende Schichten.

Andererseits muß auch eine Vereinbarung darüber bestehen, wie die Daten zwischen den Schichten zu übertragen sind. Schließlich ist jede Schicht an der Übertragung von Daten einer lokalen Anwendung an das entfernte Gegenstück beteiligt. Die oberen Schichten sind davon abhängig, daß die unteren Schichten die Daten über das darunterliegende Netzwerk transportieren. Die Daten werden im Stack von einer Schicht zur nächsten heruntergereicht, bis sie von den Protokollen der Bitübertragungsschicht über das Netzwerk transportiert werden. Am anderen Ende werden die Daten durch den Stack zur empfangenden Anwendung hochgereicht. Die einzelnen Schichten müssen nicht wissen, wie die darüber- und darunterliegenden Layer funktionieren; sie müssen nur wissen, wie man ihnen Daten übergibt. Die Isolierung von Netzwerk-Kommunikationsfunktionen in verschiedenen Schichten minimiert die Auswirkungen technologischer Veränderungen auf die gesamte Protokollsuite. Neue Anwendungen können eingebunden werden, ohne das physikalische Netzwerk ändern zu müssen, und neue Netzwerk-Hardware kann installiert werden, ohne die Anwendungssoftware neu schreiben zu müssen.

Obwohl das OSI-Modell nützlich ist, halten die TCP/IP-Protokolle diese Struktur nicht genau ein. Aus diesem Grund verwenden wir die Schichten des OSI-Modells bei unserer Betrachtung von TCP/IP wie folgt:

Anwendungsschicht (Application Layer)
> Die Anwendungsschicht ist die Ebene der Protokoll-Hierarchie, auf der die Netzwerkprozesse mit Benutzerzugriff liegen. In diesem Buch ist eine TCP/IP-Anwendung jeder Netzwerkprozeß, der über die Transportschicht erfolgt. Hierzu gehören alle Prozesse, mit denen Benutzer direkt interagieren, aber auch andere Prozesse dieser Ebene, von denen die Benutzer nicht notwendigerweise etwas wissen.

Darstellungsschicht (Presentation Layer)
> Damit kooperierende Anwendungen Daten austauschen können, müssen sie sich darüber einig sein, wie diese Daten dargestellt werden. Beim OSI-Modell stellt diese Schicht Standardroutinen bereit. Bei TCP/IP wird diese Funktion häufig

innerhalb der Anwendungen ausgeführt, zunehmend wird diese Aufgabe aber auch von TCP/IP-Protokollen wie XDR und MIME übernommen.

Kommunikationssteuerungsschicht (Session Layer)

Genau wie die Darstellungsschicht ist auch die Kommunikationssteuerungsschicht in der TCP/IP-Protokollhierarchie nicht als separate Schicht auszumachen. Bei OSI verwaltet die Kommunikationssteuerungsschicht die Verbindungen (Sessions) zwischen kooperierenden Anwendungen. Bei TCP/IP wird diese Funktion häufig von der Transportschicht übernommen, und der Begriff »Session« wird überhaupt nicht verwendet. Bei TCP/IP werden die Begriffe »Socket« und »Port« verwendet, um den Pfad zu beschreiben, über den kooperierende Anwendungen kommunizieren.

Transportschicht (Transport Layer)

Ein großer Teil der Diskussion über TCP/IP handelt von den in der Transportschicht angesiedelten Protokollen. Die Transportschicht des OSI-Referenzmodells garantiert, daß der Empfänger die Daten genau so erhält, wie sie gesendet wurden. Bei TCP/IP wird diese Funktion vom *Transmission Control Protocol* (TCP) übernommen. TCP/IP bietet allerdings einen zweiten Transportschicht-Service, das *User Datagram Protocol* (UDP), an, bei dem diese Zuverlässigkeit nicht garantiert wird.

Vermittlungsschicht (Network Layer)

Die Vermittlungsschicht verwaltet die Verbindungen über das Netzwerk und trennt die Protokolle der oberen Schichten von den Details des darunterliegenden Netzwerks. Das Internet Protocol (IP), das die oberen Layer vom darunterliegenden Netzwerk isoliert und die Adressierung und die Auslieferung von Daten übernimmt, wird üblicherweise als Vermittlungsschicht von TCP/IP beschrieben.

Sicherungsschicht (Data Link Layer)

Die zuverlässige Auslieferung von Daten über das zugrundeliegende physikalische Netzwerk wird durch die Sicherungsschicht übernommen. TCP/IP legt kaum Protokolle auf dieser Schicht an. Die meisten RFCs, die sich mit der Sicherungsschicht befassen, beschäftigen sich eher mit der Frage, wie man die vorhandenen Protokolle dieser Schicht nutzen kann.

Bitübertragungsschicht (Physical Layer)

Die Bitübertragungsschicht definiert die Eigenschaften der Hardware, die zur Übertragung des Datenübertragungssignals notwendig ist. Merkmale wie der Spannungspegel sowie die Anzahl und Position von Schnittstellen-Pins werden in dieser Schicht definiert. Beispiele für Standards auf der Bitübertragungsschicht sind Schnittstellen-Anschlüsse wie RS232C und V.35, und Standards für die Verkabelung lokaler Netzwerke wie etwa IEEE 802.3. TCP/IP definiert keine physikalischen Standards, sondern verwendet existierende Standards.

Die Terminologie des OSI-Referenzmodells hilft uns, TCP/IP zu beschreiben. Um es aber vollständig zu verstehen, müssen wir ein Architekturmodell verwenden, das die Struktur von TCP/IP genauer widerspiegelt. Im nächsten Abschnitt stellen wir das Protokollmodell vor, das wir zur Beschreibung von TCP/IP verwenden werden.

Die Protokollarchitektur von TCP/IP

Es gibt keine allgemeine Übereinkunft darüber, wie man TCP/IP mit einem Schichten-
modell beschreibt. Im allgemeinen stellt man es als Modell dar, das einfach aus weniger
als den sieben Schichten besteht, die wir vom OSI-Modell kennen. Die meisten Beschreibungen von TCP/IP definieren drei bis fünf funktionale Schichten in der Pro-
tokollarchitektur. Das in Abbildung 1-2 abgebildete, aus vier Schichten bestehende
Modell basiert auf den drei im *DDN Protocol Handbook – Volume 1* dargestellten drei
Schichten (Anwendung, Host-zu-Host und Netzzugang) des Protokollmodells des DOD
(US-Verteidigungsministerium) sowie einer hinzugefügten, separaten Internet-Schicht.
Dieses Modell bietet eine vernünftige bildliche Darstellung der Schichten in der TCP/IP-
Protokollhierarchie.

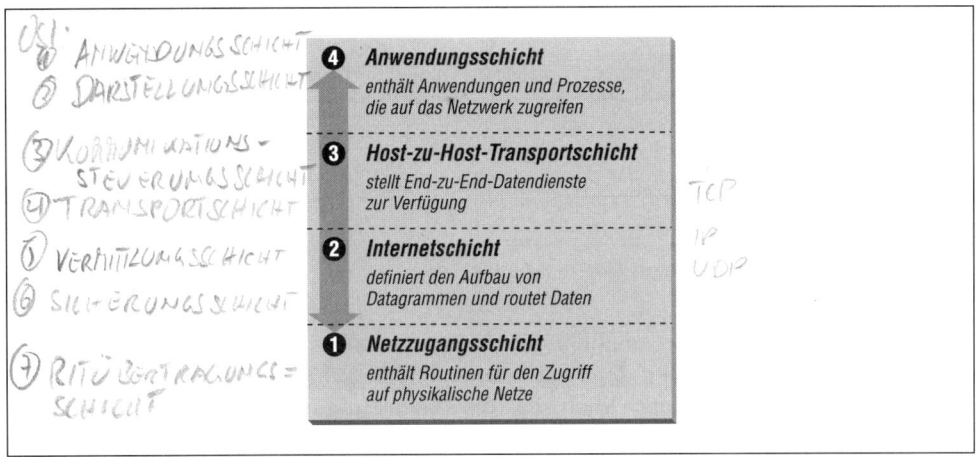

Abbildung 1-2: Schichten der TCP/IP-Protokollarchitektur

Wie beim OSI-Modell werden die Daten beim Senden durch das Netzwerk im Stack
nach unten durchgereicht. Beim Empfangen werden die Daten nach oben weitergereicht. Diese aus vier Schichten bestehende Struktur von TCP/IP ergibt sich aus der Art
und Weise, wie Daten behandelt werden, wenn sie im Protokollstack von der Anwendungsschicht an die zugrundeliegende Netzzugangsschicht übergeben werden. Jede
Schicht im Stack fügt eigene Kontrollinformationen an, um die korrekte Auslieferung
der Daten sicherzustellen. Diese Steuerinformationen werden als *Header* (Kopf)
bezeichnet, weil sie vor den zu übertragenden Daten plaziert werden. Jede Schicht
betrachtet die gesamten, von der oberen Schicht empfangenen Informationen als Daten
und stellt ihren eigenen Header vor diese Informationen. Das Hinzufügen solcher
Transportinformationen in jeder Schicht wird als *Kapselung (encapsulation)* bezeichnet. (Dieser Vorgang wird in Abbildung 1-3 deutlich.) Beim Empfangen von Daten passiert genau das Gegenteil. Jede Schicht entfernt ihren Header, bevor die Daten an die
darüberliegende Schicht weitergereicht werden. Fließen die Daten im Stack nach oben,

werden die empfangenen Informationen einer unteren Schicht also sowohl als Header als auch als Daten interpretiert.

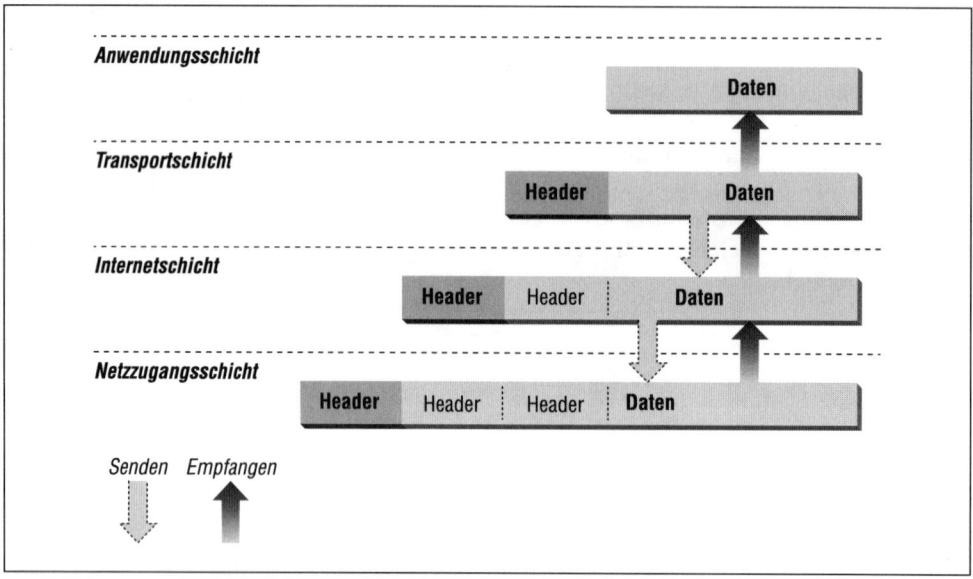

Abbildung 1-3: Die Kapselung von Daten

Jede Schicht besitzt eigene, unabhängige Datenstrukturen. Konzeptionell sind einer Schicht die von den darüber- und darunterliegenden Schichten verwendeten Datenstrukturen nicht bekannt. Tatsächlich sind die Datenstrukturen einer Schicht so ausgelegt, daß sie mit den Datenstrukturen der umgebenden Schichten kompatibel sind. Auf diese Weise wird eine effizientere Datenübertragung erreicht. Dennoch besitzt jede Schicht ihre eigenen Datenstrukturen und eine eigene Terminologie, um diese zu beschreiben.

Abbildung 1-4 zeigt, mit welchen Begriffen die verschiedenen Schichten von TCP/IP die zu übertragenden Daten bezeichnen. Mit TCP arbeitende Anwendungen bezeichnen Daten als *Stream* (Datenstrom), während UDP-Anwendungen Daten als Nachricht, oder *Message*, bezeichnen. TCP nennt Daten *Segment*, während UDP diese Datenstruktur als *Paket* bezeichnet. Die Internetschicht betrachtet alle Daten als Blöcke, die *Datagramme* genannt werden. TCP/IP nutzt die unterschiedlichsten Arten von Netzwerken, von denen jedes seine eine Bezeichnung für die zu übertragenden Daten verwenden kann. Die meisten Netzwerke bezeichnen übertragene Daten als *Pakete* oder *Frames*. In Abbildung 1-4 gehen wir von einem Netzwerk aus, das Daten in *Frames* überträgt.

Wir wollen uns nun die Funktionen jeder einzelnen Schicht etwas genauer ansehen. Dabei bahnen wir uns den Weg von der Netzzugangsschicht hoch zur Anwendungsschicht.

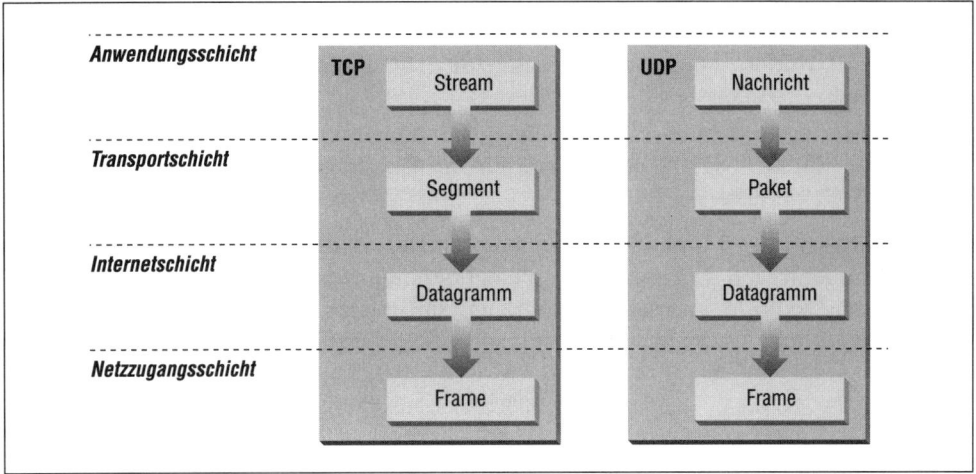

Abbildung 1-4: Datenstrukturen

Die Netzzugangsschicht

Die *Netzzugangsschicht* ist die unterste Schicht der TCP/IP-Protokollhierarchie. Die Protokolle dieser Schicht ermöglichen dem System die Auslieferung von Daten an andere Geräte in einem direkt angeschlossenen Netzwerk. Diese Schicht definiert, wie das Netzwerk zur Übertragung von IP-Datagrammen verwendet wird. Im Gegensatz zu höher angeordneten Protokollen müssen die Protokolle dieser Schicht die Details des zugrundeliegenden Netzwerks (Paketstruktur, Adressierung etc.) kennen. Nur auf diese Weise können die zu übertragenden Daten so aufbereitet werden, daß sie den Anforderungen des Netzwerks entsprechen. Die Netzzugangsschicht von TCP/IP deckt die Funktionen der drei unteren Schichten des OSI-Referenzmodells (Vermittlung, Sicherung und Bitübertragung) ab.

Die Netzzugangsschicht wird von Benutzern häufig nicht wahrgenommen. Das Design von TCP/IP verbirgt die Funktion der unteren Schichten, und die bekannteren Protokolle (IP, TCP, UDP etc.) sind alle in den höheren Schichten angesiedelt. Sobald neue Hardwaretechnologien auf dem Markt erscheinen, müssen neue Netzzugangsprotokolle entwickelt werden, damit TCP/IP-Netzwerke diese neue Hardware nutzen können. Dementsprechend viele Protokolle gibt es für diese Schicht – eines für jeden physikalischen Netzwerkstandard.

Zu den auf dieser Ebene ausgeführten Funktionen gehört die Kapselung von IP-Datagrammen in zu übertragende Frames, aber auch die Abbildung von IP-Adressen in die vom Netzwerk verwendeten physikalischen Adressen. Eine Stärke von TCP/IP stellt das universelle Adressierungsschema dar. Die IP-Adresse muß in eine Adresse umgewandelt werden, die für das physikalische Netzwerk geeignet ist, über das das Datagramm übertragen wird.

Zwei Beispiele für RFCs, die Protokolle der Netzzugangsschicht definieren, sind:

- RFC 826, *Address Resolution Protocol (ARP)*, das IP-Adressen in Ethernet-Adressen abbildet
- RFC 894, *A Standard for the Transmission of IP Datagrams over Ethernet Networks*, das beschreibt, wie IP-Datagramme für die Übertragung in Ethernet-Netzwerken gekapselt werden

Unter UNIX sind die Protokolle dieser Schicht häufig als Kombination von Gerätetreibern und zugehörigen Programmen implementiert. Mit Netzwerk-Gerätenamen verbundene Module kapseln und liefern die Daten üblicherweise über das Netzwerk aus, während eigenständige Programme Funktionen wie die Abbildung von Adressen übernehmen.

Die Internetschicht

Die in der Protokollhierarchie über der Netzzugangsschicht liegende Stufe ist die *Internetschicht*. Das Internet Protocol (IP), RFC 791, ist das Herzstück von TCP/IP und somit das wichtigste Protokoll der Internet-Schicht. IP stellt die grundlegenden Dienste zur Auslieferung *(delivery service)* von Paketen zur Verfügung, auf denen alle TCP/IP-Netzwerke aufgebaut sind. Alle Protokolle der darüber- und darunterliegenden Schichten verwenden das Internet Protocol zur Auslieferung von Daten. Die gesamten ein- und ausgehenden TCP/IP-Daten laufen durch IP, unabhängig von ihrem letztendlichen Ziel.

Das Internet-Protokoll

Das Internet-Protokoll bildet das Herzstück des Internet. Zu seinen Funktionen gehören:

- Definition des Datagramms, der Übertragungseinheit im Internet
- Definition des Internet-Adressierungsschemas
- Übertragung von Daten zwischen Netzzugangs- und (Host-zu-Host-) Transportschicht
- Routing von Datagrammen zu entfernten Hosts
- Fragmentierung und Defragmentierung von Datagrammen

Bevor wir diese Funktionen genauer beschreiben, wollen wir uns noch einige Charakteristika von IP ansehen. Zunächst einmal ist IP ein *verbindungsfreies Protokoll*. Das bedeutet, daß IP vor der Datenübertragung keinerlei Kontrollinformationen austauschen muß (das sog. »Handshaking«), um eine Verbindung zwischen zwei Rechnern aufzubauen. Im Gegensatz dazu tauscht ein *verbindungsorientiertes Protokoll* vor der Datenübertragung Kontrollinformationen mit dem entfernten System aus, um sicherzustellen, daß es auch Daten empfangen kann. Ist dieses Handshaking erfolgreich, spricht man von einer aufgebauten *Verbindung*. Das Internet-Protokoll hängt von Protokollen in anderen Schichten ab, die eine solche Verbindung aufbauen, wenn ein verbindungs-orientierter Service verlangt wird.

IP ist auch von Protokollen anderer Schichten abhängig, wenn es um die Fehlererkennung und -korrektur geht. Das Internet-Protokoll wird daher manchmal auch als *unzuverlässiges Protokoll* bezeichnet, weil es keinerlei Code zur Fehlererkennung und -korrektur enthält. Das bedeutet nun nicht, daß man sich auf dieses Protokoll nicht verlassen kann, ganz im Gegenteil. Sie können sich darauf verlassen, daß IP Ihre Daten richtig an das gewünschte Netzwerk überträgt. Es prüft aber nicht, ob die Daten auch korrekt empfangen wurden. Falls es notwendig ist, können Protokolle in anderen Schichten der TCP/IP-Architektur diese Prüfung übernehmen.

Das Datagramm

Die TCP/IP-Protokolle wurden zur Übertragung von Daten im ARPANET entwickelt. Dieses Netz war ein *paketorientiertes Netzwerk (packet switching network)*. Ein *Paket* ist ein Datenblock, in dem alle zur Auslieferung benötigten Informationen mitgeführt werden, etwa wie bei einem Brief, auf dessen Umschlag die Zieladresse steht. Ein paketorientiertes Netzwerk nutzt die Adreßinformation des Pakets, um Pakete von einem physikalischen Netz in ein anderes zu übertragen, wobei sie in Richtung ihres eigentlichen Zieles transportiert werden. Jedes Paket reist dabei unabhängig von anderen Paketen durch das Netzwerk.

Ein *Datagramm* ist das vom Internetprotokoll definierte Paketformat. Abbildung 1-5 ist die bildliche Darstellung eines IP-Datagramms. Die ersten fünf oder sechs 32-Bit-Wörter des Datagramms enthalten Kontrollinformationen, den sog. *Header*. Standardmäßig ist ein Header fünf Wörter lang, das sechste Wort ist optional. Da die Länge des Headers variabel ist, enthält es ein Feld namens *Internet Header Length* (IHL), das die Länge des Headers angibt (in Worten). Der Header enthält alle Informationen, die zur Auslieferung des Paketes notwendig sind.

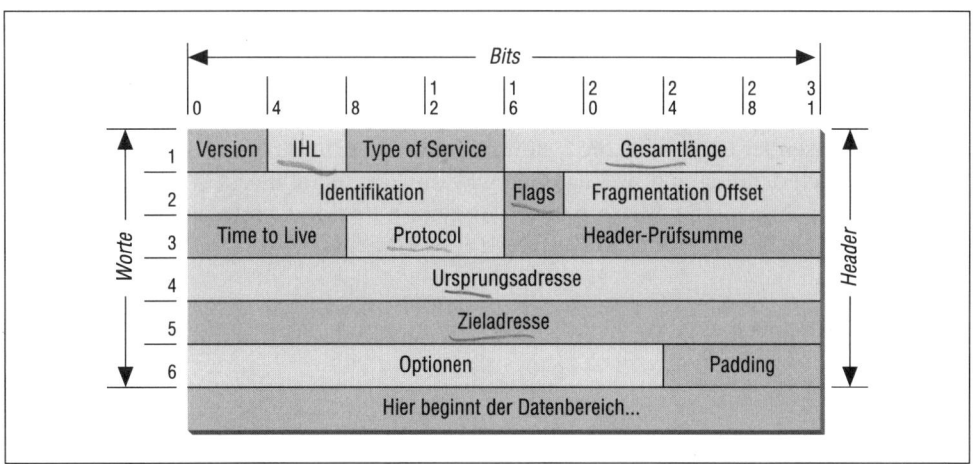

Abbildung 1-5: Format eines IP-Datagramms

Das Internet-Protokoll liefert das Datagramm aus, indem es die *Zieladresse* (Destination Address) in Wort 5 des Headers untersucht. Diese Zieladresse ist eine Standard-IP-Adresse mit einer Länge von 32 Bit. Diese Adresse gibt das Zielnetzwerk und den jeweiligen Host in diesem Netzwerk genau an. (Das Format von IP-Adressen wird in Kapitel 2 erläutert.) Entspricht die Zieladresse einem Host des lokalen Netzwerkes, wird das Paket direkt an sein Ziel ausgeliefert. Liegt das Ziel nicht im lokalen Netzwerk, wird das Paket zur Weiterleitung an ein Gateway übergeben. *Gateways* sind Einheiten, die Pakete zwischen den verschiedenen physikalischen Netzwerken weiterleiten. Die Entscheidung darüber, welches Gateway zu verwenden ist, bezeichnet man als *Routing*. IP trifft diese Routingentscheidung für jedes einzelne Paket.

Das Routing von Datagrammen

Internet-Gateways werden üblicherweise als *IP-Router* bezeichnet, weil sie das Internet-Protokoll verwenden, um Pakete zwischen Netzwerken zu routen. Der traditionelle TCP/IP-Jargon kennt nur zwei Arten von Netzwerkeinheiten – *Gateways* und *Hosts*. Gateways leiten Pakete zwischen Netzwerken weiter, Hosts nicht. Ist ein Host allerdings mit mehr als einem Netzwerk verbunden (ein sog. *Multihomed Host*), kann er Pakete zwischen diesen Netzwerken weiterleiten. Leitet ein solcher Host Pakete zwischen Netzwerken weiter, handelt er genau wie jedes andere Gateway auch und wird deshalb auch als Gateway betrachtet. Die aktuelle Terminologie der Datenkommunikation unterscheidet zwischen Gateways und Routern,[4] aber wir werden die Begriffe *Gateway* und *IP-Router* synonym verwenden.

Abbildung 1-6 zeigt die Verwendung von Gateways zur Weiterleitung von Paketen. Die Hosts (oder *Zielsysteme*) bewegen Pakete durch alle vier Protokollschichten, während die Gateways (*Zwischensysteme*) Pakete nur bis zur Internetschicht durchreichen, in der die Routing-Entscheidungen getroffen werden.

Systeme können Pakete nur an andere Geräte ausliefern, die an das gleiche physikalische Netzwerk angebunden sind. Pakete von *A1*, die für den Host *C1* bestimmt sind, werden über die Gateways *G1* und *G2* geleitet. Der Host *A1* liefert das Paket zuerst an das Gateway *G1*, mit dem er sich Netzwerk *A* teilt. Gateway *G1* liefert das Paket über Netzwerk *B* an *G2*. Das Gateway *G2* liefert das Paket dann direkt an Host *C1* aus, weil beide an das Netzwerk *C* angebunden sind. Host *A1* weiß nichts über andere Gateways hinter *G1*. Er sendet Pakete für die beiden Netzwerke *C* und *B* an das lokale Gateway und verläßt sich dann darauf, daß das Gateway die Pakete auf ihrem Weg zum Ziel richtig weiterleitet. In gleicher Weise würde der Host *C1* seine Pakete an *G2* senden, um einen Host in Netzwerk *A* oder in Netzwerk *B* zu erreichen.

---

4 Gemäß der aktuellen Terminologie transportiert ein Gateway die Daten zwischen verschiedenen Protokollen, während ein Router die Daten zwischen verschiedenen Netzwerken weiterreicht. Ein System, das Mail zwischen TCP/IP und OSI transportiert, ist ein Gateway, aber ein traditionelles IP-Gateway ist ein Router.

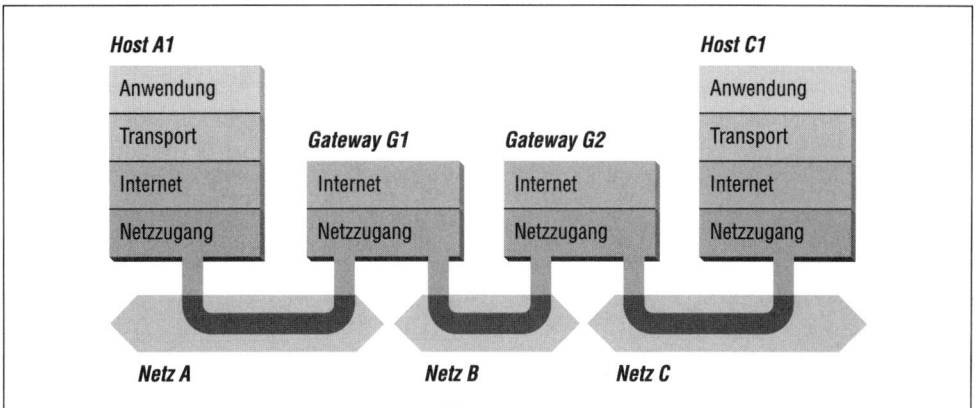

Abbildung 1-6: Routing über Gateways

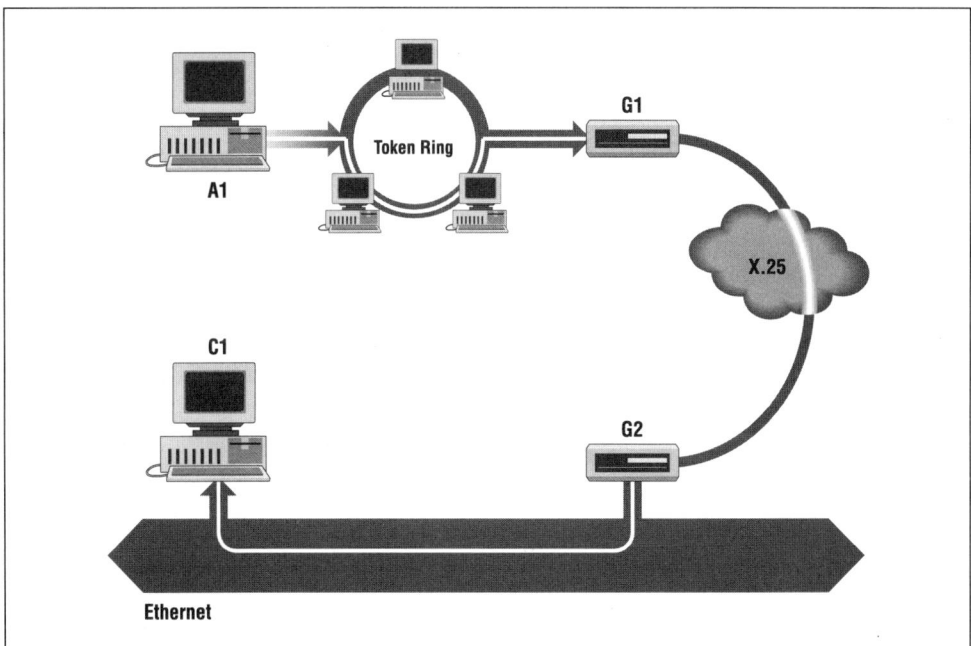

Abbildung 1-7: Netzwerke, Gateways und Hosts

Abbildung 1-7 zeigt einen weiteren Aspekt des Routing. Die Abbildung macht deutlich, daß die von einem Datagramm zu durchquerenden physikalischen Netzwerke unterschiedlich, ja sogar inkompatibel sein können. Host *A1* im Token-Ring-Netzwerk routet das Datagramm über Gateway *G1*, um Host *C1* im Ethernet zu erreichen. Gateway *G1* leitet die Daten durch das X.25-Netzwerk an Gateway *G2* weiter, um sie an *C1* auszuliefern. Das Datagramm durchquert drei physikalisch verschiedene Netzwerke, kommt am Ende aber doch völlig intakt bei *C1* an.

Die Fragmentierung von Datagrammen

Wird ein Datagramm durch verschiedene Netzwerke geroutet, kann es für das IP-Modul eines Gateways notwendig werden, das Datagramm in kleinere Teile zu zerlegen. Das von einem Netzwerk empfangene Datagramm kann zu groß sein, um in einem anderen Netzwerk als ganzes Paket übertragen werden zu können. Diese Bedingung tritt nur auf, wenn ein Gateway physikalisch unterschiedliche Netzwerke verbindet.

Jede Art von Netzwerk besitzt eine *Maximum Transmission Unit* (MTU: größte zu übertragende Einheit). Hierbei handelt es sich um das größte Paket, das vom Netzwerk übertragen werden kann. Ist ein von einem Netzwerk empfangenes Paket größer als die MTU des anderen Netzwerks, muß das Datagramm für die Übertragung in kleinere *Fragmente* zerlegt werden. Dieser Prozeß wird als *Fragmentierung* bezeichnet. Stellen Sie sich einen Zug vor, der eine Ladung Stahl befördert. Jeder Eisenbahnwaggon kann mehr Stahl befördern als die LKWs, die den Weitertransport auf der Straße übernehmen. Der Inhalt jedes Waggons wird daher auf mehrere Lastwagen verteilt. So wie sich das Eisenbahnnetz vom Straßennetz unterscheidet, unterscheidet sich auch ein Ethernet physikalisch von einem X.25-Netzwerk. IP muß die relativ großen Pakete eines Ethernet in kleinere Pakete zerlegen, bevor sie über ein X.25-Netzwerk transportiert werden können.

Das Format jedes Fragments ist mit dem Format eines normalen Datagramms identisch. Das zweite Wort des Headers enthält Informationen, die jedes Datagramm-Fragment genau bestimmen. Gleichzeitig enthält es Informationen darüber, wie die Fragmente wieder zum ursprünglichen Datagramm zusammengesetzt werden können. Das Identifikationsfeld bestimmt, zu welchem Datagramm das Fragment gehört, und das Fragmentierungs-Offset-Feld gibt an, welcher Teil des Datagramms dieses Fragment ist. Das Flags-Feld besitzt ein More-Fragments-Bit (»weitere Fragmente«), das dem IP mitteilt, ob es alle Datagramm-Fragmente zusammengesetzt hat.

Die Übergabe von Datagrammen an die Transportschicht

Empfängt IP ein Datagramm, das an den lokalen Host adressiert ist, muß es den Datenteil des Datagramms an das entsprechende Protokoll der Transportschicht übergeben. Dies erfolgt mit Hilfe der *Protokollnummer* aus dem dritten Wort des Datagramm-Headers. Jedes Protokoll der Transportschicht besitzt eine eigene Protokollnummer, die es gegenüber IP eindeutig identifiziert. Die Protokollnummern werden in Kapitel 2 behandelt.

Wie Sie dieser kurzen Übersicht entnehmen können, führt IP viele wichtige Funktionen aus. Erwarten Sie nicht, daß Sie Datagramme, Gateways, Routing, IP-Adressen und all die anderen von IP erledigten Dinge nur anhand dieser Kurzbeschreibungen verstehen. Jedes Kapitel erweitert Ihre Kenntnisse um weitere Details. Lassen Sie uns also mit den anderen Protokollen der Internetschicht von TCP/IP fortfahren.

Das Internet Control Message Protocol

Ein integraler Bestandteil von IP ist das in RFC 792 definierte *Internet Control Message Protocol* (ICMP). Dieses Protokoll ist Teil der Internetschicht und nutzt die Datagramm-Dienste von IP zur Sendung seiner Nachrichten. ICMP versendet Nachrichten, die die folgenden Kontroll-, Fehlermeldungs- und Informationsfunktionen für TCP/IP übernehmen:

Flußsteuerung

Treffen Datagramme für eine Verarbeitung zu schnell ein, sendet der Zielhost oder ein dazwischenliegendes Gateway eine ICMP-Source-Quench-Meldung an den Sender zurück. Damit wird die Datenquelle aufgefordert, das Senden von Datagrammen vorübergehend einzustellen.

Erkennung unerreichbarer Ziele

Ist ein Ziel nicht zu erreichen, sendet das dieses Problem erkennende System eine Destination-Unreachable-Meldung (»Ziel nicht erreichbar«) an die Datagramm-Quelle. Handelt es sich bei dem nicht zu erreichenden Ziel um ein Netzwerk oder einen Host, wird die Meldung von einem dazwischenliegenden Gateway gesendet. Handelt es sich jedoch um einen nicht zu erreichenden Port, sendet der Zielhost diese Nachricht. (Wir besprechen Ports in Kapitel 2.)

Umleitung von Routen

Ein Gateway sendet eine ICMP-Redirect-Meldung, um einem Host mitzuteilen, daß er ein anderes Gateway verwenden soll (vermutlich, weil das andere Gateway die bessere Wahl ist). Diese Nachricht kann nur verwendet werden, wenn der Quellrechner im gleichen Netzwerk liegt wie die beiden Gateways. Um das besser zu verstehen, sollten Sie sich Abbildung 1-7 noch einmal ansehen. Sendet ein Host im X.25-Netzwerk ein Datagramm an *G1*, wäre es für *G1* möglich, diesen Host an *G2* zu verweisen, weil der Host, *G1* und *G2* alle im gleichen Netzwerk liegen. Sendet hingegen ein Host im Token-Ring-Netzwerk ein Datagramm an *G1*, kann dieser Host nicht an *G2* verwiesen werden, weil *G2* nicht mit dem Token-Ring verbunden ist.

Prüfung entfernter Rechner

Ein Host kann eine ICMP-Echo-Meldung senden, um zu überprüfen, ob das Internet-Protokoll eines entfernten Systems aktiv und funktionsfähig ist. Empfängt ein System eine solche Echo-Meldung, antwortet es, indem es die Daten des Paketes an den Quellhost zurückschickt. Der **ping**-Befehl verwendet diese Meldung.

Die Transportschicht

Die direkt über der Internetschicht angesiedelte Protokollschicht ist die *Host-zu-Host-Transportschicht*. Dieser Name wird üblicherweise mit *Transportschicht* abgekürzt. Die beiden wichtigsten Protokolle der Transportschicht sind das *Transmission Control Protocol* (TCP) und das *User Datagram Protocol* (UDP). TCP stellt einen »zuverlässigen«

Datenübertragungsdienst bereit, der eine Fehlererkennung und -korrektur zwischen beiden Enden der Verbindung durchführt. UDP stellt einen verbindungsfreien Dienst zur Auslieferung von Datagrammen bereit, der mit weniger Overhead auskommt. Beide Protokolle liefern Daten zwischen der Anwendungs- und der Internetschicht aus. Anwendungsentwickler können selbst entscheiden, welcher Dienst ihnen für die jeweilige Anwendung geeigneter erscheint.

Das User Datagram Protocol

Das User Datagram Protocol erlaubt Anwendungen den direkten Zugriff auf einen Datagramm-Transportdienst, wie ihn etwa IP bereitstellt. Das ermöglicht Anwendungen den Austausch von Nachrichten über das Netzwerk mit einem minimalen Protokoll-Overhead.

UDP ist ein unzuverlässiges, verbindungsfreies Datagramm-Protokoll. Wie bereits erwähnt, bedeutet »unzuverlässig« nur, daß das Protokoll keine Techniken vorsieht, mit denen geprüft werden könnte, ob die Daten das andere Ende des Netzwerks richtig erreicht haben. Innerhalb Ihres Computers liefert UDP Daten korrekt aus. UDP verwendet die beiden 16-Bit-Felder *Quellport* und *Zielport* im ersten Wort des Nachrichten-Headers, um die Daten an den richtigen Anwendungsprozeß zu übergeben. Das Nachrichtenformat von UDP ist in Abbildung 1-8 dargestellt.

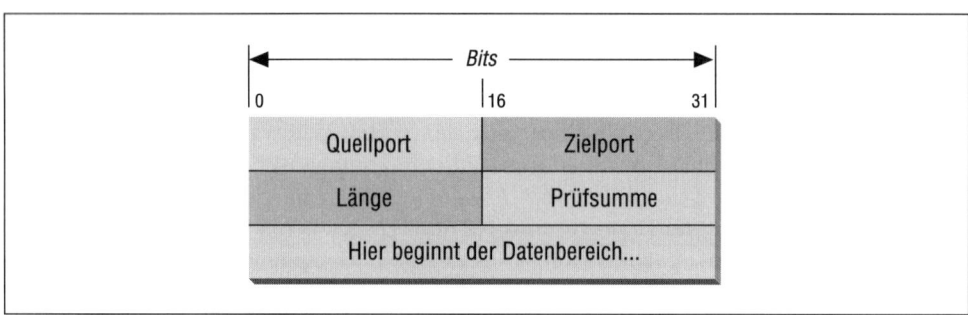

Abbildung 1-8: Das Nachrichtenformat von UDP

Warum wählen Anwendungsentwickler UDP als Transportdienst? Dafür gibt es eine Reihe guter Gründe. Werden nur kleine Datenmengen übertragen, ist der mit dem Aufbau der Verbindung und der zuverlässigen Auslieferung verbundene Mehraufwand wahrscheinlich höher als die erneute Übertragung des gesamten Datensatzes. In diesem Fall ist UDP das effizienteste Protokoll der Transportschicht. Mit einem Frage/Antwort-Modell *(query/response)* arbeitende Anwendungen sind ebenfalls hervorragende UDP-Kandidaten. Die Antwort kann dabei als positive Bestätigung der Anfrage aufgefaßt werden. Wird die Antwort nicht innerhalb einer bestimmten Zeitspanne empfangen, sendet die Anwendung einfach eine weitere Anfrage. Wieder andere Anwendungen verwenden eigene Techniken zur zuverlässigen Auslieferung von Daten und benötigen daher kein solches Protokoll der Transportschicht. Solchen Anwendungen eine weitere zuverlässige Schicht hinzuzufügen wäre unnötig und ineffizient.

Transmission Control Protocol

Anwendungen, die darauf angewiesen sind, daß das Transport-Protokoll einen zuverlässigen Datentransport gewährleistet, verwenden TCP. Dieses Protokoll stellt sicher, daß die Daten korrekt und in der richtigen Reihenfolge über das Netzwerk transportiert werden. TCP ist ein *zuverlässiges, verbindungsorientiertes Bytestream*-Protokoll. Sehen wir uns jeden dieser Begriffe – zuverlässig, verbindungsorientiert und Bytestream – etwas genauer an.

TCP stellt die Zuverlässigkeit über einen als *Positive Acknowledgment with Re-transmission* (PAR, was etwa soviel bedeutet wie »positive Bestätigung mit Neuübertragung«) bezeichneten Mechanismus her. Einfach ausgedrückt, sendet ein mit PAR arbeitendes System die Daten so lange erneut, bis es vom entfernten System die Nachricht erhält, daß die Daten korrekt eingetroffen sind. Die zwischen TCP-Modulen ausgetauschten Dateneinheiten werden als *Segment* bezeichnet (siehe Abbildung 1-9). Jedes Segment enthält eine Prüfsumme, die der Empfänger verwendet, um zu überprüfen, ob die Daten unversehrt eingetroffen sind. Wurde das Datensegment unbeschädigt empfangen, sendet der Empfänger eine *positive Bestätigung (positive acknowledgment)* an den Sender zurück. Ist das Datensegment beschädigt, wird es vom Empfänger aussortiert und ignoriert. Nach einer angemessenen Wartezeit (Timeout-Periode), überträgt das sendende TCP-Modul alle Segmente noch einmal, für die keine positive Bestätigung empfangen wurde.

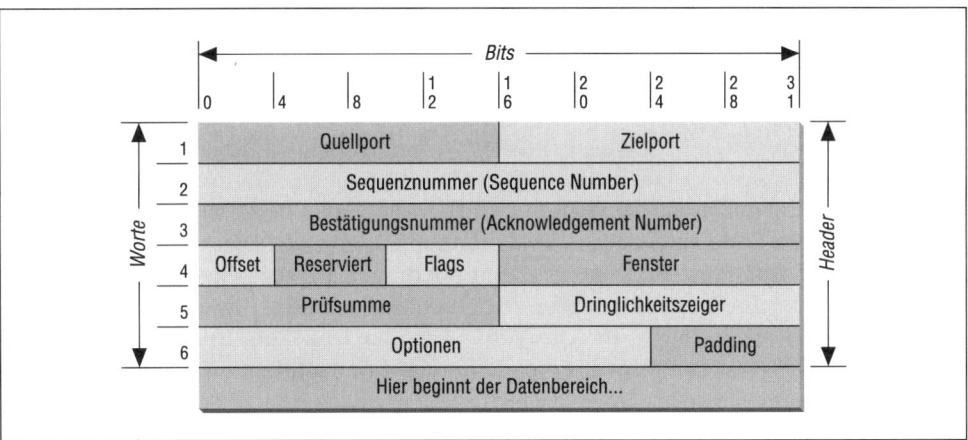

Abbildung 1-9: Format eines TCP-Segments

TCP ist verbindungsorientiert. Es baut eine logische Rechner-zu-Rechner-Verbindung zwischen den beiden kommunizierenden Hosts auf. Als *Handshake* bezeichnete Kontrollinformationen werden zwischen den beiden Endpunkten übertragen, um vor der Datenübertragung einen Dialog aufzubauen. TCP kennzeichnet die Kontrollfunktion eines Segments durch Setzen des entsprechenden Bits im Flags-Feld im vierten Wort des *Segmentheaders*.

Die von TCP verwendete Art des Handshakes wird als *3-Wege-Handshake* bezeichnet, weil drei Segmente ausgetauscht werden. Abbildung 1-10 zeigt die einfachste Form eines solchen 3-Wege-Handshakes. Host *A* beginnt den Verbindungsaufbau, indem er Host *B* ein Segment schickt, bei dem das SYN-Bit (»Synchronize sequence numbers«) gesetzt ist. Dieses Segment teilt Host *B* mit, daß *A* eine Verbindung aufbauen möchte, und welche Sequenznummer Host *A* als Startnummer seiner Segmente verwenden wird. (Sequenznummern werden verwendet, um Daten in der richtigen Reihenfolge zu halten.) Host *B* antwortet *A* mit einem Segment, bei dem die ACK- (»Acknowledgment«, also »Bestätigung«) und SYN-Bits gesetzt sind. Dieses Segment von *B* bestätigt den Empfang des Segments von *A* und informiert *A* darüber, mit welcher Sequenznummer Host *B* beginnt. Schließlich sendet Host *A* ein Segment, in dem der Empfang des Segments von *B* bestätigt wird, und das die ersten Daten enthält.

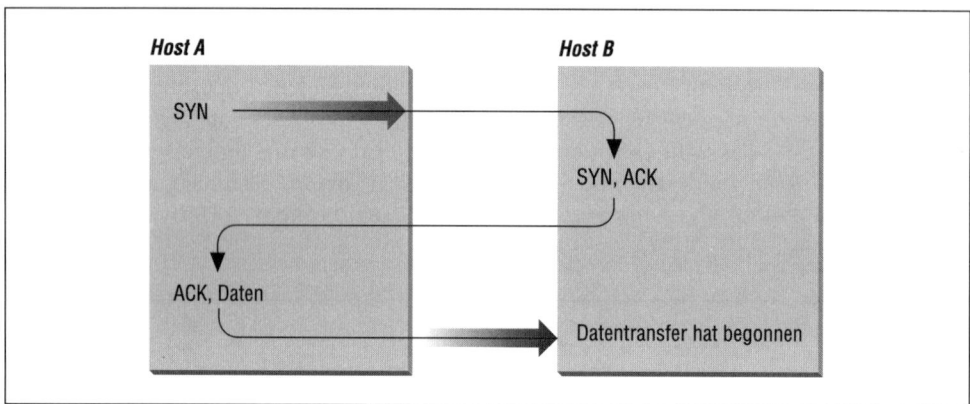

Abbildung 1-10: 3-Wege-Handshake

Nach diesem Austausch hat das TCP auf Host *A* die Gewißheit, daß die TCP-Verbindung am anderen Ende aufgebaut ist und zum Empfangen von Daten bereit ist. Sobald die Verbindung aufgebaut ist, können Daten übertragen werden. Nachdem die kooperierenden Module ihre Datenübertragung abgeschlossen haben, führen sie einen weiteren 3-Wege-Handshake durch, um die Verbindung zu schließen. Bei diesem abschließenden Handshake ist das FIN-Bit (»No more data from sender«, also »keine weiteren Daten vom Sender«) gesetzt. Es ist dieser Datenaustausch von Host zu Host, der die logische Verbindung zwischen den beiden Systemen herstellt.

TCP betrachtet die von ihm gesendeten Daten als kontinuierlichen Strom von Datenbytes und nicht als unabhängige Pakete. Aus diesem Grund kümmert sich TCP um die Reihenfolge, in der Bytes gesendet und empfangen werden. Die Felder »Sequenznummer« und »Bestätigungsnummer« im Segmentheader von TCP sorgen dabei für die richtige Reihenfolge.

Der TCP-Standard verlangt nicht, daß jedes System die Numerierung der Bytes mit einer bestimmten Zahl beginnt. Jedes System wählt sich die als Startpunkt verwendete Zahl selbst aus. Um den Datenstrom korrekt überwachen zu können, muß jedes Ende der Verbindung den Startwert der anderen Seite kennen. Beide Enden der Verbindung synchronisieren ihre Numerierungssysteme, indem sie SYN-Segmente während des Handshakes austauschen. Das Sequenznummern-Feld des SYN-Segments enthält die *Initial Sequence Number* (ISN), also die »Anfangs-Sequenznummer«, die den Ausgangspunkt für das Numerierungssystem darstellt. Aus Sicherheitsgründen sollte die ISN eine Zufallszahl sein, dennoch ist sie häufig 0.

Jedes Datenbyte wird, ausgehend von der ISN, fortlaufend numeriert, d.h., das erste echte Datenbyte hat die Sequenznummer ISN+1. Die Sequenznummer im Header des Datensegments gibt die Position des ersten Datenbytes des Segments im Datenstrom wieder. Hatte das erste Byte des Datenstroms beispielsweise die Sequenznummer 1 (ISN=0) und wurden bereits 4000 Datenbytes übertragen, dann ist das erste Datenbyte im aktuellen Segment Byte Nr. 4001 und die Sequenznummer wäre 4001.

Das Bestätigungs-Segment (ACK) übernimmt zwei Funktionen: *positive acknowledgment* und *flow control*. Es teilt dem Sender mit, wie viele Daten empfangen wurden und wie viele Daten der Empfänger verarbeiten kann. Die Bestätigungsnummer ist die Sequenznummer des nächsten Bytes, dessen Empfang der Empfänger erwartet. Der Standard verlangt keine individuelle Bestätigung jedes Pakets. Die Bestätigungsnummer ist eine positive Bestätigung aller bis zu dieser Zahl empfangenen Bytes. War das erste gesendete Byte etwa mit 1 numeriert und wurden 2000 Bytes erfolgreich empfangen, wäre die Bestätigungsnummer 2001.

Das Feld »Fenster« enthält das *Fenster*, also die Anzahl der Bytes, die von der anderen Seite verarbeitet werden können. Kann der Empfänger weitere 6000 Bytes verarbeiten, wäre der Wert für das Fenster 6000. Das Fenster teilt dem Sender mit, daß er weitere Segmente senden kann, solange die gesendete Gesamtanzahl von Bytes kleiner ist als das vom Empfänger angegebene Fenster. Der Empfänger steuert den Bytefluß vom Sender, indem er die Größe des Fensters verändert. Ein Fenster der Größe Null weist den Sender an, die Übertragung einzustellen bis eine Fenstergröße ungleich Null empfangen wird.

Abbildung 1-11 zeigt einen TCP-Stream mit der ISN 0. Das empfangende System hat 2000 Bytes empfangen und das entsprechend bestätigt, d.h., die aktuelle Bestätigungsnummer ist 2001. Der Empfänger hat darüber hinaus Platz für weitere 6000 Bytes, was er mit einem Fensterwert von 6000 anzeigt. Der Sender überträgt augenblicklich ein Segment von 1000 Bytes, beginnend mit der Sequenznummer 4001. Der Sender hat für die Bytes ab Sequenznummer 2001 noch keine Bestätigung erhalten, überträgt aber weiterhin Daten, solange das Fenster nicht überschritten wird. Wenn der Sender das Fenster ausgefüllt hat und keine Bestätigung für die vorher übertragenen Daten erhalten hat, fängt er nach einer angemessenen Wartezeit an, die Daten erneut zu übertragen, wobei er mit dem ersten nicht bestätigten Byte beginnt.

In Abbildung 1-11 würde die Wiederholung der Übertragung also bei Byte 2001 beginnen, wenn keine weiteren Bestätigungen eingehen würden. Diese Prozedur stellt sicher, daß die Daten am anderen Ende des Netzwerks zuverlässig empfangen werden.

TCP ist auch dafür verantwortlich, daß die von IP empfangenen Daten an die richtige Anwendung ausgeliefert werden. Die Anwendung, für die die Daten gedacht sind, wird über eine 16-Bit-Zahl identifiziert, die als *Portnummer* bezeichnet wird. Der *Quellport* und *Zielport* sind im ersten Wort des Segmentheaders enthalten. Die korrekte Übergabe der Daten von und zur Anwendungsschicht ist ein wichtiger Aufgabenbereich der Dienste in der Transportschicht.

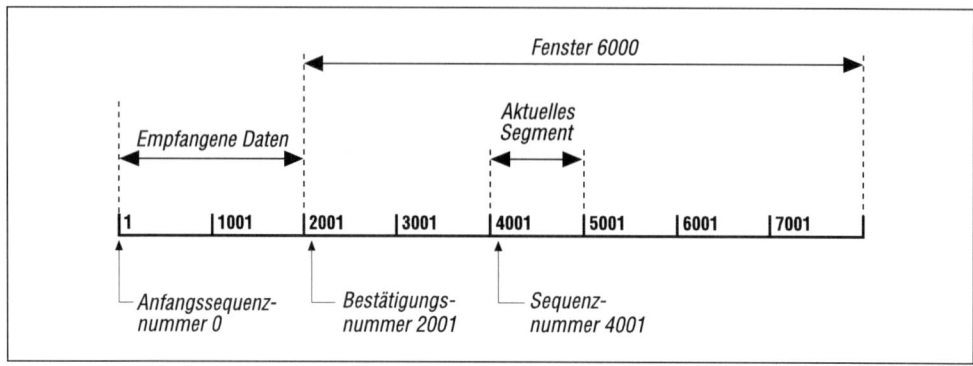

Abbildung 1-11: Ein TCP-Stream

Die Anwendungsschicht

Auf der obersten Ebene der TCP/IP-Protokollarchitektur befindet sich die *Anwendungsschicht*. Diese Schicht umfaßt alle Prozesse, die Protokolle der Transportschicht zur Auslieferung von Daten verwenden. Es existieren viele Anwendungsprotokolle. Die meisten stellen Benutzerdienste zur Verfügung, und neue Dienste werden immer in dieser Schicht eingefügt.

Die bekanntesten und am häufigsten implementierten Anwendungsprotokolle sind:

telnet
> Das Network Terminal Protocol, das es dem Benutzer erlaubt, sich über ein Netzwerk auf einem entfernten Rechner einzuloggen.

FTP
> Das File Transfer Protocol, das zur interaktiven Übertragung von Dateien verwendet wird.

SMTP
> Das Simple Mail Transfer Protocol, das zur Auslieferung elektronischer Post verwendet wird.

HTTP
> Das Hypertext Transfer Protocol, das zur Übertragung von Webseiten über das Netzwerk verwendet wird.

HTTP, FTP, SMTP und telnet sind die am weitesten verbreiteten TCP/IP-Anwendungen, aber sowohl als Anwender als auch als Systemadministrator werden Sie mit vielen anderen Anwendungen arbeiten. Weitere gängige TCP/IP-Anwendungen sind:

Domain Name Service (DNS)
> Auch als *Nameservice* bekannt. Diese Anwendung bildet IP-Adressen in die den Netzwerkgeräten zugewiesenen Namen ab. DNS wird in diesem Buch ausführlich behandelt.

Open Shortest Path First (OSPF)
> Das Routing ist für die Arbeitsweise von TCP/IP von zentraler Bedeutung. OSPF wird von Netzwerkgeräten zum Austausch von Routing-Informationen verwendet. Routing ist ebenfalls ein Hauptthema dieses Buches.

Network File System (NFS)
> Dieses Protokoll erlaubt die gemeinsame Nutzung von Daten auf verschiedenen Hosts im Netzwerk.

Einige Protokolle wie etwa telnet und FTP können nur genutzt werden, wenn der Benutzer sich etwas mit dem Netzwerk auskennt. Andere Protokolle wie beispielsweise OSPF laufen, ohne daß der Benutzer überhaupt irgendetwas über deren Existenz weiß. Als Systemadministrator sind Sie sich aller Anwendungen und Protokolle (auch anderer TCP/IP-Schichten) bewußt, und Sie sind auch für deren Konfiguration verantwortlich.

Zusammenfassung

In diesem Kapitel haben Sie die Struktur von TCP/IP kennengelernt. TCP/IP ist die Protokollsuite, auf der das Internet aufbaut. Sie haben gesehen, daß TCP/IP aus einer Hierarchie von vier Schichten besteht: Anwendung, Transport, Internet und Netzzugang. Sie haben die Funktion jeder einzelnen Schicht kennengelernt. Im nächsten Kapitel wollen wir uns ansehen, wie sich ein IP-Paket, das Datagramm, durch ein Netzwerk bewegt, wenn Daten zwischen Hosts übertragen werden.

In diesem Kapitel:
- *Adressierung, Routing und Multiplexing*
- *Die IP-Adresse*
- *Subnetze*
- *Die Routing-Architektur des Internet*
- *Die Routing-Tabelle*
- *Adreßauflösung*
- *Protokolle, Ports und Sockets*
- *Zusammenfassung*

2

Die Übertragung von Daten

In Kapitel 1 haben wir die grundlegende Architektur und den grundlegenden Aufbau der TCP/IP-Protokolle behandelt. Wir wissen daher, daß TCP/IP eine aus vier Schichten bestehende Hierarchie aufweist. In diesem Kapitel wollen wir etwas detaillierter erläutern, wie Daten zwischen den einzelnen Protokollschichten und Netzwerksystemen übertragen werden. Wir untersuchen die Struktur von Internetadressen und beschreiben, wie Adressen Daten zu ihrem letztendlichen Ziel routen. Wir beschreiben auch, wie Adressierungsregeln lokal für den Aufbau von Subnetzen neu definiert werden können. Wir gehen auch darauf ein, wie Protokoll- und Portnummern genutzt werden, um die Daten an die richtigen Anwendungen auszuliefern. Mit diesen zusätzlichen Informationen bewegen wir uns von der TCP/IP-Übersicht hin zu den spezifischeren Implementierungsdetails, die die Konfiguration Ihres Systems beeinflussen.

Adressierung, Routing und Multiplexing

Um Daten zwischen zwei Internet-Hosts zu übertragen, ist es notwendig, diese Daten über das Netzwerk an den richtigen Zielrechner auszuliefern. Innerhalb dieses Zielrechners müssen die Daten dann noch an den richtigen Benutzer oder Prozeß übergeben werden. TCP/IP verwendet drei Mechanismen, um diese Aufgaben zu erledigen:

Adressierung
> IP-Adressen, die jeden Host im Netzwerk eindeutig kennzeichnen, sorgen für die Zustellung der Daten an den richtigen Host.

Routing
> Gateways transportieren Daten an das richtige Netzwerk.

Multiplexing
> Protokoll- und Portnummern liefern Daten innerhalb des Hosts an die richtigen Softwaremodule aus.

Jede dieser Funktionen – die Adressierung zwischen Hosts, das Routing zwischen Netzwerken und das Multiplexing zwischen den Schichten – ist notwendig, um Daten zwischen kooperierenden Anwendungen über das Internet übertragen zu können. Sehen wir uns also jede dieser Funktionen genauer an.

Um diese Konzepte zu verdeutlichen und konsistente Beispiele bereitzustellen, verwenden wir ein imaginäres Unternehmensnetzwerk. Unser imaginäres Unternehmen beschäftigt sich mit dem Verkauf von Nüssen. Das Unternehmensnetzwerk besteht aus verschiedenen Netzen in den Abteilungen Fertigung und Verkauf sowie einer Verbindung zum Internet. Wir sind für die Pflege des Ethernets im Rechenzentrum verantwortlich. Die Struktur unseres Netzwerks, die *Topologie*, ist in Abbildung 2-1 zu sehen.

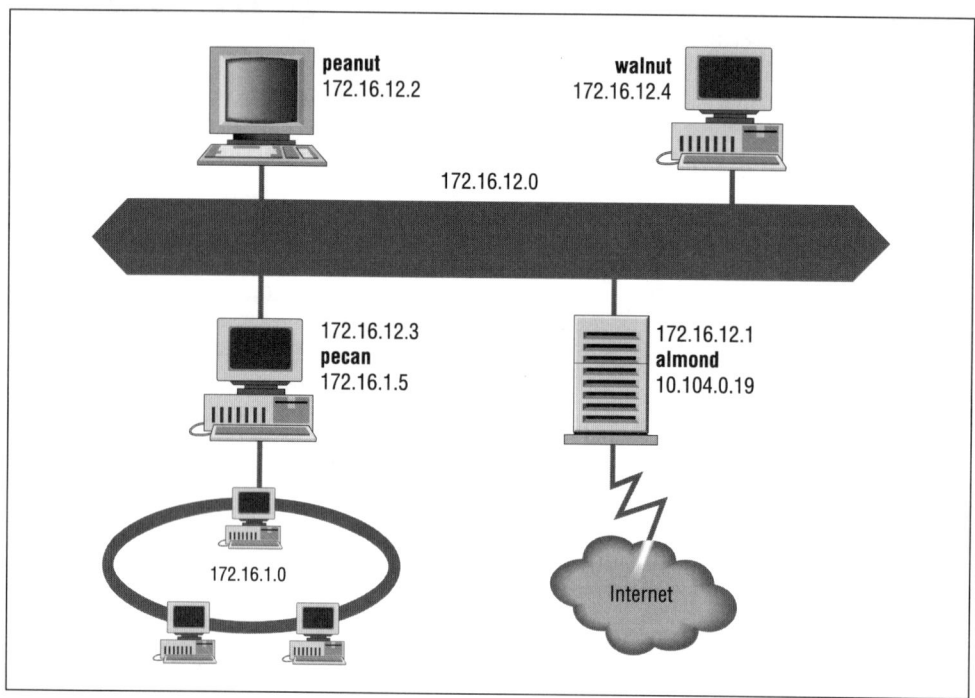

Abbildung 2-1: Unser Beispielnetz

Die abgebildeten Icons repräsentieren Computersysteme. Natürlich sind in unserem imaginären Netzwerk noch viele andere imaginäre Systeme enthalten. Sie müssen nur Ihre Vorstellungskraft nutzen! Bei den meisten unserer Beispiele werden wir uns aber auf die Hosts *peanut* (eine Workstation) und *almond* (ein als Gateway dienendes System) beschränken. Die breite Linie stellt das Ethernet des Rechenzentrums dar, und der Kreis repräsentiert das lokale Netzwerk, das die verschiedenen lokalen Unternehmensnetze verbindet. Die »Wolke« stellt das Internet dar. Was die Zahlen bedeuten, wie sie genutzt werden, und wie Datagramme ausgeliefert werden, sind die Themen dieses Kapitels.

Die IP-Adresse

Das Internet-Protokoll überträgt Daten in Form von Datagrammen zwischen einzelnen Hosts. Jedes Datagramm wird an die Adresse ausgeliefert, die in der Zieladresse (Wort 5) des Datagramm-Headers enthalten ist. Bei der Zieladresse handelt es sich um eine Standard 32-Bit-IP-Adresse. Diese Adresse enthält genug Informationen, um ein Netzwerk sowie einen bestimmten Host innerhalb dieses Netzwerks eindeutig zu bestimmen.

Eine IP-Adresse besteht aus einem *Netzwerkteil* und einem *Hostteil*, allerdings ist das Format dieser beiden Teile nicht immer gleich. Die Anzahl der zur Identifikation des Netzwerks verwendeten Adreßbits und die Anzahl der zur Kennzeichnung des Hosts verwendeten Bits hängen vom Längenpräfix der Adresse ab. Dieses Längenpräfix kann auf zwei Arten bestimmt werden: über die Adreßklasse oder über die CIDR-Adreßmaske. Wir wollen mit der Betrachtung traditioneller IP-Adreßklassen beginnen.

Adreßklassen

Ursprünglich war der IP-Adreßraum in einige wenige Strukturen fester Länge, die sog. *Adreßklassen*, unterteilt. Die drei Hauptadreßklassen sind *Klasse A*, *Klasse B* und *Klasse C*. Über die Untersuchung der ersten paar Bits einer Adresse kann die IP-Software die Klasse, und damit die Struktur, einer Adresse schnell bestimmen. IP folgt dabei den folgenden Regeln zur Ermittlung der Adreßklasse:

- Ist das erste Bit einer IP-Adresse 0, handelt es sich um eine Adresse eines *Klasse-A-Netzwerks*. Das erste Bit einer Adresse der Klasse A bestimmt die Adreßklasse. Die nächsten 7 Bits bestimmen das Netzwerk und die letzten 24 Bits kennzeichnen den Host. Es gibt weniger als 128 Netzwerke der Klasse A, wobei allerdings jedes Netzwerk aus mehreren Millionen Hosts bestehen kann.

- Enthalten die ersten beiden Bits einer Adresse den Wert 1 0, handelt es sich um die Adresse eines Netzwerks der *Klasse B*. Die beiden ersten Bits bestimmen die Adreßklasse, die nächsten 14 Bits kennzeichnen das Netzwerk, und die letzten 16 Bits bestimmen den Host. Es gibt Tausende Netzwerke der Klasse B, und jedes Netzwerk dieser Klasse kann Tausende Hosts enthalten.

- Enthalten die ersten drei Bits einer Adresse den Wert 1 1 0, handelt es sich um die Adresse eines *Klasse-C-Netzwerks*. Bei einer Adresse der Klasse C bestimmen die ersten drei Bits die Klasse, die nächsten 21 Bits sind die Netzwerkadresse, und die letzten acht Bits identifizieren den Host. Es gibt Millionen von Klasse-C-Netzwerknummern, aber jedes dieser Netzwerke besteht aus weniger als 254 Hosts.

- Enthalten die ersten vier Bits der Adresse den Wert 1 1 1 0, handelt es sich um eine Multicast-Adresse. Solche Adressen werden manchmal auch als *Klasse-D*-Adressen bezeichnet, allerdings verweisen sie nicht auf bestimmte Netzwerke. Multicast-Adressen werden verwendet, um Gruppen von Computern auf einmal anzusprechen. Multicast-Adressen sprechen eine Gruppe von Computern an, die gemeinsam eine Anwendung (etwa eine Videokonferenz) nutzen, während die anderen Computer ein Netzwerk gemeinsam nutzen.

- Enthalten die ersten vier Bits der Adresse den Wert 1 1 1 1, handelt es sich um eine speziell reservierte Adresse. Diese Adressen werden manchmal als *Klasse-E*-Adressen bezeichnet, verweisen allerdings nicht auf reale Netzwerke. In diesem Wertebereich sind augenblicklich keine Nummern zugewiesen.

Glücklicherweise ist das alles nicht so kompliziert, wie es sich anhört. IP-Adressen werden üblicherweise in Form von vier Dezimalzahlen geschrieben, die jeweils durch einen Punkt voneinander getrennt werden.[1] Jede dieser vier Zahlen liegt im Bereich von 0 bis 255 (der durch ein einzelnen Byte darstellbare Wertebereich). Da die Bits zur Bestimmung der Klasse an die Netzwerkbits der Adresse angrenzen, können wir sie zusammenfassen und die Adresse so betrachten als würde sie aus Bytes für die Netzwerkadresse und Bytes für die Hostadresse bestehen. Die Betrachtung des ersten Bytes einer Adresse führt dann zu interessanten Erkenntnissen:

- Bei einem Wert von weniger als 128 handelt es sich um eine Adresse der Klasse A. Das erste Byte bestimmt das Netzwerk, die restlichen drei Bytes die Hostadresse.

- Bei Werten zwischen 128 und 191 handelt es sich um eine Adresse der Klasse B. Die ersten beiden Bytes bestimmen das Netzwerk, die beiden letzten den Host.

- Bei Werten zwischen 192 bis 223 handelt es sich um eine Adresse der Klasse C. Die ersten drei Bytes bestimmen die Netzwerkadresse, das letzte Byte ist die Hostnummer.

- Bei Werten zwischen 224 und 239 handelt es sich um eine Multicast-Adresse. Es gibt keinen Netzwerkteil. Die gesamte Adresse kennzeichnet eine bestimmte Multicast-Gruppe.

- Bei einem Wert größer als 239 ist die Adresse reserviert. Wir können reservierte Adressen einfach ignorieren.

Abbildung 2-2 verdeutlicht, wie die Adreßstruktur in den verschiedenen Adreßklassen variiert. Die Adresse für die Klasse A lautet 10.104.0.19. Das erste Bit der Adresse ist 0, die Adresse wird daher als Host 104.0.19 in Netzwerk 10 interpretiert. Ein Byte legt das Netzwerk fest, und drei Bytes geben den Host an. Bei der Adresse 172.16.12.1 enthalten die beiden höchstwertigen Bits den Wert 1 0, die Adresse verweist also an Host 12.1 im Netzwerk 172.16. Zwei Bytes bestimmen das Netzwerk und die beiden anderen Bytes den Host. Im Beispiel für die Klasse C, 192.168.16.1, enthalten die drei höchstwertigen Bits den Wert 1 1 0. Wir haben es also mit dem ersten Host im Netzwerk 192.168.16 zu tun. (Drei Netzwerkbytes und ein Hostbyte.)

---

1 Adressen werden gelegentlich auch anders geschrieben, etwa in Form von Hexadezimalzahlen. Allerdings ist die Punktnotation *(dot notation)* die meistverbreitete. Unabhängig von der Notation ist die Struktur der Adresse immer die gleiche.

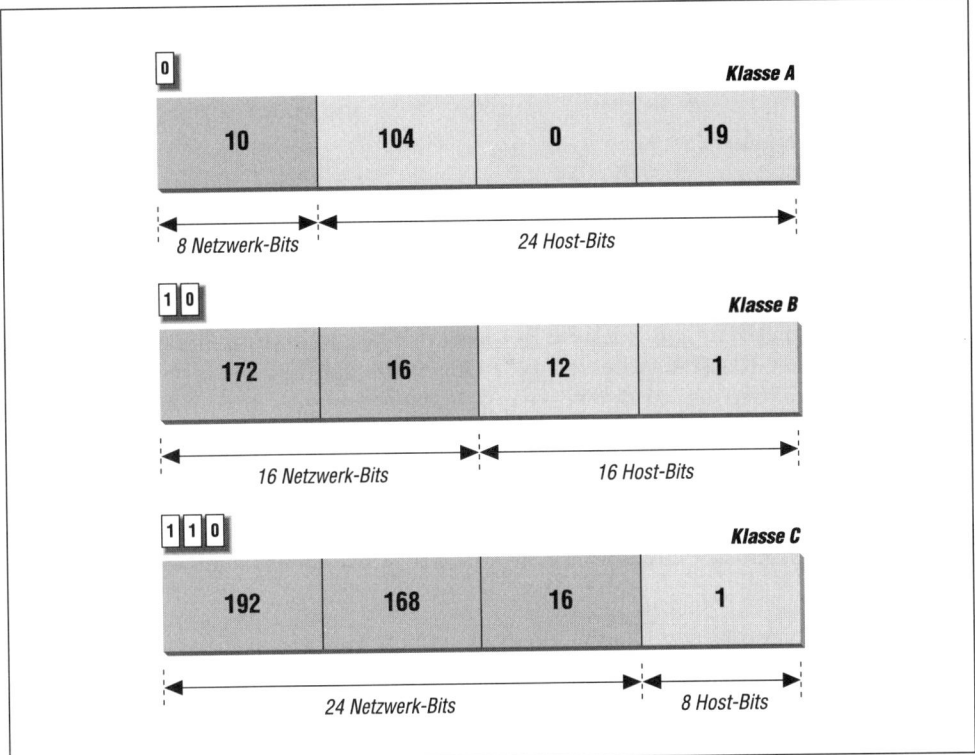

Abbildung 2-2: Die Struktur von IP-Adressen

Die IP-Adresse, die eine universelle Adressierung für alle Netzwerke im Internet bereitstellt, ist eine der großen Stärken der TCP/IP-Protokollsuite. Allerdings hat die ursprüngliche Klassenstruktur von IP-Adressen ihre Mängel. Die Entwickler von TCP/IP konnten die unglaubliche Größe des heutigen Netzwerks wohl kaum vorhersehen. Als TCP/IP entworfen wurde, war die Vernetzung nur großen Organisationen vorbehalten, die leistungsfähige Computersysteme unterhalten konnten. Die Idee eines leistungsfähigen UNIX-Systems auf jedem Schreibtisch war noch nicht geboren. Zu dieser Zeit war eine 32-Bit-Adresse so groß, daß sie in Klassen unterteilt wurde, um die Verarbeitungslast für die Router zu verringern (obwohl die Unterteilung in Klassen die Anzahl der zur Verfügung stehenden Hostadressen deutlich reduzierte). Wurde einem großen Netzwerk beispielsweise eine einzelne Klasse-B-Adresse zugewiesen, statt es in sechs Klasse-C-Adressen zu unterteilen, reduzierte dies die Last für den Router deutlich, weil der Router nur eine Route für die gesamte Organisation festhalten mußte. Andererseits besaß eine Organisation, der eine Klasse-B-Adresse zugewiesen wurde, wahrscheinlich keine 64.000 Computer, d.h., die meisten der verfügbaren Hostadressen wurden niemals zugewiesen.

Der nach Klassen strukturierte Adreßentwurf wurde durch das extreme Wachstum des Internet auf eine harte Probe gestellt. Ab einem gewissen Zeitpunkt war abzusehen, daß alle Adressen der Klasse B sehr schnell erschöpft sein würden.[2] Um dies zu verhindern, wurde ein neuer Weg des Lookups von IP-Adressen entwickelt, der nicht mehr auf dieser Klassenstruktur basiert.

Klassenfreie IP-Adressen

Die schnelle Verknappung von Adressen der Klasse B hat deutlich gemacht, daß drei primäre Adreßklassen nicht genug waren: Die Klasse A war viel zu groß und die Klasse C viel zu klein. Selbst die Klasse-B-Adresse war für viele Netzwerke zu groß, wurde aber dennoch verwendet, weil sie besser war als die Alternativen.

Die offensichtliche Lösung der Klasse-B-Adreßkrise bestand darin, Organisationen zur Nutzung mehrerer Klasse-C-Adressen zu zwingen. Es gab Millionen dieser Adressen, und eine unmittelbare Gefahr der Verknappung war nicht zu sehen. Wie so oft, ist die offensichtliche Lösung jedoch nicht ganz so einfach, wie es scheint. Jede Klasse-C-Adresse verlangt ihren eigenen Eintrag in der Routing-Tabelle. Die Zuweisung von Tausenden oder Millionen von Klasse-C-Adressen würde die Routing-Tabelle so schnell anwachsen lassen, daß die Router bald überlastet wären. Die Lösung verlangte also nach einer neuen Art der Zuweisung von Adressen sowie einer neuen Möglichkeit des Adreß-Lookups.

Ursprünglich wurden Netzwerkadressen in einer mehr oder weniger sequentiellen Reihenfolge ihrer Anforderung zugewiesen. Das funktionierte gut, solange das Netzwerk klein und zentral organisiert war. Allerdings wurde die Netzwerktopologie dabei nicht beachtet. Es wäre daher also reiner Zufall, wenn die gleichen Router verwendet werden würden, um die Netzwerke 195.4.12.0 und 195.4.13.0 zu erreichen. Das macht es wiederum schwierig, die Größe der Routing-Tabelle zu verringern. Adressen können nur zusammengefaßt werden, wenn sie zusammenhängende Blöcke sind und über die gleiche Route erreicht werden können. Sind zum Beispiel die Adressen eines Service-Providers zusammenhängend, kann eine einzelne Route für diesen Block erzeugt werden, weil dieser Service-Provider eine beschränkte Anzahl von Routen ins Internet besitzt. Liegt eine Netzwerkadresse aber in Frankreich, während der nächste Adreßblock in Australien liegt, funktioniert die Zusammenlegung der Route für diese Adressen nicht mehr.

Heutzutage werden große, zusammenhängende Adreßblöcke in einer Weise an große Netzwerk-Serviceprovider vergeben, die die Topologie des Netzwerks besser widerspiegelt. Die Service-Provider stellen dann Teile dieser Adreßblöcke den Kunden zur Verfügung, die sie mit Netzwerkdiensten versorgen. Das lindert die kurzfristige Verknappung von Adressen der Klasse B und, weil die Zuweisung der Adressaten die Topologie des Netzwerkes widerspiegelt, erlaubt es die Zusammenfassung von Routen. Nach diesem neuen Schema wissen wir, daß die Netzwerke 195.4.12.0 und 195.4.13.0 über die gleichen Router zu erreichen sind. Tatsächlich liegen beide Adressen in dem

---

2 Die Quelle dieser Vorhersage ist das Draft von *Supernetting: an Address Assignment and Aggregation Strategy*, von V. Fuller, T. Li, J. Yu und K. Varadhan, März 1992.

für Europa zugewiesenen Adreßbereich (194.0.0.0 bis 195.255.255.255). Nun ermöglicht zwar die Zuweisung von Adressen, die die Topologie des Netzwerkes widerspiegeln, die Zusammenfassung von Routen, implementiert wird diese Aggregation damit aber noch nicht. Solange die Netzwerke 195.4.12.0 und 195.4.13.0 als separate Adressen der Klasse C interpretiert werden, benötigen sie auch separate Einträge in der Routing-Tabelle. Eine neue, flexible Möglichkeit zur Definition von Adressen ist notwendig.

Die Evaluierung von Adressen entsprechend den oben diskutierten Klassenregeln beschränkt die Länge der Netzwerknummern auf 8, 16 oder 24 Bits – also 1, 2 oder 3 Bytes. Die IP-Adresse ist in Wirklichkeit aber nicht byteorientiert. Sie besteht einfach aus 32 aufeinanderfolgenden Bits. Eine flexiblere Interpretation von Netzwerk- und Hostteil einer Adresse wird über eine *Bitmaske* erreicht. Eine solche Adreß-Bitmaske funktioniert wie folgt: Ist ein Bit der Maske »an«, wird das entsprechende Bit in der Adresse als Netzwerkbit interpretiert. Ist ein Bit der Maske »aus«, gehört das entsprechende Bit zum Hostteil der Adresse. Wird zum Beispiel 195.4.12.0 als Klasse-C-Adresse interpretiert, sind die ersten 24 Bits die Netzwerknummer und die letzten 8 Bits sind die Hostadresse. Die diese Aufteilung widerspiegelnde Netzwerkmaske lautet 255.255.255.0, also 24 Bits an und 8 Bits aus. Die von der traditionellen Klassenstruktur abgeleitete Bitmaske wird als *Standardmaske (default mask)* oder *natürliche Maske (natural mask)* bezeichnet. Mit Bitmasken sind wir aber nicht länger durch die Klassenstruktur eingeschränkt. Die Maske 255.255.0.0 kann auch auf die Netzwerkadresse 195.4.0.0 angewandt werden. Diese Maske faßt alle Adressen von 195.4.0.0 bis 195.4.255.255 in einer einzelnen Netzwerknummer zusammen. Wir erzeugen damit eine Netzwerknummer der Größe eines Klasse-B-Netzwerks im Adreßraum der Klasse C. Die Verwendung von Bitmasken zur Generierung von Netzwerken, deren Größe die Standardmaske übersteigt, bezeichnet man als *Supernetting*. Die Verwendung einer Maske anstelle einer Adreßklasse zur Bestimmung des Zielnetzwerks nennt man *Classless Inter-Domain Routing* (CIDR).[3]

CIDR erfordert Änderungen an den Routern und Routing-Protokollen. Die Protokolle müssen zusammen mit den Zieladressen auch Masken übertragen, die festlegen, wie Adressen definiert werden. Router und Hosts müssen wissen, wie diese Adressen als »klassenfrei« zu interpretieren sind und wie mit der Adresse gelieferte Bitmaske anzuwenden ist. Ältere Routing-Protokolle, etwa das *Routing Information Protocol* (RIP), sowie ältere Betriebssysteme unterstützen CIDR-Adreßmasken nicht. Wie die Einbettung der Maskeninformation in der Routing-Tabelle zeigt, wird CIDR von neuen Betriebssystemen wie Linux 2.0.0 unterstützt.

```
# route
Kernel routing table
Destination       Gateway       Genmask           Flags  MSS   Window Use Iface
172.16.26.32/27   *             255.255.255.224   U      1500  0      2   eth0
195.4.0.0         129.6.26.62   255.255.0.0       UG     1500  0      0   eth0
loopback          *             255.0.0.0         U      3584  0      1   lo
default           129.6.26.62   *                 UG     1500  0      3   eth0
```

---

3 CIDR spricht man »Ceider« aus.

Die Angabe von Adresse und Maske ist beim Ausschreiben von Adressen etwas mühselig. Aus diesem Grund wurde eine Kurzform für die Schreibweise von CIDR-Adressen entwickelt. Statt das Netzwerk 172.16.26.32 zusammen mit der Maske 255.255.255.224 anzugeben, können wir auch 172.16.26.32/19 schreiben. Das Format dieser Notation lautet *Adresse/Präfixlänge*, wobei die *Präfixlänge* die Anzahl der Bits im Netzwerkteil der Adresse ist. Ohne diese Notation könnte die Adresse 172.16.26.32 sehr leicht als eine Hostadresse interpretiert werden. RFC 1878 führt alle 32 möglichen Präfixwerte auf. Allerdings ist nur sehr wenig Dokumentation notwendig, weil das CIDR-Präfix wesentlich einfacher zu verstehen und zu behalten ist als Adreßklassen. Wir wissen nun, daß es sich bei 10.104.0.19 um eine Adresse der Klasse A handelt, aber die Schreibweise 10.104.0.19/8 zeigt uns, daß diese Adresse 8 Bits für den Netzwerkteil und daher also 24 Bits für den Hostteil vorsieht. In diesem Fall müssen wir uns also nichts über die Adreßstruktur der Klasse A merken.

CIDR ist eine Interimslösung, obwohl sie sehr wohl in der Lage ist, uns für viele Jahre mit Adressen zu versorgen und das Routing zu vereinfachen. Auf lange Sicht besteht die Lösung darin, das augenblickliche Adressierungsschema durch ein neues zu ersetzen. Bei der TCP/IP-Protokollsuite wird die Adressierung durch das IP-Protokoll definiert. Daher hat die Internet Engineering Task Force (IETF) eine neue IP-Version namens IPv6 entwickelt.[4] Bei IPv6 hat die Adresse eine Länge von 128 Bit, d.h., die Verknappung von Adressen ist kein Thema. Diese große Adresse macht es auch möglich, eine hierarchische Adreßstruktur zu verwenden, um die Belastung für die Router zu reduzieren, während gleichzeitig ausreichend Adressen für das zukünftige Wachstum des Netzwerks zur Verfügung stehen. Weitere Vorteile von IPv6 sind:

- eine direkt ins Protokoll integrierte, verbesserte Sicherheit
- vereinfachte, an Wortgrenzen liegende Header fester Länge, die die Verarbeitung der Header beschleunigen und den Overhead reduzieren
- verbesserte Techniken zur Behandlung von Header-Optionen

IPv6 besitzt verschiedene gute Eigenschaften, ist aber immer noch Jahre von einer weit verbreiteten Verfügbarkeit entfernt. In der Zwischenzeit sollte die aktuelle Generation von TCP/IP mehr als ausreichend sein, Ihre Anforderungen an das Netzwerk zu erfüllen. Bei Ihrem Netzwerk werden Sie mit IP arbeiten und die übliche IP-Adressierung verwenden.

Abschließende Bemerkungen zu IP-Adressen

Nicht alle Netzwerk- bzw. Hostadressen stehen zur freien Verfügung. Wir haben ja bereits erwähnt, daß Adressen, deren erstes Byte größer als 223 ist, nicht als Hostadressen verwendet werden können. Es gibt auch zwei große Bereiche des Adreßraums, 0.0.0.0/8 und 127.0.0.0/8, die zur besonderen Verwendung vorgesehen sind. Netzwerk 0 steht stellvertretend für die *Standard-Route*, und Netzwerk 127 ist die *Loopback-Adresse*. Die Standard- oder Default-Route wird genutzt, um die Routing-Informationen

---

4 Die aktuelle IP-Release ist IP Version 4 (IPv4). IP Version 5 ist ein experimentelles Stream-Transport-Protokoll (ST) zur Auslieferung von Daten in Echtzeit.

zu vereinfachen, die IP verarbeiten muß. Die Loopback-Adresse vereinfacht Netzwerkanwendungen, indem sie die Adressierung des lokalen Rechners auf die gleiche Weise ermöglicht, wie sie auch für entfernte Hosts genutzt wird. Wir verwenden diese besonderen Netzwerkadressen bei der Konfiguration eines Hosts.

Es gibt auch einige Hostadressen, die für besondere Aufgaben vorgesehen sind. Bei allen Netzwerk-Klassen sind die Hostnummern 0 und 255 reserviert. Eine IP-Adresse, bei der alle Hostbits auf 0 gesetzt sind, steht für das Netzwerk selbst. So verweist beispielsweise 10.0.0.0 auf das Netzwerk 10 und 172.16.0.0 verweist auf das Netzwerk 172.16. Diese Form von Adresse wird in Listings von Routing-Tabellen verwendet, um auf ganze Netzwerke zu verweisen. Sind bei einer IP-Adresse alle Bits des Hostteils auf 1 gesetzt, handelt es sich um eine *Broadcast-Adresse*.[5] Eine Broadcast-Adresse wird benutzt, um alle Hosts eines Netzwerks gleichzeitig zu adressieren. Die Broadcast-Adresse für das Netzwerk 172.16 lautet 172.16.255.255. Ein an diese Adresse übertragenes Datagramm wird an jeden einzelnen Host im Netzwerk 172.16 übertragen.

IP-Adressen werden häufig als Hostadressen bezeichnet. Diese umgangssprachliche Verwendung ist allerdings etwas irreführend. IP-Adressen werden an Netzwerkschnittstellen vergeben, nicht an Computersysteme. Ein Gateway wie *almond* (siehe Abbildung 2-1) besitzt verschiedene Adressen für jedes Netzwerk, mit dem es verbunden ist. Das Gateway ist anderen Geräten unter der Adresse bekannt, die ihm in dem Netzwerk zugewiesen wurde, das es mit diesen Geräten teilt. Zum Beispiel adressiert *peanut almond* als 172.16.12.1, während externe Hosts den Rechner als 10.104.0.19 ansprechen.

Systeme können auf drei verschiedene Arten adressiert werden. Einzelne Systeme werden direkt über eine Hostadresse angesprochen, die auch als *Unicast-Adresse* bezeichnet wird. Ein Unicast-Paket ist an einen einzelnen Host adressiert. Gruppen von Rechnern können über eine *Multicast-Adresse* angesprochen werden, z.B. 224.0.0.9. Die auf dem Weg von der Quelle bis zum Ziel genutzten Router erkennen die Spezialadresse und leiten Kopien des Pakets an jedes Mitglied der Multicast-Gruppe weiter.[6] Alle Systeme eines Netzwerks werden über die Broadcast-Adresse (etwa 172.16.255.255) angesprochen. Die Broadcast-Adresse ist von den Broadcast-Fähigkeiten des zugrundeliegenden physikalischen Netzwerks abhängig.

IP nutzt den Netzwerkteil der Adresse, um das Datagramm zwischen den Netzwerken zu routen. Die vollständige Adresse, einschließlich der Hostinformation, wird genutzt, um die eigentliche Zustellung zu veranlassen, sobald das Datagramm das Zielnetzwerk erreicht hat.

---

5 Leider gibt es implementierungsspezifische Unterschiede bei Broadcast-Adressen. Die Unterschiede werden in Kapitel 5 behandelt.

6 Das ist nur teilweise richtig. Multicasting wird nicht von jedem Router unterstützt. Manchmal ist es notwendig, sich durch Router und Netzwerke zu »tunneln«, indem man das Multicast-Paket innerhalb eines Unicast-Pakets kapselt.

Subnetze

Die Struktur einer IP-Adresse kann lokal geändert werden, indem man einige der Bits des Hostteils als zusätzliche Netzwerkbits verwendet. Dabei wird die »Trennlinie« zwischen Netzwerk- und Hostbits verschoben, was zwar zu weiteren Netzwerken führt, gleichzeitig aber die maximale Anzahl der Hosts innerhalb jedes Netzwerks verringert. Diese neu festgelegten Netzwerkbits definieren ein Netzwerk innerhalb eines größeren Netzwerks, ein sogenanntes *Subnetz*.

Üblicherweise nutzt man Subnetze, um topologische oder organisatorische Probleme zu überwinden. Das Subnetting erlaubt es, das Problem des Managements von Hostadressen zu dezentralisieren. Beim normalen Adressierungsschema ist ein Administrator für die Pflege der Hostadressen des gesamten Netzwerkes zuständig. Dank des Subnetting kann der Administrator die Adreßvergabe an kleinere (topologische oder organisatorische) Einheiten delegieren (was eine politische Entscheidung sein kann, wenn es keine technische Notwendigkeit ist). Will man mit der Datenverarbeitungsabteilung nichts zu tun haben, weist man ihr ein eigenes Subnetz zu und überläßt sie sich selbst.

Das Subnetting kann auch verwendet werden, um Unterschiede in der Hardware auszugleichen und Entfernungsprobleme zu lösen. IP-Router können verschiedenartige physikalische Netzwerke verbinden, aber nur wenn jedes physikalische Netzwerk seine eigene, eindeutige Netzwerkadresse besitzt. Das Subnetting unterteilt eine einzelne Netzwerkadresse in viele eindeutige Subnetzadressen, was bedeutet, daß jedem physikalischen Netzwerk seine eigene, eindeutige Adresse zugewiesen werden kann.

Sie definieren ein Subnetz, indem Sie die Bitmaske der IP-Adresse ändern. Eine *Subnetz-Maske* funktioniert genau wie eine normale Adreßmaske: Ein gesetztes Bit wird als Netzwerkbit, ein nicht gesetztes als Hostteil der Adresse betrachtet. Der Unterschied besteht darin, daß eine Subnetz-Maske nur lokal verwendet wird. Von außen wird die Adresse immer noch als Standard IP-Adresse interpretiert.

Nehmen wir einmal an, uns wurde die Netzwerkadresse 172.16.0.0/16 zugewiesen. Die zu dieser Adresse gehörende Netzwerkmaske ist 255.255.0.0. Die am häufigsten verwendete Netzwerkmaske (die wir auch in den meisten unserer Beispiele nutzen) erweitert den Netzwerkteil um ein zusätzliches Byte, also beispielsweise 172.16.0.0/24. Die hierzu gehörende Subnetz-Maske lautet 255.255.255.0, d.h., alle Bits der ersten drei Bytes sind an und alle Bits des letzten Bytes sind aus. Die ersten beiden Bytes definieren das Original-Netzwerk, das dritte Byte definiert die Subnetz-Adresse, und das vierte Byte definiert den Host in diesem Subnetz.

Viele Netzwerkadministratoren ziehen byteorientierte Masken vor, weil sie einfach zu lesen und zu verstehen sind, wenn man die Adressen in Punktnotation schreibt. Die Beschränkung von Subnetz-Masken auf Bytegrenzen nutzt die wirklichen Möglichkeiten aber nicht voll aus. Subnetz-Masken sind bitorientiert. Wir könnten 172.16.0.0/16 mit der Maske 255.255.240.0 in 16 Subnetze (d.h. 172.16.0.0/20) unterteilen. Die Anwendung dieser Maske definiert die vier höherwertigen Bits des dritten Bytes als Subnetzteil der Adresse, während die verbleibenden 12 Bits – die vier Bits des dritten

Bytes und alle Bits des vierten Bytes – den Hostteil der Adresse bilden. Damit erzeugen wir 16 Subnetze mit jeweils mehr als 4000 Hostadressen. Eine solche Unterteilung ist für unser Netzwerk wahrscheinlich sehr viel besser geeignet, wenn wir beispielsweise eine kleine Anzahl sehr großer Abteilungen in einem Unternehmen haben. Tabelle 2-1 zeigt die Subnetze und Hostadressen, die durch Anwendung dieser Subnetz-Masken auf die Netzwerkadresse 172.16.0.0/16 erzeugt werden.

Tabelle 2-1: Der Effekt einer Subnetz-Maske

Netzwerknummer	Erste Adresse	Letzte Adresse
172.16.0.0	172.16.0.1	172.16.15.254
172.16.16.0	172.16.16.1	172.16.31.254
172.16.32.0	172.16.32.1	172.16.47.254
172.16.48.0	172.16.48.1	172.16.63.254
172.16.64.0	172.16.64.1	172.16.79.254
172.16.80.0	172.16.80.1	172.16.95.254
172.16.96.0	172.16.96.1	172.16.111.254
172.16.112.0	172.16.112.1	172.16.127.254
172.16.128.0	172.16.128.1	172.16.143.254
172.16.144.0	172.16.144.1	172.16.159.254
172.16.160.0	172.16.160.1	172.16.175.254
172.16.176.0	172.16.176.1	172.16.191.254
172.16.192.0	172.16.192.1	172.16.207.254
172.16.208.0	172.16.208.1	172.16.223.254
172.16.224.0	172.16.224.1	172.16.239.254
172.16.240.0	172.16.240.1	172.16.254.254

Sie müssen eine solche Tabelle wie in Tabelle 2-1 nicht von Hand berechnen, um zu wissen, welche Subnetze und Hostadressen durch eine Subnetz-Maske produziert werden. Diese Berechnungen wurden bereits für Sie durchgeführt. RFC 1878 führt alle möglichen Subnetz-Masken und Adressen auf.

Organisationen wurden davon abgehalten, Subnetze auf Klasse-C-Adressen anzuwenden, weil man Angst hatte, daß durch dieses Subnetting die Anzahl der Hostadressen reduziert wird, nur um die Anzahl der Netzwerkadressen zu erhöhen. Ein Netzwerk der Klasse C ist auf weniger als 255 Hostadressen beschränkt. Eine weitere Begrenzung der Hostzahl würde den Nutzen einer Klasse-C-Adresse verringern. Die Maske 255.255.255.192 unterteilt eine Klasse-C-Adresse in vier Subnetze mit jeweils 64 Hostadressen. Man befürchtete, daß die nur aus Nullen und nur aus Einsen bestehenden Subnetzadressen nicht nutzbar wären. Und weil die nur aus Nullen und nur aus Einsen bestehen Hostadressen ebenfalls nicht nutzbar wären, hätten die verbliebenen beiden

Subnetze nur 62 adressierbare Hosts. Damit wäre der Adreßraum dieser Klasse-C-Netzwerknummer von 254 auf 124 Hosts reduziert worden. Diese Angst ist jedoch nicht länger gerechtfertigt.

Ursprünglich implizierten die RFCs, daß man keine Subnetznummern verwenden dürfe, die nur aus Nullen und Einsen bestehen. RFC 1812, *Requirements for IP Version 4 Routers*, stellte dann aber klar, daß solche Subnetze durchaus gültig sind und von allen Routern unterstützt werden sollten. Einige ältere Router erlauben die Verwendung dieser Adressen allerdings trotz des neueren RFCs nicht. Ein Update der Router-Hard- oder Software sollte es Ihnen ermöglichen, ein zuverlässiges Subnetting auf Klasse-C-Adressen anzuwenden.

Klasse-C-Subnetze werden verwendet, wenn sehr kleine Netzwerke für spezialisierte Netzwerkausstattungen (etwa Terminal-Server, Cluster-Controller oder Router) benötigt werden. Bei einigen Konfigurationen kann ein gesamtes Subnetz für die Verbindung zwischen zwei Routern verwendet werden. In diesem Fall werden nur zwei Hostadressen benötigt, nämlich für die beiden Router an den Enden der Verbindung. Die Subnetz-Maske 255.255.255.252, angewandt auf eine Klasse-C-Adresse, erzeugt 64 Subnetze mit jeweils vier Hostadressen. In einem speziellen Fall kann das genau das sein, was benötigt wird.

Die Routing-Architektur des Internet

Kapitel 1 beschrieb die Evolution der Internet-Architektur über die Jahre hinweg. Neben diesen architektonischen Änderungen hat sich aber auch die Art geändert, in der Routing-Informationen innerhalb des Netzwerks verteilt werden.

Bei der ursprünglichen Internetstruktur gab es eine Hierarchie von Gateways. Diese Hierarchie spiegelte die Tatsache wider, daß das Internet auf dem existierenden ARPANET aufgebaut wurde. Als das Internet aufgebaut wurde, war ARPANET das Backbone des Netzwerks: ein zentrales Medium zur Auslieferung von Daten über lange Distanzen hinweg. Dieses zentrale System wurde als *Core* bezeichnet. Die zentral verwalteten Gateways, die das Gesamtnetz untereinander verbanden, wurden entsprechend als *Core-Gateways* bezeichnet.

Bei dieser hierarchischen Struktur wurden die Routing-Informationen zu allen Netzwerken des Internet an die Core-Gateways übergeben. Die Core-Gateways verarbeiteten die Daten und tauschten sie untereinander über das *Gateway to Gateway Protocol* (GGP) aus. Die bearbeiteten Routing-Informationen wurden dann an die externen Gateways weitergegeben. Die Core-Gateways haben also die Routing-Informationen für das gesamte Internet verwaltet.

Die Verwendung dieses hierarchischen Router-Modells zur Verteilung von Routing-Informationen hat eine große Schwäche: Jede Route muß vom Core verarbeitet werden. Damit wurde dem Core eine riesige Verarbeitungslast aufgebürdet, die immer weiter wuchs, je größer das Internet wurde. Netzwerker sprechen von einem schlecht skalierbaren Netzwerkmodell. Aus diesem Grund wurde ein neues Modell entwickelt.

Selbst in den frühen Tagen des Internet existierten außerhalb des Internet-Core Gruppen unabhängiger Netzwerke, sog. *autonome Systeme* (AS, *autonomous systems*). Der Begriff »autonomes System« hat für das TCP/IP-Routing eine ganz formale Bedeutung. Ein autonomes System ist nicht einfach nur ein unabhängiges Netzwerk. Es handelt sich vielmehr um eine Reihe von Netzwerken und Gateways mit eigenen, internen Mechanismen zur Sammlung von Routing-Informationen sowie deren Weiterleitung an andere unabhängige Netzwerksysteme. Die an andere Netzwerksysteme übergebenen Routing-Informationen werden *Reachability Information* (etwa »Erreichbarkeitsinformationen«) genannt. Reachability-Informationen geben einfach an, welche Netzwerke durch das autonome System erreicht werden können. Das *Exterior Gateway Protocol* (EGP) wurde verwendet, um Reachability-Informationen zwischen autonomen Systemen und an das Core weiterzugeben (siehe Abbildung 2-3).

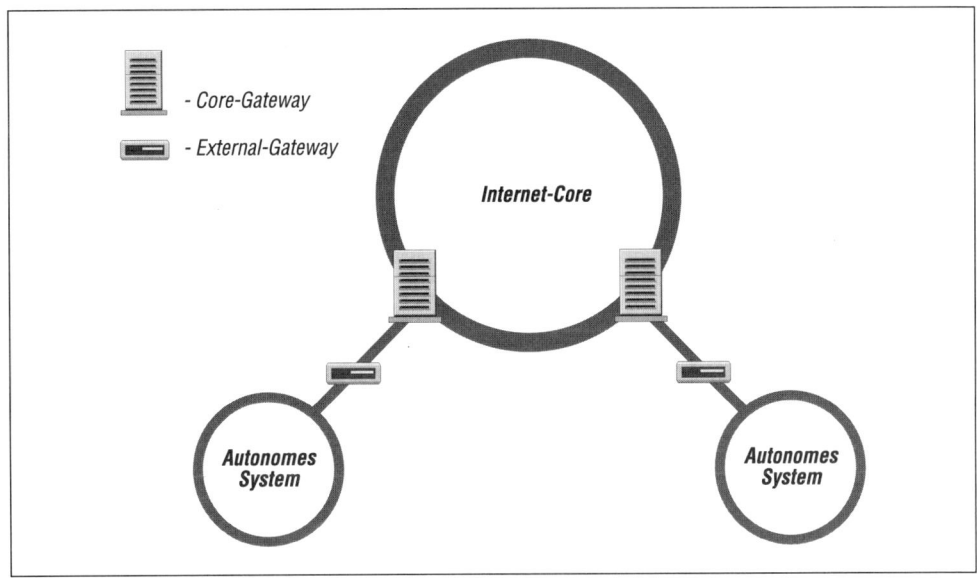

Abbildung 2-3: Gateway-Hierarchie

Das neue Routing-Modell basiert auf gleichberechtigten Gruppen autonomer Systeme, den sog. *Routing-Domains*. Routing-Domains tauschen Informationen mit anderen Domains mit Hilfe des *Border Gateway Protocol* (BGP) aus. Jede Routing-Domain verarbeitet die von anderen Domains empfangenen Informationen. Im Gegensatz zum hierarchischen Modell ist dieses Modell nicht von einem Core-System abhängig, um die »besten« Routen wählen zu können. Jede Routing-Domain erledigt diese Aufgabe für sich, weshalb bei diesem Modell auch eine gute Erweiterbarkeit gewährleistet ist. Abbildung 2-4 stellt dieses Modell in Form dreier sich überschneidender Kreise dar. Die überlappenden Bereiche stellen die Grenzbereiche *(border areas)* dar, in denen Routing-Informationen geteilt werden. Die Domains teilen diese Informationen zwar, sind aber nicht davon abhängig, daß jedes System alle Informationen bereitstellt.

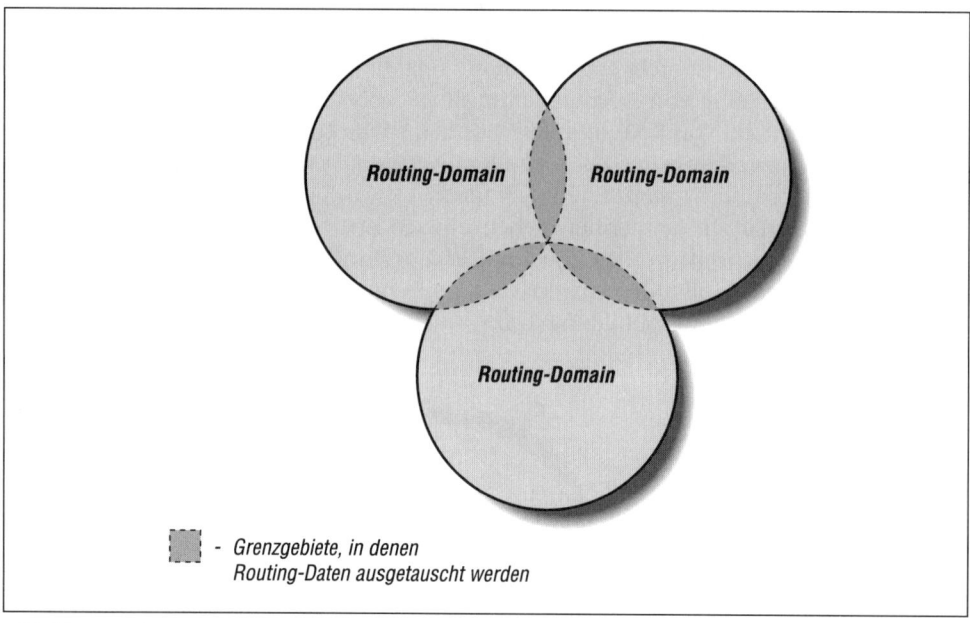

Abbildung 2-4: Routing-Domains

Bei diesem Modell steht man allerdings vor einem Problem: Wie werden in einem globalen Netzwerk die »besten« Routen ermittelt, wenn es keine zentrale Autorität wie etwa das Core gibt, der die Ermittlung der »besten« Routen übertragen wurde? In den Tagen des NSFNET wurde die *Policy Routing Database* (PRDB) verwendet, um zu ermitteln, ob die von einem autonomen System angebotene Reachability-Information gültig war. Heutzutage allerdings hat nicht einmal mehr das NSFNET eine zentrale Bedeutung.

Um diese Lücke zu schließen, legte die NSF sog. RA-Server (*Routing Arbiter*) an, während sie die sog. NAPS (*Network Access Points*) aufbaute, die die Rolle des NSFNET einnahmen. Ein Route-Arbiter ist an jedem NAP zu finden. Der Server stellt den Zugriff auf die *Routing Arbiter Database* (RADB) sicher, die die PRDB ersetzt hat. Internet Service Provider können den Server abfragen, um die von autonomen Systemen angebotenen Reachability-Informationen zu überprüfen.

Viele ISPs nutzen diese Route-Server nicht. Statt dessen verlassen sie sich auf formelle und informelle bilaterale Abkommen. Im wesentlichen treffen zwei ISPs zusammen und entscheiden, welche Reachability-Informationen sie gegenseitig voneinander akzeptieren werden. Auf diese Weise schaffen sie lokale Routing-Ordnungen, oder Routing-Policies. Das ist allerdings ein sehr langsamer Prozeß, der für das schnelle Wachstum des Internet wahrscheinlich nicht flexibel genug sein wird.

Die RADB ist nur ein Teil des *Internet Routing Registry* (IRR). Wie es sich für eine verteilte Routing-Architektur gehört, gibt es mehrere Organisationen, die Routing-Informationen bestätigen und registrieren. Hierbei waren die Europäer die Pioniere. Das Network Control Center (NCC) des Reseaux IP Europeens (RIPE) stellt die »Registrierungsstelle« (engl. *registry*) für das Routing europäischer IP-Netzwerke dar. Große amerikanische Betreiber wie MCI und ANS stellen ihren Kunden entsprechende »Registries« zur Verfügung. Alle Registrierungsstellen verwenden ein gemeinsames Format, das auf dem RIPE-181 Standard basiert.

Die Entwicklung wirksamer Routing-Architekturen bleibt auch weiterhin eine der großen Herausforderungen für das Internet. Mit der Zeit wird sich hier sicher Neues herausbilden. Doch egal, wie die Routing-Informationen ermittelt werden, irgendwann landen sie in Ihrem lokalen Gateway, wo sie von IP zum Treffen von Routing-Entscheidungen genutzt werden.

Die Routing-Tabelle

Gateways routen Daten zwischen Netzwerken. Alle Netzwerkeinrichtungen, Hosts ebenso wie Gateways, müssen Routing-Entscheidungen treffen. Bei den meisten Hosts sind Routing-Entscheidungen einfach:

* Liegt der Zielhost im lokalen Netzwerk, werden die Daten direkt an den Zielhost ausgeliefert.

* Liegt der Zielhost in einem entfernten Netzwerk, werden die Daten an ein lokales Gateway übergeben.

Weil das Routing netzwerkorientiert erfolgt, trifft IP seine Routing-Entscheidungen anhand des Netzwerkteils der Adresse. Das IP-Modul ermittelt den Netzwerkteil der IP-Adresse des Ziels, indem es die Netzwerkmaske auf die Adresse anwendet. Handelt es sich beim Zielnetzwerk um das lokale Netzwerk, kann es sich bei der verwendeten Maske um die lokale Subnetz-Maske handeln. Wird mit der Adresse keine Maske übergeben, legt die Adreßklasse den Netzwerkteil der Adresse fest.

Nachdem das Zielnetzwerk bestimmt wurde, sucht sich das IP-Modul das Netzwerk aus der lokalen *Routing-Tabelle* heraus.[7] Die Pakete werden in Richtung ihres Zieles weitergeleitet, wie dies durch die Routing-Tabelle vorgegeben wird. Diese Routing-Tabelle kann vom Systemadministrator oder von Routing-Protokollen angelegt werden, das Ergebnis ist aber immer das gleiche; IP-Routing-Entscheidungen sind einfache Tabellen-Lookups.

Sie können sich den Inhalt der Routing-Tabelle mit dem Befehl **netstat −nr** ansehen. Die Option **−r** weist **netstat** an, die Routing-Tabelle auszugeben, und **−n** sorgt dafür, daß **netstat** die Tabelle in numerischer Form darstellt. Es ist durchaus sinnvoll, die Routing-Tabelle in numerischer Form auszugeben, da die Ziele der meisten Routen Netz-

---

7   Diese Tabelle wird auch als *Forwarding Table*, also »Weiterleitungstabelle«, bezeichnet.

werke sind, und Netzwerke werden normalerweise über Netzwerknummern referenziert.

Bei einem Solaris-System gibt der **netstat**-Befehl die Routing-Tabelle mit den folgenden Feldern zurück:

Destination

Das Zielnetzwerk (oder der Zielhost).

Gateway

Das zum Erreichen des Ziels zu verwendende Gateway.

Flags

Die Flags beschreiben verschiedene Eigenschaften dieser Route. Die möglichen Flagwerte sind:

U

Gibt an, daß die Route aktiv (»up«) und betriebsbereit ist.

H

Gibt an, daß dies eine Route zu einem spezifischen Host ist (die meisten Routen führen zu Netzwerken).

G

Bedeutet, daß die Route ein Gateway verwendet. Die Netzwerkschnittstellen stellen Routen zu direkt angeschlossenen Netzwerken bereit. Alle anderen Routen verwenden entfernte Gateways. Bei direkt verbundenen Netzwerken ist das G-Flag nicht gesetzt, bei allen anderen Routen ist es gesetzt.

D

Bedeutet, daß die Route aufgrund einer ICMP Redirect Message hinzugefügt wurde. Erfährt ein System etwas über eine Route durch einen ICMP-Redirect, fügt es die Route in seine Routing-Tabelle ein, damit an dieses Ziel gebundene Pakete nicht umgeleitet werden müssen. Das System verwendet das D-Flag, um diese Routen zu kennzeichnen.

Ref

Gibt an, wie oft die Route referenziert wurde, um die Verbindung aufbauen zu können.

Use

Gibt an, wie viele Pakete über diese Route übertragen wurden.

Interface

Der Name der Netzwerkschnittstelle.[8]

---

8   Die Netzwerkschnittstelle ist die Netzwerkhard- und Software, die von IP genutzt wird, um mit dem physikalischen Netzwerk zu kommunizieren. Details finden Sie in Kapitel 6.

Die einzigen beiden Felder, die für unsere augenblickliche Betrachtung von Belang sind, heißen Destination und Gateway. Hier ein Beispiel für eine Routing-Tabelle:

```
% netstat -nr
Routing Table:
Destination  Gateway       Flags  Ref   Use    Interface
-----------  -----------   -----  ----  -----  ---------
127.0.0.1    127.0.0.1     UH     1     298       lo0
default      172.16.12.1   UG     2     50360
172.16.12.0  172.16.12.2   U      40    111379    le0
172.16.2.0   172.16.12.3   UG     4     1179
172.16.1.0   172.16.12.3   UG     10    1113
172.16.3.0   172.16.12.3   UG     2     1379
172.16.4.0   172.16.12.3   UG     4     1119
```

Der erste Eintrag enthält die *Loopback-Route* des lokalen Hosts. Hierbei handelt es sich um die früher als reservierte Netzwerknummer angedeutete Loopback-Adresse. Weil jedes System die Loopback-Route verwendet, um Datagramme an sich selbst zu schikken, findet sich dieser Eintrag in der Routing-Tabelle jedes Hosts wieder. Das H-Flag ist gesetzt, weil es sich um eine Route zu einem bestimmten Host (127.0.0.1) handelt und nicht um eine Route zu einem Netzwerk (127.0.0.0). Wir werden uns noch weiter mit der Loopback-Einrichtung beschäftigen, wenn wir zur Konfiguration des Kernels und zum **ifconfig**-Befehl kommen. Im Augenblick gilt unser Interesse aber den externen Routen.

Ein weiterer eindeutiger Eintrag ist das Wort »default« im Destination-Feld. Dieser Eintrag enthält die *Default-Route*, und das in diesem Eintrag angegebene Gateway ist das *Default-Gateway*. Die Default-Route ist die andere reservierte Netzwerknummer, die wir bereits erwähnt hatten: 0.0.0.0. Das Default-Gateway wird immer dann verwendet, wenn es für eine Netzwerk-Zieladresse keine spezifische Route gibt. Zum Beispiel besitzt diese Routing-Tabelle keinen Eintrag für das Netzwerk 192.168.16.0. Empfängt IP irgendwelche an dieses Netzwerk adressierten Datagramme, sendet es diese an das Default-Gateway 172.16.12.1.

Sie können anhand unserer Beispiel-Routingtabelle erkennen, daß dieser Host (*peanut*) direkt mit dem Netzwerk 172.16.12.0 verbunden ist. Der Routing-Tabelleneintrag für dieses Netzwerk gibt kein externes Gateway an, d.h., bei dem Eintrag für 172.16.12.0 ist das G-Flag nicht gesetzt. Aus diesem Grund muß *peanut* direkt mit diesem Netzwerk verbunden sein.

Alle in der Routing-Tabelle aufgeführten Gateways liegen in Netzwerken, die direkt mit dem lokalen Netzwerk verbunden sind. Im obigen Beispiel bedeutet das, daß alle Gateway-Adressen unabhängig von der Zieladresse mit 172.16.12 beginnen. Das ist das einzige Netzwerk, an welches *peanut* direkt angeschlossen ist, und somit auch das einzige Netzwerk, an das *peanut* Daten direkt ausliefern kann. Die von *peanut* zum Erreichen des übrigen Internet verwendeten Gateways müssen daher im Subnetz von *peanut* liegen.

In Abbildung 2-5 ist die IP-Schicht jedes Hosts und Gateways unseres Beispielnetzwerks durch einen kleinen Teil einer Routing-Tabelle ersetzt worden, die uns die Zielnetzwerke zeigt sowie die Gateways, die zum Erreichen dieser Ziele verwendet werden. Sendet der Quellhost (172.16.12.2) Daten an den Zielhost (172.16.1.2), ermittelt er zuerst, daß 172.16.1.2 die offizielle Adresse des lokalen Netzwerks ist, woraufhin er die Subnetz-Maske anwendet. (Das Netzwerk 172.16.0.0 verwendet die Subnetz-Maske 255.255.255.0.) Nach dem Anwenden der Subnetz-Maske weiß IP, daß die Adresse des Zielnetzwerks 172.16.1.0 lautet. Die Routing-Tabelle des Quellhosts zeigt uns, daß an 172.16.1.0 gebundene Daten an das Gateway 172.16.12.3 zu senden sind. Gateway 172.16.12.3 nimmt die direkte Auslieferung über die Schnittstelle 172.16.1.5 vor. Die genauere Betrachtung der Routing-Tabellen zeigt, daß alle Systeme nur Gateways in Netzwerken aufführen, zu denen eine direkte Verbindung besteht. Beachten Sie, daß 172.16.12.1 als Standard-Gateway sowohl für 172.16.12.2 als auch für 172.16.12.3 dient. Da aber 172.16.1.2 das Netzwerk 172.16.12.0 nicht direkt erreichen kann, hat es eine andere Default-Route.

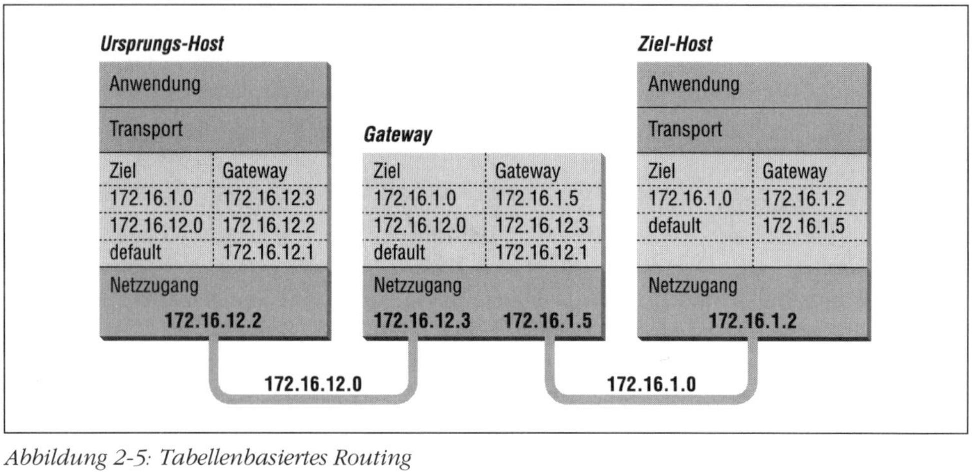

Abbildung 2-5: Tabellenbasiertes Routing

Eine Routing-Tabelle enthält keine Punkt-zu-Punkt-Routen. Eine Route zeigt auf dem Weg zum Zielnetzwerk nur zum nächsten Gateway, dem nächsten *Hop*.[9] Der Host ist zur Auslieferung der Daten an das lokale Gateway angewiesen, und das Gateway ist von anderen Gateways abhängig. Während sich ein Datagramm von einem Gateway zum anderen bewegt, erreicht es irgendwann einmal ein Gateway, das direkt mit dem Zielnetzwerk verbunden ist. Es ist dieses Gateway, das die Daten dann letztendlich an den Zielhost ausliefert.

---

9 Wie Sie in Kapitel 7 noch sehen werden, bekommen manche Routing-Protokolle wie OSPF und BGP auch Punkt-zu-Punkt Routing-Informationen. Dennoch wird das Paket nur an den nächsten Hop weitergegeben.

Adreßauflösung

Die IP-Adresse und die Routing-Tabelle leiten ein Datagramm in ein bestimmtes physikalisches Netzwerk weiter. Reisen die Daten aber über das Netzwerk, müssen sie den Protokollen der physikalischen Schicht gehorchen, die von diesem Netzwerk verwendet werden. Die dem TCP/IP-Netzwerk zugrundeliegenden physikalischen Netzwerke verstehen die IP-Adressierung nicht. Physikalische Netzwerke verwenden ihre eigenen Adressierungsschemata, und es gibt so viele verschiedene Adressierungsschemata wie es verschiedene Arten physikalischer Netzwerke gibt. Eine Aufgabe der Netzzugangsprotokolle besteht darin, die IP-Adressen in die Adressen des physikalischen Netzwerks abzubilden.

Das wohl üblichste Beispiel dieser Funktion der Netzzugangsschicht ist die Abbildung von IP-Adressen in Ethernet-Adressen. Das diese Funktion übernehmende Protokoll nennt sich *Address Resolution Protocol* (ARP) und ist in RFC 826 definiert.

Die ARP-Software verwaltet eine Tabelle mit Abbildungen zwischen IP-Adressen und Ethernet-Adressen. Diese Tabelle wird dynamisch aufgebaut. Erhält ARP die Aufforderung, eine IP-Adresse umzuwandeln, sucht es diese Adresse zuerst in seiner Tabelle. Wird die Adresse gefunden, liefert ARP die zugehörige Ethernet-Adresse zurück. Kann die Adresse nicht in der Tabelle gefunden werden, schickt ARP ein Broadcast-Paket an jeden Host im Ethernet. Dieses Paket enthält die IP-Adresse, für welche die Ethernet-Adresse gesucht wird. Erkennt ein empfangender Host die IP-Adresse als seine eigene, reagiert er, indem er seine Ethernet-Adresse an den anfragenden Host zurückschickt. Die Antwort wird dann in der ARP-Tabelle abgelegt.

Der Befehl **arp** gibt den Inhalt der ARP-Tabelle aus. Um sich die gesamte ARP-Tabelle anzusehen, müssen Sie den Befehl **arp –a** angeben. Einzelne Einträge können Sie sich ansehen, indem Sie in der Befehlszeile von **arp** den Hostnamen angeben. Wollen Sie sich beispielsweise den Eintrag für *peanut* in der ARP-Tabelle von *almond* ansehen, müssen Sie folgendes eingeben:

```
% arp peanut
peanut (172.16.12.2) at 8:0:20:0:e:c8
```

Die Ausgabe aller Einträge der Tabelle mit der Option –a zeigt folgendes Bild:

```
% arp -a
Net to Media Table
Device   IP Address               Mask          Flags   Phys Addr
------   -------------------      ---------------  -----  ---------------
le0      peanut.nuts.com          255.255.255.255         08:00:20:00:0e:c8
le0      acorn.nuts.com           255.255.255.255         08:00:02:05:21:33
le0      almond.nuts.com          255.255.255.255  SP     08:00:20:22:fd:51
le0      pecan.nuts.com           255.255.255.255         00:20:af:1e:7e:5f
le0      BASE-ADDRESS.MCAST.NET   240.0.0.0        SM     01:00:5e:00:00:00
```

Dieser Tabelle können Sie entnehmen, daß, wenn *almond* an *peanut* adressierte Datagramme weiterleitet, diese in Ethernet-Frames verpackt und an die Ethernet-Adresse 08:00:20:00:0e:c8 weitergegeben werden.

Drei Einträge der Beispieltabelle (*peanut, acorn* und *pecan*) wurden als Ergebnis von Abfragen durch *almond* dynamisch hinzugefügt. Zwei dieser Einträge (*almond* und *BASE-ADDRESS.MCAST.NET*) sind statisch, d.h., sie resultieren aus der Konfiguration von *almond*. Das wissen wir, weil beide Einträge im Flags-Feld den Wert S für »statisch« stehen haben. Der spezielle Eintrag *BASE-ADDRESS.MCAST.NET* gilt für alle Multicast-Adressen. Das M-Flag bedeutet »Mapping« und wird nur für den Multicast-Eintrag verwendet. Bei einem Broadcast-Medium wie Ethernet wird die Ethernet-Broadcastadresse für die Auslieferung an eine Multicast-Gruppe verwendet.

Das P-Flag im Eintrag von *almond* steht für »Published« und bedeutet, daß der Eintrag »veröffentlicht« wird. Empfängt ARP also eine Anfrage für die IP-Adresse von *almond*, antwortet das System mit der Ethernet-Adresse 08:00:20:22:fd:51. Das ist auch logisch, weil dies die ARP-Tabelle auf *almond* ist. Es ist aber auch möglich, die Ethernet-Adressen anderer Hosts zu veröffentlichen, nicht nur die des lokalen Hosts. Diese Beantwortung von ARP-Queries für andere Computer bezeichnet man als *Proxy-ARP*.

Nehmen wir beispielsweise einmal an, daß *acorn* der Server für ein entferntes System namens *hazel* ist. Hazel ist über eine Telefon-Wählleitung angebunden. Statt nun ein Routing zu diesem entfernten System einzurichten, kann der Administrator von *acorn* einen statischen, veröffentlichten Eintrag in der ARP-Tabelle verwenden, der die IP-Adresse von *hazel* und die Ethernet-Adresse von *acorn* enthält. Sobald nun *acorn* eine ARP-Abfrage mit der IP-Adresse von *hazel* hört, antwortet das System mit seiner eigenen Ethernet-Adresse. Die anderen Systeme im Netzwerk senden also alle für *hazel* gedachten Pakete an *acorn*. *acorn* leitet die Pakete dann über die Telefonleitung an *hazel* weiter. Proxy-ARP wird genutzt, um Abfragen für Systeme zu beantworten, die nicht für sich selbst antworten können.

ARP-Tabellen benötigen normalerweise keinerlei Pflege, weil sie automatisch durch das ARP-Protokoll aufgebaut werden. Dieses Protokoll arbeitet sehr stabil. Sollte dennoch einmal etwas schiefgehen, kann die ARP-Tabelle manuell korrigiert werden. Mehr dazu in Kapitel 11 im Abschnitt »Fehlerbehebung mit dem arp-Befehl«.

Protokolle, Ports und Sockets

Sobald die Daten einmal ihre Route durch das Netzwerk gegangen sind und an einen bestimmten Host ausgeliefert wurden, müssen sie noch an den richtigen Benutzer oder Prozeß ausgeliefert werden. Während sich die Daten in den TCP/IP-Schichten nach oben oder unten bewegen, wird ein Mechanismus benötigt, der diese Daten an die richtigen Protokolle innerhalb der Schichten übergibt. Das System muß in der Lage sein, Daten vieler Anwendungen in einigen wenigen Transportprotokollen unterzubringen und aus diesen Transportprotokollen in das Internet-Protokoll zu überführen. Die

Zusammenführung vieler Datenquellen in einen einzigen Datenstrom wird als *Multiplexing* bezeichnet.

Die vom Netzwerk eintreffenden Daten müssen *demultiplext* werden, d.h. für die Auslieferung an mehrere Prozesse aufgeteilt werden. Um diese Aufgabe zu lösen, verwendet IP *Protokollnummern* zur Identifikation der Transportprotokolle. Die Transportprotokolle wiederum verwenden *Portnummern*, um die Anwendungen zu identifizieren.

Einige Protokolle und Portnummern sind für die Identifizierung allgemein bekannter Dienste, der sog. *well-known services*, reserviert. Bei diesen Well-Known-Services handelt es sich um Standard-Netzwerkprotokolle wie FTP und telnet, die üblicherweise innerhalb des gesamten Netzwerks verwendet werden. Die mit diesen allgemein bekannten Diensten verknüpften Protokoll- und Portnummern sind im *Assigned Numbers*-RFC dokumentiert. UNIX-Systeme definieren Protokoll- und Portnummern in zwei gewöhnlichen Textdateien.

Protokollnummern

Die Protokollnummer ist ein einzelnes Byte im dritten Wort des Datagramm-Headers. Dieser Wert bestimmt das Protokoll in der über IP liegenden Schicht, an das die Daten übergeben werden sollen.

Bei UNIX-Systemen sind Protokollnummern in */etc/protocols* definiert. Diese Datei enthält eine einfache Tabelle mit dem Protokollnamen und der mit diesem Namen verknüpften Protokollnummer. Das Format dieser Tabelle ist zeilenorientiert, d.h., jede Zeile enthält einen einzelnen Eintrag, der mit dem offiziellen Protokollnamen beginnt, dem dann, getrennt durch Whitespace, die Protokollnummer folgt. Der Protokollnummer folgt dann durch Whitespace getrennt der »Alias« für den Protokollnamen. Kommentare in der Tabelle beginnen mit einem #. Eine solche */etc/protocols* ist nachfolgend abgebildet:

```
% cat /etc/protocols
#ident  "@(#)protocols 1.2    90/02/03 SMI"   /* SVr4.0 1.1   */

#
# Internet (IP) protocols
#
ip        0       IP      # internet protocol, pseudo protocol number
icmp      1       ICMP    # internet control message protocol
ggp       3       GGP     # gateway-gateway protocol
tcp       6       TCP     # transmission control protocol
egp       8       EGP     # exterior gateway protocol
pup       12      PUP     # PARC universal packet protocol
udp       17      UDP     # user datagram protocol
hmp       20      HMP     # host monitoring protocol
xns-idp 22      XNS-IDP # Xerox NS IDP
rdp       27      RDP     # "reliable datagram" protocol
```

Das obige Listing zeigt den Inhalt der Datei */etc/protocols* bei einer Solaris 2.5.1 Workstation. Diese Liste mit Nummern ist auf gar keinen Fall vollständig. Wenn Sie sich den

Abschnitt mit den Protokollnummern im *Assigned Numbers* RFC ansehen, werden Sie wesentlich mehr Protokollnummern sehen. Andererseits muß ein System nur die Nummern der tatsächlich verwendeten Protokolle aufnehmen. Selbst die obige Liste enthält eigentlich mehr Einträge, als von dieser bestimmten Workstation eigentlich benötigt werden. Diese zusätzlichen Einträge richten aber keinen Schaden an.

Was genau bedeutet diese Tabelle nun? Trifft ein Datagramm ein und entspricht die Zieladresse der lokalen IP-Adresse, dann weiß die IP-Schicht, daß das Datagramm an eines der darüberliegenden Transportprotokolle ausgeliefert werden muß. Um zu entscheiden, welches Protokoll das Datagramm empfangen soll, schaut sich IP die Protokollnummer des Datagramms an. Anhand dieser Tabelle können Sie sehen, daß IP das Datagramm an TCP ausliefert, wenn die Protokollnummer den Wert 6 hat. Lautet die Protokollnummer 17, liefert IP das Datagramm an UDP aus. TCP und UDP sind die beiden Dienste der Transportschicht, die uns betreffen, aber alle hier aufgeführten Protokolle verwenden direkt den Datagramm-Service von IP. Einige dieser Protokolle wie ICMP, EGP und GGP wurden bereits erwähnt. Um die unbedeutenderen Protokolle müssen Sie sich keine Gedanken machen.

Portnummern

Nachdem IP die eingehenden Daten an das Transportprotokoll übergeben hat, leitet das Transportprotokoll diese Daten an den korrekten Anwendungsprozeß weiter. Anwendungsprozesse (auch *Netzwerkdienste* genannt) werden über Portnummern identifiziert, die als 16-Bit-Werte angegeben werden. Die Quell-Portnummer, die den die Daten sendenden Prozeß identifiziert, sowie die Ziel-Portnummer, die den die Daten empfangenden Prozeß identifiziert, sind im ersten Wort des Headers jedes TCP-Segments und UDP-Pakets enthalten.

Bei UNIX-Systemen werden die Portnummern in der Datei */etc/services* definiert. Wie die Größe der Tabelle zeigt, gibt es wesentlich mehr Netzwerkanwendungen als Protokolle der Transportschicht. Die Portnummern unter 256 sind für die Well-Known-Services (wie FTP und telnet) reserviert und im *Assigned Numbers* RFC definiert. Die Portnummern zwischen 256 und 1024 werden für UNIX-spezifische Dienste genutzt. Dabei handelt es sich um solche Dienste wie **rlogin**, die ursprünglich für UNIX-Systeme entwickelt wurden. (Allerdings sind die meisten dieser Dienste heute nicht mehr UNIX-spezifisch.)

Die Portnummern sind nicht zwischen den Protokollen der Transportschicht eindeutig. Sie sind nur innerhalb eines bestimmten Transportprotokolls eindeutig. Mit anderen Worten können TCP und UDP beide die gleichen Portnummern zuweisen (was sie auch tun). Es ist die Kombination aus Protokoll- und Portnummern, die eindeutig den Prozeß identifiziert, an den die Daten ausgeliefert werden sollen.

Ein Ausschnitt aus der */etc/services*-Datei einer Solaris 2.5.1 Workstation ist nachfolgend zu sehen. Das Format dieser Datei ist dem von */etc/protocols* sehr ähnlich. Jeder aus einer Zeile bestehende Eintrag beginnt mit dem offiziellen Namen des Dienstes. Getrennt durch Whitespace folgt dann das mit diesem Dienst verknüpfte Portnummer/

Protokoll-Paar. Die Portnummern werden paarweise mit den Namen der Transportprotokolle verknüpft, weil verschiedene Transportprotokolle die gleiche Portnummer verwenden können. Eine optionale Liste mit Aliases für den offiziellen Namen des Dienstes kann auf das Portnummer/Protokoll-Paar folgen.

```
peanut% cat head -20 /etc/services
#ident   "@(#)services   1.13    95/07/28 SMI"   /* SVr4.0 1.8   */

#
# Network services, Internet style
#
tcpmux          1/tcp
echo            7/tcp
echo            7/udp
discard         9/tcp           sink null
discard         9/udp           sink null
systat          11/tcp          users
daytime         13/tcp
daytime         13/udp
netstat         15/tcp
chargen         19/tcp          ttytst source
chargen         19/udp          ttytst source
ftp-data        20/tcp
ftp             21/tcp
telnet          23/tcp
smtp            25/tcp          mail
```

Diese Tabelle liefert zusammmen mit der Tabelle in */etc/protocols* alle notwendigen Informationen, die zur Auslieferung von Daten an die korrekte Anwendung notwendig sind. Ein Datagramm erreicht sein Ziel basierend auf der Zieladresse im fünften Wort des Datagramm-Headers. Unter Verwendung der Protokollnummer im dritten Wort des Datagramm-Headers liefert IP die Daten aus dem Datagramm an das richtige Protokoll der Transportschicht aus. Das erste Wort der an das Transportprotokoll ausgelieferten Daten enthält die Zielportnummer, die das Transportprotokoll anweist, die Daten zu einer bestimmten Anwendung hochzureichen. Abbildung 2-6 macht diesen Auslieferungsprozeß deutlich.

Trotz ihrer Größe enthält die Datei */etc/protocols* nicht die Portnummer aller allgemein bekannten Anwendungen. Sie werden nicht die Portnummer jedes RPC-Dienstes (*Remote Procedure Call*) in *services* finden. Sun hat für die Reservierung von Ports für RPC-Dienste eine andere Technik entwickelt, die keine Registrierung allgemein bekannter Portnummern verlangt. Wird RPC gestartet, greift sich dieser Dienst jede unbenutzte Portnummer heraus und registriert diese Nummer mit dem **portmapper**.[10] Der **portmapper** ist ein Programm, das die von den RPC-Diensten verwendeten Portnummern nachhält. Möchte ein Client einen RPC-Dienst nutzen, fragt er den auf dem Server laufenden **portmapper** ab, um die diesem Dienst zugewiesene Portnummer zu bestimmen. Der Client kann den **portmapper** finden, weil dieser dem allgemein

---

10 Anm. d. Übersetzers.: Bei Solaris 2.5.1 heißt der **portmapper** übrigens **rpcbind**.

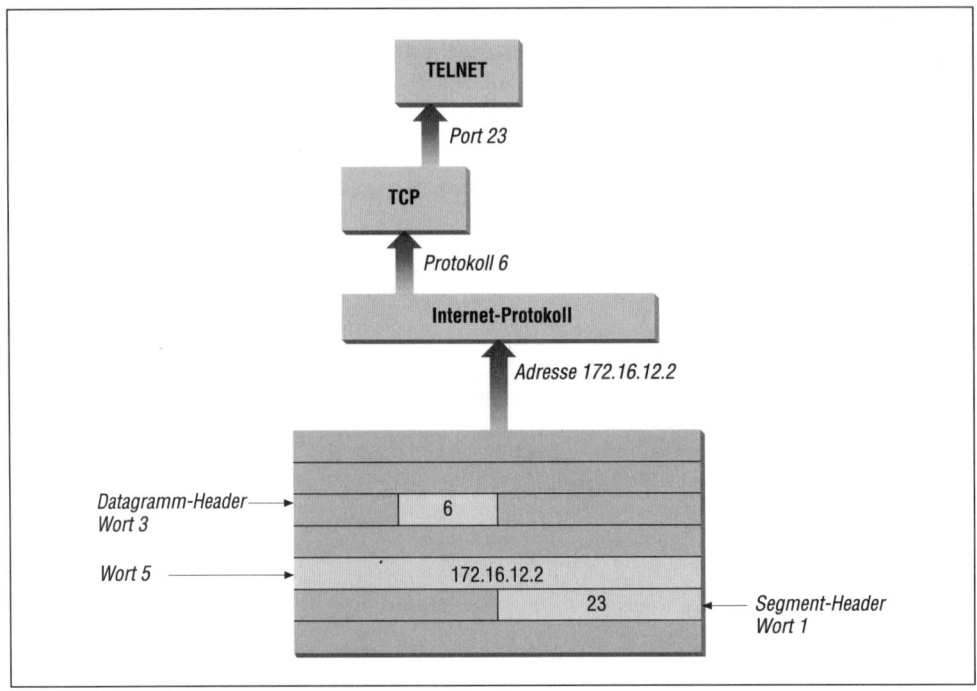

Abbildung 2-6: Protokoll- und Portnummern

bekannten Port 111 zugewiesen ist. Der **portmapper** macht es möglich, allgemein bekannte Dienste zu etablieren, ohne formal einen allgemein bekannten Port erhalten zu müssen.

Sockets

Allgemein bekannte, oder *well-known* Ports sind standardisierte Portnummern, die es entfernten Computern ermöglichen, bestimmte Ports zu verwenden, wenn sie einen bestimmten Netzwerkdienst nutzen wollen. Das vereinfacht den Verbindungsaufbau, weil sowohl der Sender als auch der Empfänger im voraus wissen, daß an einen bestimmten Prozeß gebundene Daten einen bestimmten Port nutzen werden. Zum Beispiel bieten alle Systeme telnet über Port 23 an.

Es gibt einen zweiten Typ von Portnummer, den sog. *dynamisch bereitgestellten Port* (*dynamically allocated port*). Wie es der Name andeutet, sind dynamisch bereitgestellte Ports nicht von vornherein zugewiesen. Vielmehr werden sie Prozessen bei Bedarf zugewiesen. Das System stellt sicher, daß nicht die gleiche Portnummer an zwei Prozesse zugewiesen wird, und daß die zugewiesenen Portnummern über den Standard-Portnummern liegen.

Dynamisch bereitgestellte Ports stellen die Flexibilität zur Verfügung, die zur Unterstützung mehrerer Anwender notwendig ist. Wenn einem telnet-Benutzer die Portnummer

23 sowohl für den Quell- als auch für den Zielport zugewiesen wird, welche Portnummern werden dann dem zweiten Benutzer zugewiesen, der diesen Dienst zur gleichen Zeit nutzen will? Um jede Verbindung eindeutig zu identifizieren, wird dem Quellport die dynamisch bereitgestellte Portnummer zugewiesen, während die allgemein bekannte Portnummer für den Zielport verwendet wird.

Bei unserem telnet-Beispiel erhält der erste Benutzer eine zufällige Quell-Portnummer und die Ziel-Portnummer 23 (telnet). Dem zweiten Benutzer wird eine andere zufällige Quell-Portnummer und der gleiche Zielport zugewiesen. Es ist dieses Paar von (Quell- und Ziel-) Portnummern, das jede Netzwerkverbindung eindeutig identifiziert. Der Zielhost kennt den Quellport, weil er sowohl in TCP-Segment- als auch in UDP-Paketheadern enthalten ist. Beide Hosts kennen den Zielport, weil er ein allgemein bekannter Port ist.

Abbildung 2-7 zeigt den Austausch von Portnummern während des TCP-Handshakes. Der Quellhost erzeugt zufällig einen Quellport, in diesem Beispiel 3044. Er sendet ein Segment mit dem Quellport 3044 und dem Zielport 23. Der Zielhost empfängt das Segment und antwortet mit Port 23 als seinem Quell- und 3044 als seinem Zielport.

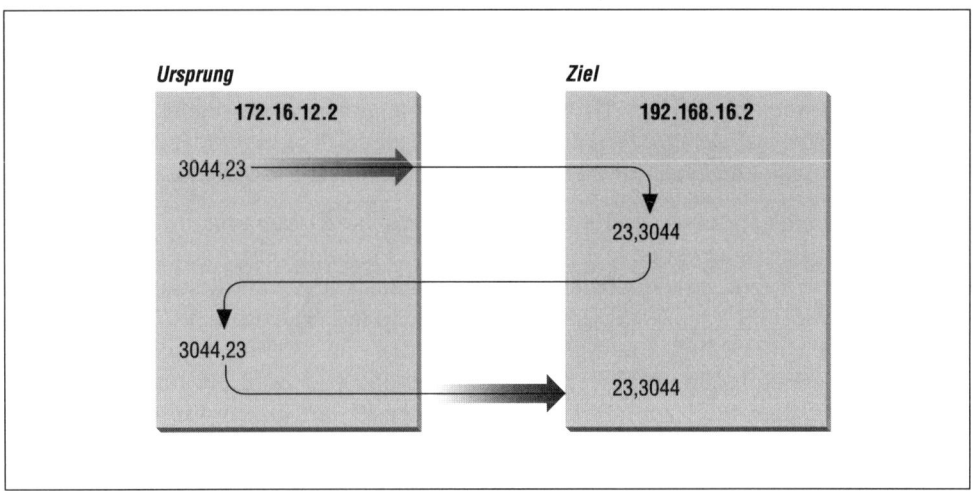

Abbildung 2-7: Übergabe von Portnummern

Die Kombination einer IP-Adresse mit einer Portnummer wird als *Socket* bezeichnet. Ein Socket identifiziert eindeutig einen einzelnen Netzwerkprozeß innerhalb des gesamten Internet. Manchmal werden die Begriffe »Socket« und »Portnummer« einfach ausgetauscht. Tatsächlich werden allgemein bekannte Dienste häufig auch als »allgemein bekannte Sockets« (*well-known sockets*) bezeichnet. Im Rahmen unserer Betrachtung ist ein »Socket« die Kombination aus einer IP-Adresse und einer Portnummer. Ein Socket-Paar (ein Socket für den Empfänger und einer für den Sender) definiert die Verbindung für verbindungsorientierte Protokolle wie TCP.

Lassen Sie uns auf diesem Beispiel dynamisch zugewiesener und allgemein bekannter Ports aufbauen. Nehmen wir einmal an, ein Benutzer an Host 172.16.12.2 nutzt telnet, um eine Verbindung zu Host 192.168.16.2 herzustellen. Host 172.16.12.2 ist dabei der Quellhost. Dem Benutzer wird dynamisch eine eindeutige Portnummer zugewiesen, in diesem Fall 3383. Die Verbindung wird zum telnet-Service des entfernten Hosts aufgebaut, der, entsprechend dem Standard, dem allgemein bekannten Port 23 zugeordnet ist. Der Socket für die Quelle der Verbindung ist 172.16.12.2.3382 (die IP-Adresse 172.16.12.2 zusammen mit der Portnummer 3382). Für die Zielseite der Verbindung lautet der Socket 192.168.16.2.23 (die Adresse 192.168.16.2 zusammen mit Port 23). Der Port des Zielsockets ist beiden Systemen bekannt, weil es sich um einen allgemein bekannten Port handelt. Der Port des Quellsockets ist bekannt, weil der Quellhost den Zielhost bei der Verbindungsanforderung über den Quellsocket informiert hat. Das Socketpaar ist daher beiden Seiten bekannt. Die Kombination aus zwei Sockets identifiziert diese Verbindung eindeutig. Keine andere Verbindung im Netz besitzt dieses Socketpaar.

Zusammenfassung

Dieses Kapitel hat gezeigt, wie Daten durch das globale Internet von einem bestimmten Prozeß auf dem Quellrechner zu einem kooperierenden Prozeß auf der anderen Seite der Welt übertragen werden. TCP/IP arbeitet mit global eindeutigen Adressen, um jeden Computer auf der ganzen Welt zu identifizieren. Es verwendet Protokoll- und Portnummern, um einzelne, auf diesem Computer laufende Prozesse zu identifizieren.

Das Routing leitet für einen entfernten Prozeß gedachte Datagramme durch das Labyrinth des globalen Netzwerks. Dabei verwendet das Routing einen Teil der IP-Adresse, um das Zielnetzwerk zu identifizieren. Jedes System pflegt eine Routing-Tabelle, die beschreibt, wie entfernte Netzwerke zu erreichen sind. Die Routing-Tabelle enthält üblicherweise eine Default-Route, die genutzt wird, wenn die Tabelle keine spezifische Route zu einem entfernten Netzwerk enthält. Eine Route identifiziert nur den nächsten Computer auf dem Pfad zum Ziel. TCP/IP verwendet ein »Schritt-für-Schritt-Routing« (hop-by-hop), bei dem Datagramme schrittweise näher ans Ziel gebracht werden, bis sie schließlich das Zielnetzwerk erreichen.

Am Zielnetzwerk erfolgt die letztendliche Auslieferung unter Verwendung der vollständigen IP-Adresse (einschließlich des Hostteils), die in eine Adresse der physikalischen Schicht umgewandelt wird. Ein Beispiel für den Typ des Protokolls, der zur Umwandlung von IP-Adressen in Adressen der physikalischen Schicht verwendet wird, ist das *Address Resolution Protocol* (ARP). Es wandelt die IP-Adressen für die eigentliche Auslieferung in Ethernet-Adressen um.

Die beiden ersten Kapitel haben die Struktur des TCP/IP-Protokollstacks beschrieben und gezeigt, wie TCP/IP Daten über das Internet transportiert. Im nächsten Kapitel wandern wir im Protokollstack nach oben und sehen uns an, welche Dienste das Netzwerk zur Verfügung stellt, um die Konfiguration und Nutzung zu vereinfachen.

In diesem Kapitel:
- *Namen und Adressen*
- *Die Hosttabelle*
- *Domain Name Service*
- *Mail-Services*
- *Konfigurationsserver*
- *Bootstrap Protocol*
- *File- und Printserver*
- *Zusammenfassung*

3

Netzwerkdienste

Einige Server im Netzwerk stellen grundlegende Dienste zur Verfügung, die nur zwischen Computern verwendet werden. Sie unterscheiden sich von Anwendungsdiensten darin, daß sie nicht direkt von Endanwendern genutzt werden. Vielmehr werden diese Dienste von vernetzten Computern in Anspruch genommen, um die Installation, Konfiguration und den Betrieb des Netzwerks zu vereinfachen.

Die Funktionen der in diesem Kapitel behandelten Server sind sehr unterschiedlich:

- Nameserver wandeln IP-Adressen in Hostnamen um.

- Konfigurationsserver vereinfachen die Installation vernetzter Hosts, indem sie einen Teil oder die gesamte Konfiguration von TCP/IP übernehmen.

- Mailserver sorgen für den netzwerkorientierten Transport von Mails vom Sender zum Empfänger.

- Fileserver ermöglichen Client-Rechnern ein transparente, gemeinsame Nutzung von Dateien.

- Printserver ermöglichen eine zentrale Pflege und gemeinsame Nutzung von Druckern.

Die Server eines TCP/IP-Netzwerks dürfen nicht mit den traditionellen PC-LAN-Servern verwechselt werden. Jeder UNIX-Host in Ihrem Netzwerk kann sowohl Server als auch Client sein. Die Hosts in einem TCP/IP-Netzwerk werden als »Peers« bezeichnet, was soviel bedeutet wie »gleichberechtigte Partner«. Alle Systeme sind gleich. Das Netzwerk ist nicht abhängig von einem einzelnen Server. Alle in diesem Kapitel betrachteten Dienste können auf einem oder mehreren Systemen in Ihrem Netzwerk installiert sein.

Wir beginnen mit der Beschreibung des Nameservice. Er ist einer der grundlegenden Dienste, den Sie in Ihrem Netzwerk mit Sicherheit nutzen werden.

Namen und Adressen

Das Dokument zum Internet-Protokoll[1] definiert Namen, Adressen und Routen frei übersetzt wie folgt:

> *Ein Name gibt an, was wir suchen. Eine Adresse gibt an, wo es ist. Eine Route gibt an, wie man hinkommt.*[2]

Namen, Adressen und Routen verlangen alle die Aufmerksamkeit des Netzwerkadministrators. Routen und Adressen haben wir im vorigen Kapitel behandelt. Dieser Abschnitt beschäftigt sich mit Namen und damit, wie diese durch das Netzwerk verbreitet werden. Jede an ein TCP/IP-Netzwerk angeschlossene Netzwerkschnittstelle wird über eine eindeutige 32-Bit IP-Adresse identifiziert. Ein Name (der sog. *Hostname*) kann jedem Gerät zugewiesen werden, das eine IP-Adresse besitzt. Die Namen werden den Geräten zugewiesen, weil sie, verglichen mit numerischen Internetadressen, einfacher zu merken und einzugeben sind. Die Netzwerk-Software verlangt keine Namen, sie machen es uns Menschen aber leichter, mit dem Netzwerk zu arbeiten.

In den meisten Fällen sind Hostnamen und numerische Adressen austauschbar. Möchte ein Benutzer mit **telnet** auf die Workstation mit der IP-Adresse 172.16.12.2 zugreifen, kann er folgendes eingeben:

```
% telnet 172.16.12.2
```

Er kann aber auch den Hostnamen verwenden, der mit dieser Adresse assoziiert ist:

```
% telnet peanut.nuts.com
```

Gleichgültig, ob Sie nun die Adresse oder den Hostnamen verwenden, die Netzwerkverbindung wird immer basierend auf der IP-Adresse hergestellt. Das System wandelt den Hostnamen in eine Adresse um, bevor die Netzwerkverbindung aufgebaut wird. Der Netzwerkadministrator ist für die Zuordnung von Namen und Adressen verantwortlich und muß diese in einer Datenbank ablegen, die für die Konvertierung genutzt wird.

Die Übersetzung von Namen in Adressen ist nicht einfach eine »lokale« Angelegenheit. Der Befehl **telnet peanut.nuts.com** soll ja schließlich auf jedem System funktionieren, das an das Netzwerk angeschlossen ist. Ist *peanut.nuts.com* an das Internet angeschlossen, müssen Hosts auf der ganzen Welt in der Lage sein, den Namen *peanut.nuts.com* in die richtige Adresse umzuwandeln. Aus diesem Grund müssen bestimmte Einrichtungen existieren, die Informationen über den Hostnamen an alle Hosts im Netzwerk verteilen.

Es gibt zwei gängige Methoden zur Umwandlung von Namen in Adressen. Die ältere Methode sucht den Hostnamen einfach aus einer Tabelle, der sog. *Hosttabelle*, heraus.[3]

---

1 RFC 791, *Internet Protocol*, Jon Postel, ISI, 1981, Seite 7.
2 *A name indicates what we seek. An address indicates where it is. A route indicates how to get there.*
3 Der Network Information Service (NIS) von Sun stellt eine verbesserte Technik für den Zugriff auf die Hosttabelle dar. Wir behandeln NIS in einem späteren Abschnitt.

Die neuere Technik verwendet ein verteiltes Datenbanksystem namens *Domain Name Service* (DNS), um Namen in Adressen umzuwandeln. Wir betrachten zuerst die Hosttabelle.

Die Hosttabelle

Die *Hosttabelle* ist eine einfache Textdatei, die IP-Adressen mit Hostnamen verbindet. Bei den meisten UNIX-Systemen steht diese Tabelle in der Datei */etc/hosts*. Jeder Tabelleneintrag in */etc/hosts* besteht aus einer IP-Adresse, auf die, getrennt durch Whitespace, eine Liste von Hostnamen folgt, die mit dieser Adresse verbunden sind. Kommentare beginnen mit #.

Die Hosttabelle auf *peanut* könnte die folgenden Einträge enthalten:

```
#
# Tabelle mit IP-Adressen und Hostnamen
#
172.16.12.2      peanut.nuts.com peanut
127.0.0.1        localhost
172.16.12.1      almond.nuts.com almond loghost
172.16.12.4      walnut.nuts.com walnut
172.16.12.3      pecan.nuts.com pecan
172.16.1.2       filbert.nuts.com filbert
172.16.6.4       salt.plant.nuts.com salt.plant salt
```

Der erste Eintrag in der Beispieltabelle ist für *peanut* selbst. Die IP-Adresse 172.16.12.2 ist mit dem Hostnamen *peanut.nuts.com* und dem Alternativnamen (oder Alias) *peanut* verknüpft. Der Hostname und alle Aliases werden in die gleiche IP-Adresse aufgelöst, in diesem Fall 172.16.12.2.

Aliases sind für Namensänderungen, wechselnde Schreibweisen und kürzere Hostnamen vorgesehen. Sie erlauben auch »generische Hostnamen«. Sehen Sie sich den Eintrag für 172.16.12.1 an. Ein mit dieser Adresse verknüpfter Alias lautet *loghost*. *loghost* ist ein spezieller Hostname, der vom Syslog-Daemon **syslogd** verwendet wird. Programme wie **syslogd** sind so entworfen, daß sie ihre Ausgaben an einen Host mit einem bestimmten generischen Namen weiterleiten. Sie können diese Ausgaben an jeden gewünschten Host weiterleiten, indem Sie ihm den richtigen generischen Namen als Alias zuweisen. Weitere häufig verwendete generische Hostnamen sind *lprhost*, *mailhost* und *dumphost*.

Der zweite Eintrag unserer Beispieldatei weist die Adresse 127.0.0.1 dem Hostnamen *localhost* zu. Wie bereits erwähnt wurde, ist die Klasse-A-Netzwerkadresse 127 für das Loopback-Netzwerk reserviert. Die Hostadresse 127.0.0.1 hat eine besondere Aufgabe. Sie wird als Loopback-Adresse für den lokalen Host verwendet, daher auch der Hostname *localhost*. Diese spezielle Adressierungskonvention erlaubt es dem Host, sich auf die gleiche Weise zu adressieren wie entfernte Hosts. Die Loopback-Adresse vereinfacht die Softwareentwicklung, weil der gleiche Code zur Kommunikation mit lokalen und entfernten Prozessen genutzt werden kann. Diese Adressierungskonvention reduziert auch das Datenaufkommen im Netzwerk, weil die Adresse des *localhost* mit einem Loopback-Device verknüpft ist, das die Daten an den Host zurückschickt, bevor sie an das Netzwerk übergeben werden.

Obwohl die Hosttabelle durch das DNS abgelöst wurde, ist sie immer noch weit verbreitet. Dafür gibt es verschiedene Gründe:

- Die meisten Systeme besitzen nur kleine Hosttabellen mit den Namen und Adressen der wichtigsten Hosts im lokalen Netzwerk. Diese kleine Tabelle wird verwendet, wenn DNS nicht läuft und wenn das System hochgefahren wird. Selbst wenn Sie mit DNS arbeiten, sollten Sie eine kleine */etc/hosts* anlegen, die Einträge für Ihren Host, für *localhost* sowie für die Gateways und Server Ihres lokalen Netzes enthält.

- Mit NIS arbeitende Sites verwenden die Hosttabelle als Eingabe für die NIS-Hostdatenbank. Sie können NIS zusammen mit DNS verwenden, doch selbst wenn beide zusammen genutzt werden, legen die meisten NIS-Sites Hosttabellen an, die einen Eintrag für jeden Host im lokalen Netzwerk enthalten. Kapitel 9 erklärt, wie man NIS mit DNS verwendet.

- Sehr kleine Sites, die nicht mit dem Internet verbunden sind, verwenden manchmal die Hosttabelle. Wenn es nur wenige Hosts gibt, wenn sich die Informationen über diese Hosts nur selten ändern und wenn nicht via TCP/IP mit entfernten Sites kommuniziert werden muß, dann bringt die Verwendung von DNS kaum Vorteile.

Das alte Hosttabellensystem ist für das globale Internet aus zwei Gründen nicht geeignet: dem Mangel an Skalierbarkeit sowie dem Fehlen eines automatisierten Aktualisierungsprozesses. Vor der Einführung des DNS hat das Network Information Center (NIC) eine riesige Tabelle mit Internet-Hosts, die sog. *NIC-Hosttabelle*, gepflegt. Die in dieser Tabelle eingetragenen Hosts wurden als *registrierte Hosts* bezeichnet, und das NIC hat die Hostnamen und Adressen aller Sites im Internet in diese Datei eingetragen.

Selbst als die Hosttabelle das primäre Mittel zur Übersetzung von Hostnamen in IP-Adressen war, registrierten die meisten Sites nur eine beschränkte Anzahl von Schlüsselsystemen. Doch trotz dieser beschränkten Registrierung wurde die Hosttabelle so groß, daß sie als Mittel zur Umwandlung von Hostnamen in IP-Adressen bald nicht mehr leistungsfähig genug war. Mit einer einfachen Tabelle ist es nicht möglich, einen Dienst zur Verfügung zu stellen, der die enorme Anzahl an Hosts im heutigen Internet adäquat verarbeiten könnte.

Ein anderes Problem der Hosttabelle ist das Fehlen einer Technik, mit der Informationen über neu registrierte Hosts automatisch verteilt werden können. Neu registrierte Hosts können erst über den Namen referenziert werden, sobald eine Site die neue Version der Hosttabelle besitzt. Andererseits gibt es keine Garantie, daß die Hosttabelle an eine Site weitergegeben wird. Das NIC wußte nicht, wer eine aktuelle Version der Tabelle besaß und wer nicht. Dieses Fehlen einer garantierten, einheitlichen Verteilung ist ein wesentlicher Mangel von Hosttabellen.

Einige UNIX-Versionen stellen den Befehl **htable** zur Verfügung, mit dem die */etc/hosts* und */etc/networks* automatisch aus der NIC-Hosttabelle erzeugt werden. **htable** und die NIC-Hosttabelle werden zwar nicht mehr zur Generierung der */etc/hosts* verwendet; dennoch ist dieser Befehl immer noch nützlich, um */etc/networks* zu erzeugen. Die Datei */etc/networks* wird immer noch verwendet, um Netzwerkadressen auf Netzwerknamen abzubilden, weil viele Netzwerknamen nicht in der DNS-Datenbank enthalten sind. Um die Datei */etc/networks* zu generieren, müssen Sie die Datei *ftp://rs.internic.net/netinfo/networks.txt* in ein lokales Arbeitsverzeichnis herunterladen. Danach führen Sie den Befehl **htable networks.txt** aus. Entfernen Sie die von **htable** erzeugte *hosts*- und *gateways*-Datei, und verschieben Sie die Datei *networks* in das Verzeichnis */etc*.

Wir werden die NIC-Hosttabelle nicht weiter behandeln. Sie ist veraltet und wurde durch das DNS ersetzt. Alle an das Internet angebundenen Hosts sollten das DNS verwenden.

Domain Name Service

Das Domain Name System (DNS) behebt zwei wesentliche Mängel der Hosttabelle:

- DNS verfügt über eine gute Skalierbarkeit. Es hängt nicht von einer einzigen großen Tabelle ab, sondern arbeitet mit einem verteilten Datenbanksystem, das nicht in die Knie geht, wenn die Datenbank wächst. Das DNS enthält momentan Informationen über etwa 16 Millionen Hosts, während in der Hosttabelle weniger als 10.000 aufgeführt sind.

- Das DNS garantiert, daß Informationen über neue Hosts bei Bedarf im restlichen Netzwerk verbreitet werden.

Informationen werden automatisch verteilt, aber auch nur an diejenigen, die es interessiert. Das Ganze funktioniert wie folgt: Erhält ein DNS-Server eine Anfrage nach Informationen zu einem Host, zu dem er keine Informationen besitzt, leitet er diese Anfrage an einen »maßgeblichen« Server, engl. *authoritative Server*, weiter. Ein solcher maßgeblicher Server ist der Server, der für die Pflege der richtigen Informationen über die abgefragte Domain zuständig ist. Antwortet ein solcher maßgeblicher Server, legt der lokale Server die Antwort für zukünftige Abfragen in seinem *Cache* ab. Beim nächsten Abruf dieser Information kann der lokale Server die Antwort selbst liefern. Diese Fähigkeit der Kontrolle von Hostinformationen über eine maßgebliche Quelle sowie die automatische Verteilung richtiger Informationen machen das DNS der Hosttabelle weit überlegen, selbst bei Netzwerken, die nicht direkt an das Internet angebunden sind.

Neben der Hosttabelle hat das DNS auch eine frühere Form des Nameservice ersetzt. Leider werden sowohl der alte als auch der neue Dienst im allgemeinen als *Nameservice* bezeichnet. Beide sind in der Datei */etc/services* aufgeführt. In dieser Datei ist dem alten Service der UDP-Port 42 zugeordnet, und er wird *nameserver* oder *name* genannt. Dem DNS-Nameservice ist der Port 53 zugeordnet, und er wird als *domain* bezeichnet.

Es liegt in der Natur der Sache, daß es einige Verwirrung um diese beiden Nameserver gibt. In diesem Buch wird nur DNS behandelt. Wenn wir den Begriff »Nameservice« verwenden, meinen wir immer DNS.

Die Domain-Hierarchie

Das DNS ist ein verteiltes, hierarchisches System zur Auflösung von Hostnamen in IP-Adressen. Beim DNS gibt es keine zentrale Datenbank mit allen Informationen zu Internet-Hosts. Die Information wird zwischen Tausenden von Nameservern verteilt, die in einer Hierarchie angeordnet sind, die der des UNIX-Dateisystems ähnlich ist. Das DNS besitzt eine *Root-Domain* ganz oben in der Domain-Hierarchie, die von einer Gruppe von Nameservern bedient wird, die als *Root-Server* bezeichnet werden.

Genau wie man Verzeichnisse in einem UNIX-Dateisystem findet, indem man dem Pfad vom Root-Verzeichnis durch untergeordnete Verzeichnisse bis zum Zielverzeichnis folgt, finden Sie auch Informationen über eine Domain, indem Sie Verweisen von der Root-Domain über untergeordnete Domains bis hin zur Zieldomain folgen.

Direkt unterhalb der Root-Domain befinden sich die *Top-Level-Domains*. Es gibt zwei grundlegende Arten von Top-Level-Domains – geografische und organisatorische. Geografische Domains wurden für jedes Land der Welt eingerichtet und werden über einen aus zwei Buchstaben bestehenden Code bestimmt. Zum Beispiel ist Großbritannien die Domain UK, Japan ist JP, und die Vereinigten Staaten sind US. Wir in Deutschland sind DE.

In den Vereinigten Staaten sind die organisatorischen Domains weiter verbreitet, d.h., die Mitgliedschaft in einer Domain basiert auf der Art der Organisation (kommerziell, militärisch etc.), der das System angehört.[4] Die in den Vereinigten Staaten verwendeten Top-Level-Domains sind:

com

   Kommerzielle Organisationen

edu

   Bildungseinrichtungen

gov

   Bundesbehörden

mil

   Militäreinrichtungen

net

   Netzwerk-Organisationen, wie z.B. Network Operation Center

---

4 Es gibt keinen Zusammenhang zwischen organisatorischen und geografischen Domains. Jedes System gehört entweder einer organisatorischen oder einer geografischen Domain an, nicht beiden.

int

Internationale Behörden

org

Organisationen, die nicht in das obige Schema passen, etwa gemeinnützige Organisationen.

Verschiedene Vorschläge wurden gemacht, die Anzahl der Top-Level-Domains zu erhöhen. Die vorgeschlagenen Domains werden als *Generische Top-Level-Domains* oder gTLDs bezeichnet. Die Vorschläge rufen zur Einrichtung zusätzlicher Top-Level-Domains sowie zur Einrichtung neuer Anmeldestellen zur Verwaltung dieser Domains auf. Momentan werden diese Domains von einer einzigen Anmeldestelle verwaltet – dem InterNIC. Ein Grund für diese Bestrebungen ist die Größe der *.com*-Domain. Sie ist so groß, daß manche Leute glauben, es werde schwierig, eine effiziente *.com*-Datenbank zu pflegen. Der größte Anreiz zur Einführung neuer gTLDs ist das Geld. Nachdem das InterNIC nun jährlich 50 Dollar für die Registrierung einer dieser Domains verlangt, sehen einige Leute das InterNIC als profitables Monopol. Sie wollen eine Möglichkeit, ihr eigenes »Geschäft« mit der Registrierung von Domains zu machen. Eine schnelle Lösung, dieser Forderung nachzukommen, besteht darin, weitere offizielle Top-Level-Domains und neue Anmeldestellen einzurichten. Der bekannteste Vorschlag für gTLDs stammt vom *International Ad Hoc Committee* (IAHC). Das IAHC schlägt die folgenden neuen generischen Top-Level-Domains vor:

firm

Unternehmen

store

Waren verkaufende Unternehmen

web

Auf das World Wide Web konzentrierte Organisationen

arts

Organisationen aus Kultur und Unterhaltung

rec

Organisationen aus Freizeit und Unterhaltung

info

Informationsdienste anbietende Sites

nom

Einzelpersonen oder Organisationen, die ihre eigene Nomenklatur definieren wollen.

Wird der IAHC-Vorschlag übernommen? Wird er überarbeitet? Wird ein anderer Vorschlag siegen? Ich weiß es nicht. Es gibt eine Reihe weiterer Vorschläge und, wie immer, wenn es um Geld geht, eine Vielzahl von Kontroversen. Während dieser Text geschrieben wird, lauten die offiziellen organisatorischen Domain-Namen wie folgt: *com, edu, gov, mil, net, int* und *org*.

Abbildung 3-1 verdeutlicht die Domain-Hierarchie unter Verwendung organisatorischer Top-Level-Domains. Ganz oben befindet sich die Root-Domain. Direkt unter der Root-Domain befinden sich die Top-Level-Domains. Die Root-Server besitzen nur über die Top-Level-Domains vollständige Informationen. Kein Server, nicht einmal ein Root-Server, besitzt vollständige Informationen über alle Domains. Die Root-Server besitzen aber Zeiger auf Server für die Second-Level-Domains.[5] So wissen die Root-Server also möglicherweise nicht die Antwort auf eine Frage (»Query«), aber sie wissen, wen sie fragen müssen.

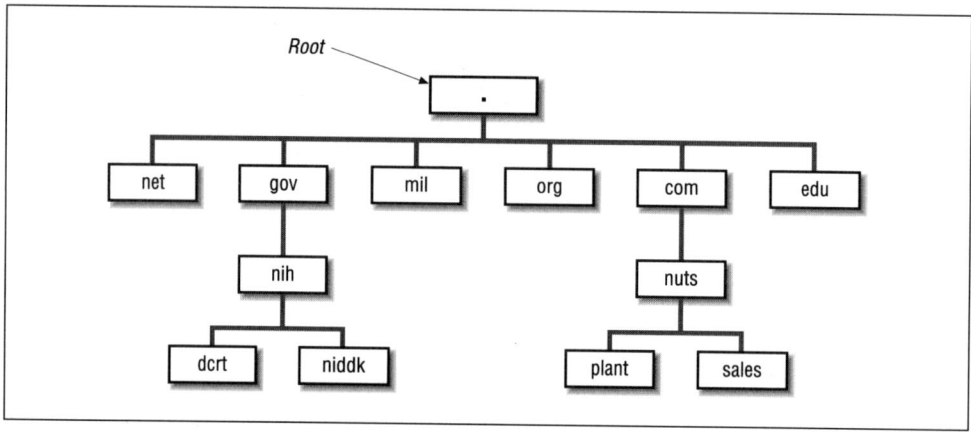

Abbildung 3-1: Domain-Hierarchie

Domains und Subdomains anlegen

Das Network Information Center hat in den Vereinigten Staaten die Befugnis zur Vergabe von Domains. Wollen Sie eine eigene Domain aufbauen, wenden Sie sich an das NIC, um unter einer der organisatorischen Top-Level-Domains Ihre eigene betreiben zu können. Diese Aufgabe wird in Deutschland vom DE-NIC übernommen, allerdings erfolgt die Konnektierung normalerweise nicht direkt, sondern über einen Provider. Sobald Ihnen das Recht zum Aufbau der Domain vergeben wurde, können Sie zusätzliche Domains, sog. *Subdomains*, unter Ihrer Domain einrichten. Nehmen wir unser imaginäres Nuß-Unternehmen als Beispiel dafür, wie so etwas funktioniert.

Unser Unternehmen ist (wie wir hoffen) kommerziell erfolgreich und erzielt Gewinne. Es fällt also klar unter die *com*-Domain. Wir wenden uns daher an das NIC mit der Bitte, eine Domain namens *nuts* innerhalb der *com*-Domain aufbauen zu dürfen. Der Antrag für die neue Domain enthält die Hostnamen und Adressen von mindestens zwei Servern, die den Nameservice für die neue Domain übernehmen. (Kapitel 4 behandelt dieses Thema ausführlich.) Stimmt das NIC dem Antrag zu, fügt es in der *com*-Domain Zeiger auf die Nameserver der neuen Domain ein. Von den Root-Servern empfangene Queries für die Domain *nuts.com* werden dann an die neuen Nameserver verwiesen.

---

5 Abb. 3-1 zeigt zwei Second-Level-Domains: *nih* unter *gov* und *nuts* unter *com*.

Die Zustimmung des NIC gibt uns die vollständige Autorität über die neue Domain. Alle registrierten Domains besitzen die Möglichkeit, die Domain in Subdomains aufzuteilen. Unser imaginäres Unternehmen kann separate Domains für den Vertrieb (*sales.nuts.com*) und für die Produktion (*plant.nuts.com*) einrichten, ohne sich mit dem NIC absprechen zu müssen. Die Entscheidung über neue Subdomains obliegt einzig und allein dem lokalen Domain-Administrator.

Die Vergabe von Namen ähnelt auf bestimmte Weise der Vergabe von Adressen. Das NIC weist einer Organisation eine Netzwerkadresse zu, und die Organisation vergibt Subnetz- und Hostadressen innerhalb dieser Netzwerkadresse. In der gleichen Art weist das NIC einer Organisation eine Domain zu, und die Organisation vergibt Subdomains und Hostnamen innerhalb dieser Domain. Das NIC ist die zentrale Stelle, die die Autorität und Kontrolle über Namen und Adressen an einzelne Organisationen delegiert. Sobald diese Autorität einmal vergeben wurde, ist die jeweilige Organisation für die Pflege der ihr zugewiesenen Namen und Adressen selbst verantwortlich.

Die Parallele zwischen Subnetz- und Subdomain-Zuweisung kann verwirrend sein. Subnetze und Subdomains sind nicht miteinander verknüpft. Eine Subdomain kann Informationen über Hosts von verschiedenen Netzwerken enthalten. Das Anlegen eines Subnetzes erfordert nicht die Einrichtung einer neuen Subdomain, und die Einrichtung einer neuen Subdomain erfordert nicht das Anlegen eines neuen Subnetzes.

Der Zugriff auf eine neue Subdomain ist möglich, sobald Zeiger auf die Server der neuen Domain in der darüberliegenden Domain eingetragen worden sind (siehe Abbildung 3-1). Entfernte Server können die Domain *nuts.com* nicht lokalisieren, solange kein Verweis auf deren Server in der *com*-Domain steht. Ebenso können die Subdomains *sales* und *plant* nicht erreicht werden, solange keine Verweise bei *nuts.com* eingetragen wurden. Das Record (der Datensatz) der DNS-Datenbank, das auf die Nameserver einer Domain zeigt, ist das NS- (*name server*) Record. Dieses Record enthält den Namen der Domain und den Namen des Hosts, der als Server für diese Domain fungiert. Kapitel 8 beschreibt die DNS-Datenbank genauer. Stellen Sie sich die Records für den Augenblick einfach als Zeiger vor.

Abbildung 3-2 zeigt, wie NS-Records als Zeiger verwendet werden. Ein lokaler Server muß *salt.plant.nuts.com* in eine IP-Adresse umwandeln. Der Server besitzt in seinem Cache keine Informationen über *nuts.com* und fragt daher einen Root-Server (in unserem Beispiel *terp.umd.edu*) nach der Adresse. Der Root-Server antwortet mit einem NS-Record, das auf *almond.nuts.com* als Informationsquelle für *nuts.com* verweist. Der lokale Server fragt *almond*, der wiederum auf *pack.plant.nuts.com* als Server für *plant.nuts.com* verweist. Der lokale Server fragt *pack.plant.nuts.com* und erhält schließlich die gewünschte Adresse. Der lokale Server legt das A-Record (Adresse) und alle NS-Records in seinem Cache ab. Bei der nächsten Query für *salt.plant.nuts.com* beantwortet er die Abfrage selbst. Und sollte eine andere Query für die Domain *nuts.com* eingehen, spricht der lokale Server direkt *almond* an, ohne den Root-Server belästigen zu müssen.

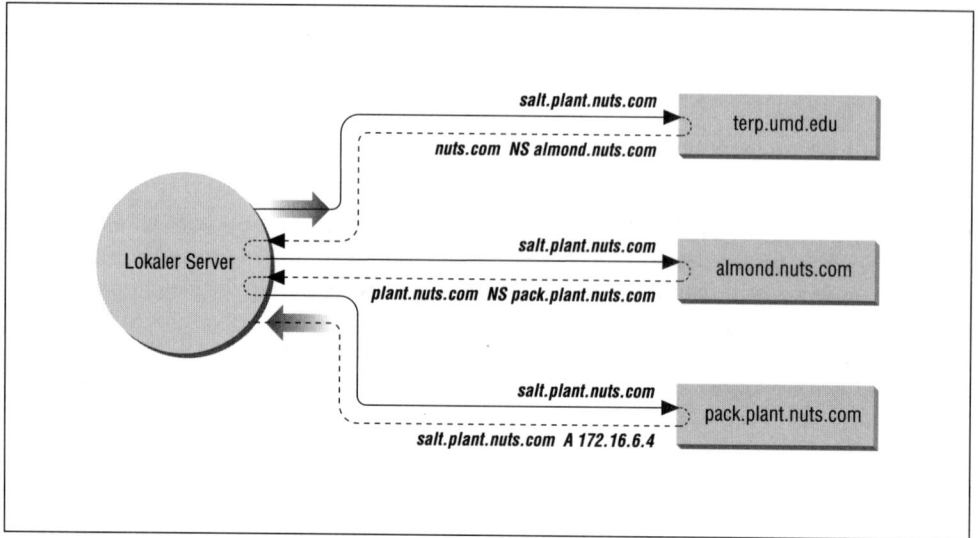

Abbildung 3-2: Nichtrekursive Query

Abbildung 3-2 ist ein Beispiel für eine nichtrekursive Query. Bei einer *nichtrekursiven* Query teilt der entfernte Server dem lokalen Server mit, wen er als nächstes befragen muß. Der lokale Server muß den Verweisen dann selbst folgen. Bei einer *rekursiven* Suche folgt der entfernte Server den Zeigern und liefert dem lokalen Server die eigentliche Antwort mit. Root-Server führen generell nur nichtrekursive Suchen durch.

Domain-Namen

Domain-Namen spiegeln die Domain-Hierarchie wider. Domain-Namen werden in der Reihenfolge von sehr genau (ein Hostname) bis sehr allgemein (eine Top-Level-Domain) geschrieben, wobei jeder Teil des Domain-Namens durch einen Punkt getrennt wird.[6] Ein voll qualifizierter Domain-Name (*fully qualified domain name*, FQDN) beginnt mit einem bestimmten Host und endet mit einer Top-Level-Domain. *peanut.nuts.com* ist der FQDN der Workstation *peanut* in der Domain *nuts* unterhalb der Domain *com*.

Domain-Namen werden nicht immer in Form voll qualifizierter Domain-Namen geschrieben. Domain-Namen können auch relativ zur *Standard-Domain* (default domain) angegeben werden. Das funktioniert auf die gleiche Weise, in der man UNIX-Pfadnamen relativ zum aktuellen (Standard) Arbeitsverzeichnis angibt. DNS fügt der Benutzereingabe die Standard-Domain hinzu, wenn eine Abfrage für den Nameserver konstruiert wird. Ist die Standard-Domain also beispielsweise *nuts.com*, kann ein Benutzer die Erweiterung *nuts.com* für jeden Hostnamen in dieser Domain einfach

---

6 Die Root-Domain wird durch einen einzelnen Punkt symbolisiert, d.h. der Root-Name ist ein Nullname, der einfach als ».« geschrieben wird.

weglassen. *almond.nuts.com* könnte einfach als *almond* angesprochen werden. DNS fügt die Standard-Domain *nuts.com* selbständig hinzu.

Dieses Feature ist bei verschiedenen Systemen auf unterschiedliche Arten implementiert; es gibt allerdings zwei dominierende Techniken. Bei einigen Systemen wird die Erweiterung zu jeder Anforderung hinzugefügt, es sei denn, sie *endet* mit einem Punkt, d.h., sie ist bis zur Root qualifiziert. Nehmen wir beispielsweise einmal an, es gibt einen Host namens *salt* in der Subdomain *plant* der Domain *nuts.com*. *salt.plant* endet nicht mit einem Punkt, weshalb *nuts.com* angehängt wird, was zu *salt.plant.nuts.com* führt. Bei den meisten Systemen wird die Erweiterung jedoch nur hinzugefügt, wenn der gefragte Name keinen Punkt enthält. Bei dieser Art von System würde *salt.plant* nicht erweitert werden und könnte daher vom Nameserver nicht aufgelöst werden, weil *plant* keine gültige Top-Level-Domain ist. *almond* hingegen, bei dem kein Punkt eingebettet ist, würde mit *nuts.com* erweitert werden, was den gültigen Domain-Namen *almond. nuts.com* ergeben würde.

Wie die Standard-Domain verwendet wird und wie Queries konstruiert werden, hängt von der Softwareimplementierung ab. Das kann sogar je nach Release variieren. Aus diesem Grund sollten Sie sehr vorsichtig sein, wenn Sie einen Hostnamen in einem Programm einbetten. Nur voll qualifizierte Domain-Namen oder IP-Adressen sind gegen Änderungen in der Nameserver-Software immun.

BIND, resolver und named

Die bei den meisten UNIX-Systemen verwendete DNS-Implementierung ist die *Berkeley Internet Name Domain* (BIND) Software. Die Erläuterungen in diesem Buch basieren auf der BIND-Nameserver-Implementierung.

DNS-Software besteht konzeptionell aus zwei Komponenten – einem Resolver und einem Nameserver. Der *Resolver* ist die Software, die die Queries formuliert, sie stellt die Fragen. Der *Nameserver* ist der auf Queries reagierende Prozeß, er beantwortet die Fragen.

Der Resolver existiert nicht als einzelner Prozeß, der auf dem Computer ausgeführt wird. Vielmehr ist der Resolver eine Bibliothek aus Software-Routinen (»Resolver-Code« genannt) die beim Linker in alle Programme eingebunden werden, die Adressen auflösen müssen. Diese Bibliothek weiß, wie Nameserver nach Hostinformationen abzufragen sind.

Bei BIND verwenden alle Computer den Resolver-Code, aber nicht alle Rechner haben den Nameserver-Prozeß laufen. Führt ein Computer keinen lokalen Nameserver-Prozeß aus, d.h., ist er von anderen Systemen für die Beantwortung aller Nameservices abhängig, spricht man von einem reinen Resolver-System (*Resolver-Only-System*). Reine Resolver-Konfigurationen sind bei Einbenutzer-Systemen üblich. Größere UNIX-Systeme führen einen lokalen Nameserver-Prozeß aus.

Der BIND-Nameserver wird als getrennter Prozeß namens *named* (ausgesprochen wie das englische »name« und das deutsche »die«) ausgeführt. Nameserver werden, je nach Konfiguration, unterschiedlich klassifiziert. Die drei Hauptkategorien für Nameserver sind:

Primary

Der primäre Server (*Primary Server*) ist der Server, von dem alle Daten über eine Domain abgeleitet werden. Dieser primäre Server lädt die Informationen zu einer Domain direkt von einer Datei auf der Festplatte, die vom Domain-Administrator angelegt wurde. Primäre Server sind »maßgeblich« (*authoritative*), was bedeutet, daß sie die vollständigen Informationen über ihre Domain besitzen und daß ihre Antworten immer richtig sind. Für eine Domain darf es nur einen primären Server geben.

Secondary

Sekundäre Server (*Secondary Server*) laden die gesamte Domain-Datenbank vom Primary herunter. Die Datenbankdatei einer bestimmten Zone wird als »Zonendatei«, oder *Zone File*, bezeichnet. Das Kopieren dieser Datei auf einen sekundären Server bezeichnet man als *Zone File Transfer*. Ein sekundärer Server stellt sicher, daß er die aktuellen Informationen über eine Domain besitzt, indem er die Zonendatei der Domain in regelmäßigen Abständen einliest. Sekundäre Server besitzen über ihre Domain ebenfalls die Autorität.

Caching-Only

Caching-Only-Server erhalten alle Antworten auf Nameserver-Queries von anderen Nameservern. Sobald der Caching-Server die Antwort auf eine Query erhalten hat, legt er die Information in seinem Cache ab und verwendet sie, um zukünftige Anfragen selbst zu beantworten. Die meisten Nameserver speichern Antworten im Cache und nutzen sie dann weiter. Was den Caching-Only-Server aber so einzigartig macht, ist die Tatsache, daß dies die einzige von ihm verwendete Technik zum Aufbau seiner Domain-Datenbank ist. Caching-Server sind »nicht-maßgeblich« (*non-authoritative*), was bedeutet, daß ihre Informationen aus zweiter Hand und unvollständig, wenn auch meistens richtig sind.

Die Beziehung zwischen den verschiedenen Server-Typen ist ein Vorteil, den das DNS gegenüber der Hosttabelle der meisten Netzwerke hat, selbst der sehr kleiner Netzwerke. Beim DNS darf es nur einen primären Nameserver pro Domain geben. Die DNS-Daten werden vom Domain-Administrator in die Datenbank des primären Servers eingetragen. Damit hat der Administrator die zentrale Kontrolle über die Host-Informationen. Eine automatisch verteilte, zentral kontrollierte Datenbank ist ein Vorteil für Netzwerke jeder Größe. Wenn Sie ein neues System in das Netzwerk einbinden, müssen Sie nicht die */etc/hosts* auf jedem Knoten des Netzwerks anpassen; Sie modifizieren nur die DNS-Datenbank auf dem primären Server. Die Informationen werden den anderen Systemen dann bei vollständigen Zonentransfers oder durch das Caching einzelner Antworten automatisch mitgeteilt.

Network Information Service

Der *Network Information Service* (NIS)[7] ist ein von Sun Microsystems entwickeltes, administratives Datenbanksystem. Es ermöglicht die zentrale Kontrolle und automatische Verbreitung wichtiger administrativer Dateien. NIS kann zusammen mit oder alternativ zum DNS eingesetzt werden.

NIS und DNS besitzen Ähnlichkeiten, aber auch Unterschiede. NIS löst das Problem der akkuraten Verteilung der Hosttabelle auf die gleiche Weise wie DNS. Im Gegensatz zum DNS steht dieser Service aber nur lokalen Netzwerken zur Verfügung. NIS ist nicht als Dienst für das gesamte Internet gedacht. Ein weiterer Unterschied ist, daß NIS Zugriff auf einen größeren Informationsbereich bietet als DNS – viel mehr als nur die Umwandlung von Namen in Adressen. Es wandelt verschiedene Standard-UNIX-Dateien in Datenbanken um, die über das Netzwerk abgefragt werden können. Diese Datenbanken werden als *NIS-Maps* bezeichnet.

NIS wandelt solche Dateien wie */etc/hosts* und */etc/networks* in Maps um. Diese Maps können auf einem zentralen Server abgelegt werden, auf dem sie zentral verwaltet werden können, während sie gleichzeitig für NIS-Clients zu erreichen sind. Da die Maps sowohl zentral verwaltet als auch automatisch an Benutzer verteilt werden können, umgeht NIS einen der Hauptmängel der Hosttabelle. Für Internet-Hosts ist NIS aber keine Alternative zu DNS, weil die Hosttabelle, und damit NIS, nur einen Teil der bei DNS verfügbaren Informationen enthält. Aus diesem Grund werden DNS und NIS meist zusammen verwendet.

Dieser Abschnitt hat das Konzept von Hostnamen eingeführt und einen Überblick über die verschiedenen Techniken gegeben, die zur Übersetzung von Hostnamen in IP-Adressen verwendet werden. Das war jedoch noch lange nicht alles zu diesem Thema. Die Vergabe von Hostnamen und die Pflege des Nameservice sind wichtige Aufgaben des Netzwerkadministrators. Dieser Themenbereich wird daher wiederholt im Buch angesprochen und in Kapitel 8 ausführlich behandelt werden.

Der Nameservice ist nicht der einzige Dienst, den Sie für Ihr Netzwerk einrichten werden. Ein weiterer Service, den Sie sicher verwenden werden, ist die elektronische Post.

Mail-Services

Die Anwender betrachten E-Mail als wichtigsten Netzwerk-Service, weil sie ihn zur persönlichen Kommunikation verwenden. Einige Anwendungen sind neueren Datums und daher etwas schicker. Andere Anwendungen verbrauchen mehr Bandbreite. Wieder andere sind für den fortlaufenden Betrieb des Netzwerks unerläßlich. Aber E-Mail ist die Anwendung, die die Leute zur Kommunikation miteinander verwenden. Sie ist nicht besonders schick, aber sehr lebendig.

---

7 NIS wurde früher als »Yellow Pages« (also »Gelbe Seiten«), oder *yp* bezeichnet. Obwohl sich der Name geändert hat, wird die Abkürzung *yp* immer noch verwendet.

TCP/IP stellt ein zuverlässiges, flexibles E-Mail-System bereit, das auf einigen wenigen grundlegenden Protokollen basiert. Diese Protokolle sind: *Simple Mail Transfer Protocol* (SMTP), *Post Office Protocol* (POP) und *Multipurpose Internet Mail Extensions* (MIME). Es gibt noch weitere TCP/IP-Mail-Protokolle. Das in RFC 1176 definierte *Interactive Mail Access Protocol* ist ein interessantes Protokoll, das POP verdrängen soll. Es besitzt Merkmale wie entfernte Textsuchen und Message-Parsing, die POP nicht kennt. Wir werden IMAP nur kurz ansprechen. Dieses und andere Protokolle besitzen sehr interessante Eigenschaften, sind aber bislang noch nicht häufig implementiert.

Unsere Betrachtung konzentriert sich auf die drei Protokolle, die Sie beim Aufbau Ihres Netzwerks am wahrscheinlichsten verwenden werden: SMTP, POP und MIME. Wir beginnen mit SMTP, der Grundlage aller E-Mail-Systeme unter TCP/IP.

Simple Mail Transfer Protocol

SMTP ist das TCP/IP-Protokoll zur Auslieferung von E-Mail. Es transportiert Mails über das Internet und innerhalb Ihres lokalen Netzwerks. SMTP ist in RFC 821, *A Simple Mail Transfer Protocol*, definiert. Es verwendet den zuverlässigen, verbindungsorientierten Service des *Transmission Control Protocol* (TCP) und nutzt den allgemein bekannten Port 25.[8] Tabelle 3-1 führt einige der einfachen, für Menschen durchaus lesbaren Befehle auf, die SMTP verwendet.

Tabelle 3-1: SMTP-Befehle

Befehl	Syntax	Funktion
Hello	**HELO** `<sendender-host>`	Identifiziert sendendes SMTP
From	**MAIL FROM:**`<von-adresse>`	Adresse des Absenders
Recipient	**RCPT TO:**`<an-adresse>`	Adresse des Empfängers
Data	**DATA**	Beginn der Nachricht
Reset	**RSET**	Abbrechen einer Nachricht
Verify	**VRFY** `<string>`	Benutzernamen prüfen
Expand	**EXPN** `<string>`	Mailingliste erweitern
Help	**HELP** [`string`]	Onlinehilfe anfordern
Quit	**QUIT**	Ende der SMTP-Session

SMTP ist ein so einfaches Protokoll, daß Sie es von Hand anwenden können. Stellen Sie eine **telnet**-Verbindung zu Port 25 eines entfernten Hosts her und geben Sie ihre Mail von der Befehlszeile mittels SMTP-Befehlen ein. Diese Technik wird manchmal verwendet, um den SMTP-Server eines entfernten Systems zu überprüfen, aber wir wollen hier verdeutlichen, wie Mail zwischen Systemen ausgeliefert wird. Das nachfolgende Bei-

---

8 Den meisten Standardanwendungen von TCP/IP ist ein allgemein bekannter Port im *Assigned Numbers RFC* zugeordnet, so daß entfernte Systeme wissen, wie der Service anzusprechen ist.

spiel zeigt von Hand eingegebene Mail von Daniel auf *peanut.nuts.com* an Tyler auf *almond.nuts.com*.

```
% telnet almond.nuts.com 25
Trying 172.16.12.1 ...
Connected to almond.nuts.com.
Escape character is '^]'.
220 almond Sendmail 4.1/1.41 ready at Tue, 29 Mar 94 17:21:26 EST
helo peanut.nuts.com
250 almond Hello peanut.nuts.com, pleased to meet you
mail from:<daniel@peanut.nuts.com>
250 <daniel@peanut.nuts.com>... Sender ok
rcpt to:<tyler@almond.nuts.com>
250 <tyler@almond.nuts.com>... Recipient ok
data
354 Enter mail, end with "." on a line by itself
Hallo Tyler!
.
250 Mail accepted
quit
221 almond delivering mail
Connection closed by foreign host.
```

Die Benutzereingaben sind hier fett gedruckt. Alle anderen Zeilen werden vom System ausgegeben. Das Beispiel verdeutlicht, wie einfach das Ganze ist. Eine TCP-Verbindung wird geöffnet. Das sendende System identifiziert sich selbst. Die *From*- und *To*-Adressen werden angegeben. Die eigentliche Datenübertragung beginnt mit dem Befehl **DATA** und endet mit einer Zeile, die einen einzelnen Punkt (».«) enthält. Die Session wird mit dem Befehl QUIT beendet. Wie Sie sehen, werden nur einige wenige, sehr einfache Befehle verwendet.

Es gibt andere Befehle (**SEND**, **SOML**, **SAML** und **TURN**) die in RFC 821 zwar definiert, aber optional und nicht allzu häufig implementiert sind. Selbst einige der implementierten Befehle werden häufig nicht verwendet. Die Befehle **HELP**, **VRFY** und **EXPN** sind eher für die interaktive Nutzung gedacht als für die übliche Interaktion zwischen den Maschinen, die von SMTP verwendet wird. Der folgende Ausschnitt einer SMTP-Session zeigt, wie diese Befehle funktionieren:

```
HELP
214-Commands:
214-    HELO    MAIL    RCPT    DATA    RSET
214-    NOOP    QUIT    HELP    VRFY    EXPN
214-For more info use "HELP <topic>".
214-For local information contact postmaster at this site.
214 End of HELP info
HELP RSET
214-RSET
214-    Resets the system.
214 End of HELP info
VRFY <jane>
250 <jane@brazil.nuts.com>
VRFY <mac>
```

```
250 Kathy McCafferty <<mac>>
EXPN <admin>
250-<sara@pecan.nuts.com>
250 David Craig <<david>>
250-<tyler@nuts.com>
```

Der **HELP**-Befehl gibt eine Zusammenfassung aller bei diesem System implementierten Befehle aus. Der Befehl **HELP RSET** fordert explizit Informationen zum **RSET**-Befehl an. Wie Sie sehen, ist dieses Hilfesystem nicht sehr hilfreich!

Die Befehle **VRFY** und **EXPN** sind nützlicher, aus Sicherheitsgründen aber häufig deaktiviert, weil sie Informationen über Benutzeraccounts liefern, die von Eindringlingen genutzt werden könnten. Der Befehl **EXPN** **<admin>** fordert eine Liste der E-Mail-Adressen in der Mailingliste *admin* an, und genau die liefert das System auch. Der **VRFY**-Befehl fordert Informationen über Einzelpersonen statt von Mailinglisten an. Im Fall von **VRFY** **<mac>** ist *mac* ein lokaler Benutzeraccount, und die Accountinformationen zu diesem Benutzer werden zurückgeliefert. Im Fall von **VRFY** **<jane>** ist *jane* ein Alias in der Datei */etc/aliases*. Der zurückgelieferte Wert ist die in dieser Datei gefundene E-Mail-Adresse für *jane*. Die drei in diesem Beispiel aufgeführten Befehle sind interessant, werden aber nur selten verwendet. Für die eigentliche Arbeit verläßt sich SMTP auf die anderen Befehle.

SMTP liefert die Mail in einem Punkt-zu-Punkt-Verfahren aus. Das ist recht ungewöhnlich, die meisten Mail-Systeme verwenden sog. *Store-and-Forward*-Protokolle (also »speichern und weiterleiten«) wie UUCP und X.400, die Mails jeweils nur einen Hop auf dem Weg zum Ziel weiterleiten. Sie speichern die vollständige Mail bei jedem Hop ab und leiten sie dann an das nächste System weiter. Die Nachricht wird auf diese Weise weitertransportiert, bis die eigentliche Auslieferung erfolgt. Abbildung 3-3 verdeutlicht die beiden verschiedenen Arten der Auslieferung. Die UUCP-Adresse zeigt ganz eindeutig, welchen Weg die Mail zu ihrem Ziel nehmen muß, während die SMTP-Mailadresse eine direkte Auslieferung impliziert.[9]

Die direkte Auslieferung erlaubt es SMTP, Mail auszuliefern, ohne von dazwischengeschalteten Hosts abhängig zu sein. Schlägt die Auslieferung fehl, weiß das lokale System direkt Bescheid. Es kann den die Mail sendenden Benutzer benachrichtigen oder die Mail für eine spätere Auslieferung in einer Queue ablegen, ohne auf andere Systeme angewiesen zu sein. Der Nachteil der direkten Auslieferung besteht darin, daß beide Systeme in der Lage sein müssen, Mail korrekt zu handhaben. Einige Systeme können Mail nicht vernünftig handhaben, insbesondere kleine Systeme wie PCs oder mobile Computer wie Laptops. Diese Systeme werden am Ende eines Tages üblicherweise ausgeschaltet und sind häufig offline. Der Versuch, Mail an ein solches System auszuliefern, scheitert mit einem Verbindungsfehler, wenn das lokale System aus oder offline ist. Um diese Fälle zu behandeln, werden Features des DNS-Systems genutzt, um die Nachricht anstelle einer direkten Auslieferung an einen Mailserver weiterzuleiten. Die

---

9 Die Adresse hat nichts damit zu tun, ob ein System direkt oder mittels Speicherung und Weiterleitung arbeitet. Es ist einfach so, daß UUCP eine Adresse verwendet, die diesen Punkt deutlich macht.

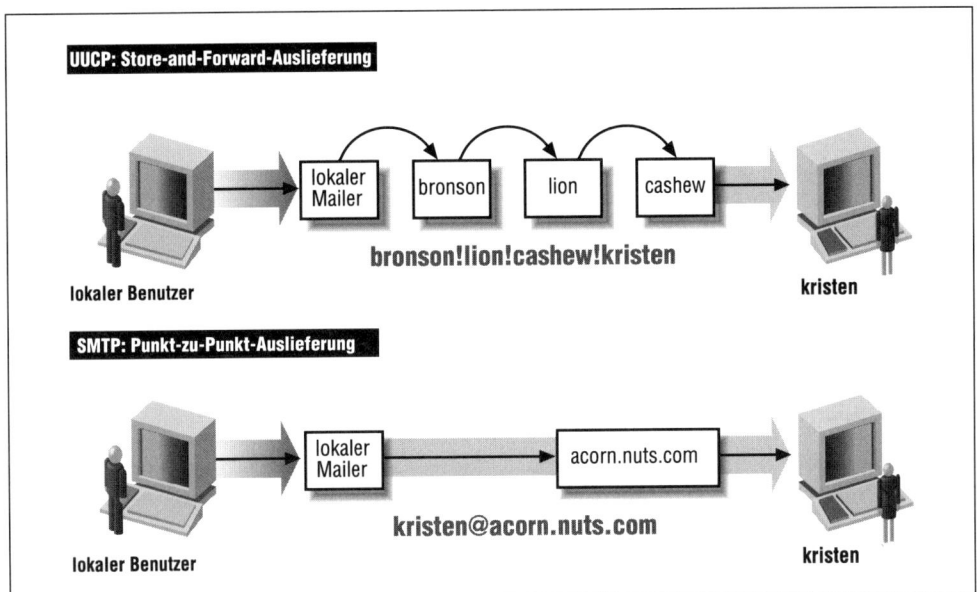

Abbildung 3-3: Systeme zur Auslieferung von Mail

Mail wird dann vom Mailserver an das Clientsystem übertragen, sobald der Client wieder online ist. Das von den meisten TCP/IP-Netzwerken für diese Aufgabe verwendete Protokoll ist POP.

Post Office Protocol

Zwei Versionen von POP sind weit verbreitet: POP2 und POP3. POP2 ist in RFC 937 definiert, POP3 in RFC 1725. POP2 verwendet Port 109, und POP3 arbeitet an Port 110. Die Protokolle sind untereinander inkompatibel, d.h., sie verwenden unterschiedliche Befehle. Die Grundfunktionalität ist aber gleich. Die POP-Protokolle überprüfen den Loginnamen und das Paßwort des Benutzers und übertragen die Mail des Benutzers vom Server an den lokalen Mailreader.

Das Beispiel einer POP2-Session macht deutlich, wie ein POP-Protokoll arbeitet. POP2 ist ein einfaches Request/Response-Protokoll. Genau wie bei SMTP können Sie POP2-Befehle direkt an seinen allgemein bekannten Port (109) übergeben und sich deren Effekt ansehen. Hier ein Beispiel (die Benutzereingaben sind fett gedruckt):

```
% telnet almond.nuts.com 109
Trying 172.16.12.1 ...
Connected to almond.nuts.com.
Escape character is '^]'.
+ POP2 almond POP2 Server at Wed 30-Mar-94 3:48PM-EST
HELO hunt WatsWatt
#3 ...(From folder 'NEWMAIL')
READ
```

```
=496
RETR
{Der vollständige Text von Nachricht 1}
ACKD
=929
RETR
{Der vollständige Text von Nachricht 2}
ACKD
=624
RETR
{Der vollständige Text von Nachricht 3}
ACKD
=0
QUIT
+OK POP2 Server exiting (0 NEWMAIL messages left)
Connection closed by foreign host.
```

Der **HELO**-Befehl liefert den Benutzernamen und das Paßwort für den Account der zu lesenden Mailbox. (Das sind der gleiche Benutzername und das gleiche Paßwort, die zum Einloggen in den Mailserver verwendet werden.) Als Antwort auf den **HELO**-Befehl sendet der Server die Anzahl der Nachrichten in der Mailbox, in unserem Beispiel also drei (#3). Der **READ**-Befehl leitet das Lesen der Mails ein. **RETR** empfängt den vollständigen Text der aktuellen Nachricht. **ACKD** bestätigt den Empfang der Nachricht und entfernt sie vom Server. Nach jeder Bestätigung sendet der Server eine Zahl, die die Größe der nächsten Nachricht angibt. Ist dieser Wert null (=0), sind keine weiteren Nachrichten zu empfangen und der Client beendet die Session mit dem Befehl **QUIT**. Sehr einfach! Tabelle 3-3 führt alle verfügbaren POP2-Befehle auf.

Tabelle 3-2: POP2-Befehle

Befehl	Syntax	Funktion
Hello	**HELO** `Benutzerpaßwort`	Identifiziert den Benutzeraccount
Folder	**FOLD** `mail-folder`	Wählt Mail-Ordner
Read	**READ** [*n*]	Liest Mail. Optional kann bei Nachricht *n* begonnen werden
Retrieve	**RETR**	Empfängt Nachricht
Save	**ACKS**	Bestätigen und speichern
Delete	**ACKD**	Bestätigen und löschen
Failed	**NACK**	Negative Bestätigung
Quit	**QUIT**	Beenden der POP2-Session

Die POP3-Befehle unterscheiden sich vollständig von den bei POP2 genutzten Kommandos. Tabelle 3-3 zeigt den in RFC 1725 definierten Satz von POP3-Befehlen.

Tabelle 3-3: POP3-Befehle

Befehl	Funktion
USER *username*	Der Accountname des Benutzers
PASS *password*	Das Paßwort des Benutzers
STAT	Gibt die Anzahl ungelesener Nachrichten/Bytes aus
RETR *n*	Empfängt Nachricht *n*
DELE *n*	Löscht Nachricht *n*
LAST	Gibt die Nummer der zuletzt im Zugriff befindlichen Nachricht aus
LIST [*n*]	Gibt die Größe von Nachricht *n* bzw. allen Nachrichten aus
RSET	Hebt die Löschung aller Nachrichten auf (undelete) und setzt den Nachrichtenzeiger auf 1
TOP *n 1*	Gibt die Header und die *1* Zeilen von Nachricht *n* aus
NOOP	Macht nichts (No Operation)
QUIT	Beenden der POP3-Session

Trotz der Tatsache, daß diese Befehle sich von denen unter POP2 unterscheiden, können sie die gleichen Aufgaben übernehmen. Beim POP2-Beispiel haben wir uns beim Server eingeloggt und drei Mails gelesen und gelöscht. Hier die gleiche Operation mit POP3:

```
% telnet almond 110
Trying 172.16.12.1 ...
Connected to almond.nuts.com.
Escape character is '^]'.
+OK almond POP3 Server Process 3.3(1) at Mon 15-May-95 4:48PM-EDT
user hunt
+OK User name (hunt) ok. Password, please.
pass Watts?Watt?
+OK 3 messages in folder NEWMAIL (V3.3 Rev B04)
stat
+OK 3 459
retr 1
+OK 146 octets
  Der vollständige Text von Nachricht 1
dele 1
+OK message # 1 deleted
retr 2
+OK 155 octets
  Der vollständige Text von Nachricht 2
dele 2
+OK message # 2 deleted
retr 3
+OK 158 octets
  Der vollständige Text von Nachricht 3
dele 3
```

```
+OK message # 3 deleted
quit
+OK POP3 almond Server exiting (0 NEWMAIL messages left)
Connection closed by foreign host.
```

Natürlich geben Sie diese Befehle nicht wirklich selbst ein. Die direkte Interaktion mit SMTP und POP gibt Ihnen aber ein besseres Verständnis dafür, was diese Programme tun, und warum man sie benötigt.

Multipurpose Internet Mail Extensions (MIME)

Das letzte E-Mail-Protokoll unserer Kurzübersicht ist MIME.[10] Wie es der Name andeutet, ist *Multipurpose Internet Mail Extensions* eine Erweiterung *(extension)* des vorhandenen TCP/IP-Mail-Systems. Es ist nicht als ein Ersatz für dieses System gedacht. Bei MIME geht es mehr darum, was das Mail-System ausliefert, nicht so sehr darum, wie die Auslieferung mechanisch erfolgt. Es wird also nicht versucht, SMTP oder TCP zu ersetzen, vielmehr erweitert es die Definition dessen, was in einer »Mail« enthalten ist.

Die Struktur der von SMTP transportierten Mails ist in RFC 822, *Standard for the Format of ARPA Internet Text Messages*, definiert. RFC 822 definiert einen Satz von E-Mail-Headern, die so akzeptiert sind, daß sie sogar von vielen Mail-Systemen verwendet werden, die nicht mit SMTP arbeiten. Das ist für E-Mail sehr vorteilhaft, weil es eine gemeinsame Basis für die Übersetzung und Auslieferung von Mails durch Gateways an andere Mail-Netzwerke bietet. MIME erweitert RFC 822 in zwei Bereichen, die vom ursprünglichen RFC nicht behandelt werden:

- Unterstützung verschiedener Datentypen. Das in RFC 821 und RFC 822 definierte Mail-System überträgt nur 7-Bit ASCII-Daten. Das reicht für den Transport von aus US-ASCII-Zeichen bestehenden Textdaten, unterstützt aber weder verschiedene andere Sprachen mit umfangreicheren Zeichensätzen, noch die Übertragung binärer Daten.

- Unterstützung komplexer Inhalte in Nachrichten (»Message Bodies«). RFC 822 enthält keine detaillierte Beschreibung des Bodies (des eigentlichen Inhalts) einer E-Mail. Es konzentriert sich auf die Mail-Header.

MIME behandelt diese beiden Mängel, indem es Kodierungstechniken für unterschiedlichste Arten von Daten sowie eine Struktur für den Body definiert. Diese Body-Struktur erlaubt den Transport mehrerer Objekte innerhalb einer einzelnen Nachricht. RFC 1521, *MIME (Multipurpose Internet Mail Extensions) Part One: Mechanisms for Specifying and Describing the Format of Internet Message Bodies*, definiert zwei Header, die der Mail eine Struktur geben und somit die Übertragung unterschiedlicher Arten von Daten ermöglichen. Diese beiden Header heißen *Content-Type* und *Content-Transfer-Encoding*.

---

10 MIME ist auch ein integraler Bestandteil des Web und von HTTP.

Wie es der Name impliziert, definiert der Content-Type-Header (übersetzt etwa »Inhaltstyp«) den Datentyp, der in der Nachricht transportiert wird. Der Header besitzt ein Subtype-Feld, das die Definition noch verfeinert. Seit der Veröffentlichung des Original-RFCs wurden viele Subtypen definiert. Eine aktuelle Liste der MIME-Typen finden Sie im Internet.[11] Das Original-RFC definiert verschiedene Inhalts- und ein paar Subtypen:

text

Textdaten. RFC 1521 definiert die Text-Subtypen *plain* und *richtext*. Weitere Subtypen wurden seither hinzugefügt, darunter auch *enriched* und *html*.

application

Binärdaten. Der in RFC 1521 definierte primäre Subtyp ist *octet-stream*, der angibt, daß es sich bei den Daten um einen Stream aus 8-Bit Binärbytes handelt. Ein weiterer Subtyp, *PostScript*, ist im Standard definiert. Seither wurden mehr als 90 Subtypen definiert. Sie weisen auf Binärdaten hin, die für eine entsprechende Anwendung aufbereitet sind. So ist beispielsweise *msword* ein Anwendungs-Subtyp.

image

Einzelbild-Grafiken. Zwei von RFC 1521 definierte Subtypen sind *jpeg* und *gif*. Mehr als 10 weitere Subtypen wurden seither hinzugefügt, darunter weit verbreitete Standardformate wie *tiff*, *cgm* und *g3fax*.

video

Bewegte Grafiken. Der ursprünglich definierte Subtyp war *mpeg*, ein weit verbreiteter Standard für Computer-Videodaten. Ein paar weitere wurden hinzugefügt, darunter auch *quicktime*.

audio

Audiodaten. Der einzige ursprünglich definierte Audio-Subtyp war *basic*, was bedeutete, daß Sounds in PCM (Pulse Code Modulation) kodiert waren.

multipart

Aus mehreren unabhängigen Abschnitten zusammengesetzte Daten. Ein Multipart-Body besteht aus verschiedenen, unabhängigen Teilen. RFC 1521 definiert vier Subtypen. Der primäre Subtyp ist *mixed*, was bedeutet, daß jeder Teil der Nachricht Daten jedes beliebigen Inhaltstyps enthalten kann. Die anderen Subtypen sind: *alternative* für Daten, die in jedem Abschnitt in verschiedenen Formaten wiederholt werden. Beim Subtyp *parallel* sind die verschiedenen Datenbereiche gleichzeitig zu betrachten. *digest* bedeutet, daß jeder Abschnitt Daten vom Typ *message* enthält. Verschiedene Subtypen wurden seither hinzugefügt, darunter die Unterstützung gesprochenen Textes (*voice-message*) und verschlüsselter Nachrichten (*encrypted*).

message

Die Daten enthalten eine eingekapselte Mail. RFC 1521 definiert drei Subtypen. Der primäre Subtyp *rfc822* gibt an, daß es sich bei den Daten um eine vollständig RFC

---

11 Besuchen Sie *ftp://ftp.isi.edu/in-notes/iana/assignments/media-types* und laden Sie die Datei *media-types* herunter.

822-konforme Mail handelt. Die anderen Subtypen, *partial* und *External-body*, sind beide zur Verarbeitung großer Nachrichten gedacht. *partial* erlaubt die Zerlegung großer gekapselter Nachrichten in mehrere MIME-Nachrichten. *External-body* verweist auf eine externe Quelle für den Inhalt einer großen Nachricht, d.h., es ist nur ein Zeiger in der MIME-Nachricht enthalten, nicht die Nachricht selbst. Zwei zusätzliche Subtypen wurden definiert: *news* für den Transport von News und *http* für MIME-konforme HTTP-Daten.

Der Header Content-Transfer-Encoding bestimmt die Art der Kodierung, die auf die Daten angewendet wird. Traditionelle SMTP-Systeme leiten nur 7-Bit-ASCII-Daten weiter, wobei die Zeilenlänge unter 1000 Zeichen liegen muß. Um sicherzustellen, daß Daten eines MIME-Systems auch durch Gateways verarbeitet werden, die nur 7-Bit-ASCII unterstützen, können die Daten kodiert werden. RFC 1521 definiert sechs Kodierungsarten. Einige Typen werden verwendet, um die in den Daten verwendete Kodierung zu kennzeichnen. Nur zwei Typen sind tatsächlich im RFC definierte Kodierungstechniken. Die sechs Kodierungstypen sind:

7bit

US-ASCII-Daten. Bei 7-Bit-ASCII-Daten erfolgt keine Kodierung.

8bit

Oktet-Daten. Es erfolgt keine Kodierung. Die Daten sind binär, aber die Zeilen sind kurz genug für den Transport mit SMTP, d.h. die Zeilen sind weniger als 1000 Bytes lang.

binary

Binärdaten. Es erfolgt keine Kodierung. Es handelt sich um Binärdaten, und die Zeilen können länger als 1000 Bytes sein. Es gibt, abgesehen von der Längenbeschränkung, keinen Unterschied zwischen *binary* and *8bit*. In beiden Fällen handelt es sich um Streams unkodierter Bytes (Oktets). MIME verarbeitet keine unkodierten Bitstream-Daten.

quoted-printable

Kodierte Textdaten. Die Kodierungstechnik behandelt Daten, die zu großen Teilen aus darstellbarem ASCII-Text bestehen. Der ASCII-Text wird unkodiert übertragen, während Werte über 127 oder kleiner als 33 als Strings kodiert übertragen werden. Diese Strings bestehen aus einem Gleichheitszeichen gefolgt vom hexadezimalen Wert des Bytes. Beispielsweise hat der Seitenvorschub (Form Feed) bei ASCII den hexadezimalen Wert *0C* und wird daher als *=0C* übertragen. Natürlich ist das nicht alles – zum Beispiel muß das Gleichheitszeichen als *=3D* übertragen werden, während der Zeilenvorschub (Newline) am Ende jeder Zeile nicht kodiert wird. Dennoch ist das die grundsätzliche Idee zur Übertragung von *quoted-printable*-Daten.

base64

Kodierte Binärdaten. Diese Kodierungstechnik kann für alle Bytestream-Daten verwendet werden. Drei Oktets werden in vier 6-Bit-Zeichen aufgeteilt, was die Datei um ein Drittel vergrößert. Die 6-Bit-Zeichen sind eine Untermenge von US-ASCII.

Sie wurden gewählt, weil sie von jedem Mail-System verarbeitet werden können. Die maximale Zeilenlänge für *base64*-Daten beträgt 76 Zeichen. Abbildung 3-4 verdeutlicht die Kodierungstechnik von drei auf vier Bytes.

x-token

Besonders kodierte Daten. Es ist Softwareentwicklern möglich, eigene Kodierungsverfahren zu definieren. Nutzen Entwickler diese Möglichkeit, muß der Name des Kodierungsverfahrens mit *X–* beginnen. Von der Verwendung eigener Verfahren wird streng abgeraten, weil sie die Zusammenarbeit der Mail-Systeme beschränkt.

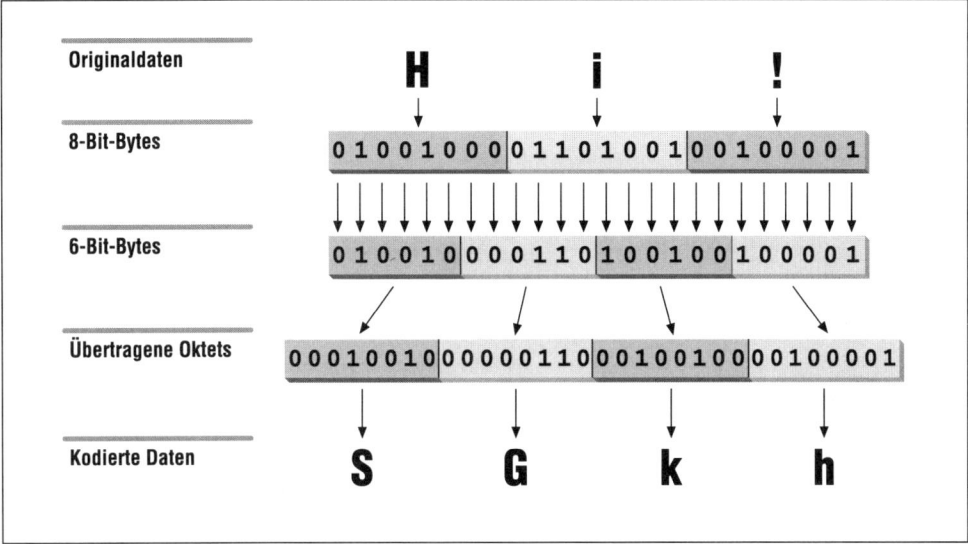

Abbildung 3-4: base64 encoding

Die Anzahl unterstützter Datentypen und Kodierungstechniken wächst mit neuen Datenformaten und deren Verwendung in E-Mails. Neue RFCs definieren regelmäßig neue Datentypen und Kodierungsschemata. Lesen Sie die neuesten RFCs, um über die neuesten MIME-Entwicklungen auf dem laufenden zu sein.

MIME definiert Datentypen, für deren Übertragung SMTP nicht entworfen wurde. Um diese und zukünftige Anforderungen erfüllen zu können, definiert RFC 1869, *SMTP Service Extensions*, Techniken, die SMTP *erweiterbar* machen. Das RFC definiert keine neuen SMTP-Dienste; tatsächlich sind die einzigen im RFC erwähnten Diensterweiterungen in anderen RFCs definiert. Was dieses RFC definiert, ist ein einfacher Mechanismus, mit dem Systeme herausfinden können, welche SMTP-Erweiterungen unterstützt werden. Das System definiert einen neuen *hello*-Befehl (**EHLO**) sowie die auf diesen Befehl gültigen Antworten. Eine mögliche Antwort des empfangenden Systems besteht in der Rückgabe einer Liste der unterstützten SMTP-Erweiterungen. Dank dieser Antwort kann das sendende System entscheiden, welche erweiterten Dienste es nutzen kann, während die auf dem entfernten System nicht implementierten vermieden wer-

den können. SMTP-Implementierungen, die den **EHLO**-Befehl unterstützen, werden als
»Extended SMTP« (ESMTP) bezeichnet.

Verschiedene ESMTP-Service-Erweiterungen wurden für MIME-Mailer definiert. Tabelle
3-4 führt einige davon auf. Die Tabelle führt das mit jeder Erweiterung verknüpfte
EHLO-Schlüsselwort auf, die RFC-Nummer, in der sie definiert ist, und ihre Aufgabe.
Diese Service-Erweiterungen sind nur der Anfang. Zweifellos werden weitere zur Unterstützung von MIME und anderen SMTP-Erweiterungen definiert werden.

Tabelle 3-4: SMTP-Diensterweiterungen

Schlüsselwort	RFC	Server-Erweiterung
8BITMIME	1652	Akzeptiere 8bit-Binärdaten
CHUNKING	1830	Akzeptiere in mehrere Teile zerlegte Nachrichten
CHECKPOINT	1845	Kontrollpunkt/Neustart von Mailübertragungen
PIPELINING	1854	Akzeptiere mehrere Befehle in einer Sendeoperation
SIZE	1870	Gib maximal erlaubte Nachrichtengröße aus
DSN	1891	Stelle Hinweise zum Auslieferungsstatus bereit
ETRN	1985	Akzeptiere Anforderungen zur Bearbeitung entfernter Queues
ENHANCEDSTATUSCODES	2034	Stelle verbesserte Fehlercodes bereit

Es ist einfach zu ermitteln, welche Erweiterungen von Ihrem Server unterstützt werden.
Verwenden Sie einfach den **EHLO**-Befehl. Das folgende Beispiel stammt von einem
sendmail 8.8.5-System:

```
> telnet localhost 25
Trying 127.0.0.1...
Connected to localhost.
Escape character is '^]'.
220 peanut ESMTP Sendmail 8.7.5/8.7.3; Tue, 11 Nov 1997 15:22:34 -0500
ehlo peanut
250-peanut Hello craig@localhost [127.0.0.1], pleased to meet you
250-EXPN
250 HELP
250-8BITMIME
250-SIZE
250-DSN
250-ETRN
250-VERB
250-ONEX
250-XUSR
quit
221 peanut closing connection
Connection closed by foreign host.
```

Das Beispielsystem antwortet als Reaktion auf die **EHLO**-Begrüßung mit einer Liste von neun Befehlen. Zwei dieser Befehle, **EXPN** und **HELP**, sind Standard-SMTP-Befehle, die nicht auf allen Systemen implementiert sind. (Die Standardbefehle sind in Tabelle 3-1 aufgeführt.) 8BITMIME, SIZE, DSN und ETRN sind ESMTP-Erweiterungen, die alle in Tabelle 3-4 beschrieben wurden. Die drei letzten Schlüsselwörter sind VERB, ONEX und XUSR. Bei diesen Befehlen handelt es sich um sendmail-spezifische Erweiterungen (Version 8), die in keinem RFC definiert sind. VERB schaltet den sendmail-Server einfach in den »Verbal-Modus« (verbose), und ONEX beschränkt die Session auf eine einzelne Nachrichtentransaktion. XUSR ist zur Zeit noch nicht implementiert, wird aber das Gegenstück zur sendmail-Befehlszeilenoption –U werden.[12] Wie die drei letzten Schlüsselwörter deutlich machen, erlauben die RFCs private ESMTP-Erweiterungen.

Diese spezifischen Erweiterungen sind bei allen Betriebssystemen unterschiedlich. Zum Beispiel werden bei Solaris 2.5.1 nur drei Schlüsselwörter (EXPN, SIZE und HELP) als Antwort auf **EHLO** ausgegeben. Die Aufgabe von **EHLO** besteht darin, diese Unterschiede zu Beginn einer SMTP-Session zu ermitteln.

ESMTP und MIME sind wichtig, weil sie eine Standardmöglichkeit bereitstellen, Nicht-ASCII-Daten per E-Mail zu übertragen. Benutzer teilen sich viele anwendungsspezifische Daten, die nicht in 7-Bit-ASCII vorliegen. Viele Benutzer sind von der E-Mail als Mechanismus zur Übertragung von Dateien abhängig.

SMTP, POP und MIME sind wesentliche Bestandteile des Mail-Systems, zukünftig könnten aber auch andere E-Mail-Protokolle Bedeutung erlangen. Sicher ist nur, daß sich das Netzwerk weiter verändern wird. Sie werden die aktuellen Entwicklungen verfolgen und nützliche neue Techniken in Ihre Planung mit einbeziehen müssen. Im nächsten Abschnitt wollen wir uns die verschiedenen Arten von TCP/IP-Konfigurationsservern ansehen. Im Gegensatz zu DNS und E-Mail werden Konfigurationsserver von den meisten Netzwerken nicht verwendet. Auch das ändert sich aber langsam. Der Wunsch nach einer einfacheren Installation und größeren Mobilität könnte Konfigurationsserver durchaus zu einem zukünftigen Teil Ihres Netzwerks werden lassen.

Konfigurationsserver

Die leistungsfähigen Features, die den Nutzen und die Flexibilität von TCP/IP ausmachen, erhöhen auch dessen Komplexität. TCP/IP ist deshalb nicht so einfach zu konfigurieren wie manch andere Netzwerksysteme. TCP/IP verlangt bei der Konfiguration Informationen zu Hardware, Adressierung und Routing. Es wurde so entworfen, daß es von der zugrundeliegenden Netzwerk-Hardware völlig unabhängig ist. Konfigurationsinformationen, die bei anderen Netzwerksystemen direkt in die Hardware integriert werden können, sind daher bei TCP/IP nicht zu integrieren. Vielmehr müssen diese Informationen von der Person bereitgestellt werden, die für die Konfiguration verantwortlich ist. Jedes System muß also von Leuten betrieben werden, die über ein ausrei-

---

12 Eine Liste der sendmail-Befehlszeilenargumente finden Sie in Anhang E.

chendes Wissen verfügen, um die zur Konfiguration notwendigen Informationen angeben zu können. Leider ist das aber nicht immer der Fall.

Konfigurationsserver ermöglichen dem Netzwerkadministrator, die TCP/IP-Konfiguration von einem zentralen Punkt aus zu kontrollieren. Das befreit den normalen Benutzer von einigen Mühen der Konfiguration und verbessert die Qualität der zur Konfiguration von Systemen verwendeten Informationen.

TCP/IP besitzt drei Protokolle, die die Aufgabe der Konfiguration vereinfachen. Diese Protokolle sind RARP, BOOTP und DHCP. Wir beginnen mit RARP, dem ältesten und grundlegendsten Konfigurationswerkzeug.

Reverse Address Resolution Protocol

Das in RFC 903 definierte RARP wandelt eine physikalische Netzwerkadresse in eine IP-Adresse um, ist also das Gegenstück zum Address Resolution Protocol (ARP). Ein RARP-Server bildet physikalische Adressen auf IP-Adressen ab. Er wird für Clients verwendet, die ihre eigene IP-Adresse nicht kennen. Der Client sendet einen Broadcast mit Hilfe der Broadcast-Services des physikalischen Netzwerks.[13] Das Broadcast-Paket enthält die physikalische Netzwerkadresse des Clients und fragt, ob irgendein System im Netzwerk die mit dieser Adresse verknüpfte IP-Adresse kennt. Der RARP-Server antwortet mit einem Paket, das die IP-Adresse des Clients enthält.

Der Client kennt seine physikalische Netzwerkadresse, weil diese in die Hardware der Ethernet-Schnittstelle integriert ist. Bei den meisten Systemen können Sie den Wert einfach über einen Befehl überprüfen. Bei einem Solaris-System kann der Superuser beispielsweise folgendes eingeben:

```
# ifconfig le0
le0: flags=63<UP,BROADCAST,NOTRAILERS,RUNNING>
        inet 128.66.12.1 netmask ffffff00 broadcast 128.66.12.255
        ether 8:0:20:e:12:37
```

Mit dem Befehl **ifconfig** kann man die Konfiguration einer Netzwerkschnittstelle einstellen oder ausgeben.[14] le0 ist der Gerätename der Ethernet-Schnittstelle. Die Ethernet-Adresse wird hinter dem Text *ether* ausgegeben. In unserem Beispiel lautet die Adresse 8:0:20:e:12:37.

Der RARP-Server sucht die in seiner Antwort angegebene IP-Adresse aus der Datei */etc/ethers* heraus. Die Datei */etc/ethers* enthält die Ethernet-Adresse des PCs, gefolgt vom Hostnamen des PCs. Hier ein Beispiel:

```
2:60:8c:48:84:49        hazel
0:0:c0:a1:5e:10         hickory
0:80:c7:aa:a8:04        acorn
```

---

13 Genau wie ARP ist auch RARP ein Protokoll der *Netzzugangsschicht* und nutzt die unter der *Internetschicht* liegenden Dienste des physikalischen Netzwerks. Mehr zu diesem Thema finden Sie bei der Beschreibung der TCP/IP-Protokollschichten in Kapitel 1.
14 In Kapitel 6 finden Sie ausführlichere Informationen zum **ifconfig**-Befehl.

```
8:0:5a:1d:c0:7e        cashew
8:0:69:4:6:31          pistachio
```

Um den RARP-Request beantworten zu können, muß der Server auch den in */etc/ethers* gefundenen Hostnamen in eine IP-Adresse umwandeln. Zu diesem Zweck werden der Domain Name Service oder die *hosts*-Datei verwendet. Die folgenden Einträge der *hosts*-Datei könnten mit der obigen *ethers*-Datei verwendet werden.

```
hazel          172.16.3.10
hickory        172.16.3.16
acorn          172.16.3.4
cashew         172.16.3.7
pistachio      172.16.3.21
```

Legen wir diese Beispieldateien zugrunde, würde der Server, sobald er einen RARP-Request mit der Ethernet-Adresse 0:80:c7:aa:a8:04 empfängt, den Namen *acorn* in */etc/ethers* heraussuchen. Der Server nutzt dann den Namen *acorn*, um die IP-Adresse zu ermitteln, und liefert die IP-Adresse 172.16.3.4 als Antwort zurück.

RARP ist ein nützliches Werkzeug, liefert aber nur die IP-Adresse zurück. Es gibt aber noch verschiedene andere Werte, die von Hand konfiguriert werden müssen. BOOTP ist ein flexibleres Konfigurationstool, das mehr als nur die IP-Adresse bereitstellt, und diese Werte auch über das Netzwerk weitergeben kann.

Bootstrap Protocol

Das Bootstrap Protocol (BOOTP) ist in den RFCs 951 und 1532 definiert. Die RFCs beschreiben BOOTP als Alternative zu RARP. Wird BOOTP verwendet, ist RARP nicht notwendig. BOOTP ist ein wesentlich umfassenderes Konfigurationsprotokoll als RARP und kann potentiell noch mehr bieten. Die ursprüngliche Spezifikation erlaubte Herstellererweiterungen als Mittel der Protokollevolution. RFC 1048 formalisierte erstmals die Definition dieser Erweiterungen, die mit der Zeit aktualisiert wurden und momentan in RFC 2132 definiert sind. BOOTP und seine Erweiterungen wurden zur Grundlage des Dynamic Host Configuration Protocol (DHCP). (Mehr zu DHCP später.)

Der BOOTP-Client verschickt per Broadcast ein einzelnes sogenanntes *BOOTREQUEST*-Paket, das mindestens die physikalische Netzwerkadresse des Clients enthält. Der Client sendet den Broadcast über die Adresse 255.255.255.255. Diese spezielle Adresse wird als *eingeschränkte Broadcast-Adresse (limited broadcast address)* bezeichnet.[15] Der Client wartet auf eine Antwort vom Server. Wird die Antwort nicht innerhalb einer bestimmten Zeitspanne empfangen, sendet der Client den Request erneut. BOOTP verwendet UDP als Transportprotokoll und benötigt im Gegensatz zu RARP keine speziellen Protokolle der Netzzugangsschicht.

---

15 Diese Adresse ist nützlich, weil sie im Gegensatz zur normalen Broadcast-Adresse vom System nicht verlangt, die Adresse des Netzwerks zu kennen, in dem es sich befindet.

Der Server antwortet dem Client mit einem *BOOTREPLY*-Paket. BOOTP arbeitet mit zwei allgemein bekannten Portnummern. UDP-Port 67 wird für den Server, UDP-Port 68 für den Client verwendet. Das ist sehr ungewöhnlich. Meist arbeitet Software mit einem allgemein bekannten Port für die Server-Seite und einem zufällig generierten Port auf derClient-Seite.[16] Die zufällige Portnummer stellt sicher, daß jedes Paar von Quell-/Zielports einen eindeutigen Pfad für den Austausch von Informationen ergibt. Ein BOOTP-Client befindet sich hingegen immer noch in der Bootphase. Er kennt seine IP-Adresse vielleicht noch nicht. Selbst wenn der Client einen Quellport für das *BOOTRE-QUEST*-Paket generiert, würde eine Antwort des Servers an diesen Port und an die IP-Adresse nicht von einem Client erkannt werden, der seine IP-Adresse noch nicht kennt. Daher schickt BOOTP die Antwort an einen bestimmten Port auf allen Hosts. Ein an UDP-Port 68 adressierter Broadcast wird von allen Hosts gelesen, selbst von einem System, das seine Adresse nicht kennt. Das System bestimmt, ob es als Empfänger des Pakets gedacht ist, indem es die in der Antwort enthaltene physikalische Netzwerkadresse überprüft.

Der Server füllt alle Felder des Pakets aus, für die er Daten besitzt. BOOTP kann alle wesentlichen TCP/IP-Konfigurationswerte bereitstellen. Kapitel 9 enthält eine Anleitung zur Einrichtung eines BOOTP-Servers sowie eine vollständige Liste aller Konfigurationsparameter, die BOOTP bereitstellen kann. Im nächsten Abschnitt werfen wir einen Blick auf DHCP, das auf BOOTP basiert.

Dynamic Host Configuration Protocol

Das *Dynamic Host Configuration Protocol* (DHCP) ist in den RFCs 2131 und 2132 definiert und ist mit BOOTP kompatibel. RFC 1534 beschreibt Interaktionen zwischen BOOTP-Clients und DHCP-Clients sowie zwischen DHCP-Clients und BOOTP-Servern. Dennoch sind Probleme möglich. Viele Netzwerkadministratoren schränken DHCP-Server auf DHCP-Clients ein, was aber nicht notwendig ist. In Kapitel 9 und Anhang D finden Sie Hinweise zur Unterstützung von BOOTP-Clients mit DHCP-Servern.

DHCP nutzt die gleichen UDP-Ports (67 und 68) wie BOOTP und das gleiche *BOOTRE-QUEST*- und *BOOTREPLY*-Paketformat. DHCP ist aber mehr als einfach nur ein Update von BOOTP. Das neue Protokoll erweitert die Funktion von BOOTP in zwei Bereichen:

*   Die von einem DHCP-Server bereitgestellten Konfigurationsparameter beinhalten alles, was im RFC *Requirements for Internet Hosts* definiert ist. DHCP versorgt einen Client mit einem vollständigen Satz von TCP/IP-Konfigurationswerten.

*   DHCP erlaubt die automatische Bereitstellung von IP-Adressen.

DHCP verwendet den Teil des BOOTP-Pakets, der ursprünglich für Herstellererweiterungen vorgesehen war, zur Angabe des DHCP-Typs sowie zur Übertragung eines vollständigen Satzes mit Konfigurationsinformationen. DHCP bezeichnet die Werte in diesem Teil des Pakets als *Optionen* und nicht als *Herstellererweiterungen*. Dies ist eine

---

16 Wie und warum zufällige Quell-Portnummern verwendet werden, wird in Kapitel 1 beschrieben.

genauere Beschreibung, weil DHCP definiert, wie diese Optionen verwendet werden, statt die Definition den Herstellern zu überlassen. Um den vollständigen Satz der Konfigurationswerte des RFC *Requirements for Internet Hosts* verarbeiten zu können, wurde das Optionsfeld von den ursprünglichen 64 Byte des BOOTP-Herstellererweiterungsfeldes auf 312 Bytes vergrößert.

Normalerweise benötigen Sie den vollständigen Satz von Konfigurationswerten nicht. Nicht, daß wir uns falsch verstehen: Die Parameter sind für eine vollständige TCP/IP-Konfiguration notwendig. Sie müssen nur keine Werte für sie definieren. Standardwerte werden von den meisten TCP/IP-Implementierungen bereitgestellt, und diese müssen nur unter besonderen Umständen geändert werden. Ehrlich gesagt benötigen Sie die meisten der bei BOOTP definierten Parameter ebensowenig wie irgendwelche zusätzlichen Parameter. Die erweiterten Konfigurationsparameter machen DHCP zu einem vollständigeren Protokoll als BOOTP, sind aber nur am Rande von Bedeutung.

Für die meisten Netzwerkadministratoren ist die automatische Vergabe von IP-Adressen ein interessanteres Feature. DHCP erlaubt drei Arten der Vergabe von Adressen:

Manuelle Vergabe
>   Der Netzwerkadministrator behält die vollständige Kontrolle über Adressen, indem er sie jeweils gezielt an Clients vergibt. Das ist genau die Art, wie Adressen bei BOOTP behandelt werden.

Automatische Vergabe
>   Der DHCP-Server weist eine Adresse aus einem Adreßpool permanent zu. Der Administrator ist an den Details der Vergabe einer Adresse an einen Client nicht beteiligt.

Dynamische Vergabe
>   Der Server weist einem DHCP-Client eine Adresse für einen beschränkten Zeitraum zu. Die beschränkte Gültigkeit dieser Adresse wird als »Lease« (Pacht) bezeichnet. Der Client kann die Adresse zu jeder Zeit an den Server zurückgeben, muß aber beim Server eine Verlängerung beantragen, wenn er die Adresse länger behalten will als es der vom Server vergebene Zeitraum vorsieht. Der Server holt sich die Adresse automatisch zurück, sobald der Zeitraum abgelaufen ist und keine Verlängerung beantragt wurde.

Die dynamische Vergabe ist in großen verteilten Netzwerken nützlich, in denen viele Systeme hinzugefügt und entfernt werden. Ungenutzte Adressen werden an den Adreßpool zurückgegeben, ohne daß sich Benutzer oder Administratoren um die Rückgabe kümmern müssen. Adressen werden nur dann und nur dort verwendet, wo sie benötigt werden. Die dynamische Vergabe ermöglicht einem Netzwerk die bestmögliche Nutzung eines beschränkten Adreßbereichs. Es eignet sich besonders für mobile Systeme, die von Subnetz zu Subnetz wandern und daher immer mit neuen Adressen entsprechend ihrer Netzwerkposition versehen werden müssen.

Die dynamische Vergabe von Adressen funktioniert nicht bei jedem System. Nameserver, E-Mail-Server, Login-Hosts und andere gemeinsam genutzte Systeme sind immer online und auch nicht mobil. Der Zugriff auf diese Systeme erfolgt über den Namen, weshalb der Domain-Name eines gemeinsam genutzten Systems immer in die richtige Adresse aufgelöst werden muß. Gemeinsam genutzten Systemen werden von Hand dauerhaft feste IP-Adressen zugewiesen.

Die dynamische Adreßvergabe hat wichtige Auswirkungen auf das DNS. Vom DNS wird verlangt, Hostnamen auf IP-Adressen abzubilden. Es kann diese Aufgabe nicht erledigen, wenn sich die IP-Adressen laufend ändern und DNS nicht über diese Änderungen informiert wird. Um die dynamische Adreßvergabe für alle Systeme funktionsfähig zu machen, wird ein neues DNS benötigt, das vom DHCP-Server dynamisch aktualisiert werden kann. Die IETF arbeitet momentan an einem Standard für *Dynamic DNS*. Sobald dieses System voll funktionsfähig ist, wird es dabei helfen, Adressen dynamisch an Dienste anbietende Systeme zu vergeben, sowie an Hosts, die diese nutzen.

Aufgrund der Natur der dynamischen Adressierung weisen die meisten Sites gemeinsam genutzten Servern feste Adressen zu. Das erfolgt mit den traditionellen Mitteln der Systemadministration und wird nicht von DHCP behandelt. Normalerweise wird dem Administrator eines gemeinsam genutzten Servers eine Adresse zugewiesen, die dieser bei der Konfiguration des Servers verwendet. Die Verwendung von DHCP bei einigen Systemen bedeutet nicht, daß es bei allen Rechnern genutzt werden muß.

Viele DHCP-Server können BOOTP-Clients unterstützen. Dennoch ist ein DHCP-Client notwendig, um die Vorteile der von DHCP angebotenen Dienste voll ausnutzen zu können. BOOTP-Clients kennen keine dynamische Adreßvergabe. Sie wissen nicht, daß Adressen ungültig werden können und »erneuert« werden müssen. BOOTP-Clients müssen daher manuell oder automatisch permanente Adressen zugewiesen werden. Eine echte dynamische Adreßvergabe ist auf DHCP-Clients beschränkt.

Aus diesem Grund sind die meisten DHCP verwendenden Sites eine Mischung aus

- fest zugewiesenen Adressen für Systeme, die DHCP oder BOOTP nicht verwenden können,
- manuell von DHCP an BOOTP-Clients vergebenen Adressen,
- dynamisch an alle DHCP-Clients vergebenen Adressen.

Wir beschließen dieses Kapitel mit einer Betrachtung von File- und Printservern.

File- und Printserver

Die beiden letzten Netzwerkdienste, File- und Printserver, machen das Netzwerk für den Benutzer einfacher. Vor nicht allzulanger Zeit waren Festplatten und qualitativ hochwertige Drucker recht teuer, und Workstations ohne eigene Festplatten waren üblich. Heutzutage besitzt jedes System eine große Festplatte und viele besitzen eigene, hochwertige Laserdrucker, dennoch ist der Bedarf an Diensten zur gemeinsamen Nutzung von Ressourcen höher denn je.

Filesharing

Filesharing ist nicht das gleiche wie Filetransfer. Es geht nicht einfach um die Fähigkeit, eine Datei von einem System auf ein anderes zu bewegen. Ein echtes Filesharing-System macht es unnötig, Dateien über das Netzwerk zu bewegen. Es erlaubt den Dateizugriff auf Datensatzebene, d.h., ein Client kann einen Datensatz von einer auf einem entfernten System liegenden Datei lesen, aktualisieren und auf den Server zurückschreiben, ohne die Datei vollständig vom Server an den Client übertragen zu müssen.

Filesharing ist für den Benutzer und für die an dem lokalen System laufende Software völlig transparent. Mittels Filesharing greifen Benutzer und Programme auf Dateien zu, die auf entfernten Systemen liegen, als würden diese Dateien lokal vorliegen. In einer perfekten Filesharing-Umgebung weiß der Benutzer weder, wo die Dateien tatsächlich gespeichert sind, noch kümmert es ihn.

Filesharing war in der ursprünglichen TCP/IP-Protokollsuite nicht vorgesehen. Es wurde zur Unterstützung plattenloser Workstations hinzugefügt. Im Gegensatz zu einem proprietären LAN, bei dem ein Hersteller das offizielle Filesharing-Protokoll definiert, ist TCP/IP eine offene Protokollsuite, und jeder kann ein neues Protokoll vorschlagen. Aus diesem Grund gibt es drei TCP/IP-Protokolle für das Filesharing:

Remote File System

RFS wurde durch AT&T für Unix-System-V definiert. Es wird auf vielen UNIX-Systemen angeboten, aber nur selten verwendet.

Andrew File System

AFS ist ein an der Carnegie Mellon University entwickeltes Filesharing-System. AFS besitzt verschiedene Performance-Verbesserungen, die es insbesondere für WANs (wide area networks) geeignet machen. AFS hat sich zum *Distributed File System* (DFS) weiterentwickelt. Trotz seiner Merkmale ist es nicht das am weitesten verbreitete Filesharing-System.

Network File System

NFS wurde von Sun Microsystems zur Unterstützung seiner plattenlosen Workstations definiert. NFS wurde hauptsächlich für LAN-Anwendungen entwickelt und ist auf allen UNIX-Systemen, aber auch auf vielen anderen Betriebssystemen implementiert.

Sie werden wahrscheinlich NFS verwenden, da es sich um das am häufigsten genutzte TCP/IP-Filesharing-Protokoll handelt. Eine detaillierte Betrachtung finden Sie in Kapitel 9.

Printserver

Ein Printserver erlaubt die gemeinsame Nutzung von Druckern durch jeden Benutzer im Netzwerk. Die gemeinsame Nutzung von Druckern, das Printer-Sharing, ist nicht so wichtig wie das Filesharing, stellt aber einen durchaus nützlichen Netzwerkdienst dar. Die Vorteile des Printer-Sharings sind:

- Es werden weniger Drucker benötigt. Weniger Geld muß für Drucker und Ersatzteile ausgegeben werden.

- Verringerte Wartung. Es sind weniger Maschinen zu warten, und weniger Leute müssen sich mit der Reparatur von Druckern beschäftigen.

- Zugriff auf Spezialdrucker. Sehr hochwertige Farbdrucker und sehr schnelle Drucker sind teuer und werden nur gelegentlich benötigt. Die gemeinsame Nutzung dieser Drucker ermöglicht die bestmögliche Verwertung solch teurer Ressourcen.

Zwei Techniken sind bei TCP/IP-Netzwerken für die gemeinsame Nutzung von Druckern üblich. Eine Technik besteht darin, die Filesharing-Dienste des Netzwerks zu nutzen. Der andere Ansatz verwendet den traditionellen UNIX-Befehl **lpr** und einen **lpd**-Server. Die Konfiguration von Printservern wird in Kapitel 9 behandelt.

Zusammenfassung

TCP/IP stellt einige Netzwerkdienste zur Verfügung, die die Installation, Konfiguration und Verwendung des Netzwerks vereinfachen. Der Nameservice ist ein solcher Dienst, der bei jedem TCP/IP-Netzwerk verwendet wird.

Nameservice kann über eine Hosttabelle, den Domain Name Service (DNS) und den Network Information Service (NIS) zur Verfügung gestellt werden. Bei der Hosttabelle handelt es sich um eine einfache Textdatei, gespeichert unter */etc/hosts*. Die meisten Systeme besitzen eine kleine Hosttabelle, die aber nicht für alle Anwendungen verwendet werden kann, da sie nicht skalierbar ist und keine Möglichkeit der automatischen Distribution kennt. NIS, die »Gelben Seiten« von Sun, löst das Problem der automatischen Verteilung der Hosttabelle, hebt das Skalierungsproblem aber auch nicht auf. DNS, das die Hosttabelle als TCP/IP-Standard abgelöst hat, ist dagegen skalierbar. DNS ist ein hierarchisches, verteiltes Datenbanksystem, das Hostnamen und Adreßinformationen für alle Systeme im Internet zur Verfügung stellt.

Simple Mail Transfer Protocol (SMTP), Post Office Protocol (POP) und Multipurpose Internet Mail Extensions (MIME) sind die Pfeiler jedes TCP/IP-E-Mail-Netzwerks. SMTP ist ein einfaches Request/Response-Protokoll, das eine Punkt-zu-Punkt-Auslieferung von Mails übernimmt. Manchmal ist diese Punkt-zu-Punkt-Auslieferung nicht geeignet, und die Mail muß an einen Mailserver weitergegeben werden. TCP/IP-Mailserver können POP nutzen, um die Mail vom Server an das Endsystem zu übertragen, wo sie dann vom Benutzer gelesen werden kann. SMTP kann nur 7-Bit-ASCII-Daten ausliefern. MIME erweitert das TCP/IP-Mail-System so, daß eine große Zahl unterschiedlicher Daten transportiert werden können.

Viele Konfigurationswerte sind zur Installation von TCP/IP notwendig. Diese Werte können von einem Konfigurationsserver bereitgestellt werden. Drei Protokolle sind zur Verbreitung von Konfigurationsinformationen weit verbreitet:

RARP

> Das *Reverse Address Resolution Protocol* teilt einem Client seine IP-Adresse mit. Der RARP-Server macht dies, indem er die Ethernet-Adresse des Clients in seine IP-Adresse abbildet. Die Abbildungen von Ethernet- auf IP-Adressen werden auf dem Server in der Datei */etc/ethers* gespeichert.

BOOTP

> Das *Bootstrap Protocol* stellt eine Reihe von Konfigurationsinformationen zur Verfügung.

DHCP

> Das *Dynamic Host Configuration Protocol* erweitert BOOTP um den vollständigen Satz der im RFC *Requirements for Internet Hosts* definierten Parameter. Es stellt darüber hinaus die Vergabe *dynamischer Adressen* bereit, was es einem Netzwerk ermöglicht, seinen beschränkten Satz von Adressen optimal zu nutzen.

Das Network File System (NFS) ist das führende Filesharing-Protokoll unter TCP/IP. Er erlaubt Server-Systemen den Export von Verzeichnissen, die dann von Clients gemountet und genutzt werden, als würden sie lokal vorliegen. Das UNIX-Protokoll LPD/LPR kann zur gemeinsamen Nutzung von Druckern in einem TCP/IP-Netzwerk verwendet werden.

Mit diesem Kapitel endet unsere Einführung in Architektur, Protokolle und Dienste eines TCP/IP-Netzwerks. Im nächsten Kapitel beginnen wir langsam mit der Installation eines TCP/IP-Netzwerks. Hierzu betrachten wir als erstes den Prozeß der Planung einer Installation.

In diesem Kapitel:
- *Konnektierte und nicht konnektierte Netzwerke*
- *Grundlegende Informationen*
- *Das Routing planen*
- *Den Nameservice planen*
- *Weitere Dienste*
- *Die Benutzer informieren*
- *netconfig*
- *Zusammenfassung*

4

Erste Schritte

In diesem Kapitel wendet sich unser Interesse an TCP/IP weg von der Funktionsweise hin zur Konfiguration. Während wir in den Kapiteln 1 bis 3 die TCP/IP-Protokolle und ihre Arbeitsweise beschrieben haben, untersuchen wir nun den Prozeß der Netzwerkkonfiguration. Der erste Schritt in diesem Prozeß ist die Planung. Bevor ein Host TCP/IP ausführen kann, benötigen Sie verschiedene Informationen. Zumindest muß der Host eine eindeutige IP-Adresse und einen Hostnamen besitzen. Aber auch die nachfolgend aufgeführten Dinge sollten Sie bedenken, bevor Sie ein System konfigurieren:

Adresse des Standard-Gateways

Kommuniziert das System mit TCP/IP-Hosts in anderen Netzwerken, kann die Adresse des Standard-Gateways notwendig sein. Falls im Netzwerk ein Routing-Protokoll verwendet wird, muß jedes Gerät das verwendete Protokoll kennen.

Adressen der Nameserver

Um Hostnamen in IP-Adressen auflösen zu können, muß jeder Host die Adressen der Domain-Nameserver kennen.

Domain-Name

Den Domain Name Service nutzende Hosts müssen ihren eigenen Domain-Namen kennen.

Subnetz-Maske

Zur sauberen Kommunikation muß jedes System im Netzwerk die gleiche Subnetz-Maske verwenden.

Broadcast-Adresse

Um Broadcast-Probleme zu vermeiden, müssen die Broadcast-Adressen aller Computer im Netzwerk identisch sein.

Binden Sie ein neues System in ein vorhandenes Netzwerk ein, müssen Sie die Antworten auf diese Fragen von Ihrem Systemadministrator erfragen, bevor Sie das System online nehmen. Der Netzwerkadministrator ist für die Fragen der allgemeinen Netzwerkkonfiguration sowie für die Weitergabe der Informationen verantwortlich. Stehen Sie vor einem bereits aufgebauten TCP/IP-Netzwerk, können Sie verschiedene Abschnitte dieses Buches zwar überspringen, dennoch sollten Sie etwas über die Auswahl von Hostnamen, die Planung von Mail-Systemen und andere Themen wissen, die auf gewachsene Netzwerke ebensoviel Einfluß haben wie auf neue.

Wenn Sie ein neues TCP/IP-Netzwerk aufbauen, müssen Sie einige grundlegende Entscheidungen treffen. Wird das neue Netzwerk mit dem Internet verbunden? Wenn ja, wie erfolgt die Anbindung? Wie ist die Nummer des Netzwerks zu wählen? Wie registriere ich eine Domain? Wie wählt man Hostnamen aus? In den folgenden Abschnitten liefern wir Ihnen die Informationen, die Sie zum Treffen dieser Entscheidungen benötigen.

Konnektierte und nicht konnektierte Netzwerke

Zuerst einmal gilt es zu entscheiden, ob ein neues Netzwerk direkt mit dem Internet verbunden wird oder nicht. Die Administration des Internet unterscheidet zwischen angebundenen (konnektierten) und nicht angebundenen Netzwerken. Ein *konnektiertes Netzwerk* ist direkt mit dem Internet verbunden und besitzt vollen Zugriff auf andere Netzwerke im Internet. Ein *nicht konnektiertes Netzwerk* ist nicht direkt mit dem Internet verbunden, und es greift nur eingeschränkt auf die anderen Netzwerke im Internet zu. Ein Beispiel für ein nicht konnektiertes Netzwerk ist ein TCP/IP-Netzwerk, das mit der Außenwelt über ein Mail-Gateway bei America Online (AOL) in Kontakt tritt. Benutzer in diesem Netzwerk können Mail an Internet-Hosts verschicken, können sich aber nicht direkt per **rlogin** an einem dieser Hosts einloggen.[1]

Viele TCP/IP-Netzwerke sind nicht mit dem Internet verbunden. Bei diesen Netzwerken wird TCP/IP zur Kommunikation zwischen den verschiedenen Netzwerken innerhalb der Organisation verwendet. Private Netzwerke, die verschiedene Teile einer Organisation miteinander verbinden, werden häufig als *Enterprise Networks* (also »Unternehmensnetzwerke«) bezeichnet. Nutzen diese privaten Netzwerke die auf TCP/IP aufsetzenden Informationsdienste, insbesondere Web-Server und -Browser, zur Verteilung interner Informationen, werden diese Netzwerke als *Intranets* bezeichnet.

Es gibt einige Hauptgründe, warum viele Sites nicht mit dem Internet verbunden sind. Ein Grund ist die Sicherheit. Die Anbindung an jedes Netzwerk ermöglicht mehr Leuten den Zugriff auf Ihr System. Die Anbindung an ein globales Netzwerk mit Millionen von Benutzern reicht aus, um jeden Sicherheitsexperten in Panik zu versetzen. Keine Frage: Die Anbindung an das Internet erhöht die Sicherheitsrisiken für Ihren Computer. Kapitel 12 zeigt einige Techniken, mit denen Sie diese Risiken minimieren können.

Das Kosten/Nutzen-Verhältnis ist ein weiteres Entscheidungskriterium. Viele Organisationen sehen keinen ausreichenden Vorteil in einer Internetanbindung. Bei manchen

---

1   **rlogin** wird in Kapitel 9 behandelt.

Organisationen sind durch die geringe Nutzung oder die eingeschränkten Anforderungen (z.B. nur E-Mail-Zugriff) die Kosten für einen Internetanschluß höher als dessen Nutzen. Bei anderen Organisationen ist der Hauptgrund für einen Internetanschluß die Verbreitung von Produktinformationen. Es ist nicht notwendig, zu diesem Zweck das gesamte Unternehmensnetz an das Internet anzubinden. Häufig reicht es aus, einen einzigen Web-Server mit dem lokalen Internet Service Provider (ISP) zu verbinden, oder Webdienste direkt vom ISP einzukaufen.

Andere Organisationen betrachten eine Internetanbindung als grundlegend. Bildungs- und Forschungseinrichtungen sind vom Internet als Informationsquelle abhängig. Viele Unternehmen nutzen es als Mittel, Service und Support für ihre Kunden bereitzustellen.

Sie können beide »Arten« von Netzwerken besitzen: ein hinter einem Firewall sitzendes, »nicht konnektiertes« Enterprise-Netzwerk und ein kleines, »konnektiertes« Netzwerk, das Ihre externen Kunden mit Diensten versorgt und einen Proxy für die internen Benutzer zur Verfügung stellt.

Solange Sie nicht sorgfältig ermittelt haben, wo Ihr Bedarf liegt, und was ein Internetanschluß kosten würde, können Sie nicht entscheiden, ob ein Internetanschluß für Ihre Organisation sinnvoll ist oder nicht. Ihr lokaler ISP kann Ihnen verschiedene Kosten- und Leistungsalternativen vorlegen. Der nächste Abschnitt beschreibt Wege zur Ermittlung eines geeigneten ISPs. Unabhängig davon, ob Sie Ihr Netzwerk mit dem Internet verbinden oder nicht, ist eines sicher: Sie sollten Ihr Enterprise-Netzwerk mit TCP/IP-Protokollen aufbauen.

Netzwerkkontakte

Die Wahl eines Internet Service Providers kann sehr schwierig sein. Momentan gibt es allein in den USA mehr als 5000 ISPs. In Deutschland sind es mehrere hundert. Wir wollen nicht den Versuch machen, sie alle aufzuzählen. Vielmehr wollen wir Sie mit Hinweisen versorgen, wie Sie Informationen über ISPs per E-Mail, Newsgruppen, über das Web oder in gedruckter Form erhalten können.

Leser, die grundlegende Informationen über das Internet wünschen, können mit einem Buch über das Internet beginnen. Kurz nach Erscheinen des vorliegenden Titels sollte die völlig überarbeitete dritte Auflage des Klassikers *The Whole Internet* von Ed Krol erhältlich sein (O'Reilly & Associates), zu empfehlen ist aber auch die deutsche Übersetzung von *Internet in a Nutshell* von Valerie Quercia (O'Reilly Verlag). Beide Titel bieten eine benutzerorientierte Sicht des Internet. Ein eher unter kommerziellen Gesichtspunkten interessantes Buch ist *Getting Connected: Establishing a Presence on the Internet* von Kevin Dowd (O'Reilly & Associates).

Fragen Sie den potentiellen ISP nach Diensten und Preisen. Einige ISPs sind auf Low-cost-Dienste für Heimanwender spezialisiert und stellen den Preis in den Vordergrund. Wollen Sie allerdings ein vollständiges Netz an das Internet anbinden, sollte Ihr ISP Sie mit Netzwerkadressen, Nameservice, Web-Service und anderen Leistungen versorgen können, die Sie für Ihr Netzwerk möglicherweise benötigen.

Grundlegende Informationen

Unabhängig davon, ob Ihr Netzwerk mit dem Internet verbunden ist oder nicht, müssen Sie bestimmte grundlegende Informationen zur Konfiguration der physikalischen TCP/IP-Netzwerkschnittstelle zur Verfügung stellen. Wie Sie in Kapitel 6 noch sehen werden, benötigt die Netzwerkschnittstelle eine IP-Adresse und möglicherweise auch eine Subnetz-Maske und eine Broadcast-Adresse. In diesem Abschnitt wollen wir uns ansehen, wie ein Netzwerkadministrator an diese Werte gelangt.

Vergabe einer IP-Adresse

Jede Schnittstelle in einem TCP/IP-Netzwerk muß eine eindeutige IP-Adresse besitzen. Ist ein Host Teil des Internet, muß seine IP-Adresse im gesamten Internet eindeutig sein. Ist die TCP/IP-Kommunikation eines Hosts auf das lokale Netzwerk beschränkt, muß seine IP-Adresse nur lokal eindeutig sein. Administratoren, deren Netzwerke nicht mit dem Internet verbunden sind, wählen sich eine Adresse aus RFC 1918, *Address Allocation for Private Internets*. Dieses RFC führt Netzwerknummern auf, die zur privaten Verwendung vorgesehen sind.[2] Die privaten Netzwerknummern sind:

*   Klasse-A- Netzwerk 10.0.0.0 (10/8-Präfix und 24-Bit-Adreßblock).

*   Die Klasse-B-Netzwerke 172.16.0.0 bis 172.31.0.0 (172.16/12-Präfix und 20-Bit-Adreßblock).

*   Die Klasse-C-Netzwerke 192.168.0.0 bis 192.168.255.0 (192.168/16-Präfix mit 16-Bit-Adreßblock).

An das Internet angeschlossene Netzwerke müssen offizielle Netzwerkadressen beantragen. Eine offizielle Adresse ist für jedes System Ihres Netzwerks notwendig, das Daten *direkt* mit anderen Internet-Hosts austauscht.[3] Sie erhalten die Adresse von Ihrem ISP. Ihrem ISP wurde die Autorität über eine Reihe von Netzwerkadressen zugewiesen, und er sollte in der Lage sein, Ihnen eine Netzwerknummer zuzuweisen. Kann Ihr lokaler ISP diesen Service nicht leisten, so kann das in der Regel der hinter dem lokalen ISP stehende Backbone-Betreiber. Falls alle Stricke reißen, müssen Sie sich doch direkt an die entsprechende Registrierungsstelle wenden. Der Kasten *Die Network Information Center* enthält Hinweise zu den entsprechenden Diensten.

Der Vorteil einer Netzwerkadresse aus RFC 1918 ist, daß Sie keine offizielle Adresse anfordern müssen und Adreßraum für die Systeme aufsparen können, die ans Internet angeschlossen werden müssen.[4] Der Vorteil einer offiziellen Adresse besteht darin, daß Sie die Adresse nicht ändern müssen, falls zukünftig doch eine Verbindung zum Internet notwendig werden sollte.

---

2 Die in diesem Buch verwendete Adresse (172.16.0.0) ist eine für nicht konnektierte Enterprise-Netzwerke vorgesehene Adresse. Sie können diese Adresse ruhigen Gewissens für Ihr Netzwerk verwenden, wenn Sie nicht an das Internet angeschlossen sind.

3 Kommunizieren Hosts durch einen Firewall oder einen Proxy mit dem Internet, benötigen sie nicht unbedingt offizielle Adressen. Sehen Sie in der Firewall/Proxy-Dokumentation nach.

4 Siehe Kapitel 2.

Falls Sie sich für eine Adresse aus RFC 1918 entscheiden, ist es dennoch möglich, die Verbindung zum Internet herzustellen, ohne alle Systeme mit neuen Adressen versehen zu müssen. Allerdings verlangt dies einigen Mehraufwand. Sie benötigen hierzu eine sog. NAT-Box (*network address translation*) oder einen Proxy-Server. NAT gibt es in Form separater Hardware oder, bei einigen Routern und Firewalls, als separate Software. Es wandelt die Quelladresse der Ihr Netzwerk verlassenden Datagramme von Ihrer privaten in Ihre offizielle Adresse um. Die Adreßübersetzung (*address translation*) hat verschiedene Vorteile.

- Sie spart IP-Adressen. Die meisten Netzwerkverbindungen zwischen den Systemen laufen innerhalb des gleichen Enterprise-Netzwerks. Nur ein kleiner Prozentsatz der Systeme muß überhaupt mit dem Internet verbunden werden. Daher werden weniger offizielle IP-Adressen benötigt als Systeme im Netzwerk vorhanden sind. NAT macht es möglich, den großen Adreßraum aus RFC 1918 für die Konfiguration Ihres Enterprise-Netzwerks zu nutzen, während gleichzeitig nur ein kleiner offizieller Adreßraum für Internetverbindungen eingesetzt wird.

- Sie verhindert das Adreß-Spoofing, eine Sicherheitsattacke, bei der ein entferntes System vorgibt ein lokales System zu sein. Die Adressen in RFC 1918 können nicht über das Internet geroutet werden. Wird also ein Datagramm aus Ihrem Netzwerk in Richtung des entfernten Systems geroutet, sorgt die RFC 1918 Zieladresse dafür, daß die Router im Internet das Datagramm als *Marsmensch (martian)* betrachten und aussortieren.[5]

- Sie umgeht die Notwendigkeit, alle IP-Adressen der Hosts ändern zu müssen, wenn eine Anbindung ans Internet erfolgt.Die Übersetzung von Netzwerkadressen hat aber auch ihre Nachteile:

Kosten
   NAT kann zusätzliche Kosten für neue Hardware oder Software bedeuten.

Performance
   Die Übersetzung von Adressen bringt einen Overhead bei der Verarbeitung jedes Datagramms mit sich. Bei der Änderung der Adresse muß die Prüfsumme neu berechnet werden. Darüber hinaus führen einige Protokolle höherer Schichten eine Kopie der IP-Adresse mit, die ebenfalls umgewandelt werden muß.

Zuverlässigkeit
   NAT ist eine neue Technologie, und es gibt im Netz bisher nur wenig Erfahrungen mit ihr. Router modifizieren die Adressen in einem Datagramm-Header nie, NAT schon. Das könnte zu etwas Instabilität führen. Bislang hat auch niemand Erfahrung damit, wie viele Adressen in einem NAT-Adreßpool liegen sollen und wie lange eine Adresse von einer Verbindung genutzt werden soll, bevor sie wieder an den Pool zurückgegeben wird.

---

5 Ein »Marsmensch« ist ein Datagramm mit einer bekanntermaßen ungültigen Adresse.

Sicherheit

NAT schränkt die Verwendung von Verschlüsselungs- und Authentizierungstechniken ein. Authentizierungsschemata, bei denen die Header in die Berechnung einbezogen werden, funktionieren nicht, weil NAT die Adressen im Header ändert. Verschlüsselung funktioniert nicht, weil die verschlüsselten Daten die Quelladresse enthalten.

Proxy-Server bieten in vielen Bereichen die gleichen Vorteile wie NAT-Boxen. Tatsächlich werden beide Begriffe häufig gleichgesetzt. Dennoch gibt es Unterschiede. Proxy-Server sind Anwendungsgateways, ursprünglich als Teil von Firewall-Systemen zur Erhöhung der Sicherheit entwickelt. Interne Systeme stellen die Verbindung zur Außen-

---

Die Network Information Center

Das ursprüngliche Network Information Center war das SRI NIC (*sri-nic.arpa*). 1992 zog das NIC nach *nic.ddn.mil* um und wurde zum DDN NIC. Im April 1993 zogen dann die Registrierungs-, Verzeichnis- und Informationsdienste für das Internet an das neue Internet NIC (*internic.net*) um. Das InterNIC bietet diese Dienste immer noch an, macht das aber nicht allein.

Nahezu jedes große Netzwerk besitzt sein eigenes NIC. Die meisten NICs bieten Zugriff auf RFCs, FYIs und andere Dokumentationen zu TCP/IP. Einige wenige bieten auch Registrierungsdienste an. Damit das Internet ordentlich funktionieren kann, müssen IP-Adressen und Domain-Namen eindeutig sein. Um diese Adressierung zu garantieren, wird die Autorität darüber sorgfältig delegiert. Das Recht zur Delegation von Domains und Adressen wurde an die Internet Resource Registries (IRR) übertragen. Momentan sind dies das RIPE für Europa, APNIC für Asien und den pazifischen Raum, CA*net für Kanada, RNP für Brasilien und das InterNIC für den Rest. Weitere Registries können jederzeit hinzukommen. (Siehe auch die Diskussion über generische Top-Level-Domains (gTLDs) in Kapitel 3.) Zusätzlich wurden große Adreßgruppen an ISPs delegiert, die diese an ihre Kunden weitergeben können.

Zur Registrierung einer Domain wenden Sie sich zuerst an Ihren ISP. Falls der ISP diesen Dienst nicht anbietet (was sehr unwahrscheinlich ist), können Sie sich für die in Deutschland üblichen DE-Domains direkt an die hierfür zuständige DENIC wenden. Die Postanschrift der DENIC eG lautet:

DENIC eG
Wiesenhüttenplatz 26
60329 Frankfurt

Sie erreichen die DENIC auch über die (kostenpflichtige) Servicenummer 0190 – 87 44 41 bzw. über das (ebenfalls kostenpflichtige) Servicefax 0190 – 87 44 42.

Alle zur Registrierung einer Adresse, eines Domain-Namens und anderer notwendiger Werte benötigten Formulare finden sich auch im Web (*www.denic.de*). Laden Sie sich einen entsprechenden Antrag von *www.denic.de/DenicDirect/DomainAntrag.htm* herunter und füllen Sie ihn sorgfältig aus. Erläuterungen zum Ausfüllen des Formulars finden Sie auf den Webseiten der DENIC. Das ausgefüllte Formular können Sie dann per E-Mail, Fax oder Post an die DENIC schicken.

welt durch den Proxy-Server her, und externe Systeme antworten dem Proxy-Server. Im Gegensatz zu Routern, selbst Routern mit NAT, sehen die externen Systeme kein Netzwerk interner Systeme. Sie sehen nur ein System – den Proxy-Server. Alle **ftp-**, **telnet-** und anderen Verbindungen scheinen von einer IP-Adresse zu kommen: der Adresse des Proxy-Servers. Der Unterschied zwischen NAT-Box und Proxy-Server besteht also darin, daß NAT einen Pool von IP-Adressen nutzt, um die Verbindung zwischen internen und externen Systemen zu unterscheiden, während ein echter Proxy-Server mit nur einer Adresse arbeitet und daher Protokoll- und Portnummern zur Unterscheidung der Verbindungen verwenden muß.

Proxy-Server verfügen häufig über zusätzliche Sicherheitsmerkmale. Die Übersetzung von Adressen kann auf der IP-Schicht erfolgen. Proxy-Services verlangen vom Server, daß er die Daten an die Anwendungsschicht hochreicht. In Proxy-Server können Sicherheitsfilter eingebaut werden, die Daten auf allen Ebenen des Protokollstacks filtern.

Hinsichtlich der hier besprochenen Unterschiede sind NAT-Server skalierbarer als Proxy-Server, während Proxy-Server eine größere Sicherheit bieten. Proxy-Server werden bei kleinen Netzwerken häufig anstelle der Adreßübersetzung verwendet. Bevor Sie sich für NAT oder Proxy entscheiden, müssen Sie sicher sein, welches System Ihre Anforderungen am besten erfüllt.

Vergabe von Hostadressen

Bislang haben wir von *Netzwerknummern* gesprochen. Unserem imaginären Unternehmensnetzwerk (*nuts-net*) wurde die Netzwerknummer 172.16.0.0/16 zugewiesen. Der Netzwerkadministrator vergibt einzelne Hostadressen aus dem Bereich der IP-Adressen, die für die jeweilige Netzwerkadresse verfügbar sind, d.h., der Administrator von *nuts-net* vergibt die beiden letzten Bytes der 4-Byte-Adresse.[6] Bei dem vom Administrator vergebenen Teil der Adresse dürfen nicht alle Bits 0 bzw. 1 sein, d.h., 172.16.0.0 und 172.16.255.255 sind keine gültigen Hostadressen. Bis auf diese Einschränkung können Sie Hostadressen vergeben, wie es Ihnen sinnvoll erscheint.

Üblicherweise vergeben Netzwerkadministratoren Hostadressen auf eine von zwei Arten:

Eine Adresse nach der anderen
> Jedem einzelnen Host wird, vielleicht der Reihenfolge nach, eine Adresse des Adreßraums zugewiesen.

Gruppen von Adressen
> Adreßblöcke werden an kleinere Organisationen innerhalb der Gesamtorganisation vergeben. Diese weisen dann die einzelnen Hostadressen zu.

Die Vergabe von Adreßgruppen ist üblich, wenn im Netzwerk mit Subnetzen gearbeitet wird. Die Adreßgruppen werden entlang der Subnetzgrenzen vergeben. Die Zuweisung

---

6 Dieser Bereich von Adressen wird als *Adreßraum* bezeichnet.

von Adreßblöcken verlangt aber kein Subnetting. Es kann sich einfach um ein organisatorisches Mittel zur Delegation der Autorität handeln. Die Delegation der Autorität für Adreßgruppen ist für große Netzwerke häufig sehr praktisch, während bei kleinen Netzwerken die Hostadressen meist einzeln vergeben werden. Gleichgültig, wie Adressen zugewiesen werden, muß jemand die zentrale Kontrolle behalten, um Doppelvergaben zu verhindern und um sicherzustellen, daß die Adressen richtig in den Nameservern eingetragen werden.

Adressen können statisch oder dynamisch vergeben werden. Die statische Zuweisung erfolgt durch manuelle Konfiguration der Boot-Datei des Hostrechners oder durch einen Server wie BOOTP. Dynamische Adreßvergaben erfolgen immer mit Hilfe eines Servers wie etwa PPP oder DHCP. Bevor Sie einen Server für die dynamische Adreßvergabe konfigurieren, sollten Sie sicher sein, daß das für Ihre Zwecke auch sinnvoll ist. Eine dynamische PPP-Adressierung ist sinnvoll, wenn Server viele entfernte Clients handhaben müssen, die sich nur für eine relativ kurze Zeit über Wählleitungen anbinden. Wird der PPP-Server genutzt, um verschiedene Teile eines Enterprise-Netzwerks zu verbinden, und sind diese Verbindungen langlebig, dann ist eine dynamische Adreßvergabe wahrscheinlich unnötig. In der gleichen Weise sind die Möglichkeiten der dynamischen Adreßzuweisung bei DHCP am nützlichsten, wenn viele mobile Systeme in Ihrem Netzwerk existieren, die sich zwischen den Subnetzen bewegen und deshalb häufig die Adressen wechseln müssen. Informationen zu PPP finden Sie in Kapitel 6, Details zu DHCP können Sie den Kapiteln 3 und 9 entnehmen.

Offensichtlich gilt es, verschiedene Entscheidungen zu treffen, wenn es um die Erlangung und die Vergabe von Adressen geht. Im nächsten Abschnitt wollen wir uns Subnetz-Masken ansehen, die die Interpretation der Adresse verändern.

Die Subnetz-Maske definieren

Kapitel 2 beschreibt die Struktur von IP-Adressen und spricht am Rande auch die Gründe für das Subnetting an. Solange Sie die Interpretation Ihrer zugewiesenen Netzwerknummer nicht ändern wollen, müssen Sie keine Subnetz-Maske definieren. Die Entscheidung für ein Subnetz erfolgt häufig aufgrund topologischer oder organisatorischer Erwägungen.

Zu den topologischen Gründen für ein Subnetting zählen:

Überwindung von Entfernungsbeschränkungen
Manche Netzwerk-Hardware besitzt sehr strenge Distanzbeschränkungen. Ethernet ist hier das beste Beispiel. Die maximale Länge eines »Thick-Ethernet«-Kabels beträgt 500 Meter. Bei Thin-Ethernet sind es 300 Meter. Die Gesamtlänge eines Ethernet, der sog. maximale Durchmesser, beträgt 2500 Meter. Müssen Sie eine größere Distanz überbrücken, können Sie IP-Router nutzen, um eine Reihe von Ethernet-Kabeln zu verbinden. Die einzelnen Kabel dürfen die maximal erlaubte Länge immer noch nicht überschreiten, aber bei diesem Ansatz wird jedes Kabel zu einem separaten Ethernet. Die Gesamtlänge des IP-Netzwerks kann daher die Maximallänge eines Ethernet übersteigen.

Verbindung unterschiedlicher physikalischer Netzwerke

IP-Router können genutzt werden, um Netzwerke miteinander zu verbinden, denen unterschiedliche oder inkompatible Netzwerktechnologien zugrunde liegen. An anderer Stelle in diesem Kapitel zeigt Abbildung 4-1 ein zentrales Token-Ring-Subnetz (172.16.1.0), das die beiden Ethernet-Subnetze 172.16.6.0 und 172.16.12.0 miteinander verbindet.

Filtern des Datenverkehrs zwischen Netzwerken

Lokaler Datenverkehr bleibt im lokalen Subnetz. Nur für andere Netzwerke gedachte Daten werden durch das Gateway weitergeleitet.

Subnetting ist nicht der einzige Weg zur Lösung topologischer Probleme. Netzwerke sind als Hardware implementiert und können durch Änderung oder Hinzufügen von Hardware verändert werden. Das Subnetting ist aber eine effektive Möglichkeit, diese Probleme auf TCP/IP-Software-Ebene zu umgehen.

Natürlich gibt es auch Gründe für den Aufbau von Subnetzen, die nicht technischer Natur sind. Subnetze dienen häufig organisatorischen Zwecken wie:

Vereinfachung der Netzwerkadministration

Subnetze können genutzt werden, um das Adreßmanagement, die Fehlersuche und andere Aufgaben der Netzwerkadministration an kleinere Einheiten innerhalb der Gesamtorganisation zu delegieren. Das ist ein effektives Werkzeug zur Pflege eines großen Netzwerks mit nur wenig Personal. Es verlagert die Verantwortung für den Betrieb des Subnetzes auf die Leute, die von seiner Nutzung profitieren.

Berücksichtigung organisatorischer Strukturen

Die Struktur einer Organisation kann für einige Abteilungen ein unabhängiges Netzwerkmanagement erforderlich machen. Der Aufbau unabhängig zu pflegender Subnetze für die Abteilungen ist sinnvoller, als diese Abteilungen direkt zu einem ISP gehen und eigene, unabhängige Netzwerknummern verwenden zu lassen.

Datenverkehr nach Organisation isolieren

Bestimmte Organisationen könnten es vorziehen, ihren lokalen Datenverkehr in einem Netzwerk zu isolieren, das primär nur von den Mitgliedern dieser Organisation genutzt wird. Das gilt insbesondere, wenn der Faktor Sicherheit eine Rolle spielt. Zum Beispiel könnte es der Lohnbuchhaltung nicht gefallen, daß ihre Netzwerkpakete über das Engineering-Netzwerk laufen, wo eine kluge Person herausfinden könnte, wie diese Pakete abzufangen sind.

Potentielle Probleme isolieren

Ist ein bestimmtes Segment weniger zuverlässig als der Rest des Netzwerks, könnten Sie dieses Segment zu einem Subnetz machen. Bringt beispielsweise die Forschungsgruppe von Zeit zu Zeit experimentelle Systeme ins Netz oder experimentiert sie mit dem Netzwerk selbst, dann ist dieser Teil des Netzwerks instabil. Sie würden also ein Subnetz einrichten, damit die experimentelle Hard- oder Software den Rest des Netzwerks nicht beeinflußt.

Der Netzwerkadministrator entscheidet, ob ein Subnetting notwendig ist, und definiert die Subnetz-Maske für das Netzwerk. Die Subnetz-Maske besitzt die gleiche Form wie eine IP-Adreßmaske. Wie in Kapitel 2 beschrieben, definiert sie, welche Bits der Adresse den »Netzwerkteil« und welche den »Hostteil« bilden. Die Bits im »Netzwerkteil« sind *an* (d.h. 1), während die Bits im »Hostteil« *aus* (d.h. 0) sind.

Die für *nuts-net* verwendete Subnetz-Maske ist 255.255.255.0. Diese Maske reserviert 8 Bit für die Identifikation der Subnetze, womit 256 Subnetze definiert werden können. Der Administrator von *nuts-net* hat entschieden, daß diese Maske ausreichend Subnetze bereitstellt, und daß innerhalb der Subnetze genügend Hosts existieren, um den Adreßraum von 254 Hosts pro Subnetz effektiv zu nutzen. An anderer Stelle dieses Kapitels zeigt Abbildung 4-1 ein Beispiel für diese Art Subnetz. Die Anwendung dieser Subnetz-Maske auf die Adressen 172.16.1.0 und 172.16.12.0 führt dazu, daß diese Adressen als zwei verschiedene Netzwerke und nicht als zwei verschiedene Hosts im gleichen Netzwerk interpretiert werden.

Sobald die Maske definiert ist, muß sie an alle Hosts im Netzwerk verteilt werden. Dies kann auf zwei Wegen erreicht werden: manuell, durch die Konfiguration der Netzwerkschnittstellen, oder automatisch über Routing-Protokolle. Alte Routing-Protokolle können keine Subnetz-Masken verteilen, und alte Betriebssysteme können die Masken nicht in der Routing-Tabelle speichern. In einer Umgebung, die solche alten Systeme enthält, muß jedes Gerät innerhalb des Netzwerks die gleiche Subnetz-Maske besitzen, weil jeder Computer glaubt, daß das gesamte Netzwerk in der gleichen Weise unterteilt ist wie sein lokales Subnetz.

Neue Routing-Protokolle verteilen Adreßmasken für jedes Ziel, und neue Betriebssysteme speichern diese Masken in der Routing-Tabelle. Das macht die Verwendung von Subnetz-Masken variabler Länge (variable-length subnet masks, VLSM) möglich. Die Verwendung von Subnetz-Masken variabler Länge erhöht die Flexibilität und die Leistungsfähigkeit des Subnetting. Nehmen wir einmal an, Sie möchten 192.168.5.0/24 in drei Netzwerke aufteilen: Ein Netzwerk mit 110 Hosts, eines mit 50 Hosts und eines mit 60 Hosts. Bei traditionellen Subnetz-Masken wäre eine einzelne Maske gewählt und auf den gesamten Adreßraum angewandt worden. Das ist bestenfalls ein Kompromiß. Mit Subnetz-Masken variabler Länge könnten Sie die Maske 255.255.255.128 für das große Subnetz verwenden, was Subnetze mit 126 Hosts liefern würde. Für die kleineren Subnetze könnten Sie die Maske 255.255.255.192 verwenden, mit der Subnetze mit 62 Hosts erzeugt werden. VLSMs verlangen allerdings UNIX-Kernel, die wissen, wie man Masken speichert und nutzt, und sie verlangen Routing-Protokolle, die sie übertragen können. Weitere Informationen zum Routing finden Sie in Kapitel 7.

Festlegen der Broadcast-Adresse

Die Notwendigkeit, eine Broadcast-Adresse angeben zu müssen, ist vielleicht nicht so offensichtlich wie die der Angabe einer Subnetz-Maske. Bei der Standard-Broadcast-Adresse sind alle Hostbits auf 1 gesetzt. Die Standard-Broadcast-Adresse für das Subnetz 172.16.12.0 ist also 172.16.12.255. Wir wollen die Standard-Adresse verwenden, also wo ist das Problem?

Das Problem taucht auf, weil manche Einheiten die falsche Broadcast-Adresse verwenden. Die BSD-Release 4.2 hat eine Broadcast-Adresse verwendet, bei der alle Hostbits auf 0 gesetzt waren. Es gab keine Möglichkeit, das zu ändern. Dieses Problem taucht bei BSD 4.3 und späteren Releases nicht mehr auf, allerdings verwenden einige Systeme immer noch standardmäßig die falsche Broadcast-Adresse. Wenn in Ihrem Netzwerk Systeme mit der falschen Broadcast-Adresse existieren, müssen Sie die Adresse korrigieren.

In Kapitel 6 beschreiben wir, wie die IP-Adresse, die Subnetz-Maske und die Broadcast-Adresse zur Konfiguration der physikalischen Netzwerkschnittstelle verwendet werden. Ein weiterer elementarer Bestandteil eines TCP/IP-Netzwerks ist das Routing.

Das Routing planen

In Kapitel 2 haben wir gelernt, daß Hosts nur direkt mit anderen Computern kommunizieren, wenn diese im gleichen Netzwerk liegen. Zur Kommunikation mit Systemen in anderen Netzwerken werden Gateways benötigt. Wenn ein Host in Ihrem Netzwerk mit Computern in anderen Netzwerken kommunizieren muß, ist die Definition einer Route durch ein Gateway notwendig. Es gibt zwei Möglichkeiten, das zu tun:

- Das Routing kann von einer *statischen Routing-Tabelle* übernommen werden, die vom Systemadministrator aufgebaut wird. Statische Routing-Tabellen sind am nützlichsten, wenn die Anzahl der Gateways beschränkt ist. Statische Tabellen stellen sich nicht dynamisch auf veränderte Netzwerkbedingungen ein, weshalb jede Änderung der Tabelle manuell vom Systemadministrator durchgeführt werden muß. Komplexe Umgebungen verlangen einen wesentlich flexibleren Routing-Ansatz, der mit statischen Routing-Tabellen nicht zu erreichen ist.

- Das Routing kann von einer *dynamischen Routing-Tabelle* übernommen werden, die auf sich ändernde Netzwerkbedingungen reagiert. Dynamische Routing-Tabellen werden von Routing-Protokollen aufgebaut. Routing-Protokolle tauschen Routing-Informationen aus, die zur Aktualisierung der Routing-Tabelle genutzt werden. Dynamisches Routing wird genutzt, wenn mehrere Gateways im Netz vorliegen. Dynamisches Routing ist unumgänglich, wenn mehr als ein Gateway zum gleichen Ziel führen können.

Viele Netzwerke verwenden eine Kombination aus statischem und dynamischem Routing. Einige Systeme verwenden statische Routing-Tabellen, während andere Routing-Protokolle benutzen und dynamische Tabellen besitzen. Während es für Hosts häufig ausreicht, statische Tabellen zu verwenden, arbeiten Gateways meist mit Routing-Protokollen.

Der Netzwerkadministrator muß entscheiden, welche Art des Routing verwendet wird und welches Standard-Gateway jeder einzelne Host benutzen soll. Treffen Sie diese Entscheidungen, bevor Sie das System konfigurieren. Hier einige Richtlinien, die Ihnen die Planung erleichtern können:

Ein Netzwerk ohne Gateways zu anderen TCP/IP-Netzwerken

In diesem Fall wird keine besondere Routing-Konfiguration benötigt. Die hier besprochenen Gateways sind IP-Router, die TCP/IP-Netzwerke miteinander verbinden. Wenn Sie keine TCP/IP-Netzwerke miteinander verbinden, benötigen Sie auch keinen IP-Router. Weder ein Standard-Gateway noch ein Routing-Protokoll muß angegeben werden.

Ein Netzwerk mit nur einem Gateway

Wenn Sie nur ein Gateway besitzen, benötigen Sie keine Routing-Protokolle. Geben Sie dieses Gateway einfach in einer statischen Routing-Tabelle als Standard-Gateway an.

Ein Netzwerk mit internen Gateways zu anderen Subnetzen und einem Gateway zur Außenwelt

Hier haben Sie wirklich die Wahl. Sie können jede Subnetz-Route statisch angeben und das Gateway zur Außenwelt zu Ihrem Standard-Gateway erklären, oder Sie können ein Routing-Protokoll verwenden. Die Entscheidung sollten Sie davon abhängig machen, welchen Aufwand die Pflege der statischen Tabelle, verglichen mit dem kleinen Overhead eines Routing-Protokolls auf allen Hosts in allen Netzwerken, für Sie bedeutet. Wenn Sie mehr als nur ein paar Hosts haben, ist die Verwendung eines Routing-Protokolls wahrscheinlich einfacher.

Ein Netzwerk mit mehreren Gateways zur Außenwelt

Wenn Sie mehrere Gateways besitzen, die das gleiche Ziel erreichen können, sollten Sie ein Routing-Protokoll verwenden. Das ermöglicht es den Gateways, auf Netzwerkänderungen zu reagieren und den redundanten Zugriff auf entfernte Netzwerke sicherzustellen.

Abbildung 4-1 zeigt ein in Subnetze unterteiltes Netzwerk mit den fünf Gateways *A* bis *E*. Ein zentrales Subnetz (172.16.1.0) verbindet fünf weitere Subnetze. Eines dieser Subnetze besitzt ein Gateway zu einem externen Netzwerk. Der Netzwerkadministrator würde sich wahrscheinlich für ein Routing-Protokoll auf dem zentralen Subnetz (172.16.1.0) entscheiden, und vielleicht auch bei Subnetz 172.16.12.0, das mit einem externen Netzwerk verbunden ist. Dynamisches Routing ist bei diesen Subnetzen angemessen, weil sie mehrere Gateways besitzen. Ohne dynamisches Routing müßte der Administrator jedes dieser Gateways manuell aktualisieren, sobald eine Änderung im aktuellen Netzwerk auftritt (beispielsweise, wenn ein neues Subnetz hinzugefügt wird). Ein Fehler bei der manuellen Aktualisierung könnte den Netzwerkbetrieb unterbrechen. Die Verwendung eines Routing-Protokolls auf diesen beiden Subnetzen ist einfacher und zuverlässiger.

Andererseits würde sich der Administrator wahrscheinlich bei den anderen Subnetzen (172.16.3.0, 172.16.6.0 und 172.16.9.0) für statisches Routing entscheiden. Diese Subnetze verwenden nur ein Gateway, um alle Ziele zu erreichen. Externe Änderungen an den Subnetzen, beispielsweise die Einbindung eines weiteren Subnetzes, ändern nichts an der Tatsache, daß die drei Subnetze immer noch nur eine mögliche Route besitzen. Neue Netzwerke werden über das gleiche Gateway erreicht. Die Hosts dieser Subnetze

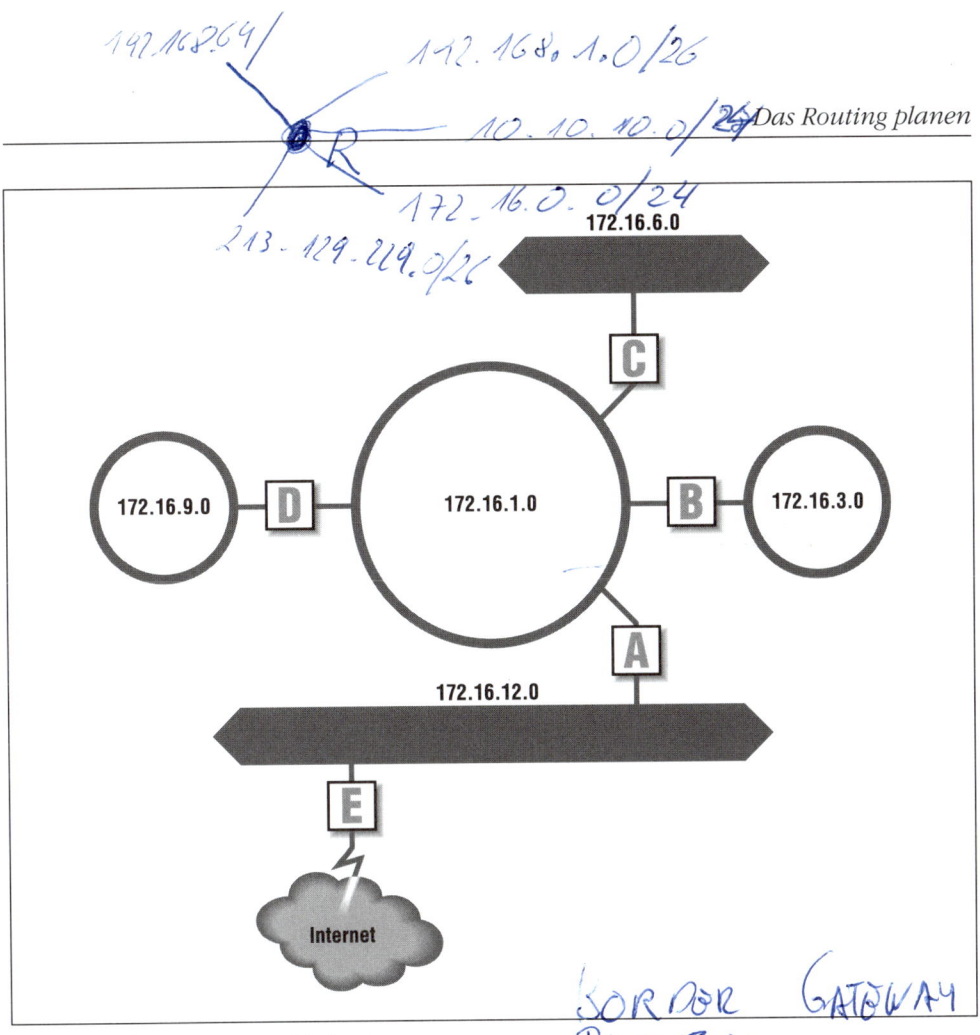

Abbildung 4-1: Routing und Subnetze

geben das Gateway des Subnetzes als Standard-Route an. Mit anderen Worten verwenden die Hosts im Subnetz 172.16.3.0 *B* als Standard-Gateway, während die Hosts im Subnetz 172.16.9.0 *D* als Standard angeben. Dabei ist es völlig gleichgültig, was in den externen Netzwerken passiert.

Einige Routing-Entscheidungen werden Ihnen durch die externen Netzwerke aufgezwungen, zu denen Sie Verbindungen herstellen wollen. In Abbildung 4-1 stellt das lokale Netzwerk eine Verbindung zu einem externen Netzwerk her, welches das Border Gateway Protocol (BGP) für das Routing verlangt. Daher muß Gateway *E* BGP ausführen, um Routen mit dem externen Netzwerk austauschen zu können.

Die Autonomous System Number

Das Border Gateway Protocol (BGP) verlangt, daß Gateways eine spezielle Kennung, die sog. *Autonomous System Number* (ASN), besitzen. (Eine Erläuterung autonomer Systeme finden Sie im Abschnitt »Die Routing-Architektur des Internet« in Kapitel 2.) Die meisten Sites müssen BGP nicht ausführen. Die meisten Sites benötigen auch keine eindeutige ASN, selbst wenn sie mit BGP arbeiten. Normalerweise können diese Sites eine der ASNs wählen, die für den privaten Gebrauch reserviert sind. Hierbei handelt es sich um die Nummern 64512 bis 65535. Wählen Sie eine Nummer und koordinieren Sie Ihre Wahl mit den anderen Peers, um mögliche Konflikte zu vermeiden. Erfolgt die Anbindung an das Internet über einen einzelnen ISP, benötigen Sie ganz sicher keine offizielle ASN. Falls Sie nach Rücksprache mit Ihrem ISP doch eine offizielle ASN benötigen, können Sie sich das notwendige Formular vom InterNIC (*ftp://rs.internic.net/templates/ asn-template.txt.*) herunterladen.

Wenn Sie dieses Formular ausfüllen, werden Sie gefragt, warum Sie eine ASN benötigen. Wenn Sie nicht gerade ISP sind, ist der wahrscheinlich einzige Grund für eine ASN, daß Sie eine *Multihome-Site* betreiben. Eine Multihome-Site ist eine Site, die Verbindungen zu mehr als einem ISP besitzt. Erreichbarkeitsdaten für die Site könnten von beiden ISPs angeboten werden, was die Routingregeln durcheinanderbringen würde. Die Zuweisung einer ASN an die Site überträgt ihr die direkte Verantwortung für die Einrichtung eigener Routingregeln und die Bereitstellung eigener Erreichbarkeitsdaten. Das verhindert nicht, daß eine Site möglicherweise falsche Routen anbietet, ermöglicht aber die Rückverfolgung bis zu einer Site und letztendlich zu einem technischen Kontakt. (Sobald Sie eine ASN angefordert haben, können Sie mit niemandem mehr schimpfen außer mit sich selbst!)

Alle bislang behandelten Punkte (Adressierung, Subnetting und Routing) sind zur Konfiguration des zugrundeliegenden physikalischen Netzwerks notwendig. Darauf aufsetzend laufen die verschiedenen Anwendungen und Dienste. Wir beginnen nun mit der Planung der Dienste, die unser Netzwerk nützlich und nutzbar machen.

Den Nameservice planen

Um Ihr Netzwerk benutzerfreundlich zu machen, benötigen Sie einen Service, der Hostnamen in IP-Adressen umwandelt. Der Domain Name Service (DNS) und die Hosttabelle (erläutert in Kapitel 3) übernehmen diese Funktion. Sie sollten die Verwendung beider einplanen.

Zur Konfiguration des Computers muß der Netzwerkbenutzer den Domain-Namen, den Hostnamen des Systems, und die Adresse zumindest eines Servers kennen. Der Netzwerkadministrator stellt diese Informationen zur Verfügung.

Vergabe des Domain-Namens

Das erste, was Sie für einen Domain Name Service benötigen, ist ein Domain-Name. Einen offiziellen Domain-Namen können Sie bei dem für Ihre Wunschdomain zuständigen NIC (DENIC, InterNIC etc.) beantragen. Normalerweise erledigt Ihr ISP die Formalitäten für Sie oder weist Ihnen einen Namen innerhalb seiner Domain zu. Sollten Sie eine DE-Domain selbst beantragen wollen, sei an dieser Stelle noch einmal an die DENIC (*http://www.denic.de*) verwiesen.

Wählen Sie einen Domain-Namen aus und setzen Sie Ihren primären Nameserver sauber auf, bevor Sie versuchen, den Domain-Namen zu registrieren. Nutzen Sie den in Kapitel 13 beschriebenen **whois**-Befehl, um festzustellen, ob der von Ihnen gewünschte Name noch frei ist.[7] Überprüfen Sie das Ergebnis wie in Kapitel 8 beschrieben noch einmal mit **nslookup**. Sobald Sie sicher sind, daß Ihr Wunschname immer noch frei ist, können Sie mit dem Betrieb Ihres primären Nameservers beginnen. Wollen Sie keinen eigenen Server betreiben, können Sie Ihren ISP fragen, ob er diesen Service für Sie übernimmt. Falls nicht (was sehr unwahrscheinlich ist), müssen Sie sich entweder einen neuen ISP suchen oder den Server doch selbst betreiben.

Den primären Server in Betrieb zu nehmen bedeutet nicht, daß die gesamte Domain voll betriebsbereit sein muß. Es bedeutet aber, daß ein Server laufen muß, der auf grundlegende Anfragen reagieren kann. Wenn Anfragen kommen, sollte der Server antworten können, daß er der primäre Server für Ihre Domain ist. Konfigurieren Sie den primären Server wie in Kapitel 8 erläutert. Prüfen Sie das System mit **nslookup**. Sobald Sie sicher sind, daß der Server zumindest Fragen über sich selbst beantwortet, können Sie die Domain registrieren.

Sollten Sie Ihre Domain tatsächlich direkt anmelden wollen und nicht die Hilfe Ihres Providers in Anspruch nehmen, müssen Sie den Domainantrag vollständig ausfüllen und per Post, Fax oder E-Mail an die DENIC schicken. Die Postanschrift und die Faxnummer finden Sie auf den vorangegangenen Seiten im Kasten *Die Network Information Center* oder auch auf den Webseiten der DENIC, E-Mail schicken Sie an *denic@denic.de*.[8] Ihr Antrag wird auf Vollständigkeit geprüft, und Sie erhalten (falls alle notwendigen Informationen vorhanden sind) umgehend eine Rechnung. Diese Rechnung sollte innerhalb von 5 Tagen beglichen sein. Bis dahin wird die Domain kurzfristig als gesperrt markiert. Nach Abschluß der Prozedur werden Sie schriftlich benachrichtigt.

Wie oben bereits angedeutet, sind diese Dienste nicht kostenfrei. Die Kosten fallen jährlich an und hängen von den gewünschten Diensten ab. Die aktuellen Preise erfahren Sie auf den Webseiten der DENIC bzw. von Ihrem ISP.

Das Formular ist größtenteils selbsterklärend, dennoch verlangen einige Punkte etwas Aufmerksamkeit. Zwei Dinge könnten verwirrend sein – Handles und Server. Ein Feld des Formulars fragt nach dem NIC-Handle. Das NIC-Handle ist eine Kennung, die eine Person eindeutig identifiziert. Die Zuordnung erfolgt in Europa in der RIPE-Datenbank, die Informationen über Benutzer, Netzwerke, Hosts und Domains enthält. Da das RIPE in Europa verantwortlich ist, ist das hier geforderte NIC-Handle ein RIPE-Handle. Ein solches Handle besteht aus den Initialen des Benutzers und einer (fortlaufenden) Nummer, die die jeweilige Person eindeutig identifiziert. Beispielsweise lauten die Initialen des Autors »cwh«, und sein NIC-Handle ist cwh3. Sie werden kein RIPE-Handle besitzen, wenn Sie mit dem RIPE bisher noch nichts zu tun hatten. Auch ein solches RIPE-Handle

---

7 Anm. d. Übersetzers: Für DE-Domains können Sie alternativ die Abfrage der reservierten Domains an *http://www.nic.de/Domains/reservedDomains.html* nutzen.

8 Anm. d. Übersetzers: Die Prozeduren für Österreich und die Schweiz finden Sie auf den entsprechenden Webservern *www.nic.at* bzw. *www.nic.ch*.

besorgt Ihnen normalerweise der Provider. Falls Sie bisher noch kein Handle besitzen, tragen Sie im Formular den Text »AUTO-1« ein.

Sie werden auch nach den Namen und den Adressen des primären und des sekundären Nameservers gefragt. Die hier aufgeführten Server müssen betriebsbereit und mit dem Internet verbunden sein.[9] Der primäre Nameserver ist üblicherweise in Ihrem Netzwerk zu finden, muß aber nicht unbedingt dort liegen. Es ist nicht notwendig, einen eigenen primären Server zu betreiben, und wenn Sie keine direkte Internetverbindung haben, ist das auch gar nicht möglich. Doch selbst wenn Sie keine direkte Internetanbindung besitzen, sollten Sie den Domain-Namen offiziell registrieren lassen, wenn Sie zumindest über eine E-Mail-Verbindung verfügen. Das erlaubt die Verwendung von E-Mail-Adressen, die Ihre Organisation eindeutig kennzeichnen. Um das machen zu können, muß Ihr Provider allerdings Ihren primären Nameserver stellen.

Der sekundäre Server sollte in einem anderen physikalischen Netzwerk liegen als der primäre Server. Die Lage in einem anderen Netzwerk stellt sicher, daß andere Sites Informationen über Ihr Netzwerk abfragen können, selbst wenn Ihre Netzwerkverbindung aus irgendeinem Grund unterbrochen ist. Eine große Organisation kann natürlich mehrere unabhängige Netzwerke betreiben, aber für viele Organisationen bedeutet das, das sie jemand anderen fragen müssen, ob er den sekundären Nameserver für sie bereitstellt. Nur, wen fragt man da?

Erneut wenden Sie sich mit dieser Frage zuerst an Ihren Provider. Das Netzwerk, das Sie mit dem Internet verbindet, sollte sekundäre Server als Service für seine Kunden betreiben. Ist das nicht der Fall, kann man Ihnen zumindest jemanden nennen, der diesen Dienst für Sie übernehmen kann. Es ist auch möglich, daß zwei Organisationen sich gegenseitig mit sekundären Nameservern aushelfen. Sie übernehmen also den sekundären Nameservice für eine Domain, und im Gegenzug übernimmt diese den sekundären Nameservice für Sie.

Lesen Sie sorgfältig alle Anweisungen zum Ausfüllen des Formulars, und Sie sollten keine größeren Schwierigkeiten damit haben.

Die IN-ADDR.ARPA-Domain

Neben dem Internet-Domain-Namen sollten Sie sich auch um eine *in-addr.arpa*-Domain kümmern. Diese besondere Domain bezeichnet man gelegentlich als *Reverse Domain*. Kapitel 8 enthält weitere Informationen zur Einrichtung und Nutzung der *in-addr.arpa*-Domain, grundsätzlich geht es aber darum, numerische IP-Adressen in Domain-Namen abzubilden. Es handelt sich also um die Umkehrfunktion des normalen Prozesses, bei dem Domain-Namen in Adressen umgewandelt werden. Versorgt Ihr Provider Sie mit Nameservice oder hat er Ihnen einen Block seiner eigenen Adressen zugewiesen, müssen Sie sich um *in-addr.arpa* nicht kümmern. Diese Domain können Sie als Endkunde allerdings nicht direkt über das für Europa zuständige RIPE beantragen, sondern müssen sich an das für Sie zuständige Registry wenden. Ausführliche Informationen finden Sie auf der Website des RIPE unter *http://www.ripe.net*.

---

9   Wie man einen Nameserver aufsetzt, steht in Kapitel 8.

Einen Hostnamen wählen

Sobald Sie einen Domain-Namen haben, sind Sie für die Vergabe der Hostnamen innerhalb dieser Domain verantwortlich. Sie müssen sicherstellen, daß diese Hostnamen innerhalb der Domain oder Subdomain eindeutig sind, genau wie Sie auch sicherstellen müssen, daß sich die Adressen innerhalb einer (Sub-)Domain nicht wiederholen. Einen eindeutigen Namen zu wählen ist aber nicht alles. Die Wahl eines Hostnamens ist eine überraschend emotionale Angelegenheit. Vielen Leuten ist der Name ihres Computers sehr wichtig, weil sie sich selbst oder ihre Arbeit mit ihm identifizieren.

In RFC 1178 finden Sie ausgezeichnete Richtlinien zur Wahl eines Hostnamens. Einige Schlüsselaspekte dieser Richtlinien sind:

- Verwenden Sie reale Wörter, die kurz, einfach zu buchstabieren und einfach zu merken sind. Der Hauptgrund für die Verwendung von Hostnamen anstelle von IP-Adressen ist der, daß sie einfacher zu verwenden sind. Sind Hostnamen schwer zu schreiben oder zu merken, verfehlen sie ihren eigentlichen Zweck.

- Verwenden Sie themenorientierte Namen. Beispielsweise könnten Sie alle Hosts einer Gruppe nach Planeten wie Mars, Merkur, Uranus und so weiter benennen. Solche Namen sind häufig einfacher zu wählen und erhöhen das Gemeinschaftsgefühl der Netzwerkbenutzer.

- Vermeiden Sie Projektnamen, persönliche Namen, Akronyme, numerische Namen und technischen Slang. Projekte und Benutzer wechseln mit der Zeit. Benennen Sie einen Computer nach der Person, die gerade an ihm arbeitet, oder nach dem Projekt, an dem der Benutzer gerade arbeitet, dann ist es sehr wahrscheinlich, daß Sie den Namen des Rechners in Zukunft ändern werden müssen. Verwenden Sie »Spitznamen«, um die Serverfunktion eines Systems zu verdeutlichen (also etwa *www*, *ftp*, *ns* etc.). Spitznamen können auf einfache Weise mitgenommen werden, wenn die Funktion eines Servers auf einen anderen Rechner übertragen wird. Informationen zur Einrichtung solcher Spitznamen finden Sie bei der Erläuterung des CNAME-Records in Kapitel 8.

Die einzige Anforderung an einen Hostnamen ist seine Eindeutigkeit innerhalb der Domain. Ein gut gewählter Hostname kann Ihnen aber Arbeit ersparen und den Benutzer glücklich machen.

Nameservice ist einer der grundlegendsten Netzwerkdienste und sicher einer, den Sie in Ihrem Netzwerk betreiben werden. Es gibt aber auch andere Dienste, die Sie in die Planung Ihres Netzwerks mit einbeziehen sollten.

Weitere Dienste

Drei Dienste, die Sie in vielen Netzwerken finden, sind File-, Print- und Mail-Server. Der Zweck dieser Dienste und die Protokolle, auf denen sie aufgebaut sind, wurde in Kapitel 3 besprochen. In diesem Abschnitt wollen wir uns ansehen, welche Informationen den Benutzern an die Hand gegeben werden müssen, damit Client-Systeme erfolgreich konfiguriert werden können. Gleichzeitig wollen wir Ihnen zeigen, wie der Netzwerkadministrator diese Informationen beschafft.

Fileserver

Ein Benutzer muß zumindest die Hostnamen der Fileserver im Netzwerk kennen. Mit diesen Namen und dem **showmount**-Befehl kann der Benutzer herausfinden, welche Dateisysteme von den Servern angeboten werden und wer diese Dateisysteme nutzen darf.[10] Ohne den Hostnamen müßte der Benutzer raten, welche Systeme als Fileserver fungieren.

Ein besserer Ansatz besteht darin, die Benutzer auch mit Informationen darüber zu versorgen, welche Dateisysteme angeboten werden und welche für wen gedacht sind. Sind beispielsweise die UNIX-Manpages über einen zentralen Server zu erreichen, sollten Sie die Benutzer darüber informieren, daß sie keine Manpages auf der lokalen Platte installieren müssen, und wie sie auf die zentralen Dateien zugreifen können.

Printserver

Gleichgültig, ob man die gemeinsame Nutzung von Druckern über **lp**, **lpd** oder NFS erzielt, die grundlegenden zur Konfiguration des Clients notwendigen Daten sind immer gleich: Der Hostname und die IP-Adresse des Printservers sowie der Name des Druckers. Sicherheitsaspekte könnten es außerdem erforderlich machen, dem Anwender einen Benutzernamen und ein Paßwort für den Zugriff auf den Drucker zuzuweisen.

Dies ist die einzige zur Konfiguration des Clients notwendige Information. Allerdings werden Sie die Benutzer wahrscheinlich mit weiteren Informationen über Leistungsmerkmale, Standorte und die Administration der Netzwerkdrucker versorgen wollen.

Das Mail-System planen

TCP/IP stellt alle Werkzeuge zur Verfügung, die Sie zum Aufbau eines zuverlässigen und flexiblen E-Mail-Systems benötigen. Server sind eines dieser Werkzeuge, die die Zuverlässigkeit erhöhen. Es ist möglich, Punkt-zu-Punkt Mail-Netzwerke aufzubauen, bei denen jedes Endsystem seine eigene Mail direkt empfängt und versendet. Soll allerdings jedes System Mail ausliefern und empfangen, muß jedes System entsprechend gepflegt werden und ständig laufen. Das ist nicht gerade praktisch, weil viele kleine Systeme den größten Teil des Tages offline sind. Die meisten Netzwerke arbeiten mit Servern, so daß nur wenige Systeme richtig konfiguriert und einsatzbereit sein müssen, um die Mails zu verarbeiten.

Die Mailserver beschreibende Terminologie ist etwas verwirrend, weil normalerweise alle Server-Funktionen von einem Computer übernommen werden. Alle Begriffe werden daher im Wechsel auf dieses eine System angewandt. An dieser Stelle wollen wir

---

10 Mehr zu **showmount** finden Sie in Kapitel 9.

die Funktionen unterscheiden, gehen aber davon aus, daß diese Arbeiten alle mit einem UNIX-System und **sendmail** erledigt werden. Wir verwenden die Begriffe wie folgt:

Mailserver

> Der Mailserver sammelt eingehende Mails für andere Computer im Netzwerk. Er unterstützt interaktive Logins ebenso wie POP oder IMAP, so daß der Benutzer Mail lesen kann wann und wie es ihm gerade paßt.

Mail-Relay

> Ein Mail-Relay ist ein Host, der Mail zwischen internen Systemen und von internen Systemen an entfernte Hosts weiterleitet. Mail-Relays ermöglichen internen Systemen einfache Mail-Konfigurationen, weil nur der Relay-Host Software zur Behandlung besonderer Mail-Adressierungsschemata und Aliases benötigt.

Mail-Gateway

> Ein Mail-Gateway ist ein System, das E-Mail zwischen verschiedenartigen Systemen weiterleitet. Sie benötigen kein Gateway von einem Internet-Host zu einem anderen, weil beide Systeme mit SMTP arbeiten. Sie benötigen ein Gateway, um von SMTP nach X.400 oder zu einem proprietären Mailer zu gelangen. In einem reinen TCP/IP-Netzwerk wird diese Funktionalität nicht benötigt.

Der Mailserver ist die allerwichtigste Komponente eines zuverlässigen Systems, weil er die Abhängigkeit vom System des Benutzers beseitigt. Ein zentral verwalteter, professionell betriebener Server sammelt Mails völlig unabhängig von der Einsatzbereitschaft des Endsystems.

Der Relay-Host trägt ebenfalls zur Zuverlässigkeit des E-Mail-Systems bei. Kann Mail vom Relay-Host nicht unmittelbar ausgeliefert werden, legt er sie in einer Queue ab und versucht es später erneut. Ein Endsystem legt Mail ebenfalls in einer Queue ab, aber wenn das System heruntergefahren ist, wird kein Versuch unternommen, die Mail auszuliefern, bis das System wieder online ist. Der Mailserver und das Mail-Relay werden ohne Unterbrechung rund um die Uhr betrieben.

Der Entwurf der meisten TCP/IP E-Mail-Netzwerke basiert auf den folgenden Richtlinien:

- Nutzen Sie einen Mailserver zum Sammeln von Mail, und nutzen Sie POP oder IMAP zur Auslieferung.

- Nutzen Sie einen Mail-Relay zur Weiterleitung von Mail. Implementieren Sie ein vereinfachtes Adreßschema auf dem Relay-Host.

- Machen Sie TCP/IP und SMTP zu Standards. Benutzer, die auf einem proprietären E-Mail-System bestehen, sollten dafür verantwortlich sein, ein SMTP Mail-Gateway für dieses System einzurichten, um eine Verbindung zu Ihrem TCP/IP-Mail-System herstellen zu können.

- Machen Sie MIME zum Standard für binäre Attachments. Vermeiden Sie proprietäre Attachment-Schemata. Es herrscht nur Verwirrung, wenn Benutzer vom E-Mail-Typ X die von E-Mail-Typ Y empfangenen Attachments nicht lesen können.

Zur Konfiguration der Clients versorgen Sie die Benutzer mit dem Hostnamen und der IP-Adresse des Mailservers und des Mail-Relays. Der Mailserver verlangt darüber hinaus einen Benutzernamen und ein Paßwort für jeden Anwender.

Die Benutzer informieren

Die gesamten Konfigurationsinformationen, die Sie während des Planungsprozesses sammeln oder entwickeln, müssen Sie an die Benutzer weitergeben, damit diese ihre Systeme konfigurieren können. Sie können Informationen mit verschiedenen Techniken verteilen.

In Kapitel 3 haben wir NIS, NFS und Konfigurationsserver diskutiert. Diese spielen alle eine Rolle, wenn es darum geht, den Benutzer zu informieren und den Konfigurationsprozeß zu vereinfachen. NIS unterstützt verschiedene administrative Datenbanken, die viele der elementaren Konfigurationswerte liefern. NFS kann vorkonfigurierte Systemdateien an Client-Systeme verteilen. Konfigurationsserver wie BOOTP und DHCP bieten dem Client alle zur Konfiguration eines TCP/IP-Systems benötigten Parameter direkt an.

Die Server verlangen, daß der Client auch als Client konfiguriert ist. Für NIS und NFS muß der Client über eine vollständige Grundkonfiguration verfügen. Selbst BOOTP und DHCP erwarten, daß der Benutzer weiß, ob BOOTP oder DHCP verwendet wird, damit er bei der Anfangsinstallation nicht die falschen Werte eingibt. Aus diesem Grund muß sich der Netzwerkadministrator direkt mit dem Administrator des Endsystems verständigen, was normalerweise mit Hilfe einer schriftlichen Dokumentation geschieht.

Beispiele für Planungsvordrucke

Um diese Informationen weiterzugeben, wird der Netzwerkadministrator häufig einen *Installationsvordruck* entwerfen – eine kurze Liste mit Informationen für den Systemadministrator. Nachfolgend ist ein Beispiel eines Vordrucks für die Workstation *peanut* abgedruckt, der einige der hier behandelten Themen berücksichtigt. Er enthält die Details der Grundkonfiguration. Der Planungsvordruck legt den Namen, die Adresse, die Subnetz-Maske, die Verwendung des DNS und die Verwendung von RIP für das Subnetz 172.16.12.0 an:

Hostname:
    peanut

IP-Adresse:
    172.16.12.2

Subnetz-Maske:
    255.255.255.0

Standard-Gateway:
    172.16.12.1 (almond.nuts.com)

Broadcast-Adresse:
   172.16.12.255

Domain-Name:
   nuts.com

Nameserver:
   172.16.12.1 (almond.nuts.com)
   172.16.6.8 (pack.plant.nuts.com)

Routing-Protokoll:
   Routing Information Protocol (RIP)

Mailserver:
   172.16.12.1 (almond.nuts.com)

Mail-Relay:
   172.16.12.1 (almond.nuts.com)

Printserver:
   172.16.12.3 (pecan.nuts.com)

NFS-Server:
   172.16.1.2 (filbert.nuts.com)

Der gleiche Vordruck für *almond* (siehe unten) unterscheidet sich etwas von *peanut*. Der Name und die Adresse sind natürlich anders, aber die eigentlichen Unterschiede sind von der Tatsache abzuleiten, daß *almond* ein Gateway ist. Als Gateway besitzt *almond* mehr als eine Netzwerkschnittstelle, und jede Schnittstelle verlangt eine eigene Konfiguration. Jede Schnittstelle hat ihre eigene Adresse und kann einen eigenen Namen, eine eigene Subnetz-Maske und ein eigenes Routing-Protokoll besitzen.

Hostname:
   almond (172.16.12.1)
   mil-gw (10.104.0.19)

IP-Adresse:
   172.16.12.1
   10.104.0.19

Subnetz-Maske:
   255.255.255.0 (172.16.12.1)
   default (10.104.0.19)

Standard-Gateway:
   none

Broadcast-Adresse:
   172.16.12.255 (172.16.12.1)
   default (10.104.0.19)

Domain-Name:
>   nuts.com

Nameserver:
>   172.16.12.1 (almond.nuts.com)
>   172.16.6.8 (pack.plant.nuts.com)

Routing-Protokoll:
>   Routing Information Protocol (RIP) (172.16.12.1)
>   Border Gateway Protocol (BGP) (10.104.0.19)

Printserver:
>   172.16.12.3 (pecan.nuts.com)

NFS-Server:
>   172.16.1.2 (filbert.nuts.com)

Wir werden die Angaben dieser beiden Planungsvordrucke in den nachfolgenden Kapiteln zur Konfiguration der Systeme verwenden. Natürlich können Sie Ihren Vordruck anders aufbereiten. In diesem Buch konfigurieren wir das System direkt. Wir benutzen die Konfigurationsbefehle selbst, damit wir sie verstehen und meistern können. In der Realität werden viele grundlegende Konfigurationsaufgaben von einem Skript zur Netzwerkkonfiguration erledigt, das während der Grundinstallation des Betriebssystems ausgeführt wird. Sie könnten Ihre Vordrucke so aufbereiten, daß sie mit den Fragen des Skripts kompatibel sind. Ein solches Skript ist z.B. **netconfig**, das auf Linux-Systemen verwendet wird.

netconfig

Während der Installation der Slackware 96-Distribution des Linux-Betriebssystems werden Sie gefragt, ob Sie das Netzwerk konfigurieren möchten. Wenn Sie mit »yes« antworten, nimmt **netconfig** seine Arbeit auf. **netconfig** kann jederzeit vom Superuser über die Shell aufgerufen werden.

netconfig gibt eine Reihe von Masken aus, in denen die Grundkonfiguration abgefragt wird. Die beiden ersten Fragen nach dem Host- und dem Domain-Namen sind wohl klar. Die dritte Frage könnte allerdings verwirrend sein. Hier wird gefragt, ob das System so konfiguriert werden soll, daß es nur die Loopback-Schnittstelle verwendet. Sie wundern sich vielleicht, warum jemand TCP/IP nur auf die Loopback-Schnittstelle würde beschränken wollen. Der Grund ist einfach: Die Person möchte TCP/IP nutzen, besitzt aber kein physikalisches Netzwerk. Studenten die sich gerade mit TCP/IP beschäftigen und zu Hause an ihrem Homecomputer sitzen, nutzen diese Möglichkeit gelegentlich, um ohne »reales« Netzwerk mit TCP/IP arbeiten zu können. An Ihr Netzwerk angeschlossene Benutzer müssen diese Frage natürlich mit nein, also »no«, beantworten.

Die verbleibenden Fragen sind wieder einfach zu beantworten. **netconfig** fragt nach der IP-Adresse des Systems, der IP-Adresse des Standard-Gateways und nach der Subnetz-Maske. Danach werden Sie gefragt, ob ein Nameserver eingesetzt wird. Beantworten Sie diese Frage mit »yes«, wird die IP-Adresse des Nameservers erfragt.

Das ist alles. Die Beantwortung dieser Fragen ist einfach, wenn man den von uns entwickelten Planungsvordruck benutzt. Wenn Sie die dem Benutzer gestellten Fragen zur Konfiguration kennen, und wenn Sie auch die Reihenfolge dieser Fragen berücksichtigen, können Sie einen verbesserten Planungsvordruck entwerfen. Organisieren Sie den Vordruck so um, daß die Informationen in der Reihenfolge der Fragen vorliegen, und fügen Sie Antworten für Ja/Nein-Fragen ein, damit der Benutzer nichts durcheinanderbringt. Hier noch einmal der Planungsvordruck für *peanut*, angepaßt an **netconfig**:

Enter hostname:
    peanut

Enter domain name:
    nuts.com

Do you plan to ONLY use loopback:
    No

Enter IP address:
    172.16.12.2

Enter gateway address:
    172.16.12.1

Enter netmask:
    255.255.255.0

Will you access a nameserver:
    Yes

Name Server:
    172.16.12.1

Hiermit ist die Einrichtung des Netzwerks abgeschlossen.
Die nachfolgenden Informationen dienen der zukünftigen Referenz.

Broadcast-Adresse:
    172.16.12.255

Mailserver:
    172.16.12.1

Mail-Relay:
    172.16.12.1

Printserver:
   172.16.12.3

NFS-Server:
   172.16.1.2

Zusammenfassung

Die Planung ist der erste Schritt bei der Konfiguration von TCP/IP. Am Anfang dieses Kapitels stand die Entscheidung, ob unser Netzwerk ans Internet angebunden wird oder nicht, und welche Auswirkungen diese Entscheidung auf den Rest unserer Planung hat. Wir haben uns auch die Basisinformationen angesehen, die zur Konfiguration eines physikalischen Netzwerks notwendig sind: eine IP-Adresse, eine Subnetz-Maske und eine Broadcast-Adresse. Wir haben uns angesehen, wie man das Routing plant, das für die Kommunikation zwischen TCP/IP-Netzwerken von grundlegender Bedeutung ist. Wir haben elementare Netzwerkdienste angesprochen, angefangen bei Nameservern bis hin zu File-, Print- und Mailservern. Abschließend sind wir darauf eingegangen, welche Möglichkeiten es gibt, diese Planungsinformationen vom Netzwerkadministrator an die Systemadministratoren und an die Benutzer weiterzugeben.

In den nun folgenden Kapiteln setzen wir unsere Pläne in die Tat um. Wir beginnen damit in Kapitel 6 mit der Konfiguration der Netzwerkschnittstelle. Zuerst wollen wir uns aber noch in den UNIX-Kernel hinabbegeben, um zu sehen, wie TCP/IP in das Betriebssystem integriert ist.

In diesem Kapitel:
- *Kernel-Konfiguration*
- *Kernel-Konfiguration bei Linux*
- *Die Konfigurations- datei des BSD-Kernels*
- *Der Internet-Daemon*
- *Zusammenfassung*

5

Die Basis- Konfiguration

Jeder mit TCP/IP arbeitende UNIX-Computer besitzt eine Technik, mit der er die grundlegenden Transport- und IP-Datagramm-Dienste in das Betriebssystem einbindet. Dieses Kapitel erläutert zwei Dateien, die für die Basiskonfiguration von TCP/IP auf UNIX-Systemen von elementarer Bedeutung sind: Die *Kernel-Konfigurationsdatei* und die Datei *inetd.conf*. Weil diese Dateien für die Netzwerkkonfiguration von so grundlegender Bedeutung sind, werden sie normalerweise vom Hersteller für den Betrieb von TCP/IP vorkonfiguriert.

Wir wollen den Inhalt dieser Dateien untersuchen und die Rolle erläutern, die sie für die Kopplung von TCP/IP und UNIX spielen. Mit diesen Informationen sollten Sie in der Lage sein, die Dateien an eigene Konfigurationen anpassen zu können.

Kernel-Konfiguration

Die Konfiguration des Kernels ist eigentlich keine Aufgabe des Netzwerkadministrators. Sie ist vielmehr ein grundlegender Bestandteil der UNIX-Systemadministration und nicht davon abhängig, ob der Computer am Netz hängt oder nicht. TCP/IP ist aber, wie viele andere Systemfunktionen auch, in den Kernel integriert.

Es gibt zwei sehr verschiedene Ansätze zur Konfiguration des Kernels. Einige Systeme sind so entworfen, daß Sie den Kernel nicht selbst konfigurieren müssen, während andere Sie zur Generierung eigener Kernel auffordern. Solaris 2.5.1 ist ein Beispiel für den ersten Ansatz. Das System wird mit einem generischen Kernel geliefert, der alle elementaren Systemdienste unterstützt. Beim Booten eines Solaris-Systems wird jede neu zum System hinzugekommene Hardware erkannt. Dynamisch ladbare Module werden verwendet, um das System um neue Features zu erweitern. Die Konfiguration ist in der Datei */etc/system* enthalten, allerdings wird diese Datei nicht direkt durch den Systemadministrator editiert. Wird dem System ein neues Softwarepaket hinzugefügt, führt das die Installation durchführende Skript alle Änderungen an der Datei */etc/system* durch, die notwendig sind.

Linux ist ein Beispiel für den zweiten Ansatz: seine Dokumentation ermutigt Sie zu einer eigenen Konfiguration. In diesem Buch wollen wir uns auf Linux und FreeBSD konzentrieren, Systeme, die die Generierung eines eigenen Kernels erlauben.[1] Während des gesamten Kapitels zeigen wir Beispiele der Anweisungen zur Kernel-Konfiguration dieser beiden UNIX-Systeme. Während die Kernel-Konfiguration alle Aspekte der Systemkonfiguration abdeckt, konzentrieren wir uns nur auf die Anweisungen, die einen direkten Einfluß auf die TCP/IP-Konfiguration haben.

Beide in unseren Beispielen verwendeten UNIX-Systeme werden mit einer Kernel-Konfigurationsdatei geliefert, die für TCP/IP vorkonfiguriert ist. Während der Erstinstallation werden Sie möglicherweise einen Kernel wählen müssen, der für Netzwerkoperationen vorkonfiguriert ist, die Netzwerkkonfiguration des Kernels selbst werden Sie aber wahrscheinlich nicht ändern müssen. Die Kernel-Konfigurationsdatei wird im allgemeinen nur in folgenden Fällen geändert:

- Generierung eines kleineren, effizienteren Kernels durch Entfernung unnötiger Elemente
- Einbindung eines neuen Gerätes
- Modifikation eines Systemparameters

Zwar ist eine Modifikation des Netzwerks im Kernel nur selten nötig, aber es ist nützlich, wenn Sie verstehen, was die Anweisungen bedeuten. Ein Blick in die Kernel-Konfigurationsdatei zeigt, wie UNIX an die Hard- und Software des Netzwerks gebunden ist.

ACHTUNG   Die zur Kernel-Konfiguration verwendeten Prozeduren und Dateien unterscheiden sich je nach UNIX-Implementierung erheblich voneinander. Diese Variationen machen es unerläßlich, daß Sie sich die Systemdokumentation ansehen, bevor Sie den Versuch unternehmen, den Kernel zu konfigurieren. Nur die Systemdokumentation kann die exakten, detaillierten Anweisungen liefern, die zur erfolgreichen Durchführung dieser Aufgabe notwendig sind.

Kernel-Konfiguration bei Linux

Der Linux-Kernel ist ein C-Programm, das über **make** kompiliert und installiert wird. Der Befehl **make config** paßt die Kernel-Konfiguration an und generiert die Dateien (einschließlich des Makefiles), die zur Kompilierung und zum Linken des Kernels notwendig sind. Bei Linux-Systemen enthält */usr/src/linux* den Quellcode des Kernels. Um den Konfigurationsprozeß zu starten, müssen Sie in dieses Verzeichnis wechseln und den Befehl **make config** ausführen:

```
# cd /usr/src/linux
# make config
```

---

1 Der Kernel-Konfigurationsprozeß anderer BSD-Systeme, etwa SunOS 4.1.3, ähnelt dem unseres FreeBSD-Beispiels.

Der Befehl **make config** stellt viele Fragen zu Ihrer Systemkonfiguration. Einige dieser Fragen hängen direkt mit der Netzwerkkonfiguration zusammen. Die erste Frage zur Netzwerkkonfiguration lautet:

```
Networking support (CONFIG_NET) [Y/n/?]
```

Natürlich möchten wir Netzwerkunterstützung, beantworten die Frage also mit »yes« (y), was auch der Voreinstellung entspricht. Netzwerkunterstützung ist für alle TCP/IP-Netzwerk-Features notwendig, die wir zu einem späteren Zeitpunkt während der Konfiguration noch anfordern werden. Selbst wenn Sie nicht mit TCP/IP arbeiten wollen, sollten Sie diese Frage mit ja beantworten, weil Netzwerkunterstützung die Grundvoraussetzung für viele Dienste darstellt.

make config stellt mehrere generelle Konfigurationsfragen, bevor es sich wieder dem Thema Netzwerk widmet. Dann aber werden viele Fragen zum Netzwerk gestellt. Das nachfolgende Beispiel ist ein Ausschnitt der Konfiguration eines Linux 2.0 Kernels bei Slackware 96.[2]

```
Network firewalls (CONFIG_FIREWALL) [N/y/?]
Network aliasing (CONFIG_NET_ALIAS) [N/y/?]
TCP/IP networking (CONFIG_INET) [Y/n/?]
IP: forwarding/gatewaying (CONFIG_IP_FORWARD) [N/y/?]
IP: multicasting (CONFIG_IP_MULTICAST) [N/y/?]
IP: accounting (CONFIG_IP_ACCT) [N/y/?]
...
IP: PC/TCP compatibility mode (CONFIG_INET_PCTCP) [N/y/?]
IP: Reverse ARP (CONFIG_INET_RARP) [N/y/m/?]
IP: Disable Path MTU Discovery (normally enabled)
    (CONFIG_NO_PATH_MTU_DISCOVERY) [N/y/?]
IP: Drop source routed frames (CONFIG_IP_NOSR) [Y/n/?]
IP: Allow large windows (not recommended if <16Mb of memory)
    (CONFIG_SKB_LARGE) [Y/n/?]

Network device support (CONFIG_NETDEVICES) [Y/n/?]
Dummy net driver support (CONFIG_DUMMY) [N/y/m/?]
EQL (serial line load balancing) support (CONFIG_EQUALIZER) [N/y/m/?]
PLIP (parallel port) support (CONFIG_PLIP) [N/y/m/?]
PPP (point-to-point) support (CONFIG_PPP) [Y/m/n/?]

SLIP (serial line) support (CONFIG_SLIP) [Y/m/n/?]
 CSLIP compressed headers (CONFIG_SLIP_COMPRESSED) [Y/n/?]
 Keepalive and linefill (CONFIG_SLIP_SMART) [N/y/?]
 Six bit SLIP encapsulation (CONFIG_SLIP_MODE_SLIP6) [N/y/?]
Radio network interfaces (CONFIG_NET_RADIO) [N/y/?]
Ethernet (10 or 100Mbit) (CONFIG_NET_ETHERNET) [Y/n/?]
3COM cards (CONFIG_NET_VENDOR_3COM) [Y/n/?]
3c501 support (CONFIG_EL1) [N/y/m/?]
3c503 support (CONFIG_EL2) [N/y/m/?]
3c509/3c579 support (CONFIG_EL3) [Y/m/n/?]
```

---

2 Die Konfigurationsfragen ändern sich mit jedem neuen Kernel. Die neuesten Informationen finden Sie in der Dokumentation Ihres Systems.

```
3c590 series (592/595/597) "Vortex" support (CONFIG_VORTEX) [N/y/m/?]
AMD LANCE and PCnet (AT1500 and NE2100) support (CONFIG_LANCE) [N/y/?]
Western Digital/SMC cards (CONFIG_NET_VENDOR_SMC) [N/y/?]
Other ISA cards (CONFIG_NET_ISA) [N/y/?]
EISA, VLB, PCI and on board controllers (CONFIG_NET_EISA) [N/y/?]
Pocket and portable adaptors (CONFIG_NET_POCKET) [N/y/?]
Token Ring driver support (CONFIG_TR) [N/y/?]
ARCnet support (CONFIG_ARCNET) [N/y/m/?]
ISDN support (CONFIG_ISDN) [N/y/m/?]
```

Jede Konfigurationsoption wird entweder durch Eingabe von »y« für »yes« aktiviert, oder mit einem »n« für »no« deaktiviert. Das »m« steht für »Modul« und ist eine alternative Möglichkeit zur Aktivierung eines Features. Als dynamisch zu ladende Module verfügbare Features führen ein »m« als mögliche Antwort auf. Wenn Sie »m« wählen, wird das Modul geladen, sobald der erste Systemaufruf beim Kernel ankommt, der dieses Modul verlangt. Wählen Sie »y« für ein Feature, wird der Code direkt in den Kernel eingebunden. Die Voreinstellung jeder Option steht als Großbuchstabe zwischen den eckigen Klammern am Ende jeder Optionszeile. Beispielsweise zeigt [Y,n] eine Option an, die per Voreinstellung aktiviert ist. Hier eine Liste aller Optionen und ihrer Aufgaben:

CONFIG_FIREWALL

Bindet Code in den Kernel ein, der benötigt wird, um aus diesem System einen Firewall zu machen. Aktivieren Sie diese Option nur, wenn das Linux-System Ihr Firewall wird. Die komplette Firewall-Installation verlangt außerhalb des Kernels noch zusätzliche Software. Eine Betrachtung von Firewalls finden Sie in Kapitel 12.[3]

CONFIG_NET_ALIAS

Bindet Code in den Kernel ein, der zur Übersetzung von Adressen notwendig ist. Verwenden Sie dieses Feature nur, wenn Sie eine private interne Netzwerknummer besitzen und für die externe Kommunikation eine andere Netzwerkadresse verwenden. In diesem Fall müssen interne Adressen bei allen Verbindungen zur Außenwelt in gültige externe Adressen umgewandelt werden, allerdings wird diese Übersetzung wahrscheinlich von Ihrem Router oder Ihrem Firewall übernommen. Sie sollten »yes« nur in den seltenen Fällen angeben, in denen die Linux-Box diese Übersetzung selbst durchführen muß. Ansonsten wählen Sie »no«. Informationen zu privaten Netzwerknummern und zur Adreßübersetzung finden Sie in Kapitel 4.

CONFIG_INET

Bindet TCP/IP in den Kernel ein. Das ist ein absolutes Muß!

CONFIG_IP_FORWARD

Legt fest, ob das System IP-Datagramme weiterleitet oder nicht. Dieses Feature muß aktiviert werden, wenn das Linux-System als IP-Router verwendet werden

---

3 Der Aufbau eines Firewall geht weit über den Rahmen dieses Buches hinaus. Eine umfassende Behandlung dieses Themas finden Sie in *Einrichten von Internet-Firewalls*, von Brent Chapman und Elizabeth Zwicky (O'Reilly Verlag).

soll. Bei normalen Linux-Hosts ist dieses Feature deaktiviert, was auch der Vorein-stellung entspricht. Wählen Sie »no«, solange es sich bei dem System nicht um einen Router handelt.

CONFIG_IP_MULTICAST

Bindet Multicast-Code in den Kernel ein. Aktivieren Sie diese Option für Multicast-Anwendungen wie MBONE oder Internet Talk Radio. Wenn Sie sich nicht sicher sind, ob Sie Multicasting benötigen, wählen Sie einfach »y«. Man weiß nie, welche Anwendungen man später einmal installiert.

CONFIG_IP_ACCT

Damit binden Sie Code in den Kernel ein, der ein- und ausgehenden Traffic auf Port/Adreß-Basis in Bytes ermittelt. Diese Option kann sehr nützlich sein, wenn Sie die Systemnutzung überwachen wollen, was insbesondere in kommerziellen Umgebungen vorkommt, bei denen die Nutzung dem »Verursacher« berechnet wird. Zusätzliche Anwendungssoftware könnte hier notwendig sein, um diese Option nutzbar zu machen. Wählen Sie »n«, solange Sie keine Nutzungskontrolle planen.

CONFIG_INET_PCTCP

Fängt ein Inkompatibilitätsproblem älterer PC/TCP-Versionen von FTP-Software auf. Nutzen Sie diese Option, wenn Sie Clients mit alter PC/TCP-Software im Netz haben.

CONFIG_INET_RARP

Bindet Code in den Kernel ein, der das Reverse Address Resolution Protocol (RARP) unterstützt. Aktivieren Sie diese Option, wenn Sie die Verwendung von RARP planen. Sollten Sie sich nicht sicher sein, wählen Sie das ladbare Modul, das dann verwendet werden kann, wenn das System es benötigt. Eine Beschreibung von RARP finden Sie in Kapitel 3. Die Konfiguration eines RARP-Servers wird in Kapitel 3 erläutert.

CONFIG_NO_PATH_MTU_DISCOVERY

Entfernt Path-MTU-Discovery-Code aus dem Kernel. (Beachten Sie die doppelte Verneinung! Ein »y« deaktiviert MTU-Discovery, und ein »n« aktiviert sie.) Wählen Sie »n«. Path-MTU-Discovery ist eine Technik, die versucht, die kleinste MTU (Maximum Transmission Unit) entlang des Wegs vom Ziel zur Quelle zu bestimmen. Diese MTU wird dann für nachfolgende Übertragungen genutzt, um die Fragmentierung von Datagrammen zu vermeiden. Die Fragmentierung wird in Kapitel 1 erläutert.

CONFIG_IP_NOSR

Legt fest, ob das System Source-Routing von Datagrammen erlaubt oder nicht. Das Source-Routing ermöglicht es der Quelle eines Datagramms festzulegen, welche Router zur Auslieferung des Pakets verwendet werden müssen. Dieses Verfahren wird angewendet, um zu erzwingen, daß Pakete über einen bestimmten Pfad laufen, beispielsweise um die Router in einem Pfad zu prüfen oder um teure Links zu meiden. Das Problem beim Source-Routing ist allerdings, daß es von *Spoofern* ausgenutzt wird. Spoofer sind Eindringlinge im Netzwerk, die vorgeben, ein System zu sein das sie nicht sind. Zum Beispiel könnte ein Spoofer vorgeben, ein Computer innerhalb Ihres Enterprise-Subnetzes zu sein. Mit Hilfe des Source-Routing könnte der Spoofer Ihr System dazu bringen, Pakete außerhalb Ihres Enterprise-Netzes zu routen, die eigentlich für ein lokales System gedacht sind. Die Aktivierung von CONFIG_IP_NOSR macht es einem Spoofer unmöglich, das Source-Routing gegen Sie einzusetzen. Wenn Sie nicht genau wissen, ob Sie das Source-Routing benötigen, dann aktivieren Sie diese Option.

CONFIG_SKB_LARGE

Legt fest, ob ein System mit großen Übertragungsfenstern arbeitet. Große Fenster erhöhen den Netzwerkdurchsatz auf Kosten zusätzlichen Pufferraums. Große Fenster können deaktiviert werden, um bei Systemen mit weniger als 16 MB RAM Speicherplatz zu sparen. Eine Beschreibung des TCP-Übertragungsfensters finden Sie in Kapitel 1.

CONFIG_NETDEVICES

Bindet den allgemeinen Code ein, der zur Unterstützung der Netzwerk-Hardware notwendig ist. Beantworten Sie diese Frage immer mit ja, was auch der Standardvorgabe entspricht. Diese Option muß vor der Konfiguration Ihrer Ethernet-Schnittstelle aktiviert sein.

CONFIG_DUMMY

Aktiviert den zur Unterstützung einer Dummy-Schnittstelle notwendigen Code. Eine IP-Adresse kann dieser Dummy-Schnittstelle zugewiesen werden, selbst wenn das System keine Netzwerkschnittstelle besitzt. Wird manchmal von Leuten verwendet, die an der TCP/IP-Konfiguration arbeiten wollen, obwohl keine Netzwerkverbindung existiert. Wählen Sie »no«, wenn Sie ein Netzwerk verwenden.

CONFIG_EQUALIZER

Simultane Unterstützung mehrerer serieller Leitungen. Dieses Feature ermöglicht es Ihnen, mehrere physikalische PPP-Links zwischen dem lokalen Host und dem entfernten Server aufzubauen. Die Last wird zwischen den Links verteilt, und es wird versucht, sie als einzelne logische Netzwerkverbindung zu betrachten. Dies ist eine Technik zur Erhöhung der Bandbreite mit Hilfe mehrerer Modems und Telefonleitungen. Die Systeme an beiden Enden müssen die Lastverteilung für serielle Leitungen unterstützen, und zwar auf genau die gleiche Weise. Die Option wird nur verwendet, wenn beide Systeme mit Linux arbeiten und über mehrere serielle Leitungen verbunden sind. Andernfalls sollten Sie diese Option deaktivieren.

CONFIG_PLIP

Bindet PLIP (Parallel Line IP) in den Kernel ein. PLIP ist eine SLIP-Variante, die über den parallelen Druckerport läuft. Hierzu ist ein spezielles Kabel erforderlich. Gedacht ist dieses Protokoll für die Übertragung von Daten zwischen zwei nahe beeinanderliegenden PCs. Da das Kabel nicht länger als ein bis zwei Meter sein sollte, sind die Einsatzmöglichkeiten stark eingeschränkt.

CONFIG_PPP

Bindet das Point-to-Point Protocol (PPP) in den Kernel ein. PPP ist das TCP/IP-Standardprotokoll zur Kommunikation über serielle Leitungen. Aktivieren Sie diese Option, wenn Sie TCP/IP über eine Modemverbindung nutzen. Kapitel 6 beschreibt die Konfiguration dieses wichtigen Protokolls im Detail.

CONFIG_SLIP

Bindet SLIP (Serial Line IP) in den Kernel ein. SLIP ist ein älteres, früher weit verbreitetes TCP/IP-Protokoll zur Kommunikation über serielle Leitungen. Details zur SLIP-Konfiguration finden Sie in Kapitel 6.

CONFIG_SLIP_COMPRESSED

Bindet die Header-Komprimierung nach Van Jacobson in den Kernel ein. Paket-Header stellen einen großen Overhead dar, wenn die Kommunikation über langsame serielle Leitungen erfolgt. Die Komprimierung von Headern reduziert diesen Overhead deutlich. Die Systeme an beiden Enden der seriellen Verbindung müssen Header-Komprimierung verwenden, damit dies funktionieren kann. Die meisten Systeme, auf denen SLIP läuft, verwenden auch die Header-Komprimierung.

CONFIG_SLIP_SMART

Bindet *Keepalive*-Support in den Kernel ein. Manche Server unterbrechen die Verbindung oder definieren ein Timeout für ein Route, wenn die Route oder Verbindung ungenutzt erscheint. Die Nutzung wird darüber bestimmt, ob ein Datenverkehr über die Verbindung stattfindet oder nicht. Keepalives sind periodisch auftretende Übertragungen, die nur zu dem Zweck erfolgen, Daten über einen Link zu senden, damit dieser nicht als inaktiv gewertet wird. Von der Verwendung von Keepalives wird abgeraten, weil die Netzwerke auch so ausreichend ausgelastet sind.

CONFIG_SLIP_MODE_SLIP6

Bindet den Code in den Kernel ein, der zur Unterstützung von SLIP für 6-Bit-Übertragungen notwendig ist. Normalerweise sind Modem und Leitung für SLIP oder PPP für 8-Bit-Übertragungen ohne Parität konfiguriert. Mit diesem Feature kann SLIP in einer Umgebung ausgeführt werden, die keine 8-Bit-Übertragungen unterstützt. Dies ist kein Standard und wird nur selten benutzt. Die Systeme an beiden Enden des Links müssen das Protokoll unterstützen, damit die Sache funktionieren kann.

CONFIG_NET_ETHERNET

Bindet die Unterstützung für Ethernet-Hardware in den Kernel ein. Sie benötigen dies für Ihr Ethernet-LAN.

Die restlichen Fragen erlauben Ihnen die Wahl der Netzwerk-Hardware. Linux unterstützt eine Vielzahl von Ethernet-Karten. In unserem Beispiel haben wir die 3COM 3C509 gewählt. **make config** erlaubt auch die Wahl von ARCnet-, Token Ring- oder ISDN-Schnittstellen. Einige Hosts verwenden keine besondere Netzwerk-Hardware. Stattdessen nutzen sie SLIP oder PPP über eine serielle Schnittstelle als einzige Netzwerkverbindung. Wählen Sie die Ihrem System entsprechende Hardware aus.

Nachdem **make config** die Fragen zur Netzwerkkonfiguration gestellt hat, fährt es mit Fragen zu verschiedenen anderen Aspekten der Systemkonfiguration fort. Danach werden Sie aufgefordert, **make dep ; make clean** auszuführen, um die Dependencies aufzubauen und aufzuräumen. Nachdem **make** seine Arbeit erledigt hat, können Sie den Kernel kompilieren. Der Befehl **make zImage** command generiert einen komprimierten Kernel und schreibt ihn in das Verzeichnis */usr/src/linux/i386/boot*.[4] Kopieren Sie die neue Kerneldatei *zImage* einfach nach */vmlinuz*, und Ihr neuer Kernel steht bereit.

Die Liste der Netzwerk-Konfigurationsoptionen für Linux ist fast so lang wie die Liste zur UNIX-Kernel-Konfiguration. Linux ist das Yin zum Yang von Solaris. Linux erlaubt dem Systemadministrator, alles zu konfigurieren, während Solaris alles für den Administrator konfiguriert. Die Konfiguration des BSD-Kernels liegt irgendwo zwischen diesen beiden Extremen.

Die Konfigurationsdatei des BSD-Kernels

Der BSD-UNIX-Kernel ist ein C-Programm, das mit Hilfe von **make** kompiliert und installiert wird. Der Befehl **config** liest die Kernel-Konfigurationsdatei und generiert alle Dateien (einschließlich des Makefiles), die zum Kompilieren und Linken des Kernels notwendig sind. Bei FreeBSD-Systemen liegt die Kernel-Konfigurationsdatei im Verzeichnis */usr/src/sys/i386/conf*.[5]

Mit dem FreeBSD-System wird eine lange Kernel-Konfigurationsdatei namens *GENERIC* geliefert. Diese *GENERIC*-Datei konfiguriert alle Standardgeräte für Ihr System – einschließlich allem, was für TCP/IP notwendig ist. Am *GENERIC*-Kernel sind keinerlei Änderungen notwendig, wenn Sie die grundlegenden TCP/IP-Dienste nutzen wollen. Die Gründe für die Modifikation des BSD-Kernels sind die gleichen wie bei Linux: Generierung eines kleineren, effizienteren Kernels oder das Einbinden neuer Features.

Es gibt keinen Standardnamen für die Konfigurationsdatei. Sie können sich für die Konfigurationsdatei jeden beliebigen Namen ausdenken. Per Konvention werden Kernel-Konfigurationsdateien bei BSD groß geschrieben. Um eine neue Konfigurationsdatei zu generieren, kopieren Sie *GENERIC* einfach in eine Datei mit dem neuen Namen und editieren dann diese neu angelegte Datei. Nachfolgend legen wir eine neue Konfigurationsdatei namens *FILBERT* an:

```
# cd /usr/src/sys/i386/conf
# cp GENERIC FILBERT
```

Wurde der Kernel bei Ihrem System modifiziert, hat der Systemadministrator eine neue Konfigurationsdatei im Verzeichnis */usr/src/sys/i386/conf* angelegt. Die Kernel-Konfigurationsdatei enthält viele Konfigurationsbefehle, die alle Aspekte der Systemkonfigura-

---

4 Die meisten Linux-Systeme verwenden komprimierte Kernel, die während des Bootens automatisch dekomprimiert werden.

5 */usr/src/sys* ist ein symbolischer Link auf */sys*. Wir verwenden */usr/src/sys* nur als Beispiel. Ihr System könnte ein anderes Verzeichnis benutzen.

tion abdecken. Nachfolgend beschränken wir uns nur auf die Parameter, die einen direkten Einfluß auf die TCP/IP-Konfiguration haben. Informationen zu den anderen Konfigurationsbefehlen finden Sie in der Dokumentation Ihres FreeBSD-Systems.

TCP/IP im BSD-Kernel

Für einen Netzwerkadministrator ist es wichtiger, zu verstehen, welche Kernelanweisungen zur Konfiguration von TCP/IP notwendig sind, als die detaillierte Struktur jeder Anweisung zu kennen. Drei Arten von Anweisungen werden zur Konfiguration von TCP/IP im BSD-Kernel verwendet: options-, pseudo-device- und device-Anweisungen.

Options

Die options-Anweisung weist den Kernel an, eine Software-Option mit in das System zu kompilieren. Die für TCP/IP wichtigste options-Anweisung ist:

```
options INET                    # basic networking support--mandatory
```

Jedes BSD-basierte, TCP/IP nutzende System hat die Anweisung **options INET** in seiner Kernel-Konfigurationsdatei stehen. Diese Anweisung erzeugt das Argument **–DINET** für den C-Compiler, was wiederum dazu führt, daß die IP-, ICMP-, TCP-, UDP- und ARP-Module mit in den Kernel kompiliert werden. Diese einzelne Anweisung bindet die grundlegenden Transport- und IP-Datagramm-Dienste in den Server ein. Entfernen Sie diese Anweisung niemals aus der Konfigurationsdatei.

Neben der unabdingbaren INET-Option gibt es verschiedene andere options-Anweisungen. Einige dieser Anweisungen übernehmen Funktionen, die mit den von der Linux-Konfiguration bekannten Features identisch sind. Andere weisen keine direkte Parallele zur Linux-Konfiguration auf.

```
options GATEWAY                 # internetwork gateway
```

Die GATEWAY-Option bestimmt, ob das System für andere Computer gedachte IP-Datagramme weiterleitet. Wird diese Option gewählt, leitet das System Datagramme weiter, wenn es über mehr als eine Netzwerkschnittstelle verfügt, d.h., das System wird als Gateway betrachtet. Sie benötigen GATEWAY nicht, wenn Ihr System nur eine Netzwerkschnittstelle besitzt. Hosts – Systeme mit nur einer Netzwerkschnittstelle – leiten keine Pakete an andere Systeme weiter, weil dies zu Konfigurationsproblemen im Netzwerk führen würde. Liefern die anderen Systeme die Datagramme an den Host nicht korrekt aus, würde eine Weiterleitung die Datagramme so erscheinen lassen, als würden sie korrekt adressiert werden, was die Erkennung des eigentlichen Problems erschweren würde. Gelegentlich könnten Sie ein System mit mehreren Schnittstellen vielleicht sogar dazu zwingen, Datagramme nicht weiterzuleiten, indem Sie **options GATEWAY** in der Konfiguration auskommentieren. Das ist nützlich, um zu verhindern, daß ein Multihoming-Host (ein Host mit zwei Netzwerkschnittstellen) als Gateway fungiert.

```
options IPFIREWALL              # firewall
```

Die Option IPFIREWALL bereitet das System darauf vor, als Firewall zu fungieren. Die vollständige Firewall-Implementierung verlangt Anwendungssoftware und andere Tools. Bestimmte Funktionen eines Firewall, etwa die Adreßfilterung, müssen jedoch im Kernel implementiert sein. Diese Option fordert solche im Kernel integrierten Dienste an. Eine Variante dieser Option ist IPFIREWALL_VERBOSE, die die gleichen Kernel-Services mit verbesserten Fehlermeldungen integriert. Diese verbesserten Fehlermeldungen können zur Erkennung von Einbrüchen nützlich sein, erhöhen aber die Größe des Kernels.

```
options MROUTING            # Multicast routing
```

Die Option MROUTING bindet die Unterstützung für das Multicast-Routing in den Kernel ein. Ein Multicast-Kernel ist für ein System notwendig, das Multicast-Adressen interpretieren muß, sowie bei Systemen, die Multicast-Anwendungen wie MBONE und Internet Talk Radio unterstützen.

```
options IPACCT              # ipaccounting
```

Die Option IPACCT bindet zusätzlichen Code sowie Zähler ein, die die Nutzung des Netzwerks überwachen. Sie ist für Abrechnungszwecke hilfreich.

```
options ARP_PROXYALL        # global proxy ARP
```

Die Option ARP_PROXYALL macht das System zu einem Proxy-ARP-Server. Das Address Resolution Protocol (ARP) wurde in Kapitel 2 behandelt. Proxy-ARP ist eine Variante dieses Standardprotokolls, bei dem ein Server die ARP-Requests für seine Clients beantwortet. Dabei sendet Host A einen ARP-Request für die Ethernet-Adresse von Host B aus. Der Proxy-Server C hört diese Anforderung und sendet eine ARP-Antwort an A zurück, in der er behauptet, daß seine Ethernet-Adresse die Adresse von Host B ist. A sendet dann die für B gedachten Daten an C, weil er die Ethernet-Adresse von C verwendet. C ist daher für die Weiterleitung der Daten an B verantwortlich. Der Proxy-Server ist üblicherweise ein Router und Proxy-ARP wird als Mittel genutzt, Daten zwischen Systemen weiterzuleiten, die diese Daten nicht über das normale Routing austauschen können.

In Kapitel 2 haben wir gesehen, wie ein System als Proxy-ARP-Server für einzelne Adressen fungieren kann, indem es die **publish**-Option des **arp**-Befehls nutzt. Die Kernel-Option ARP_PROXYALL erzeugt einen Server für *alle* Adressen, beschränkt sich also nicht nur auf die in der ARP-Tabelle konfigurierten Adressen.

```
options "TCP_COMPAT_42"     # emulate 4.2BSD TCP bugs
```

Diese Option verhindert das Hängen von Verbindungen zwischen 4.2- und FreeBSD-Systemen, indem FreeBSD so angepaßt wird, daß es die von 4.2 gemachten Fehler ignoriert. Dieser Parameter deaktiviert auch die Berechnung von UDP-Prüfsummen. Die Berechnung der UDP-Prüfsumme war bei BSD 4.2 fehlerhaft, was beim Empfang von UDP-Paketen von 4.2-Systemen zu Prüfsummenfehlern führte. Der Parameter weist das System an, diese Fehler zu ignorieren. Zusätzlich verhindert dieser Parameter, daß Systeme TCP-Sequenznummern senden, die von 4.2-Systemen als negative Zahlen interpretiert werden. Mit dieser Option wird die Anfangs-Sequenznummer bei jeder Verbindung auf 0 gesetzt. Die Sequenznummern auf 0 zu zwingen ist ein potentielles Sicherheitsproblem, weil es einem Eindringling das Erraten der Sequenznummer und das Einstreuen falscher Pakete in einen TCP-Stream ermöglicht. Aus diesem Grund sollten Sie diesen Parameter nicht anwenden, wenn es nicht unbedingt sein muß.

Pseudo-device

Die zweite Anweisung, die bei allen BSD-Konfigurationen von TCP/IP verlangt wird, ist die Anweisung pseudo-device. Ein *pseudo-device* ist ein Gerätetreiber *(device driver)*, der nicht direkt an ein Stück Hardware geknüpft ist. Die Anweisung erzeugt eine Headerdatei *(.h)*, deren Name sich aus dem Namen des Pseudo-Devices im Kernel-Verzeichnis ergibt. Zum Beispiel erzeugt die nachfolgende Anweisung eine Datei namens *loop.h*:

```
pseudo-device   loop            # loopback network--mandatory
```

Das Pseudo-Device loop ist zur Erzeugung des Loopback-Devices (lo0) notwendig. Dieses »Gerät« ist an die Loopback-Adresse 127.0.0.1 gekoppelt und wird als Pseudo-Device definiert, weil es sich nicht um eine reale Hardware handelt.

Ein weiteres TCP/IP-Pseudo-Device, das Sie bei vielen FreeBSD-Systemen vorfinden werden, ist:

```
pseudo-device   ether           # basic Ethernet support
```

Diese Anweisung ist zur Unterstützung von Ethernet notwendig. Das Pseudo-Device ether wird zur vollständigen Unterstützung von ARP und anderen Ethernet-spezifischen Funktionen benötigt. Zwar ist es durchaus möglich, daß ein System ohne Ethernet diese Anweisung nicht benötigt, dennoch ist es normalerweise konfiguriert und sollte in Ihrer Kernel-Konfiguration verbleiben.

Die Pseudo-Terminals, oder ptys, sind weitere Pseudo-Devices, die im allgemeinen konfiguriert sind:

```
pseudo-device   pty     16    # pseudo-tty's
```

Diese Anweisung definiert die virtuellen Terminal-Devices, die von Login-Diensten wie **rlogin** und **telnet** verwendet werden. Pseudo-Terminals werden auch von vielen anderen Anwendungen, wie z.B. Emacs, genutzt, die nicht in einem direkten Zusammenhang mit TCP/IP stehen. Die Zahl (16 in unserem Beispiel) definiert die Anzahl der durch den Kernel generierten ptys. Die Obergrenze bei einem FreeBSD-System ist 64.

Andere normalerweise konfigurierte Pseudo-Devices sind die zur Unterstützung von SLIP und PPP.

```
pseudo-device   sl      2    # Serial Line IP
```

Diese Anweisung definiert die Schnittstelle für das Serial Line IP Protocol. Die Zahl (hier 2) definiert die Anzahl der SLIP-Pseudo-Devices, die vom Kernel erzeugt werden. Die beiden hier generierten Geräte würden als sl0 und sl1 angesprochen werden.

```
pseudo-device   ppp     2   # Point-to-point protocol
```

Das Pseudo-Device ppp ist die Schnittstelle zum Point-to-Point Protocol. Die Zahl (hier 2) definiert die Anzahl der vom Kernel generierten PPP-Pseudo-Devices. Die beiden hier generierten Geräte würden als ppp0 und ppp1 angesprochen werden. Zwei andere, mit PPP direkt in Zusammenhang stehende Pseudo-Devices sind nachfolgend aufgeführt.

```
pseudo-device   sppp        # Generic synchronous PPP
pseudo-device   tun     1   # Tunnel driver(user process ppp)
```

Die Anweisung sppp bindet die Unterstützung synchroner PPP-Protokolle in der Sicherungsschicht ein. Normalerweise läuft PPP über Wählleitungen mit Hilfe eines asynchronen Protokolls. Asynchrone Modems sind die Modems, die jeder von uns an seinem Homecomputer angeschlossen hat. Synchrone Modems und synchrone Protokolle der Sicherungsschicht werden bei Festverbindungen eingesetzt.

Das Pseudo-Device tun ist ein Tunnel-Treiber, der von PPP-Software auf Benutzerebene eingesetzt wird. *Tunneling* ist eine Technik, bei der ein System ein Protokoll durch ein anderes Protokoll weitergibt. Tun ist ein FreeBSD-Feature, mit dem diese Aufgabe über PPP-Links erledigt werden kann. Die Zahl gibt die Anzahl der Tunnel an, die vom Kernel unterstützt werden.

Die letzten drei Pseudo-Devices werden weniger häufig genutzt.

```
pseudo-device   fddi        # Generic FDDI
pseudo-device   bpfilter  4 # Berkeley packet filter
pseudo-device   disc        # Discard device
```

Die fddi-Anweisung bindet FDDI-Support (Fiber Digital Data Interface) in den Kernel ein. FDDI ist ein Standard für lokale Netzwerke zur Übertragung von Daten mit 100 MBit/s über Fiberglaskabel.

Die Anweisung bpfilter bindet Code in den Kernel ein, der zum Erfassen (Capturing) von Paketen notwendig ist. Das Capturing von Paketen ist ein grundlegender Bestandteil von Protokoll-Analysern (siehe Kapitel 11). Wird diese Option in den BSD-Kernel aufgenommen, kann die Ethernet-Schnittstelle in den sog. »Promiskuitätsmodus« geschaltet werden.[6] Befindet sich eine Schnittstelle in diesem Modus, gibt sie nicht nur die für das lokale System bestimmten, sondern alle Pakete an die Software der nächsten Schicht weiter. Dieses Feature ist für Systemadministratoren nützlich, die ein Netzwerk auf Fehler untersuchen müssen. Es kann aber auch von Einbrechern zum Stehlen von Paßwörtern und damit zur Unterwanderung der Systemsicherheit dienen. Nutzen Sie das Pseudo-Device bpfilter nur, wenn Sie es wirklich benötigen. Die Zahl gibt an, wie viele Ethernet-Schnittstellen von bpfilter überwacht werden können.

---

6 Das setzt allerdings voraus, daß die Ethernet-Hardware diesen Modus unterstützt, was nicht bei allen Ethernet-Schnittstellen der Fall ist.

Das letzte Pseudo-Device für Netzwerke ist disc. Es verwirft *(discard)* alle Daten, die es empfängt. Dieses Device dient ausschließlich Testzwecken.

Devices

Reale Hardware-Einrichtungen werden mit Hilfe der device-Anweisung definiert. Jeder an ein TCP/IP-Netzwerk angebundene Host benötigt eine physikalische Einrichtung für diese Anbindung. Diese Hardware wird mit einer device-Anweisung in der Kernel-Konfigurationsdatei deklariert. Viele Netzwerkschnittstellen sind für TCP/IP geeignet, die am weitesten verbreiteten sind aber Ethernet-Schnittstellen.

Tabelle 5-1 gibt eine Übersicht der bei FreeBSD 2.1.5 verfügbaren Ethernet-Gerätetreiber.

Tabelle 5-1: Von FreeBSD unterstützte Ethernet-Karten

Device	Beschreibung
de0	DEC DC21040 PCI Adapter
ed0	Western Digital SMC 80xx, Novell NE1000/2000, 3COM 3C503
eg0	3COM 3C505
el0	3COM 3C501
ep0	3COM 3C509
fe0	Fujitsu MB86960A/MB86965A
ie0	AT&T StarLAN 10 & EN100, 3COM 3C507, N15210
ix0	Intel EtherExpress 16
le0	DEC EtherWorks 2 and EtherWorks3
lnc0	Isolan, Novell NE2100 and NE32-VL
ze0	IBM/National Semiconductor PCMCIA Adapter
zp0	3COM Etherlink III PCMICA Adapter

Das folgende Beispiel einer device-Anweisung verdeutlicht das allgemeine Format des zur Konfiguration einer Ethernet-Schnittstelle im FreeBSD-Kernel verwendeten Befehls:

```
device ed0 at isa? port 0x280 net irq 5 iomem 0xd8000 vector edintr
device de0
```

Wie Sie sehen, definiert die device-Anweisung für ed0 den Bustyp (isa), die I/O-Basisadresse (port 0x280), die Interruptnummer (irq 5) und die Speicheradresse (iomem 0xd8000). Diese Werte müssen mit denen übereinstimmen, die Sie auf der Karte eingestellt haben. All diese Parameter sind bei der Konfiguration von PC-Hardware üblich.[7] Auf der anderen Seite benötigt die device-Anweisung für de0 kaum Konfigurationsan-

---

7 Details zur Konfiguration von PC-Hardware finden Sie in *TCP/IP – Netzanbindung von PCs* von Craig Hunt (O'Reilly Verlag).

gaben, da hier eine Karte konfiguriert wird, die am PCI-Bus liegt. PCI ist ein intelligenter Bus, der die Konfiguration direkt von der Hardware ermitteln kann.

Ethernet ist nicht die einzige von FreeBSD unterstützte TCP/IP-Netzwerkschnittstelle. Eine experimentelle ISDN-Schnittstelle und der DEC FDDI-Adapter werden ebenfalls unterstützt. Weit häufiger im Einsatz sind aber die für SLIP und PPP benötigten seriellen Schnittstellen.

```
device sio0    at isa? port "IO_COM1" tty irq 4   vector siointr
device sio1    at isa? port "IO_COM2" tty irq 3   vector siointr
device sio2    at isa? port "IO_COM3" tty irq 5   vector siointr
device sio3    at isa? port "IO_COM4" tty irq 9   vector siointr
```

Die vier seriellen Schnittstellen sio0 bis sio3 entsprechen den MS-DOS-Schnittstellen COM1 bis COM4. Sie werden von SLIP und PPP benötigt. Kapitel 6 behandelt die Aspekte der Konfiguration von PPP und SLIP.

Die device-Anweisung variiert entsprechend der zu konfigurierenden Schnittstelle. Woher wissen Sie aber, welche Hardware-Schnittstellen bei Ihrem System installiert sind? Denken Sie daran, daß der *GENERIC*-Kernel, der mit Ihrem FreeBSD-System ausgeliefert wird, für eine große Zahl von Devices konfiguriert ist. Eine einfache Möglichkeit, festzustellen, welche Hardware-Schnittstellen installiert sind, besteht darin, sich die während des Bootens auf der Konsole ausgegebenen Nachrichten anzusehen. Diese Nachrichten zeigen alle Geräte, auch Netzwerkgeräte, die vom Kernel während der Initialisierung gefunden wurden. Sehen Sie sich die Ausgabe des **dmesg**-Befehls an. Er gibt eine Kopie der Konsolenmeldungen aus, die während des letzten Bootens generiert wurden.

Die in der Kernel-Konfigurationsdatei enthaltenen options-, pseudo-device- und device-Anweisungen binden die TCP/IP-Hard- und Software in den Kernel ein. Die Anweisungen Ihrer Konfiguration können sich etwas von dem hier aufgeführten Beispiel unterscheiden. Die grundlegenden Anweisungen sind aber auch in Ihrer Konfigurationsdatei enthalten. Mit diesen Grundanweisungen ist FreeBSD in der Lage, TCP/IP auszuführen.

Sie werden wahrscheinlich keine der in diesem Abschnitt diskutierten Variablen jemals ändern. Wie alles andere in der Kernel-Konfigurationsdatei auch, sind sie üblicherweise für die Ausführung von TCP/IP bereits richtig konfiguriert.

Der Internet-Daemon

Die Kernel-Konfiguration bindet die grundlegenden Transport- und IP-Datagramm-Dienste von TCP/IP in UNIX ein. Die TCP/IP-Suite stellt aber weit mehr zur Verfügung als nur diese elementaren Dienste. Wie werden diese anderen Protokolle in die UNIX-Konfiguration eingebunden?

Einige Protokolle werden explizit gestartet, indem man sie in die Boot-Dateien aufnimmt. Diese Technik wird beispielsweise für RIP (Routing Information Protocol) und DNS (Domain Name Service) verwendet. Die diese Protokolle bedienenden Daemons, **routed** und **named**, werden aus einer Startup-Datei wie */etc/rc.d/rc.inet2* (Linux) oder */etc/init.d/inetsvc* und */etc/init.d/inetinit* (Solaris) aufgerufen.[8]

Viele andere Netzwerk-Daemons werden nicht individuell gestartet. Diese Daemons werden von einem Server gestartet, der auf Anforderungen für Netzwerkdienste wartet und den entsprechenden Daemon startet, um diese Anforderung zu bedienen. Dieser Server wird als der *Internet-Daemon* bezeichnet.

Der Internet-Daemon – **inetd** – wird während der Bootphase aus einer Initialisierungsdatei wie */etc/rc.d/rc.inet2* heraus gestartet. Nach dem Start liest **inetd** seine Konfiguration aus der Datei */etc/inetd.conf*. Diese Datei enthält die Namen der Dienste, die **inetd** erkennt und ausführt. Sie können Dienste hinzufügen oder entfernen, indem Sie die Datei *inetd.conf* entsprechend ändern.

Ein Eintrag in dieser Datei sieht z.B. wie folgt aus:

```
ftp  stream  tcp  nowait  root  /usr/sbin/in.ftpd   in.ftpd
```

Die einzelnen Felder eines *inetd.conf*-Eintrags sind (von links nach rechts):

Name
> Der Name des Dienstes, wie er in */etc/services* aufgeführt ist. In unserem Beispiel ist `ftp` der Wert dieses Feldes.

Typ
> Der Typ des zur Auslieferung verwendeten Dienstes (wird auch als *Socket-Typ* bezeichnet). Die üblicherweise verwendeten Socket-Typen sind:

> *stream*
> > Der von TCP bereitgestellte Stream-Service, also ein TCP-Bytestream.[9]

> *dgram*
> > Der von UDP bereitgestellte Paket-(Datagramm-)Dienst.

> *raw*
> > Direkter IP-Datagramm-Dienst.

Das Beispiel zeigt, daß FTP einen Stream-Socket verwendet.

---

8 Ihr System muß nicht diese Startup-Dateien verwenden. Solche Startup-Dateien sind aber im allgemeinen unterhalb des */etc*-Verzeichnisses zu finden und besitzen häufig Namen, die den Text *rc* oder *init* enthalten.
9 Wir beziehen uns hier auf TCP/IP-Sockets und TCP-Streams, nicht auf AT&T Streams-I/O bzw. BSD Sokket-I/O.

Protokoll

Der Name eines Protokolls, wie er in */etc/protocols* aufgeführt ist. Der Wert ist im allgemeinen entweder »tcp« oder »udp«. Das FTP-Protokoll nutzt TCP zum Transport, weshalb in unserem Beispiel in diesem Feld `tcp` steht.

Wartestatus

Der Wert dieses Feldes ist entweder »wait« oder »nowait«. Meistens (aber nicht immer) verlangen Datagramm-Dienste »wait«, während Stream-Server »nowait« erlauben. Steht der Status auf »wait«, muß **inetd** darauf warten, daß der Server den Socket wieder freigibt, bevor er auf weitere Requests für diesen Socket reagiert. Steht der Status auf »nowait«, kann **inetd** sofort auf weitere Requests für den Socket reagieren. Server mit nowait-Status verwenden zur Verarbeitung andere Sockets als für die Verbindungsanforderung, d.h., sie verwenden dynamisch bereitgestellte Sockets.

uid

Die UID entspricht dem Benutzernamen, unter dem der Server ausgeführt wird. Das kann jeder gültige Benutzername sein, ist normalerweise aber *root*. Es gibt zwei gängige Ausnahmen. Der **finger**-Service wird aus Sicherheitsgründen häufig als Benutzer *nobody* oder *daemon* ausgeführt, und der **uucp**-Service wird manchmal unter dem Benutzer *uucp* ausgeführt, um Platz in den Accounting-Dateien des Systems zu sparen.

Server

Der vollständige Pfadname des von **inetd** zu startenden Serverprogramms. Da unser Beispiel von einem Solaris-System stammt, lautet der Pfad hier */usr/sbin/ in.ftpd*. Bei Ihrem System kann der Pfad anders lauten. Für **inetd** ist es effizienter, einige »kleine« Dienste direkt selbst anzubieten, als separate Server für diese Funktionen zu starten. Bei diesen kleinen Diensten enthält das Server-Feld das Schlüsselwort »internal«, was bedeutet, daß dieser Service ein interner **inetd**-Service ist.

Argumente

Jegliche Befehlszeilen-Argumente, die beim Starten des Servers übergeben werden sollen. Diese Liste beginnt immer mit `argv[0]` (dem Namen des ausgeführten Programms). Die Manpage jedes Programms dokumentiert die gültigen Befehlszeilen-Argumente. In unserem Beispiel geben wir nur `in.ftpd` an, also den Namen des Servers.

Es gibt einige Situationen, in denen die *inetd.conf* modifiziert werden muß. Beispielsweise könnten Sie einen Dienst deaktivieren wollen. Die Standardkonfiguration sieht eine ganze Reihe von Servern vor. Nicht jeder Server ist bei jedem System notwendig, und aus Sicherheitsgründen könnten Sie nicht elementare Dienste auf bestimmten Computern deaktivieren wollen. Um einen Dienst zu deaktivieren, tragen Sie am Anfang der Zeile des Eintrags einfach ein #-Zeichen ein (was die Zeile in einen Kommentar verwandelt) und senden dem **inetd**-Server ein HUP-Signal (Hangup). Beim Empfang eines Hangup-Signals liest **inetd** seine Konfigurationsdatei neu ein und die neue Konfiguration wird sofort wirksam.

Sie könnten auch neue Dienste einbinden wollen. Einige Beispiele hierfür werden wir in späteren Kapiteln vorstellen. Sehen wir uns im Detail an, wie man einen Dienst wiederherstellt, der einmal deaktiviert wurde. Zuerst sehen wir uns den Inhalt der Datei */etc/inetd.conf* an:

```
# @(#)inetd.conf 1.17 88/02/07 SMI
ftp      stream tcp  nowait root /usr/sbin/in.ftpd    in.ftpd
telnet   stream tcp  nowait root /usr/sbin/in.telnetd in.telnetd
shell    stream tcp  nowait root /usr/sbin/in.rshd    in.rshd
login    stream tcp  nowait root /usr/sbin/in.rlogind in.rlogind
exec     stream tcp  nowait root /usr/sbin/in.rexecd  in.rexecd
finger   stream tcp  nowait root /usr/sbin/in.fingerd in.fingerd
#tftp dgram udp wait root /usr/sbin/in.tftpd in.tftpd -s /tftpboot
comsat   dgram  udp  wait   root /usr/sbin/in.comsat  in.comsat
talk     dgram  udp  wait   root /usr/sbin/in.talkd   in.talkd
name     dgram  udp  wait   root /usr/sbin/in.tnamed  in.tnamed
daytime  stream tcp  nowait root      internal
time     stream tcp  nowait root      internal
echo     dgram  udp  wait   root      internal
discard  dgram  udp  wait   root      internal
time     dgram  udp  wait   root      internal
```

Dieser Ausschnitt der Datei zeigt verschiedene TCP/IP-Standarddienste. Einer dieser Dienste, **tftp**, ist auskommentiert. Das TFTP-Protokoll ist eine spezielle Version von FTP, die Dateitransfers ohne die Verifikation von Benutzername und Paßwort ermöglicht. Diese Tatsache macht den Dienst zu einem potentiellen Sicherheitsrisiko und ist daher in *inetd.conf* häufig deaktiviert.

Als Beispiel für die Modifikation der *inetd.conf* konfigurieren wir das System so um, daß der **tftp**-Service wieder zur Verfügung steht (was zur Unterstützung plattenloser Geräte manchmal notwendig ist). Zuerst entfernen Sie mit Hilfe Ihres Lieblingseditors den Kommentar (#) aus dem **tftp**-Eintrag in *inetd.conf*. (Das Beispiel verwendet sed, den allgemeinen Lieblingseditor!) Dann müssen wir den Prozeß-ID für **inetd** bestimmen und diesem Prozeß ein SIGHUP-Signal senden. Die folgenden Schritte zeigen diese Operation für *peanut*:

```
# cd /etc
# mv inetd.conf inetd.conf.org
# cat inetd.conf.org | sed s/#tftp/tftp/ > inetd.conf
# ps -acx | grep inetd
  144 ?  I    0:12 inetd
# kill -HUP 144
```

In manchen Fällen müssen Sie vielleicht auch den Pfadnamen auf einen Server oder die an einen bestimmten Server übergebenen Argumente ändern. Sehen wir uns beispielsweise noch einmal den **tftp**-Eintrag an. Die Zeile enthält Befehlszeilen-Argumente, die beim Start an den **tftp**-Server übergeben werden. Die Option **–s** /tftpboot behandelt die offensichtlichste Sicherheitslücke von **tftp**. Sie verhindert, daß **tftp**-Benutzer auf Dateien zugreifen können, die nicht in dem Verzeichnis liegen, das in der **–s**-Option angegeben ist. Soll für **tftp** ein anderes Verzeichnis verwendet werden, müssen Sie die Datei *inetd.conf* entsprechend anpassen. Die einzigen Befehlszeilen-Argumente, die an die von **inetd** gestarteten Server übergeben werden, sind die in *inetd.conf* definierten.

Die Sicherheit ist einer der wichtigsten Gründe für die Modifikation von *inetd.conf*. *inetd.conf* wird zur Implementierung einer Zugriffskontrolle über das Wrapper-Programm **tcpd** verwendet. Das Wrapper-Programm ersetzt das Serverprogramm im Server-Feld des *inetd.conf*-Eintrags. Erkennt **inetd** einen Verbindungs-Request für den Port, startet er **tcpd** anstelle des eigentlichen Servers. **tcpd** kann dann zusätzliche Sicherheitsmaßnahmen ergreifen, bevor der Anwendungsserver gestartet wird. Wie dieser Wrapper zur Zugriffskontrolle eingesetzt wird, erfahren Sie in Kapitel 12.

Zusammenfassung

Die Basis-Konfigurationsdateien, die Kernel-Konfigurationsdatei, Startup-Dateien und */etc/inetd.conf* sind zur Installation von TCP/IP-Software auf einem UNIX-System notwendig. Sie verlangen vom Systemadministrator allerdings nur wenig Aufmerksamkeit. Bei den meisten Systemen ist der Kernel bereits so konfiguriert, daß TCP/IP automatisch unterstützt wird. Manche Systeme, etwa Solaris, sind so entworfen worden, daß die Notwendigkeit einer Kernel-Konfiguration entfällt. Andere Systeme, wie beispielsweise Linux, unterstützen die Erzeugung eigener Kernel als Mittel zur Generierung effizienterer Kernel. In beiden Fällen muß der Netzwerkadministrator nur auf die Kernel-Konfigurationsbefehle achten, die von TCP/IP benötigt werden. Schließlich sollen diese nicht versehentlich gelöscht werden, wenn ein neuer Kernel generiert wird.

inetd startet elementare Systemdienste. Sie rekonfigurieren diesen Server nur, wenn Sie neue Dienste einbinden oder die Sicherheit erhöhen wollen. Die Sicherheit kann verbessert werden, indem man unnötige Dienste entfernt und eine zusätzliche Zugriffskontrolle einführt.

Die Kernel-Konfiguration definiert die Netzwerkschnittstelle. In Kapitel 6 konfigurieren wir diese Schnittstelle entsprechend unserer Planung aus Kapitel 4.

In diesem Kapitel:
- *Der ifconfig-Befehl*
- *TCP/IP über eine serielle Leitung*
- *PPP installieren*
- *SLIP installieren*
- *Zusammenfassung*

6

Die Konfiguration der Schnittstelle

Arbeiten Netzwerkprotokolle mit nur einer einzigen Art eines physikalischen Netzwerks, dann ist es nicht notwendig, der Software die Art der Netzwerkschnittstelle bekanntzugeben. Die Software weiß, um welche Schnittstelle es sich handeln *muß*; für den Administrator gibt es nichts zu konfigurieren. Eine der Stärken von TCP/IP ist aber seine flexible Nutzung verschiedener physikalischer Netzwerke. Diese Flexibilität erhöht jedoch auch die Komplexität der Arbeit des Systemadministrators, weil dieser TCP/IP mitteilen muß, welche Schnittstellen zu verwenden sind. Darüber hinaus müssen die Eigenschaften jeder Schnittstelle definiert werden.

Da TCP/IP vom physikalischen Netzwerk unabhängig ist, sind IP-Adressen in die Netzwerk-Software eingebunden – nicht in die Netzwerk-Hardware. Im Gegensatz zu Ethernet-Adressen, die von der Ethernet-Hardware ermittelt werden, weist der Systemadministrator jeder Netzwerkschnittstelle eine IP-Adresse zu.

In diesem Kapitel nutzen wir den Befehl **ifconfig** (»interface configure«), um TCP/IP die Netzwerkschnittstelle bekanntzugeben. Mit diesem Befehl weisen wir der Schnittstelle die IP-Adresse, Subnetz-Maske und die Broadcast-Adresse zu. Wir konfigurieren auch eine Netzwerkschnittstelle für das Point-to-Point Protocol (PPP), ein Standardprotokoll zum Betrieb von TCP/IP über Modemverbindungen. Lassen Sie uns mit der Betrachtung von **ifconfig** beginnen.

Der ifconfig-Befehl

Mit dem Befehl **ifconfig** können Konfigurationswerte von Netzwerkschnittstellen gesetzt und überprüft werden. Unabhängig von Hersteller und Version Ihrer UNIX-Variante werden Sie **ifconfig** bei jeder Schnittstelle zum Setzen der IP-Adresse, Subnetz-Maske und Broadcast-Adresse verwenden. Die wohl wichtigste Funktion ist die Zuweisung der IP-Adresse.

Hier der **ifconfig**-Befehl, der die Ethernet-Schnittstelle auf *peanut* konfiguriert:

```
# ifconfig le0 172.16.12.2 netmask 255.255.255.0 \
broadcast 172.16.12.255
```

Verschiedene andere Argumente können an **ifconfig** übergeben werden, auf einige gehen wir später noch ein. Einige wenige Argumente liefern aber die elementaren Informationen, die TCP/IP für jede Netzwerkschnittstelle benötigt. Diese Informationen sind:

interface

Der Name der Netzwerkschnittstelle, die für TCP/IP konfiguriert werden soll. Im obigen Beispiel ist das die Ethernet-Schnittstelle le0.

address

Die dieser Schnittstelle zugewiesene IP-Adresse. Geben Sie die Adresse entweder als IP-Adresse (in Punktnotation) oder als Hostnamen an. Wenn Sie einen Hostnamen verwenden, müssen Sie den Hostnamen zusammen mit der IP-Adresse in die Datei */etc/hosts* eintragen. Ihr System muß in der Lage sein, den Hostnamen in */etc/hosts* zu finden, weil **ifconfig** normalerweise ausgeführt wird, bevor DNS läuft. Im Beispiel verwenden wir die numerische IP-Adresse 172.16.12.2 als Wert für die **Adresse**.

netmask *Subnetz-Maske*

Die Subnetz-Maske für diese Schnittstelle. Ignorieren Sie dieses Argument nur, wenn Sie die Standardmaske verwenden, die sich aus der traditionellen Klassenstruktur von Adressen ableitet. Arbeiten Sie mit Subnetzen, müssen Sie die entsprechende Subnetz-Maske angeben. Die für unser imaginäres Netzwerk gewählte Subnetz-Maske ist 255.255.255.0. Diesen Wert weisen wir also auch der le0-Schnitstelle von *peanut* zu. Informationen zu Adreßmasken und Subnetzen finden Sie in den Kapiteln 2 und 4.

broadcast *Adresse*

Die Broadcast-Adresse des Netzwerks. Die meisten, aber nicht alle Systeme bleiben bei der Standard-Broadcast-Adresse, bei der alle Bits des Hostteils auf 1 gesetzt sind. In unserem **ifconfig**-Beispiel setzen wir die Broadcast-Adresse explizit auf 172.16.12.255, um Verwirrung zu vermeiden. Jedes System im Subnetz muß die gleiche Broadcast-Adresse verwenden.

Der Netzwerkadministrator liefert die Werte für die zu verwendende Adresse, Subnetz-Maske und Broadcast-Adresse. Die in unserem Beispiel verwendeten Werte stammen direkt aus dem in Kapitel 4 entwickelten Planungsvordruck. Nur der Name der Schnittstelle, das erste Argument jeder **ifconfig**-Befehlszeile, muß häufig der Systemdokumentation entnommen werden.

Den Namen der Schnittstelle ermitteln

In Kapitel 5 haben wir gesehen, daß Ethernet-Netzwerkschnittstellen in verschiedenen Varianten geliefert werden, und daß unterschiedliche Ethernet-Karten im allgemeinen verschiedene Schnittstellennamen besitzen. Welche Schnittstelle von einem System verwendet wird, können Sie normalerweise den Meldungen entnehmen, die während des Bootens auf der Konsole erscheinen. Bei vielen Systemen können diese Meldungen mit dem **dmesg**-Befehl untersucht werden. Doch selbst mit dieser Information ist die Bestimmung des Namens der Ethernet-Schnittstelle nicht immer einfach. Das folgende Beispiel zeigt die Ausgabe des **dmesg**-Befehls für zwei verschiedene Systeme:

```
almond% dmesg | grep le0
le0 at ledma0: SBus slot f 0xc00000 sparc ipl 6
le0 is /iommu@f,e0000000/sbus@f,e0001000/ledma@f,400010/le@f,c00000

acorn> dmesg | grep eth0
eth0: smc8432 (DEC 21041 Tulip) at 0xfc80, 00:00:c0:dd:d4:da, IRQ 10
eth0: enabling 10TP port.
```

Der erste **dmesg**-Befehl im obigen Beispiel zeigt die Ausgabe für eine le0-Ethernet-schnittstelle, die während des Bootens von Solaris 2.5.1 entdeckt wurde. In dieser Ausgabe weist nichts darauf hin, daß es sich um eine Ethernet-Schnittstelle handelt. Das zweite **dmesg**-Beispiel, das von einem Linux-PC stammt, liefert da schon mehr Hinweise. eth0 ist ein etwas intuitiverer Name für eine Ethernet-Schnittstelle, und das Linux-System gibt die Ethernet-Adresse (00:00:c0:dd:d4:da) sowie den Hersteller und das Modell (SMC8432) der Netzwerkschnittstelle aus. Wenn Sie wissen, was das bedeutet, fällt Ihnen die Ermittlung des Schnittstellennamens wesentlich leichter.

Es ist nicht immer so einfach, alle verfügbaren Schnittstellen Ihres Systems zu bestimmen, indem man kurz einen Blick auf die Ausgabe von **dmesg** wirft. Auch der Blick auf die Device-Einträge in der Kernel-Konfigurationsdatei hilft einem nicht unbedingt weiter, da diese nur die physikalischen (Hardware-) Schnittstellen enthalten. Bei der TCP/IP-Protokollarchitektur umfaßt die Netzzugangsschicht alle Funktionen, die unter die Internetschicht fallen. Dies kann die gesamten drei unteren Schichten des OSI-Referenzmodells umfassen, also die Bitübertragungs-, die Sicherungs- und die Vermittlungsschicht. IP muß die genaue Schnittstelle der Netzzugangsschicht kennen, an die Pakete übergeben werden sollen, um sie an ein bestimmtes Netzwerk ausliefern zu können. Diese Schnittstelle ist nicht auf einen Treiber für die physikalische Hardware beschränkt. Es könnte sich auch um eine Softwareschnittstelle in der Vermittlungsschicht einer anderen Protokollsuite handeln. Welche anderen Methoden helfen Ihnen also dabei, die verfügbaren Netzwerkschnittstellen eines Systems zu ermitteln? Benutzen Sie einfach die **netstat**- und **ifconfig**-Befehle. Um sich beispielsweise alle bereits konfigurierten Netzwerkschnittstellen anzusehen, geben Sie folgendes ein:

```
% netstat -in
```

Die Option **–i** weist **netstat** an, den Status aller konfigurierten Netzwerkschnittstellen (Interfaces) auszugeben, während **–n** die Ausgabe in numerischer Form erzwingt. Der Aufruf von **netstat –in** gibt die folgenden Felder aus:

Name

> Das Namensfeld gibt den dieser Schnittstelle zugewiesenen Namen an. Das ist der Name, den Sie an **ifconfig** übergeben, um die Schnittstelle zu identifizieren. Ein Sternchen (∗) in diesem Feld bedeutet, daß die Schnittstelle nicht aktiv ist.

Mtu

> Die Maximum Transmission Unit gibt den größten Frame (das größte Paket) an, der von dieser Schnittstelle ohne Fragmentierung übertragen werden kann. Die MTU wird in Byte angegeben. Im Abschnitt »Das Datagramm« in Kapitel 1 wird die MTU näher erläutert.

Net/Dest

> Das Network/Destination-Feld gibt das Netzwerk bzw. den Zielhost an, auf den diese Schnittstelle den Zugriff ermöglicht. Bei unseren Ethernet-Beispielen enthält dieses Feld eine Netzwerkadresse. Die Netzwerkadresse wird aus der IP-Adresse der Schnittstelle und der Subnetz-Maske abgeleitet. Das Feld enthält eine Hostadresse, wenn die Schnittstelle für eine Punkt-zu-Punkt-Verbindung (hostspezifisch) konfiguriert ist. Die Zieladresse ist die Adresse des entfernten Hosts am anderen Ende der Punkt-zu-Punkt-Verbindung.[1] Eine Punkt-zu-Punkt-Verbindung (oder -Link) ist die direkte Verbindung zwischen zwei Computern. Sie können einen solchen Link mit dem Befehl **ifconfig** erzeugen. Wie man das macht, beschreiben wir an anderer Stelle in diesem Kapitel.

Address

> Das Adreßfeld zeigt die dieser Schnittstelle zugewiesene Internet-Adresse.

Ipkts

> Das Ipkts-Feld (»input packets«) gibt an, wie viele Pakete diese Schnittstelle empfangen hat.

Ierrs

> Das Ierrs-Feld (»input errors«) gibt an, wie viele beschädigte Pakete die Schnittstelle empfangen hat.

Opkts

> Das Opkts-Feld (»output pakets«) gibt an, wie viele Pakete von dieser Schnittstelle ausgesendet wurden.

Oerrs

> Das Oerrs-Feld (»output errors«) gibt an, wie viele dieser Pakete zu einer Fehlerbedingung geführt haben.

---

1 Beachten Sie hierzu auch die Beschreibung des H-Flags im Abschnitt »Die Routing-Tabelle« in Kapitel 2.

Collis

Das Collis-Feld (»collisions«) gibt an, wie viele Ethernet-Kollisionen von dieser Schnittstelle erkannt wurden. Ethernet-Kollisionen sind ein normaler Zustand, der durch den »Wettstreit« um die Ethernet-Leitung verursacht wird. Dieses Feld ist nur bei Ethernet-Schnittstellen anwendbar.

Queue

Das Queue-Feld gibt an, wie viele Pakete in der Queue liegen und auf die Übertragung durch diese Schnittstelle warten. Normalerweise ist dieser Wert 0.

Die Ausgabe eines **netstat**-Befehls zeigt folgendes:

```
% netstat -in
Name  Mtu   Net/Dest   Address     Ipkts Ierrs Opkts Oerrs Collis Queue
le0   1500  172.16.0.0 172.16.12.2 1547  1     1127  0     135    0
lo0   1536  127.0.0.0  127.0.0.1   133   0     133   0     0      0
```

Unser Beispiel zeigt, daß diese Workstation nur zwei Netzwerkschnittstellen besitzt. In diesem Fall ist es einfach, die jeweilige Netzwerkschnittstelle zu identifizieren. Die Schnittstelle lo0 ist die Loopback-Schnittstelle, die jedes TCP/IP-System besitzt. Es handelt sich um das bereits in Kapitel 5 angesprochene Loopback-Device. le0 ist eine Ethernet-Schnittstelle, die wir ebenfalls in Kapitel 5 behandelt haben.

Bei den meisten Systemen ist die Loopback-Schnittstelle Teil der Standardkonfiguration, d.h., Sie werden sie nicht konfigurieren müssen. Sollten Sie die Loopback-Schnittstelle doch konfigurieren müssen, verwenden Sie den folgenden Befehl:

```
# ifconfig lo0 127.0.0.1
```

Die Konfiguration der Ethernet-Schnittstelle verlangt etwas mehr Aufmerksamkeit. Das Überraschende an diesem Beispiel einer **netstat**-Ausgabe ist die Tatsache, daß wir keinen **ifconfig**-Befehl für le0 verwendet haben und die Schnittstelle trotzdem schon eine IP-Adresse besitzt. Viele Systeme verwenden ein Installationsskript zur Installation von UNIX. Dieses Skript fordert die Hostadresse an und nutzt diese dann zur Konfiguration der Schnittstelle.[2] Wir sehen uns später an, ob der Benutzer diese Schnittstelle mit dem Installationsskript richtig eingerichtet hat.

Der Befehl **ifconfig** kann ebenfalls verwendet werden, um herauszufinden, welche Netzwerkschnittstellen bei einem System verfügbar sind. Der **netstat**-Befehl zeigt nur die konfigurierten Schnittstellen. Bei einigen Systemen können Sie den **ifconfig**-Befehl verwenden, um sich alle Schnittstellen anzusehen, auch wenn diese noch nicht konfiguriert sind. Bei Solaris 2.5.1 übernimmt der Befehl **ifconfig -a** diese Aufgabe. Unter Linux 2.0.0 gibt der Aufruf von **ifconfig** ohne Argumente eine Liste aller Netzwerkschnittstellen aus.

---

2 Der in Kapitel 4 beschriebene **netconfig**-Befehl ist ein Beispiel für ein solches Netzwerk-Konfigurationsskript, das bei der Installation des Betriebssystems ausgeführt wird.

Während die meisten Hosts nur eine echte Netzwerkschnittstelle besitzen, verfügen manche Hosts sowie alle Gateways über mehrere Schnittstellen. Manchmal sind alle Schnittstellen vom gleichen Typ, so kann etwa ein Gateway zwischen zwei Ethernet-Netzwerken zwei Ethernet-Schnittstellen besitzen. **netstat** könnte auf einem solchen Gateway die Schnittstellen lo0, le0 und le1 ausgeben. Die Ausgabe von **netstat** zu entschlüsseln, wenn mehrere Schnittstellen des gleichen Typs verwendet werden, ist aber nach wie vor sehr einfach. Die Entschlüsselung der Ausgabe bei einem System mit mehreren Arten von Netzwerkschnittstellen ist da schon schwieriger. Sie sind auf die Dokumentation angewiesen, die mit der optionalen Software geliefert wird, um die richtige Schnittstelle zu wählen. Bei der Installation neuer Netzwerk-Software sollten Sie die Dokumentation immer besonders sorgfältig studieren.

Diese langen Ausführungen zur Bestimmung der Netzwerkschnittstelle stellen die wichtigen Aufgaben von **ifconfig** ein wenig in den Schatten. Wir wollen uns daher wieder den wichtigen Themen der Zuweisung von IP-Adresse, Subnetz-Maske und Broadcast-Adresse zuwenden.

Prüfung der Schnittstelle mit ifconfig

Wie oben erwähnt, konfiguriert das UNIX-Installationsskript die Netzwerkschnittstelle. Diese Konfiguration muß aber nicht unbedingt Ihren Vorstellungen entsprechen. Sie können die Konfiguration einer Schnittstelle mit **ifconfig** prüfen. Um sich die einer Schnittstelle aktuell zugeordneten Werte anzusehen, rufen Sie einfach **ifconfig** mit dem Namen der Schnittstelle auf. Soll also die Schnittstelle le0 überprüft werden, geben Sie folgendes ein:

```
% ifconfig le0
le0: flags=863<UP,BROADCAST,NOTRAILERS,RUNNING,MULTICAST> mtu 1500
        inet 172.16.12.2 netmask ffff0000 broadcast 172.16.255.255
```

Bei der Statusprüfung einer Schnittstelle unter Solaris 2.5.1 gibt der **ifconfig**-Befehl zwei Zeilen aus. Die erste Zeile enthält den Namen der Schnittstelle, die die Eigenschaften der Schnittstelle definierenden Flags sowie die MTU (Maximum Transmission Unit) der Schnittstelle. In unserem Beispiel ist le0 der Name der Schnittstelle, und die MTU liegt bei 1500 Bytes. Die Flags werden über einen numerischen Wert, aber auch mittels einer Reihe von Schlüsselwörtern angegeben. Die Flags der Schnittstelle besitzen den numerischen Wert 863, der folgende Schlüsselwörter umfaßt:

UP

    Die Schnittstelle ist aktiviert und kann verwendet werden.

BROADCAST

    Die Schnittstelle unterstützt Broadcasts, d.h., sie ist mit einem Netzwerk verbunden, das Broadcasts unterstützt (z.B. Ethernet).

NOTRAILERS
:   Die Schnittstelle unterstützt keine Trailer-Kapselung. Hierbei handelt es sich um eine Ethernet-spezifische Eigenschaft, die wir später ausführlicher behandeln werden.

RUNNING
:   Die Schnittstelle ist betriebsbereit.

MULTICAST
:   Die Schnittstelle unterstützt Multicasting.

Die zweite Zeile der **ifconfig**-Ausgabe liefert Informationen, die in direktem Zusammenhang mit TCP/IP stehen. Dem Schlüsselwort `inet` folgt die dieser Schnittstelle zugeordnete Internetadresse. Als nächstes kommt das Schlüsselwort `netmask`, gefolgt von der Adreßmaske in hexadezimaler Schreibweise. Zum Schluß werden das Schlüsselwort `broadcast` und die Broadcast-Adresse ausgegeben.

Bei einem Linux-System kann der **ifconfig**-Befehl im Gegensatz zu einem Solaris-System bis zu sechs Zeilen mit Informationen ausgeben. Die zusätzlichen Informationen umfassen dabei die Ethernet-Adresse, den IRQ und die I/O-Basisadresse sowie Paketstatistiken. Die elementaren Informationen sind bei beiden Systemen gleich.

```
> ifconfig eth0
eth0   Link encap:10Mbps Ethernet  HWaddr 00:00:C0:9A:D0:DB
       inet addr:172.16.55.106  Bcast:172.16.55.255  Mask:255.255.255.0
       UP BROADCAST RUNNING MULTICAST  MTU:1500  Metric:1
       RX packets:844886 errors:0 dropped:0 overruns:0
       TX packets:7668 errors:0 dropped:0 overruns:0
       Interrupt:11 Base address:0x7c80
```

Sehen Sie sich das Solaris-Beispiel am Anfang dieses Abschnittes an, und vergleichen Sie die ausgegebenen Informationen mit dem in Kapitel 4 entwickelten Konfigurationsplan. Sie werden erkennen, daß die Schnittstelle neu konfiguriert werden muß. Die vom Benutzer während der UNIX-Installation durchgeführte Konfiguration umfaßt nicht alle von uns geplanten Werte. Die Adresse (172.16.12.2) ist zwar korrekt, aber die Adreßmaske (ffff0000 oder 255.255.0.0) und die Broadcast-Adresse (172.16.0.0) stimmen nicht. Sehen wir uns an, wie diese Werte zugewiesen werden und wie wir sie korrigieren können.

Zuweisen einer Subnetz-Maske

Um sauber funktionieren zu können, benötigt jede Schnittstelle eines physikalischen Netzwerksegments die gleiche Subnetz-Maske. Für le0 auf *almond* und *peanut* ist die Netzmaske 255.255.255.0, weil beide Systeme im gleichen Subnetz liegen. Obwohl nun *almond*s lokale und externe Netzwerkschnittstelle im gleichen Computer untergebracht sind, arbeiten sie doch mit unterschiedlichen Netzmasken, weil sie in verschiedenen Netzwerken liegen.

Um eine Subnetz-Maske zuzuweisen, müssen Sie die gewünschte Maske in der **ifconfig**-Befehlszeile hinter dem Schlüsselwort »netmask« angeben. Die Subnetz-Maske wird meistens in der gleichen Punktnotation angegeben, die auch für IP-Adressen verwendet wird.[3] Der folgende Befehl weist der Schnittstelle le0 auf *peanut* die korrekte Subnetz-Maske zu:

```
# ifconfig le0 172.16.12.2 netmask 255.255.255.0 \
broadcast 172.16.12.255
```

Den Wert der Netzmaske direkt in der **ifconfig**-Befehlszeile anzugeben ist die gängigste, einfachste und beste Möglichkeit, einer Schnittstelle die Subnetz-Maske manuell zuzuweisen. Sie können **ifconfig** aber auch anweisen, die Subnetz-Maske aus einer Datei statt über die Befehlszeile einzulesen. Konzeptionell entspricht das der Verwendung eines Hostnamens anstelle einer IP-Adresse. Der Administrator kann die Subnetz-Maske entweder in die Datei *hosts* oder in die Datei *networks* eintragen, und dann über den Namen referenzieren. Zum Beispiel könnte der Administrator von *nuts-net* den folgenden Eintrag in */etc/networks* aufnehmen:

```
nuts-mask      255.255.255.0
```

Sobald dieser Eintrag hinzugefügt wurde, können Sie den Namen *nuts-mask* anstelle der eigentlichen Maske in der **ifconfig**-Befehlszeile verwenden:

```
# ifconfig le0 172.16.5.2 netmask nuts-mask
```

Der Name *nuts-mask* wird in 255.255.255.0 aufgelöst, was der für unsere Beispielsysteme richtigen Netzwerkmaske entspricht.

Bei Solaris-Systemen können Sie auch */etc/inet/netmasks* verwenden, um die Subnetz-Maske zu setzen.[4] Die Datei */etc/inet/netmasks* ist eine Tabelle zeilenorientierter Einträge, die jeweils aus einer Netzwerkadresse, gefolgt von einer Subnetz-Maske (getrennt durch Whitespace) besteht.[5] Besitzt ein Solaris-System auf *nuts-net* (172.16.0.0) eine */etc/inet/netmasks* mit dem folgenden Eintrag:

```
172.16.0.0     255.255.255.0
```

dann kann der folgende **ifconfig**-Befehl zum Setzen der Subnetz-Maske verwendet werden:

```
# ifconfig le0 172.16.5.1 netmask +
```

Das Pluszeichen hinter dem Schlüsselwort `netmask` sorgt dafür, daß **ifconfig** den Maskenwert aus */etc/inet/netmasks* verwendet. **ifconfig** sucht in der Datei nach einer Netzwerkadresse, die mit der Netzwerkadresse der zu konfigurierenden Schnittstelle über-

---

3 Die hexadezimale Notation kann für Subnetz-Masken ebenfalls verwendet werden. Um eine Subnetz-Maske in hexadezimaler Schreibweise anzugeben, geben Sie den Wert als eine Hexadezimalzahl an, der Sie 0x voranstellen. Die hexadezimale Form von 255.255.255.0 lautet also 0xffffff00. Wählen Sie die Form, die für Sie einfacher zu verstehen ist.

4 */etc/netmasks* ist ein symbolischer Link auf */etc/inet/netmasks*.

5 Verwenden Sie die offizielle Netzwerkadresse, keine Subnetzadresse.

einstimmt, filtert dann die dazugehörige Subnetz-Maske aus und wendet sie auf die Schnittstelle an.

Einige Systeme machen sich die Tatsache zunutze, daß IP-Adresse, Subnetz-Maske und Broadcast-Adresse indirekt eingestellt werden können. Auf diese Weise können die in den Startup-Dateien durchzuführenden Anpassungen minimiert werden. Die Reduzierung der Anpassung verringert die Chance, daß sich ein System aufgrund fehlerhafter Startup-Dateien während des Bootens aufhängt. Darüber hinaus ist es möglich, diese Dateien für alle Systeme im Netzwerk vorzukonfigurieren. Die Dateien *hosts*, *networks* und *netmasks*, die Daten für den **ifconfig**-Befehl liefern, erzeugen alle NIS-Maps, die von NIS nutzenden Sites zentral verwaltet werden können.

Ein mit der indirekten Einstellung von **ifconfig** verbundener Nachteil ist, daß die Fehlersuche etwas erschwert wird. Sind alle Werte in der Boot-Datei definiert, müssen Sie sie nur an dieser Stelle prüfen. Werden diese Werte indirekt zugewiesen, müssen Sie möglicherweise *hosts*, *networks* und *netmasks* untersuchen, um das Problem zu finden. Ein Fehler in irgendeiner dieser Dateien kann zu einem Konfigurationsfehler führen. Um das Debugging zu vereinfachen, ziehen es daher viele Systemadministratoren vor, die Konfigurationswerte in der **ifconfig**-Befehlszeile anzugeben.

Ein weiterer Nachteil der indirekten Einstellung der Subnetz-Maske ist, daß einige dieser Dateien nicht primär zu diesem Zweck vorgesehen sind. Die *hosts*-Datei ist ein ganz besonders schlechter Ort zum Ablegen von Subnetzwerten. Die *hosts*-Datei wird von anderen Programmen stark genutzt. Die Plazierung von Subnetzwerten in der *hosts*-Datei könnte eines dieser Programme verwirren. Das Setzen der Subnetz-Maske direkt über die Befehlszeile oder über eine Datei wie *netmasks*, die eigens für diese Aufgabe vorgesehen ist, stellt hier wahrscheinlich die beste Lösung dar.

Setzen der Broadcast-Adresse

RFC 919, *Broadcasting Internet Datagrams*, definiert das Format einer Broadcast-Adresse eindeutig als Adresse, bei der alle Bits des Hostteils auf 1 gesetzt sind. Weil die Broadcast-Adresse so eindeutig definiert ist, sollte **ifconfig** in der Lage sein, sie automatisch zu berechnen, und Sie sollten immer in der Lage sein, mit dem Standardwert zu arbeiten. Leider ist das nicht der Fall. TCP/IP war bereits in BSD 4.2 integriert, bevor RFC 919 als Standard übernommen wurde. BSD 4.2 arbeitet mit einer Broadcast-Adresse, bei der alle Bits des Hostteils auf 0 gesetzt sind. Auch erlaubt es diese Version nicht, die Broadcast-Adresse während der Konfiguration zu ändern. Aufgrund dieser Geschichte verwenden einige UNIX-Releases standardmäßig die auf Nullen basierende Broadcast-Adresse, um die Kompatibilität mit älteren Systemen zu wahren, während andere Releases standardmäßig die auf Einsen basierende Broadcast-Adresse nutzen.

Um hier Verwirrung zu vermeiden, sollten Sie eine Broadcast-Adresse für das gesamte Netzwerk definieren und sicherstellen, daß jedes Gerät im Netzwerk diese während der Konfiguration auch explizit setzt. Sie können die Broadcast-Adresse mit dem **ifconfig**-Befehl angeben. Verwenden Sie dazu das Schlüsselwort `broadcast` gefolgt von der

gewünschten Broadcast-Adresse. Zum Beispiel lautet der **ifconfig**-Befehl, mit dem Sie
die Broadcast-Adresse der le0-Schnittstelle von *almond* einstellen:

```
# ifconfig le0 172.16.12.1 netmask 255.255.255.0 \
broadcast 172.16.12.255
```

Beachten Sie, daß die Broadcast-Adresse relativ zum lokalen Subnetz definiert wird.
almond betrachtet die Schnittstelle, als wäre sie an das Netzwerk 172.16.12.0 angeschlossen, weshalb die Broadcast-Adresse 172.16.12.255 lauten muß. Je nach Implementierung kann ein UNIX-System die Adresse 172.16.255.255 als Hostadresse 255 im
Subnetz 255 von Netzwerk 172.16.0.0 interpretieren, oder als Broadcast-Adresse für
nuts-net allgemein. Auf keinen Fall würde 172.16.255.255 als Broadcast-Adresse für das
Subnetz 172.16.12.0 betrachtet werden.

Die anderen Optionen

Wir haben **ifconfig** verwendet, um die Schnittstellen-Adresse, die Subnetz-Maske und
die Broadcast-Adresse einzustellen. Das sind die wichtigsten Funktionen von **ifconfig**,
es besitzt aber auch noch andere Funktionen. Es kann die Kapselung von Trailern
ebenso aktivieren oder deaktivieren wie das Protokoll zur Adreßauflösung und die
Schnittstelle selbst. **ifconfig** kann auch die vom Routing Information Protocol genutzte
Routing-Metrik sowie die von der Schnittstelle verwendete MTU (Maximum Transmission Unit) einstellen. Wir wollen uns jede dieser Funktionen ansehen.

Aktivieren und Deaktivieren der Schnittstelle

Der **ifconfig**-Befehl kennt zwei Argumente, **up** und **down**, mit denen Netzwerkschnittstellen aktiviert bzw. deaktiviert werden können. Das Argument **up** aktiviert die Netzwerkschnittstelle und markiert sie als einsatzbereit. **down** wiederum deaktiviert die
Schnittstelle, so daß sie nicht für den Datenverkehr genutzt werden kann.

Verwenden Sie **down**, wenn Sie die Schnittstelle interaktiv rekonfigurieren. Einige Konfigurationsparameter – zum Beispiel die IP-Adresse – können nicht geändert werden,
solange die Schnittstelle nicht »unten« ist. Zuerst wird die Schnittstelle heruntergefahren.
Danach erfolgt die Neukonfiguration, und die Schnittstelle wird wieder hochgefahren.
Beispielsweise ändern die folgenden Schritte die Adresse einer Schnittstelle:

```
# ifconfig le0 down
# ifconfig le0 172.16.1.2 up
```

Nachdem diese Befehle ausgeführt wurden, operiert die Schnittstelle mit den neuen
Konfigurationswerten. Das **up** im zweiten **ifconfig**-Befehl ist eigentlich nicht notwendig, weil es standardmäßig verwendet wird. Allerdings wird ein explizites **up** üblicherweise verwendet, nachdem die Schnittstelle deaktiviert war, oder wenn ein **ifconfig**-
Befehl in einem Skript verwendet wird. Auf diese Weise lassen sich Probleme vermeiden, falls sich die Standardeinstellung zukünftig ändern sollte.

ARP und trailers

Zwei Optionen der **ifconfig**-Befehlszeile, **arp** und **trailers**, werden nur für Ethernet-Schnittstellen verwendet. Die Option **trailers** aktiviert oder deaktiviert die Vereinbarung von Trailer-Kapselungen für IP-Pakete. In Kapitel 1 haben wir besprochen, wie IP-Pakete über verschiedene physikalische Netzwerke übertragen werden, indem man sie in Frames kapselt, welche die Netzwerke übertragen. Die Trailer-Kapselung ist eine optionale Technik, mit der die Anzahl von Speicher/Speicher-Kopien reduziert wird, die das empfangende System durchzuführen hat.

Um die Trailer-Kapselung zu aktivieren, geben Sie das Schlüsselwort `trailers` in der **ifconfig**-Befehlszeile an. Ist die Trailer-Kapselung aktiviert, fordert das System (über das ARP-Protokoll) das andere System auf, beim Senden von Daten ebenfalls mit Trailer-Kapselung zu arbeiten.

Die Option **–trailers** deaktiviert die Trailer-Kapselung. Das kann aus zwei Gründen geschehen. Zum einen bietet die Trailer-Kapselung bei der I/O-Architektur einiger Systeme keinerlei Vorteile. Führt das System keine Speicher/Speicher-Kopien beim Empfang von Daten aus, bringt die Trailer-Kapselung nichts. Zum anderen haben einige Systeme Schwierigkeiten mit den Vereinbarungen zur Trailer-Kapselung. Aus diesen Gründen ignorieren viele Systeme das **trailers**-Argument und arbeiten nie mit Trailer-Kapselung. Andere erlauben die Trailer-Kapselung, sind aber auf **–trailers** voreingestellt. Unsere beiden Beispielsysteme, Solaris und Linux, ignorieren beide das **trailers**-Argument. Allerdings aktivieren manche Systeme die Trailer-Kapselung standardmäßig. Wie es sich bei Ihrem System verhält, entnehmen Sie der Systemdokumentation.

Kapitel 2 behandelt das Address Resolution Protocol (ARP), ein wichtiges Protokoll zur Abbildung von IP-Adressen auf physikalische Ethernet-Adressen. Sie aktivieren ARP mit dem **ifconfig**-Schlüsselwort `arp` und deaktivieren es mit `–arp`. Es ist möglich (wenn auch sehr unwahrscheinlich), daß ein Host in Ihrem Netzwerk nicht mit ARP umgehen kann. Dies passiert nur in Netzwerken mit spezialisierter Ausrüstung oder Entwicklungshardware. In diesen seltenen Fällen kann es notwendig sein, ARP zu deaktivieren, um den Betrieb mit diesen Systemen zu ermöglichen. Standardmäßig aktiviert **ifconfig** ARP. Lassen Sie ARP bei all Ihren Systemen aktiviert.

Metrik

Bei einigen Systemen erzeugt der **ifconfig**-Befehl in der Routing-Tabelle einen Eintrag für jede Schnittstelle, der eine IP-Adresse zugewiesen wurde. Jede Schnittstelle stellt eine Route zu einem Netzwerk dar. Selbst wenn ein Host kein Gateway ist, ist seine Schnittstelle immer noch seine »Route« in das lokale Netzwerk. **ifconfig** ermittelt das Zielnetzwerk der Route durch Anwendung der Subnetz-Maske der Schnittstelle auf die IP-Adresse. Zum Beispiel besitzt die Schnittstelle le0 auf *almond* die Adresse 172.16.12.1 und die Maske 255.255.255.0. Die Anwendung dieser Maske auf die Adresse liefert das Zielnetzwerk, nämlich 172.16.12.0. Die Ausgabe von **netstat –in** zeigt die Zieladresse:

```
% netstat -in
Name Mtu  Net/Dest   Address      Ipkts  Ierrs Opkts  Oerrs Collis Queue
lc0  1500 172.16.12.0 172.16.12.1 1125826 16   569786 0     8914   0
lo0  1536 127.0.0.0   127.0.0.1   94280   0    94280  0     0      0
```

Das Routing Information Protocol (RIP) ist ein unter UNIX gängiges Routing-Protokoll. RIP macht zwei Dinge: Es verteilt Routing-Informationen an andere Hosts und verwendet eingehende Routing-Informationen zum dynamischen Aufbau von Routing-Tabellen. Die durch **ifconfig** erzeugten Routen sind eine Quelle für die durch RIP verteilten Routen. Mit dem Argument **metric** können Sie kontrollieren, wie RIP diese Informationen nutzt.

Die von RIP getroffenen Routing-Entscheidungen basieren auf den »Kosten« für eine Route. Die Kosten einer Route werden über die Routing-Metrik bestimmt, die mit dieser Route verknüpft ist. Eine Routing-Metrik ist einfach eine Zahl. Je kleiner diese Zahl ist, desto kleiner ist auch der Preis dieser Route. Je höher die Zahl, desto höher die Kosten. Beim Aufbau der Routing-Tabelle zieht RIP günstigere Routen den teureren Routen vor. Direkt verbundenen Netzwerken werden sehr geringe Kosten zugeordnet. Daher ist 0 die Standardmetrik für eine Route durch eine Schnittstelle, die direkt mit einem Netzwerk verbunden ist. Sie können aber das Argument **metric** nutzen, um der Schnittstelle eine andere Routing-Metrik zuzuordnen.

Um die Kosten für eine Schnittstelle auf drei zu erhöhen, damit RIP Routen mit Werten von 0, 1 oder 2 vorzieht, geben Sie **metric 3** in der **ifconfig**-Befehlszeile an:

```
# ifconfig std0 26.104.0.19 metric 3
```

Verwenden Sie diese Option nur, wenn es eine andere Route zum gleichen Ziel gibt und Sie diese als primäre Route verwenden wollen. Wir haben diesen Befehl bei *almond* nicht verwendet, weil der Rechner nur eine Schnittstelle besitzt, die mit der Außenwelt verbunden ist. Hätte er aber eine zweite Schnittstelle mit einer höheren Geschwindigkeit, könnte der obige Befehl genutzt werden, um den Datenstrom über die leistungsfähigere Schnittstelle zu leiten.

Ein verwandter **ifconfig**-Parameter ist auf Solaris-Systemen verfügbar. RIP baut die Routing-Tabelle durch Wahl der ökonomischsten Routen auf und verteilt die Routing-Informationen an andere Hosts. Der Parameter **metric** steuert, welche Route RIP als die kostengünstigste wählt. Das bei Solaris-Systemen verfügbare Argument **private** legt fest, welche Route RIP verteilt. Wenn Sie **private** in der **ifconfig**-Befehlszeile angeben, wird die von diesem **ifconfig**-Befehl erzeugte Route nicht durch RIP verteilt. Standardmäßig wird **-private** verwendet, was die Verteilung der Route ermöglicht. Der **private**-Parameter ist nicht überall verfügbar.

Darüber hinaus machen nicht alle Systeme Gebrauch vom **metric**-Argument. Ein Linux-System erzeugt bei der Abarbeitung eines **ifconfig**-Befehls keinen Eintrag in der Routing-Tabelle. Bei der Konfiguration eines Linux-Systems verwenden Sie explizite **route**-Befehle für jede Schnittstelle. (Der **route**-Befehl wird im nächsten Kapitel behandelt.) Linux-Systeme ignorieren das **metric**-Argument.

Legen Sie die Routing-Metrik statt über **ifconfig** in einer Routing-Konfigurationsdatei fest. Das ist für neuere Routing-Software die bevorzugte Methode zur Bereitstellung von Routing-Informationen. Das Format solcher Routing-Konfigurationsdateien besprechen wir im nächsten Kapitel.

Maximum Transmission Unit

Ein Netzwerk besitzt eine maximale Übertragungseinheit, die Maximum Transmission Unit, die das größte Paket definiert, das über das physikalische Netzwerk transportiert werden kann. Für Ethernet liegt die Maximalgröße bei 1500 Bytes. Diese Größe ist als Teil des Ethernet-Standards definiert. Es ist nur selten notwendig, die MTU in der **ifconfig**-Befehlszeile zu ändern. Standardmäßig wählt **ifconfig** die optimale MTU, normalerweise die größte gültige MTU für eine bestimmte Netzwerk-Hardware. Eine große MTU wird als Voreinstellung verwendet, weil sie normalerweise den besten Durchsatz bietet. Eine kleinere MTU kann allerdings hilfreich sein, um die folgenden Ziele zu erreichen:

- Vermeidung einer Fragmentierung. Wandern die Daten von einem Netzwerk mit einer großen MTU – etwa einem FDDI-Netzwerk mit einer MTU von 4500 Bytes – durch ein Netzwerk mit einer kleineren MTU (etwa Ethernet), dann ist eine kleinere MTU zur Vermeidung einer Paket-Fragmentierung möglicherweise sinnvoller. Es ist durchaus möglich, daß die Angabe einer MTU von 1500 für die FDDI-Schnittstelle den Durchsatz erhöht, weil eine Fragmentierung in den Routern vermieden wird. Man würde dies allerdings nur machen, wenn die Fragmentierung tatsächlich die Ursache für ein solches Durchsatzproblem wäre.

- Reduzierung von Puffer-Überläufen oder ähnlichen Problemen. Bei seriellen Verbindungen ist es möglich, daß man Equipment mit einer so geringen Leistung verwendet, daß es mit den üblichen 1006-Byte-Paketen nicht mithalten kann. In diesem Fall kann man Puffer- oder SILO-Überläufe durch kleinere MTUs vermeiden. Allerdings sind solche Lösungen nur kurzfristige Mittel zum Zweck. Die richtige Lösung besteht im Kauf der für die Anwendung richtigen Hardware.

Zur Änderung der MTU verwenden Sie das Befehlszeilenargument **mtu**:

```
# ifconfig fddi0 172.16.16.1 netmask 255.255.255.0 mtu 1500
```

Das zwingt die FDDI-Schnittstelle an 172.16.16.1 zur Nutzung einer MTU von 1500 Bytes.

Punkt-zu-Punkt (Point-to-point)

Wahrscheinlich kennt Ihr System noch mehr **ifconfig**-Befehlszeilenargumente. Linux kennt Parameter zur Definition des PC-Interrupts der Ethernet-Hardware (**irq**) und der Ethernet-Hardwareadresse (**hw**) sowie zur Aktivierung des Multicasting (**multicast**) und des »Promiscuous-Modus« (**allmulti**). Solaris besitzt Argumente zum Herauf- und Heruntersetzen der Streams einer Schnittstelle (**plumb/unplumb**) sowie zu Nutzung des Reverse ARP (RARP) zur Bestimmung der IP-Adresse einer Schnittstelle (**auto-revarp**). Die meisten dieser Parameter sind aber unter UNIX nicht standardisiert.

Ein letztes Feature des **ifconfig**-Befehls, das bei den meisten UNIX-Versionen vorhanden ist, ist die Fähigkeit, Punkt-zu-Punkt-Verbindungen zu definieren. Punkt-zu-Punkt-Verbindungen sind Netzwerk-Links, die zwei Computer direkt miteinander verbinden. Natürlich kann es sich bei den Computern an beiden Enden des Links um Gateways zur Außenwelt handeln, aber nur zwei Computer sind direkt an diesen Link angebunden. Beispiele für Punkt-zu-Punkt-Verbindungen sind zwei über eine Telefonleitung miteinander verbundene Computer oder zwei über ein Nullmodem-Kabel miteinander gekoppelte Rechner in einem Büro.

Um bei einem Solaris-System einen Punkt-zu-Punkt-Link zu definieren, geben Sie folgendes ein:

```
# ifconfig zs0 172.16.62.1 172.16.62.2
```

Bei diesem **ifconfig**-Befehl folgen dem Namen der Schnittstelle unmittelbar zwei Adressen. Die erste ist die des lokalen Hosts; die zwei Adresse, die Zieladresse, ist die Adresse des entfernten Hosts am anderen Ende des Punkt-zu-Punkt-Links. Die zweite Adresse erscheint als Net/Dest-Wert in der Ausgabe von **netstat -ni**.

Bei einem Linux-System sieht die gleiche Konfiguration etwas anders aus:

```
> ifconfig sl0 172.16.62.1 point-to-point 172.16.62.2
```

Die Syntax ist anders, aber der Effekt ist derselbe. Die Schnittstelle wird im Punkt-zu-Punkt-Modus aktiviert, und die Hosts an den beiden Enden des Links werden identifiziert.

Wird damit das Point-to-Point Protocol (PPP) eingerichtet, das zur TCP/IP-Kommunikation über serielle Leitungen verwendet wird? Nein, wird es nicht. Diese **ifconfig**-Parameter sorgen manchmal für Verwirrung, wenn es um die Einrichtung von PPP geht. Bei der Konfiguration von PPP und SLIP ist weit mehr zu tun. Wir werden uns diesem Thema daher bis zum Ende dieses Kapitels widmen.

Bevor wir uns PPP und SLIP zuwenden, wollen wir daran erinnern, daß die Konfiguration über die **ifconfig**-Befehlszeile einen System-Boot nicht überlebt. Für eine dauerhafte Konfiguration müssen diese **ifconfig**-Befehle in einer Startup-Datei stehen.

Einbinden von ifconfig in die Startup-Dateien

Der **ifconfig**-Befehl wird normalerweise während des Bootens von einer Startup-Datei ausgeführt. Bei BSD-UNIX stehen diese **ifconfig**-Befehle normalerweise in */etc/rc.boot* oder */etc/rc.local*. UNIX-System-V besitzt einen wesentlich komplexeren Satz von Startup-Dateien, die **ifconfig**-Anweisungen sind aber meist in einer Datei im */etc/init.d*-Verzeichnis zu finden.[6] Bei Linux-Systemen sind die Startup-Dateien mit den **ifconfig**-Befehlen normalerweise im */etc/rc.d*- oder */etc/rc.d/init.d*-Verzeichnis zu finden. Nutzen Sie **grep**, um die Datei ausfindig zu machen, die die **ifconfig**-Befehle enthält:

---

6 Eine gute Beschreibung des Dschungels von Initialisierungsdateien unter System-V finden Sie in der zweiten Auflage von *UNIX System Administration* von Æleen Frisch (O'Reilly Verlag).

```
> cd /etc/rc.d
> grep ifconfig *
rc.inet1:/sbin/ifconfig lo 127.0.0.1
rc.inet1:/sbin/ifconfig eth0 172.16.12.1 broadcast 172.16.12.255
   netmask 255.255.255.0
```

Weil der Netzwerkzugriff für einige der von den Startup-Dateien ausgeführten Prozesse so wichtig ist, werden die **ifconfig**-Anweisungen sehr früh während der Startup-Prozedur ausgeführt. Der einfachste Weg zur Anpassung der Netzwerkschnittstelle an Ihre Bedürfnisse besteht darin, die Startup-Dateien zu editieren und die richtigen **ifconfig**-Anweisungen einzufügen.

Bei unserem Linux-System editieren wir */etc/rc.d/rc.inet1* und prüfen die beiden zur Konfiguration der Loopback- und der Ethernet-Schnittstelle notwendigen Zeilen. Wir verwenden *rc.inet1*, weil es bei der Startup-Prozedur des Netzwerks sehr früh ausgeführt wird, und weil es sich um die Datei handelt, in die das Konfigurationsskript die **ifconfig**-Befehle eingetragen hat. Die beiden in dieser Datei stehenden Zeilen sind:

```
ifconfig lo0 127.0.0.1
ifconfig eth0 172.16.12.1 broadcast 172.16.12.255 netmask 255.255.255.0
```

Stellen Sie sicher, daß die Schnittstellen bei jedem Bootvorgang richtig konfiguriert werden.

TCP/IP über eine serielle Leitung

TCP/IP funktioniert mit einer breiten Palette physikalischer Medien. Diese Medien können Ethernet-Kabel sein, wie sie in Ihrem lokalen Ethernet Verwendung finden, oder aber Telefonleitungen, die bei WANs (Wide Area Networks) eingesetzt werden. Die erste Hälfte dieses Kapitels beschäftigte sich mit dem Einsatz von **ifconfig** zur Konfiguration einer lokalen Ethernet-Schnittstelle. In diesem Abschnitt verwenden wir andere Befehle, um eine Netzwerkschnittstelle zu konfigurieren, die über Telefonleitungen arbeitet.

Fast die gesamte Datenkommunikation findet über serielle Schnittstellen statt. Eine serielle Schnittstelle ist einfach eine Schnittstelle, die Daten als Folge von Bits über ein einziges Kabel sendet. Im Gegensatz dazu sendet eine parallele Schnittstelle die Datenbits gleichzeitig über mehrere parallele Kabel. Diese Beschreibung einer seriellen Schnittstelle trifft auf nahezu jede Kommunikationsschnittstelle zu (einschließlich Ethernet), aber der Begriff wird üblicherweise auf eine Schnittstelle angewandt, die über ein Modem oder eine ähnliche Einrichtung die Verbindung zu einer Telefonleitung herstellt. Ebenso wird die Telefonleitung häufig als serielle Leitung bezeichnet.

In der TCP/IP-Welt werden serielle Leitungen zum Aufbau von WANs (Wide Area Networks) eingesetzt. Leider besaß TCP/IP für serielle Leitungen nicht immer ein Standardprotokoll auf Bitübertragungsebene. Aufgrund des fehlenden Standards waren die Netzwerkplaner gezwungen, einen einzigen Typ von Router innerhalb des WANs zu verwenden, um sicherzustellen, daß die Kommunikation auf der Bitübertragungsebene auch funktioniert. Das Anwachsen von TCP/IP-WANs hat zu einem starken Interesse an der Standardisierung der seriellen Kommunikation geführt, um hier die Unabhängigkeit von bestimmten Herstellern zu erreichen.

Andere Kräfte, die zu einem gesteigerten Interesse an serieller Kommunikation führten, waren die Einführung kleiner, bezahlbarer TCP/IP-Systeme sowie die Verbreitung von Hochgeschwindigkeitsmodems, die eine »vernünftige« TCP/IP-Performance lieferten. Als sich das ARPANET formierte, waren Computer sehr teuer und Modems sehr langsam. Wenn Sie sich zu dieser Zeit einen Computer leisten konnten, hatten Sie auch das Geld für eine Standleitung. In den letzten Jahren wurde es aber möglich, sich zuhause ein UNIX-System hinzustellen. Aufgrund dieser neuen Bedingungen herrscht ein erhöhter Bedarf an Diensten, die den TCP/IP-Zugriff über günstige Wählleitungen ermöglichen.

Diese beiden Zwänge – die Notwendigkeit einer standardisierten WAN-Kommunikation und der Bedarf an TCP/IP-Diensten über Wählleitungen – haben zur Entwicklung zweier Protokolle für serielle Leitungen geführt: SLIP (Serial Line IP) und PPP (Point-to-Point Protocol).[7]

Die seriellen Protokolle

Als erstes wurde Serial Line IP entwickelt. Es handelt sich um ein Minimalprotokoll, das es isolierten Hosts ermöglicht, über ein Telefonnetz per TCP/IP zu kommunizieren. Das SLIP-Protokoll definiert einen einfachen Framing-Mechanismus, mit dem Datagramme über serielle Leitungen übertragen werden können. SLIP sendet das Datagramm als Folge von Bytes über die serielle Leitung und verwendet spezielle Zeichen als Marke für die Gruppierung dieser Bytes zu Datagrammen. SLIP definiert zu diesem Zweck zwei Sonderzeichen:

- Das SLIP END-Zeichen, ein einzelnes Byte mit dem Dezimalwert 192. Dieses Zeichen markiert das Ende eines Datagramms. Entdeckt die empfangende SLIP-Seite das END-Zeichen, weiß sie, daß sie nun ein vollständiges Datagramm besitzt, das sie an IP weitergeben kann.

- Das SLIP ESC-Zeichen, ein einzelnes Byte mit dem Dezimalwert 219. Dieses Zeichen wird als Fluchtsymbol (Escapesequenz) für SLIP-Steuerzeichen verwendet. Entdeckt die sendende SLIP-Seite ein Byte mit dem Wert des END- oder des ESC-Zeichens, wandelt sie dieses Zeichen in eine Sequenz von zwei Zeichen um. Diese Zwei-Zeichen-Sequenzen sind ESC 220 für das END-Zeichen und ESC 221 für das ESC-Zeichen selbst.[8] Entdeckt die empfangende SLIP-Seite diese Zwei-Byte-Sequenzen, wandelt sie diese wieder in die einzelnen Bytes um. Diese Vorgehensweise verhindert, daß die empfangende Seite ein Datenbyte als Datagrammende fehlinterpretiert.

---

7 Wählmodems arbeiten üblicherweise asynchron. PPP und SLIP unterstützen beide sowohl asynchrone Wähldienste als auch synchrone Standleitungsdienste.
8 Hier steht ESC für die SLIP-Escapesequenz, nicht für das ASCII-Zeichen.

SLIP ist in RFC 1055, *A Nonstandard for Transmission of IP Datagrams Over Serial Lines: SLIP*, beschrieben. Wie es der Name des RFCs andeutet, ist SLIP kein Internet-Standard. Das RFC schlägt keinen Standard vor, sondern es dokumentiert ein existierendes Protokoll. Das RFC beschreibt auch die Mängel von SLIP, die in zwei Kategorien fallen:

• Das SLIP-Protokoll definiert keinerlei Kontrollinformationen, die zur dynamischen Steuerung der Eigenschaften einer Verbindung genutzt werden könnten. Aus diesem Grund müssen SLIP-Systeme von bestimmten Verbindungseigenschaften ausgehen. Aufgrund dieser Einschränkungen kann SLIP nur verwendet werden, wenn beide Hosts die Adresse der jeweils anderen Seite kennen und wenn nur IP-Datagramme übertragen werden.

• SLIP kann die bei rauschstarken, langsamen Telefonleitungen entstehenden Fehler nicht kompensieren. Das Protokoll kennt keinerlei Fehlerkorrektur oder Datenkomprimierung. Um die Mängel von SLIP zu umgehen, wurde das Point-to-Point Protocol (PPP) als Internet-Standard entwickelt. Während wir dies schreiben, gibt es verschiedene RFCs, die das Point-to-Point Protocol dokumentieren.[9] Die beiden Schlüsseldokumente sind RFC 1548, *The Point-to-Point Protocol (PPP)*, und RFC 1172, *The Point-to-Point Protocol (PPP) Initial Configuration Options*.

PPP nimmt sich der Mängel von SLIP mit einem aus drei Schichten bestehenden Protokoll an:

Sicherungsschicht-Protokoll (Data Link Layer Protocol)
Das von PPP verwendete Protokoll der Sicherungsschicht ist eine leicht modifizierte Variante von High-level Data Link Control (HDLC). PPP modifiziert HDLC mit einem zusätzlichen Protokollfeld, das es PPP ermöglicht, Daten für unterschiedliche Vermittlungsprotokolle zu übertragen. HDLC ist ein internationales Standardprotokoll für die zuverlässige Übertragung von Daten über synchrone, serielle Kommunikationsleitungen. PPP verwendet auch den Vorschlag für einen internationalen Standard zur Übertragung von HDLC über asynchrone Leitungen. Auf diese Weise kann PPP eine zuverlässige Übertragung für jede Art serieller Leitung garantieren.

Verbindungssteuerungsprotokoll (Link Control Protocol)
Das Link Control Protocol (LCP) stellt Steuerungsinformationen für die serielle Verbindung bereit. Es wird zum Aufbau der Verbindung, zur Vereinbarung der Konfigurationsparameter, zur Prüfung der Verbindungsqualität und zum Abbau der Verbindung genutzt. LCP wurde speziell für PPP entwickelt.

Netzwerksteuerungsprotokolle (Network Control Protocols)
Die Netzwerksteuerungsprotokolle sind individuelle Protokolle, die Konfigurations- und Steuerungsinformationen für die Protokolle der Vermittlungsschicht bereitstellen. Denken Sie daran, daß PPP entworfen wurde, um eine Vielzahl von

---

9 Um sicherzustellen, daß Sie die neueste Version eines Standards vorliegen haben, sollten Sie sich die aktuellste Version der RFC-Liste besorgen. Wie man an diese Liste herankommt, beschreiben wir in Kapitel 13.

Netzwerkprotokollen zu unterstützen. NCP erlaubt es, PPP so anzupassen, daß genau das möglich ist. Jedes Netzwerkprotokoll (DECNET, IP, OSI etc.) besitzt sein eigenes NCP. Das in den RFCs 1331 und 1332 definierte Netzwerksteuerungsprotokoll ist das Internet Control Protocol (IPCP), das auch das Internet-Protokoll unterstützt.

Die Wahl des seriellen Protokolls

PPP ist das beste serielle TCP/IP-Protokoll. Es wird bevorzugt, weil es ein Internet-Standard ist, was wiederum die Zusammenarbeit von Systemen der unterschiedlichsten Hersteller sicherstellt. Es besitzt wesentlich mehr Features als SLIP und ist wesentlich stabiler. Diese Vorteile machen PPP zur besten Wahl als offenes Protokoll zur Verbindung von Routern über serielle Leitungen und zur Anbindung entfernter Rechner über Wählleitungen.

Manchmal sind Ihre Auswahlmöglichkeiten aber beschränkt. SLIP war das erste weit verbreitete Protokoll für IP über serielle Leitungen, und einige ältere Dialup-Server unterstützen nur SLIP. PPP und SLIP verstehen sich überhaupt nicht miteinander; es handelt sich um zwei vollkommen verschiedene Protokolle. Wenn Ihr Terminal-Server also nur SLIP kennt, müssen die an diesem Server hängenden Hosts auch SLIP verwenden. Aufgrund der installierten Basis wird SLIP auch in absehbarer Zukunft noch verwendet werden.

Welches Protokoll sollten Sie also verwenden? Beim Entwurf eines neuen seriellen Dienstes sollten Sie PPP verwenden. Sie könnten aber auch gezwungen sein, SLIP zu verwenden. SLIP ist manchmal das einzige serielle Protokoll, das für eine bestimmte Hardware verfügbar ist. Um es einfach auszudrücken, nutzen Sie PPP wann immer es Ihnen möglich ist und SLIP wann immer Sie müssen.

Linux-Systeme unterstützen sowohl SLIP als auch PPP. Bei anderen UNIX-Systemen wie etwa Solaris ist es wieder so, daß PPP verfügbar ist und SLIP nicht. Erwägen Sie die Verwendung von SLIP nur dann, wenn es als Teil des Betriebssystems geliefert wird. Vermeiden Sie einen Download des SLIP-Quellcodes und eine Portierung auf Ihr System. Verwenden Sie stattdessen PPP. Besitzen Sie alte Terminal-Server, auf denen nur SLIP läuft, und neue Computer, die nur PPP unterstützen, wird es Zeit, die alten Terminal-Server zu ersetzen.

PPP installieren

Die Installation und Konfiguration von PPP ist von Implementierung zu Implementierung verschieden.[10] In diesem Abschnitt verwenden wir die PPP-Implementierung, die mit Linux 2.0 geliefert wird. Wir nutzen auch die unterstützenden Konfigurationsbefehle. PPP ist ein Internet-Standard, und die meisten UNIX-Systeme können PPP als Teil

---

10 Sie müssen einen Blick in Ihre Systemdokumentation werfen, um herauszufinden, wie PPP auf Ihrem Rechner genau zu konfigurieren ist.

der Standardinstallation des Betriebssystems in den Kernel aufnehmen. Meistens ist dazu von Ihrer Seite nichts weiter notwendig. Beispiele dafür, wie PPP in den Linux-Kernel eingebunden wird, finden Sie in Kapitel 5. Das Linux-System bindet die Software für die Bitübertragungs- und Sicherungsschicht von PPP (das HDLC-Protokoll) in den Kernel ein.

Die Einbindung von PPP in den Kernel ist aber nur der Anfang. In diesem Abschnitt wollen wir Ihnen zeigen, wie man **pppd** konfiguriert, um PPP-Dienste auf einem Slack-ware 96 Linux-System zur Verfügung zu stellen.

Der PPP-Daemon

Das Point-to-Point Protocol ist beim Linux-System im PPP-Daemon (**pppd**) implementiert, der aus einer Freeware-Implementierung von PPP für BSD-Systeme abgeleitet wurde. **pppd** kann für alle Modi konfiguriert werden: als Client, als Server, über Wähl-verbindungen oder über eine permanente Verbindung. Clients und Server sind aus Kapitel 3 bekannte Konzepte. Eine permanente Verbindung ist ein direkte Verbindung per Kabel oder per Standleitung. In diesem Fall ist zum Aufbau der Verbindung kein Telefonanruf notwendig. Eine Wählverbindung ist ein Modem-Link, der durch Wahl einer Rufnummer aufgebaut wird.

Die Konfiguration von **pppd** für eine permanente Verbindung ist die einfachste Form der Konfiguration. Ein Dialup-Skript wird für diese Art der Verbindung nicht benötigt. Die dynamische Zuweisung von Adressen ist kein Thema, weil die permanente Verbindung immer die gleichen Systeme verbindet. Die Authentizierung ist von nur einge-schränktem Nutzen, weil die permanente Verbindung physikalisch zwischen zwei Punkten verläuft. Es gibt für einen eventuellen Eindringling keine Möglichkeit, auf den Link zuzugreifen. Ein einziger **pppd**-Befehl konfiguriert einen permanenten PPP-Link für Ihr Linux-System. Wir fügen diesen Befehl in die Datei */etc/rc.d/rc.inet1* ein:

```
pppd /dev/cua3 56000 crtscts defaultroute
```

/dev/cua3 legt das Gerät fest, an das PPP gebunden wird. Hierbei handelt es sich natürlich um den Port, an dem die permanente Leitung hängt. Als nächstes wird die Geschwindigkeit in Bits pro Sekunde (56000) angegeben. Der Rest der Befehlszeile legt über eine Reihe von Schlüsselwörtern verschiedene Optionen fest. Die Option **crtscts** aktiviert die Flußkontrolle per Hardware. Die letzte Option, **defaultroute**, legt eine Standard-Route an, bei der der entfernte Host als Standard-Gateway verwendet wird.[11]

PPP tauscht während der Verbindungsaufbauphase IP-Adressen aus. Wird keine Adresse in der **pppd**-Befehlszeile angegeben, sendet der Daemon die Adresse des loka-len Hosts an die Gegenstelle. Diese Adresse hat der Daemon über DNS oder die Hostta-belle ermittelt. Auf die gleiche Weise sendet die Gegenstelle ihre Adresse an den loka-len Host. Die Adressen werden dann als Quell- und Zieladressen des Links betrachtet.

---

11 Falls bereits eine Standard-Route in der Routing-Tabelle vorliegt, wird die Option **defaultroute** ignoriert.

Sie können das ändern, indem Sie die Adressen in der Befehlszeile angeben. Die formale Schreibweise hierfür ist *lokale-adresse:entfernte-adresse*. Hier ein Beispiel:

```
pppd /dev/cua3 56000 crtscts defaultroute 172.16.24.1:
```

Hier legen wir die lokale Adresse mit 172.16.24.1 fest und lassen die Adresse der Gegenstelle aus. In diesem Fall sendet **pppd** die Adresse der Befehlszeile und wartet darauf, daß die Gegenstelle ihre Adresse sendet. Die lokale Adresse wird in der Befehlszeile angegeben, wenn sie sich von der dem lokalen Hostnamen zugeordneten Adresse unterscheidet. Beispielsweise könnte das System eine Ethernet-Schnittstelle besitzen, der bereits eine Adresse zugeordnet ist. Soll für die PPP-Verbindung eine andere Adresse verwendet werden, müssen Sie diese in der **pppd**-Befehlszeile angeben. Andernfalls wird dem PPP-Link die gleiche Adresse zugeordnet wie der Ethernet-Schnittstelle.

Der **pppd**-Befehl kennt wesentlich mehr Optionen als die in unseren Beispielen verwendeten.[12] Tatsächlich gibt es so viele **pppd**-Optionen, daß es manchmal einfacher ist, sie in einer Datei zusammenzufassen, als sie über die Befehlszeile einzugeben. **pppd** liest seine Optionen zuerst aus der Datei */etc/ppp/options*, dann aus *~/.ppprc* und schließlich von der Befehlszeile. Die Reihenfolge der Verarbeitung von Optionen baut eine Hierarchie auf, die es ermöglicht, in der Befehlszeile die Optionen in *~/.ppprc* zu überschreiben, die wiederum die Optionen in */etc/ppp/options* ersetzen. Das erlaubt dem Systemadministrator die Angabe einiger systemweiter Standardwerte in */etc/ppp/options*, während der Endbenutzer trotzdem noch Änderungen an der PPP-Konfiguration vornehmen kann. Die Datei */etc/ppp/options* bietet eine bequeme und flexible Möglichkeit, Parameter an **pppd** zu übergeben.

Ein einziger **pppd**-Befehl reicht aus, um die Software für einen permanenten PPP-Link einzurichten und zu konfigurieren. Wählverbindungen sind da schon etwas aufwendiger.

PPP mit Wählleitungen

Permanente Verbindungen können nur zwei Systeme miteinander verbinden. Wird ein weiteres System gekauft, kann es nicht in das Netzwerk eingebunden werden. Aus diesem Grund verwenden die meisten Leute erweiterbare Netzwerktechnologien wie Ethernet, um Systeme in ein lokales Netzwerk einzubinden. Außerdem sind Standleitungen teuer. Sie werden primär von großen Organisationen eingesetzt, um Netzwerke miteinander zu verbinden. Aus diesen Gründen wird PPP für permanente Netzwerkverbindungen weitaus seltener genutzt als für Dialup-Verbindungen, also Wählleitungen.

Verschiedene unterschiedliche Utilities bieten Dialup-Support für PPP an. **dip** (Dialup IP) ist ein in diesem Bereich sehr populäres Paket. Es vereinfacht die Anwahl des entfernten Servers, die Durchführung des Logins und die Kopplung von PPP an die resultierende Verbindung. Wir wollen **dip** in diesem Abschnitt beschreiben, weil es so popu-

---

12 Eine vollständige Liste der **pppd**-Optionen finden Sie in Kapitel A.

lär ist und weil es mit Slackware 96 Linux geliefert wird, auf dem die hier aufgeführten PPP-Beispiele basieren.

Eines der wichtigsten Merkmale von **dip** ist eine Skriptsprache, mit der Sie alle notwendigen Schritte automatisieren können, die zum Aufbau einer betriebsbereiten PPP-Verbindung notwendig sind. Anhang A behandelt alle Skriptbefehle, die von der **dip**-Version 3.3.7o-uri unterstützt werden. Sie können sich eine Liste der von Ihrem System unterstützten Befehle ansehen, indem Sie **dip** im Testmodus (**–t**) ausführen und den Befehl **help** angeben:

```
> dip -t
DIP: Dialup IP Protocol Driver version 3.3.7o-uri (8 Feb 96)
Written by Fred N. van Kempen, MicroWalt Corporation.

DIP> help
DIP knows about the following commands:

      beep      bootp     break     chatkey  config
      databits  dec       default   dial     echo
      flush     get       goto      help     if
      inc       init      mode      modem    netmask
      onexit    parity    password  proxyarp print
      psend     port      quit      reset    send
      shell     sleep     speed     stopbits term
      timeout   wait

DIP> quit
```

Diese Befehle können die Schnittstelle konfigurieren, die Ausführung von Scripts steuern und Fehler verarbeiten. Für ein Minimalskript reicht eine Untermenge dieser Befehle völlig aus:

```
# Lokale IP-Adresse von PPP anfordern
get $local 0.0.0.0
# Port wählen und Geschwindigkeit einstellen
port cua1
speed 38400
# Modem zurücksetzen und Terminalpuffer leeren
reset
flush
# PPP-Server anwählen und auf die Antwort CONNECT warten
dial *70,301-555-1234
wait CONNECT
# Dem Server 2 Sekunden Zeit geben, sich zu sammeln
sleep 2
# Zeilenvorschub senden, um den Server aufzuwecken
send \r
# Auf Login>-Prompt warten und Benutzernamen senden
wait ogin>
send kristin\r
# Auf Password>-Prompt warten und Paßwort senden
wait word>
password
```

```
# Auf Befehlszeilen-Prompt des PPP-Servers warten
wait >
# Den vom PPP-Server benötigten Befehl senden
send ppp enabled\r
# Schnittstelle in PPP-Modus schalten
mode PPP
# Skript beenden
exit
```

Der **get**-Befehl zu Beginn des Skripts erlaubt PPP die Bereitstellung der lokalen und entfernten Adressen. `$local` ist eine Skriptvariable. Es gibt verschiedene Skriptvariablen, die alle in Anhang A behandelt werden. `$local` enthält normalerweise die lokale Adresse, die im Skript auch statisch gesetzt werden kann. Ein PPP-Server ist hingegen in der Lage, dem lokalen System eine Adresse dynamisch zuzuweisen. Wir machen uns diese Fähigkeit zunutze, indem wir eine nur aus Nullen bestehende lokale Adresse angeben. Diese spezielle Syntax weist **dip** an, die Adreßzuweisung **pppd** zu überlassen. Ein **pppd**-Client kann Adressen auf drei Wegen erhalten:

- Die PPP-Systeme können ihre lokalen Adressen austauschen, wie sie vom DNS geliefert wurden. Wir haben das bereits für die permanente Verbindung beschrieben.

- Die Adressen können in der **pppd**-Befehlszeile angegeben werden. Auch das wurde bereits weiter oben angesprochen.

- Der Client kann dem Server erlauben, beide Adressen zuzuweisen. Dieses Feature wird häufig bei Wählverbindungen genutzt. Es ist bei Servern sehr beliebt, die eine große Anzahl kurzlebiger Verbindungen verarbeiten müssen. Ein Wählverbindungen anbietender Internet Service Provider (ISP) ist hierfür ein gutes Beispiel.

Die beiden nächsten Zeilen wählen das physikalische Gerät, mit dem das Modem verbunden ist, und legen die Geschwindigkeit fest, mit der das Gerät arbeitet. Der **port**-Befehl geht vom Pfad */dev* aus, weshalb der vollständige Pfad nicht angegeben werden muß. Bei den meisten UNIX-Systemen für PCs wird cua0, cua1, cua2 oder cua3 als Wert für den **port**-Befehl übergeben. Diese Werte entsprechen den MS-DOS-Ports COM1 bis COM4. Der **speed**-Befehl legt die maximale Geschwindigkeit fest, mit der an diesem Port Daten an das Modem übertragen werden. Die voreingestellte Geschwindigkeit liegt bei 38400. Passen Sie diesen Wert an Ihr Modem an.

Der **reset**-Befehl setzt das Modem zurück. Hierzu sendet es den Hayes-Modem Interrupt-Befehl (+++) gefolgt vom Hayes-Modem Reset-Befehl (ATZ) an das Modem. Diese Version von **dip** verwendet den AT-Befehlssatz der Hayes-Modems und funktioniert daher nur mit Hayes-kompatiblen Modems.[13] Glücklicherweise sind die meisten Modems Hayes-kompatibel. Nach dem Reset antwortet das Modem mit einer Meldung, die die Eingabebereitschaft des Modems signalisiert. Der **flush** Befehl entfernt diese und

---

13 Falls Ihr Modem den Hayes-Modem-Befehlssatz nicht unterstützt, müssen Sie **dip**-Befehle wie **reset** und **dial** meiden, da diese Hayes-Befehle erzeugen. Arbeiten Sie statt dessen mit **send**. (Damit können Sie jeden beliebigen String an das Modem schicken.)

alle weiteren, möglicherweise vom Modem ausgegebenen Meldungen aus der Eingabe-Queue. Nutzen Sie **flush**, um Probleme zu vermeiden, die durch unerwartete Daten in der Queue verursacht werden.

Der nächste Befehl wählt den entfernten Server an. Der **dial**-Befehl sendet den Standard-Hayes-Befehl ATD an das Modem. Dabei wird der gesamte in der Befehlszeile angegebene String übergeben. Kann das Modem die Verbindung zur Gegenstelle erfolgreich herstellen, gibt es die Meldung CONNECT aus. Der **wait**-Befehl wartet auf eben diese Meldung vom Modem.

Der Befehl **sleep 2** fügt eine Verzögerung von zwei Sekunden in das Skript ein. Eine solche Verzögerung ist am Anfang der Verbindung recht nützlich, um der Gegenstelle die Initialisierung zu ermöglichen. Denken Sie daran, daß die CONNECT-Meldung vom Modem und nicht vom entfernten Server ausgegeben wird. Der entfernte Server muß möglicherweise mehrere Schritte ausführen, bevor er bereit ist, Eingaben zu akzeptieren. Eine kleine Verzögerung kann manchmal unerwartet auftretende Probleme überbrücken.

Der **send**-Befehl überträgt einen Wagenrücklauf *(carriage return)* an das entfernte System. Sobald die Modems verbunden sind, geht alles vom lokalen System Versendete seinen Weg zum entfernten System. Der **send**-Befehl kann jeden beliebigen String übertragen. In unserem Beispielskript verlangt der entfernte Server zuerst einen Wagenrücklauf, bevor er das erste Prompt ausgibt. Der Wagenrücklauf wird als \r und der Zeilenvorschub *(newline)* als \n eingegeben.

Der entfernte Server fordert nun mit dem Prompt Login> den Benutzernamen an. Der Befehl **wait ogin>** erkennt dieses Prompt, und der Befehl **send kristin** sendet als Antwort den Benutzernamen kristin. Der Server fordert daraufhin mit Password> das Paßwort an. Der **password**-Befehl sorgt dafür, daß der lokale Nutzer im Skript sein Paßwort von Hand eingeben muß. Es ist durchaus möglich, das Paßwort auch in einem **send**-Befehl im Skript zu übergeben, was allerdings eine potentielle Sicherheitslücke darstellt, wenn einer nicht autorisierten Person der Zugriff auf das Skript gelingt. Der **password**-Befehl erhöht die Sicherheit.

Wurde das Paßwort akzeptiert, wartet der entfernte Server mit einem Größer-als-Symbol (>) auf Eingaben. Viele Server erwarten einen Befehl, mit dem das richtige Protokoll gewählt wird. In unserem Beispiel unterstützt der Server verschiedene Protokolle. Wir müssen ihm mitteilen, daß wir PPP verwenden wollen, indem wir mit **send** den richtigen Befehl senden.

Das Skript endet mit einigen Befehlen, die für den lokalen Host die richtige Umgebung einrichten. Der **mode**-Befehl weist den lokalen Host an, für diesen Link das PPP-Protokoll zu verwenden. Das gewählte Protokoll muß mit dem auf dem entfernten Server laufenden Protokoll übereinstimmen. Die für den **dip**-Befehl **mode** gültigen Protokollwerte sind SLIP, CSLIP, PPP und TERM. SLIP und CSLIP sind Varianten des SLIP-Protokolls, das wir im nächsten Abschnitt behandeln. TERM ist der Modus zur Terminal-Emulation. PPP ist das Point-to-Point Protocol. Zum Schluß beendet der **exit**-Befehl das Skript, während **dip** im Hintergrund weiterläuft und den Link bedient.

Dieses einfache Skript funktioniert und sollte Ihnen eine gute Vorstellung von der Warte/Sende-Struktur eines **dip**-Skripts vermitteln. Allerdings wird Ihr Skript wahrscheinlich etwas komplizierter sein. Unser Beispielskript ist nicht sehr robust, weil es keinerlei Fehlerprüfung vornimmt. Taucht eine erwartete Antwort nicht auf, hängt sich das Skript auf. Um dieses Problem zu umgehen, können Sie jeden **wait**-Befehl mit einem Timeout versehen. Beispielsweise weist der Befehl **wait OK 10** das System an, 10 Sekunden auf die Antwort OK zu warten. Erkennt das System die Antwort OK, wird die Skriptvariable **$errlvl** auf Null gesetzt, und das Skript macht mit dem nächsten Befehl weiter. Trifft die Antwort nicht innerhalb der 10-Sekunden-Spanne ein, wird **$errlvl** auf einen Wert ungleich Null gesetzt, und das Skript fährt mit dem nächsten Befehl fort. Die Variable **$errlvl** wird in Kombination mit **if** und **goto** zur verbesserten Fehlerbehandlung in **dip**-Scripts eingesetzt. Details finden Sie in Anhang A.

Sobald das Skript einmal steht, wird es mit dem **dip**-Befehl ausgeführt. Gehen wir einmal davon aus, daß das obige Skript in einer Datei namens *start-ppp.dip* abgelegt wurde. Der folgende Befehl führt das Skript aus und baut so die PPP-Verbindung zwischen dem lokalen System und dem entfernten Server auf:

```
> dip start-ppp
```

Beenden Sie die PPP-Verbindung mit dem Befehl **dip –k**. Damit wird die Verbindung geschlossen und der im Hintergrund laufende **dip**-Prozeß beendet.

pppd-Optionen werden nicht im **dip**-Skript festgelegt. **dip** baut die PPP-Verbindung auf, es paßt **pppd** nicht an. **pppd**-Optionen werden in der Datei */etc/ppp/options* gespeichert.

Ausgehend vom obigen **dip**-Skript könnten wir die folgenden **pppd**-Optionen verwenden:

```
noipdefault
ipcp-accept-local
ipcp-accept-remote
defaultroute
```

Die Option **noipdefault** weist den Client an, seine lokale Adresse nicht zu ermitteln. **ipcp-accept-local** teilt dem Client mit, daß er seine lokale Adresse vom entfernten Server erhalten soll. Mit **ipcp-accept-remote** wird das System angewiesen, die entfernte Adresse vom entfernten Server zu akzeptieren. Abschließend verwendet **pppd** den PPP-Link als Standard-Route. Das ist die gleiche Option, die wir in einem früheren Beispiel in der **pppd**-Befehlszeile gesehen haben. Jede **pppd**-Option, die in der Befehlszeile angegeben wird, kann auch in */etc/ppp/options* stehen und somit übergeben werden, wenn **pppd** von einem **dip**-Skript gestartet wird.

Ich nutze **dip** auf meinem Homecomputer zum Aufbau meiner PPP-Wählverbindung. Persönlich halte ich die Verwendung von **dip** für sehr einfach und direkt. Das liegt zum Teil sicher daran, daß ich mit der Skriptsprache von **dip** vertraut bin. Vielleicht ziehen Sie den **chat**-Befehl vor, der zum **pppd**-Paket gehört.

chat

Ein **chat**-Skript ist ein einfaches »Expect/Send«-Skript, bestehend aus Strings, die das System erwartet (Expect), und Strings, die das System als Antwort sendet (Send). Das Skript ist als Liste solcher Expect/Send-Paare organisiert. **chat** besitzt keine echte Skriptsprache, kennt aber einige Sonderzeichen, die zum Aufbau etwas komplexerer Skripte genutzt werden können. Ein **chat**-Skript, das die gleichen Wähl- und Login-Aufgaben erledigt wie unser **dip**-Beispielskript würde wie folgt aussehen:

```
'' ATZ
OK ATDT*70,301-555-1234
CONNECT \d\d\r
ogin> kristin
word> Wats?Wat?
> 'set port ppp enabled'
```

Jede Zeile des Skripts beginnt mit dem erwarteten String und endet mit dem als Antwort zu sendenden String. Das Modem sendet keinen String, bis es nicht einen entsprechenden Befehl erhält. Die erste Zeile des Skripts besagt soviel wie »erwarte nichts und sende dem Modem einen Reset-Befehl«. Die beiden Hochkommata ('') am Anfang der Zeile weisen **chat** an, nicht erst auf einen String zu warten. In der zweiten Zeile wartet das Skript dann auf das OK-Prompt des Modems und wählt daraufhin den entfernten Server an. Sobald das Modem mit der CONNECT-Meldung antwortet, wartet das Skript zwei Sekunden (\d\d) und sendet dann einen Zeilenvorschub (\r). Das Sonderzeichen \d sorgt für eine Verzögerung von einer Sekunde. Das Sonderzeichen \r steht für den Wagenrücklauf. **chat** besitzt viele dieser Sonderzeichen, die in Expect- und Send-Strings verwendet werden können.[14] Abschließend sendet das Skript den Benutzernamen, das Paßwort und den Befehl zur Konfiguration des entfernten Servers als Antwort auf das Prompt des Servers.

Legen Sie das Skript mit Ihrem bevorzugten Editor an und speichern Sie es in einer Datei wie *dial-server*. Testen Sie das Skript mit der **chat**-Option **–V**, die die Ausführung des Skripts über stderr protokolliert:

```
% chat -V -f dial-server
```

Der Aufruf des **chat**-Skripts reicht zur Konfiguration der PPP-Leitung nicht aus. Er muß mit **pppd** kombiniert werden, um den ganzen Job zu erledigen. Die Befehlszeilenoption **connect** erlaubt den Start von **pppd** und den Aufruf eines Dialup-Skripts mit nur einem Befehl:

```
# pppd /dev/cua1 56700 connect "chat -V -f dial-server" \
    -detach crtscts modem defaultroute
```

Der auf die **connect**-Option folgende **chat**-Befehl wird zum Wählen und zum Login verwendet. Hier kann jedes Paket aufgerufen werden, das in der Lage ist, diese Aufgabe durchzuführen; es muß nicht unbedingt **chat** sein.

---

14 Details finden Sie in Anhang A.

pppd kennt noch einige weitere Optionen, die eingesetzt werden, wenn PPP als Dialup-Client verwendet wird. Die **modem**-Option sorgt dafür, daß **pppd** den DCD-Status (Carrier-Detect) des Modems überwacht. Dieser Status zeigt **pppd** an, wann eine Verbindung aufgebaut und wann sie unterbrochen wird. **pppd** überwacht DCD, um herauszufinden, wann der entfernte Server die Leitung abbaut. Die Option **–detach** verhindert, daß sich **pppd** vom Terminal abkoppelt, um als Hintergrundprozeß weiterzulaufen. Das ist nur notwendig, wenn Sie **chat** mit der Option **–V** ausführen. Sobald Sie das Debugging des **chat**-Skripts abgeschlossen haben, können Sie die Option **–V** aus dem **chat**-Befehl und die Option **–detach** aus dem **pppd**-Befehl entfernen. Alternativ können Sie die Option **–v** beim **chat**-Befehl einsetzen. Mit **–v** ist es nicht notwendig, daß **pppd** weiter an ein Terminal gekoppelt ist, weil es die Logging-Informationen von **chat** nicht an stderr, sondern an **syslogd** schickt. Alle anderen Optionen dieser Befehlszeile haben wir bereits kennengelernt.

Der PPP-Daemon und die Sicherheit

Ein Hauptvorteil von PPP gegenüber SLIP ist die höhere Sicherheit von PPP. Nehmen Sie die folgenden **pppd**-Optionen in Ihre */etc/ppp/options* auf, um die Sicherheit zu erhöhen:

```
lock
auth
usehostname
domain nuts.com
```

Die erste Option, **lock**, sorgt dafür, daß **pppd** mit Lockdateien à la UUCP arbeitet. Das verhindert, daß andere Anwendungen wie UUCP oder ein Terminal-Emulator die PPP-Verbindung stören können. Die Option **auth** verlangt die Authentizierung des entfernten Systems, bevor die PPP-Verbindung aufgebaut wird. Mit dieser Option fordert das lokale System Authentizierungsdaten vom entfernten System an. Die Option führt allerdings nicht dazu, daß das entfernte System die gleichen Daten vom lokalen System anfordert. Will der Administrator des entfernten Systems vor dem Verbindungsaufbau eine Authentizierung Ihres Systems, muß er ebenfalls das Schlüsselwort **auth** in der Konfiguration seines Systems eintragen. Die Option **usehostname** verlangt, daß der Hostname im Authentizierungsprozeß verwendet wird, und verhindert, daß der Benutzer mit der Option **name** einen willkürlichen Namen für das System wählt. (Mehr zur Authentizierung in einer Minute.) Die letzte Option stellt sicher, daß der lokale Hostname mit der angegebenen Domain vollständig qualifiziert wird, bevor er in irgendeiner Authentizierungsprozedur verwendet wird.

Denken Sie daran, daß die in *~/.ppprc* und der **pppd**-Befehlszeile angegebenen Optionen alle in */etc/ppp/options* verwendeten Optionen überschreiben, was zu einem Sicherheitsproblem werden kann. Aus diesem Grund können verschiedene Optionen, die in */etc/ppp/options* konfiguriert wurden, nicht mehr überschrieben werden. Dazu gehören auch die gerade aufgeführten Optionen.

pppd unterstützt zwei Authentizierungsprotokolle: das Challenge Handshake Authentication Protocol (CHAP) und das Password Authentication Protocol (PAP). PAP ist ein einfaches Paßwort-Sicherheitssystem, das allen Angriffen auf wiederholt verwendbare Paßwörter ebenso ausgeliefert ist wie jedes andere System dieser Art. CHAP ist hingegen ein fortschrittlicheres Authentizierungssystem, das nicht mit wiederholt verwendbaren Paßwörtern arbeitct und das entfernte System immer wieder neu authenziert.

Zwei Dateien werden für den Authentizierungsprozeß genutzt: */etc/ppp/chap-secrets* und */etc/ppp/pap-secrets*. Mit der oben aufgeführten Optionsdatei versucht **pppd**, das entfernte System zuerst über CHAP zu authenzieren. Zu diesem Zweck müssen entsprechende Daten in der Datei *chap-secrets* stehen, und das entfernte System muß auf die Anfrage, die »CHAP-Challenge«, reagieren. Ist eine dieser beiden Bedingungen nicht erfüllt, versucht **pppd** eine Authentizierung des entfernten Systems über PAP. Gibt es keinen entsprechenden Eintrag in *pap-secrets* oder reagiert das entfernte System nicht auf die PAP-Challenge, wird die PPP-Verbindung nicht aufgebaut. Diese Vorgehensweise erlaubt die Authentizierung entfernter Systeme mittels CHAP (dem bevorzugten Protokoll), falls es unterstützt wird, und ein Zurückgreifen auf PAP, falls ein System nur PAP unterstützt. Damit dies allerdings funktionieren kann, müssen in beiden Dateien die richtigen Einträge stehen.

Jeder Eintrag in *chap-secrets* enthält bis zu vier Felder:

Client

Der Name des Computers, der die Challenge beantworten muß, also der Computer, den es zu authenzieren gilt, bevor die Verbindung aufgebaut wird. Das ist nicht notwendigerweise der Client, der die Verbindung zu einem PPP-Server sucht. *Client* ist der in der Dokumentation am häufigsten verwendete Begriff, aber eigentlich handelt es sich um das System, das die Challenge beantwortet. Beide Seiten eines PPP-Links können gezwungen werden, die Authentizierung zu unterlaufen. Ihre *chap-secrets* wird wahrscheinlich zwei Einträge für jedes entfernte System enthalten: einen Eintrag zur Authentizierung des entfernten Systems sowie einen entsprechenden Eintrag zur Authentizierung Ihres Systems, wenn eine Challenge von diesem entfernten System eingeht.

Server

Der Name des Systems, das die CHAP-Challenge anstößt, also des Computers, der die Authentizierung verlangt, bevor der PPP-Link aufgebaut wird. Das ist nicht notwendigerweise ein PPP-Server. Das Client-System kann verlangen, daß der Server sich selbst authenziert. *Server* ist der in der Dokumentation am häufigsten verwendete Begriff, es handelt sich aber eigentlich um das System, das die Antwort authenziert.

Secret

Der geheime Schlüssel (secret key), der zur Verschlüsselung des Challenge-Strings verwendet wird, bevor dieser an das anfragende System zurückgeschickt wird.

Adresse

Eine Adresse in Form eines Hostnamens oder einer IP-Adresse, die für den im ersten Feld genannten Host akzeptabel ist. Versucht der im ersten Feld angegebene Host, eine Adresse zu verwenden, die der hier angegebenen Adresse nicht entspricht, wird die Verbindung unterbrochen, selbst wenn der entfernte Host die Challenge richtig beantwortet. Dieses Feld ist optional.

Die Datei *chap-secrets* könnte für den Host *macadamia* etwa so aussehen:

```
cashew     macadamia  Peopledon'tknowyou    172.16.15.3
macadamia  cashew     andtrustisajoke.      172.16.15.1
```

Der erste Eintrag wird zur Validierung von *cashew*, dem entfernten PPP-Server, benutzt. *cashew* wird vom System mit dem Namen *macadamia* authentiziert. Der geheime Schlüssel lautet »Peopledon'tknowyou«. Die erlaubte Adresse ist 172.16.15.3, was der Adresse entspricht, die *cashew* in der Hosttabelle zugeordnet ist. Der zweite Eintrag wird zur Validierung von *macadamia* genutzt, wenn *cashew* eine entsprechende Challenge sendet. Der geheime Schlüssel lautet »andtrustisajoke«. Die einzig erlaubte Adresse für *macadamia* ist 172.16.15.1. Ein solches Eintragspaar (ein Eintrag für jedes Ende des Links) ist normal. *chap-secret* enthält im allgemeinen zwei Einträge für jeden PPP-Link: einen Eintrag für die Validierung des entfernten Systems und einen Eintrag für die Beantwortung des Challenge des entfernten Systems.

Verwenden Sie PAP nur wenn es sein muß. Unterstützt eines Ihrer Systeme kein CHAP, müssen Sie einen entsprechenden Eintrag für das System in die Datei *pap-secrets* eintragen. Das Format von *pap-secrets*-Einträgen entspricht dem der *chap-secrets*-Datei. Ein System ohne CHAP-Unterstützung könnte also die folgenden Einträge in *pap-secrets* enthalten:

```
acorn      macadamia  Wherearethestrong?  acorn.nuts.com
macadamia  acorn      Whoarethetrusted?   macadamia.nuts.com
```

Auch hier haben wir es mit einem Eintragspaar zu tun: einem für das entfernte System und einem für unser System. Wir unterstützen CHAP, aber das entfernte System leider nicht. Aus diesem Grund müssen wir in der Lage sein, über das PAP-Protokoll zu antworten, falls das entfernte System eine Authentizierung anfordert.

Die PPP-Authentizierung erhöht die Sicherheit in einer Dialup-Umgebung. Sie ist am wichtigsten, wenn Sie den PPP-Server betreiben, in den sich die entfernten Systeme einwählen. Im nächsten Abschnitt sehen wir uns die Konfiguration des PPP-Servers an.

Konfiguration des PPP-Servers

Der PPP-Server wird durch das Skript */etc/ppp/ppplogin* gestartet.[15] **ppplogin** ist ein Login-Shellskript für sich einwählende PPP-Nutzer. Um den Server zu starten, ersetzen

---

15 Dieses Beispiel gilt für mit **pppd** arbeitende Linux-Systeme. Bei Ihrem System kann es sich anders verhalten. Sehen Sie in Ihrer Systemdokumentation nach.

Sie den Login-Shell-Eintrag in */etc/passwd* durch den Pfad auf **ppplogin**. Ein so modifizierter Eintrag in */etc/passwd* könnte etwa so aussehen:

```
craig:wJxX.iPuPzg:101:100:Craig Hunt:/tmp:/etc/ppp/ppplogin
```

Die Felder sind die gleichen wie bei allen anderen */etc/passwd*-Einträgen auch: Benutzername, Paßwort, UID, GID, GCOS, Home-Verzeichnis und Login-Shell. Bei einem entfernten PPP-Anwender ist das Home-Verzeichnis */tmp*, und die Login-Shell enthält den vollständigen Pfad zu **ppplogin**. Das verschlüsselte Paßwort muß, genau wie bei jedem anderen Benutzer auch, mit **passwd** angegeben werden. Auch der Login-Prozeß ist der gleiche wie bei jedem anderen Benutzer. Sobald **getty** an einem seriellen Port eingehende Daten erkennt, ruft es **login** auf, um den Benutzer zu authentizieren. **login** überprüft den vom Benutzer eingegebenen Benutzernamen und das eingegebene Paßwort und startet die Login-Shell. In unserem Fall ist die Login-Shell aber ein Shellskript, das den PPP-Port konfiguriert und den PPP-Daemon startet. Unser */etc/ppp/ ppplogin*-Skript sieht wie folgt aus:

```
#!/bin/sh
mesg -n
stty -echo
exec /sbin/pppd auth passive crtscts modem
```

Die beiden ersten Zeilen machen deutlich, daß *ppplogin* weit mehr enthalten kann als nur den **pppd**-Befehl. Der Befehl **mesg -n** stellt sicher, daß andere Benutzer nicht mit **talk**, **write** oder ähnlichen Programmen auf das Terminal schreiben können. Der Befehl **stty** unterdrückt die Ausgabe von Zeichen auf dem Terminal. Bei manchen Systemen werden die am Terminal eingegebenen Zeichen am entfernten Host und nicht am lokalen Terminal ausgegeben. Dieses Verhalten wird *Vollduplex* genannt. Wir wollen aber nichts über den PPP-Link zurückgeben, weshalb wir den Vollduplex-Modus deaktivieren.

Die Schlüsselzeile des Skripts ist aber natürlich die Zeile, die mit **pppd** beginnt. Wir starten den Daemon mit verschiedenen Optionen, klammern an dieser Stelle aber den *tty*-Gerätenamen aus. In allen vorangegangenen **pppd**-Beispielen haben wir einen Gerätenamen angegeben. Wird dieser Name, wie in diesem Fall, nicht angegeben, verwendet **pppd** das steuernde Terminal als Gerät und verschiebt sich selbst nicht in den Hintergrund. Das ist genau was wir uns wünschen. Wir benötigen nämlich genau das Gerät, das **login** bedient hat, als *ppplogin* ausgeführt wurde.

Die Befehlszeilenoption **auth** weist **pppd** an, das entfernte System zu authentizieren, was von uns wiederum verlangt, einen entsprechenden Eintrag in *chap-secrets* oder *pap-secrets* aufzunehmen. Die Option **crtscts** aktiviert die Hardware-Flußkontrolle, und **modem** weist PPP an, den DCD-Status des Modems zu überwachen, um erkennen zu können, wann das entfernte System die Verbindung abbaut. Wir haben diese Optionen bereits alle kennengelernt. Die einzige neue Option ist **passive**. Mit **passive** wartet das lokale System, bis es vom entfernten System ein gültiges LCP-Paket erhält, selbst wenn das entfernte System auf das erste Paket nicht geantwortet hat. Normalerweise würde das lokale System die Verbindung abbauen, wenn das entfernte System nicht innerhalb einer bestimmten Zeit antwortet. Diese Option gibt dem entfernten System Gelegenheit, seinen eigenen PPP-Daemon zu initialisieren.

Die Entwicklung eines geeigneten **ppplogin**-Skripts und dessen Definition als Login-Shell in */etc/passwd* ist alles, was zum Betrieb von **pppd** als Server notwendig ist.

Solaris-PPP

dip und **pppd** sind für Linux, BSD, AIX, Ultrix, OSF/1 und SunOS verfügbar. Mit einem anderen Betriebssystem werden Sie diese Pakete wahrscheinlich nicht verwenden. Solaris ist ein gutes Beispiel für ein System, das einen anderen Befehlssatz zur Konfiguration von PPP verwendet.

PPP ist unter Solaris als Asynchronous PPP Daemon (**aspppd**) implementiert. Die Konfiguration von **aspppd** erfolgt in der Datei */etc/asppp.cf*. Die Datei *asppp.cf* ist in zwei Abschnitte unterteilt: einen `ifconfig`-Abschnitt und einen `path`-Abschnitt.

```
ifconfig ipdptp0 plumb macadamia cashew up

path
    interface ipdptp0
    peer_system_name cashew
    inactivity_timeout 300
```

Der **ifconfig**-Befehl konfiguriert die PPP-Schnittstelle (`ipdptp0`) als Punkt-zu-Punkt-Link mit der lokalen Adresse von *macadamia* und der Zieladresse von *cashew*. Der **ifconfig**-Befehl muß die Zieladresse des Links nicht definieren. Wird die Verbindung aber immer zum gleichen Server hergestellt, wird die entsprechende Zieladresse wahrscheinlich hier angegeben. Sie kennen alle hier vorkommenden Optionen bereits von unserer Betrachtung des **ifconfig**-Befehls an früherer Stelle dieses Kapitels.

Den interessanteren Teil dieser Datei bildet der `path`-Abschnitt, der die PPP-Umgebung definiert. Die **interface**-Anweisung bestimmt die für diese Verbindung zu verwendende Schnittstelle. Hierbei muß es sich um eine der im `ifconfig`-Abschnitt definierten PPP-Schnittstellen handeln. In unserem Beispiel ist nur eine definiert, weshalb wir `ipdptp0` verwenden müssen. Die Anweisung **peer_system_name** identifiziert das System am anderen Ende der Verbindung. Dabei kann es sich, wie in unserem Beispiel, um die gleiche Zieladresse handeln, die in der **ifconfig**-Anweisung verwendet wird. Das muß aber nicht so sein. Es ist durchaus möglich, keine Zieladresse im **ifconfig**-Befehl anzugeben und verschiedene `path`-Abschnitte zu definieren, falls Sie die Verbindung zu mehreren verschiedenen Hosts herstellen wollen. Der Hostname in der **peer_system_name**-Anweisung wird beim Wählprozeß genutzt und später noch erläutert.

Der `path`-Abschnitt endet mit einer **inactivity_timeout**-Anweisung. Der Befehl in unserem Beispiel setzt das Timeout auf 300 Sekunden. Das ist interessant, weil es auf eine nette Eigenschaft des Solaris-Systems hinweist. Solaris wählt den entfernten Rechner automatisch an, sobald es erkennt, daß Daten durch das System übertragen werden müssen. Darüber hinaus unterbricht es die Verbindung automatisch, sobald der PPP-

Link für die angegebene Zeitspanne inaktiv ist. Mit diesem Feature können Sie einen PPP-Link nutzen, ohne das Wählprogramm manuell anzustoßen und ohne eine Telefonleitung zu blockieren, wenn die Verbindung nicht genutzt wird.

Genau wie **pppd** besitzt auch **aspppd** keine integrierte Einrichtung zum Wählen. Es ist zum Wählen auf ein externes Programm angewiesen. Bei **aspppd** wird die mit UUCP gelieferte Einrichtung zu diesem Zweck genutzt.

Zuerst werden die serielle Schnittstelle, das an diese angeschlossene Modem sowie die Übertragungsgeschwindigkeit in der Datei */etc/uucp/Devices* definiert. Zum Beispiel definieren wir nachfolgend eine sog. »Automatic Call Unit« (ACU ist eine andere Bezeichnung für ein Modem), die an den seriellen Port B (cua/b) angeschlossen ist. Sie kann mit jeder (Any) Geschwindigkeit betrieben werden, die in der Datei *Systems* definiert ist und eine Modem-Charakteristik besitzt, wie sie im »hayes«-Eintrag der Datei *Dialers* definiert ist:

```
ACU cua/b - Any hayes
```

Als nächstes werden die Modem-Charakteristika, etwa die Initialisierungseinstellungen und der Wählbefehl, in der Datei */etc/uucp/Dialers* definiert. Die Initialisierungs- und Wählbefehle sind als **chat**-Skript definiert, das das übliche Expect/Send-Format und den üblichen Satz von **chat**-Sonderzeichen verwendet. Hier ein Beispiel:

```
hayes =,-, "" \dA\pTE1V1X1Q0S2=255S12=255\r\c OK\r \EATDT\T\r\c CONNECT
```

Das System wird mit vorkonfigurierten *Devices*- und *Dialers*-Dateien geliefert. Die vorkonfigurierten Einträge sind wahrscheinlich mit dem Modem Ihres Systems kompatibel. Die */etc/uucp/Systems* ist möglicherweise die einzige Konfigurationsdatei, die Sie anpassen müssen. In *Systems* müssen Sie den Namen des entfernten Systems eintragen, das gewünschte Modem wählen, eine Telefonnummer angeben und ein **chat**-Skript für das Login angeben. Hier ein Beispiel:

```
cashew Any ACU 19200 5551234 "" \r ogin> kristin word> Wats?Watt? >
     set ppp on
```

In dieser einen Zeile bestimmen wir *cashew* als das entfernte System, legen fest, daß Verbindungen von und zu diesem Host zu jeder beliebigen Tageszeit (Any) erlaubt sind, wählen den ACU-Eintrag der *Devices*-Datei aus, um den Port und das Modem anzugeben, legen die Geschwindigkeit mit 19200 fest, senden dem Dialer die Telefonnummer und definieren das **chat**-Skript für den Login.

Dies ist kein Buch über UUCP, weshalb wir nicht weiter auf die Details eingehen wollen. Für weiterführende Informationen zu UUCP empfehle ich *Using and Managing UUCP* (von Ed Ravin, O'Reilly & Associates). Im *TCP/IP Network Administration Guide* von Solaris finden Sie ausführlichere Informationen zu **aspppd**.

SLIP installieren

Die Installation von SLIP (Serial Line IP) ist der von PPP sehr ähnlich. Genau wie bei PPP wird der SLIP unterstützende Code normalerweise mit in den Kernel installiert – aber das ist nur ein Teil der Konfiguration. Die SLIP-Netzwerkschnittstelle muß ebenfalls konfiguriert werden.

Die Konfiguration von PPP und SLIP wird dadurch komplizierter, daß beide Protokolle sowohl Stand- als auch Wählleitungen unterstützen. Bei unserem Linux-Beispielsystem bedeutet das zwei unterschiedliche Befehle, je nachdem, ob die SLIP-Schnittstelle für eine Stand- oder eine Wählleitung konfiguriert wird. In diesem Abschnitt behandeln wir beide Fälle, wobei wir mit den Konfigurationsbefehlen für Standleitungen anfangen wollen.

slattach

Der Befehl **slattach** verbindet *(attach)* das SLIP-Protokoll mit einer bestimmten seriellen Schnittstelle. Hier ein Beispiel:

```
# slattach /dev/tty03 &
```

Dieser Befehl weist SLIP an, */dev/tty03* als seine serielle Schnittstelle zu verwenden. **slattach** kann optional auch einige Konfigurationsparameter für die serielle Schnittstelle einstellen. Die Syntax des **slattach**-Befehls sieht bei einem Slackware 96 Linux-System wie folgt aus:

```
slattach [-h | -c | -6] ttyname [baudrate]
```

Die drei Optionen **–h**, **–c** und **–6** wählen die Art des verwendeten SLIP-Protokolls aus. **–h** aktiviert unkomprimiertes SLIP mit vollständigen Headern. CSLIP mit Van Jacobson Header-Komprimierung wird mit **–c** aktiviert. Verwenden Sie **–6** zur Aktivierung von 6-Bit-SLIP. Wird keine dieser Optionen genutzt, verwendet **slattach** standardmäßig CSLIP.

Mit dem *baudrate*-Argument legen Sie die Übertragungsgeschwindigkeit der Schnittstelle fest. Sie geben diese Geschwindigkeit einfach als Zahl an, die der Bitrate entspricht, mit der Daten auf dieser Leitung gesendet und empfangen werden, also beispielsweise 56.000. Beide Enden der Verbindung müssen mit genau der gleichen Bitrate arbeiten. Dies kann sich an den Eigenschaften der Standleitung oder an der Hardwareschnittstelle orientieren. Wie auch immer, die Übertragungsgeschwindigkeit ist eine physikalische Charakteristik, die durch die technische Ausstattung der Leitung beschränkt wird. Eine Standard-Übertragungsrate von 9600 Bit pro Sekunde wird angenommen, wenn in der Befehlszeile kein Wert für *baudrate* angegeben wird.

ttyname ist der Name der seriellen Schnittstelle, an die die Leitung angeschlossen ist. Die seriellen Schnittstellen werden vom System während des Bootens identifiziert. **dmesg** und **grep** können genutzt werden, um die Namen der Schnittstellen eines Slackware 96 Linux-Systems auszugeben:

```
> dmesg | grep tty
tty00 at 0x03f8 (irq = 4) is a 16550A
tty01 at 0x02f8 (irq = 3) is a 16550A
tty03 at 0x02e8 (irq = 3) is a 16550A
```

Diese Namensliste serieller Schnittstellen stammt von einem PC unter Linux. Gehen wir davon aus, daß wir eine Direktverbindung über tty01 herstellen, was der MS-DOS-Schnittstelle COM2 entspricht. In diesem Fall verwenden wir tty01 als Wert für *ttyname* im **slattach**-Befehl. Beachten Sie, daß **slattach** das physikalische Gerät (*/dev/tty01*) und nicht die IP-Netzwerkschnittstelle (*sl0*) verwendet. Der Grund dafür ist, daß die SLIP-IP-Schnittstelle nicht existiert, solange **slattach** nicht ausgeführt wurde. Der erste **slattach**-Befehl erzeugt die Schnittstelle sl0, der zweite die Schnittstelle sl1 und so weiter. **slattach** bindet eine physikalische Schnittstelle an das logische IP-Netzwerk.

Genau wie **ifconfig** wird auch **slattach** in einer Startup-Datei abgelegt. Der Befehl konfiguriert die serielle Schnittstelle beim Booten des Systems, und die Schnittstelle bleibt allein SLIP vorbehalten, solange keine besondere Aktion unternommen wird, um die Bindung wieder aufzuheben, d.h., solange der **slattach**-Prozeß nicht beendet wird. Bei einem Slackware 96 Linux-System könnten die folgenden Befehle in */etc/rc.d/rc.inet1* aufgenommen werden, um eine feste SLIP-Verbindung zu konfigurieren:

```
slattach -c /dev/tty01 19200 &
ifconfig sl0 macadamia pointopoint cashew
route add default cashew 1
```

Die Standleitungskonfiguration von **pppd** verlangt nur einen einzigen Befehl. **slattach** benötigt einen **ifconfig**- und einen **route**-Befehl für eine vollständige Konfiguration. Der **route**-Befehl wird in Kapitel 7 erläutert.

Der **slattach**-Befehl deklariert die physikalische Einheit */dev/tty01* als SLIP-Netzwerkschnittstelle. Im wesentlichen wird damit die Schnittstelle sl0 erzeugt. Der **ifconfig**-Befehl konfiguriert die neu erzeugte SLIP-Schnittstelle. Er legt die Adresse der Schnittstelle auf die IP-Adresse des Hosts *macadamia* fest. Desweiteren gibt er die Zieladresse dieser Schnittstelle mit der IP-Adresse des Hosts *cashew* am anderen Ende des dedizierten SLIP-Links an. Die IP-Adressen von *macadamia* und *cashew* sollten beide in der lokalen Hostdatei eingetragen sein, bevor dieser **ifconfig**-Befehl ausgeführt wird.

Die Beispiele in diesem Abschnitt verwenden alle die Syntax des **slattach**-Befehls, wie er bei Slackware 96 Linux Anwendung findet. SLIP-Befehle sind nicht standardisiert. Die bei Ihrem System vorhandenen Befehle verwenden wahrscheinlich eine andere Syntax, lesen Sie Ihre Dokumentation daher sorgfältig, um auch wirklich die benötigte Syntax zu kennen. Zum Beispiel verwenden andere Linux-Versionen die folgende Syntax:

```
slattach [-p protokoll] [-s übertragungsrate] device
```

Hier werden die verschiedenen SLIP-Protokolle mit der Option **–p** gewählt. Die erlaubten *protokoll*-Werte sind: **slip**, **cslip**, **slip6**, **cslip6** und **adaptive**. Wird **adaptive** gewählt, versucht das System zu ermitteln, welches Protokoll für die Gegenstelle »akzeptabel« ist. Die Option **–s** legt die Übertragungsgeschwindigkeit fest, also beispielsweise **–s 56000**.

device ist eine der auf dem System konfigurierten sog. *Call Units* (Rufeinheiten). Beispiele für gültige Namen dieser Rufeinheiten sind cua0, cua1, cua2, cua3 etc. Die Gerätenamen von cua0 bis cua3 entsprechen den MS-DOS-Geräten COM1 bis COM4. Eine »Call Unit« steht normalerweise im Zusammenhang mit der Kommunikation über Wählleitungen.

slattach erwartet, daß die physikalische Verbindung zum entfernten System bereits existiert, bevor das Programm aufgerufen wird. Diese physikalische Verbindung kann eine direkte Verbindung, eine Stand- oder eine Wählleitung sein. Handelt es sich aber um eine Wählleitung, muß ein Prozeß wie **cu** oder **tip** ausgeführt werden, um die physikalische Verbindung aufzubauen, bevor **slattach** aufgerufen wird. Wie Sie gesehen haben, ist **dip** ein Befehl, der speziell zur Unterstützung von Dialup-IP-Verbindungen entworfen wurde.

Dialup-IP

An anderer Stelle in diesem Kapitel haben wir **dip** eingesetzt, um eine PPP-Wählverbindung aufzubauen. **dip** kann auch für SLIP eingesetzt werden. Das ist sogar recht einfach. Eine kleine Änderung des früheren **dip**-Skripts baut einen SLIP-Link auf. Das folgende Skript bindet einen PC namens *macadamia* an einen SLIP-Server namens *cashew*:

```
# Lokale und entfernte Adressen festlegen
get $locip 172.16.15.1
get $rmtip 172.16.15.3
# Port und Übertragungsrate wählen
port cua1
speed 38400
# Modem zurücksetzen und Terminalpuffer leeren
reset
flush
# SLIP-Server anwählen und auf CONNECT-Meldung warten
dial *70,301-555-1234
wait CONNECT
# Dem entfernten Server 2 Sekunden zur Initialisierung geben
sleep 2
# Wagenrücklauf senden, um den Server aufzuwecken
send \r
# Auf Login>-Prompt warten und Benutzernamen senden
wait ogin>
send kristin\r
# Auf Password>-Prompt  warten und Paßwort senden
wait word>
password
# Auf Befehlszeilen-Prompt des SLIP-Servers warten.
wait >
# Den vom SLIP-Server benötigten Befehl senden
send set cslip enabled\r
# SLIP-Schnittstelle als Standard-Route festlegen
default
# Schnittstelle in CSLIP-Modus schalten
```

```
mode CSLIP
# Skript beenden
exit
```

Nur wenige Zeilen des PPP-Skripts mußten geändert werden, um ein SLIP-Skript für Wählleitungen zu entwickeln. Offensichtliche Änderungen sind die Ersetzung des PPP-Befehls für den entfernten Server durch einen entsprechenden SLIP-Befehl sowie die Modifizierung des **mode**-Befehls in einen Aufruf von SLIP anstelle von PPP. Wir haben auch einige neue Zeilen eingefügt, die für SLIP bestimmte Aufgaben erledigen, die PPP selbst ausführen kann.

Das Skript beginnt mit der Festlegung der lokalen und der entfernten IP-Adresse. $locip und $rmtip sind Skriptvariablen, mit denen die Hosts an beiden Enden des Links identifiziert werden. Das entspricht dem **pointopoint**-Parameter des im vorigen Abschnitt behandelten **ifconfig**-Befehls. Die beiden **get**-Anweisungen setzen die lokale Schnittstelle auf die Adresse 172.16.15.1 und legen die Zieladresse mit 172.16.15.3 fest. SLIP besitzt innerhalb des Protokolls keine Standardmöglichkeit zum Austausch von Adressen. Wir müssen die jeweiligen lokalen und entfernten IP-Adressen daher in das Skript aufnehmen.

Die **default**-Anweisung gegen Ende des Skripts besagt, daß die SLIP-Verbindung die Standard-Route des lokalen Systems darstellt. Da SLIP meist genutzt wird, um kleine, isolierte Systeme in das Netzwerk einzubinden, ist das im allgemeinen wahr. Diese Anweisung übernimmt die gleiche Funktion wie der **route**-Befehl in unserem **slattach**-Beispiel oder die **defaultroute**-Option in */etc/ppp/options*.

Konfiguration des SLIP-Servers

Bislang haben wir **dip** genutzt, um eine SLIP-Wählverbindung zu einem entfernten Server aufzubauen. **dip** kann aber auch für die Server-Seite einer SLIP-Verbindung eingesetzt werden. Die Option –i schaltet **dip** in den Eingabemodus, der das System so konfiguriert, daß es als Einwählserver fungiert. Eine Alternative, und weiter verbreitet als der Aufruf von **dip** mit der Option –i, ist der Befehl **diplogin**. **diplogin** ist ein symbolischer Link auf **dip** und mit dem Aufruf von **dip** mit der Option –i identisch. Wir werden in diesem Abschnitt **diplogin** verwenden.

diplogin wird als Login-Shell für sich einwählende SLIP-Benutzer verwendet. Der Systemadministrator fügt **diplogin** für jeden entfernten SLIP-Benutzer als Login-Shell in die */etc/passwd* ein:

```
craig:wJxX.iPuPzg:101:100:Craig Hunt:/tmp:/sbin/diplogin
```

login prüft den Benutzernamen und das Paßwort, weist dem Benutzer */tmp* als Home-Verzeichnis zu und startet seine Login-Shell. In diesem Fall ist die Shell also **diplogin**.

diplogin versucht dann, für den Benutzer einen Eintrag in der Datei */etc/diphosts* zu finden. Das Programm sucht nach dem Benutzernamen, der während des Login-Prozesses angegeben wurde, es sei denn, dieser Name wurde direkt in der **diplogin**-Befehlszeile überschrieben. Im obigen */etc/passwd*-Eintrag wird also beim Starten von **diplogin** die

Datei */etc/diphosts* nach dem Benutzernamen *craig* durchsucht. Im Gegensatz dazu wird im nachfolgenden */etc/passwd*-Eintrag nach dem Benutzernamen *essex* gesucht, der hinter dem **diplogin**-Befehl angegeben wurde.

```
hunt:AbxdkiThinR:102:100:Rebecca Hunt:/tmp:/sbin/diplogin essex
```

Das Format der Einträge in */etc/diphost* sieht wie folgt aus:

benutzer:paßwort:entfernter-host:lokaler-host:netzmaske:kommentar:protokoll,mtu

benutzer

Ein Benutzername. Dies ist das Schlüsselfeld, über das der Benutzername aus */etc/passwd* bzw. das Argument der **diplogin**-Befehlszeile abgeglichen wird.

paßwort

Ein unverschlüsseltes Paßwort, das Schlüsselwort s/key oder Null (ein leeres Feld). Steht in diesem Feld ein unverschlüsseltes Paßwort, fordert **diplogin** es vom Benutzer an. Dies erfolgt zusätzlich zum Standardpaßwort in */etc/passwd*, das der Benutzer bereits eingeben mußte. Da man dieses zweite Paßwort unverschlüsselt ablegt, wird es als nicht besonders sicher erachtet. Sites mit hohen Sicherheitsanforderungen betrachten wiederholt genutzte Paßwörter sowieso als nicht sicher genug, um nützlich zu sein, und Sites, die sich nicht um die Sicherheit scheren, betrachten ein zweites Paßwort als unnötig. Aus diesen Gründen wird das unverschlüsselte Paßwort nur selten benutzt. Enthält dieses Feld das Schlüsselwort s/Key, ruft **diplogin** die S/Key-Authentizierung auf. Dazu ist es notwendig, die entsprechende S/Key in **diplogin** zu kompilieren und S/Key auf Ihrem System zu installieren. Da S/Key mit Einmalpaßwörtern arbeitet, wird es als sehr sicher angesehen. Allerdings führt es bei Benutzern und Systemadministratoren zu einigem Kopfzerbrechen. Eine vollständige Betrachtung von Einmalpaßwörtern finden Sie in Kapitel 12. Falls das Paßwortfeld leer ist, bleibt die Authentizierung **login** überlassen und der Benutzer wird nicht nach einem zweiten Paßwort gefragt.

entfernter-host

Der Hostname oder die IP-Adresse des entfernten Hosts, d.h. des Computers, von dem sich der Benutzer einloggt.

lokaler-host

Der Hostname oder die IP-Adresse des lokalen Hosts, d.h. des Computers, auf dem der SLIP-Server läuft.

netzmaske

Die Netzwerkmaske der seriellen Schnittstelle in dezimaler Punktnotation (etwa 255.255.0.0). Wird kein Wert angegeben, verwendet das System per Voreinstellung die Netzmaske 255.255.255.0, wobei die Adreßklasse des Netzwerks ignoriert wird.

kommentar

Ein formatfreies Kommentarfeld, ähnlich dem gcos-Feld von */etc/passwd*.

protokoll,mtu

    Das für diese Verbindung genutzte IP-Protokoll sowie die zu verwendende MTU. Mögliche Protokollwerte sind SLIP, CSLIP und PPP. Die MTU kann jede gültige Übertragungseinheit sein und wird in Byte angegeben. Die größte bei SLIP-Leitungen verwendete MTU ist generell 1006 Bytes. Allerdings wird der SLIP-Durchsatz bei kleineren Paketgrößen häufig erhöht. Übliche Größen sind 512 und 256 Bytes.

Ausgehend von den beiden obigen */etc/passwd*-Einträgen könnten wir eine */etc/diphosts* mit den folgenden Einträgen verwenden:

```
craig::cashew:macadamia:255.255.255.240:Craig Hunt:CSLIP,512
essex::essex:macadamia::Remote client essex.nuts.com:PPP,1006
```

Wenn **login** den Benutzer *craig* authentiziert, startet es **diplogin** als Login-Shell. **diplogin** findet den Eintrag für *craig*, fordert kein zweites Paßwort an, legt die lokale Adresse mit *macadamia* und die entfernte Adresse mit *cashew* fest und startet schließlich einen CSLIP-Server mit einer MTU von 512. Loggt sich hingegen der Benutzer *hunt* in das System ein, startet **login diplogin** mit dem Benutzernamen *essex*. Der */etc/diphosts*-Eintrag für *essex* startet einen PPP-Server mit der lokalen Adresse von *macadamia*, der entfernten Adresse von *essex* und einer MTU von 1006. Der *essex*-Eintrag erlaubt die Standard-Netzmaske 255.255.255.0. Die von **diplogin** gestarteten Server laufen, bis das Modem die Verbindung unterbricht.

Natürlich ist **dip** mehr als nur ein einfaches **chat**-Skript. Es unterstützt Clients und Server für eine Vielzahl von Protokollen. Weiterführende Informationen zu **dip** finden Sie in Anhang A.

Fehlersuche bei seriellen Verbindungen

Es gibt verschiedene Komplexitätsschichten, die das Debugging von PPP- und SLIP-Verbindungen recht schwierig machen. Zur Einrichtung von PPP und SLIP müssen Sie einen seriellen Port einrichten, das Modem, PPP oder SLIP sowie TCP/IP konfigurieren. Ein Fehler in einer dieser Schichten kann Probleme in anderen Schichten verursachen. Diese Schichten zusammen können den eigentlich Grund eines Problems verschleiern. Der beste Ansatz für die Fehlersuche besteht daher im Debugging einer Schicht nach der anderen. Es ist normalerweise am besten, wenn Sie jede Schicht zuerst kontrollieren, bevor Sie mit der Konfiguration der nächsten Schicht fortfahren.

Die physikalischen seriellen Ports sollten vom System während des Systemboots konfiguriert werden. Prüfen Sie das */dev*-Verzeichnis, um sicherzustellen, daß diese auch wirklich konfiguriert sind. Bei Linux-Systemen sind */dev/ttyS0* bis */dev/ttyS3* die nach innen und */dev/cua0* bis */dev/cua3* die nach außen gebundenen seriellen Ports. Es gibt noch wesentlich mehr tty*- und cua*-Gerätenamen. Allerdings sind die anderen Geräte nur mit realen physikalischen Einheiten gekoppelt, wenn bei Ihrem Linux-System eine scrielle Multiport-Karte installiert ist. Die meisten UNIX-Systeme verwenden die Namen tty* und cua*, selbst wenn diese Namen nur symbolische Links auf die eigentlichen Devices sind. Solaris 2.5.1 ist hier ein gutes Beispiel:

```
% ls -l /dev/tty?
lrwxrwxrwx 1 root root 6 Sep 23  1996 /dev/ttya -> term/a
lrwxrwxrwx 1 root root 6 Sep 23  1996 /dev/ttyb -> term/b
% ls -l /dev/cua/*
lrwxrwxrwx 1 root root 35 Sep 23 1996 /dev/cua/a ->
     /devices/obio/zs@0,100000:a,cu
lrwxrwxrwx 1 root root 35 Sep 23 1996 /dev/cua/b ->
     /devices/obio/zs@0,100000:b,cu
```

Erscheinen keine seriellen Geräte im */dev*-Verzeichnis, können sie mit dem **mknod**-Befehl von Hand hinzugefügt werden. Der folgende Befehl erzeugt beispielsweise die seriellen Devices für den ersten seriellen Port auf einem Linux-System:

```
# mknod -m 666 /dev/cua0 c 5 64
# mknod -m 666 /dev/ttyS0 c 4 64
```

Falls Sie das serielle Gerät von Hand hinzufügen müssen, kann es allerdings zu einem Problem mit der Kernel-Konfiguration kommen. Serielle Geräte sollten bei Ihrem System standardmäßig während des Bootens installiert werden.

Das für die Verbindung genutzte Modem ist mit einer dieser seriellen Schnittstellen verbunden. Bevor Sie versuchen, ein Dialup-Skript zu entwickeln, sollten Sie sicherstellen, daß das Modem funktioniert und eine Kommunikation über den Port möglich ist. Verwenden Sie dazu ein einfaches Kommunikationspaket wie **minicom**, **kermit** oder **seyon**. Stellen Sie zuerst sicher, daß das Programm so konfiguriert ist, daß es das Modem auch nutzt. Sie müssen es auf den richtigen Port, die richtige Geschwindigkeit, die Parität, die Anzahl der Datenbits etc. einstellen. Die notwendigen Einstellungen finden Sie in der Dokumentation zu Ihrem Modem.

Für unsere Beispiele verwenden wir **minicom** auf einem Linux-System. Zur Konfiguration von **minicom** wechseln Sie mit **su** zuerst in den *root*-Account und führen das Programm mit der Option **–s** aus. Diese Eingabe bringt Sie geradewegs in ein Konfigurationsmenü. Gehen Sie das Menü durch und stellen Sie sicher, daß alle Werte korrekt gesetzt sind. Vielleicht fällt Ihnen dabei auf, daß der Port mit */dev/modem* angegeben wird. Dieser Gerätename ist manchmal ein symbolischer Link auf den Port, mit dem das Modem verbunden ist. Falls Sie nicht ganz sicher sind, ob dieser Link bei Ihrem System existiert, tragen Sie den richtigen Portnamen in der **minicom**-Konfiguration ein, also etwa */dev/cua1*. Nachdem Sie die Konfiguration noch einmal überprüft haben, beenden Sie das Menü und verwenden den **minicom**-Terminal-Emulator, um die Kommunikation mit dem Modem zu prüfen:

```
Minicom 1.71 Copyright (c) Miquel van Smoorenburg
Press CTRL-A Z for help on special keys

AT S7=45 S0=0 L1 V1 X4 &c1 E1 Q0
OK
atz
OK
atdt555-1234
CONNECT 26400/LAPM-V
^M
```

```
Enter login> kristin
Enter user password> Wats?Watt?

    Welcome to the PPP MODEM POOL

PORT-9> set port ppp enabled
+++
OK
ath
OK
atz
OK
^A
CTRL-A Z for help | 38400 8N1 | NOR | Minicom 1.71 1995 | VT102 |
      Offline
X
```

In diesem Beispiel gibt **minicom** zwei Headerzeilen aus und sendet dann einen Hayes-Befehl (AT) an das Modem. Wir haben diesen Befehl nicht eingegeben, er war Teil der Standard-**minicom**-Konfiguration. (Falls dies zu Problemen führt, müssen Sie den Befehl im vorhin angesprochenen Menü entfernen.) Wir setzen dann das Modem zurück (**atz**) und wählen den entfernten Server an (**atdt**). Sobald die Modemverbindung steht, loggen wir uns in den Server ein und konfigurieren ihn. (Dieser Login-Prozeß ist bei jedem Server anders, wir zeigen hier nur ein Beispiel.) Alles scheint zu funktionieren, weshalb wir die Verbindung beenden, indem wir das Modem auf uns aufmerksam machen (**+++**), die Verbindung unterbrechen (**ath**) und das Modem zurücksetzen. Sie beenden **minicom** durch Eingabe von CTRL-A gefolgt von einem X. Bei unserem Beispielsystem funktionieren Port und Modem. Falls Sie keine einfachen Befehle an das Modem schicken können, sollten Sie folgendes überprüfen:

- Das Modem ist mit dem Port richtig verbunden.
- Sie verwenden die richtigen Kabel.
- Das Modem ist eingeschaltet.
- Das Modem ist für das Hinauswählen und für das Echo von Befehlen richtig konfiguriert.

Wenn das Modem auf einfache Befehle antwortet, sollten Sie sich in den entfernten Server einwählen, wie wir das im obigen Beispiel getan haben. Falls das Modem die Nummer nicht wählen kann oder mit der Meldung NO DIALTONE antwortet, müssen Sie prüfen, ob die Telefonleitung mit dem richtigen Anschluß am Modem verbunden ist bzw. ob das Kabel korrekt in der Anschlußdose steckt. Möglicherweise müssen Sie zur Prüfung des Anschlusses ein analoges Telefon benutzen. Vielleicht müssen Sie auch das Kabel austauschen, um ganz sicher zu sein, daß es nicht am Kabel liegt. Falls die Wahl durch das Modem erfolgt, die Verbindung zum entfernten Server aber nicht hergestellt werden kann, sollten Sie prüfen, ob Ihre Konfiguration mit der von der Gegenstelle übereinstimmt. Sie müssen die Anforderungen des entfernten Systems kennen, um eine Verbindung erfolgreich debuggen zu können. In der nachfolgenden Liste finden Sie einige Debugging-Tips mit Hinweisen auf zu prüfende Dinge. Falls Sie die Verbindung mit dem entfernten System erfolgreich herstellen konnten, notieren Sie alles, was Sie hierzu eingeben mussten, und notieren Sie auch alles, was Modem und entfernter Server ausgeben. Schalten Sie den Server dann in den PPP- oder SLIP-Modus und notieren Sie sich, wie Sie das gemacht haben. All diese Schritte werden Sie dann in Ihrem **dip**-Skript nachbilden müssen.

Beginnen Sie mit einem elementaren Skript wie etwa unserem Beispielskript *start-ppp.dip*, so daß Sie ein Debugging der grundlegenden Verbindung durchführen können. Erst dann sollten Sie das Skript um die Komplexität einer Fehlerverarbeitung erweitern. Führen Sie das Skript mit **dip** und der Verbose-Option (–v) aus. Damit wird jede Zeile des Skripts während der Verarbeitung ausgegeben. Folgende Probleme könnten auftauchen:

- Das Modem reagiert nicht auf das Skript. Prüfen Sie, ob Sie beim **port**-Befehl das richtige Gerät verwenden. Stellen Sie sicher, daß Ihr Skript mit den richtigen Werten für **databits**, **parity**, **speed** und **stopbits** arbeitet, falls Sie diese Anweisungen in Ihrem Skript verwenden. Überprüfen Sie noch einmal, ob das Modem Hayes-kompatibel ist. Das gilt ganz besonders dann, wenn Sie die Modemkonfiguration über **dip**-Schlüsselwörter und nicht per **send** abwickeln.

- Das Modem kann die Verbindung zum entfernten Host nicht herstellen. Stellen Sie sicher, daß das Modem genauso konfiguriert ist, wie es beim manuellen Login der Fall war. Die Modemeinstellungen für Datenbits, Parität etc. müssen genau mit der Konfiguration der Gegenstelle übereinstimmen. Es ist möglich, daß Sie eine spezielle Konfiguration zum Login benötigen (etwa »7 Bit/gerade Parität«), bevor Sie zu der von PPP und SLIP benötigten Konfiguration »8 Bit/keine Parität« wechseln können. Vergessen Sie auch nicht zu prüfen, ob die für den **dial**-Befehl eingegebene Telefonnummer richtig ist. (Ganz besonders, wenn das Modem mit VOICE, RING - NO ANSWER oder BUSY antwortet, obwohl Sie ein CONNECT erwarten.)

- Das Skript hängt. Es wartet wahrscheinlich auf eine Antwort. Stellen Sie sicher, daß die Strings in allen **wait**-Befehlen richtig sind. Denken Sie daran, daß die Strings nur Teile des Antwortstrings sein müssen. So ist es beispielsweise viel besser, den String »>« anstelle von »Port9>« zu verwenden, falls Sie sich nicht sicher sind, ob das entfernte System immer die gleiche Portnummer verwendet. Verwenden Sie einen Teilstring vom Ende der erwarteten Antwort, damit Ihr Skript nichts sendet, bevor der Server überhaupt für eine Eingabe bereit ist. Bauen Sie auch eine Verzögerung in das Skript ein, bevor das Skript den ersten Befehl an den Server sendet, also beispielsweise ein **sleep 2** für eine Verzögerung von zwei Sekunden. Eine solche Verzögerung ist manchmal notwendig, um dem Server die Initialisierung des Ports nach dem Modem-Connect zu ermöglichen.

- Die Gegenstelle gibt eine Fehlermeldung aus. Das Skript hat wahrscheinlich einen falschen Wert gesendet. Prüfen Sie die Strings aller **send**-Befehle. Stellen Sie auch sicher, daß alle Strings mit den vom Server erwarteten CR/LF-Kombinationen abgeschlossen werden.

Bei Problemen mit dem Skript sollten Sie **dip** im Testmodus (–t) ausführen. Auf diese Weise können Sie jeden Befehl nacheinander von Hand eingeben. Wiederholen Sie diesen Vorgang, bis Sie ganz sicher sind, daß Sie alle zum Einloggen in den entfernten Server benötigten Befehle kennen. Danach können Sie mit dem Debuggen des Skripts fortfahren. Wahrscheinlich haben Sie danach neue Einsichten in den Login-Prozeß gewonnen, die Ihnen bei der Behebung des Fehlers weiterhelfen.

Sobald das Skript läuft und die Verbindung erfolgreich aufgebaut wurde, sollte alles sauber laufen. Sie sollten ohne Schwierigkeiten in der Lage sein, den entfernten Server per **ping** zu erreichen. Falls Sie hier Probleme haben, könnte das an der Konfiguration der IP-Schnittstelle oder der Standard-Route liegen. Das Skript sollte die serielle Schnittstelle erzeugt haben. Der Befehl **netstat –ni** zeigt, welche Schnittstellen konfiguriert sind:

```
# netstat -ni
Name Mtu  Net/Dest      Address      Ipkts Ierrs Opkts Oerrs Collis Queue
le0  1500 172.16.15.0   172.16.15.1    1     0    4     0      0     0
lo0  1536 127.0.0.0     127.0.0.1    1712    0  1712    0      0     0
ppp0 1006 172.16.15.26  172.16.15.3    0     0    0     0      0     0
```

Die Schnittstelle, in unserem Beispiel ppp0, wurde installiert. Der **default**-Befehl des Skripts legt die Standard-Route fest. Verwenden Sie **netstat**, um sich den Inhalt der Routing-Tabelle anzusehen:

```
# netstat -nr
Routing tables
Destination      Gateway         Flags  Refcnt  Use  Interface
127.0.0.1        127.0.0.1       UH      1      28   lo0
default          172.16.25.3     U       0       0   ppp0
172.16.15.0      172.16.15.1     U      21    1687   le0
```

Der Inhalt der Routing-Tabellen wird im nächsten Kapitel ausführlich erläutert. Beachten Sie im Augenblick nur, daß ppp0 die für die Standard-Route verwendete Schnittstelle ist, und daß die Standard-Route zum entfernten PPP-Server (in unserem Beispiel 172.16.25.3) geht.

Baut das Skript die Verbindung auf, ist die Schnittstelle installiert, und enthält die Routing-Tabelle die Standard-Route, sollte alles wunderbar funktionieren. Sollten Sie immer noch Probleme haben, hängen diese möglicherweise mit anderen Teilen der TCP/IP-Installation zusammen. Weiterführende Informationen zur Fehlersuche finden Sie in Kapitel 11.

Zusammenfassung

TCP/IP arbeitet mit einer Vielzahl unterschiedlicher Netzwerke zusammen. TCP/IP kann keinerlei Annahmen über das verwendete Netzwerk machen. Die Netzwerkschnittstelle und ihre Eigenschaften müssen TCP/IP explizit mitgeteilt werden. In diesem Kapitel haben wir uns verschiedene Beispiele dafür angesehen, wie die physikalische Netzwerkschnittstelle zu konfigurieren ist, über die TCP/IP läuft.

ifconfig ist der am häufigsten verwendete Befehl zur Schnittstellenkonfiguration. Er weist der Schnittstelle ihre IP-Adresse zu, legt die Subnetz-Maske fest, gibt die Broadcast-Adresse an und übernimmt verschiedene andere Aufgaben.

TCP/IP kann auch mittels Wählverbindung über Telefonleitungen betrieben werden. Hierzu sind zwei Protokolle verfügbar: Serial Line IP (SLIP) und Point-to-Point Protocol (PPP). PPP ist hier zu bevorzugen, da es ein Internet-Standard ist und eine bessere Zuverlässigkeit, Leistung und Sicherheit bietet.

Der Aufbau einer PPP- oder SLIP-Verbindung umfaßt mehrere Schritte: Die Wahl und Konfiguration des seriellen Protokolls, die Konfiguration des Ports und des Modems, den Aufbau der Wählverbindung und den Login in das entfernte System. Manche Programme, etwa **dip**, fassen all diese Schritte in einem Programm zusammen. Andere Programme, wie etwa **pppd** und **chat**, trennen diese Funktionen.

Die Konfiguration der Netzwerkschnittstelle erlaubt uns die Kommunikation im lokalen Netzwerk, während uns die Konfiguration des Routings die Kommunikation mit der Außenwelt ermöglicht. Wir haben das Routing in Kapitel 2 kurz angesprochen und sind auch in diesem Kapitel bei der Behandlung von Routing-Metriken für **ifconfig** sowie Standard-Routen für PPP und SLIP wieder mit diesem Thema konfrontiert worden. Im nächsten Kapitel werden wir uns dem Routing wesentlich ausführlicher widmen.

In diesem Kapitel:
- *Gängige Routing-Konfigurationen*
- *Die minimale Routing-Tabelle*
- *Aufbau einer statischen Routing-Tabelle*
- *Interne Routing-Protokolle*
- *Externe Routing-Protokolle*
- *Gateway Routing Daemon*
- *gated konfigurieren*
- *Zusammenfassung*

7

Die Konfiguration des Routing

Routing ist das Glied in der Kette, das das Internet zusammenhält. Ohne das Routing wäre TCP/IP auf die Übertragung in einem physikalischen Netzwerk beschränkt. Das Routing ermöglicht es, daß die Daten von Ihrem lokalen Netzwerk ihr irgendwo auf der Welt liegendes Ziel erreichen. Dabei können die Daten viele auf dem Weg liegende Netzwerke passieren.

Die bedeutende Rolle des Routing und die komplexe Verbindungsstruktur von Internet-Netzwerken machen die Entwicklung von Routing-Protokollen zu einer echten Herausforderung für die Entwickler von Netzwerk-Software. Folglich drehen sich die meisten Diskussionen zum Routing um den Entwurf von Protokollen. Nur sehr wenig ist hingegen über die wichtige Aufgabe geschrieben worden, wie man Routing-Protokolle richtig konfiguriert. Viele alltägliche Probleme sind aber auf fehlerhaft konfigurierte Router zurückzuführen und nicht auf falsch entworfene Routing-Algorithmen. Als Systemadministrator müssen Sie dafür sorgen, daß das Routing für Ihre Systeme richtig konfiguriert ist. Mit dieser Aufgabe wollen wir uns in diesem Kapitel beschäftigen.

Gängige Routing-Konfigurationen

Zuerst treffen wir eine Unterscheidung zwischen dem Routing und Routing-Protokollen. Alle Systeme routen Daten, aber nicht alle Systeme arbeiten mit Routing-Protokollen. *Routing* ist die auf den Informationen der Routing-Tabelle basierende Weitergabe *(forwarding)* von Datagrammen. *Routing-Protokolle* sind Programme, die Informationen austauschen, die zum Aufbau von Routing-Tabellen genutzt werden.

Die Routing-Konfiguration eines Netzwerks verlangt nicht unbedingt ein Routing-Protokoll. Ändern sich Routing-Informationen nicht, etwa wenn es nur eine mögliche Route gibt, baut der Systemadministrator die Routing-Tabelle normalerweise von Hand auf. Manche Netzwerke greifen überhaupt nicht auf andere TCP/IP-Netzwerke zu und benötigen daher gar keine Routing-Tabelle. Die drei gängigsten Routing-Konfigurationen sind:[1]

Minimales Routing

Ein von anderen TCP/IP-Netzwerken vollständig isoliertes Netzwerk benötigt nur ein minimales Routing. Eine minimale Routing-Tabelle wird normalerweise von **ifconfig** aufgebaut, wenn die Netzwerkschnittstelle konfiguriert wird.[2] Falls Ihr Netzwerk keinen direkten Zugriff auf andere TCP/IP-Netzwerke besitzt und wenn Sie ohne Subnetze auskommen, ist dies wahrscheinlich die einzig benötigte Routing-Tabelle.

Statisches Routing

Ein Netzwerk mit einer beschränkten Anzahl von Gateways zu anderen TCP/IP-Netzwerken kann über statisches Routing konfiguriert werden. Besitzt ein Netzwerk nur ein Gateway, ist eine statische Route die beste Wahl. Eine statische Routing-Tabelle wird vom Systemadministrator mit Hilfe des **route**-Befehls von Hand angelegt. Statische Routing-Tabellen passen sich Netzwerkänderungen nicht an. Sie eignen sich daher am besten, wenn sich die Routen nicht ändern.

Dynamisches Routing

Bei einem Netzwerk mit mehreren möglichen Routen zu einem Ziel sollte mit dynamischem Routing gearbeitet werden. Eine dynamische Routing-Tabelle wird aus den Informationen aufgebaut, die Routing-Protokolle miteinander austauschen. Diese Protokolle verteilen Informationen, mit deren Hilfe Routen dynamisch an sich ändernde Netzwerkbedingungen angepaßt werden. Routing-Protokolle verarbeiten komplexe Routing-Situationen wesentlich schneller und genauer, als dies ein Systemadministrator kann. Routing-Protokolle sind nicht nur so entworfen, daß sie automatisch auf eine Alternativroute ausweichen, wenn die primäre Route nicht einsatzbereit ist, sie sind auch so entworfen, daß sie entscheiden, welche Route die »beste« zum Ziel ist. Bei jedem Netzwerk, bei dem es mehrere Routen zum gleichen Ziel gibt, sollte ein Routing-Protokoll eingesetzt werden.

Routen werden von **ifconfig** automatisch, vom Systemadministrator manuell und von Routing-Protokollen dynamisch aufgebaut. Doch gleichgültig wie Routen eingegeben werden, landen alle letztendlich in der Routing-Tabelle.

Die minimale Routing-Tabelle

Sehen wir uns den Inhalt der Routing-Tabelle an, die wir bei der Konfiguration der Netzwerkschnittstelle von *peanut* mit **ifconfig** konstruiert haben:

```
% netstat -rn
Routing tables
```

---

1 Kapitel 4 stellt einige Richtlinien für die Wahl der für Ihr Netzwerk geeigneten Routing-Konfiguration auf.
2 Linux ist hier eine Ausnahme. Bei einem Linux-System erzeugt **ifconfig** keine Einträge in der Routing-Tabelle.

```
Destination      Gateway         Flags   Refcnt  Use     Interface
127.0.0.1        127.0.0.1       UH      1       132     lo0
172.16.12.0      172.16.12.2     U       26      49041   le0
```

Der erste Eintrag enthält die Loopback-Route auf *localhost*, die bei der Konfiguration von lo0 erzeugt wurde. Der andere Eintrag enthält die Route für das Netzwerk 172.16.12.0 über die Schnittstelle le0. Die Adresse 172.16.12.2 ist nicht die Adresse eines entfernten Gateways. Es handelt sich hier um die Adresse der le0-Schnittstelle von *peanut*.

Betrachten wir das Flags-Feld jedes Eintrags. Bei beiden Einträgen ist das U-Flag (»up«, also »aktiv«) gesetzt, welches angibt, daß beide Einträge verwendet werden können. Bei keinem dieser Einträge ist aber das G-Flag (Gateway) gesetzt. Das G-Flag gibt an, daß ein externes Gateway verwendet wird. Das G-Flag ist nicht gesetzt, weil es sich bei beiden Routen um direkte Routen durch logische Schnittstellen handelt, nicht durch externe Gateways.

Bei der Loopback-Route ist außerdem das H-Flag (Host) gesetzt. Das zeigt an, daß über diese Route nur ein Host erreicht werden kann. Die Bedeutung dieses Flags wird klar, wenn Sie sich das Zielfeld für den Loopback-Eintrag ansehen. Es zeigt, daß das Ziel eine Hostadresse und keine Netzwerkadresse ist. Die Loopback-Netzwerkadresse ist 127.0.0.0. Die angegebene Zieladresse (127.0.0.1) ist die Adresse von *localhost*, einem einzelnen Host. Diese Host-Route finden Sie in den meisten Routing-Tabellen.

Obwohl jede Routing-Tabelle diese Host-spezifische Route enthält, führen die meisten Routen doch zu anderen Netzwerken. Ein Grund für Netzwerkrouten ist die Reduzierung der Größe der Routing-Tabelle. Eine Organisation kann nur ein Netzwerk, aber Hunderte von Hosts besitzen. Das Internet besitzt Tausende Netzwerke, aber Millionen von Hosts. Eine Routing-Tabelle mit einer Route für jeden Host wäre nicht zu handhaben.

Unsere Beispieltabelle enthält nur eine Netzwerkroute: 172.16.12.0. Daher kann *peanut* nur mit Hosts in diesem Netzwerk kommunizieren. Die beschränkten Möglichkeiten dieser Routing-Tabelle können mit **ping** einfach aufgezeigt werden. **ping** nutzt die »Echo Message« von ICMP. Es zwingt damit den entfernten Host, ein Paket mittels Echo an den lokalen Host zurückzuliefern. Können Pakete von und zu einem entfernten Host übertragen werden, deutet das darauf hin, daß eine erfolgreiche Kommunikation stattfindet.

Zur Überprüfung der Routing-Tabelle auf *peanut* wenden wir **ping** zuerst auf einen anderen Host im lokalen Netzwerk an:

```
% ping -s almond
PING almond.nuts.com: 56 data bytes
64 bytes from almond.nuts.com (172.16.12.1): icmp_seq=0. time=11. ms
64 bytes from almond.nuts.com (172.16.12.1): icmp_seq=1. time=10. ms
^C
----almond.nuts.com PING Statistics----
2 packets transmitted, 2 packets received, 0% packet loss
round-trip (ms)  min/avg/max = 10/10/11
```

ping gibt eine Zeile für jedes empfangene ICMP ECHO_RESPONSE-Paket aus.[3] Sobald **ping** abgebrochen wird, gibt es eine zusammenfassende Statistik aus. Alles deutet auf eine erfolgreiche Kommunikation mit *almond* hin. Versuchen wir aber, auf einen Host zuzugreifen, der nicht in *nuts-net* liegt, etwa einen Host bei O'Reilly, sieht das Ergebnis ganz anders aus:

```
% ping 207.25.98.2
sendto: Network is unreachable
```

Die Meldung »sendto: Network is unreachable« deutet an, daß *peanut* nicht weiß, wie Daten an das Netzwerk zu schicken sind, in dem der Host 207.25.98.2 liegt. Die Routing-Tabelle von *peanut* kennt nur zwei Routen, und keine dieser Routen führt zu 207.25.98.0.

Selbst andere Subnetze in *nuts-net* können über diese Routing-Tabelle nicht erreicht werden. Um dies zu demonstrieren, »**ping**en« wir einen Host in einem anderen Subnetz an:

```
% ping 172.16.1.2
sendto: Network is unreachable
```

Diese **ping**-Tests zeigen, daß die von **ifconfig** aufgebaute Routing-Tabelle nur die Kommunikation mit anderen Hosts im lokalen Netzwerk ermöglicht. Ist bei Ihrem Netzwerk kein Zugriff auf andere TCP/IP-Netzwerke notwendig, reicht diese Tabelle wahrscheinlich aus. Wenn Sie aber Zugriff auf andere Netzwerke benötigen, müssen Sie diese Routing-Tabelle um zusätzliche Routen erweitern.

Aufbau einer statischen Routing-Tabelle

Wie wir gesehen haben, reicht die minimale Routing-Tabelle nur aus, um Hosts zu erreichen, die im gleichen physikalischen Netzwerk liegen. Um entfernte Hosts zu erreichen, müssen Routen durch externe Gateways in die Routing-Tabelle aufgenommen werden. Eine mögliche Lösung besteht darin, mit **route**-Befehlen eine statische Routing-Tabelle aufzubauen.

Mit dem UNIX-Befehl **route** können Sie Einträge in der Routing-Tabelle manuell einfügen und entfernen. Um zum Beispiel die Route 207.25.98.0 in die Routing-Tabelle eines Solaris-Systems einzufügen, müssen Sie folgendes eingeben:

```
# route add 207.25.98.0 172.16.12.1 1
add net 207.25.98.0: gateway almond
```

Das erste in diesem Beispiel auf den Befehl **route** folgende Argument ist das Schlüsselwort **add**. Das erste Schlüsselwort in einer **route**-Befehlszeile ist entweder **add** oder **delete**. Damit wird **route** aufgefordert, eine neue Route aufzunehmen oder eine vor-

---

3 Die Sun-Version von **ping** gibt nur die Meldung »almond is alive« aus, wenn die Option –s nicht genutzt wird. Andere **ping**-Implementierungen benötigen die Option –s nicht.

handene zu löschen. Es gibt hier keine Voreinstellung. Wird keines dieser beiden Schlüsselwörter verwendet, gibt **route** die Routing-Tabelle aus.

Der nächste Wert ist die Zieladresse, also die Adresse, die über diese Route erreicht wird. Diese Zieladresse kann in Form einer IP-Adresse, eines Netzwerknamens aus */etc/networks*, eines Hostnamens aus */etc/hosts*, oder als Schlüsselwort **default** angegeben werden. Da die meisten Routen sehr früh während des Hochfahrens eingefügt werden, werden numerische IP-Adressen häufiger verwendet als Namen. Man macht das, damit die Routing-Konfiguration nicht vom Zustand der Nameserver-Software abhängig ist. Verwenden Sie dabei immer die vollständige numerische Adresse (alle vier Bytes). **route** normalisiert die Adresse, falls sie weniger als vier Byte umfaßt, und die so gewonnene Adresse ist vielleicht nicht, was Sie erwarten.[4]

Wird als Zieladresse das Schlüsselwort **default** angegeben, erzeugt **route** eine Standard-Route, die sog. *Default Route*.[5] Diese Standard-Route wird immer dann verwendet, wenn es keine spezifische Route zu einem Ziel gibt. Häufig ist diese Route die einzige, die Sie angeben müssen. Verfügt Ihr Netzwerk über nur ein Gateway, verwenden Sie die Standard-Route, um die gesamten Daten für andere Netzwerke durch dieses Gateway zu leiten.

Das nächste Argument der **route**-Befehlszeile ist die Adresse des Gateways.[6] Das ist die IP-Adresse des externen Gateways, durch den die Daten zur Zieladresse gesendet werden. Bei dieser Adresse muß es sich um die Adresse eines direkt mit dem Netzwerk verbundenen Gateways handeln. TCP/IP-Routen legen den »nächsten Sprung« *(Hop)* auf dem Weg zum Ziel fest. Dieser Hop muß für den lokalen Host direkt zu erreichen sein und muß daher im gleichen Netzwerk liegen.

Das letzte Argument der Befehlszeile enthält die Routing-Metrik. Die Metrik wird nicht benutzt, wenn die Route gelöscht wird, viele Systeme verlangen sie aber beim Hinzufügen in die Routing-Tabelle. **route** verwendet diese Metrik (egal ob sie nun angegeben werden muß oder nicht) nur, um zu entscheiden, ob die Route durch eine direkt angeschlossene Schnittstelle verläuft, oder ob ein externes Gateway verwendet wird. Ist die Metrik 0, wird die Route als Route durch eine lokale Schnittstelle betrachtet, und das G-Flag (das wir in der Ausgabe von **netstat –i** gesehen haben) wird nicht gesetzt. Ist der Metrik-Wert größer als Null, wird die Route mit einem gesetzten G-Flag eingefügt, und die angegebene Gateway-Adresse wird als Adresse eines externen Gateways betrachtet. Statisches Routing nutzt die Metrik nicht. Ein dynamisches Routing ist notwendig, um variierende Metrik-Werte wirklich nutzen zu können.

---

4   Einige **route**-Implementierungen machen »26« zu 0.0.0.26, obwohl »26« auch für das Milnet (26.0.0.0) stehen könnte.

5   Die mit der Standard-Route assoziierte Netzwerkadresse ist 0.0.0.0.

6   Die Syntax variiert hier leicht zwischen den Systemen. Linux setzt der Gateway-Adresse das Schlüsselwort gw voran. Details entnehmen Sie der Systemdokumentation.

Einbinden statischer Routen

Als Beispiel wollen wir das statische Routing für unsere imaginäre Workstation *peanut* konfigurieren. In Abbildung 7-1 sehen Sie das Subnetz 172.16.12.0. Es gibt zwei Gateways in diesem Subnetz: *almond* und *pecan*. *almond* ist das Gateway zu den Tausenden von Netzwerken des Internet, während *pecan* den Zugriff auf die anderen Subnetze von *nuts-net* ermöglicht. Wir werden *almond* als Standard-Gateway verwenden, weil es von Tausenden von Routen verwendet wird. Die kleinere Zahl von Routen, die durch *pecan* laufen, kann auf einfache Weise einzeln eingegeben werden. Die Anzahl der Routen durch ein Gateway, nicht der zu verarbeitende Datenstrom, entscheidet darüber, welches Gateway standardmäßig zu verwenden ist. Selbst wenn der meiste von *peanut* erzeugte Datenstrom durch *pecan* an andere Hosts in *nuts-net* geht, sollte das Standard-Gateway doch *almond* heißen.

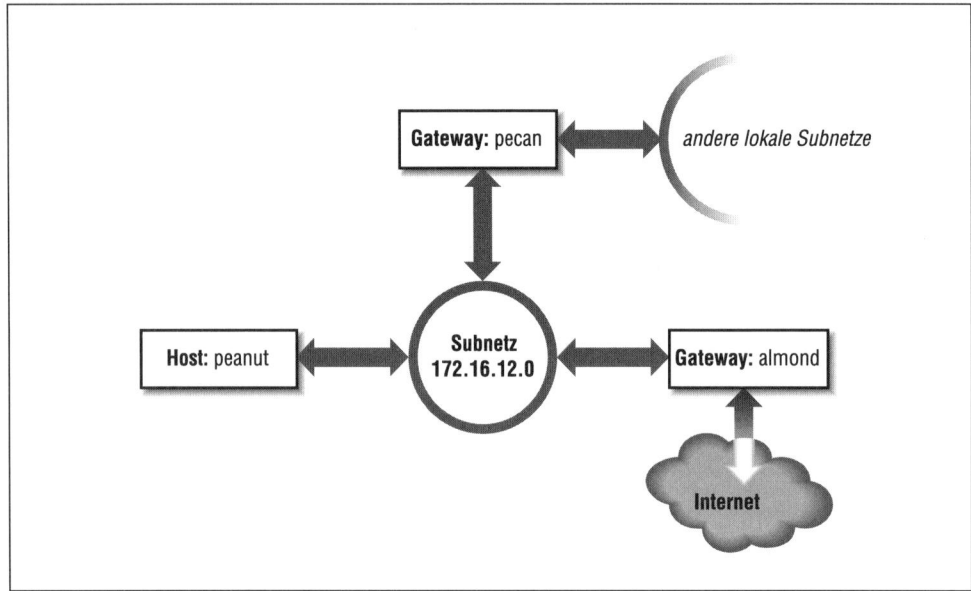

Abbildung 7-1: Routing in einem Subnetz

Die Einrichtung der Standard-Route auf *peanut* erfolgt mit:

```
# route -n add default 172.16.12.1 1
add net default: gateway 172.16.12.1
```

Das Ziel heißt **default**, und die Gateway-Adresse (172.16.12.1) ist die von *almond*. Damit ist *almond* das Standard-Gateway für *peanut*. Die Option **-n** ist nicht notwendig. Sie weist **route** nur an, in den Informationsmeldungen numerische Adressen auszugeben. Wenn Sie **route**-Befehle in eine Startup-Datei aufnehmen, sollten Sie die Option **-n** verwenden, um zu verhindern, daß **route** Zeit damit verschwendet, einen Nameserver abzufragen, der möglicherweise noch gar nicht läuft.

Nach der Installation der Standard-Route sehen wir uns die Routing-Tabelle an, um sicher zu sein, daß die Route auch aufgenommen wurde:

```
% netstat -rn
Routing tables
Destination      Gateway        Flags    Refcnt Use      Interface
127.0.0.1        127.0.0.1      UH       1      132       lo0
default          172.16.12.1    UG       0      0         le0
172.16.12.0      172.16.12.2    U        26     49041     le0
```

Verwenden Sie nun erneut **ping**, um herauszufinden, ob *peanut* nun mit anderen entfernten Hosts kommunizieren kann. Wenn wir Glück haben,[7] antwortet der entfernte Host:

```
% ping 207.25.98.2
PING 207.25.98.2: 56 data bytes
64 bytes from ruby.ora.com (207.25.98.2): icmp_seq=0. time=110. ms
64 bytes from ruby.ora.com (207.25.98.2): icmp_seq=1. time=100. ms
^C
----207.25.98.2 PING Statistics----
2 packets transmitted, 2 packets received, 0% packet loss
round-trip (ms)  min/avg/max = 100/105/110
```

Diese Ausgabe zeigt uns die erfolgreiche Kommunikation mit dem entfernten Host, wir besitzen also eine funktionierende Route zu Hosts im Internet.

Allerdings haben wir noch keine Routen für den Rest von *nuts-net* installiert. **ping**en wir einen Host in einem anderen Subnetz an, geschieht etwas sehr Interessantes:

```
% ping 172.16.1.2
PING 172.16.1.2: 56 data bytes
ICMP Host redirect from gateway almond.nuts.com (172.16.12.1)
 to pecan.nuts.com (172.16.12.3) for filbert.nuts.com (172.16.1.2)
64 bytes from filbert.nuts.com (172.16.1.2): icmp_seq=1. time=30. ms
^C
----172.16.1.2 PING Statistics----
1 packets transmitted, 1 packets received, 0% packet loss
round-trip (ms)  min/avg/max = 30/30/30
```

peanut glaubt, daß alle Ziele über seine Standard-Route zu erreichen sind. Aus diesem Grund werden die für andere Subnetze bestimmten Daten an *almond* geschickt. Sendet *peanut* Daten an *almond*, die eigentlich durch *pecan* laufen sollten, schickt *almond* einen ICMP-Redirect an *peanut* und teilt dem Rechner auf diese Weise mit, daß er *pecan* verwenden soll. (In Kapitel 1 finden Sie eine Beschreibung des ICMP-Redirect.) **ping** zeigt den ICMP Redirect in Aktion. **netstat** zeigt, welchen Effekt der Redirect auf die Routing-Tabelle hat:

```
% netstat -nr
Routing tables
```

---

7 Es ist möglich, daß der entfernte Host unten ist. In diesem Fall kann **ping** keine Antwort empfangen. Geben Sie nicht auf, sondern versuchen Sie einen anderen Host.

```
Destination      Gateway         Flags    Refcnt Use        Interface
127.0.0.1        127.0.0.1       UH       1      132        lo0
172.16.12.0      172.16.12.2     U        31     686547     le0
172.16.1.2       172.16.12.3     UGHD     0      514        le0
default          172.16.12.1     UG       3      373964     le0
172.16.12.0      172.16.12.1     U        31     686547     le0
```

Die Route mit dem gesetzten D-Flag wurde durch den ICMP-Redirect installiert.

Einige Netzwerkadministratoren nutzen den Vorteil von ICMP-Redirects beim Entwurf von Netzwerken. Alle Hosts werden mit einer Standard-Route konfiguriert, selbst wenn mehr als ein Gateway vorhanden ist. Die Gateways tauschen Routing-Informationen über Routing-Protokolle aus und verweisen Hosts an das beste Gateway für eine bestimmte Route. Diese Art des Routings, das auf ICMP-Redirects basiert, wurde durch PCs populär. Viele PCs können kein Routing-Protokoll ausführen; einige besitzen keinen **route**-Befehl, und einige sind auf eine einzelne Standard-Route beschränkt. ICMP-Redirects sind zur Unterstützung dieser Clients notwendig. Darüber hinaus ist diese Art des Routings einfach zu konfigurieren und für die Implementierung durch einen Konfigurationsserver gut geeignet, weil jeder Host die gleiche Standard-Route bekommt. Aus diesen Gründen fördern manche Netzwerkadministratoren wiederholte ICMP-Redirects.

Andere Netzwerkadministratoren ziehen es wiederum vor, ICMP-Redirects zu vermeiden, und haben die Routing-Tabelle lieber unter ihrer direkten Kontrolle. Um Redirects zu vermeiden, können für jedes Subnetz Routen mit spezifischen **route**-Befehlen angegeben werden:

```
# route -n add 172.16.1.0 172.16.12.3 1
add net 172.16.1.0: gateway 172.16.12.3
# route -n add 172.16.6.0 172.16.12.3 1
add net 172.16.6.0: gateway 172.16.12.3
# route -n add 172.16.3.0 172.16.12.3 1
add net 172.16.3.0: gateway 172.16.12.3
# route -n add 172.16.9.0 172.16.12.3 1
add net 172.16.9.0: gateway 172.16.12.3
```

netstat zeigt, wie die vollständige Routing-Tabelle aussieht. *peanut* ist nur mit 172.16.12.0 direkt verbunden, d.h., alle Gateways in der Routing-Tabelle müssen Adressen verwenden, die mit 172.16.12 anfangen. Die vollständige Routing-Tabelle sieht so aus:

```
% netstat -rn
Routing tables
Destination      Gateway         Flags    Refcnt Use  Interface
127.0.0.1        127.0.0.1       UH       1      132  lo0
172.16.12.0      172.16.12.2     U        31     686547 le0
172.16.1.2       172.16.12.3     UGHD     1      514  le0
default          172.16.12.1     UG       3      373964 le0
172.16.1.0       172.16.12.3     UG       0      0    le0
172.16.6.0       172.16.12.3     UG       0      0    le0
172.16.3.0       172.16.12.3     UG       0      0    le0
172.16.9.0       172.16.12.3     UG       0      0    le0
```

Die von uns konstruierte Routing-Tabelle verwendet die Standard-Route (durch *almond*) zum Erreichen externer Netzwerke. Spezifische Routen (durch *pecan*) werden genutzt, um andere Subnetze in *nuts-net* zu erreichen. Die erneute Ausführung der **ping**-Tests führt weiterhin zu erfolgreichen Ergebnissen. Wird das Netzwerk aber um zusätzliche Subnetze erweitert, müssen diese von Hand in die Routing-Tabelle aufgenommen werden. Außerdem gehen alle statischen Einträge in der Routing-Tabelle verloren, sobald das System neu gebootet wird. Bei der Nutzung statischer Routen müssen Sie also sicherstellen, daß die Routen bei jedem Systemstart mit installiert werden.

Installation statischer Routen beim Startup

Falls Sie sich für statische Routen entscheiden, müssen Sie Ihre Startup-Dateien an zwei Stellen modifizieren:

1. Sie müssen die gewünschten **route**-Anweisungen in eine Startup-Datei eintragen.

2. Sie müssen alle Anweisungen aus der Startup-Datei entfernen, die ein Routing-Protokoll ausführen.

Linux stellt hier ein interessantes Beispiel dar, weil es statische Routen zum Aufbau der minimalen Routing-Tabelle verlangt. Die Linux-Implementierung von **ifconfig** modifiziert die Routing-Tabelle bei der Konfiguration einer neuen Schnittstelle nicht. Die Route für eine neue Schnittstelle wird mit einem expliziten **route**-Befehl eingetragen. Diese »Schnittstellen-Routen« werden in ein Startup-Skript eingetragen. Bei unserem Linux-Beispielsystem stehen diese Routen in */etc/rc.d/rc.inet1*:[8]

```
/sbin/route add -net 127.0.0.0
/sbin/route add -net 172.16.5.0 netmask 255.255.255.0
```

Die erste Anweisung installiert die Route für die Loopback-Schnittstelle. Beachten Sie die abgekürzte Syntax dieses Befehls. Er gibt ein Ziel, aber kein Gateway an. Das liegt daran, daß Linux eine spezielle Syntax für die Zuweisung einer Route an eine Schnittstelle verwendet. Wir hätten den Befehl auch wie folgt angeben können:

```
/sbin/route add -net 127.0.0.0 dev lo0
```

Wird **dev** nicht in der Befehlszeile angegeben, ermittelt der **route**-Befehl die richtige Schnittstelle anhand der Zieladresse.

Die zweite Anweisung in */etc/rc.d/rc.inet1* installiert die Route für die Ethernet-Schnittstelle. Diese Anweisung enthält auch eine Subnetz-Maske. Wird keine angegeben, wird der Vorgabewert 255.255.0.0 verwendet, was dem Standard für die Klasse-B-Adresse 172.16.0.0 entspricht.

Die Installation von Routen für direkt angebundene Schnittstellen ist Linux-spezifisch. Für ein etwas allgemeineres Beispiel wollen wir uns die Einbindung statischer Routen für ein Solaris-System ansehen. Bevor Sie irgendwelche Änderungen an Ihrem System

---

8   Die tatsächlichen **route**-Anweisungen in *rc.inet1* verwenden Skriptvariablen. Wir verwenden hier die eigentlichen Adressen nur zur Verdeutlichung des Beispiels.

vornehmen, müssen Sie die Systemdokumentation studieren. Sie müssen möglicherweise ein anderes Bootskript ändern, und der Pfad für den Routing-Daemon kann anders sein. Nur die Dokumentation kann Sie mit allen benötigten Details versorgen.

Bei einem Solaris-System editieren wir */etc/init.d/inetinit*, um die benötigten **route**-Anweisungen einzubinden:

```
route -n add default 172.16.12.1 1 > /dev/console
route -n add 172.16.1.0 172.16.12.3 1 > /dev/console
route -n add 172.16.6.0 172.16.12.3 1 > /dev/console
route -n add 172.16.3.0 172.16.12.3 1 > /dev/console
route -n add 172.16.9.0 172.16.12.3 1 > /dev/console
```

Als nächstes prüfen wir, ob das Skript ein Routing-Protokoll startet. Sollte dies der Fall sein, kommentieren wir die entsprechende Zeile aus. Sie möchten kein Routing-Protokoll, wenn Sie mit statischen Routen arbeiten. Bei unserem Solaris-Beispielsystem wird die Routing-Software nur gestartet, wenn das System mehr als eine Netzwerkschnittstelle besitzt (d.h., wenn es sich um einen Router handelt) oder wenn die Datei */etc/gateways* existiert. (Mehr dazu später.) Keins dieser beiden Dinge trifft für unser System zu, weshalb der Routing-Daemon auch nicht gestartet wird. Wir müssen also nichts weiter tun, als unsere **route**-Anweisungen einzubinden.

Obwohl die Startup-Datei bei Ihnen anders heißen kann, sollte die Prozedur grundsätzlich die gleiche bleiben. Diese einfachen Schritte reichen aus, um ein statisches Routing einzurichten. Das Problem des statischen Routing ist auch nicht seine Einrichtung, sondern vielmehr die Pflege in einer sich ändernden Netzwerkumgebung. Routing-Protokolle sind flexibel genug, einfache und komplexe Routing-Umgebungen handhaben zu können. Aus diesem Grund führen einige Startup-Prozeduren die Routing-Protokolle standardmäßig aus. Allerdings benötigen die meisten UNIX-Systeme nur eine statische Standard-Route. Routing-Protokolle werden normalerweise nur von Routern benötigt.

Interne Routing-Protokolle

Routing-Protokolle lassen sich in zwei generelle Gruppen unterteilen: *interne* und *externe* Protokolle. Ein internes Protokoll ist ein Routing-Protokoll, das innerhalb eines unabhängigen Netzwerks eingesetzt wird. Die TCP/IP-Terminologie bezeichnet solche unabhängigen Netzwerke als autonome Systeme.[9] Innerhalb des autonomen Systems (AS) werden Routing-Informationen über ein internes Protokoll ausgetauscht, das vom Systemadministrator des autonomen Systems gewählt wird.

Alle internen Routing-Protokolle übernehmen die gleichen elementaren Funktionen. Sie bestimmen die »beste« Route zu jedem Ziel und verteilen Routing-Informationen zwischen den Systemen eines Netzwerks. Wie sie diese Funktionen ausführen und insbesondere, wie sie die beste Route bestimmen, macht den Unterschied zwischen den einzelnen Routing-Protokollen aus. Es gibt verschiedene interne Protokolle:

---

9 Autonome Systeme werden in Kapitel 2 erläutert.

- Das *Routing Information Protocol* (RIP) ist das am weitesten verbreitete Routing-Protokoll auf UNIX-Systemen. RIP wird bei den meisten UNIX-Systemen als Teil des Betriebssystems mitgeliefert. Es ist für lokale Netzwerke geeignet und einfach zu konfigurieren. RIP wählt die Route mit dem kleinsten »Hop-Wert« (*Metrik*) als beste Route. Dieser RIP-Hop-Wert repräsentiert die Anzahl von Gateways, die die Daten überqueren müssen, um ihr Ziel zu erreichen. RIP geht davon aus, daß die Route die beste ist, bei der die wenigsten Gateways passiert werden müssen. Dieser Ansatz der Routenwahl wird als *Distanzvektor-Algorithmus* bezeichnet.

- *Hello* ist ein Protokoll, das die Verzögerung (Delay) als entscheidenden Faktor für die Wahl der besten Route betrachtet. *Verzögerung* ist die Zeitspanne, die ein Datagramm für den Weg von der Quelle zum Ziel benötigt (Round-Trip-Zeit). Ein Hello-Paket enthält eine Zeitangabe, die angibt, wann das Paket geschickt wurde. Sobald das Paket am Ziel ankommt, subtrahiert das empfangende System diese Zeitangabe von der aktuellen Zeit, um zu bestimmen, wie lange das Paket unterwegs war. Hello ist nicht sehr weit verbreitet. Es war das interne Protokoll des ursprünglichen 56kbps NSFNET-Backbones und wurde außerhalb kaum verwendet.

- *Intermediate System to Intermediate System* (IS-IS) ist ein internes Protokoll der OSI-Protokollsuite. Es handelt sich hierbei um ein *Shortest Path First* (SPF) *Link-State*-Protokoll. Es war das interne Routing-Protokoll des T1-NFSNET-Backbones und wird von einigen großen Service-Providern immer noch eingesetzt.

- *Open Shortest Path First* (OSPF) ist ein anderes Link-State-Protokoll, das für TCP/IP entwickelt wurde. Es ist für sehr große Netzwerke geeignet und bietet gegenüber RIP verschiedene Vorteile.

Von diesen Protokollen werden wir uns RIP und OSPF genauer ansehen. OSPF ist bei Routern weit verbreitet, RIP auf UNIX-Systemen. Wir beginnen mit der Betrachtung von RIP.

Routing Information Protocol

So wie es mit den meisten UNIX-Systemen geliefert wird, wird RIP vom Routing-Daemon **routed** ausgeführt. Beim Starten sendet **routed** einen Request nach Routing-Updates aus und wartet dann auf Antworten auf diesen Request. Erkennt ein RIP-Informationen bereitstellendes System einen solchen Request, antwortet es mit einem Update-Paket, das auf den Informationen seiner Routing-Tabelle basiert. Dieses Update-Paket enthält die Zieladressen aus der Routing-Tabelle zusammen mit der jedem Ziel zugeordneten Metrik. Update-Pakete werden als Antwort auf Requests, aber auch in regelmäßigen Zeitabständen verschickt, um die Routing-Informationen auf dem neuesten Stand zu halten.

Zum Aufbau der Routing-Tabelle nutzt **routed** die Informationen der Update-Pakete. Enthält das Routing-Update eine Route zu einem Ziel, die noch nicht in der lokalen Routing-Tabelle enthalten ist, wird die neue Route eingefügt. Beschreibt das Update eine Route, dessen Ziel bereits in der lokalen Tabelle enthalten ist, wird die neue Route nur aufgenommen, wenn ihre Kosten niedriger sind. Die Kosten einer Route ergeben sich aus der Addition der zum Erreichen des Gateways notwendigen Kosten zu der im RIP-Update enthaltenen Metrik. Ist diese Gesamtmetrik kleiner als die der aktuellen Route, wird diese neue Route verwendet.

RIP entfernt auch Routen aus der Routing-Tabelle. Dies geschieht auf zwei Arten. Zum einen wird eine Route gelöscht, wenn das Gateway zu einem Ziel die Kosten für eine Route höher als 15 veranschlagt. Zum anderen geht RIP davon aus, daß ein Gateway nicht betriebsbereit ist, wenn es keine Update-Pakete sendet. Alle Routen durch ein Gateway werden gelöscht, wenn nicht innerhalb eines bestimmten Zeitraums Updates von diesem Gateway empfangen werden. RIP sendet alle 30 Sekunden Routing-Updates. Bei vielen Implementierungen werden die Routen für ein Gateway gelöscht, wenn es 180 Sekunden lang keine Routing-Updates schickt.

RIP und routed

Um RIP mit dem Routing-Daemon (**routed**) auszuführen,[10] müssen Sie den folgenden Befehl eingeben:

```
# routed
```

routed wird häufig ohne weitere Befehlszeilen-Argumente aufgerufen. Eine durchaus interessante Option ist aber –q. Die Option –q verhindert, daß **routed** Routen anbietet. Es wartet einfach auf die von anderen Systemen angebotenen Routen. Wenn Ihr Computer nicht gerade ein Gateway ist, sollten Sie diese Option nutzen.

Im Abschnitt zum statischen Routing haben wir die in der Startup-Datei enthaltene **routed**-Anweisung auskommentiert. Ist diese Anweisung in Ihrem Startup-Skript enthalten, müssen Sie nichts weiter unternehmen, um RIP auszuführen. Booten Sie einfach das System und RIP läuft. Andernfalls müssen Sie den **routed**-Befehl in Ihre Startup-Datei aufnehmen.

routed liest während des Hochfahrens die Datei */etc/gateways* und fügt die darin enthaltenen Informationen in die Routing-Tabelle ein. **routed** kann eine funktionierende Routing-Tabelle auch aufbauen, indem es einfach die von den RIP-Anbietern empfangenen RIP-Updates nutzt. Allerdings kann es manchmal sinnvoll sein, diese Informationen zu ergänzen, beispielsweise mit einer Anfangs-Standard-Route oder mit Informationen über ein Gateway, das seine Routen nicht anbietet. Die Datei */etc/gateways* enthält diese zusätzlichen Routing-Informationen.

Das häufigste Einsatzfeld für */etc/gateways* ist die Definition einer aktiven Standard-Route, die wir deshalb auch als Beispiel verwenden wollen. Diese einzelne Beispielzeile reicht aus, weil alle Einträge in */etc/gateways* das gleiche Format verwenden. Auf *peanut* legt der folgende Eintrag *almond* als Standard-Gateway fest:

```
net 0.0.0.0 gateway 172.16.12.1 metric 1 active
```

---

10 Bei einigen System heißt der Routing-Daemon **in.routed**.

Der Eintrag beginnt mit dem Schlüsselwort `net`. Alle Einträge beginnen mit dem Schlüsselwort `net` oder dem Schlüsselwort `host`. Diese Schlüsselwörter geben an, ob die nachfolgende Adresse eine Netzwerk- oder eine Hostadresse ist. Die Zieladresse 0.0.0.0 ist die für die Standard-Route verwendete Adresse. Im **route**-Befehl konnten wir das Schlüsselwort `default` für diese Route verwenden, in */etc/gateways* wird die Standard-Route aber über die Netzwerkadresse 0.0.0.0 angegeben.

Als nächstes folgt das Schlüsselwort `gateway`, gefolgt von der IP-Adresse des Gateways. In diesem Fall handelt es sich um die Adresse von *almond* (172.16.12.1).

Dann kommt das Schlüsselwort `metric`, gefolgt vom numerischen Metrik-Wert. Der als Metrik bezeichnete Wert stellt den Preis dieser Route dar. Die Metrik war beim statischen Routing nahezu bedeutungslos. Bei der Verwendung von RIP wird die Metrik nun eingesetzt, um Routing-Entscheidungen zu treffen. Die RIP-Metrik repräsentiert die Anzahl von Gateways, durch die Daten laufen müssen, um ihr eigentliches Ziel zu erreichen. Wie wir aber bei der Betrachtung von **ifconfig** gesehen haben, ist die Metrik ein willkürlicher Wert, der von Administratoren genutzt wird, um eine Route einer anderen vorzuziehen. (Der Systemadministrator kann jeden beliebigen Metrik-Wert frei zuweisen.) Das Variieren der Metrik ist aber nur sinnvoll, wenn mehr als eine Route zu einem Ziel existiert. Mit nur einem Gateway zum Internet ist 1 die richtige Metrik für *almond*.

Alle Einträge in */etc/gateways* enden mit dem Schlüsselwort `passive` oder dem Schlüsselwort `active`. »Passive« bedeutet, daß das im Eintrag aufgeführte Gateway keine RIP-Updates bereitstellen muß. Verwenden Sie `passive`, um zu verhindern, daß RIP die Route entfernt, weil keine Updates eingehen. Eine passive Route wird in die Routing-Tabelle aufgenommen und so lange behalten, wie das System läuft. Es wird also eigentlich eine permanente statische Route eingerichtet.

Im Gegensatz dazu erzeugt das Schlüsselwort `active` eine Route, die durch RIP aktualisiert werden kann. Von einem aktiven Gateway werden Routing-Informationen erwartet, und die entsprechenden Routen werden aus der Routing-Tabelle entfernt, falls für einen bestimmten Zeitraum keine Updates eingehen. Aktive Routen halten die Dinge während des RIP-Startups am Laufen, die Routen können aber aktualisiert werden, sobald das Protokoll läuft.

Unser Beispiel endet mit dem Schlüsselwort `active`, was bedeutet, daß diese Standard-Route gelöscht wird, wenn keine Routing-Updates von *almond* geliefert werden. Standard-Routen sind praktisch, insbesondere wenn Sie mit statischem Routing arbeiten. Bei dynamischem Routing sollten Standard-Routen allerdings mit Vorsicht genossen werden. Das gilt ganz besonders, wenn Sie mehrere Gateways besitzen, die das gleiche Ziel erreichen können. Eine passive Standard-Route verhindert, daß das Routing-Protokoll veränderte Netzwerkbedingungen dynamisch aktualisiert. Verwenden Sie aktive Standard-Routen, die durch das Routing-Protokoll aktualisiert werden können.

RIP ist leicht zu implementieren und einfach zu konfigurieren. Perfekt! Nun, nicht ganz. RIP hat drei ernsthafte Mängel:

Beschränkte Netzwerkreichweite

Die längste RIP-Route beträgt 15 Hops. Ein RIP-Router kann keine vollständige Routing-Tabelle pflegen, wenn das Netzwerk Ziele hat, die weiter als 15 Hops entfernt sind. Dieser Hop-Zähler kann aufgrund des zweiten Mangels nicht erhöht werden.

Langsame Konvergenz

Das Löschen einer fehlerhaften Route verlangt manchmal den Austausch mehrerer Update-Pakete, bis der Preis für die Route auf 16 steigt. Wir sprechen hier von »Erhöhung ins Unendliche«, weil RIP den Preis für eine Route inkrementiert, bis diese höher wird als die größte erlaubte RIP-Metrik. (In diesem Fall bedeutet 16 also unendlich.) Darüber hinaus kann RIP noch 180 Sekunden warten, bis die ungültigen Routen entfernt werden. In der Netzwerkterminologie sprechen wir davon, daß diese Bedingungen die »Konvergenz des Routing« verzögern, d.h., es dauert eine lange Zeit, bis die Routing-Tabelle den aktuellen Zustand des Netzwerks widerspiegelt.

Klassenorientiertes Routing

RIP interpretiert alle Adressen nach den in Kapitel 2 behandelten Klassenregeln. Für RIP gehören alle Adressen den Klassen A, B oder C an, was RIP zu CIDR-Supernetzen inkompatibel macht und die Unterstützung von Subnetzen variabler Länge unmöglich macht.

An der beschränkten Netzwerkreichweite läßt sich nichts ändern. Eine kleine Metrik ist zum schnellen Erreichen der Unendlichkeit notwendig. Allerdings ist die beschränkte Netzwerkgröße der unwichtigste Mangel von RIP. Die eigentliche Arbeit bei der Verbesserung von RIP konzentriert sich auf die beiden anderen Probleme: langsame Konvergenz und klassenorientiertes Routing.

Um das Problem der langsamen Konvergenz zu beheben, wurde RIP um einige Features erweitert. Bevor wir diese betrachten, müssen Sie aber zuerst verstehen, wie es zu diesem »Unendlichkeitsproblem« kommt. Abbildung 7-2 zeigt ein Netzwerk, bei dem ein »Unendlichkeitsproblem« auftreten könnte.

Abbildung 7-2 zeigt, daß *almond* Subnetz 3 durch *pecan* und dann durch *filbert* erreicht. Subnetz 3 ist zwei Hops von *almond* und einen Hop von *pecan* entfernt. Daher gibt *pecan* einen Preis von 1 für Subnetz 3 an, während *almond* die Kosten mit 2 angibt. Die Daten werden daher weiter durch *pecan* geroutet. Bis etwas schiefgeht: Stürzt *filbert* ab, wartet *pecan* 180 Sekunden auf ein Update von *filbert*. Während der Wartephase sendet *pecan* weiterhin Updates an *almond*, die die Route zu Subnetz 3 in *almonds* Routing-Tabelle halten. Ist die Zeit schließlich abgelaufen, entfernt *pecan* alle Routen durch *filbert* aus seiner Routing-Tabelle, auch die zu Subnetz 3. Der Rechner enthält nun ein Update von *almond*, das die Entfernung von *almond* zu Subnetz 3 mit 2 Hops angibt. *pecan* installiert diese Route und gibt nun seinerseits an, daß er 3 Hops von Subnetz 3 entfernt ist. *almond* empfängt das Update, installiert die Route und gibt nun an, 4 Hops von Subnetz 3 entfernt zu sein. Das geht solange weiter, bis der Preis für die Routen in beiden Routing-Tabellen 16 erreicht. Liegt das Update-Intervall bei 30 Sekunden, kann das sehr lange dauern!

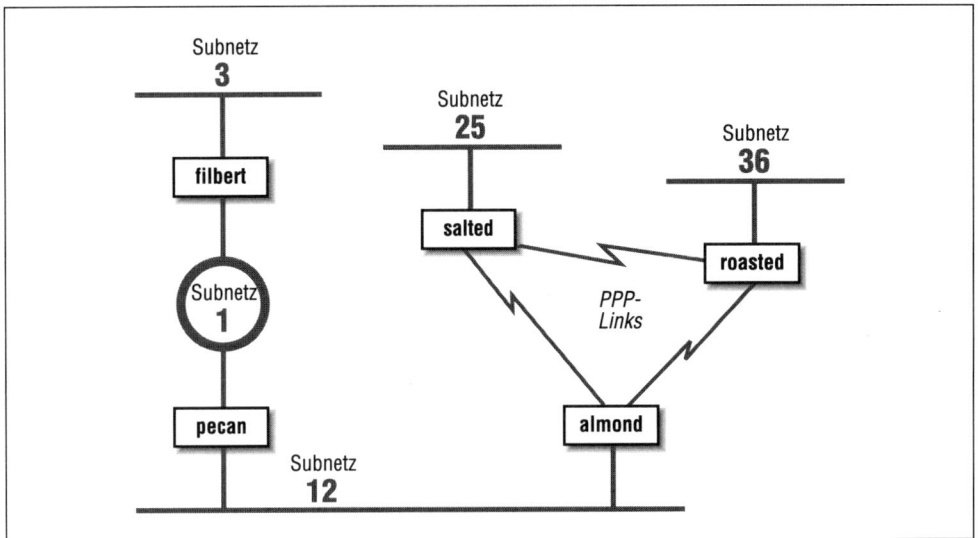

Abbildung 7-2: Beispielnetzwerk

Split Horizon und *Poison Reverse* sind zwei Features, mit denen man das Unendlichkeitsproblem zu vermeiden versucht.

Split Horizon

Mit diesem Feature bietet ein Router keine Routen über den Link an, über den er diese Routen erhalten hat. Damit wäre das obige Unendlichkeitsproblem gelöst. Mit dieser Regel würde *almond* die Route zu Subnetz 3 in Subnetz 12 nicht bekanntgeben, weil er diese Route aus den von *pecan* (Subnetz 12) gelieferten Updates kennt. Nun funktioniert dieser Ansatz zwar im obigen Beispiel, nicht aber bei allen Konfigurationen. (Mehr dazu später.)

Poison Reverse

Dieses Feature ist eine Erweiterung des ersten Schemas. Es verfolgt die gleiche Idee: »Biete keine Routen über den Link an, von dem diese Routen empfangen wurden«. Es erweitert diese eigentlich eher negative Regel um eine positive Aktion. Poison Reverse besagt, daß der Router eine unendliche Distanz für Routen zu diesem Link anbieten soll. Mit Poison Reverse würde *almond* allen Systemen im Subnetz 12 das Subnetz 3 mit einem Preis von 16 anbieten. Dieser »Preis« besagt, daß Subnetz 3 durch *almond* nicht zu erreichen ist.

Split Horizon und Poison Reverse lösen das oben beschriebene Problem. Was passiert nun aber, wenn *almond* abstürzt? Sehen wir uns Abbildung 7-2 noch einmal an. Mit Split Horizon würden *salted* und *roasted* die Route für Subnetz 12 *almond* nicht anbieten, weil sie die Route von *almond* selbst gelernt haben. Sie bieten sich die Route auf Subnetz 12 aber gegenseitig an. Ist *almond* nun nicht mehr betriebsbereit, führen *salted* und *roasted* eine eigene Unendlichkeitszählung durch, bevor sie die Route für Subnetz 12 entfernen. Dieses Problem läßt sich mit *getriggerten Updates* lösen.

Getriggerte Updates sind eine große Hilfe. Statt das übliche Update-Intervall von 30 Sekunden abzuwarten, wird ein getriggertes Update sofort verschickt. Stürzt nun ein Router ab oder geht ein lokaler Link verloren, sendet der Router unmittelbar nach Aktualisierung seiner lokalen Routing-Tabelle die Änderungen an seine Nachbarn. Ohne getriggerte Updates kann die Unendlichkeitszählung bis zu 8 Minuten dauern! Mit getriggerten Updates werden die Nachbarn innerhalb weniger Sekunden informiert. Getriggerte Updates nutzen darüber hinaus die Netzwerkbandbreite effizient aus. Sie enthalten nicht die gesamte Routing-Tabelle, sondern nur die geänderten Routen.

Getriggerte Updates können konkrete Maßnahmen zur Eliminierung fehlerhafter Routen ergreifen. Mit getriggerten Updates kann ein Router die entfernten Routen mit einem Preis von 16 an andere Router weitergeben, um auch hier die Löschung zu erzwingen. Sehen wir uns Abbildung 7-2 noch einmal an. Stürzt *almond* ab, warten *roasted* und *salted* 180 Sekunden und entfernen dann die Routen für die Subnetze 1, 3 und 12 aus ihren Routing-Tabellen. Sie senden sich dann gegenseitig getriggerte Updates mit der Metrik 16 für die Subnetze 1, 3 und 12. Auf diese Weise teilen sie sich gegenseitig mit, daß sie diese Netzwerke nicht erreichen können, und verhindern so eine Unendlichkeitszählung. Split Horizon, Poison Reverse und getriggerte Updates sind ein großer Schritt bei der Beseitigung des Unendlichkeitsproblems.

Der letzte Mangel – die Inkompatibilität von RIP mit CIDR-Supernetzen und Subnetzen variabler Länge – hat dazu geführt, daß das RIP-Protokoll 1996 den Status »historisch« erhalten hat. RIP ist zu den aktuellen und zukünftigen Plänen für den TCP/IP-Protokollstack nicht kompatibel. Eine neue RIP-Version wurde entwickelt, um auch dieses letzte Problem zu lösen.

RIP Version 2

RIP Version 2 (RIP-2), definiert in RFC 1723, ist eine neue RIP-Version. Es handelt sich dabei nicht um ein völlig neues Protokoll, vielmehr werden einfach Erweiterungen des RIP-Paketformats definiert. RIP-2 erweitert die in dem ursprünglichen RIP-Paket enthaltene Zieladresse und Metrik noch um eine Netzwerkmaske und die Adresse des nächsten Hops.

Die Netzwerkmaske befreit RIP-2-Router von der Beschränkung, Adressen nur nach strikten Adreßklassen-Regeln interpretieren zu können. Die Maske wird auf die Zieladresse angewandt, um zu bestimmen, wie die Adresse zu interpretieren ist. Mit dieser Maske unterstützen RIP-2-Router Subnetze variabler Länge und CIDR-Netze.

Die Adresse des nächsten Hops ist die IP-Adresse des diese Route behandelnden Gateways. Hat diese Adresse den Wert 0.0.0.0, ist die Quelle des Update-Pakets das Gateway für die Route. Diese »Next-Hop-Route« ermöglicht es einem RIP-2-Anbieter, Routing-Informationen über Gateways bereitzustellen, die nicht mit RIP-2 arbeiten. Diese Funktion ist einem ICMP-Redirect ähnlich, der auf das für eine Route am besten geeignete Gateway verweist und überflüssige Routing-Hops eliminiert.

RIP-2 erweitert RIP noch um andere neue Features. Es überträgt Updates über die Multicast-Adresse 224.0.0.9, um die Last auf Systemen zu verringern, die nicht in der Lage sind, RIP-2-Pakete zu verarbeiten. Bei RIP-2 wurde auch ein Authentizierungsschema für Pakete eingeführt. Mit diesem Schema wird die Möglichkeit reduziert, fehlerhafte Updates falsch konfigurierter Systeme zu verarbeiten.

Trotz dieser Änderungen ist RIP-2 kompatibel zu RIP. Die ursprüngliche RIP-Spezifikation hat für zukünftige RIP-Versionen vorgesorgt. RIP besitzt eine Versionsnummer im Paketheader sowie mehrere leere Felder für die Erweiterung von Paketen. Die von RIP-2 verwendeten neuen Werte machten keine Änderung der Paketstruktur notwendig. Die neuen Werte wurden einfach in die leeren Felder aufgenommen, die vom Original-Protokoll für eine zukünftige Verwendung vorgesehen waren. Sauber implementierte RIP-Router können RIP-2-Pakete empfangen und die benötigten Daten herausfiltern, ohne sich durch diese neuen Daten verwirren zu lassen.

Split Horizon, Poison Reverse, getriggerte Updates und RIP-2 lösen die meisten Probleme des ursprünglichen RIP-Protokolls. RIP-2 ist aber immer noch ein Distanzvektor-Protokoll. Es gibt andere, neuere Routing-Technologien, die für große Netzwerke geeigneter erscheinen. Besonders die sogenannten *Link-State*-Protokolle werden favorisiert, weil sie eine schnelle Routing-Konvergenz bereitstellen und die Möglichkeit von Routing-Schleifen reduzieren.

Open Shortest Path First

Open Shortest Path First (OSPF), definiert in RFC 2178, ist ein solches *Link-State*-Protokoll. Als solches unterscheidet es sich sehr stark von RIP. Ein RIP-Router teilt Informationen über das gesamte Netzwerk mit seinen Nachbarn. Im Gegensatz dazu teilt ein OSPF-Router Informationen über seine Nachbarn mit dem gesamten Netzwerk. »Gesamtes Netzwerk« bedeutet hier mindestens ein autonomes System. RIP versucht nicht, etwas über das gesamte Internet zu erfahren, und OSPF versucht auch nicht, dem gesamten Internet etwas anzubieten. Das ist nicht seine Aufgabe. Wir haben es hier mit internen Protokollen zu tun, deren Aufgabe das Routing innerhalb eines autonomen Systems ist. OSPF kultiviert diese Aufgabe noch durch die Definition einer Hierarchie von Routing-Bereichen (routing areas) innerhalb des autonomen Systems:

Area

Ein *Area* (Bereich) ist eine willkürliche Ansammlung untereinander verbundener Netzwerke, Hosts und Router. Diese Bereiche tauschen Routing-Informationen mit anderen Bereichen innerhalb des autonomen Systems über sogenannte *Bereichsgrenzrouter* (»Area Border Router«) aus.

Backbone

Ein *Backbone* ist ein spezieller Bereich, der alle anderen Bereiche innerhalb eines autonomen Systems verbindet. Jeder Bereich muß mit dem Backbone verbunden sein, weil das Backbone für die Verteilung von Routing-Informationen zwischen den Bereichen verantwortlich ist.

Stub Area

Ein *Stub Area* besitzt nur einen Border Area Router, d.h., es gibt nur eine Route, die aus diesem Bereich herausführt. In diesem Fall muß der Bereichsgrenzrouter keine externen Routen zu anderen Routern innerhalb des Stub-Bereichs angeben. Er kann sich einfach selbst als Standard-Route anbieten.

Nur ein großes autonomes System muß in Bereiche unterteilt werden. Das Beispielnetzwerk in Abbildung 7-2 ist klein und müßte daher nicht unterteilt werden. Wir können das Beispiel aber nutzen, um die verschiedenen Bereiche zu verdeutlichen. Wir könnten dieses autonome System in beliebige Bereiche unterteilen. Nehmen wir einmal an, das seien die drei folgenden Bereiche: Bereich 1 enthält Subnetz 3, Bereich 2 enthält Subnetz 1 und Subnetz 12, und Bereich 3 enthält Subnetz 25, Subnetz 36 und die PPP-Links. Wir könnten darüber hinaus Bereich 1 als Stub-Area definieren, weil *filbert* der einzige Bereichsgrenzrouter des Bereichs ist. Wir könnten auch den Bereich 2 als Backbone-Bereich definieren, weil es die beiden anderen Bereiche verbindet und alle Routing-Informationen zwischen den Bereichen 1 und 3 von diesem Bereich verteilt werden müssen. Der zweite Bereich enthält zwei Bereichsgrenzrouter (*almond* und *filbert*) sowie einen dazwischenliegenden Router (*pecan*). Der dritte Bereich enthält drei Router: *almond, roasted* und *salted.*

OSPF ist bei der Unterteilung eines autonomen Systems ganz offensichtlich sehr flexibel. Doch wieso ist das notwendig? Ein Problem für ein Link-State-Protokoll ist die große Datenmenge, die in der *Link-State- Datenbank* enthalten sein kann, sowie die Zeit, die zur Berechnung der Routen aus diesen Daten notwendig ist. Ein Blick auf das Protokoll zeigt uns, warum das so ist.

Jeder OSPF-Router baut einen gerichteten Graph des gesamten Netzwerks auf. Dies geschieht mit dem von Dijkstra entwickelten Shortest Path First (SPF) Algorithmus. Ein gerichteter Graph ist eine Art »Landkarte« des Netzwerks aus der Sicht des Routers, d.h., die Wurzel dieser Karte ist der Router. Diese Karte wird aus der Link-State-Datenbank aufgebaut, Informationen zu jedem Router im Netzwerk und zu allen Nachbarn jedes Routers enthält. Die Link-State-Datenbank für das autonome System in Abbildung 7-3 enthält 5 Router und 10 Nachbarn: *filbert* hat einen Nachbarn (*pecan*), *pecan* hat zwei Nachbarn (*filbert* und *almond*), *almond* hat drei Nachbarn (*pecan, salted* und *roasted*), *salted* hat zwei Nachbarn (*almond* und *roasted*) und *roasted* hat zwei Nachbarn (*salted* und *almond*). Abbildung 7-3 zeigt die Karte dieses autonomen Systems aus der Perspektive von *filbert.* Der Dijkstra-Algorithmus baut die Karte in der folgenden Weise auf:

1. Installiere das lokale System als Wurzel der Karte mit dem Kostenfaktor 0.

2. Bestimme die Nachbarn des gerade installierten Systems und füge sie in die Karte ein. Der Kostenfaktor für das Erreichen der Nachbarn berechnet sich aus der Summe der zum Erreichen des gerade installierten Systems notwendigen Kosten und dem von ihm angebotenen Kostenfaktor für das Erreichen jedes Nachbarn. Nehmen wir zum Beispiel an, daß *almond* einen Preis von 20 für *salted* angibt und daß der Kostenfaktor für das Erreichen von *almond* den Wert 15 aufweist. Dann liegt der Kostenfaktor für *salted* in *filbert*s Karte bei 35.

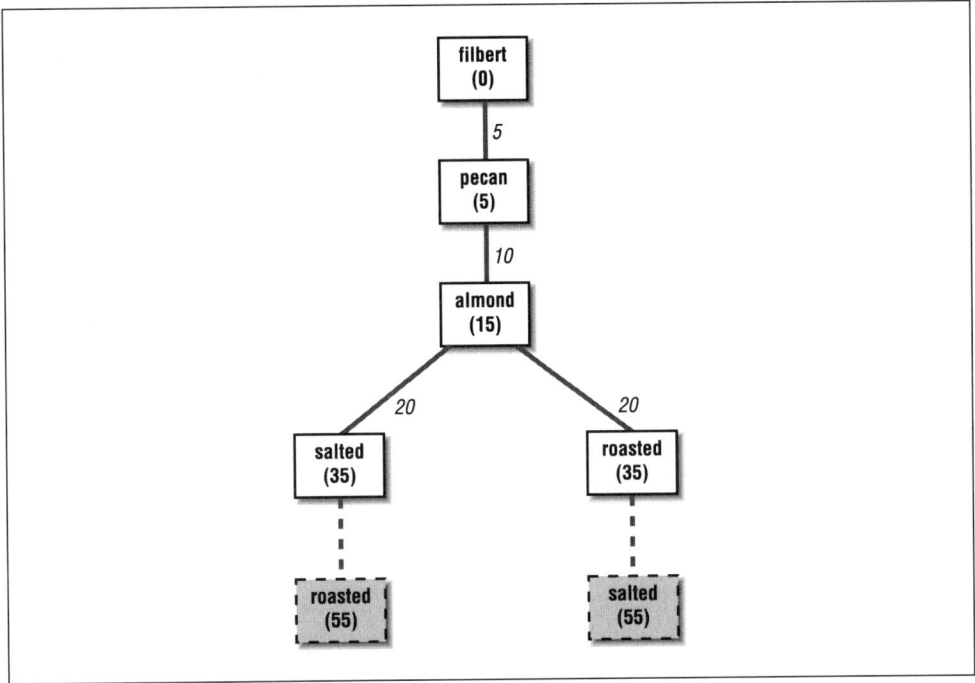

Abbildung 7-3: Ein Netzwerkgraph

3. Gehen Sie die Karte durch und wählen Sie für jedes Ziel den kostengünstigsten Pfad. Wird zum Beispiel *salted* in die Karte aufgenommen, gehört auch *roasted* zu den Nachbarn. Der Pfad auf *roasted* durch *salted* wird temporär mit in die Karte aufgenommen. In der dritten Phase des Algorithmus wird der Preis für das Erreichen von *roasted* durch *almond* mit dem Preis für das Erreichen über *salted* verglichen. Gewählt wird der Pfad mit dem kleinsten Kostenfaktor. Abbildung 7-3 stellt die gelöschten Pfade als gestrichelte Linien dar. Die Schritte 2 und 3 des Algorithmus werden für jedes System der Link-State-Datenbank wiederholt.

Die Informationen der Link-State-Datenbank werden auf einfache und effiziente Weise gesammelt und verteilt. Ein OSPF-Router ermittelt seine Nachbarn mit Hilfe von Hello-Paketen.[11] Er sendet Hello-Pakete und wartet auf Hello-Pakete benachbarter Router. Das Hello-Paket identifiziert den lokalen Router und führt die benachbarten Router auf, von denen Pakete empfangen wurden. Empfängt ein Router ein Hello-Paket, das diesen Router als benachbarten Router aufführt, dann ist ein Nachbar gefunden. Das System weiß dies, weil es die Pakete von diesem Nachbarn »hören« kann. Und weil der Nachbar ihn als benachbarten Router aufführt, muß auch der Nachbar die Pakete dieses Systems erkennen. Der neu entdeckte Nachbar wird im lokalen System in die Liste der Nachbarn aufgenommen.

---

11 Verwechseln Sie Hello-Pakete nicht mit dem Hello-Protokoll. Wir sprechen hier von OSPF-Hello-Paketen.

Der OSPF-Router bietet dann alle seine Nachbarn an. Hierzu wird das gesamte Netzwerk mit einem Link-State Advertisement (LSA) »überflutet«. Dieses Verfahren bezeichnet man als *Flooding*. Das LSA enthält die Adresse jedes Nachbarn und den Preis für das Erreichen jedes Nachbarn vom lokalen System aus. Flooding bedeutet, daß der Router das LSA über jede Schnittstelle aussendet. Jeder Router, der dieses LSA empfängt, gibt seinerseits das LSA über jede Schnittstelle weiter, spart dabei aber die Schnittstelle aus, von der das LSA empfangen wurde. Um eine Überflutung mit doppelten LSAs zu verhindern, speichern die Router eine Kopie der empfangenen LSAs ab und sortieren Duplikate aus.

Abbildung 7-2 liefert uns ein Beispiel. Beim Start von OSPF auf *pecan* sendet es ein Hello-Paket an Subnetz 1 und eins an Subnetz 12. *filbert* und *almond* hören dieses Hello-Paket und antworten mit Hello-Paketen, die *pecan* als benachbarten Router angeben. *pecan* hört diese Hello-Pakete und fügt sie in die Liste seiner Nachbarn ein. *pecan* erzeugt dann einen LSA, der *filbert* und *almond* als Nachbarn angibt (wobei die entsprechenden Kosten mit angegeben werden). Beispielsweise könnte *pecan filbert* den Kostenfaktor 5 zuweisen und *almond* einen Preis von 10. *pecan* flutet dann den LSA in die Subnetze 1 und 12. *filbert* erkennt dieses LSA und flutet damit Subnetz 3. *almond* empfängt das LSA und überflutet damit seine beiden PPP-Links. *salted* leitet das LSA über den Link zu *roasted* weiter, und *roasted* flutet es auf dem gleichen Link zu *salted*. Sobald *salted* und *roasted* die zweite Kopie des LSA empfangen haben, verwerfen sie sie direkt wieder, weil es sich um das Duplikat eines Paketes handelt, das bereits von *almond* empfangen wurde. Auf diese Weise empfängt jeder Router im gesamten Netzwerk die LSAs aller anderen Router.

OSPF-Router überwachen den Zustand ihrer Nachbarn durch Hello-Pakete. Diese Pakete werden von allen Routern in regelmäßigen Zeitabständen ausgesandt. Hört ein Router auf, diese Pakete zu senden, wird davon ausgegangen, daß der Router, oder der Link, an dem er hängt, unten ist. Die entsprechenden Nachbarn aktualisieren das LSA und überfluten damit das Netzwerk. Die neuen LSAs werden in die Link-State-Datenbank aller Router im Netzwerk aufgenommen, und jeder Router berechnet seine Karte anhand dieser Daten neu. Eine Beschränkung der Router-Anzahl durch die Beschränkung der Netzwerkgröße verringert natürlich den mit der Neuberechnung verbundenen Aufwand. Bei vielen Netzwerken ist das gesamte autonome System klein genug, bei anderen erhöht die Unterteilung des autonomen Systems in Bereiche die Effizienz.

Ein weiteres Feature von OSPF, das die Effizienz erhöht, ist der *designierte Router*. Ein designierter Router ist der Router im Netzwerk, der alle anderen Router im Netzwerk als seine Nachbarn betrachtet. Alle anderen Router betrachten hingegen nur den designierten Router als ihren Nachbarn. Damit reduziert sich die Größe der Link-State-Datenbank, was wiederum die Geschwindigkeit der SPF-Berechnung erhöht. Nehmen wir ein Broadcast-Netzwerk mit 5 Routern als Beispiel. Fünf Router mit jeweils vier Nachbarn erzeugen eine Link-State-Datenbank mit 20 Einträgen. Ist einer dieser Router aber als designierter Router vorgesehen, dann hat dieser Router vier Nachbarn und alle anderen Router besitzen nur einen Nachbarn, was zu einer Gesamtzahl von 8 Einträgen in der Link-State-Datenbank führt. Nun ist ein designierter Router bei einem so kleinen Netzwerk nicht notwendig, doch je größer das Netzwerk ist, desto dramatischer sind die Vorteile. Zum Beispiel benötigt ein Broadcast-Netzwerk mit 25 Routern nur eine Link-State-Datenbank mit 50 Einträgen, wenn ein designierter Router verwendet wird, während die Datenbank andernfalls 600 Einträge hätte.

OSPF versorgt Router mit einer Punkt-zu-Punkt-Ansicht der Router zwischen zwei Systemen. Die beschränkte Next-Hop-Sicht von RIP wird hier also aufgehoben. Flooding sorgt für eine schnelle Verbreitung von Routing-Informationen im Netzwerk. Die Beschränkung der Größe der Link-State-Datenbank durch Bereiche und designierte Router sorgt für eine schnellere SPF-Berechnung. Diese Eigenschaften machen OSPF zu einem effizienten Link-State Routing-Protokoll.

OSPF bietet noch weitere Features. Es stellt eine Paßwort-Authentizierung zur Verfügung, mit der sichergestellt werden kann, daß das Update von einem gültigen Router kommt. Momentan verwendet OSPF ein 8 Zeichen langes Paßwort im Klartext. Es wird aber an einer MD5 (Message Digest 5) Krypto-Prüfsumme zur strengeren Authentizierung gearbeitet.

OSPF unterstützt auch das sogenannte *Equal Cost Multipath Routing*. Dieses Wortungetüm bedeutet, daß OSPF-Router mehrere Pfade zu einem Ziel verwalten können. Unter den richtigen Voraussetzungen kann dieses Feature genutzt werden, um die Last über mehrere Netzwerk-Links zu verteilen (Load Balancing). Allerdings sind die meisten Systeme nicht so entworfen, daß sie die Vorteile dieses Features nutzen könnten. Sehen Sie in der Dokumentation Ihres Routers nach, ob er ein solches Load Balancing erlaubt.

Mit all diesen Features ist OSPF das bevorzugte interne TCP/IP-Routing-Protokoll für dedizierte Router.

Externe Routing-Protokolle

Externe Routing-Protokolle werden genutzt, um Routing-Informationen zwischen autonomen Systemen auszutauschen. Die zwischen autonomen Systemen ausgetauschten Routing-Informationen werden »Erreichbarkeitsinformationen« oder *Reachability Information* genannt. Erreichbarkeitsinformationen sind einfach Informationen darüber, welche Netzwerke durch ein bestimmtes autonomes System erreicht werden können.

RFC 1771 definiert das Border Gateway Protocol, das führende externe Routing-Protokoll. Es beschreibt die Routing-Funktion eines autonomen Systems frei übersetzt wie folgt:

> Die klassische Definition eines autonomen Systems ist eine Gruppe von Routern unter einer gemeinsamen technischen Administration. Es verwendet ein internes Gateway-Protokoll und gängige Metriken zum Routen von Paketen innerhalb des AS sowie ein externes Gateway-Protokoll zum Routen von Paketen an andere AS ... Die Administration eines AS erscheint anderen AS als einzelner, kohärenter, interner Routing-Plan. Er präsentiert ein konsistentes Bild der durch das System zu erreichenden Netzwerke. Vom Standpunkt des externen Routings aus betrachtet, kann ein AS als monolithisch angesehen werden ...

Die Übertragung von Routing-Informationen in diesen Monolithen hinein und aus ihm heraus ist die Aufgabe externer Routing-Protokolle. Externe Routing-Protokolle werden auch als externe Gateway-Protokolle bezeichnet. Verwechseln Sie dabei nicht *ein* externes Gateway-Protokoll mit *dem* Exterior Gateway Protocol (EGP). EGP ist kein generischer Begriff. Es ist ein ganz bestimmtes externes Routing-Protokoll, ein altes noch dazu.

Exterior Gateway Protocol

Ein mit EGP laufendes Gateway gibt bekannt, daß es Netzwerke erreichen kann, die Teil seines autonomen Systems sind. Es gibt nicht an, daß es Netzwerke außerhalb seines autonomen Systems erreichen kann. Zum Beispiel kann das externe Gateway für unser imaginäres autonomes System *nuts-as* das gesamte Internet durch seine externe Verbindung erreichen, sein autonomes System besteht aber aus nur einem Netzwerk. Daher würde es mit EGP nur ein Netzwerk (172.16.0.0) anbieten.

Vor der Übertragung von Routing-Informationen tauschen die Systeme zuerst die EGP-Nachrichten *Hello* und *I-Heard-You* (I-H-U, »ich habe dich gehört«) aus. Diese Nachrichten bauen einen Dialog zwischen zwei EGP-Gateways auf. Über EGP kommunizierende Computer werden als *EGP-Nachbarn* bezeichnet. Den Austausch von Hello- und I-H-U-Nachrichten nennt man das *Erwerben eines Nachbarn*.

Sobald der Nachbar »erworben« wurde, werden Routing-Informationen über einen *poll* angefordert. Der Nachbar antwortet durch Senden eines sog. *update*-Pakets mit Reachability-Informationen. Das lokale System nimmt die Routen aus diesem Update in seine lokale Routing-Tabelle auf. Antwortet der Nachbar auf drei aufeinanderfolgende Polls nicht, geht das System davon aus, daß der Nachbar unten ist, und entfernt die Routen des Nachbarn aus seiner Tabelle. Empfängt das System einen Poll von einem seiner EGP-Nachbarn, antwortet es mit seinem eigenen Update-Paket.

Im Gegensatz zu den oben diskutierten internen Protokollen versucht EGP nicht, die »beste« Route zu wählen. EGP-Updates enthalten zwar Distanzvektor-Informationen, aber EGP versucht nicht, diese Informationen auszuwerten. Die von verschiedenen autonomen Systemen verwendeten Routing-Metriken sind nicht direkt vergleichbar. Jedes AS kann für die Entwicklung dieser Werte unterschiedliche Kriterien verwenden. Daher überläßt EGP die Wahl der »besten« Route anderen.

Als EGP entworfen wurde, hing das Netzwerk von einer Gruppe verläßlicher Core-Gateways ab, die die von allen autonomen Systemen empfangenen Routen verarbeiteten und verteilten. Man ging bei diesen Core-Gateways davon aus, daß sie alle notwendigen Informationen besaßen, die zur Wahl der besten externen Routen notwendig waren. Die Erreichbarkeitsinformationen von EGP wurden an die Core-Gateways übergeben, wo diese Informationen kombiniert und an die autonomen Systeme zurückgegeben wurden.

Eine von einer zentral gesteuerten Gruppe von Gateways abhängige Routing-Struktur ist nicht besonders gut skalierbar und ist daher für das schnell wachsende Internet nicht geeignet. Während die Zahl der autonomen Systeme und Netzwerke im Internet wuchs, wurde es für die Core-Gateways zusehends schwieriger, das wachsende Arbeitspensum zu bewältigen. Das ist einer der Gründe, weshalb sich das Internet zu einer verteilteren Struktur hin bewegt hat, bei dem die Last der Routen-Verarbeitung auf alle autonomen Systeme verteilt wird. Ein weiterer Grund ist der, daß keine zentrale Autorität das kommerzialisierte Internet überwacht. Das Internet besteht aus vielen gleichberechtigten Netzwerken. Bei einer verteilten Architektur benötigen die autonomen Systeme interne und externe Routing-Protokolle, die intelligente Routing-Entscheidungen treffen können. Aus diesem Grund ist EGP nicht mehr so populär.

Border Gateway Protocol

Das *Border Gateway Protocol* (BGP) ist das führende externe Routing-Protokoll des Internet. Es basiert auf dem OSI *InterDomain Routing Protocol* (IDRP). BGP unterstützt das sog. *Policy-basierte Routing*, bei dem nichttechnische Gründe (etwa politische, organisatorische oder sicherheitstechnische Erwägungen) für Routing-Entscheidungen herangezogen werden. Damit verbessert BGP die Fähigkeit autonomer Systeme, Routen zu wählen und Routing-Regeln (Policies) aufzustellen, ohne von einer zentralen Routing-Autorität abhängig zu sein. Dieses Leistungsmerkmal ist wichtig, da keine Core-Gateways vorhanden sind, die diese Aufgaben übernehmen könnten.

Routing-Policies sind nicht Teil des BGP-Protokolls. Policies werden extern in Form von Konfigurationsinformationen angegeben. Wie in Kapitel 2 beschrieben, stellt die National Science Foundation Routing-Arbiter (RAs) an den Network Access Points (NAPs) bereit, an denen große Internet Service Provider (ISPs) ihre Verbindungen haben. Diese RAs können nach Informationen zu Routing-Policies abgefragt werden. Die meisten ISPs entwickeln auch private Policies, die auf den bilateralen Abkommen basieren, die mit anderen ISPs getroffen wurden. BGP kann verwendet werden, um diese Policies zu implementieren. Die von ihm angebotenen Routen können ebenso gesteuert werden wie die von anderen akzeptierten Routen. Im **gated**-Abschnitt dieses Kapitels behandeln wir den **import**- und den **export**-Befehl, mit denen gesteuert werden kann, welche Routen akzeptiert (import) und welche angeboten (export) werden. Der Netzwerkadministrator erzwingt die Einhaltung der Routing-Policy durch die Konfiguration der Router.

BGP setzt auf TCP auf, wodurch es über einen zuverlässigen Auslieferungsdienst verfügt. BGP verwendet den allgemein bekannten TCP-Port 179. Es »erwirbt« seine Nachbarn über einen Standard TCP-Drei-Wege-Handshake. BGP-Nachbarn werden als *Peers* (also »Gleichberechtigte«) bezeichnet. Sobald die Verbindung steht, tauschen BGP-Peers OPEN-Nachrichten aus, um die Parameter dieser Session abzugleichen (etwa die zu verwendende BGP-Version).

Die UPDATE-Nachrichten führen die Ziele auf, die durch einen bestimmten Pfad zu erreichen sind, und geben auch die Attribute des Pfades an. BGP ist ein sog. *Pfadvektor-Protokoll*. Man nennt es Pfadvektor-Protokoll, weil es den gesamten Pfad von einem Ende einer Route zum anderen als Reihe von ASNs angibt. Der vollständige AS-Pfad macht Routing-Schleifen unmöglich und eliminiert das Unendlichkeitsproblem. Ein BGP-UPDATE enthält einen einzelnen Pfadvektor und alle Ziele, die durch diesen Pfad erreicht werden können. Zum Aufbau einer Routing-Tabelle können mehrere UPDATE-Pakete gesendet werden.

BGP-Peers senden sich vollständige Routing-Tabellen-Updates, wenn die Verbindung zum ersten Mal hergestellt wird. Danach werden nur noch Änderungen übertragen. Liegen keine Änderungen vor, wird nur eine kleine (19 Byte) KEEPALIVE-Nachricht gesendet, um dem Peer anzudeuten, daß der Link immer noch betriebsbereit ist. BGP nutzt die Netzwerkbandbreite und die Systemressourcen sehr effizient.

Das Wichtigste, woran Sie bei externen Protokollen immer denken müssen, ist die Tatsache, daß die meisten Systeme sie niemals ausführen. Externe Protokolle sind nur notwendig, wenn ein AS Routing-Informationen mit anderen AS austauschen muß. Die meisten Router innerhalb eines AS führen ein internes Protokoll wie OSPF aus. Nur diejenigen Gateways, die das AS mit einem anderen AS verbinden, müssen ein externes Routing-Protokoll verwenden. Ihr Netzwerk ist wahrscheinlich ein unabhängiger Teil eines AS, das von jemand anderem betrieben wird. Internet Service Provider sind ein gutes Beispiel für aus vielen unabhängigen Netzwerken bestehende autonome Systeme. Solange Sie nicht gerade einen Service auf dieser Ebene anbieten, werden Sie wohl kein externes Routing-Protokoll verwenden.

Die Wahl des Routing-Protokolls

Zwar gibt es viele Routing-Protokolle, dennoch fällt die Wahl meistens leicht. Die meisten oben behandelten internen Routing-Protokolle wurden entworfen, um die besonderen Routing-Probleme sehr großer Netzwerke zu behandeln. Einige dieser Protokolle wurden nur von sehr großen nationalen und regionalen Netzwerken verwendet. Für lokale Netzwerke ist RIP immer noch erste Wahl. Für größere Netzwerke bietet sich OSPF an.

Falls Sie ein externes Routing-Protokoll verwenden müssen, haben Sie beim zu verwendenden Protokoll häufig keine Wahl. Damit zwei autonome Systeme Routing-Informationen austauschen können, müssen sie das gleiche externe Protokoll verwenden. Falls das andere AS bereits in Betrieb ist, haben sich dessen Administratoren wohl bereits für ein Protokoll entschieden, und Sie müssen deren Wahl folgen. Häufig fällt die Entscheidung aber für BGP.

Die Ausstattung hat auch ihren Einfluß auf die Wahl des Protokolls. Router unterstützen eine Vielzahl von Protokollen, einzelne Anbieter könnten aber ein bestimmtes Protokoll bevorzugen. Hosts führen üblicherweise überhaupt keine Routing-Protokolle aus und die meisten UNIX-Systeme werden nur mit RIP ausgeliefert. Hostsystemen die Teilnahme am dynamischen Routing zu ermöglichen kann Ihre Wahlmöglichkeiten einschränken. **gated** gibt Ihnen aber die Möglichkeit, die unterschiedlichsten Routing-Protokolle auf einem UNIX-System zu betreiben. Zwar ist die Performance speziell entwickelter Router-Hardware generell besser, aber **gated** bietet Ihnen die Möglichkeit, ein UNIX-System als Router zu verwenden.

In den folgenden Abschnitten behandeln wir den Gateway Routing Daemon (**gated**), der interne und externe Routing-Protokolle in einem Softwarepaket vereint. Wir sehen uns Beispiele für den Betrieb von RIP, RIPv2, OSPF und BGP unter **gated** an.

Gateway Routing Daemon

Die Entwicklung von Routing-Software für Allzweck-UNIX-Systeme ist begrenzt. Die meisten Sites verwenden UNIX-Systeme nur für einfache Routing-Aufgaben, für die RIP normalerweise ausreicht. Große und komplexe Routing-Anwendungen, die anspruchsvollere Routing-Protokolle verlangen, nutzen dedizierte Router-Hardware, die speziell für das Routing optimiert ist. Viele dieser anspruchsvolleren Routing-Protokolle sind für UNIX-Systeme nur in **gated** verfügbar. **gated** kombiniert mehrere unterschiedliche Routing-Protokolle in einem einzigen Softwarepaket.

Zusätzlich bietet **gated** andere Features, die im allgemeinen nur mit dedizierten Routern assoziiert werden:

- Die Systeme können mehr als ein Routing-Protokoll ausführen. **gated** kombiniert die von verschiedenen Protokollen gelernten Routing-Informationen und wählt die »besten« Routen aus.

- Über ein internes Routing-Protokoll gelernte Routen können über ein externes Routing-Protokoll angeboten werden. Auf diese Weise können die extern angebotenen Erreichbarkeitsinformationen dynamisch an geänderte interne Routen angepaßt werden.

- Routing-Policies können implementiert werden, um die akzeptierten und angebotenen Routen zu steuern.

- Alle Protokolle werden in einer einzigen Datei (*/etc/gated.conf*) konfiguriert. Hierzu wird eine konsistente Syntax für die Konfigurationsbefehle verwendet.

- **gated** wird ständig aktualisiert. Die Verwendung von **gated** stellt den Einsatz der aktuellsten Routing-Software sicher.

Der Präferenzwert von gated

Zu jeder Routing-Protokoll-Implementierung gehören zwei Seiten. Eine Seite, die externe Seite, tauscht Routing-Informationen mit entfernten Systemen aus. Die andere Seite, die interne Seite, verwendet die von anderen Systemen empfangenen Informationen zur Aktualisierung der Routing-Tabelle. Tauscht zum Beispiel OSPF Hello-Pakete aus, um einen Nachbarn zu entdecken, handelt es sich um eine externe Protokollfunktion. Nimmt OSPF eine Route in die Routing-Tabelle auf, ist das eine interne Funktion.

Die bei **gated** implementierten externen Protokollfunktionen entsprechen denen anderer Implementierungen dieser Protokolle. Allerdings ist die interne Seite von **gated** für UNIX-Systeme einzigartig. Intern verarbeitet **gated** Routing-Informationen unterschiedlicher Routing-Protokolle, von denen jedes seine eigene Metrik zur Bestimmung der besten Route verwendet. Diese Informationen werden kombiniert und zur Aktualisierung der Routing-Tabelle verwendet. Bevor **gated** entwickelt wurde, konnte bei einem UNIX-System mit mehreren Routing-Protokollen jedes Protokoll Routen in die Routing-Tabelle aufnehmen, ohne etwas über die Handlungen der anderen zu wissen. Die in der Tabelle enthaltene Route war die zuletzt eingetragene, nicht unbedingt immer die beste Route.

Mit mehreren Routing-Protokollen und mehreren Netzwerkschnittstellen ist es einem System möglich, von verschiedenen Protokollen Routen für das gleiche Ziel zu empfangen. **gated** vergleicht diese Routen und versucht, die beste zu wählen. Nun sind die von den verschiedenen Protokollen verwendeten Metriken nicht direkt miteinander zu vergleichen. Jedes Routing-Protokoll hat seine eigene Metrik. Es kann sich um die Hops, die Routenverzögerung oder um einen willkürlich vom Administrator festgelegten Wert handeln. **gated** benötigt zur Wahl der besten Route also mehr als nur die Metrik des Protokolls. Es verwendet einen eigenen Wert, um Routen von einem Protokoll oder einer Schnittstelle anderen vorzuziehen. Dieser Wert wird als *Präferenz* (preference) bezeichnet.

Präferenzwerte helfen **gated** dabei, die Routing-Informationen unterschiedlicher Quellen in einer einzelnen Routing-Tabelle zu kombinieren. Tabelle 7-1 führt die Quellen auf, von denen **gated** Routen empfängt, und gibt die Standardpräferenz an, die jeder Quelle zugeordnet ist. Präferenzwerte liegen zwischen 0 und 255, wobei die kleinere Zahl jeweils die zu bevorzugende Route angibt. Aus dieser Tabelle können Sie ersehen, daß **gated** eine von OSPF gelernte Route der gleichen BGP-Route vorzieht.

Tabelle 7-1: Standard-Präferenzwerte

Routentyp	Standard-Präferenz
direkte Route	0
OSPF	10
Intern generierte Standard-Route	20
ICMP-Redirect	30
statische Route	60
Hello-Protokoll	90
RIP	100
OSPF ASE-Routen	150
BGP	170
EGP	200

Die Präferenz kann in mehreren verschiedenen Konfigurationsanweisungen angegeben werden. Sie kann genutzt werden, um Routen einer Netzwerkschnittstelle einer anderen vorzuziehen, ein Protokoll einem anderen, oder ein Gateway einem anderen. Diese Präferenzen werden von den Protokollen nicht übertragen und auch nicht modifiziert.

Sie werden nur in der Konfigurationsdatei verwendet. Im nächsten Abschnitt wollen wir uns daher die Konfigurationsdatei von **gated** (*/etc/gated.conf*) sowie die in ihr vorkommenden Konfigurationsbefehle ansehen.

gated konfigurieren

gated ist über *http://www.gated.org* verfügbar. Anhang B enthält Informationen zum Download und zur Kompilierung der Software. Wir verwenden nachfolgend **gated** Release 3.5.5 (die augenblicklich ohne Einschränkungen einsetzbare **gated**-Version). Es gibt neuere **gated**-Versionen, die den Mitgliedern des Gated-Konsortiums zugänglich sind. Falls Sie auf **gated** basierende Produkte entwickeln wollen oder Forschung in Sachen Routing-Protokolle mit **gated** planen, sollten Sie diesem Konsortium beitreten. Für unsere Zwecke reicht die Version 3.5.5 aus.

gated liest seine Konfiguration aus der Datei */etc/gated.conf*. Die in dieser Datei enthaltenen Konfigurationsbefehle erinnern an C-Code. Alle Anweisungen enden mit einem Semikolon, und zusammengehörende Anweisungen werden innerhalb geschweifter Klammern gruppiert. Diese Struktur macht es einfach, zusammengehörende Teile der Konfiguration zu erkennen, was besonders wichtig ist, wenn mehrere Protokolle konfiguriert werden. Neben dieser Struktur der Sprache besitzt auch */etc/gated.conf* selbst eine Struktur.

Die verschiedenen Konfigurationsanweisungen sowie die Reihenfolge, in der diese Anweisungen auftreten müssen, teilen *gated.conf* in verschiedene Abschnitte: *option-Anweisungen*, *interface-Anweisungen*, *definition-Anweisungen*, *protocol-Anweisungen*, *static-Anweisungen*, *control-Anweisungen* und *aggregate-Anweisungen*. Die Eingabe von Anweisungen in der falschen Reihenfolge führt bei der Verarbeitung der Datei zu einem Fehler.

Zwei weitere Anweisungsarten fallen in keine dieser Kategorien. Dies sind die *directive*- und *trace-Anweisungen*. Sie können an jeder Stelle der *gated.conf* vorkommen und haben keine direkte Beziehung zur Konfiguration irgendeines Protokolls. Diese Anweisungen geben dem Parser Anweisungen und steuern das Tracing innerhalb der Konfigurationsdatei.

Die **gated**-Konfigurationsbefehle sind in Tabelle 7-2 zusammengefaßt. Die Tabelle führt jeden Befehl mit Namen auf, bestimmt den Anweisungstyp und gibt eine kurze Übersicht der jeweiligen Funktion. Die gesamte Befehlssprache wird in Kapitel B detailliert behandelt.

Allein dieser kurzen Übersicht können Sie schon entnehmen, daß die Konfigurationssprache von **gated** viele Befehle besitzt. Die Sprache ermöglicht die Konfiguration vieler verschiedener Protokolle sowie die Konfiguration der **gated**-eigenen Features. Das kann alles recht verwirrend sein.

Tabelle 7-2: gated-Konfigurationsanweisungen

Anweisung	Typ	Funktion
%directory	directive	Legt das Verzeichnis für Include-Dateien fest
%include	directive	Fügt eine Datei in *gated.conf* ein
traceoptions	trace	Legt fest, welche Ereignisse beim Tracing erfaßt werden
options	option	Definiert gated-Optionen
interfaces	interface	Definiert Schnittstellen-Optionen
autonomoussystem	definition	Definiert die ASN
routerid	definition	Definiert den Ursprungsrouter für BGP oder OSPF
martians	definition	Definiert ungültige Zieladressen
snmp	protocol	Aktiviert Meldungen an SNMP
rip	protocol	Aktiviert RIP
hello	protocol	Aktiviert das Hello-Protokoll
isis	protocol	Aktiviert das ISIS-Protokoll
kernel	protocol	Konfiguriert Schnittstellen-Optionen des Kernels
ospf	protocol	Aktiviert das OSPF-Protokoll
redirect	protocol	Entfernt über ICMP installierte Routen
egp	protocol	Aktiviert EGP
bgp	protocol	Aktiviert BGP
icmp	protocol	Konfiguriert die Verarbeitung allgemeiner ICMP-Pakete
static	static	Definiert statische Routen
import	control	Legt fest, welche Routen akzeptiert werden
export	control	Legt fest, welche Routen angeboten werden
aggregate	aggregate	Steuert die Routen-Aggregation
generate	aggregate	Steuert die Erzeugung einer Standard-Route

Um Verwirrung zu vermeiden, sollten Sie nicht versuchen, alle von **gated** angebotenen Befehle im Detail zu verstehen. Ihre Routing-Umgebung wird weder alle Protokolle noch alle Features benötigen. Selbst wenn Sie ein Gateway an der Grenze zwischen zwei autonomen Systemen betreiben, werden Sie wahrscheinlich nur zwei Routing-Protokolle verwenden: ein internes und ein externes Protokoll. Nur die für Ihre jeweilige Konfiguration relevanten Befehle müssen in der Konfigurationsdatei enthalten sein. Wenn Sie also nicht mit dem BGP-Protokoll arbeiten, sollten Sie sich die **bgp**-Anweisung gar nicht erst ansehen. Wenn Sie zu einer bestimmten Anweisung weitere Details benötigen, können Sie diese in Anhang B nachlesen. Mit diesem Wissen im Hinterkopf wollen wir uns einige Beispielkonfigurationen ansehen.

gated.conf-Beispielkonfigurationen

Die Details in Anhang B lassen die **gated**-Konfiguration möglicherweise komplexer erscheinen als sie eigentlich ist. Die umfangreiche Befehlssprache von **gated** kann verwirrend sein, ebenso wie die Unterstützung mehrerer Protokolle und die Tatsache, daß die gleichen Dinge auf verschiedenen Wegen erreicht werden könnten. Aber ein paar realistische Beispiele werden Ihnen deutlich machen, daß die jeweiligen Konfigurationen nicht komplex sein müssen.

Die Basis unserer Beispielkonfigurationen bietet unser Netzwerk aus Abbildung 7-4. Wir haben einen neuen Router installiert, der unser Backbone mit einem direkten Internetzugang versorgt, und wir haben uns entschieden, neue Routing-Protokolle zu installieren. Wir wollen einen Host installieren, der RIP-2-Updates verarbeitet, ein internes Gateway mit RIP-2 und OSPF betreiben und ein externes Gateway für OSPF und BGP bereitstellen.

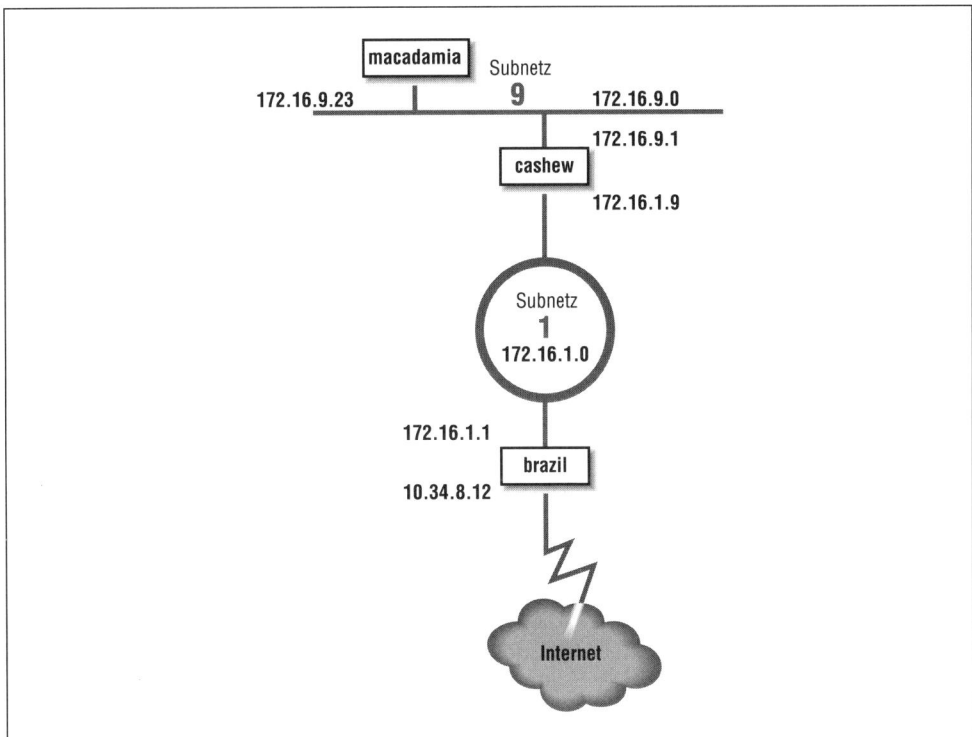

Abbildung 7-4: Routing-Topologie des Beispielnetzwerks

Das Gateway *cashew* verbindet die Subnetze 172.16.9.0 und 172.16.1.0. Den Hosts in Subnetz 9 bietet es sich als Standard-Gateway an, weil es das Gateway zur Außenwelt darstellt. Es verwendet RIP-2, um Routen in Subnetz 9 anzubieten. Für Subnetz 1 bietet sich *cashew* selbst als Gateway zu Subnetz 9 an, wobei es OSPF verwendet.

Gateway *brazil* ermöglicht Subnetz 1 den Zugriff auf das Internet durch das autonome System 164. Weil *brazil* den Zugriff auf das Internet bereitstellt, bietet es sich selbst als Standard-Gateway für die anderen Systeme in Subnetz 1 an. Auch hier wird OSPF eingesetzt. Dem externen autonomen System gegenüber verwendet es BGP, um sich selbst als Pfad zu den internen Netzwerken bekanntzugeben, die es durch OSPF gelernt hat.

Sehen wir uns die Routing-Konfiguration für den Host *macadamia*, das Gateway *cashew* und das Gateway *brazil* an.

Eine Host-Konfiguration

Die Routing-Konfiguration für den Host ist sehr einfach. Die Anweisung **rip yes** aktiviert RIP, und das ist wirklich schon alles, was zur Ausführung von RIP notwendig ist. Diese Basiskonfiguration sollte bei jedem RIP ausführenden System funktionieren. Die zwischen den geschweiften Klammern stehenden zusätzlichen Klauseln modifizieren diese grundlegende RIP-Konfiguration. Wir nutzen einige Klauseln, um ein etwas interessanteres Beispiel zu erzeugen. Hier ist die RIP-2-Konfiguration für den Host *macadamia*:

```
#
#   RIP aktivieren, kein Broadcast von Updates,
#   RIP-2-Updates auf der Multicast-Adresse abfangen.
#   Authentizität der Updates prüfen.
#
rip yes {
        nobroadcast ;
        interface 172.16.9.23
            version 2
            multicast
            authentication simple "REAL^stuff" ;

    } ;
```

Dieses Beispiel verdeutlicht die grundlegende Struktur der Konfigurationsanweisungen von *gated.conf*. Die mit einem Doppelkreuz (#) beginnenden Zeilen sind Kommentare.[12] Alle Anweisungen enden mit einem Semikolon. Mit einer Konfigurationsanweisung verbundene Klauseln können sich über mehrere Zeilen erstrecken und stehen zwischen geschweiften Klammern ({}). In unserem Beispiel gehören die Klauseln nobroadcast und interface direkt zur rip-Anweisung. Die Schlüsselwörter version, multicast und authentication sind Teil der interface-Klausel.

Das Schlüsselwort nobroadcast verhindert, daß der Host seine eigenen RIP-Updates weitergibt. Besitzt das System nur eine Netzwerkschnittstelle, dann ist nobroadcast voreingestellt. Besitzt es mehrere Netzwerkschnittstellen, wird standardmäßig broadcast verwendet. Das Schlüsselwort nobroadcast übernimmt die gleiche Aufgabe wie die Befehlszeilenoption –q bei **routed**. Allerdings kann **gated** wesentlich mehr als **routed**, was die nächste Klausel beweist.

---

12 Kommentare können auch zwischen * und *\ stehen.

Die `interface`-Klausel definiert Schnittstellenparameter für RIP. Die bei dieser Klausel verwendeten Parameter geben an, daß RIP-2-Updates über die RIP-2-Multicastadresse der Schnittstelle 172.16.9.23 empfangen werden, und daß authentische Updates das Paßwort `REAL^stuff` enthalten. Für RIP-2 ist die `simple` Authentizierung ein Paßwort im Klartext mit bis zu 16 Zeichen Länge. Es ist nicht dazu bestimmt, Systeme vor bösartigen Angriffen zu schützen, sondern soll Router nur vor Konfigurationspannen bewahren. Zwar könnte ein Benutzer sein System versehentlich als RIP-Anbieter einrichten, aber es ist doch sehr unwahrscheinlich, daß er auch noch das richtige Paßwort in seiner Konfiguration angibt. Eine strengere Authentizierung wird bald in Form einer kryptografischen Prüfsumme nach MD5 (Message Digest 5) verfügbar sein und durch die Angabe von `md5` in der Authentizierungsklausel aktiviert werden können.

Konfigurationen interner Gateways

Gateway-Konfigurationen sind komplizierter als die obige Konfiguration eines Hosts. Gateways besitzen immer mehrere Schnittstellen und führen gelegentlich mehrere Routing-Protokolle aus. Unsere erste Beispielkonfiguration ist für das interne Gateway zwischen Subnetz 9 und dem zentralen Backbone, Subnetz 1, bestimmt. Es nutzt RIP-2 für Subnetz 9, um den UNIX-Hosts Routen bekanntzugeben. Es verwendet OSPF in Subnetz 1, um Routen mit anderen Gateways auszutauschen. Hier die Konfiguration für das Gateway *cashew*:

```
#  Timeout von Subnetz 9 verhindern.
interfaces {
    interface 172.16.9.1 passive ;
} ;
# OSPF Router-ID definieren
routerid 172.16.1.9 ;
# RIP-2 aktivieren; OSPF-Routen an Subnetz 9
# mit dem Kostenfaktor 5 bekanntgeben.
rip yes {
    broadcast ;
    defaultmetric 5 ;
    interface 172.16.9.1
        version 2
        multicast
        authentication simple "REAL^stuff" ;
} ;
# OSPF aktivieren; Subnetz 1 ist der Backbone-Bereich;
# Paßwort-Authentizierung verwenden.
ospf yes {
    backbone {
        authtype simple ;
        interface 172.16.1.9 {
            priority 5 ;
            authkey "It'sREAL" ;
            } ;
        } ;
} ;
```

Die `interfaces`-Anweisung definiert die Routing-Charakteristika der Netzwerkschnitt-stellen. Das Schlüsselwort `passive` in der interface-Klausel wird hier verwendet, genau wie wir das schon einmal gemacht haben, um eine permanente statische Route einzu-richten, die nicht aus der Routing-Tabelle entfernt wird. In diesem Fall läuft die perma-nente Route durch eine direkt angeschlossene Netzwerkschnittstelle. Glaubt **gated** eine fehlerhafte Schnittstelle zu erkennen, setzt es den Kostenfaktor für diese Schnittstelle auf einen hohen Präferenzwert (120). Damit soll die Wahrscheinlichkeit verringert wer-den, daß ein Gateway Daten durch eine nicht betriebsbereite Schnittstelle routet. **gated** bestimmt anhand empfangener (bzw. nicht empfangener) Routing-Updates, ob eine Schnittstelle funktioniert oder nicht. Wir möchten aber nicht, daß **gated** die Schnittstelle 172.16.9.1 »abwertet«, weil unser Router den einzigen Pfad zu Subnetz 9 darstellt. Des-wegen enthält unsere Konfiguration auch die Klausel `interface 172.16.9.1 pas-sive`.

Die `routerid`-Anweisung definiert die Router-Kennung für OSPF. Wird diese Kennung nicht explizit in der Konfigurationsdatei eingetragen, verwendet **gated** die Adresse der ersten entdeckten Schnittstelle als Router-ID. Wir geben hier die Adresse der Schnitt-stelle als Router-ID an, die auch OSPF verwendet.

Im vorigen Beispiel haben wir alle Klauseln der **rip**-Anweisung erläutert, mit einer Aus-nahme – `defaultmetric`. Die `defaultmetric`-Klausel definiert die RIP-Metrik, die für Routen angegeben wird, die von anderen Routing-Protokollen gelernt wurden. Dieses Gateway verwendet sowohl OSPF als auch RIP-2. Wir möchten die über OSPF gelern-ten Routen auch unseren RIP-Clients zur Verfügung stellen und benötigen daher eine Metrik. Wir wählen einen RIP-Kostenfaktor von 5. Würden wir die `defaultmetric`-Klausel nicht verwenden, würden die von OSPF gelernten Routen den RIP-Clients nicht angeboten werden.[13] Diese Anweisung ist für unsere Konfiguration also notwendig.

Mit der Anweisung `ospf yes` wird OSPF aktiviert. Die erste mit dieser Anweisung asso-ziierte Klausel ist `backbone`. Sie besagt, daß der Router Teil des OSPF-Backbone-Berei-ches ist. Jedem `ospf yes` muß zumindest eine Bereichsklausel zugeordnet sein. Sie kann einen bestimmten Bereich definieren, z.B. `area 2`, aber zumindest ein Router muß im Backbone-Bereich liegen. Obwohl das OSPF-Backbone den Bereich 0 darstellt, kann es nicht als `area 0` angegeben werden. Es muß mit dem Schlüsselwort `backbone` bekanntgegeben werden. In unserer Beispielkonfiguration ist Subnetz 1 das Backbone, und alle daran angeschlossenen Router liegen im Backbone-Bereich. Es ist durchaus möglich, einen einzelnen Router mit mehreren Bereichen zu koppeln, indem man für jeden Bereich eigene Konfigurationsparameter angibt. Beachten Sie, wie die verschach-telten geschweiften Klammern die Klauseln gruppieren. Die verbleibenden Klauseln der Konfigurationsdatei sind direkt mit der Bereichsklausel verknüpft.

Die Klausel `authtype simple ;` besagt, daß eine einfache, paßwortbasierte Authenti-zierung im Backbone-Bereich verwendet wird. Zwei Möglichkeiten, `simple` und `none`

---

13 Das ist nicht ganz richtig. Die Routen würden mit einem Kostenfaktor von 16 angeboten werden, was bedeutet, daß die Ziele nicht zu erreichen sind.

sind bei GateD 3.5.5 als Authentizierungstyp verfügbar. `none` bedeutet, daß keine Authentizierung stattfindet. `simple` bedeutet, daß das richtige, aus 8 Buchstaben bestehende Paßwort verwendet werden muß, andernfalls wird das Update abgelehnt. Die Paßwort-Authentizierung wird nur eingesetzt, um Unfälle zu verhindern. Sie dient nicht dazu, bösartige Angriffe abzuwehren. Eine auf MD5 basierende strengere Authentizierung wird gerade entwickelt.

Die Schnittstelle, die diesen Router mit dem Backbone-Bereich verbindet, wird in der interface-Klausel definiert. Sie besitzt zwei assoziierte Subklauseln. Die Klausel `authkey "It'sREAL"` ; definiert das von dieser Schnittstelle genutzte Paßwort für die Authentizierung. Mit der Klausel `priority 5` ; wird die Priorität festgelegt, die diesem Router zugeordnet ist, wenn das Backbone einen designierten Router auswählt. Je höher diese Prioritätsnummer ausfällt, desto unwahrscheinlicher ist es, daß der Router als designierter Router gewählt wird. Nutzen Sie `priority`, um die Wahl in Richtung des (leistungs-)fähigsten Routers zu lenken.

Konfiguration externer Gateways

Die Konfiguration des Gateways *brazil* ist die komplexeste, weil hier OSPF und BGP ausgeführt werden. Die Konfigurationsdatei für das Gateway *brazil* sieht wie folgt aus:

```
# Unsere ASN für BGP definieren
autonomoussystem 249;

# Die OSPF Router-ID definieren
routerid 172.16.1.1;

# RIP deaktivieren
rip no;

# BGP aktivieren
bgp yes {
    preference 50 ;
    group type external peeras 164 {
        peer 10.6.0.103 ;
        peer 10.20.0.72 ;
        };
};


# OSPF aktivieren; Subnetz 1 ist der Backbone-Bereich.
# Paßwort-Authentizierung verwenden.
ospf yes {
    backbone {
        authtype simple ;
        interface 172.16.1.1 {
            priority 10 ;
            authkey "It'sREAL" ;
            } ;
        } ;
};
```

```
# Über OSPF gelernte Routen anbieten und zum direkt
# angeschlossenen Netzwerk via BGP zu AS 164 routen.
export proto bgp as 164 {
    proto direct ;
    proto ospf ;
};


# Über BGP gelernte Routen von
# AS 164 unserem OSPF-Bereich anbieten.
export proto ospfase type 2 {
    proto bgp as 164 {
        all ;
        };
};
```

Diese Konfiguration aktiviert BGP und OSPF und legt bestimmte protokollspezifische Parameter fest. BGP muß die ASN (Autonomous System Number) kennen, die für *nutsnet* 249 lautet. OSPF muß die Router-ID kennen. Wir geben diese Adresse mit der Router-Schnittstelle an, die OSPF ausführt. Die ASN und die Router-ID werden schon früh in der Konfiguration angegeben, weil `autonomoussystem` und `routerid` Definitionsanweisungen sind und daher vor der ersten Protokollanweisung stehen müssen. Die verschieden Anweisungsarten finden Sie in Tabelle 7-2.

Die erste Protokollanweisung ist diejenige, mit der RIP deaktiviert wird. Wir möchten RIP nicht ausführen, standardmäßig ist RIP bei **gated** aber aktiv. Daher deaktivieren wir RIP explizit mit der Anweisung `rip no ;`.

BGP wird mit der Anweisung `bgp yes` aktiviert. Hier werden auch gleich einige zusätzliche BGP-Parameter definiert. Mit der Klausel `preference 50 ;` setzen wir die **gated**-Präferenz für über BGP empfangene Routen auf den Wert 50. Standardmäßig liegt der Präferenzwert für diese Routen bei 170. Durch Änderung der Präferenz auf 50 erhöhen wir die Attraktivität dieser Routen. Ein Präferenzwert von 50 erlaubt es BGP-Routen, statische Routen zu überschreiben. Über OSPF gelernte Routen werden damit aber nicht überschrieben. Dieses Beispiel dient allerdings nur der Verdeutlichung. Es ist nicht sehr wahrscheinlich, daß Sie externe Routen besonders vorziehen werden. Eine Liste der Standardpräferenzen finden Sie in Tabelle 7-1.

Die `group`-Klausel legt Parameter für alle BGP-Peers der Gruppe fest. Die Klausel definiert die Art der erzeugten BGP-Verbindung. Das Beispiel ist eine klassische externe Routing-Protokoll-Verbindung. Die Verbindung wird zu einem System mit der ASN 164 hergestellt. **gated** kann 5 verschiedene Arten von BGP-Sessions erzeugen, aber nur eine, `type external`, wird zur direkten Kommunikation mit einem externen autonomen System verwendet. Die anderen vier Gruppentypen werden für internes BGP (IBGP) eingesetzt.[14] IBGP ist ein Akronym für BGP, wenn es eingesetzt wird, um Routing-Informationen innerhalb eines autonomen Systems zu bewegen. In unserem Beispiel verwenden wir es, um Routing-Informationen zwischen autonomen Systemen zu bewegen.

---

14 Informationen zu allen Arten von Gruppen finden Sie in Anhang B.

Die BGP-Nachbarn, von denen Updates akzeptiert werden, stehen in den peer-Klauseln. Jeder Peer ist ein Mitglied der Gruppe. Alles was mit einer Gruppe zusammenhängt, etwa die ASN, gilt für jedes System der Gruppe. Um Updates von beliebigen Systemen zu erlauben, müssen Sie anstelle einer Peer-Liste `allow` verwenden.

Das OSPF-Protokoll wird mit der Anweisung **ospf yes** aktiviert. Die Konfiguration von OSPF ist bei diesem Router identisch mit der Konfiguration der Router im Backbone-Bereich. Der einzige Parameter, der in diesem Beispiel geändert wurde, ist der Prioritätswert. Weil diese Route eine besonders hohe Last zu bewältigen hat, haben wir entschieden, ihr bei der Wahl eines designierten Routers eine etwas geringere Priorität zuzuweisen.

Die export-Anweisungen kontrollieren die Routen, die **gated** anderen Routern anbietet. Die erste export-Anweisung weist **gated** an, BGP zu verwenden (`proto bgp`), um dem autonomen System 164 (`as 164`) alle direkt angeschlossenen Netzwerke (`proto direct`) sowie alle von OSPF gelernten Routen (`proto ospf`) anzubieten. Beachten Sie, daß die in dieser Anweisung verwendete ASN nicht die von *nuts-net* ist. Es handelt sich um die ASN des externen Systems. Die erste Zeile der export-Anweisung definiert, wem wir etwas anbieten wollen. Die proto-Klausel innerhalb der geschweiften Klammern definiert, was wir anbieten.

Die zweite export-Anweisung bietet die vom externen AS gelernten Routen an. Diese Routen werden über BGP empfangen und mittels OSPF angeboten. Weil diese Routen von einem externen System stammen, werden sie als ASE-Routen (*autonomous system external*) angeboten. Deshalb gibt die export-Anweisung `ospfase` als Protokoll an, über das Routen angeboten werden. Der Parameter `type 2` definiert den Typ der angebotenen externen Routen. Zwei unterschiedliche Typen werden von **gated** angeboten. Routen vom Typ 2 wurden über ein externes Gateway-Protokoll gelernt, das eine Routing-Metrik anbietet, die nicht mit der OSPF-Metrik vergleichbar ist. Diese Routen werden mit dem Kostenfaktor für das Erreichen des Grenzrouters angegeben. In diesem Fall werden die Routen also mit dem OSPF-Preis angeboten, der für das Erreichen von Gateway *brazil* zu zahlen ist. Routen vom Typ 1 stammen von einem externen Protokoll, dessen Metrik direkt mit der der OSPF-Metrik vergleichbar ist. In diesem Fall wird die Metrik des externen Protokolls einfach zu dem Preis für das Erreichen des Grenzrouters addiert, wenn diese Routen angeboten werden.

Die Quelle der in der zweiten export-Anweisung angebotenen Routen ist die BGP-Verbindung (`proto bgp`) zum autonomen System 164 (`as 164`). Die proto-Klausel wird mit einer zusätzlichen *route filter*-Klausel eingeschränkt. Ein solcher »Routenfilter« wird verwendet, um die Routen einer bestimmten Quelle zu wählen. Der Filter kann die Netzwerke mit den zugehörigen Netzmasken angeben, um individuelle Ziele zu wählen. In unserem Beispiel wird das Schlüsselwort `all` genutzt, um alle über BGP empfangenen Routen zu wählen. (Dies entspricht auch der Voreinstellung.)

Alle von einem externen autonomen System empfangenen Routen könnten eine sehr große Routing-Tabelle erzeugen. Individuelle Routen sind nützlich, wenn Sie mit mehreren Grenzroutern arbeiten, über die die Außenwelt erreicht werden kann. Besitzen Sie hingegen nur einen Grenzrouter, benötigen Sie wahrscheinlich nicht mehr als eine

Standard-Route. Zum Export einer Standard-Route fügen Sie die Anweisung `options gendefault ;` zu Beginn der Konfigurationsdatei ein.[15] Damit weisen Sie **gated** an, eine Standard-Route zu erzeugen, wenn das System ein Peering mit einem BGP-Nachbarn durchführt. Als nächstes ersetzen wir die zweite export-Anweisung unseres Beispiels wie folgt:

```
# Erzeuge eine Standard-Route, wenn ein Peering
# mit einem BGP-Nachbarn durchgeführt wird.
export proto ospfase type 2  {
    proto default ;
};
```

Diese export-Anweisung weist **gated** an, den Grenzrouter als Standard-Gateway anzubieten, wenn er eine aktive Verbindung zum externen System besitzt.

Diese wenigen Beispiele machen deutlich, daß *gated.conf* meist recht klein und einfach zu lesen ist. Verwenden Sie **gated**, wenn Sie auf Ihrem Computer ein Routing-Protokoll betreiben müssen. Das System erlaubt es Ihnen, auf allen Hosts, internen und externen Gateways die gleiche Software und die gleiche Konfigurationssprache zu verwenden.

Die Konfiguration testen

Bevor Sie versuchen, die Konfiguration einzusetzen, sollten Sie die Datei testen. Die Konfigurationssyntax von **gated** ist komplex, und es können sich leicht Fehler einschleichen. Legen Sie Ihre Konfiguration in einer Testdatei ab, überprüfen Sie die neue Konfiguration, und verschieben Sie sie erst dann nach */etc/gated.conf*. Das geht wie folgt:

Nehmen wir einmal an, daß eine Konfigurationsdatei namens *test.conf* bereits angelegt wurde. Getestet wird sie mit Hilfe der Optionen –f und –c in der Befehlszeile:

```
% gated -c -f test.conf trace.test
```

Die Option –f weist **gated** an, die Konfiguration aus der angegebenen Datei und nicht aus */etc/gated.conf* einzulesen. In unserem Beispiel lesen wir die Konfiguration aus *test.conf*. Die Option –c weist **gated** an, die Konfigurationsdatei einzulesen und auf Syntaxfehler zu untersuchen. Nachdem die Datei verarbeitet wurde, bricht **gated** ab. Die Routing-Tabelle wird nicht verändert. Mit –c wird das Tracing aktiviert. Wenn Sie keinen Dateinamen angeben, erscheinen die Tracing-Daten auf dem Terminal. Im Beispiel haben wir *trace.test* als Trace-Datei angegeben. Die Option –c erzeugt eine Momentaufnahme des Zustands von **gated** nach dem Einlesen der Konfigurationsdatei und hält diesen Zustand in der Datei */usr/tmp/gated_dump* fest. Sie müssen weder Superuser sein noch den laufenden **gated**-Prozeß beenden, um **gated** auszuführen, wenn Sie die Option –c verwenden.

Der Dump und die Trace-Datei (*trace.test*) können auf Fehler und andere Informationen untersucht werden. Wenn Sie sicher sind, daß die Konfiguration in Ordnung ist,

---

15 Die `generate`-Anweisung ist eine Alternative zum Aufbau einer Standard-Route. Details finden Sie in Anhang B.

wechseln Sie in den Superuser-Modus und verschieben die neue Konfiguration (*test.conf*) nach */etc/gated.conf*.

Eine Alternative zur Prüfung der Konfigurationsdatei ist **gdc**, allerdings müssen Sie diesen Befehl als Root ausführen. Er besitzt Features zur Prüfung und Installation einer neuen Konfiguration. **gdc** verwendet drei verschiedene Konfigurationsdateien. Die aktuelle Konfiguration steht in */etc/gated.conf*. Die vorherige Konfiguration wird in */etc/gated.conf–* abgelegt. Die »nächste« Konfiguration wird in */etc/gated.conf+* gespeichert und ist normalerweise auch die zu prüfende Konfiguration. Der Test einer Konfiguration mit **gdc** sieht wie folgt aus:

```
# cp test.conf /etc/gated.conf+
# gdc checknew
configuration file /etc/gated.conf+ checks out okay
# gdc newconf
# gdc restart
gated not currently running
gdc: /etc/gated was started
```

In diesem Beispiel wurde die Testkonfiguration nach */etc/gated.conf+* kopiert und mit dem Befehl **gdc checknew** überprüft. Bei Syntaxproblemen wird eine Warnung ausgegeben, und detaillierte Fehlermeldungen werden in die Datei */usr/tmp/gated_parse* geschrieben. Unser Beispiel ist fehlerfrei, und wir machen die Testdatei zu unserer aktuellen Konfiguration, indem wir den Befehl **gdc newconf** eingeben. Dieser Befehl verschiebt die aktuelle Konfiguration nach *gated.conf–* und macht die neue Konfiguration (*gated.conf+*) zur aktuellen Konfiguration. Der Befehl **gdc restart** beendet einen gerade laufenden **gated**-Prozeß (in unserem Beispiel lief gerade keiner) und startet **gated** mit der neuen Konfiguration.

gated beim Startup ausführen

Wie jede Routing-Software sollte **gated** in Ihre Startup-Datei aufgenommen werden. Bei einigen Systemen ist der Code zum Starten von **gated** bereits in der Startup-Datei enthalten. Ist das bei Ihrem System nicht der Fall, müssen Sie diese Aufgabe von Hand erledigen. Enthält Ihre Startup-Datei bereits Code, der **routed** ausführt, müssen Sie ihn durch entsprechenden Code für **gated** ersetzen. **gated** und **routed** dürfen nicht gleichzeitig ausgeführt werden.

Unser imaginäres Gateway *almond* ist ein Solaris-System. Es enthält Code in der Datei */etc/init.d/inetinit*, mit dem **routed** gestartet wird. Wir kommentieren diese Zeilen aus und fügen die folgenden hinzu:

```
if [ -f /usr/sbin/gated -a -f /etc/gated.conf ]; then
    /usr/sbin/gated;    echo -n 'gated' > /dev/console
fi
```

Der Code geht davon aus, daß **gated** in */usr/sbin* installiert ist und daß die Konfigurationsdatei */etc/gated.conf* heißt. Der Code prüft, ob **gated** vorhanden ist, und ob die Konfigurationsdatei */etc/gated.conf* existiert. Liegen beide Dateien vor, wird **gated** gestartet.

Der Code sucht auch nach einer Konfigurationsdatei, weil **gated** normalerweise mit einer ausgeführt wird. Wird **gated** ohne eine Konfigurationsdatei gestartet, sucht es in der Routing-Tabelle nach einer Standard-Route. Wird diese Route nicht gefunden, wird RIP gestartet, andernfalls wird nur diese Route verwendet. Erzeugen Sie eine */etc/ gated.conf* auch dann, wenn Sie nur RIP nutzen wollen. Die Konfigurationsdatei dokumentiert Ihre Routing-Konfiguration und schützt sie, falls sich die Standardkonfiguration von **gated** in der Zukunft ändern sollte.

Zusammenfassung

Das Routing stellt das Bindeglied dar, über das Netzwerke miteinander verbunden werden. Ohne das Routing könnten Netzwerke untereinander nicht kommunizieren. Die Konfiguration des Routing ist eine wichtige Aufgabe des Netzwerkadministrators.

Das minimale Routing verlangt die Kommunikation durch die Netzwerkschnittstelle mit dem direkt angeschlossenen Netzwerk. Diese Routen sind in der Routing-Tabelle daran zu erkennen, daß bei den entsprechenden Einträgen das G-Flag (Gateway) nicht gesetzt ist. Bei den meisten Systemen werden die minimalen Routen vom **ifconfig**-Befehl angelegt, wenn eine Schnittstelle installiert wird. Bei Linux-Systemen muß die Route über eine Schnittstelle durch einen expliziten **route**-Befehl angegeben werden.

Der **route**-Befehl wird zum Aufbau einer statischen Routing-Tabelle verwendet. Beim statischen Routing wird die Routing-Tabelle manuell vom Netzwerkadministrator gepflegt. Routen werden in der Routing-Tabelle mit dem **route**-Befehl eingebunden und wieder entfernt. Die gängigste Anwendung des statischen Routings ist die Installation einer Standard-Route.

Dynamisches Routing nutzt Routing-Protokolle zur Wahl der besten Routen und zur Aktualisierung der Routing-Tabelle. Es gibt viele verschiedene dynamische Routing-Protokolle. Das auf den meisten UNIX-Systemen verfügbare Routing-Protokoll heißt *Routing Information Protocol* (RIP). RIP wird von **routed** ausgeführt. **routed** baut die Routing-Tabelle aus den über das Netzwerk empfangenen Informationen und aus den Daten in */etc/gateway* auf.

gated ist ein Softwarepaket, das eine Reihe weiterer Routing-Protokolle für UNIX-Systeme bereitstellt, darunter auch so fortgeschrittene Protokolle wie *Open Shortest Path First* (OSPF) und *Border Gateway Protocol* (BGP). **gated** wird über die Datei */etc/ gated.conf* konfiguriert. Die Konfigurationsbefehle von **gated** werden in Anhang B erläutert.

Das war das letzte Kapitel, das sich mit dem Aufbau der physikalischen Netzwerkverbindung beschäftigt hat. Sobald das Routing installiert ist, kann das System grundlegende Kommunikationsaufgaben erfüllen. Im nächsten Kapitel beginnen wir mit der Betrachtung der verschiedenen Anwendungen und Dienste, die das Netzwerk erst wirklich nützlich machen.

In diesem Kapitel:
- *BIND: UNIX-Name-Service*
- *Die Konfiguration des Resolvers*
- *Die Konfiguration von named*
- *Arbeiten mit nslookup*
- *Zusammenfassung*

8

Die Konfiguration des DNS

Herzlichen Glückwunsch! Sie haben TCP/IP im Kernel installiert, die Netzwerkschnittstelle konfiguriert und das Routing eingerichtet. An diesem Punkt haben Sie alle Konfigurationsarbeiten erledigt, die zum Betrieb von TCP/IP auf einem UNIX-System notwendig sind. Die nun noch verbleibenden Aufgaben sind zwar nicht *notwendig*, um TCP/IP zu betreiben, machen das Netzwerk aber freundlicher und nützlicher. In den beiden nächsten Kapiteln sehen wir uns an, wie man die grundlegenden TCP/IP-Netzwerkdienste konfiguriert. Der wohl wichtigste dieser Dienste ist der Nameservice.

Genaugenommen ist ein Nameservice zur Kommunikation von Computern nicht notwendig. Es handelt sich, wie der Name es andeutet, um einen Service – und zwar um einen Service, der das Netzwerk benutzerfreundlicher machen soll. Computer sind mit IP-Adressen zufrieden, während wir Menschen Namen vorziehen. Wie wichtig der Nameservice ist, können Sie allein schon daran ersehen, welchen Umfang wir ihm in diesem Buch einräumen. Kapitel 3 erläutert, *warum* der Nameservice notwendig ist. Dieses Kapitel beschreibt, *wie* er konfiguriert wird, und Anhang C behandelt die *Details* der Nameserver-Konfigurationsbefehle. In diesem Kapitel versorgen wir Sie mit ausreichend Informationen, um Ihnen zu zeigen, wie Sie die BIND-4-Software auf Ihrem System zum Laufen bringen.[1] Sollten Sie jedoch genauer wissen wollen, warum bestimmte Dinge gemacht werden, können Sie in Kapitel 3 und Kapitel 3 nachsehen.

---

1 BIND-4 ist die Version der Domain Name Software, die bei den meisten UNIX-Systemen verfügbar ist. Eine andere DNS-Version – BIND-8 – ist ebenfalls verfügbar. BIND-8 verwendet eine andere Syntax in der Konfigurationsdatei. Wir verwenden hier BIND-4, weil es so weit verbreitet ist und sowohl mit Slackware 96 Linux als auch mit Solaris 2.5.1 geliefert wird.

BIND: UNIX-Name-Service

Unter UNIX ist das DNS im Softwarepaket *Berkeley Internet Name Domain* (BIND) implementiert. BIND ist ein Client/Server-System. Die Client-Seite von BIND wird *Resolver* genannt. Er generiert die DNS-Abfragen (Queries), die an den Server gesendet werden. Die DNS-Serversoftware beantwortet die Queries des Resolvers. Die Server-Seite von BIND übernimmt ein Daemon namens **named**.

Dieses Kapitel behandelt drei grundlegende BIND-Konfigurationsaufgaben:

* Die Konfiguration des BIND-Resolvers.
* Die Konfiguration des BIND-Nameservers (**named**)
* Den Aufbau der Datenbankdateien des Nameservers, der sogenannten *Zonendateien (zone files)*.

Der Begriff *Zone* wird häufig mit dem Begriff *Domain* gleichgesetzt. Wir treffen hier aber eine Unterscheidung zwischen diesen beiden Begriffen. Wir verwenden »Zone«, wenn wir von der Domain-Datenbankdatei sprechen, während wir den Begriff »Domain« im allgemeineren Zusammenhang verwenden. In diesem Buch ist eine Domain ein Teil der Domain-Hierarchie, die durch den Domain-Namen gekennzeichnet ist. Eine Zone ist eine Sammlung von Domain-Informationen, die in einer Domain-Datenbankdatei enthalten sind. Die diese Domain-Informationen enthaltende Datei wird als Zonendatei bezeichnet.

RFC 1033, der *Domain Administrators Operations Guide*, definiert den grundlegenden Satz von Standarddatensätzen (Records), die zum Aufbau der Zonendatei verwendet werden. Viele RFCs schlagen neue DNS-Records vor, die allerdings nicht weitläufig implementiert sind. In diesem Kapitel und in Anhang C konzentrieren wir uns auf die grundlegenden Resource Records, die Sie am häufigsten verwenden werden. Wir werden diese Records benutzen, um die in diesem Kapitel verwendeten Zonendateien aufzubauen. Aber wie oder ob Sie überhaupt Zonendateien für Ihr System aufbauen müssen, wird durch die Art der BIND-Konfiguration vorgegeben, für die Sie sich entscheiden.

BIND-Konfigurationen

BIND-Konfigurationen werden durch die Art des Dienstes beschrieben, den die Software anbieten soll. Die vier Stufen von Diensten, die in einer BIND-Konfiguration definiert werden können, sind: reine Resolver-Systeme, reine Cache-Server, primäre Server und sekundäre Server.

Der Resolver ist der Code, der Nameserver nach Domain-Informationen abfragt. Auf UNIX-Systemen ist der Resolver in Form einer Programmbibliothek implementiert, d.h., es handelt sich nicht um ein separates Client-Programm. Manche Systeme, die sog. reinen Resolver (resolver-only), arbeiten nur mit dem Resolver, d.h., sie führen keinen Nameserver aus. Solche reinen Resolver-Systeme sind sehr einfach zu konfigurieren: Sie müssen nur die Datei */etc/resolv.conf* einrichten.

Für die drei anderen BIND-Konfigurationen ist es notwendig, daß die Serversoftware **named** auf dem lokalen System läuft. Diese Konfigurationen sind:

Primary

Der primäre Nameserver *(Primary)* ist die verbindliche Quelle *(authoritative source)* für alle Informationen zu einer bestimmten Domain. Der Primary lädt seine Domain-Informationen aus einer lokalen Datei von der Festplatte, die vom Domain-Administrator aufgebaut und gepflegt wird. Diese Datei (die Zonendatei) enthält die genauesten Informationen über den Teil der Domain-Hierarchie, über den der Server die »Autorität« besitzt. Der primäre Server ist ein Master-Server, weil er jede Frage zu seiner Domain mit voller Autorität beantworten kann. Die Konfiguration eines primären Servers verlangt einen vollständigen Satz von Konfigurationsdateien: Zonendateien für die reguläre Domain und das Reverse Mapping, die Boot-Datei, die Cache-Datei und die Loopback-Datei. Keine andere Konfiguration verlangt den vollständigen Einsatz all dieser Dateien.

Secondary

Ein sekundärer Nameserver *(Secondary)* überträgt den kompletten Satz an Domain-Informationen vom primären Server. Die Zonendatei wird vom Primary übertragen und vom Secondary in einer lokalen Datei auf der Festplatte abgelegt. Dieser Transfer wird treffend als *Zonentransfer* bezeichnet. Ein sekundärer Server hält eine vollständige Kopie aller Domain-Informationen vor und kann Queries zu dieser Domain entsprechend autoritär beantworten. Aus diesem Grund wird ein Secondary ebenfalls als Master-Server betrachtet. Bei der Konfiguration eines sekundären Servers ist der Aufbau lokaler Zonendateien nicht notwendig, weil die Zonendateien vom primären Server heruntergeladen werden. Allerdings werden die anderen Dateien (Boot-, Cache- und Loopback-Datei) verlangt.

Caching-Only

Ein reiner Cache-Server *(Caching-Only)* führt die Nameserver-Software aus, hält aber keine Datenbankdateien vor. Er lernt die Antworten auf alle Nameserver-Queries von irgendeinem entfernten Server. Sobald er die Antwort gelernt hat, legt der Server diese in einem Cache ab und verwendet sie, um zukünftige Anforderungen dieser Informationen zu beantworten. Alle Nameserver verwenden im Cache liegende Informationen auf diese Weise, aber nur reine Cache-Server bauen die Beantwortung von Abfragen allein auf dieser Technik auf. Ein solcher Server wird nicht als autoritär betrachtet (er ist also kein Master-Server), weil er alle Informationen aus zweiter Hand hat. Nur eine Boot- und eine Cache-Datei sind zur Konfiguration eines solchen Cache-Servers notwendig. Die gängigste Konfiguration schließt aber auch eine Loopback-Datei ein. Diese Konfiguration ist wahrscheinlich die häufigste und, abgesehen vom reinen Resolver-Betrieb, die am einfachsten zu konfigurierende.

Ein Server kann in einer dieser Konfigurationen, oder, was noch häufiger der Fall ist, in einer Kombination dieser Konfigurationsarten betrieben werden. Alle Systeme müssen aber den Resolver ausführen, weshalb wir auch mit der Konfiguration der Client-Seite der DNS-Software anfangen wollen.

Die Konfiguration des Resolvers

Der Resolver wird mit Hilfe der Datei */etc/resolv.conf* konfiguriert. Der Resolver ist kein eigener Prozeß, sondern eine Bibliothek mit Routinen, die von Netzwerkprozessen aufgerufen werden. Die Datei *resolv.conf* wird eingelesen, wenn ein den Resolver nutzender Prozeß gestartet wird. Der Inhalt dieser Datei wird während der gesamten Lebensdauer des Prozesses zwischengespeichert. Wird die Konfigurationsdatei nicht gefunden, versucht der Resolver die Verbindung zu dem auf dem lokalen Host laufenden **named**-Server herzustellen. Das mag zwar funktionieren, aber wir empfehlen diese Vorgehensweise nicht. Indem Sie den Resolver in die Standardeinstellung schalten, geben Sie die Kontrolle über Ihr System auf und werden anfällig für die Variationen, die von unterschiedlichen Systemen zur Bestimmung der Standardkonfiguration eingesetzt werden. Aus diesen Gründen sollte die Resolver-Konfigurationsdatei auf jedem System eingerichtet werden, auf dem BIND eingesetzt wird.

Die Resolver-Konfigurationsdatei

Die Konfigurationsdatei dokumentiert klar die Resolver-Konfiguration. Sie erlaubt die Angabe von bis zu drei Namenservern, von denen zwei als Backup dienen, falls der erste Server nicht antwortet. Sie definiert die Standard-Domain und verschiedene andere Verarbeitungsoptionen. Die Datei *resolv.conf* ist ein wichtiger Bestandteil der Nameserver-Konfiguration.

resolv.conf ist eine einfache, im Klartext vorliegende Datei. Zwar gibt es systemspezifische Variationen bei den in dieser Datei verwendeten Befehlen, aber die von den meisten Systemen unterstützten Einträge sind:

nameserver *Adresse*
> Die **nameserver**-Einträge geben die IP-Adressen der Nameserver an, die der Resolver nach Domain-Informationen abfragen soll. Diese Nameserver werden in der Reihenfolge ihres Auftretens in der Datei abgefragt. Kommt von einem Server keine Antwort, wird der nächste aufgeführte Server abgefragt, bis die maximale Anzahl von Servern durchprobiert wurde.[2] Sind keine **nameserver**-Einträge in der *resolv.conf* enthalten oder existiert überhaupt keine *resolv.conf*, gehen alle Nameserver-Queries an den lokalen Host. Gibt es allerdings eine *resolv.conf* und enthält diese **nameserver**-Einträge, dann wird der lokale Host *nicht* abgefragt, es sei denn, ein Eintrag verweist auf den lokalen Host. Sie müssen den lokalen Host über seine offizielle IP-Adresse angeben, nicht über die Loopback-Adresse und auch nicht als 0.0.0.0. Die offizielle Adresse vermeidet Probleme, die bei einigen UNIX-Versionen aufgetreten sind. Eine reine Resolver-Konfiguration enthält nie einen **nameserver**-Eintrag, der auf den lokalen Host verweist.

---

2 Die maximale Anzahl von Servern, die bei den meisten BIND-Implementierungen durchprobiert werden, ist drei.

domain *Name*

Der **domain**-Eintrag definiert den Standard-Domain-Namen. Der Resolver hängt diesen Standard-Domain-Namen an jeden Hostnamen an, in dem kein Punkt enthalten ist.[3] Der so erweiterte Hostname wird dann in der Abfrage verwendet, die an den Nameserver geht. Wird zum Beispiel der Hostname *almond* (der keinen Punkt enthält) vom Resolver empfangen, wird der Standard-Domain-Name an *almond* angefügt, um die Abfrage zu formulieren. Wurde der *Name* eines **domain**-Eintrags mit nuts.com angegeben, fragt der Resolver nach *almond.nuts.com*. Ist die Umgebungsvariable LOCALDOMAIN gesetzt, überschreibt sie den **domain**-Eintrag, d.h., der Wert von LOCALDOMAIN wird zur Erweiterung des Hostnamens verwendet.

search *Domain …*

Der **search**-Eintrag definiert eine Reihe von Domains, die durchsucht werden, wenn ein Hostname keinen Punkt enthält. Nehmen wir zum Beispiel einmal den Eintrag **search essex.nuts.com butler.nuts.com**. Eine Query nach dem Hostnamen *roaster* wird zuerst als *roaster.essex.nuts.com* interpretiert. Falls das nicht zu einem erfolgreichen Ergebnis führt, fragt der Resolver nach *roaster.butler.nuts.com*. Falls auch diese Query fehlschlägt, werden keine weiteren Versuche unternommen, den Hostnamen aufzulösen. Das unterscheidet sich deutlich von der Operation, die der **domain**-Eintrag durchführt. Nehmen wir den Eintrag **domain butler.nuts.com**. Hier wird eine Query für *roaster* zuerst als *roaster.butler.nuts.com* durchgeführt und, falls das fehlschlägt, als *roaster.nuts.com*. Wird die **search**-Anweisung verwendet, werden wirklich nur die explizit aufgeführten Domains durchsucht. Mit einer **domain**-Anweisung werden die Standard-Domain und die übergeordneten Parent-Domains durchsucht. Eine solche Parent-Domain muß allerdings aus mindestens zwei Feldern bestehen, um durchsucht zu werden. Der Resolver würde also nicht nach *roaster.com* suchen. Benutzen Sie entweder die **search**- oder die **domain**-Anweisung. Verwenden Sie niemals beide in der gleichen Konfiguration. Ist die Umgebungsvariable LOCALDOMAIN gesetzt, überschreibt sie den **search**-Eintrag.

sortlist *Netzwerk …*

Adressen der im **sortlist**-Befehl angegebenen Netzwerke werden gegenüber anderen Adressen bevorzugt. Empfängt ein Resolver mehrere Adressen als Antwort auf eine Query zu einem Multihoming-Host oder -Router, sortiert er die Adressen so um, daß die Adressen aus den in der **sortlist**-Anweisung enthalten Netzwerken vor den anderen Adressen plaziert werden. Normalerweise werden die Adressen in der Reihenfolge an die Anwendung zurückgegeben, in der sie vom Resolver empfangen wurden. Die einzige Ausnahme ist hier, daß Adressen in einem gemeinsamen Netzwerk standardmäßig anderen Adressen vorgezogen werden. Ist der den Resolver ausführende Computer also mit dem Netzwerk 172.16.0.0 verbunden, und stammt eine der zurückgegebenen Adressen aus diesem Netzwerk, wird die

---

3 Das ist die übliche Art und Weise, auf die Standard-Domain-Namen verwendet werden, aber nicht die einzige. Details finden Sie in Kapitel 3 im Abschnitt über Domain-Namen.

Adresse aus 172.16.0.0 den anderen Adressen vorangestellt. Der **sortlist**-Befehl wird selten verwendet. Damit er sinnvoll ist, muß ein entfernter Host mehrere Adressen für den gleichen Namen besitzen, der Pfad zu einer dieser Adressen muß deutlich besser sein als die anderen, und Sie müssen genug über die Konfiguration der Gegenstelle wissen, um sagen zu können, welche Adresse zu bevorzugen ist.

options `Option ...`

Der **options**-Eintrag wird genutzt, um optionale Einstellungen für den Resolver durchzuführen. Während dies geschrieben wird, gibt es für `Option` zwei gültige Schlüsselwörter: `debug` zur Aktivierung des Debugging und `ndots:n` zur Angabe der Zahl von Punkten, die in einem Hostnamen enthalten sein müssen, um die Standard-Domain nicht anzuwenden. Voreingestellt ist 1. Enthält ein Hostname einen Punkt, wird die Standard-Domain nicht angehängt, bevor der Name an den Nameserver übergeben wird. Mit `options ndots:2` wird einem Hostnamen mit einem Punkt die Standard-Domain angefügt, bevor die Query erfolgt, während für Adressen mit zwei und mehr Punkten die Standard-Domain nicht angehängt wird.

Die am weitesten verbreitete Konfiguration der *resolv.conf* definiert den Standard-Domain-Namen, den lokalen Host als ersten Nameserver und zwei Backup-Nameserver. Hier ein Beispiel dieser Konfiguration:

```
# Domain Name Resolver Konfigurationsdatei
#
domain nuts.com
# zuerst probieren wir es bei uns
nameserver 172.16.12.2
# danach bei almond
nameserver 172.16.12.1
# und schließlich bei filbert
nameserver 172.16.1.2
```

Dieses Beispiel basiert auf unserem imaginären Netzwerk, weshalb die Standard-Domain *nuts.com* lautet. Diese Konfiguration ist für *peanut* gedacht und gibt sich selbst als ersten Nameserver an. Die Backup-Server sind *almond* und *filbert*. Die Konfiguration enthält keine Sortierliste oder irgendwelche Optionen; sie werden nur selten genutzt. Das ist ein Beispiel für ein durchschnittliche Resolver-Konfiguration.

Konfiguration eines reinen Resolvers

Die Resolver-Only-Konfiguration ist sehr einfach. Sie ist mit der Durchschnittskonfiguration fast identisch, besitzt aber keinen **nameserver**-Eintrag für das lokale System. Eine Beispiel einer *resolv.conf* für ein reines Resolver-System ist nachfolgend zu sehen:

```
# Domain Name Resolver Konfigurationsdatei
#
domain nuts.com
# almond probieren
nameserver 172.16.12.1
# danach filbert
nameserver 172.16.1.2
```

Die Konfiguration weist den Resolver an, alle Queries zuerst an *almond* zu schicken und, falls das fehlschlägt *filbert*, zu versuchen. Queries werden nie lokal aufgelöst. Diese einfache *resolv.conf* ist alles, was Sie zur Konfiguration eines reinen Resolver-Systems benötigen.

Die Konfiguration von named

Während die Resolver-Konfiguration maximal eine Konfigurationsdatei verlangt, werden bei der Konfiguration von **named** mehrere benötigt. Die vollständige Liste der **named**-Konfigurationsdateien umfaßt:

named.boot
> Legt allgemeine **named**-Parameter fest und zeigt auf die Quellen mit Domain-Informationen, die von diesem Server genutzt werden. Bei diesen Quellen kann es sich um lokal vorliegende Dateien oder um entfernte Server handeln.

named.ca
> Verweist auf die Root-Domain-Server.

named.local
> Wird zur lokalen Auflösung der Loopback-Adresse genutzt.

named.hosts
> Die Zonendatei, in der Hostnamen auf IP-Adressen abgebildet werden.

named.rev
> Die Zonendatei der Reverse Domain, die IP-Adressen auf Hostnamen abbildet.

Die hier angegebenen Dateinamen sind generisch. Wir verwenden sie, um die Besprechung dieser Dateien im Text zu vereinfachen. Die Dateien können jeden von Ihnen gewünschten Namen erhalten. Verwenden Sie die Dateinamen *named.boot* und *named.local* für die Boot-Datei und die Datei mit der Loopback-Adresse. Verwenden Sie den Namen *named.ca* oder eine der allgemein bekannten Alternativen *named.root* und *root.ca* für die Datei, in der Sie die Root-Server angeben. Verwenden Sie hingegen nie die Namen *named.hosts* und *named.rev* für Ihre Zonendateien. Benutzen Sie statt dessen beschreibende Namen. In den folgenden Abschnitten wollen wir uns ansehen, wie jede einzelne dieser Dateien verwendet wird. Beginnen wollen wir mit *named.boot*.

Die Datei named.boot

Die Datei *named.boot* zeigt **named** die Quellen für die benötigten DNS-Informationen. Bei einigen dieser Quellen handelt es sich um lokal vorliegende Dateien, bei anderen um entfernte Server. Sie müssen nur die Dateien anlegen, die in den primary- und cache-Anweisungen referenziert werden. Wir werden uns ein Beispiel für alle Arten von Dateien ansehen, die Sie möglicherweise anlegen müssen.

Tabelle 8-1 faßt alle Konfigurationsanweisungen der *named.boot* zusammen, die wir in diesem Kapitel verwenden. Sie enthält gerade genug Informationen, um die Beispiele verstehen zu können. Nicht alle Konfigurationsbefehle der *named.boot* werden in den Beispielen verwendet, und Sie werden wohl auch nicht alle in Ihrer Konfiguration nutzen. Die Befehle sind so konzipiert, daß sie das gesamte Spektrum der Konfigurationen abdecken, selbst die Konfiguration von Root-Servern. Wenn Sie weitere Details zu allen Konfigurationsanweisungen der *named.boot* benötigen, finden Sie in Anhang C eine vollständige Beschreibung jedes Befehls.

Tabelle 8-1: Konfigurationsbefehle in named.boot

Befehl	Funktion
directory	Definiert ein Verzeichnis für alle nachfolgenden Dateireferenzen
primary	Deklariert diesen Server als Primary für die angegebene Zone
secondary	Deklariert diesen Server als Secondary für die angegebene Zone
cache	Zeigt auf die Cache-Datei
forwarders	Führt Server auf, an die Queries weitergeleitet werden
options	Aktiviert BIND-Optionen
xfrnets	Beschränkt Zonentransfers auf bestimmte Adressen

Die Konfiguration Ihrer *named.boot* legt fest, ob Ihr Nameserver als primärer, sekundärer oder reiner Cache-Server betrieben wird. Der beste Weg, diese unterschiedlichen Konfigurationen zu verstehen, besteht darin, sich Beispiele verschiedener **named.boot**-Dateien anzusehen. In den nächsten Abschnitten werden wir Ihnen Beispiele für jede Art der Konfiguration vorstellen.

Konfigurationen eines reinen Cache-Nameservers

Die Konfiguration eines Caching-Only-Servers ist einfach. Sie benötigen nur die Dateien *named.boot* und *named.ca*, obwohl *named.local* meistens auch verwendet wird. Die gängigste *named.boot*-Datei für einen Caching-Only-Server sieht wie folgt aus:

```
;
;  eine Caching-Only Server-Konfiguration
;
primary          0.0.127.IN-ADDR.ARPA       /etc/named.local
cache            .                          /etc/named.ca
```

Die einzige Zeile, die hier zur Konfiguration eines Caching-Only-Servers notwendig ist, ist die **cache**-Anweisung. Sie weist **named** an, einen Cache mit den Antworten der Nameserver aufzubauen und zu pflegen. Sie weist das System außerdem an, den Cache mit einer Liste von Root-Servern zu füllen, die in der Datei *named.ca* enthalten ist. Der Name der diese Liste mit Root-Servern enthaltenden Datei kann von Ihnen beliebig gewählt werden, weit verbreitet sind die Namen *root.cache*, *named.root* und *named.ca*. Das Vorhandensein einer cache-Anweisung führt nicht automatisch zu einer Caching-

Only-Konfiguration. Eine cache-Anweisung finden Sie in jeder Server-Konfiguration. Es ist vielmehr das Fehlen von primary- und secondary-Anweisungen, die hier zu einer reinen Cache-Konfiguration führen.

Allerdings gibt es eine primary-Anweisung, die eine Ausnahme dieser Regel darstellt. Sie finden sie in unserem Beispiel der *named.boot* ebenso wie in nahezu allen reinen Cache-Konfigurationen. Diese Sonderform definiert den lokalen Server als primären Server für die eigene Loopback-Domain und legt fest, daß die Informationen zur Loopback-Domain in der Datei *named.local* zu finden sind. Die Loopback-Domain ist eine *in-addr.arpa*-Domain,[4] die die Adresse 127.0.0.1 auf den Namen *localhost* abbildet. Die Vorstellung, die eigene Loopback-Adresse aufzulösen, macht für die meisten Leute Sinn, weshalb die meisten *named.boot*-Dateien diesen Eintrag enthalten.

Diese primary- und cache-Anweisungen sind die einzigen, die bei den meisten reinen Caching-Server-Konfigurationen verwendet werden. Es sind aber auch noch andere Anweisungen möglich. Eine **forwarders**- und sogar eine **options**-Anweisung werden manchmal verwendet. Mit der **forwarders**-Anweisung sorgt ein Caching-Server dafür, daß alle Queries, die er mit Hilfe der in seinem Cache vorliegenden Daten nicht beantworten kann, an die angegebenen Server weitergeleitet werden. Beispielsweise leitet die Anweisung

```
forwarders 172.16.12.1 172.16.1.2
```

alle Queries, die nicht aus dem lokalen Cache beantwortet werden können, an 172.16.12.1 und 172.16.1.2 weiter. Der **forwarders**-Befehl baut einen großen DNS-Cache auf ausgewählten Servern im lokalen Netzwerk auf. Damit reduziert sich die Zahl der Queries, die ins WAN geschickt werden müssen. Diese Vorgehensweise ist besonders nützlich, wenn die Bandbreite der WAN-Verbindung begrenzt ist, oder wenn Sie deren Nutzung bezahlen müssen.

Ist die Netzwerkverbindung zur Außenwelt stark eingeschränkt, können Sie die folgende Anweisung nutzen, um den lokalen Server zu zwingen, immer den Forwarder zu benutzen:

```
options forward-only
```

Steht diese Anweisung in Ihrer Konfigurationsdatei, versucht der lokale Server nicht, die Query selbst aufzulösen, selbst dann nicht, wenn er von den Forwardern keine Antwort erhält.

Die Verwendung von **forwarders**- oder **options**-Anweisungen ändert nichts daran, daß wir es hier mit einer reinen Caching-Konfiguration zu tun haben. Das ändert sich nur durch Einbindung von primary- oder secondary-Befehlen.

---

4 Eine Beschreibung der *in-addr.arpa*-Domains finden Sie in Kapitel 4.

Konfigurationen für primäre und sekundäre Server

Unsere imaginäre Domain *nuts.com* bildet die Grundlage für unsere Beispielkonfigurationen primärer und sekundärer Server. Nachfolgend sehen Sie die *named.boot*-Datei, mit der *almond* als primärer Server für die Domain *nuts.com* definiert wird:

```
;
; nuts.com, Boot-Datei für primären Nameserver.
;
directory                            /etc
primary   nuts.com                   named.hosts
primary   16.172.IN-ADDR.ARPA        named.rev
primary   0.0.127.IN-ADDR.ARPA       named.local
cache     .                          named.ca
```

Die **directory**-Anweisung erspart uns bei den nachfolgenden Dateinamen einiges an Schreibarbeit. Sie teilt **named** mit, daß alle Dateinamen, die nicht mit »/« anfangen, relativ zum Verzeichnis */etc* liegen. Es spielt dabei keine Rolle, an welcher Stelle der **named**-Konfiguration sie auftreten.

Die erste primary-Anweisung deklariert diesen Server als Primary für die Domain *nuts.com* und gibt an, daß die Daten für diese Domain aus der Datei *named.hosts* einzulesen sind. In unseren Beispielen verwenden wir den Dateinamen *named.hosts* für die Zonendatei, Sie sollten allerdings etwas beschreibendere Dateinamen verwenden. Beispielsweise ist für die Zone *nuts.com* ein Name wie *nuts.com.hosts* wesentlich besser geeignet.

Die zweite primary-Anweisung verweist auf die Datei, in der IP-Adressen aus 172.16.0.0 in Hostnamen abgebildet werden. Sie besagt, daß der lokale Server der primäre Server für die Reverse Domain *16.172.in-addr.arpa* ist und daß die Daten für diese Domain aus der Datei *named.rev* eingelesen werden. Auch hier ist der Dateiname *named.rev* nur ein Beispiel. Verwenden Sie bei Ihrer Konfiguration beschreibende Namen.

Das Format einer primary-Anweisung besteht aus dem Schlüsselwort `primary`, dem Domain-Namen und dem Namen der Zonendatei, aus der die Domain-Informationen eingelesen werden. Alle primary-Anweisungen verwenden dieses einfache Format.

Die beiden letzten Anweisungen unserer Beispielkonfiguration sind die primary-Anweisung für die Loopback-Domain und die cache-Anweisung. Diese Anweisungen wurden bereits im Abschnitt über Caching-Only-Server diskutiert. Sie haben in allen Konfigurationen die gleiche Bedeutung und sind auch in nahezu jeder Konfiguration zu finden.

Die Konfiguration eines sekundären Servers unterscheidet sich von der des Primary durch die Verwendung von **secondary**- anstelle von **primary**-Anweisungen. Die secondary-Anweisungen verweisen auf entfernte Server als Quelle für Domain-Informationen, nicht auf Dateien auf der lokalen Festplatte. Secondary-Anweisungen beginnen mit dem Schlüsselwort `secondary`, gefolgt vom Namen der Domain, der Adresse eines oder mehrerer Master-Server für diese Domain und schließlich dem Namen einer lokalen Datei, in der die vom entfernten Server empfangenen Informationen abgelegt werden. Die folgende *named.boot* konfiguriert *filbert* als sekundären Server für die Domain *nuts.com*:

```
;
;   nuts.com, Boot-Datei für den sekundären Server
;
directory                                       /etc
secondary    nuts.com              172.16.12.1   nuts.com.hosts
secondary    16.172.IN-ADDR.ARPA   172.16.12.1   172.16.rev
primary      0.0.127.IN-ADDR.ARPA                named.local
cache        .                                   named.ca
```

Die erste secondary-Anweisung macht aus diesem Server den Secondary für die Domain *nuts.com*. Sie weist **named** an, die Daten für die Domain *nuts.com* von dem Server mit der IP-Adresse 172.16.12.1 herunterzuladen und in der Datei */etc/ nuts.com.hosts* abzulegen. Falls *nuts.com.hosts* nicht existiert, wird sie von **named** angelegt. Die Zonendaten werden dann vom entfernten Server heruntergeladen und in dieser Datei abgelegt. Liegt die Datei vor, gleicht **named** sie mit dem externen Server ab, um mögliche Unterschiede in den Daten zu erkennen. Falls sich die Daten geändert haben, lädt **named** die aktualisierten Daten herunter und überschreibt den Dateiinhalt mit den neuen Daten. Sind die Daten nicht geändert worden, lädt **named** die Daten aus der Datei und führt keinen Zonentransfer durch.[5] Das Vorhalten der Datenbank auf der lokalen Platte macht den Transfer der Zonendatei bei jedem Neustart des lokalen Hosts unnötig. Ein Transfer der Zone ist nur notwendig, wenn die Daten sich ändern.

Die nächste Zeile dieser Konfiguration besagt, daß der lokale Server auch als sekundärer Server der Reverse Domain *16.172.in-addr.arpa* dient und daß die Daten dieser Domain von 172.16.12.1 heruntergeladen werden sollen. Die Daten der Reverse Domain werden lokal in einer Datei namens *172.16.rev* abgelegt; man folgt dabei den gleichen Regeln, die wir vorhin für das Anlegen und Überschreiben von *nuts.com.hosts* besprochen haben.

Standard Resource Records

Die oben diskutierten und in Tabelle 8-1 aufgeführten Konfigurationsbefehle werden nur in der Datei *named.boot* verwendet. Alle anderen zur Konfiguration von **named** verwendeten Dateien (*named.hosts*, *named.rev*, *named.local* und *named.ca*) speichern Domain-Informationen. Diese Dateien verwenden alle das gleiche grundlegende Format und die gleichen Arten von Datenbank-Records. Sie verwenden Standard Resource Records, kurz RRs. Diese sind in RFC 1033, dem *Domain Administrators Operations Guide*, und anderen RFCs definiert. Tabelle 8-2 faßt alle in diesem Kapitel verwendeten Standard Resource Records zusammen. Sie werden in Anhang C detailliert behandelt.

---

5 Anhang C beschreibt (im Abschnitt zum SOA-Record), wie **named** erkennt, ob Daten aktualisiert wurden.

Tabelle 8-2: Standard Resource Records

Resource Record (ausgeschriebener Name)	Record-Typ	Funktion
Start of Authority	SOA	Markiert den Anfang der Daten einer Zone und definiert die gesamte Zone betreffende Parameter.
Nameserver	NS	Bestimmt den Nameserver einer Domain.
Address	A	Wandelt einen Hostnamen in eine Adresse um.
Pointer	PTR	Wandelt eine Adresse in einen Hostnamen um.
Mail Exchange	MX	Bestimmt, wohin die Mail für eine gegebene Domain ausgeliefert werden soll.
Canonical Name	CNAME	Definiert einen Alias für einen Hostnamen.
Host Information	HINFO	Beschreibt Hardware und Betriebssystem des Hosts.
Well-Known Service	WKS	Bietet Netzwerkdienste an.
Text	TXT	Speichert beliebige Zeichenketten ab.

Die RR-Syntax wird in Anhang C erläutert. Ein Verständnis der Struktur dieser Records ist jedoch notwendig, um die in diesem Kapitel enthaltenen Beispielkonfigurationen zu verstehen.

Das Format der DNS Resource Records ist wie folgt:

[*name*] [*ttl*] **IN** *typ daten*

name

> Der Name des Domain-Objekts, das über das RR angesprochen wird. Hierbei kann es sich um einen einzelnen Host oder um eine gesamte Domain handeln. Der für *name* eingesetzte String wird als relativ zur aktuellen Domain betrachtet, wenn er nicht mit einem Punkt endet. Bleibt dieses Feld leer, wird das Record auf den zuletzt genannten Namen angewandt. Folgt beispielsweise dem A-Record für *peanut* ein MX-Record mit einem leeren *name*-Feld, werden sowohl das A-Record als auch das MX-Record auf *peanut* angewandt.

ttl

> Der TTL-Wert (Time-to-Live, also »Lebensdauer«) definiert die Zeitspanne in Sekunden, für die die Informationen dieses RRs im Cache erhalten bleiben. Normalerweise bleibt dieses Feld leer und die Standard-TTL wird verwendet. Diese Standard-TTL wird im SOA-Record für die gesamte Zone definiert. [6]

---

6 Mehr dazu im Abschnitt über SOA-Records in Anhang C.

IN

Identifiziert das Record als Internet DNS-RR. Es gibt andere Record-Klassen, die aber nur selten verwendet werden. Neugierig? Weitere (Nicht-Internet) Klassen finden Sie in Anhang C.

typ

Bestimmt die Art des Resource Records. Tabelle 8-2 gibt diese Record-Typen unter der Überschrift »Record-Typ« an. Sie müssen einen dieser Werte im *typ*-Feld angeben.

daten

Die für diesen Typ von RR spezifischen Daten. Zum Beispiel enthält dieses Feld bei einem A-Record die tatsächliche IP-Adresse.

In den folgenden Abschnitten sehen wir uns die restlichen Konfigurationsdateien an. Denken Sie bei der Betrachtung dieser Dateien daran, daß alle Records in diesen Dateien Standard-RRs sind, die dem oben beschriebenen Format folgen.

Die Cache-Initialisierungsdatei

Die cache-Anweisung in *named.boot* verweist auf eine Cache-Initialisierungsdatei. Jeder einen Cache pflegende Server besitzt eine solche Datei. Sie enthält Informationen, die beim Start des Nameservers zum Aufbau eines Caches mit Domaindaten notwendig sind. Die Root-Domain wird in der cache-Anweisung in Form eines einzelnen Punktes angegeben, und *named.ca* enthält die Namen und Adressen der Root-Server.

Die Datei *named.ca* wird manchmal auch als »Hinweisdatei« (hints file) bezeichnet, weil sie Hinweise enthält, die **named** zur Initialisierung seines Caches nutzt. Die hier enthaltenen Hinweise sind die Namen und Adressen der Root-Server. Sie wird genutzt, um es dem lokalen Server zu erleichtern, während des Hochfahrens einen Root-Server zu finden. Sobald ein Root-Server gefunden ist, wird eine verbindliche (»autoritäre«) Liste mit Root-Servern von diesem Server heruntergeladen. Auf die Hinweise wird so lange nicht wieder zugegriffen, bis der lokale Server neu gestartet wird. Die Informationen in *named.ca* werden nicht oft benutzt, sind für das Booten eines **named**-Servers aber sehr wichtig.

Eine grundlegende *named.ca* enthält NS-Records, die die Root-Server benennen, und A-Records, die die Adressen dieser Root-Server angeben. Ein Beispiel dieser Datei ist nachfolgend zu sehen:

```
;
.                     3600000   IN   NS   A.ROOT-SERVERS.NET.
A.ROOT-SERVERS.NET.   3600000   IN   A    198.41.0.4
;
.                     3600000        NS   B.ROOT-SERVERS.NET.
B.ROOT-SERVERS.NET.   3600000   IN   A    128.9.0.107
;
.                     3600000        NS   C.ROOT-SERVERS.NET.
C.ROOT-SERVERS.NET.   3600000   IN   A    192.33.4.12
;
.                     3600000        NS   D.ROOT-SERVERS.NET.
```

```
D.ROOT-SERVERS.NET.    3600000   IN   A    128.8.10.90
;
.                      3600000        NS   E.ROOT-SERVERS.NET.
E.ROOT-SERVERS.NET.    3600000   IN   A    192.203.230.10
;
.                      3600000        NS   F.ROOT-SERVERS.NET.
F.ROOT-SERVERS.NET.    3600000   IN   A    192.5.5.241
;
.                      3600000        NS   G.ROOT-SERVERS.NET.
G.ROOT-SERVERS.NET.    3600000   IN   A    192.112.36.4
;
.                      3600000        NS   H.ROOT-SERVERS.NET.
H.ROOT-SERVERS.NET.    3600000   IN   A    128.63.2.53
;
.                      3600000        NS   I.ROOT-SERVERS.NET.
I.ROOT-SERVERS.NET.    3600000   IN   A    192.36.148.17
```

Die Datei enthält nur Nameserver- und Adreß-Records. Jedes NS-Record gibt einen Nameserver für die Root-Domain (.) an. Das dazugehörige A-Record liefert die Adresse des jeweiligen Root-Servers. Der ttl-Wert für alle Records liegt bei 3600000 – ein sehr großer Wert, der ungefähr 42 Tagen entspricht.

Legen Sie *named.ca* an, indem Sie die Datei *domain/named.root* von *rs.internic.net* (198.41.0.7) über anonymes **ftp** herunterladen. Die beim InterNIC hinterlegte Datei liegt in einem für UNIX-Systeme geeigneten Format vor. Das nachfolgende Beispiel zeigt den Superuser beim Download von *named.root* direkt in die Datei *named.ca* des lokalen Systems. Die Datei muß nicht einmal editiert werden, sondern kann direkt eingesetzt werden.

```
# ftp rs.internic.net
Connected to rs.internic.net.
Name (rs.internic.net:craig): anonymous
331 Guest login ok, send your email address as password.
Password: craig@nuts.com
230 Guest login ok, access restrictions apply.
Remote system type is UNIX.
Using binary mode to transfer files.
ftp> get domain/named.root named.ca
200 PORT command successful.
150 Opening data connection for domain/named.root (2119 bytes).
226 Transfer complete.
2119 bytes received in 0.137 secs (15 Kbytes/sec)
ftp> quit
221 Goodbye.
```

Laden Sie *named.root* alle paar Monate herunter, um Ihren Cache mit korrekten Informationen über Root-Server zu versorgen. Ein fehlerhafter Root-Server-Eintrag kann zu Problemen mit Ihrem lokalen Server führen. Die obigen Daten waren zum Zeitpunkt der Veröffentlichung korrekt, können sich aber jederzeit ändern.

Ist Ihr System nicht mit dem Internet verbunden, kann es auch nicht mit den Root-Servern kommunizieren. Die Initialisierung Ihrer Cache-Datei mit den obigen Servern wäre sinnlos. In diesem Fall müssen Sie Ihren Cache mit Einträgen initialisieren, die auf die Haupt-Nameserver Ihres lokalen Netzwerks verweisen. Diese Server müssen ebenfalls so konfiguriert sein, daß sie Queries nach der »Root-Domain« beantworten können. Diese Root-Domain enthält aber nur NS-Records, die auf die Domain-Server Ihres lokalen Netzwerks verweisen. Nehmen wir zum Beispiel an, daß *nuts.com* nicht mit dem Internet verbunden ist und daß *almond* und *pecan* als Root-Server dieser isolierten Domain auftreten sollen. Beide Server geben sich in ihrer *named.boot* als Primary für die Root-Domain an. Sie laden die Root aus einer Zonendatei mit NS- und A-Records, die angeben, daß sie die Autorität für die Root besitzen, und die die *nuts.com*- und *16.172.in-addr.arpa*-Domains an die diesen Domains dienenden lokalen Nameserver delegieren. (Wie Domains delegiert werden, besprechen wir später noch.) Details dieser Art von Konfiguration finden Sie in *DNS und BIND* von Cricket Liu und Paul Albitz (O'Reilly Verlag).

Die Datei named.local

Die Datei *named.local* wird verwendet, um die Adresse 127.0.0.1 (die »Loopback-Adresse«) auf den Namen *localhost* abzubilden. Es handelt sich um die Zonendatei für die Reverse Domain 0.0.127.IN-ADDR.ARPA. Weil alle Systeme 127.0.0.1 als Loopback-Adresse verwenden, ist diese Datei bei nahezu jedem Server identisch. Hier ein Beispiel für *named.local*:

```
@         IN  SOA     almond.nuts.com. jan.almond.nuts.com. (
                      1                ; Serial
                      360000           ; Refresh alle 100 Stunden
                      3600             ; Retry nach einer Stunde
                      3600000          ; Expire nach 1000 Stunden
                      360000           ; Standard-TTL von 100 Stunden
                      )
          IN  NS      almond.nuts.com.
0         IN  PTR     loopback.
1         IN  PTR     localhost.
```

Weder das NS- noch das erste PTR-Record sind notwendig. Das erste PTR-Record bildet das Netzwerk 127.0.0.0 auf den Namen *loopback* ab. Das Record ist eine Alternative zur Abbildung des Netzwerknamens in */etc/networks*. Nur das SOA- und das zweite PTR-Record sind wirklich notwendig. Das benötigte PTR-Record ist auf jedem Host gleich: Die Host-Adresse 1 im Netzwerk 127.0.0 wird auf den Namen *localhost* abgebildet.

Die Datenfelder des SOA-Records und des NS-Records, die den Hostnamen des Computers enthalten, unterscheiden sich von System zu System. Unser Beispiel des SOA-Records gibt *almond.nuts.com.* als den Ursprung dieser Zone an. Bei Fragen zu dieser Zone kann die E-Mail-Adresse *jan.almond.nuts.com.* als Anlaufstelle verwendet werden. (Beachten Sie, daß im SOA-Record die E-Mail-Adresse einen Punkt zur Trennung von Empfänger und Hostname enthält: *jan* ist der Benutzer und *almond.nuts.com* ist der Host.) Viele Systeme nehmen das NS-Record nicht auf. Wenn sie es aber enthalten, gibt es den Hostnamen des Computers an. Passen Sie diese drei Felder an, und Sie können die gleiche Datei auf jedem Host einsetzen.

Die bislang behandelten Dateien *named.boot*, *named.ca* und *named.local* sind die einzigen, die Sie zur Konfiguration reiner Cache-Server und sekundärer Server benötigen. Die meisten Ihrer Server werden nur diese Dateien nutzen, und diese Dateien werden auf jedem Server nahezu identische Informationen enthalten.

Der einfachste Weg, diese drei Dateien zu erzeugen, besteht darin, eine Vorlage auf jedes System zu kopieren und dann anzupassen. Die meisten Systeme werden mit Beispieldateien ausgeliefert, die als Vorlage dienen können. Falls Ihr System keine Beispielkonfigurationen mitliefert, finden Sie entsprechende Dateien im *conf/master*-Verzeichnis[7] der Datei *bind.tar.gz*. Diese komprimierte **tar**-Datei können Sie über anonymes **ftp** aus dem *isc/bind/src*-Verzeichnis auf *ftp.isc.org* herunterladen. Die oben abgebildete *named.local* wurde aus der mit BIND gelieferten Datei *named.local* abgeleitet.

Die verbleibenden **named**-Konfigurationsdateien *named.hosts* und *named.rev* sind komplexer, dafür ist aber die relative Zahl von Systemen, die diese Dateien benötigen, auch relativ gering. Nur primäre Server benötigen alle Konfigurationsdateien, und jede Zone sollte nur einen primären Server besitzen.

Die Datei für die Reverse Domain

Die Datei *named.rev* ist in ihrer Struktur der Datei *named.local* sehr ähnlich. Beide Dateien bilden IP-Adressen auf Hostnamen ab und enthalten daher beide PTR-Records.

In unserem Beispiel ist die Datei *named.rev* die Zonendatei für die Domain *16.172.in-addr.arpa*. Der Domain-Administrator legt diese Datei auf *almond* an, und jeder diese Informationen benötigende Host erhält sie von dort.

```
;
;        Abbildung von Adressen auf Hostnamen.
;
@       IN      SOA     almond.nuts.com. jan.almond.nuts.com. (
                                10099    ;    Serial
                                43200    ;    Refresh
                                3600     ;    Retry
                                3600000  ;    Expire
                                2592000  )  ; Minimum
                IN      NS      almond.nuts.com.
                IN      NS      filbert.nuts.com.
                IN      NS      foo.army.mil.
1.12            IN      PTR     almond.nuts.com.
2.12            IN      PTR     peanut.nuts.com.
3.12            IN      PTR     pecan.nuts.com.
4.12            IN      PTR     walnut.nuts.com.
2.1             IN      PTR     filbert.nuts.com.
6               IN      NS      salt.plant.nuts.com.
                IN      NS      pecan.nuts.com.
```

---

7 Die Vorlage für *named.ca* heißt in diesem Verzeichnis *root.cache*.

Wie alle Zonendateien beginnt *named.rev* mit einem SOA-Record. Das @ im Namensfeld des SOA-Records repräsentiert die aktuelle Domain. In unserem Fall handelt es sich um die Domain, die durch die primary-Anweisung in unserer *named.boot* definiert wurde:

```
primary   16.172.IN-ADDR.ARPA          named.rev
```

Das @ im SOA-Record erlaubt der primary-Anweisung die Definition der Zonendatei-Domain. Das gleiche SOA-Record wird in jeder Zone verwendet. Es referenziert immer den richtigen Domain-Namen, weil es die Domain referenziert, die für diese Zonendatei in *named.boot* angegeben wurde. Ändern Sie den Hostnamen (*almond.nuts.com.*) und die Mail-Adresse des Verantwortlichen (*jan.almond.nuts.com.*), und verwenden Sie dieses SOA-Record in all Ihren Zonendateien.

Die dem SOA-Record folgenden NS-Records definieren die Nameserver für die Domain. Generell werden die Nameserver unmittelbar nach SOA aufgeführt, bevor irgendein anderes Record die Möglichkeit hat, den Domain-Namen zu ändern. Erinnern Sie sich daran, daß ein leeres Namensfeld bedeutet, daß der letzte Domain-Name immer noch gilt. Die Domain-Referenz des SOA-Records ist immer noch aktiv, weil bei den nachfolgenden NS-Records die Namensfelder leer sind.

PTR-Records dominieren die Datei *named.rev*, weil sie zur Abbildung von Adressen auf Hostnamen eingesetzt werden. In unserem Beispiel übernehmen die PTR-Records die Adressen/Namen-Abbildung für die Hosts 12.1, 12.2, 12.3, 12.4 und 1.2 im Netzwerk 172.16. Weil sie nicht mit einem Punkt enden, werden die Werte in den Namensfeldern dieser PTR-Records als relativ zur aktuellen Domain betrachtet. So wird zum Beispiel der Wert 3.12 als *3.12.16.172.in-addr.arpa* interpretiert. Der Hostname im Datenfeld des PTR-Records ist voll qualifiziert, um die relative Interpretation zum aktuellen Domain-Namen zu verhindern. Mit den Informationen dieses PTR-Eintrags bildet **named** *3.12.16.172.in-addr.arpa* in *pecan.nuts.com* ab.

Die beiden letzten Zeilen der Datei enthalten zusätzliche NS-Records. Wie jede Domain können Subdomains in einer *in-addr.arpa*-Domain angelegt werden. Genau das machen die beiden letzten NS-Records. Sie verweisen auf *pecan* und *salt* als Nameserver für die Subdomain *6.16.172.in-addr.arpa*. Jede Informationsanfrage über die Subdomain *6.16.172.in-addr.arpa* wird an sie weitergegeben. Auf Server für eine Subdomain verweisende NS-Records müssen zuerst in der übergeordneten Domain eingetragen sein, bevor diese Subdomain genutzt werden kann.

Subdomains in der *in-addr.arpa*-Domain sind nicht so verbreitet und nützlich wie die Subdomains im Host-Namensraum. Domain-Namen und IP-Adressen sind nicht das gleiche und besitzen auch nicht die gleiche Struktur. Wird eine IP-Adresse in einen *in-addr.arpa*-Domain-Namen umgewandelt, werden die vier Bytes der Adresse als vier einzelne Teile betrachtet. In Wirklichkeit ist die IP-Adresse einfach 32 Bits lang. Subnetze unterteilen den IP-Adreßraum, und Subnetz-Masken sind bitorientiert, also nicht auf Bytegrenzen beschränkt. *in-addr.arpa*-Subdomains unterteilen den Domain-Namensraum und können nur an Bytegrenzen auftreten, weil jedes Byte der Adresse als separater »Name« betrachtet wird.

Die Datei named.hosts

Die Datei *named.hosts* enthält den größten Teil der Domain-Informationen. Diese Datei wandelt Hostnamen in IP-Adressen um, weshalb hier A-Records vorherrschend sind. Sie enthält aber auch MX-, CNAME und andere Records. Die Datei *named.hosts* wird, genau wie *named.rev*, nur auf dem primären Server angelegt. Alle anderen Server erhalten ihre Informationen vom primären Server.

```
;
;        Adressen und weitere Host-Informationen.
;
@        IN      SOA     almond.nuts.com. jan.almond.nuts.com. (
                                10118     ; Serial
                                43200     ; Refresh
                                3600      ; Retry
                                3600000   ; Expire
                                2592000 ) ; Minimum
;    Definition der Name- und Mail-Server
                 IN      NS      almond.nuts.com.
                 IN      NS      filbert.nuts.com.
                 IN      NS      foo.army.mil.
                 IN      MX      10 almond.nuts.com.
                 IN      MX      20 pecan.nuts.com.
;
;        Definition von localhost
;
localhost        IN      A       127.0.0.1
;
;        Definition der Hosts dieser Zone
;
almond           IN      A       172.16.12.1
                 IN      MX      5 almond.nuts.com.
loghost          IN      CNAME   almond.nuts.com.
peanut           IN      A       172.16.12.2
                 IN      MX      5 almond.nuts.com.
goober           IN      CNAME   peanut.nuts.com.
pecan            IN      A       172.16.12.3
walnut           IN      A       172.16.12.4
filbert          IN      A       172.16.1.2
;        Die Hosttabelle enthält sowohl Host- als auch Gateway-Einträge für
10.104.0.19
mil-gw           IN      A       10.104.0.19
;
;    Bindeglieder für die Server innerhalb dieser Domain
;
pack.plant       IN      A       172.16.18.15
acorn.sales      IN      A       172.16.6.1
;
;        Definition der Subdomains
;
plant            IN      NS      pack.plant.nuts.com.
                 IN      NS      pecan.nuts.com.
sales            IN      NS      acorn.sales.nuts.com.
                 IN      NS      pack.plant.nuts.com.
```

Genau wie *named.rev* beginnt auch *named.hosts* mit einem SOA- und einigen NS-Records, die die Domain und deren Server definieren. Allerdings enthält *named.hosts* ein breiteres Spektrum an Resource Records als *named.rev*. Wir wollen uns jedes Record in der Reihenfolge seines Auftretens in der Beispieldatei ansehen.

Das erste MX-Record bestimmt einen Mailserver für die gesamte Domain. Das Record besagt, daß *almond* der Mailserver für *nuts.com* ist und einen Präferenzwert von 10 besitzt. An *benutzer@nuts.com* adressierte Mail wird zur Auslieferung an *almond* umge-leitet. Natürlich muß *almond* als Mailserver entsprechend konfiguriert sein, um Mail erfolgreich ausliefern zu können. Das MX-Record ist hier nur ein Teil des Ganzen. Wir behandeln die Konfiguration von **sendmail** in Kapitel 10.

Das zweite MX-Record gibt *pecan* als Mailserver für *nuts.com* mit einem Präferenzwert von 20 an. Präferenzwerte erlauben die Definition alternativer Mailserver. Je kleiner der Präferenzwert, desto »besser« der Server. Unsere beiden MX-Einträge besagen also, daß die an die Domain *nuts.com* gerichtete Mail zuerst an *almond* geschickt werden soll. Ist *almond* nicht zu erreichen, soll versucht werden, die Mail an *pecan* auszuliefern. Statt von einem einzelnen Mailserver abhängig zu sein, erlauben Präferenzwerte die Nut-zung von Backup-Servern. Ist der Hauptserver nicht erreichbar, wird die Mail für diese Domain stattdessen an einen der Backup-Server gesendet.

Diese MX-Records leiten an *nuts.com* adressierte Mails weiter, E-Mail für *benutzer@wal-nut.nuts.com* wird aber immer noch direkt an *walnut.nuts.com* ausgeliefert und nicht an *almond* oder *pecan*. Diese Konfiguration erlaubt denjenigen, die das wünschen, die vereinfachte Mail-Adressierung der Form *benutzer@nuts.com*, gleichzeitig ist es aber auch jedem möglich, die Mails direkt an einzelne Hosts zu verschicken.

Das erste A-Record in diesem Beispiel definiert die Adresse für *localhost*. Es ist das Gegenstück zum PTR-Eintrag in *named.local*. Er ermöglicht den Benutzern der Domain *nuts.com* die Auflösung von localhost in die Adresse 127.0.0.1.

Das nächste A-Record definiert die IP-Adresse für *almond*. (Beachten Sie, daß die einen einzelnen Host betreffenden Records gruppiert werden, was in Zonendateien die am häufigsten verwendete Struktur ist.) Dem A-Record folgen ein MX- und ein CNAME-Record, die ebenfalls zu *almond* gehören. Das MX-Record für *almond* zeigt auf den Host selbst zurück, und das CNAME-Record definiert einen Alias für den Hostnamen.

Dieses hostspezifische MX-Record wird der Freundlichkeit halber für andere Mailer angegeben. Einige Mailer-Implementierungen suchen zuerst nach einem MX-Record und fragen dann nach der Adresse des Hosts. Durch die Angabe dieser MX-Records erspart man diesen Mailern eine zusätzliche Nameserver-Query.

Dem A-Record für *peanut* folgen ebenfalls ein MX- und ein CNAME-Record. Das MX-Record für *peanut* dient hier allerdings einem anderen Zweck. Es leitet alle an *benut-zer@peanut.nuts.com* gerichteten Mails an *almond* weiter. Dieses MX-Record ist not-wendig, weil die MX-Records am Anfang der Zonendatei nur Mail weiterleiten, wenn sie direkt an *benutzer@nuts.com* geht. Wenn Sie an *peanut* gerichtete Mail weiterleiten wollen, benötigen Sie ein »peanut-spezifisches« MX-Record.

Das Namensfeld des CNAME-Records enthält einen Alias für den offiziellen Hostnamen. Dieser offizielle Name, der sog. kanonische Name, wird im Datenfeld des Records angegeben. Aufgrund dieser Records kann *almond* auch mit dem Namen *loghost* und *peanut* mit dem Namen *goober* angesprochen werden. Der Alias *loghost* ist ein generischer Hostname, der genutzt wird, um **syslogd**-Ausgaben an *almond* weiterzuleiten.[8] Ein solcher Hostnamen-Alias sollte in anderen Resource Records *nicht* verwendet werden.[9] Zum Beispiel dürfen Sie in einem MX-Record keinen Alias für den Namen eines Mailservers angeben. Verwenden Sie *nur* den »kanonischen« (offiziellen) Namen, der in einem der A-Records definiert ist.

Ihre *named.hosts* wird wahrscheinlich wesentlich länger sein als die hier betrachtete Beispieldatei. Grundsätzlich wird sie aber die gleichen Records enthalten. Wenn Sie die Namen und Adressen der Hosts Ihrer Domain kennen, besitzen Sie schon einen Großteil der zur Konfiguration von **named** benötigten Informationen.

named starten

Nachdem Sie *named.boot* und die benötigten Zonendateien angelegt haben, können Sie **named** starten. **named** wird normalerweise während der Bootphase aus einem Startup-Skript heraus gestartet, kann aber auch über die Befehlszeile ausgeführt werden:

```
# named
```

Beim ersten Starten sollten Sie auf Fehlermeldungen achten. **named** loggt Fehler in der Datei *messages*.[10] Sobald **named** zufriedenstellend läuft, können Sie **nslookup** verwenden, um den Nameserver abzufragen, um sicherzustellen, daß er auch die richtigen Antworten liefert.

Arbeiten mit nslookup

nslookup ist ein Debugging-Tool, das als Teil des BIND-Pakets geliefert wird. Es erlaubt die direkte Abfrage eines Nameservers und aller dem DNS-System bekannten Informationen. Das Tool ist sehr hilfreich, wenn es darum geht, zu ermitteln, ob ein Server richtig läuft und sauber konfiguriert ist. Es ist aber auch zur Abfrage von Informationen geeignet, die von entfernten Servern angeboten werden.

Das **nslookup**-Programm ist so konzipiert, daß Queries interaktiv oder direkt über die Befehlszeile verarbeitet werden. Nachfolgend sehen Sie ein Beispiel für die Nutzung von **nslookup** direkt über die Befehlszeile. In diesem Beispiel wird die IP-Adresse eines Hosts abgefragt:

---

8 Eine ausführlichere Besprechung generischer Hostnamen finden Sie in Kapitel 3.

9 In Anhang C finden Sie zusätzliche Hinweise zur Verwendung von CNAME-Records in der Datei *named.hosts*.

10 Diese Datei ist bei Linux und Solaris unter */usr/adm/messages* zu finden, kann bei anderen Systemen aber auch woanders liegen. Sehen Sie im Zweifel in Ihrer Dokumentation nach.

```
% nslookup almond.nuts.com
Server:  peanut.nuts.com
Address: 172.16.12.2

Name:    almond.nuts.com
Address: 172.16.12.1
```

Hier fragt ein Benutzer **nslookup** nach der Adresse von *almond.nuts.com*. **nslookup** gibt den Namen und die Adresse des Servers aus, mit dessen Hilfe die Query aufgelöst wird, und liefert dann die Antwort auf die Abfrage. Das ist eine durchaus nützliche Anwendung, **nslookup** wird aber weitaus häufiger interaktiv eingesetzt.

Die eigentliche Stärke von **nslookup** ist im interaktiven Modus zu sehen. Um in den interaktiven Modus zu gelangen, geben Sie in der Befehlszeile **nslookup** einfach ohne weitere Argumente ein. Sie beenden eine interaktive Session, indem Sie CTRL-D (^D) oder **exit** eingeben, wenn das **nslookup**-Prompt erscheint. Im interaktiven Modus sieht unser obiges Beispiel wie folgt aus:

```
% nslookup
Default Server: peanut.nuts.com
Address: 172.16.12.2

> almond.nuts.com
Server:  peanut.nuts.com
Address: 172.16.12.2

Name:    almond.nuts.com
Address: 172.16.12.1

> ^D
```

Per Voreinstellung fragt **nslookup** nach A-Records. Sie können aber den Befehl **set type** nutzen, um andere RR-Typen abzufragen. Sie können diesem Befehl auch das Argument »ANY« übergeben, um alle für einen bestimmten Host verfügbaren Resource Records abzufragen.

Das folgende Beispiel sucht die MX-Records für *almond* und *peanut* heraus. Beachten Sie, daß der Query-Typ MX erhalten bleibt, sobald er einmal festgelegt wurde. Die Standard-Query nach dem A-Record wird nicht automatisch wiederhergestellt. Ein weiterer **set type**-Befehl ist notwendig, um den Query-Typ zurückzusetzen.

```
% nslookup
Default Server: peanut.nuts.com
Address: 172.16.12.2

> set type=MX
> almond.nuts.com
Server:  peanut.nuts.com
Address: 172.16.12.2

almond.nuts.com    preference = 5, mail exchanger = almond.nuts.com
almond.nuts.com    inet address = 172.16.12.1
```

```
> peanut.nuts.com
Server:  peanut.nuts.com
Address:  172.16.12.2

peanut.nuts.com    preference = 5, mail exchanger = almond.nuts.com
peanut.nuts.com    inet address = 172.16.12.2
> exit
```

Sie können mit dem **server**-Befehl steuern, welcher Server zur Auflösung von Queries verwendet wird. Das ist besonders nützlich für die Herstellung einer direkten Verbindung zu einem Master-Server herzustellen, um direkt von dort Informationen abzufragen. Im folgenden Beispiel machen wir genau das. Außerdem enthält dieses Beispiel noch weitere interessante Befehle:

- Zuerst verwenden wir **set type=NS** und sehen uns die NS-Records der Domain *zoo.edu* an.

- Aus den durch diese Query zurückgelieferten Informationen wählen wir einen Server aus und weisen dann **nslookup** mit Hilfe des **server**-Befehls an, diesen Server direkt zu verwenden.

- Als nächstes verwenden wir den Befehl **set domain**, um die Standard-Domain auf *zoo.edu* zu setzen. **nslookup** verwendet die Standard-Domain-Namen, um die Hostnamen in den Queries auf die gleiche Weise zu erweitern, wie das auch der Resolver mit dem in *resolv.conf* definierten Standard-Domain-Namen macht.

- Wir setzen den Query-Typ auf ANY. Anderenfalls würde **nslookup** weiterhin nur NS-Records abfragen.

- Zum Schluß fragen wir die Informationen über den Host *tiger.zoo.edu* ab. Weil wir die Standard-Domain mit *zoo.edu* festgelegt haben, können wir nun einfach *tiger* in der Befehlszeile angeben.

```
% nslookup
Default Server:  peanut.nuts.com
Address:  172.16.12.2

> set type=NS
> zoo.edu
Server:  peanut.nuts.com
Address:  172.16.12.2

Non-authoritative answer:
zoo.edu nameserver = NOC.ZOO.EDU
zoo.edu nameserver = NI.ZOO.EDU
zoo.edu nameserver = NAMESERVER.AGENCY.GOV
Authoritative answers can be found from:
NOC.ZOO.EDU    inet address = 172.28.2.200
NI.ZOO.EDU     inet address = 172.28.2.240
NAMESERVER.AGENCY.GOV inet address = 172.21.18.31
> server NOC.ZOO.EDU
Default Server:  NOC.ZOO.EDU
Address:  172.28.2.200
```

```
> set domain=zoo.edu
> set type=any
> tiger
Server:  NOC.ZOO.EDU
Address:   172.28.2.200

tiger.zoo.edu    inet address = 172.28.172.8
tiger.zoo.edu    preference = 10, mail exchanger = tiger.ZOO.EDU
tiger.zoo.edu    CPU=ALPHA OS=UNIX
tiger.zoo.edu    inet address = 172.28.172.8, protocol = 6
         7 21 23 25 79
tiger.ZOO.EDU    inet address = 172.28.172.8
> exit
```

Im letzten Beispiel zeigen wir, wie Sie die Informationen für eine ganze Domain von einem Master-Server herunterladen können, um sie dann auf dem lokalen System zu untersuchen. Der **ls**-Befehl fordert einen Zonentransfer an und gibt die Daten der empfangenen Zone aus.[11] Ist die Zonendatei länger als nur ein paar Zeilen, sollten Sie die Ausgabe in eine Datei umleiten und den **view**-Befehl verwenden, um sich den Inhalt in Ruhe anzusehen. (view sortiert die Datei und gibt sie mit Hilfe des UNIX-Befehls **more** aus.) Die Kombination aus **ls** und **view** ist bei der Untersuchung eines entfernten Servers sehr hilfreich. Im folgenden Beispiel lädt **ls** die Zone *big.com* herunter und speichert die Informationen in der Datei *temp.file*. Dann wird **view** verwendet, um den Inhalt der Datei *temp.file* zu untersuchen.

```
peanut% nslookup
Default Server: peanut.nuts.com
Address:   172.16.12.2

> server minerals.big.com
Default Server: minerals.big.com
Address:   192.168.20.1

> ls big.com > temp.file
[minerals.big.com]
########
Received 406 records.
> view temp.file
 acmite                192.168.20.28
 adamite               192.168.20.29
 adelite               192.168.20.11
 agate                 192.168.20.30
 alabaster             192.168.20.31
 albite                192.168.20.32
 allanite              192.168.20.20
 altaite               192.168.20.33
 alum                  192.168.20.35
 aluminum              192.168.20.8
 amaranth              192.168.20.85
```

---

11 Aus Sicherheitsgründen antworten viele Nameserver nicht auf den **ls**-Befehl. Wie man die Zonentransfers beschränkt, wird beim **xfrnets**-Befehl in Anhang C erläutert.

```
     amethyst                    192.168.20.36
     andorite                    192.168.20.37
     apatite                     192.168.20.38
     beryl                       192.168.20.23
     --More-- q
     > exit
```

Diese Beispiele machen deutlich, was Sie mit **nslookup** machen können:

- Abfragen jedes Typs von Standard Resource Records
- Direkte Abfragen der Master-Server einer Domain
- Herunterladen vollständiger Domaindaten in eine Datei zur späteren Untersuchung

Weitere Möglichkeiten von **nslookup** zeigt Ihnen der **help**-Befehl. Aktivieren Sie das Debugging (mit **set debug**) und untersuchen Sie die zusätzlich gewonnenen Informationen. Wenn Sie etwas mit diesem Tool herumspielen, werden Sie viele nützliche Features entdecken.

Zusammenfassung

Der Domain Name Service (DNS) ist ein sehr wichtiger Dienst, der von jedem System verwendet werden sollte, das mit dem Internet verbunden ist. UNIX-Implementierungen von DNS basieren auf der BIND-Software (Berkeley Internet Name Domain). BIND stellt sowohl einen DNS-Client als auch einen DNS-Server zur Verfügung.

Der BIND-Client übernimmt die Abfrage der Servernamen und ist in Form von Bibliotheksfunktionen implementiert. Er wird als *Resolver* bezeichnet. Der Resolver wird in der Datei *resolv.conf* konfiguriert. Alle Systeme führen einen Resolver aus.

Der BIND-Server beantwortet Nameserver-Queries und läuft als Daemon. Sein Name ist **named**. **named** wird in der Datei *named.boot* konfiguriert. In dieser Datei ist definiert, wo der Server seine Domain-Informationen erhält und welche Art von Server betrieben wird. Die Server-Typen sind primäre, sekundäre und reine Cache-Server. Da alle Server auch mit Cache arbeiten, umfaßt eine einzige Konfiguration häufig mehr als nur einen Server-Typ.

Die Original-Domaindatenbankdateien sind auf dem primären Server zu finden. Die Domain-Datenbankdatei wird häufig auch als Zonendatei bezeichnet. Die Zonendatei ist aus den Standard Resource Records (RRs) aufgebaut, die in RFCs definiert sind. Die RRs haben eine einheitliche Struktur und werden zur Definition aller DNS-Datenbankinformationen genutzt.

Der DNS-Server kann mit **nslookup** getestet werden. Dieses Tool wird zusammen mit BIND geliefert.

In diesem Kapitel haben wir Ihnen gezeigt, wie man den Domain Name Service konfiguriert und testet. Im nächsten Kapitel wollen wir die Konfiguration verschiedener anderer Dienste erläutern.

In diesem Kapitel:
- *Das Network File System*
- *Line Printer Daemon*
- *Network Information Service*
- *Ein BOOTP-Server*
- *DHCP*
- *Pflege verteilter Server*
- *Mailserver*
- *Zusammenfassung*

9

Die Konfiguration von Netzwerk-Servern

Nun wenden wir unsere Aufmerksamkeit der Konfiguration von Netzwerk-Servern zu. Genau wie beim Nameservice sind auch diese Server zum Betrieb des Netzwerks nicht unbedingt notwendig. Sie bieten aber Dienste an, die für den eigentlichen Zweck des Netzwerks von zentraler Bedeutung sind.

Es gibt viele Netzwerkdienste, weit mehr, als wir in diesem Kapitel behandeln können. Wir wollen uns auf die Server konzentrieren, die Computer/Computer-Dienste anbieten.[1] Die in diesem Kapitel behandelten Dienste sind:

- das Network File System (NFS)
- der Line Printer Daemon (LPD)
- der Network Information Service (NIS)
- das Bootstrap Protocol (BOOTP)
- das Dynamic Host Configuration Protocol (DHCP)
- das Post Office Protocol (POP)

Wir beginnen mit NFS. Dieser Server erlaubt die gemeinsame Nutzung von Dateien in UNIX-Netzwerken.

Das Network File System

Das Network File System (NFS) ermöglicht die gemeinsame Nutzung von Verzeichnissen und Dateien innerhalb des Netzwerks. Es wurde ursprünglich von Sun Microsystems entwickelt, wird nun aber von nahezu jeder UNIX-Implementierung und von

---

1 Was ganz offensichtlich fehlt, ist **sendmail**. Es ist so erklärungsbedürftig, daß ihm ein eigenes Kapitel (Kapitel 10) gewidmet wurde.

vielen Nicht-UNIX-Betriebssystemen unterstützt. Dank NFS können Benutzer und Programme auf Dateien zugreifen, die auf entfernten Systemen abgelegt sind. Dieser Zugriff erfolgt völlig transparent, als würden die Dateien lokal vorliegen. In einer perfekten NFS-Umgebung weiß ein Benutzer weder, wo die Dateien liegen, noch kümmert es ihn.

NFS hat mehrere Vorteile:

*   Verringerung des Bedarfs an lokalem Plattenspeicher. Es kann eine einzelne Kopie eines Verzeichnisses vorgehalten werden, auf die von jedem Benutzer im Netzwerk zugegriffen werden kann.

*   NFS vereinfacht zentrale Support-Aufgaben – Dateien können zentral aktualisiert werden und sind dann gleich im gesamten Netzwerk verfügbar.

*   NFS erlaubt Benutzern die Verwendung altbekannter UNIX-Befehle zur Manipulation entfernter Dateien. Es müssen keine neuen Befehle gelernt werden. Es muß nicht mit **ftp** oder **rcp** gearbeitet werden, um eine Datei zwischen Hosts im Netzwerk zu kopieren, **cp** funktioniert ausgezeichnet.

NFS besteht aus zwei Teilen – einer Client- und einer Server-Seite. Der Client ist das System, das die entfernten Verzeichnisse als Teil des lokalen Dateisystems nutzt. Der Server ist das System, das diese Verzeichnisse zur Nutzung bereitstellt. Das Einbinden eines entfernten Verzeichnisses in das lokale Dateisystem (eine Client-Funktion) wird als *Mounting* bezeichnet. Ein Verzeichnis für den entfernten Zugriff bereitzustellen (eine Server-Funktion) wird als *Sharing* bezeichnet.[2] Häufig führt ein System sowohl den Client- als auch den Serverteil der NFS-Software aus. In diesem Abschnitt betrachten wir die Konfiguration, die zur gemeinsamen Nutzung von Dateien und Verzeichnissen per NFS notwendig ist.

Wenn Sie die Verantwortung für den NFS-Server einer großen Site tragen, müssen Sie bei der Planung und Implementierung der NFS-Umgebung vorsichtig vorgehen. In diesem Kapitel wird beschrieben, wie NFS konfiguriert werden muß, um als Client und als Server betrieben werden zu können. Um eine optimale NFS-Umgebung aufzubauen, werden Sie möglicherweise aber mehr Details benötigen. Eine umfassende Behandlung des Themas finden Sie in *NFS und NIS* von Hal Stern (O'Reilly Verlag).

NFS-Daemons

Das Network File System wird in Form mehrerer Daemons betrieben. Einige übernehmen die Client-, andere die Server-Funktionen. Bevor wir die Konfiguration von NFS betrachten, wollen wir uns die Funktion der verschiedenen NFS-Daemons ansehen:

nfsd [*nservers*]

> Der NFS-Daemon **nfsd** läuft auf NFS-Servern. Dieser Daemon verarbeitet die NFS-Anforderungen der Clients. Bei Solaris-Systemen kann die Option *nservers* angegeben werden. Sie legt fest, wie viele Daemons gestartet werden sollen.

---

2   Ein alter Begriff für diese Funktion ist *exportieren*. Viele Systeme bezeichnen das Filesharing immer noch als exportieren.

mountd

Der NFS Mount-Daemon **mountd** verarbeitet die Mount-Anforderung der Clients. Der Mount-Daemon wird auf NFS-Servern ausgeführt.

lockd

Der Lock-Daemon **lockd** behandelt File-Locking-Anforderungen. Sowohl Clients als auch Server führen den Lock-Daemon aus. Clients fordern das Locking von Dateien an, die Server gewähren es.

statd

Der Netzwerkstatusmonitor-Daemon **statd** wird von **lockd** zur Bereitstellung von Überwachungsdiensten benötigt. Insbesondere ermöglicht er ein sauberes Zurücksetzen von Locks nach einem Absturz. Sowohl Clients als auch Server führen **statd** aus.

Die zum Betrieb von NFS benötigten Daemons werden in den Boot-Skripts gestartet. Bei Solaris-Systemen übernehmen die zwei in */etc/init.d* liegenden Skripts *nfs.client* und *nfs.server* diese Aufgabe. Das Skript *nfs.client* startet die Programme **statd** und **lockd**.[3] NFS-Server führen diese beiden Daemons, den NFS Server-Daemon **nfsd** und den Mount-Server **mountd**, aus. Bei Solaris-Systemen startet das Skript *nfs.server* **mountd** und 16 Kopien von **nfsd**.

Jedes System hat seine eigene Technik zum Starten dieser Daemons. Falls einer der Daemons nicht startet, müssen Sie sicherstellen, daß Ihr Startup-Skript korrekt ist.

Gemeinsame Nutzung von Dateisystemen

Der erste Schritt bei der Konfiguration eines Servers besteht darin, zu entscheiden, welche Verzeichnisse gemeinsam genutzt werden sollen, und welchen Beschränkungen sie unterworfen sein sollen. Nur Dateisysteme, die für den Client von Bedeutung sind, sollten gemeinsam genutzt werden. Bevor Sie ein Verzeichnis freigeben, sollten Sie darüber nachdenken, welchem Zweck es dienen soll. Die häufigsten Gründe für die gemeinsame Nutzung von Dateisystemen sind:

* Bereitstellung von Plattenplatz für Clients ohne eigene Festplatten

* Vermeiden unnötiger Duplikate der gleichen Daten auf mehreren Systemen

* Zentrale Bereitstellung von Programmen und Daten

* Gemeinsame Nutzung der Daten von Benutzern einer Gruppe

Sobald Sie die gewünschten Dateisysteme ausgewählt haben, müssen Sie sie zur gemeinsamen Nutzung vorbereiten. Das geschieht mit den bei Ihrem System zu diesem Zweck vorgesehenen Befehlen. In den folgenden Abschnitten zeigen wir Ihnen, wie dies bei Solaris-Systemen funktioniert. Die Vorgehensweise bei Linux-Systemen ist völ-

---

3 Bei Ihrem System könnten die Daemon-Namen mit dem Präfix »rpc.« versehen sein. Beispielsweise verwendet Slackware-Linux den Namen *rpc.nfsd* für den NFS-Daemon. Sehen Sie in der Konfiguration des Systems nach.

lig anders. Sie müssen in Ihrer Dokumentation nachsehen, um die genaue NFS-Implementierung für Ihr System zu ermitteln.

Der share-Befehl

Bei Solaris-Systemen werden Verzeichnisse mit dem **share**-Befehl zur gemeinsamen Nutzung freigegeben.

Eine vereinfachte Syntax für den **share**-Befehl lautet:

```
share -F nfs [-o optionen] pfadname
```

Hierbei ist *pfadname* der Pfad auf das vom Server angebotene Verzeichnis, das er zur gemeinsamen Nutzung mit seinen Clients zur Verfügung stellt. Die *optionen* entsprechen der Zugriffskontrolle auf dieses Verzeichnis. Die üblichen Optionen sind:

rw

Die Option **rw** erlaubt den Lese- und den Schreibzugriff auf das freigegebene Dateisystem. Sie kann in der Form **rw**=*host:host...* angegeben werden, um die einzelnen Hosts festzulegen, denen der Zugriff erlaubt ist. Wird diese Form benutzt, können nur die in dieser Liste stehenden Hosts auf das Dateisystem zugreifen. Fehlt diese Liste mit Hostnamen in der **rw**-Option, hat jeder Host das Schreib-/ Leserecht auf dieses Dateisystem. Tatsächlich gibt **share** allen Hosts standardmäßig ein Schreib-/Leserecht, wenn keine Optionen angegeben wurden. Diese Voreinstellung ist akzeptabel, wenn die Systeme in einem isolierten Netzwerk liegen. Handelt es sich aber nicht um ein isoliertes Netzwerk, könnte dies eine Sicherheitslücke darstellen. Es ist am besten, wenn Sie den Zugriff auf die Hosts beschränken, denen Sie wirklich vertrauen.

ro

Diese Option definiert einen reinen Lesezugriff. Auch hier kann eine Liste mit Hostnamen der Form **ro**=*host:host...* verwendet werden. Liegt eine solche Liste vor, haben nur die hier aufgeführten Hosts Zugriff, und der Zugriff ist auf das Lesen beschränkt.

root=*host*

Diese Option erlaubt dem *root*-Benutzer des angegebenen Systems den Root-Zugriff auf das Dateisystem. Normalerweise wird der Root-Benutzer auf dem entfernten System auf die Benutzer-ID *nobody* abgebildet und mit normalen Benutzerrechten versehen. Die Vergabe von Root-Rechten stellt ein hohes Sicherheitsrisiko dar.

Die Optionen **rw** und **ro** können kombiniert werden, um unterschiedlichen Clients verschiedene Zugriffsrechte zuzuweisen. Hier ein Beispiel:

```
share -F nfs -o rw=almond:pecan ro /usr/man
share -F nfs -o rw=peanut:almond:pecan:walnut /export/home/research
```

Der erste **share**-Befehl vergibt Schreib-/Leserechte an *almond* und *pecan* sowie reinen Lesezugriff an die anderen Clients. Die zweite **share**-Anweisung vergibt hingegen

Schreib-/Leserechte an *peanut*, *almond*, *pecan* und *walnut*, und verweigert allen anderen Clients den Zugriff.

Der **share**-Befehl überlebt keinen Bootvorgang. Sie müssen die **share**-Befehle in der Datei */etc/dfs/dfstab* eintragen, um sicherzugehen, daß die Dateisysteme auch noch vorhanden sind, nachdem Ihr System gebootet wurde. Hier ein Beispiel einer *dfstab*-Datei mit zwei **share**-Befehlen:

```
% cat /etc/dfs/dfstab
#    place share(1M) commands here for automatic execution
#    on entering init state 3.
#
#    share [-F fstype] [ -o options] [-d "<text>"] <pathname> [resource]
#    .e.g,
#    share  -F nfs  -o rw=engineering  -d "home dirs"  /export/home2
share -F nfs -o rw=almond:pecan ro  /usr/man
share -F nfs -o rw=peanut:almond:pecan:walnut  /export/home/research
```

Der **share**-Befehl, die *dfstab*-Datei und selbst der Ausdruck »share« sind Solaris-spezifisch. Die meisten UNIX-Systeme sprechen vom Export von Dateien, wenn sie diese für andere NFS-Clients freigeben. Darüber hinaus verwenden sie weder den **share**-Befehl, noch die Datei *dfstab*. Statt dessen bieten sie Dateisysteme durch die Datei */etc/exports* an. Linux ist ein Beispiel für ein solches System.

Die Datei /etc/exports

Bei Linux-Systemen ist die Konfiguration des NFS-Servers in der Datei */etc/exports* enthalten. Sie legt fest, welche Dateien und Verzeichnisse freigegeben (exportiert) werden, welche Hosts auf sie zugreifen dürfen, und welche Art des Zugriffs erlaubt ist. Eine solche */etc/exports* könnte die folgenden Einträge enthalten:

```
/usr/man        almond(rw) pecan(rw)  (ro)
/usr/local      (ro)
/home/research  peanut(rw) almond(rw) pecan(rw) walnut(rw)
```

Diese Datei besagt, daß

- */usr/man* von jedem Client gemountet werden kann, aber nur die Hosts *almond* und *pecan* darauf schreiben dürfen; alle anderen Clients dürfen nur lesen,

- */usr/local* von jedem Client gemountet werden kann, der aber nur ein Leserecht besitzt,

- */home/research* nur von den Hosts *peanut*, *almond*, *pecan* und *walnut* gemountet werden kann. Alle vier Hosts besitzen ein Schreib-/Leserecht.

Die bei allen Einträgen in */etc/exports* verwendeten Optionen geben an, welche Arten von Zugriff erlaubt sind. Die aus dieser Datei abgeleiteten Optionen basieren auf den in den jeweiligen Zeilen angegebenen Parametern. Das allgemeine Format dieser Einträge sieht wie folgt aus:

```
verzeichnis [host(option)]...
```

verzeichnis benennt das zur Freigabe vorgesehene Verzeichnis bzw. die Datei. Der *host* gibt den Namen des Clients an, dem der Zugriff auf das exportierte Verzeichnis erlaubt wird, während *option* festlegt, welche Art des Zugriffs erlaubt ist. Die in unserem Beispiel verwendeten Optionen sind:

ro

> »Read-Only« verhindert, daß NFS-Clients in dieses Verzeichnis etwas hineinschreiben können. Die Versuche von NFS-Clients, etwas in ein solches Verzeichnis zu schreiben, enden mit der Meldung »Read-only filesystem« oder »Permission denied«. Wird **ro** ohne Hostnamen angegeben, darf kein Client etwas in das Verzeichnis schreiben.

rw

> »Read-Write« erlaubt Clients das Lesen und Schreiben dieses Verzeichnisses. Wird kein Hostname angegeben, sondern einfach nur ein **(rw)**, haben alle Clients das Recht, das Verzeichnis zu lesen und zu schreiben. Wird ein Hostname angegeben, besitzt nur der genannte Host ein Schreib-/Leserecht.

Mounten entfernter Dateisysteme

Sie benötigen einige grundlegende Informationen, bevor Sie entscheiden können, welche NFS-Verzeichnisse an Ihrem System zu mounten sind. Sie müssen wissen, welche Server in Ihrem Netzwerk verfügbar sind, und welche Verzeichnisse auf den jeweiligen Servern zur Verfügung stehen. Ein Verzeichnis kann nicht gemountet werden, solange es vom Server nicht exportiert wurde.

Ihr Netzwerkadministrator ist eine gute Quelle für diese Informationen. Der Administrator kann Ihnen mitteilen, welche Systeme NFS-Dienste anbieten, welche Verzeichnisse exportiert werden, und was diese Verzeichnisse enthalten. Als Administrator eines NFS-Servers müssen Sie diese Art von Informationen für Ihre Benutzer vorhalten. Siehe hierzu Kapitel 4.

Bei Solaris-Systemen können Sie Informationen über exportierte Verzeichnisse auch direkt von den Servern abfragen. Hierzu steht unter Solaris der Befehl **showmount** zur Verfügung. Die NFS-Server sind üblicherweise auf den gleichen zentral gewarteten Systemen beheimatet, die auch andere Dienste wie Mail und DNS vorhalten. Suchen Sie sich einen dieser Server aus und fragen Sie ihn mit dem Befehl **showmount −e** *hostname* ab. Als Antwort auf diesen Befehl liefert der Server eine Liste der von ihm exportierten Verzeichnisse sowie der an diesen Export geknüpften Bedingungen.

Beispielsweise erzeugt ein **showmount −e** an *filbert* die folgende Ausgabe:

```
% showmount -e filbert
export list for filbert:
/usr/man            (everyone)
/home/research      peanut,almond,walnut,pecan
/usr/local          (everyone)
```

Die Export-Liste zeigt die von *filbert* exportierten Verzeichnisse ebenso wie Informationen darüber, wer auf diese Verzeichnisse zugreifen darf. Aus dieser Liste kann sich der Administrator von *peanut* aussuchen, welche von *filbert* angebotenen Verzeichnisse er mounten möchte. Unser Administrator entscheidet:

1. */usr/man* von *filbert* zu mounten, statt die Manpages lokal vorzuhalten.

2. */home/research* zu mounten, um Dateien mit anderen Systemen der Forschungsgruppe einfacher gemeinsam nutzen zu können.

3. Die zentral gepflegten Programme in */usr/local* zu mounten.

Diese Entscheidungen repräsentieren einige der häufigsten Gründe für das Mounten von NFS-Verzeichnissen:

- Sparen von Speicherplatz

- Gemeinsame Nutzung von Dateien mit anderen Systemen

- Zentrale Pflege allgemein verwendeter Dateien

Der Umfang, in dem Sie NFS nutzen, ist eine persönliche Entscheidung. Einige Leute ziehen die größere persönliche Kontrolle vor, die durch ein lokales Vorhalten von Dateien erreicht wird, während andere die von NFS angebotenen Vorteile vorziehen. Bei Ihrer Site könnten bestimmte Regeln darüber vorhanden sein, wie NFS einzusetzen ist, welche Verzeichnisse zu mounten sind, und welche Dateien zentral zu pflegen sind. Fragen Sie Ihren Netzwerkadministrator, wenn Sie sich nicht ganz sicher sind, wie NFS bei Ihnen eingesetzt wird.

Der mount-Befehl

Ein Client muß ein exportiertes Verzeichnis mounten, bevor er es verwenden kann. Mit dem »mounten« wird ein Verzeichnis in die Dateisystem-Hierarchie eines Clients eingebunden. Nur die von den Servern angebotenen Verzeichnisse können gemountet werden. Allerdings kann jeder Teil des angebotenen Verzeichnisses, etwa ein Unterverzeichnis oder eine Datei, einzeln gemountet werden.

NFS-Verzeichnisse werden mit Hilfe des **mount**-Befehls gemountet. Die allgemeine Struktur eines **mount**-Befehls lautet:

```
mount hostname:entferntes-verzeichnis lokales-verzeichnis
```

Der `hostname` bestimmt den NFS-Server, und `entferntes-verzeichnis` gibt das vom Server angebotene Verzeichnis (oder einen Teil des Verzeichnisses) an. Der **mount**-Befehl bindet das entfernte Verzeichnis an der Stelle in der Hierarchie des Clients ein, die mit `lokales-verzeichnis` angegeben wurde. Das lokale Verzeichnis des Clients, der sog. Mountpunkt, muß existieren, bevor **mount** aufgerufen wird. Sobald die Mountoperation abgeschlossen ist, können Sie auf die Dateien in dem entfernten Verzeichnis durch das lokale Verzeichnis zugreifen, als würden die Dateien lokal vorliegen.

Nehmen wir zum Beispiel an, daß *filbert.nuts.com* ein NFS-Server ist und die im obigen Abschnitt gezeigten Dateien exportiert. Nehmen wir weiterhin an, daß der Administrator von *peanut* auf das Verzeichnis */home/research* zugreifen will. Der Administrator erzeugt einfach ein lokales Verzeichnis namens */home/research* und mountet das entfernt liegende Verzeichnis */home/research* von *filbert* an diesem neu angelegten Mountpunkt:

```
# mkdir /home/research
# mount filbert:/home/research /home/research
```

Sobald das entfernte Verzeichnis gemountet ist, bleibt es dem lokalen Dateisystem erhalten, bis der Mount explizit rückgängig gemacht wird (»unmount«) oder das lokale System neu gebootet wird. Die Aufhebung einer Mountoperation erfolgt mit dem Befehl **umount**. In der **umount**-Befehlszeile können Sie entweder den lokalen Namen oder den entfernten Namen des Verzeichnisses angeben, das Sie wieder abkoppeln möchten. Zum Beispiel kann der Administrator von *peanut* das entfernte Dateisystem *filbert:/home/research* wie folgt vom lokalen Mountpunkt */home/research* abkoppeln:

```
# umount /home/research
```

Oder so:

```
# umount filbert:/home/research
```

Ein Bootvorgang sorgt ebenfalls für ein Unmounten der NFS-Verzeichnisse. Weil die Systeme häufig bei jedem Booten die gleichen Dateisysteme mounten wollen, stellt UNIX ein System zur Verfügung, das automatisch ein erneutes Mounten nach dem Booten durchführt.

Die Dateien vfstab und fstab

UNIX-Systeme nutzen die Informationen einer speziellen Tabelle, um alle Typen von Dateisystemen (darunter auch NFS-Verzeichnisse) nach einem Neustart des Systems automatisch zu mounten. Diese Tabelle bildet einen wichtigen Bestandteil des konsistenten Zugriffs auf Software und Dateien, weshalb sie besonders sorgfältig behandelt werden muß. Die verschiedenen UNIX-Varianten nutzen zu diesem Zweck zwei unterschiedliche Dateien mit zwei verschiedenen Dateiformaten. Linux- und BSD-Systeme verwenden die Datei */etc/fstab*, während Solaris, unser Beispiel für System-V, die Datei */etc/vfstab* verwendet.

Das Format von NFS-Einträgen in der *vfstab*-Datei von Solaris sieht wie folgt aus:

```
dateisystem - mountpunkt nfs - yes optionen
```

Die verschiedenen in diesem Eintrag enthaltenen Felder müssen in der obigen Reihenfolge erscheinen und durch Whitespace getrennt sein. Die fett gedruckten Elemente (die Bindestriche ebenso wie die Wörter **nfs** und **yes**) sind Schlüsselwörter und müssen genau wie oben abgebildet angegeben werden. *dateisystem* ist der Name des vom Server angebotenen Verzeichnisses. *mountpunkt* ist der Pfadname des lokalen Mountpunkts, und *optionen* sind die nachfolgend besprochenen Mount-Optionen. Ein NFS-Eintrag in *vfstab* sieht z.B. wie folgt aus:

```
filbert:/home/research - /home/research nfs - yes rw,soft
```

Dieser Eintrag mountet das NFS-Dateisystem *filbert:/home/research* am lokalen Mount-punkt */home/research*. Das Dateisystem wird mit den Optionen **rw** und **soft** gemountet. Die bei Solaris verfügbaren Mount-Optionen sind:

rw

Falls möglich, wird das Dateisystem mit Schreib-/Leserechten gemountet. Ist das Dateisystem durch den Server auf einen reinen Lesezugriff beschränkt, wird eine Warnung ausgegeben, und das Dateisystem wird nur mit Leserechten gemountet.

ro

Mountet ein Dateisystem mit Leserechten.

remount

Falls das Dateisystem bereits mit reinen Leserechten gemountet ist, wird es mit Schreib-/Leserechten erneut gemountet.

soft

Falls der Server nicht antwortet, wird ein Fehler ausgegeben und kein neuer Mount-Versuch unternommen.

hard

Falls der Server nicht antwortet, wird so lange ein neuer Mount versucht, bis der Server antwortet. Dies ist die Standardeinstellung.

bg

Neue Versuche werden im Hintergrund (Background-Modus) ausgeführt.

fg

Neue Versuche erfolgen im Vordergrund (Foreground-Modus).

intr

Erlaubt eine Unterbrechung (Interrupt) über die Tastatur, um einen Prozeß zu beenden, der sich aufgehängt hat, weil er auf die Antwort des Servers wartet. Mit der Option hard gemountete Dateisysteme können sich aufhängen, weil der Client den Mount immer wieder versucht, selbst wenn der Server nicht läuft. Dies ist die Standardeinstellung.

nointr

Verhindert ein Abbrechen über die Tastatur. Das ist generell keine gute Idee.

nosuid

Verhindert die Ausführung eines auf dem gemounteten Dateisystem liegenden Programms im **setuid**-Modus. Das erhöht die Sicherheit, kann aber den Nutzen verringern.

Bei einem Solaris-System werden die in *vfstab* angegebenen NFS-Dateisysteme durch einen **mountall**-Befehl gemountet, der in einer Startup-Datei enthalten ist. Bei einem Linux-System enthält die Startup-Datei einen **mount**-Befehl, bei dem die Option **–a** verwendet wird. Dieses Flag sorgt dafür, daß Linux alle in *fstab* aufgeführten Dateisysteme mountet. Das Format von NFS-Einträgen in */etc/fstab* ist wie folgt:

```
dateisystem  mountpunkt  nfs  optionen
```

Die einzelnen Felder müssen in der oben angegebenen Reihenfolge erscheinen und durch Whitespace voneinander getrennt sein. Das Schlüsselwort **nfs** muß für alle NFS-Dateisysteme angegeben werden. `dateisystem` ist der Name des zu mountenden Verzeichnisses. `mountpunkt` ist der Pfad auf den lokalen Mountpunkt. Die gültigen Optionen sind in Tabelle 9-1 aufgeführt.

Tabelle 9-1: Linux mount-Optionen

Option	Aufgabe
async	Arbeitet mit asynchroner Datei-I/O.
auto	Mount erfolgt, wenn die Option –a verwendet wird.
dev	Erlaubt zeichen- und blockorientierte Geräte (Devices) auf dem Dateisystem.
exec	Erlaubt die Ausführung von Dateien von diesem Dateisystem aus.
noauto	Kein automatisches Mounten bei –a.
nodev	Unterbindet zeichen- und blockorientierte Geräte auf diesem Dateisystem.
noexec	Unterbindet die Ausführung von Dateien von diesem Dateisystem aus.
nosuid	Verhindert die Ausführung von auf diesem Dateisystem liegenden Programmen im **setuid**- oder **setgid**-Modus.
nouser	Nur Root kann dieses Dateisystem mounten.
remount	Erneutes Mounten eines Dateisystems mit neuen Optionen.
ro	Mounten des Dateisystems nur mit Leserechten.
rw	Mounten des Dateisystems mit Schreib-/Leserechten.
suid	Programme dürfen im **setuid**- oder **setgid**-Modus ausgeführt werden.
sync	Arbeitet mit synchroner Datei-I/O.
user	Erlaubt normalen Benutzern das Mounten des Dateisystems.
soft	Erlaubt einen Timeout des Zugriffs, falls der Server nicht antwortet.
timeo=*time*	Die zu verstreichende Zeit (*time*), bevor ein Timeout erfolgt. Wird zusammen mit **soft** verwendet.

Ein **grep** auf *fstab* zeigt uns die NFS-Einträge:[4]

```
% grep nfs /etc/fstab
filbert:/usr/spool/mail    /usr/spool/mail   nfs rw    0 0
filbert:/usr/man           /usr/man          nfs rw    0 0
filbert:/home/research     /home/research    nfs rw    0 0
```

---

4 Wir verwenden **grep**, weil *fstab* auch andere Informationen enthält, die nichts mit NFS zu tun haben.

Die **grep**-Operation liefert uns drei NFS-Dateisysteme, die in */etc/fstab* enthalten sind. Der im Boot-Skript enthaltene Befehl **mount –a** mountet diese drei Verzeichnisse nach jedem Booten automatisch.

Die Dateien *vfstab* und *fstab* sind die zum Mounten von Dateisystemen während des Bootens am häufigsten eingesetzte Technik. Es gibt aber auch noch eine weitere Technik, mit der NFS-Dateisysteme automatisch gemountet werden können, und zwar nur dann, wenn sie wirklich benötigt werden. Dieses Verfahren wird als *Automounter* bezeichnet.

NFS-Automounter

Einige NFS-Implementierungen stellen einen sog. Automounter zur Verfügung. Das beste Beispiel für einen Automounter ist die bei Solaris mitgelieferte Implementierung, die wir uns im nachfolgenden Beispiel ansehen wollen.

Die Konfigurationsdateien des Automounters werden als *Maps* (»Karten«) bezeichnet. Drei grundlegende Arten von Maps werden zur Definition des Automounter-Dateisystems (autofs) verwendet.

Diese drei Map-Typen sind:

Master-Map
> Die von **automount** gelesene Konfigurationsdatei. Sie enthält alle anderen Maps, die zur Definition des autofs-Dateisystems verwendet werden.

Direkte Map
> Eine Konfigurationsdatei, die alle Mountpunkte, Pfadnamen und Optionen der Dateisysteme angibt, die vom Automounter-Daemon (**automountd**) zu mounten sind.

Indirekte Map
> Eine Konfigurationsdatei mit Pfadnamen und »relativen« Mountpunkten. Die Mountpunkte liegen relativ zu einem in der Master-Map definierten Verzeichnis. Wie man indirekte Maps einsetzt, wird anhand der Beispiele deutlich.

Bei Solaris-Systemen werden der Automounter-Daemon **automountd** und der **automount**-Befehl im Skript */etc/init.d/autofs* gestartet. Das Skript wird mit der Option **start** ausgeführt, um den Automounter zu starten (**autofs start**). Es wird mit der **stop**-Option aufgerufen, um den Automounter herunterzufahren. **automount** und **automountd** sind zwei verschiedene, separate Programme. **automountd** läuft als Daemon und mountet die Dateisysteme dynamisch bei Bedarf. **automount** verarbeitet die Datei *auto_master*, um zu ermitteln, welche Dateisysteme dynamisch gemountet werden können.

Um den Automounter zu nutzen, müssen Sie zuerst die Datei */etc/auto_master* konfigurieren. Einträge in dieser Datei haben das folgende Format:

```
mountpunkt      map-name        optionen
```

Das Solaris-System wird mit einer vorkonfigurierten *auto_master*-Datei ausgeliefert. Passen Sie diese Datei entsprechend Ihren Wünschen an. Kommentieren Sie den Eintrag +auto_master aus. Er wird nur verwendet, wenn NIS+ ausgeführt wird und Ihr Server eine zentral verwaltete *auto_master*-Map zur Verfügung stellt. Ignorieren Sie auch den /xfn-Eintrag. Es wird bei Systemen mit DNS nicht angewandt. Fügen Sie einen Eintrag für Ihre direkte Map ein. Im Beispiel heißt sie auto_direct. Hier die */etc/ auto_master* nach Ihren Modifikationen:

```
# Master-Map für Automounter
#
#+auto_master
#/xfn           -xfn
/net            -hosts          -nosuid
/home           auto_home
/-              auto_direct
```

Alle mit einem Doppelkreuz (#) beginnenden Zeilen sind Kommentare. So wurden auch die Zeilen +auto_master und /xfn auskommentiert. Der erste verwendete Eintrag der Datei gibt an, daß die Dateisysteme aller in */etc/hosts* aufgeführten NFS-Server automatisch unter dem Verzeichnis */net* gemountet werden. Dabei wird für jeden Server unter */net* ein Unterverzeichnis angelegt, das den Hostnamen des Servers trägt. Nehmen wir beispielsweise an, daß *filbert* in der *hosts*-Datei steht und sein Verzeichnis */usr/local* exportiert. Der Eintrag f(CW/net\fR macht das entfernte Verzeichnis auf dem lokalen Host unter */net/filbert/usr/local* verfügbar.

Der zweite Eintrag mountet automatisch die Home-Verzeichnisse, die in der */etc/ auto_home*-Map unter dem Verzeichnis */home* aufgeführt sind. Eine vorkonfigurierte Standardversion der */etc/auto_home* wird vom Solaris-System mitgeliefert. Kommentieren Sie den Eintrag +auto_home aus, den Sie in der Standarddatei vorfinden. Dieser Eintrag wird nur genutzt, wenn Ihr System NIS+ ausführt und Ihre Server eine zentral verwaltete *auto_home*-Map anbieten. Fügen Sie Einträge für die Home-Verzeichnisse der einzelnen Benutzer ein oder für alle Home-Verzeichnisse bestimmter Server. Hier eine modifizierte *auto_home*-Map:

```
# Automounter-Map mit Home-Verzeichnissen
#
#+auto_home
craig           almond:/export/home/craig
*               pecan:/export/home/&
```

Der erste Eintrag mountet das von *almond* freigegebene Dateisystem */export/home/ craig* am lokalen Mountpunkt */home/craig*. Bei *auto_home* handelt es sich um eine indirekte Map, d.h., der in der Map angegebene Mountpunkt (craig) liegt relativ zum Mountpunkt */home*, der in der *auto_master*-Map definiert ist. Der zweite Eintrag mountet jedes von *pecan* angebotene Home-Verzeichnis seines Dateisystems */export/home* an einem »gleichnamigen« Mountpunkt auf dem lokalen Host. Nehmen wir zum Beispiel an, daß *pecan* die beiden Home-Verzeichnisse */export/home/daniel* und */export/home/ kristin* bereitstellt. Der Automounter macht diese beiden Verzeichnisse auf dem lokalen

Host als */home/daniel* und */home/kristin* verfügbar. Das »Sternchen« (*) und das kaufmännische Und (&) sind Wildcards, die bei autofs-Maps genau diesem Zweck dienen.

Damit haben wir auch die *auto_home*-Map erledigt. Kehren wir zur *auto_master*-Map zurück. Der dritte und letzte Eintrag in */etc/auto_master* lautet:

```
/-              auto_direct
```

Wir haben diesen Eintrag für unsere direkte Map eingefügt. Der spezielle Mountpunkt / – bedeutet, daß der Name auf eine direkte Map verweist. Die realen Mountpunkte sind daher in der direkten Map zu finden. Wir haben unsere direkte Map */etc/auto_direct* genannt. Es gibt keine Standarddatei für eine direkte Map. Sie müssen sie von Hand anlegen. Die von uns angelegte Datei sieht wie folgt aus:

```
# Direkte Map für den Automounter
#
/home/research  -rw        filbert:/home/research
/usr/man        -ro,soft   pecan,almond,filbert:/usr/share/man
```

Das Format der Einträge in einer direkten Map lautet wie folgt:

```
mountpunkt      optionen   entferntes-dateisystem
```

Unsere Beispieldatei enthält zwei typische Einträge. Der erste Eintrag mountet das entfernte Dateisystem */home/research* vom Server *filbert* am lokalen Mountpunkt */home/ research*. Gemountet wird mit Schreib-/Leserechten. Der zweite Eintrag mountet die Manpages nur mit Leserechten und einem »weichen« Timeout.[5] Beachten Sie, daß die drei Server für die Manpages in einer durch Kommata getrennten Liste angegeben werden. Ist ein Server nicht verfügbar oder antwortet er innerhalb einer bestimmten Zeitspanne nicht, macht der Client mit dem nächsten Server in der Liste weiter. Das ist eine der netten Eigenschaften des Automounters.

Der Automounter besitzt vier Schlüsselmerkmale: –hosts, Wildcarding, Automounting und mehrere Server. –hosts macht jedes exportierte Dateisystem aller in */etc/hosts* aufgeführten Server für den lokalen Benutzer verfügbar. Die Wildcard-Zeichen machen es sehr einfach, jedes Verzeichnis eines entfernten Servers unter einem gleichnamigen Verzeichnis auf dem lokalen System zu mounten. Das Automounting faßt diese beiden Features mit Samthandschuhen an, weil nur die Dateisysteme gemountet werden, die wirklich gerade benötigt werden. Während –hosts und Wildcards eine sehr große Anzahl von Dateisystemen für den lokalen Host verfügbar machen, beschränkt das Automounting die Anzahl der Dateisysteme auf diejenigen, die wirklich benötigt werden. Das letzte Merkmal, mehrere Server, erhöht die Zuverlässigkeit von NFS, indem die Abhängigkeit von nur einem Server aufgehoben wird.

---

5   Mehr über die NFS-Mount-Optionen finden Sie etwas weiter vorne in diesem Kapitel.

NFS Authentizierungs-Server

Der *PC NFS Authentication and Print Server* (**pcnfsd**) wird benötigt, um nicht auf UNIX basierende Clients in einem NFS-Netzwerk zu unterstützen. Die von diesem Dienst bereitgestellten Druckerdienste werden im nächsten Abschnitt besprochen. Die Authentizierungsdienste sind die von NFS benötigten Dienste.

Der Grund, weshalb NFS für manche Clients einen Authentizierungs-Server benötigt, liegt im Unterschied zwischen der auf »vertrauenswürdigen Hosts« (*trusted host*) basierenden Sicherheit und der auf einer Paßwort-Authentizierung (*password authenticated*) basierenden Sicherheit. Die auf vertrauenswürdigen Hosts basierende Sicherheit wird in Kapitel 12 behandelt. Grundsätzlich funktioniert sie wie folgt: Wir vertrauen darauf, daß der entfernte Host seine Benutzer bereits authentiziert hat, und wir ermöglichen diesen Benutzern einen gleichwertigen Zugriff auf unseren lokalen Host. Das ist mehr oder weniger die Art und Weise, in der NFS seine Clients behandelt. Der Solaris-Befehl **share** erlaubt den NFS-Zugriff auf Hosts. Ein Benutzer darf über NFS auf Dateien zugreifen, wobei die Standard-UNIX-Rechte für *Benutzer*, *Gruppe* und den Rest der *Welt* gelten. Hierbei werden die UID (*User-ID*) und die GID (*Group-ID*) zugrunde gelegt, die vom vertrauenswürdigen Host geliefert werden. Vergessen Sie nicht, daß alle Hosts auf das freigegebene Dateisystem zugreifen dürfen, solange der Zugriff nicht durch eine entsprechende **share**-Option eingeschränkt wird.

Dieses Modell vertrauenswürdiger Hosts funktioniert bei Nicht-UNIX-Clients aus einer Reihe von Gründen nicht. Zum einen führen einige Systeme keine lokale Authentizierung des Benutzers durch. So hat beispielsweise jeder an einem DOS-PC sitzende Benutzer vollständigen Zugang zu dem System. Zweitens arbeiten einige Systeme nicht mit Benutzer- oder Gruppen-IDs und können daher auch keine Werte anbieten, die auf die Benutzer- und Gruppenrechte von UNIX-Dateien angewandt werden könnten. Bestenfalls können einem nicht authentizierten Benutzer die »Welt-Rechte« zugeordnet werden.[6] Wir benötigen einen Server, der Benutzernamen und Paßwörter authentiziert und UIDs/GIDs an authentizierte Benutzer vergibt. Genau diese Aufgabe übernimmt der PC NFS Authentizierungs-Server.

Der Authentizierungs-Server kann auf jedem System im Netzwerk laufen. Es ist nicht notwendig, daß er auf dem NFS-Server läuft, aber das ist die gängigste Konfiguration. Der PC NFS Authentizierungs-Server bildet keinen festen Bestandteil aller UNIX-Systeme. Es wird mit unserem Linux-System, nicht aber mit dem Solaris-System ausgeliefert. Machen Sie sich keine Sorgen, wenn Ihr System ohne ausgeliefert wird. Der Quellcode für **pcnfsd** ist auf vielen FTP-Servern im Internet verfügbar. Laden Sie die Software herunter und kompilieren sie den Quellcode mit **make**.[7] Wird **pcnfsd** fehlerfrei kompiliert, kopieren Sie den Daemon in ein Systemverzeichnis wie */usr/etc*. Dann fügen Sie Code in eines Ihrer Bootskripten ein, mit dem **pcnfsd** automatisch gestartet

---

6   Einem nicht authentizierten Benutzer wird die Benutzer-ID *nobody* zugewiesen, und er wird mit »Welt-Rechten« versehen.

7   Ein vollständiges Beispiel für das Herunterladen, Kompilieren und Installieren von **pcnfsd** finden Sie in *TCP/IP – Netzanbindung von PCs* von Craig Hunt (O'Reilly Verlag).

wird. Bei Slackware Linux müssen Sie einfach die Zeilen in */etc/rc.d/rc.inet2* auskommentieren, die **rpc.nfsd** starten.

Normalerweise ist das Starten eines Daemons von **inetd** eine Alternative zum Starten durch ein Boot-Skript. Allerdings warnt Sun von dem Start von **pcnfsd** über **inetd**, weil das langsame Hochfahren dieses Daemons zu Timeout-Fehlern führen kann.

Sobald der **pcnfsd**-Daemon installiert ist und läuft, authentiziert der Server Benutzernamen und Paßwörter für seine Clients. Möchte ein Benutzer ein entferntes Dateisystem mounten, fragt die Client-Software ihn nach einem Benutzernamen und nach einem Paßwort. Diese Eingaben werden an den Authentizierungs-Server geschickt. Der Server vergleicht sie mit den Daten seiner */etc/passwd*. Ein Benutzer, der sich auf dem Server erfolgreich einloggen kann, wird als gültiger NFS-Benutzer betrachtet. Der Server sendet dem Client die UID und die GID, die dem Benutzer in der *passwd*-Datei zugewiesen sind. Der Client nutzt diese Angaben dann für den NFS-Zugriff.

Der Authentizierungs-Server benötigt für jeden Benutzer, der NFS nutzen möchte, einen Eintrag in */etc/passwd*. Es ist üblich, daß ein großer UNIX-Server als Authentizierungs-Server verwendet wird (etwa der Mailserver, der einen Account für jeden Mail-Benutzer enthält).

NFS-Druckerdienste

NFS-basierte Druckerdienste sind leicht zu verstehen und einfach zu konfigurieren. Der NFS-Server exportiert ein Drucker-Spoolverzeichnis an seine Clients, und die Clients kopieren zu druckende Dateien in dieses Verzeichnis. **pcnfsd** sendet in diesem Verzeichnis liegende Dateien an die dem Server bekannten Drucker. Jeder vom Server definierte Drucker kann verwendet werden.

Um NFS-basierte Druckerdienste auf einem NFS-Server einzurichten, müssen Sie zuerst **pcnfsd** installieren. Als nächstes legen Sie auf dem Server ein Spool-Verzeichnis für die Druck-Clients an. Tragen Sie das Spool-Verzeichnis in die Liste der exportierten Dateisysteme ein. Je nach System ist das die Datei */etc/dfs/dfstab* oder die Datei */etc/exports*.

Schließlich teilen Sie **pcnfsd** mit, welches Verzeichnis zur Aufnahme von Druckjobs verwendet wird. Bei den meisten Systemen verwenden Sie den *spool*-Befehl in der Konfigurationsdatei */etc/pcnfsd.conf*, um den entsprechenden Verzeichnisnamen anzugeben. Bei anderen Systemen, etwa Linux, müssen Sie das Verzeichnis in der **pcnfsd**-Befehlszeile angeben. Details finden Sie in der **pcnfsd**-Manpage.

Fertig! Die Ausführung von **pcnfsd** und der Export des Spool-Verzeichnisses sind alles, was zur Konfiguration eines NFS-Druckerservers notwendig ist. Voraussetzung ist allerdings, daß die Drucker bereits richtig konfiguriert sind. Überprüfen Sie die Drucker, indem Sie sich direkt in den Printserver einloggen und einen **lpr**-Befehl für jeden zu prüfenden Drucker absetzen. Im nächsten Abschnitt über **lpr** und **lpd** zeigen wir Ihnen, was zu tun ist, wenn ein Drucker nicht richtig konfiguriert ist.

Line Printer Daemon

Der *Line Printer Daemon* (**lpd**) versorgt lokale und entfernte Benutzer mit Druckerdiensten. **lpd** verwaltet den Spoolbereich und die Queues für die verschiedenen Drucker. **lpd** wird während der Bootphase aus einem Startup-Skript gestartet. Es ist bei Linux- und BSD-Systemen standardmäßig in den Skripts enthalten. Beispielsweise finden Sie es bei Slackware Linux in der Datei */etc/rc.d/rc.inet2*.

Die Datei printcap

Beim Hochfahren liest **lpd** die Datei */etc/printcap* ein, um etwas über die zur Verfügung stehenden Drucker zu erfahren. Die *printcap*-Datei definiert die Drucker und ihre Eigenschaften. Die Konfiguration einer *printcap*-Datei ist der schlimmste Teil der Einstellung eines UNIX-Printservers. Er ist sehr unbeliebt bei Systemadministratoren, weil der diese Datei verarbeitende Parser sehr pingelig ist, und weil die Syntax für die einzelnen Parameter sehr kurz angebunden und veraltet ist. Die meisten Parser-Probleme können jedoch mit den folgenden Regeln vermieden werden:

- Beginnen Sie jeden Eintrag mit einem Druckernamen, der in der ersten Spalte beginnt. Dem ersten Druckernamen sollten keine Whitespaces voranstehen. Mehrere Druckernamen können angegeben werden, wenn sie durch Pipe-Symbole (|) voneinander getrennt sind. Ein Eintrag muß den Druckernamen *lp* enthalten. Kennt der Server mehr als einen Drucker, weisen Sie *lp* dem »Standarddrucker« zu.

- Druckereinträge können sich über mehrere Zeilen erstrecken, indem einzelne Zeilen mit einem Backslash (\) abgeschlossen werden und die nachfolgenden Zeilen mit einem Tabulator beginnen. Achten Sie darauf, daß auf den Backslash kein Leerzeichen folgt. Dem Backslash muß unmittelbar ein Zeilenvorschub folgen.

- Mit Ausnahme des Druckernamens beginnt und endet jedes Feld mit einem Doppelpunkt. Bei mehrere Zeilen langen Einträgen ist das Zeichen vor dem Backslash ein Doppelpunkt. Das erste auf den Tabulator folgende Zeichen in der neuen Zeile ist ebenfalls ein Doppelpunkt.

- Kommentare beginnen mit einem Doppelkreuz (#).

Die in einer *printcap* verwendeten Konfigurationsparameter beschreiben die Eigenschaften des Druckers. Diese Eigenschaften werden in der *printcap*-Dokumentation als »Fähigkeiten« (capabilities) bezeichnet. Es handelt sich hierbei um Druckereigenschaften, die **lpd** kennen muß, um mit dem Drucker kommunizieren zu können. Diese Parameter werden durch aus zwei Buchstaben bestehenden Namen identifiziert. Diesen Namen wird normalerweise ein Wert zugeordnet. Die Syntax dieser Parameter unterscheidet sich leicht, je nach Art des zugewiesenen Wertes. Es gibt drei verschiedene Arten von Parametern:

Boolescher Wert
    Alle booleschen *printcap*-Werte sind standardmäßig mit »falsch« (false) voreingestellt. Die Angabe eines booleschen Parameters aktiviert die Funktion. Diese

Angabe erfolgt einfach durch Verwendung des aus zwei Buchstaben bestehenden Parameternamens. Zum Beispiel aktiviert **:rs:** die Sicherheitsfunktionen für entfernte Benutzer.

Numerisch

Einigen Parametern werden numerische Werte zugewiesen. Beispielsweise legt **:br#9600:** die Baudrate für einen seriellen Drucker fest.

String

Einige Parameter verwenden String-Werte. Zum Beispiel definiert **:rp=laser:** den Namen eines entfernten Druckers.

Ein Blick in die Manpage macht deutlich, daß es viele *printcap*-Parameter gibt. Die meisten Druckerdefinitionen sind recht einfach, und die meisten *printcap*-Dateien sind klein. Die Entwicklung einer eigenen *printcap* ist häufig nicht nötig. Fragen Sie andere Systemadministratoren in der Newsgruppe zu Ihrem System. Sie werden überrascht sein, wie häufig andere das Problem schon gelöst haben, und wie hilfsbereit sie sind.

Printserver besitzen normalerweise nur ein oder zwei direkt angeschlossene Drucker. Alle anderen in *printcap* definierten Drucker liegen wahrscheinlich irgendwo im Netzwerk. Die meisten auf Clients vorhandenen *printcap*s enthalten nur entfernte Drucker.

```
#
# Entfernter LaserWriter
#
lw:\
    :lf=/var/adm/lpd-errs:\
    :lp=:rm=pecan:rp=lw:\
    :sd=/var/spool/lpd-lw:
```

Der Drucker *lw* in diesem Beispiel einer *printcap*-Datei ist ein entfernter Drucker. Die entfernte Maschine, an der dieser Drucker hängt, wird mit dem Parameter **:rm=pecan:** angegeben. Der Name des Druckers auf diesem anderen System ist durch den Parameter **:rp=lw:** definiert. Der Parameter **lf** verweist auf die Logdatei, in der Status- und Fehlermeldungen festgehalten werden. Mehrere Drucker können die gleiche Logdatei verwenden. Der letzte Parameter, **sd**, definiert das Spool-Verzeichnis (spool directory). Jeder Drucker besitzt sein eigenes Spool-Verzeichnis. Die Definition des entfernten Druckers in der *printcap*-Datei des Clients ist alles, was zur Konfiguration eines LPD-Clients notwendig ist.

LPD-Sicherheitsfunktionen

Der Line Printer Daemon arbeitet mit der auf vertrauenswürdigen Hosts basierenden Sicherheit und kann die gleiche Sicherheitsdatei (*hosts.equiv*) nutzen wie die **r**-Befehle.[8] Alle Benutzer eines Hosts, die in der *hosts.equiv* des Servers aufgeführt sind, dürfen die Drucker des Servers verwenden. Um den Zugriff auf die entfernten Benutzer zu beschränken, die auch einen Account auf dem Server besitzen, müssen Sie den boole-

---

8 In Kapitel 12 finden Sie weitere Informationen zu **r**-Befehlen und zu vertrauenswürdigen Hosts.

schen Parameter :**rs**: in die Druckerbeschreibung aufnehmen. Wird :**rs**: angegeben, dürfen nur diejenigen Benutzer den Drucker verwenden, die in »gleichnamige« Accounts auf vertrauenswürdigen Hosts eingeloggt sind. Dieser Parameter wird für jeden Drucker vergeben, d.h., es ist möglich, den Zugriff auf spezielle Drucker einzuschränken, während andere Drucker einem größeren Benutzerkreis zur Verfügung stehen.

Ein Problem bei der Verwendung von *hosts.equiv* für den Druckerzugriff besteht darin, daß diese Datei auch ein »paßwortfreies« Login erlaubt. Es ist normal, daß Sie die gemeinsame Nutzung von Druckern ermöglichen wollen, ohne gleichzeitig irgendeine andere Form von Zugang auf dem Printserver zu ermöglichen. Um dies zu erreichen, verwendet **lpd** auch */etc/hosts.lpd* für die Sicherheit. Einem in dieser Datei definierten vertrauenswürdigen Host wird nur der Zugriff auf die Drucker gewährt. Der :**rs**:-Parameter funktioniert mit diesem Host genau wie mit einem in *hosts.equiv* definierten Host.

Diese Syntax der *hosts.lpd* stimmt exakt mit der von *hosts.equiv* überein. Eine *hosts.lpd* könnte beispielsweise folgendes enthalten:

```
brazil
acorn
```

Bei diesem Beispiel wird der Druckerzugriff auf die Benutzer beschränkt, die auf *brazil* oder *acorn* eingeloggt sind.

Arbeiten mit LPD

Druckjobs werden an den Line Printer Daemon mit dem Programm **lpr** (*Line Printer Remote*) übergeben. **lpr** erzeugt eine Steuerdatei und sendet diese zusammen mit der zu druckenden Datei an **lpd**. Es gibt viele Befehlszeilenargumente für **lpr**, im allgemeinen gibt der Befehl aber nur den Drucker und die zu druckende Datei an:

```
% lpr -Plj ch09
```

Dieser Befehl schickt eine Datei namens *ch09* an einen Drucker namens *lj*. Dieser Drucker kann lokal oder entfernt liegen. Das spielt keine Rolle, solange der Drucker in der *printcap* definiert und daher **lpd** bekannt ist.

Die Client-Software stellt Befehle zur Verfügung, die es dem Benutzer erlauben, den Status von Druckjobs zu überprüfen. Tabelle 9-2 führt diese Befehle, deren Syntax und Bedeutung auf.

Tabelle 9-2: Druckerbefehle

Befehl	Verwendung
lpc restart [*printer*]	Startet einen neuen Printer-Daemon.
lpc status [*printer*]	Gibt Statusinformationen zu Drucker und Queue aus.
lpq –P*printer* [*benutzer*] [*job*]	Gibt die Jobs der Queue des Druckers aus.
lprm –P*printer job*	Entfernt einen Job aus der Queue des Druckers.

Bei dieser Syntax ist *printer* der Name des Druckers, wie er in */etc/printcap* definiert ist, *benutzer* ist der Benutzername des Eigentümers des Druckjobs, und *job* ist die mit diesem Druckauftrag assoziierte Jobnummer. Das Schlüsselwort **all** kann verwendet werden, um bei jedem **lpc**-Befehl alle Drucker anzusprechen.

Während **lpc** hauptsächlich für den Systemadministrator gedacht ist, können **status** und **restart** von jedermann verwendet werden. Alle in Tabelle 9-2 aufgeführten Befehle stehen den Benutzern zur Verfügung.

Der Befehl **lpq** gibt eine Liste aller Druckaufträge aus, die für einen Drucker in der Queue liegen. Befehlszeilenargumente erlauben es dem Benutzer, die Drucker-Queue zu wählen und die Ausgabe auf die Jobs bestimmter Benutzer und sogar auf bestimmte Jobs zu beschränken. Hier ein Beispiel einer Ausgabe für den Drucker *laser*:

```
% lpq -Plaser
Rank    Owner      Job  Files            Total Size
1st     tyler      405  ...               5876 bytes
2nd     daniel     401  ...              12118 bytes
3rd     daniel     404  ...              12118 bytes
```

Ein in der Queue liegender Druckauftrag kann vom Eigentümer des Jobs mit **lprm** aus der Queue entfernt werden. Möchte zum Beispiel *daniel* den Druckjob 404 aus der obigen Liste entfernen, kann er folgendes eingeben:

```
% lprm -Plaser 404
dfA404acorn dequeued
cfA404acorn dequeued
```

Neben den **r**-Befehlen waren **lpd** und **lpr** mit die ersten UNIX-Befehle, die sich die Leistungsfähigkeit von TCP/IP zunutze machten. Die Verwaltung von Druckern ist primär eine Aufgabe der Systemadministration. Nur die LPD-Aspekte, die das Drucken im Netzwerk und die Netzwerksicherheit betreffen, wurden hier behandelt.

Line Printer Service unter Solaris

Solaris-Systeme nutzen einen Druckservice namens LP (Line Printer), der bei den meisten System-V UNIX-Varianten eingesetzt wird. LP bietet die gleichen Dienste an wie LPD.

Die LP-Konfigurationsdateien sind unterhalb des Verzeichnisses /etc/lp zu finden. Diese Dateien übernehmen grundsätzlich die gleiche Aufgabe wie /etc/printcap für LPD. Allerdings werden die Dateien in /etc/lp nicht direkt durch den Systemadministrator editiert. Vielmehr erfolgt die Konfiguration bei Solaris durch spezielle administrative Befehle oder durch das Druckmanager-Fenster von admintool. Abbildung 9-1 zeigt dieses Fenster. Clients wählen zuerst aus dem Edit-Menü *Add* und dann den Unterpunkt *Access to Printer*. Im erscheinenden Fenster geben sie dann den Namen des entfernten Druckers und seinen Server an. Server nutzen Drucker gemeinsam, indem sie einfach *Add Local Printer* im gleichen Menü wählen und einen lokalen Drucker konfigurieren. Standardmäßig stellt Solaris alle lokalen Drucker im Netzwerk zur Verfügung.

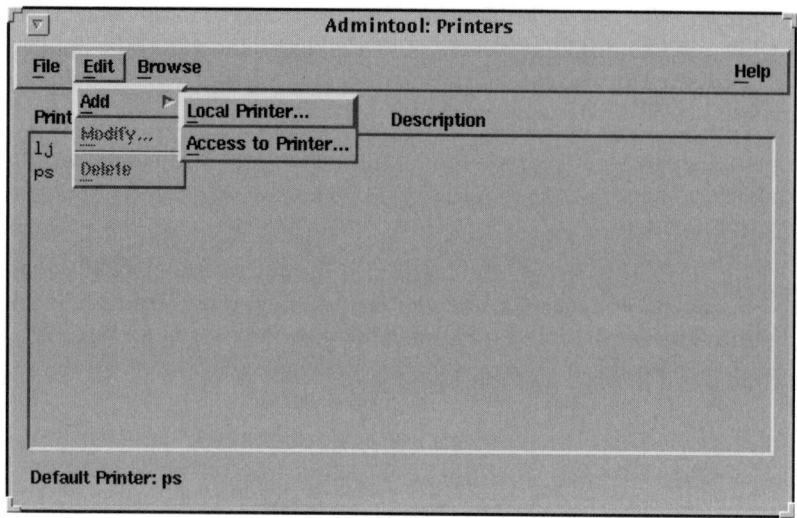

Abbildung 9-1: Printer Manager

Der Zugriff auf entfernte Drucker wird durch die Datei */etc/lp/Systems* gesteuert. Sie wird mit dem folgenden vorkonfigurierten Eintrag ausgeliefert:

```
+:x:-:s5:-:n:10:-:-:Allow all connections
```

Wie der rechts stehende Kommentar deutlich macht, erlaubt dieser Eintrag allen entfernten Systemen die Nutzung des lokalen Druckers. Das erste Feld definiert den Namen des Hosts, dem der Zugriff gestattet wird. Ein Plus an dieser Stelle steht für alle Hosts.

Die einzelnen Felder eines Eintrags in */etc/lp/Systems* werden durch Doppelpunkte voneinander getrennt. Das ein x enthaltende Feld sowie alle einen Bindestrich (-) enthaltenden Felder können ignoriert werden. Sie werden nicht genutzt.

Das vierte Feld bestimmt die Art des Betriebssystems, das auf dem entfernten Client eingesetzt wird. Dieses Feld enthält entweder s5 für System V Computer, die ihre Druckjobs mit LP verarbeiten, oder bsd, wenn es sich um BSD-Systeme handelt, die LPD einsetzen.

Das n im sechsten Feld gibt an, daß bei dieser »Verbindung« niemals ein Timeout eintreten und sie nicht aus dem System entfernt werden soll. Eine Timeout-Periode (in Minuten) könnte in diesem Feld stehen, was aber selten der Fall ist. Halten Sie die Verbindung aufrecht, solange der lokale Server läuft. Die 10 ist ein verwandter Wert. Sie gibt an, daß nach 10 Minuten ein erneuter Verbindungsaufbau versucht werden soll, wenn die Verbindung zu einem entfernten System fehlschlägt. Dieser Wert ist durchaus geeignet, weil er dem entfernten System die Möglichkeit gibt, nach einem Absturz einen Neustart durchzuführen. Die Werte n und 10 sind voreingestellt und müssen normalerweise nicht geändert werden.

Editieren Sie die Datei */etc/lp/Systems* nicht direkt. Verwenden Sie hierzu den Befehl **lpsystem**. Um ein System aus der *Systems*-Datei zu entfernen, verwenden Sie **lpsystem** mit der Befehlszeilenoption **−r** *hostname*. Dabei entspricht *hostname* dem Wert des ersten Feldes des zu löschenden Eintrags. Um also beispielsweise den das Pluszeichen enthaltenden Eintrag aus der standardmäßigen */etc/lp/Systems* zu löschen, geben Sie folgendes ein:

```
# lpsystem -r +
```

Um einen Eintrag in die *Systems* einzufügen, verwenden Sie den Befehl **lpsystem** ohne die Option **−r**. Um etwa ein BSD-System namens *macadamia* aufzunehmen, geben Sie folgendes ein:

```
# lpsystem -t bsd -y "Linux PC in room 820" macadamia
```

Dieser Befehl führt zu folgendem Eintrag in *Systems*:

```
macadamia:x:-:bsd:-:n:10:-:-:Linux PC in room 820
```

Die Option **−t** definiert den Betriebssystemtyp. Die Option **−y** definiert den Kommentar, und *macadamia* ist natürlich der Hostname. Wir akzeptieren die Standardwerte für Timeout- und Retry-Intervalle. Wir hätten sie auch mit den Optionen **−T** *timeout* und **−R** *retry* über die Kommandozeile einstellen können. Weitere Informationen zu **lpsystem** finden Sie in der Manpage.

Alle UNIX-Systeme stellen eine Technik zur gemeinsamen Nutzung von Druckern zur Verfügung. Die Aufgabe des Netzwerkadministrators besteht darin, sicherzustellen, daß alle Drucker über das Netzwerk zu erreichen und ausreichend gesichert sind.

Network Information Service

Der *Network Information Service* (NIS)[9] ist eine administrative Datenbank zur zentralen Steuerung und automatischen Verteilung wichtiger administrativer Dateien. NIS wandelt verschiedene Standard-UNIX-Dateien in Datenbanken um, die über das Netzwerk abgefragt werden können. Diese Datenbanken werden als *NIS-Maps* bezeichnet. Einige dieser Maps werden aus Dateien erzeugt, die Sie von der Systemadministration her kennen. Hierzu gehören beispielsweise die Paßwortdatei (*/etc/passwd*) sowie die Gruppendatei (*/etc/group*). Andere werden aus Dateien abgeleitet, die der Netzwerkadministration zuzuordnen sind:

/etc/ethers
> Erzeugt die NIS-Maps *ethers.byaddr* und *ethers.byname*. Die Datei */etc/ethers* wird von RARP (siehe Kapitel 2) verwendet.

---

9 NIS hieß früher »Yellow Pages« (also »Gelbe Seiten«) oder *yp*. Der Name wurde zwar mittlerweile geändert, aber die Abkürzung *yp* ist geblieben.

/etc/hosts

> Erzeugt die Maps *hosts.byname* und *hosts.byaddr* (siehe Kapitel 3).

/etc/networks

> Erzeugt die Maps *networks.byname* und *networks.byaddr* (siehe Kapitel 3).

/etc/protocols

> Erzeugt die Maps *protocols.byname* und *protocols.byaddr* (siehe Kapitel 2).

/etc/services

> Erzeugt eine Map namens *services.byname* (siehe Kapitel 2).

/etc/aliases

> Definiert Aliases für E-Mail und erzeugt die Maps *mail.aliases* und *mail.byaddr* (siehe Kapitel 10).

Die auf Ihrem Server verfügbaren Maps können Sie mit dem Befehl **ypcat –x** ermitteln. Dieser Befehl erzeugt bei unseren beiden Beispielsystemen Solaris und Linux die gleiche Ausgabe. Ihr Server könnte eine längere Liste ausgeben. Hier die Liste unseres Solaris-Systems:

```
% ypcat -x
Use "passwd"    for map "passwd.byname"
Use "group"     for map "group.byname"
Use "networks"  for map "networks.byaddr"
Use "hosts"     for map "hosts.byname"
Use "protocols" for map "protocols.bynumber"
Use "services"  for map "services.byname"
Use "aliases"   for map "mail.aliases"
Use "ethers"    for map "ethers.byname"
```

Der Vorteil bei der Nutzung von NIS für diese wichtigen administrativen Dateien ist der, daß Sie diese Dateien auf einem zentralen Server pflegen können und diese allen Workstations im Netzwerk zur Verfügung stehen. Alle Maps werden auf einem Master-Server abgelegt, der den NIS-Server **ypserv** ausführt. Diese Maps werden von Client-Systemen abgefragt. Clients verwenden **ypbind**, um den Server zu ermitteln.

Der NIS-Server und seine Clients bilden eine *NIS-Domain* – ein Begriff, den NIS mit DNS gemeinsam hat. Die NIS-Domain wird über einen NIS-Domain-Namen identifiziert. Die einzige Anforderung an den Namen ist die, daß verschiedene NIS-Domains, die durch das gleiche lokale Netzwerk zu erreichen sind, unterschiedliche Namen verwenden müssen. Obwohl NIS- und DNS-Domains unterschiedliche Dinge darstellen, empfiehlt Sun, den DNS-Domain-Namen auch für die NIS-Domain zu verwenden, um die Administration zu vereinfachen und Verwirrung zu vermeiden.

NIS verwendet seinen Domain-Namen, um ein Verzeichnis unter */var/yp* anzulegen, in dem die NIS-Maps abgelegt werden. Zum Beispiel ist die DNS-Domain für unser imaginäres Netzwerk *nuts.com*, weshalb wir diesen Namen auch für unsere NIS-Domain verwenden. NIS legt ein Verzeichnis namens */var/yp/nuts.com* an und speichert die NIS-Maps in diesem Verzeichnis.

Zwar wurden die NIS-Protokolle und -Befehle ursprünglich von Sun Microsystems definiert, der Dienst ist heute aber weit verbreitet. Um dies zu verdeutlichen, stammt der größte Teil der Beispiele, die wir in diesem Kapitel verwenden, von Linux, nicht von Solaris. Die Befehlssyntax ist bei allen Systemen sehr ähnlich.

Mit dem Befehl **domainname** können Sie den Namen der NIS-Domain bestimmen bzw. einstellen. Der Superuser kann den NIS-Domain-Namen auf *nuts.com* einstellen, indem er folgendes eingibt:

```
# domainname nuts.com
```

Die NIS-Domain wird normalerweise während des Hochfahrens konfiguriert, d.h., der **domainname**-Befehl wird in eine der Startup-Dateien aufgenommen. Bei Linux und Solaris wird der Wert für die NIS-Domain aus der Datei */etc/defaultdomain* übernommen. Diese Datei wird als Eingabe für einen **domainname**-Befehl in einer der Startup-Dateien verwendet. Wie nachfolgend zu sehen, enthält *defaultdomain* nur den Namen der NIS-Domain.

```
% cat /etc/defaultdomain
nuts.com
```

Initialisieren sie den NIS-Server und generieren Sie die Anfangs-Maps mit **make**. */var/yp/Makefile* enthält die Anweisungen, die zum Aufbau der Maps notwendig sind. Wie bereits oben erwähnt, erzeugt es ein Verzeichnis mit dem Namen der NIS-Domain. Das Makefile liest die Dateien aus */etc* und legt die daraus generierten Maps im neuen Verzeichnis ab. Zur Initialisierung eines Linux-Systems als NIS-Server geben Sie folgendes ein:

```
# domainname nuts.com
# cd /var/yp
# make
make[1]: Entering directory '/var/yp/nuts.com'
Updating hosts.byname...
Updating hosts.byaddr...
Updating networks.byaddr...
Updating networks.byname...
Updating protocols.bynumber...
Updating protocols.byname...
Updating rpc.byname...
Updating rpc.bynumber...
Updating services.byname...
Updating passwd.byname...
Updating passwd.byuid...
Updating group.byname...
Updating group.bygid...
Updating netid.byname...
make[1]: Leaving directory '/var/yp/nuts.com'
```

Nach der Initialisierung der Maps starten Sie den NIS-Serverprozeß mit **ypserv**. Den NIS-Binder starten Sie mit **ypbind**.

```
# ypserv
# ypbind
```

Unser System läuft nun als NIS-Server und als NIS-Client. Ein kurzer Test mit **ypwhich** zeigt, daß die Bindung zum richtigen Server hergestellt wurde. **ypcat** oder **ypmatch** können verwendet werden, um zu prüfen, ob wir Daten vom Server empfangen können.

```
# ypwhich
localhost
# ypcat hosts
172.16.55.105        cow cow.nuts.com
172.16.55.106        pig pig.nuts.com
172.16.26.36         island.nuts.com island
127.0.0.1            localhost
```

Die Clients müssen nur den richtigen Domain-Namen angeben und die Binder-Software **ypbind** ausführen:

```
# domainname nuts.com
# ypbind
```

Die meisten NIS-Clients verwenden **ypbind**, um den Server zu lokalisieren. **ypbind** nimmt den NIS-Domain-Namen und sendet einen Broadcast auf der Suche nach einem Server für diese Domain. Der erste Server, der auf diesen Broadcast antwortet, ist der Server, an den sich der Client »bindet«. Die Theorie ist, daß der Server, der am schnellsten antwortet, am wenigsten ausgelastet ist. Allerdings ist es durchaus möglich, daß der Client die Verbindung zum falschen Server herstellt, z.B. wenn ein System **ypserv** nur aufgrund einer fehlerhaften Konfiguration ausführt, oder wenn der Server falsch konfiguriert wurde. Weil das möglich ist, erlauben einige Systeme die explizite Angabe des Servers. Linux stellt zu diesem Zweck die Datei */etc/yp.conf* zur Verfügung. Die Syntax dieser Einträge variiert von Version zu Version, weshalb Sie die Dokumentation studieren sollten, bevor Sie mit der Arbeit beginnen.

Tragen Sie den Namen der NIS-Domain in */etc/defaultdomain* ein, und binden Sie **ypserv** und **ypbind** in eine Startup-Datei ein, damit das NIS-Setup einen Bootvorgang überlebt. Die Befehle könnten schon in Ihrer Startup-Datei stehen. Bei unserem Linux-Client mußten wir bei den entsprechenden Zeilen in */etc/rc.d/rc.inet2* nur die Kommentarzeichen entfernen. Bei unserem Linux NIS-Server war es etwas komplizierter. Neben dem Entfernen der Kommentarzeichen für **domainname** und **ypbind** haben wir zusätzlich Zeilen zum Start von **ypserv** eingefügt.

NIS ist eine mögliche Alternative zum DNS, aber die meisten Systeme verwenden sowohl NIS als auch DNS. Hostnamen können über DNS, NIS und die Hostdatei auf IP-Adressen abgebildet werden. Die Reihenfolge, in der die verschiedenen Quellen abgefragt werden, wird in der Datei *nsswitch.conf* festgelegt.

Die Datei nsswitch.conf

Die Datei *nsswitch.conf* (»Name Server Switch«) definiert die Reihenfolge, in der die Informationsquellen durchsucht werden. Trotz ihres Namens findet sie auch über den Nameservice hinaus ihre Anwendung. Alle von NIS behandelten Datenbanken können über *nsswitch.conf* abgedeckt werden, wie das folgende Beispiel verdeutlicht:

```
hosts:      dns nis files
networks:   nis [NOTFOUND=return] files
services:   nis files
protocols:  nis files
```

Der erste Eintrag in der Datei besagt, daß der Hostname zuerst an DNS übergeben werden soll. Kann DNS den Namen nicht auflösen, wird die Anfrage an NIS übergeben. Schlägt auch dieser Versuch fehl, wird in der *hosts*-Datei nachgesehen. Der zweite Eintrag besagt, daß Netzwerknamen über NIS nachgesehen werden. Der String [NOTFOUND=return] gibt an, daß die Datei *networks* nur verwendet werden soll, wenn NIS nicht antwortet, d.h., wenn NIS nicht läuft. Für den Fall, daß NIS den gewünschten Namen nicht auflösen kann, wird die Suche beendet. Die beiden letzten Einträge suchen Service-Ports und Protokollnummern über NIS und danach in den Dateien des /etc-Verzeichnisses.

NIS+

Bevor wir das Thema NIS beenden, sollten wir noch ein Wort über NIS+ verlieren. Dies geschieht recht kurz, weil ich NIS+ nicht verwende und nicht viel darüber weiß.

NIS+ ersetzt bei Sun-Systemen NIS. Es handelt sich nicht um eine neue Version von NIS, sondern um ein völlig neues Software-Produkt mit allen Funktionen von NIS und einigen neuen Features. Diese neuen Features sind:

- Verbesserte Sicherheit. Wie wir bei der obigen **ypbind**-Diskussion bemerkt haben, führt NIS für Server und Clients keine Authentizierung durch. NIS+ verfügt über eine Benutzer-Authentizierung nach einem DES-verschlüsselten Authentizierungsschema. NIS+ stellt auch verschiedene Ebenen des Zugriffs zur Verfügung, d.h., unterschiedliche Benutzer verfügen über unterschiedliche Rechte zur Betrachtung von Daten. NIS stellt jedem innerhalb einer NIS-Domain die gleichen Zugriffsrechte zur Verfügung.

- Eine hierarchische, dezentralisierte Architektur. Bei NIS+ handelt es sich, genau wie bei DNS, um ein verteiltes, hierarchisches Datenbanksystem. Das erlaubt einen sehr großen Namensraum und ermöglicht die verteilte Pflege der Informationsstruktur bei gleichzeitig konsistentem Datenzugriff. NIS arbeitet hingegen mit einer linearen Struktur. Alle Informationen über eine NIS-Domain stammen von einem einzelnen Master-Server, und NIS-Domains hängen nicht zusammen.

- Verbesserte Datenstrukturen. NIS wandelt ASCII-Dateien in einfach indizierte Dateien um, die in der NIS+ Dokumentation als »Zwei-Spalten-Maps« (two-column maps) bezeichnet werden. NIS+ baut mehrspaltige Datenbanken, sog. *Tabellen* (tables), auf. Diese Tabellen können auf verschiedene Arten durchsucht werden, um Informationen über einen Eintrag zu erhalten. Darüber hinaus können Tabellen bei NIS+ verknüpft werden, um zusammenhängende Daten zu einem Eintrag zu liefern.

Ganz offensichtlich verfügt NIS+ über exzellente neue Features und einige Vorteile gegenüber NIS. Weshalb verwende ich es also nicht? Gute Frage! Die hierarchische Architektur und die verbesserten Datenstrukturen sind wichtig, wenn Sie ein sehr großes Netzwerk und sehr viele Daten in Ihrem Namensraum besitzen. Viele Sites sind aber mit NIS in lokalen Subnetzen gewachsen und sehen keine Notwendigkeit, alles unter NIS+ zusammenzuführen. Die verbesserte Sicherheit scheint ein wichtiger Faktor zu sein, Sites mit geringen Sicherheitsanforderungen sehen aber keinen Bedarf an zusätzlicher Sicherheit, und Sites mit hohen Sicherheitsanforderungen liegen wahrscheinlich schon hinter einem Firewall, der externe NIS-Abfragen blockiert. Außerdem ist NIS+ nicht für so viele Betriebssysteme verfügbar wie NIS. All diese Gründe verzögern den Wechsel zu NIS+.

Um mehr über NIS+ und seine Installation zu erfahren, sollten Sie den *NIS+ Transition Guide*, den *Name Service Configuration Guide* und den *Name Service Administration Guide* lesen. All diese Titel stellt Sun als Teil der Handbücher zur Solaris System- und Netzwerkadministration zur Verfügung.

NIS und NIS+ versorgen ihre Clients mit einer Vielzahl von Systemkonfigurationsdaten. Dennoch können sie nicht alle Informationen bereitstellen, die zur Konfiguration eines TCP/IP-Systems notwendig sind. In den beiden nächsten Abschnitten wollen wir uns Konfigurationsserver ansehen, die diese Aufgabe vollständig erledigen können.

Ein BOOTP-Server

Ein UNIX-System wird zu einem BOOTP-Server, wenn es den BOOTP-Daemon (**bootpd**) ausführt. Einige Betriebssysteme wie etwa Linux liefern den Daemon mit. Andere Systeme wie Solaris liefern ihn nicht mit. Doch selbst bei Systemen, bei denen **bootpd** Teil der System-Software ist, wird der Daemon nicht per Voreinstellung ausgeführt.

Es gibt zwei Möglichkeiten, den BOOTP-Daemon zu starten: Er kann während des Bootens von einem Startup-Skript gestartet werden, oder er kann vom *Internet-Daemon* **inetd** ausgeführt werden. Besitzt der Server eine große Anzahl von Clients, die häufig neu gestartet werden, sollten Sie **bootpd** aus einem Startup-Skript starten. Den **bootpd**-Server auf diese Weise zu starten reduziert den »Startup-Overhead«, weil der Daemon nur einmal gestartet werden muß. Die Zeilen zum Starten von **bootpd** stehen bei Slackware Linux in *rc.inet2* und sehen wie folgt aus:

```
if [ -f /usr/sbin/bootpd -a -f /etc/bootptab ]; then
     echo -n " bootpd"
     /usr/sbin/bootpd -s
fi
```

Dieser Code stellt sicher, daß der Daemon und seine Konfigurationsdatei vorhanden sind. **bootpd** wird dann mit der Option **–s** gestartet. Diese Option weist **bootpd** an, kontinuierlich zu laufen und den bootps-Port abzufragen. Er verhindert einen Timeout, selbst wenn keine Aktivität auf dem Port zu erkennen ist. Der Nachteil dieses Ansatzes liegt darin, daß **bootpd** auch dann Systemressourcen verbraucht, wenn er nicht benötigt wird. **bootpd** wird daher bevorzugt über **inetd** gestartet. Um ihn bei Slackware 96 Linux aus **inetd** heraus zu starten, müssen Sie den Kommentar aus dem bootps-Eintrag in *inetd.conf* entfernen und den Pfad- und Daemon-Namen korrigieren.[10] Der vollständige Eintrag in *inetd.conf* lautet:

```
bootps    dgram     udp wait root /usr/sbin/bootpd    bootpd
```

Dieser Eintrag weist **inetd** an, den UDP-Port 67 abzufragen, der laut */etc/services* als bootps identifiziert wird. Werden eingehende Daten auf diesem Port erkannt, wird */usr/sbin/bootpd* unter dem Benutzer *root* ausgeführt. Sobald diese Zeile in *inetd.conf* eingefügt wurde, müssen Sie ein SIGHUP-Signal an **inetd** schicken, um das Einlesen der neuen Konfiguration zu erzwingen:

```
# ps -acx | grep inetd
  93 ? S    0:00 inetd
# kill -HUP 93
```

Falls die BOOTP-Software bei Ihrem System nicht vorhanden ist, müssen Sie sich keine Sorgen machen: **bootpd** ist im Internet verfügbar. Die gleiche Software, die bei Linux verfügbar ist, kann als *bootp-DD2.4.3.tar* heruntergeladen werden. Laden Sie den Quellcode herunter und entpacken Sie das tar-Archiv. Wechseln Sie mit **su** zu *root* und kompilieren Sie die Server-Software mit **make**. Das Makefile besitzt Einstiegspunkte für verschiedene UNIX-Architekturen. (Für unser Solaris-System nutzen wir den Einstiegspunkt *sunos5gcc*.) Konnte die Software fehlerfrei kompiliert werden, führen Sie **make install** aus, um den ausführbaren Daemon im Unterverzeichnis */usr/sbin* zu installieren. Führen Sie auch **make install.man** aus, um die Manpages in */usr/local/man* zu installieren.

Sie müssen alle Netzwerkdienste inklusive BOOTP in der Datei */etc/services* eintragen. Nehmen Sie die folgenden Zeilen in */etc/service* auf, wenn **bootpd** installiert ist:

```
bootps        67/udp              # bootp server
bootpc        68/udp              # bootp client
```

Zum Schluß müssen Sie noch sicherstellen, daß **bootpd** wie oben gezeigt in */etc/inetd.conf* enthalten ist. Sobald das geschehen ist und Sie **inetd** mit SIGHUP neu geladen haben, sind Sie soweit.

Die Installation des Daemons ist nur der Anfang. Die eigentliche Herausforderung bei der Pflege eines BOOTP-Servers ist die Bereitstellung der vom Client benötigten Konfigurationsinformationen. Das auf Linux-Systemen verwendete und in der Datei *bootp-*

---

10 Die *inetd.conf* von Slackware 96 versucht **in.bootpd** anstelle von **bootpd** (dem tatsächlichen Namen des Daemons) zu starten. Ich bin sicher, daß das bei zukünftigen Slackware-Releases korrigiert wird.

DD2.4.3.tar enthaltene Paket ist der BOOTP-Daemon der Carnegie Mellon University (CMU). Er arbeitet mit ganz eigenen Konfigurationsbefehlen. Andere Implementierungen des BOOTP-Servers verwenden andere Konfigurationsbefehle. Unabhängig von der Implementierung sind die von BOOTP gelieferten Informationen aber immer gleich.

Der CMU-Server liest seine Konfiguration aus der Datei */etc/bootptab*. Die bei dieser Datei verwendete Syntax ist der Syntax von */etc/termcap* und */etc/printcap* ähnlich. Jeder Konfigurationsparameter von **bootpd** ist zwei Zeichen lang und von anderen Parametern durch einen Doppelpunkt getrennt. Das generelle Format eines *bootptab*-Eintrags sieht wie folgt aus:

```
hostname:pa=wert:pa=wert:pa=wert...
```

Dabei ist *hostname* der Name des Clients, *pa* ist der zwei Zeichen lange Name des Parameters, und *wert* ist der diesem Parameter des Clients zugewiesene Wert.

Die Einträge für einzelne Clients werden durch Zeilenvorschübe voneinander getrennt. Erstreckt sich ein Eintrag über mehrere Zeilen, müssen die Zeilenvorschübe mit einem Backslash (\) versehen werden. Kommentare werden bei *bootptab* mit einem Doppelkreuz (#) eingeleitet. Tabelle 9-3 enthält eine Liste der *bootptab*-Konfigurationsparameter.

Tabelle 9-3: bootptab-Konfigurationsparameter

Parameter	Beschreibung	Beispiel
bf	Bootdatei	:bf=null
bs	Bootdatei-Größe	:bs=22050
cs	Liste der Cookie-Server	:cs=172.16.3.7
df	Dump-Datei	:df=/var/tmp/bootp_db.dump
dn	Domain-Name	:dn=nuts.com
ds	Liste der Domain Name Server	:ds=172.16.35.5
ef	Datei mit Anbieter-Erweiterungen	:ef=/usr/local/xyz.extensions
gw	Liste der Gateways	:gw=128.2.13.1
ha	Hardware-Adresse	:ha=7FF8100000AF
hd	Verzeichnis der Bootdatei	:hd=/usr/boot
hn	Sende Hostnamen (boolescher Wert)	:hn
ht	Hardware-Typ	:ht=ethernet
im	Liste der Impress-Server	:im=172.16.8.12
ip	IP-Adresse des Hosts	:ip=172.16.11.1
lg	Liste der Log-Server	:lg=172.16.12.1
lp	Liste der LPR-Server	:lp=172.16.6.6

Tabelle 9-3: bootptab-Konfigurationsparameter (Fortsetzung)

Parameter	Beschreibung	Beispiel
ns	Liste der IEN-116 Nameserver	:ns=172.16.12.6
nt	Liste der Network Time Protocol Server	:nt=172.16.50.30
ra	Liste der Reply-Adressen	:ra=172.16.12.255
rl	Resource Location Server	:rl=172.16.99.35
sa	TFTP-Server	:sa=172.16.12.1
sm	Subnetz-Maske	:sm=255.255.255.0
sw	Swap-Server	:sw=172.16.12.56
T*n*	Anbieter-Erweiterung *n*	:T132="12345927AD3B"
tc	Template	:tc=default1
td	Verzeichnis für Secure TFTP	:td=/tftpboot
to	Zeit-Offset	:to=18000
ts	Liste der Time-Server	:ts=172.16.12.1
vm	Wahl des Anbieter-Magic-Cookies	:vm=auto
yd	NIS-Domain-Name	:yd=nuts
ys	NIS-Server	:ys=172.16.12.1

Jeder Parameter in Tabelle 9-3, bei dem das Wort »Liste« in der Beschreibung auftaucht, erlaubt die Angabe einer Liste von Werten, die durch Whitespace voneinander getrennt werden. Zum Beispiel wird die Liste der Nameserver mit dem *ds*-Parameter wie folgt angegeben: **:ds=172.16.12.1 172.16.7.3:**. Ein Parameter dieser Tabelle ist ein boolescher Wert: *hn*. Wird dieser Wert angegeben, sendet der Server den *hostname*n des *bootptab*-Eintrags an den Client. Als boolescher Parameter verlangt *hn* keinen Wert, alle anderen Parameter hingegen schon.

Nutzen Sie diese Parameter zur Konfiguration von TCP/IP für jeden Client ihres Netzwerks. Das folgende Beispiel einer *bootptab*-Datei definiert den Domain-Namen, die Nameserver, Standard-Router, Ethernet-Adressen, Hostnamen, IP-Adressen, Printserver und Subnetz-Masken dreier verschiedener Systeme. (Kümmern Sie sich nicht um die Details; jeder Befehl wird später erklärt.)

```
#  /etc/bootptab für nuts.com
acorn:\
    :hd=/usr/boot:bf=null:\
    :ds=172.16.12.1 172.16.3.5:\
    :sm=255.255.255.0:\
    :lp=172.16.12.1:\
    :gw=172.16.3.25:\
    :ht=1:ha=0080c7aaa804:\
    :dn=nuts.com:hn:ip=172.16.3.4:
```

```
peanut:\
      :hd=/usr/boot:bf=null:\
      :ds=172.16.12.1 172.16.3.5:\
      :sm=255.255.255.0:\
      :lp=172.16.12.1:\
      :gw=172.16.12.1:\
      :ht=1:ha=0800200159C3:\
      :dn=nuts.com:hn:ip:172.16.12.2:
hickory:\
      :hd=/usr/boot:bf=null:\
      :ds=172.16.12.1 172.16.3.5:\
      :sm=255.255.255.0:\
      :lp=172.16.12.1:\
      :gw=172.16.3.25:\
      :ht=1:ha=0000c0a15e10:\
      :dn=nuts.com:hn:ip=172.16.3.16
```

Beachten Sie, daß sich viele Informationen wiederholen. Alle Clients verwenden den gleichen Domain-Namen sowie die gleichen Nameserver, Subnetz-Masken und Printserver. Systeme in gleichen Subnetzen nutzen auch die gleichen Standard-Router. Es ist möglich, solche sich ständig wiederholenden Informationen in sog. Templates (also »Schablonen«) abzulegen, die dann in den jeweiligen Client-Konfigurationen referenziert werden können. Das folgende Beispiel verwendet ein globales Template, in dem der Domain-Name, Nameserver, Subnetz-Maske und Printserver festgelegt werden. Dieses Template wird dann in den nachfolgenden Konfigurationen über den Parameter **tc** referenziert.

```
#  /etc/bootptab für nuts.com
defaults:\
      :hd=/usr/boot:\
      :dn=nuts.com:ds=172.16.12.1 172.16.3.5:\
      :sm=255.255.255.0:\
      :lp=172.16.12.1:\
      :hn:
acorn:\
      :tc=defaults:\
      :bf=null:\
      :gw=172.16.3.25:\
      :ht=1:ha=0080c7aaa804:\
      :ip=172.16.3.4:
peanut:\
      :tc=defaults:\
      :bf=null:\
      :gw=172.16.12.1:\
      :ht=1:ha=0800200159C3:\
      :ip=172.16.12.2:
hickory:\
      :tc=defaults:\
      :bf=null:\
      :gw=172.16.3.25:\
      :ht=1:ha=0000c0a15e10:\
      :ip=172.16.3.16:
```

Der erste Eintrag namens *defaults* ist unsere Schablone. Die restlichen Einträge definieren unsere Clients. Im Template stehen die Informationen, die alle Hosts gemeinsam haben, während die einzelnen Client-Einträge die hostspezifischen Daten enthalten. Ein Blick auf das Template und einen der Host-Einträge zeigt die vollständige Konfiguration. Lassen Sie uns zuerst die Bedeutung jedes einzelnen Parameters unseres *defaults*-Templates untersuchen:

defaults:

Der Name, über den wir dieses Template referenzieren, lautet *defaults*. Einem Template kann jeder Name zugewiesen werden, solange er nicht mit einem Hostnamen der *bootptab* übereinstimmt.

:hd=/usr/boot:

Die erste Zeile unseres *defaults*-Templates definiert das Bootverzeichnis (*hd*). BOOTP-Clients können Systeme ohne eigene Platte sein, die vom Server booten. Der von **hd** bereitgestellte Wert wird von solchen Systemen verwendet, um das Boot-Image zu laden. Dieses Verzeichnis wird von unseren Clients nicht verwendet, könnte aber notwendig sein, wenn ein Terminal-Server, Router oder ein anderes System ohne eigene Platte in das Netzwerk aufgenommen wird.

:dn=nuts.com:ds=172.16.12.1 172.16.3.5:

Diese Zeile definiert den Domain-Namen und die Adressen der Domain Name Server. Der Parameter **dn** legt den Domain-Namen mit *nuts.com* fest. Der Parameter **ds** definiert die IP-Adressen der in diesem Netzwerk verwendeten Nameserver.

:sm=255.255.255.0:

Der Parameter **sm** definiert die Subnetz-Maske dieses Netzwerks.

:lp=172.16.12.1:

Dieser Parameter definiert die IP-Adresse eines **lpr**-Servers, der von jedem System im Netzwerk genutzt werden kann.

:hn:

Der Parameter **hn** weist den Server an, den Hostnamen an den Client zu senden. Wenn dieser Parameter als Teil des Templates im *peanut*-Eintrag eingebunden wird, sendet der Server den Namen *peanut* an den Client. Wird das Template im *acorn*-Eintrag eingebettet, sendet der Server den Namen *acorn*. Weil dies die letzte Zeile unserer *defaults*-Schablone ist, wird sie nicht mit einem Backslash beendet.

Sehen wir uns nun die Parameter eines Client-Eintrags an:

acorn:

Der mit diesem Eintrag verknüpfte Hostname lautet *acorn*.

:tc=defaults:

Der **tc**-Parameter weist **bootpd** an, alle im *defaults*-Template definierten Informationen in diesen Eintrag einzubinden. Um mehrere Templates in einen Client-Eintrag aufzunehmen, geben Sie mehrere **tc**-Parameter an. Sie können einzelne Einträge des Templates ausschließen, indem Sie ihnen ein at-Zeichen (@) voranstellen. Wollen Sie zum Beispiel den **lpr**-Server unseres *defaults*-Templates aus der *acorn*-Konfiguration ausschließen, können Sie :@lp: in den *acorn*-Eintrag einfügen.

:bf=null:

Der Parameter **bf** definiert den Namen der Bootdatei für Systeme ohne eigene Platte. In unserem Beispiel zeigt der Parameter bewußt auf eine nicht existierende Datei, weil der Client eine eigene Platte besitzt, und weil wir möchten, daß er von der lokalen Platte bootet. Besitzt ein Client seine eigene Platte, ist ein Wert für dieses Feld nicht notwendig. Allerdings setzt man den Wert üblicherweise auf »Null«, um sicherzustellen, daß ein fehlerhafter BOOTREQUEST vom Client vom Server überschrieben wird.

:gw=172.16.3.25:

Das Standard-Gateway für dieses Subnetz ist 172.16.3.25.

:ht=1:ha=0080c7aaa804:

Der Parameter **ht** identifiziert die Art der Hardware, die von der Netzwerkschnittstelle des Clients verwendet wird. Der Hardwaretyp wird über eine Nummer oder über ein Schlüsselwort angegeben. Verschiedene Werte sind möglich, aber nur zwei sind von Bedeutung: **ht** ist entweder 1 bei Ethernet oder 6 bei Token Ring. Falls Sie an weiteren, selten verwendeten Werten interessiert sind, können Sie einen Blick in die *bootptab*-Manpage werfen. Der Parameter **ha** definiert die physikalische Hardware-Adresse, die der Netzwerkschnittstelle des Clients zugeordnet ist. Unser Beispiel zeigt eine Ethernet-Adresse. Die Art der Adresse muß zum Hardwaretyp passen, den wir im **ht**-Parameter definiert haben. Diese beiden Parameter erscheinen in einer *bootptab*-Datei immer zusammen.

:ip=172.16.3.4:

Die IP-Adresse dieses Clients lautet 172.16.3.4.

Mit den nur drei Clients unseres Beispiels werden die Vorteile von Templates vielleicht nicht gleich deutlich. Die Vorteile wie Zeitersparnis, weniger Schreibarbeit und die Vermeidung von Fehlern werden offensichtlicher, wenn eine große Anzahl von Systemen im Spiel ist.

Es ist durchaus möglich, einem BOOTP-Server die Verarbeitung einer sehr großen Menge von Clients zu überantworten. Allerdings kann man einen Server auch überlasten, wenn eine große Anzahl von Clients an einem einzigen Server hängt und gleichzeitig booten will. Das kann im Falle eines Stromausfalls passieren. Es gibt zwei lindernde Faktoren: Weil die meisten Clients die vom Server gelieferte Konfiguration lokal zwischenspeichern, sind sie nicht vollständig vom Server abhängig, und weil das BOOTP-Protokoll über Back-Off-Algorithmen verfügt, werden Streitigkeiten vermieden. Dennoch ist es bei einem überlasteten Server durchaus möglich, daß es zu einer deutlichen Verzögerung beim Booten der Clients kommt. Eine Möglichkeit, solche Probleme zu verhindern, besteht darin, mit mehreren Bootservern zu arbeiten. Ein Server für jedes Subnetz ist ein guter Ansatz, weil er verhindert, daß BOOTP-Daten durch Router laufen müssen, was eine spezielle Konfiguration verlangt.

BOOTP-Gateway

Normalerweise wird ein BOOTREQUEST-Paket nicht zwischen Netzwerken weitergeleitet, weil es von Clients über die limitierte Broadcast-Adresse 255.255.255.255 übertragen wird. Entsprechend den RFCs soll diese Broadcast-Adresse nicht weitergeleitet werden, obwohl es möglich ist, einige Router so zu konfigurieren, daß sie dies tun. Die BOOTP-Software der CMU stellt ein BOOTP-Gateway zur Verfügung, das die Notwendigkeit einer speziellen Router-Konfiguration umgeht und es Ihnen erlaubt, den Konfigurationsserver in einem anderen Subnetz unterzubringen als die BOOTP-Clients. Dieses BOOTP-Gateway heißt **bootpgw**.

Falls Ihr System mit BOOTP-Software ausgeliefert wird, besitzen Sie **bootpgw** möglicherweise schon. Bei Linux ist **bootpgw** enthalten. Falls Ihr System es nicht enthält, können Sie das Problem durch das Herunterladen und Installieren von *bootp-2.4.3.tar* lösen.

bootpgw wird alternativ zu **bootpd** ausgeführt. Beide Programme überwachen den gleichen Port. Der *inetd.conf*-Eintrag für **bootpgw** lautet:

```
bootps dgram udp wait root  /usr/sbin/bootpgw bootpgw 172.16.12.1
```

inetd überwacht den bootps-Port und führt **bootpgw** aus, sobald Daten an diesem Port anliegen. (Das Einbinden des bootps-Ports in */etc/services* wird weiter oben bei der Installation von **bootpd** behandelt.) Beim Starten von **bootpgw** liest das Programm den Hostnamen oder die Adresse des BOOTP-Servers von der Befehlszeile. In unserem Beispiel liegt der entfernte BOOTP-Server auf 172.16.12.1. Handelt es sich bei den über den bootps-Port empfangenen Daten um ein BOOTREQUEST-Paket, sendet **bootpgw** den BOOTREQUEST in Form eines normalen (Unicast) Pakets direkt an den entfernten Konfigurationsserver.

Zumindest ein System in jedem Subnetz muß entweder **bootpd** oder **bootpgw** ausführen, damit BOOTREQUEST-Pakete entweder direkt beantwortet oder entsprechend weitergeleitet werden. Es ist nicht möglich, **bootpd** und **bootpgw** gleichzeitig auf einem System zu betreiben, und es gibt auch keinen Grund, warum man das versuchen sollte. Hat ein Subnetz einen lokalen BOOTP-Server in Betrieb, gibt es keinen Bedarf, BOOTREQUEST-Pakete an ein anderes Netzwerk weiterzuleiten. Verwenden Sie **bootpgw** in sehr kleinen Subnetzen, die einen lokalen Konfigurationsserver nicht rechtfertigen. Bei allen anderen Subnetzen sollten Sie einen lokalen BOOTP-Server verwenden.

BOOTP-Erweiterungen

Wie in Kapitel 3 beschrieben, basiert das Dynamic Host Configuration Protocol (DHCP) auf dem Bootstrap Protocol (BOOTP). Wie Sie es vielleicht erwarten, sind die DHCP-Verbesserungen in **bootp-2.4.3.tar** enthalten. Aktivieren Sie die Option **–DDYNAMIC** im Makefile, um die DHCP-Erweiterungen mit in **bootpd** einzubinden. Die DHCP-Erweiterungen erweitern */etc/bootptab* um die folgenden Konfigurationsparameter:

:T254=`zahl`
     Die hexadezimale `zahl` der Adressen, die dynamisch zugewiesen werden können.

:T253=modus

> Der *modus*, mit dem dynamische Adressen in die aktualisierte *bootptab* übernommen werden. Im Modus 0 werden die Adressen in Form von IP-Adressen geschrieben. Im Modus 1 müssen Adressen in Form von Hostnamen geschrieben werden. Kann ein Hostname für eine dynamisch zugewiesene Adresse nicht gefunden werden, erfolgt die Adreßzuweisung beim Modus 1 nicht. Beim Modus 2 wird die dynamische Adresse in *bootptab* als Hostname eingetragen, wenn es einen gültigen Hostnamen für die Adresse gibt. Falls nicht, wird die IP-Adresse benutzt. Der Modus 2 ist voreingestellt und sollte normalerweise nicht geändert werden.

:T250=string

> Der *string* enthält alle zusätzlichen Konfigurationseinstellungen, die DHCP-Clients in Form von *bootptab*-Einträgen zur Verfügung gestellt werden sollten.

:dl=zeit

> Die *zeit*spanne, für die der Client die Adresse behalten darf. Der Client muß diese Adresse erneut anfordern, bevor die im **dl**-Parameter angegebene Zeit verstrichen ist. Gibt der Client seinen Bedarf an dieser Adresse nicht bekannt, kann der Server diese Adresse einem anderen Client zuweisen. Wird der **dl**-Parameter nicht verwendet, erfolgt die permanente Zuweisung der Adresse.

Um diese Parameter in *bootptab* nutzen zu können, müssen Sie einen speziellen Eintrag in der Datei anlegen, der mit dem String **.dynamic–*n*** beginnt. *n* ist dabei eine Zahl zwischen 1 und 32767. Ein Beispiel sollte hier Klarheit schaffen. Nehmen wir einmal an, wir möchten die Adressen von 172.16.12.64 bis 172.16.12.192 dynamisch zuweisen, während die anderen Adressen manuell zugewiesen werden sollen. Wir könnten folgendes in unsere *bootptab* aufnehmen:

```
.dynamic-1:ip=172.16.12.64:T254=0x80:T250="gw=172.16.12.1:ds=172.16.12.3"
```

Hiermit definieren wir eine Gruppe dynamischer Adressen, beginnend bei 172.16.12.64. Diese Gruppe enthält 128 (hexadezimal 80) verfügbare Adressen. Wir teilen den Clients, denen eine Adresse aus dieser Gruppe zugewiesen wurde, mit, daß sie 172.16.12.3 als Nameserver und 172.16.12.1 als Gateway benutzen sollen.

Empfängt **bootpd** die Adreßanforderung eines Clients, erzeugt er aus den oben definierten Informationen einen Eintrag für den Client und hängt diesen Eintrag physikalisch an das Ende der *bootptab*-Datei an. Der erste Request eines Clients hängt den folgenden Eintrag an das Ende der *bootptab* an:

```
172.16.12.64:ha=0080c7aaa804:gw=172.16.12.1:ds=172.16.12.3
```

Um dem Client einen Hostnamen anstelle einer IP-Adresse zuzuweisen, müssen Sie die Hostnamen aller Adressen der Adreßgruppe in die Datenbank des Domain-Servers aufnehmen.

Diese Erweiterungen helfen **bootpd** dabei, Dienste für DHCP-Clients bereitzustellen. Es gibt aber auch Softwarepakete, die von Anfang an als DHPC-Server ausgelegt waren.

DHCP

Das Dynamic Host Configuration Protocol besitzt drei wichtige Leistungsmerkmale:

Rückwärtskompatibilität
> Ein DHCP-Server kann BOOTP-Clients unterstützen. Richtig konfiguriert, kann ein DHCP-Server jeden Ihrer Clients unterstützen.

Vollständige Konfigurationen
> Ein DHCP-Server stellt einen kompletten Satz von TCP/IP-Konfigurationsparametern zur Verfügung. (Eine vollständige Liste finden Sie in Anhang D.) Der Netzwerkadministrator kann die gesamte Konfiguration für seine Benutzer übernehmen.

Dynamische Adreßzuweisung
> Ein DHCP-Server kann permanente Adressen manuell und dynamisch vergeben. Darüber hinaus können auch temporäre Adressen dynamisch vergeben werden. Der Netzwerkadministrator kann den Adreßtyp an die Bedürfnisse des Netzwerks und des Client-Systems anpassen.

In diesem Abschnitt konfigurieren wir einen DHCP-Server, der BOOTP-Clients unterstützt, eine dynamische Adreßzuweisung durchführt, und eine Vielzahl von Konfigurationsparametern für seine Clients vorhält.

Für UNIX-Systeme sind verschiedene DHCP-Implementierungen verfügbar. Bei einigen handelt es sich um kommerzielle Implementierungen, und einige laufen nur auf bestimmten UNIX-Versionen. Wir verwenden den Dynamic Host Configuration Protocol Daemon (**dhcpd**) des Internet Software Consortium (ISC). Er ist über das Internet frei verfügbar und läuft auf einer Vielzahl von UNIX-Systemen, darunter auch Linux und Solaris. (Informationen zum Download und zum Kompilieren von **dhcpd** finden Sie in Anhang D.) Wenn Sie mit einem anderen DHCP-Server arbeiten, werden Sie andere Konfigurationsbefehle verwenden müssen, die grundlegenden Funktionen werden aber gleich sein.

dhcpd.conf

dhcpd liest seine Konfiguration aus der Datei */etc/dhcpd.conf*. Die Konfigurationsdatei enthält Anweisungen, die dem Server mitteilen, welche Subnetze und Hosts er bedient, und mit welchen Konfigurationsdaten er diese versorgt. *dhcpd.conf* ist eine ASCII-Textdatei. Ich persönlich finde sie verständlicher als die *bootptab*-Datei. Am einfachsten lernen Sie etwas über *dhcpd.conf*, indem Sie sich ein Beispiel ansehen.

```
# Definition globaler Werte für alle Systeme.

default-lease-time 86400;
max-lease-time 604800;
get-lease-hostnames true;
option subnet-mask 255.255.255.0;
option domain "nuts.com";
```

```
option domain-name-servers 172.16.12.1, 172.16.3.5;
option lpr-servers 172.16.12.1;
option interface-mtu 1500;

# Bestimmung des bedienten Subnetzes, der diesem
# Subnetz zugewiesenen Optionen und des Adreßbereichs,
# der zur dynamischen Vergabe vorgesehen ist.

subnet 172.16.3.0 netmask 255.255.255.0 {
    option routers 172.16.3.25;
    option broadcast-address 172.16.3.255;
    range 172.16.3.50 172.16.3.250;
}

subnet 172.16.12.0 netmask 255.255.255.0 {
    option routers 172.16.12.1;
    option broadcast-address 172.16.12.255;
    range 172.16.12.64 172.16.12.192;
    range 172.16.12.200 172.16.12.250;
}

# Identifizierung jedes BOOTP-Clients mit einer host-Anweisung

group {
    use-host-decl-names true;
    host acorn {
        hardware ethernet 00:80:c7:aa:a8:04;
        fixed-address 172.16.3.4;
    }
    host peanut {
        hardware ethernet 08:80:20:01:59:c3;
        fixed-address 172.16.12.2;
    }
    host hickory {
        hardware ethernet 00:00:c0:a1:5e:10;
        fixed-address 172.16.3.16;
    }
}
```

Dieses Beispiel entspricht der Konfiguration, die wir weiter oben auch für *bootptab* verwendet haben. Es definiert einen Server, der den Kontakt zu zwei verschiedenen Subnetzen herstellt und diese auch bedient. Es weist den DHCP-Clients in beiden Subnetzen dynamisch IP-Adressen zu und unterstützt auch einige BOOTP-Clients. Alle mit einem Doppelkreuz (#) beginnenden Zeilen sind Kommentare. Die erste echte Konfigurationszeile definiert einen Parameter für den Server.

Wir beginnen unsere *dhcpd.conf* mit einer Reihe von Parametern und Optionen, die für alle Subnetze und Clients zutreffen. Die drei ersten Zeilen enthalten Parameter, die dem Server bestimmte Anweisungen geben. Alle drei Parameter definieren einen Aspekt der dynamischen Adreßzuweisung von **dhcpd**.

default-lease-time

> Teilt dem Server mit, wie viele Sekunden eine Standard-Adreßzuweisung (»Lease«) Bestand hat. Der Client kann die Adreßzuweisung für eine bestimmte Zeitspanne anfordern. Falls er das macht, wird ihm die Adresse, mit einigen Einschränkungen, für die angeforderte Zeitspanne zugewiesen. Häufig fordern Clients keine bestimmte Lebensdauer für die Adreßvergabe an. In diesem Fall wird die »default-lease-time« verwendet. In unserem Beispiel ist dieser Standardwert auf einen Tag (86400 Sekunden) voreingestellt.

max-lease-time

> Definiert die obere Grenze für die Adreßzuweisung. Unabhängig von der durch den Client gewünschten Lebenszeit ist dies die maximale Zeit, für die **dhcpd** eine Adresse bereitstellt. Die Bereitstellungsdauer wird in Sekunden angegeben. In unserem Beispiel beträgt die obere Grenze eine Woche.

get-lease-hostname

> Weist **dhcpd** an, jeden Client mit einem Hostnamen zu versorgen, dem eine dynamische Adresse zugewiesen wurde. Der Hostname muß über das DNS eingeholt werden. Dieser Parameter ist ein Boolescher Wert. Wird er auf »falsch« gesetzt, was der Voreinstellung entspricht, empfängt der Client eine Adresse, aber keinen Hostnamen. Der Lookup des Hostnamens für jede mögliche dynamische Adresse verzögert den Startup deutlich. Setzen Sie diesen Parameter daher auf »false«. Setzen Sie ihn nur auf »true«, wenn der Server eine sehr kleine Anzahl dynamischer Adressen verarbeitet.

Wir werden in dieser Konfiguration noch einige weitere Parameter verwenden. Alle Parameter sind in Anhang D dokumentiert.

Die nächsten vier Zeilen sind Optionen. Die Optionen beginnen alle mit dem Schlüsselwort `option`. Dem Schlüsselwort folgt der Name der Option sowie der dieser Option zugewiesene Wert. Optionen definieren Konfigurationswerte, die von Clients verwendet werden.

Die Bedeutung der in unserem Beispiel verwendeten Optionen ist leicht zu erkennen. Die Namen der Optionen sind sehr treffend. Wir versehen die Clients mit der Subnetz-Maske, dem Domain-Namen, den Adressen der Domain-Server und der Adresse des Printservers. Diese Werte entsprechen denen des vorherigen *bootptab*-Beispiels.

DHCP kann allerdings weit mehr als BOOTP. Um dies deutlich zu machen, definieren wir auch die MTU (Maximum Transmission Unit). Die Option `interface-mtu` unseres Beispiels teilt dem Client mit, daß die MTU bei 1500 Bytes liegt. In diesem Fall wird die Option nicht benötigt, weil 1500 Bytes dem Standard für Ethernet entsprechen. Allerdings macht es deutlich, daß DHCP einen sehr vollständigen Satz von Konfigurationsinformationen bereitstellen kann.

Die subnet-Anweisungen definieren die Netzwerke, die **dhcpd** bedienen soll. Die Identität jedes Netzwerks ergibt sich aus der Adresse und der Adreßmaske, die beide von der subnet-Anweisung verlangt werden. **dhcpd** stellt seine Konfigurationsdienste nur den Clients zur Verfügung, die in einem dieser Netzwerke liegen. Es muß eine subnet-Anweisung für jedes Subnetz geben, zu dem der Server eine physikalische Verbindung herstellt, selbst wenn einige Subnetze keine Clients enthalten. **dhcpd** verlangt die Subnetzinformationen, um sein Startup vollenden zu können.

Die in einer subnet-Anweisung definierten Optionen und Parameter gelten nur für das Subnetz und seine Clients. Die Bedeutung der Optionen des Beispiels ist klar. Sie teilen den Clients mit, welcher Router und welche Broadcast-Adresse zu verwenden sind. Der **range**-Parameter ist etwas interessanter, weil er direkt eines der Schlüsselmerkmale von DHCP betrifft.

Der **range**-Parameter definiert den Adreßbereich, der für die dynamische Zuweisung von Adressen bereitsteht. Er taucht immer zusammen mit einer subnet-Anweisung auf, und der Adreßbereich muß innerhalb des Adreßraums des Subnetzes liegen. Der Bereich des **range**-Parameters wird durch die beiden enthaltenen Adressen definiert. Die erste Adresse gibt die kleinste, die zweite Adresse die größte Adresse an, die zugewiesen werden kann. Der erste **range**-Parameter in unserem Beispiel bestimmt eine kontinuierliche Adreßgruppe von 172.16.3.50 bis 172.16.3.250, die zur dynamischen Zuweisung vorgesehen ist. Beachten Sie, daß die zweite subnet-Anweisung zwei **range**-Parameter besitzt. Damit legen wir zwei separate Gruppen dynamischer Adressen an. Der Grund für so etwas könnte sein, daß bereits manuell Adressen zugewiesen wurden, bevor ein DHCP-Server eingerichtet wurde. Unabhängig vom Grund ist hier der wesentliche Punkt, daß wir einen nicht zusammenhängenden dynamischen Adreßraum mit mehreren `range`-Anweisungen definieren.

Wird ein **range**-Parameter in einer subnet-Anweisung definiert, wird jedem Client, der eine Adresse im Subnetz anfordert, eine Adresse zugewiesen, solange Adressen verfügbar sind. Ist der **range**-Parameter nicht definiert, ist die dynamische Adreßvergabe nicht aktiviert.

Um auch BOOTP-Clients mit dynamischen Adressen zu versorgen, müssen Sie das Argument »dynamic-bootp« im **range**-Parameter aufnehmen. Hier ein Beispiel:

```
range dynamic-bootp 172.16.8.10 172.16.8.50;
```

Standardmäßig werden BOOTP-Clients permanente Adressen zugewiesen. Es ist möglich, dieses Standardverhalten zu ändern, indem man den **dynamic-bootp-lease-cutoff**- oder den **dynamic-bootp-lease-length**-Parameter verwendet. Allerdings verstehen BOOTP-Clients nichts von zeitlich begrenzten Adreßzuweisungen und der Erneuerung von Adressen. Deshalb werden die **dynamic-bootp-lease-cutoff**- und **dynamic-bootp-lease-length**-Parameter nur unter besonderen Umständen verwendet. Bei Interesse an diesen Parametern können Sie in Anhang D nachsehen.

Jeder BOOTP-Client sollte eine zugehörige host-Anweisung besitzen. Diese wird verwendet, um dem Client Konfigurationsparameter und Optionen zuzuweisen. Sie können diese Anweisung verwenden, um dem Client manuell eine permanente Adresse zuzuweisen. Unsere Beispielkonfiguration endet mit drei host-Anweisungen: eine für *acorn*, eine für *peanut* und eine für *hickory*. Jede host-Anweisung enthält einen hardware-Parameter, der den Typ der verwendeten Netzwerk-Hardware (`ethernet`) und die physikalische Netzwerkadresse (z.B. `08:80:20:01:59:c3`) des Clients angibt. Dieser hardware-Parameter ist bei der host-Anweisung für BOOTP-Clients notwendig. Die Ethernet-Adresse wird von **dhcpd** verwendet, um den BOOTP-Client zu identifizieren. DHCP-Clients können ebenfalls zugehörige host-Anweisungen besitzen. Bei DHCP-Clients ist der hardware-Parameter optional, weil ein DHCP-Client über die Option **dhcp-client-identifier** identifiziert werden kann. Allerdings ist es für einen über Ethernet verbundenen DHCP-Client einfacher, über seine Ethernet-Adresse identifiziert zu werden.

Eine Vielzahl von Parametern und Optionen kann in der host-Anweisung definiert werden. Zum Beispiel weist eine Option wie die folgende jedem Client einen Hostnamen zu:

```
option host-name acorn;
```

Häufig ist es aber einfacher, Optionen und Parameter auf einer höheren Ebene zu definieren. Global-Optionen gelten für alle Systeme. Subnet-Optionen gelten für alle Clients in einem Subnetz. Die Optionen innerhalb einer **host**-Anweisung gelten nur für einen einzelnen Host. Die obige **host-name**-Option muß in jeder host-Anweisung mit einem anderen Hostnamen wiederholt werden. Eine einfachere Möglichkeit, Parameter oder Optionen für eine Gruppe von Hosts zu definieren, bietet die **group**-Anweisung.

Eine **group**-Anweisung gruppiert alle anderen Anweisungen. Der einzige Zweck einer **group**-Anweisung besteht darin, Parameter und Optionen auf alle Mitglieder der Gruppe anzuwenden. Genau das machen wir in unserem Beispiel. Die **group**-Anweisung der Beispielkonfiguration gruppiert alle host-Anweisungen. Der **use-host-decl-names**-Parameter in der **group**-Anweisung gilt für jeden Host in der Gruppe. Dieser Parameter weist **dhcpd** an, jedem Client den Hostnamen zuzuweisen, der in der mit diesem Client verknüpften host-Anweisung steht. Das macht für diese Konfiguration die hostname-Option überflüssig.

Wenn wir unser obiges *dhcpd.conf*-Beispiel zugrunde legen, liefert **dhcpd** die folgenden Daten, wenn er ein BOOTREQUEST-Paket vom Client mit der Ethernet-Adresse 08:80:20:01:59:c3 empfängt:

- die Adresse 172.16.12.2
- den Hostnamen *peanut*
- die Adresse 172.16.12.1 für den Standard-Router
- die Broadcast-Adresse 172.16.12.255
- die Subnetz-Maske 255.255.255.0
- den Domain-Namen *nuts.com*
- die Adressen 172.16.12.1 und 172.16.3.5 für die Domain Name Server
- die Adresse 172.16.12.1 für den Printserver
- die MTU für eine Ethernet-Schnittstelle

Der Client empfängt alle zutreffenden globalen Werte, alle Subnetz-Werte und alle Host-Werte. DHCP kann eine vollständige Konfiguration bereitstellen.

Ihre DHCP-Konfiguration kann, auch wenn eine größere Anzahl von Systemen unterstützt wird, wesentlich einfacher sein als unser Beispiel. Einige Befehle tauchen in unserem Beispiel nur auf, um bestimmte Dinge deutlich zu machen. Der größte Unterschied besteht darin, daß bei den meisten Sites nur ein Subnetz pro Konfigurations-Server bedient wird. Server werden üblicherweise in jedem Subnetz betrieben. Das verringert die Last für den Server, insbesondere die mit einem netzwerkweiten Stromausfall verbundene Last. Es wird die Notwendigkeit aufgehoben, Bootpakete durch Router zu bewegen. Auch scheint es etwas logischer zu sein, daß ein einem Subnetz Adressen zuweisendes System in diesem Subnetz liegt. Im nächsten Abschnitt wollen wir uns ansehen, wie man verteilte Server auf dem neuesten Stand hält.

Pflege verteilter Server

Große Netzwerke arbeiten mit mehreren Servern. Wie bereits angedeutet, sind die Server häufig im Netzwerk verteilt, jeweils ein Server für jedes Subnetz. Das steigert die Effizienz des Bootens, widerspricht aber unserem Ziel einer zentralen Konfigurationskontrolle. Je mehr Server, desto dezentraler ist die Steuerung, und desto größer ist die Möglichkeit eines Konfigurationsfehlers. Die Implementierung verteilter Server verlangt eine Technik zur zentralen Steuerung und Koordinierung von Konfigurationsinformationen zwischen den Servern. TCP/IP bietet hier verschiedene Techniken an.

Jedes beliebige Protokoll zum Dateitransfer kann verwendet werden, um Konfigurationsdaten (oder beliebige andere Daten) von einem zentralen System an eine Gruppe verteilter Systeme zu übertragen. Sowohl FTP als auch TFTP funktionieren, aber beide Protokolle stellen einen vor Probleme, wenn sie auf diese Weise genutzt werden sollen. FTP und TFTP sind *interaktive* Protokolle; beide verlangen mehrere Befehle zur Übermittlung einer Datei, was die Verwendung von Skripts schwierig macht. Zusätzlich verlangt FTP eine Paßwort-Authentizierung, bevor es den Zugriff auf eine Datei erlaubt, und die meisten Sicherheitsexperten runzeln bei Paßwörtern in Skripts die Stirn. Aus diesen Gründen konzentrieren wir uns bei der Distribution der Konfigurationsdatei nicht auf diese Protokolle. Im übrigen wissen Sie, wenn Sie mit FTP umgehen können (und das sollten Sie!), wie man damit eine Konfigurationsdatei verschickt.

Eine andere Möglichkeit zur Verteilung von Informationen wäre das *Network File System* (NFS). NFS erlaubt es, Dateien auf einem Server zu nutzen, als würden sie lokal auf dem Client vorliegen. Es ist ein mächtiges Werkzeug, stößt aber an seine Grenzen, wenn es um die Verteilung von Konfigurationsinformationen an Bootserver geht. Der gleiche Stromausfall, der die verteilten Server zum Absturz bringt, kann auch den zentralen Server anhalten. Die verteilten Server und ihre Clients könnten mit dem Booten warten müssen, bis der zentrale Server wieder online ist. Die gemeinsame Nutzung einer einzelnen Konfigurationsdatei steht im Widerspruch zu unseren Bemühungen, Boot-Dienste zu verteilen, weil hier zu viel vom zentralen Server abhängt.

Eine Möglichkeit, dieses Problem zu umgehen, besteht darin, daß die verteilten Server in regelmäßigen Abständen die Konfigurationsdatei über ein gemountetes Dateisystem auf die lokale Platte kopieren. Das ist mit einem Skript sehr einfach zu erreichen, könnte aber dazu führen, daß die Server zu bestimmten Zeiten nicht auf dem gleichen Stand sind. Die verteilten Server kopieren die Konfigurationsdatei zu festen Zeiten, ohne zu wissen, ob sich die Masterdatei in der Zwischenzeit geändert hat. Natürlich könnten alle entfernten Server Dateisysteme exportieren, die vom zentralen Server gemountet werden. Es wäre dann möglich, daß der zentrale Server die Konfigurationsdatei direkt in das entfernte Dateisystem überträgt, sobald eine Aktualisierung stattgefunden hat. Allerdings gibt es auch einfachere Lösungen.

Die UNIX **r**-Befehle **rcp** und **rdist** stellen die populärsten Methoden zur Distribution von Konfigurationsdateien dar.

rcp (»remote copy«) ist einfach ein Filetransfer-Protokoll. Es hat für diese bestimmte Anwendung zwei Vorteile gegenüber FTP: Es ist einfach in ein Skript einzubetten, und es verlangt kein Paßwort. **rcp** ist einfach in Skripts einzusetzen, weil nur eine einzige Zeile für einen vollständigen Transfer notwendig ist. Ein Beispiel für die Übertragung der Datei *bootptab* von einem Master-Server auf einen entfernten Server namens *pistachio.nuts.com* ist:

```
# rcp /etc/bootptab pistachio.nuts.com:/etc/bootptab
```

Für jeden entfernten Server, an den diese Datei zu übertragen ist, fügen Sie eine Zeile wie die obige in die Prozedur ein, mit der die Konfigurationsdatei aktualisiert wird.

rcp ist nur eine Möglichkeit der Distribution der zentralen Konfigurationsdatei. **rdist** ist, obwohl etwas schwieriger zu verwenden, häufig die bessere Wahl, weil es verschiedene Features besitzt, die es für diese Art der Anwendung besonders geeignet erscheinen lassen.

rdist

Das *Remote File Distribution Program* (**rdist**) wurde entworfen, um identische Kopien von Dateien auf mehreren Hosts zu pflegen. Ein einzelner **rdist**-Befehl kann mehrere Dateien auf viele verschiedene Hosts verteilen. Dies geschieht durch Abarbeitung der Anweisungen in einer **rdist**-Konfigurationsdatei, die als *Distfile* bezeichnet wird.

Die Funktion eines *Distfile*s ist der des von **make** verwendeten Makefiles ähnlich. Es verwendet eine vergleichbare Syntax und Struktur, doch keine Pakete, ganz so schlimm ist es auch nicht! Die Anfangskonfiguration eines **rdist**-Befehls ist komplizierter als die geradlinige Syntax eines **rcp**-Befehls, auf lange Sicht bietet **rdist** aber wesentlich mehr Kontrolle und ist wesentlich einfacher zu pflegen.

Ein *Distfile* besteht aus *Makros* und *Primitiven*. Makros können einzelne Werte oder Wertelisten zugewiesen werden. Bei einer Liste von Werten wird die Liste von Klammern umschlossen, z.B. *makro* = *(wert wert)*. Sobald ein Wert zugewiesen wurde, erfolgt die Referenzierung des Makros mit der Syntax ${makro}, wobei *makro* für den

Namen des Makros steht. Die anderen Komponenten eines Distfiles, die Primitive, werden in Tabelle 9-4 erläutert.[11]

Tabelle 9-4: rdist-Primitive

Primitive	Beschreibung
install	Aktualisiert rekursiv Dateien und Verzeichnisse.
notify *adresse*	Sendet Fehler-/Statusmeldungen an *adresse*.
except *datei*	Läßt *datei* beim Update aus.
except_pat *muster*	Läßt auf das Muster zutreffende Dateinamen aus.
special »*befehl*«	Führt *befehl* nach jedem Datei-Update aus.

Um zu verstehen, wie Primitive und Makros zu einem funktionierenden *Distfile* kombiniert werden, ist der Blick auf ein Beispiel am hilfreichsten. Die folgende Konfigurationsdatei verteilt die aktuelle Version von **bootpd** und die neueste *bootptab*-Konfigurationsdatei auf die entfernten Server *pecan, pistachio* und *cashew*:

```
HOSTS = ( pecan root@cashew pistachio )
FILES = ( /usr/etc/bootpd /etc/bootptab )

${FILES} -> ${HOSTS}
        install ;
        notify craig@almond.nuts.com
```

Sehen wir uns jede Zeile dieser Datei an:

HOSTS = (pecan root@cashew pistachio)
> Diese Zeile definiert HOSTS, ein Makro, das die Hostnamen aller entfernten Server enthält. Beachten Sie den Eintrag für *cashew*. Er weist **rdist** an, sich als *root* auf *cashew* einzuloggen, um das Update durchzuführen. Auf *pecan* und *pistachio* läuft **rdist** unter dem gleichen Benutzernamen wie auf dem lokalen Host.

FILES = (/usr/etc/bootpd /etc/bootptab)
> Dieses Makro, FILES, definiert die beiden zu übertragenden Dateien.

${FILES} -> ${HOSTS}
> Das Symbol –> hat für **rdist** eine besondere Bedeutung. Es weist **rdist** an, die auf der linken Seite des Symbols angegebenen Dateien auf alle rechts stehenden Hosts zu kopieren. In unserem Fall ist FILES ein Makro, das die Dateinamen */usr/etc/bootpd* und */etc/bootptab* enthält, während HOSTS das Makro ist, in dem die Hostnamen *pecan, cashew* und *pistachio* angegeben wurden. Dieser Befehl weist **rdist** also an, zwei Dateien auf drei verschiedene Hosts zu kopieren. Alle nachfolgenden Primitive beziehen sich auf diese Datei-zu-Host-Abbildung.

---

11 Weitere Details finden Sie in der **rdist**-Manpage.

install ;

> *install* weist **rdist** explizit an, die angegebenen Dateien auf die aufgeführten Hosts zu kopieren, wenn die entsprechende Datei auf dem entfernten Host nicht auf dem neuesten Stand ist. Eine Datei wird als nicht mehr auf dem neuesten Stand angesehen, wenn Anlegedatum und die Größe mit der Masterdatei nicht übereinstimmen. Das Semikolon am Ende dieser Zeile besagt, daß eine weitere Primitive folgt.

notify craig@almond.nuts.com

> Status- und Fehlermeldungen sollen per Mail an *craig@almond.nuts.com* verschickt werden.

Diese Datei kann auf einfache Weise um zusätzliche Dateien und Hosts erweitert werden. Auf lange Sicht empfinden die meisten Leute **rdist** als einfachere Lösung zur Verteilung mehrerer Dateien auf mehrere Hosts.

Ein abschließender Hinweis: Die Konfigurationsdatei muß nicht *Distfile* heißen. Sie können jeden beliebigen Namen in der **rdist**-Befehlszeile angeben, wenn Sie die Option **–f** verwenden. Haben Sie beispielsweise das obige *Distfile* unter dem Namen *bootp.dist* abgelegt, können Sie es mit dem folgenden Befehl aufrufen:

```
% rdist -f bootp.dist
```

Mailserver

In diesem Abschnitt konfigurieren wir ein System so, daß es als Post Office Server fungiert. Ein Post Office Server, oder Mailbox-Server ist ein Computer, der die Mail für einen Client-Computer solange aufbewahrt, bis dieser bereit ist, sie für den Mail-Reader herunterzuladen. Dieser Dienst ist für mobile Benutzer von elementarer Bedeutung, ebenso wie für kleine Systeme, die häufig offline sind und ihre Mail daher nicht sofort abholen können. Wir wollen uns zwei Techniken zum Aufbau eines Mailbox-Servers ansehen: *Post Office Protocol* (POP), das für diesen Zweck am häufigsten verwendete Protokoll, und *Internet Message Access Protocol* (IMAP), dessen Popularität stetig zunimmt. Beginnen wollen wir mit POP.

POP-Server

Ein UNIX-Host wird zu einem POP-Mailserver, sobald der POP-Daemon läuft. Werfen Sie einen Blick in die Systemdokumentation, um herauszubekommen, ob der POP-Daemon in der Systemsoftware enthalten ist. Falls das aus der Dokumentation nicht eindeutig hervorgeht, überprüfen Sie die Datei *inetd.conf* oder machen Sie den einfachen **telnet**-Test aus Kapitel 4. Antwortet der Server auf Ihren **telnet**-Versuch, ist der Daemon bei Ihrem System nicht nur verfügbar, er ist auch installiert und betriebsbereit.

```
% telnet localhost 110
Trying 127.0.0.1 ...
Connected to localhost.
Escape character is '^]'.
```

```
+OK POP3 almond Server (Version 1.004) ready
quit
+OK POP3 almond Server (Version 1.004) shutdown
Connection closed by foreign host.
```

Dieses Beispiel stammt von einem Linux-System, bei dem POP3 bereits einsatzbereit ist. Auf der anderen Seite wird Solaris weder mit POP2 noch mit POP3 geliefert. Machen Sie sich keine Sorgen, falls die Software bei Ihrem System nicht mitgeliefert wird. POP3 kann über verschiedene Internet-Sites heruntergeladen werden, wo es in den Dateien *popper17.tar* und *pop3d.tar* abgelegt ist. Ich habe beide benutzt, und beide funktionieren ausgezeichnet.

Falls kein POP3 auf Ihrem System vorliegt, müssen Sie den Quellcode herunterladen. Extrahieren Sie ihn mit dem UNIX-Befehl **tar**. *pop3d.tar* erzeugt ein Verzeichnis namens *pop3d* unterhalb des aktuellen Verzeichnisses, was bei *popper17.tar* nicht der Fall ist. Falls Sie sich für popper entscheiden, müssen Sie ein neues Unterverzeichnis anlegen, bevor Sie mit **tar** entpacken. Editieren Sie das Makefile, um die Konfiguration für Ihr System anzugeben, und führen Sie **make** aus, um den POP3-Daemon zu kompilieren. Falls Sie fehlerfrei kompilieren konnten, installieren Sie den Daemon in einem Systemverzeichnis.

Die meisten Netzwerk-Daemons werden vom Internet-Daemon **inetd** gestartet. POP3 ist dabei keine Ausnahme. Sie starten POP3 über **inetd**, indem Sie die folgende Zeile in Ihre *inetd.conf* aufnehmen:

```
pop3    stream  tcp     nowait  root    /etc/pop3d          pop3d
```

Dieser Eintrag setzt voraus, daß Sie mit **pop3d** arbeiten, daß das ausführbare Programm in */etc* liegt, und daß der Port für diesen Daemon in */etc/services* unter dem Namen pop3 eingetragen wurde. Falls das bei Ihnen nicht der Fall ist, müssen Sie den Eintrag entsprechend korrigieren.

Stellen Sie sicher, daß POP3 tatsächlich in */etc/services* definiert ist. Falls nicht, müssen Sie die Datei um die folgende Zeile erweitern:

```
pop3        110/tcp                 # Post Office Version 3
```

Sobald diese Zeilen in *services* und *inetd.conf* aufgenommen wurden, müssen Sie ein SIGHUP-Signal an **inetd** senden, damit die neue Konfiguration eingelesen wird:

```
# ps -ef | grep inetd
  root 109 1 0   Jun 09 ?   0:01 /usr/sbin/inetd -s
# kill -HUP 109
```

Nachdem POP3 nun installiert ist, führen Sie den Test mit **telnet localhost pop3** erneut aus. Wenn der POP3-Daemon antwortet, ist alles klar. Alle Benutzer, die einen gültigen Benutzer-Account auf dem System besitzen, können Mail nun über POP3 herunterladen oder die Mail direkt auf dem Server lesen.

IMAP-Server

Das *Internet Message Access Protocol* (IMAP) ist eine Alternative zu POP. Es stellt die gleichen elementaren Dienste zur Verfügung wie POP, besitzt aber auch Features zur Synchronisation der Mailbox. Mailbox-Synchronisation nennt man die Fähigkeit, Mail von einem Client oder direkt vom Server zu lesen, während gleichzeitig die Mailboxen auf beiden Systemen immer auf dem neuesten Stand gehalten werden. Bei einem durchschnittlichen POP-Server wird der gesamte Inhalt der Mailbox an den Client übertragen und dann entweder vom Server gelöscht oder so behandelt, als wäre die Mail niemals gelesen worden. Die Löschung einzelner Nachrichten spiegelt sich auf dem Server nicht wider, weil alle Mails als eine Einheit betrachtet werden, die nach der ersten Übertragung entweder gelöscht wird oder weiter erhalten bleibt. IMAP ist in der Lage, einzelne Mails auf dem Client oder dem Server zu manipulieren und diese Änderungen in den Mailboxen beider Systeme abzugleichen.

IMAP ist kein neues Protokoll – es ist etwa so alt wie POP3. IMAP ist auch nicht vollständig standardisiert. Es gab vier verschiedene IMAP-Versionen: IMAP, IMAP2, IMAP3 und die aktuelle Version IMAP4. Neue RFCs über IMAP werden auch weiterhin veröffentlicht. Augenblicklich gibt es mehr als 10. Daß IMAP immer noch einem ständigen Wandel unterliegt, und daß es schwer zu implementieren ist, hat einige Anbieter abgeschreckt, weshalb es nicht so weit verbreitet ist wie POP. Allerdings ändert sich das. Die wachsende Bedeutung von E-Mail als Mittel der Kommunikation, und zwar selbst dann, wenn die Leute nicht im Büro sind, erhöht den Bedarf an Mailbox-Systemen, die überall gelesen und gepflegt werden können. Die Anzahl der IMAP-Implementierungen steigt. Sun verkauft eine für Solaris, eine andere wird bei Slackware 96 Linux als */usr/sbin/ imapd* geliefert, und der Quellcode für IMAP kann mit FTP von *ftp.cac.washington.edu* heruntergeladen werden. Wir nutzen den Quellcode der University of Washington, um IMAP auf unserem Linux-System auf den Stand zu bringen, den wir für die Beispiele in diesem Abschnitt benötigen.

Laden Sie */mail/imap.tar.Z* von *ftp.cac.washington.edu* als Binärdatei herunter. Dekomprimieren und entpacken Sie die Datei. Damit wird ein Verzeichnis angelegt, das den Quellcode und das zur Generierung von IMAP notwendige Makefile enthält.[12] Sehen Sie sich das Makefile genau an. Es unterstützt viele UNIX-Versionen. Falls Sie Ihr Betriebssystem im Makefile finden, benutzen Sie den hier aufgeführten, aus drei Buchstaben bestehenden Code. Bei unserem Linux-System haben wir folgendes eingegeben:

```
# make lnx
```

Falls die Kompilierung ohne Fehler abläuft, was bei unserem Linux-System der Fall ist, werden drei Daemons erzeugt: **ipop2d**, **ipop3d** und **imapd**. Mit der Installation von POP2 und POP3 sind wir vertraut. Neu ist **imapd**. Zuerst müssen wir es in */etc/services* einbinden:

```
imap      143/tcp      # IMAP version 4
```

---

12 Der Name des Verzeichnisses verrät Ihnen den aktuellen Release-Stand der Software. In unserem Fall imap-4.1.BETA.

Auch in */etc/inetd* müssen wir einen Eintrag einbinden:

```
imap  stream  tcp  nowait  root  /usr/sbin/imapd  imapd
```

Nun ist der grundlegende IMAP-Dienst für jeden Benutzer verfügbar, der einen Account auf dem Server besitzt.

Ein nettes Feature des Paketes von der University of Washington sind die neben IMAP enthaltenen Implementierungen von POP2 und POP3. Das ist wichtig, weil die meisten E-Mail-Clients mit POP3 arbeiten.[13] Der IMAP-Server kann nur von einem IMAP-Client angesprochen werden. Die Installation von POP2 und POP3 zusammen mit IMAP gibt Ihnen (und Ihren abenteuerlustigen Benutzern) die Chance, die Möglichkeiten von IMAP kennenzulernen und gleichzeitig den Großteil Ihrer Benutzer zu unterstützen.

POP und IMAP sind Mailzugriffs-Server. Zur Konfiguration eines vollständigen E-Mail-Systems ist aber noch wesentlich mehr zu tun, wie Sie im nächsten Kapitel sehen werden.

Zusammenfassung

Dieses Kapitel behandelt verschiedene wichtige TCP/IP-Netzwerkdienste.

Das *Network File System* (NFS) ist das führende TCP/IP Filesharing-Protokoll. Es erlaubt Server-Systemen den Export von Verzeichnissen, die von Clients genutzt werden können, als würde es sich um lokale Plattenlaufwerke handeln. NFS verwendet das Konzept vertrauenswürdiger Hosts und die UIDs und GIDs von UNIX zur Authentizierung und Autorisierung. **pcnfsd** stellt Nicht-UNIX-Clients eine paßwortbasierte Authentizierung sowie NFS-basierte Druckdienste zur Verfügung.

Die NFS-basierte gemeinsame Nutzung von Druckern ist nicht die einzige Möglichkeit, Drucker in einem TCP/IP-Netzwerk gemeinsam zu verwenden. Es ist auch möglich, mit dem *Line Printer Daemon* (LPD) zu arbeiten. Diese Software stammt ursprünglich von BSD-UNIX ab, ist aber weit verbreitet. **lpd** liest die Druckerdefinitionen aus der Datei *printcap*.

Der *Network Information Service* (NIS) ist ein Server, mit dem verschiedene Datenbanken der Systemadministration verteilt werden können. Er erlaubt die zentrale Kontrolle und automatische Verteilung wichtiger Systemkonfigurationsdaten.

Das *Bootstrap Protocol* versorgt seine Clients mit einer Vielzahl von Konfigurationswerten. Jede Implementierung von BOOTP arbeitet mit einer anderen Konfigurationsdatei und einer anderen Befehlssyntax. Der BOOTP-Server der CMU legt Konfigurationsparameter in der Datei */etc/bootptab* ab und verwendet eine Syntax, die der von */etc/printcap* sehr ähnlich ist.

---

13 Der Mail-Client pine unterstützt IMAP.

Das *Dynamic Host Configuration Protocol* (DHCP) erweitert BOOTP um den vollständigen Satz an Konfigurationsparametern, wie er im RFC *Requirements for Internet Hosts* definiert ist. DHCP kann außerdem *dynamische Adressen* bereitstellen, wodurch es dem Netzwerk ermöglicht, einen beschränkten Adreßraum optimal zu nutzen.

Große Netzwerke verwenden verteilte Boot-Server, um eine Überlastung einzelner Server zu vermeiden und zu verhindern, daß Boot-Parameter durch IP-Router gesendet werden müssen. Die Konfigurationsdateien dieser verteilten Boot-Server werden über Filetransfer, NFS oder das *Remote File Distribution Program* (**rdist**) synchronisiert.

Post Office Protocol (POP) und *Internet Message Access Protocol* (IMAP) Server ermöglichen ein Vorhalten von E-Mail auf dem Mail-Server, bis der Benutzer bereit ist, sie zu lesen. Im nächsten Kapitel sehen wir uns am Beispiel von **sendmail** genauer an, wie ein E-Mail-System zu konfigurieren ist.

In diesem Kapitel:
- *Die Aufgabe von sendmail*
- *sendmail als Daemon betreiben*
- *Aliases unter sendmail*
- *Die Datei sendmail.cf*
- *Die Konfiguration von sendmail*
- *Umbildung der Mail-Adresse*
- *Modifikation einer send-mail.cf-Datei*
- *Testen der sendmail.cf*
- *Zusammenfassung*

10

sendmail

Benutzer entwickeln eine Haßliebe zur E-Mail. Sie lieben die Nutzung von E-Mail und hassen es, wenn sie nicht funktioniert. Es ist die Aufgabe des Systemadministrators, E-Mail am Laufen zu halten. Mit dieser Aufgabe beschäftigen wir uns in diesem Kapitel.

sendmail ist nicht das einzige Programm zum Transport von E-Mail. MMDF (Multichannel Memorandum Distribution Facility) ist ein Vorläufer von sendmail und wird auch heute noch eingesetzt. Es gibt auch Varianten des grundlegenden sendmail-Programms, wie etwa IDA sendmail, die recht weit verbreitet sind. Dennoch ist das »reine« sendmail das am häufigsten eingesetzte Programm zum Transport von E-Mail, weshalb wir uns in diesem Kapitel damit beschäftigen.

Das ganze Kapitel ist dem Thema sendmail gewidmet, ja sogar ein ganzes Buch ist zu diesem Thema erschienen.[1] Das liegt zum Teil an der Bedeutung von E-Mail, zum Teil aber auch an der komplexen Konfiguration von sendmail.

Die Vielzahl von Programmen und Protokollen, die für E-Mail eingesetzt werden, erschwert die Konfiguration und den Support. SMTP sendet E-Mail über TCP/IP-Netzwerke. Andere Programme senden Mail zwischen Benutzern des gleichen Systems. Wieder andere senden Mail zwischen Systemen in UUCP-Netzwerken. Jedes dieser Mail-Systeme – SMTP, UUCP und lokale Mail – verwendet sein eigenes Programm zur Auslieferung und sein eigenes Mail-Adressierungsschema. All das kann zur Verwirrung der Mail-Benutzer und der Systemadministratoren beitragen.

---

1   Das Buch heißt *sendmail* und wurde von Bryan Costales und Eric Allman verfaßt (erschienen bei O'Reilly & Associates, Inc.).

Die Aufgabe von sendmail

sendmail lindert einen Teil der Verwirrung, die durch die Vielzahl von Programmen zur Auslieferung von Mail hervorgerufen wird. Und zwar leitet es, basierend auf der Mail-Adresse, die Benutzer-Mail an das richtige Auslieferungsprogramm weiter. Es akzeptiert Mail vom Mail-Programm eines Benutzers, interpretiert die Mail-Adresse, wandelt diese in die richtige Form für das Auslieferungsprogramm um und routet die Mail an das richtige Programm weiter. sendmail verschont den Endbenutzer mit diesen Details. Ist die Mail richtig adressiert, sieht sendmail zu, daß es die Mail zur Auslieferung korrekt weiterleitet. Ebenso geht sendmail bei eingehender Mail vor. Es interpretiert die Adresse und liefert die Mail entweder an das Mail-Programm eines Benutzers oder schickt sie an ein anderes System weiter.

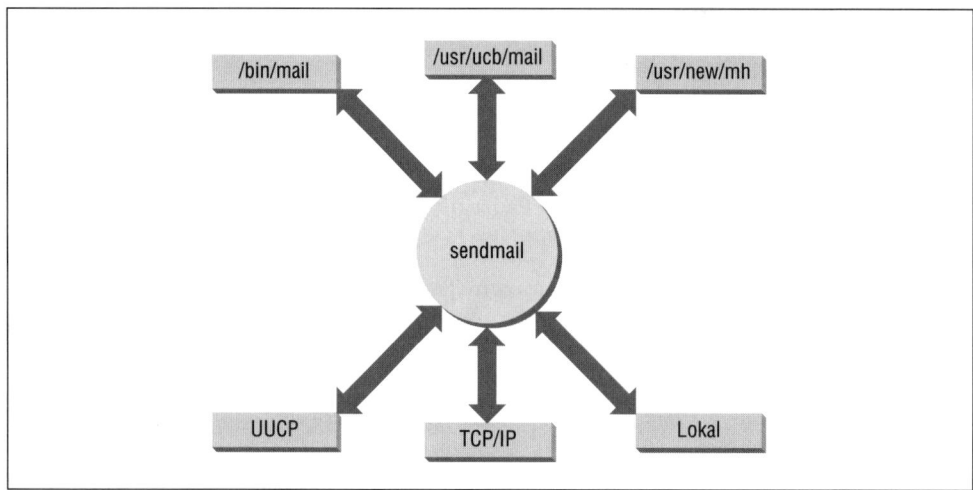

Abbildung 10-1: Mail wird durch sendmail geroutet

Abbildung 10-1 macht die besondere Rolle deutlich, die sendmail für das Routing von E-Mail zwischen den verschiedenen Mail-Programmen unter UNIX hat. Neben dem Routing von Mail zwischen Benutzer- und Auslieferungsprogrammen übernimmt sendmail die folgenden Aufgaben:

*   Empfang und Auslieferung von SMTP (Internet)-Mail
*   Bereitstellung systemweiter Mail-Aliases, die Mailinglisten ermöglichen

Ein System so zu konfigurieren, daß es all diese Funktionen korrekt übernimmt, ist eine komplexe Aufgabe. In diesem Kapitel betrachten wir jede dieser Aufgaben, sehen uns an, wie man sie konfiguriert, und betrachten Möglichkeiten, diese Aufgabe zu erleichtern. Zuerst sehen wir uns an, wie sendmail zum Empfang von SMTP-Mail betrieben wird. Danach sehen wir uns Mail-Aliases an und werfen dann einen Blick darauf, wie sendmail konfiguriert werden muß, um Mail basierend auf der Mail-Adresse zu routen.

sendmail als Daemon betreiben

Um SMTP-Mail über das Netzwerk zu empfangen, müssen Sie sendmail während des Hochfahrens als Daemon starten. Der sendmail-Daemon fragt den TCP-Port 25 ab und verarbeitet eingehende Mail. In den meisten Fällen ist der zum Starten von sendmail notwendige Code bereits in Ihren Boot-Skripts enthalten. Andernfalls müssen Sie ihn hinzufügen. Der folgende Code stammt aus dem Slackware Linux Startup-Skript */etc/rc.d/rc.M*:

```
# Start the sendmail daemon:
if [ -x /usr/sbin/sendmail ]; then
    echo "Starting sendmail daemon (/usr/sbin/sendmail -bd -q 15m)..."
    /usr/sbin/sendmail -bd -q 15m
fi
```

Dieser Code prüft zuerst, ob das sendmail-Programm vorhanden ist. Wird das Programm gefunden, gibt der Code eine entsprechende Meldung auf der Konsole aus und führt sendmail mit zwei Befehlszeilenoptionen aus. Eine Option (**–q**) teilt sendmail mit, wie oft die Mail-Queue verarbeitet werden soll. Im Beispielcode wird die Queue alle 15 Minuten verarbeitet (**–q15m**). Dieser Wert ist gut, um die Queue häufig zu verarbeiten. Setzen Sie diesen Wert nicht zu klein an. Eine zu häufige Verarbeitung kann zu Problemen führen, wenn die Queue sehr groß wird, etwa weil es aufgrund eines Netzwerkausfalls Probleme bei der Auslieferung gibt. Für das durchschnittliche Desktop-System ist eine (**–q1h**) oder eine halbe (**–q30m**) Stunde eine geeignete Einstellung.

Die andere Option hängt direkt mit dem Empfang von SMTP-Mail zusammen. **–bd** weist sendmail an, als Daemon zu laufen und den TCP-Port 25 auf eingehende Mail abzufragen. Verwenden Sie diese Option, wenn Ihr System eingehende TCP/IP-Mail verarbeiten soll.

Das Linux-Beispiel ist einfach. Einige Systeme verwenden kompliziertere Startup-Skripts. Solaris 2.5, das das gesamte Skript */etc/init.d/sendmail* dem Start von sendmail widmet, ist hier ein erwähnenswertes Beispiel. Das Mail-Queue-Verzeichnis enthält Mail, die noch nicht ausgeliefert wurde. Es ist möglich, daß ein System während der Verarbeitung der Mail-Queue unterbrochen wird. Sendmail-Versionen vor sendmail V8 (dazu gehört auch die Version von Solaris 2.5) haben bei der Verarbeitung der Queue Lockdateien angelegt. Solche Lockdateien könnten daher unbeabsichtigt erhalten bleiben und müssen während der Bootphase entfernt werden. Solaris prüft das Vorhandensein des Mail-Queue-Verzeichnisses und entfernt alle darin enthaltenen Lockdateien. Wenn das Verzeichnis nicht existiert, wird es angelegt. Dieser zusätzliche Code eines Startup-Skripts ist bei sendmail V8 nicht notwendig. Eigentlich benötigen Sie nur den sendmail-Befehl zusammen mit der Option **–bd**.

Aliases unter sendmail

Die Bedeutung von Mail-Aliases kann man gar nicht genug betonen. Ohne sie könnte ein sendmail-System nicht als zentraler Mail-Server fungieren. Mail-Aliases ermöglichen:

- Alternativnamen (»Spitznamen«) für einzelne Benutzer
- Weiterleitung von Mail an andere Hosts
- Mailinglisten

Mail-Aliases werden bei sendmail in der Datei *aliases* definiert.[2] Das grundlegende Format eines Eintrags in der *aliases*-Datei sieht wie folgt aus:

```
alias: empfänger[, empfänger,...]
```

alias ist der Name, an den die Mail adressiert ist, und *empfänger* ist der Name, an den die Mail ausgeliefert werden soll. *empfänger* kann ein Benutzername, ein anderer Alias oder eine vollständige Mail-Adresse (bestehend aus Benutzer- und Hostnamen) sein. Die Einbindung eines Hostnamens erlaubt die Weiterleitung von Mail an einen entfernten Host. Zusätzlich können Sie mehrere Empfänger für einen Alias angeben. An diesen Alias gerichtete Mail wird an alle Empfänger ausgeliefert, womit Sie eine Mailingliste aufgebaut haben.

»Spitznamen« einzelner Benutzer definierende Aliases können verwendet werden, um häufig falsch geschriebene Namen abzufangen. Sie können Aliases auch nutzen, um Mail, die an besondere Namen wie *postmaster* oder *root* adressiert ist, an die diese Aufgaben übernehmenden realen Personen weiterzuleiten. Aliases können auch verwendet werden, um eine vereinfachte Mail-Adressierung zu implementieren. Dies gilt insbesondere, wenn sie zusammen mit MX-Records eingesetzt werden.[3] Die folgende *aliases*-Datei von *almond* zeigt alle Anwendungsmöglichkeiten:

```
# Spezialnamen
postmaster: clark
root: norman
# Erlaube vorname.nachname@nuts.com
rebecca.hunt: becky@peanut
jessie.mccafferty: jessie@walnut
anthony.resnick: anthony@pecan
andy.wright: andy@filbert
# Eine Mailingliste
admin: kathy, david@peanut, sara@pecan, becky@peanut, craig,
       anna@peanut, jane@peanut, christy@filbert
owner-admin: admin-request
admin-request: craig
```

Bei den ersten beiden Aliases handelt es sich um Spezialnamen. Dank dieser Aliases wird an *postmaster* gerichtete Mail an den lokalen Benutzer *clark* ausgeliefert, während an *root* gerichtete Mail an *norman* geschickt wird.

---

2   Die Position dieser Datei ist im »Optionsabschnitt« der sendmail-Konfigurationsdatei festgelegt.

3   MX-Records werden in Kapitel 8 behandelt.

Die zweite Gruppe von Aliases besteht aus *vorname* und *nachname*. Der erste Alias dieser Gruppe ist *rebecca.hunt*. An *rebecca.hunt* adressierte Mail wird auf *almond* an *becky@peanut* ausgeliefert. Kombinieren Sie diesen Alias mit einem MX-Record, der *almond* als Mailserver für *nuts.com* definiert, und an *rebecca.hunt@nuts.com* gerichtete E-Mail wird an *becky@peanut.nuts.com* ausgeliefert. Diese Art der Adressierung erlaubt es jedem Benutzer, eine konsistente Mailadresse anzubieten, die sich nicht ändert, nur weil der Account eines Benutzers auf einen anderen Host umzieht. Darüber hinaus kann ein entfernter Benutzer Rebecca Hunt über *rebecca.hunt@nuts.com* ansprechen, ohne ihre eigentliche E-Mail-Adresse zu kennen. Er muß nur wissen, daß das Adressierungsschema *vorname.nachname* bei *nuts.com* verwendet wird.

Die beiden letzten Aliases sind für eine Mailingliste. Der Alias *admin* definiert die eigentliche Liste. Eine an *admin* gerichtete Mail wird an jeden Empfänger in der Liste (also *kathy*, *david*, *sara*, *becky*, *craig*, *anna*, *jane* und *christy*) ausgeliefert. Beachten Sie, daß sich die Mailingliste über mehrere Zeilen erstreckt. Solche Fortsetzungszeilen beginnen mit einem Leerzeichen oder mit einem Tabulator.

Der Alias *owner-admin* ist eine speziell von sendmail verwendete Form. Das Format dieses besonderen Alias ist **owner–***listenname*. Dabei steht *listenname* für den Namen der Mailingliste. Die bei diesem Alias angegebene Person wird als Verantwortliche(r) für *listenname* betrachtet. Hat sendmail Probleme bei der Auslieferung von Mail an einen der Empfänger der *admin*-Liste, wird eine Fehlermeldung an *owner-admin* geschickt. Der Alias *owner-admin* verweist auf *admin-request* als verantwortliche Person für die Mailingliste *admin*. Aliases der Form *listenname*–**request** werden häufig für administrative Anforderungen verwendet, beispielsweise für die Aufnahme in eine Liste, die manuell gepflegt wird. Beachten Sie, daß wir einen Alias auf einen anderen Alias verweisen lassen, was völlig legal ist. Der Alias *admin-request* wird in *craig* aufgelöst.

sendmail verwendet die *aliases*-Datei nicht direkt. Vielmehr muß die *aliases*-Datei zuerst mit dem Befehl **newaliases** verarbeitet werden. **newaliases** entspricht dem Aufruf von **sendmail** mit der Option **–bi**, was zum Aufbau der Aliases-Datenbank führt. **newaliases** legt die Datenbanken an, die von sendmail bei der Suche nach Aliases verwendet werden. Rufen Sie **newaliases** nach jeder Aktualisierung von *aliases* auf, um sicherzustellen, daß sendmail die neuen Aliases auch verwenden kann.[4]

Private Weiterleitung von E-Mail

Neben der durch *aliases* bereitgestellten Möglichkeit zur Weiterleitung von E-Mail, erlaubt sendmail individuellen Benutzern, eine eigene Weiterleitung zu definieren. Der Benutzer gibt diese Weiterleitung in der Datei *.forward* in seinem Home-Verzeichnis an. sendmail prüft diese Datei nach Anwendung der *aliases*-Datei und vor der eigentlichen Auslieferung an den Benutzer. Existiert eine lokale *.forward*-Datei, liefert sendmail die Mail wie in dieser Datei angegeben aus. Nehmen wir zum Beispiel an, daß die

---

4 Wird die Option D verwendet (siehe Anhang E), generiert sendmail die Aliases-Datenbank automatisch neu, auch wenn **newaliases** nicht ausgeführt wird.

Benutzerin *kathy* eine *.forward*-Datei in ihrem Home-Verzeichnis angelegt hat, die die Zeile *kathy@podunk.edu* enthält. Die normalerweise an den lokalen Benutzer *kathy* auszuliefernde Mail wird von sendmail an den Account *kathy* auf *podunk.edu* weitergeleitet.

Verwenden Sie *.forward* für eine temporäre Weiterleitung. Die Anpassung der *aliases* und die Regenerierung der Datenbank sind aufwendiger als eine Anpassung der Datei *.forward* (insbesondere, wenn die gewünschte Weiterleitung nur von kurzer Dauer ist). Zusätzlich wird der Benutzer durch *.forward* selbst für die Weiterleitung von Mail verantwortlich.

Mail-Aliases und die Weiterleitung von Mail werden über die Dateien *aliases* und *.forward* abgewickelt. Alle anderen Aspekte der sendmail-Konfiguration werden in der Datei *sendmail.cf* festgelegt.

Die Datei sendmail.cf

Die Konfigurationsdatei für sendmail heißt *sendmail.cf*.[5] Diese Datei enthält den Großteil der sendmail-Konfiguration, darunter auch die Informationen, die zum Routen von Mail zwischen Benutzer-Mailprogramm und Mail-Auslieferungsprogramm benötigt werden. *sendmail.cf* übernimmt drei Hauptaufgaben:

- Sie definiert die sendmail-Umgebung.
- Sie wandelt Adressen in die für den empfangenden Mailer richtige Syntax um.
- Sie bildet Adressen in die zur Auslieferung der Mail notwendigen Befehle um.

Um all diese Funktionen ausführen zu können, sind verschiedene Befehle notwendig. Makro-Definitionen und Optionsbefehle definieren die Umgebung. »Abbildungsregeln« *(rewrite rules)* schreiben E-Mail-Adressen um. Mailer-Definitionen definieren die zur Auslieferung von Mail notwendigen Befehle. Die kurz angebundene Syntax dieser Befehle ist wohl daran schuld, daß Systemadministratoren die *sendmail.cf* nur widerwillig lesen, vom Schreiben gar nicht zu reden! Glücklicherweise können Sie es vermeiden, eine eigene *sendmail.cf* schreiben zu müssen, und wir zeigen Ihnen auch wie.

Eine sendmail.cf als Ausgangsbasis

Es gibt nur selten einen guten Grund, eine *sendmail.cf* von Grund auf neu anzulegen. Suchen Sie sich eine vorhandene Datei heraus, deren Konfiguration Ihrem System ähnlich ist, und passen Sie diese Datei an. Auf diese Weise wird sendmail konfiguriert, und diese Vorgehensweise besprechen wir im folgenden Abschnitt.

Beispiel-Konfigurationsdateien werden bei einem Großteil der Systemsoftware mitgeliefert. Einige Systemadministratoren verwenden die mit dem System gelieferte Konfigura-

---

5 Die eigentliche »Heimat« dieser Konfigurationsdatei ist das Verzeichnis */etc*, häufig wird sie aber in anderen Verzeichnissen plaziert, etwa */etc/mail* und */usr/lib*.

tionsdatei und führen nur kleine Änderungen durch, um Site-spezifische Konfigurationsanforderungen einzubinden. Wir werden diesen Ansatz für sendmail an anderer
Stelle in diesem Kapitel betrachten.

Andere Systemadministratoren ziehen die neueste sendmail-Version vor. Sie laden die
Datei *sendmail.tar* herunter und verwenden die darin enthaltenen m4-Quellen zur
Generierung einer *sendmail.cf.* Die mit Ihrem System gelieferten Beispiele sind nur
dann geeignet, wenn Sie auch das mitgelieferte sendmail-Programm verwenden. Bei
einem Update von sendmail müssen Sie die m4-Quellen verwenden, die zu der aktualisierten sendmail-Version passen.

Sie können die **tar**-Datei per **ftp** von *ftp.sendmail.org* herunterladen.[6] Melden Sie sich
an und wechseln Sie in das Verzeichnis *pub/sendmail*. Sie erhalten eine Liste der verfügbaren sendmail-Versionen. Ein Beispiel für den Download und die Installation der
sendmail-Distribution finden Sie in Kapitel E.

Das sendmail-Verzeichnis *cf/cf* enthält verschiedene Beispielkonfigurationen. Bei einigen dieser Dateien handelt es sich um generische Dateien, die für verschiedene
Betriebssysteme vorkonfiguriert sind. Im *cf/cf*-Verzeichnis meines Systems befinden
sich generische Konfigurationen für BSD, Solaris, SunOS, HP Unix, Ultrix, OSF1 und
Next Step. Das Verzeichnis enthält auch einige Prototypdateien, die einfach modifiziert
und für andere Betriebssysteme verwendet werden können. Wir wollen die Datei *tcp-
proto.mc* für unser Linux-System modifizieren. Diese Datei ist für Systeme mit direkten
TCP/IP-Verbindungen ohne direkte UUCP-Verbindungen gedacht.

Generierung der sendmail.cf mit m4-Makros

Die im sendmail-**tar** enthaltenen Prototypen sind nicht direkt einsatzbereit. Sie müssen
editiert und dann vom Makroprozessor **m4** verarbeitet werden, um die eigentlichen
Konfigurationsdateien zu erzeugen. So enthält beispielsweise die Datei *tcpproto.mc* die
folgenden Makros:

```
divert(0)dnl
VERSIONID(`@(#)tcpproto.mc8.5 (Berkeley) 3/23/96')
OSTYPE(unknown)
FEATURE(nouucp)
MAILER(local)
MAILER(smtp)
```

Diese Makros sind keine sendmail-Befehle, sondern Eingaben für den **m4**-Makropro-
zessor. Diese wenigen Zeilen sind die wirklich wichtigen Zeilen in *tcpproto.mc*. Ihnen
steht ein hier nicht abgedruckter Abschnitt mit Kommentaren voran, der von **m4** aussortiert wird, weil er dem Befehl **divert(–1)** folgt, der die Ausgabe in den großen »elek-
tronischen Mülleimer« umleitet. Dieser Abschnitt beginnt mit dem Befehl divert(0). Das

---

6 Selbst wenn Ihr UNIX-System mit einer sendmail-Version geliefert wird, sollten Sie sich die tar-Datei besorgen, schon allein wegen der nützlichen Dokumentation wie etwa dem *Sendmail Installation and Operation
Guide* von Eric Allman.

bedeutet, daß die Befehle abgearbeitet und die Ergebnisse auf die Standardausgabe umgeleitet werden sollen.[7]

Das VERSIONID-Makro dient der Versionskontrolle. Üblicherweise ist der an diesen Makroaufruf übergebene Wert eine Versionsnummer im RCS (Release Control System) oder SCCS (Source Code Control System) Format. Das Makro ist optional, und wir ignorieren es einfach.

Das Makro OSTYPE definiert betriebssystemspezifische Informationen für die *sendmail.cf*-Datei. Das Verzeichnis *cf/ostype* enthält über 30 vordefinierte Makrodateien für verschiedene Betriebssysteme. Das OSTYPE-Makro ist obligatorisch, und der an das Makro übergebene Wert muß mit dem Namen einer der in diesem Verzeichnis stehenden Dateien übereinstimmen. Beispiele für gültige Werte sind `bsd4.4`, `solaris2` und `linux`.

Das FEATURE-Makro definiert optionale Features, die in *sendmail.cf* aufgenommen werden sollen. Das im obigen Beispiel verwendete Feature *nouucp* besagt, daß keine Verarbeitung von UUCP-Adressen in die Ausgabedatei aufgenommen werden soll. Erinnern Sie sich daran, daß wir *tcpproto.mc* im vorigen Abschnitt als Prototypdatei für Systeme ohne UUCP-Verbindungen bezeichnet haben. Andere Prototypdateien verwenden andere FEATURE-Werte.

Die Prototypdatei endet mit den Mailer-Makros. Diese müssen die letzten Makros in der Eingabedatei sein. Das obige Beispiel enthält das »local« Mailer-Makro, das den lokalen Mailer und den prog-Mailer aufnimmt. Auch ein »smtp« Mailer-Makro ist enthalten, das Mailer für SMTP, Extended SMTP, 8-bit SMTP und weitergeleitete Mails aufnimmt. All diese Mailer werden wir später in diesem Kapitel erläutern.

Um eine *sendmail.cf*-Datei für ein Linux-System aus der Prototypdatei *tcpproto.mc* zu erzeugen, kopieren Sie die Prototypdatei in eine Arbeitsdatei. Ändern Sie in der Arbeitsdatei den Wert für OSTYPE von `unknown` in `linux`, um das richtige Betriebssystem zu spezifizieren. In unserem Beispiel verwenden wir **sed**, um `unknown` durch `linux` zu ersetzen. Wir speichern das Ergebnis in einer Datei namens *linux.mc*:

```
# sed 's/unknown/linux/' < tcpproto.mc > linux.mc
```

Nun geben wir den **m4**-Befehl ein:

```
# m4 ../m4/cf.m4 linux.mc > sendmail.cf
```

Die *sendmail.cf*-Datei, die der **m4**-Befehl als Ausgabe generiert, hat direkt das richtige Format, um von sendmail gelesen werden zu können.[8] Tatsächlich ist die erzeugte Ausgabe nahezu identisch mit der für Linux mitgelieferten Beispielkonfiguration *linux.smtp.cf*.

---

7 Die Option **dnl** verhindert, daß zu viele Leerzeilen in der Ausgabe erscheinen. Sie beeinflußt das Aussehen, nicht aber die Funktion der Ausgabe. **dnl** kann am Ende jedes Makrobefehls stehen.
8 Eine neue Syntax und neue Funktionen der aktuellsten Version von *sendmail.cf* werden von älteren sendmail-Versionen nicht unterstützt.

OSTYPE ist nicht der einzige Bestandteil der Makrodatei, der für eigene Konfigurationen angepasst werden kann. Es gibt eine große Anzahl von Konfigurationsoptionen, die alle in Anhang E erklärt werden. Wir wollen als Beispiel einige Optionen anpassen, um eine eigene Konfiguration zu erzeugen, die E-Mail-Adressen der Form *benutzer@host* in die Form *vorname.nachname@domain* umwandelt, wenn diese Adressen von unserem Computer stammen. Zu diesem Zweck erzeugen wir zwei neue Konfigurationsdateien: Eine Makrodatei namens *nuts.com.m4*, die die Werte für die Domain enthält, sowie eine modifizierte Makro-Steuerdatei (*linux.mc*), die die neue *nuts.com.m4*-Datei aufruft.

Wir erzeugen die neue Makrodatei *nuts.com.m4* und speichern sie im Verzeichnis *cf/ domain* ab. Die neue Datei enthält die folgenden Zeilen:

```
MASQUERADE_AS(nuts.com)
FEATURE(masquerade_envelope)
FEATURE(genericstable)
```

Diese Zeilen besagen, daß wir den eigentlichen Hostnamen unterdrücken und statt dessen den Namen *nuts.com* bei ausgehenden E-Mails einsetzen wollen. Diese Operation soll sowohl für die Adresse auf dem »Umschlag« (envelope) als auch für Message-Header-Adressen durchgeführt werden. Die letzte Zeile besagt, daß wir die generische Datenbank zur Adreßumwandlung verwenden werden, die Login-Benutzernamen in jeden von uns gewünschten Wert umwandelt. Wir bauen diese Datenbank auf, indem wir eine Textdatei mit den gewünschten Daten anlegen und diese Datei mit dem **makemap**-Befehl verarbeiten, der mit sendmail V8 geliefert wird.

Das Format dieser Datenbank kann sehr einfach sein:

```
dan Dan.Scribner@nuts.com
tyler Tyler.McCafferty@nuts.com
pat Pat.Stover@nuts.com
willy Bill.Wright@nuts.com
craig Craig.Hunt@nuts.com
```

Jede Zeile dieser Datei besteht aus zwei Feldern. Das erste Feld bildet den Schlüssel, in diesem Fall den Loginnamen, und das zweite Feld ist eine E-Mail-Adresse, bestehend aus Vor- und Nachname des Benutzers (getrennt durch einen Punkt) sowie dem Domain-Namen. Die Felder sind durch Leerzeichen voneinander getrennt. Bei dieser Datenbank liefert eine Abfrage zu dan den Wert Dan.Scribner@nuts.com zurück. Eine kleine Datenbank wie diese kann auf einfache Weise von Hand aufgebaut werden. Bei Systemen mit einer größeren Zahl von Benutzer-Accounts werden Sie diesen Prozeß automatisieren wollen. Dazu können Sie den Loginnamen des Benutzers sowie den Vor- und Nachnamen aus der Datei */etc/passwd* extrahieren. Das GCOS-Feld der */etc/ passwd* enthält häufig den echten Namen des Benutzers.[9] Sobald die Daten in der Textdatei vorliegen, können Sie sie mit **makemap** in eine Datenbank umwandeln.

---

9 Ein Beispiel-Skript, das Datenbanken mit echten Namen aus */etc/passwd* erzeugt, finden Sie in Anhang E.

makemap gehört zum Lieferumfang von sendmail V8 und benötigt die ndbm-Bibliothek. Die Syntax des **makemap**-Befehls lautet:

```
makemap typ name
```

makemap liest die Standardeingabe und schreibt die erzeugte Datenbank in eine Datei, bei der der für `name` angegebene Wert als Dateiname verwendet wird. Das `typ`-Feld bestimmt den Datenbanktyp. Die meistverbreiteten Datenbanktypen für sendmail V8 sind dbm, btree und hash.[10] Diese Typen können alle mit **makemap** erzeugt werden.

Nehmen wir einmal an, Sie haben die obigen Daten in einer Datei namens *realnames* abgespeichert. Der folgende Befehl wandelt die Datei in eine Datenbank um:

```
# makemap hash genericstable < realnames
```

makemap liest die Textdatei ein und erzeugt daraus eine Datenbankdatei namens *genericstable*. Die Datenbank bildet Loginnamen in reale Namen ab, z.B. liefert der Schlüssel `willy` den Wert `Bill.Wright@nuts.com` zurück.

Nachdem wir die Datenbank angelegt haben, erzeugen wir eine neue Konfigurationsdatei für sendmail, um diese Datenbank zu nutzen. Alle m4-Makros, die etwas mit der Verwendung dieser Datenbank zu tun haben, stehen in der Datei *nuts.com.m4*. Wir müssen diese Datei in die Konfiguration einbinden. Zu diesem Zweck fügen wir die Zeile DOMAIN(nuts.com) in die Makro-Steuerdatei (*linux.mc*) ein und verarbeiten *linux.mc* dann mit **m4**. Der folgende **grep**-Befehl zeigt, wie die Makros der Datei nach unserer Änderung aussehen:

```
# grep '^[A-Z]' linux.mc
VERSIONID(`@(#)tcpproto.mc8.5 (Berkeley) 3/23/96')
OSTYPE(linux)
DOMAIN(nuts.com)
FEATURE(nouucp)
MAILER(local)
MAILER(smtp)
# m4 ../m4/cf.m4 linux.mc > sendmail.cf
```

Verwenden Sie die *mc*-Prototypen als Ausgangsbasis Ihrer Konfiguration, wenn Sie sendmail aus der **tar**-Datei installieren. Um die neueste Version von sendmail verwenden zu können, müssen Sie mit Hilfe der **m4**-Makros eine entsprechend kompatible *sendmail.cf*-Datei generieren. Versuchen Sie nicht, eine alte *sendmail.cf* mit einer neuen sendmail-Version zu verwenden. Sie würden sich selbst viel Kummer bereiten. Wie Sie aus dem obigen Beispiel ersehen können, sind **m4**-Konfigurationsdateien sehr kurz und können aus nur wenigen Makros aufgebaut werden. Verwenden Sie **m4** immer dann zum Aufbau einer neuen Konfiguration, wenn Sie einen Upgrade von sendmail durchführen.

---

10 Bei SunOS- und Solaris-Systemen werden NIS-Maps und NIS+-Tabellen mit Standardbefehlen erzeugt, die mit diesen Betriebssystemen geliefert werden. Die Syntax zur Verwendung dieser Maps innerhalb von sendmail ist unterschiedlich (siehe Tabelle 10-4). *TCP/IP - Netzanbindung von PCs* von Craig Hunt (O'Reilly Verlag) enthält ein Beispiel für die Verwendung einer NIS-Map in sendmail.

Ebenso sollten Sie eine *sendmail.cf*-Datei, die Sie aus einer Prototypdatei der sendmail-Distribution erzeugt haben, nicht mit einer alten sendmail-Version verwenden. Die einzelnen Features dieser Dateien verlangen, daß Sie eine entsprechend kompatible sendmail-Version ausführen, d.h., Sie müssen sendmail neu kompilieren, um die neue Konfigurationsdatei verwenden zu können.[11] Nicht jeder Systemadministrator wird das machen, weil einige Systeme nicht über die richtigen Bibliotheken verfügen, während andere nicht einmal einen C-Compiler besitzen! Wenn Sie sendmail nicht neu kompilieren, können Sie die mit Ihrem System gelieferte Beispielversion von *sendmail.cf* als Ausgangsbasis verwenden. Wenn Sie allerdings größere Änderungen an der Konfiguration planen, ist es wahrscheinlich einfacher, sendmail neu zu kompilieren und mit **m4** eine neue Konfiguration zu generieren, als diese Änderungen direkt in *sendmail.cf* vorzunehmen.

Im nächsten Teil dieses Kapitels verwenden wir eine der mit Linux gelieferten *sendmail.cf*-Beispieldateien. Die Datei heißt *linux.smtp.cf* und ist im Verzeichnis */usr/src/sendmail* der Slackware 96 Version von Linux zu finden. Alle im Rest dieses Kapitels besprochenen Dinge gelten ebenso für *sendmail.cf*-Dateien, die mit **m4** erzeugt werden. Die Struktur von *sendmail.cf*, die darin enthaltenen Befehle und die zum Debugging verwendeten Tools sind allgemein gültig.

Die generelle Struktur von sendmail.cf

Viele *sendmail.cf*-Dateien haben mehr oder weniger die gleiche Struktur, weil die meisten aus einigen wenigen Originaldateien abgeleitet sind. Daher sind die bei Ihrem System vorhandenen Dateien denen recht ähnlich, die wir in unseren Beispielen verwenden. Einige Systeme verwenden eine andere Struktur, aber die Funktionen der einzelnen, hier beschriebenen Abschnitte werden Sie in den meisten *sendmail.cf*-Dateien finden.

Die Linux-Datei *linux.smtp.cf* dient uns als Beispiel für die Struktur der *sendmail.cf*-Datei. Die Abschnittsbezeichnungen der Beispieldatei werden hier genutzt, um einen Überblick über die Struktur von *sendmail.cf* zu geben. Wir werden die einzelnen Abschnitte detaillierter erläutern, wenn wir die Beispielkonfiguration modifizieren. Die einzelnen Abschnitte sind:

Local Information (Lokale Informationen)
> Definiert die Informationen, die für den jeweiligen Host gelten. In *linux.smtp.cf* definiert der Abschnitt den Hostnamen, die Namen der Mail-Relays und die Mail-Domain. Hier steht auch der Name, den sendmail verwendet, um Fehlermeldungen zu senden. Außerdem finden Sie hier die Meldung, die sendmail während eines SMTP-Logins ausgibt, und die Versionsnummer der *sendmail.cf*-Datei. (Erhöhen Sie die Versionsnummer bei jeder Konfigurationsänderung.) Dieser Abschnitt wird normalerweise während der Konfiguration verändert.

---

11 Informationen zur Kompilierung von sendmail finden Sie in Anhang E.

Options (Optionen)

Definiert die sendmail-Optionen. Dieser Abschnitt verlangt im allgemeinen keine Änderungen.

Message Precedence (Vorrang von Nachrichten)

Definiert die verschiedenen von sendmail verwendeten Vorrangwerte für Nachrichten. Dieser Abschnitt wird nicht modifiziert.

Trusted Users (Vertrauenswürdige Benutzer)

Definiert die Benutzer, die die Absenderadresse bei ausgehenden Mails überschreiben dürfen. Dieser Abschnitt wird nicht modifiziert. Das Einfügen von Benutzern in diese Liste ist ein potentielles Sicherheitsrisiko.

Format of Headers (Format der Header)

Definiert das Format der Header, die sendmail in E-Mails einfügt. Dieser Abschnitt wird nicht modifiziert.

Rewriting Rules (Umbildungsregeln)

Definiert die Regeln, nach denen Mail-Adressen umgebildet (umgeschrieben) werden. Umbildungsregeln enthalten die generell von sendmail verwendeten Regeln oder weitere Regeln. Dieser Abschnitt wird während der Anfangskonfiguration nicht modifiziert. Umbildungsregeln werden üblicherweise nur modifiziert, um ein Problem zu beheben oder einen neuen Dienst aufzunehmen.

Mailers (Mailer)

Definiert die von sendmail verwendeten Anweisungen zum Aufruf der Mail-Auslieferungsprogramme. Die mit jedem einzelnen Mailer verbundenen Umbildungsregeln werden ebenfalls in diesem Abschnitt definiert. Die Mailer-Definitionen werden normalerweise nicht modifiziert. Manchmal werden allerdings die mit einzelnen Mailern verknüpften Umbildungsregeln verändert, um ein Problem zu beheben oder einen neuen Dienst aufzunehmen.

Die bei Ihrem System verwendeten Abschnittsbezeichnungen unterscheiden sich möglicherweise von den hier aufgeführten. Allerdings entspricht die Struktur Ihrer Beispieldatei der obigen Struktur in folgenden Punkten:

- Die für jeden Host anzupassenden Informationen stehen wahrscheinlich am Anfang der Datei.

- Gleiche Befehlstypen wie etwa Optionsbefehle, Header-Befehle etc. werden üblicherweise gruppiert.

- Der Großteil der Datei besteht aus Umbildungsregeln.

- Der letzte Teil der Datei besteht wahrscheinlich aus Mailer-Definitionen zusammen mit den Umbildungsregeln für die jeweiligen Mailer.

Sehen Sie sich die Kommentare Ihrer *sendmail.cf*-Datei an. Manchmal liefern diese Kommentare wertvolle Einblicke in die Dateistruktur und Informationen, die zur Konfiguration des Systems notwendig sind.

Es ist wichtig, daß Sie erkennen, wie wenig *sendmail.cf* bei einem typischen System modifiziert werden muß. Wenn Sie sich die richtige Beispieldatei heraussuchen, müssen Sie möglicherweise nur einige wenige Zeilen im ersten Abschnitt verändern. Aus diesem Blickwinkel scheint die Konfiguration von sendmail eine triviale Aufgabe zu sein. Weshalb sind Systemadministratoren also so eingeschüchtert? Das liegt größtenteils an der komplizierten Syntax der bei *sendmail.cf* verwendeten Konfigurationssprache.

Die Konfiguration von sendmail

Bei jedem Hochfahren liest sendmail die Datei *sendmail.cf*. Aus diesem Grund ist die Syntax von *sendmail.cf*-Befehlen darauf ausgerichtet, von sendmail einfach verarbeitet werden zu können. Das bedeutet leider nicht, daß sie für uns Menschen einfach zu lesen ist. sendmail-Befehle sind nämlich, selbst an UNIX-Standards gemessen, sehr kurz gehalten.

Der Konfigurationsbefehl wird von seiner Variablen oder seinem Wert nicht durch Leerzeichen getrennt. Dieses »zusammenlaufende« Format macht es schwierig, die Befehle zu lesen. Abbildung 10-2 illustriert das Format eines Befehls. In dieser Abbildung weist ein **define macro** Befehl dem Makro D den Wert *nuts.com* zu.

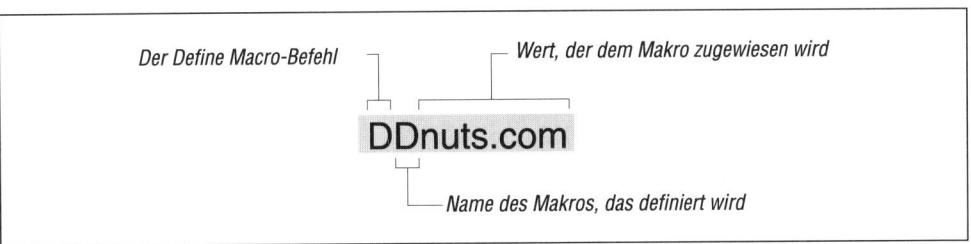

Abbildung 10-2: Ein sendmail.cf-Konfigurationsbefehl

Seit sendmail Version 8 sind Variablennamen nicht länger auf ein einzelnes Zeichen beschränkt. Lange Variablennamen, eingeschlossen in geschweifte Klammern, sind nun erlaubt. Beispielsweise könnte die in Abbildung 10-2 aufgeführte Makrodefinition wie folgt geschrieben werden:

```
D{Domain}nuts.com
```

Allerdings hat eine Prüfung der mit meinem Linux-System gelieferten *sendmail.cf* gezeigt, daß nicht ein einziger langer Variablenname verwendet wurde. Die traditionellen kurzen Variablennamen sind immer noch üblich. Diese extrem knappe Syntax kann schwer zu entziffern sein, es hilft aber, daran zu denken, daß das erste Zeichen der Zeile immer der Befehl ist. Aus diesem Zeichen können Sie den Befehl ableiten und daraus wiederum seine Struktur. Tabelle 10-1 führt die Befehle von *sendmail.cf* und ihre Syntax auf.

Tabelle 10-1: sendmail-Konfigurationsbefehle

Befehl	Syntax	Bedeutung
Version Level	V*level*[/*anbieter*]	Gibt den Versionslevel an.
Define Macro	D*xwert*	Setzt Makro *x* auf *wert*.
Define Class	C*cwort1*[*wort2*]...	Setzt Klasse *c* auf *wort1 wort2*....
Define Class	F*cdatei*	Lädt Klasse *c* aus *datei*.
Set Option	O*option=wert*	Setzt *option* auf *wert*.
Trusted Users	T*benutzer1*[*benutzer2*...]	Vertrauenswürdige Benutzer sind *benutzer1 benutzer2*....
Set Precedence	P*name=zahl*	Setzt *name* auf Vorrangwert *zahl*.
Define Mailer	M*name*, {*feld=wert*}	Definiert Mailer *name*.
Define Header	H[?*mflag*?]*name:format*	Setzt Header-Format.
Set Ruleset	S*n*	Startet Regelsatz *n*.
Define Rule	R*lhs rhs kommentar*	Schreibt *lhs*-Muster in *rhs*-Format um.
Key File	K*name typ* [*argument*]	Definiert Datenbank *name*.

Die folgenden Abschnitte beschreiben diese Konfigurationsbefehle ausführlicher.

Der Befehl Version Level

Der Befehl »Version Level« (Versionslevel) ist optional und nicht in allen *sendmail.cf*-Dateien enthalten. Sie müssen keinen **V**-Befehl in die *sendmail.cf* aufnehmen oder einen existierenden Befehl verändern. Der **V**-Befehl wird in die Konfigurationsdatei eingefügt, wenn sie durch **m4**-Makros oder durch den Hersteller erstmalig generiert wird.

Der *level*-Wert des **V**-Befehls gibt den Versionslevel der Konfigurationssyntax an. V1 ist die älteste Konfigurationssyntax, während V7 die von sendmail V8.8.5 unterstützte Version ist. Jeder dazwischenliegende Level kennt einige zusätzliche Features. Der *anbieter*-Teil des **V**-Befehls gibt an, ob eine anbieterspezifische Syntax unterstützt wird. Der vorgegebene *anbieter*-Wert bei der sendmail-Distribution ist »Berkeley«.

Der **V**-Befehl teilt dem sendmail-Programm mit, welcher Syntax-Level und welche Befehle notwendig sind, um diese Konfiguration unterstützen zu können. Kann sendmail die geforderte Syntax und die benötigten Befehle nicht bereitstellen, gibt es die folgende Fehlermeldung aus:

```
# /usr/lib/sendmail -Ctest.cf
test.cf: line 63: Bad V line: Only V1/sun syntax is supported in
    this release
```

Die obige Fehlermeldung gibt an, daß dieses sendmail-Programm nur Level-1-Konfigurationsdateien mit Sun-Syntaxerweiterungen unterstützt.[12] Das Beispiel wurde unter

---

12 Die Sun-spezifische Syntax finden Sie in Tabelle 10-4.

Solaris 2.5.1 erzeugt, wobei das mit dem Betriebssystem gelieferte sendmail verwendet wurde. In diesem Beispiel haben wir versucht, eine *sendmail.cf* zu lesen, die mit den **m4**-Makros erzeugt wurde, die mit sendmail 8.8.5 geliefert wurden. Die Syntax und die Funktionen, die von dieser *sendmail.cf*-Datei benötigt werden, sind bei dem hier verwendeten sendmail-Programm nicht verfügbar. Um diese Konfigurationsdatei verwenden zu können, müßten wir eine neuere Version von sendmail verwenden. (Ein Beispiel für die Kompilierung von sendmail finden Sie in Anhang E.)

Sie werden niemals den Wert eines **V**-Befehls ändern. Sie könnten jedoch einige **D**-Befehle anpassen müssen.

Der Befehl Define Macro

Der Befehl »Define Macro« (**D**) definiert ein Makro und speichert einen Wert darin. Sobald das Makro definiert ist, wird es benutzt, um den Wert anderen Befehlen der *sendmail.cf* oder sendmail selbst zur Verfügung zu stellen. Das erlaubt die gemeinsame Nutzung von sendmail-Konfigurationen auf verschiedenen Systemen, indem einfach einige systemspezifische Makros angepaßt werden.

Ein Makroname kann aus einem einzelnen ASCII-Zeichen oder, seit sendmail V8, aus einem in geschweiften Klammern stehenden Wort bestehen. Benutzerdefinierte Makros verwenden Großbuchstaben als Namen. sendmail-eigene, interne Makros verwenden Kleinbuchstaben und Sonderzeichen als Namen. Das bedeutet aber nicht, daß Sie nicht aufgefordert wären, einen Wert für ein kleingeschriebenes Makro anzugeben. Einige der internen Makros werden manchmal in *sendmail.cf* definiert. Tabelle 10-2 enthält eine vollständige Liste aller internen sendmail-Makros.[13]

Tabelle 10-2: sendmails interne Makros

Name	Funktion
a	Absendedatum
b	Aktuelles Datum im RFC 822 Format
c	Hop-Count
d	Datum im UNIX-Format (ctime)
e	SMTP-Eingangsmeldung
f	»from«-Adresse des Absenders
g	Senderadresse relativ zum Empfänger
h	Empfangender Host
i	Queue-ID
j	Voll qualifizierter Domain-Name (Host plus Domain)
k	Name des UUCP-Knotens

---

13 Ausführlichere Informationen zu jedem Makro finden Sie im *Sendmail Installation and Operation Guide.*

Tabelle 10-2: sendmails interne Makros (Fortsetzung)

Name	Funktion
l	Format der UNIX from-Zeile
m	Name dieser Domain (nur die Domain)
n	Name des Daemons (für Fehlermeldungen)
o	Satz der »Operatoren« in Adressen[a]
p	PID von sendmail
q	Standardformat der Absenderadresse[a]
r	Verwendetes Protokoll
s	Hostname des Senders
t	Numerische Darstellung der aktuellen Zeit
u	Empfangender Benutzer
v	sendmail-Versionsnummer
w	Hostname dieser Site (nur Host)
x	Vollständiger Name des Senders
z	Home-Verzeichnis des Empfängers
-	Validierte Senderadresse

a. Seit sendmail V8 überholt.

Um an den in einem Makro abgelegten Wert zu gelangen, müssen Sie ihn mit $x ansprechen, wobei x der Name des Makros ist. Makros werden erweitert, wenn die *sendmail.cf*-Datei eingelesen wird. Die spezielle Syntax $&x wird verwendet, um Makros bei der Referenzierung zu erweitern. $&x wird nur mit bestimmten internen Makros verwendet, die sich zur Laufzeit ändern.

Der nachfolgende Code definiert die Makros R, M und Q. Nachdem dieser Code ausgeführt wurde, liefert $R den Wert *almond*, $M den Wert *nuts.com* und $Q den Wert *almond.nuts.com* zurück. Die letzte Zeile des Codebeispiels definiert Q als Wert von R ($R), einem literalen Punkt und dem Wert von M ($M).

```
DRalmond
DMnuts.com
DQ$R.$M
```

Wenn Sie Ihre *sendmail.cf* modifizieren, werden Sie wahrscheinlich einige Makrodefinitionen verändern müssen. Die üblicherweise zu modifizierenden Makros definieren Site-spezifische Informationen wie Host- und Domainnamen.

Bedingungen (Conditionals)

Eine Makrodefinition kann auch einen Bedingungsteil, sog. Conditionals, enthalten. Hier ein Beispiel:

```
DX$g$?x ($x)$.
```

Das D ist der Befehl zur Makrodefinition, X ist das zu definierende Makro, und $g besagt, daß der im Makro g abgelegte Wert verwendet werden soll. Was bedeutet aber »$?x ($x)$.«? Die Konstruktion $?x ist ein Conditional. Es überprüft, ob das Makro x einen Wert besitzt. Ist das Makro gesetzt, wird der dem Conditional folgende Text interpretiert. Das Konstrukt $. beendet das Conditional.

Die Zuweisung des Makros X wird also wie folgt interpretiert: X wird der Wert von g zugewiesen. Ist x gesetzt, werden dem Makro darüber hinaus ein literales Leerzeichen, eine literale linke Klammer, der Wert von x und eine literale rechte Klammer zugewiesen.

Enthält g also *chunt@nuts.com* und x den Wert *Craig Hunt*, dann wird X zu:

```
chunt@nuts.com (Craig Hunt)
```

Das Conditional kann mit einem »else«-Konstrukt, dem $|, verwendet werden. Die vollständige Syntax eines Conditionals lautet:

```
$?x text1 $| text2 $.
```

Das wird wie folgt interpretiert:

- Wenn ("if", $?) *x* gesetzt ist;
- verwende *text1*;
- sonst ("else", $|);
- verwende *text2*;
- ende ("end if", $.).

Der Befehl Define Class

Zwei Befehle, C und F, definieren sendmail-Klassen. Eine Klasse entspricht einem Werte-Array. Klassen werden für alles verwendet, was mehrere gleichartig zu verarbeitende Werte enthält, also beispielsweise mehrere Namen für den lokalen Host oder eine Liste mit uucp-Hostnamen. Klassen ermöglichen sendmail den Vergleich mit einer Liste von Werten, nicht nur einem einzigen Wert. Spezielle Symbole zur Mustererkennung (Pattern Matching) werden in Klassen verwendet. Das Symbol $= führt ein Matching über jeden Wert der Klasse durch, während das Symbol $~ jeden nicht in der Klasse enthaltenen Wert erkennt. (Mehr zur Mustererkennung später.)

Genau wie Makros verwenden Klassen üblicherweise aus einem Buchstaben bestehende Namen, und benutzereigene Klassen verwenden Großbuchstaben für die Namen. Die Werte der Klassen können in einer einzelnen Zeile oder in mehreren Zeilen angegeben oder aus einer Datei eingelesen werden. Zum Beispiel wird die Klasse w verwendet, um alle Hostnamen zu definieren, denen der lokale Host bekannt ist. Um der Klasse w die Werte *goober* und *pea* zuzuweisen, können Sie die Werte in einer einzelnen Zeile angeben:

```
Cwgoober pea
```

Sie können die Werte aber auch in mehreren Zeilen angeben:

```
Cwgoober
Cwpea
```

Sie können auch den Befehl **F** nutzen, um die Klassenwerte aus einer Datei einzulesen. Der Befehl **F** liest eine Datei ein und speichert die darin gefundenen Worte in einer Klassenvariablen. Zur Definition der Klasse w und der Zuweisung aller in */etc/sendmail.cw* enthaltenen Werte geben Sie folgendes an:

```
Fw/etc/sendmail.cw
```

Sie werden wohl einige wenige Klassendefinitionen modifizieren müssen, wenn Sie Ihre eigene *sendmail.cf* anlegen. Häufig werden Informationen für **uucp**, Aliases für Hostnamen und spezielle Domains für das Mail-Routing in Klassenanweisungen definiert. Besitzt Ihr System eine **uucp** und eine TCP/IP-Verbindung, müssen Sie den Klassendefinitionen ganz besonders viel Aufmerksamkeit widmen. In jedem Fall sollten die Klassendefinitionen aber sorgfältig geprüft werden. Sie müssen sicher sein, daß sie für Ihre Konfiguration zutreffen.

Im folgenden Beispiel durchsuchen wir die Linux-Beispielkonfiguration mit **grep** nach Zeilen, die mit **C** oder **F** beginnen:

```
% grep '^[CF]' linux.smtp.cf
Cwlocalhost
CP.
CO @ %
C..
CE root
```

Das Ergebnis von **grep** zeigt uns, daß *linux.smtp.cf* die Klassen w, P, O, . und E definiert. w enthält die Aliases für diesen Host. P enthält zum Mail-Routing verwendete Pseudo-Domains. O enthält Operatoren, die nicht Teil eines gültigen Benutzernamens sein können. Die Klasse . (Punkt) ist primär deshalb von Interesse, weil sie zeigt, daß Variablennamen keine alphabetischen Zeichen sein müssen. E führt die Benutzernamen auf, die immer mit dem voll qualifizierten Domain-Namen des lokalen Hosts versehen werden sollten, selbst wenn für alle anderen Benutzer vereinfachte E-Mail-Adressen verwendet werden. (Später mehr zu vereinfachten Adressen.) In unserer Beispieldatei sind den Variablen immer Standardwerte zugeordnet.

Denken Sie daran, daß Ihr System anders sein wird. Die für einige Klassennamen verwendeten Großbuchstaben deuten an, daß es sich um benutzerdefinierte Klassen handelt. Die gleichen Klassennamen können bei Ihrem System für andere Zwecke genutzt werden und dienen hier nur als Beispiel. Lesen Sie die Kommentare Ihrer *sendmail.cf* sorgfältig, damit Sie genau wissen, wie Klassen und Makros in Ihrer Konfiguration eingesetzt werden.

Klassennamen mit klein geschriebenen Buchstaben und Sonderzeichen sind von sendmail für interne Zwecke reserviert. Alle von sendmail nach Version 8.8 definierten internen Klassen finden Sie in Anhang E. Die meisten können Sie einfach ignorieren. Nur die Klasse w, die alle vom System akzeptierten Hostnamen enthält, wird im allgemeinen in *sendmail.cf* modifiziert.

Der Befehl Set Option

Die Set Option-Befehle (»Setze Option«, O) werden zur Definition der sendmail-Umgebung verwendet. Der Befehl O legt Werte fest, die für Ihre Konfiguration benötigt werden. Der einer Option zugewiesene Wert kann, je nach individueller Option, ein String, ein Integerwert, ein boolescher Wert oder ein Zeitintervall sein. Alle Optionen definieren direkt von sendmail verwendete Werte.

Es gibt keine benutzerdefinierten Optionen. Die Bedeutung jeder sendmail-Option ist in sendmail selbst definiert. Anhang E führt die Bedeutung und die Verwendung jeder Option auf, von denen es reichlich gibt.

Einige wenige Optionen der *linux.smtp.cf* sind nachfolgend zu sehen. Die Option **Alias-File** definiert den Namen der sendmail *aliases*-Datei als */etc/aliases*. Soll die *aliases*-Datei irgendwo anders stehen, müssen Sie diese Option anpassen. Die Option **Temp-FileMode** legt die Standard-Zugriffsrechte für die von sendmail in */var/spool/mqueue* erzeugten temporären Dateien mit 0600 fest. Die Option **Timeout.queuereturn** setzt das Timeout-Intervall für nicht auszuliefernde Mails fest, hier fünf Tage (5d). Diese Optionen verdeutlichen die Art allgemeiner Konfigurationsparameter, die mit dem O-Befehl eingestellt werden können.

```
# location of alias file
O AliasFile=/etc/aliases
# temporary file mode
O TempFileMode=0600
# default timeout interval
O Timeout.queuereturn=5d
```

Die Syntax des in diesem Beispiel und in Tabelle 10-2 verwendeten O-Befehls wurde bei der sendmail-Version 8.7.5 eingeführt. Davor war die für den O-Befehl verwendete Syntax den anderen sendmail-Befehlen ähnlich. Die alte Syntax lautet: O*owert*, wobei **O** der Befehl ist, *o* ein einzelnes, die Option benennendes Zeichen und *wert* der dieser Option zugewiesene Wert. Die oben aufgeführten Optionen würden nach der alten Syntax also wie folgt aussehen:

```
# location of alias file
OA/etc/aliases
# temporary file mode
OF0600
# default timeout interval
OT5d
```

Anhang E enthält eine vollständige Liste aller alten und neuen Optionen.

Die meisten in der Beispieldatei definierten Optionen müssen nicht verändert werden. Man ändert Optionseinstellungen, weil man die sendmail-Umgebung ändern will, nicht weil man es muß. Die Optionen in Ihrer Konfigurationsdatei sind für Ihr System größtenteils richtig eingestellt.

Definition vertrauenswürdiger Benutzer

Der **T**-Befehl definiert eine Liste von Benutzern, die so vertrauenswürdig sind, daß sie die Absenderadresse mit dem Mailer-Flag **−f** überschreiben dürfen.[14] Normalerweise sind diese vertrauenswürdigen Benutzer als *root*, *uucp* und *daemon* definiert. Vertrauenswürdige Benutzer können in Form einer Liste von Benutzernamen in einer einzelnen Zeile angegeben werden, oder über mehrere Befehlszeilen hinweg. Die angegebenen Benutzer müssen gültige Benutzernamen aus der */etc/passwd* sein.

Die am häufigsten definierten vertrauenswürdigen Benutzer sind:

```
Troot
Tdaemon
Tuucp
```

Die meisten Sites müssen diese Liste nicht verändern.

Vorrang von Mail

Vorrang *(precedence)* ist ein Faktor, der von sendmail genutzt wird, um in der Queue eingehende Nachrichten mit einer Priorität zu versehen. Der **P**-Befehl definiert die für sendmail-Benutzer verfügbaren Vorrangwerte für Nachrichten. Je höher dieser Wert ist, desto größer ist der Vorrang der Nachricht. Der Standardwert für den Vorrang einer Nachricht ist 0. Negative Vorrangwerte deuten auf E-Mail mit besonders niedriger Priorität hin. Bei E-Mails mit einem negativen Vorrang werden keine Fehlermeldungen definiert, was sie für Massenmailings besonders interessant macht. Einige häufig verwendete Vorrangwerte sind:

```
Pfirst-class=0
Pspecial-delivery=100
Plist=-30
Pbulk=-60
Pjunk=-100
```

Um den gewünschten Vorrang anzugeben, fügt der Benutzer einen Precedence-Header in seine Nachricht ein. Er verwendet dabei den symbolischen Namen des **P**-Befehls im Precedence-Header. Mit den obigen Definitionen könnte ein Benutzer, der keine Fehlermeldungen für ein großes Mailing empfangen möchte, den Vorrang −60 durch Einfügen der folgenden Header-Zeile in seine Mail festlegen:

```
Precedence: bulk
```

---

14 Mailer-Flags (Optionen) sind in Anhang E aufgeführt.

Die fünf oben angegebenen Vorrangwerte sind wahrscheinlich mehr, als Sie jemals benötigen werden.

Mail-Header definieren

Der **H**-Befehl definiert das Format der Header-Zeilen, die sendmail in die Nachrichten einfügt. Das Format des Header-Befehls besteht aus dem **H**, in Fragezeichen eingeschlossene, optionale Header-Flags, einem Header-Namen, einem Doppelpunkt und einer Header-Schablone, dem sog. Header-Template. Dieses Template ist eine Kombination aus Literalen und Makros, die in die Headerzeile eingefügt werden. Die Makros in diesem Template werden erweitert, bevor der Header in die Mail aufgenommen wird. Die gleiche Syntax für Conditionals, die wir bei Makrodefinitionen verwendet haben, kann auch für Header-Templates verwendet werden. Sie funktionieren auf genau die gleiche Art und Weise, d.h., Sie können prüfen, ob ein Makro gesetzt ist, und einen anderen Wert benutzen, falls das nicht der Fall ist.

Header-Flags führen häufig zu mehr Fragen, als sie verdienen. Die Funktion dieser Flags ist sehr einfach. Die Header-Flags kontrollieren, ob der Header in eine Mail aufgenommen wird, die an einen bestimmten Mailer gerichtet ist. Sind keine Flags definiert, wird der Header für alle Mailer eingefügt. Ist ein Flag gesetzt, wird der Header nur bei einem Mailer eingefügt, der das gleiche Flag in seiner Mailer-Definition setzt. (Mailer-Flags sind in Anhang E aufgeführt.) Header-Flags steuern nur das *Einfügen* der Header. Wird ein Header in der Eingabe empfangen, wird er unabhängig von der Einstellung der Flags weitergegeben.

Einige Beispiele für Header-Definitionen aus unserer *linux.smtp.cf* sehen Sie hier:

```
H?P?Return-Path: $g
H?D?Date: $a
H?F?From: $?x$x <$g>$|$g$.
H?x?Full-Name: $x
HSubject:
H?M?Message-Id: <$t.$i@$j>
```

Die in der mit Ihrem System gelieferten *sendmail.cf* enthaltenen Header reichen für die meisten Installationen aus. Es ist sehr unwahrscheinlich, daß Sie sie jemals ändern müssen.

Mailer definieren

Die **M**-Befehle definieren die von sendmail verwendeten Programme zur Auslieferung von E-Mails. Die Syntax des Befehls lautet:

```
Mname, {feld=wert}
```

name ist ein willkürlicher Name, der von sendmail intern verwendet wird, um auf den Mailer zu verweisen. Der Name selbst spielt keine Rolle, solange er in *sendmail.cf* konsistent verwendet wird. Beispielsweise könnte der zur Auslieferung von SMTP-Mail innerhalb der lokalen Domain verwendete Mailer bei einem System *smtp* heißen, während ein anderes System ihn *ether* nennt. Die Funktion der beiden Mailer ist identisch, nur die Namen unterscheiden sich.

Diese Wahlfreiheit wird durch einige wenige Ausnahmen eingeschränkt. Der Mailer, der lokale E-Mail an Benutzer auf der gleichen Maschine ausliefert, muß *local* heißen, und ein Mailer namens *local* muß in *sendmail.cf* definiert sein. Drei weitere spezielle Mailer-Namen sind:

prog
> Liefert Mail an Programme aus.

file
> Sendet Mail an Dateien.

include
> Leitet Mail in `:include:`-Listen weiter.

Von diesen muß nur der *prog*-Mailer in *sendmail.cf* definiert sein. Die beiden anderen werden intern von sendmail definiert.

Dem Namen des Mailers folgt eine durch Kommata unterteilte Liste von *feld=wert*-Paaren, die die Eigenschaften des Mailers definieren. Tabelle 10-3 führt die aus einem Zeichen bestehenden *feld*-Bezeichner und den Inhalt des jeweiligen *wert*-Feldes auf. Die meisten Mailer benötigen nicht jedes dieser Felder.

Tabelle 10-3: Felder der Mailer-Definition

Feld	Bedeutung	Inhalt	Beispiel
P	Path (Pfad)	Pfad auf den Mailer	P=/bin/mail
F	Flags	sendmail-Flags für diesen Mailer	F=lsDFMe
S	Sender	Satz mit Umbildungsregeln für Senderadressen	S=10
R	Recipient (Empfänger)	Satz mit Umbildungsregeln für Empfängeradressen	R=20
A	Argv	Argumentvektor des Mailers	A=sh -c $u
E	Eol (Zeilenende)	Zeilenende-String für den Mailer	E=\r\n
M	Maxsize (Maximale Größe)	Maximale Größe einer Mail	M=100000
L	Linelimit	Maximale Zeilenlänge	L=990
D	Directory	Ausführungsverzeichnis des *prog*-Mailers	D=$z:/
U	Userid	Zur Ausführung des Mailers verwendete Benutzer- und Gruppen-ID	U=uucp:wheel
N	Nice	Zur Ausführung des Mailers verwendeter **nice**-Wert	N=10

Tabelle 10-3: Felder der Mailer-Definition (Fortsetzung)

Feld	Bedeutung	Inhalt	Beispiel
C	Charset (Zeichensatz)	Inhaltstyp (Content-Type) für 8-Bit MIME-Zeichen	C=iso8859-1
T	Type	Typinformation für MIME-Fehler	T=dns/rfc822/smtp

Die P-Felder enthalten entweder den Pfad zu einem Mail-Auslieferungsprogramm oder den literalen String [IPC]. Mailer-Definitionen, die P=[IPC] angeben, verwenden send-mail zur Auslieferung von Mail über SMTP.[15] Der Pfad auf das Auslieferungsprogramm variiert von System zu System, je nachdem, wo die Programme abgelegt werden. Stellen Sie sicher, daß Sie wissen, wo das System die Programme speichert, bevor Sie das P-Feld ändern. Falls Sie mit einer Beispielkonfiguration von einem anderen Computer arbeiten, etwa den Beispielen aus diesem Kapitel, müssen Sie überprüfen, ob die Mailer-Pfade für Ihr System zutreffen.

Das F-Feld enthält die für diesen Mailer verwendeten sendmail-Flags. Hierbei handelt es sich um die bereits im Abschnitt »Mail-Header definieren« angesprochenen Flags, allerdings machen Mailer-Flags mehr, als nur das Einfügen von Headern zu kontrollieren. Es gibt eine sehr große Anzahl von Flags. Anhang E beschreibt alle Flags zusammen mit ihrer jeweiligen Funktion.

Die S- und R-Felder geben die Umbildungsregeln an, nach denen die Sender- und Emp-fängeradressen für diesen Mailer umgeschrieben werden. Jeder Regelsatz (Ruleset) wird über seine Nummer identifiziert. Wir werden uns mit Rulesets noch an anderer Stelle in diesem Kapitel beschäftigen. Die S- und R-Werte werden bei der Fehlersuche in der sendmail-Konfiguration noch eine Rolle spielen.

Das A-Feld definiert den Argumentvektor (Argv), der an den Mailer übergeben wird. Er enthält unter anderem Makro-Erweiterungen, die den Namen des Empfängers ($u),[16] den empfangenden Hostnamen ($h) und die from-Adresse des Senders ($f) enthalten. Diese Makros werden erweitert, bevor der Argumentvektor an den Mailer übergeben wird.

Das E-Feld definiert die Zeichen, die ein Zeilenende markieren. Ein Wagenrücklauf (CR) und ein Zeilenvorschub (LF) sind bei SMTP-Mailern Standard.

Das M-Feld definiert die Länge der größten Nachricht, die der Mailer verarbeitet. Dieses Feld wird hauptsächlich bei Definitionen von UUCP-Mailern verwendet.

Das L-Feld definiert die maximale Länge einer Zeile (in Bytes), die in einer von diesem Mailer verarbeiteten Nachricht enthalten sein darf. Dieses Feld wurde mit sendmail V8 eingeführt. Frühere sendmail-Versionen beschränkten Zeilen auf eine Länge von 80 Zei-chen, weil das vor der Einführung von MIME die Grenze für SMTP-Mail war.

---

15 Sun-Systeme verwenden [TCP] ebenso wie [IPC].

16 In der Definition des *prog*-Mailers übergibt $u einen Programmnamen an den Argumentvektor.

Das D-Feld legt das Arbeitsverzeichnis des *prog*-Mailers fest. Sie können in diesem Feld mehr als ein Verzeichnis angeben. Die Verzeichnisse müssen durch Doppelpunkte voneinander getrennt werden. Das Beispiel in Tabelle 10-3 weist *prog* an, das Home-Verzeichnis des Empfängers zu verwenden, was dem Wert des internen Makros **$z** entspricht. Falls das Verzeichnis nicht verfügbar ist, wird das Root-Verzeichnis (/) verwendet.

Geben Sie die Benutzer- und Gruppen-ID, unter denen der Mailer ausgeführt werden soll, im U-Feld an. Zum Beispiel gibt **U=uucp:wheel** an, daß der Mailer mit dem Benutzer-ID *uucp* und dem Gruppen-ID *wheel* ausgeführt werden soll. Geben Sie für dieses Feld keinen Wert an, wird der in der Option **DefaultUser** definierte Wert verwendet.

Verwenden Sie das N-Feld, um den **nice**-Wert für die Ausführung des Mailers zu ändern. Dies ermöglicht es Ihnen, die Ausführungspriorität festzulegen, was jedoch selten gemacht wird. Falls Sie daran interessiert sind, finden Sie in der **nice**-Manpage vernünftige Werte.

Die beiden letzten Felder werden nur bei MIME-Mail genutzt. C (Charset) definiert den Zeichensatz, der im Content-Type-Header verwendet wird, wenn 8-Bit-Nachrichten in MIME umgewandelt werden. Ist dieser Zeichensatz nicht definiert, wird der bei der Option **DefaultCharset** angegebene Wert verwendet. Ist diese Option nicht definiert, wird *unknown-8bit* als Standardwert benutzt.

Das T-Feld definiert die in MIME-Fehlermeldungen verwendeten Typinformationen. MIME-Typinformationen definieren den Typ des Mailer-Transfer-Agents, den Mail-Adreßtyp und den Fehlercode-Typ. Voreingestellt ist *dns/rfc822/smtp*.

Einige gängige Mailer-Definitionen

Die folgenden Mailer-Definitionen stammen aus *linux.smtp.cf*:

```
Mlocal,P=/usr/bin/procmail, F=lsDFMAw5:/|@ShP, S=10/30, R=20/40,
    T=DNS/RFC822/X-Unix, A=procmail -a $h -d $u
Mprog,P=/bin/sh, F=lsDFMoeu, S=10/30, R=20/40, D=$z:/,
    T=X-Unix, A=sh -c $u
Msmtp,P=[IPC], F=mDFMuX, S=11/31, R=21, E=\r\n, L=990,
    T=DNS/RFC822/SMTP, A=IPC $h
Mesmtp,P=[IPC], F=mDFMuXa, S=11/31, R=21, E=\r\n, L=990,
    T=DNS/RFC822/SMTP, A=IPC $h
Msmtp8,P=[IPC], F=mDFMuX8, S=11/31, R=21, E=\r\n, L=990,
    T=DNS/RFC822/SMTP, A=IPC $h
Mrelay,P=[IPC], F=mDFMuXa8, S=11/31, R=61, E=\r\n, L=2040,
    T=DNS/RFC822/SMTP, A=IPC $h
```

Dieses Beispiel enthält die folgenden Mailer-Definitionen:

- Eine Definition zur lokalen Auslieferung von Mail, die immer mit *local* bezeichnet wird. Diese Definition wird von sendmail verlangt.

- Eine Definition zur Auslieferung von Mail an Programme, die immer mit *prog* bezeichnet wird. Diese Definition ist in den meisten Konfigurationen zu finden.

- Eine Definition zur TCP/IP Mail-Auslieferung, die hier *smtp* genannt wird.

- Eine Definition für einen Extended SMTP verstehenden Mailer, die hier *esmtp* genannt wird.

- Eine Definition für einen SMTP-Mailer, der unkodierte 8-Bit-Daten verarbeitet. Die Definition wird *smtp8* genannt.

- Eine Definition für einen Mailer, der TCP/IP-Mail durch einen externen Mail-Relay weitergibt. Die Definition heißt *relay*.

Ein genauer Blick auf die Felder eines dieser Mailer-Einträge, zum Beispiel des Eintrags für den *smtp*-Mailer, zeigt folgendes:

Msmtp

Ein Mailer wird definiert. Dieser wird willkürlich *smtp* genannt.

P=[IPC]

Der Pfad auf das Programm, das für diesen Mailer verwendet wird, lautet [IPC], d.h., die Auslieferung dieser Mail erfolgt intern durch sendmail.

F=mDFMuX

Die sendmail-Flags für diesen Mailer geben an, daß dieser Mailer an mehrere Empfänger gleichzeitig senden kann, daß Date-, From- und Message-Id-Header benötigt werden, daß Großbuchstaben in Host- und Benutzernamen erhalten bleiben sollen, und daß mit einem Punkt beginnende Zeilen mit einem zusätzlichen Punkt versehen werden. Weitere Details finden Sie in Anhang E.

S=11/31

Die Senderadresse auf dem »Umschlag« der Mail wird von Ruleset 11 verarbeitet. Die Senderadresse in der Nachricht selbst wird über Umbildungssatz 31 abgearbeitet. Mehr dazu später.

R=21

Alle Empfängeradressen werden mit Ruleset 21 verarbeitet.

E=\r\n

Zeilen werden mit einem Wagenrücklauf und einem Zeilenvorschub abgeschlossen.

L=990

Dieser Mailer kann Zeilen mit einer Länge von bis zu 990 Zeichen verarbeiten.

T=DNS/RFC822/SMTP

Die Typinformationen für MIME besagen, daß dieser Mailer DNS für Hostnamen und RFC 882 für E-Mail-Adressen verwendet. Außerdem wird mit SMTP-Fehlercodes gearbeitet.

A=IPC $h

Die Bedeutung jeder Option in einem Argumentvektor entspricht genau der Definition in der Manpage des entsprechenden Befehls. Sehen Sie sich den *local*-Mailer als Beispiel an. Im Falle des *smtp*-Mailers verweist das Argument allerdings auf einen internen *sendmail*-Prozeß. Die Ersetzung des Makros **$h** ergibt die Adresse des Rechners, an den die Mail ausgeliefert werden soll (**$h**).

Trotz dieser recht langen Betrachtung sollten Sie sich um Mailer-Definitionen keine allzu großen Gedanken machen. Die bei Ihrem System mitgelieferte Beispielkonfiguration enthält die richtigen Mailer-Definitionen, die zum Betrieb von sendmail in einer TCP/IP-Umgebung notwendig sind. Sie werden wahrscheinlich keine vorhandene Mailer-Definition ändern müssen.

Umbildung der Mail-Adresse

Umbildungsregeln *(rewrite rules)* bilden das Herz der *sendmail.cf*-Datei. Gruppen einzelner Regeln, die sog. Rulesets, werden verwendet, um Adressen von eingehenden E-Mails zu analysieren und in die Form umzuwandeln, die von den Mail-Auslieferungsprogrammen benötigt wird. Jede Umbildungsregel wird durch einen **R**-Befehl definiert. Die Syntax des **R**-Befehls lautet wie folgt:

```
Rmuster     transformation     kommentar
```

Die einzelnen Felder eines **R**-Befehls werden durch Tabulatorzeichen voneinander getrennt. Das Kommentarfeld wird vom System ignoriert, allerdings sind gute Kommentare unabdingbar, wenn Sie auch nur den Hauch einer Chance haben wollen, zu verstehen, was hier vorgeht. Die Muster- und Transformationsfelder bilden das Herzstück dieses Befehls.

Mustererkennung (Pattern Matching)

Umbildungsregeln vergleichen Eingabeadressen mit einem Muster. Stimmt die Adresse mit einem Muster überein, wird die Adresse nach den Regeln umgeschrieben, die durch die Transformation vorgegeben sind. Eine Umbildungsregel kann die gleiche Adresse wiederholt bearbeiten, weil die Adresse erneut mit dem Muster verglichen wird, nachdem sie umgebildet wurde. Wird wieder eine Übereinstimmung erkannt, wird die Adresse erneut umgeschrieben. Dieser Kreis aus Mustererkennung und Umbildung wiederholt sich, bis die Adresse nicht mehr mit dem Muster übereinstimmt.

Das Muster *(pattern)* wird mit Makros, Klassen, Literalen und besonderen Metasymbolen definiert. Die Makros, Klassen und Literale liefern die Werte, mit denen die Eingabe verglichen wird, während die Metasymbole die Regeln definieren, die zur Erkennung des Musters angewandt werden. Tabelle 10-4 führt die zur Mustererkennung verwendeten Metasymbole auf.

Tabelle 10-4: Symbole zur Mustererkennung

Symbol	Bedeutung
$@	Erkennt genau null Tokens.
$*	Erkennt null oder mehr Tokens.
$+	Erkennt ein oder mehr Tokens.
$-	Erkennt genau ein Token.
$=*x*	Erkennt jedes Token, das in Klasse *x* vorkommt.
$~*x*	Erkennt jedes Token, das nicht in Klasse *x* vorkommt.
$*x*	Erkennt alle Tokens, die in Makro *x* vorkommen.
$%*x*	Erkennt jedes Token in der durch das Makro *x* referenzierten NIS-Map.[a]
$!*x*	Erkennt jedes Token, das nicht in der durch das Makro *x* referenzierten NIS-Map enthalten ist.[a]
$%y	Erkennt jedes Token in der NIS-Map hosts.byname.[a]

a. Dieses Symbol ist nur bei Sun-Betriebssystemen zu finden.

Alle Metasymbole fordern die Erkennung einer Anzahl von Tokens an. Ein Token ist eine Zeichenkette in einer E-Mail-Adresse, die durch einen Operator getrennt wird. Operatoren sind die Zeichen, die mit der Option **OperatorChars** definiert wurden.[17] Operatoren werden bei der Analyse der Adresse ebenfalls als Tokens gewertet. Hier ein Beispiel:

```
becky@peanut.nuts.com
```

Diese E-Mail-Adresse besteht aus verschiedenen Tokens: becky, @, peanut, ., nuts, . und com. Diese Adresse würde durch das folgende Muster erkannt werden:

```
$-@$+
```

Die Adresse wird durch dieses Muster erkannt, weil

- sie genau ein Token vor dem @-Zeichen stehen hat, was den Erfordernissen des Symbols $- entspricht,

- sie ein @-Zeichen enthält, das dem literalen Zeichen @ des Musters entspricht,

- dem @-Zeichen ein oder mehr Tokens folgen, was den Erfordernissen des Symbols $+ entspricht.

Viele Adressen wie *hostmaster@rs.internic.net* und *craigb@ora.com* entsprechen diesem Muster, allerdings nicht alle. Zum Beispiel wird *rebecca.hunt@nuts.com* durch dieses Muster nicht erkannt, weil drei Tokens (rebecca, . und hunt) vor dem @ stehen. Dadurch erfüllt die Adresse nicht mehr die Forderung nach einem Token, die durch das Symbol $- vorgegeben ist. Durch Verwendung von Metasymbolen, Makros und Literalen können Muster konstruiert werden, die jede Art von E-Mail-Adresse erkennen.

---

17 Bei älteren Systemen werden sie durch das Makro *o* definiert. Siehe Anhang E.

Stimmt eine Adresse mit einem Muster überein, werden die einzelnen Strings aus dieser Adresse, die zu den jeweiligen Metasymbolen gehören, an *unbestimmte Tokens* zugewiesen. Die passenden Strings werden als unbestimmte Tokens bezeichnet, weil sie mehr als ein Token enthalten können. Sie werden über einen numerischen Wert angesprochen, der der relativen Position des Musters im jeweiligen Metasymbol entspricht. Anders ausgedrückt, wird das unbestimmte Token, das durch das erste Metasymbol erkannt wird, als $1 bezeichnet, der zweite Treffer heißt $2, der dritte $3 und so weiter. Bei der Erkennung der Adresse *becky@peanut.nuts.com* durch das Muster $-@$+ werden also zwei unbestimmte Tokens erzeugt. Das erste Token wird über $1 angesprochen und enthält ein einzelnes Token (*becky*), das durch das Symbol $- erkannt wurde. Das zweite unbestimmte Token ist $2 und besteht aus fünf Tokens – peanut, ., nuts, . und com – die durch das Symbol $+ erkannt wurden. Diese durch die Mustererkennung erzeugten unbestimmten Tokens können bei der Umbildung der Adresse über ihre Namen ($1, $2 etc.) referenziert werden.

Einige wenige Symbole aus Tabelle 10-4 werden nur in Sonderfällen verwendet. Das Symbol $@ steht normalerweise für sich allein und wird zur Prüfung einer leeren Adresse (oder Null-Adresse) verwendet. Die zum Vergleich mit NIS-Maps verwendeten Symbole können nur auf Sun-Systemen eingesetzt werden, die mit dem sendmail-Programm arbeiten, das Sun mit seinem Betriebssystem ausliefert. Sie werden im nächsten Kapitel noch sehen, daß sendmail V8 NIS-Maps ebenfalls verwenden kann, allerdings nur für die Transformation, nicht für die Mustererkennung.

Umbildung einer Adresse

Das Transformationsfeld rechts neben der Umbildungsregel definiert das zur Umbildung der Adresse zu verwendende Format. Es besteht aus den gleichen Elementen, die wir auch zur Definition des Musters verwendet haben: Literale, Makros und spezielle Metasymbole. In der Transformation stehende Literale werden in der neuen Adresse unverändert übernommen. Makros werden erweitert und dann eingebunden. Die Metasymbole übernehmen besondere Aufgaben. Die für die Transformation verwendeten Metasymbole und deren Funktion können Sie Tabelle 10-5 entnehmen.

Tabelle 10-5: Transformations-Metasymbole

Symbol	Bedeutung
$*n*	Ersetze unbestimmtes Token *n*.
$[*name*$]	Ersetze die kanonische Form von *name*.
$(*map key* $@*argument* $:*default*$)	Ersetze einen Wert aus Datenbank *map*, der durch *key* indiziert wird.
$>*n*	Ruleset *n* aufrufen.
$@	Ruleset beenden.
$:	Umbildungsregel beenden.

Das Symbol $n ($n$ ist hier eine Zahl) wird zur oben besprochenen Substitution unbestimmter Tokens verwendet. Das unbestimmte Token wird erweitert und in die »neue« Adresse geschrieben. Die Substitution unbestimmter Tokens ist die Grundlage für eine flexible Umbildung von Adressen. Ohne diesen Mechanismus könnten Werte aus der Eingabeadresse nicht ohne weiteres in die umgebildete Adresse verschoben werden. Das folgende Beispiel macht das deutlich.

Adressen werden immer durch mehrere Umbildungsregeln verarbeitet. Es ist nicht eine Regel, die versucht, alles zu erledigen. Gehen wir einmal davon aus, daß die Eingabeadresse *mccafferty@peanut* durch eine Vorverarbeitung gelaufen ist und nun wie folgt aussieht:

```
kathy.mccafferty<@peanut>
```

Gehen wir außerdem von der folgenden Umbildungsregel aus:

```
R$+<@$->    $1<@$2.$D>   user@host -> user@host.domain
```

Die Adresse wird durch das Muster erkannt, weil sie ein oder mehr Tokens vor dem literalen <@ enthält, genau ein Token hinter dem <@ steht, und dann das literale > folgt. Die Mustererkennung erzeugt zwei unbestimmte Tokens, die in der Transformation zur Umbildung der Adresse verwendet werden.

Die Transformation enthält das unbestimmte Token $1, ein literales <@, das unbestimmte Token $2, einen literalen Punkt (.), das Makro D und das Literal >. Nach der Mustererkennung enthält $1 den Wert *kathy.mccafferty* und $2 den Wert *peanut*. Gehen wir davon aus, daß das Makro D an einer anderen Stelle der *sendmail.cf* auf den Wert *nuts.com* gesetzt wurde. Damit würde die Eingabeadresse wie folgt umgebildet werden:

```
kathy.mccafferty<@peanut.nuts.com>
```

Abbildung 10-3 macht die Umbildung dieser einen Adresse deutlich. Sie zeigt, wie Tokens aus der Eingabeadresse abgeleitet werden, und wie sie mit dem Muster verglichen werden. Sie zeigt auch die durch die Mustererkennung generierten unbestimmten Tokens, und wie diese unbestimmten Tokens zusammen mit anderen Werten der Transformation verwendet werden, um die Adresse umzubilden. Nachdem die Adresse umgebildet wurde, wird sie erneut mit dem Muster verglichen. Dieses Mal wird keine Übereinstimmung mit dem Muster erkannt, weil nicht mehr genau ein Token zwischen dem literalen <@ und dem literalen > steht. Eine weitere Verarbeitung mit dieser Umbildungsregel findet daher nicht statt, und die Adresse wird an die nächste Regel weitergegeben. Die Regeln eines Rulesets werden nacheinander abgearbeitet, obwohl einige Metasymbole bereitstehen, die diesen Fluß verändern können.

Das Symbol $>$n$ ruft Ruleset n auf und übergibt die im Rest der Transformation definierte Adresse zur Verarbeitung an Ruleset n. Hier ein Beispiel:

```
$>9 $1 % $2
```

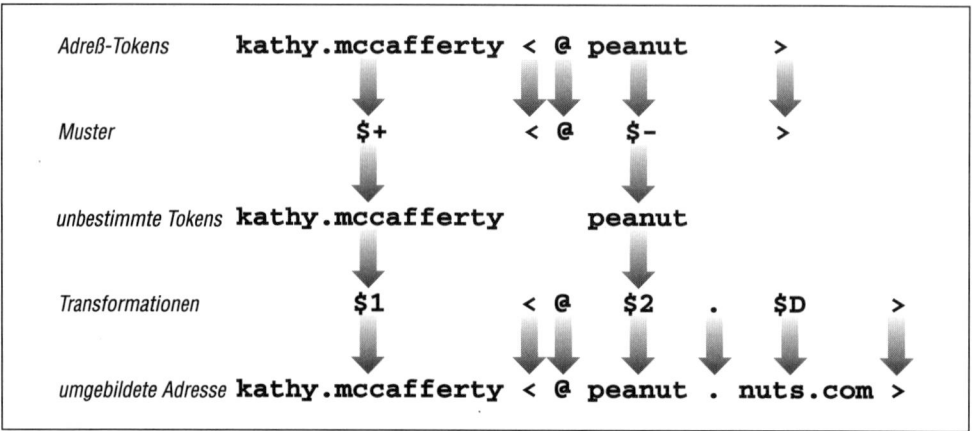

Abbildung 10-3: Umbildung einer Adresse

Diese Transformation ruft Ruleset 9 ($>9) auf und übergibt den Inhalt von $1, das Literal % und den Inhalt von $2 zur Verarbeitung an Ruleset 9. Hat Ruleset 9 seine Arbeit erledigt, gibt es die umgebildete Adresse an die aufrufende Regel zurück. Die zurückgegebene Adresse wird dann erneut mit dem Muster der aufrufenden Regel verglichen. Liefert der Vergleich immer noch einen Treffer, wird Ruleset 9 erneut aufgerufen.

Die in diese Umbildungsregeln eingebaute Rekursion macht Endlosschleifen möglich. sendmail tut sein Bestes, um mögliche Schleifen zu erkennen, dennoch sind Sie dafür verantwortlich, daß die Umbildungsregeln nicht zu solchen Endlosschleifen führen. Die Symbole $@ und $: werden zur Steuerung der Verarbeitung und zum Verhindern von Schleifen eingesetzt. Beginnt die Transformation mit dem Symbol $@, wird das gesamte Ruleset beendet. Der Rest der Transformation bildet den durch das Ruleset zurückgegebenen Wert. Beginnt die Transformation mit dem Symbol $:, wird die jeweilige Regel genau einmal ausgeführt. Verwenden Sie $:, um eine Rekursion zu unterdrücken, und um Schleifen beim Aufruf anderer Rulesets zu verhindern. Verwenden Sie $@, um ein Ruleset an einer bestimmten Regel zu verlassen.

Das Symbol $[*name*$] wandelt den Alias eines Hosts oder seine IP-Adresse in seinen kanonischen Namen um. Hierzu wird der *name* zur Auflösung an den Nameserver übergeben. Beim Einsatz unserer *nuts.com* Nameserver würde $[goober$] daher *peanut.nuts.com* und $[[172.16.12.1]$] den Wert *almond.nuts.com* zurückgeben.

Auf die gleiche Weise, wie ein Hostname oder eine Adresse verwendet werden, um einen kanonischen Namen aus der Nameserver-Datenbank herauszusuchen, wird die Syntax $(*map key*$) verwendet. Hier wird *key* als Schlüssel benutzt, um Informationen aus der mit *map* bezeichneten Datenbank zu gewinnen. Dies ist eine allgemeinere Syntax als die, die uns kanonische Hostnamen zurückliefert, und sie ist in der Anwendung komplexer. Bevor wir uns mit den Details der Einrichtung und Verwendung von Datenbanken in sendmail beschäftigen, wollen wir aber noch unsere Beschreibung der Umbildungsregeln beenden.

Es gibt eine spezielle Umbildungsregel-Syntax, die in Ruleset 0 verwendet wird. Ruleset 0 definiert das Triple (*Mailer, Host, Benutzer*), in dem das Mail-Auslieferungsprogramm, der empfangende Host und der empfangende Benutzer angegeben werden.

Die spezielle, hierzu verwendete Transformationssyntax lautet:

```
$mailer$@host$:benutzer
```

Ein aus der *linux.smtp.cf* stammendes Beispiel für diese Syntax ist:

```
R$*<@$*>$*      $#smtp$@$2$:$1<@$2>$3      user@host.domain
```

Nehmen wir einmal an, die E-Mail-Adresse *david<@filbert.nuts.com>* wird mit dieser Regel verarbeitet. Die Adresse wird durch das Muster $*<@$+>$* erkannt, weil

- die Adresse null oder mehr Tokens (*david*) besitzt, die vom ersten Symbol **$***
  erkannt werden

- die Adresse ein literales <@ enthält

- die Adresse null oder mehr Tokens (die fünf Tokens *filbert.nuts.com*) besitzt, die
  den Anforderungen des zweiten $*-Symbols entsprechen

- die Adresse ein literales > enthält

- die Adresse null oder mehr Tokens (in diesem Fall null) besitzt, die den Anforderungen des letzten $*-Symbols entsprechen

Die Mustererkennung erzeugt zwei unbestimmte Tokens. Das unbestimmte Token $1 enthält *david*, und $2 enthält *filbert.nuts.com*. Weitere Muster werden nicht erkannt, weshalb $3 null ist. Diese unbestimmten Tokens werden verwendet, um die Adresse in das folgende Triple umzubilden:

```
$#smtp$@filbert.nuts.com$:david<@filbert.nuts.com>
```

Die Komponenten dieses Triples sind:

$#smtp
> *smtp* ist der interne Name des Mailers, der die Nachricht ausliefert.

$@filbert.nuts.com
> *filbert.nuts.com* ist der empfangende Host.

$:david<@filbert.nuts.com>
> *david<@filbert.nuts.com>* ist der empfangende Benutzer.

Es gibt eine spezielle Variante dieser Syntax, mit der Fehlermeldungen an den Benutzer geliefert werden. Auch diese Variante kommt in Ruleset 0 vor.

```
$#error$@kommentar$:meldung
```

Das `kommentar`-Feld wird von sendmail ignoriert. `meldung` ist der Text einer Fehler-meldung, die an den Benutzer zurückgegeben wird, zum Beispiel:

```
R<@$+>      $#error$@5.1.1$:"user address required"
```

Diese Regel gibt die Meldung »user address required« zurück, wenn die Adresse dem Muster entspricht.

Transformation mit einer Datenbank

Externe Datenbanken können in Umbildungsregeln eingesetzt werden, um Adressen zu transformieren. Die Datenbank wird mit der folgenden Syntax in den Transformationsteil einer Regel eingebunden:

```
$(map key [$@argument...] [$:default] $)
```

map ist der dieser Datenbank in *sendmail.cf* zugewiesene Name. Der *map* zugewiesene Name ist nicht an die Regeln gebunden, die für Makronamen gelten. Genau wie Mailer-Namen gelten Map-Namen nur innerhalb der *sendmail.cf*, und Sie können jeden Namen verwenden, der Ihnen einfällt. Verwenden Sie einfache, beschreibende Namen wie »users« oder »mailboxes«. Der Name einer Map wird mit dem Befehl **K** zugewiesen. (Mehr zum **K**-Befehl in einem Augenblick.)

key ist der Wert, den wir als Index auf die Datenbank verwenden. Der Wert, den die Datenbank für diesen Schlüssel zurückliefert, wird zur Umbildung der Eingabeadresse verwendet. Wird kein Wert zurückgegeben, wird auch die Eingabeadresse nicht geändert, es sei denn, ein *default*-Wert ist angegeben.

Ein *argument* ist ein zusätzlicher Wert, der zusammen mit dem Schlüssel an die Datenbankprozedur übergeben wird. Es können mehrere Argumente übergeben werden, aber jedes muß mit $@ beginnen. Das Argument kann von der Datenbank genutzt werden, um den an sendmail zurückgegebenen Wert zu modifizieren. Innerhalb der Datenbank wird es mit %*n* referenziert. Dabei ist *n* eine Ziffer, die die Reihenfolge angibt, in der das Argument in der Umbildungsregel auftaucht (%1, %2 und so weiter), wenn mehrere Argumente genutzt werden. (Das Argument %0 entspricht *key*.)

Hier ein Beispiel, das die Verwendung von Argumenten deutlich macht. Gehen wir von der folgenden Eingabeadresse aus:

```
tom.martin<@sugar>
```

Nehmen wir weiterhin an, wir besitzen die folgende Datenbank mit dem sendmail-internen Namen »relays«:

```
oil     %1<@relay.fats.com>
sugar   %1<@relay.calories.com>
salt    %1<@server.sodium.org>
```

Schließlich besitzen wir noch die folgende Umbildungsregel:

```
R$+<@$->    $(relays $2 $@ $1 $:$1<@$2> $)
```

Die Eingabeadresse *tom.martin<@sugar>* entspricht unserem Muster, weil sie ein oder mehr Tokens (tom.martin) vor dem literalen <@ stehen hat und genau ein Token (sugar) dahinter. Die Mustererkennung erzeugt zwei unbestimmte Tokens und gibt sie an die Transformation weiter. Die Transformation ruft die Datenbank (relays) auf und übergibt Token $2 (sugar) als Schlüssel und Token $1 (tom.martin) als Argument. Kann der Schlüssel in der Datenbank nicht gefunden werden, wird der Default-Wert ($1<@$2>) verwendet. In unserem Beispiel wird der Schlüssel in der Datenbank gefunden. Das Datenbankprogramm verwendet den Schlüssel, um »%1@relay.calories.com« zu ermitteln, erweitert das Argument %1, und gibt »tom.martin@relay.calories.com« an sendmail zurück. sendmail wiederum verwendet den zurückgelieferten Wert, um die Eingabeadresse zu ersetzen.

Bevor eine Datenbank in sendmail verwendet werden kann, muß sie definiert worden sein. Dies geschieht mit dem **K**-Befehl. Die Syntax des **K**-Befehls lautet:

```
Kname typ [argumente]
```

name ist der Name, über den wir die Datenbank in sendmail referenzieren. Im obigen Beispiel war der *name* »relays«.

Der *typ* gibt die Klasse der Datenbank an. Der *typ*, den Sie im K-Befehl angeben, muß eine von Ihrem sendmail-Programm unterstützte Datenbank sein. Die meisten sendmail-Programme unterstützen nicht alle Datenbanktypen, einige wenige Typen werden aber weithin unterstützt. Gängige Typen sind dbm, hash, btree und nis. Darüber hinaus gibt es noch viele andere, die alle in Anhang E beschrieben sind.

Die *argumente* sind optional. Im allgemeinen ist der Pfad auf die Datenbank das einzige Argument. Gelegentlich schließen die Argumente Flags ein, die vom Datenbankprogramm interpretiert werden. Eine vollständige Liste der Flags, die im K-Befehl im Argument-Feld übergeben werden können, finden Sie in Anhang E.

Um die im obigen Beispiel verwendete Datenbank »relays« zu definieren, können wir den folgenden Befehl in unsere *sendmail.cf* aufnehmen:

```
Krelays dbm /usr/local/relays
```

Den Namen *relays* haben wir deshalb gewählt, weil er die Daten so treffend beschreibt. Der Datenbanktyp *dbm* wird bei unserer sendmail-Version unterstützt und wurde von uns zum Aufbau der Datenbank verwendet. Das abschließende Argument */usr/local/ relays* beschreibt die Position der von uns angelegten Datenbank.

Lassen Sie sich vom Aufbau und der Nutzung von Datenbanken in sendmail nicht verwirren. Wir werden uns diesem Thema an anderer Stelle in diesem Kapitel noch einmal widmen, und die Beispiele werden den praktischen Nutzen von Datenbanken deutlich machen. /para>

Der Befehl Set Ruleset

Rulesets sind Gruppen zusammengehörender Umbildungsregeln, die über eine Zahl referenziert werden können. Der **S**-Befehl markiert den Anfang eines Rulesets und kennzeichnet ihn mit einer Nummer. Bei der Syntax **S***n* steht *n* für die Nummer, die das Ruleset identifiziert. Es werden Nummern im Wertebereich zwischen 0 und 99 verwendet.

Sie können sich Rulesets als Unterroutinen oder Funktionen vorstellen, die der Verarbeitung von Mail-Adressen dienen. Sie werden aus Mailer-Definitionen, einzelnen Umbildungsregeln oder direkt von sendmail aufgerufen. Sechs Rulesets übernehmen spezielle Aufgaben und werden direkt von sendmail aufgerufen. Diese sind:

- Ruleset 3 ist das erste auf Adressen angewandte Ruleset. Es wandelt eine Adresse in die kanonische Form *lokaler-teil@host.domain* um. Unter bestimmten Bedingungen wird der Teil *@host.domain* von sendmail hinzugefügt, nachdem Ruleset 3 durchgeführt wurde. Das geschieht nur, wenn die Mail von einem Mailer stammt, bei dem das C-Flag gesetzt ist.[18] Bei unserer Beispielkonfiguration verwendet keiner der Mailer dieses Flag. Ist das C-Flag gesetzt, wird der *@host.domain*-Teil des Senders an alle Adressen angehängt, die nur aus *lokaler-teil* bestehen. Die Verarbeitung erfolgt nach Ruleset 3, aber vor Ruleset 1 und 2. (Diese Funktion ist in Abbildung 10-3 mit »D« markiert.)

- Ruleset 0 wird auf die Adressen angewandt, die zur Auslieferung der Mail benutzt werden. Ruleset 0 wird nach Ruleset 3 angewandt, und zwar nur auf die Empfängeradressen, die tatsächlich zur Auslieferung der Mail verwendet werden. Es löst die Adresse in das Triple (*mailer, host, benutzer*) auf, bestehend aus dem Namen des Mailers, an den wir die Mail ausliefern, dem Hostnamen der Empfangsseite und dem Benutzernamen des Empfängers.

- Ruleset 1 wird auf alle Senderadressen in der Nachricht angewandt.

- Ruleset 2 wird auf alle Empfängeradressen in der Nachricht angewandt.

- Ruleset 4 wird auf alle Adressen in der Nachricht angewandt und wird genutzt, um interne Adreßformate in externe Adreßformate umzuwandeln.

- Ruleset 5 wird auf lokale Adressen angewandt, nachdem sendmail die Adresse mit der aliases-Datei verarbeitet hat. Ruleset 5 wird nur auf lokale Adressen angewandt, die keinen Alias besitzen.

Abbildung 10-4 verdeutlicht den Fluß der Nachricht und der Adressen durch diese Rulesets. Das »D« steht hier nicht für ein Ruleset. Es steht vielmehr für den oben angesprochenen internen sendmail-Prozeß. Die Symbole S und R stehen für Rulesets. Sie besitzen normale numerische »Namen« wie alle normalen Rulesets auch, die verwendeten Zahlen sind aber nicht vorgegeben, wie das bei den Rulesets 0, 1, 2, 3, 4 und 5 der Fall ist. Die Nummern der S- und R-Rulesets werden in den S- und R-Feldern der Mailer-Definition angegeben. Jeder Mailer kann sein eigenes S- und R-Ruleset angeben, um ein Mailer-spezifisches Säubern der Sender- und Empfängeradressen direkt vor der Auslieferung der Nachricht durchzuführen. In den meisten *sendmail.cf*-Dateien gibt es allerdings wesentlich mehr Rulesets. Diese anderen Rulesets führen eine zusätzliche Verarbeitung von Adressen durch und werden von existierenden Rulesets über das Konstrukt $>n aufgerufen.[19] Die in unserer *sendmail.cf* gelieferten Rulesets werden für die Auslieferung von SMTP-Mail völlig ausreichend sein. Es ist sehr unwahrscheinlich, daß wir

---

18 Eine vollständige Liste der Mailer-Flags finden Sie in Anhang E.
19 Siehe Tabelle 10-5.

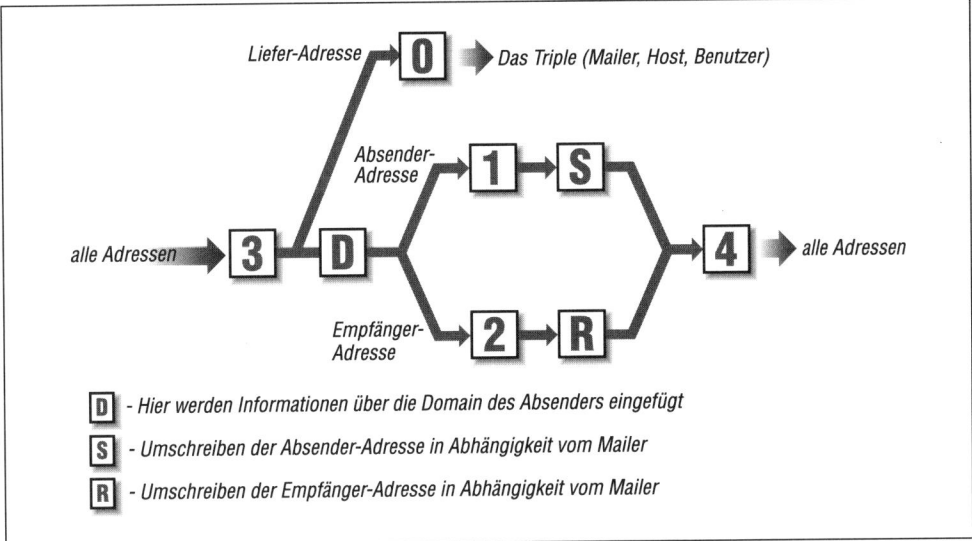

Abbildung 10-4: Reihenfolge der Rulesets

diesen Rulesets etwas hinzufügen müssen, solange wir keine neuen Features für den Mailer aufnehmen wollen.

Modifikation einer sendmail.cf-Datei

In diesem Abschnitt wenden wir alles an, was wir über Konfigurationsdateien gelernt haben – ihre Struktur und die zum Aufbau notwendigen Befehle. Wir werden unseren Konfigurationsprototyp *linux.smtp.cf* für den Einsatz auf *peanut.nuts.com* anpassen. Wir haben uns zur Anpassung dieser Datei entschieden, weil ihre Konfiguration am ehesten der Konfiguration entspricht, die wir für *peanut.nuts.com* benötigen. *peanut* ist eine Linux-Workstation in einem TCP/IP-Ethernet und arbeitet mit SMTP-Mail und Domain Name Service (DNS).

Die folgenden Abschnitte sind nach den entsprechenden Abschnitten der Datei benannt und beschreiben, Abschnitt für Abschnitt, die von uns durchgeführten Änderungen. Denken Sie daran, daß andere *sendmail.cf*-Dateien die Abschnitte wahrscheinlich anders bezeichnen. Die in der Konfiguration enthaltenen elementaren Informationen sind aber immer gleich.

Anpassung des Local-Teils

Die erste Zeile im Abschnitt mit den lokalen Informationen in *sendmail.cf* definiert die Klasse w.[20] Die Klasse w enthält den vollständigen Satz von Hostnamen, für die dieses

---

20 Der vollständige Text des Local-Abschnitts ist in Anhang E abgedruckt.

System Mail akzeptiert. Verwenden Sie den class w-Befehl, um Hostnamen in diese Liste aufzunehmen. sendmail initialisiert diese Klasse mit dem Wert des Makros w ($w), also dem Hostnamen dieses Computers. Für die meisten Systeme reicht das aus. sendmail ist in der Lage, die meisten anderen Systeme zu erkennen, für die es Mail akzeptieren soll, indem es das DNS abfragt. Die Klasse w muß nur Systeme enthalten, die von diesem System erwarten, daß es Mail für sie akzeptiert, gleichzeitig aber keine CNAME-oder MX-Einträge im DNS besitzen, die auf diesen Host verweisen. Sie müssen einen Hostnamen in der Klasse w oder ein MX-Record im DNS einfügen, wenn Sie den folgenden Mail-Fehler sehen:

```
mil-gw.nuts.com. config error: mail loops back to me (MX problem?)
```

In unserem Beispiel akzeptieren wir den Befehl **Cw** wie er ist und überlassen sendmail die interne Definition von w. Das ist bei Desktop-Systemen wie *peanut* die übliche Methode. Auf *almond*, das auch unter dem Namen *mil-gw* bekannt ist, würden wir die Klasse w wie folgt erweitern:

```
Cwlocalhost mil-gw mil-gw.nuts.com
```

Nun würde an *benutzer@mil-gw.nuts.com* adressierte Mail von *almond* akzeptiert werden und nicht mit der Begründung abgelehnt werden, daß sie an den falschen Host adressiert ist.

Einige Mailserver müssen möglicherweise so konfiguriert werden, daß sie E-Mail für viele verschiedene Hostnamen akzeptieren müssen. In diesem Fall könnten Sie die Klasse w aus einer Datei einlesen, die alle notwendigen Hostnamen enthält. Dies geschieht mit Hilfe des F-Befehls.

Für die Makrodefinition **j** ist keine Änderung notwendig, weil sendmail bei diesem System den voll qualifizierten Domain-Namen für das j-Makro vom DNS erhält. Dies ist bei einigen Systemen der Fall, während sendmail bei anderen Systemen den Hostnamen ohne Domain-Erweiterung erhält. Falls j nicht den vollständigen Namen enthält, initialisieren Sie *j* mit dem Hostnamen ($w) und dem Domain-Namen. In der Beispieldatei würden wir das erreichen, indem wir den Kommentar beim **Dj**-Befehl entfernen und die Domain mit *nuts.com* angeben würden. Das ist allerdings nicht notwendig, weil j den richtigen Wert hat.

Um zu prüfen, ob j den für Ihr System richtigen Wert besitzt, führen Sie sendmail mit der Option **-bt** und dem Debug-Level 0.4 aus. sendmail antwortet darauf mit verschiedenen Informationszeilen, darunter auch dem Wert von j. Im nachfolgenden Beispiel gibt sendmail den Wert *peanut.nuts.com* für j aus. Falls nur *peanut* ausgegeben worden wäre, müßten wir *sendmail.cf* so anpassen, daß sie den richtigen Wert für j enthält.

```
# sendmail -bt -d0.4
Version 8.8.5
Compiled with: LOG MATCHGECOS MIME8TO7 NAMED_BIND NDBM
               NETINET NETUNIX NEWDB SCANF USERDB XDEBUG
canonical name: peanut.nuts.com
  UUCP nodename: peanut
```

```
        a.k.a.: peanut.nuts.com
        a.k.a.: [172.16.12.2]

============ SYSTEM IDENTITY (after readcf) ============
        (short domain name) $w = peanut
    (canonical domain name) $j = peanut.nuts.com
        (subdomain name) $m = nuts.com
            (node name) $k = peanut
=======================================================

ADDRESS TEST MODE (ruleset 3 NOT automatically invoked)
Enter <ruleset> <address>
> ^D
```

Die nächste Zeile in diesem Abschnitt definiert die Klasse P. In unserer Beispielkonfiguration speichert die Klasse P die Namen einiger spezieller Mail-Routing-Domains. Diese Pseudo-Domainnamen ermöglichen es uns, nicht im Internet liegende Benutzer mit den im Internet üblichen E-Mail-Adressen anzusprechen. Zum Beispiel kann die Mail mit der bei UUCP üblichen »Bang-Syntax«, also mit Ausrufezeichen wie bei *ora!los!craig* adressiert werden, oder sie kann in einem Pseudo-Internetformat wie z.B. *craig@los.ora.uucp* angegeben werden. Diese Mail-Routing-Domains vereinfachen die vom Benutzer anzugebende Adresse und leiten die Mail an den richtigen Mail-Relay weiter. Allerdings werden Pseudo-Domains selten benötigt, weil die meisten Mailer die im Internet üblichen Adressen unterstützen. Die Definition der Klasse P benötigt in unserer *linux.smtp.cf* keine Anpassung. Der einzige als Pseudo-Domain angegebene Wert ist ein Punkt (.), der bei dieser *sendmail.cf* zur Erkennung kanonischer Hostnamen verwendet wird.

Die Konfigurationsdatei besitzt Makrodefinitionen für verschiedene Mail-Relays. In unserer Beispieldatei ist keinem dieser Makros ein Wert zugeordnet. Sie benötigen nur einen Relay-Host, wenn Ihr System die Mail aufgrund mangelnder Fähigkeiten oder einer fehlenden Verbindung nicht ausliefern kann. UNIX-Systeme besitzen die Fähigkeit, Mail auszuliefern, aber ein Firewall könnte die Verbindung beschränken. Einige Sites nutzen ein Mail-Relay so, daß nur ein System eine vollständige *sendmail.cf*-Konfiguration benötigt. Die anderen Hosts dieser Site leiten ihre Mail einfach zur Auslieferung an diesen Host weiter. Wenn dies der Konfigurationsregel für Ihre Site entspricht, müssen Sie den Namen des Mail-Relays als »smart« Relay angeben. Zum Beispiel:

```
DSrelay.nuts.com
```

Wir tragen bei der Einstellung von *peanut* keine Relays ein. Dieses Desktop-System verarbeitet seine ganze Mail selbst. Hey, darum arbeiten wir schließlich mit UNIX!

Der Abschnitt mit den lokalen Informationen enthält in dieser Beispieldatei auch vier Definitionen für Datenbankdateien. Drei dieser K-Befehle sind auskommentiert, und alle vier können ignoriert werden. Die einzige nicht auskommentierte Datenbankdefinition ist die für *dequote*, eine interne sendmail-Datenbank, mit der Anführungszeichen (quotes) aus E-Mail-Adressen entfernt werden. Die auskommentierte Datei *user* ist ebenfalls eine interne Datenbank. Sie wird verwendet, um zu überprüfen, ob ein

Benutzername existiert. Die beiden letzten Datenbanken müssen von Ihnen angelegt werden. Die Datenbank *domaintable* wird zur Umbildung von Domain-Namen verwendet. Die Datenbank *mailertable* wird genutzt, um an eine bestimmte Domain adressierte Mail über einen bestimmten Mailer an einen bestimmten entfernten Host zu senden.

Die Versionsnummer muß nicht unbedingt modifiziert werden – es ist aber dennoch eine gute Idee, die an der sendmail-Konfiguration vorgenommenen Änderungen nachzuhalten, und dies ist der richtige Ort dafür. Passen Sie bei jeder Änderung Ihrer Konfiguration die Versionsnummer durch Hinzufügen einer eigenen Revisionsnummer an. Gleichzeitig nehmen Sie einen Kommentar in die Datei auf, der Ihre Änderung beschreibt. Normalerweise ist dieser Eintrag die letzte Änderung an der Datei, weshalb alle Modifikationen enthalten sein sollten. Der Original Versionsnummern-Abschnitt unserer *linux.smtp.cf* sieht beispielsweise so aus:

```
#####################
#   Version Number   #
#####################

DZ8.7.3
```

Nach Durchführung aller Änderungen könnte er wie folgt aussehen:

```
#####################
#   Version Number   #
#####################
#  R1.0 - von Craig an peanut angepaßt
#       - Kommentare des local-Abschnitts bereinigt.
#  R1.1 - Makro M so angepaßt, daß in ausgehenden Mails
#  nuts.com anstelle des Hostnamens verwendet wird.
#  R2.0 - Regel a zu S11 & S31 hinzugefügt, um in vorname.nachname umzubilden

DZ8.7.3R2.0
```

Abschließend müssen wir noch die Aufgabe einiger anderer Makros und Klassen in diesem Abschnitt verstehen. Das M-Makro wird verwendet, um die Hostadresse des Absenders umzubilden. Definieren Sie für das M-Makro einen Wert, wenn Sie den Namen des lokalen Hosts bei ausgehenden Mails unterdrücken wollen. Die Klassen E und M stehen in direkter Beziehung zum Makro M. Die Klasse E definiert die Benutzernamen, deren Hostnamen nicht umgebildet werden, selbst wenn das M-Makro definiert ist. Zum Beispiel wird *root@peanut.nuts.com* nicht in *root@nuts.com* umgeschrieben, selbst wenn M als DMnuts.com definiert ist. Die Klasse M definiert weitere Hostnamen (nicht nur lokale Hostnamen), die mit dem Wert des M-Makros umgebildet werden sollen. Diese Möglichkeit wird von Mail-Servern genutzt, die die Absenderadressen für ihre Clients eventuell umbilden müssen. Ein Beispiel:

```
# who I masquerade as (null for no masquerading) (see also $=M)
DMnuts.com
```

```
# class M: domains that should be converted to $M
CMacorn.nuts.com brazil.nuts.com filbert.nuts.com
```

Gehen wir einmal von den hier gezeigten Definitionen für das Makro und die Klasse M aus. Dieser Host würde E-Mail von *benutzer@brazil.nuts.com* oder *benutzer@acorn* *.nuts.com* zu *benutzer@nuts.com* umbilden. *peanut* ist kein Server, weshalb wir die Klasse M hier nicht verwenden würden. Wir werden ein solches M-Makro aber später in der Konfiguration einsetzen.

Wir haben dem lokalen Teil viel Zeit gewidmet, weil Sie nahezu alles, was zur Konfiguration eines Systems notwendig ist, in diesem Abschnitt finden. Wir wollen uns noch kurz die anderen Abschnitte ansehen, bevor wir uns der eigentlichen Herausforderung, dem Arbeiten mit Umbildungsregeln, zuwenden.

Optionen modifizieren

Der Abschnitt »Options« definiert die sendmail-Umgebung. Zum Beispiel geben einige Optionen die von sendmail verwendeten Dateipfade an, wie der folgende Ausschnitt aus *linux.smtp.cf* beweist:

```
# location of alias file
O AliasFile=/etc/aliases
# location of help file
O HelpFile=/usr/lib/sendmail.hf
# status file
O StatusFile=/etc/sendmail.st
# queue directory
O QueueDirectory=/var/spool/mqueue
```

Treffen diese Pfade auf Ihr System zu, müssen Sie sie nicht verändern. Auf *peanut* möchten wir die Dateien dort lassen, wo sie sind. Das ist generell der Fall, wenn Sie mit einer *sendmail.cf* arbeiten, die für Ihr Betriebssystem entworfen wurde. Wahrscheinlich werden Sie keine dieser Optionen anpassen müssen, wenn Sie mit einer Konfigurationsdatei arbeiten, die für Ihr System entwickelt wurde. Sollten Sie doch neugierig geworden sein, sehen Sie sich die sendmail-Optionen in Anhang E an.

Die nächsten Abschnitte der *linux.smtp.cf* definieren den Vorrang von Nachrichten, die vertrauenswürdigen Benutzer und die Header. Keiner dieser Abschnitte muß modifiziert werden. Auf diese Abschnitte folgen die Umbildungsregeln und die Mailer. Dieses Material bildet den Großteil der Datei und ist das Herzstück der Konfiguration. Die Beispielkonfiguration ist so entworfen, daß die Auslieferung von SMTP-Mail auf einem Linux-System mit DNS erfolgt. Wir gehen also davon aus, daß keine Modifikationen notwendig sind. Wir möchten unsere Konfiguration testen, bevor wir sie nach *sendmail.cf* kopieren. Wir speichern sie daher in einer temporären Konfigurationsdatei namens *test.cf* und nutzen die sendmail-Features zur Fehlersuche, um sie auszutesten.

Testen der sendmail.cf

sendmail stellt leistungsfähige Werkzeuge zur Verfügung, mit denen ein Testen und Debuggen der Konfiguration möglich ist. Die Tools werden über einige der vielen Befehlszeilenargumente von sendmail aufgerufen. Anhang E führt alle Befehlszeilenargumente auf. Tabelle 10-6 faßt diejenigen zusammen, die mit dem Testen und Debuggen zusammenhängen.

Tabelle 10-6: sendmail-Argumente zum Testen und Debuggen

Argument	Funktion
–t	Senden an alle, die in To:, Cc: und Bcc: aufgeführt sind.
–bt	Ausführung im Testmodus.
–bv	Adressen überprüfen. Mail wird weder gesammelt noch ausgeliefert.
–bp	Ausgabe der Mail-Queue.
–C*datei*	Verwendet *datei* als Konfigurationsdatei.
–d*level*	Setzt Debugging-Level.
–O*option=wert*	Setzt *option* auf den angegebenen *wert*.
–e	Definiert, wie Fehler zurückgegeben werden.
–v	Ausführung im »Verbal-Modus« (verbose mode).

Einige Befehlszeilenargumente werden verwendet, um die Verarbeitung von Adressen zu überprüfen und das Vertrauen in die neue Konfiguration zu festigen. Sobald Sie glauben, daß die Konfiguration funktioniert, sollten Sie ein paar Freunde an verschiedenen Sites auswählen und ihnen Mail schicken. Verwenden Sie das Argument –C, um die Testkonfiguration einzulesen und das Argument –v, um sich die Details der Mail-Auslieferung ausgeben zu lassen. –v gibt den vollständigen SMTP-Austausch zwischen den beiden Hosts aus.

Indem Sie überwachen, ob Ihr Mailer eine saubere Verbindung mit dem entfernten Mailer herstellt, und ob er die Adressen richtig aufbereitet, bekommen Sie eine gute Vorstellung davon, wie die Konfiguration arbeitet. Das folgende Beispiel ist ein Test von *peanut* mit der gerade von uns erzeugten Datei *test.cf*:

```
peanut# /usr/lib/sendmail -Ctest.cf -t -v
To: craigh@ora.com
From: craig
Subject: Sendmail Test
Ignore this test.
^D
craigh@ora.com... Connecting to ora.com. via smtp...
220-ruby.ora.com Sendmail 8.6.13/8.6.11 ready at Sat, 16 Nov 1996
220 ESMTP spoken here
>>> EHLO peanut.nuts.com
250-ruby.ora.com Hello craig@peanut.nuts.com [172.16.12.2], pleased
```

```
        to meet you
250-EXPN
250-SIZE
250 HELP
>>> MAIL From:<craig@peanut.nuts.com> SIZE=64
250 <craig@peanut.nuts.com>... Sender ok
>>> RCPT To:<craigh@ora.com>
250 <craigh@ora.com>... Recipient ok
>>> DATA
354 Enter mail, end with "." on a line by itself
>>> .
250 SAA27399 Message accepted for delivery
craigh@ora.com... Sent (SAA27399 Message accepted for delivery)
Closing connection to ora.com.
>>> QUIT
221 ruby.ora.com closing connection
```

Alles vor dem STRG-D (^D) wurde von uns eingegeben. Alles hinter dem ^D hat sendmail ausgegeben. Abbildung 10-5 hebt einige der wichtigen Informationen dieser Ausgabe noch einmal hervor. Auch die sendmail-Makros, die mit diesen Informationen in
Zusammenhang stehen, sind separat vermerkt. Bei diesem Test wurde Mail erfolgreich

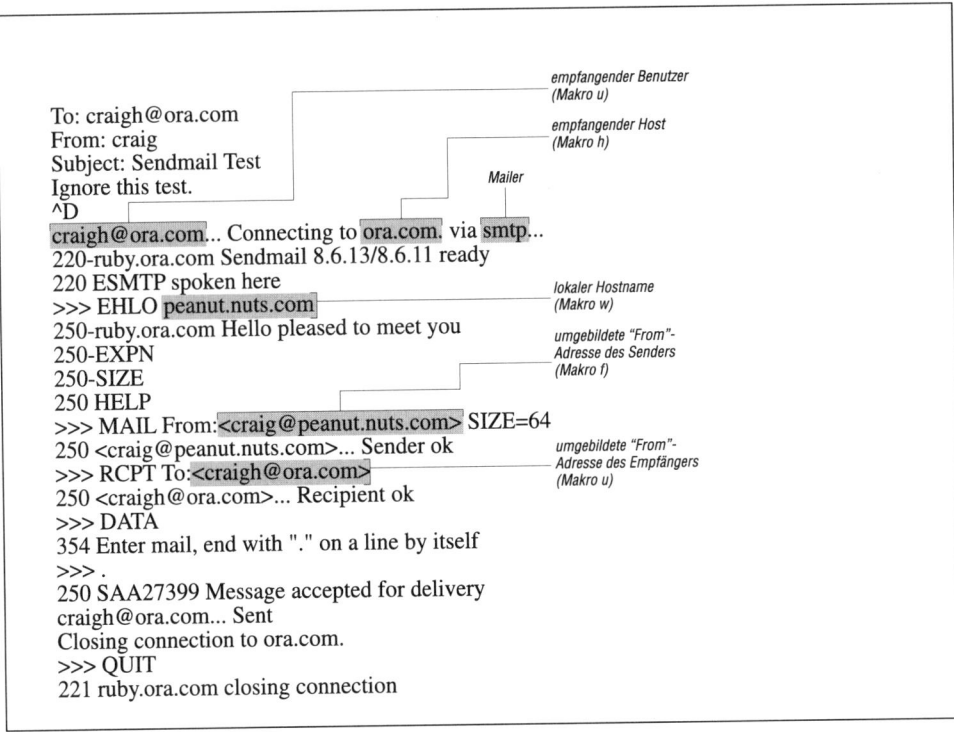

Abbildung 10-5: Mail-Ausgabe

zu einer anderen Internet-Site übertragen. Die Ausgabe von sendmail zeigt, daß *peanut* die Mail per *smtp* an *ora.com* gesendet hat. Die Begrüssungsmeldung von sendmail zeigt, daß *ruby.ora.com* der diese SMTP-Verbindung bearbeitende entfernte Host ist. *ruby* muß also der Mail-Server für die Domain *ora.com* sein, d.h., das MX-Record für *ora.com* verweist auf *ruby.ora.com*.

Die ESMTP- und EHLO-Meldungen deuten an, daß *peanut* und *ruby* mit ESMTP (Extended Simple Mail Transfer Protocol) arbeiten.

Alles hat wunderbar funktioniert! Wir könnten an dieser Stelle beruhigt abbrechen und diese Konfiguration verwenden. Aber genau wie die meisten anderen Computer-Leute können auch wir nicht davon lassen, noch etwas zu »verbessern«.

Die From:-Adresse *craig@peanut.nuts.com* ist natürlich eine gültige Adresse, aber nicht genau das, was wir wollen. Wir möchten, daß uns die Leute in der Form *vorname.nachname@domain* ansprechen – nicht als *benutzer@host.domain*. Das entspricht genau der Konfiguration, die wir an anderer Stelle in diesem Kapitel mit wenigen Zeilen **m4**-Code erzeugt haben. Wir werden hier genau diese Konfiguration einrichten, um ein Beispiel für die Anwendung der verschiedenen, von sendmail bereitgestellten Tools zur Fehlersuche zu haben. Sollten Sie allerdings grundlegende Änderungen an der sendmail-Konfiguration durchführen wollen, ist **m4** das geeignetere Mittel.

Die meisten Änderungen der *sendmail.cf* sind nur klein und erfolgen am Anfang der Datei im Abschnitt mit den lokalen Informationen. Ein genauer Blick auf diesen Abschnitt liefert uns die Hinweise, die wir zur Lösung eines Teils unseres Konfigurationsproblems benötigen.

Ohne genau zu wissen, was »masquerading« bedeutet, könnten uns die Kommentare für die Klassen E und M sowie für das Makro M zu dem Glauben verleiten, daß das Makro M zur Umbildung des Hostnamens verwendet wird.[21] Insbesondere der Kommentar »names that should be exposed as from this host, even if we masquerade« lies mich glauben, daß Masquerading den Hostnamen unterdrückt. Basierend auf diesem Glauben, haben wir den Wert für das Makro M wie folgt festgelegt:

```
# who I masquerade as (null for no masquerading) (see also $=M)
DMnuts.com
```

Sind wir sicher, daß ein Wert für dieses Makro M wirklich den Hostnamen unterdrückt? Nein, aber die Änderung des Wertes in *test.cf* und ein weiterer Test machen uns nichts aus. Die Ausführung des Testprogramms mit der Testkonfiguration hat keinerlei Einfluß auf den laufenden sendmail-Daemon, den wir mit **sendmail –bd –q1h** im Boot-Skript gestartet haben. Nur eine sendmail-Instanz mit dem Argument **–Ctest.cf** verwendet unsere Testkonfiguration *test.cf*.

---

21 Im **m4**-Quellcode haben wir das Masquerading mit dem Befehl **MASQUERADE_AS**(nuts.com) konfiguriert.

Umbildungsregeln überprüfen

Bei unserem ersten Test wurde die From:-Adresse an sendmail als *craig* übergeben. Heraus kam sie als *craig@peanut.nuts.com*. Offensichtlich wurde sie umgebildet. Diesmal prüfen wir, ob die Änderung des M-Makros in der Konfigurationsdatei den Umbildungsprozeß beeinflußt. Hierzu testen wir direkt die Rulesets. Zuerst müssen wir herausfinden, welche Regeln zur Umbildung dieser Adresse verwendet wurden. Um weitere Informationen zu erhalten, führen wir sendmail mit der Option –bt aus.

Wird sendmail mit der Option –bt aufgerufen, fordert es mit dem »Größer-als«-Symbol (>) Eingaben von uns an. An diesem Prompt geben wir einen der in Tabelle 10-7 aufgeführten Testbefehle ein.

Tabelle 10-7: sendmail-Testbefehle

Befehl	Funktion
`ruleset[,ruleset]... adresse`	Bearbeitet *adresse* mit `ruleset`(s).
.D*mwert*	Weist *wert* an Makro *m* zu.
.C*cwert*	Fügt *wert* in Klasse *c* ein.
=S*ruleset*	Gibt die Regeln in `ruleset` aus.
=**M**	Gibt die Mailer-Definitionen aus.
–d*wert*	Setzt Debug-Flag auf *wert*.
$*m*	Gibt den Wert von Makro *m* aus.
$=*c*	Gibt den Inhalt der Klasse *c* aus.
/mx *host*	Gibt die MX-Records für *host* aus.
/parse *adresse*	Liefert das Mailer/Host/Benutzer-Triple für *adresse* zurück.
/try `mailer-adresse`	Verarbeitet *adresse* für `mailer`.
/tryflags `flags`	Setzt die von /parse oder /try verarbeitete Adresse auf **H** (Header), **E** (Envelope), **S** (Sender) oder **R** (Recipient).
/canon *hostname*	Canonify *hostname*.
/map *mapname* `key`	Gibt den für `key` in *mapname* gefundenen Wert zurück.

Der grundlegendste aller Tests ist eine Ruleset-Nummer gefolgt von einer E-Mail-Adresse. Die Adresse bildet die Testdaten, und die Ruleset-Nummer steht für das zu prüfende Ruleset. Die Adresse ist schnell gefunden: Wir übergeben die fehlerhaft umgeschriebene Adresse. Die Frage ist nur, welches Ruleset wir angeben sollen.

Sehen Sie sich noch einmal Abbildung 10-4 an, um herauszufinden, welche Rulesets anzugeben sind. Ruleset 3 wird auf alle Adressen angewendet. Ihm folgen unterschiedliche Rulesets, je nachdem, ob es sich um eine Auslieferungs-, eine Absender- oder eine Empfängeradresse handelt. Darüber hinaus sind die für Absender- und Empfängeradressen verwendeten Rulesets vom Mailer abhängig, der zur Auslieferung verwendet wird. Alle Adressen werden dann von Ruleset 4 verarbeitet.

Bei der zur Verarbeitung einer Adresse verwendeten Rulesets gibt es zwei Variablen: den Typ der Adresse und den Mailer, mit dem sie verarbeitet wird. Die drei Adreßtypen sind Auslieferungs-, Empfänger- und Senderadresse. Sie kennen den Adreßtyp, weil Sie die zu testende Adresse bestimmen. Bei unserer Testmail haben wir uns für die Senderadresse interessiert. Welcher Mailer verwendet wird, wird durch die Auslieferungsadresse bestimmt. Um herauszufinden, welcher Mailer die Testmail ausgeliefert hat, führen Sie sendmail mit dem Argument **–bv** und der Auslieferungsadresse aus:

```
# sendmail -bv craigh@ora.com
craigh@ora.com... deliverable: mailer smtp, host ora.com.,
        user craigh@ora.com
```

Nachdem wir den Mailer kennen, können wir sendmail mit der Option **–bt** ausführen, um die From:-Adresse des Senders zu verarbeiten. Es gibt zwei Arten von Senderadressen: Die auf dem »Umschlag« (envelope) und die im Header der Mail. Die Adresse im Header ist diejenige, die während des SMTP-Datentransfers in der From:-Zeile übertragen wird. Sie haben sie wahrscheinlich schon in den Mail-Headern gesehen, wenn Sie sich Nachrichten mit Ihrem Mail-Reader angesehen haben. Die Envelope-Adresse wird während SMTP-Protokollinteraktionen verwendet. sendmail erlaubt es uns, die Verarbeitung beider Adressen zu verfolgen:

```
# /usr/lib/sendmail -bt -Ctest.cf
ADDRESS TEST MODE (ruleset 3 NOT automatically invoked)
Enter <ruleset> <address>
> /tryflags HS
> /try smtp craig
Trying header sender address craig for mailer smtp
rewrite: ruleset  3   input: craig
rewrite: ruleset 96   input: craig
rewrite: ruleset 96 returns: craig
rewrite: ruleset  3 returns: craig
rewrite: ruleset  1   input: craig
rewrite: ruleset  1 returns: craig
rewrite: ruleset 31   input: craig
rewrite: ruleset 51   input: craig
rewrite: ruleset 51 returns: craig
rewrite: ruleset 61   input: craig
rewrite: ruleset 61 returns: craig < @ *LOCAL* >
rewrite: ruleset 93   input: craig < @ *LOCAL* >
rewrite: ruleset 93 returns: craig < @ nuts . com . >
rewrite: ruleset 31 returns: craig < @ nuts . com . >
rewrite: ruleset  4   input: craig < @ nuts . com . >
rewrite: ruleset  4 returns: craig @ nuts . com
Rcode = 0, addr = craig@nuts.com
> /tryflags ES
> /try smtp craig
Trying envelope sender address craig for mailer smtp
rewrite: ruleset  3   input: craig
```

```
rewrite: ruleset 96    input: craig
rewrite: ruleset 96 returns: craig
rewrite: ruleset  3 returns: craig
rewrite: ruleset  1    input: craig
rewrite: ruleset  1 returns: craig
rewrite: ruleset 11    input: craig
rewrite: ruleset 51    input: craig
rewrite: ruleset 51 returns: craig
rewrite: ruleset 61    input: craig
rewrite: ruleset 61 returns: craig < @ *LOCAL* >
rewrite: ruleset 94    input: craig < @ *LOCAL* >
rewrite: ruleset 94 returns: craig < @ peanut . nuts . com . >
rewrite: ruleset 11 returns: craig < @ peanut . nuts . com . >
rewrite: ruleset  4    input: craig < @ peanut . nuts . com . >
rewrite: ruleset  4 returns: craig @ peanut . nuts . com
Rcode = 0, addr = craig@peanut.nuts.com
> ^D
```

Der Befehl /**tryflags** definiert den Adreßtyp, der von einem /**try**- oder einem /**parse**-Befehl zu verarbeiten ist. Vier Flags stehen beim /**tryflags**-Befehl zur Verfügung: **S** für den Sender, **R** für den Empfänger (Recipient), **H** für Header und **E** für den Umschlag (Envelope). Durch Kombination zweier Flags geben wir im ersten /**tryflags**-Befehl an, daß wir eine Senderadresse im Header (HS) verarbeiten wollen. Der /**try**-Befehl weist sendmail an, die Adresse mit dem angegebenen Mailer zu verarbeiten. In unserem Beispiel verarbeiten wir die E-Mail-Adresse *craig* mit dem Mailer *smtp*. Zuerst verarbeiten wir die Header- und dann die Umschlagsadresse. Nach diesem Test wissen wir, daß der für das **M**-Makro angegebene Wert zur Umbildung der Senderadresse im Header verwendet wird, nicht aber zur Umbildung der Senderadresse auf dem Umschlag.

Leider kennen ältere sendmail-Versionen, z.B. die mit Solaris 2.5.1 gelieferte Version, kein /**try** und /**tryflags**. Das Testen dieser älteren Systeme verlangt ein wenig mehr Aufwand. Der Mailer bildet aber immer noch den Schlüssel zur Bestimmung der Rulesets, die zur Verarbeitung der From:-Adresse des Senders benötigt werden. Ein **grep** auf *test.cf* gibt uns die Rulesets aus, die der *smtp*-Mailer für Senderadressen verwendet.

```
% grep ^Msmtp /etc/sendmail.cf
Msmtp,     P=[IPC], F=mDFMuX, S=11/31, R=21, E=\r\n, L=990,
Msmtp8,    P=[IPC], F=mDFMuX8, S=11/31, R=21, E=\r\n, L=990,
```

Auch hier sei noch einmal auf Abbildung 10-4 verwiesen. Sie zeigt uns, daß die Senderadresse durch Ruleset 3, Ruleset 1, das als S bezeichnete Ruleset und durch Ruleset 4 läuft. Die Mailer-Definition für *smtp* definiert in unserer Beispielkonfiguration zwei Rulesets für S--11 und 31.[22] Das erste Ruleset wird zur Umbildung der Senderadresse auf dem Umschlag, das zweite zur Umbildung im Header genutzt.

Anhand der Informationen in Abbildung 10-4 und des S-Feldes des *smtp*-Mailers können wir sagen, daß die Rulesets 3, 1, 31 und 4 zur Verarbeitung der Senderadresse im Header verwendet werden. Wir führen daher sendmail mit der Option –**bt** aus und

---

22 Viele sendmail-Versionen definieren nur ein Ruleset für S und R.

geben in der Befehlszeile **3,1,31,4 craig** an. Dieser Befehl wendet nacheinander jedes Ruleset auf die Senderadresse an. Wir wissen, daß die Envelope-Senderadresse durch die Rulesets 3, 1, 11 und 4 verarbeitet wird. Um das zu testen, geben wir **3,1,11,4 craig** ein.

Die Ergebnisse dieser Tests sind mit denen des obigen Beispiels identisch. Der Wert des M-Makros bildet den Hostnamen in der Senderadresse der Nachricht genau so um, wie wir das wünschen. Der Hostname in der Envelope-Adresse wird nicht umgebildet. Meistens ist das auch akzeptabel. Wir möchten jedoch genau die gleiche Konfiguration haben, wie sie im **m4**-Beispiel erzeugt wurde. Der Befehl **FEATURE (masquerade_envelope)**, den wir in unserem **m4**-Beispiel verwendet haben, sorgt dafür, daß die Senderadresse auf dem Umschlag umgebildet wird. Deshalb möchten wir, daß diese Konfiguration sie ebenfalls umbildet.

Der einzige Unterschied bei der Verarbeitung der beiden Adressen ist, daß die eine durch Ruleset 31 läuft, während die andere von Ruleset 11 verarbeitet wird. Die Tests zeigen, daß beide Rulesets zwei weitere Rulesets (51 und dann 61) aufrufen. An dieser Stelle unterscheiden sie sich dann, weil Ruleset 31 das Ruleset 93 ruft, während Ruleset 11 auf Ruleset 94 zurückgreift. Die Tests zeigen auch, daß Ruleset 93 die Adreßumbildung durchführt, die wir uns wünschen, während die Envelope-Adresse durch Ruleset 94 nicht in der gewünschten Form verarbeitet wird. Nachfolgend der Code für die Rulesets 94, 11 und 31, wie er in unserer *test.cf* steht:

```
##############################################################
### Ruleset 94 -- convert envelope names to masquerade form  ###
##############################################################
S94
#R$+                    $@ $>93 $1
R$* < @ *LOCAL* > $*    $: $1 < @ $j . > $2


#
# envelope sender rewriting
#
S11
R$+            $: $>51 $1    sender/recipient common
R$* :; <@>     $@            list:; special case
R$*            $: $>61 $1    qualify unqual'ed names
R$+            $: $>94 $1    do masquerading


#
# header sender and masquerading header recipient rewriting
#
S31
R$+            $: $>51 $1    sender/recipient common
R:; <@>        $@            list:; special case
R$* <@> $*     $@ $1 <@> $2  pass null host through
R< @ $* > $*   $@ < @ $1 > $2  pass route-addr through
R$*            $: $>61 $1    qualify unqual'ed names
R$+            $: $>93 $1    do masquerading
```

Ganz offensichtlich macht Ruleset 94, was wir wollen, während Ruleset 93 das nicht macht. Ein kurzer Blick auf Ruleset 94 macht deutlich, daß es keine einzige Referenz auf das Makro M enthält. Dennoch deutet der Kommentar in Ruleset 11 an, daß Ruleset 94 ein Masquerading durchführt. Die erste Zeile von Ruleset 94 ruft Ruleset 93 auf, diese Zeile ist aber auskommentiert. Unsere Lösung besteht darin, daß wir den Kommentar aus der ersten Zeile von Ruleset 94 entfernen, so daß nun Ruleset 93 aufgerufen wird. Dieses Ruleset führt den eigentlichen Masquerading-Prozeß durch.

Das Debugging einer *sendmail.cf* ist eher eine Kunst denn eine Wissenschaft. Die Entscheidung, die erste Zeile von Ruleset 94 zu editieren, um Ruleset 93 aufzurufen, beruht eher auf einem Verdacht. Die einzige Möglichkeit, diesen Verdacht zu überprüfen, besteht darin, noch einen Test durchzuführen. Wir führen also erneut **sendmail –bt –Ctest.cf** aus, um die Adressen *craig*, *craig@peanut* und *craig@localhost* durch die Rulesets 3, 1, 11 und 4 laufen zu lassen. Alle Tests laufen erfolgreich, d.h., die verschiedenen Eingabeadressen werden in *craig@nuts.com* umgebildet. Wir testen dann erneut, indem wir Mail mit **sendmail –v –t –Ctest.cf** verschicken. Nur wenn all diese Tests erfolgreich verlaufen sind, glauben wir unserer Ahnung und wenden uns der nächsten Aufgabe zu: der Umbildung des Benutzerteils der E-Mail-Adresse in die Form Vorname.Nachname.

Verwendung von Datenbanken mit sendmail

Das letzte Feature, das wir in unserem **m4**-Quellcode verwendet haben, war **FEATURE(genericstable)**. Damit wird die Konfiguration um einen Datenbankprozeß erweitert, den wir zur Umwandlung des Benutzerteils der E-Mail-Adresse in den Vor- und Nachnamen verwenden. Um das gleiche hier zu erreichen, legen wir eine Textdatei mit Login-, Vor- und Nachnamen an, und generieren dann eine Datenbank mit dem Befehl **makemap**.[23]

```
# cat realnames
dan Dan.Scribner
tyler Tyler.McCafferty
pat Pat.Stover
willy Bill.Wright
craig Craig.Hunt
# makemap dbm realnames < realnames
```

Sobald wir die Datenbank erzeugt haben, müssen wir sie in sendmail definieren. Wir verwenden zu diesem Zweck den **K**-Befehl. Um die gerade aufgebaute Datenbank nutzen zu können, fügen wir die folgenden Zeilen in den local-Teil der *sendmail.cf* ein:

```
# define a database to map login names to firstname.lastname
Krealnames dbm /etc/realnames
```

Der **K**-Befehl definiert *realnames* als internen sendmail-Namen dieser Datenbank. Er gibt weiterhin an, daß diese Datenbank vom Typ *dbm* ist, und daß der Pfad auf diese Datenbank */etc/realnames* lautet. sendmail fügt die richtigen Dateierweiterungen an

---

23 Im **m4**-Abschnitt finden Sie weitere Informationen zu **makemap**.

den Pfadnamen an, je nachdem, welcher Datenbanktyp verwendet wird. Darum müssen wir uns also nicht kümmern.

Schließlich binden wir eine neue Regel ein, die die Datenbank zur Umbildung von Adressen verwendet. Diese neue Regel fügen wir in Ruleset 11 und Ruleset 31 unmittelbar hinter den Zeilen ein, die Ruleset 93 aufrufen. Auf diese Weise erhält unsere neue Regel die Adresse, sobald Ruleset 93 seine Arbeit erledigt hat.

```
# when masquerading convert login name to firstname.lastname
R$-<@$M.>$*    $:$(realnames $1 $)<@$2.>$3    user=>first.last
```

Die Regel ist so konzipiert, daß sie die Ausgabe von Ruleset 93 weiterverarbeitet, die den Hostnamen-Teil der Adresse umbildet. Diejenigen Adressen, bei denen der Hostnamen-Teil umgebildet werden muß, sind auch diejenigen Adressen, deren Benutzerteil wir umbilden wollen. Sehen wir uns die bei früheren Tests gelieferten Ausgaben von Ruleset 93 an. Die Adresse *craig<@nuts.com.>* wird durch das Muster $-<@$M.>$* erkannt. Die Adresse besitzt genau ein Token (*craig*) vor dem literalen <@ gefolgt vom Wert von M (*nuts.com*), dem literalen .> gefolgt von null Tokens.

Der Transformationsteil dieser Regel nimmt das erste Token ($1) aus der Eingabeadresse und verwendet es als Schlüssel auf die Datenbank *realnames*. Die dabei verwendete Syntax ist $:$(realnames $1 $). Bei unserer Beispieladresse *craig<@nuts.com>* hat $1 den Wert *craig*. Wird dieser Wert als Index auf die am Anfang dieses Abschnitts abgebildete Datenbank *realnames* genutzt, liefert das den Wert *Craig.Hunt* zurück. Diesem Rückgabewert werden ein literales <@, der Wert des unbestimmten Tokens $2, ein literales .> sowie der Wert von $3 angehängt, was durch den Transformationsteil <@$2.>$3 festgelegt wird. Der Effekt dieser neuen Regel ist die Umbildung des Benutzernamens in den realen Vor- und Nachnamen.

Nach Einbindung der neuen Regel in die Rulesets 11 und 31 führt ein Test zu folgenden Ergebnissen:

```
# sendmail -bt -Ctest.cf
ADDRESS TEST MODE (ruleset 3 NOT automatically invoked)
Enter <ruleset> <address>
> 3,1,11,4 craig
rewrite: ruleset  3    input: craig
rewrite: ruleset 96    input: craig
rewrite: ruleset 96 returns: craig
rewrite: ruleset  3 returns: craig
rewrite: ruleset  1    input: craig
rewrite: ruleset  1 returns: craig
rewrite: ruleset 11    input: craig
rewrite: ruleset 51    input: craig
rewrite: ruleset 51 returns: craig
rewrite: ruleset 61    input: craig
rewrite: ruleset 61 returns: craig < @ *LOCAL* >
rewrite: ruleset 93    input: craig < @ *LOCAL* >
rewrite: ruleset 93 returns: craig < @ nuts . com . >
rewrite: ruleset 11 returns: Craig . Hunt < @ nuts . com . >
rewrite: ruleset  4    input: Craig . Hunt < @ nuts . com . >
```

```
rewrite: ruleset  4 returns: Craig . Hunt @ nuts . com
> 3,1,31,4 craig
rewrite: ruleset  3   input: craig
rewrite: ruleset 96   input: craig
rewrite: ruleset 96 returns: craig
rewrite: ruleset  3 returns: craig
rewrite: ruleset  1   input: craig
rewrite: ruleset  1 returns: craig
rewrite: ruleset 31   input: craig
rewrite: ruleset 51   input: craig
rewrite: ruleset 51 returns: craig
rewrite: ruleset 61   input: craig
rewrite: ruleset 61 returns: craig < @ *LOCAL* >
rewrite: ruleset 93   input: craig < @ *LOCAL* >
rewrite: ruleset 93 returns: craig < @ nuts . com . >
rewrite: ruleset 31 returns: Craig . Hunt < @ nuts . com . >
rewrite: ruleset  4   input: Craig . Hunt < @ nuts . com . >
rewrite: ruleset  4 returns: Craig . Hunt @ nuts . com
> ^D
```

Führen die Tests nicht zu den gewünschten Ergebnissen, müssen Sie prüfen, ob die neuen Umbildungsregeln richtig eingegeben wurden, und ob die Datenbank korrekt aufgebaut wurde. Falls sich sendmail darüber beschwert, daß es die Datenbankdatei nicht sperren kann, müssen Sie eine neuere Version von sendmail V8 herunterladen. Die folgende Fehlermeldung könnte ebenfalls ausgegeben werden:

```
test.cf: line 116: readcf: map realnames: class dbm not available
```

Sie deutet an, daß Ihr System keine dbm-Datenbanken unterstützt. Ändern Sie den Datenbanktyp in der **K**-Befehlszeile in »hash« und führen Sie **sendmail –bt** erneut aus. Falls auch hier ein Fehler auftaucht, versuchen Sie es mit »btree«. Sobald Sie einen Datenbanktyp finden, den Ihr sendmail mag, führen Sie **makemap** mit diesem Datenbanktyp aus. Unterstützt Ihr sendmail keine Datenbanken, müssen Sie sendmail mit Datenbankunterstützung neu kompilieren. Informationen hierzu finden Sie in Anhang E.

Beachten Sie, daß alle Änderungen, die wir in der zweiten Hälfte dieses Kapitels an *sendmail.cf* vorgenommen haben (Masquerading der Senderadressen für Header und Envelope sowie die Konvertierung der Benutzernamen), im **m4**-Quellcode mit nur drei Zeilen abgedeckt wurden. Wir haben diese Beispiele nur herangezogen, um Ihnen zu zeigen, wie Sie die bei sendmail enthaltenen Testwerkzeuge nutzen können. Falls Sie wirklich eine neue, ganz eigene Konfiguration benötigen, sollten Sie mit **m4** arbeiten. Die sendmail-Konfiguration ist über die **m4**-Quelldatei am einfachsten zu pflegen und zu erweitern.

Zusammenfassung

sendmail sendet und empfängt SMTP-Mail, verarbeitet Mail-Aliases und bildet die Schnittstelle zwischen Mail-Reader und Mail-Auslieferung. sendmail wird während der Bootphase als Daemon gestartet, um eingehende SMTP-Mail verarbeiten zu können. sendmail-Aliases werden in der Datei */etc/aliases* definiert. Die Regeln für die Vermittlung zwischen Mail-Reader und Mail-Auslieferung können recht komplex sein. sendmail verwendet die Datei *sendmail.cf* zur Definition dieser Regeln.

Die Konfiguration der *sendmail.cf* ist der schwierigste Teil der Einrichtung eines sendmail-Servers. Die Datei verwendet eine sehr kurz angebundene, schwer zu lesende Befehlssyntax. Beispiele für *sendmail.cf*-Dateien sind verfügbar, um diese Aufgabe zu vereinfachen. Die meisten Systeme werden mit einer Beispieldatei ausgeliefert, weitere sind in der sendmail V8 Software-Distribution enthalten. Die Beispieldateien von sendmail V.8 müssen zuerst vom **m4**-Makroprozessor verarbeitet werden. Sobald die richtige Beispieldatei vorliegt, muß nur sehr wenig geändert werden. Nahezu alle Änderungen, die zur Vervollständigung der Konfiguration nötig sind, erfolgen zu Beginn der Datei. Dabei werden Informationen zum lokalen System konfiguriert, wie etwa der Hostname und der Name des Mail-Relay-Hosts. sendmail bietet ein Werkzeug zum interaktiven Test an, mit dem die Konfiguration vor der Installation überprüft werden kann.

Dieses Kapitel beschließt unsere Betrachtung der Konfiguration von TCP/IP-Servern (unsere letzte Konfigurationsaufgabe). Im nächsten Kapitel beginnen wir mit einem Blick auf die immer wiederkehrenden Aufgaben, die einen Teil des Betriebs eines Netzwerks ausmachen, sobald es installiert und konfiguriert ist. Wir beginnen dabei mit der Fehlersuche.

In diesem Kapitel:
- *Herangehen an ein Problem*
- *Diagnose-Tools*
- *Die Verbindung prüfen*
- *Fehlersuche beim Netzwerkzugriff*
- *Das Routing prüfen*
- *Den Nameservice prüfen*
- *Protokollprobleme analysieren*
- *Protokoll-Fallstudie*
- *Simple Network Management Protocol*
- *Zusammenfassung*

11

Fehlersuche bei TCP/IP

Die Administration eines Netzwerks besteht aus zwei sehr unterschiedlichen Aufgabenbereichen: Konfiguration und Fehlersuche. Konfigurationsaufgaben bereiten das Gewünschte vor. Sie erfordern eine detaillierte Kenntnis der Befehlssyntax, sind aber normalerweise einfach und vorhersehbar. Sobald ein System einmal richtig konfiguriert ist, gibt es nur selten einen Grund, es zu verändern. Der Konfigurationsprozeß wiederholt sich bei jedem Betriebssystem-Update, verlangt aber nur sehr wenige Änderungen.

Im Gegensatz dazu hat man es bei der Fehlersuche mit dem Unerwarteten zu tun. Die Fehlersuche verlangt häufig ein Wissen, daß eher konzeptionell denn detailliert ist. Netzwerkprobleme sind meistens einmalig und manchmal recht schwer zu lösen. Die Fehlersuche ist ein wichtiger Teil der Pflege eines stabilen, zuverlässigen Netzwerkdienstes.

In diesem Kapitel wollen wir die Tools betrachten, mit denen wir sicherstellen, daß sich das Netzwerk in einem guten Zustand befindet. Gute Werkzeuge reichen allerdings nicht aus. Kein Tool zur Fehlersuche ist effektiv, wenn man es willkürlich anwendet. Eine effektive Fehlersuche verlangt eine methodische Annäherung an das Problem sowie ein grundlegendes Verständnis der Funktionsweise des Netzwerks. Wir beginnen dieses Kapitel mit einem Blick auf die Möglichkeiten, mit denen wir an ein Netzwerkproblem herangehen können.

Herangehen an ein Problem

Um richtig an ein Problem herangehen zu können, benötigen Sie ein elementares Verständnis von TCP/IP. Die ersten Kapitel dieses Buches haben die Grundlagen von TCP/IP vermittelt und Sie mit ausreichend Hintergrundinformationen versorgt, um die meisten Netzwerkprobleme lösen zu können. Ein Wissen darüber, wie TCP/IP Daten durch das Netzwerk, zwischen einzelnen Hosts und den Schichten des Protokoll-Stacks routet, ist für das Verstehen eines Netzwerkproblems sehr wichtig. Eine detaillierte Kenntnis jedes Protokolls ist dagegen im allgemeinen nicht notwendig. Falls Sie diese Details benötigen, schlagen Sie sie in einer entsprechenden Referenz nach – versuchen Sie nicht, sie aus Ihrem Gedächtnis abzurufen.

Nicht alle TCP/IP-Probleme sind gleich, und nicht an alle Probleme kann man auf die gleiche Weise herangehen. Der Schlüssel zur Lösung eines Problems besteht darin, das Problem zu verstehen. Das ist nicht so einfach, wie es vielleicht scheint. Ein »oberflächliches« Problem ist möglicherweise irreführend, während das »eigentliche« Problem häufig unter vielen Software-Schichten verborgen bleibt. Sobald Sie die wahre Natur des Problems verstehen, ist die Lösung häufig ganz einfach.

Zuerst müssen Sie detaillierte Informationen darüber sammeln, was genau passiert. Meldet ein Anwender ein Problem, reden Sie mit ihm. Finden Sie heraus, welche Anwendung nicht funktioniert. Wie lautet der Name des entfernten Hosts und wie seine IP-Adresse? Welche Fehlermeldung wird ausgegeben? Falls möglich, reproduzieren Sie das Problem, indem Sie den Anwender die Anwendung ausführen lassen, während Sie miteinander sprechen. Versuchen Sie, das Problem auf Ihrem eigenen System zu reproduzieren.

Durch Testen des Benutzersystems und anderer Systeme sollten Sie folgendes herausfinden:

- Tritt das Problem auch bei anderen Anwendungen auf dem Host des Benutzers auf, oder taucht das Problem nur bei einer Anwendung auf? Ist nur eine Anwendung betroffen, könnte sie fehlerhaft konfiguriert oder auf dem entfernten Host deaktiviert sein. Aus Sicherheitsgründen deaktivieren viele Systeme einige Dienste.

- Taucht das Problem nur auf einem entfernten Host, allen entfernten Hosts oder nur einer bestimmten »Gruppe« entfernter Hosts auf? Ist nur ein Host betroffen, kann das Problem durchaus mit diesem Host zusammenhängen. Sind alle entfernten Hosts betroffen, hat es wohl mit dem System des Benutzers zu tun (insbesondere, wenn keine anderen Hosts Ihres lokalen Netzwerks das gleiche Problem haben). Sind nur Hosts in bestimmten Subnetzen oder externen Netzwerken betroffen, könnte das Problem beim Routing zu suchen sein.

- Taucht das Problem in anderen lokalen Systemen auf? Überprüfen Sie auch andere Systeme im gleichen Subnetz. Tritt ein Problem nur auf dem Host des Benutzers auf, konzentrieren Sie sich beim Testen auf dieses System. Ist das Problem bei jedem System in einem Subnetz vorhanden, sollten Sie sich auf den Router für dieses Subnetz konzentrieren.

Sobald Sie die Symptome eines Problems kennen, müssen Sie sich jedes Protokoll und jedes Gerät vorstellen, das die Daten verarbeitet. Indem Sie sich alles bildlich vorstellen, verhindern Sie, daß Sie die Dinge zu sehr vereinfachen. Sie schützen sich auf diese Weise davor, zu glauben, den Fehler schon zu kennen, bevor Sie mit dem Testen anfangen. Mit Ihrem Wissen über TCP/IP können Sie die wahrscheinlichste Ursache des Problems immer weiter einkreisen.

Tips zur Fehlersuche

Nachfolgend wollen wir einige nützliche Hinweise zur Fehlersuche geben. Diese Tips sind nicht Teil einer Fehlersuch-Methodik – es sind einfach nur gute Ideen, die man im Hinterkopf haben sollte.

- Gehen Sie Probleme methodisch an. Lassen Sie sich durch die bei jedem Test gewonnenen Informationen führen. Springen Sie nicht einfach auf Verdacht in ein anderes Test-Szenario, ohne sicherzustellen, daß Ihr ursprüngliches Szenario unverändert erhalten bleibt.

- Arbeiten Sie sich sorgfältig durch das Problem. Unterteilen Sie es in handliche Teile. Überprüfen Sie jeden Teil, bevor Sie mit dem nächsten weitermachen. Prüfen Sie beispielsweise eine Netzwerkverbindung, testen Sie jeden Teil des Netzwerks, bis Sie das Problem finden.

- Dokumentieren Sie die von Ihnen durchgeführten Tests und deren Ergebnisse ausführlich. Heben Sie diese Dokumentation für den Fall auf, daß das Problem wieder auftritt.

- Bleiben Sie offen. Machen Sie nicht zu viele Annahmen über den Grund eines Problems. Einige Leute glauben, daß ihr Netzwerk immer die Fehlerursache ist, während andere immer die Gegenstelle als Fehlerquelle ansehen. Einige sind so sicher, den Grund eines Problems zu kennen, daß sie die Beweiskraft von Tests ignorieren. Laufen Sie nicht in diese Fallen. Prüfen Sie jede Möglichkeit und machen Sie Ihre Handlungen von den Ergebnissen dieser Tests abhängig.

- Nehmen Sie sich vor Sicherheitsbarrieren in acht. Firewalls blockieren manchmal **ping**, **traceroute**, ja sogar ICMP-Fehlermeldungen. Falls sich Probleme um eine bestimmte Site sammeln, sollten Sie herausfinden, ob ein Firewall eingesetzt wird.

- Achten Sie auf Fehlermeldungen. Fehlermeldungen sind häufig vage, enthalten meist aber doch wichtige Hinweise zur Problemlösung.

- Reproduzieren Sie das gemeldete Problem. Verlassen Sie sich nicht zu sehr auf die Problemberichte der Benutzer. Ein Benutzer hat dieses Problem wahrscheinlich nur auf Anwendungsebene gesehen. Falls nötig, lassen Sie sich die Daten des Benutzers geben, um das Problem zu reproduzieren. Selbst wenn Sie das Problem nicht reproduzieren können, sollten Sie die Details für Ihre Unterlagen dokumentieren.

- Die meisten Probleme werden von Menschen verursacht. Sie können einige dieser Fehler vermeiden, indem Sie Informationen und Schulungen zur Netzwerkkonfiguration und der Nutzung anbieten.

- Halten Sie die Benutzer auf dem laufenden. Das reduziert die Anzahl der Fehlerberichte. Es verhindert auch, daß sich mehrere Administratoren mit dem gleichen Problem beschäftigen, ohne zu wissen, daß andere bereits daran arbeiten. Wenn

Sie Glück haben, ist das Problem schon einmal aufgetreten, und jemand anders kann einen hilfreichen Tip zur Lösung geben.

- Spekulieren Sie nicht über den Grund eines Problems, während Sie mit dem Benutzer sprechen. Sparen Sie sich die Spekulationen für Diskussionen mit Ihren Kollegen auf. Ihre Spekulationen könnten von den Benutzern als Wahrheit betrachtet und zu Gerüchten werden. Diese Gerüchte könnten Benutzer davon abhalten, bestimmte (sinnvolle) Netzwerkdienste zu nutzen. Sie könnten auch dazu führen, daß das Vertrauen in das Netzwerk schwindet. Benutzer sind an der Lösung ihrer Probleme interessiert, nicht an spekulativem Technik-Blabla.

- Bleiben Sie einigen wenigen Tools zur Fehlersuche treu. Für die meisten TCP/IP-Softwareprobleme sind die in diesem Kapitel behandelten Tools völlig ausreichend. Das Erlernen eines neuen Tools ist häufig zeitaufwendiger als die Lösung eines Problems mit einem alten, vertrauten Werkzeug.

- Prüfen Sie das Problem sorgfältig an Ihrem Ende des Netzwerks, bevor Sie den Besitzer des entfernten Systems ansprechen und Tests mit ihm koordinieren. Das größte Problem bei der Fehlersuche im Netzwerk besteht darin, daß Sie nicht immer die Systeme an beiden Enden des Netzwerks kontrollieren. In vielen Fällen wissen Sie nicht einmal, wer für das andere System verantwortlich ist.[1] Je mehr Informationen Sie über Ihr Ende besitzen, desto einfacher wird die Aufgabe sein, wenn Sie den Administrator am anderen Ende ansprechen müssen.

- Denken Sie an das Offensichtliche. Ein loses oder beschädigtes Kabel ist immer ein mögliches Problem. Überprüfen Sie Stecker, Steckverbinder, Kabel und Schalter. Kleine Dinge können große Probleme verursachen.

Diagnose-Tools

Weil die meisten Probleme einen ganz einfachen Grund haben, liefert die Entwicklung einer klaren Vorstellung vom Problem häufig die Lösung. Leider ist das nicht immer der Fall, weshalb wir in diesem Abschnitt mit der Diskussion der Werkzeuge beginnen, die es Ihnen ermöglichen, die hartnäckigsten Probleme zu lösen. Es gibt viele Werkzeuge zur Diagnose. Das reicht von kommerziellen Systemen mit spezialisierter Hard- und Software zu Preisen von mehreren tausend Mark bis hin zu freier Software, die über das Internet verfügbar ist. Viele Software-Tools werden mit Ihrem UNIX-System geliefert. Sie sollten auch einige Hardware-Tools zur Hand haben.

Um die Ausrüstung und die Verdrahtung des Netzwerks zu pflegen, benötigen Sie nur einige einfache Werkzeuge. Ein Paar spitzer Zangen und ein paar Schraubendreher reichen möglicherweise aus, aber vielleicht benötigen Sie auch spezielleres Werkzeug. Beispielsweise benötigen Sie zur Verbindung von RJ45-Steckern mit UTP-Kabeln (Unshielded Twisted Pair) spezielle Crimp-Werkzeuge. Es ist meist das einfachste, sich von seinem Kabelanbieter ein fertiges Netzwerk-Pflegekit zu kaufen.

---

1   Kapitel 13 beschreibt, wie man den für ein entferntes Netzwerk Verantwortlichen ermittelt.

Ein vernünftiger Kabeltester ist ebenfalls nützlich. Moderne Kabeltester sind kleine, handliche Geräte mit einem Tastenfeld und einem LCD-Display, mit dem die verschiedensten Kabel überprüft werden können. Die Tests werden über die Tastatur gewählt, und die Ergebnisse werden auf dem LCD-Display ausgegeben. Sie müssen die Ergebnisse nicht auswerten, da das Gerät diese Aufgabe für Sie übernimmt. Fehler werden in Form einer einfachen, verständlichen Fehlermeldung ausgegeben. Zum Beispiel könnte ein Kabeltest die Meldung »Short at 74 feet« erzeugen. Das bedeutet, daß das Kabel 74 Fuß vom Tester entfernt einen Kurzschluß hat. Was könnte einfacher sein? Die richtigen Werkzeuge machen es Ihnen leichter, Kabelprobleme zu lokalisieren und zu beheben.

Ein Laptop kann die nützlichste Testausrüstung darstellen, wenn er richtig konfiguriert ist. Installieren Sie TCP/IP-Software auf dem Laptop. Nehmen Sie ihn an den Ort mit, an dem der Benutzer ein Netzwerkproblem gemeldet hat. Lösen Sie das Ethernet-Kabel vom System des Benutzers und verbinden Sie es mit dem Laptop. Konfigurieren Sie den Laptop mit der richtigen Adresse für das Subnetz und starten Sie den Rechner. Sprechen Sie verschiedene Systeme im Netzwerk mit **ping** an und stellen Sie die Verbindung zu einem der Server des Benutzers her. Wenn alles funktioniert, ist der Fehler wahrscheinlich im Rechner des Benutzers zu suchen. Der Benutzer traut diesem Test, weil er etwas demonstriert, was er jeden Tag sieht. Er hat mehr Vertrauen in einen Laptop als in ein nicht zu identifizierendes Stück Test-Hardware, das die Meldung »Keine Fehler gefunden« ausgibt. Schlägt der Test fehl, ist der Fehler wahrscheinlich in der Netzwerk-Hardware oder der Verkabelung zu suchen. Dann wird es Zeit für den Kabeltester.

Ein weiterer Vorteil der Verwendung eines Laptops als Testausrüstung ist seine Vielseitigkeit. Er kann eine breite Palette an Test-, Diagnose- und Management-Software ausführen. Installieren Sie UNIX auf dem Laptop und verwenden Sie die Software, mit der wir uns im Rest dieses Kapitels beschäftigen, auf Ihrem Desktop und auf Ihrem Laptop.

Dieses Buch konzentriert sich auf freie oder »eingebaute« Diagnose-Tools, die auf UNIX-Systemen laufen. Die in diesem Kapitel beschriebenen Werkzeuge werden, zusammen mit vielen weiteren, in RFC 1470, *FYI on a Network Management Tool Catalog: Tools for Monitoring and Debugging TCP/IP Internets and Interconnected Devices*, beschrieben. Ein sehr eingängiger Titel und ein sehr nützliches RFC! Die in diesem Katalog aufgeführten und in diesem Buch behandelten Tools sind:

ifconfig
> Liefert Informationen über die Basiskonfiguration der Schnittstelle. Es eignet sich zur Erkennung falscher IP-Adressen, fehlerhafter Subnetz-Masken und ungültiger Broadcast-Adressen. Kapitel 6 widmet sich **ifconfig** ausführlich. Dieses Tool wird mit dem UNIX-Betriebssystem geliefert.

arp
> Liefert Informationen zur Abbildung von Ethernet- und IP-Adressen. Es kann verwendet werden, um Systeme im lokalen Netzwerk zu erkennen, die mit der falschen IP-Adresse konfiguriert sind. **arp** wird in diesem Kapitel besprochen und in einem Beispiel in Kapitel 2 verwendet. **arp** wird als Teil von UNIX geliefert.

netstat

Liefert eine Vielzahl von Informationen. Es wird normalerweise genutzt, um detaillierte Statistiken über jede Netzwerkschnittstelle, jeden Socket und die Routing-Tabelle auszugeben. **netstat** wird in diesem Buch wiederholt verwendet, besonders in den Kapiteln 2, 6 und 7. **netstat** gehört bei UNIX zum Lieferumfang.

ping

Zeigt an, ob ein entfernter Host erreicht werden kann. **ping** liefert auch Informationen über Paketverluste und die Auslieferungsdauer. **ping** wird in Kapitel 1 behandelt und in Kapitel 7 verwendet. **ping** gehört ebenfalls zum Lieferumfang von UNIX.

nslookup

Liefert Informationen über den DNS-Nameservice. **nslookup** wird in Kapitel 8 ausführlich behandelt. Es wird als Teil des BIND-Paketes geliefert.

dig

Liefert ebenfalls Informationen über den Nameservice und ist **nslookup** ähnlich.

ripquery

Liefert Informationen über den Inhalt der RIP-Update-Pakete, die von Ihrem System gesendet bzw. empfangen werden. Gehört zum Lieferumfang des **gated**-Paketes. Es ist allerdings nicht notwendig, **gated** auszuführen. Es funktioniert mit jedem RIP-System.

traceroute

Liefert Informationen über die Route (jeden Routing-Hop), die die Pakete auf dem Weg von Ihrem System zum Zielsystem benutzen.

snoop

Analysiert individuelle Pakete, die zwischen den Hosts eines Netzwerks ausgetauscht werden. **snoop** ist ein TCP/IP-Protocol-Analyzer, der den Inhalt von Paketen, einschließlich deren Header, untersucht. Es eignet sich zur Analyse von Protokollproblemen. **tcpdump** ist ein ähnliches Tool wie **snoop**, das über FTP aus dem Internet bezogen werden kann.

Dieses Kapitel erläutert all diese Tools, auch die, die früher schon einmal behandelt wurden. Wir beginnen mit **ping**, dem bei Fehlern wohl am häufigsten verwendeten Diagnose-Werkzeug.

Die Verbindung prüfen

Mit dem **ping**-Befehl können Sie überprüfen, ob ein entfernter Rechner von Ihrem Computer aus erreicht werden kann. Diese einfache Funktion ist zur Prüfung der Netzwerkverbindung extrem hilfreich, ganz gleich, in welcher Anwendung das Problem aufgetreten ist. Mit Hilfe von **ping** können Sie herausfinden, ob weitere Tests in Richtung Netzwerkverbindung (die unteren Schichten) oder eher in Richtung Anwendung (die oberen Schichten) durchgeführt werden sollten. Zeigt **ping**, daß die Pakete zum entfernten System und wieder zurück gelangen, ist das Problem eher in den oberen Schichten zu suchen. Können Pakete die »Rundreise« nicht durchführen, sind wahrscheinlich die unteren Protokollschichten betroffen.

Häufig melden Benutzer Netzwerkprobleme mit der Auskunft, daß sie einen entfernten Host per **telnet** (oder **ftp**, E-Mail oder was auch immer) nicht erreichen können. Diese Aussage wird unmittelbar mit dem Hinweis versehen, daß es vorher funktioniert hat. In solchen Fällen, in denen die Verbindung zu einem entfernten Host nicht hergestellt werden kann, ist **ping** ein sehr nützliches Werkzeug.

Mit dem vom Benutzer gelieferten Hostnamen können Sie den entfernten Host »an**pingen**«. Ist Ihr **ping** erfolgreich, lassen Sie den Benutzer ein **ping** auf diesen Host durchführen. Ist der Benutzer-**ping** ebenfalls erfolgreich, konzentrieren Sie sich bei der weiteren Analyse auf die spezifische Anwendung, mit der der Benutzer Probleme hat. Vielleicht versucht der Benutzer, eine **telnet**-Verbindung mit einem Host herzustellen, der nur anonymes **ftp** erlaubt. Vielleicht war der Host gerade unten, als der Benutzer seine Anwendung starten wollte. Lassen Sie es den Benutzer erneut versuchen und achten Sie auf jedes Detail seiner Handlungen. Macht er alles richtig und funktioniert die Anwendung immer noch nicht, könnte eine detaillierte Analyse der Anwendung mit **snoop** sowie die Koordinierung mit dem Administrator des entfernten Systems notwendig werden.

Ist Ihr **ping** erfolgreich, während der **ping** des Benutzers fehlschlägt, sollten Sie sich bei weiteren Tests auf die Systemkonfiguration des Benutzers konzentrieren. Achten Sie auf die Unterschiede zwischen Ihrem Pfad und dem des Benutzers zum entfernten Host.

Schlägt Ihr **ping** oder der des Benutzers fehl, sollten Sie jeglichen Fehlermeldungen viel Aufmerksamkeit widmen. Die von **ping** ausgegebenen Fehlermeldungen sind für die Planung weiterer Tests sehr hilfreiche Anhaltspunkte. Die Details dieser Meldungen sind von Implementierung zu Implementierung verschieden, es gibt aber nur einige wenige Fehlertypen:

Unbekannter Host
> Der Name des entfernten Hosts kann durch den Nameservice nicht in eine IP-Adresse umgewandelt werden. Die Nameserver (Ihr lokaler oder der des entfernten Systems) könnten einen Fehler haben, der Name könnte schlicht falsch sein, oder etwas ist mit dem Netzwerk zwischen Ihrem und dem entfernten Server nicht in Ordnung. Falls Sie die IP-Adresse des entfernten Hosts kennen, versuchen Sie den **ping** mit dieser Adresse. Wenn Sie den Host über seine IP-Adresse erreichen können, gibt es ein Problem mit dem Nameservice. Verwenden Sie **nslookup** oder **dig** zur Prüfung der lokalen und entfernten Server und überprüfen Sie die Richtigkeit des vom Benutzer angegebenen Hostnamens.

Netzwerk nicht erreichbar
> Das lokale System besitzt keine Route zum entfernten System. Wurde in der **ping**-Befehlszeile die numerische IP-Adresse verwendet, führen Sie den **ping**-Befehl mit

dem Hostnamen erneut aus. Damit verhindern Sie die Möglichkeit, daß die IP-Adresse falsch eingegeben wurde. Wird ein Routing-Protokoll verwendet, müssen Sie sicherstellen, daß es läuft. Überprüfen Sie auch die Routing-Tabelle mit **netstat**. Wird mit RIP gearbeitet, können Sie mit **ripquery** den Inhalt der empfangenen RIP-Updates prüfen. Wird eine statische Standard-Route verwendet, installieren Sie sie neu. Scheint auf dem Host alles in Ordnung zu sein, untersuchen Sie das Standard-Gateway auf Routing-Probleme.

Keine Antwort

Das entfernte System antwortet nicht. Die meisten Netzwerk-Utilities haben irgendeine Version dieser Meldung. Einige **ping**-Implementierungen geben die Meldung »100% packet loss« aus. **telnet** gibt die Meldung »Connection timed out« aus, und **sendmail** liefert den Fehler »cannot connect« zurück. All diese Fehler bedeuten das gleiche. Das lokale System besitzt eine Route zu dem entfernten System, erhält aber keine Antwort auf die gesendeten Pakete. Dieses Problem kann viele Ursachen haben. Der entfernte Host könnte nicht betriebsbereit sein. Der lokale oder der entfernte Host könnte falsch konfiguriert sein. Ein Gateway oder eine Verbindung zwischen dem lokalen und dem entfernten Host könnte unten sein. Der entfernte Host könnte Routing-Probleme haben. Nur zusätzliche Tests können die Ursache dieses Problems ans Licht bringen. Prüfen Sie die lokale Konfiguration sorgfältig mit **netstat** und **ifconfig**. Überprüfen Sie die Route zum entfernten System mit **traceroute**. Setzen Sie sich mit dem Administrator des entfernten Systems in Verbindung und melden Sie ihm das Problem.

Alle hier angesprochenen Tools werden wir später in diesem Kapitel erläutern. Bevor wir mit **ping** aufhören, wollen wir uns den Befehl und die von ihm ausgegebenen Statistiken genauer ansehen.

Der ping-Befehl

Das grundlegende Format des **ping**-Befehls sieht bei einem Solaris-System wie folgt aus:[2]

ping *host* [*paketgröße*] [*zähler*]

host
    Der Hostname oder die IP-Adresse des zu testenden Hosts. Verwenden Sie die vom Benutzer gelieferten Angaben.

paketgröße
    Definiert die Größe der Testpakete in Bytes. Dieses Feld ist nur notwendig, wenn das *count*-Feld verwendet werden soll. Verwenden Sie die Standard-*paketgröße* von 56 Bytes.

---

2   Beachten Sie die Dokumentation Ihres Systems. **ping** variiert leicht von System zu System. Bei Linux sieht das oben abgebildete Format wie folgt aus: **ping** [–c *zähler*] [–s *paketgröße*] *host*

zähler

> Die Anzahl der Pakete, die bei diesem Test übertragen werden sollen. Nutzen Sie das *zähler*-Feld und verwenden Sie einen kleinen Wert. Andernfalls könnte es passieren, daß **ping** Pakete sendet, bis Sie es unterbrechen (im allgemeinen mit einem STRG-C). Die Übertragung vieler Testpakete ist keine gute Nutzung der Netzwerk-Bandbreite und der Systemressourcen. Normalerweise reichen für einen Test fünf Pakete aus.

Um zu prüfen, ob *ns.uu.net* von *almond* aus erreicht werden kann, senden wir fünf 56 Byte große Pakete mit dem folgenden Befehl:

```
% ping -s ns.uu.net 56 5
PING ns.uu.net: 56 data bytes
64 bytes from ns.uu.net (137.39.1.3): icmp_seq=0. time=32.8 ms
64 bytes from ns.uu.net (137.39.1.3): icmp_seq=1. time=15.3 ms
64 bytes from ns.uu.net (137.39.1.3): icmp_seq=2. time=13.1 ms
64 bytes from ns.uu.net (137.39.1.3): icmp_seq=3. time=32.4 ms
64 bytes from ns.uu.net (137.39.1.3): icmp_seq=4. time=28.1 ms

----ns.uu.net PING Statistics----
5 packets transmitted, 5 packets received, 0% packet loss
round-trip (ms)  min/avg/max = 13.1/24.3/32.8
```

Die Option –s haben wir benutzt, weil *almond* eine Solaris-Workstation ist und wir Statistiken zu jedem Paket wünschen. Ohne die Option –s gibt die **ping**-Variante von Sun nur das kurze Fazit »ns.uu.net is alive« aus. Andere **ping**-Implementierungen benötigen die Option –s nicht, sondern geben die Statistiken standardmäßig aus.

Die obigen Tests zeigen eine sehr gute Netzwerkverbindung zu *ns.uu.net*, die keine Paketverluste aufweist und kurze Antwortzeiten erlaubt. Der »Round-Trip« zwischen *peanut* und *ns.uu.net* betrug durchschnittlich nur 24,3 Millisekunden. Ein kleiner Paketverlust und eine Größenordnung höhere Round-Trip-Zeiten wären für eine Verbindung in einem WAN auch nicht ungewöhnlich. Die von **ping** ausgegebenen Statistiken können Netzwerkprobleme auf niedriger Ebene aufdecken. Die wichtigen Werte sind:

* Die Reihenfolge (Sequenz), in der die Pakete eintreffen. Sie wird durch die für jedes Paket ausgegebene ICMP-Sequenznummer (icmp_seq) deutlich.

* Die von jedem Paket benötigte Round-Trip-Zeit, die in Millisekunden auf den String time= folgt.

* Die Paketverluste in Prozent. Sie werden in der Zusammenfassung am Ende der **ping**-Ausgabe angegeben.

Sind die Paketverluste hoch, die Antwortzeiten sehr hoch, oder gehen Pakete in falscher Reihenfolge ein, könnte ein Problem mit der Netzwerk-Hardware vorliegen. Treffen Sie diese Bedingungen bei der Kommunikation über große Distanzen in einem WAN an, müssen Sie sich keine Gedanken machen. TCP/IP wurde so entworfen, daß es mit unzuverlässigen Netzwerken zurechtkommt, und einige WANs verlieren recht viele Pakete. Tauchen diese Probleme aber in lokalen Netzwerken auf, deutet das auf Ärger hin.

In einem Kabelsegment eines lokalen Netzwerks sollten die Round-Trip-Zeiten nahe 0 liegen, und die Pakete sollten in der richtigen Reihenfolge eintreffen. Ist das nicht der Fall, gibt es ein Problem mit der Netzwerk-Hardware. In einem Ethernet könnte das Problem durch eine fehlerhafte Terminierung des Kabels, ein beschädigtes Kabelsegment oder eine defekte »aktive« Hardware (einen Hub, einen Switch oder einen Transceiver) verursacht werden. Prüfen Sie das Kabel wie weiter oben beschrieben mit einem Kabeltester. Gute Hubs und Switches verfügen häufig über eine integrierte Diagnose-Software, die Sie nutzen können. Billige Hubs und Transceiver verlangen häufig nach »brutaler Gewalt«, d.h., man muß die Hardware einzeln abkoppeln, bis das Problem verschwindet.

Die Ergebnisse eines einfachen **ping**-Tests bringen Sie, selbst wenn der Test erfolgreich war, bei der weiteren Fehlersuche einen Schritt in die richtige Richtung. Dennoch sind weitere Diagnose-Tools notwendig, um das Problem einzukreisen und die eigentliche Ursache finden zu können.

Fehlersuche beim Netzwerkzugriff

Fehler vom Typ »keine Antwort« oder »kann Verbindung nicht herstellen« deuten auf ein Problem in den unteren Schichten der Netzwerkprotokolle hin. Weisen die im Vorfeld durchgeführten Tests auf ein solches Problem hin, müssen Sie sich auf das Testen des Routings und der Netzwerkschnittstelle konzentrieren. Verwenden Sie **ifconfig**, **netstat** und **arp**, um die Netzzugangsschicht zu prüfen.

Fehlersuche mit ifconfig

ifconfig zeigt die Konfiguration der Netzwerkschnittstelle an. Verwenden Sie diesen Befehl, um die Konfiguration zu überprüfen, falls das betroffene System unlängst konfiguriert wurde, oder wenn das System einen entfernten Host nicht erreichen kann, während das bei anderen Systemen im gleichen Netzwerk möglich ist.

Rufen Sie **ifconfig** mit dem Namen der Schnittstelle und ohne weitere Argumente auf, gibt es die dieser Schnittstelle momentan zugewiesenen Werte aus. Die Prüfung der Schnittstelle le0 auf einem Solaris-System meldet uns zum Beispiel folgendes:

```
% ifconfig le0
le0: flags=863<UP,BROADCAST,NOTRAILERS,RUNNING,MULTICAST> mtu 1500
     inet 172.16.55.105 netmask ffffff00 broadcast 172.16.55.255
```

Der **ifconfig**-Befehl gibt zwei Zeilen aus. Die erste Zeile enthält den Namen der Schnittstelle und ihre Merkmale. Achten Sie auf die folgenden Merkmale:

UP

> Die Schnittstelle ist aktiv. Ist die Schnittstelle »down«, also nicht aktiv, muß der Superuser des Systems die Schnittstelle auf »up« bringen, also aktivieren. Auch dies geschieht mit dem **ifconfig**-Befehl (z.B. **ifconfig le0 up**). Will die Schnittstelle nicht

hochkommen, ersetzen Sie das Schnittstellenkabel und versuchen es erneut. Wenn auch das fehlschlägt, müssen Sie die Schnittstellen-Hardware prüfen.

RUNNING

Die Schnittstelle ist betriebsbereit. »Läuft« die Schnittstelle nicht, ist der Treiber möglicherweise nicht richtig installiert. Der Systemadministrator sollte alle Schritte noch einmal durchgehen, die zur Einrichtung dieser Schnittstelle notwendig sind, und auf Fehler oder fehlende Schritte achten.

Die zweite Zeile der **ifconfig**-Ausgabe zeigt die IP-Adresse, die Subnetz-Maske (in Hexadezimal) und die Broadcast-Adresse. Überprüfen Sie diese drei Felder, um sicherzugehen, daß die Netzwerkschnittstelle richtig konfiguriert ist.

Zwei häufig vorkommende Probleme sind fehlerhaft konfigurierte Subnetz-Masken und falsche IP-Adressen. Eine fehlerhafte Subnetz-Maske erkennen Sie daran, daß der Host andere Hosts im lokalen Subnetz und entfernte Hosts in anderen Netzwerken erreichen kann, gleichzeitig aber Hosts in anderen lokalen Subnetzen nicht zu erreichen sind. **ifconfig** macht schnell deutlich, ob eine falsche Subnetz-Maske gesetzt ist.

Eine falsch eingestellte IP-Adresse kann ein sehr subtiles Problem sein. Ist der Netzwerkteil der Adresse falsch, schlägt jeder **ping** mit einem Fehler des Typs »Keine Antwort« fehl. In diesem Fall macht **ifconfig** die falsche Adresse deutlich. Ist hingegen der Hostteil der Adresse falsch, ist das Problem möglicherweise schwieriger zu entdecken. Ein kleines System wie etwa ein PC, der nur die Verbindung zu anderen Rechnern herstellt, selbst aber keine eingehenden Verbindungen erlaubt, kann sehr lange mit der falschen Adresse laufen, ohne daß es jemand bemerkt. Weiterhin muß der kränkelnde Computer nicht gleichzeitig der fehlerhaft konfigurierte sein. Es ist durchaus möglich, daß jemand versehentlich Ihre IP-Adresse auf seinem System verwendet, und aufgrund seines Fehlers hat Ihr System gelegentlich Kommunikationsprobleme. Ein Beispiel für dieses Problem werden Sie später sehen. Diese Art von Konfigurationsfehler kann von **ifconfig** nicht aufgedeckt werden, weil der Fehler an einem anderen Host liegt. Für diese Art von Problem wird der **arp**-Befehl benutzt.

Fehlerbehebung mit dem arp-Befehl

Der **arp**-Befehl wird zur Analyse von Problemen bei der Abbildung von IP- auf Ethernet-Adressen verwendet. Der **arp**-Befehl besitzt drei für die Fehlersuche nützliche Optionen:

–a

Gibt alle ARP-Einträge in der Tabelle aus.

–d *hostname*
Entfernt einen Eintrag aus der ARP-Tabelle.

–s *hostname ether-adresse*
Fügt einen neuen Eintrag in die Tabelle ein.

Mit diesen drei Optionen können Sie sich den Inhalt der ARP-Tabelle ansehen, einen Problemeintrag löschen und einen korrigierten Eintrag installieren. Die Möglichkeit, einen korrigierten Eintrag zu installieren, gibt Ihnen Zeit, nach einer dauerhaften Lösung zu suchen.

Verwenden Sie arp, wenn Sie den Verdacht haben, daß falsche Einträge in die Adreßtabelle gelangen. Ein klarer Indikator für Probleme mit der ARP-Tabelle ist ein Bericht, laut dem der »falsche« Host auf einen Befehl wie **ftp** oder **telnet** antwortet. Periodisch auftretende Probleme, die nur bestimmte Hosts betreffen, können ebenfalls darauf hindeuten, daß die ARP-Tabelle beschädigt wurde. Probleme mit der ARP-Tabelle werden meistens durch zwei Systeme mit der gleichen IP-Adresse verursacht. Die Probleme treten periodisch auf, weil der in der Tabelle erscheinende Eintrag die Adresse des Hosts enthält, der am schnellsten auf den letzten ARP-Request reagiert hat. Manchmal antwortet der »richtige« Host zuerst, manchmal der »falsche«.

Wenn Sie den Verdacht haben, daß zwei Systeme die gleiche IP-Adresse verwenden, schauen Sie sich die Tabelle mit dem Befehl **arp –a** an. Hier ein Beispiel mit einem Solaris-System:[3]

```
% arp -a
Net to Media Table
Device   IP Address              Mask             Flags   Phys Addr
------   --------------------    ---------------  -----   ---------------
le0      peanut.nuts.com         255.255.255.255          08:00:20:05:21:33
le0    · pecan.nuts.com          255.255.255.255          00:00:0c:e0:80:b1
le0      almond.nuts.com         255.255.255.255  SP      08:00:20:22:fd:51
le0      BASE-ADDRESS.MCAST.NET  240.0.0.0        SM      01:00:5e:00:00:00
```

Die Richtigkeit der IP-/Ethernet-Adreßpaare läßt sich am einfachsten überprüfen, wenn Sie die richtige Ethernet-Adresse jedes Hosts zur Hand haben. Aus diesem Grund sollten Sie die Ethernet- und die IP-Adresse jedes Hosts notieren, wenn Sie ihn in das Netzwerk einbinden. Haben Sie diese Daten zur Hand, können Sie sehr schnell erkennen, ob mit der Tabelle etwas nicht stimmt.

Falls Sie diese Daten nicht aufgezeichnet haben, können Ihnen die ersten drei Byte der Ethernet-Adresse helfen, ein Problem zu erkennen. Die ersten drei Byte der Adresse geben den Hersteller der Einheit an. Eine Liste dieser Präfixe finden Sie im *Assigned Numbers*-RFC im Abschnitt »Ethernet Vendor Address Components«. Sie finden diese Daten auch auf *ftp://ftp.isi.edu/in-notes/iana/assignments/ethernet-numbers*.

Aus diesem Herstellerpräfix können wir ersehen, daß zwei der in unserem Beispiel ausgegebenen ARP-Einträge Sun-Systeme (8:0:20) sind. Soll *pecan* ebenfalls eine Sun sein, zeigt uns der Präfix 0:0:0c, daß ein Cisco-Router versehentlich mit der IP-Adresse von *pecan* konfiguriert wurde.

Wenn weder eine Liste mit den korrekten Zuweisungen noch die Prüfung des Herstellerpräfixes die Quelle des ARP-Fehlers aufdecken, sollten Sie versuchen, mit **telnet** eine

---

3 Das Format der ausgegebenen ARP-Tabelle kann bei verschiedenen Systemen leicht variieren.

Verbindung zu der im ARP-Eintrag stehenden IP-Adresse herzustellen. Unterstützt das Gerät **telnet**, könnte die Login-Meldung bei der Identifizierung des falsch konfigurierten Hosts helfen.

ARP-Problem Fallstudie

Ein Benutzer hat angerufen und gefragt, ob der Server unten ist. Er meldet das folgende Problem: Die Workstation des Benutzers (*cashew*) scheint sich für mehrere Minuten aufzuhängen, wenn bestimmte Befehle verwendet werden, während andere Befehle problemlos funktionieren. Netzwerkbefehle, bei denen der NIS-Nameserver involviert ist, führen zu diesem Hängen, einige nicht direkt damit zusammenhängende Befehle verursachen dieses Problem aber ebenfalls. Der Benutzer gibt an, die folgende Fehlermeldung gesehen zu haben:

```
NFS getattr failed for server almond: RPC: Timed out
```

Der Server *almond* hat *cashew* mit NIS- und NFS-Diensten versorgt. Die auf *cashew* fehlgeschlagenen Befehle benötigten NIS oder lagen im zentral gepflegten Verzeichnis */usr/local*, das von *almond* exportiert wird. Die problemlos laufenden Anwendungen sind lokal auf der Workstation des Benutzers installiert. Niemand sonst hat ein Problem mit dem Server gemeldet, und wir konnten *cashew* von *almond* aus mit guten Ergebnissen an**ping**en.

Wir haben den Benutzer gebeten, die Datei */usr/adm/messages* auf die letzten Fehlermeldungen hin zu untersuchen, und er hat folgendes entdeckt:

```
Mar  6 13:38:23 cashew vmunix: duplicate IP address!!
        sent from ethernet address: 0:0:c0:4:38:1a
```

Diese Meldung zeigt an, daß die Workstation einen anderen Host im Ethernet entdeckt hat, der auf die gleiche IP-Adresse reagiert. Dieser Host hat in seiner ARP-Antwort die Ethernet-Adresse 0:0:c0:4:38:1a verwendet. Die richtige Ethernet-Adresse für *cashew* ist aber 8:0:20:e:12:37.

Wir haben uns die ARP-Tabelle von *almond* angesehen und herausgefunden, daß er einen falschen ARP-Eintrag für *cashew* besitzt. Wir haben den falschen *cashew*-Eintrag mit dem Befehl **arp –d** entfernt und mit **–s** den richtigen Wert eingetragen:

```
# arp -d cashew
cashew (172.16.180.130) deleted
# arp -s cashew 8:0:20:e:12:37
```

Die über das ARP-Protokoll empfangenen ARP-Einträge sind temporär. Die in dieser Tabelle vorgehaltenen Werte haben nur eine beschränkte Lebensdauer und werden entfernt, sobald diese abgelaufen ist. Dann werden wieder neue Werte über das ARP-Protokoll empfangen. Aus diesem Grund passen sich lokale Tabellen an, wenn sich entfernte Schnittstellen ändern, und die Kommunikation geht weiter. Normalerweise ist das auch gut so, aber wenn jemand die falsche IP-Adresse verwendet, kann diese falsche Adresse immer wieder in der ARP-Tabelle auftauchen, selbst wenn sie von uns gelöscht wurde. Manuell eingegebene Werte sind hingegen permanent. Sie bleiben in der Tabelle und können nur von Hand entfernt werden. Das erlaubt uns die Installation des richtigen Eintrags in der Tabelle. Wir müssen uns keine Sorgen machen, daß sie durch eine falsche Adresse überschrieben wird.

Diese schnelle Korrektur hat das unmittelbare Problem von *cashew* zwar gelöst, dennoch müssen wir den eigentlichen Übeltäter finden. Wir haben die Datei */etc/ethers* nach einem Eintrag für die Ethernet-Adresse 0:0:c0:4:38:1a abgesucht, konnten aber nichts finden. Anhand der ersten drei Byte der Adresse (0:0:c0) konnten wir bestimmen, daß es sich bei dem Gerät um eine Karte von Western Digital handelt. Weil unser Netzwerk nur aus UNIX-Workstations und PCs besteht, sind wir davon ausgegangen, daß die Karte in einem PC installiert ist. Wir hatten auch den Verdacht, daß die Problemadresse erst kürzlich installiert wurde, weil der Benutzer dieses Problem noch niemals zuvor hatte. Wir haben eine dringende Nachricht an alle Benutzer verschickt und gefragt, wer kürzlich einen neuen PC installiert oder umkonfiguriert hat, und wer TCP/IP-Software auf seinem PC eingerichtet hat. Wir erhielten eine Antwort. Als wir dieses System dann prüften, hat sich herausgestellt, daß die Adresse 172.16.180.130 eingegeben wurde, obwohl sie 172.16.180.138 hätte lauten sollen. Die Adresse wurde korrigiert, und das Problem ist nie wieder aufgetreten.

Zur Lösung dieses Problems war nichts außergewöhnliches notwendig. Sobald wir die Fehlermeldungen untersucht hatten, wußten wir, wo das Problem lag, und wie man es löst. Indem wir alle Netzwerkbenutzer eingebunden haben, konnten wir das fehlerhafte System schnell finden und verhindern, daß wir in jedem Raum die PCs überprüfen mußten. Die Abneigung von Netzwerkadministratoren, Benutzer einzubeziehen und sie zu einem Teil der Lösung zu machen, ist einer der kostspieligsten und häufigsten Fehler.

Prüfung der Schnittstelle mit netstat

Falls die Voruntersuchungen Sie glauben lassen, daß die Verbindung zum lokalen Netzwerk unzuverlässig ist, kann der Befehl **netstat –i** aufschlußreiche Informationen liefern. Das nachfolgende Beispiel zeigt die Ausgabe dieses Befehls:

```
% netstat -i
Name Mtu  Net/Dest Address   Ipkts  Ierrs Opkts  Oerrs Collis Queue
le0  1500 nuts.com almond    442697 2     633424 2     50679  0
lo0  1536 loopback localhost 53040  0     53040  0     0      0
```

Die Zeile mit der Loopback-Schnittstelle lo0 können wir ignorieren. Nur die Zeile mit der eigentlichen Netzwerkschnittstelle ist von Bedeutung, und nur die ersten fünf Felder dieser Zeile liefern uns Informationen, die uns bei der Fehlersuche weiterbringen.

Sehen wir uns das letzte Feld zuerst an. Es sollten keine Pakete in der Queue liegen, die nicht übertragen werden können. Ist die Schnittstelle aktiviert und betriebsbereit, und kann das System dennoch keine Pakete über das Netzwerk ausliefern, können Sie von einem fehlerhaften Kabel oder einer defekten Schnittstelle ausgehen. Ersetzen Sie das Kabel und prüfen Sie, ob das Problem damit behoben ist. Wenn nicht, muß wohl die Schnittstellen-Hardware repariert werden.

Die Eingabefehler (Input Errors, Ierrs) und die Ausgabefehler (Output Errors, Oerrs) sollten nahe bei null liegen. Unabhängig davon, wie viele Daten durch diese Schnittstelle laufen, sind 100 Fehler in einem dieser Felder sehr viel. Viele Ausgabefehler deuten auf ein vielgenutztes lokales Netzwerk bzw. auf eine fehlerhafte physikalische Verbindung zwischen dem Host um dem Netzwerk hin. Viele Eingabefehler deuten auf ein vielgenutztes lokales Netzwerk, auf einen überlasteten lokalen Host oder ein physikalisches Problem mit dem Netzwerk hin. Tools wie etwa **ping**-Statistiken oder ein Kabeltester können Ihnen helfen, zu bestimmen, ob es sich um ein physikalisches Netzwerkproblem handelt. Mit der Untersuchung der Kollisionsrate (Collision Rate) können Sie bestimmen, ob Ihr lokales Netzwerk ausgelastet ist.

Ein hoher Wert im Kollisionsfeld (Collis) ist normal; ist der prozentuale Anteil der zu einer Kollision führenden Ausgabepakete aber zu hoch, deutet das auf ein ausgelastetes Netzwerk hin. Kollisionsraten über 5 Prozent sollte man sich näher ansehen. Treten hohe Kollisionsraten konsistent auf, und sind sie bei vielen Systemen im Netzwerk zu beobachten, müssen Sie Ihr Netzwerk möglicherweise unterteilen, um die Last zu reduzieren.

Kollisionsraten werden prozentual zu den Ausgabepaketen angegeben. Verwenden Sie nicht die Gesamtzahl der ein- und ausgehenden Pakete zur Bestimmung der Kollisionsrate. Relevant sind nur die Opkts- und Collis-Felder. Im obigen Beispiel zeigt die **netstat**-Ausgabe 50679 Kollisionen bei 633424 ausgehenden Paketen. Das ist eine Kollisionsrate von 8%. Dieses Beispielnetzwerk könnte überlastet sein. Prüfen Sie daher die Statistiken anderer Hosts in diesem Netzwerk. Zeigen die anderen Systeme ebenfalls hohe Kollisionsraten, sollten Sie das Netzwerk unterteilen.

Unterteilung eines Ethernet

Um die Kollisionsrate zu reduzieren, müssen Sie den Datenverkehr im Netzwerksegment verringern. Eine einfache Lösung besteht darin, ein Segment in mehrere Segmente zu unterteilen. Jedes neue Segment hat weniger Hosts und daher weniger Traffic. Sie werden gleich sehen, daß das aber nicht ganz so einfach ist.

Die effektivste Möglichkeit zur Unterteilung eines Ethernets ist die Installation eines Ethernet-Switches. Jeder Port des Switches ist grundsätzlich ein separates Ethernet. Ein 16-Port-Switch liefert Ihnen also 16 Ethernets, auf die Sie die Last verteilen können. Bei den meisten Switches können die Ports auf verschiedene Art genutzt werden (siehe Abbildung 10-5). Wenig genutzte Systeme können an einen Hub angeschlossen werden, der dann mit einem der Switch-Ports verbunden wird. Diese Systeme nutzen somit ein einzelnes Segment. Servern und anspruchsvollen Systemen können dedizierte Ports zugewiesen werden, so daß sie ein Segment für sich alleine haben. Zusätzlich stellen einige Switches ein paar 100 Mbps Fast-Ethernet-Ports zur Verfügung. Man nennt diese Switches asymmetrisch, weil unterschiedliche Ports mit verschiedenen Geschwindigkeiten arbeiten. Nutzen Sie die Fast-Ethernet-Ports für die Anbindung stark genutzter Server. Beim Kauf eines neuen Switches sollten Sie sich einen 10/100-Switch mit selbsterkennenden Ports zulegen. Das ermöglicht die Verwendung der Ports mit entweder

100 Mbps oder 10 Mbps, und gibt Ihnen bei der Konfiguration die größtmögliche Flexibilität.

Abbildung 11-1 zeigt einen 10/100-Ethernet-Switch mit 8 Ports. Die Ports 1 und 2 sind mit Ethernet-Hubs verbunden. Ein paar Systeme sind mit jedem Hub verbunden. Neue Systeme werden gleichmäßig auf die Hubs verteilt, um eine Überlastung einzelner Segmente zu verhindern. Für zukünftige Erweiterungen können weitere Hubs genutzt werden, die mit den noch freien Ports des Switches verbunden werden. Port 4 versorgt ein anspruchsvolles System mit einem eigenen Segment. Port 6 arbeitet mit 100 Mbps und ist mit einem stark genutzten Server verbunden. Ein Port kann für eine weitere 100 Mbps-Verbindung zu einem zweiten 10/100 Ethernet-Switch reserviert werden, um zusätzliche Erweiterungen zu ermöglichen.

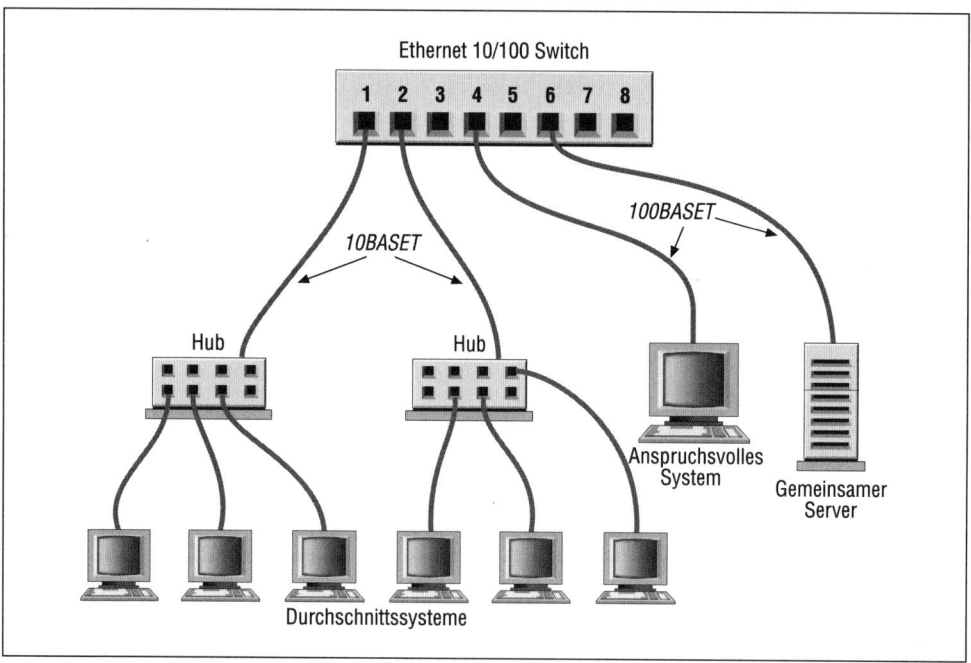

Abbildung 11-1: Unterteilung eines Ethernets mit Switches

Bevor Sie die Ports Ihres Switches verteilen, sollten Sie untersuchen, welche Dienste verlangt werden, und wer mit wem spricht. Entwickeln Sie dann einen Plan, der den Datenfluß in jedem Segment minimiert. Verbraucht beispielsweise das anspruchsvolle System an Port 4 sehr viel Bandbreite, weil es laufend mit einem der Systeme auf Port 1 kommuniziert, werden alle anderen Systeme aufgrund dieses Datenflusses leiden. Der Computer, mit dem dieses anspruchsvolle System spricht, sollte entweder an einen der freien Ports angeschlossen werden oder an den gleichen Port (4) wie dieses System. Nutzen Sie den Switch zu Ihrem größtmöglichen Vorteil, indem Sie die Last verteilen.

Sollte man ein Ethernet mit alten Koaxialkabeln segmentieren, indem man das Kabel durchschneidet und durch einen Router oder eine Bridge wieder verbindet? Nein. Falls Sie ein altes Netzwerk haben, das langsam an seine Grenzen stößt, wird es Zeit, ein neues Netzwerk aufzubauen, das auf einer robusteren Technologie aufbaut. Ein Netzwerk mit einem gemeinsamen Medium (*shared media*), also ein Netzwerk, bei dem jeder am gleichen Kabel hängt (in unserem Beispiel an einem Koaxialkabel) ist ein Unfall auf Raten. Entwerfen Sie ein Netzwerk, das ein Benutzer nicht abschießen kann, indem er sein System versehentlich abklemmt oder ein Kabel in seinem Büro durchtrennt. Verwenden Sie UTP-Kabel (*Unshielded Twisted Pair*), idealerweise CAT5-Kabel, zum Aufbau eines 10BaseT-Ethernet oder eines 100BaseT-Fast-Ethernet, bei dem die Geräte im Büro mit einem Hub verbunden werden, der irgendwo in einem sicheren Raum steht. Die Netzwerkkomponenten des Benutzers sollten vom Netzwerk ausreichend isoliert sein, so daß eine Beschädigung dieser Komponenten nicht das gesamte Netzwerk lahmlegt. Das neue Netzwerk löst Ihre Kollisionsprobleme und reduziert den Aufwand, den Sie für die Hardware-Fehlersuche betreiben müssen.

Probleme mit der Netzwerk-Hardware

Einige der in diesem Abschnitt erläuterten Tests können ein Problem mit der Netzwerk-Hardware aufzeigen. Liegt ein solches Hardware-Problem vor, müssen Sie sich mit den für die Hardware verantwortlichen Leuten in Verbindung setzen. Tritt das Problem bei einer Telefonleitung auf, müssen Sie die Telefongesellschaft verständigen. Taucht das Problem im WAN auf, müssen Sie das Management des WANs benachrichtigen. Warten Sie nicht darauf, daß ein Problem von selbst verschwindet. Es könnte leicht noch schlimmer werden.

Liegt das Problem in Ihrem lokalen Netzwerk, werden Sie es wohl selbst beheben müssen. Einige Tools, etwa der oben erwähnte Kabeltester, können Ihnen hierbei weiterhelfen. Häufig muß man Hardware-Probleme aber auf die brutale Weise angehen, d.h. Hardware abklemmen, bis man die fehlerhafte entdeckt hat. Dies ist am einfachsten am Switch oder Hub zu erledigen. Sobald Sie das den Fehler verursachende Gerät entdeckt haben, reparieren oder ersetzen Sie es. Denken Sie daran, daß das Problem vom Kabel selbst verursacht werden kann und nicht unbedingt vom jeweiligen Gerät.

Das Routing prüfen

Die Fehlermeldung »Netzwerk nicht erreichbar« deutet klar auf ein Routing-Problem hin. Liegt das Problem in der Routing-Tabelle des lokalen Hosts, ist es einfach zu erkennen und zu beheben. Zuerst nutzen wir **netstat –nr** und **grep**, um zu sehen, ob eine gültige Route zum gewünschten Ziel in der Routing-Tabelle installiert ist. Im folgenden Beispiel suchen wir nach einer Route zum Netzwerk 128.8.0.0:

```
% netstat -nr | grep '128\.8\.0'
128.8.0.0     26.20.0.16     UG      0    37    std0
```

Der gleiche Test würde überhaupt keine Antwort zurückliefern, wenn das System diese Route nicht in seiner Routing-Tabelle stehen hat. Beispielsweise meldet ein Benutzer, daß das »Netzwerk unten ist«, weil er über **ftp** nicht auf *sunsite.unc.edu* gelangen kann, und **ping** das folgende Ergebnis zurückliefert:

```
% ping -s sunsite.unc.edu 56 2
PING sunsite.unc.edu: 56 data bytes
sendto: Network is unreachable
ping: wrote sunsite.unc.edu 64 chars, ret=-1
sendto: Network is unreachable
ping: wrote sunsite.unc.edu 64 chars, ret=-1

----sunsite.unc.edu PING Statistics----
2 packets transmitted, 0 packets received, 100% packet loss
```

Basierend auf dieser Fehlermeldung prüfen wir die Routing-Tabelle des Benutzers. In unserem Beispiel suchen wir nach einer Route zu *sunsite.unc.edu*. Die IP-Adresse von[4] sunsite.unc.edu ist 152.2.254.81, also eine Klasse-B-Adresse. Denken Sie daran, daß Routen netzwerkorientiert sind. Wir suchen also nach einer Route zu Netzwerk 152.2.0.0:

```
% netstat -nr | grep '152\.2\.0\.0'
%
```

Dieser Test zeigt, daß es keine *spezifische* Route zu 152.2.0.0 gibt. Wäre eine solche Route gefunden worden, hätte **grep** sie ausgegeben. Da es keine spezifische Route zu diesem Ziel gibt, müssen Sie sich noch die Standard-Route ansehen:

```
% netstat -nr | grep def
default       172.16.12.1     UG    0    101277  le0
```

Gibt **netstat** die richtige spezifische Route oder eine gültige Standard-Route aus, ist die Routing-Tabelle nicht die Ursache des Problems. In diesem Fall können Sie **traceroute** verwenden, um die Route auf dem ganzen Weg zum Ziel zu verfolgen. (Wir beschreiben das noch an anderer Stelle in diesem Kapitel.)

Gibt **netstat** nicht die erwartete Route zurück, haben wir es mit einem lokalen Routing-Problem zu tun. Lokale Routing-Probleme können mit zwei Ansätzen angegangen werden, je nachdem, ob das System mit statischem oder dynamischem Routing arbeitet. Wenn Sie mit statischem Routing arbeiten, installieren Sie die fehlende Route mit dem Befehl **route add**. Denken Sie daran, daß die meisten mit statischen Routen arbeitenden Systeme von einer Standard-Route abhängig sind. Die fehlende Route könnte also durchaus die Standard-Route sein. Stellen Sie sicher, daß die Startup-Dateien bei jedem Booten alle notwendigen Routen in die Tabelle aufnehmen. In Kapitel 7 finden Sie detaillierte Informationen zu **route add**.

---

4 Nutzen Sie **nslookup**, um eine Ihnen nicht bekannte IP-Adresse zu ermitteln. **nslookup** wird später in diesem Kapitel behandelt.

Wenn Sie mit dynamischem Routing arbeiten, müssen Sie sicherstellen, daß das Routing-Programm läuft. Zum Beispiel überprüfen wir mit dem folgenden Befehl, ob **gated** läuft:

```
% ps `cat /etc/gated.pid`
  PID TT STAT   TIME COMMAND
27711 ?  S    304:59 gated -tep /etc/log/gated.log
```

Läuft der richtige Routing-Daemon nicht, starten Sie ihn neu und aktivieren Sie das Tracing. Mit dem Tracing können Sie nach Problemen suchen, die den Daemon zu einem ungewöhnlichen Abbruch gezwungen haben könnten.

RIP-Updates prüfen

Läuft der Routing-Daemon, und empfängt das lokale System Routing-Updates über RIP (Routing Information Protocol), können Sie die von anderen RIP-Anbietern empfangenen Updates mit **ripquery** prüfen. Sollen zum Beispiel die von *almond* und *pecan* empfangenen RIP-Updates überprüft werden, gibt der *peanut*-Administrator folgenden Befehl ein:

```
% ripquery -1 -n -r almond pecan
 44 bytes from almond.nuts.com(172.16.12.1):
    0.0.0.0, metric 3
    10.0.0.0, metric 0
264 bytes from pecan.nuts.com(172.16.12.3):
    172.16.5.0, metric 2
    172.16.3.0, metric 2
       .
       .
       .
    172.16.12.0, metric 2
    172.16.13.0, metric 2
```

Auf die das Gateway identifizierende erste Zeile gibt **ripquery** den Inhalt der eingehenden RIP-Pakete mit jeweils einer Route pro Zeile aus. Die erste Zeile des Reports zeigt, daß **ripquery** eine Antwort von *almond* empfangen hat. Dieser Zeile folgen zwei weitere Zeilen mit den von *almond* angebotenen Routen. *almond* bietet die Standard-Route (Ziel 0.0.0.0) mit einer Metrik von 3 an und seine direkte Route zu Milnet (Ziel 10.0.0.0) mit einer Metrik von 0. Als nächstes zeigt **ripquery** die von *pecan* angebotenen Routen. Dabei handelt es sich um die Routen zu den anderen Subnetzen von *nuts-net*.

Die drei in diesem Beispiel verwendeten **ripquery**-Optionen sind:

−1

> Sendet die Query in Form eines Pakets der RIP-Version 1. Standardmäßig werden die Pakete entsprechend RIP-Version 2 verschickt. Ältere Systeme verstehen möglicherweise nur die erste Version.

–n

Zwingt **ripquery** dazu, alles in numerischer Form auszugeben. **ripquery** versucht, alle IP-Adressen in Namen abzubilden, wenn die Option **–n** nicht angegeben wird. Sie sollten die Option **–n** verwenden. Sie sorgt für eine übersichtlichere Ausgabe und verschwendet keine Zeit mit der Auflösung von Namen.

–r

Weist **ripquery** an, den Befehl RIP REQUEST anstelle von RIP POLL zu verwenden, um den RIP-Anbieter abzufragen. RIP POLL wird nicht überall unterstützt. Eine erfolgreiche Abfrage ist wahrscheinlicher, wenn Sie **–r** in der **ripquery**-Kommandozeile angeben.

Die von diesen Updates zurückgelieferten Routen sollten den von Ihnen erwarteten Routen entsprechen. Wenn dem nicht so ist, oder wenn keine Routen zurückgegeben werden, müssen Sie die Konfiguration der RIP-Anbieter prüfen. Probleme in der Routing-Konfiguration führen dazu, daß RIP-Anbieter Routen anbieten, die sie nicht anbieten sollten, bzw. die Routen nicht anbieten, die sie eigentlich anbieten sollten. Sie können solche Probleme nur erkennen, indem Sie Ihr Wissen über die Netzwerkkonfiguration anwenden. Erwarten Sie keine Fehlermeldungen oder unverständliche Routen. Nehmen wir zum Beispiel an, daß *pecan* im obigen Beispiel das folgende Update zurückgeliefert hat:

```
264 bytes from pecan.nuts.com(172.16.12.3):
   0.0.0.0, metric 2
   172.16.3.0, metric 2
      .
      .
      .
   172.16.12.0, metric 2
   172.16.13.0, metric 2
```

Dieses Update zeigt, daß *pecan* sich selbst als Standard-Gateway anbietet, und zwar zu einem geringeren »Preis« (2 gegen 3) als *almond*. Das würde jeden Host in diesem Subnetz dazu verleiten, *pecan* als Standard-Gateway zu verwenden. Wenn das nicht Ihrem Wunsch entspricht, müssen Sie die Routing-Konfiguration auf *pecan* korrigieren.[5]

Routen verfolgen

Sind die lokale Routing-Tabelle und die RIP-Anbieter in Ordnung, kann das Problem vom lokalen Host etwas weiter entfernt sein. Solche entfernten Routing-Probleme können zu »Keine Antwort«-Fehlern führen, können aber auch für »Netzwerk nicht erreichbar«-Meldungen verantwortlich sein. Allerdings deutet die »Netzwerk nicht erreichbar«-Meldung nicht immer auf ein Routing-Problem hin. Sie kann auch bedeuten, daß ein Netzwerk nicht zu erreichen ist, weil irgendwo zwischen dem lokalen Host und dem entfernten Ziel eine Unterbrechung vorliegt. **traceroute** ist das Programm, daß Sie beim Aufspüren solcher Probleme unterstützen kann.

---

5 Die Korrektur der Routing-Konfiguration wird in Kapitel 7 behandelt.

traceroute verfolgt die Route von UDP-Paketen vom lokalen Host zum entfernten Ziel. Es gibt den Namen (wenn er bestimmt werden kann) und die IP-Adresse jedes Gateways aus, das auf dem Weg zum Ziel passiert wird.

traceroute verwendet zwei Techniken, kleine TTL-Werte (Time-to-Live) und eine ungültige Portnummer, um Pakete auf ihrem Weg zum Ziel zu verfolgen. **traceroute** sendet UDP-Pakete mit kleinen TTL-Werten, um die auf dem Weg liegenden Gateways zu erkennen. Die TTL-Werte beginnen bei 1 und werden nach jeder Gruppe von drei gesendeten UDP-Paketen um eins erhöht. Empfängt ein Gateway das Paket, dekrementiert es die TTL. Ist die TTL dann 0, wird das Paket nicht weitergeleitet, und die ICMP-Meldung »Time Exceeded« (also Zeit abgelaufen) wird an den Ausgangspunkt des Pakets zurückgegeben. **traceroute** gibt jeweils eine Zeile für jedes Gateway aus, von dem es eine »Time Exceeded«-Meldung erhält. Abbildung 11-2 zeigt eine solche Zeile, die für ein Gateway ausgegeben wird, und macht die Bedeutung jedes Feldes in der Zeile deutlich. Sobald der Zielhost ein Paket von **traceroute** erhält, gibt er die ICMP-

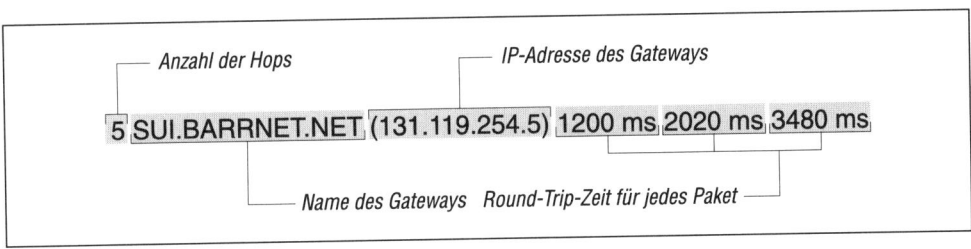

Abbildung 11-2: Ausgabe von traceroute

Meldung »Unreachable Port« (Port nicht erreichbar) zurück. Das passiert, weil **traceroute** absichtlich eine ungültige Portnummer (33434) verwendet, um diesen Fehler zu erzwingen. Sobald **traceroute** diese Meldung empfängt, weiß das Programm, daß es den Zielhost erreicht hat, und bricht die Operation ab. So ist **traceroute** in der Lage, eine Liste aller Gateways zu erstellen. Es beginnt einen Hop entfernt und geht immer einen Hop weiter, bis das entfernte Ziel erreicht ist. Abbildung 11-3 macht den Paketfluß bei der Verfolgung deutlich. Das Ziel ist dabei drei Hops entfernt. Nachfolgend sehen Sie einen **traceroute** zu *ds.internic.net* von einem an BBN PlaNET hängenden Linux-System. **traceroute** sendet für jeden TTL-Wert jeweils drei Pakete aus. Wird auf ein Paket keine Antwort empfangen, gibt **traceroute** ein »Sternchen« (*) aus. Erhält **traceroute** eine Antwort, gibt es den Namen und die Adresse des antwortenden Gateways aus sowie die Round-Trip-Zeit des Pakets in Millisekunden.

```
% traceroute ds.internic.net
traceroute to ds.internic.net (198.49.45.10), 30 hops max, 40 byte packets
 1  gw-55.nuts.com (172.16.55.200)  0.95 ms  0.91 ms  0.91 ms
 2  172.16.230.254 (172.16.230.254)  1.51 ms  1.33 ms  1.29 ms
 3  gw225.nuts.com (172.16.2.252)  4.13 ms  1.94 ms  2.20 ms
 4  192.221.253.2 (192.221.253.2)  52.90 ms  81.19 ms  58.09 ms
 5  washdc1-br2.bbnplanet.net (4.0.36.17)  6.5 ms  5.8 ms  5.88 ms
```

```
 6  nyc1-br1.bbnplanet.net (4.0.1.114)  13.24 ms  12.71 ms  12.96 ms
 7  nyc1-br2.bbnplanet.net (4.0.1.178)  14.64 ms  13.32 ms  12.21 ms
 8  cambridge1-br1.bbnplanet.net (4.0.2.86)  28.84 ms  27.78 ms  23.56 ms
 9  cambridge1-cr14.bbnplanet.net (199.94.205.14)  19.9 ms  24.7 ms 22.3 ms
10  attbcstoll.bbnplanet.net (206.34.99.38)  34.31 ms  36.63 ms  32.21 ms
11  ds0.internic.net (198.49.45.10)  33.19 ms  33.34 ms  *
```

Dieser Trace zeigt, daß 10 dazwischen liegende Gateways involviert sind, daß die Pakete ihre Runde machen, und daß die Round-Trip-Zeit für Pakete von diesem Host zu *ds.internic.net* bei etwa 33 Millisekunden liegt.

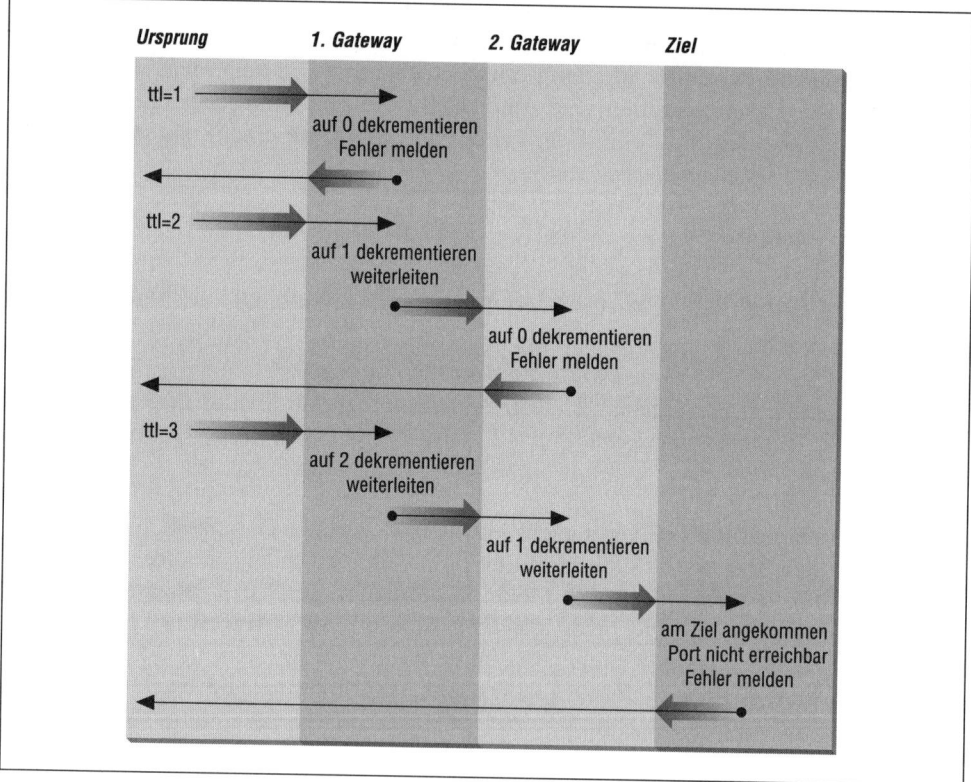

Abbildung 11-3: Fluß von traceroute-Paketen

Variationen und Bugs in der Implementierung von ICMP auf verschiedenen Gateway-Typen sowie der nicht vorhersehbare Weg, den ein Datagramm durch das Netzwerk gehen kann, führen manchmal zu etwas seltsamen Ausgaben. Aus diesem Grund sollten Sie sich die Ausgabe von **traceroute** nicht zu genau ansehen. Die wichtigsten Erkenntnisse der **traceroute**-Ausgabe sind:

* Hat das Paket sein entferntes Ziel erreicht?

* Wenn nicht, wo hat es angehalten?

Das nachfolgende Beispiel zeigt einen anderen Trace des Pfades zu *ds.internic.net*. Diesmal ist der Weg bis zum InterNIC nicht geschafft worden.

```
% traceroute ds.internic.net
traceroute to ds.internic.net (198.49.45.10), 30 hops max,
    40 byte packets
 1  gw-55.nuts.com (172.16.55.200)  0.959 ms  0.917 ms  0.913 ms
 2  172.16.230.254 (172.16.230.254)  1.518 ms  1.337 ms  1.296 ms
 3  gw225.nuts.com (172.16.2.252)  4.137 ms  1.945 ms  2.209 ms
 4  192.221.253.2 (192.221.253.2)  52.903 ms  81.19 ms  58.097 ms
 5  washdc1-br2.bbnplanet.net (4.0.36.17)  6.5 ms  5.8 ms  5.888 ms
 6  nyc1-br1.bbnplanet.net (4.0.1.114)  13.244 ms  12.717 ms  12.968 ms
 7  nyc1-br2.bbnplanet.net (4.0.1.178)  14.649 ms  13.323 ms  12.212 ms
 8  cambridge1-br1.bbnplanet.net (4.0.2.86)  28.842 ms  27.784 ms
    23.561 ms
 9  * * *
10  * * *
    .
    .
    .
    .
29  * * *
30  * * *
```

Kann **traceroute** die Pakete nicht bis zum entfernten Ziel durchbringen, kann das Programm die Route nicht mehr verfolgen und gibt bei jedem Hop drei Sternchen aus, bis der Hop-Zähler den Wert 30 erreicht. Falls das passiert, sollten Sie sich mit dem Administrator des entfernten Hosts in Verbindung setzen sowie mit dem Administrator des letzten zu erreichenden Gateways. Erklären Sie ihnen das Problem, möglicherweise können sie helfen.[6] In unserem Beispiel war *cambridge1-br1.bbnplanet.net* das letzte auf unsere Pakete antwortende Gateway. Wir würden also den Administrator dieses Systems und den Administrator von *ds.internic.net* ansprechen.

Den Nameservice prüfen

Probleme mit dem Nameserver werden durch die von der Anwendung zurückgegebene Fehlermeldung »unknown host« angedeutet. Nameserver-Probleme können normalerweise mit **nslookup** oder **dig** diagnostiziert werden. **nslookup** wird in Kapitel 8 ausführlich behandelt. **dig** stellt eine Alternative mit vergleichbarer Funktionalität dar und wird in diesem Kapitel besprochen. Bevor wir uns **dig** zuwenden, wollen wir noch einen Blick auf **nslookup** werfen und zeigen, wie man es zur Nameservice-Fehlersuche verwendet.

Die drei in Kapitel 8 behandelten **nslookup**-Features sind besonders wichtig für die Fehlersuche bei Problemen mit entfernten Nameservern. Diese Features sind:

---

6 Kapitel 13 beschreibt, wie Sie den für einen bestimmten Computer verantwortlichen Administrator finden.

- Lokalisierung der autoritativen Server der entfernten Domain mit der NS-Query
- Lesen aller Records über den entfernten Host mit der ANY-Query
- Ansehen aller Einträge der entfernten Zone mit Hilfe der **nslookup**-Befehle **ls** und **view**

Wenn Sie den Fehler bei einem Problem mit einem entfernten Server suchen, fragen Sie direkt die autoritativen Server ab, die von der NS-Query zurückgeliefert werden. Verlassen Sie sich nicht auf Informationen nicht-autoritativer Server. Treten die gemeldeten Probleme nur zeitweise auf, müssen Sie nacheinander alle autoritativen Server abfragen und deren Antworten vergleichen. Solche zeitweise auftretenden Probleme werden manchmal von den entfernten Servern verursacht, weil auf die gleiche Abfrage unterschiedliche Antworten zurückgegeben werden.

Die ANY-Query gibt alle Records über einen Host zurück, liefert also die breiteste Palette mit Informationen zur Fehlersuche. Einfach nur zu wissen, daß Informationen verfügbar sind (oder eben nicht) kann eine Vielzahl von Problemen lösen. Gibt eine Query beispielsweise ein MX-Record aber kein A-Record zurück, ist es einfach nachzuvollziehen, warum ein Benutzer kein **telnet** auf den Host ausführen kann! Viele Hosts sind über Mail zu erreichen, nicht aber über andere Netzwerkdienste. In diesem Fall ist der Benutzer einfach verwirrt und versucht den entfernten Host in einer unangebrachten Weise zu nutzen.

Sind Sie nicht in der Lage, irgendwelche Informationen über den vom Benutzer angegebenen Hostnamen zu ermitteln, ist dieser Hostname möglicherweise falsch. Ist der Hostname falsch, ist die Suche nach dem richtigen Namen mit der Suche nach der berühmten Nadel im Heuhaufen vergleichbar. Dennoch kann **nslookup** hier helfen. Nutzen Sie den **nslookup**-Befehl **ls**, um die Zonendatei herunterzuladen, und leiten Sie die Ausgabe in eine Datei um. Nutzen Sie dann den **nslookup**-Befehl **view**, um in der Datei nach ähnlich lautenden Namen zu suchen. Viele Probleme werden durch einen falschen Hostnamen verursacht.

Alle hier angesprochenen **nslookup**-Features und Befehle werden in Kapitel 8 verwendet. Einige Anwendungsbeispiele dieser Befehle zur Lösung realer Nameserver-Probleme werden aber dennoch hilfreich sein. Die drei nachfolgenden Beispiele basieren auf tatsächlich aufgetretenen Fehlern.[7]

Einige Systeme funktionieren, andere nicht

Ein Benutzer hat gemeldet, daß er bestimmte Hostnamen auf seiner Workstation auflösen kann, nicht aber auf dem zentralen System. Gleichzeitig konnte das zentrale System aber andere Hostnamen auflösen. Wir haben verschiedene Tests durchgeführt und herausgefunden, daß der Hostname auf einigen Systemen aufgelöst werden konnte und auf anderen nicht. Es schien kein vorhersehbares Muster für diesen Fehler zu geben. Wir haben daher **nslookup** genutzt, um die entfernten Server zu prüfen.

---

7 Die Host- und Servernamen sind fiktiv, aber die Probleme sind real.

```
% nslookup
Default Server:  almond.nuts.com
Address:  172.16.12.1

> set type=NS
> foo.edu.
Server:  almond.nuts.com
Address:  172.16.12.1

foo.edu          nameserver = gerbil.foo.edu
foo.edu          nameserver = red.big.com
foo.edu          nameserver = shrew.foo.edu
gerbil.foo.edu   inet address = 198.97.99.2
red.big.com   inet address = 184.6.16.2
shrew.foo.edu     inet address = 198.97.99.1
> set type=ANY
> server gerbil.foo.edu
Default Server:  gerbil.foo.edu
Address:  198.97.99.2

> hamster.foo.edu
Server:  gerbil.foo.edu
Address:  198.97.99.2

hamster.foo.edu          inet address = 198.97.99.8
> server red.big.com
Default Server:  red.big.com
Address:  184.6.16.2
> hamster.foo.edu
Server:  red.big.com
Address:  184.6.16.2

*** red.big.com can't find hamster.foo.edu: Non-existent domain
```

Diese **nslookup** Beispiel-Session enthält mehrere Schritte. Der erste Schritt besteht darin, die autoritativen Server für den fraglichen Host (*hamster.foo.edu*) zu ermitteln. Wir legen den Query-Typ mit NS fest, um an die Nameserver-Records zu gelangen, und fragen nach der Domain, in der der Hostname zu finden ist (*foo.edu*). Zurückgegeben wird eine Liste mit drei autoritativen Servern: *gerbil.foo.edu*, *red.big.com* und *shrew. foo.edu*.

Als nächstes legen wir den Query-Typ mit ANY fest und sehen uns alle Records an, die etwas mit dem fraglichen Hostnamen zu tun haben. Wir geben den Server mit dem ersten Server der Liste an (*gerbil.foo.edu*) und fragen nach *hamster.foo.edu*. Das liefert uns ein Adreß-Record zurück, d.h., der Server *gerbil.foo.edu* funktioniert. Wir wiederholen diesen Test mit *red.big.com* als Server, was aber fehlschlägt: Es werden keine Records zurückgegeben.

Der nächste Schritt besteht darin, die SOA-Records von jedem Server zu lesen und zu prüfen, ob sie gleich sind:

```
> set type=SOA
> foo.edu.
Server:   red.big.com
Address:  184.6.16.2

foo.edu          origin = gerbil.foo.edu
   mail addr = amanda.gerbil.foo.edu
   serial=10164, refresh=43200, retry=3600, expire=3600000,
   min=2592000
> server gerbil.foo.edu
Default Server:  gerbil.foo.edu
Address:  198.97.99.2

> foo.edu.
Server:   gerbil.foo.edu
Address:  198.97.99.2

foo.edu          origin = gerbil.foo.edu
   mail addr = amanda.gerbil.foo.edu
   serial=10164, refresh=43200, retry=3600, expire=3600000,
   min=2592000


> exit
```

Haben die SOA-Records unterschiedliche Seriennummern, ist möglicherweise die Zonendatei (und damit der Hostname) noch nicht auf den sekundären Server heruntergeladen worden. Sind, wie in diesem Fall, die Seriennummern identisch, die Daten aber verschieden, gibt es definitiv ein Problem. Sprechen Sie den Administrator der entfernten Domain an und informieren Sie ihn über das Problem. Die Mail-Adresse des Administrators steht im »mail addr«-Feld des SOA-Records. In unserem Beispiel würden wir also Mail an *amanda@gerbil.foo.edu* schicken, um das Problem zu melden.

Die Daten sind da, und der Server kann sie nicht finden!

Dieses Problem wurde vom Administrator eines unserer sekundären Nameserver gemeldet. Der Server konnte einen bestimmten Hostnamen in einer Domain nicht auflösen, für den er als sekundärer Server fungierte. Der primäre Server war hingegen in der Lage, den Namen aufzulösen. Der Administrator hat einen Cache-Dump erzeugt (mehr dazu im nächsten Abschnitt) und konnte im Dump erkennen, daß der Server den richtigen Eintrag für diesen Host enthält. Dennoch wollte der Server den Hostnamen nicht in die IP-Adresse abbilden!

Dieses Problem konnte auf verschiedenen anderen sekundären Servern dupliziert werden. Der primäre Server konnte den Namen auflösen, die sekundären Server nicht. Alle Server hatten die gleiche SOA-Seriennummer, und ein Cache-Dump jedes Servers zeigte, daß alle die richtigen Adreß-Records für den fraglichen Server besaßen. Weshalb konnten sie also nicht den Hostnamen in eine IP-Adresse auflösen?

Indem wir uns den Unterschied vor Augen geführt haben, wie primäre und sekundäre Server ihre Daten laden, wurden wir auf den Zonentransfer aufmerksam. Primäre Server laden ihre Daten direkt von der lokalen Festplatte. Sekundäre Server übertragen die

Daten vom primären Server durch einen Transfer der Zonendatei. Vielleicht sind die Zonendateien beschädigt worden. Wir haben uns die Zonendatei auf einem der sekundären Server angesehen und die folgenden Daten erhalten:

```
% cat /usr/etc/sales.nuts.com.hosts
PCpma   IN A   172.16.64.159
        IN HINFO"pc" "n3/800salesnutscom"
PCrkc   IN A   172.16.64.155
        IN HINFO"pc" "n3/800salesnutscom"
PCafc   IN A   172.16.64.189
        IN HINFO"pc" "n3/800salesnutscom"
accu    IN A   172.16.65.27
cmgds1INA 172.16.130.40
cmg     IN A   172.16.130.30
PCgns   IN A   172.16.64.167
        IN HINFO"pc" " (3/800salesnutscom"
gw      IN A   172.16.65.254
zephyrINA 172.16.64.188
        IN HINFO"Sun" "sparcstation"
ejw     IN A   172.16.65.17
PCecp   IN A   172.16.64.193
        IN HINFO"pc" "n^Lsparcstationstcom"
```

Beachten Sie die seltsame Ausgabe im letzten Feld der HINFO-Anweisung jedes PCs.[8] Diese Daten könnten während des Transfers beschädigt worden sein oder auf dem primären Server schon falsch sein. Wir haben das mit **nslookup** überprüft.

```
% nslookup
Default Server: almond.nuts.com
Address: 172.16.12.1

> server acorn.sales.nuts.com
Default Server: acorn.sales.nuts.com
Address: 172.16.6.1

> set query=HINFO
> PCwlg.sales.nuts.com
Server: acorn.sales.nuts.com
Address: 172.16.6.1

PCwlg.sales.nuts.com    CPU=pc  OS=ov
packet size error (0xf7fff590 != 0xf7fff528)
> exit
```

In diesem Beispiel haben wir den Server mit *acorn.sales.nuts.com* angegeben, dem primären Server für *sales.nuts.com*. Als nächstes haben wir das HINFO-Record eines Hosts abgefragt, dessen Eintrag scheinbar beschädigt war. Die Meldung »packet size error« macht ganz deutlich, daß **nslookup** ebenfalls Probleme hatte, das HINFO-Record direkt vom primären Server zu lesen. Wir haben daraufhin den Administrator des primären Servers informiert, ihm das Problem erläutert und die fraglichen Records angegeben. Er

---

8 Eine detaillierte Erläuterung der HINFO-Anweisung finden Sie in Kapitel D.

hat dann entdeckt, daß er vergessen hatte, einen Betriebssystemeintrag in eines der HINFO-Records aufzunehmen. Er hat das korrigiert, und damit war der Fehler behoben.

Beschädigter Cache

Das oben beschriebene Problem wurde verursacht, weil der Cache des Nameservers durch fehlerhafte Daten beschädigt wurde. Fehler im Cache können auch vorkommen, wenn Ihr System nicht als sekundärer Server arbeitet. Manchmal werden die Root-Server-Einträge im Cache beschädigt. Das Anlegen eines Cache-Dumps kann bei der Diagnose dieser Probleme helfen.

So meldete ein Benutzer beispielsweise sporadische Fehler beim Nameserver. Er hatte keinerlei Probleme mit Hostnamen innerhalb der lokalen Domain oder mit bestimmten Namen außerhalb der lokalen Domain. Namen in bestimmten entfernten Domains konnten aber nicht aufgelöst werden. Tests mit **nslookup** ergaben keine handfesten Hinweise, weshalb ein Dump des Nameserver-Caches angelegt und auf Probleme hin untersucht wurde. Die Root-Server-Einträge waren beschädigt, weshalb **named** neu geladen wurde, um den Cache zu leeren und die Datei *named.ca* erneut einzulesen. Und das geht wie folgt.

Das Signal SIGINT veranlaßt **named** zu einem Dump des Nameserver-Caches in die Datei */var/tmp/named_dump.db*. Der folgende Befehl übergibt dieses Signal an **named**:

```
# kill -INT `cat /etc/named.pid`
```

Die Prozeß-ID für **named** ist in */etc/named.pid* zu finden, weil **named** die Prozeß-ID beim Hochfahren in diese Datei schreibt. Diesen Umstand machen wir uns im obigen Beispiel zunutze.[9]

Sobald SIGINT **named** zu einem Schnappschuß des Caches veranlaßt hat, können wir uns den Anfang der entsprechenden Datei ansehen und bestimmen, ob die Namen und Adressen der Root-Server korrekt sind:

```
# head -10 /var/tmp/named_dump.db
; Dumped at Wed Sep 18 08:45:58 1991
; --- Cache & Data ---
$ORIGIN .
.        80805   IN      SOA     NS.NIC.DDN.MIL. HOSTMASTER.NIC.DDN.MIL.
         ( 910909 10800 900 604800 86400 )
         479912  IN      NS      NS.NIC.DDN.MIL.
         479912  IN      NS      AOS.BRL.MIL.
         479912  IN      NS      A.ISI.EDU.
         479912  IN      NS      C.NYSER.NET.
         479912  IN      NS      TERP.UMD.EDU.
```

Diese Ausgabe zeigt einen sauberen Cache. Falls zeitweilige Nameserver-Probleme Ihren Verdacht auf einen beschädigten Cache lenken, müssen Sie den Cache untersu-

---

9   Bei unserem Linux-System steht die Prozeß-ID in */var/run/named.pid*.

chen und die Namen und Adressen aller Root-Server prüfen. Die folgenden Symptome deuten auf ein Problem mit dem Root-Server-Cache hin:

- Falsche Root-Server-Namen. Der Abschnitt */etc/named.ca* in Kapitel 8 beschreibt, wie man die richtigen Namen der Root-Server ermittelt. Die einfachste Möglichkeit besteht darin, sich die Datei *domain/named.root* vom InterNIC zu besorgen.

- Keine oder eine fehlerhafte Adresse für einen der Server. Auch hier stehen die richtigen Adressen in *domain/named.root.*

- Ein anderer Name als Root (.) im Namensfeld des ersten Root-Server NS-Records, oder das Wildcard-Zeichen (*) im Namensfeld eines Root- oder Top-Level-Nameservers. Die Struktur von NS-Records wird in Anhang D beschrieben.

Ein fehlerhafter Cache mit mehreren Fehlern sieht etwa so aus:

```
# head -10 /var/tmp/named_dump.db
; Dumped at Wed Sep 18 08:45:58 1991
; --- Cache & Data ---
$ORIGIN .
arpa    80805   IN      SOA     SRI-NIC.ARPA.   HOSTMASTER.SRI-NIC.ARPA.
        ( 910909 10800 900 604800 86400 )
        479912  IN      NS      NS.NIC.DDN.MIL.
        479912  IN      NS      AOS.BRL.MIL.
        479912  IN      NS      A.ISI.EDU.
        479912  IN      NS      C.NYSER.NET.
        479912  IN      NS      TERP.UMD.EDU.
*       479912  IN      NS      NS.FOO.MIL.
```

Dieses (künstliche) Beispiel enthält drei krasse Fehler. Der »arpa«-Eintrag im ersten Feld des SOA-Records ist ungültig und die wohl unbekannteste Form eines beschädigten Caches. Das letzte NS-Record ist ebenfalls ungültig. NS.FOO.MIL. ist kein gültiger Root-Server, und ein Sternchen (*) im ersten Feld eines Root-Server-Records ist nicht normal.

Falls Sie solche Probleme sehen, zwingen Sie **named** mit einem SIGHUP-Signal zum erneuten Laden des Caches. Das können Sie mit dem folgenden Befehl erreichen:

```
# kill -HUP `cat /etc/named.pid`
```

Damit wird der Cache gelöscht und wieder mit gültigen Root-Server-Einträgen aus Ihrer *named.ca* gefüllt.

Wenn Sie wissen, welches System Ihren Cache beschädigt, können Sie Ihr System anweisen, Updates vom »Übeltäter« zu ignorieren. Nutzen Sie hierzu die Anweisung **bogusns** in Ihrer */etc/named.boot* file. Die **bogusns**-Anweisung führt die IP-Adressen von Nameservern auf, deren Informationen man nicht vertrauen kann. Für unser obiges Beispiel, bei dem *acorn.sales.nuts.com* (172.16.16.1) aufgrund fehlerhaft formatierter HINFO-Records eine Beschädigung des Caches verursacht hat, könnten wir den folgenden Eintrag in *named.boot* aufnehmen, um Queries von *acorn.sales.nuts.com* zu blockieren und damit die Beschädigung des Caches zu verhindern:

```
bogusns 172.16.16.1
```

Der **bogusns**-Eintrag ist nur eine temporäre Lösung. Sie soll die Dinge am Laufen halten, während der Domain-Administrator die Möglichkeit erhält, das Problem zu finden und zu beheben. Sobald das entfernte System wieder sauber läuft, sollten Sie den **bogusns**-Eintrag wieder aus *named.boot* entfernen.

dig: Eine Alternative zu nslookup

Als Alternative zu **nslookup** können Sie für Nameserver-Queries auch **dig** verwenden. **dig**-Queries werden üblicherweise als Einzeiler formuliert, während **nslookup** normalerweise interaktiv ausgeführt wird. Der **dig**-Befehl erfüllt grundsätzlich aber die gleiche Funktion wie **nslookup**. Welches Programm Sie verwenden, ist hauptsächlich eine Frage der persönlichen Vorliebe; sie funktionieren beide.

Als Beispiel werden wir **dig** nutzen, um den Root-Server *terp.umd.edu* nach den NS-Records der Domain *mit.edu* zu fragen. Wir verwenden hierzu den folgenden Befehl:

```
% dig @terp.umd.edu mit.edu ns
```

Hier ist *@terp.umd.edu* der abzufragende Server. Sie können den Server über seinen Namen oder über die IP-Adresse angeben. Wenn Sie ein Problem mit einem entfernten Server untersuchen, sollten Sie den autoritativen Server für diese Domain angeben. In diesem Beispiel suchen wir nach den Namen der Server einer Top-Level-Domain (*mit.edu*), wir fragen also einen Root-Server ab.

Geben Sie explizit keinen Nameserver an, verwendet **dig** den lokalen oder den in */etc/resolv.conf* definierten Nameserver. (Kapitel 8 erklärt *resolv.conf*.) Optional können Sie in der Umgebungsvariablen LOCALRES den Namen einer alternativen *resolv.conf* angeben. Diese wird dann in **dig**-Queries anstelle der */etc/resolv.conf* genutzt. Das Setzen der LOCALRES-Variable hat nur Auswirkungen auf **dig**. Andere Programme arbeiten auch weiterhin mit */etc/resolv.conf*.

Das letzte Element unserer Befehlszeile ist *ns*, der gewünschte Abfragetyp. Mit diesem Abfragetyp fordern Sie eine bestimmte Art von DNS-Informationen ab. Er ist mit dem bei **nslookup** verwendeten Befehl **set type** zu vergleichen. Tabelle 11-1 führt die möglichen **dig** Query-Typen und ihre Bedeutung auf.

Tabelle 11-1: dig Query-Typen

Query-Typ	Angefordertes DNS-Record
a	Adreß-Records
any	Alle Arten von Records
mx	Mail Exchange Records
ns	Nameserver Records
soa	"Start of Authority" Records
hinfo	Host Info Records

Tabelle 11-1: dig Query-Typen (Fortsetzung)

Query-Typ	Angefordertes DNS-Record
axfr	Alle Records der Zone
txt	Text-Records

Beachten Sie, daß die **nslookup**-Funktion **ls** bei **dig** vom Query-Typ **axfr** übernommen wird.

dig besitzt auch eine Option, mit der Sie den Hostnamen ermitteln können, wenn Ihnen nur die IP-Adresse vorliegt. Liegt Ihnen nur die IP-Adresse eines Rechners vor, werden Sie möglicherweise den Hostnamen ermitteln wollen, weil IP-Adressen wesentlich anfälliger für Schreibfehler sind. Der Hostname kann die Probleme eines Benutzers deutlich reduzieren. Die Domain *in-addr.arpa* wandelt Adressen in Hostnamen um, und **dig** stellt eine einfache Möglichkeit zur Verfügung, *in-addr.arpa*-Domainqueries durchzuführen. Mit der Option **–x** können Sie eine Zahl in einen Namen umwandeln, ohne die Adresse manuell umkehren und »in-addr.arpa« anhängen zu müssen. Möchten Sie beispielsweise den Hostnamen für die IP-Adresse 18.72.0.3 ermitteln, geben Sie einfach folgendes ein:

```
% dig -x 18.72.0.3

; <<>> DiG 2.1 <<>> -x
;; res options: init recurs defnam dnsrch
;; got answer:
;; ->>HEADER<<- opcode: QUERY, status: NOERROR, id: 6
;; flags: qr aa rd ra; Ques: 1, Ans: 1, Auth: 0, Addit: 0
;; QUESTIONS:
;;      3.0.72.18.in-addr.arpa, type = ANY, class = IN

;; ANSWERS:
3.0.72.18.in-addr.arpa. 21600    PTR     BITSY.MIT.EDU.

;; Total query time: 74 msec
;; FROM: peanut to SERVER: default -- 172.16.12.1
;; WHEN: Sat Jul 12 11:12:55 1997
;; MSG SIZE  sent: 40  rcvd: 67
```

Die Antwort auf unsere Frage lautet BITSY.MIT.EDU, aber **dig** gibt noch sehr viel mehr aus. Die ersten fünf und die letzten vier Zeilen liefern Informationen und Statistiken zur Query. In unserem Fall ist die Antwort die einzig wichtige Information.[10]

---

10 Um als Antwort nur eine Zeile zu erhalten, übergeben Sie die Ausgabe von **dig** über eine Pipe an **grep**; z.B. **dig –x 18.72.0.3 | grep PTR**.

Protokollprobleme analysieren

Durch fehlerhafte TCP/IP-Konfigurationen verursachte Probleme kommen weitaus häufiger vor als durch fehlerhafte Implementierungen des TCP/IP-Protokolls verursachte. Die meisten dieser Probleme werden unter Einsatz der bereits besprochenen einfachen Tools zu beheben sein, gelegentlich werden Sie aber möglicherweise die Protokollinteraktion zweier Systeme analysieren müssen. Im schlimmsten Fall müssen Sie die Pakete im Datenstrom Bit für Bit analysieren. Protokoll-Analyzer helfen Ihnen dabei.

snoop ist das Tool, das wir zu diesem Zweck verwenden wollen. Es wird mit dem Solaris-Betriebssystem geliefert.[11] Obwohl wir in allen Beispielen mit **snoop** arbeiten, sollten die in diesem Abschnitt vorgestellten Konzepte auf die meisten Analyzer anwendbar sein, weil die meisten Protokoll-Analyzer grundsätzlich auf die gleiche Weise funktionieren. Sie ermöglichen die Auswahl der zu untersuchenden Pakete (Paketfilter) sowie eine Byte-für-Byte-Analyse dieser Pakete. Wir wollen uns beide Funktionen ansehen.

Protokoll-Analyzer sehen sich alle Pakete im Netzwerk an. Daher benötigen Sie nur *ein* System im betroffenen Teil des Netzwerks, auf dem die Analyzer-Software läuft. Ein Solaris-System mit **snoop** kann den Datenverkehr im Netzwerk überwachen und Ihnen mitteilen, was die anderen Hosts machen (oder auch nicht). Das verlangt natürlich ein gemeinsames Übertragungsmedium. Bei Verwendung eines Ethernet-Switches können nur die Daten innerhalb individueller Segmente analysiert werden. Einige Switches besitzen einen Überwachungsport. Bei anderen müssen Sie ihren Monitor wohl an den Ort des Geschehens mitnehmen.

Paketfilter

snoop liest alle Pakete im Ethernet. Das wird erreicht, indem die Ethernet-Schnittstelle in den sog. »Promiskuitätsmodus« (*promiscuous mode*) geschaltet wird. Normalerweise gibt eine Ethernet-Schnittstelle Pakete nur an die höheren Protokollschichten weiter, wenn diese für den lokalen Host bestimmt sind. Im Promiskuitätsmodus werden hingegen alle Pakete akzeptiert und an die höheren Schichten weitergegeben. Das ermöglicht **snoop**, sich alle Pakete anzusehen und, basierend auf dem gewählten Filter, für eine Analyse auszuwählen. Es können Filter definiert werden, die Pakete für oder von bestimmten Hosts, Protokollen und Ports abfangen. Auch Filter mit Kombinationen dieser Parameter sind möglich. Als Beispiel sehen wir uns einen sehr einfachen **snoop**-Filter an. Der folgende **snoop**-Befehl gibt alle Pakete aus, die zwischen den Hosts *almond* und *peanut* ausgetauscht werden:

```
# snoop host almond and host peanut
Using device /dev/le (promiscuous mode)
peanut.nuts.com -> almond.nuts.com ICMP Echo request
almond.nuts.com -> peanut.nuts.com ICMP Echo reply
peanut.nuts.com -> almond.nuts.com RLOGIN C port=1023
almond.nuts.com -> peanut.nuts.com RLOGIN R port=1023
^C
```

---

11 Wenn Sie nicht mit Solaris arbeiten, versuchen Sie **tcpdump**. Es ist über anonymes FTP im Internet verfügbar und **snoop** ähnlich.

Der Filter »host almond and host peanut« wählt nur die Pakete aus, die von *peanut* an *almond* oder von *almond* an *peanut* gehen. Der Filter wird aus einer Reihe von Primitiven sowie assoziierten Hostnamen, Protokollnamen und Portnummern zusammengesetzt. Die Primitive können mit Hilfe der Operatoren **and**, **or** und **not** modifiziert und kombiniert werden. Sie können den Filter auch weglassen, was **snoop** veranlaßt, alle Pakete auszugeben.

Tabelle 11-2 zeigt die zum Aufbau von **snoop**-Filtern verwendeten Primitive. Es gibt noch weitere Primitive und einige Varianten, die gleiche Funktionen übernehmen, aber in der Tabelle finden Sie die grundlegenden Primitive. Zusätzliche Hinweise finden Sie in der **snoop**-Manpage.

Tabelle 11-2: snoop-Primitive

Primitive	Erkannte Pakete
dst host | **netz** | **port** `ziel`	An `ziel`host, -netz oder -port
src host | **netz** | **port** `quelle`	Von `Quell`host, -netz oder -port
host `ziel`	Von oder zu `ziel`host
net `ziel`	Von oder zu `ziel`netzwerk
port `ziel`	Von oder zu `ziel`port
ether `adresse`	Von oder zu Ethernet`adresse`
`protocol`	`Protokoll`-Typ (**icmp**, **udp** oder **tcp**)

Die Verwendung dieser Primitive zusammen mit den Operatoren **and** und **or** ermöglicht den Aufbau komplexer Filter. Allerdings sind Filter meistens einfach. Das Abfangen des Datenaustausches zwischen zwei Hosts ist wahrscheinlich der am häufigsten verwendete Filter. Darüber hinaus können Sie die Daten auch noch auf ein bestimmtes Protokoll beschränken, aber häufig wissen Sie nicht, welches Protokoll das Problem deutlich macht. Nur weil der Benutzer das Problem mit **ftp** oder **telnet** beobachtet, bedeutet das nicht zwangsläufig, daß an dieser Stelle auch das eigentliche Problem liegt. Die Analyse beginnt häufig mit allen Paketen und kann erst verfeinert werden, wenn Tests auf ein bestimmtes Problem hindeuten.

Die Analyzer-Ausgabe ändern

Das Beispiel im vorigen Abschnitt zeigt, daß **snoop** für jedes empfangene Paket eine einzelne Zeile mit zusammenfassenden Informationen zurückgibt. Alle Zeilen enthalten die Quell- und Zieladressen sowie das verwendete Protokoll (in diesem Fall ICMP und RLOGIN). Die Zeilen, in denen die ICMP-Pakete zusammengefaßt werden, identifizieren die Pakettypen (in unserem Fall »Echo request« und »Echo reply«). Zeilen, in denen Pakete von Anwendungsprotokollen zusammengefaßt werden, geben den Zielport und die ersten 20 Zeichen der Paketdaten aus.

Diese Zusammenfassung reicht aus, um einen Einblick in den Paketfluß zweier Hosts und mögliche Probleme zu gewinnen. Allerdings verlangt die Fehlersuche bei Protokollproblemen detailliertere Informationen über jedes Paket. **snoop** besitzt eine Option, die Ihnen die Kontrolle über die ausgegebenen Informationen ermöglicht. Um sich die in einem Paket enthaltenen Daten anzusehen, verwenden Sie die Option **–x**. Damit wird der gesamte Inhalt des Pakets in ASCII und Hex ausgegeben. In den meisten Fällen müssen Sie sich nicht das gesamte Paket ansehen, üblicherweise sind die Header für die Fehlersuche ausreichend. Die Option **–v** gibt die Header in einer sehr gut aufbereiteten und detaillierten Form aus. Aufgrund der vielen Zeilen, die für jedes Paket ausgegebenen werden, sollten Sie **–v** nur verwenden, wenn Sie es wirklich brauchen.

Das folgende Beispiel zeigt ein ICMP Echo Request Paket mit der Option **–v**. Der gleiche Pakettyp wurde in der ersten Zeile des vorigen Beispiels zusammengefaßt.

```
# snoop -v host almond and host macadamia
Using device /dev/le (promiscuous mode)
ETHER:  ----- Ether Header -----
ETHER:
ETHER:  Packet 3 arrived at 16:56:57.90
ETHER:  Packet size = 98 bytes
ETHER:  Destination = 8:0:20:22:fd:51, Sun
ETHER:  Source      = 0:0:c0:9a:d0:db, Western Digital
ETHER:  Ethertype = 0800 (IP)
ETHER:
IP:   ----- IP Header -----
IP:
IP:   Version = 4
IP:   Header length = 20 bytes
IP:   Type of service = 0x00
IP:         xxx. .... = 0 (precedence)
IP:         ...0 .... = normal delay
IP:         .... 0... = normal throughput
IP:         .... .0.. = normal reliability
IP:   Total length = 84 bytes
IP:   Identification = 3049
IP:   Flags = 0x0
IP:         .0.. .... = may fragment
IP:         ..0. .... = last fragment
IP:   Fragment offset = 0 bytes
IP:   Time to live = 64 seconds/hops
IP:   Protocol = 1 (ICMP)
IP:   Header checksum = fde0
IP:   Source address = 172.16.55.106, macadamia.nuts.com
IP:   Destination address = 172.16.12.1, almond.nuts.com
IP:   No options
IP:
ICMP: ----- ICMP Header -----
ICMP:
ICMP: Type = 8 (Echo request)
ICMP: Code = 0
ICMP: Checksum = ac54
ICMP:
```

Die von **snoop** durchgeführte detaillierte Aufbereitung bildet die vom Netzwerk empfangenen Bytes auf die Header-Struktur ab. Weitere Informationen zu den einzelnen Header-Feldern finden Sie in Kapitel 1 und Anhang F.

Protokoll-Fallstudie

Dieses Beispiel ist tatsächlich ein Fall, den wir durch Protokollanalyse gelöst haben. Das Problem wurde als gelegentlicher **ftp**-Fehler gemeldet und lieferte folgende Fehlermeldung:

```
netout: Option not supported by protocol
421 Service not available, remote server has closed connection
```

Nur ein Benutzer hatte dieses Problem gemeldet, und es trat nur auf, wenn große Dateien von einer Workstation über das FDDI-Backbone an den Zentralrechner übertragen wurden.

Wir haben uns eine entsprechende Datei vom Benutzer besorgt und waren in der Lage, das Problem auf anderen Workstations zu reproduzieren, allerdings nur, wenn wir die Datei über das Backbone auf das gleiche Zentralsystem übertragen haben. Abbildung 11-4 faßt die von uns zur Reproduzierung des Fehlers durchgeführten Tests grafisch zusammen.

Wir haben alle Benutzer über das Problem informiert. Daraufhin erhielten wir Meldungen, wonach auch andere Benutzer diesen Effekt beobachtet hatten, auch hier aber nur beim Transfer zum Zentralrechner und auch hier nur, wenn der Transfer über das Backbone lief. Sie haben das Problem nicht gemeldet, weil es so selten vorkam. Nach diesen zusätzlichen Rückmeldungen waren wir uns ziemlich sicher, daß das Problem nicht durch irgendwelche jüngst durchgeführten Netzwerkänderungen verursacht wurde.

Weil das Problem auf anderen Systemen reproduziert werden konnte, handelte es sich wahrscheinlich nicht um ein Konfigurationsproblem auf dem Benutzersystem. Der **ftp**-Fehler konnte auch vermieden werden, wenn die Backbone-Router und das Zentralsystem nicht zusammenarbeiten mußten. Wir konzentrierten uns daher auf diese Systeme. Wir prüften die ARP- und Routing-Tabellen und führten **ping**-Tests auf dem Zentralsystem und auf den Routern durch. Es konnten keine Probleme beobachtet werden.

Basierend auf dieser Voranalyse schien es sich bei diesem **ftp**-Fehler um ein Protokollproblem zwischen einer bestimmten Sorte Router und einem Zentralcomputer zu handeln. Wir kamen zu dieser Einschätzung, weil der Transfer grundsätzlich fehlschlug, wenn diese beiden Systeme involviert waren, während der Fehler unter anderen Umständen nicht auftrat. Wären die Router oder das Zentralsystem falsch konfiguriert gewesen, hätte die Datenübertragung mit anderen Hosts ebenfalls fehlschlagen müssen. Bei einem zeitweiligen physikalischen Problem hätte es zufällig auftreten müssen, unabhängig vom verwendeten Host. Statt dessen war das Auftreten vorhersehbar und betraf immer nur diese beiden Gerätetypen. Möglicherweise gab es ja eine Inkompatibilität in der TCP/IP-Implementierung.

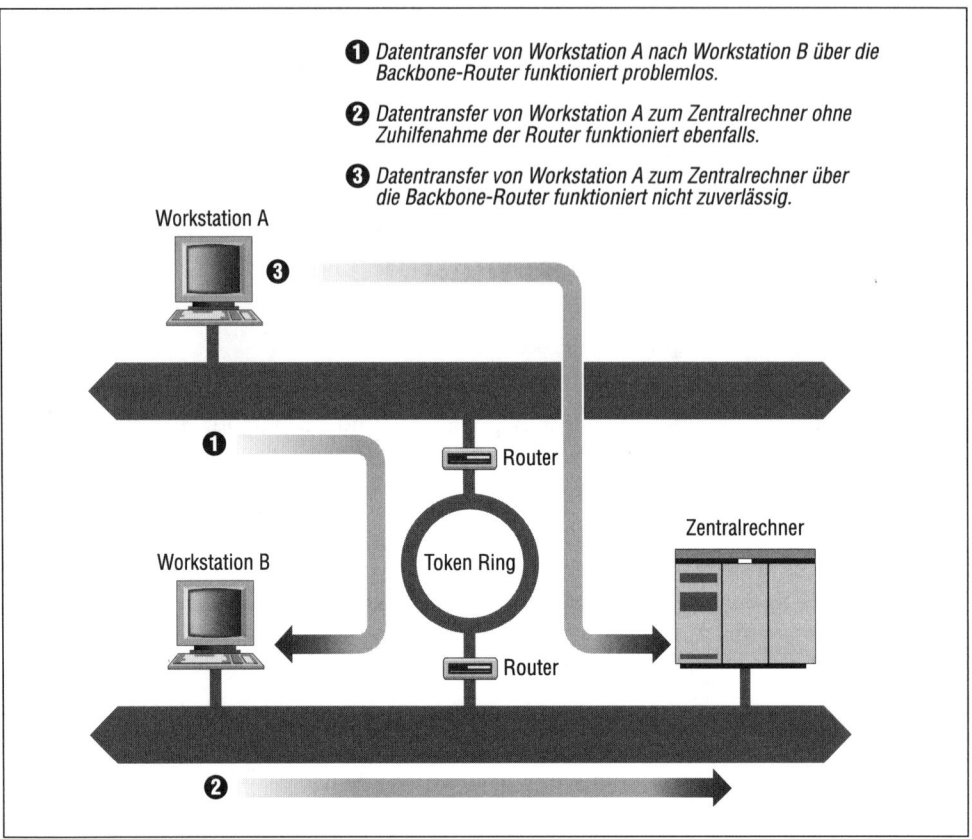

Abbildung 11-4: FTP-Test Zusammenfassung

Daher haben wir **snoop** genutzt, um uns die TCP/IP-Header bei verschiedenen **ftp**-Testläufen anzusehen. Eine Untersuchung der Dumps zeigte uns, daß alle mit einer »netout«-Fehlermeldung fehlgeschlagenen Transfers ein »Parameter Error« ICMP-Paket gegen Ende der Session (üblicherweise 50 Pakete vor dem eigentlichen Schließen) enthielten. Kein erfolgreicher Transfer enthielt dieses Paket. Beachten Sie, daß der Fehler *nicht* im letzten Paket des Datenstroms enthalten war, wie Sie es vielleicht erwartet haben. Es ist durchaus üblich, daß ein Fehler erkannt wird, der Datenfluß aber noch einige Zeit weitergeht, bevor die Verbindung tatsächlich unterbrochen wird. Setzen Sie nicht voraus, daß der Fehler am Ende des Datenstroms auftritt.

Hier die Header der Schlüsselpakete. Zuerst der IP-Header des vom Backbone gesendeten Pakets, das das Zentralsystem zum Senden des Fehlers veranlaßte:

```
ETHER:  ----- Ether Header -----
ETHER:
ETHER:  Packet 1 arrived at 16:56:36.39
ETHER:  Packet size = 60 bytes
ETHER:  Destination = 8:0:25:30:6:51, CDC
```

```
ETHER:  Source      = 0:0:93:e0:a0:bf, Proteon
ETHER:  Ethertype = 0800 (IP)
ETHER:
IP:     ----- IP Header -----
IP:
IP:     Version = 4
IP:     Header length = 20 bytes
IP:     Type of service = 0x00
IP:          xxx. .... = 0 (precedence)
IP:          ...0 .... = normal delay
IP:          .... 0... = normal throughput
IP:          .... .0.. = normal reliability
IP:     Total length = 552 bytes
IP:     Identification = 8a22
IP:     Flags = 0x0
IP:          .0.. .... = may fragment
IP:          ..0. .... = last fragment
IP:     Fragment offset = 0 bytes
IP:     Time to live = 57 seconds/hops
IP:     Protocol = 6 (TCP)
IP:     Header checksum = ffff
IP:     Source address = 172.16.55.106, fs.nuts.com
IP:     Destination address = 172.16.51.252, bnos.nuts.com
IP:     No options
IP:
```

Und hier das ICMP Parameter Error Paket, das vom Zentralsystem als Reaktion auf dieses Paket gesendet wurde:

```
ETHER:  ----- Ether Header -----
ETHER:
ETHER:  Packet 3 arrived at 16:56:57.90
ETHER:  Packet size = 98 bytes
ETHER:  Destination = 0:0:93:e0:a0:bf, Proteon
ETHER:  Source      = 8:0:25:30:6:51, CDC
ETHER:  Ethertype = 0800 (IP)
ETHER:
IP:     ----- IP Header -----
IP:
IP:     Version = 4
IP:     Header length = 20 bytes
IP:     Type of service = 0x00
IP:          xxx. .... = 0 (precedence)
IP:          ...0 .... = normal delay
IP:          .... 0... = normal throughput
IP:          .... .0.. = normal reliability
IP:     Total length = 56 bytes
IP:     Identification = 000c
IP:     Flags = 0x0
IP:          .0.. .... = may fragment
IP:          ..0. .... = last fragment
IP:     Fragment offset = 0 bytes
IP:     Time to live = 59 seconds/hops
IP:     Protocol = 1 (ICMP)
```

```
IP:    Header checksum = 8a0b
IP:    Source address = 172.16.51.252, bnos.nuts.com
IP:    Destination address = 172.16.55.106, fs.nuts.com
IP:    No options
IP:
ICMP:  ----- ICMP Header -----
ICMP:
ICMP:  Type = 12 (Parameter problem)
ICMP:  Code = 0
ICMP:  Checksum = 0d9f
ICMP:  Pointer = 10
```

Jeder Paket-Header wird Bit für Bit aufgeschlüsselt und auf die entsprechenden TCP/IP Header-Felder abgebildet. Die Analyse jedes Pakets bringt ans Licht, daß der Router die IP Header-Prüfsumme 0xffff verschickt, und daß das Zentralsystem sich über diese Prüfsumme beschwert. Wir wissen, daß das Zentralsystem die Prüfsumme beanstandet, weil es einen ICMP-Parameterfehler mit einem Zeiger von 10 zurückgibt. Dieser Parameterfehler gibt an, daß mit den gerade empfangenen Daten etwas nicht stimmt, und der Zeiger verweist auf die Daten, die das System für fehlerhaft hält. Das zehnte Byte im IP-Header des Routers ist die IP Header-Prüfsumme. Das Datenfeld der ICMP-Fehlermeldung liefert den Header zurück, der als fehlerhaft betrachtet wird. Als wir uns die Daten angesehen haben, ist uns aufgefallen, daß das Zentralsystem das Prüfsummenfeld auf 0000 »korrigiert« hat. Offensichtlich stimmte das Zentralsystem der Prüfsummenberechnung des Routers nicht zu.

Fehler bei den Prüfsummen kommen gelegentlich vor. Sie können durch Übertragungsprobleme verursacht werden und dienen dem Aufspüren solcher Probleme. Jede Protokoll-Suite besitzt einen Mechanismus, um entsprechende Fehler verarbeiten zu können. Wie ist so etwas also bei TCP/IP zu behandeln?

Um die für diese Situation richtige Protokollaktion zu ermitteln, haben wir uns den maßgeblichen Quellen zugewandt – den RFCs. RFC 791, *Internet Protocol*, lieferte uns Informationen über die Prüfsummenberechnung, aber die beste Quelle für dieses bestimmte Problem war RFC 1122, *Requirements for Internet Hosts – Communication Layers*, von R. Braden. Dieses RFC lieferte zwei spezifische Referenzen, die die durchzuführende Aktion definieren. Nachfolgend ein frei übersetzter Auszug aus Seite 29 von RFC 1122:

> Die für bestimmte Fälle festgelegte Aktion besteht darin, empfangene Datagramme »stillschweigend zu verwerfen«. Das bedeutet, daß das Datagramm ohne Weiterverarbeitung verworfen wird, und daß der Host als Ergebnis keinerlei ICMP-Fehlermeldungen sendet (siehe Abschnitt 3.2.2) .... Ein Host MUSS die IP Header-Prüfsumme bei jedem empfangenen Datagramm überprüfen und stillschweigend jedes Datagramm mit einer falschen Prüfsumme aussortieren.

Empfängt ein System also ein Paket mit einer falschen Prüfsumme, soll es gar nichts damit machen. Das Paket soll verworfen werden, und das System soll auf das nächste eintreffende Paket warten. Ein System kann auf eine fehlerhafte IP Header-Prüfsumme nicht reagieren, weil es nicht wirklich weiß, wo das Paket herkommt. Wenn die Prüfsumme falsch ist, wie kann man da sicher sein, daß die Adressen im Header richtig sind? Und wenn Sie nicht genau wissen, wo das Paket herkommt, wie können Sie dann darauf antworten?

IP verläßt sich bei der Lösung dieser Probleme auf die Protokolle höherer Schichten. Wird (wie in unserem Fall) mit TCP gearbeitet, wird der sendenden TCP-Seite wohl auffallen, daß der Empfang des Segments niemals bestätigt wurde, und sie wird das Segment daraufhin noch einmal senden. Wird mit UDP gearbeitet, ist die sendende Anwendung für die Korrektur von Fehlern verantwortlich. In keinem Fall basiert die Korrektur auf einer vom Empfänger gesendeten Fehlermeldung.

Aus diesem Grund hätte das Zentralsystem bei einem Prüfsummenfehler einfach die fehlerhaften Pakete aussortieren müssen. Der Anbieter wurde über dieses Problem informiert und, das muß man ihm zugute halten, schickte innerhalb von zwei Wochen einen Fix für die Software. Und dieser Bug-Fix funktionierte ausgezeichnet!

Nicht alle Probleme lassen sich so sauber lösen. Die zur Lösung verwendete Analysetechnik ist aber immer die gleiche, unabhängig vom Problem.

Simple Network Management Protocol

Die Fehlersuche ist notwendig, um Probleme zu lösen, aber das eigentliche Ziel des Netzwerkadministrators ist es, Probleme zu vermeiden. Das ist auch das Ziel von Netzwerk-Management-Software. Die bei TCP/IP-Netzwerken verwendete Netzwerk-Management-Software basiert auf dem *Simple Network Management Protocol* (SNMP).

SNMP ist ein Client/Server-Protokoll. In der SNMP-Terminologie wird das als *Manager/Agent-Protokoll* bezeichnet. Der *Agent* (der Server) läuft auf dem zu verwaltenden Gerät, das als *Managed Network Entity*, also etwa »verwaltete Netzwerk-Entität«, bezeichnet wird. Der Agent überwacht den Status des Gerätes und meldet diesen Status dem Manager.

Der *Manager* (der Client) läuft auf der Netzwerk-Management-Station (*Network Management Station*, NMS). Die NMS sammelt Informationen über alle überwachten Geräte, führt sie zusammen und präsentiert sie dem Netzwerkadministrator. Dieses Design führt alle Tools zur Datenmanipulation sowie den Großteil der notwendigen menschlichen Interaktion auf der NMS zusammen. Den Großteil der Arbeit auf den Manager zu schieben bedeutet, daß die Agent-Software klein und einfach zu implementieren ist. Dementsprechend werden die meisten TCP/IP-Netzwerkgeräte mit einem SNMP-Management-Agenten ausgestattet.

SNMP ist ein Request/Response-Protokoll. Der allgemein bekannte Port ist UDP-Port 161. SNMP verwendet UDP als Transportprotokoll, weil es den Overhead von TCP nicht benötigt. »Zuverlässigkeit« ist nicht notwendig, weil jeder Request eine Antwort erzeugt. Empfängt die SNMP-Anwendung keine Antwort, schickt sie den Request einfach noch einmal. Eine »Sequenzierung« ist nicht notwendig, weil jeder Request und jede Response in einem einzelnen Datagramm übertragen werden.

Die von SNMP in den Datagrammen übertragenen Request- und Response-Meldungen werden *Protocol Data Units* (PDU) genannt. Die fünf von SNMP verwendeten PDUs sind in Tabelle 11-3 aufgeführt. Diese Nachrichtentypen erlauben es dem Manager, Managementinformationen anzufordern und, wenn nötig, diese Informationen zu modifizieren. Sie erlauben es dem Agenten außerdem, auf Manager-Requests zu reagieren und den Manager über ungewöhnliche Situationen zu informieren.

Tabelle 11-3: SNMP Protocol Data Units

PDU	Verwendung
GetRequest	Manager fordert Update an.
GetNextRequest	Manager fordert den nächsten Eintrag einer Tabelle an.
GetResponse	Agent antwortet auf Manager-Request.
SetRequest	Manager verändert Daten auf dem überwachten Gerät.
Trap	Agent informiert Manager über ungewöhnliches Ereignis.

Die NMS fordert periodisch den Status jedes überwachten Gerätes an (GetRequest), und jeder Agent antwortet mit dem Status seines Geräts (GetResponse). Die Durchführung periodischer Abfragen wird als *Polling* bezeichnet. Das Polling reduziert die Last des Agenten, weil die NMS entscheidet, wann neue Daten benötigt werden. Der Agent antwortet dann einfach. Das Polling reduziert auch die Last im Netzwerk, weil es mit einer vorhersehbaren Rate von einem einzigen System ausgeht. Der Nachteil des Pollings besteht darin, daß die Updates nicht in Echtzeit erfolgen. Tritt mit einer überwachten Einheit ein Problem auf, wird es nicht erkannt, bis der Agent abgefragt wird. Um das abzufangen, verwendet SNMP ein modifiziertes Polling-System, das sogenannte »fehlergesteuerte Polling« (*trap-directed polling*).

Ein »Fehler« oder *Trap* ist ein Interrupt, der durch ein vordefiniertes Ereignis ausgelöst wird. Tritt ein solches Trap-Ereignis auf, wartet der SNMP-Agent nicht darauf, daß der Manager pollt, sondern sendet die Information direkt an den Manager. Traps ermöglichen es dem Agenten, den Manager über ungewöhnliche Ereignisse zu informieren, während der Manager die Kontrolle über das Polling behält. SNMP-Traps werden auf UDP-Port 162 verschickt. Der Manager sendet Polls auf Port 161 und wartet an Port 162 auf Traps. Tabelle 11-4 führt die in den RFCs definierten Trap-Ereignisse auf.

Tabelle 11-4: In den RFCs definierte generische Traps

Trap	Bedeutung
coldStart	Agent neu gestartet; mögliche Konfigurationsänderungen
warmStart	Agent wurde ohne Konfigurationsänderungen reinitialisiert
enterpriseSpecific	Ein für diese Hard- oder Software bedeutendes Ereignis
authenticationFailure	Agent hat eine nicht authentizierte Nachricht erhalten
linkDown	Agent hat einen Fehler in einer Netzwerkleitung entdeckt

Tabelle 11-4: In den RFCs definierte generische Traps (Fortsetzung)

Trap	Bedeutung
linkUp	Agent hat eine hochkommende Netzwerkleitung entdeckt
egpNeighborLoss	Der EGP-Nachbar des Gerätes ist unten

Die letzten drei Einträge dieser Tabelle zeigen, daß die Wurzeln von SNMP im *Simple Gateway Management Protocol* (SGMP) liegen, einem Werkzeug zur Überwachung des Status von Netzwerk-Routern. Router sind generell die einzigen Geräte, die mehrere Netzwerkleitungen zu überwachen haben, und sie sind die einzigen Geräte, auf denen das *Exterior Gateway Protocol* (EGP) ausgeführt wird.[12] Diese Traps sind für die meisten Systeme ohne Bedeutung.

Der wichtigste Trap ist möglicherweise der **enterpriseSpecific**-Trap. Die diesen Trap auslösenden Ereignisse sind bei jedem SNMP-Agenten anders definiert. Daher ist es möglich, die Traps an Ereignisse anzupassen, die für das System von Bedeutung sind. SNMP verwendet den Begriff »enterprise«, um auf Dinge hinzuweisen, die von einem Hersteller oder einer Organisation selbst definiert wurden. Dies soll den Unterschied zu Dingen deutlich machen, die global durch ein RFC definiert sind.

SNMP verwendet doppelt so viel Fachchinesisch wie der ganze Rest der Netzwerkwelt, und das will schon was heißen! Managed Network Entity, NMS, PDU, Trap, Polling und Enterprise sind hier nur der Anfang! Wir müssen (nachfolgend) noch erläutern, was SMI bedeutet, was ein MIB ist, und für was ANS.1 verwendet wird. Warum diese verwirrende Sammlung von Akronymen und Schlagwörtern? Ich denke, dafür gibt es zwei Hauptgründe:

• Das Netzwerkmanagement umfaßt, von Repeatern bis zu Mainframes, eine sehr breite Palette unterschiedlicher Geräte. Eine »herstellerneutrale« Sprache ist notwendig, um Begriffe für die Hersteller all dieser verschiedenen Geräte zu definieren.

• SNMP basiert auf dem *Common Management Information Protocol* (CMIP), das von der *International Standards Organization* (ISO) entwickelt wurde. Formale internationale Standards verwenden immer viel Zeit auf die Definition von Begriffen, weil es wichtig ist, diese Begriffe klar zu machen. Schließlich werden sie von Leuten verwendet, die aus vielen verschiedenen Kulturen stammen und die unterschiedlichsten Sprachen sprechen.

Nachdem Sie nun wissen, warum Sie sich mit diesem Fachchinesisch beschäftigen müssen, wollen wir weitere wichtige Begriffe einführen.

Structure of Management Information (SMI) definiert, wie die Daten in einer SNMP-Umgebung zu präsentieren sind. Die SMI ist in RFC 1155 und RFC 1065, *Structure and Identification of Management Information for TCP/IP-based Internets*, definiert. SMI

---

12 EGP wird in Kapitel 7 behandelt.

definiert, wie verwaltete Objekte benannt werden, die Syntax, in der sie definiert werden, und wie sie zur Übertragung im Netzwerk kodiert werden. SMI basiert auf früheren ISO-Arbeiten.

Jedem verwalteten Objekt wird ein global eindeutiger Name, der sog. *Objekt-Identifier*, zugeordnet. Der Objekt-Identifier ist Teil eines hierarchischen Namensraums, der von der ISO gepflegt wird. Diese hierarchische Namensstruktur wird, genau wie beim DNS, verwendet, um sicherzustellen, daß jeder Name global eindeutig ist. In einem Objekt-Identifier wird jede Hierarchieebene durch eine Zahl gekennzeichnet.

Objekte werden ebenso formal definiert wie sie benannt werden. Die zur Definition verwendete Syntax verwalteter Objekte ist *Abstract Syntax Notation One (ASN.1)*. ASN.1 ist der ISO-Standard 8824, *Specification of Abstract Syntax Notation One (ASN.1)*. Es handelt sich dabei um einen sehr formalen Satz von Sprachregeln zur Definition von Daten. Es macht die Datendefinition unabhängig von Inkompatibilitäten zwischen Systemen und Zeichensätzen. ASN.1 enthält auch eine Gruppe von Regeln zur Kodierung von Daten für den Transfer über ein Netzwerk. Diese Regeln sind im ISO-Standard 8825, *Specification of Basic Encoding Rules for Abstract Syntax Notation One (ASN.1)*, definiert. Die *Basic Encoding Rules* (BER) definieren, daß Bit 8 eines Oktets zuerst gesendet wird, daß für vorzeichenbehaftete Integerwerte das Zweierkomplement verwendet wird, und weitere tiefgehende Details der Datenübertragung.

Jedes von SNMP verwaltete Objekt besitzt einen eindeutigen Objekt-Identifier, der durch die ASN.1-Syntax definiert ist, sowie eine mit BER definierte Kodierung. Werden alle diese eindeutigen Objekte gruppiert, bezeichnet man sie als *Management Information Base* (MIB). MIB bezieht sich auf alle von SNMP verwalteten Informationen. Üblicherweise sprechen wir aber von »einem MIB« oder »den MIBs« (Plural) und meinen damit die individuellen Datenbanken mit Management-Informationen, die formal durch ein RFC oder privat durch einen Hersteller definiert sind.

MIBI und MIBII sind durch RFCs definierte Standards. MIBII ist eine Übermenge von MIBI und ist das Standard-MIB zur Überwachung von TCP/IP. Es liefert Informationen wie die Anzahl der gesendeten und empfangenen Pakete einer Schnittstelle und die beim Senden und Empfangen dieser Pakete aufgetretene Anzahl von Fehlern. Nützliche Informationen, wenn man Nutzungstrends und möglichen Ärger erkennen möchte. Jeder Agent unterstützt MIBI oder MIBII.

Manche Systeme stellen neben dem normalen MIBII-Standard auch eine private MIB zur Verfügung. Private MIBs erweitern die Überwachungsmöglichkeiten um systemspezifische Informationen. Die meisten UNIX-Systeme stellen keine privaten MIBs zur Verfügung. Sie sind bei Netzwerk-Hardware wie Routern, Hubs und Switches am weitesten verbreitet.

Gleichgültig, welche MIBs von den Agenten zur Verfügung gestellt werden, sorgt eine Überwachungssoftware für die Ausgabe der Informationen. Eine private MIB hilft Ihnen nicht weiter, solange die Monitoring-Software diese MIB nicht unterstützt. Aus diesem Grund ziehen die meisten Administratoren einen Monitor des Herstellers vor, von dem der Großteil der Netzwerkausrüstung stammt. Eine andere Möglichkeit ist die Wahl eines Monitors, der einen *MIB-Compiler* besitzt, was die größte Flexibilität ermöglicht. Ein MIB-Compiler liest die ASN.1-Beschreibung einer MIB und fügt die MIB in den Monitor ein. Ein MIB-Compiler macht den Monitor *erweiterbar*, weil Sie die private MIB des Herstellers in Ihren Monitor einbinden können, wenn Sie vom Hersteller den ASN.1-Quellcode für das Gerät erhalten.

MIB-Compiler sind nur ein Teil der von einigen Monitoren angebotenen zusätzlichen Features:

Netzwerk-Karten
  Einige Monitore zeichnen automatisch eine Karte des Netzwerks. Farben deuten den Zustand der Geräte an (aktiv, inaktiv etc.). Der Netzwerkmanager sieht den Gesamtzustand des Netzwerks auf einen Blick.

Aufbereitete Ausgabe von Daten
  In Tabellen oder Diagrammen ausgegebene Daten werden zum Vergleich verschiedener Geräte benutzt. Einige Monitore geben Daten aus, die von Standard-Tabellenkalkulationen oder Präsentationsprogrammen verarbeitet werden können.

Filter
  Filter sieben die von den Agenten eingehenden Daten aus, um bestimmte Bedingungen zu erkennen.

Alarm
  Ein Alarm zeigt an, daß bestimmte »Grenzwerte« überschritten werden oder besondere Ereignisse auftreten. Beispielsweise könnten Sie einen Alarm auslösen, wenn Ihr Server eine bestimmte Anzahl von Übertragungsfehlern überschreitet.

Lassen Sie sich durch die Fachbegriffe nicht abschrecken. Alle diese Details sind notwendig, um ein formales Netzwerk-Management-Schema zu definieren, das von den zu überwachenden Systemen unabhängig ist. Sie müssen sich das aber nicht alles merken. Sie sollten für die vernünftige Auswahl eines SNMP-Monitors jedoch zumindest wissen, daß eine MIB eine Sammlung von Management-Informationen ist, daß eine NMS eine Netzwerk-Management-Station ist, und daß ein Agent auf jedem überwachten Gerät läuft. Diese Informationen geben Ihnen das nötige Hintergrundwissen. Die bei Netzwerkmonitoren verfügbaren Features variieren sehr stark, ebenso wie der Preis. Wählen Sie einen SNMP-Monitor, der den Anforderungen Ihres Netzwerks ebenso gerecht wird wie Ihrem Geldbeutel.

Zusammenfassung

In jedem Netzwerk werden einmal Probleme auftauchen. In diesem Kapitel haben wir die Tools und Techniken diskutiert, die Ihnen beim Aufspüren dieser Probleme helfen. Wir haben auch die Planung und die Überwachung vorgestellt, mit Hilfe derer diese Probleme vermieden werden können. Eine Lösung ist manchmal ganz offensichtlich, wenn Sie nur genug Informationen über das Problem haben. UNIX besitzt verschiedene integrierte Software-Tools, mit denen Sie Informationen über die Systemkonfiguration, die Adressierung, das Routing, den Nameservice und andere wichtige Netzwerkkomponenten sammeln können. Legen Sie sich einen entsprechenden »Werkzeugkasten« zu und üben Sie dessen Verwendung, bevor ein Problem auftritt.

Im nächsten Kapitel reden wir über eine weitere Aufgabe, die für den Betrieb eines zuverlässigen Netzwerks sehr wichtig ist. Wir reden darüber, wie man das Netzwerk sicher macht.

In diesem Kapitel:
- *Sicherheit planen*
- *Benutzer-Authentizierung*
- *Sicherheit von Anwendungen*
- *Überwachung der Sicherheit*
- *Zugriffskontrolle*
- *Verschlüsselung*
- *Firewalls*
- *Ein letzter Rat*
- *Zusammenfassung*

12

Netzwerksicherheit

Mit einem Netzwerk verbundene Hosts sind in größerem Maße Sicherheitsrisiken ausgesetzt, als das bei nicht vernetzten Rechnern der Fall ist. Das gilt ganz besonders für das weltweite Internet. Netzwerksicherheit reduziert die Risiken der Vernetzung. Von ihrem Wesen her arbeiten aber der Netzwerkzugriff und die Computersicherheit in entgegengesetzte Richtungen. Ein Netzwerk ist eine Datenautobahn, entworfen, um den Zugriff auf Computersysteme zu erhöhen. Im Gegensatz dazu dient die Computersicherheit der Kontrolle dieses Zugriffs. Netzwerksicherheit bereitzustellen ist ein Balanceakt zwischen offenem Zugriff und Sicherheit.

Die Analogie einer Autobahn ist sehr treffend. Genau wie eine Autobahn steht auch ein Netzwerk jedem zur Verfügung – willkommenen Besuchern ebenso wie nicht willkommenen Eindringlingen. Zu Hause schützen Sie Ihren Besitz durch Verriegeln der Tür, nicht durch Sperren der Straße. Ebenso bedeutet Netzwerksicherheit generell die Bereitstellung einer adäquaten Sicherheit für individuelle Hostrechner. Diese Sicherheit wird nicht direkt am Netzwerk bereitgestellt.

In sehr kleinen Städten, wo die Leute einander kennen, bleiben die Türen häufig unverschlossen. In großen Städten haben die Türen hingegen Riegel und Sicherheitsschlösser. In den letzten 10 Jahren ist das Internet von einer kleinen Stadt mit nur wenigen tausend Benutzern zu einer großen Stadt mit vielen Millionen von Benutzern herangewachsen. Genau wie die Anonymität einer großen Stadt Nachbarn zu Fremden macht, hat das Wachstum des Internet das Vertrauen zu den Netzwerknachbarn geschmälert. Der immer weiter wachsende Bedarf an Sicherheit ist ein unglücklicher Nebeneffekt. Wachstum ist aber nicht unbedingt schlecht. Auf die gleiche Weise, in der eine große Stadt eine größere Auswahl und mehr Dienste anbietet, bietet auch ein erweitertes Netzwerk mehr Dienste an. Für die meisten von uns ist das Sicherheitsbewußtsein nur ein kleiner Preis, den es für den Netzwerkzugriff zu zahlen gilt.

Die Netzwerkeinbrüche haben zugenommen, während das Netzwerk wuchs und immer unpersönlicher wurde. Allerdings kann man solche Einbrüche auch überbewerten. Eine Überreaktion auf Einbrüche kann den Nutzen eines Netzwerks verringern. Machen Sie die Heilung nicht schlimmer als die Krankheit. Den besten Rat zur Netzwerksicherheit liefert einem der gesunde Menschenverstand. RFC 1244, *Site Security Handbook*, von Holbrook, Reynold, et al., verdeutlicht dieses Prinzip sehr gut. Hier die freie Übersetzung:

> Gesunder Menschenverstand ist das geeignetste Werkzeug, um sich eigene Sicherheitsregeln aufbauen zu können. Ausgeklügelte Sicherheitsschemata und -mechanismen sind eindrucksvoll und haben sicher ihren Platz, allerdings hilft es wenig, Zeit und Geld in ein ausgefeiltes Implementierungsschema zu investieren, wenn die grundlegenden Regeln vergessen werden.

Dieses Kapitel konzentriert sich auf diese einfachen Regeln, mit denen die Netzwerksicherheit erhöht werden kann. Ein vernünftiger Sicherheitsansatz, basierend auf der von Ihrem System benötigten Sicherheit, ist die kosteneffizienteste Lösung, und zwar nicht nur, was die eigentlichen Ausgaben betrifft, sondern auch, was die Produktivität betrifft.

Sicherheit planen

Eine der wichtigsten Aufgaben der Netzwerksicherheit, und wahrscheinlich auch eine der am wenigsten angenehmen, ist die Entwicklung von Regeln, der sog. Sicherheits-Policy. Die meisten Computer-Leute wollen eine technische Lösung für jedes Problem. Wir wollen ein Programm finden, das das Problem der Netzwerksicherheit »löst«. Nur wenige von uns wollen ein Schriftstück über die Sicherheitsregeln und -prozeduren im Netzwerk verfassen. Andererseits hilft Ihnen ein gut durchdachter Sicherheitsplan, zu entscheiden, was geschützt werden muß, was man bereit ist, für diesen Schutz auszugeben, und wer die Schritte durchführt, die zur Einrichtung des Schutzes notwendig sind.

Die Gefahr einschätzen

Der erste Schritt bei der Entwicklung eines effektiven Sicherheitsplans für Ihr Netzwerk besteht darin, die Gefahr einzuschätzen, die die Netzwerkanbindung für Ihre Systeme darstellt. RFC 1244 identifiziert drei verschiedene Gefahrenquellen, die üblicherweise mit Netzwerkverbindungen assoziiert werden:

Unbefugter Zugriff
Ein Einbruch durch eine nicht autorisierte Person.

Informationsgewinnung
Einblick in vertrauliche oder wertvolle Informationen durch Leute, die keinen Zugriff auf diese Informationen haben sollten.

Verweigerung von Diensten (Denial of service)
Jedes Problem, das es dem System schwierig oder unmöglich macht, eine produktive Arbeit zu gewährleisten.

Wägen Sie die Gefahren in Relation zur Anzahl der möglicherweise betroffenen Benutzer ab. Denken Sie dabei auch an die Sensibilität der Informationen, die betroffen sein könnten. Bei einigen Organisationen sind Einbrüche eine Peinlichkeit und können das Vertrauen unterminieren, das andere in die Organisation haben. Eindringlinge neigen dazu, behördliche und akademische Organisationen anzugreifen, bei denen solche Einbrüche besonders peinlich sind. Bei den meisten Organisationen ist der unbefugte Zugriff nicht das Hauptproblem, solange nicht eine der anderen Gefahrenquellen (Aufdecken von Informationen oder Verweigerung von Diensten) hinzukommt.

Die Bewertung der Gefahren durch unbefugte Informationsgewinnung hängt von der Art der Informationen ab. Während kein System mit hoch vertraulichen Daten direkt am Internet hängen sollte, können Systeme mit anderen Arten sensibler Informationen durchaus ohne größere Risiken angebunden werden. In den meisten Fällen können Dateien mit persönlichen oder medizinischen Daten, Unternehmensplänen und Kreditauskünften mit Standard-UNIX-Prozeduren zur Dateisicherheit ausreichend gesichert werden. Ist das Haftungsrisiko für den Fall der Offenlegung dieser Daten allerdings zu hoch, sollte der Host nicht mit dem Internet verbunden werden.

Die Verweigerung von Diensten, allgemein als »Denial of service« bekannt, kann zu einem ernsthaften Problem werden, wenn viele Benutzer oder eine wichtige Abteilung innerhalb einer Organisation betroffen sind. Manche Systeme können ohne größere Bedenken in ein Netzwerk eingebunden werden. Der Vorteil der Anbindung einzelner Workstations und kleiner Server ans Internet wiegt normalerweise die Gefahr auf, daß ein Dienst für einzelne Benutzer oder kleine Gruppen nicht verfügbar ist. Andere Systeme können hingegen für das Überleben Ihrer Organisation lebenswichtig sein. Die Gefahr durch einen nicht funktionierenden Dienst eines extrem wichtigen (»mission-critical«) Systems, muß ernsthaft untersucht werden, bevor ein solches System in das Netzwerk eingebunden wird.

In seinem Unterricht zur Computersicherheit klassifiziert Brent Chapman die Gefahren der Informationssicherheit in drei Kategorien: Gefahren für die Geheimhaltung, Verfügbarkeit und Integrität von Daten. Geheimhaltung ist die Notwendigkeit, die Aufdeckung sensibler Informationen zu verhindern. Verfügbarkeit bedeutet, daß Informationen und Ressourcen zur Informationsverarbeitung vorhanden sind, wenn sie benötigt werden. Eine Denial-of-Service-Attacke unterbricht die Verfügbarkeit. Die Notwendigkeit der Integrität von Daten ist gleichermaßen offensichtlich, aber ihr Zusammenhang mit der Computersicherheit ist nicht ganz so deutlich. Sobald jemand unbefugten Zugang zu einem System erlangt, ist die Integrität der Informationen in Frage gestellt. Darüber hinaus wollen einige Eindringlinge nur die Integrität der Daten beeinträchtigen. Wir kennen alle die Fälle, bei denen sich Eindringlinge auf Webservern eingenistet und die Daten des Servers verändert haben, um die Organisation zu blamieren, die den Webserver betreibt. Das Nachdenken über die Auswirkungen von Netzwerkeinbrüchen auf Ihre Daten macht es einfacher, die Gefahr solcher Einbrüche abzuschätzen.

Die vom Netzwerk ausgehenden Gefahren sind natürlich nicht die einzigen, die die Computersicherheit beeinträchtigen. Sie sind auch nicht die einzigen Gründe für einen

Denial-of-Service-Fall. Natürliche Katastrophen und interne Gefahren (durch Leute, die ganz legal auf das System zugreifen können) sind ebenso ernst zu nehmen. Netzwerksicherheit genießt sehr viel öffentliches Interesse. Es ist daher entsprechend modern, sich über diese Dinge den Kopf zu zerbrechen. Sehr viel mehr Computerzeit ging wahrscheinlich durch Feuer verloren denn durch Probleme mit der Netzwerksicherheit. Ebenso wurden wahrscheinlich mehr geheime Informationen von autorisierten Benutzern offengelegt als durch unerlaubte Einbrüche. Dieses Buch konzentriert sich natürlich auf die Netzwerksicherheit, aber diese ist nur ein Teil eines größeren Sicherheitsplans, der die physikalische Sicherheit und Pläne für den Katastrophenfall einschließt.

Viele traditionelle (nicht mit dem Netzwerk zusammenhängende) Gefahren für die Sicherheit werden zum Teil durch die physikalische Sicherheit abgedeckt. Vergessen Sie nicht, eine adäquate Sicherheitsstufe der physikalischen Sicherheit auch für die Netzwerkausstattung und die Kabel einzurichten. Auch hier sollte die Investition in die physikalische Sicherheit auf Ihrer realistischen Einschätzung der Gefahr basieren.

Verteilte Kontrolle

Ein Ansatz der Netzwerksicherheit besteht darin, die Verantwortung für und die Kontrolle über Segmente eines großen Netzwerks auf kleine Gruppen innerhalb der Organisation zu verteilen. Dieser Ansatz verlangt eine große Zahl von Leuten, die sich mit Sicherheit beschäftigen. Er steht im direkten Widerspruch zu dem Denkansatz, der die Sicherheit durch eine zentralisierte Kontrolle zu erhöhen sucht. Die Verteilung der Verantwortung und der Kontrolle auf kleine Gruppen kann aber zu einer Umgebung kleiner Netzwerke führen, die aus vertrauenswürdigen Hosts bestehen.

Zusätzlich erkennt die Verteilung der Sicherheitsverantwortung formal eine der Realitäten der Netzwerksicherheit – die meisten Sicherheitshandlungen finden auf individuellen Systemen statt. Die Administratoren dieser Systeme müssen wissen, daß sie für die Sicherheit verantwortlich sind, und daß ihr Beitrag zur Sicherheit erkannt und geschätzt wird. Wird von Leuten erwartet, daß sie einen Job erledigen, muß man sie auch dazu ermächtigen.

Verwenden Sie Subnetze zur Verteilung der Kontrolle

Subnetze sind ein mögliches Werkzeug zur Verteilung der Kontrolle über das Netzwerk. Ein Administrator für ein Subnetz sollte erannt werden, wenn das Subnetz aufgebaut wird. Dieser ist dann für die Sicherheit des Netzwerks und für die Zuweisung von IP-Adressen an die Geräte innerhalb des Netzwerks verantwortlich. Die Zuweisung von IP-Adressen gibt dem Subnetz-Administrator etwas Kontrolle darüber, wer eine Verbindung zum Subnetz herstellt. So wird auch dafür gesorgt, daß er jedes angeschlossene System kennt und weiß, wer für das System verantwortlich ist. Weist der Subnetz-Administrator einem System eine IP-Adresse zu, überträgt er gleichzeitig auch bestimmte Sicherheitsverantwortlichkeiten an den Administrator dieses Systems. Ebenso übergibt der Systemadministrator dem Benutzer eine bestimmte Verantwortung für die Sicherheit, sobald er dem Benutzer einen Account einrichtet.

Die Hierarchie der Verantwortung läuft vom Netzwerkadministrator über den Subnetz-Administrator hin zum Systemadministrator und endet schließlich beim Benutzer. An jedem Punkt dieser Hierarchie werden einzelnen Personen bestimmte Verantwortlichkeiten, aber auch die Macht, diese auszuüben, übertragen. Um diese Struktur zu unterstützen, ist es wichtig, daß die Benutzer wissen, für was sie verantwortlich sind, und wie sie dieser Verantwortung Rechnung tragen können. Die im nächsten Abschnitt beschriebene Netzwerksicherheits-Policy enthält diese Informationen.

Verwenden Sie Mailinglisten zur Verbreitung von Informationen

Wenn Ihre Site diese verteilte Kontrolle einführt, müssen Sie ein System entwickeln, mit dem Sicherheitsinformationen an jede Gruppe verteilt werden können. Zu diesem Zweck können Mailinglisten für jede administrative Ebene benutzt werden. Der Netzwerkadministrator erhält Sicherheitsinformationen von außenstehenden Fachleuten. Er filtert das irrelevante Material aus und leitet das wichtige Material an die Subnetz-Administratoren weiter. Subnetz-Administratoren leiten wiederum die wichtigen Teile an ihre Systemadministratoren weiter, die dann die relevanten Informationen an die Benutzer weitergeben. Das Filtern der Informationen auf jeder Ebene stellt sicher, daß jeder einzelne die benötigten Informationen erhält, ohne sich mit für ihn unwichtigem Material beschäftigen zu müssen. Wird zu viel unnötiges Material verteilt, fangen die Benutzer an, alles zu ignorieren, was sie erhalten.

Ganz oben in dieser Informationsstruktur stehen die Informationen, die der Netzwerkadministrator von außenstehenden Fachleuten erhält. Um diese Informationen zu empfangen, sollte der Administrator die richtigen Mailinglisten und Newsgruppen abonnieren und die entsprechenden Websites besuchen. Einige Stellen, an denen Sie Ihre Suche nach Sicherheitsinformationen aufnehmen können, sind nachfolgend aufgeführt:

Ihr UNIX-Anbieter
Viele Anbieter besitzen eigene Mailinglisten mit Sicherheitsinformationen.

Sicherheits-Newsgruppen
Die *comp.security*-Newsgruppen – *comp.security.unix*, *comp.security.firewalls*, *comp.security.announce*, *comp.security.misc* und, für den deutschsprachigen Raum *de.comp.security* – enthalten einige nützliche Informationen. Wie die meisten Newsgruppen enthalten auch diese viel unwichtiges und uninteressantes Material. Gelegentlich findet sich aber auch ein Juwel darunter.

FIRST-Mailingliste
Das »Forum of Incident Response and Security Teams« (FIRST) ist eine weltweite Organisation von Computersicherheit-Responseteams. FIRST stellt ein freie Mailingliste (*first-info@first.org*) mit Informationen zur Computersicherheit zur Verfügung. Um diese Liste zu abonnieren, schicken Sie eine E-Mail an *first-majordomo@first.org*, die die folgende Zeile enthält: **subscribe first-info *IHRE-EMAIL-ADRESSE*. *IHRE-EMAIL-ADRESSE*** ist dabei Ihre ausgeschriebene E-Mail-Adresse.

NIST Computer Security Alerts
Die Computer Security Division des amerikanischen National Institute of Standards and Technology (NIST) betreibt eine Website mit Zeigern auf Webseiten auf der

ganzen Welt, die sich mit dem Thema Sicherheit beschäftigen. Als einzelne Quelle für Sicherheitswarnungen unterschiedlicher Organisationen ist *http://csrc.nist.gov/ secalert/* nicht zu schlagen.

Computer Emergency Response Team (CERT) Advisories

Die als Advisories bekannten Ratschläge des CERT liefern Informationen zu bekannten Sicherheitsproblemen und deren Behebung. Sie können sich die CERT-Advisories von *ftp://info.cert.org/pub/cert_advisories* herunterladen. Auch die CERT-Website ist einen Besuch wert: *http://www.cert.org*.

DDN Security Bulletins

Diese Bulletins sind vom Inhalt den CERT-Advisories sehr ähnlich, wobei DDN-Bulletins gelegentlich noch zusätzliche Informationen enthalten. DDN-Bulletins und CERT-Advisories handeln primär von Gefahren für die Netzwerksicherheit. DDN-Bulletins können Sie sich mit Ihrem Web-Browser auf *http://nic.ddn.mil/SCC/ bulletins.html* online ansehen.

Risks-Forum

Im Risks-Forum wird die ganze Palette der Risiken für die Computersicherheit diskutiert. Das Forum ist im Web unter *http://catless.ncl.ac.uk/Risks* zu erreichen.

Computervirus-Informationen

Die Liste VIRUS-L beschäftigt sich primär mit Computerviren – eine üblicherweise mit PCs assoziierte Gefahr. Sie können sich das VIRUS-L-Archiv von *ftp:// ftp.infospace.com/pub/virus-l* herunterladen. Ein gleichermaßen wichtiges Dokument, *http://ciac.llnl.gov/ciac/CIACHoaxes.html*, enthält Informationen über mit Computerviren geführte Streiche (»hoaxes«). Falsche Gerüchte über Computerviren können einen ebensoviel Zeit kosten wie das Entfernen eines echten Virus.

Entwicklung einer Sicherheits-Policy

Sicherheit ist größtenteils ein »menschliches Problem«. Menschen, nicht Computer, sind für die Implementierung von Sicherheitsprozeduren verantwortlich, und Menschen sind auch verantwortlich, wenn die Sicherheit verletzt wird. Daher ist Netzwerksicherheit nicht effektiv, solange die Menschen ihre Verantwortung nicht kennen. Es ist wichtig, eine Sicherheits-Policy aufzuschreiben, die ganz deutlich macht, was erwartet wird, und von wem es erwartet wird. Eine Netzwerksicherheits-Policy sollte folgendes definieren:

Die Sicherheitsverantwortung des Netzwerkbenutzers

Die Policy könnte von den Benutzern verlangen, daß sie ihre Paßwörter in bestimmten Zeitabständen ändern, daß diese Paßwörter bestimmte Kriterien erfüllen, oder daß bestimmte Prüfungen durchzuführen sind, um zu sehen, ob der Account von jemand anderem benutzt wurde. Egal, was von den Benutzern erwartet wird, es ist wichtig, daß diese Dinge klar definiert sind.

Die Sicherheitsverantwortung des Systemadministrators

Die Policy könnte verlangen, daß jeder Host bestimmte Sicherheitsmaßnahmen durchführt, bestimmte Login-Meldungen ausgibt und bestimmte Überwachungs-

und Account-Prozeduren einhält. Sie könnte Anwendungen aufführen, die auf keinem Host ausgeführt werden dürfen, der mit dem Netzwerk verbunden ist.

Der richtige Einsatz von Netzwerkressourcen
Definieren Sie, wer Netzwerkressourcen nutzen kann, welche Dinge erlaubt und welche Dinge nicht erlaubt sind. Wenn Ihre Organisation die Meinung vertritt, daß E-Mail, Dateien und die Aufzeichnung der Computeraktivität sicherheitsrelevant sind, müssen Sie den Benutzern ganz deutlich machen, daß dies die Regeln sind.

Die nach einem erkannten Sicherheitsproblem durchzuführenden Maßnahmen
Was ist zu tun, wenn ein Sicherheitsproblem erkannt wird? Wer sollte informiert werden? In einer Krisensituation werden leicht Dinge übersehen. Deshalb sollten Sie eine detaillierte Liste aller Schritte anlegen, die ein Systemadministrator oder ein Benutzer durchzuführen hat, wenn eine Sicherheitslücke entdeckt wurde. Das kann etwas so einfaches sein wie »nichts anfassen und den Sicherheitsbeauftragten benachrichtigen«. Doch selbst so einfache Dinge sollten in der Policy stehen, damit sie bei Bedarf präsent sind.

Die Anbindung ans Internet bringt bestimmte Sicherheitsverantwortlichkeiten mit sich. RFC 1281, *A Guideline for the Secure Operation of the Internet*, enthält eine Anleitung für Benutzer und Netzwerkadministratoren, wie das Internet in einer sicheren und verantwortungsvollen Weise zu nutzen ist. Dieses RFC zu lesen liefert Ihnen einen Einblick in die Dinge, die in Ihrer Sicherheits-Policy stehen sollten.

Sehr viel gedankliche Arbeit ist notwendig, um eine vollständige Netzwerksicherheits-Policy zu entwickeln. Die obige Gliederung beschreibt den Inhalt einer Netzwerksicherheits-Policy, wenn Sie aber persönlich für die Entwicklung verantwortlich sind, werden Sie möglicherweise eine detailliertere Anleitung wollen. Ich empfehle Ihnen, auch RFC 1244 zu lesen. Es ist eine sehr gute Richtlinie für die Entwicklung eines Sicherheitsplans.

Eine Sicherheitsplanung (Einschätzen der Gefahr, Zuweisung von Verantwortlichkeiten und die Entwicklung einer Sicherheits-Policy) bildet die Grundlage der Netzwerksicherheit. Der Plan muß aber auch umgesetzt werden, bevor er irgendeine Wirkung haben kann. Im Rest dieses Kapitels wenden wir unsere Aufmerksamkeit der Implementierung der elementaren Sicherheitsprozeduren zu.

Benutzer-Authentizierung

Gute Paßwörter sind einer der einfachsten Bestandteile einer guten Netzwerksicherheit. Paßwörter werden genutzt, um sich bei Systemen anmelden zu können, die eine Paßwort-Authentizierung verwenden. Die moderne Mythologie besagt, daß Verletzungen der Netzwerksicherheit durch hochbegabte Cracker verursacht werden, die Sicherheitslücken in Programmen aufspüren, um so in Computersysteme einzubrechen. Die Wahrheit ist, daß viele Eindringlinge in die Systeme gelangen, indem sie Paßwörter erraten oder stehlen, oder indem sie bekannte Sicherheitsprobleme veralteter Software für ihre

Zwecke nutzen. Wir werden uns später in diesem Kapitel einige Richtlinien ansehen, mit denen Sie Software auf dem neuesten Stand halten. Wir zeigen auch Wege auf, mit denen Sie einen Dieb daran hindern, Ihr Paßwort zu stehlen. Zuerst wollen wir uns aber ansehen, was wir tun können, um zu verhindern, daß das Paßwort erraten wird.

Einige Dinge machen es einfach, Paßwörter zu erraten:

- Accounts, die den Accountnamen als Paßwort verwenden. Mit solchen trivialen Paßwörtern geschützte Accounts werden als *Joe-Accounts* bezeichnet.

- Gast- oder Demonstrations-Accounts ohne Paßwortschutz oder mit einem allgemein bekannten Paßwort.

- System-Accounts mit Standard-Paßwörtern.

- Benutzer, die ihre Paßwörter anderen mitteilen.

Das Erraten solcher Paßwörter verlangt keine Intelligenz, sondern nur viel freie Zeit! Die häufige Änderung des Paßworts ist ein gutes Mittel gegen das Erraten von Paßwörtern. Wenn Sie gute Paßwörter wählen, sollten Sie diese allerdings nicht zu häufig ändern, damit es nicht schwierig wird, sie sich zu merken. Die meisten Sicherheitsexperten empfehlen, Paßwörter alle 3 bis 6 Monate zu ändern.

Eine anspruchsvollere Variante des Erratens von Paßwörtern ist die Benutzung eines Wörterbuchs (»*Dictionary guessing*«). Bei dieser Variante wird ein Programm verwendet, daß jedes Wort eines Wörterbuchs (z.B. */usr/dict/words*) verschlüsselt und jedes verschlüsselte Wort mit dem kodierten Paßwort in */etc/passwd* vergleicht. Dieses Verfahren ist nicht auf die Wörter eines Wörterbuches beschränkt. Über Sie bekannte Dinge (Name, Initialen, Telefonnummer etc.) werden ebenfalls vom Programm genutzt, um das Paßwort für Ihren Account zu knacken. Aufgrund dieses Verfahrens ist es wichtig, die */etc/passwd* zu schützen.

Einige Systeme stellen eine sog. *Shadow-Paßwortdatei* bereit, in der die verschlüsselten Paßwörter vor potentiellen Eindringlingen versteckt werden. Falls Ihr System Shadow-Paßwörter unterstützt, sollten Sie diese Möglichkeit nutzen. Verschlüsselte Paßwörter zu verstecken reduziert deutlich das Risiko, daß jemand Paßwörter erraten kann.

Die Shadow-Paßwortdatei

Shadow-Paßwortdateien haben eingeschränkte Zugriffsrechte, die verhindern, daß sie von Eindringlingen gelesen werden können. Das verschlüsselte Paßwort wird nur in der Shadow-Paßwortdatei */etc/shadow* abgelegt und steht nicht in */etc/passwd*. Die *passwd*-Datei kann von jedermann gelesen werden, weil sie Informationen enthält, die von verschiedenen Programmen verwendet werden. Die *shadow*-Datei kann nur von root gelesen werden, und die Informationen werden nicht in *passwd* wiederholt. Die Datei besteht nur aus Paßwörtern und den zu ihrer Verwaltung notwendigen Informationen. Das Format einer *shadow*-Datei auf einem Solaris-System sieht wie folgt aus:

username:password:lastchg:min:max:warn:inactive:expire:flag username ist der Login-Name des Benutzers. *password* ist das verschlüsselte Paßwort oder einer der Schlüsselwerte NP oder *LK*. *lastchg* gibt an, wann das Paßwort zuletzt geändert wurde. (Die Angabe erfolgt als Anzahl der seit dem 1.1.1970 bis zur letzten Änderung vergangenen Tage.) *min* ist die minimale Anzahl von Tagen, die verstreichen müssen, bevor das Paßwort geändert werden darf. *max* ist die maximale Anzahl von Tagen, für die der Benutzer das Paßwort behalten darf, bevor es geändert werden muß. *warn* gibt an, wieviele Tage vor Ablauf seines Paßwortes der Benutzer gewarnt wird. *inactive* gibt die Zahl von Tagen an, die ein Account inaktiv sein darf, bevor er gesperrt wird. *expire* ist das Datum, an dem der Account geschlossen wird. *flag* wird nicht verwendet.

Das verschlüsselte Paßwort erscheint nur in dieser Datei. Jedes Paßwortfeld in */etc/passwd* enthält ein **x**, welches angibt, daß das System in der *shadow*-Datei nach den eigentlichen Paßwörtern suchen soll. Jedes Paßwortfeld in */etc/shadow* enthält entweder ein verschlüsseltes Paßwort oder die Schlüsselwörter NP bzw. *LK*. Steht hier das Schlüsselwort NP, bedeutet das, daß es kein Paßwort gibt (»No Password"), weil es sich nicht um einen Login-Account handelt. System-Accounts wie *daemon* oder *uucp* sind keine Login-Accounts und verwenden daher NP im Paßwortfeld. Steht *LK* im Paßwortfeld, ist dieser Account gesperrt (»Locked«) und kann nicht verwendet werden.

Während die wichtigste Aufgabe der *shadow*-Datei darin besteht, das Paßwort zu schützen, stellen uns die zusätzlichen Felder der Shadow-Einträge weitere nützliche Sicherheitsdienste zur Verfügung. Einer dieser Dienste ist die »Paßwort-Alterung«, das sog. *Password Aging*. Ein solcher Password-Aging-Mechanismus definiert eine Lebensdauer für jedes Paßwort. Erreicht ein Paßwort das Ende seiner Lebenserwartung, fordert dieser Mechanismus vom Benutzer ein neues Paßwort an. Wird es innerhalb einer bestimmten Zeit nicht geändert, wird das Paßwort aus dem System entfernt, und der Zugang des Benutzers wird gesperrt.

Die lastchg-, max- und warn-Felder spielen alle eine Rolle beim Password-Aging. Mit ihrer Hilfe weiß das System, wann das Paßwort geändert wurde, wie lange es gültig ist, und ab wann der Benutzer vor drohendem Ungemach zu warnen ist. Ein anderes nettes Feature der Shadow-Datei ist das min-Feld. Hier handelt es sich um einen etwas subtileren Aspekt der Paßwort-Alterung. Es verhindert, daß der Benutzer sein Lieblingspaßwort nur kurz ändert, um dann direkt wieder sein Lieblingspaßwort einzustellen. Wurde ein Paßwort geändert, muß es zuerst für die durch min definierte Anzahl von Tagen verwendet werden, bevor es wieder verändert werden darf. Damit verhindern Sie einen der gängigen Tricks, der angewandt wird, um die tatsächliche Änderung eines Paßworts zu umgehen.

Die Felder inactive und expire helfen bei der Eliminierung unbenutzter Accounts. Die »Inaktivität« wird hier als die Anzahl von Tagen festgelegt, die der Account auch mit einem abgelaufenen Paßwort noch funktioniert. Sobald das Paßwort abgelaufen ist, wird dem Benutzer noch einige Tage Zeit gelassen, sich einzuloggen und sein Paßwort zu ändern. Loggt sich der Benutzer innerhalb der angegeben Anzahl von Tagen nicht ein, wird der Account gesperrt, und der Benutzer kann sich nicht mehr einloggen.

Das expire-Feld erlaubt die Erzeugung eines Benutzer-Accounts mit einer bestimmten »Lebenserwartung«. Wird das im expire-Feld angegebene Datum erreicht, wird der Benutzer-Account gesperrt, selbst wenn er noch aktiv ist. Dieses »Verfallsdatum« wird in Tagen seit dem 1.1.1970 angegeben.

Bei einem Solaris-System wird */etc/shadow* nicht direkt editiert. Es wird über das Unterfenster »users« von **admintool** bearbeitet oder mit speziellen Optionen in der **passwd**-Kommandozeile. Das Fenster ist in Abbildung 12-1 zu sehen. Die username-, password-, min-, max-, warn-, inactive- und expire-Felder sind deutlich zu erkennen.

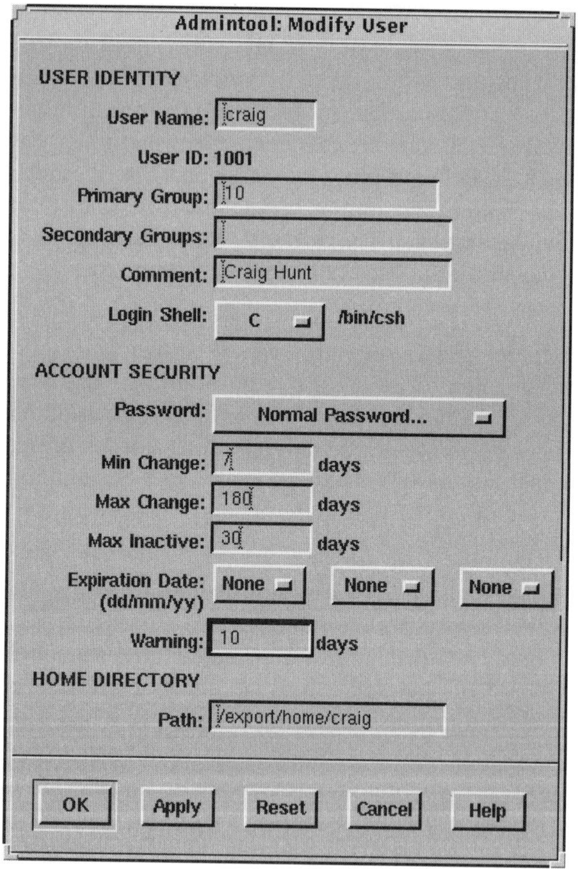

Abbildung 12-1: Paßwortverwaltung mit admintool

Der **passwd**-Befehl bei Solaris-Systemen kennt die Optionen **–n** *min*, **–w** *warn*, and **–x** *max* zur Einstellung der entsprechenden Felder in */etc/shadow*. Nur root kann diese Optionen aufrufen. Nachfolgend setzt root die maximale Lebensdauer des Paßworts von Tyler auf 180 Tage:

```
# passwd -x 180 tyler
```

Solaris ermöglicht es dem Systemadministrator, Standardwerte für all diese Optionen einzustellen, damit diese nicht jedesmal angegeben werden müssen, wenn ein neuer Benutzer über **admintool** oder **passwd** eingerichtet wird. Diese Standardwerte stehen in der Datei */etc/default/passwd*.

```
% cat /etc/default/passwd
#ident   "@(#)passwd.dfl 1.3     92/07/14 SMI"
MAXWEEKS=
MINWEEKS=
PASSLENGTH=6
```

Die folgenden Standardwerte können in */etc/default/passwd* eingestellt werden:

MAXWEEKS

Die maximale Lebensdauer eines Paßworts in Wochen, nicht Tagen. Der im obigen Beispiel verwendete Zeitraum von 180 Tagen würde mit diesem Parameter als MAXWEEKS=26 definiert werden.

MINWEEKS

Die minimale Anzahl von Wochen, die ein Paßwort verwendet werden muß, bevor es geändert werden kann.

PASSLENGTH

Die minimale Anzahl von Zeichen, aus denen ein Paßwort bestehen muß. In der Beispieldatei ist dieser Wert mit 6 eingestellt. Nur die ersten 8 Zeichen sind bei einem Solaris-System signifikant. Die Einstellung dieses Wertes über 8 ändert daran nichts.

WARNWEEKS

Die Zahl der Wochen, die der Benutzer gewarnt wird, bevor sein Paßwort abläuft.

Dieser Abschnitt nutzt Solaris als Beispiel, weil das Shadow-Paßwortsystem Teil des Solaris-Betriebssystems ist. Falls die Software nicht mit Ihrem Betriebssystem ausgeliefert wird, können Sie möglicherweise entsprechende Pakete aus dem Internet herunterladen. Für Linux-Systeme ist sie verfügbar. Die oben beschriebene *shadow*-Datei besitzt bei Linux-Systemen genau das gleiche Format und funktioniert auf die gleiche Weise.

Kein Einbrecher kann das verschlüsselte Paßwort heranziehen und wieder zurück in seine ursprüngliche Form entschlüsseln, allerdings können verschlüsselte Paßwörter mit verschlüsselten Wörterbüchern verglichen werden. Bei schlecht gewählten Paßwörtern können auch diese einfach erraten werden. Achten Sie darauf, daß die */etc/passwd* geschützt ist, und daß gute Paßwörter gewählt werden.

Die Wahl eines Paßworts

Ein gutes Paßwort ist für die Sicherheit von grundlegender Bedeutung. Andererseits werden auch Einmalpaßwörter und Verschlüsselungsschlüssel benötigt. Für all das benötigen Sie gute Paßwörter. Die Wahl eines guten Paßworts läuft schließlich darauf hinaus, daß ein Paßwort zu wählen ist, das mit den oben beschriebenen Techniken nicht geknackt werden kann. Nachfolgend einige Richtlinien für die Wahl eines guten Paßworts:

- Verwenden Sie nicht den Login-Namen.
- Verwenden Sie nicht den Namen von irgend jemand oder irgendetwas.
- Verwenden Sie keine deutschen oder fremdsprachigen Wörter oder Abkürzungen.
- Verwenden Sie keine persönlichen Informationen, die mit dem Benutzer des Accounts in Verbindung stehen. Verwenden Sie beispielsweise keine Initialen, Telefonnummern, Personalnummern, Stellenbezeichnungen, Organisationseinheiten etc.
- Verwenden Sie keine Tastatursequenzen wie etwa qwerty.
- Verwenden Sie keine der oben genannten Elemente rückwärts geschrieben oder in Großbuchstaben, oder in einer anderen Weise verdreht.
- Verwenden Sie keine rein numerischen Paßwörter.
- Verwenden Sie kein Beispielpaßwort, egal wie gut es ist, das Sie in einem Buch über Computersicherheit gelesen haben.
- *Verwenden* Sie eine Mixtur aus Zahlen, Sonderzeichen und Klein- und Großbuchstaben.
- *Verwenden* Sie mindestens 6 Zeichen.
- *Verwenden* Sie eine möglichst zufällige Auswahl von Buchstaben und Ziffern.

Die üblichen Ratschläge zur Konstruktion möglichst zufälliger Paßwörter sind:

1. Verwenden Sie den ersten Buchstaben jedes Wortes einer Zeile aus einem Buch, Lied oder Gedicht. Zum Beispiel würde die Zeile »People don't know you and trust is a joke«[1] das Paßwort Pd'ky&tiaj erzeugen.

2. Verwenden Sie die Ausgabe eines Paßwort-Generators. Wählen Sie einen zufälligen String, den man aussprechen und einfach behalten kann. So ist beispielsweise der String »adazac« einfach auszusprechen und einfach zu merken. Ersetzen Sie einige Buchstaben durch Großbuchstaben, um eine eigene Note einzubringen, z.B. aDAzac.[2]

3. Verwenden Sie zwei kurze Wörter, die durch Interpunktionszeichen miteinander verbunden sind, z.B. wRen%Rug.

4. Verwenden Sie Ziffern im Paßwort, um Worte oder Silben abzukürzen, z.B. 2hot4U (für »Too hot for you«).

All diese Ratschläge beinhalten den Hinweis, daß Paßwörter einfach zu merken sein sollten. Vermeiden Sie Paßwörter, die aufgeschrieben werden müssen, weil man sie sich nicht merken kann. Gelangen Leute in Ihr Büro und finden dort das aufgeschriebene Paßwort, ist die Sicherheit Ihres Systems nicht mehr gewährleistet.

---

1 Toad the Wet Sprocket, »Walk on the Ocean«.
2 Ein Paßwort-Generator eines VMS-Systems hat dieses Paßwort geliefert.

Sie sollten nicht befürchten, daß Sie sich ein zufällig gewähltes Paßwort nicht merken können. Es mag die ersten Male schwierig sein, es zu benutzen, doch jedes häufig verwendete Paßwort ist einfach zu behalten. Wenn Sie einen Account auf einem System besitzen, das Sie nur selten nutzen, werden Sie möglicherweise Probleme haben, sich das Paßwort zu merken. Ungenutzte oder nicht ausgelastete Accounts sind primäre Ziele von Eindringlingen. Sie greifen lieber ungenutzte Accounts an, weil kein Benutzer die Änderungen an den Dateien sieht oder durch ungewöhnliche *Last login:*-Meldungen Verdacht schöpft. Entfernen Sie alle unbenutzten Accounts von Ihrem System.

Wie kann man sicherstellen, daß die Richtlinien zur Erzeugung neuer Paßwörter auch befolgt werden? Der erste wichtige Schritt besteht darin, sicherzustellen, daß jeder Benutzer diese Ratschläge kennt und weiß, wie wichtig es ist, sie zu befolgen. Behandeln Sie dieses Thema in Ihrem Netzwerksicherheitsplan und rufen Sie es in regelmäßigen Abständen mit Newslettern und Bulletins immer wieder ins Gedächtnis zurück.

Es ist auch möglich, bestimmte Programme zu verwenden, um die Benutzer zu zwingen, bestimmte Regeln für die Wahl der Paßwörter zu befolgen. Die Webseite *http://csrc.nist.gov/tools/tools.htm* führt verschiedene Programme auf, die genau das machen.

Einmalpaßwörter

Manchmal reichen gute Paßwörter nicht aus. Paßwörter werden im Klartext über das Netzwerk übertragen. Einbrecher nutzen Protokoll-Analyzer, um im Netz zu spionieren und Paßwörter zu stehlen. Kann ein Dieb das Paßwort stehlen, spielt es keine Rolle, wie gut dieses Paßwort war.

Der Dieb kann in jedem Netzwerk sitzen, das Ihre TCP/IP-Pakete verarbeitet. Wenn Sie sich in Ihrem lokalen Netzwerk einloggen, müssen Sie sich nur um lokale Snoops kümmern. Loggen Sie sich aber über das Internet ein, müssen Sie sich um unsichtbare Zuhörer von unbekannten Netzwerken sorgen.

Der **rlogin**-Befehl ist für diese Art des Angriffs nicht anfällig. **rlogin** sendet kein Paßwort über das Netzwerk, weil die Benutzer-Authentizierung nur auf dem lokalen Host erfolgt. Der entfernte Host akzeptiert den Benutzer, weil er diesem lokalen Host vertraut. Allerdings sollten Sie dieses Vertrauen nur auf UNIX-Hosts innerhalb des lokalen Netzwerks ausdehnen, bei denen Sie sich auch wirklich sicher sind. Weiten Sie dieses Vertrauen niemals auf entfernte Systeme aus. Es ist für einen Einbrecher zu einfach, vorzugeben, er würde sich über ein vertrauenswürdiges System einloggen, indem er einfach die IP-Adresse des vertrauenswürdigen Systems mißbraucht. Er könnte auch das DNS so verändern, daß als Antwort auf den Systemnamen des vertrauenswürdigen Rechners seine IP-Adresse zurückgegeben wird. **rlogin** hilft Ihnen nicht weiter, wenn Sie sich von einer entfernten Site oder einem nicht vertrauenswürdigen System aus einloggen müssen. Arbeiten Sie bei entfernten Logins mit Einmalpaßwörtern. Weil solche Einmalpaßwörter nur einmal verwendet werden, kann ein Dieb nichts damit anfangen.

Es liegt in der Natur der Sache, daß Systeme für Einmalpaßwörter ein furchtbares Theater sind. Sie müssen eine Liste dieser Einmalpaßwörter besitzen (oder etwas, das diese

Paßwörter generieren kann), um sich einloggen zu können. Wenn Sie die Paßwortliste vergessen, können Sie sich nicht einloggen. Allerdings ist das nicht ein so großes Problem, wie es vielleicht scheint. Sie loggen sich im allgemeinen von Ihrem Büro aus ein, wo Ihr primärer Login-Host normalerweise auf Ihrem Schreibtisch steht oder im lokalen Netzwerk liegt. Beim Einloggen über die Tastatur des Desktops geht das Paßwort nicht über das Netzwerk, und Sie können ein wiederverwendbares Paßwort benutzen. Und **rlogin** kann zwischen UNIX-Hosts im lokalen Netzwerk benutzt werden. Einmalpaßwörter sind nur in den Fällen notwendig, wo Sie sich von einer entfernten Stelle oder einem nicht vertrauenswürdigen Host einloggen. Aus diesem Grund erlauben manche Einmalpaßwort-Systeme die Verwendung wiederverwendbarer Paßwörter in geeigneten Situationen.

Es gibt verschiedene Einmalpaßwort-Systeme. Einige verwenden spezialisierte Hardware wie intelligente Chipkarten (»Smartcards«). OPIE ist ein frei verfügbares Software-System, das keine besondere Hardware benötigt.

OPIE

One-time Passwords In Everything (OPIE) ist frei verfügbare Software vom U.S. Naval Research Laboratory (NRL). Es modifiziert ein UNIX-System so, daß es Einmalpaßwörter verwendet. OPIE stammt von SKey ab, einem von Bell Communications Research (Bellcore) entwickelten Einmalpaßwort-System.

Laden Sie OPIE von *ftp://ftp.nrl.navy.mil/pub/security/opie/opie-2.3.tar.gz* herunter. Es handelt sich um eine binäre Datei. Dekomprimieren Sie die Datei mit **gunzip** und entpacken Sie sie mit **tar**. Das dabei angelegte Verzeichnis enthält die Quelldateien, Makefiles und Skripts, die zur Kompilierung und Installation von OPIE notwendig sind.

OPIE wird mit **configure** geliefert, einem Skript zur automatischen Konfiguration. Es erkennt die Konfiguration Ihres Systems und paßt das Makefile entsprechend an. Das Skript erledigt seine Aufgabe gut, aber Sie sollten das Makefile dennoch kontrollieren, um zu sehen, ob alle Daten richtig sind. So arbeitet mein Linux-System beispielsweise mit dem FTP-Daemon der Washington University (**wu.ftpd**). OPIE ersetzt **login**, **su** und **ftpd** durch eigene Versionen dieser Programme. Auf meinem Linux-System hat **configure** kein **ftpd** entdeckt, und ich habe das Problem bei der Prüfung des Makefiles nicht gesehen. **make** wurde ohne Fehler ausgeführt, aber **make install** schlug bei der Installation des OPIE FTP-Daemons fehl. Das Makefile konnte problemlos korrigiert werden. Ein erneuter Durchlauf von **make install** war dann erfolgreich.

Die Auswirkungen von OPIE werden offensichtlich, sobald die Installation vollständig ist. Führen Sie **su** aus, und es antwortet mit `root's response:` anstelle des gewohnten `Password:`. **login** reagiert mit `Response or Password:`, statt einfach nur `Password:` auszugeben. Die von diesen Programmen angeforderte `Response` ist das OPIE-Gegenstück zu einem Paßwort. Mit `Response or Password` antwortende Programme akzeptieren sowohl die OPIE-Response als auch das traditionelle Paßwort der */etc/passwd*-Datei. Diese Möglichkeit erlaubt den Benutzern einen eleganten Übergang von traditionellen Paßwörtern zu OPIE. Dies ermöglicht auch lokale Konsolen-Logins mit wieder-verwendbaren Paßwörtern bei gleichzeitigen entfernten Logins mit Einmalpaßwörtern. Das Beste aus zwei Welten – bequeme lokale Logins ohne Anlegen separater lokaler und entfernter Login-Accounts!

Um OPIE nutzen zu können, müssen Sie zuerst ein geheimes Paßwort wählen, das zur Generierung der Liste von Einmalpaßwörtern verwendet wird. Danach müssen Sie das Programm ausführen, das diese Liste erzeugt. Zur Wahl des geheimen Paßworts führen Sie **opiepassword** wie nachfolgend zu sehen aus:

```
$ opiepasswd -c
Updating kristin:
Reminder  -  Only use this method from the console; NEVER from remote.
 If you are using telnet, xterm, or a dial-in, type ^C now or exit with
 no password. Then run opiepasswd without the -c parameter.
Using MD5 to compute responses.
Enter old secret pass phrase: 3J5Wd6PaWP
Enter new secret pass phrase: 9WA11WSfW95/NT
Again new secret pass phrase: 9WA11WSfW95/NT
```

Das obige Beispiel zeigt die Benutzerin *kristin* bei der Aktualisierung ihres geheimen Paßworts. Sie führt **opiepasswd** von der Konsole des Rechners aus, wie durch die Option **–c** angezeigt. **opiepasswd** über die Konsole auszuführen ist der sicherste Weg. Wird es nicht über die Konsole gestartet, müssen Sie die **opiekey**-Software zur Hand haben, damit Sie die richtigen Responses generieren können, die zur Eingabe des alten und des neuen geheimen Paßworts notwendig sind. Paßwörter im Klartext werden nur über die Konsole akzeptiert. Kristin wird aufgefordert, ihr altes Paßwort einzugeben und ein neues zu wählen. OPIE-Paßwörter müssen mindestens 10 Zeichen lang sein. Da das neue Paßwort lang genug ist, wird es von **opiepasswd** akzeptiert, und die folgenden beiden Zeilen werden ausgegeben:

```
ID kristin OPIE key is 499 be93564
CITE JAN GORY BELA GET ABED
```

Diese Zeilen geben Kristin die notwendigen Informationen, die zur Generierung der OPIE-Responses notwendig sind. Das Einmalpaßwort, das Kristin für die nächste Login-Response benötigt, ist in der nächsten Ausgabezeile zu sehen: eine Gruppe von 6 kurzen, groß geschriebenen Zeichenketten. Die erste Zeile enthält die benötigte Anfangs-sequenznummer (499) und den benötigten Seed-Wert (be93564) zusammen mit ihrem geheimen Paßwort, das ebenfalls zur Generierung von OPIE-Login-Responses benötigt wird. Die zur Generierung dieser Responses verwendete Software ist **opiekey**.

opiekey verlangt die Login-Sequenznummer, den Seed-Wert des Benutzers und das geheime Paßwort des Benutzers als Eingabe und gibt das korrekte Einmalpaßwort aus. Liegt die **opiekey**-Software auf dem System, auf dem Sie auch den Login initiieren, können Sie ein Einmalpaßwort nach dem anderen generieren. Haben Sie hingegen keinen Zugriff auf **opiekey**, wenn Sie nicht an Ihrem Login-Host sitzen, können Sie mit der Option **–n** mehrere Paßwörter anfordern. Schreiben Sie die Paßwörter auf, stecken Sie

sie in Ihre Brieftasche, und los geht's![3] Im folgenden Beispiel haben wir fünf (**–n 5**) Responses von **opiekey** angefordert:

```
$ opiekey -n 5 495 wi01309
Using MD5 algorithm to compute response.
Reminder: Don't use  opiekey  from  telnet  or dial-in sessions.
Enter secret pass phrase: UUaX26CPaU
491: HOST VET FOWL SEEK IOWA YAP
492: JOB ARTS WERE FEAT TILE IBIS
493: TRUE BRED JOEL USER HALT EBEN
494: HOOD WED MOLT PAN FED RUBY
495: SUB YAW BILE GLEE OWE NOR
```

Als erstes teilt uns **opiekey** mit, daß es den MD5-Algorithmus zur Generierung der Responses verwendet. Dieser Algorithmus ist bei OPIE voreingestellt. Um die Kompatibilität mit älteren SKey- und OPIE-Implementierungen zu wahren, können Sie **opiekey** zur Verwendung des MD4-Algorithmus zwingen, indem Sie die Kommandozeilenoption **–4** angeben. **opiekey** fordert Ihr geheimes Paßwort an. Dabei handelt es sich um das Paßwort, das Sie mit **opiepasswd** definiert haben. Danach werden die Anzahl der angeforderten Responses und die jeweiligen Responses in der Reihenfolge der Sequenznummern ausgegeben. Die Login-Sequenznummern dieses Beispiels gehen von 495 bis 491. Geht die Sequenznummer auf 10 herunter, führen Sie **opiepasswd** erneut aus und wählen ein neues geheimes Paßwort. Die Wahl eines neuen geheimen Paßworts setzt die Sequenznummer auf 499 zurück. Das OPIE-Login-Prompt gibt die Sequenznummer aus, und Sie müssen die Response eingeben, die dieser Sequenznummer entspricht. Ein Beispiel:

```
login: tyler
otp-md5 492 wi01309
Response or Password: JOB ARTS WERE FEAT TILE IBIS
```

Am `login:`-Prompt gibt Tyler ihren Benutzernamen ein. Das System gibt dann eine einzelne Zeile aus, die ihr mitteilt, daß ihr Einmalpaßwort mit dem MD5-Algorithmus (otpmd5) generiert wurde, daß dies die Login-Sequenznummer 492 ist, und daß wi01309 der für ihre Paßwörter verwendete Seed-Wert ist. Sie sieht die Response für die Login-Nummer 392 nach und gibt die 6 kurzen Strings ein. Sie streicht diese Response dann aus der Liste, weil sie für ein erneutes Einloggen nicht mehr verwendet werden kann. Eine Response aus dieser Liste muß immer verwendet werden, wenn Tyler nicht an der Konsole ihres Systems sitzt. Wiederverwendbare Paßwörter können nur an der Konsole verwendet werden.

---

3 Sicherheitsexperten werden zurückzucken, wenn sie diesen Ratschlag hören. Das Aufschreiben von Paßwörtern ist »pfui«. Ehrlich gesagt glaube ich allerdings, daß die Leute, die meine Brieftasche stehlen, eher an meinem Geld und den Kreditkarten interessiert sind als an meinen Paßwörtern. Dennoch sollten Sie diesen Rat im Licht der für Ihr System notwendigen Sicherheit betrachten.

Sichern der r-Befehle

Einige Anwendungen verwenden ihre eigenen Sicherheitsmechanismen. Stellen Sie sicher, daß die Sicherheit für diese Anwendungen richtig konfiguriert ist. Besondere Aufmerksamkeit müssen Sie den UNIX **r**-Befehlen widmen, einer Gruppe von UNIX Netzwerkanwendungen, die vergleichbar sind mit **ftp** und **telnet**. Es ist besonderes wichtig, sicherzustellen, daß die **r**-Befehle die Systemsicherheit nicht beeinträchtigen. Fehlerhaft konfigurierte **r**-Befehle können praktisch der ganzen Welt den Zugriff auf Ihre Computer ermöglichen.

Anstelle der Paßwort-Authentizierung verwenden die **r**-Befehle ein auf vertrauenswürdigen Hosts und Benutzern basierendes Sicherheitssystem. Vertrauenswürdige Benutzer auf vertrauenswürdigen Hosts dürfen ohne Eingabe eines Paßworts auf das lokale System zugreifen. Vertrauenswürdige Hosts werden auch als »gleichwertige Hosts« (equivalent hosts) bezeichnet, weil das System davon ausgeht, daß Benutzer, denen der Zugriff auf einen vertrauenswürdigen Host gestattet wird, auch einen gleichwertigen Zugriff auf den lokalen Host erhalten. Das System geht davon aus, daß Benutzer-Accounts mit dem gleichen Namen auf beiden Hosts auch dem gleichen Benutzer »gehören«. Zum Beispiel wird einem als *becky* auf einem vertrauenswürdigen System eingeloggten Benutzer der gleiche Zugriff ermöglicht wie einem Benutzer, der unter dem Namen *becky* auf dem lokalen System eingeloggt ist.

Ein solches Authentizierungssystem verlangt Datenbanken, in denen die vertrauenswürdigen Hosts und Benutzer definiert sind. Die zur Konfiguration der **r**-Befehle verwendeten Datenbanken sind */etc/hosts.equiv* und *.rhosts*.

Die Datei */etc/hosts.equiv* definiert die Hosts und Benutzer, denen der »vertrauenswürdige« Zugriff auf Ihr System mit **r**-Befehlen gestattet ist. Diese Datei kann auch Hosts und Benutzer enthalten, denen der Zugriff explizit untersagt ist. Keinen »vertrauenswürdigen« Zugriff zu besitzen bedeutet nicht, daß dem Benutzer der Zugriff völlig verweigert wird, sondern nur, daß er ein Paßwort angeben muß.

Das grundlegende Format der Einträge in */etc/hosts.equiv* ist:

```
[+ | -][hostname] [+ | -][benutzername]
```

Der `hostname` ist der Name eines »vertrauenswürdigen« Hosts, dem optional ein Pluszeichen (+) vorangestellt werden kann. Das Pluszeichen hat keine echte Bedeutung, es sei denn, es steht für sich allein. Ein Pluszeichen ohne Hostnamen wird als Wildcard-Zeichen interpretiert und bedeutet »jeder Host«.

Wird einem Host Gleichwertigkeit gewährt, können auf diesem Host eingeloggte Benutzer ohne Angabe eines Paßworts auf einen Benutzer-Account gleichen Namens auf Ihrem System zugreifen. (Dies ist ein guter Grund für Administratoren, auf einheitliche Regeln bei der Vergabe von Login-Namen zu achten.) Der `benutzername` ist optional und gibt den Namen eines Benutzers auf dem vertrauenswürdigen Host an, dem der Zugriff auf alle Benutzer-Accounts gewährt wird. Wird ein `benutzername` angegeben, ist dieser Benutzer nicht auf Accounts gleichen Namens beschränkt, sondern kann ohne Angabe eines Paßworts auf jeden Account zugreifen.[4]

Dem *hostnam*en kann auch ein Minuszeichen (–) voranstehen. Damit wird explizit klargestellt, daß dieser Host *kein* gleichwertiges System ist. Benutzer dieses Hosts müssen immer ein Paßwort angeben, wenn sie einen **r**-Befehl zur Interaktion mit Ihrem System verwenden. Einem *benutzername*n kann ebenfalls ein Minuszeichen vorangestellt werden. Dies besagt, daß, was auch immer sonst für diesen Host gelten mag, dieser Benutzer »nicht vertrauenswürdig« ist und immer ein Paßwort angeben muß.

Die folgenden Beispiele verdeutlichen, wie Einträge in *hosts.equiv* interpretiert werden:

peanut
> Erlaubt den paßwortfreien Zugriff jedes Benutzers auf *peanut* auf einen Account gleichen Namens auf Ihrem lokalen System.

–peanut
> Verweigert den paßwortfreien Zugriff jedes Benutzers auf *peanut* auf einen Account Ihres Systems.

peanut –david
> Verweigert den paßwortfreien Zugriff für den Benutzer *david*, wenn dieser versucht, von *peanut* aus auf Ihr System zuzugreifen.

peanut +becky
> Erlaubt der Benutzerin *becky* den Zugriff auf jeden Account Ihres Systems (*root* ist hiervon ausgenommen) ohne Eingabe eines Paßworts, wenn sie sich von *peanut* aus einloggt.

+ becky
> Erlaubt der Benutzerin *becky* den Zugriff auf jeden Account Ihres Systems (*root* ist hiervon ausgenommen) ohne Eingabe eines Paßworts, egal von welchem Host sie sich einloggt.

Der letzte Eintrag ist ein Beispiel für etwas, das bei Ihrer Konfiguration niemals vorkommen sollte. Verwenden Sie niemals ein einzelnes Pluszeichen anstelle eines Hostnamens. Das erlaubt den Zugriff von jedem Host und kann eine große Sicherheitslücke öffnen. Würde der obige Eintrag beispielsweise in *hosts.equiv* stehen, könnte ein Eindringling einen Account namens *becky* auf seinem System erzeugen und so auf jeden Account Ihres Systems zugreifen. Überprüfen Sie die Dateien */etc/hosts.equiv*, *~/.rhosts* und */etc/hosts.lpd* und stellen Sie sicher, daß keine von ihnen einen solchen Eintrag enthält. Denken Sie dabei auch daran, die *.rhosts* im Home-Verzeichnis jedes Benutzers zu überprüfen.

Ein einfacher typografischer Fehler könnte zu einem für sich stehenden Pluszeichen führen. Nehmen wir zum Beispiel den folgenden Eintrag:

```
+ peanut becky
```

---

4   Das gilt nicht für den *root*-Account.

Der Systemadministrator wollte hier wohl *becky* den paßwortfreien Zugriff auf alle Accounts ermöglichen, wenn sie sich über *peanut* einloggt. Leider wird diese Zeile aufgrund des zusätzlichen Leerzeichens wie folgt interpretiert: »Erlaube Benutzern mit Namen *peanut* und *becky* den paßwortfreien Zugriff von jedem Host der Welt«. Verwenden Sie keine Pluszeichen vor einem Hostnamen und achten Sie immer auf die Vermeidung solcher Sicherheitsprobleme, wenn Sie an der */etc/hosts.equiv* arbeiten.

Bei der Konfiguration von */etc/hosts.equiv* sollten Sie den Zugriff nur für Systeme und Benutzer freigeben, denen Sie auch tatsächlich vertrauen. Geben Sie ihn nicht einfach für jedes System in Ihrem lokalen Netzwerk frei. Am besten vertrauen Sie den Hosts in Ihrem lokalen Netzwerk nur, wenn Sie die für diesen Host verantwortliche Person kennen, und wenn Sie wissen, daß der Host nicht allgemein zur Verfügung steht. Vergeben Sie diese Art von Zugriff nicht einfach standardmäßig – Sie sollten immer einen Grund haben, diesen Status zu vergeben. Vergeben Sie diesen Status niemals an entfernt stehende Systeme. Es ist für einen Eindringling zu einfach, das Routing oder das DNS auszutricksen und auf diese Weise Ihr System hinters Licht zu führen. Beginnen Sie Ihre *hosts.equiv* auch nie mit einem Minus (–) als erstem Zeichen. (Das verwirrt einige Systeme und führt zur falschen Vergabe von Zugriffen.) Bleiben Sie beim Anlegen einer *hosts.equiv* immer auf der sicheren Seite. Das Hinzufügen vertrauenswürdiger Hosts bei Bedarf ist wesentlich einfacher, als sich von einem böswilligen Eindringling zu erholen.

Die Datei *.rhosts* erlaubt oder verweigert den paßwortfreien Zugriff von **r**-Befehlen auf einen bestimmten Benutzer-Account. Sie steht im Home-Verzeichnis des Benutzers und enthält Einträge, die die vertrauenswürdigen Hosts und Benutzer definieren. Die Einträge in *.rhosts* verwenden das gleiche Format wie die Einträge in *hosts.equiv* und funktionieren auch fast auf die gleiche Weise. Der Unterschied liegt im Ausmaß des gewährten Zugriffs. In *.rhosts* wird der Zugriff für einen einzelnen Benutzer-Account freigegeben bzw. verweigert. Die Einträge in *hosts.equiv* gelten für das gesamte System.

Dieser funktionale Unterschied kann mit einem einfachen Beispiel verdeutlicht werden. Nehmen wir den folgenden Eintrag:

```
pecan anthony
```

In *almond*s *hosts.equiv*-Datei bedeutet dieser Eintrag, daß der Benutzer *anthony* auf *pecan* jeden Account auf *almond* ohne Eingabe eines Paßworts verwenden kann. Steht der gleiche Eintrag in der *.rhosts*-Datei im Home-Verzeichnis des Benutzers *resnick*, darf *anthony* sich mit **rlogin** von *pecan* als *resnick* einloggen, ohne ein Paßwort angeben zu müssen. Allen anderen Accounts auf *almond* wird aber kein paßwortfreier Zugang gewährt.

Die *.rhosts* wird von Einzelpersonen genutzt, um zwischen den verschiedenen Accounts, die sie besitzen, Gleichheit herzustellen. Der oben gezeigte Eintrag wäre wahrscheinlich nur gemacht worden, wenn *anthony* und *resnick* die gleiche Person sind. Ich besitze zum Beispiel Accounts auf mehreren unterschiedlichen Systemen. Manchmal ist mein Benutzername *hunt*, manchmal *craig*. Es wäre schön, wenn ich immer den gleichen Account-Namen hätte, aber das ist nicht möglich, weil *craig* und *hunt* von zwei anderen Personen in meinem lokalen Netzwerk verwendet werden. Ich möchte in der Lage sein, mich von jedem Host, auf dem ich einen Account habe, mit **rlogin** auf meine Workstation einzuloggen. Gleichzeitig will ich aber verhindern, daß sich der andere *craig* und der andere *hunt* versehentlich bei mir einloggen können. Die *.rhosts* gibt mir die Möglichkeit, dieses Problem zu lösen.

Gehen wir beispielsweise davon aus, daß mein Benutzername auf *almond craig* lautet, während ich bei *filbert* als *hunt* bekannt bin. Ein anderer Benutzer auf *filbert* ist *craig*. Um mir selbst einen paßwortfreien Zugriff auf meinen *almond*-Account von *filbert* aus zu ermöglichen, und dabei gleichzeitig sicherzustellen, daß kein anderer Benutzer einen paßwortfreien Zugriff hat, trage ich folgendes in die *.rhosts* in meinem Home-Verzeichnis ein:

```
filbert hunt
filbert -craig
```

Normalerweise wird die *hosts.equiv* zuerst durchsucht und danach die *.rhosts* des jeweiligen Benutzers (falls eine existiert). Die erste explizite Prüfung bestimmt, ob ein paßwortfreier Zugriff erlaubt ist oder nicht. Aus diesem Grund kann die *.rhosts*-Datei die *hosts.equiv*-Datei nicht überschreiben. Die Ausnahme bildet hier der Zugriff des Benutzers root. Versucht ein root-Benutzer, ein System per **r** zu erreichen, wird die *hosts.equiv* ignoriert. Nur die *.rhosts* im Home-Verzeichnis des root-Benutzers wird untersucht. Damit ist der root-Zugriff genauer zu kontrollieren. Würde man die *hosts.equiv* bei root-Zugriffen beachten, würden den Zugriff erlaubende Einträge jedem root-Benutzer der entsprechenden Hosts root-Privilegien auf unserem Host einräumen. Sie können vertrauenswürdige Hosts in *hosts.equiv* aufnehmen, ohne den root-Benutzern der entfernten Systeme entsprechende Rechte auf Ihrem System einzuräumen.

Ist Sicherheit für Ihre Site besonders wichtig, sollten Sie daran denken, daß Benutzer über *.rhosts* den Zugriff gewähren können, selbst wenn keine *hosts.equiv* existiert. Die einzige Möglichkeit, das zu verhindern, besteht darin, regelmäßig nach *.rhosts*-Dateien zu suchen und diese zu entfernen. Solange Ihr System **r**-Befehle kennt, kann ein Benutzer versehentlich die Systemsicherheit gefährden.

Secure Shell

Die **r**-Befehle stellen ein Sicherheitsproblem dar. Sie können mit diesen Befehlen keinen sicheren entfernten Zugriff ermöglichen, selbst wenn Sie alle im vorangegangenen Abschnitt behandelten Techniken anwenden. Bestenfalls kann vertrauenswürdigen lokalen Systemen der Zugriff über **r**-Befehle erlaubt werden. Der Grund dafür ist, daß das Vertrauen der **r**-Befehle auf der Annahme beruht, daß die IP-Adresse den richtigen Computer eindeutig identifiziert. Das stimmt normalerweise auch. Ein Eindringling kann aber das DNS so manipulieren, daß es die falsche IP-Adresse liefert, oder er kann das Routing so ändern, daß in ein falsches Netzwerk übertragen wird. Auf diese Weise wird das von den **r**-Befehlen genutzte Authentizierungsschema ausgehoben.

Eine Alternative ist die Verwendung der Secure Shell (SSH). SSH ersetzt die normalen r-Befehle durch sichere, mit Verschlüsselung und Authentizierung arbeitende Varianten. SSH verwendet ein sehr hartes Authentizierungsschema, um sicherzustellen, daß der vertrauenswürdige Host auch wirklich der ist, der er zu sein vorgibt. SSH stellt eine Reihe von Public Key Kodierungsschemata bereit, um sicherzugehen, daß jedes Paket des Paketstroms auch wirklich von der Quelle stammt, von der es stammen soll. SSH ist sicher und einfach zu verwenden.

Sie finden die Secure Shell im Internet unter *http://www.cs.hut.fi/ssh*. Diese Website bietet auch Informationen über die Secure Shell. Laden Sie SSH herunter und kompilieren Sie es. Verwenden Sie den mit dem SSH-Quellcode gelieferten **configure**-Befehl, um die Konfiguration Ihres Systems zu untersuchen und ein entsprechendes Makefile zu generieren. Führen Sie dann **make** aus und installieren Sie die Komponenten von SSH. Die Hauptkomponenten sind:

sshd

Der Secure Shell Daemon verarbeitet eingehende SSH-Verbindungen. **sshd** sollte während der Bootphase aus einem der Bootskripten gestartet werden. Führen Sie **sshd** nicht über *inetd.conf* aus. **sshd** erzeugt bei jedem Start einen Kodierungsschlüssel. Das kann einen Start sehr verlangsamen und macht das Programm daher ungeeignet für *inetd.conf*. Ein SSH-Verbindungen verarbeitendes System muß **sshd** ausführen.

ssh

Der Benutzerbefehl für die Secure Shell. **ssh** ersetzt **rsh** und **rlogin**. Er wird genutzt, um einen Befehl sicher an ein entferntes System zu übergeben bzw. sicher auf einem entfernten System einzuloggen. Dieser Befehl generiert die ausgehende Verbindung, die vom entfernten Secure Shell Daemon verarbeitet wird. Soll ein Client-System mit SSH-Verbindungen arbeiten, muß es über den **ssh**-Befehl verfügen.

scp

Secure Copy (**scp**) ist die SSH-Variante von **rcp**.

ssh-keygen

Generiert öffentliche *(public)* und private Kodierungsschlüssel *(keys)*, die zur sicheren Übertragung durch die Secure Shell genutzt werden.

Stellt ein **ssh**-Client die Verbindung zu einem **sshd**-Server her, tauschen die beiden die öffentlichen Schlüssel aus. Die Systeme vergleichen die empfangenen Schlüssel mit den bekannten Schlüsseln, die in */etc/ssh_known_hosts* gespeichert wurden, bzw. in der Datei *.ssh/known_hosts* im Home-Verzeichnis des Benutzers stehen.[5] Konnte der Schlüssel nicht gefunden werden, oder hat er sich geändert, wird der Benutzer aufgefordert, zu prüfen, ob der neue Schlüssel akzeptiert werden soll:

---

5 Der Systemadministrator kann die *ssh_known_hosts*-Datei initialisieren, indem er **make-ssh-known-hosts** ausführt. Dieses Programm holt sich den Schlüssel jedes Hosts innerhalb einer gewählten Domain.

```
> ssh pecan
Host key not found from the list of known hosts.
Are you sure you want to continue connecting (yes/no)? yes
Host 'pecan' added to the list of known hosts.
craig's password: Watts.Watt.
Last login: Thu Sep 25 15:01:32 1997 from peanut
Linux 2.0.0.
/usr/X11/bin/xauth:  creating new authority file /home/craig/.Xauthority
```

Wird der Schlüssel in einer der Dateien gefunden oder vom Benutzer akzeptiert, verwendet ihn der Client zur Verschlüsselung eines zufällig generierten Session-Keys. Dieser Session-Key wird an den Sever geschickt, und beide Systeme verwenden diesen Schlüssel für den Rest der SSH-Session zur Verschlüsselung.

Ein Client ist authentiziert, wenn er in *hosts.equiv, shost.equiv*, der *.rhosts* des Benutzers oder in der *.shosts* steht. Diese Art der Authentizierung ist der von den **r**-Befehlen ähnlich, und das Format der *shost.equiv* und *.shosts* entspricht dem der Dateien für die **r**-Befehle. Beachten Sie, daß der Benutzer im obigen Beispiel nach einem Paßwort gefragt wird. Ist der Client nicht in einer dieser Dateien enthalten, wird die Paßwort-Authentizierung verwendet. Sie müssen sich um den Diebstahl von Paßwörtern keine Gedanken machen, weil SSH die Paßwörter vor der Übertragung verschlüsselt.

Benutzer können für die Authentizierung ein Public Key Challenge/Response-Protokoll verwenden. Erzeugen Sie zuerst Ihre öffentlichen und privaten Kodierungsschlüssel:

```
> ssh-keygen
Initializing random number generator...
Generating p:  .....................................++ (distance 616)
Generating q:  ..................++ (distance 244)
Computing the keys...
Testing the keys...
Key generation complete.
Enter file in which to save the key (/home/craig/.ssh/identity):
Enter passphrase: Pdky&tiaj.
Enter the same passphrase again: Pdky&tiaj.
Your identification has been saved in /home/craig/.ssh/identity.
Your public key is:
1024 35 15856482348402585532090170200505710302394819717085015959218152
craig@pecan
Your public key has been saved in /home/craig/.ssh/identity.pub
```

Der Befehl **ssh-keygen** erzeugt Ihre Schlüssel. Geben Sie ein Paßwort (das hier als »passphrase« bezeichnet wird) ein, das mindestens 10 Zeichen lang ist. Verwenden Sie die weiter oben beschriebenen Regeln für die Auswahl eines guten Paßworts, das einfach zu merken ist. Sollten Sie dieses Paßwort vergessen, ist niemand in der Lage, es für Sie herauszufinden.

Sobald Sie die Schlüssel auf dem Client-System erzeugt haben, kopieren Sie den Public Key auf Ihren Account auf dem Server. Dieser öffentliche Schlüssel wird auf dem Client in Ihrem Home-Verzeichnis in der Datei *.ssh/identity.pub* abgelegt. Kopieren Sie die

Datei unter dem Namen *.ssh/authorized_keys* in Ihr Home-Verzeichnis auf dem Server. Wenn Sie sich nun mit **ssh** einloggen, werden Sie nach diesem Paßwort gefragt:

```
> ssh pecan
Enter passphrase for RSA key 'craig@pecan': Pdky&tiaj.
Last login: Thu Sep 25 17:11:51 1997
Linux 2.0.0.
```

Um die Systemsicherheit zu erhöhen, sollten die **r**-Befehle nach der Installation von SSH deaktiviert werden. Kommentieren Sie **rshd**, **rlogind**, **rexcd** und **rexd** in der *inetd.conf* aus, um eingehende Verbindungen zu den **r**-Befehlen zu unterbinden. Um sicherzustellen, daß SSH für ausgehende Verbindungen eingesetzt wird, ersetzen Sie **rlogin** und **rsh** durch **ssh**. Zu diesem Zweck kopieren Sie die Originalversionen von **rlogin** und **rsh** in einen sicheren Ort, führen **configure** mit den nachfolgend gezeigten speziellen Optionen erneut aus und geben dann **make install** ein:

```
# whereis rlogin
/usr/bin/rlogin
# whereis rsh
/usr/bin/rsh
# cp /usr/bin/rlogin /usr/lib/rlogin
# cp /usr/bin/rsh /usr/lib/rsh
# ./configure --with-rsh=/usr/bin --program-transform-name='s/^s/r/'
# make install
```

In unserem Beispiel wird vorausgesetzt, daß die Originalversionen von **rlogin** und **rsh** in */usr/bin* liegen. Sie müssen hier das für Sie richtige Verzeichnis einsetzen.

Nachdem Sie **rlogin** und **rsh** ersetzt haben, können Sie sich immer noch in Systeme einloggen, die SSH nicht unterstützen. Sie erhalten dabei einen Hinweis, daß es sich nicht um eine sichere Verbindung handelt:

```
> rlogin cow
Secure connection to cow refused; reverting to insecure method.
Using rsh.  WARNING: Connection will not be encrypted.
Last login: Wed Sep 24 22:15:28 from peanut
Sun Microsystems Inc.   SunOS 5.5.1    Generic May 1996
You have new mail.
```

SSH bietet eine ausgezeichnete Möglichkeit, eine sichere Kommunikation zwischen Systemen im Internet aufzubauen. Es verlangt allerdings, daß beide Systeme SSH installiert haben. Wenn Sie beide Enden der Verbindung kontrollieren, ist das kein Problem. Es gibt aber auch Fälle, in denen Sie sich von einem System aus einloggen müssen, das nicht unter Ihrer Kontrolle steht. Für solche Gelegenheiten sind Einmalpaßwörter (wie sie von OPIE bereitgestellt werden) nach wie vor von Bedeutung.

Sicherheit von Anwendungen

Eine gute Benutzer-Authentizierung ist ein wichtiges Maß für die Sicherheit. Allerdings ist das nicht die einzige Möglichkeit, die Sicherheit Ihres Computers und des Netzwerks zu erhöhen. Die meisten Einbrüche kommen vor, wenn Bugs in Anwendungen ausgenutzt werden, oder wenn Anwendungen fehlerhaft konfiguriert sind. In diesem Abschnitt wollen wir uns einige Maßnahmen ansehen, die Sie durchführen können, um die Sicherheit von Anwendungen zu erhöhen.

Entfernen unnötiger Software

Jede Software, die eine eingehende Verbindung von einer entfernten Site ermöglicht, kann potentiell von einem Einbrecher mißbraucht werden. Einige Sicherheitsexperten sprechen die Empfehlung aus, jeden Daemon aus der */etc/inetd.conf* zu entfernen, der nicht unbedingt notwendig ist. (Die Konfiguration der *inetd.conf* wird in Kapitel 6 besprochen. Dort sind explizite Beispiele für das Entfernen von **tftp** aufgeführt.)

Serversysteme benötigen möglicherweise verschiedene Daemons, aber die meisten Desktop-Systeme benötigen nur sehr wenige (wenn überhaupt). Das Entfernen der Daemons aus *inetd.conf* unterbindet aber nur eingehende Verbindungen. Es verhindert keine ausgehenden Verbindungen. Ein Benutzer kann immer noch eine **telnet**-Verbindung zu einer entfernten Site aufbauen, selbst wenn der **telnet**-Daemon aus *inetd.conf* entfernt wurde. Ein von einigen Leuten verwendeter einfacher Ansatz besteht darin, zuerst alles aus der *inetd.conf* zu entfernen, und dann nur diejenigen Daemons wieder aufzunehmen, die wirklich benötigt werden.

Software auf dem neuesten Stand halten

Hersteller geben häufig neue Versionen ihrer Netzwerk-Software heraus, deren vorrangiges Ziel die Erhöhung der Netzwerksicherheit ist. Verwenden Sie die neueste Version der von Ihrem Hersteller angebotenen Netzwerk-Software. Verfolgen Sie die Sicherheitsmeldungen, CERT-Advisories und Bulletins, um zu wissen, bei welchen Programmen es besonders wichtig ist, mit der neuesten Version zu arbeiten.

Selbst Programme, die eigentlich der Verbesserung der Sicherheit dienen, können Bugs beinhalten, die die Sicherheit verletzen. Die Shadow-Paßwort-Software für Linux ist ein gutes Beispiel. Sie müssen *shadow-960129.tar* oder eine neuere Version verwenden, oder Sie riskieren eine Gefährdung Ihres Systems. Wenn Sie die Software Ihres Systems nicht auf dem neuesten Stand halten, öffnen Sie Eindringlingen ein großes Sicherheitsloch. Einbrecher entdecken keine neuen Probleme, sie nutzen allgemein bekannte Probleme für ihre Zwecke aus. Verfolgen Sie die bekannten Sicherheitsprobleme, um Ihr System auf dem neuesten Stand halten zu können.

Halten Sie sich über alle Fixes zu Ihrem System auf dem Laufenden. Die Advisories zur Computersicherheit sind hierzu eine gute Möglichkeit. Sprechen Sie mit Ihrem Hersteller und finden Sie heraus, welchen Service zur Verbreitung von Sicherheits-Fixes er anbietet. Machen Sie dem Hersteller klar, daß Sicherheit ein wichtiges Thema für Sie ist.

Überwachung der Sicherheit

Ein Schlüsselelement der effektiven Netzwerksicherheit ist die Überwachung. Gute Sicherheit ist ein fortlaufender Prozeß, und die Befolgung der oben diskutierten Sicherheitsrichtlinien ist erst der Anfang. Sie müssen auch die Systeme überwachen, um unerlaubte Benutzeraktivitäten zu erkennen und Sicherheitslücken zu entdecken und zu schließen. Mit der Zeit ändert sich ein System – aktive Accounts werden nicht mehr genutzt, Datei-Zugriffsrechte werden neu vergeben. Sie müssen diese Probleme erkennen und beheben können, wenn sie auftreten.

Lernen Sie Ihr System kennen

Die Netzwerksicherheit wird überwacht, indem man die Dateien und Logs auf einzelnen Systemen im Netzwerk untersucht. Um ungewöhnliche Aktivitäten auf einem System erkennen zu können, müssen Sie wissen, welche Aktivitäten normal sind. Welche Prozesse werden normalerweise ausgeführt? Wer ist üblicherweise eingeloggt? Wer loggt sich außerhalb der üblichen Geschäftszeiten ein? Sie müssen das, und noch viel mehr, über Ihr System wissen, um ein »Gefühl« dafür zu entwickeln, wie die Dinge sein sollten. Einige gängige UNIX-Befehle wie **ps** und **who** helfen Ihnen dabei, herauszufinden, welche Aktivität bei Ihrem System normal ist.

Der **ps**-Befehl gibt den Status der gerade laufenden Prozesse aus. Führen Sie **ps** regelmäßig aus, um ein klares Bild davon zu bekommen, welche Prozesse zu unterschiedlichen Zeiten auf dem System laufen, und von wem sie ausgeführt werden. Der Befehl **ps –au** unter Linux und die Variante **ps –ef** bei Solaris geben den Benutzer und den Befehl aus, durch den jeder Prozeß angestoßen wurde. Das sollte Ihnen ausreichend Informationen geben, wer was ausführt und zu welcher Zeit. Sollte Ihnen etwas Ungewöhnliches auffallen, untersuchen Sie es. Sorgen Sie dafür, daß Sie verstehen, wie Ihr System benutzt wird.

Der **who**-Befehl liefert Ihnen Informationen darüber, wer gerade auf Ihrem System eingeloggt ist. Er gibt aus, welcher Benutzer eingeloggt ist, welches Gerät verwendet wird, wann das Login erfolgt ist und (falls zutreffend) von welchem entfernten Host aus das Einloggen erfolgt ist. (Der **w**-Befehl, eine bei manchen Systemen verfügbare Variante von **who**, gibt auch eine Liste mit den gerade aktiven Prozessen jedes Benutzers aus.) Der **who**-Befehl hilft Ihnen, herauszufinden, wer sich normalerweise einloggt, und von welchem Host aus das üblicherweise geschieht. Untersuchen Sie jede Abweichung von der Norm.

Falls Ihnen eine dieser Routineprüfungen Anlaß zu der Vermutung gibt, daß es ein Sicherheitsproblem gibt, müssen Sie das System auf unübliche oder modifizierte Dateien, auf Dateien, die da sein sollten aber nicht sind, und auf ungewöhnliche Login-Aktivitäten untersuchen. Diese genaue Untersuchung des Systems kann ebenfalls mit ganz normalen UNIX-Befehlen erfolgen. Nicht jede(r) hier beschriebene Datei/Befehl ist auf jedem System vorhanden. Aber jedes System hat irgendein Werkzeug, mit dem Sie einen genauen Blick darauf haben, wie Ihr System verwendet wird.

Nach Ärger Ausschau halten

Einbrecher hinterlassen häufig Dateien oder Shellskripten, die ihnen den Wiedereinstieg ins System oder das Erlangen von Root-Rechten ermöglichen sollen. Verwenden Sie den Befehl **ls –a | grep** '^\.', um mit einem Punkt beginnende Dateien zu untersuchen. Einbrecher bevorzugen solche Namen wie *.mail*, *.xx*, *...* (Punkt, Punkt, Punkt), *..* (Punkt, Punkt, Leerzeichen) oder *..^G* (Punkt, Punkt, Steuerung-G).

Werden Dateien mit Namen wie diesen gefunden, sollten Sie von einem Einbruch ausgehen. (Denken Sie daran, daß ein Verzeichnis namens *.* und ein Verzeichnis namens *..* mit Ausnahme des Root-Verzeichnisses in jedem Verzeichnis vorkommen.) Untersuchen Sie den Inhalt jeder verdächtigen Datei und folgen Sie Ihren normalen Prozeduren zur Meldung besonderer Vorkommnisse.

Sie sollten auch bestimmte Schlüsseldateien untersuchen, wenn Sie ein Sicherheitsproblem vermuten:

/etc/inetd.conf

> Prüfen Sie die Namen der Programme, die in */etc/inetd.conf* gestartet werden. Stellen Sie insbesondere sicher, daß keine Shell-Programme (z.B. */bin/csh*) gestartet werden. Überprüfen Sie auch die durch **inetd** gestarteten Programme, um sicherzugehen, daß sie nicht verändert wurden. Die */etc/inetd.conf* darf für den »Rest der Welt« nicht schreibbar sein.

Sicherheitsdateien für r-Befehle

> Überprüfen Sie */etc/hosts.equiv*, */etc/hosts.lpd* und die *.rhosts* jedes Benutzers, um sicherzugehen, daß keine unsachgemäß verändert wurde. Suchen Sie besonders nach Einträgen mit Pluszeichen sowie nach Einträgen für Hosts außerhalb Ihres lokalen, vertrauenswürdigen Netzwerks. Diese Dateien dürfen für den »Rest der Welt« ebenfalls nicht schreibbar sein.

/etc/passwd

> Stellen Sie sicher, daß */etc/passwd* nicht verändert wurde. Achten Sie auf neue Benutzernamen und Änderungen an der UID oder GID der Accounts. */etc/passwd* darf für den »Rest der Welt« nicht schreibbar sein.

Von **cron** *oder* **at** *ausgeführte Dateien*

> Überprüfen Sie alle Dateien, die von **cron** oder **at** ausgeführt werden. Achten Sie dabei auf neue Dateien oder nicht erklärte Änderungen. Manchmal verwenden Einbrecher durch **cron** oder **at** ausgeführte Prozeduren, um sich erneut Zugang zum System zu verschaffen, selbst wenn sie schon einmal rausgeschmissen worden sind.

Ausführbare Dateien

> Überprüfen Sie alle ausführbaren Dateien, Binaries und Shellskripten und stellen Sie sicher, daß keine von einem Einbrecher modifiziert wurde. Die im vorigen Abschnitt angesprochene Master-Checkliste ist hierbei hilfreich. Ausführbare Dateien dürfen für den »Rest der Welt« nicht schreibbar sein.

Wenn Sie ein Problem erkennen oder vermuten, müssen Sie Ihrer Meldungsprozedur folgen und die anderen über das Problem informieren. Das ist ganz besonders wichtig, wenn Sie mit einem lokalen Netzwerk verbunden sind. Ein Problem auf Ihrem System könnte sich auf andere Systeme Ihres Netzwerks ausbreiten.

Dateien überprüfen

Der **find**-Befehl ist ein mächtiges Werkzeug zur Erkennung möglicher Probleme mit dem Dateisystem, weil er das gesamte Dateisystem nach Dateien mit bestimmten Zugriffsrechten absuchen kann. Einbrecher hinterlassen häufig setuid-Programme, um sich selbst mit root-Rechten zu versehen. Der folgende Befehl sucht vom Root-Verzeichnis aus rekursiv nach solchen Dateien:

```
# find / -user root -perm -4000 -print
```

Dieser **find**-Befehl startet beim Root-Verzeichnis (/) eine Suche nach Dateien, die dem Benutzer root gehören (**-user root**) und bei denen das setuid-Bit gesetzt ist (**-perm -4000**). Alle Dateien, auf die das zutrifft, werden auf dem Terminal ausgegeben (**-print**). Alle Dateien, die bei dieser find-Operation ausgegeben werden, müssen sorgfältig untersucht werden, um sicher zu sein, daß diese Zugriffsrechte auch richtig sind. Eine allgemeine Regel lautet, daß Shellskripten keine setuid-Rechte haben sollten.

Sie können **find** auch verwenden, um nach anderen Problemen zu suchen, die Einbrechern Sicherheitslücken eröffnen könnten. Die gängigen Probleme, die mit **find** untersucht werden können, sind für jedermann schreibbare Dateien (**–perm –2**), setgid-Dateien (**–perm –2000**) und Dateien ohne Eigentümer (**–nouser –o –nogroup**). Für jedermann schreibbare Dateien und setgid-Dateien sollten untersucht werden, um sicherzugehen, daß die Rechte auch korrekt sind. Eine generelle Regel lautet, daß mit einem Punkt beginnende Dateien nicht für jedermann schreibbar sein sollten, und daß setgid-Rechte, genau wie setuid, für Shellskripten vermieden werden sollten.

Die Untersuchung des Dateisystems kann mit dem Programm Tripwire automatisiert werden. Tripwire ist von der Purdue University über *ftp://coast.cs.purdue.edu/pub/tools/unix/Tripwire* verfügbar. Dieses Paket sucht im Dateisystem nicht nur nach Problemen, sondern errechnet auch digitale Signaturen, um sicherzustellen, daß Änderungen an Dateien auch erkannt werden.

Login-Aktivitäten prüfen

Ungewöhnliche Login-Aktivitäten zu ungewöhnlichen Tageszeiten oder von unüblichen Orten können auf Einbruchversuche hindeuten. Wir haben bereits den **who**-Befehl verwendet, um zu sehen, wer gerade eingeloggt ist. Um zu prüfen, wer sich in der Vergangenheit auf dem System eingeloggt hat, können Sie den Befehl **last** verwenden.

Der **last**-Befehl gibt den Inhalt der *wtmp*-Datei aus.[6] Er ist nützlich, um sich mit den normalen Login-Mustern vertraut zu machen und ungewöhnliche Login-Aktivitäten zu

---

6 Die Datei wird häufig in */usr/adm* oder */etc* gespeichert.

erkennen. *wtmp* führt darüber Buch, wer sich in das System eingeloggt hat, wann der Login erfolgt ist, von welcher Site der Login erfolgt ist, und wann der Benutzer sich wieder ausgeloggt hat.

Abbildung 12-2 zeigt eine einzelne Ausgabezeile des **last**-Befehls. Die Abbildung hebt die Felder hervor, aus denen Sie ersehen können, welcher Benutzer eingeloggt war, auf welchem Gerät und von wo der Login erfolgt ist, Tag, Datum und Uhrzeit des Logins, den Zeitpunkt des Logouts (falls zutreffend) sowie die Login-Dauer.

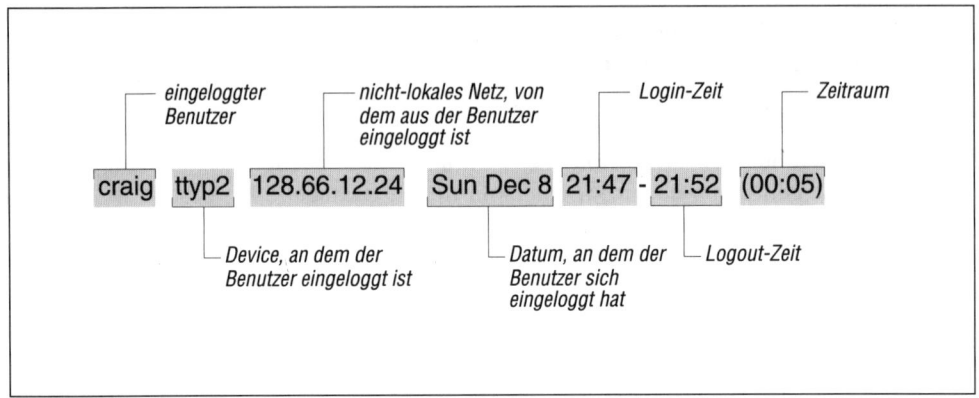

Abbildung 12-2: Ausgabe des last-Befehls

Einfach nur **last** einzugeben erzeugt eine lange Ausgabe, weil jeder in *wtmp* festgehaltene Login ausgegeben wird. Um diese Ausgabe zu beschränken, geben Sie in der Kommandozeile einen Namen oder ein TTY mit an. Damit beschränken Sie die Ausgabe auf Einträge mit dem angegebenen Namen oder Terminal. Es ist auch nützlich, **grep** zu verwenden, um die Ausgabe **last** auf bestimmte Bedingungen hin zu untersuchen. Beispielsweise prüft der nachfolgende Befehl nach Logins, die an Samstagen (»Sat«) und Sonntagen (»Sun«) erfolgt sind:

```
% last | grep 'S[au]' | more
craig     console              Sun Dec 15 10:33    still logged in
reboot    ~                    Sat Dec 14 18:12
shutdown  ~                    Sat Dec 14 18:14
craig     ttyp3    modems.nuts.com  Sat Dec 14 17:11 - 17:43  (00:32)
craig     ttyp2    172.16.12.24     Sun Dec  8 21:47 - 21:52  (00:05)
          .
          .
--More--
```

Im nächsten Beispiel suchen wir nach root-Logins, die nicht von der Konsole aus erfolgt sind. Wenn Sie nicht wüßten, wer die beiden in unserem Beispiel gemeldeten Logins durchgeführt hat, sollten Sie aufmerksam werden:

```
% last root | grep -v console
root      ttyp3      peanut.nuts.com    Tue Oct 29 13:12 - down   (00:03)
root      ftp        almond.nuts.com    Tue Sep 10 16:37 - 16:38  (00:00)
```

Zwar ist **last** eine Hauptquelle für Informationen über vorangegangene Login-Aktivitäten, nicht aber die einzige. Bei einigen Systemen enthält die Datei *messages* Meldungen über Root-Logins und fehlgeschlagene Logins.[7] Fehlgeschlagene Logins und root-Logins zu ungewöhnlichen Zeiten oder von ungewöhnlichen Orten sind verdächtig. Der folgende **grep**-Befehl durchsucht die */usr/adm/messages* eines Linux-Systems nach root-Logins:

```
% grep -i login /usr/adm/messages
Nov 23 10:39:10 peanut login: ROOT LOGIN ON tty1
Nov 23 11:11:50 peanut login: 2 LOGIN FAILURES ON tty1, craig
Nov 23 11:25:11 peanut login: 2 LOGIN FAILURES ON tty1, root
Nov 23 11:25:16 peanut login: ROOT LOGIN ON tty1
Nov 23 11:28:15 peanut login: ROOT LOGIN ON tty1
Nov 24 22:31:40 peanut login: 2 LOGIN FAILURES ON tty1, craig
Nov 27 19:47:52 peanut login: 2 LOGIN FAILURES ON tty1, craig
Nov 29 11:10:36 peanut login: 2 LOGIN FAILURES ON tty1, craig
Dec  1 19:41:50 peanut login: 2 LOGIN FAILURES ON tty1, craig
Dec  9 22:05:27 peanut login: ROOT LOGIN ON tty1
```

Melden Sie alle von Ihnen entdeckten oder auch nur vermuteten Sicherheitsprobleme. Es sollte Ihnen nicht peinlich sein, ein Problem zu melden, das sich später als falscher Alarm herausstellen könnte. Seien Sie nicht ruhig, weil man Ihnen die »Schuld« für die Sicherheitsverletzung geben könnte. Ihr Schweigen hilft nur dem Eindringling.

Automatisierte Überwachung

Die manuelle Überwachung, das Monitoring, Ihres Systems ist zeitaufwendig und fehleranfällig. Darüber hinaus versäumt man es möglicherweise, bestimmte Dinge zu tun. Glücklicherweise sind verschiedene Werkzeuge zur automatischen Überwachung verfügbar. Die Website *http://ciac.llnl.gov/ciac/ToolsUnixSysMon.html* führt viele dieser Tools auf. Tripwire (das wir bereits erwähnt haben), Tiger, COPS und SATAN sind alles bekannte Monitoring-Tools. COPS und SATAN werden nachfolgend beschrieben.

COPS

COPS (Computer Oracle Password and Security) ist eine Sammlung von Programmen, mit denen viele der in den vorigen Abschnitten behandelten Überwachungsprozeduren automatisiert werden können. Wie jedes Monitoring-System erkennt COPS mögliche Probleme nur, es behebt sie nicht. COPS kann die persönliche Überwachung durch den Systemadministrator nicht ersetzen, stellt aber zusätzliche Werkzeuge zur Verfügung, mit denen der Administrator Überwachungsaufgaben erledigen kann.

Die Tools des COPS-Pakets prüfen die folgenden Dinge:

---

7 Einige Systeme wie etwa Solaris protokollieren keine **su**-Aktivitäten und root-Logins in der *messages*-Datei.

- Zugriffsrechte auf Dateien, Verzeichnisse und Geräte
- Den Inhalt von */etc/passwd* und */etc/group*
- Den Inhalt von */etc/hosts.equiv* und *~/.rhosts*-Dateien
- Änderungen im SUID-Status

Nach Durchführung dieser Prüfungen sendet COPS einen Bericht mit den Ergebnissen per Mail an den Systemadministrator.

COPS finden Sie auf *ftp://coast.cs.purdue.edu/pub/tools/unix*. Die **tar**-Datei enthält den Quellcode und Anweisungen zur Kompilierung von COPS. Sobald COPS aufgesetzt ist, müssen Sie die COPS-Shelldatei so ändern, daß die Variable SECURE auf das Verzeichnis zeigt, in dem die COPS-Programme enthalten sind. In die Variable SECURE_USERS muß außerdem die E-Mail-Adresse der Person eingetragen werden, die den COPS-Bericht erhalten soll. Standardmäßig wird der Bericht nicht per Mail verschickt, sondern in eine Datei geschrieben. Um zu erzwingen, daß der Bericht per Mail an SECURE_USERS geht, müssen Sie im COPS-Shellskript die Variable MMAIL mit MMAIL=YES festlegen.

Der große Vorteil von COPS ist seine Einfachheit. COPS minimiert den zur Sicherheitsüberwachung notwendigen Aufwand und macht es so wahrscheinlicher, daß die notwendigen Arbeiten auch durchgeführt werden. Um COPS auszuführen, geben Sie einfach folgendes ein:

```
% cops
```

cops verwendet den Hostnamen des Systems, um unter dem in der SECURE-Variablen angegebenen Verzeichnis ein Unterverzeichnis anzulegen. Der Sicherheitsbericht wird in diesem neuen Verzeichnis abgelegt, wobei die Datei mit dem aktuellen Datum benannt wird. Das Format des für die Berichte verwendeten Dateinamens ist *jahr_monat_tag*. Für unser Beispiel legen wir auf *peanut* das Home-Verzeichnis für COPS-Programme mit */usr/local/cops* fest. Nehmen wir als Datum den 24.1.1997 an, dann erzeugt **cops** das Verzeichnis */usr/local/cops/peanut* und legt den Bericht in diesem Verzeichnis unter dem Namen *1997_Jan_24* ab. Hier ein Beispiel für einen solchen Bericht:

```
peanut:/usr/local/cops/peanut> cat 1997_Jan_24
ATTENTION:
Security Report for Fri Jan 24 16:21:21 EST 1997
from host peanut

**** root.chk ****
**** dev.chk ****
Warning! NFS file system /home/craig exported with no restrictions!
**** is_able.chk ****
Warning! /usr/spool/uucp is _World_ writable!
Warning! /etc/securetty is _World_ readable!
**** rc.chk ****
**** cron.chk ****
**** group.chk ****
```

```
**** home.chk ****
Warning! User uucp's home directory /var/spool/uucppublic is mode 01777!
Warning! User nobody's home directory /dev/null is not a directory!
        (mode 020666)
Warning! User guest's home directory /dev/null is not a directory!
        (mode 020666)
**** passwd.chk ****
Warning! Password file, line 15, uid > 8 chars
         postmaster:*:14:12:postmaster:/var/spool/mail:/bin/bash
**** user.chk ****
**** misc.chk ****
**** ftp.chk ****
ftp-Warning! Incorrect permissions on "ls" in /home/ftp/bin!
ftp-Warning! Incorrect permissions on "passwd" in /home/ftp/etc!
ftp-Warning! Incorrect permissions on "group" in /home/ftp/etc!
**** pass.chk ****
**** kuang ****
**** bug.chk ****
```

Achten Sie auf jede Zeile des erhaltenen Berichts. Einige Zeilen können auf reale Probleme hindeuten. So zeigt beispielsweise die erste Warnung unseres Berichts, daß */home/craig* ohne die richtige Zugriffskontrolle per NFS exportiert wird. Andere Zeilen können wiederum Bedingungen anzeigen, die für Ihr System kein Problem darstellen. In unserem Beispiel haben wir etwa entschieden, daß */etc/securetty* weiterhin von jedermann gelesen werden darf. Eine genaue Erklärung aller Warnungen finden Sie in der Datei *docs/warnings*. Werten Sie jede Zeile des Berichts aus und korrigieren Sie alles, was eine Korrektur benötigt. Führen Sie COPS erneut aus und untersuchen Sie den neuen Bericht. Er sollte nur noch die Probleme enthalten, die Sie zu akzeptieren bereit sind.

Sobald Sie mit der Sicherheit Ihres Systems zufrieden sind, müssen Sie COPS in regelmäßigen Abständen wieder ausführen. Neue Probleme könnten mit der Zeit auftauchen. Es ist auf jeden Fall besser, wenn COPS ein solches Problem entdeckt, als die Entdeckung irgendwelchen »Dieben« zu überlassen!

SATAN

Ein anderes Werkzeug zur Überprüfung der Sicherheit Ihres Systems ist das *Security Administrator's Tool for Analyzing Networks* (SATAN). Die Einführung von SATAN wurde in der Presse mit fast hysterischen Reaktionen aufgenommen, die wohl zum großen Teil auf den Namen zurückzuführen sind. Trotz seines Namens ist SATAN einfach nur ein weiteres Sicherheitstool.

SATAN besitzt einige einzigartige Leistungsmerkmale. Während COPS auf individuelle Systeme ausgerichtet ist, wurde SATAN entworfen, um ganze Netzwerke zu testen. Das ist sowohl ein Feature als auch ein Problem. Wenn Sie der Administrator eines Netzwerks sind, können Sie mit SATAN alle Systeme eines Netzwerks von einem zentralen System aus prüfen. Sind Sie hingegen nur für ein System verantwortlich, und nutzen Sie SATAN auch für andere Systeme im Netzwerk, werden die anderen Systemadministratoren irritiert sein, da sie die SATAN-Tests als Einbruchsversuche werten werden. Benutzen Sie SATAN nur, um Systeme Ihres eigenen Netzwerks zu prüfen, über das Sie die offizielle Autorität besitzen.

Ein weiteres Feature von SATAN besteht darin, daß es den Web-Browser Ihres Systems als Schnittstelle zur Darstellung für die erzeugten Sicherheitsberichte nutzt. Das ist besonders hilfreich, wenn Sie große Netzwerke betrachten. Die Fähigkeit des Browsers, zusammengehörende Dokumente untereinander zu verbinden, erlaubt SATAN den Aufbau einer Hierarchie von Sicherheitsinformationen. Verwenden Sie den Browser, um nach den gefährlichsten Fehlern, den gefährdetsten Subnetzen oder den anfälligsten Hosts zu suchen. Abbildung 12-3 zeigt eine Liste mit Hosts, sortiert nach der Schwere der gefundenen Sicherheitsfehler. Durch Anklicken eines Hostnamens erhalten Sie einen detaillierten Bericht über die Fehler auf diesem Host.

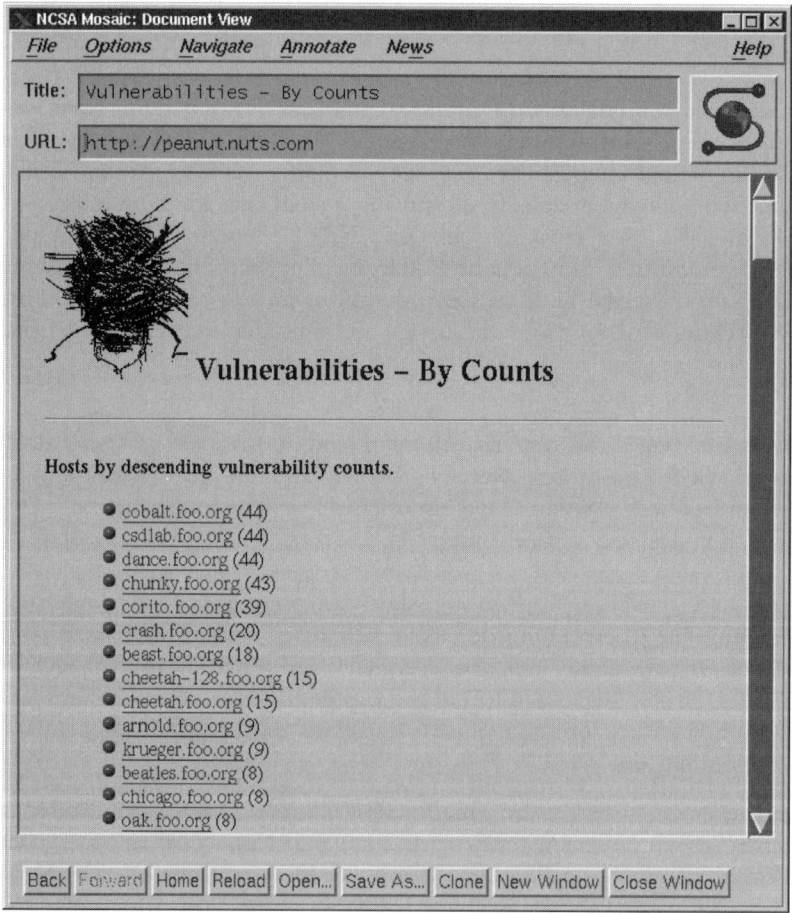

Abbildung 12-3: SATAN-Schnittstelle

Die Informationen in Abbildung 12-3 stammen aus der *foo.org*-Datenbank, die mit der SATAN-Dokumentation geliefert wird. Laden Sie die Binärdatei *satan.doc.tar.Z* von *ftp:/ /ftp.win.tue.nl/pub/security/unix* herunter, dekomprimieren Sie sie und entpacken Sie das tar-Archiv. Folgen Sie den einfachen Anweisungen in der README-Datei, um das Dokumentationssystem aufzubauen. Sie können dann mit SATAN spielen, ohne Gefahr zu laufen, versehentlich eines der Systeme Ihres Netzwerks zu untersuchen. Wenn Ihnen gefällt, was Sie sehen, können Sie das gesamte Produkt vom gleichen Ort beziehen. Sie müssen nur die Binärdatei *satan.tar.Z* herunterladen.

Bei vielen Sites sorgen gut informierte Benutzer und Administratoren, vernünftige Paß-wörter und eine gute Systemüberwachung für eine adäquate Netzwerksicherheit. Bei manchen sicherheitsbewußten Sites könnte aber mehr notwendig sein. Dieses »mehr« ist üblicherweise irgendeine Technik zur Einschränkung des Zugriffs zwischen den im Netzwerk verbundenen Systemen, oder zur Beschränkung des Zugriffs auf die im Netz-werk übertragenen Daten. Der Rest dieses Kapitels widmet sich den verschiedenen Sicherheitstechniken, die den Zugriff beschränken.

Zugriffskontrolle

Zugriffskontrolle (access control) ist eine Technik zur Beschränkung des Zugriffs. Mit Zugriffskontrollen arbeitende Router und Hosts vergleichen die Adressen von Dienste anfordernden Hosts mit einer *Zugriffskontrollliste* (access control list). Besagt diese Liste, daß der entfernte Host den angeforderten Dienst benutzen darf, wird der Zugriff gewährt. Gibt die Liste an, daß der entfernte Host diesen Dienst nicht nutzen darf, wird der Zugriff verweigert. Die Zugriffskontrolle umgeht nicht die normalen Sicherheitsprü-fungen. Sie erweitert den Test um eine Prüfung der einen Dienst anfordernden Quelle und behält alle normalen Prüfungen zur Validierung des Benutzers bei.

Zugriffskontrollsysteme sind bei Terminal-Servern und Routern gängig. Zum Beispiel besitzen Cisco-Router Einrichtungen für die Zugriffskontrolle. Software für die Zugriffs-kontrolle ist auch für UNIX-Hosts verfügbar. Zwei dieser Pakete sind **xinetd** und *TCP wrappers*. Natürlich gibt es verschiedene Möglichkeiten, eine solche Zugriffskontrolle zu implementieren. In diesem Abschnitt verwenden wir TCP wrappers (»wrapper«).

wrapper

Das wrapper-Paket übernimmt zwei elementare Funktionen: Es führt über die angefor-derten Internetdienste Buch und stellt einen Zugriffskontrollmechanismus für UNIX-Systeme zur Verfügung. Das Buchführen über die Anforderung bestimmter Netzwerk-dienste ist eine nützliche Überwachungsfunktion, besonders wenn Sie nach potentiel-len Eindringlingen Ausschau halten. Allein diese Funktion macht wrapper zu einem nützlichen Paket. Die eigentliche Stärke von wrapper ist aber die Fähigkeit, den Zugriff auf Netzwerkdienste zu kontrollieren.

Die wrapper-Software ist über die Webseite *http://csrc.nist.gov/tools/tools.htm* erhältlich. Die wrapper-*tar*-Datei enthält den C-Quellcode und das Makefile, die zur Generierung des wrapper-Daemons **tcpd** notwendig sind.

Erzeugen Sie **tcpd** und installieren Sie es im gleichen Verzeichnis, in dem auch die anderen Netzwerk-Daemons liegen. Editieren Sie */etc/inetd.conf* und ersetzen Sie den Pfad jedes Netzwerk-Daemons, dessen Zugriff Sie kontrollieren wollen, durch den Pfad auf **tcpd**. Das einzige Feld eines */etc/inetd.conf*-Eintrags, auf das sich **tcpd** auswirkt, ist das sechste Feld, das den Pfad auf den Netzwerk-Daemon angibt.

Nehmen wir zum Beispiel an, daß der Eintrag für den **finger**-Daemon in der */etc/inetd.conf* unseres Solaris-Systems wie folgt aussieht:

```
finger  stream tcp nowait nobody /usr/etc/in.fingerd in.fingerd
```

Der Wert des sechsten Feldes ist */usr/etc/in.fingerd*. Um den Zugriff auf den **finger**-Daemon zu kontrollieren, ersetzen wir diesen Wert durch */usr/etc/tcpd*:

```
finger  stream tcp nowait nobody /usr/etc/tcpd  in.fingerd
```

Erhält **inetd** nun einen Request für **fingerd**, startet es statt dessen **tcpd**. **tcpd** loggt diesen **fingerd**-Request, prüft die Zugriffskontrollinformationen und startet (falls erlaubt) den eigentlichen **finger**-Daemon, um die Anforderung zu verarbeiten.

Führen Sie eine solche Anpassung für jeden Dienst durch, den Sie einer Zugriffskontrolle unterziehen wollen. Typische Kandidaten für die Zugriffskontrolle sind **ftpd**, **tftpd**, **telnetd**, **rshd**, **rlogind**, **rexecd** und **fingerd**. Natürlich kann **tcpd** keine Zugriffskontrolle für Daemons übernehmen, die nicht über **inetd** gestartet werden, also etwa **sendmail** und NFS.

Die Verwendung des Wrappers unseres Slackware 96 Linux-Systems ist sogar noch einfacher. Sie müssen die **tcpd**-Software nicht erst herunterladen und installieren. Sie ist vielmehr ein integraler Bestandteil der Linux-Release. Sie müssen noch nicht einmal */etc/inetd.conf* editieren, weil das sechste Feld dieser Datei bereits auf **tcpd** verweist:

```
finger  stream tcp nowait nobody /usr/sbin/tcpd  in.fingerd -w
```

tcpd-Dateien zur Zugriffskontrolle

Die von **tcpd** für die Zugriffskontrolle verwendeten Informationen stehen in zwei Dateien: */etc/hosts.allow* und */etc/hosts.deny*. Die Aufgabe der jeweiligen Dateien wird durch den Namen deutlich. *hosts.allow* enthält eine Liste der Hosts, die auf die Netzwerkdienste zugreifen dürfen, und *hosts.deny* enthält eine Liste mit Hosts, denen der Zugriff verweigert wird. Sind diese Dateien nicht vorhanden, erlaubt **tcpd** jedem Host den Zugriff, vermerkt aber jeden Zugriffsversuch. Wenn Sie den Zugriff einfach nur überwachen wollen, müssen Sie diese beiden Dateien also nicht anlegen.

Liegen diese Dateien vor, untersucht **tcpd** zuerst die *hosts.allow* und dann *hosts.deny*. Sobald ein passender Eintrag für den Host und den angeforderten Dienst gefunden wird, endet die Suche. Ein in *hosts.allow* gewährter Zugriff kann daher nicht durch *hosts.deny* überschrieben werden.

Das Format der Einträge ist in beiden Dateien identisch:

service-liste : *host-liste* [: *shell-befehl*]

Die *service-liste* ist eine durch Kommata getrennte Liste von Netzwerkdiensten. Dies sind die Dienste, auf die der Zugriff erlaubt (*hosts.allow*) bzw. verweigert (*hosts.deny*) wird. Jeder Dienst wird über den Prozeßnamen identifiziert, der im siebten Feld des /*etc/inetd.conf*-Eintrags steht. Das ist einfach der auf den **tcpd**-Pfad in *inetd.conf* folgende Eintrag. (In Kapitel 5 finden Sie eine Beschreibung der Argumentfelder von */etc/inetd.conf*-Einträgen.)

Lassen Sie uns **finger** noch einmal als Beispiel verwenden. Wir haben den *inetd.conf*-Eintrag wie folgt geändert:

```
finger   stream tcp nowait nobody /usr/etc/tcpd  in.fingerd
```

Wir müssen daher **in.fingerd** als Service-Namen in *hosts.allow* oder *hosts.deny* angeben.

Die *host-liste* ist eine durch Kommata unterteilte Liste mit Hostnamen, Domain-Namen, Internet-Adressen oder Netzwerknummern. Den in dieser Hostliste aufgeführten Systemen wird der Zugriff auf die in der Service-Liste aufgeführten Dienste gewährt (*hosts.allow*) oder verweigert (*hosts.deny*). Ein Hostname oder eine Internet-Adresse stehen für einen einzelnen Host. Der Hostname *peanut* und die Internet-Adresse 172.16.12.2 stehen beide für einen bestimmten Host. Ein Domain-Name gilt für jeden Host dieser Domain, d.h., *.nuts.com* akzeptiert oder verweigert *almond.nuts.com*, *peanut.nuts.com*, *pecan.nuts.com* und jeden anderen Host dieser Domain. Bei einer Zugriffskontrolliste für **tcpd** beginnen Domain-Namen immer mit einem Punkt (.). Eine Netzwerknummer akzeptiert/verweigert alle IP-Adressen innerhalb des Adreßraums des Netzwerks. Zum Beispiel gilt 172.16. für 172.16.12.1, 172.16.12.2, 172.16.5.1 und alle anderen Adressen, die mit 172.16 beginnen. Netzwerkadressen enden in einer Zugriffskontrolliste für **tcpd** immer mit einem Punkt (.).

Nachfolgend sehen Sie einen vollständigen Eintrag in *hosts.allow*, der allen Hosts der Domain *nuts.com* den Zugriff auf FTP und telnet erlaubt:

```
ftpd,telnetd : .nuts.com
```

Zwei besondere Schlüsselwörter können in *hosts.allow*- und *hosts.deny*-Einträgen verwendet werden. Das Schlüsselwort ALL kann in der Service-Liste als Sammelbegriff für alle Netzwerkdienste und in der Hostliste für alle Hostnamen und Adressen verwendet werden. Das zweite Schlüsselwort, LOCAL, kann nur in der Hostliste verwendet werden. Es steht für alle lokalen Hostnamen. **tcpd** betrachtet einen Hostnamen als »lokal«, wenn er keine Punkte enthält. Der Hostname *peanut* würde also von LOCAL erkannt werden, *peanut.nuts.com* hingegen nicht. Der folgende Eintrag gilt für alle Dienste und alle lokalen Hosts:

```
ALL : LOCAL
```

Das letzte Feld, das in diesen Einträgen verwendet werden kann, ist ein optionaler Shell-Befehl. Der in diesem Feld angegebene Shell-Befehl wird bei jedem Treffer ausgeführt. Dieser Befehl wird zusätzlich zu den normalen Funktionen ausgeführt. Mit anderen Worten protokolliert **tcpd** den Zugriff, gewährt oder verweigert den Dienst, und übergibt dann den Shell-Befehl zur Ausführung an die Shell.

Ein etwas vollständigeres Beispiel der Verwendung von **tcpd** wird Ihnen helfen, diese Einträge zu verstehen. Nehmen wir an, daß Sie jedem Host in Ihrer lokalen Domain (*nuts.com*) den Zugriff auf alle Dienste Ihres Systems ermöglichen, gleichzeitig allen anderen Hosts aber den Zugriff verweigern wollen. Wir nehmen also einen Eintrag in */etc/hosts.allow* vor, der jedem in der lokalen Domain den Zugriff auf alles erlaubt:

```
ALL : LOCAL, .nuts.com
```

Das Schlüsselwort ALL in der Service-Liste gibt an, daß diese Regel für alle Netzwerkdienste anzuwenden ist. Der Doppelpunkt (:) trennt die Service-Liste von der Hostliste. Das Schlüsselwort LOCAL gibt an, daß alle lokalen Hostnamen ohne Domain-Erweiterungen akzeptiert werden. Gleichzeitig gibt *.nuts.com* an, daß alle Hostnamen mit der Domain-Erweiterung *nuts.com* ebenfalls akzeptiert werden. Um den Zugriff von überall sonst zu unterbinden, tragen Sie folgendes in */etc/hosts.deny* ein:

```
ALL : ALL
```

Jedes nicht in */etc/hosts.allow* passende System wird an */etc/hosts.deny* übergeben. Hier wird der Zugriff für jeden verweigert, egal welchen Dienst er anfordert. Denken Sie aber daran, daß selbst mit einem ALL in der Service-Liste nur die Dienste abgedeckt werden, die über **inetd** gestartet und über einen Eintrag in *inetd.conf* von **tcpd** abgefangen werden. Alle anderen Dienste sind auf diese Weise nicht abzusichern.

Verschlüsselung

Die *Verschlüsselung* (encryption) ist eine Technik, mit der der Zugriff auf die in einem Netzwerk übertragenen Daten eingeschränkt werden kann. Die Verschlüsselung wandelt die Daten in eine Form um, die nur von Systemen gelesen werden kann, die einen »Schlüssel« (key) für das Kodierungsschema besitzen. Der Originaltext, oder »Klartext«, wird mit einer Verschlüsselungseinheit (Hard- oder Software) und einem Kodierungsschlüssel unkenntlich gemacht. Auf diese Weise wird ein kodierter oder chiffrierter Text erzeugt, der als »Cipher« bezeichnet wird. Um aus diesem chiffrierten Text wieder den »Klartext« herzustellen, müssen die gleiche Kodierungseinrichtung und ein entsprechender Schlüssel verwendet werden.

Spionagethriller und Filme über den Zweiten Weltkrieg sind wohl der Hauptgrund, warum Menschen zuerst an die Verschlüsselung denken, wenn es um die Netzwerksicherheit geht. Allerdings ist Verschlüsselung für die Netzwerksicherheit nicht immer geeignet. Die Verschlüsselung von über Netzwerke versendete Daten setzt voraus, daß beide Enden die gleiche Verschlüsselungsausrüstung oder -Software verwenden. Solange Sie nicht beide Enden des Netzwerks kontrollieren und sicherstellen können, daß die gleiche Ausstattung vorhanden ist, ist die Punkt-zu-Punkt-Verschlüsselung schwierig. Aus diesem Grund wird die Verschlüsselung in der Regel zum Austausch von Daten in einzelnen Anwendungen verwendet, wenn die Software an beiden Enden des Netzwerks durch einen einzelnen Hersteller definiert ist. Beispielsweise verwenden ein Web-Server und ein Web-Browser des gleichen Herstellers auch die gleiche Verschlüsselungstechnik. Die Verschlüsselung aller Datentypen ist auf Orte beschränkt, bei denen das gesamte System unter der Kontrolle einer einzelnen Autorität steht, also beispielsweise militärische Netzwerke, private Netzwerke oder individuelle Systeme, oder wenn Einzelpersonen an beiden Kommunikationsenden eine Vereinbarung darüber treffen, welche Verschlüsselungstechnik und welcher Schlüssel zu verwenden sind.

Was notwendig ist, um die Verschlüsselung in einem globalen Netzwerk wirklich sinnvoll zu machen, sind allgemein akzeptierte Verschlüsselungsstandards und eine vertrauenswürdige Infrastruktur zur Unterstützung dieser Standards. *Public Key Encryption*, also die Verschlüsselung mit einem »öffentlichen Schlüssel«, ist die Technologie, die die Verschlüsselung zu einer wichtigen Sicherheitstechnologie für ein offenes, globales Netzwerk wie das Internet machen wird. Solche Public-Key-Systeme verschlüsseln den Klartext mit einem Schlüssel, der weithin bekannt und allgemein verfügbar ist. Die Dekodierung kann aber nur mit einem geheimen Schlüssel erfolgen. Damit kann Dan den öffentlichen Schlüssel von Kristin in einer Datenbank nachsehen und diesen verwenden, um eine Nachricht zu verfassen, die nur von ihr gelesen werden kann. Zwar hat jeder im Internet Zugang zu ihrem Public-Key, aber nur Kristin kann die Nachricht mit Hilfe ihres geheimen Schlüssels (Secret Key) entschlüsseln. Kristin kann dann den Public Key von Dan verwenden, um ihre Antwort zu kodieren. Diese verschlüsselte Kommunikation findet statt, ohne daß Dan oder Kristin ihre geheimen Schlüssel bekanntgeben müßten. Allerdings muß sichergestellt werden, daß an den Schlüsseln nichts manipuliert wurde, weshalb die Public-Key-Kryptographie ein vertrauenswürdiges System zur Verteilung öffentlicher Schlüssel benötigt. Und weil der Kodierungsschlüssel jedem zugänglich ist, wird eine digitale Signatur benötigt, über die authentiziert werden kann, daß die Nachricht wirklich von der Person stammt, die sie zu sein vorgibt.

Regierung und Industrie arbeiten an den Standards und der Infrastruktur für die Public-Key-Kryptographie. Der in unseren Beispielen verwendete Kodierungstyp wird als symmetrische Kodierung *(symmetric encryption)* bezeichnet. Sie verlangt, daß die gleiche Kodierungstechnik und der gleiche geheime Schlüssel zur Kodierung und Dekodierung der Nachricht verwendet werden. Sie ist nicht von Public-Keys, digitalen Signaturen oder einer weithin akzeptierten Infrastruktur abhängig, dafür ist aber auch ihr Nutzen beschränkt. Eine wirklich effektive Public-Key-Kryptographie muß erst noch den Aufbau einer vertrauenswürdigen Public-Key-Infrastruktur abwarten.

Wann ist eine symmetrische Kodierung sinnvoll?

Bevor Sie mit Kryptographie arbeiten, sollten Sie sich darüber im klaren sein, warum Sie die Daten verschlüsseln wollen, ob die Daten überhaupt mittels Verschlüsselung geschützt werden sollten, und ob die Daten überhaupt auf einem vernetzten Computer liegen sollten.

Einige Gründe für die Verschlüsselung von Daten sind:

- die zufällige Betrachtung sensibler Daten zu verhindern,
- die versehentliche Enthüllung sensibler Daten zu verhindern,
- zu verhindern, daß privilegierte Benutzer (z.B. Systemadministratoren) private Daten einsehen können,
- Eindringlingen, die in den Dateien eines Systems herumschnüffeln wollen, das Leben zu erschweren.

Kryptographie ist kein Ersatz für gute Computersicherheit. Die Verschlüsselung kann sensible oder persönliche Informationen vor Schnüfflern schützen, sollte aber nie das einzige Mittel zum Schutz kritischer Daten sein. Verschlüsselungssysteme können geknackt werden, und verschlüsselte Daten können, genau wie andere Daten auch, gelöscht oder beschädigt werden. Wiegen Sie sich durch die Kryptographie also nicht in einem falschen Gefühl der Sicherheit. Die Verschlüsselung ist nur ein kleiner Teil eines vollständigen Sicherheitssystems. Weitere Informationen zur Verschlüsselung finden Sie in *PGP: Pretty Good Privacy*, von Simson Garfinkel (O'Reilly Verlag). Dieses Buch behandelt ausführlich das Programm PGP, mit dem Dateien und E-Mails verschlüsselt werden können.

Firewalls

Firewall-Systeme sind ein beliebtes Mittel zur Erhöhung der Netzwerksicherheit. Der Begriff »Firewall« impliziert den Schutz vor Gefahr. Ein Firewall-System schirmt Ihre Netzwerke vor der Außenwelt ab, indem es eine strenge Zugriffskontrolle zwischen Ihren Systemen und der Außenwelt zur Verfügung stellt.

Das Konzept eines Firewall ist ganz einfach. Ein Firewall ist ein Punkt, durch den alle Daten zwischen einem gesicherten und einem ungesicherten Netzwerk laufen müssen. In der Praxis ist dieser Punkt üblicherweise die Schnittstelle zwischen Unternehmensnetz und Internet. Die Einrichtung einer zentralen Stelle, durch die alle Daten laufen müssen, ermöglicht eine einfachere Überwachung und Steuerung. Das Sicherheits-Know-How kann sich an diesem einen Punkt konzentrieren.

Firewalls lassen sich auf unterschiedliche Weise implementieren. Tatsächlich gibt es so viele verschiedene Arten von Firewalls, daß der Begriff nahezu bedeutungslos ist. Wenn Ihnen jemand sagt, daß er einen Firewall einsetzt, wissen Sie nicht genau, was das bedeutet. Die Betrachtung der verschiedenen Arten von Firewall-Architekturen füllt ein ganzes Buch aus – siehe *Einrichten von Internet-Firewalls* (O'Reilly Verlag). Hier werden wir nur die Architektur des abgetrennten Subnetzes (»screened subnet«, die wahrscheinlich populärste Firewall-Architektur) und des Multihoming-Hosts erklären.

Die gängigsten Firewall-Architekturen bestehen aus mindestens vier Hardware-Komponenten: einem externen Router, einem sicheren Server (dem sog. Bastion-Host), einem offenen Netzwerk (dem sog. Perimeter- oder Grenz-Netzwerk) sowie einem internen

Router. Jede Hardware-Komponente bildet einen Teil des vollständigen Sicherheits-schemas. Abbildung 12-4 verdeutlicht diese Architektur.

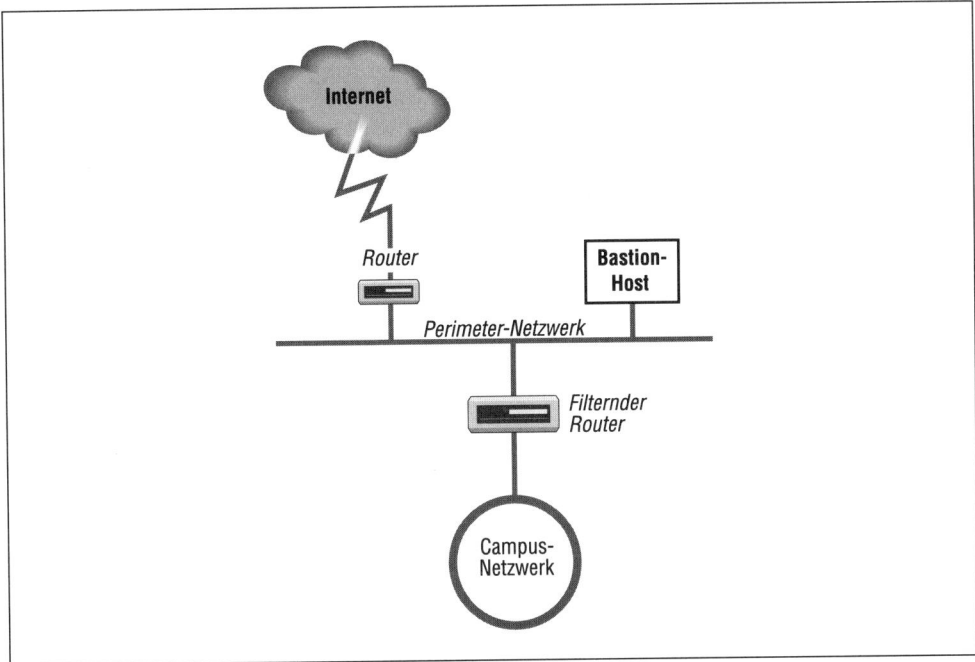

Abbildung 12-4: Firewall in Form eines abgetrennten Subnetzes

Der externe Router ist die einzige Verbindung zwischen dem Unternehmensnetzwerk und der Außenwelt. Dieser Router ist so konfiguriert, daß er die Zugriffskontrolle nur auf einer minimalen Ebene durchführt. Er stellt sicher, daß kein von der Außenwelt eingehendes Paket eine Quelladresse besitzt, die mit dem internen Netzwerk übereinstimmt. Wenn Ihre Netzwerknummer 172.16 lautet, entfernt der externe Router alle über seine externe Schnittstelle empfangenen Pakete, die die Quelladresse 172.16 enthalten. Diese Quelladresse darf vom Router nur über seine interne Schnittstelle empfangen werden. Sicherheitsexperten bezeichnen diese Art der Zugriffskontrolle als *Paketfilter*. In mancherlei Hinsicht entspricht dieses Filtern von Paketen dem, was wir in Kapitel 11 gemacht haben, weil die Pakete basierend auf den Informationen des IP-Headers »ausgefiltert« werden.

Der interne Router übernimmt den Hauptteil der Zugriffskontrolle. Er filtert Paket nicht nur anhand der Adresse, sondern auch anhand der Protokoll- und Portnummern aus. Damit lassen sich die Dienste kontrollieren, die vom und zum internen Netzwerk zugänglich sind. Welche Dienste von diesem Routen blockiert werden, hängt von Ihnen ab. Wenn Sie die Verwendung eines Firewall planen, sollten die freigegebenen und gesperrten Dienste in Ihrer Sicherheits-Policy definiert sein. Fast jeder Service kann eine Gefahr darstellen. Diese Gefahren müssen mit Blick auf die Sicherheitsbedürfnisse betrachtet werden. Für interne Benutzer gedachte Dienste (NIS, NFS, X-Windows etc.) werden fast immer gesperrt. Das Schreiben interner Systeme ermöglichende Dienste (r-Befehle, telnet, FTP, SMTP etc.) werden üblicherweise gesperrt. Über interne Systeme Auskunft gebende Dienste (DNS, finger etc.) werden normalerweise auch gesperrt. Da bleibt nicht mehr viel übrig! An diesem Punkt kommen der Bastion-Host und das Perimeter-Netzwerk ins Spiel.

Der Bastion-Host ist ein sicherer Server. Er stellt für die beschränkten Dienste eine Verbindung zwischen dem Unternehmensnetzwerk und der Außenwelt dar. Einige dieser durch das interne Gateway beschränkten Dienste können für ein sinnvoll einzusetzendes Netzwerk von elementarer Bedeutung sein. Diese Dienste werden vom Bastion-Host in einer sicheren Form bereitgestellt. Der Bastion-Host stellt einige Dienste, wie z.B. DNS, SMTP und anonymes FTP, selbst zur Verfügung. Andere Dienste werden dagegen in Form von *Proxy-Diensten* zur Verfügung gestellt. Fungiert der Bastion-Host als Proxy-Server, stellen interne Clients die Verbindung zur Außenwelt durch den Bastion-Host her, während externe Systeme den internen Clients durch diesen Host antworten. Der Bastion-Host kann daher den Fluß der ein- und ausgehenden Daten in jedem gewünschten Ausmaß kontrollieren.

Es kann mehr als einen sicheren Server geben, und häufig ist das auch der Fall. Das Perimeter-Netzwerk verbindet die Server untereinander und verbindet den externen mit dem internen Router. Die Systeme des Perimeter-Netzwerks sind gegenüber Angriffen weitaus anfälliger als die Systeme des internen Netzwerks. Genau so muß es sein. Die sicheren Server werden benötigt, um Dienste für die Außenwelt, aber auch für das interne Netzwerk zur Verfügung zu stellen. Die zwangsläufig offenen Systeme in einem separaten Netzwerk zu isolieren verringert die Gefahr, daß Schutzverletzungen eines dieser Systeme zu direkten Schutzverletzungen im internen System führen.

Beim Multihoming-Host wird versucht, alle Firewall-Funktionen auf einem einzigen Gerät unterzubringen. Man ersetzt den IP-Router durch einen Multihoming-Host, der keine Pakete auf der IP-Schicht weitergibt.[8] Der Multihoming-Host trennt effektiv die Verbindung zwischen internen und externen Netzwerken. Um das interne Netzwerk mit einem bestimmten Grad an Konnektivität zu versorgen, übernimmt er ähnliche Aufgaben wie die Bastion-Hosts.

Abbildung 12-5 vergleicht einen IP-Router und einen Multihoming-Host-Firewall. Ein Router leitet Pakete durch die IP-Schicht weiter. Der Router gibt jedes Paket basierend auf der Zieladresse weiter, wobei die Route zum Ziel in der Routing-Tabelle angegeben wird. Ein normaler Host gibt hingegen keine Pakete weiter. Der Multihoming-Host verarbeitet Pakete auf der Anwendungsschicht, womit er die vollständige Kontrolle über die Verarbeitung der Pakete besitzt.[9]

---

8 Die Rolle, die IP-Router (auch Gateways genannt) beim Zusammenspiel des Internet haben, wurde in früheren Kapiteln ausführlich behandelt.

9 Informationen darüber, wie man verhindert, daß ein Multihoming-Host Pakete weiterleitet, finden Sie unter der GATEWAY-Option in Kapitel 5.

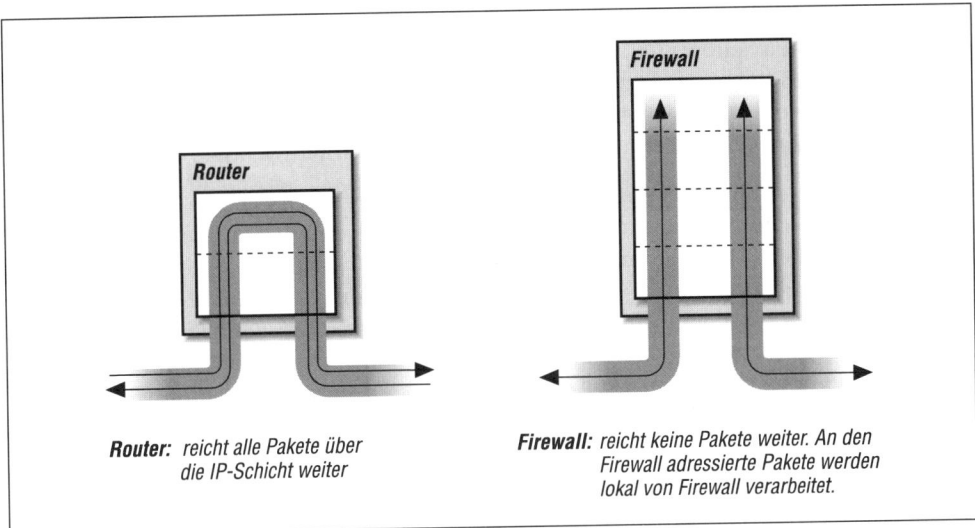

Router: reicht alle Pakete über die IP-Schicht weiter

Firewall: reicht keine Pakete weiter. An den Firewall adressierte Pakete werden lokal von Firewall verarbeitet.

Abbildung 12-5: Vergleich zwischen Firewall und Router

Diese Definition eines Firewall, bei dem es sich um ein von einem IP-Router völlig verschiedenes Gerät handelt, wird nicht allgemein akzeptiert. Einige Leute betrachten Router mit besonderen Sicherheitsmerkmalen als Firewalls, aber das ist wohl mehr eine Frage der Semantik. In diesem Buch bezeichnen wir Router mit besonderen Sicherheitsmerkmalen als »sichere Router« oder »sichere Gateways«. Firewalls, obwohl sie auch Router einschließen können, machen weit mehr, als nur Pakete zu filtern.

Funktionen des Firewall-Systems

Ein potentieller Eindringling kann keinen direkten Angriff auf die Systeme hinter dem Firewall starten. An hinter dem Firewall liegende Hosts gerichtete Pakete werden einfach an den Firewall ausgeliefert. Der Eindringling muß seinen Angriff also direkt auf das Firewall-System richten. Weil die Firewall-Maschine das Ziel solcher Angriffe sein kann, müssen hier sehr strenge Sicherheitsmaßstäbe angesetzt werden. Weil aber im Gegensatz zu den vielen Maschinen des lokalen Netzwerks nur eine Maschine betroffen ist, können diese strengen Regeln viel leichter eingehalten werden.

Der Nachteil eines Firewall-Systems ist offensichtlich. In der gleichen Weise, in der es für die Außenwelt den Zugang zum lokalen Netzwerk beschränkt, wird auch der Zugang vom lokalen Netzwerk in die Außenwelt eingeschränkt. Um die durch den Firewall verursachten Unannehmlichkeiten zu verringern, muß das System mehr tun als ein normaler Router. Einige Firewalls bieten folgende Möglichkeiten:

- Nameservice (DNS) für die Außenwelt
- Weiterleitung von E-Mail
- Proxy-Services

Nur die für die Kommunikation mit dem externen Netzwerk wirklich elementaren Dienste sollten auf dem Firewall-System bereitgestellt werden. Andere gängige Netzwerkdienste (NIS, NFS, **rsh**, **rcp**, **finger** etc.) sollten generell nicht bereitgestellt werden. Die Einschränkung von Diensten minimiert die Anzahl von Lücken, durch die ein Einbrecher schlüpfen kann. Bei Firewall-Systemen ist die Sicherheit wichtiger als der Service.

Das größte Problem für eine Firewall-Maschine sind **ftp**- und Terminal-Dienste. Um ein hohes Maß an Sicherheit zu erreichen, sind Benutzer-Accounts auf Firewall-Maschinen nicht gern gesehen. Dennoch müssen Benutzerdaten das Firewall-System für **ftp**- und Terminal-Dienste durchqueren können. Dieses Problem wird durch die Einrichtung spezieller Benutzer-Accounts für **ftp** und **telnet** umgangen. Diese Accounts werden von allen internen Benutzern verwendet. Gruppen-Accounts werden allerdings als Sicherheitsrisiko betrachtet. Eine bessere Lösung ist die Bereitstellung von Proxy-Services auf dem Firewall-System. Zu diesem Zweck benötigen Sie einen Proxy-Server auf dem Firewall-Rechner und Proxy-Clients auf den internen Systemen. Die meisten kommerziellen Client-Programme unterstützen Proxy-Services. Viele Pakete sind zu SOCKS kompatibel, einem frei verfügbaren Proxy-Paket, das über das Internet heruntergeladen werden kann.

Um effektiv sein zu können, muß ein Firewall mit großer Sorgfalt konstruiert werden. Und weil es so viele Konfigurationsvariablen bei der Einrichtung der Firewall-Maschine zu beachten gibt, bieten Hersteller spezielle Firewall-Software an. Einige Anbieter verkaufen Maschinen, die ganz speziell als Firewall-Systeme entworfen wurden. Bevor Sie Ihren eigenen Firewall einrichten, sollten Sie sich die von Ihrem Hardware-Lieferanten verfügbaren Optionen ansehen.

Die Details der Einrichtung eines Firewall-Systems gehen weit über den Rahmen dieses Buches hinaus. Bevor Sie fortfahren, empfehle ich Ihnen die Lektüre von *Einrichten von Internet-Firewalls* und *Firewalls and Internet Security*. Beide sind in der Bibliographie am Ende des Kapitels aufgeführt. Solange Sie keine fähigen UNIX-Administratoren mit viel freier Zeit beschäftigen, ist die Einrichtung eines eigenen Firewall-Systems ein Fehler. Werben Sie ein Unternehmen an, das auf den Entwurf und die Installation von Firewalls spezialisiert ist. Sind Ihre Informationen so wertvoll, daß sie durch einen Firewall geschützt werden müssen, sollten sie es auch wert sein, durch einen professionell installierten Firewall gesichert zu werden.

Firewall-Systeme sind für einige Sites nützlich, für andere hingegen nicht geeignet. Die den einzelnen Benutzern aufgebürdeten Beschränkungen sind für manche Organisationen nicht akzeptabel. Diese Beschränkungen können auch unabhängig denkende Benutzer dazu verleiten, andere Wege zur Deckung ihres Kommunikationsbedarfs zu beschreiten. Denken Sie ernsthaft über Ihre realen Sicherheitsbedürfnisse nach, bevor Sie eine Lösung wählen.

Routing-Kontrolle

Ein Firewall-System funktioniert durch die Kontrolle des Routings zwischen dem gesicherten System und dem Rest der Welt. Eine sorgfältig modifizierte statische Routing-

Tabelle kann verwendet werden, um eine ähnliche Art der Sicherheit zwischen den internen Systemen eines Unternehmensnetzwerks einzurichten.

Wie bereits in den Kapiteln zum Routing und zur Fehlersuche angedeutet, muß Ihr System für jedes zu erreichende Netzwerk einen Eintrag in der Routing-Tabelle besitzen. Das kann entweder eine explizite Route für ein individuelles Netzwerk oder eine Standard-Route für alle Netzwerke sein. Ohne die richtigen Routen können Sie nicht mit anderen Netzwerken kommunizieren, und entfernte Netzwerke können nicht mit Ihrem System kommunizieren. Unabhängig davon, wie die entfernte Site ihr Routing aufsetzt, kann sie mit Ihrem Host nicht kommunizieren, wenn auf Ihrer Seite keine Route auf die entfernte Site zurückführt. Weil das so ist, können Sie kontrollieren, welche entfernten Sites in der Lage sind, mit Ihrem System zu kommunizieren, indem Sie den Inhalt der Routing-Tabelle kontrollieren.

Nehmen wir zum Beispiel an, daß die Personalabteilung von *nuts.com* im Subnetz 172.16.9.0 liegt, und daß 172.16.9.1 der Router für dieses Subnetz ist. Die Hosts sollen sich innerhalb des Subnetzes untereinander austauschen und mit einem Management-System namens *hickory.nuts.com* (172.16.18.7) kommunizieren können. Um diese Regelung mit der Routing-Tabelle zu implementieren, muß jeder Host-Administrator im Personalabteilungs-Subnetz folgendes tun:

1. Sicherstellen, daß kein Routing-Protokoll läuft, und daß während der Bootphase auch keines gestartet wird.

2. Source-Routing deaktivieren.

3. Sicherstellen, daß keine Standard-Route in der Routing-Tabelle enthalten ist, und daß auch keine Standard-Route während der Bootphase automatisch hinzugefügt wird.

4. Eine hostspezifische Route zu 172.16.18.7 (*hickory.nuts.com*) einbinden und sicherstellen, daß diese statische Route bei jedem Booten eingebunden wird.

Die Verwendung von **netstat** zur Ausgabe dieser beschränkten Routing-Tabelle liefert beim Host 172.16.9.14 das folgende Ergebnis:

```
# netstat -nr
Routing tables
Destination     Gateway        Flags    Refcnt Use    Interface
127.0.0.1       127.0.0.1      UH       2      7126   lo0
172.16.18.7     172.16.9.1     UGH      1      1285   le0
172.16.9.0      172.16.9.14    U        30     89456  le0
```

Die Ausgabe zeigt die Loopback-Route, eine Route zum lokalen Subnetz (172.16.9.0) und eine Route zu *hickory.nuts.com* (172.16.18.7). Weitere Routen gibt es nicht, d.h., es gibt keine anderen Systeme, mit denen sich der Host unterhalten könnte. Würde ein Eindringling nun einen Angriff auf dieses System starten, würde er einfach keine Antwort erhalten.

Diese Sicherheitstechnik ist weniger restriktiv als ein interner Firewall, weil sie nur die Systeme trifft, die die zu schützenden Daten oder Prozesse enthalten. Die Technik ist einfach zu implementieren und benötigt keine besondere Hard- oder Software. Andererseits ist sie natürlich auch wesentlich unsicherer als ein Firewall. Wird eines dieser Systeme erfolgreich geknackt, könnten alle Systeme betroffen sein. Jedes auf diese Weise gesicherte System muß richtig konfiguriert sein, während ein Firewall eine ganze Gruppe von Rechnern schützt. Das ganze funktioniert nur bei einer kleinen Anzahl von Systemen, die alle unter der Kontrolle eines einzelnen Netzwerkadministrators sind. In einigen wenigen Situationen ist dies eine mögliche Alternative zu einem internen Firewall.

Ein letzter Rat

Ich bin kein Sicherheitsexperte, ich bin Netzwerkadministrator. Aus meiner Sicht ist gute Sicherheit gute Systemadministration und umgekehrt. Ein Großteil dieses Kapitels handelt von gesundem Menschenverstand. Das reicht wahrscheinlich in den meisten, nicht aber in allen Fällen aus.

Finden Sie heraus, ob eine Sicherheits-Policy für Ihr Netzwerk oder System existiert. Wenn es solche, Ihre Situation widerspiegelnden Policies, Regeln oder Gesetze gibt, sollten Sie sich eine Kopie besorgen. Machen Sie niemals etwas, das das für Ihre Site etablierte Sicherheitssystem unterminiert.

Kein System ist komplett sicher. Was Sie auch tun, Sie werden Probleme haben. Erkennen Sie diese Tatsache und bereiten Sie sich darauf vor. Erstellen Sie einen Katastrophenplan und bereiten Sie alles Notwendige vor, um im schlimmsten Fall mit so wenig Unterbrechung wie möglich wieder ein lauffähiges System herstellen zu können.

Eine gute Übersicht der zum Thema verfügbaren (englischsprachigen) Publikationen finden Sie unter *http://csrc.nist.gov/secpub*. Wenn Sie mehr über das Thema erfahren wollen, empfehle ich Ihnen folgende Titel:

- RFC 1244, *Site Security Handbook*, P. Holbrook, J. Reynold und andere, Juli 1991.
- RFC 1281, *Guidelines for the Secure Operation of the Internet*, R. Pethia, S. Crocker und B. Fraser, November 1991.
- *Practical UNIX and Internet Security*, Simson Garfinkel und Gene Spafford, O'Reilly & Associates, 1996.
- *Einrichten von Internet-Firewalls*, Brent Chapman und Elizabeth Zwicky, O'Reilly Verlag, 1996.
- *Computer Security Basics*, Deborah Russell und G. T. Gangemi, Sr., O'Reilly & Associates, 1991.
- *Firewalls und Sicherheit im Internet*, William Cheswick und Steven Bellovin, Addison-Wesley, 1995.

Zusammenfassung

Netzwerkzugriff und Computersicherheit verfolgen entgegengesetzte Ziele. Die Anbindung eines Computers in ein Netzwerk erhöht das Sicherheitsrisiko für diesen Computer. Analysieren Sie Ihre Sicherheitsbedürfnisse und bestimmen Sie, was es zu schützen gilt, und wie groß dieser Schutz sein muß. Entwickeln Sie eine schriftliche Sicherheits-Policy für Ihre Site, in der Ihre Prozeduren definiert und die Pflichten und Verantwortlichkeiten der Mitarbeiter aller Ebenen dokumentiert sind.

Netzwerksicherheit bedeutet in erster Linie gute Systemsicherheit. Eine gute Benutzer-Authentizierung, eine effektive Systemüberwachung und gut ausgebildete Systemadministratoren bieten die beste Sicherheit. Eine Reihe von Tools unterstützt Sie bei dieser Arbeit: SSH, OPIE, Tripwire, COPS, SATAN, TCP Wrapper, Verschlüsselungstechniken und Firewalls.

Genau wie die Fehlersuche ist auch die Netzwerksicherheit ein fortlaufender Prozeß. Im nächsten Kapitel betrachten wir einen anderen immerwährenden Prozeß – das Lernen. Wir wollen Ihnen Wege aufzeigen, wie Sie mit den neuesten Informationen zur Netzwerkadministration Schritt halten können.

In diesem Kapitel:
- *Das World Wide Web*
- *Anonymes FTP*
- *Dateien finden*
- *Abruf von RFCs*
- *Mailinglisten*
- *White Pages*
- *Zusammenfassung*

13

Informations-
quellen im Internet

Nachdem unser Netzwerk nun konfiguriert, fehlerfrei und sicher ist, bleibt die Frage, wie wir es nutzen werden. In zunehmendem Maße dient ein Netzwerk nicht nur allein der Verbindung zwischen zwei Hosts, sondern auch als Informationsquelle. Informationsserver, Dateiarchive, Datenbanken und Informationsverzeichnisse sind im gesamten Internet zu finden. Allerdings kann es bei mehreren Millionen angeschlossenen Geräten im Internet schwierig sein, solche Dienste auch zu finden.

Dieses Kapitel zeigt mehrere Wege auf, wie Sie diese riesige Informationsquelle für Ihre Zwecke nutzen können. Wir werden Ihnen zeigen, wie man Informationen von Netzwerkservern abruft, wir zeigen Ihnen einige Werkzeuge, mit denen die Suche nach diesen Informationen vereinfacht wird, und wir zeigen Ihnen, wie Sie Ihr System als anonymen FTP-Server einrichten können.

Das World Wide Web

Die primäre Methode zum Abruf von Informationen über das Netzwerk ist die Nutzung des World Wide Web. Das Web ist ein verwobenes Netzwerk aus Hypertext-Servern, die auf dem *Hypertext Transfer Protocol* (HTTP) basieren, das auf TCP/IP aufsetzt. Der Zugriff auf das Web erfolgt über einen sog. *Browser*, ein Programm, das den Benutzer mit einer konsistenten grafischen Schnittstelle versorgt. Alle populären UNIX-Browser – Netscape, Mosaic, Arena etc. – basieren auf dem vom National Center for Supercomputer Applications (NCSA) entwickelten ersten Browser Mosaic. Aus diesem Grund haben sie alle ein bestimmtes »Look and Feel« gemeinsam.

Die meisten UNIX-Systeme werden nicht mit einem Browser ausgeliefert, d.h., Sie müssen einen aus dem Internet herunterladen. Der Netscape-Browser kann über den URL *http://www.netscape.com* heruntergeladen werden und ist kostenlos. Der Mosaic-Browser kostet ebenfalls nichts und kann über *ftp://ftp.ncsa.edu/Web/Mosaic/Unix/binaries*

heruntergeladen werden. Netscape ist allerdings der populärste Browser und wird von einem aktiven Entwicklungsteam gepflegt.

Der Abruf von Informationen über hypertextbasierte Webseiten ist die üblichste Anwendung für einen Browser. Nutzen Sie Ihren, um sich mit den neuesten Informationen über Netzwerke zu versorgen. Abbildung 13-1 zeigt eine Liste mit Sicherheitshinweisen am Computer Security Resource Clearinghouse des National Institute of Standards and Technology.

Abbildung 13-1: Website mit Sicherheitshinweisen

Das URL-Feld im oberen Teil der Abbildung zeigt uns den Ort der Webseite an, die wir gerade lesen. Bei einigen Browsern heißt dieses Feld »Location« oder »Netsite«, die Funktion ist aber immer die gleiche: hier steht der Pfad auf die Informationsressource. Im Beispiel heißt dieser Ort *http://csrc.nist.gov/secalert/*. »URL« steht für *Uniform Resource Locator*. Dies ist die Standardform für die Angabe einer Netzwerkressource, die eine spezifische Struktur besitzt:

> *service://server/pfad/datei*

In unserem Beispiel-URL ist *http* der Service, *csrc.nist.gov* der Server und *secalerts* der Pfad auf die Ressource auf diesem Server. Das weist den Browser an, einen Host mit dem Domain-Namen *csrc.nist.gov* zu suchen und von ihm die im Pfad *secalerts* abgelegten Hypertext-Informationen abzurufen. Hypertext ist nicht der einzige Informationstyp, der mit einem Browser abgerufen werden kann. Der Browser wurde entworfen, um eine konsistente Schnittstelle für unterschiedliche Netzwerkressourcen bereitzustellen. HTTP ist nur einer der Dienste, die in einem URL angegeben werden können.

Ein Web-Browser kann verwendet werden, um lokale Hypertext-Dateien zu betrachten. Genau in dieser Form wird z.B. die Dokumentation zu gated geliefert. Abbildung 13-2 zeigt einen Netzwerkadministrator beim Lesen der gated- Dokumentation. Der URL in Abbildung 13-2 lautet *file://localhost/usr/doc/config_guide/config.html*. Der angeforderte Dienst ist hier *file*, was bedeutet, daß diese Ressource über das Standard-Dateisystem einzulesen ist. Der Server ist hier der lokale Host (*localhost*). Der Pfad ist hier */usr/doc/config_gated* und *config.html* die Datei.

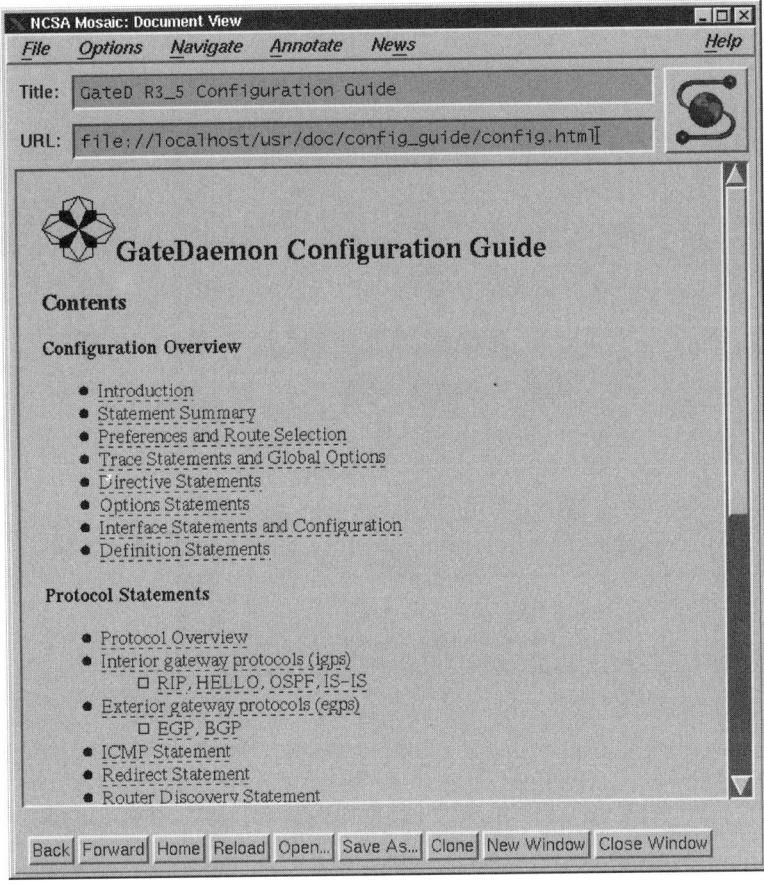

Abbildung 13-2: Lesen der GateD-Dokumentation

Ein weiterer Browser-Service, der von Netzwerkadministratoren häufig verwendet wird, ist FTP. Abbildung 13-3 zeigt die Nutzung des Browsers zum Download von Software. Der URL in Abbildung 13-3 ist *ftp://ftp.ncsa.edu/Web/Mosaic/Unix/binaries/2.6*. FTP ist der zum Abruf der Ressource verwendete Dienst. Die Ressource ist in diesem Fall eine Binärdatei. Der Server ist *ftp.ncsa.edu*, ein FTP-Server am National Center for Super Computing Applications. Der Pfad lautet */Web/Mosaic/Unix/binaries/2.6*, und die Datei können Sie sich aus der Liste aussuchen.

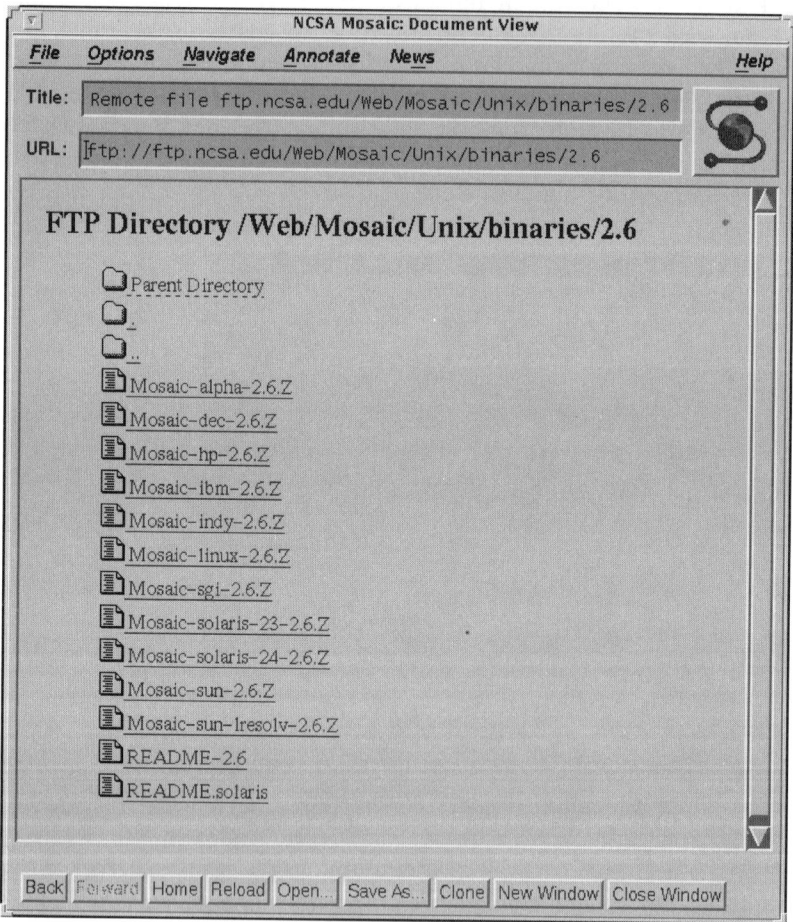

Abbildung 13-3: FTP-Schnittstelle des Browsers

Das Lesen wichtiger Ankündigungen/Dokumentationen und der Download von Dateien sind für einen Netzwerkadministrator vielleicht die gängigsten Einsatzmöglichkeiten für einen Web-Browser. Allerdings können Sie mit einem Web-Browser noch wesentlich mehr anstellen, und eine Vielzahl von Ressourcen ist im Netz zu finden. Eine ausführliche Beschreibung von Browsern und des Web geht weit über den Rahmen dieses Buches hinaus. Eine umfassende Behandlung dieser Themen finden Sie in der deutschen Übersetzung von *Internet in a Nutshell* von Valerie Quercia (O'Reilly Verlag).

Der Browser stellt eine konsistente Schnittstelle für eine Vielzahl von Netzwerkdiensten zur Verfügung. Dennoch stellt er nicht die einzige bzw. nicht die notwendigerweise beste Möglichkeit dar, diese Dienste zu nutzen. Besonders, um eine Datei herunterzuladen, ist ein Browser nicht unbedingt die schnellste bzw. effizienteste Möglichkeit. Abbildung 13-3 zeigt den Download einer Datei von einem anonymen FTP-Server. Eine andere Möglichkeit besteht darin, **ftp** direkt von der Kommandozeile aufzurufen.

Anonymes FTP

Anonymes FTP wird im ganzen Buch als Technik zum Abruf öffentlich verfügbarer Dateien und Programme erwähnt. Anonymes FTP ist einfach eine **ftp**-Session, bei der Sie sich »anonym« einloggen. Hierzu loggen Sie sich beim entfernten Server als Benutzer *anonymous* ein und verwenden (per Konvention) Ihre E-Mail-Adresse als Paßwort.[1] Das nachfolgende Beispiel macht diesen einfachen Prozeß deutlich:

```
% ftp ftp.ncsa.edu
Connected to ftp.ncsa.uiuc.edu.
220 FTP server Wed May 21 1997 ready.
Name (ftp.ncsa.edu:kathy): anonymous
331 Guest login ok, use email address as password.
Password:
ftp> cd /Web/Mosaic/Unix/binaries/2.6
250 CWD command successful.
ftp> binary
200 Type set to I.
ftp> get Mosaic-hp-2.6.Z Mosaic.Z
200 PORT command successful.
150 Opening BINARY mode data connection for Mosaic-hp-2.6.Z.
226 Transfer complete.
local: Mosaic.Z remote: Mosaic-hp-2.6.Z
809343 bytes received in 3.5 seconds (2.3e+02 Kbytes/s)
ftp> quit
221 Goodbye.
```

In diesem Beispiel loggt sich die Benutzerin auf dem Server *ftp.ncsa.edu* ein. Sie verwendet dabei den Benutzernamen *anonymous* und gibt als Paßwort *kathy@nuts.com* (ihre E-Mail-Adresse) ein. Mit anonymem FTP kann sie sich einloggen, selbst wenn sie keinen eigenen Account auf *ftp.ncsa.edu* besitzt. Natürlich sind ihre Möglichkeiten beschränkt, aber sie kann bestimmte Dateien von diesem System herunterladen, und das ist ja genau das, was sie will. Sie wechselt in das Verzeichnis */Web/Mosaic/Unix/ binaries/2.6* und lädt die komprimierte Datei *Mosaic-hp-2.6.Z* herunter. Die Datei wird im Binärmodus empfangen.

---

1 Einige FTP-Server fordern als Paßwort Ihren echten Namen an.

Aufbau eines FTP-Servers

Die Nutzung des von entfernten Servern angebotenen anonymen FTP-Dienstes ist sehr einfach. Das Aufsetzen eines anonymen FTP-Dienstes auf Ihrem eigenen System ist hingegen etwas komplizierter. Hier die Schritte, die zum Aufbau eines anonymen FTP-Servers notwendig sind:

1. Nehmen Sie den Benutzer *ftp* in */etc/passwd* auf.

2. Erzeugen Sie ein *ftp*-Home-Verzeichnis, das dem Benutzer *ftp* gehört und von niemandem geschrieben werden kann.

3. Legen Sie ein *bin*-Verzeichnis unterhalb des *ftp*-Home-Verzeichnisses an, das dem Benutzer *root* gehört und von niemandem geschrieben werden kann. Kopieren Sie das Programm **ls** in dieses Verzeichnis und ändern Sie den Zugriffsmodus auf 111 (reines Ausführungsrecht).

4. Legen Sie ein *etc*-Verzeichnis unterhalb des *ftp*-Home-Verzeichnisses an, das dem Benutzer *root* gehört und von niemandem geschrieben werden kann. Legen Sie spezielle *passwd*- und *group*-Dateien in diesem Verzeichnis an und ändern Sie den Modus beider Dateien auf 444 (reines Leserecht).

5. Legen Sie ein *pub*-Verzeichnis unterhalb des *ftp*-Home-Verzeichnisses an, das dem Benutzer *root* gehört und nur von diesem geschrieben werden darf (Modus 644). Unterbinden Sie es, daß Benutzer Dateien auf Ihrem Server ablegen dürfen, solange das nicht unbedingt notwendig ist, oder wenn Sie kein privates Netzwerk besitzen. Muß Benutzern das Ablegen von Dateien auf diesem Server gestattet werden, legen Sie den Eigentümer dieses Verzeichnisses mit *ftp* fest und verwenden den Modus 666 (lesen und schreiben). Das muß das einzige Verzeichnis bleiben, in dem Benutzer Dateien ablegen dürfen.

Die folgenden Beispiele machen jeden dieser Schritte deutlich. Zuerst erzeugen Sie das *ftp*-Home-Verzeichnis und alle benötigten Unterverzeichnisse. In unserem Beispiel plazieren wir das *ftp*-Verzeichnis unter */usr*.

```
# mkdir /usr/ftp
# cd /usr/ftp
# mkdir bin
# mkdir etc
# mkdir pub
```

Dann kopieren Sie **ls** nach */usr/ftp/bin* und setzen die richtigen Zugriffsrechte.

```
# cp /bin/ls /usr/ftp/bin
# chmod 111 /usr/ftp/bin/ls
```

Legen Sie eine Gruppe an, die nur durch anonymes FTP genutzt wird, also eine Gruppe, die keine Mitglieder hat. In unserem Beispiel erzeugen wir eine Gruppe namens *anonymous*. Ein Eintrag für diese neue Gruppe wird in */etc/group* hinzugefügt, und eine Datei namens */usr/ftp/etc/group* wird angelegt, die nur einen Eintrag besitzt:

```
anonymous:*:15:
```

Erzeugen Sie einen Benutzer namens *ftp*, indem Sie einen entsprechenden Eintrag in */etc/passwd* aufnehmen. Legen Sie auch eine Datei namens */usr/ftp/etc/passwd* an, die nur den *ftp*-Eintrag enthält. Hier der von uns in beiden Dateien verwendete Eintrag:

```
ftp:*:15:15:Anonymous ftp:/usr/ftp:
```

In unserem Beispiel setzen wir GID und UID auf 15. Diese Werte wurden nur als Beispiele gewählt. Sie müssen UID- und GID-Werte verwenden, die auf Ihrem System noch frei sind.

Ein **cat** auf die neu angelegten */usr/ftp/etc/passwd*- und */usr/ftp/etc/group*-Dateien zeigt folgendes Bild:

```
% cat /usr/ftp/etc/passwd
ftp:*:15:15:Anonymous ftp:/usr/ftp:
% cat /usr/ftp/etc/group
anonymous:*:15:
```

Nachdem wir mit dem Editieren fertig sind, setzen wir beide Dateimodi auf 444:

```
# chmod 444 /usr/ftp/etc/passwd
# chmod 444 /usr/ftp/etc/group
```

Legen Sie für jedes Verzeichnis den richtigen Eigentümer und Modus fest. Der Eigentümer von */usr/ftp/pub*, */usr/ftp/bin* und */usr/ftp/etc* muß nicht verändert werden, weil die Verzeichnisse von *root* angelegt wurden.

```
# cd /usr/ftp
# chmod 644 pub
# chmod 555 bin
# chmod 555 etc
# cd ..
# chown ftp ftp
# chmod 555 ftp
```

Wenn Sie es den Benutzern ermöglichen müssen, eigene Dateien im *pub*-Verzeichnis abzulegen, sind folgende Änderungen notwendig:[2]

```
# chown ftp pub
# chmod 666 pub
```

Bei den meisten UNIX-Systemen ist die Installation damit komplett. Arbeiten Sie allerdings mit Sun OS 4.x, sind noch einige weitere Schritte notwendig. Das bei Sun OS verwendete dynamische Linking verlangt, daß das *ftp*-Home-Verzeichnis noch folgendes enthält:

1. Den Runtime-Loader

2. Die C Shared-Library

3. */dev/zero*

---

2 Das öffnet ein großes Sicherheitsloch. Erlauben Sie den Benutzern das Ablegen eigener Dateien auf dem FTP-Server wirklich nur, wenn Sie unbedingt müssen.

Diese Sun-spezifischen Schritte sind in den folgenden Beispielen aufgeführt. Legen Sie zuerst das Verzeichnis */usr/ftp/usr/lib* an, kopieren Sie die Dateien *ld.so* und *libc.so.** in das neue Verzeichnis und setzen Sie die Zugriffsrechte:

```
# cd /usr/ftp
# mkdir usr
# mkdir usr/lib
# cp /usr/lib/ld.so usr/lib
# cp /usr/lib/libc.so.* usr/lib
# chmod 555 libc.so.*
# chmod 555 usr/lib
# chmod 555 usr
```

Als nächstes erzeugen Sie das Verzeichnis *ftp/dev* und führen **mknod** aus, um *dev/zero* zu erzeugen:

```
# cd /usr/ftp
# mkdir dev
# cd dev
# mknod zero c 3 12
# cd ..
# chmod 555 dev
```

Nun können Sie die zugänglich zu machenden Dateien nach */usr/ftp/pub* kopieren. Um zu verhindern, daß diese Dateien von entfernten Benutzern überschrieben werden können, müssen Sie den Modus mit 644 festlegen und sicherstellen, daß keine dieser Dateien dem Benutzer *ftp* gehört.

Sobald Sie die notwendigen Konfigurationsschritte vorgenommen haben, müssen Sie den Service sorgfältig testen, bevor Sie ihn freigeben. Stellen Sie sicher, daß der Server den von Ihnen gewünschten Dienst anbietet, ohne dabei noch zusätzliche, ungewollte »Dienste« anzubieten (wie etwa den Zugriff auf Dateien außerhalb des *ftp*-Home-Verzeichnisses). Anonymes FTP ist ein potentielles Sicherheitsrisiko. Wenn Sie den Dienst überhaupt anbieten, beschränken Sie die Anzahl der Systeme, auf denen der Service installiert ist (einer reicht in der Regel aus), und stellen Sie sicher, daß die Installation sauber durchgeführt wird.

Dateien finden

Anonymes FTP verlangt vom Benutzer ein detailliertes Wissen. Um eine Datei herunterladen zu können, müssen Sie den FTP-Server kennen und wissen, wo die Datei zu finden ist. Bei einem kleinen Netzwerk ist das kein großes Problem. In einem solchen Fall gibt es nur eine beschränkte Anzahl wichtiger FTP-Server mit einer übersichtlichen Zahl von Dateien. Sie können mit **ftp** immer einen bedeutenden Server ansprechen und mit dem **ls**-Befehl nach Dateien suchen. Dieser alte Ansatz ist für das große und immer weiter wachsende Internet aus zwei Gründen nicht geeignet:

- Es gibt heute Tausende bedeutender anonymer FTP-Server. Sie alle zu kennen ist schwierig.

- Es gibt heute Millionen von Internet-Benutzern. Diese können nicht alle von einigen wenigen bekannten Servern abhängig sein. Die Server wären mit den **ftp**-Requests schnell überlastet.

archie ist eine Anwendung, die zur Lösung dieses Problems entworfen wurde. Es stellt eine Datenbank mit Informationen über anonyme FTP-Sites und deren Dateien zur Verfügung.

archie

archie vergrößert den Nutzen von anonymem FTP, indem es Ihnen hilft, Dateien, Programme und andere benötigte Informationen zu finden. **archie** verwendet Informationsserver, die bestimmte Datenbanken vorhalten. Diese Datenbanken enthalten Informationen über Hunderte von FTP-Servern und Tausende von Dateien und Programmen im Internet.

archies primäre Datenbank ist eine Liste mit Dateien und den Servern, von denen diese Dateien heruntergeladen werden können. Im einfachsten Fall teilen Sie **archie** mit, welche Datei Sie suchen, und **archie** sagt Ihnen, von welchen FTP-Servern die Datei verfügbar ist.

archie kann auf vier verschiedene Arten eingesetzt werden: interaktiv, per E-Mail, über einen Web-Browser oder von einem **archie**-Client. Um **archie** interaktiv zu verwenden, stellen Sie mit **telnet** die Verbindung zu einem **archie**-Server her.[3] Loggen Sie sich mit dem Benutzernamen *archie* und ohne Paßwort ein. Sobald das Prompt `archie>` erscheint, können Sie sich mit **help** eine vollständige Liste der interaktiven **archie**-Befehle ansehen.

Es gibt viele interaktive **archie**-Befehle, aber die grundlegende Funktion der Suche nach einem Programm läßt sich auf zwei Befehle beschränken.

prog *muster*
Gibt eine Liste aller Dateien in der Datenbank aus, die dem angegebenen *muster* entsprechen.

mail *adresse*
Sendet die Ausgabe des letzten Befehls per E-Mail an *adresse*. Üblicherweise handelt es sich dabei um Ihre eigene E-Mail-Adresse.

Das folgende Beispiel verwendet beide Befehle zur interaktiven Suche nach *gated-R3_5_5.tar* und schickt das Suchergebnis dann per E-Mail an *craig@peanut.nuts.com*.

```
% telnet archie.internic.net
Trying 198.49.45.10...
```

---

3 Eine Liste der frei zugänglichen Server finden Sie unter *http://www.bunyip.com/products/archie/world/servers.html*.

```
Connected to archie.ds.internic.net.
Escape character is '^]'.
UNIX(r) System V Release 4.0 (ds0)

login: archie

# Bunyip Information Systems, Inc., 1993, 1994, 1995

archie> prog gated-R3_5_5.tar
# Search type: sub.
# Your queue position: 1
# Estimated time for completion: 5 seconds.
working... O

Host ftp.zcu.cz    (147.228.206.16)
Last updated 11:32 27 Jun 1997

  Location: /pub/security/merit/gated
    FILE -r--r--r-- 1460773 bytes Jan 1997 gated-R3_5_5.tar.gz

archie> mail craig@peanut.nuts.com
archie> quit
```

Die Ausgabe von **archie** versorgt Sie mit allen Informationen, die Sie zur Initiierung eines FTP-Transfers benötigen:

- der Name des Servers (hier *ftp.zcu.cz*)

- das Verzeichnis, in dem die Datei auf diesem Server zu finden ist (hier */pub/security/merit/gated*)

- der vollständige Name der Datei (hier *gated-R3_5_5.tar.gz*)

Sie können **archie** auch nutzen, indem Sie E-Mail an den Benutzer *archie* auf irgendeinem **archie**-Server (z.B. *archie@archie.internic.net*) schicken. Der Text der Mail muß einen gültigen **archie** E-Mail-Befehl enthalten. Eine vollständige Liste der E-Mail-Befehle von **archie** erhalten Sie, indem Sie eine Mail an einen der Server schicken, in der der *help*-Befehl aufgeführt ist. Im folgenden Beispiel wird die Hilfe von *archie.internic.net* angefordert.

```
% mail archie@archie.internic.net
Subject:
help
^D
EOT
```

Obwohl diese beiden Methoden für den Zugriff auf archie gut funktionieren, ist ein Web-Browser wahrscheinlich die beste Möglichkeit, archie zu verwenden. Viele Web-Server stellen eine archie-Schnittstelle zur Verfügung. *http://pubweb.nexor.co/uk/public/archie/servers.html* führt verschiedene dieser Gateways auf. Der in Abbildung 13-4 genutzte Server ist *http://archie.bunyip.com/archie.html*. Geben Sie den Namen des gesuchten Programms im Feld `Search for:` ein und klicken Sie den `Search`-Button an. Ihr Browser gibt die Suchergebnisse aus, wobei die gesuchten Dateien direkt mit entsprechenden Links versehen sind. Wiederholen wir zum Beispiel die Suche nach *gated-R3_5_5.tar.gz* mit der Webseite *http://archie.bunyip.com/archie.html*. Der Server gibt eine Liste mit 8 Treffern zurück, wobei der erste auf den anonymen FTP-Server auf *ftp.zcu.cz* zeigt. Der dem FTP-Server folgende Dateiname *gated-R3_5_5.tar.gz* ist ein Link. Ein Klick auf den Link überträgt die Datei von *ftp.zcu.cz* auf Ihr System. Die Suche und das Herunterladen erfolgen also über eine Schnittstelle!

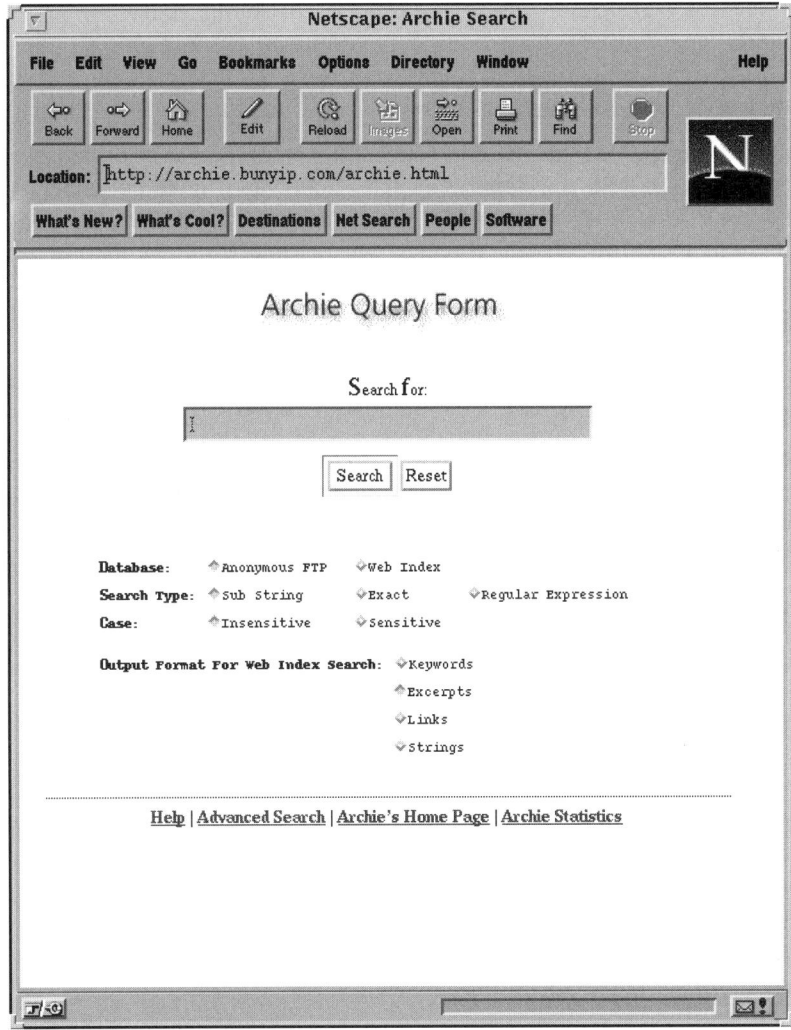

Abbildung 13-4: Archie Web-Schnittstelle

Obwohl Web-Browser die einfachste Schnittstelle zu **archie** bilden, ziehen einige Leute es vor, einen **archie**-Client auf ihrem lokalen System auszuführen. Die Verwendung eines **archie**-Clients reduziert die Last auf den Servern und verbessert das Ansprechverhalten. Wenn Sie glauben, **archie** sehr häufig nutzen zu müssen, kann es sich durchaus lohnen, einen **archie**-Client aufzusetzen.

archie Client-Software

Client-Software für **archie** kann über anonymes FTP von *ftp.bunyip.com* heruntergeladen werden. Die Software ist im Verzeichnis *pub/archie/clients* zu finden. Die README-Datei in diesem Verzeichnis enthält eine Kurzbeschreibung jedes Client-Typs. Für UNIX sind mindestens drei verschiedene Clients verfügbar: ein X-Windows-Client und zwei Kommandozeilen-Clients (einer in C und einer in Perl). Suchen Sie die **archie**-Server nach den neuesten Entwicklungen im Bereich Client-Server ab.

Dieser Abschnitt verwendet den in C entwickelten, kommandozeilenorientierten **archie**-Client. Der C-Code und die zur Generierung des Clients per **make** notwendigen Anweisungen sind alle in der Datei *c-archie-1.4.1.tar.gz* auf *ftp.bunyip.com* zu finden. Sobald Sie den Client generiert und installiert haben, wird er mit dem folgenden Befehl aufgerufen:

```
% archie [optionen] string
```

Der *string* ist der Name der Datei, die **archie** für Sie finden soll. Es kann sich dabei um den exakten Dateinamen, einen Teilstring oder einen regulären Ausdruck handeln.

Die *optionen* geben dabei an, wie der *string* zu interpretieren ist. Die Option **–e** sucht nach einem Dateinamen, der dem String genau entspricht, **–s** erkennt jeden Datensatz, bei dem der String ein Teil des Dateinamens ist, und die Option **–r** interpretiert den String bei der Suche als regulären Ausdruck.

Das folgende Beispiel verwendet den **archie**-Client zur Suche nach Sites, von denen **ppp**-Software heruntergeladen werden kann. Die Suche verwendet einen regulären Ausdruck, der jede komprimierte **tar**-Datei findet, die mit **ppp** beginnt.

```
% archie -r '^ppp.*\.tar\.Z' > ppp.locations
```

In unserem Beispiel speichern wir die Ausgabe von **archie** in der Datei *ppp.locations*. Sie können sich dann *ppp.locations* ansehen, um den nächsten FTP-Server mit der neuesten **ppp**-Version herunterzuladen. Die Umleitung der Ausgabe in eine Datei ist üblicherweise keine schlechte Idee, weil **archie** häufig ein sehr langes Ergebnis liefert. Per Voreinstellung liefert der **archie**-Client bis zu 95 Treffer für eine Suche zurück. Um die Zahl der zurückgelieferten Treffer zu beschränken, können Sie die Option **–m***n* verwenden. *n* ist dabei die maximale Anzahl von Treffern, die **archie** zurückgeben soll. Beispielsweise beschränkt **–m5** die Suche auf fünf Treffer.

Die **archie**-Datenbank ist häufig veraltet oder mit unbekannten FTP-Servern gefüllt, die über keine gute Anbindung verfügen. Das schränkt ihren Nutzen doch etwas ein. Aber manchmal ist **archie** der einzige Ort, an dem Sie Ihre Suche nach einer Datei starten können.

Abruf von RFCs

Im ganzen Buch haben wir auf viele verschiedene RFCs verwiesen. Das sind die Internet-Dokumente, die von allgemeinen Informationen bis hin zu Definitionen der TCP/IP-Protokollstandards so ziemlich alles enthalten. Für Sie als Netzwerkadministrator gibt es verschiedene wichtige RFCs, die Sie lesen sollten. In diesem Abschnitt zeigen wir Ihnen, wie Sie diese abrufen können.

RFCs finden Sie im World Wide Web auf *http://www.internic.net.* Folgen Sie den Links von der Homepage über die Directory-Services hin zur IETF RFC-Seite. Die Seite ermöglicht es Ihnen, RFCs nach Schlüsselwörtern abzusuchen oder den RFC-Index herunterzuladen. Dieser Index ist besonders dann nützlich, wenn Sie die Nummer des gewünschten RFCs kennen. Abbildung 13-5 zeigt einen Ausschnitt aus diesem RFC-Index.

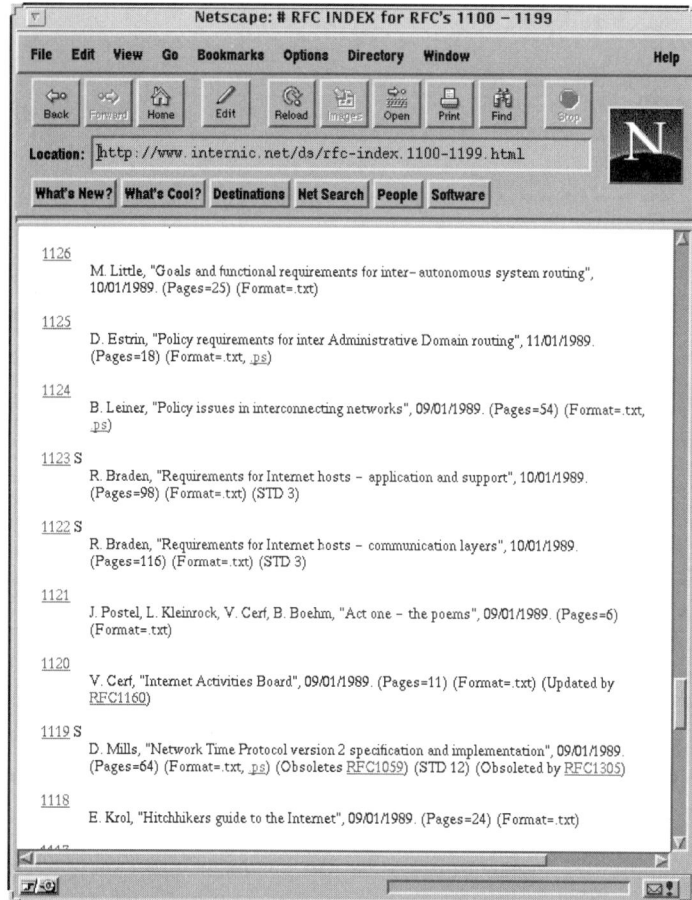

Abbildung 13-5: Der RFC-Index

Im nächsten Beispiel weiß die Netzwerkadministratorin nicht, welche RFCs die gesuchten Informationen enthalten, sie weiß aber, wonach sie sucht. Die Administratorin möchte etwas über die SMTP-Service-Erweiterungen wissen, die für Extended SMTP vorgeschlagen wurden. Abbildung 13-6 zeigt die vier RFCs, die als Ergebnis ihrer Abfrage zurückgegeben wurden.

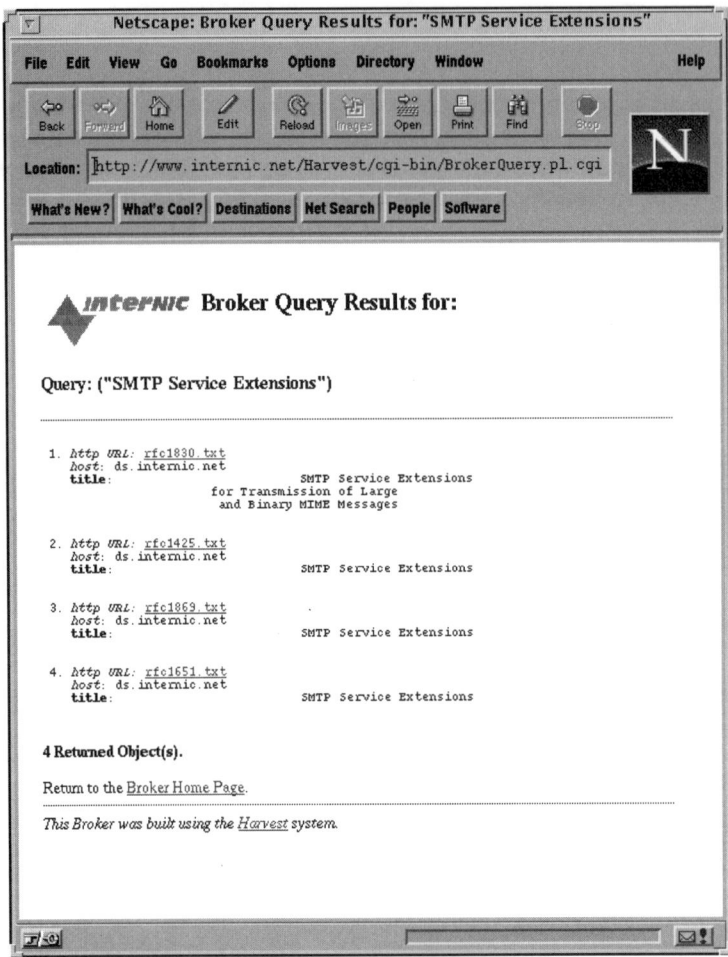

Abbildung 13-6: Eine RFC-Websuche

Das Web ist die populärste und beste Methode, in RFCs zu schmökern. Wenn Sie aber wissen, was Sie suchen, kann anonymes FTP die schnellere Variante sein, ein bestimmtes Dokument abzurufen. RFCs sind auf *ds.internic.net* im Verzeichnis *rfc* abgelegt. Die RFCs werden mit Dateinamen der Form *rfcnnnn.txt* oder *rfcnnnn.ps* gespeichert, wobei *nnnn* die Nummer des RFCs angibt. Die Erweiterungen *txt* und *ps* geben an, ob es sich um ASCII-Text oder PostScript handelt. Um RFC 1122 herunterzuladen, stellen

Sie per **ftp** den Kontakt mit *ds.internic.net* her und geben **get rfc/rfc1122.txt** ein, sobald das Prompt `ftp>` erscheint. Wenn Sie wissen, was Sie suchen, ist das eine sehr schnelle Möglichkeit, an ein RFC zu gelangen.

Um sich die Suche nach einem RFC zu erleichtern, sollten Sie sich die Datei *rfc-index.txt* besorgen. Es handelt sich um einen vollständigen, nach Nummern sortierten Index aller RFCs. Sie finden ihn ebenfalls auf *ds.internic.net* im Verzeichnis *rfc*. Sie benötigen nur gelegentlich einen neuen RFC-Index. Meist ist das gesuchte RFC schon vor einiger Zeit veröffentlicht worden und bereits im Index enthalten. Laden Sie den RFC-Index herunter und speichern Sie ihn auf Ihrem System. Sie können ihn dann lokal nach gewünschten RFCs absuchen.

RFCs per Mail abrufen

Während anonymes FTP die schnellste und das Web die beste Möglichkeit darstellt, ein RFC abzurufen, so sind sie doch nicht die einzigen Möglichkeiten. Sie können RFCs auch per E-Mail abrufen. E-Mail steht vielen Benutzern zur Verfügung, die keinen direkten Internetzugang besitzen, weil ihr Netzwerk entweder nicht angebunden ist, oder weil sie hinter einem restriktiven Firewall sitzen. Manchmal reicht E-Mail auch aus, weil Sie das Dokument nicht besonders schnell benötigen.

Sie können RFCs per E-Mail abrufen, indem Sie Mail an *info@isi.edu* schicken. Lassen Sie die Subject:-Zeile frei. Rufen Sie die Mail im eigentlichen E-Mail-Text ab mit den Zeilen `Retrieve: RFC` und `DOC-ID RFCnnnn`, wobei *nnnn* für die RFC-Nummer steht. Nachfolgend rufen wir beispielsweise RFC 1258 ab.

```
% mail rfc-info@isi.edu
Subject:
Retrieve: RFC
DOC-ID: RFC1258
^D
```

Diese Technik funktioniert sehr gut. In der Zeit, die es dauerte, diese Zeilen zu schreiben, war das angeforderte RFC bereits in meiner Mailbox angekommen.

Mailinglisten

Mailinglisten ermöglichen es Leuten mit ähnlichen Interessen, Informationen und Ideen auszutauschen. Die meisten Mailinglisten laufen unter bestimmten Richtlinien, wonach die Diskussion auf ein bestimmtes Thema beschränkt ist. Mailinglisten werden häufig verwendet, um Probleme zu melden und Lösungen anzubieten, aber auch, um über Ankündigungen zu informieren. Einige Mailinglisten sind Sammlungen von Newsgruppen.

Es gibt eine riesige Anzahl von Mailinglisten. Die *list-of-lists* enthält Informationen über viele der Mailinglisten, die für Netzwerkadministratoren von Interesse sind.[4] Sie können

---

4 Trotz ihrer Größe ist in *interest-groups.txt* nicht jede Mailingliste zur Netzwerkadministration zu finden. Von einigen Listen erfährt man nur über Mundpropaganda.

mit einem Web-Browser auf *http://catalog.com/vivian/interest-group-search.html* nach interessanten Mailinglisten suchen. Wenn Sie die »Liste der Listen« vorziehen, können Sie diese mit FTP von *nisc.sri.com* herunterladen. Sie ist in der Datei *netinfo/interest-groups.txt* enthalten. Diese Datei kann dann mit den üblichen UNIX-Tools durchsucht werden. Egal wie Sie vorgehen, Sie erhalten jedesmal die gleichen Informationen. Der folgende Ausschnitt ist der List-of-Lists-Eintrag für die Berkeley Internet Name Domain (BIND) Mailingliste:

```
BIND@uunet.uu.net
   Subscription Address: bind-request@uunet.uu.net
   Owner: BIND-REQUEST@UUNET.UU.NET
   Description:
    This list covers topics relating to Berkeley Internet Name Domain
    (BIND) domain software.
```

Der Eintrag besteht aus vier Abschnitten: der Adresse der Mailingliste, der Adresse, an die Aufnahmewünsche zu richten sind, der Adresse des Eigentümers und einer Beschreibung der Liste.

Möchten Sie einer solchen Liste beitreten, sollten Sie den Aufnahmeantrag nicht direkt an die Liste schicken, sondern an die Aufnahmeadresse richten. Diese Adresse bestimmt die Person oder den Prozeß, der diese Liste pflegt. Wird eine solche Liste von Hand gepflegt, wie das bei der obigen BIND-Liste der Fall ist, richten Sie Ihren Aufnahmeantrag an *listenname-**request**@host*. Dabei ist *listenname* der Name der Liste, dem der literale String **–request** folgt. Das Anhängsel **–request** wird häufig in Adressen für administrative Anfragen wie etwa die Aufnahme oder das Ausscheiden aus einer Liste verwendet, wenn solche Listen manuell gepflegt werden. Um beispielsweise der BIND-Mailingliste beizutreten, senden Sie Ihren Aufnahmeantrag an *bind-request@ uunet.uu.net*. Jede weitere Korrespondenz erfolgt direkt über *bind@uunet.uu.net*.

Bei vielen Mailinglisten wird das Listenmanagement mit Programmen wie majordomo oder LISTSERV automatisiert. Sie können den Typ des verwendeten Servers an der Aufnahmeadresse in der »Liste-der-Listen« erkennen. Je nach verwendetem Server heißt der Benutzer entweder »majordomo« oder »LISTSERV«. Um einer majordomo-Liste beizutreten, schicken Sie eine E-Mail an die Aufnahmeadresse, die den folgenden Text im Body enthält:

subscribe *listenadresse ihre-adresse*

Die *listenadresse* ist die Adresse der E-Mail-Liste, und *ihre-adresse* ist Ihre E-Mail-Adresse.

Um in eine LISTSERV-Mailingliste aufgenommen zu werden, senden Sie eine E-Mail an die Aufnahmeadresse, die den folgenden Text im Body enthält:

subscribe *liste ihr-name*

liste ist hier der Name der Liste (nicht notwendigerweise ihre Adresse), wie er in der ersten Zeile des list-of-lists-Eintrag erscheint. *ihr-name* ist Ihr Vor- und Nachname, also nicht Ihre E-Mail-Adresse. LISTSERV sucht sich Ihre E-Mail-Adresse aus den E-Mail-Headern heraus.

Newsgruppen

Eine Mailingliste ist ein möglicher Weg zur Verbreitung von Ankündigungen und zum Austausch von Fragen und Antworten. Allerdings ist das nicht der effizienteste Weg. Eine E-Mail wird an jeden Abonnenten der Liste verschickt und muß auf dem System vorgehalten werden, bis sie gelesen wurde. Abonnieren also 100 Leute eine Liste, müssen 100 E-Mails über das Netzwerk verschickt werden und auf 100 empfangenden Systemen abgelegt werden. Newsgruppen stellen eine effizientere Methode dar, diese Art der Information zu verbreiten. Die Information wird im Netzwerk auf (bei den meisten Sites) einem oder zwei News-Servern abgelegt. Anstatt also E-Mail an jeden zu schicken, der sich für das Linux-Betriebssystem interessiert, werden Artikel zu Linux an einem Ort gespeichert, wo sie jeder lesen kann, wenn er Zeit hat. Das reduziert nicht nur die Last im Netzwerk, sondern auch die Anzahl redundanter Kopien, die auf lokalen Platten abgelegt werden müssen.

Newsgruppen werden über TCP/IP-Netzwerke mit Hilfe des *Network News Transfer Protocol* (NNTP) ausgeliefert. NNTP wird bei den meisten UNIX-Systemen als Teil des TCP/IP Protokoll-Stacks mitgeliefert und verlangt keine besondere Konfiguration. Das einzige, was Sie wissen müssen, um loslegen zu können, ist der Name des Ihnen am nächsten liegenden News-Servers (fragen Sie Ihren ISP). Die meisten ISPs bieten Newsgruppen als einen Basisdienst an.

NNTP ist ein einfaches Befehl/Antwort-Protokoll. Der NNTP-Server fragt den Port 119 ab:

```
% telnet news.nuts.com 119
Trying 172.16.16.19...
Connected to news.nuts.com.
Escape character is '^]'.
200 news.nuts.com ready (posting ok).
quit
205
Connection closed by foreign host.
```

Ein an diesen Server gerichteter **help**-Befehl würde mit einer Liste von 23 NNTP-Befehlen antworten. Glücklicherweise erhalten Sie Ihre News nicht auf diese Weise, sondern nutzen hierzu einen sogenannten *Newsreader*.

UNIX-Systeme liefern häufig einen Newsreader mit. Unser Linux-System enthält gleich mehrere Newsreader: **nn**, **rn**, **tin** und **trn**. Ihr System könnte jeden dieser Newsreader oder einen beliebigen anderen enthalten. Genaue Anweisungen zur Verwendung der jeweiligen Newsreader finden Sie in der entsprechenden Manpage.

Unabhängig davon, welchen Newsreader Sie nun einsetzen, haben alle bestimmte Dinge gemeinsam. Mit allen können Sie neue Gruppen abonnieren, Artikel aus den Gruppen lesen und eigene Artikel an die Gruppen senden (»posten«). Im folgenden Beispiel zeigt der **trn**-Newsreader unseres Linux-Systems die Titel der ersten 26 Artikel der Newsgruppe *comp.os.linux.announce.* Um einen Artikel zu lesen, bewegt (scrollt) sich der Benutzer zum gewünschten Artikel und drückt die Enter-Taste. Alle Newsreader besitzen eine ähnlich geartete Schnittstelle.

```
comp.os.linux.announce          50 articles (moderated)

     a root      1  Ringconnect
     b Clark     1  NTLUG Meeting
     d Dave      1  Caldera
     e Martin    1  Linux Users Group Meeting
     f Evan      1  COMDEX Canada
     g Jimm      1  Salt Lake Linux Users Group
     i Tyde      1  San Fransisco Linux users' group
     j Andy      1  Worcester Linux Users' Group
     l Bob       1  MELUG meeting
     o Olaf      1  IP tunnel
     r Norbert   1  Index files
     s Albert    1  Client-/Server-Backup
     t Michael   1  Parallel programming
     u Oz        1  FTP client
     v Ted       1  Important notice
     w Kamran    1  DIPC available
     x Ken       1  Web site
     y Cindy     1  CD-ROM available now!
     z Bishop    1  C program documentation tool

     -- Select threads (date order) -- Top 38% [>Z] --
```

Unser Solaris-System wird mit keinem der oben erwähnten Newsreader geliefert. Aber das spielt keine Rolle. News wird auch vom Netscape Navigator unterstützt. Die Wahl von Netscape News im Window-Menü öffnet den Newsreader. Abbildung 13-7 zeigt die News-Schnittstelle bei der Ausgabe von comp.os.linux. Es gibt sehr, sehr viele Newsgruppen. Die meisten für Netzwerkadministratoren interessanten Newsgruppen sind unter der Kategorie *comp* zu finden. *comp.os* enthält verschiedene Untergruppen für verschiede Betriebssysteme. *comp.unix* umfaßt Gruppen für verschiedene UNIX-Varianten. *comp.networks* und *comp.internet* liefern Informationen zu Netzwerken und zum Internet. *comp.security* und *comp.virus* beschäftigen sich mit dem Thema Sicherheit. Vergleichbare deutschsprachige Gruppen finden Sie unter der Kategorie »de.comp.*«.

In den Newsgruppen findet sich unheimlich viel Überflüssiges und Uninteressantes. Wenn Sie aber eine konkrete Frage beantwortet haben wollen oder Informationen zu einem bestimmten Thema suchen, können sie von unschätzbarem Wert sein.

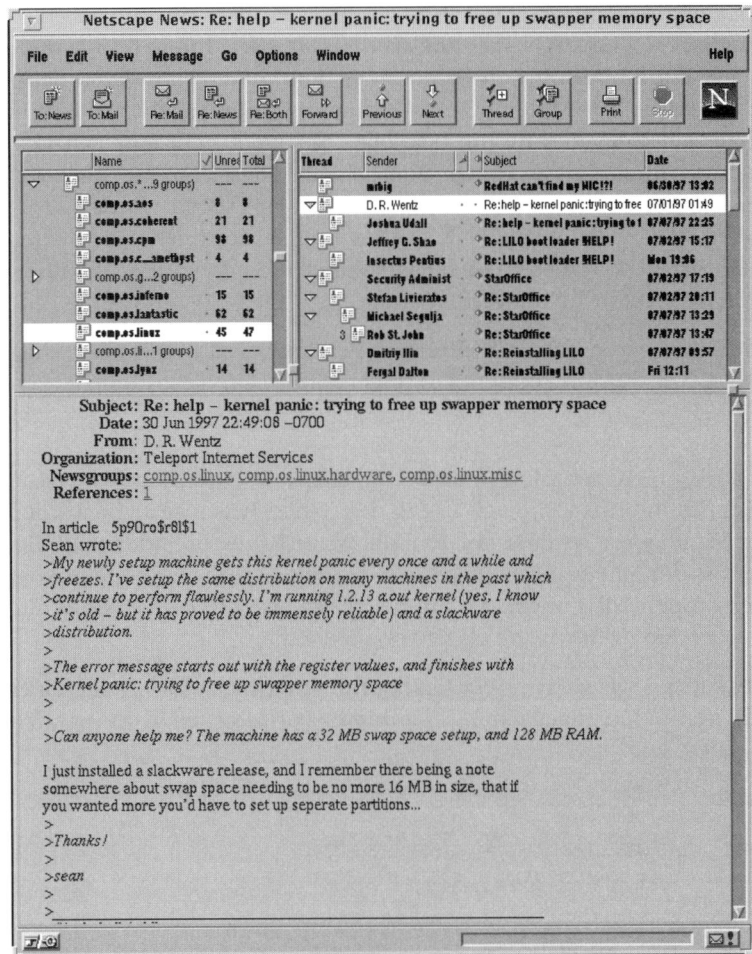

Abbildung 13-7: Netscape News-Schnittstelle

White Pages

archie hilft Ihnen bei der Lokalisierung wichtiger Programme. Das Web hilft Ihnen beim Abruf wichtiger Dokumente. **whois** hilft Ihnen bei der Suche nach wichtigen Leuten. Eine der wichtigsten Informationen in einem Netzwerk ist das Wissen darüber, wer am anderen Ende das Sagen hat. In Kapitel 11 haben wir erläutert, wie wichtig es bei der Behebung eines Netzwerkproblems ist, zu wissen, wer am anderen Ende des Links verantwortlich ist. **whois** ist ein Werkzeug, das Ihnen dabei hilft, diese Informationen zu ermitteln.

whois ermittelt die gewünschten Informationen aus den sogenannten »White Pages« des Internet. Die White Pages sind eine Datenbank mit Informationen über Leute mit Verantwortung. Diese Datenbank wird vom InterNIC gepflegt. Fordern Sie offiziell eine Netzwerknummer oder einen Domain-Namen an, werden Sie nach Ihrem *NIC-Handle* gefragt, das als Index auf Ihren persönlichen Datensatz in den White Pages dient. Besitzen Sie kein Handle, weist Ihnen das InterNIC eins zu und registriert Sie automatisch in den White Pages. Daher hat jeder, der für ein offizielles Netzwerk oder eine offizielle Domain verantwortlich ist, einen Eintrag in den White Pages. Dieser Eintrag kann von jedem abgerufen werden, der einen Kontakt herstellen muß. In Europa werden separate White Pages gepflegt, für die die lokalen NICs verantwortlich zeichnen. Sie erhalten hier kein NIC-, sondern ein RIPE-Handle. Die Informationen sind dann über die RIPE-Datenbanken der jeweiligen lokalen NICs verfügbar.

Viele UNIX-Systeme stellen einen **whois**-Befehl zur Verfügung, mit dem die White Pages des InterNIC abgefragt werden können. Die allgemeine Form dieses Befehls lautet:

```
% whois [-h server] name
```

Das Feld *name* enthält die Information, nach der in den White Pages gesucht werden soll. Der *server* ist der Name eines Systems, auf dem die White Pages zu finden sind. Bei den meisten Systemen ist der Server mit *rs.internic.net* voreingestellt. Sie können aber auch einen Server der lokalen NICs angeben. Um beispielsweise die deutschen White Pages abzufragen, würden Sie *whois.nic.de* als Server angeben.

Im folgenden Beispiel suchen wir nach einem Eintrag für *Craig Hunt*. Der Name einer Einzelperson wird in den White Pages mit *Nachname, Vorname* eingetragen. Wir suchen daher nach *Hunt, Craig*.[5]

```
% whois 'Hunt, Craig'
[rs.internic.net]
Hunt, Craig (CH999)    info@foo.bar      +1 (123) 555 6789
Hunt, Craig W. (CWH3)  Hunt@ENH.NIST.GOV    (301) 975-3827

To single out one record, look it up with "!xxx", where xxx is the
handle, shown in parenthesis following the name, which comes first.

The InterNIC Registration Services Host contains ONLY Internet
Information (Networks, ASN's, Domains, and POC's).
Please use the whois server at nic.ddn.mil for MILNET Information.
```

Werden wie in diesem Fall mehrere Einträge zurückgeliefert, können Sie sich mit einer weiteren Abfrage des NIC-Handles die vollständigen Informationen ausgeben lassen. Das NIC-Handle steht in runden Klammern unmittelbar hinter dem Benutzernamen. Um nach einem NIC-Handle zu suchen, geben Sie das Handle einfach in der **whois**-Kommandozeile an. Die Meldung am Ende unserer Beispielabfrage läßt vermuten, daß Handles in der Form !xxx eingegeben werden müssen. Das ist nicht der Fall. Die UNIX-

---

5 **whois hunt** würde verschiedene Einträge zurückliefern. Seien Sie so genau wie möglich, um die Anzahl der Treffer zu reduzieren.

Variante des **whois**-Befehls benötigt die !-Syntax nicht. Um also mehr über CWH3 zu erfahren, geben Sie folgendes ein:

```
% whois cwh3
[rs.internic.net]
Hunt, Craig W. (CWH3)          Hunt@ENH.NIST.GOV
   National Institute of Standards and Technology
   Computer Systems and Communications Division
   Technology Building, Room A151
   Gaithersburg, MD 20899
   (301) 975-3827 (FTS) 879-3827

   Record last updated on 03-Dec-90.
   Database last updated on 15-Jul-97 04:35:06.
```

Benutzerinformationen sind generell nur sinnvoll, wenn Sie genau wissen, an wen Sie E-Mail schicken wollen, die Adresse aber nicht kennen. Die White Pages enthalten noch verschiedene andere Arten von Datensätzen, von denen einige sehr nützlich sind, wenn man die für Netzwerke, Domains und Hosts im Internet verantwortlichen Leute ermitteln will. Diese Datensatztypen sind:

Domain

Liefert detaillierte Kontaktinformationen über die für eine bestimmte Domain verantwortlichen Leute.

Netzwerk

Liefert detaillierte Informationen zu den Kontakten eines bestimmten Netzwerks.

Host

Liefert allgemeine Informationen über einen bestimmten Host. Dieser Datensatztyp ist nicht so nützlich wie die anderen.

Diese Datensatztypen können in **whois**-Abfragen zur Erhöhung der Verarbeitungsgeschwindigkeit und zur Beschränkung der Ausgabe verwendet werden. Alle oben aufgeführten Datensatztypen können über die ersten beiden Buchstaben abgekürzt werden.

Eine Abfrage der Domain *ora.com* erzeugt beispielsweise das folgende Ergebnis:

```
% whois 'do ora.com'
O'Reilly & Associates (ORA-DOM1)
   101 Morris Street
   Sebastopol, CA 95472

   Domain Name: ORA.COM

   Administrative Contact, Technical Contact, Zone Contact:
      Pearce, Eric  (EP86)  eap@ORA.COM
      707-829-0515 x221
   Billing Contact:
      Johnston, Rick  (RJ724)  rick@ORA.COM
      707-829-0515 x331

   Record last updated on 28-Jan-97.
```

```
Record created on 14-Jun-89.
Database last updated on 15-Jul-97 04:35:06 EDT.

Domain servers in listed order:

NS.ORA.COM                207.25.97.8
NS.SONGLINE.COM           204.148.41.1
```

Diese Abfrage liefert die Namen, Adressen und Telefonnummern der Kontakte für diese Domain zurück und gibt auch eine Liste der autoritativen Nameserver dieser Domain zurück.

Um Informationen über einen bestimmten Host zu ermitteln, geben Sie einfach den entsprechenden Hostnamen an. Im folgenden Beispiel geben wir den Namen des Nameservers *ns.songline.com* an:

```
% whois 'host ns.songline.com'
[No name] (NS2441-HST)

    Hostname: NS.SONGLINE.COM
    Address: 204.148.41.1
    System: Sun Sparc20 running Solaris 2.4
    Record last updated on 21-Aug-95.
    Database last updated on 15-Jul-97 04:35:06 EDT.
```

Die Abfrage liefert uns den Hostnamen, die IP-Adresse und den Systemtyp, letztendlich also die gleichen Daten, die wir auch vom DNS erhalten.

Eine wesentlich interessantere Information ist der Kontakt eines spezifischen Netzwerks. Zu diesem Zweck rufen Sie **whois** mit der Netzwerknummer auf. In unserem Beispiel ist 207.25.97.8 die IP-Adresse eines Servers. Da es sich um eine Klasse-C-Adresse handelt, ist 207.25.97.0 die Netzwerknummer. Die Abfrage ist wie folgt zu formulieren:

```
% whois 'net 207.25.97.0'
ANS CO+RE Systems, Inc. (NETBLK-ANS-C-BLOCK4)
    100 Clearbrook Rd
    Elmsford, NY 10523

    Netname: ANS-C-BLOCK4
    Netblock: 207.24.0.0 - 207.27.255.255
    Maintainer: ANS

    Coordinator:
        Vaidya, Vijay   (VV38)  vijay@ANS.NET
        914-789-5360
    Alternate Contact:
        ANS Hostmaster   (AH-ORG)  hostmaster@ANS.NET
        (800)456-6300  fax: (914)789-5310


    Domain System inverse mapping provided by:
```

```
NS.ANS.NET                    192.103.63.100
NIS.ANS.NET                   147.225.1.2

Record last updated on 02-Sep-96.
Database last updated on 15-Jul-97 04:35:06 EDT.
```

Diese Abfrage hätte auch mit dem Namen des Netzwerks erfolgen können (in unserem Beispiel also ANS-C-BLOCK4), aber häufig kennen Sie den Namen des Netzwerks nicht, bis Sie die Antwort auf Ihre Abfrage erhalten. Neben dem Netzwerknamen und der Netzwerknummer enthält diese Antwort auch Informationen darüber, wer für das Netzwerk verantwortlich ist, und welche Nameserver *in-addr.arpa*-Dienste für dieses Netzwerk übernehmen.

Mit den durch diese Abfragen gewonnenen Informationen könnten wir den Kontakt zu den Domain- und Netzwerkadministratoren herstellen. Über diese Schlüsselkontakte könnten wir die Administratoren einzelner Systeme innerhalb der Domain oder des Netzwerks ermitteln. Diese Informationen bringen uns in direkten Kontakt mit dem Systemadministrator, mit dem wir uns unterhalten müssen, wenn es ein Netzwerkproblem zu lösen gilt.

Nicht alle Systeme besitzen einen lokalen **whois**-Befehl. Wenn das bei Ihnen der Fall ist, stellen Sie einfach per **telnet** die Verbindung zu *rs.internic.net* her und geben Sie **whois** ein, sobald das Prompt erscheint. Daraufhin erscheint das Prompt *Whois:*, und Sie können nun jeden Namen angeben, nach dem Sie suchen möchten. Alternativ können Sie sich mit *help* die weiteren Möglichkeiten ausgeben lassen.

Zusammenfassung

Eine Vielzahl von Informationen ist über das Netzwerk verfügbar. Ein großer Teil des verfügbaren Materials enthält Informationen über TCP/IP und die Vernetzung. Die RFCs sind natürlich eine wichtige Informationsquelle, allerdings sind viele RFCs nicht für den Anfänger bestimmt. Es kann recht schwierig sein, herauszufinden, welches RFC man zuerst lesen soll. Um Ihnen die Entscheidung zu erleichtern, werden einige RFCs mit allgemeinen Informationen als FYIs (For Your Information, »Zu Ihrer Information«) gekennzeichnet. Die FYIs können von *http://www.internic.net* in der gleichen Weise abgerufen werden wie die RFCs.

Darüber hinaus finden Sie viele Bücher und Dokumente zur Vernetzung. Meine bevorzugte Referenz zu Informationsquellen im Internet ist *The Whole Internet* von Ed Krol (O'Reilly & Associates), das im Herbst nach Erscheinen des vorliegenden Titels in einer völlig überarbeiteten Fassung vorliegen sollte.

Während Sie diese Informationsquellen untersuchen, werden Sie schnell feststellen, daß es wesentlich mehr im Netzwerk zu finden gibt, als wir jemals in diesem Buch behandeln könnten. Dieses Buch ist Ihre Ausgangsbasis – es hat Ihnen geholfen, Ihr System an das Netzwerk anzubinden. Nachdem Ihr System nun eingerichtet ist und läuft, sollten Sie es als Werkzeug nutzen, um Ihren Informationshorizont zu erweitern.

In diesem Anhang:
- *Dial-Up IP*
- *Der PPP-Daemon*
- *chat*

PPP-Tools

Dieser Anhang dient als Referenz für **dip**, **pppd** und **chat**. Diese Tools werden zum Aufbau von IP-Wählverbindungen für PPP (*Point to Point Protocol*) verwendet. **dip** und **chat** sind Skriptsprachen. Die Entwicklung eines Skripts, das das Modem initialisiert, den entfernten Server anwählt, sich einloggt und den entfernten Server konfiguriert, ist die größte Aufgabe bei der Konfiguration einer PPP-Verbindung. Kapitel 6 enthält Beispiele und einführende Informationen zu allen drei hier beschriebenen Programmen. Dieser Anhang dient als Referenz für diese Programme.

Dial-Up IP

dip ist ein speziell zum Aufbau von SLIP- und PPP-Verbindungen[1] entwickeltes Skripting-Tool. Die Syntax des **dip**-Befehls ist:

    dip [optionen] [skriptdatei]

Der **dip**-Befehl wird mit einer Option, einer Skriptdatei, oder beidem aufgerufen. Wird eine *skriptdatei* angegeben, führt **dip** die in dieser Skriptdatei enthaltenen Befehle aus, um eine PPP-Verbindung aufzubauen. Beispiele zu **dip** und entsprechende Skripts finden Sie in Kapitel 6. Mit Skriptdateien sind die folgenden *optionen* erlaubt:

−v

Führt **dip** im sog. Verbose-Modus aus. In diesem Modus gibt **dip** jede Zeile des Skripts während der Ausführung aus und liefert außerdem verbesserte Statusmeldungen.

−m *mtu*

Setzt die MTU (Maximum Transmission Unit) auf die mit *mtu* angegebene Größe. Die Standard-MTU ist 296 Byte groß.

---

1 *Serial Line IP* (SLIP) ist der Vorläufer von PPP. Heute laufen die meisten seriellen Verbindungen über PPP, weshalb wir uns in diesem Anhang auch darauf konzentrieren.

–p `proto`

> Wählt das Protokoll für die serielle Leitung. Mögliche `proto`-Werte sind SLIP, CSLIP, PPP und TERM.

Zwei weitere **dip** Kommandozeilen-Optionen sind:

–k

> Beendet (»killt«) den letzten von Ihnen gestarteten **dip**-Prozeß. Wenn Sie nicht *root* sind, können Sie nur einen von Ihnen gestarteten Prozeß beenden.

–l `device`

> Gibt an, daß der Prozeß zu beenden ist, der das angegebene `device` für sich beansprucht. Diese Option ist nur zusammen mit **–k** gültig.

–i [`benutzername`]

> Führt **dip** als Login-Shell aus, um als PPP- oder SLIP-Server zu fungieren. Der Befehl **diplogin** ist mit **dip –i** identisch. Diese beiden Befehlsformen können ausgetauscht werden, **diplogin** ist aber die übliche Variante. **diplogin** wird in */etc/passwd* im Feld für die Login-Shell eingetragen, wenn der Eintrag für einen PPP-Client gedacht ist. Von dort wird es von **login** ausgeführt. Der Benutzername aus */etc/passwd* wird verwendet, um zusätzliche Konfigurationsinformationen aus */etc/diphosts* einzulesen. Wird der optionale `benutzername` im **diplogin**-Befehl angegeben, wird dieser genutzt, um Informationen aus */etc/diphosts* einzulesen. Kapitel 6 enthält eine Einführung und Beispiele zum Betrieb von **diplogin** zum Aufbau von PPP-Servern sowie zur Verwendung der Datei */etc/diphosts*.

–a

> Fordert den Benutzernamen und das Paßwort an. Die Option **–a** ist nur zusammen mit der Option **–i** gültig. Der Befehl **diplogini** entspricht **dip –i –a**. **diplogini** wird in */etc/passwd* eingetragen und durch **login** ausgeführt.

–t

> Führt **dip** im Testmodus aus. Damit können Sie einzelne Befehle der Skriptsprache direkt über die Tastatur eingeben. Die Option **–t** wird häufig zusammen mit **–v** verwendet, um das Ergebnis jedes Befehls besser beobachten zu können. Wie in Kapitel 6 gezeigt, wird diese Option zum Debugging von **dip**-Skripts verwendet.

diplogin und **diplogini** werden nur auf Servern eingesetzt und nicht zusammen mit Skripts genutzt. Das Skript wird auf PPP-Clients eingesetzt, wenn **dip** einen entfernten Server anwählen soll. Die Skriptdatei enthält die hierzu notwendigen Anweisungen.

Die dip-Skriptdatei

Die Skriptdatei besteht aus Kommentaren, Labels, Variablen und Befehlen. Jede mit einem Doppelkreuz (#) beginnende Zeile wird als Kommentar betrachtet. Ein Label steht in einer eigenen Zeile und besteht aus einem String, der mit einem Doppelpunkt endet. Label werden verwendet, um das Skript in separate Prozeduren zu unterteilen.

Zum Beispiel könnte der Abschnitt des Skripts, der den entfernten Host anwählt, mit folgendem Label beginnen:

```
Dial-in:
```

Eine Variable speichert einen Wert. Ein Variablenname ist ein mit einem Dollarzeichen ($) beginnender String. Sie können zum Beispiel eine Variable anlegen, die als Schleifenzähler dient, und ihr den Namen $loopcntr geben. Es ist möglich, eigene Variablen zu erzeugen, allerdings wird das nur selten getan. Die von den meisten Skripts verwendeten Variablen sind die von **dip** definierten Spezialvariablen. Tabelle A-1 führt diese Spezialvariablen und die darin enthaltenen Werte auf.

Tabelle A-1: dip-Spezialvariablen

Variable	Gespeicherter Wert
$errlvl	Der Rückkehrwert des letzten Befehls
$locip	Die IP-Adresse des lokalen Hosts
$local	Der voll qualifizierte Domain-Name des lokalen Hosts
$rmtip	Die IP-Adresse des entfernten Hosts
$remote	Der voll qualifizierte Domain-Name des entfernten Hosts
$mtu	Die Maximum Transmission Unit in Bytes
$modem	Der Modemtyp. Muß momentan HAYES enthalten
$port	Der Name der seriellen Einheit, z.B. cua0
$speed	Die Übertragungsgeschwindigkeit für den Port

Die letzte Komponente einer Skriptdatei ist die Befehlsliste. Es stehen viele Skriptbefehle zur Verfügung. Weil dieser Anhang als Referenz dienen soll, sprechen wir sie alle an. Die meisten Skripts basieren allerdings nur auf einigen wenigen dieser Befehle. Beispiele für realistische **dip**-Skripts finden Sie in Kapitel 6 und am Ende dieses Abschnitts. Nachfolgend eine vollständige Liste aller Skriptbefehle:

beep [*n*]
>   Gibt einen Signalton *n* mal aus.

bootp
>   Weist das System an, die lokale und entfernte IP-Adresse über das BOOTP-Protokoll zu ermitteln. Dieser Befehl gilt nur für SLIP. PPP besitzt sein eigenes Protokoll zur Vergabe von Adressen, SLIP nicht. Normalerweise werden SLIP-Adressen innerhalb des Skripts statisch zugewiesen. Einige SLIP-Server haben aber Techniken für die dynamische Adreßzuweisung entwickelt. Die gängigste Methode besteht darin, daß der Server die Adresse unmittelbar nach dem Verbindungsaufbau im Klartext ausgibt. Verwenden Sie den Befehl **get $locip remote**, um die Adresse von dieser Art SLIP-Server zu empfangen. Andere SLIP-Server verlangen, daß Sie ihnen einen Befehl senden, bevor sie die Adresse ausgeben. Nehmen Sie den benötigten Ser-

ver-Befehl in Ihr Skript auf und lassen Sie unmittelbar einen **get**-Befehl folgen. Außerdem nutzen einige SLIP-Server BOOTP zur Verteilung von Adressen. Verwenden Sie in Ihrem Skript den **bootp**-Befehl, um BOOTP in Ihrem Skript zu aktivieren, falls das von Ihrem SLIP-Server verlangt wird.

break

Sendet ein BREAK. Einige entfernte Server könnten zu Steuerzwecken ein BREAK benötigen.

chatkey *schlüsselwort code*

Bildet eine Antwort vom Modem, das *schlüsselwort*, auf einen numerischen *code* ab. Die vordefinierten Abbildungen sind:

    0   OK
    1   CONNECT
    2   ERROR
    3   BUSY
    4   NO CARRIER
    5   NO DIALTONE

config [interface | routing] [pre | up | down | post] *argumente...*

Modifiziert Eigenschaften der Schnittstelle (**interface**) oder der Routing-Tabelle (**routing**). Das geschieht entweder bevor (**pre**) der Link steht, wenn er steht (**up**), während er abgebaut wird (**down**), oder nachdem er abgebaut wurde (**post**). Zum Beispiel nimmt der Befehl

```
config up routing add canary gw ibis
```

die Route zu *canary* über das Gateway *ibis* ein, sobald die Verbindung steht. Benutzern die Möglichkeit zu geben, Eigenschaften der Routing-Tabelle oder der Schnittstelle zu verändern, ist sehr gefährlich. Der **config**-Befehl ist im DIP-Code deaktiviert, d.h., das System muß neu kompiliert werden, um diese Möglichkeit zu aktivieren.

databits 7 | 8

Legt die Anzahl der Datenbits mit 7 oder 8 fest. Bei PPP- und SLIP-Verbindungen werden 8 Bits empfohlen.

dec *$variable* [*wert*]

Dekrementiert *$variable* um *wert*. Voreingestellt ist der Wert 1.

default

Definiert die PPP-Verbindung als Standard-Route.

dial *telefonnummer* [*timeout*]

Wählt die *telefonnummer*. Erfolgt die Antwort von der Gegenstelle nicht innerhalb von *timeout* Sekunden, wird die Verbindung unterbrochen. **$errlvl** wird auf einen numerischen Wert gesetzt, der auf dem vom lokalen Modem zurückgegebenen Schlüsselwort basiert. Diese Abbildung von Schlüsselwörtern auf numerische Werte erfolgt mit **chatkey**.

echo on | off

 Aktiviert oder deaktiviert die Ausgabe von Modembefehlen.

exit [*n*]

 Beendet das Skript und gibt optional die Zahl *n* als Exit-Status zurück.

flush

 Löscht den Eingabepuffer.

get *$variable* [**ask** | **remote** [*timeout*]] *wert*

 In der einfachsten Form wird *$variable* auf *wert* gesetzt. Wird **ask** angegeben, wird der Wert vom Benutzer angefordert. Bei **remote** wird der Wert vom entfernten Rechner angefordert, wobei optional *timeout* Sekunden auf die Antwort gewartet wird.

goto *label*

 Verzweigt zu dem mit *label* bezeichneten Abschnitt des Skripts.

help

 Gibt die **dip** Skriptbefehle aus.

if *ausdruck* **goto** *label*

 Eine Bedingungsanweisung, die zum Abschnitt mit dem entsprechenden *label* verzweigt, wenn der *ausdruck* wahr ist. Der Ausdruck muß eine Variable mit einer Konstanten vergleichen, wobei die folgenden Operatoren verwendet werden dürfen: == (gleich), != (ungleich), < (kleiner als), > (größer als), <= (kleiner oder gleich), >= (größer oder gleich).

inc *$variable* [*wert*]

 Inkrementiert die *$variable* um *wert*. Der voreingestellte Wert ist 1.

init *befehl*

 Legt den zur Initialisierung des Modems verwendeten Befehl fest. Voreingestellt ist ATE0 Q0 V1 X1.

mode SLIP | CSLIP | PPP | TERM

 Wählt das verwendete Protokoll. Voreingestellt ist SLIP.

modem *typ*

 Legt den Modemtyp fest. Diesen Befehl können Sie ignorieren, weil der einzig legale Wert HAYES ist, und dieser ist voreingestellt.

netmask *maske*

 Legt die Subnetz-Maske fest.

parity E | O | N

 Legt gerade (E), ungerade (O) bzw. keine (N) Parität fest. Keine Parität (N) wird für SLIP- und PPP-Verbindungen empfohlen.

password

>   Fragt den Benutzer nach dem Paßwort.

proxyarp

>   Installiert einen Proxy-ARP-Eintrag für das entfernte System in der ARP-Tabelle des lokalen Hosts.

print *$variable*

>   Gibt den Inhalt von *$variable* aus.

psend *befehl*

>   Führt den *befehl* durch die Standard-Shell aus und leitet die Ausgabe auf das serielle Device um. Der Befehl wird mit der realen UID des Benutzers ausgeführt.

port *device*

>   Bestimmt das serielle Device (z.B. cua0), an dem das Modem angeschlossen ist.

quit

>   Verläßt das Skript mit einem Exit-Status ungleich Null. Die Verbindung wird dabei unterbrochen.

reset

>   Setzt das Modem zurück.

send *string*

>   Sendet den *string* an das serielle Device.

shell *befehl*

>   Führt den *befehl* durch die Standard-Shell aus. Der Befehl wird mit der realen UID des Benutzers ausgeführt.

skey [*timeout*]

>   Wartet auf eine S/Key-Challenge vom entfernten Terminal-Server, fordert den geheimen Schlüssel vom Benutzer an, generiert die Antwort und sendet sie. Wartet *timeout* Sekunden auf die Challenge. Läuft die Zeit ab, wird $errlvl auf 1 gesetzt, anderenfalls auf 0. S/Key muß in **dip** integriert (kompiliert) sein.

sleep *zeit*

>   Verzögert *zeit* Sekunden.

speed *bits-pro-sekunde*

>   Legt die Geschwindigkeit des Ports fest. Voreingestellt sind 38.400 bps.

stopbits 1 | 2

>   Legt die Anzahl der Stopbits mit 1 oder 2 fest.

term

>   Aktiviert den Terminal-Modus. Im Terminal-Modus werden Tastatureingaben direkt an die serielle Einheit weitergegeben.

timeout *zeit*

Legt die *zeit* in Sekunden fest, die eine Leitung inaktiv sein darf. Nach Ablauf dieser Zeitspanne wird die Verbindung beendet.

wait *text* [*timeout*]

Wartet *timeout* Sekunden auf das Eintreffen des *text*-Strings vom entfernten System. Wird kein *timeout* angegeben, wartet das Skript so lange, bis der Text eintrifft.

Im nächsten Abschnitt nutzen wir einige dieser Befehle für ein realitätsnahes Skript.

Ein dip-Beispielskript

Dieses Skript basiert auf dem PPP-Beispiel aus Kapitel 6. Um ein etwas robusteres Skript aufzubauen, wurde es um Label und eine Fehlererkennung erweitert.

```
# Konfigurationseinstellungen wählen
setup:
# PPP soll die Adressen bereitstellen
get $local 0.0.0.0
# Der verwendete Port
port cua1
# Die verwendete Geschwindigkeit
speed 57600
# Schleifenzähler erzeugen
get $loopcntr 0


# Anwählen des entfernten Servers
dialin:
# Modem zurücksetzen und Eingabepuffer löschen
reset
flush
# PPP-Server anwählen und Antwort vom Modem prüfen
dial *70,301-555-1234
# Falls BUSY, erneut wählen
if $errlvl == 3 goto redial
# Bei anderem Fehler abbrechen
if $errlvl != 1 goto dial-error
# Anderenfalls Schleifenzähler initialisieren
get $loopcntr 0
# Gib dem Server 2 Sekunden Zeit
sleep 2


# Login auf dem entfernten Server
login:
# Sende einen Zeilenvorschub, um den Server aufzuwecken
send \r
# Warte auf den Prompt "Username>" und sende Benutzernamen
wait name> 20
if $errlvl != 0 goto try-again
send kristin\r
# Warte auf den Prompt "Password>" und sende Paßwort
wait word> 10
```

```
if $errlvl != 0 goto server-failure
password
# Warte auf Kommandozeilen-Prompt des PPP-Servers
wait > 20
if $errlvl != 0 goto server-failure
# Sende den vom PPP-Server benötigten Befehl
send ppp enabled\r

# Bingo! Wir sind online.
connected:
# Schnittstelle in PPP-Modus schalten
mode PPP
# Skript verlassen
exit

# Routinen zur Fehlerbehandlung

# 3 Wählversuche mit jeweils 5 Sekunden Pause
redial:
inc $loopcntr
if $loopcntr > 3 goto busy-failure
sleep 5
goto dialin

# Zweiten Zeilenvorschub versuchen
try-again:
inc $loopcntr
if $loopcntr > 1 goto server-failure
goto login


dial-error:
print Dialup von $remote fehlgeschlagen.
quit

server-failure:
print $remote antwortet nicht.
quit

busy-failure:
print $remote ist besetzt. Versuchen Sie es später.
quit
```

Dieses Skript ist ein realistisches Beispiel für die in den meisten Skripts eingesetzten Befehle. Bei der Entwicklung funktionierender Skripts können aber immer besonders große Probleme auftauchen. In einem solchen Fall sollte die Fülle der bei **dip** verfügbaren Befehle helfen, das Problem zu beheben. Wenn **dip** nicht genügt, können Sie es mit **expect** versuchen. Eine vollständige Beschreibung der Skriptsprache **expect** finden Sie in *Exploring Expect* von Don Libes (O'Reilly & Associates).

Der PPP-Daemon

Der PPP-Daemon (**pppd**) ist eine frei verfügbare Implementierung des Point-to-Point-Protokolls (PPP), die auf vielen UNIX-Systemen läuft. Beispiele für die Konfiguration und Verwendung von **pppd** finden Sie in Kapitel 6. Die Syntax des **pppd**-Befehls lautet:

> pppd [*device*] [*geschwindigkeit*] [*optionen*]

device ist der Name des seriellen Ports, mit dem das PPP-Protokoll arbeitet, und *geschwindigkeit* ist die bei diesem Port verwendete Übertragungsgeschwindigkeit in Bits pro Sekunde. Die Komplexität dieses Befehls rührt nicht von diesen einfachen Parametern her, sondern von der großen Anzahl unterstützter *optionen*. Tatsächlich gibt es so viele Optionen, daß diese häufig in einer Datei abgelegt werden. Es gibt drei Optionsdateien, die mit **pppd** verwendet werden können. Zum einen wird die Datei */etc/ppp/options* verwendet, um systemweit geltende **pppd**-Optionen einzustellen. Mit der Datei *~/.ppprc* lassen sich persönliche **pppd**-Optionen einstellen, und mit */etc/ppp/options*.device lassen sich Optionen für die seriellen Ports einstellen (*/etc/ppp/options.cua0* legt beispielsweise Optionen für cua0 fest). Die Vorrangsfolge für diese Optionen ist so, daß die Optionen in */etc/ppp/options*.device die höchste Priorität genießen, gefolgt von den in der Kommandozeile angegebenen Optionen, gefolgt von *~/.ppprc*. Ganz unten in der Hierarchie steht schließlich */etc/ppp/options*. Einige dieser Optionen haben direkt mit der Systemsicherheit zu tun. Sobald sie einmal in */etc/ppp/options* definiert wurden, können sie vom Benutzer in der Kommandozeile oder durch seine *~/.ppprc* nicht mehr überschrieben werden. Der Systemadministrator kann alle vom Benutzer eingestellten Optionen in der Datei */etc/ppp/options*.device überschreiben.

Die folgende Liste führt alle **pppd**-Optionen auf, die in direktem Zusammenhang mit TCP/IP stehen:

lokale_IP_adresse:*entfernte_IP_adresse*
> Definiert statische lokale und entfernte IP-Adressen. Beide Adressen können weggelassen werden. Beispielsweise definiert 172.16.25.3: nur die lokale Adresse, während :172.16.25.12 nur die entfernte Adresse definiert. Die lokale Standardadresse ist die mit dem lokalen Hostnamen verknüpfte IP-Adresse.

−ac
> Deaktiviert Verhandlungen zur Adreß/Kontroll-Komprimierung.

−all
> Deaktiviert alle LCP- und IPCP-Verhandlungen.

−am
> Deaktiviert **asyncmap**-Verhandlungen. Sendet alle Steuerzeichen als Escape-Sequenz mit einer Länge von zwei Zeichen.

asyncmap *map*

Definiert die ASCII-Steuerzeichen, die als zwei Zeichen lange Escape-Sequenzen übertragen werden müssen. Die ersten 32 ASCII-Zeichen sind Steuerzeichen. *map* ist eine 32-Bit-Hexadezimalzahl, bei der jedes Bit ein Steuerzeichen repräsentiert. Bit 0 (00000001) repräsentiert das Zeichen 0x00, Bit 31 (80000000) repräsentiert das Zeichen 0x1f. Steht ein Bit in der *map* auf 1, muß das durch dieses Bit repräsentierte Zeichen als Escape-Sequenz übertragen werden. Wird die **asyncmap**-Option nicht verwendet, werden alle Steuerzeichen als Escape-Sequenzen verschickt. Die **asyncmap**-Option kann auch mit **–as** *map* abgekürzt werden.

auth

Es muß ein Authentizierungsprotokoll verwendet werden. Eine Betrachtung der Authentizierungsprotokolle CHAP und PAP finden Sie in Kapitel 6.

bsdcomp *receive,transmit*

Aktiviert das BSD-Compress-Schema zur Komprimierung von Paketen. Das längste Codewort, das von diesem Host zur Komprimierung empfangener Pakete verwendet wird, ist *receive* Bits lang. Die maximale Codewort-Länge, die zur Komprimierung der von diesem Host gesendeten Pakete verwendet wird, ist *transmit* Bits lang. Erlaubt sind Codewort-Längen zwischen 9 und 15 Bit. Die Komprimierung beim Empfang bzw. beim Senden kann unterbunden werden, indem man eine 0 für *receive* oder *transmit* angibt.

–bsdcomp

Deaktiviert die BSD-Compress-Komprimierung.

+chap

Verlangt die Verwendung von CHAP (*Challenge Handshake Authentication Protocol*).

–chap

Deaktiviert CHAP. (Das ist keine gute Idee.)

chap-interval *n*

Weist das System an, das entfernte System alle *n* Sekunden mittels CHAP neu zu authentizieren.

chap-max-challenge *n*

Weist das System an, die CHAP-Challenge maximal *n* mal zu wiederholen, wenn das entfernte System nicht antwortet. Voreingestellt ist 10.

chap-restart *n*

Weist das System an, *n* Sekunden zu warten, bevor es eine CHAP-Challenge erneut an ein nicht antwortendes System schickt. Voreingestellt sind 3 Sekunden.

connect *skript*

Ruft ein *skript* zum Aufbau der Verbindung auf. Jede Skriptsprache kann verwendet werden, wobei **chat** am weitesten verbreitet ist. In Kapitel 6 finden Sie ein Beispiel, bei dem **connect** zum Aufruf eines **chat**-Skripts verwendet wird.

crtscts

Aktiviert die Flußsteuerung mittels Hardware (RTS/CTS).

–crtscts

Deaktiviert die Flußsteuerung mittels Hardware (RTS/CTS).

debug

Protokolliert alle empfangenen und übertragenen Steuerpakete mit **syslogd** als *daemon* auf Level *debug*. Die Option **debug** kann auch mit **–d** abgekürzt werden.

defaultroute

Legt den PPP-Link als Standard-Route fest. Die Route wird entfernt, sobald die Verbindung abgebaut wird.

–defaultroute

Unterbindet das Anlegen einer Standard-Route mit der Option **defaultroute** durch den Benutzer.

–detach

Verhindert, daß **pppd** als Hintergrundprozeß ausgeführt wird. Ein Beispiel finden Sie in Kapitel 6.

disconnect *skript*

Ruft ein *skript* auf, um die serielle Verbindung sauber abzubauen. Jede Skriptsprache kann verwendet werden, wobei **chat** am weitesten verbreitet ist.

domain *name*

Definiert den Namen der lokalen Domain. Verwenden Sie diese Option, wenn **hostname** für das lokale System keinen voll qualifizierten Namen zurückliefert.

escape *x,x,...*

Gibt Zeichen an, die als Escape-Sequenz mit zwei Zeichen Länge übertragen werden sollen. Die Zeichen werden in einer Liste von Hexwerten definiert, die jeweils durch Kommata getrennt werden. Mit Ausnahme von 0x20 - 0x3f und 0x5e kann jedes Zeichen angegeben werden.

file *datei*

Definiert eine weitere Optionsdatei, wobei *datei* der Name dieser neuen Datei ist. Optionen werden normalerweise über */etc/ppp/options*, *~/.ppprc*, die Kommandozeile und */etc/ppp/options*.device eingelesen. Eine Beschreibung dieser Dateien finden Sie etwas weiter oben in diesem Abschnitt.

–ip

Deaktiviert Verhandlungen über die IP-Adresse. Wird diese Option verwendet, muß die entfernte IP-Adresse mit einer **pppd**-Option explizit definiert werden.

+ip-protocol

Aktiviert die IPCP- und IP-Protokolle. (Diese Option ist voreingestellt.)

–ip-protocol

Deaktiviert die IPCP- und IP-Protokolle. Darf bei einem TCP/IP-Netzwerk niemals verwendet werden. Ist für reine IPX-Netzwerke gedacht.

ipcp-accept-local

Weist das System an, die vom entfernten Server gelieferte IP-Adresse anzunehmen, selbst wenn lokal eine definiert ist.

ipcp-accept-remote

Weist das System an, die vom entfernten Server gelieferte IP-Adresse für den entfernten Server anzunehmen, selbst wenn lokal eine definiert ist.

ipcp-max-configure n

Weist das System an, IPCP Configure-Request-Pakete zu senden, und zwar bis zu n mal. Voreingestellt ist 10.

ipcp-max-failure n

Weist das System an, bis zu n IPCP Configure-NAKs abzufangen, bevor ein Configure-Reject gesendet wird. Voreingestellt ist 10.

ipcp-max-terminate n

Weist das System an, nicht mehr als n IPCP Terminate-Request-Pakete zu senden, ohne ein ACK empfangen zu haben. Voreingestellt ist 3.

ipcp-restart n

Weist das System an, n Sekunden zu warten, bevor erneut ein IPCP Configure-Request übertragen wird. Voreingestellt ist 3.

ipparam *string*

Übergibt den *string* an die Skripts ip-up und ip-down. */etc/ppp/ip-up* ist ein Shellskript, das von **pppd** ausgeführt wird, während die Verbindung aufgebaut wird. */etc/ppp/ip-down* ist ebenfalls ein von **pppd** ausgeführtes Shellskript und wird aufgerufen, während die Leitung abgebaut wird.

kdebug n

Aktiviert das Debugging auf Kernel-Ebene. Ist n auf 1 gesetzt, werden allgemeine Debugging-Meldungen ausgegeben, bei 2 empfangene und bei 4 übertragene Pakete.

lcp-echo-failure n

Weist das System an, die Verbindung zu unterbrechen, wenn auf n LCP Echo-Requests keine Antwort eingeht. Normalerweise werden Echo-Requests nicht zu diesem Zweck genutzt, weil solche »Leitung unten«-Bedingungen von der Modem-Hardware erkannt werden.

lcp-echo-interval n

Weist das System an, n Sekunden zu warten, bevor ein weiterer LCP Echo-Request an ein entferntes, nicht antwortendes System geschickt wird.

lcp-max-configure *n*

Weist das System an, LCP Configure-Request-Pakete maximal *n* mal zu senden. Voreingestellt ist 10.

lcp-max-failure *n*

Weist das System an, bis zu *n* LCP Configure-NAKs zu erlauben, bevor ein Configure-Reject gesendet wird. Voreingestellt ist 10.

lcp-max-terminate *n*

Weist das System an, nicht mehr als *n* LCP Terminate-Requests vorzunehmen, ohne ein ACK zu empfangen. Voreingestellt ist 3.

lcp-restart *n*

Weist das System an, *n* Sekunden zu warten, bevor ein LCP Configure-Request-Paket erneut gesendet wird. Voreingestellt ist 3.

local

Weist das System an, die Modem-Steuerleitungen DCD (Data Carrier Detect) und DTR (Data Terminal Ready) zu ignorieren.

lock

Weist das System an, Lockdateien im Stil von UUCP zu verwenden, um sicherzustellen, daß **pppd** das serielle Gerät exklusiv nutzen kann.

login

Weist das System an, */etc/passwd* zur Authentizierung von PAP-Benutzern zu verwenden. Protokolliert die Logins in *wtmp*.

modem

Weist das System an, die Modem-Steuerleitungen DCD (Data Carrier Detect) und DTR (Data Terminal Ready) zu nutzen, d.h. vor dem Öffnen der seriellen Einheit auf ein DCD-Signal zu warten und beim Abbau der Verbindung ein DTR-Signal zu senden.

−mn

Deaktiviert Magic Number-Verhandlungen.

mru *n*

Legt die Maximum Receive Unit (MRU) mit *n* Bytes fest. Die MRU wird verwendet, um dem entfernten System die maximale Paketgröße mitzuteilen, die vom lokalen System akzeptiert wird. Das Minimum sind 128 Bytes, voreingestellt sind 1500.

−mru

Deaktiviert MRU-Verhandlungen (Maximum Receive Unit).

mtu *n*

Legt die Maximum Transmission Unit (MTU) mit *n* Bytes fest. Die MTU definiert die maximale Länge eines Paketes, das gesendet werden kann. Der jeweils kleinere Wert von lokaler MTU und entfernter MRU wird zur Definition der maximalen Paketlänge verwendet.

name *name*

Weist das System an, den *namen* zu Authentizierungszwecken als Namen des lokalen Systems zu verwenden.

netmask *maske*

Definiert die Subnetz-Maske.

noipdefault

Weist das System an, nicht mit **hostname** zu arbeiten, um die lokale IP-Adresse zu bestimmen. Die Adresse muß vom entfernten System ermittelt oder explizit durch eine Option gesetzt werden.

+pap

Verlangt die Verwendung des *Password Authentication Protocol* (PAP).

–pap

Deaktiviert die Verwendung von PAP.

papcrypt

Weist das System an, keine Paßwörter zu akzeptieren, die mit denen aus der Datei */etc/ppp/pap-secrets* identisch sind, weil die in dieser Datei stehenden Paßwörter verschlüsselt sind. Daher dürfen übertragene Paßwörter nicht mit einem Eintrag in *pap-secrets* identisch sein, es sei denn, sie sind ebenfalls verschlüsselt.

pap-max-authreq *n*

Weist das System an, nicht mehr als *n* PAP Authenticate-Requests zu senden, wenn das entfernte System nicht antwortet. Voreingestellt ist 10.

pap-restart *n*

Weist das System an, *n* Sekunden zu warten, bevor ein PAP Authenticate-Request erneut übermittelt wird. Voreingestellt sind 3 Sekunden.

pap-timeout *n*

Weist das System an, nicht länger als *n* Sekunden darauf zu warten, daß sich das entfernte System authentiziert. Bei *n* gleich 0 gibt es keine zeitliche Beschränkung.

passive

Weist das System an, auf ein LCP-Paket (Link Control Protocol) vom entfernten Server zu warten, selbst wenn ein entferntes System nicht auf das Startpaket vom lokalen System geantwortet hat. Ohne diese Option baut das lokale System die Verbindung ab, wenn es keine Antwort erhält. Die **passive**-Option kann auch mit **–p** abgekürzt werden.

–pc

Deaktiviert Verhandlungen über die Komprimierung von Protokollfeldern. Standardmäßig werden Protokollfelder nicht komprimiert. Die Verwendung dieser Option legt fest, daß die Komprimierung nicht verwendet wird, selbst wenn die Gegenstelle sie anfordert.

persist

Weist das System an, die Verbindung wieder aufzubauen, wenn sie mit einem SIG-HUP-Signal beendet wurde.

pred1comp

Weist das System an, dem entfernten System die Predictor-1-Komprimierung vorzuschlagen.

–pred1comp

Weist das System an, keine Predictor-1-Komprimierung zu verwenden.

proxyarp

Weist das System an, Proxy-ARP zu aktivieren. Damit wird ein Proxy-ARP-Eintrag für das entfernte System in die ARP-Tabelle des lokalen Systems aufgenommen.

–proxyarp

Deaktiviert die **proxyarp**-Option. Damit wird verhindert, daß Benutzer Proxy-ARP-Einträge mit *pppd* erzeugen können.

remotename *name*

Weist das System an, den *namen* zu Authentizierungszwecken als Namen des entfernten Systems zu verwenden.

silent

Weist das System an, auf ein LCP-Paket vom entfernten Host zu warten. Es wird kein erstes LCP-Paket übertragen.

usehostname

Deaktiviert die **name**-Option. Das erzwingt die Verwendung des lokalen Hostnamens zu Authentizierungszwecken.

user *benutzername*

Weist das System an, *benutzername* zur PAP-Authentizierung zu verwenden, wenn eine Challenge vom entfernten System eingeht.

–vj

Deaktiviert die Van Jacobson Header-Komprimierung.

–vjccomp

Deaktiviert die connection-ID-Komprimierungsoption in der Van Jacobson Header-Komprimierung.

vj-max-slots *n*

Weist das System an, *n* Verbindungsslots für die Van Jacobson Header-Komprimierung zu verwenden. *n* muß eine Zahl zwischen 2 und 16 sein.

Verschiedene der oben aufgeführten Optionen betreffen die Sicherheit von PPP. Eine der Stärken von PPP ist seine Sicherheit. Das *Challenge Handshake Authentication Protocol* (CHAP) ist das von PPP bevorzugte Sicherheitsprotokoll. Das *Password Authentication Protocol* (PAP) ist weniger sicher und wird nur der Kompatibilität mit weniger leistungsfähigen Systemen halber bereitgestellt. Die für diese Protokolle verwendeten Benutzernamen, IP-Adressen und geheimen Schlüssel werden in den Dateien */etc/ppp/ chap-secrets* und */etc/ppp/pap-secrets* definiert. Kapitel 6 erläutert das Format dieser Dateien und beschreibt deren Verwendung.

Es ist sehr wichtig, daß das Verzeichnis */etc/ppp* und die darin enthaltenen Dateien nicht mit Schreibrechten für die Gruppe und für die Welt versehen sind. Veränderungen an *chap-secrets*, *pap-secrets* oder *options* können sich auf die Systemsicherheit auswirken. Darüber hinaus können die Skriptdateien */etc/ppp/ip-up* und */etc/ppp/ip-down* mit Root-Rechten ausgeführt werden. Findet **pppd** eine Datei namens *ip-up* im Verzeichnis */etc/ ppp*, führt es dieses Skript aus, sobald die Verbindung aufgebaut ist. Das Skript *ip-up* wird genutzt, um die Routing-Tabelle zu modifizieren, die **sendmail**-Queue zu verarbeiten, oder andere Arbeiten zu erledigen, die vom Vorhandensein einer funktionierenden Netzwerkverbindung abhängig sind. Das *ip-down*-Skript wird von **pppd** ausgeführt, nachdem die PPP-Verbindung abgebaut wurde. Es wird genutzt, um Prozesse zu beenden, die von dieser Verbindung abhängig sind. Natürlich müssen diese Skripts und das Verzeichnis */etc/ppp* geschützt werden.

Signalverarbeitung

pppd erkennt die folgenden Signale:

SIGUSR1

Dieses Signal schaltet das Debugging an und aus. Das erste von **pppd** empfangene SIGUSR1-Signal beginnt mit dem Logging von Diagnosemeldungen über **syslogd** unter *daemon* und dem Level *debug*. Das zweite SIGUSR1-Signal schaltet das Debugging aus und schließt die Logdatei. Beachten Sie hierzu auch die oben beschriebene **debug**-Option.

SIGUSR2

Dieses Signal sorgt dafür, daß **pppd** die Komprimierung neu verhandelt *(Negotiation)*. Dieses Signal ist nur eingeschränkt sinnvoll, weil ein Neustart der Komprimierung nur nach einem fatalen Fehler notwendig ist. Die meisten Leute schließen die PPP-Verbindung nach einem fatalen Fehler und bauen danach wieder eine neue auf.

SIGHUP

Dieses Signal baut die PPP-Verbindung ab, führt das serielle Gerät wieder in seinen normalen Betriebsmodus zurück und beendet **pppd**. Wurde die **persist**-Option angegeben, bricht **pppd** nicht ab, sondern öffnet eine neue Verbindung.

SIGINT

Dieses Signal, oder SIGTERM, schließt die PPP-Verbindung, führt das serielle Gerät wieder in seinen normalen Betriebsmodus zurück und beendet **pppd**. Die Option **persist** hat hier keinen Einfluß.

chat

chat ist eine Allzweck-Skriptsprache, die zur Steuerung des Modems, zur Wahl des entfernten Servers und zum Login auf dem entfernten System verwendet wird. **chat** ist zwar nicht so leistungsfähig wie **dip**, wird aber häufig eingesetzt. Die »Erwarte/Sende«-Struktur eines **chat**-Skripts ist die grundlegende Struktur, die von den meisten Skriptsprachen verwendet wird.

Ein **chat**-Skript besteht aus Erwarte/Sende-Paaren *(expect/send)*. Solche Paare bestehen aus dem vom entfernten Server erwarteten String und, getrennt durch Whitespace, der Antwort, die an den entfernten Server gesendet wird, wenn der erwartete String eintrifft. Wird kein String vom entfernten System erwartet, werden zwei Anführungszeichen (`""`) oder zwei Hochkommata (`''`) verwendet, um ein »erwarte nichts« anzudeuten. Hier ein einfaches **chat**-Skript:

```
"" \r name> jane word> TOga!toGA
```

Das Skript erwartet nichts (`""`), solange es dem entfernten System kein Carriage-Return (`\r`) gesendet hat. Danach erwartet das Skript, daß das entfernte System den String `name>` sendet (einen Teil des Systemprompts `Username>`). Als Antwort auf diesen Prompt sendet das Skript den Benutzernamen `jane`. Zum Schluß wartet das Skript auf einen Teil des `Password>`-Prompts und antwortet darauf mit `TOga!toGA`. Ein so einfaches Skript kann direkt in der **chat**-Kommandozeile übergeben werden:

```
% chat -v -t30 "" \r name> jane word> TOga!toGA
```

Dieser Befehl führt **chat** im »Verbal-Modus« *(verbose)* aus, legt die Zeitspanne, die das Skript auf einen erwarteten String warten soll, mit 30 Sekunden fest und führt dann das oben erläuterte, einfache Skript aus.

Die Syntax des **chat**-Befehls ist:

```
chat [optionen] [skript]
```

Die **chat**-Befehlsoptionen sind:

–v

> Führt das **chat**-Skript im »Verbal«- oder Verbose-Modus aus. Dieser Modus protokolliert Informationsmeldungen via **syslogd**.

–V

> Führt das **chat**-Skript im STDERR-Verbose-Modus aus. Der STDERR-Verbose-Modus gibt die Informationsmeldungen auf STDERR aus. In Kapitel 6 finden Sie ein Beispiel, wie dieser Modus mit **pppd** genutzt wird.

–t *timeout*

> Legt die maximale Zeitspanne fest, die auf einen erwarteten String gewartet wird. Trifft der erwartete String nicht innerhalb von *timeout* Sekunden ein, wird der Antwort-String nicht gesendet und das Skript bricht ab (wenn keine Alternative definiert wurde). Falls eine Alternative definiert wurde (mehr dazu später), wird

diese gesendet, und das entfernte System erhält eine weitere *timeout*-Periode Zeit, zu antworten. Falls das fehlschlägt, bricht das Skript mit einem Fehlercode ungleich Null ab. Die voreingestellte Timeout-Periode beträgt 45 Sekunden.

–f *skriptdatei*

Liest das **chat**-Skript aus *skriptdatei* statt von der Kommandozeile. Mehrere Zeilen mit Erwarte/Sende-Paaren sind in der Datei erlaubt.

–r *reportdatei*

Schreibt die von REPORT-Strings generierten Ausgaben in die *reportdatei*. Standardmäßig werden REPORT-Strings an STDERR geschrieben. Das Schlüsselwort REPORT wird weiter unten behandelt.

Um die Skripts nützlicher und robuster zu machen, stellt **chat** spezielle Schlüsselwörter, Escape-Sequenzen und alternative Sende/Erwarte-Paare zur Verfügung. Sehen wir uns zuerst die fünf **chat**-Schlüsselwörter an.

Zwei Schlüsselwörter übertragen spezielle Signale an das entfernte System. Das Schlüsselwort EOT sendet das EOT-Zeichen (»End of Transmission«, also »Ende der Übertragung«). Bei UNIX-Systemen ist das üblicherweise das EOF-Zeichen (»End of File«, also »Ende der Datei«), also STRG-D. Das Schlüsselwort BREAK sendet ein Linebreak an das entfernte System. Die drei verbleibenden Schlüsselwörter definieren skripteigene Verarbeitungscharakteristika.

Das Schlüsselwort TIMEOUT legt die Zeitspanne fest, die auf einen erwarteten String gewartet werden soll. Da dieser Wert innerhalb des Skripts definiert wird, kann das Timeout für jeden erwarteten String einzeln festgelegt werden. Nehmen wir beispielsweise an, Sie möchten dem entfernten Server 30 Sekunden Zeit geben, das erste User-name>-Prompt auszugeben, danach aber nur 5 Sekunden für Password>, nachdem der Benutzername übertragen wurde. Verwenden Sie hierzu die folgende Befehlsfolge:

```
TIMEOUT 30 name> karen TIMEOUT 5 word> beach%PARTY
```

Die Schlüsselwörter ABORT und REPORT sind sich recht ähnlich. Beide definieren Strings, die, wenn sie empfangen werden, eine besondere Aktion auslösen. Das Schlüsselwort ABORT definiert Strings, die zum Abbruch des Skripts führen, wenn sie empfangen werden, während der String CONNECT vom Modem erwartet wird. Über das Schlüsselwort REPORT werden Substrings definiert die bestimmen, welche Nachrichten über den seriellen Port eingegangen sind und an STDERR oder die Reportdatei geschrieben werden sollen. Hier ein Beispiel für ein **chat**-Skript, das die Verwendung dieser beiden Schlüsselwörter illustriert:

```
REPORT CONNECT
ABORT BUSY
ABORT 'NO CARRIER'
ABORT 'RING - NO ANSWER'
"" ATDT5551234
CONNECT \r
name> karen
word> beach%PARTY
```

Die erste Zeile gibt an, daß alle vom Skript empfangenen Meldungen protokolliert werden, in denen das Wort CONNECT vorkommt. Wurde die Option **–r** beim Aufruf von **chat** genutzt, wird die Meldung in der bei dieser Option angegebenen Datei festgehalten. Anderenfalls wird sie über STDERR ausgegeben. Der Zweck dieses Befehls ist es, die Connect-Meldung des Modems an den Benutzer weiterzugeben. Die vollständige Meldung könnte beispielsweise »CONNECT 28,800 LAPM/V« lauten, was dem Benutzer die vom Modem verwendete Übertragungsgeschwindigkeit und das verwendete Übertragungsprotokoll verrät. Die Meldung CONNECT bedeutet Erfolg. Die drei nächsten Zeilen des Skripts beginnen mit dem Schlüsselwort ABORT und definieren die für Fehler stehenden Modem-Meldungen. Antwortet das Modem mit BUSY, NO CARRIER oder RING - NO ANSWER, bricht das Skript ab.

Die letzten vier Zeilen sind die grundlegenden Erwarte/Sende-Paare, die wir in diesem Abschnitt schon wiederholt gesehen haben. Wir erwarten nichts (`""`) und senden den Wählbefehl an das Modem (`ATDT`). Wir erwarten CONNECT vom Modem und senden ein Carriage Return (`\r`) an den entfernten Server. Wir erwarten `Username>` vom entfernten Server und senden `karen`. Schließlich warten wir auf `Password>` und senden `beach%PARTY`.

chat erweitert das Standard-Erwarte/Sende-Paar um einen alternativen Erwarte- und einen alternativen Sende-String, um die Sache etwas robuster zu machen. Sie können einen alternativen Sende-String und einen alternativen Erwarte-Wert festlegen, der verwendet wird, wenn beim Warten auf den primären Erwarte-Wert ein Timeout auftritt. Diese Alternativen werden im Skript durch Voranstellen eines Bindestriches kenntlich gemacht:

```
gin:-BREAK-gin: becca
```

In diesem Beispiel warten wir auf den String `gin:` und antworten mit dem String `becca`. Der erste String und der letzte String bilden das Standard-Erwarte/Sende-Paar. Das alternative Sende/Erwarte-Paar wird nur genutzt, wenn die Zeit abläuft und der erwartete `gin:`-String nicht empfangen wurde. In diesem Fall sendet das Skript ein Break, startet den Timer neu und wartet erneut auf `gin:`, weil das genau das ist, was unser alternatives Sende/Erwarte-Paar (`-BREAK-gin:`) vom Skript verlangt. Beachten Sie, daß im Gegensatz zum normalen Erwarte/Sende-Paar beim Sende/Erwarte-Paar ein Wert übertragen wird, bevor ein String erwartet wird, d.h., das Senden erfolgt vor dem Warten. Hier ein anderes Beispiel, daß unseren anderen Skript-Beispielen etwas näher ist:

```
name>--name> karen
```

Hier erwartet das Skript den String `name>`. Wird dieser nicht empfangen, sendet das Skript eine Leerzeile, also einfach einen Wagenrücklauf, und wartet dann erneut auf den `name>`-String. Diese Aktion wird durch das alternative Sende/Erwarte-Paar `--name>` diktiert. Dieses Paar beginnt mit einem Bindestrich, der den Anfang des zu sendenden Strings markiert. Das nächste Zeichen ist aber ein weiterer Bindestrich, der den Anfang des alternativen Erwarte-Strings markiert. Es gibt also keinen Sende-String. Wir haben hier einen »leeren String«, der das Skript veranlaßt, ein einzelnes Return-Zeichen zu senden. Dieses Beispiel ist weitaus üblicher als das obige BREAK-Beispiel, wenn es auch etwas schwieriger zu erklären ist.

Das Carriage-Return-Zeichen, also das Wagenrücklauf-Zeichen, ist nicht das einzige Sonderzeichen, das Sie mit einem **chat**-Skript senden können. **chat** stellt verschiedene Escape-Sequenzen zum Senden und Empfangen von Sonderzeichen zur Verfügung. Diese sind in Tabelle A-2 aufgeführt.

Tabelle A-2: chat-Escapesequenzen

Escape-Sequenz	Bedeutung
\b	Das Backspace-Zeichen.
\c	Ohne abschließendes Return-Zeichen senden.
\d	Senden um eine Sekunde verzögern.
\K	Sende ein BREAK.
\n	Sende einen Zeilenvorschub (Newline).
\N	Sende ein Null-Zeichen.
\p	Senden um eine Zehntelsekunde verzögern.
\q	Sende den String, ohne es zu protokollieren.
\r	Der Wagenrücklauf (Carriage Return).
\s	Das Leerzeichen.
\t	Das Tabulator-Zeichen.
\\	Das Backslash-Zeichen.
\ddd	Das ASCII-Zeichen mit dem Oktalwert ddd.
^C	Ein Steuerzeichen.

Alle Escape-Sequenzen beginnen mit einem Backslash (\). Die Ausnahme bildet die Sequenz zur Eingabe eines Steuerzeichens. Steuerzeichen werden als Zirkumflex, gefolgt von einem Großbuchstaben angegeben. So wird beispielsweise Steuerung-X als ^X angegeben. Die Escape-Sequenzen in Tabelle A-2, bei denen die Wörter »Sende« oder »Senden« vorkommen, können nur bei Sende-Strings verwendet werden. Alle anderen können sowohl in Erwarte- als auch in Sende-Strings verwendet werden. Im nachfolgenden Beispiel verwenden wir verschiedene Escape-Sequenzen:

```
"" \d\d^G\p^G\p\p^GWach\sauf!\nDu\sSchlafmuetze!
```

Erwarte nichts (`""`). Warte zwei Sekunden (`\d\d`). Sende drei ASCII BELL-Zeichen (also Signaltöne), die auf der Tastatur unter STRG-G zu finden sind. Sende diese Signaltöne in Intervallen von 1/10 Sekunden (`^G\p^G\p\p^G`). Sende den String `Wach auf!`. Wechsle in eine neue Zeile (`\n`) und sende den String `Du Schlafmuetze!`.

In diesem Kapitel:
* Der gated-Befehl
* Die gated-Konfigurations-
  sprache
* Direktiven
* Trace-Anweisungen
* Options-Anweisungen
* Schnittstellen-Anweisungen
* Definitionsanweisungen
* Protokollanweisungen
* static-Anweisungen
* Steuerungsanweisungen
* Die Aggregate-Anweisungen

gated-Referenz

Dieser Anhang behandelt die Syntax des **gated**-Befehls sowie die **gated**-Konfigurations-sprache. Er dient als eigenständige Referenz zu **gated**. Um **gated** vollständig zu verstehen, sollten Sie diese Referenz aber zusammen mit den Beispielkonfigurationen aus Kapitel 7 verwenden.

gated wird immer weiter verbessert. Bei jeder Aktualisierung ändert sich auch die Kommandosprache. Für die neuesten Informationen über **gated** sei auf die jeweilige Man-page verwiesen.

Der gated-Befehl

Die Syntax des **gated**-Befehls lautet:

gated [–c] [–C] [–n] [–N] [–t `trace_optionen`] [–f `konfig_datei`] [`trace_datei`]

Die Kommandozeilen-Optionen –c und –n übernehmen das Debugging der Routing-Konfigurationsdatei, ohne das Netzwerk oder die Routing-Tabelle des Kernels zu beeinflussen. Häufig werden diese Debugging-Optionen zusammen mit einer Testkonfiguration genutzt, die mit –f `konfig_datei` angegeben wird:

–c

Weist **gated** an, die Konfigurationsdatei einzulesen und auf Syntaxfehler zu untersuchen. Sobald **gated** mit dem Lesen der Konfigurationsdatei fertig ist, erzeugt es einen Schnappschuß seines Status und bricht ab. Dieser Status wird in die Datei */usr/tmp/gated_dump* geschrieben. **gated** mit der Option –c auszuführen verlangt keine Superuser-Privilegien. Es ist auch nicht notwendig, den aktiven **gated**-Prozeß zu beenden.

–c

Untersucht die Konfigurationsdatei auf Syntaxfehler. **gated** bricht mit dem Status 1 ab, wenn Fehler vorliegen, anderenfalls wird eine 0 zurückgegeben. Weil hier ein Exit-Status zurückgegeben wird, ist diese Option bei Skripts recht hilfreich.

–n

Weist **gated** an, die Routing-Tabelle des Kernels nicht zu aktualisieren. Diese Option wird genutzt, um die Routing-Konfiguration mit realen Daten zu prüfen, ohne den laufenden Betrieb zu beeinflussen.

–f `konfig_datei`

Weist **gated** an, die Konfiguration aus der Datei `konfig_datei` einzulesen und nicht aus der Standard-Konfigurationsdatei */etc/gated.conf*. Verwendet man die Option **–c** zusammen mit **–f**, kann man eine neue Konfiguration prüfen, ohne die gerade laufende **gated**-Konfiguration zu beeinflussen.

Die Kommandozeilen-Option **–N** verhindert, daß **gated** als Daemon im Hintergrund ausgeführt wird. Die Option wird verwendet, wenn **gated** von *inittab* gestartet wird. Standardmäßig wird **gated** als Daemon ausgeführt.

Die Kommandozeilen-Argumente `trace_optionen` und `trace_datei` werden zum Protokoll-Tracing genutzt. Das Argument `trace_datei` benennt die Datei, in die die Tracing-Ausgabe geschrieben wird. Wird keine Datei angegeben, wird der Trace über die Standardausgabe ausgegeben. Das Tracing produziert üblicherweise eine sehr lange Ausgabe.

Die zum Tracing verwendeten Kommandozeilen-Optionen sind:

–t

Diese Option aktiviert das Tracing. Wird **–t** ohne `trace_optionen` angegeben, geht **gated** vom **general** Tracing aus, d.h., es werden die normalen Protokollinteraktionen und Änderungen in der Routing-Tabelle protokolliert. Protokollfehler werden von **gated** immer festgehalten, auch wenn kein Tracing aktiviert wurde. Sie können verschiedene `trace_optionen` angeben, die wir alle später noch beschreiben werden. Einige wenige `trace_optionen` (**detail**, **send**, **recv**) können nicht in der **gated**-Kommandozeile angegeben werden, während zwei andere am nützlichsten sind, wenn man sie in der Kommandozeile definiert:

symbols

Führt ein Tracing der aus dem Kernel gelesenen Symbole durch. Das ist primär für Entwickler von Interesse, die die Interaktion zwischen **gated** und dem Kernel debuggen wollen.

iflist

Führt ein Tracing der aus dem Kernel gelesenen Liste der Schnittstellen durch. Verwenden Sie diese Option, um zu bestimmen, welche Schnittstellen durch den Schnittstellen-Scan des Kernels erkannt wurden.

Der Vorteil der Verwendung einer Trace-Option in der Kommandozeile liegt darin, daß Aktivitäten verfolgt werden können, die eintreten, bevor die Konfigurationsdatei abgearbeitet wurde. Für die beiden obigen Optionen ist das ein grundlegender Vorteil. Bei anderen Optionen ist es nicht so wichtig. Die meisten Trace-Optionen werden in der Konfigurationsdatei angegeben. Weitere Details finden Sie an anderer Stelle in diesem Kapitel beim **traceoptions**-Befehl.

Signalverarbeitung

gated erkennt die folgenden Signale:

SIGHUP

Weist **gated** an, die Konfigurationsdatei erneut einzulesen. Diese neue Konfigurationsdatei ersetzt die von **gated** gerade verwendete Konfigurationsdatei. SIGHUP lädt die neue Konfigurationsdatei, ohne **gated** zu unterbrechen. SIGHUP dient schnellen Änderungen der Konfiguration. Bei den meisten Sites ändert sich die Routing-Konfiguration nur selten. Bei den seltenen Gelegenheiten, zu denen Sie die Konfiguration ändern müssen, sollten Sie **gated** beenden und mit der neuen Konfiguration neu starten. Diese Vorgehensweise ist ein besserer Test dafür, wie sich das System beim nächsten Booten verhalten wird.

SIGINT

Weist **gated** an, seinen aktuellen Status in der Datei */usr/tmp/gated_dump* festzuhalten.

SIGTERM

Sorgt für ein sauberes Herunterfahren von **gated**. Alle Protokolle werden entsprechend den Regeln der jeweiligen Protokolle heruntergefahren. Zum Beispiel sendet EGP eine CEASE-Meldung und wartet auf eine Bestätigung. SIGTERM entfernt aus der Kernel-Routingtabelle alle Routen, die über externe Routing-Protokolle gelernt wurden. Sollen diese Routen erhalten bleiben, während **gated** nicht läuft, müssen Sie das Signal SIGKILL verwenden.

SIGKILL

Weist **gated** an, sofort abzubrechen und einen Core-Dump zu erzeugen. Routen werden nicht aus der Routing-Tabelle entfernt, und das System wird auch nicht sauber heruntergefahren.

SIGUSR1

Schaltet das Tracing an und aus. Sind keine Trace-Flags gesetzt, hat SIGUSR1 keine Auswirkungen. Ist das Tracing hingegen aktiv, deaktiviert das erste SIGUSR1-Signal das Tracing und schließt die Trace-Datei. Das nächste SIGUSR1-Signal schaltet das Tracing wieder ein und öffnet die Trace-Datei. Ist die Trace-Datei geschlossen, kann sie verschoben oder gelöscht werden, ohne den laufenden Betrieb von **gated** zu stören. Die Trace-Datei sollte regelmäßig geleert werden, um nicht zu groß zu werden.

SIGUSR2

Weist **gated** an, Änderungen im Status der Netzwerkschnittstellen zu prüfen.

Nachfolgend ein Beispiel für die Signalbehandlung von **gated**. Als erstes übergeben wir das Signal SIGUSR1 an den **gated**-Prozeß, wobei wir den Prozeß-ID aus der Datei *gated.pid* (in diesem Fall aus */var/run/gated.pid*) einlesen.

```
# kill -USR1 `cat /var/run/gated.pid`
```

Als nächstes entfernen wir die alte Trace-Datei (hier */usr/tmp/gated.log*) und übergeben dann ein weiteres SIGUSR1-Signal an **gated**.

```
# rm /usr/tmp/gated.log
# kill -USR1 `cat /etc/gated.pid`
```

Nachdem das zweite Signal eingegangen ist, öffnet **gated** eine neue Trace-Datei (die immer noch */usr/tmp/gated.log* heißt). Ein **ls** zeigt, daß eine neue Datei erzeugt wurde.

```
# ls -l /usr/tmp/gated.log
-rw-rw-r-- 1 root          105 Jul  6 16:41 /usr/tmp/gated.log
```

Die gated-Konfigurationssprache

Die Konfigurationssprache von **gated** ist stark strukturiert und erinnert in ihrer Erscheinung stark an C. Kommentare werden entweder mit einem eingeleitet oder beginnen mit /* und enden mit */. Konfigurationsanweisungen enden bei **gated** mit einem Semikolon, und Gruppen zusammengehörender Anweisungen werden in geschweiften Klammern zusammengefaßt. Die Sprachstruktur ist den meisten UNIX-Systemadministratoren vertraut, und die Struktur macht es einfach, zu erkennen, welche Teile der Konfiguration zusammengehören. Das ist wichtig, wenn mehrere Protokolle in der gleichen Datei konfiguriert werden.

Die Konfigurationssprache besteht aus neun Arten von Anweisungen. Zwei Anweisungsarten, nämlich *Direktiven* und *Trace-Anweisungen*, können an jeder Stelle einer *gated.conf*-Datei vorkommen und hängen nicht direkt mit der Konfiguration eines Protokolls zusammen. Diese Anweisungen steuern den Parser und kontrollieren das Tracing über die Konfigurationsdatei. Die sieben anderen Anweisungsarten sind *Optionsanweisungen*, *Schnittstellen-Anweisungen*, *Definitionsanweisungen*, *Protokollanweisungen*, *Static-Anweisungen*, *Steuerungsanweisungen* und *Aggregate-Anweisungen*. Diese Anweisungen müssen in der Konfigurationsdatei in der richtigen Reihenfolge erscheinen, angefangen bei den Options-Anweisungen und endend mit den Aggregate-Anweisungen. Die Angabe einer Anweisung außerhalb dieser Reihenfolge führt zu einem Fehler bei der Verarbeitung der Datei.

Der Rest dieses Anhangs besteht aus einer Beschreibung aller Befehle der **gated**-Konfigurationssprache, geordnet nach Anweisungsart.

Direktiven

Direktiven weisen dem **gated** Kommandozeilen-Parser die Richtung zu »Include«-Dateien. Eine Include-Datei ist eine externe Datei, deren Inhalt in die Konfiguration eingefügt wird, als wäre sie Teil der eigentlichen *gated.conf*-Datei. Include-Dateien können verschiedene Referenzen auf andere Include-Dateien enthalten und können bis zu einer Tiefe von 10 Ebenen verschachtelt werden.

Die beiden Direktiven sind:

%include `dateiname`

    Bestimmt eine Include-Datei. Der Inhalt der Datei wird an der Stelle in die *gated.conf*-Datei eingefügt, wo die **%include**-Direktive gefunden wurde. Der `dateiname` kann jeder gültige UNIX-Dateiname sein. Ist der `dateiname` nicht vollständig qualifiziert, d.h., beginnt er nicht mit einem /, wird er relativ zum mit der **%directory**-Direktive festgelegten Verzeichnis verwendet.

%directory `pfadname`

    Definiert das Verzeichnis, in dem die Include-Dateien zu finden sind. Wird diese Direktive verwendet, sucht **gated** in dem durch `pfadname` angegebenen Verzeichnis nach Include-Dateien ohne voll qualifizierte Dateinamen.

Solange Sie keine sehr komplexe Routing-Konfiguration besitzen, sollten Sie Include-Dateien vermeiden. In einer komplexen Umgebung kann die Segmentierung einer großen Konfiguration in kleine, leichter zu verstehende Segmente hilfreich sein. Allerdings sind die meisten **gated**-Konfigurationen sehr klein. Einer der größten Vorteile von **gated** besteht darin, daß mehrere unterschiedliche Routing-Protokolle in einer einzigen Datei konfiguriert werden können. Ist diese Datei klein und einfach zu lesen, macht eine Segmentierung der Datei die Sache unnötig kompliziert.

Trace-Anweisungen

Trace-Anweisungen erlauben die Kontrolle der Trace-Datei und ihres Inhalts aus *gated.conf*. Die Trace-Anweisung sieht wie folgt aus:

    traceoptions [`"trace_datei"` [**replace**] [**size** `bytes`[**k**|**m**] **files** `n`]] [**nostamp**]
    `trace_optionen` [**except** `trace_optionen`] ;

Die einzelnen Komponenten sind:

`trace_datei`

    Gibt die Datei an, in der die Trace-Ausgabe abgelegt wird. Hat genau die gleiche Funktion wie das `trace_datei`-Argument in der **gated**-Kommandozeile.

replace

    Ersetzt die vorhandene Trace-Datei. Wenn Sie dieses Schlüsselwort nicht verwenden, wird die Trace-Ausgabe am Ende der aktuellen Trace-Datei angehängt.

size *bytes*[k | m] [files *n*]

Beschränkt die Trace-Datei auf die Maximalgröße *bytes*. Die optionalen Buchstaben **k** bzw. **m** stehen für Kilo- (**k**) respektive Megabytes (**m**). 1000000 und 10m sind also identisch. Die Trace-Datei kann nicht kleiner als 10 Kilobyte sein. *n* definiert die maximale Anzahl von Trace-Dateien, die gespeichert werden sollen. Erreicht eine Trace-Datei die Maximalgröße, wird sie unter den Namen *trace_datei*.0, *trace_datei*.1, *trace_datei*.2 bis *trace_datei* .n gespeichert. Beim nächsten Speichern wird *trace_datei*.0 überschrieben. *n* muß mindestens mit 2 angegeben werden.

nostamp

Legt fest, daß die einzelnen Trace-Zeilen nicht mit einer Zeitmarkierung, dem sog. Timestamp, versehen werden sollen. Per Voreinstellung wird jede Trace-Zeile mit einem Timestamp versehen.

trace_optionen

Definiert die vom **gated**-Tracing festzuhaltenden Ereignisse. Jede Trace-Option wird über ein Schlüsselwort angegeben. Die verfügbaren Trace-Optionen sind:

none

Schaltet das gesamte Tracing aus.

all

Schaltet alle Arten des globalen Tracings ein.

general

Aktiviert das **normal**- und **route**-Tracing.

state

Aktiviert das Tracing der Übergänge *(transitions)* finiter Automaten *(finite state machine*, FSM) bei Protokollen wie OSPF und BGP. Die RFCs beschreiben diese Protokolle mit Hilfe von Diagrammen oder Tabellen für finite Automaten. Der Übergang des Protokolls von einem Zustand *(state)* in den anderen basiert auf dem Eintreten bestimmter Ereignisse. Zum Beispiel kann der Zustand von *idle* in *connect* übergehen, wenn das Ereignis »connection open« eintritt. Dieses Trace-Flag ist sehr speziell und nur für Leute von Bedeutung, die ein sehr genaues Verständnis der involvierten Protokolle besitzen. Nutzen Sie diese Option zusammen mit der Protokollanweisung, um die Übergänge bestimmter Protokolle zu verfolgen.

normal

Aktiviert das Tracing »normaler« Protokollinteraktionen. Fehler werden immer erfaßt.

policy

Aktiviert das Tracing der Anwendung von Routing-Policies. Nutzen Sie diese Option, um zu prüfen, ob Ihre Routing-Policy richtig konfiguriert ist.

task

Aktiviert das Tracing auf Systemebene.

timer

Aktiviert das Tracing der verschiedenen von einem Protokoll oder einem Peer verwendeten Timer.

route

Aktiviert das Tracing von Änderungen in der Routing-Tabelle. Nutzen Sie diese Option, um zu prüfen, ob Ihre Routen vom Protokoll richtig installiert wurden.

detail

Aktiviert das Tracing des Inhalts der vom Router ausgetauschten Pakete. Muß vor **send** oder **recv** angegeben werden.

send

Schränkt das **detail**-Tracing auf von diesem Router gesendete Pakete ein.

recv

Schränkt das **detail**-Tracing auf von diesem Router empfangene Pakete ein. Ohne diese beiden Optionen werden alle Pakete erfaßt, wenn Sie die Option **detail** verwenden.

symbols

Aktiviert das Tracing von Symbolen, die beim Startup aus dem Kernel gelesen werden. Siehe hierzu das Kommandozeilen-Argument **–t**.

iflist

Aktiviert das Tracing der Kernel-Schnittstellenliste. Siehe hierzu das Kommandozeilen-Argument **–t**.

parse

Aktiviert das Tracing der lexikalischen Analyse und des Parsers.

adv

Aktiviert das Tracing der Allozierung und Freigabe von Blöcken.

except `trace_optionen`

Deaktiviert die angegebenen Trace-Optionen. Muß zusammen mit `trace_optionen` angewandt werden, die eine Vielzahl von Trace-Optionen aktivieren. So aktiviert beispielsweise `traceoptions all except state` alle Traces mit Ausnahme des FSM-Tracings.

gated läßt Ihnen den Freiraum, zu entscheiden, an welcher Stelle Sie das Tracing steuern möchten – in der Kommandozeile oder in der Konfigurationsdatei. Im großen und ganzen können die gleichen Trace-Optionen in der **gated**-Kommandozeile ebenso angegeben werden wie in der Konfigurationsdatei. **detail**, **send** und **recv** können allerdings nur in der Konfigurationsdatei festgelegt werden.

Zwei andere, **symbols** und **iflist**, werden hingegen primär in der Kommandozeile verwendet. Wie man Trace-Optionen mit **–t** in der Kommandozeile angibt, können Sie im Abschnitt zur **gated**-Kommandozeile nachlesen.

Einige Trace-Optionen sind nur für Protokollentwickler und andere Experten nützlich. Für die meisten von uns ist **general**, bei dem das **normal**- und das **route**-Tracing aktiviert werden, der geeignete Informations-Level zum Debuggen von Routing-Problemen. Gelegentlich ist **policy** zum Testen der Routing-Policy hilfreich. Den Großteil der Zeit ist aber kein Tracing notwendig.

Options-Anweisungen

Options-Anweisungen definieren Parameter, die **gated** zu einer speziellen internen Verarbeitung veranlassen. Options-Anweisungen stehen in der *gated.conf*-Datei vor allen anderen Konfigurationsanweisungen.

Die Syntax der options-Anweisung ist wie folgt:

> **options**
> [**nosend**]
> [**noresolv**]
> [**gendefault** [**preference** *präferenz*] [**gateway** *gateway*]]
> [**syslog** [**upto**] *log_level*]
> [**mark** *zeit*]
> ;

Eine options-Anweisung kann folgendes enthalten:

nosend

> Weist das System an, keinerlei Pakete zu senden. Diese Option testet **gated**, ohne tatsächlich Routing-Informationen zu versenden. Geeignet für RIP und HELLO. Für BGP noch nicht implementiert und für OSPF nicht sinnvoll.

noresolv

> Weist das System an, nicht das Domain Name System (DNS) zur Auflösung von Hostnamen und Adressen zu verwenden. DNS-Fehler können bei **gated** zu einem Deadlock (Aufhängen) während des Hochfahrens führen. Hiermit vermeiden Sie einen Deadlock.

gendefault [**preference** *präferenz*] [**gateway** *gateway*]

> Generiert eine Standard-Route mit dem Präferenzwert 20, wenn **gated** das Peering mit einem EGP- oder BGP-Nachbarn durchführt. Wird **gateway** nicht definiert, ist in der generierten Route das System selbst das Gateway, die Standard-Route wird nicht in der Kernel-Tabelle installiert, und die Route wird nur verwendet, um dieses System als Standard-Gateway anzubieten. Geben Sie **gateway** hingegen an, wird die Standard-Route in der Kernel-Tabelle installiert, wobei der angegebene

Router als nächster Hop eingetragen wird. Diese Option kann mit **nogendefault** überschrieben werden.

syslog [upto] `log_level`

Weist das System an, die setlogmask-Einrichtung zur Kontrolle des **gated**-Loggings zu verwenden. Weitere Informationen finden Sie in der setlogmask(3)-Manpage.

mark `zeit`

Sendet in regelmäßigen Abständen einen Timestamp an die Trace-Datei. Die `zeit` gibt an, wie häufig der Timestamp ausgegeben werden soll. Nutzen Sie diese Option, um festzustellen, ob gated läuft.

Schnittstellen-Anweisungen

Eine Schnittstellen-Anweisung definiert Konfigurationsoptionen für die Netzwerkschnittstellen. Die `interface_liste` gibt die Schnittstellen an, die von diesen Konfigurationsoptionen betroffen sind. Die Schnittstellen in der Liste können mit dem Namen der Schnittstelle (z.B. le0), dem Hostnamen, der IP-Adresse oder mit dem Schlüsselwort **all** angegeben werden. Das Schlüsselwort **all** steht für alle Schnittstellen des Systems. Der Name einer Schnittstelle kann auf eine einzelne oder auf eine Gruppe von Schnittstellen verweisen. Zum Beispiel verweist der Schnittstellenname eth0 auf die Schnittstelle eth0, während der Name le für alle installierten Schnittstellen steht, die mit dem Buchstaben le beginnen (also etwa le0, le1 und le2). Ein Hostname kann verwendet werden, wenn die Auflösung nur eine Adresse liefert.

Die meisten Systemadministratoren ziehen die IP-Adresse zur Angabe der Schnittstelle vor. Schließlich bilden IP-Adressen einen festen Bestandteil von TCP/IP, und wir konfigurieren hier schließlich das TCP/IP-Routing.

Darüber hinaus kennen entfernte Systeme diese Schnittstelle durch die IP-Adresse, nicht den Schnittstellennamen. Zusätzlich kann DNS mehr als eine Adresse für einen Hostnamen zurückgeben, und zukünftige UNIX-Betriebssysteme könnten mehr als eine Adresse pro Schnittstelle erlauben. IP-Adressen sind am sichersten.

gated unterstützt vier Arten von Schnittstellen: Loopback, Broadcast, Punkt-zu-Punkt und NBMA (»non-broadcast multi-access«). Mit Ausnahme von NBMA haben wir alle Arten in diesem Buch behandelt. Bei einer Multi-Access-Schnittstelle ist das zugrundeliegende Netzwerk nicht in der Lage, Broadcasts zu versenden. Beispiele sind Frame Relay und X.25.

gated ignoriert jede Schnittstelle in der Liste, die keine gültige lokale, entfernte oder Broadcast-Adresse bzw. eine ungültige Subnetzmaske enthält. **gated** ignoriert auch eine Punkt-zu-Punkt-Schnittstelle, bei der die lokale und die entfernte Adresse identisch sind. **gated** geht davon aus, daß Schnittstellen nicht existieren, wenn sie vom Kernel nicht als UP markiert wurden.

Die Syntax der interfaces-Anweisung lautet:

```
interfaces {
    options
        [strictinterfaces]
        [scaninterval zeit] ;
    interface interface_liste
        [preference präferenz]
        [down preference präferenz]
        [passive]
        [simplex]
        [reject]
        [blackhole] ;
    define address
        [broadcast adresse] | [pointtopoint adresse]
        [netmask maske]
        [multicast] ;
} ;
```

Die vor der Schnittstellenliste definierten Konfigurationsoptionen sind globale Optionen. Diese globalen Optionen sind:

strictinterfaces

Generiert einen fatalen Fehler, wenn eine Schnittstelle in der Konfigurationsdatei genannt wird, die von **gated** während des Hochfahrens nicht im Kernel entdeckt werden kann und nicht in einer **define**-Anweisung enthalten ist. (Die **define**-Option wird später noch beschrieben.) Normalerweise wird nur eine Warnung ausgegeben, und **gated** läuft weiter.

scaninterval *zeit*

Legt fest, wie oft **gated** die Kernel-Schnittstellenliste auf Änderungen überprüft. Voreingestellt sind bei den meisten Systemen 15 Sekunden bzw. 60 Sekunden bei Systemen, die Änderungen im Schnittstellenstatus durch den Routing-Socket weitergeben (z.B. BSD 4.4). Beachten Sie, daß **gated** die Schnittstellenliste auch untersucht, wenn es ein SIGUSR2-Signal empfängt.

Der **interface**-Befehl definiert die *interface_liste* und alle Optionen, die die jeweiligen Schnittstellen beeinflussen. Die bei dieser Anweisung verfügbaren Optionen sind:

preference *präferenz*

Legt die Präferenz dieser Schnittstelle fest. Der Wert für die *präferenz* liegt zwischen 0 und 255. **gated** bevorzugt Routen über Schnittstellen mit kleinen Präferenzwerten. Die Standardpräferenz für alle direkt angeschlossenen Netzwerkschnittstellen ist 0.

down preference *präferenz*

Legt die Präferenz fest, die von **gated** verwendet wird, wenn das System glaubt, daß eine Schnittstelle nicht richtig funktioniert. Voreingestellt ist 120.

passive

Verhindert, daß **gated** die Präferenz einer Schnittstelle herunterstuft, wenn diese nicht richtig zu funktionieren scheint. **gated** nimmt an, daß eine Schnittstelle unten ist, wenn es keine Routing-Informationen über diese Schnittstelle erhält. Diese Prüfung wird von **gated** nur durchgeführt, wenn die Schnittstelle für ein Routing-Protokoll eine aktive Rolle übernimmt.

simplex

Legt fest, daß **gated** die von diesem System generierten Pakete nicht als Indikator dafür betrachten soll, daß die Schnittstelle richtig funktioniert. Nur Pakete von entfernten Systemen werden als Indikator für die Funktionsfähigkeit der Schnittstelle verwendet.

reject | blackhole

Beide Schlüsselwörter kennzeichnen die Schnittstelle als eine sog. »Blackhole-Schnittstelle«, die zur Installation abgelehnter Routen im Kernel verwendet wird. (Mehr über abgelehnte Routen im Abschnitt über Steuerungsanweisungen.) Nur bei BSD-Systemen verfügbar, die eine Reject/Blackhole-Pseudo-Schnittstelle installiert haben.

Der Befehl **define** *adresse* führt Schnittstellen auf, die möglicherweise noch nicht vorhanden sind, wenn **gated** während des Hochfahrens die Schnittstellenliste des Kernels untersucht. Der Befehl überschreibt die Option **strictinterfaces** für die durch *adresse* definierte Schnittstelle. Mögliche Optionen des **define**-Befehls sind:

broadcast *adresse*

Definiert die Broadcast-Adresse.

pointopoint *adresse*

Definiert die lokale Adresse einer Punkt-zu-Punkt-Schnittstelle. (Punkt-zu-Punkt-Schnittstellen werden in Kapitel 6 behandelt.) Wird diese Option verwendet, gibt die Adresse der **define**-Anweisung die Adresse des entfernten Hosts an, und die auf **pointopoint** folgende Adresse definiert die lokale Adresse. Verwenden Sie **broadcast** und **pointopoint** nicht im gleichen **define**.

netmask *maske*

Legt die Subnetz-Maske fest.

multicast

Gibt an, daß die Schnittstelle das Multicasting unterstützt.

Definitionsanweisungen

Definitionsanweisungen sind allgemeine Konfigurationsanweisungen, die für mehr als ein Protokoll gültig sind. Definitionsanweisungen müssen vor den Protokollanweisungen stehen. Die drei Definitionsanweisungen sind:

autonomoussystem `asn` [**loops** `n`] ;
> Definiert die von BGP oder EGP verwendete »Autonomous System Number« (`asn`). **loops** gibt an, wie oft dieses autonome System in einem AS-Pfad bei Pfadvektor-Protokollen wie BGP vorkommen kann. Voreingestellt ist der Wert 1.

routerid `adresse` ;
> Definiert die von BGP und OSPF verwendete Router-ID. Verwenden Sie die Adresse Ihrer primären OSPF- oder BGP-Schnittstelle. Standardmäßig verwendet **gated** die Adresse der ersten entdeckten Schnittstelle.

martians {
> **host** `adresse` [**allow**];
> `adresse` [**mask** `maske` | **masklen** `anzahl`] [**allow**] ;
> **default** [**allow**] ; } ;

Ändert die Liste der Adressen, zu denen alle Routing-Informationen ignoriert werden. Manchmal senden fehlerhaft konfigurierte Systeme offensichtlich ungültige Zieladressen aus. Diese ungültigen Adressen, »martians« (also »Marsmenschen«) genannt, werden von der Routing-Software abgelehnt (reject). Mit diesem Befehl können Sie die Liste der Martian-Adressen ändern. Sie können die Adresse als Hostadresse angeben, indem Sie das Schlüsselwort **host** vor die Adresse stellen. Sie können aber auch eine Netzwerkadresse in der üblichen Form angeben.

Für eine Netzwerkadresse kann eine Adreßmaske definiert werden. Die Maske kann mit dem Schlüsselwort **mask** in Punktnotation oder als numerische Präfixlänge mit dem Schlüsselwort **masklen** angegeben werden. Die Adreßmasken `mask 255.255.0.0` und `masklen 16` sind also identisch. Wird keine Adreßmaske angegeben, wird die natürliche Maske verwendet. Die Angabe einer Adresse in der **martians**-Anweisung nimmt die Adresse in die Martians-Liste auf. Mit Hilfe des Schlüsselworts **allow** können Sie eine Adresse aus der Martians-Liste entfernen. Wird eine Adresse aus der Martians-Liste entfernt, wird sie zu einer gültigen Routing-Adresse.

gated verwendet eine Standard-Martians-Liste mit Adressen, die bekanntermaßen ungültig sind. Die Option **default allow** entfernt alle Standardeinträge aus der Martian-Liste und ermöglicht so ein uneingeschränktes Routing. Bei einem angebundenen Netzwerk sollten Sie das nicht tun.

Hier ein Beispiel für jede einzelne Definitionsanweisung:

```
autonomoussystem 249 ;
routerid 172.16.12.2 ;
martians {
        host 0.0.0.26 ;
        192.168.0.0 masklen 16 allow ;
} ;
```

Die Anweisungen in diesem Beispiel übernehmen die folgenden Funktionen:

- Die Anweisung **autonomoussystem** weist **gated** an, die ASN 249 für BGP- und EGP-Pakete zu verwenden.

- Die **routerid**-Anweisung teilt **gated** die Adresse 172.16.12.2 als Router-ID für OSPF und BGP mit.

- Die **martians**-Anweisung unterbindet die Aufnahme von Routen zu 0.0.0.26 in die Tabelle, erlaubt gleichzeitig aber Routen zu den privaten IP-Adressen im Bereich von 192.168.0.0 bis 192.168.255.255.

Protokollanweisungen

Protokollanweisungen aktivieren oder deaktivieren Protokolle und legen Protokolloptionen fest. Die Protokollanweisungen folgen auf die Definitionsanweisungen und stehen vor den Static-Anweisungen. Es gibt sehr viele Protokollanweisungen, und neue können jederzeit hinzukommen. Es gibt Anweisungen für die verschiedenen internen und externen Routing-Protokolle und für andere Dinge, die nicht wirklich Routing-Protokolle sind.

In diesem Abschnitt beginnen wir mit den internen Protokollen, machen dann mit den externen Protokollen weiter und schließen mit den speziellen »Protokollen«.

Die ospf-Anweisung

```
ospf yes | no | on | off [{
    defaults {
        preference präferenz ;
        cost preis ;
        tag [as] tag ;
        type 1 | 2 ; } ;
    exportlimit routen ;
    exportinterval zeit ;
    traceoptions trace_optionen ;
    monitorauthkey paßwort ;
    backbone | area zahl {
        authtype 0 | 1 | none | simple ;
        stub [cost preis] ;
        networks {
            adresse [mask maske | masklen anzahl] [restrict] ;
            host adresse [restrict] ; } ;
        stubhosts {
            adresse cost preis ; } ;
        interface interface_liste [nonbroadcast] [cost preis] {
            pollinterval zeit ;
            routers {
```

```
        adresse [eligible] ; } ;
        interface_parameter } ;
    virtuallink neighborid router_id transitarea bereich {
        interface_parameter } ;
}; }];
```

Die **ospf**-Anweisung (de)aktiviert das Open Shortest Path First (OSPF) Routing-Proto-koll. Standardmäßig ist OSPF deaktiviert. Sie aktivieren es durch Angabe von **yes** oder **on** (was Sie verwenden ist egal) und deaktivieren es mit **no** oder **off**.

HINWEIS   Der Kürze halber erklären wir nur das erste Vorkommen eines jeden gated.conf-Parameters, wenn er in weiteren Befehlen in der gleichen Weise eingesetzt wird. Nur die Unterschiede zwischen den Befehlen werden erläutert. Zum Beispiel wer-den wir **yes** | **no** | **on** | **off** nicht noch einmal erklären, weil es immer in der glei-chen Weise eingesetzt wird, um ein Protokoll zu aktivieren oder zu deaktivieren.

Die **ospf**-Anweisung besitzt sehr viele Konfigurationsparameter:

defaults

Definiert die Voreinstellungen, die beim Import von OSPF-Routen von externen autonomen Systemen und der Bekanntgabe dieser Routen an andere OSPF-Router genutzt werden. Das zur Bekanntgabe dieser Routen verwendete LSA (*Link-State-Advertisement*) wird ASE (*autonomous system external*) genannt, weil es Routen von externen autonomen Systemen enthält. Eine Erläuterung von OSPF finden Sie in Kapitel 7.

preference *präferenz*

Definiert die Präferenz von OSPF ASE-Routen. Voreingestellt ist 150.

cost *preis*

Definiert den Preis einer Nicht-OSPF-Route in einer ASE. Voreingestellt ist 1.

tag [as] *tag*

Definiert den OSPF ASE-Tagwert. Der Tag wird nicht vom OSPF-Protokoll genutzt, kann aber von einer Export-Policy zum Filtern von Routen verwendet werden. (Mehr dazu im Abschnitt zur **export**-Anweisung später in diesem Kapitel.) Wird das Schlüsselwort **as** angegeben, kann das Tag-Feld Informatio-nen zum AS-Pfad enthalten.

type 1 | 2

Definiert den verwendeten ASE-Typ. Voreingestellt ist Typ 1. Dieser Typ ent-hält über externe Protokolle gelernte Routen, deren Metrik direkt mit der OSPF-Metrik zu vergleichen ist. Bei der Bekanntgabe dieser Routen wird diese Metrik zu den Kosten hinzu addiert, die für das Erreichen des Grenzrouters angegeben wurden. Eine ASE vom Typ 2 enthält über externe Protokolle gelernte Routen, deren Metrik mit der OSPF-Metrik nicht direkt zu vergleichen ist. Diese Routen werden für den Preis angeboten, der zum Erreichen des Grenz-Routers definiert wurde. Mehr dazu in Kapitel 7.

exportlimit *routen*

Definiert die maximale Anzahl von ASE-LSAs, die bei einem Flooding übertragen werden. Voreingestellt ist 100.

exportinterval *zeit*

Legt fest, wie oft ASE-LSAs per Flooding im Netzwerk bekanntgegeben werden. Voreingestellt ist einmal pro Sekunde.

traceoptions *trace_optionen*

Definiert das zum Debuggen von OSPF verwendete Tracing. Neben den normalen Trace-Flags wird bei OSPF noch folgendes unterstützt:

lsabuild

Tracing der Konstruktion von LSAs

spf

Tracing der SPF-Kalkulationen (*Shortest Path First*)

hello

Tracing der OSPF HELLO-Pakete

dd

Tracing der OSPF-Datenbank-Beschreibungspakete

request

Tracing der OSPF Link-State Request-Pakete

lsu

Tracing der OSPF Link-State Update-Pakete

ack

Tracing der OSPF Link-State Ack-Pakete

monitorauthkey *paßwort*

Definiert das bei **ospf_monitor**-Queries verwendete Paßwort. Standardmäßig sind diese Abfragen nicht authentiziert. Wird **monitorauthkey** angegeben, müssen eingehende Queries das festgelegte Paßwort enthalten.

backbone | area *zahl*

Definiert den OSPF-Bereich, dessen Mitglied dieser Router ist. Jeder Router muß einem Bereich angehören. Ist mehr als ein Bereich konfiguriert, muß zumindest einer als Backbone definiert sein. Der Backbone wird mit dem Schlüsselwort **backbone** definiert. Alle anderen Bereiche werden mit dem Schlüsselwort **area** und der Nummer des Bereichs (also z.B. `area 1`) festgelegt. Mehr Informationen zu OSPF-Bereichen finden Sie in Kapitel 7. Mit jedem Bereich sind mehrere Konfigurationsparameter verknüpft:

authtype 0 | 1 | none | simple

Gibt das für diesen Bereich verwendete Authentizierungsschema an. Für die Authentizierungsschemata können **none** oder **0** (keine Authentizierung) bzw.

simple oder **1** (Paßwort-Authentizierung) angegeben werden. Jedes System innerhalb eines Bereichs muß das gleiche Authentizierungsschema verwenden.

stub [cost *preis*]

Gibt an, daß es sich hier um eine Stub-Area handelt. In einer solchen Stub-Area gibt es keine ASE-Routen. Wird ein cost-Faktor angegeben, wird dieser für eine Standard-Route in die Stub-Area angegeben.

networks

Definiert einen in dieser Area enthaltenen Bereich von Netzwerken. Die angegebenen Wertebereiche werden anderen Areas in Form zusammenfassender Netzwerk-LSAs und nicht als Interarea-Routen angeboten. Wird **restrict** spezifiziert, werden die zusammenfassenden Netzwerk-LSAs nicht angeboten. Die Einträge in der Netzwerkliste erfolgen entweder in Form von Hostadressen, wobei das Schlüsselwort **host** vor der Adresse steht, oder als Netzwerkadresse durch Angabe der Adresse. Eine Adreßmaske kann für die Netzwerkadresse definiert werden. Diese Maske kann in Punktnotation angegeben werden, wobei der Maske das Schlüsselwort **mask** vorangestellt werden muß; Sie können aber auch eine numerische Präfixlänge angeben, indem Sie das Schlüsselwort **masklen** verwenden. Die Adreßmasken mask 255.255.0.0 und masklen 16 sind also identisch. Ohne Angabe einer Maske wird die natürliche Maske verwendet. Diese Option kann die Menge an Routing-Informationen reduzieren, die zwischen den Bereichen propagiert werden.

stubhosts

Führt die direkt angeschlossenen Hosts zusammen mit ihrem Kostenfaktor auf, die von diesem Router aus zu erreichen sind. Hier tragen Sie Punkt-zu-Punkt-Schnittstellen ein.

interface *interface_liste* [nobroadcast] [cost *preis*]

Definiert die von OSPF verwendeten Schnittstellen. Wird das Schlüsselwort **nobroadcast** angegeben, stellt die Schnittstelle eine Verbindung zu einem NBMA-Netzwerk (*non-broadcast multi-access*) her. Wird **nobroadcast** nicht angegeben, stellt die Schnittstelle die Verbindung zu einem Broadcast- oder einem Punkt-zu-Punkt-Netzwerk her. Geben Sie den Preis der Schnittstelle mit dem Schlüsselwort **cost** an (z.B. cost 5). Voreingestellt ist ein Preis von 1.

Nur für NBMA-Schnittstellen stehen zwei spezielle Optionen zur Verfügung:

pollinterval *zeit*

Legt das Zeitintervall fest, in dem OSPF HELLO-Pakete an die Nachbarn gesendet werden.

routers

Führt alle Nachbarn mit ihren Adressen auf. Das Schlüsselwort **eligible** gibt an, ob der Nachbar zu einem designierten Router werden kann.

Punkt-zu-Punkt-Schnittstellen besitzen einen zusätzlichen Parameter:

nomulticast
Zwingt **gated** dazu, OSPF-Pakete als Unicast-Pakete über diese Schnittstelle zu senden. Standardmäßig werden OSPF-Pakete zu Nachbarn bei Punkt-zu-Punkt-Schnittstellen über den IP-Multicast-Mechanismus übertragen. Verwenden Sie diese Option, wenn der entfernte Nachbar kein Multicasting kann.

Alle Schnittstellen – NBMA, Punkt-zu-Punkt und Broadcast – können die folgenden Parameter verwenden:

enable | disable ;
(De)aktiviert die Schnittstelle.

retransmitinterval `zeit` ;
Definiert die Wartezeit in Sekunden zwischen LSA-Retransmits.

transitdelay `zeit` ;
Legt die geschätzte Zeit in Sekunden fest, die zur Übertragung eines Link-State-Updates über diese Schnittstelle notwendig ist. Muß größer als 0 sein.

priority `priorität` ;
Definiert die Priorität dieses Systems für die Wahl des designierten Routers. Die `priorität` ist eine Zahl zwischen 0 und 255. Der Router mit der höchsten Priorität wird zum designierten Router. Ein Router mit der Priorität 0 kann kein designierter Router werden. Designierte Router werden in Kapitel 7 behandelt.

hellointerval `zeit` ;
Legt die Anzahl von Sekunden zwischen Neuübertragungen von HELLO-Paketen fest.

routerdeadinterval `zeit` ;
Legt das Timeout fest, nach dem ein Nachbar als »unten« deklariert wird. Die `zeit` ist die maximale Anzahl von Sekunden, die dieser Router auf ein Hello-Paket eines Nachbarn wartet.

authkey `key` ;
Definiert den zur Authentizierung von OSPF-Paketen verwendeten Schlüssel. Der `key` besteht aus ein bis acht durch Punkte getrennten Dezimalziffern, einem bis zu 8 Byte langen Hexadezimal-String (dem 0x vorangestellt ist) oder einem bis zu 8 Zeichen langen String in Anführungszeichen.

virtuallink neighborid `router_id` **transitarea** `bereich`
Definiert einen virtuellen Link für den Backbone-Bereich. `router_id` ist die Router-Kennung des Routers am anderen Ende des virtuellen Links. Der Transitbereich muß einer der von Ihnen definierten anderen Bereiche sein. Alle

oben definierten Standard-Schnittstellenparameter können auch für einen virtuellen Link spezifiziert werden.

Die rip-Anweisung

```
rip yes | no | on | off [ {
    broadcast ;
    nobroadcast ;
    nocheckzero ;
    preference präferenz ;
    defaultmetric metrik ;
    query authentication [none | [simple | md5 key]] ;
    interface interface_liste
        [noripin] | [ripin]
        [noripout] | [ripout]
        [metricin metrik]
        [metricout metrik]
        [version 1 | 2 [multicast | broadcast]]
        [[secondary] authentication [none | [simple | md5 key]] ;
    trustedgateways gateway_liste ;
    sourcegateways gateway_liste ;
    traceoptions trace_optionen ; } ] ;
```

Mit der **rip**-Anweisung aktivieren bzw. deaktivieren Sie RIP. Standardmäßig ist RIP aktiv. Die Optionen der **rip**-Anweisung sind:

broadcast

Zwingt **gated** zum Broadcast von RIP Update-Paketen, selbst wenn das System nur eine Netzwerkschnittstelle besitzt. Standardmäßig erfolgt kein Broadcasting von RIP-Updates, wenn das System nur eine Netzwerkschnittstelle besitzt, während bei mehr als einer Netzwerkschnittstelle ein Broadcasting erfolgt. Hosts »broadcasten« ihre Updates also nicht, Router ja.

nobroadcast

Zwingt **gated** dazu, kein Broadcasting von RIP Update-Paketen durchzuführen, selbst wenn das System mehr als eine Netzwerkschnittstelle besitzt. Ist eine **sourcegateways**-Klausel vorhanden, werden die Routen per Unicast immer noch direkt an dieses Gateway geleitet. Wir erklären **sourcegateways** noch an anderer Stelle.

nocheckzero

Gibt an, daß **gated** keine RIP-Pakete der Version 1 ablehnen soll (bei denen die reservierten Felder 0 sind). Die Ablehnung dieser Pakete ist die übliche Praktik.

preference *präferenz* ;

Legt die **gated**-Präferenz für über RIP gelernte Routen fest. Die Standardpräferenz für diese Routen ist 100.

defaultmetric `metrik` ;

Definiert die Metrik für RIP-Routen, die von anderen Protokollen gelernt wurden. Die voreingestellte `metrik` ist 16, was bei RIP für eine nicht zu verwendende Route steht. Standardmäßig werden also von anderen Protokollen gelernte Routen von RIP nicht als gültige Routen angeboten. Geben Sie einen kleineren Wert nur an, wenn alle von anderen Protokollen gelernten Routen mit dieser Metrik angeboten werden sollen.

query authentication [none | [simple | md5 `key`**]]** ;

Legt die Authentizierung für Nicht-Router Query-Pakete fest. Voreingestellt ist **none**. Wurde **simple** angegeben, ist `key` ein 16 Byte langes Paßwort. Bei **md5** ist `key` ein 16 Byte langer Wert, der zusammen mit dem Paketinhalt zur Generierung einer kryptografischen MD5-Prüfsumme verwendet wird.

interface `interface_liste`

Legt die Schnittstellen fest, über die RIP läuft, und definiert die Konfigurationsparameter für diese Schnittstellen. Die `interface_liste` kann Schnittstellennamen, Hostnamen, IP-Adressen oder das Schlüsselwort **all** enthalten. Die möglichen Parameter sind:

noripin

Weist das System an, über diese Schnittstelle empfangene RIP-Pakete zu ignorieren. Standardmäßig werden RIP-Pakete von allen Nicht-Loopback-Schnittstellen erkannt.

ripin

Weist das System an, auf bei dieser Schnittstelle eingehende RIP-Pakete zu achten. Dies entspricht der Standardeinstellung.

noripout

Weist das System an, keine RIP-Pakete über diese Schnittstelle zu senden. Standardmäßig wird RIP auf allen Broadcast- und Nicht-Broadcast-Schnittstellen übertragen, wenn der Broadcast-Modus aktiv ist. Achten Sie auf die weiter oben definierte **nobroadcast**-Option.

ripout

Weist das System an, RIP-Pakete über diese Schnittstelle zu übertragen. Dies entspricht der Standardeinstellung.

metricin `metrik`

Legt die RIP-Metrik fest, die für über diese Schnittstelle eingegangene Routen verwendet wird. Standard ist hier die Metrik der Kernel-Schnittstelle plus eins, was dem Standard-RIP-Hopcount entspricht. Wird die Metrik angegeben, wird sie als absoluter Wert betrachtet und nicht zu der Kernel-Metrik addiert.

metricout

Legt die RIP-Metrik fest, die zu den über diese Schnittstelle versendeten Routen addiert wird. Voreingestellt ist der Wert 0. Diese Option kann die Metrik nur erhöhen.

version 1 | 2 [multicast | broadcast/

Legt die RIP-Version fest, die für über diese Schnittstelle übertragene Updates verwendet wird. Die verfügbaren Versionen sind RIP 1 und RIP 2. Voreingestellt ist RIP 1. Wird RIP 2 angegeben, und wird das IP-Multicasting unterstützt, werden vollständige RIP 2-Pakete per Multicast übertragen. Ist kein Multicast verfügbar, werden RIP 1-kompatible RIP 2-Pakete per Broadcast übertragen. Das Schlüsselwort **multicast** (voreingestellt) legt dieses Verhalten fest. Mit **broadcast** legen Sie fest, daß RIP 1-kompatible RIP 2-Pakete per Broadcast über diese Schnittstelle gehen sollen, selbst wenn IP-Multicasting verfügbar ist. Bei RIP 1 steht keines dieser Schlüsselwörter zur Verfügung.

[secondary] authentication [none | simple | md5 *key*/

Legt die bei dieser Schnittstelle verwendete RIP 2-Authentizierung fest. Standardmäßig wird der Authentizierungstyp **none** verwendet. Wird **simple** angegeben, ist *key* ein 16 Byte langes Paßwort. Wird **md5** angegeben, ist *key* ein 16 Byte langer Wert, der zusammen mit dem Paketinhalt zur Berechnung der MD5-Prüfsumme verwendet wird. Mit **secondary** wird die sekundäre Authentizierung festgelegt. Pakete werden immer mit der primären Authentizierungstechnik übertragen. Der sekundäre Authentizierungstyp wird nur für eingehende Pakete genutzt. Eingehende Pakete werden mit den primären und sekundären Authentizierungsmethoden verglichen, bevor sie als ungültig aussortiert werden.

trustedgateways *gateway_liste* ;

Definiert die Liste der Gateways, von denen RIP Updates akzeptiert. Die *gateway_liste* ist einfach eine Liste mit Hostnamen oder IP-Adressen. Standardmäßig dürfen alle Gateways in einem Netzwerk Routing-Informationen bereitstellen. Wird aber die **trustedgateways**-Anweisung verwendet, werden Updates nur von den in der Liste aufgeführten Gateways akzeptiert.

sourcegateways *gateway_liste* ;

Definiert eine Liste von Gateways, an die RIP direkt Pakete sendet. Standardmäßig werden RIP-Pakete mittels Broadcast oder Multicast an verschiedene Systeme des Netzwerks gesendet. Beim Einsatz dieser Anweisung sendet RIP Unicast-Pakete direkt an die aufgeführten Gateways.

traceoptions *trace_optionen*

Definiert das Tracing für RIP. RIP unterstützt die meisten Standard-Tracing-Optionen und die folgenden Paket-Tracing-Optionen:

packets

Tracing aller RIP-Pakete.

request

Tracing der RIP-Informationsanforderungspakete wie etwa REQUEST, POLL und POLLENTRY.

response
> Tracing aller RIP RESPONSE-Pakete.

other
> Tracing aller anderen Arten von RIP-Paketen.

Die hello-Anweisung

```
hello yes | no | on | off [ {
    broadcast ;
    nobroadcast ;
    preference präferenz ;
    defaultmetric metrik ;
    interface interface_liste
        [nohelloin] | [helloin]
        [nohelloout] | [helloout]
        [metricin metrik]
        [metricout metrik] ;
    trustedgateways gateway_liste ;
    sourcegateways gateway_liste ;
    traceoptions trace_optionen ; } ] ;
```

Diese Anweisung aktiviert bzw. deaktiviert Hello. Standardmäßig ist Hello deaktiviert. Die Standardmetrik liegt bei 30.000 (30 Sekunden ist die höchstmögliche Hello-Metrik) und die Standardpräferenz liegt bei 90. Solange die Präferenzwerte nicht geändert werden, werden die über Hello gelernten Routen denen von RIP vorgezogen.

Die **hello**-Anweisung hat grundsätzlich die gleichen Optionen wie die **rip**-Anweisung. Die einzigen Unterschiede bilden die Schlüsselwörter **nohelloin** und **nohelloout**, die bei Hello die gleiche Aufgabe übernehmen wie **noripin** und **noripout** bei RIP.

Die **hello**-Anweisung unterstützt die meisten der Standard-Trace-Optionen. Zusätzlich ist die Option **packets** vorhanden, mit denen das Tracing aller HELLO-Pakete aktiviert werden kann.

Die isis-Anweisung

```
isis yes | no | dual | ip | iso {
    level 1 | 2 ;
    traceoptions isis_traceoptionen ;
    systemid 6_zeichen_hexstring ;
    area hexstring ;
    set isis_parm wert ; ...
    circuit string
      metric level 1 | 2 metrik
      priority level 1 | 2 priorität ; } ;
```

Die **isis**-Anweisung aktiviert das IS-IS-Protokoll. Standardmäßig ist dieses Protokoll deaktiviert. Das Schlüsselwort **dual** aktiviert IS-IS sowohl für die ISO- als auch für die IP-Adressierung. Das Schlüsselwort **ip** aktiviert es für die IP-Adressierung, und **iso** aktiviert die ISO-Adressierung. Die folgenden Optionen sind bei der **isis**-Anweisung möglich:

level

> Gibt an, ob der Router, lt. OSI-Terminologie das sogenannte *Intermediate System* (IS), ein Level 1 (Intra-Area) oder Level 2 (Inter-Area) IS ist. Voreingestellt ist Level 1.

traceoptions

> Definiert die IS-IS Trace-Optionen. Diese unterscheiden sich von anderen **gated**-Trace-Optionen. Die **isis_traceoptionen** sind:
>
> **all**
>
> > Vollständiges Tracing.
>
> **iih**
>
> > Tracing der ISIS HELLO-Pakete.
>
> **lanadj**
>
> > Tracing von LAN-angrenzenden Updates.
>
> **p2padj**
>
> > Tracing von Punkt-zu-Punkt-angrenzenden Updates.
>
> **lspdb**
>
> > Tracing von Signaturen in der LSP-Datenbank.
>
> **lspcontent**
>
> > Tracing des Inhalts der LSP-Datenbank.
>
> **lspinput**
>
> > Tracing der Ausgabeverarbeitung der LSPs.
>
> **flooding**
>
> > Tracing der Flooding-Operation von LSPs.
>
> **buildlsp**
>
> > Tracing der Erzeugung von LSPs.
>
> **csnp**
>
> > Tracing der Verarbeitung von CSNPs.
>
> **psnp**
>
> > Tracing der Verarbeitung von PSNPs.
>
> **route**
>
> > Tracing von Routenänderungen.

update
> Tracing von Routing-Updates.

paths
> Tracing der Pfadberechnungen beim SPF-Algorithmus (*Shortest Path First*).

spf
> Tracing der Operation des SPF-Algorithmus.

events
> Tracing von Protokollereignissen.

systemid
> Definiert die IS-IS System-ID. Wird keine Systemkennung angegeben, wird der System-ID-Teil der NSAP-Adresse des ersten Circuits (s.u.) verwendet.

area
> Fügt Area-Adressen in die automatisch von den Circuits konfigurierten Adressen ein. IS-IS Area-Adressen werden basierend auf den realen von IS-IS verwendeten Circuits automatisch konfiguriert.

circuit
> Definiert die von IS-IS verwendeten Circuits. Diese Circuits sind normalerweise UNIX-Schnittstellen, und *string* ist der Name der jeweiligen Schnittstelle. Die Circuit-Optionen sind:
>
> *metrik*
>> Definiert die Level 1- und Level 2-Metriken für jeden Circuit. *metrik* ist ein numerischer Wert zwischen 1 und 63. Voreingestellt ist der Wert 63.
>
> *priorität*
>> Definiert den Wert, der von IS-IS bei der Wahl eines designierten Routers verwendet wird. Router mit hohen Prioritätswerten werden als designierte Router bevorzugt. Die *priorität* ist ein numerischer Wert zwischen 0 und 127. Wird keine Priorität angegeben, wird ein zufälliger Wert eingesetzt.

Informationen zur IS-IS-Konfiguration finden Sie in *A Guide to Gated Integrated IS-IS* von Steve Heimlich. Das Dokument ist in der **gated**-Distribution enthalten.

Die bgp-Anweisung

bgp yes | no | on | off [{
> preference *präferenz* ;
> defaultmetric *metrik* ;
> traceoptions *trace_optionen* ;
> group type external peeras *as_nummer*
>> | internal peeras *as_nummer*
>> | igp peeras *as_nummer* proto *proto*
>> | routing peeras *as_nummer* proto *proto* interface *interface_liste*

```
     | test peeras as_nummer {
allow {
     adresse mask maske | masklen nummer
               all
     host adresse } ;
peer adresse
     [metricout metrik]
     [localas as_nummer]
     [nogendefault]
     [gateway adresse]
     [preference präferenz]
     [preference2 präferenz]
     [lcladdr adresse]
     [holdtime zeit]
     [version nummer]
     [passive]
     [sendbuffer nummer]
     [recvbuffer nummer]
     [indelay zeit]
     [outdelay zeit]
     [keep all | none]
     [analretentive]
     [noauthcheck]
     [noaggregatorid]
     [keepalivesalways]
     [v3asloopokay]
     [nov4asloop]
     [logupdown]
     [ttl ttl]
     [traceoptions trace_optionen] ; } ; }] ;
```

Diese Anweisung aktiviert oder deaktiviert BGP. Standardmäßig ist BGP deaktiviert. Die Standardpräferenz liegt bei 170. Per Voreinstellung bietet BGP keine Metrik an. Im Gegensatz zur RIP-Metrik spielt die BGP-Metrik bei der Bestimmung der besten Route keine primäre Rolle. Die BGP-Metrik ist einfach ein willkürlicher 16-Bit-Wert, der als ein Kriterium zur Wahl einer Route verwendet werden kann. Die **defaultmetric**-Anweisung kann verwendet werden, um eine Metrik zu definieren, die BGP beim Anbieten von Routen verwendet.

Trace-Optionen können für alle BGP- oder für einzelne BGP-Peers festgelegt werden. Neben den meisten Standard-Trace-Optionen unterstützt BGP noch die folgenden Trace-Optionen:

packets
     Tracing aller BGP-Pakete.

open
> Tracing von BGP OPEN-Paketen.

update
> Tracing von BGP UPDATE-Paketen.

keepalive
> Tracing von BGP KEEPALIVE-Paketen.

BGP-Peers müssen Mitglieder einer Gruppe sein. Die group-Anweisung deklariert die Gruppe, definiert, welche Peers Mitglieder der Gruppe sind, und definiert den »Gruppentyp«. Mehrere group-Anweisungen können angegeben werden, aber jede muß eine eindeutige Kombination aus Typ und ASN aufweisen. Vier unterschiedliche Gruppentypen sind möglich:

group type external peeras `as_nummer`
> Legt fest, daß BGP als klassisches externes Gateway-Protokoll betrieben wird. Die in dieser Gruppe aufgeführten Peers sind Mitglieder eines externen autonomen Systems. Eine vollständige Policy-Prüfung wird auf alle ein- und ausgehenden Routen angewandt.

group type internal peeras `as_nummer`
> Legt fest, daß BGP zur Distribution von Routen an eine interne Gruppe verwendet wird, die kein traditionelles internes Gateway-Protokoll besitzt. Von externen BGP-Peers empfangene Routen werden dieser Gruppe mit der empfangenen Metrik erneut angeboten.

group type igp peeras `as_nummer` **proto** `proto`
> Legt fest, daß BGP verwendet wird, um Pfadattribute an eine interne Gruppe zu verteilen, bei der ein internes Gateway-Protokoll läuft. BGP bietet das AS-Pfad-, das Pfadursprungs- und das Transitiv-Optional-Attribut an, wenn Pfadattribute vom Tag-Mechanismus von IGP angeboten werden. `proto` ist der Name des internen Gateway-Protokolls, z.B. `proto ospf`.

group type routing peeras `as_nummer` **proto** `proto` **interface** `interface_liste`
> Legt fest, daß BGP intern genutzt wird, um externe Routen zu transportieren, während das interne Gateway-Protokoll eingesetzt wird, um rein interne Routen zu transportieren. Normalerweise werden von BGP über externe autonome Systeme gelernte Routen in die Routing-Tabelle eingetragen, wo sie vom internen Protokoll aufgenommen und zum lokalen autonomen System verteilt werden. Bei diesem Gruppentyp verteilt BGP die externen Routen selbst, und das interne Protokoll ist auf die Verteilung von Routen beschränkt, die intern im autonomen System liegen. `proto` ist der Name des internen Routing-Protokolls.

group type test peeras `as_nummer`
> Legt fest, daß die Mitglieder dieser Gruppe als Test-Peers dienen. Alle von Test-Peers ausgetauschten Informationen werden aussortiert.

Eine group-Klausel enthält peer-Subklauseln. Eine beliebige Anzahl von peer-Sub-klauseln kann einer Gruppe angehören. Peers werden explizit mit einer **peer**- oder implizit durch eine **allow**-Anweisung angegeben.

allow

Jeder Peer, dessen Adresse im angegebenen Adreßbereich liegt, ist ein Mitglied der Gruppe. Das Schlüsselwort **all** deckt alle möglichen Adressen ab. Das Schlüssel-wort *role=bold>host* wird einzelnen Hostadressen vorangestellt. Die Adreß- und Maskenpaare definieren den Adreßbereich. Netzwerkmasken können mit dem Schlüsselwort **mask** und der Adreßmaske in Punktnotation, oder mit dem Schlüs-selwort **masklen** und der Präfixlänge als Dezimalzahl angegeben werden. Alle Parameter dieser Peers müssen in der group-Klausel definiert sein.

peer *adresse*

Der über die *adresse* identifizierte Peer ist ein Mitglied der Gruppe.

Die peer-Subklausel von BGP erlaubt die folgenden Parameter, die auch in der group-Klausel angegeben werden können. Stehen die Parameter in der group-Klausel, gelten sie für alle Peers der Gruppe. Die verfügbaren Optionen sind:

metricout *metrik*

Definiert die primäre Metrik für an den Peer gesendete Routen. Überschreibt die Standard-Metrik, die Gruppen-Metrik und jede in der Export-Policy festgelegte Metrik.

localas *as_nummer*

Definiert die ASN (*autonomous system number*) des lokalen Systems. Standardmä-ßig wird die durch die **autonomoussystem**-Anweisung definierte ASN verwendet.

nogendefault

Hindert **gated** daran, eine Standard-Route zu generieren, wenn BGP ein Peering mit diesem Nachbarn durchführt. Dies wird selbst dann unterbunden, wenn **gen-default** in der **options**-Anweisung gesetzt ist.

gateway *adresse*

Gibt den Next-Hop-Gateway an, durch den Pakete für diesen Peer geroutet wer-den. Verwenden Sie diese Anweisung nur, wenn der Nachbar kein Netzwerk mit dem lokalen System teilt. Diese Option wird nur selten benötigt.

preference *präferenz*

Definiert die Präferenz der von diesem Peer gelernten Routen. Auf diese Weise kann **gated** Routen eines Peers oder einer Gruppe von Peers anderen Routen vor-ziehen.

preference2 *präferenz*

Definiert die »Zweitpräferenz«. Im Fall eines Präferenzgleichstands wird die Zweit-präferenz verwendet, um diesen Gleichstand aufzulösen. Der Standardwert ist 0.

lcladdr `adresse`
> Definiert die Adresse der lokalen Schnittstelle, die zur Kommunikation mit diesem Nachbarn verwendet wird.

holdtime `zeit`
> Definiert die Zeitspanne in Sekunden, die der Peer auf eine Keepalive-, Update- oder Notification-Meldung wartet, bevor die Verbindung geschlossen wird. Dieser Wert wird dem Peer im Hold Time-Feld der Open-Meldung übergeben. Der Wert muß entweder 0 (keine Keepalives) oder größer als 3 sein.

version `version`
> Gibt die Version des BGP-Protokolls an, die mit diesem Peer zu verwenden ist. Standardmäßig wird die Version ausgehandelt, wenn die Verbindung hergestellt wird. Momentan werden die Versionen 2, 3 und 4 unterstützt.

passive
> Weist **gated** an, auf ein OPEN vom Peer zu warten. Standardmäßig sendet **gated** in regelmäßigen Abständen OPEN-Meldungen, bis der Peer antwortet.

sendbuffer `puffergröße`

recvbuffer `puffergröße`
> Definiert die Größe der Sende- und Empfangspuffer. Voreingestellt sind 65.535 Byte, was gleichzeitig der Maximalwert ist.

indelay `zeit`

outdelay `zeit`
> Implementiert das sog. »Route-Dampening«. **indelay** definiert die Zeitspanne in Sekunden, die eine Verbindung stabil sein muß, bevor sie akzeptiert wird. **outdelay** enthält die Anzahl von Sekunden, die eine Route in der **gated** Routing-Datenbank vorhanden sein muß, bevor sie an den Peer exportiert wird. Beide Werte sind mit 0 voreingestellt, d.h., die Features sind deaktiviert. Verwenden Sie diese Optionen nur, wenn sich die Routing-Tabelle so schnell ändert, daß sie instabil wird.

keep all
> Weist das System an, die von diesem Peer gelernten Routen zu behalten, selbst wenn der AS-Pfad der Routen unsere lokale ASN enthält. Normalerweise werden Routen mit der lokalen AS-Nummer verworfen, weil sie potentielle Routing-Schleifen sind.

analretentive
> Weist das System an, Warnungen bei Ereignissen wie doppelten Routen auszugeben, die normalerweise »stillschweigend ignoriert« werden.

noauthcheck
> Weist das System an, bei eingehenden Paketen nicht zu prüfen, daß das Authentizierungsfeld nur Einsen enthält. Verwenden Sie diese Option, um mit Implementierungen zusammenzuarbeiten, die das Authentizierungsfeld nutzen.

noaggregatorid

Setzt die Router-ID im Aggregator-Attribut auf 0. Standardmäßig steht hier die Router-Kennung. Auf diese Weise verhindern Sie die Erzeugung von Aggregat-Routen mit AS-Pfaden, die sich von den anderen Routern im AS unterscheiden.

keepalivesalways

Weist das System an, selbst dann ein Keepalive zu senden, wenn es durch ein Update richtig hätte ersetzt werden können. Wird für die Zusammenarbeit mit bestimmten Routern verwendet.

v3asloopokay

Erlaubt das Anbieten einer Route mit einer Schleife in den AS-Pfad (d.h. mit einem mehr als einmal im Pfad vorkommenden AS) an externe Peers der Version 3.

nov4asloop

Verhindert das Anbieten einer Route mit einer Schleife im AS-Pfad an externe Peers der Version 4. Wird verwendet, um zu vermeiden, daß solche Routen an Peers weitergegeben werden, die diese fälschlicherweise an Nachbarn der Version 3 weitergeben.

logupdown

Protokolliert jedes Eintreten oder Verlassen des ESTABLISHED-Zustands eines BGP-Peers.

ttl `ttl`

Definiert die IP-TTL lokaler Nachbarn. Voreingestellt ist 1. Verwenden Sie diese Option, wenn der lokale Nachbar Pakete mit dem TTL-Wert 1 aussortiert. Nicht alle UNIX-Kernel erlauben die Angabe einer TTL für TCP-Verbindungen.

Die Trace-Optionen von BGP wurden bereits besprochen.

Die egp-Anweisung

egp yes | no | on | off [{
    preference `präferenz` ;
    defaultmetric `metrik` ;
    packetsize `max_paketgröße` ;
    traceoptions `trace_optionen` ;
    group [peeras `as_nummer`] [localas `as_nummer`] [**maxup** `nummer`] {
     neighbor `adresse`
      [metricout `metrik`]
      [preference `präferenz`]
      [preference2 `präferenz`]
      [ttl `ttl`]
      [nogendefault]
      [importdefault]
      [exportdefault]
      [gateway `adresse`]

[**lcladdr** *adresse*]
[**sourcenet** *netzwerk*]
[**minhello** | **p1** *intervall*]
[**minpoll** | **p2** *intervall*]
[**traceoptions** *trace_optionen*] ; } ; }] ;

Diese Anweisung aktiviert bzw. deaktiviert EGP. Standardmäßig ist EGP deaktiviert. Die Standardmetrik für die Bekanntgabe von Routen via EGP liegt bei 255. Die Standardpräferenz für von EGP gelernte Routen liegt bei 200.

Das **packetsize**-Argument definiert die Maximalgröße gesendeter bzw. empfangener Pakete. Die *max_paketgröße* gibt die Größe in Bytes an. Voreingestellt sind 8192 Bytes. Empfängt **gated** ein Paket, das größer ist als *max_paketgröße*, wird es aussortiert, gleichzeitig wird *max_paketgröße* aber auf die Größe des größeren Paketes erhöht, so daß solche Pakete zukünftig nicht aussortiert werden müssen.

Die **traceoptions**-Anweisung definiert das EGP-Tracing. Das Tracing kann für das EGP-Protokoll oder für einen individuellen EGP-Nachbarn aktiviert werden. Die EGP-Trace-Optionen sind:

packets
    Tracing aller EGP-Pakete.

hello
    Tracing von EGP HELLO/I-HEARD-U-Paketen

acquire
    Tracing von EGP ACQUIRE/CEASE-Paketen.

update
    Tracing von EGP POLL/UPDATE-Paketen.

Die **egp**-Anweisung besitzt zwei Klauseln: die group- und die neighbor-Klausel. EGP-Nachbarn müssen Teil einer Gruppe sein, und alle Nachbarn einer Gruppe müssen Mitglieder des gleichen autonomen Systems sein. Verwenden Sie die group-Klausel, um die Parameter für eine Gruppe von EGP-Nachbarn zu definieren. In einer group-Klausel festgelegte Werte gelten für alle Nachbar-Klauseln der Gruppe. Es können mehrere group-Klauseln verwendet werden. Die folgenden Parameter werden durch die group-Klausel definiert:

peeras
    Gibt die ASN des autonomen Systems an, dem die Mitglieder der Gruppe angehören. Wird dieser Parameter nicht angegeben, wird er von den Nachbarn gelernt.

localas
    Definiert die ASN des lokalen Systems. Standardmäßig wird die in der **autonomoussystem**-Anweisung definierte ASN verwendet.

maxup
    Definiert die Anzahl von EGP-Nachbarn, die von **gated** zu werben sind. Per Voreinstellung müssen alle aufgeführten Nachbarn akquiriert werden.

Die `neighbor`-Klausel definiert einen EGP-Nachbarn. Der einzige von dieser Klausel benötigte Teil ist das **address**-Argument, das den Hostnamen oder die IP-Adresse des Nachbarn angibt. Alle anderen Parameter sind optional. Alle optionalen Parameter können auch in der `group`-Klausel festgelegt werden, wenn die Parameter für alle Nachbarn gelten sollen. Die Parameter der `neighbor`-Klausel sind:

metricout `metrik`
> Wird für alle an diesen Nachbarn gesendeten Routen verwendet. Dieser Wert überschreibt die **defaultmetric** der **egp**-Anweisung, allerdings nur für diesen spezifischen Nachbarn.

preference `präferenz`
> Definiert die Präferenz der für von diesem Nachbarn gelernten Routen. Auf diese Weise kann **gated** Routen eines Nachbarn, oder einer Gruppe von Nachbarn, anderen Routen vorziehen.

preference2 `präferenz`
> Definiert die »Zweitpräferenz«. Im Fall eines Präferenzgleichstands wird diese Zweitpräferenz zur Auflösung des Gleichstands verwendet. Voreingestellt ist der Wert 0.

ttl `ttl`
> Definiert die IP-TTL für lokale Nachbarn. Voreingestellt ist der Wert 1. Nutzen Sie diese Option, wenn der lokale Nachbar Pakete mit dem TTL-Wert 1 aussortiert.

nogendefault
> Verhindert, daß **gated** eine Standard-Route generiert, wenn EGP ein Peering mit diesem Nachbarn durchführt. Das gilt auch dann, wenn **gendefault** in der **options**-Direktive verwendet wird.

importdefault
> Weist das System an, die Standard-Route zu akzeptieren, wenn sie im EGP-Update des Nachbarn enthalten ist. Standardmäßig wird sie ignoriert.

exportdefault
> Weist das System an, bei EGP-Updates an diesen EGP-Nachbarn die Standard-Route zu übertragen. Normalerweise wird keine Standard-Route in EGP-Updates aufgenommen.

gateway `adresse`
> Gibt das Next-Hop-Gateway an, durch das Pakete für diesen Nachbarn geroutet werden. Verwenden Sie diese Option nur, wenn der Nachbar nicht das Netzwerk mit dem lokalen System teilt. Diese Option wird selten benötigt.

lcladdr `adresse`
> Definiert die Adresse der lokalen Schnittstelle, die zur Kommunikation mit dem Nachbarn verwendet wird.

sourcenet `netzwerk`

Ändert das in EGP POLL-Paketen abgefragte Netzwerk. Standardmäßig handelt es sich um das gemeinsam genutzte Netzwerk. Wenn der Nachbar aber nicht im gleichen Netzwerk liegt wie Ihr System, muß hier die Netzwerkadresse des Nachbarn angegeben werden. Dieser Parameter wird normalerweise nicht benötigt. Nutzen Sie ihn nicht, wenn der EGP-Nachbar im gleichen Netzwerk liegt.

minhello | p1 `zeit`

Legt das Intervall für die Übertragung von EGP HELLO-Paketen fest.[1] Das Standard-Hello-Intervall liegt bei 30 Sekunden. Reagiert der Nachbar nicht auf drei HELLO-Pakete, beendet das System seinen Versuch, den Nachbarn zu akquirieren. Ein größeres Intervall gibt dem Nachbarn eine größere Chance zu antworten. Das Intervall kann als Sekunden, Minuten:Sekunden oder Stunden:Minuten:Sekunden angegeben werden. Beispielsweise könnten Sie ein 3-Minuten-Intervall als 180 (Sekunden), 3:00 (Minuten) oder 0:3:00 (keine Stunden und 3 Minuten) angeben. Anstelle des Schlüsselworts **minhello** können Sie das Schlüsselwort **p1** angeben.

minpoll | p2 `zeit`

Legt das Zeitintervall für das Polling der Nachbarn fest. Voreingestellt sind 120 Sekunden. Wird ein Nachbar dreimal gepollt, ohne zu antworten, wird er als »unten« betrachtet, und alle von diesem Nachbarn gelernten Routen werden aus der Routing-Tabelle entfernt. Das kann zu einer sehr instabilen Routing-Tabelle führen, wenn der Nachbar stark ausgelastet ist und häufige Polls nicht schnell beantworten kann. Ein längeres Polling-Intervall sorgt für eine stabilere, wenn auch weniger aktuelle Routing-Tabelle. Auch dieses Intervall kann in Sekunden, Minuten:Sekunden oder Stunden:Minuten:Sekunden angegeben werden.

Die snmp-Anweisung

snmp yes | no | on | off [{
  port `port` ;
  debug ;
  traceoptions `trace_optionen` ; }] ;

Dieser Befehl steuert, ob **gated** die SNMP-Software über seinen Status informiert. SNMP ist kein Routing-Protokoll und wird mit diesem Befehl auch nicht aktiviert. Sie müssen SNMP-Software unabhängig von diesem System ausführen. Diese Anweisung legt nur fest, ob **gated** die Management-Software über seinen Status auf dem Laufenden hält. Standardmäßig ist diese Option aktiv, d.h., **gated** informiert SNMP über seinen Status.

Die snmp-Anweisung unterstützt drei Optionen:

---

1 Verwechseln Sie das nicht mit dem Hello-Protokoll. Eine Beschreibung der HELLO- und I-H-U-Pakete finden Sie in Kapitel 7.

port `port`

Diese Option ändert den von **gated** verwendeten SNMP-Port. Standardmäßig fragt der SNMP-Daemon den Port 199 ab.

debug

Aktiviert das Debugging des SNMP-Codes von **gated**. Standardmäßig nicht aktiv. Diese Option wird von Entwicklern verwendet.

traceoptions `trace_optionen`

Tracing der Interaktionen zwischen **gated** und dem SNMP-Daemon. Die Optionen **detail**, **send** und **recv** werden nicht unterstützt. Statt dessen verwendet die **snmp**-Anweisung die folgenden Optionen:

receive

Tracing aller vom SNMP-Daemon empfangenen Requests.

register

Tracing der SNMP-Requests zur Registrierung von Register-Variablen.

resolve

Tracing der SNMP-Requests zur Auflösung von Variablennamen.

trap

Tracing von SNMP Trap-Requests.

Die redirect-Anweisung

redirect yes | no | on | off [{
    preference *präferenz* ;
    interface `interface_liste` [noredirects | redirects] ;
    trustedgateways `gateway_liste` ;
    traceoptions `trace_optionen` ; }] ;

Diese Anweisung legt fest, ob ICMP-Redirects zur Modifikation der Routing-Tabelle des Kernels erlaubt sind. Es hindert ein System nicht daran, Redirects zu senden, sondern legt nur fest, ob auf sie geachtet wird. Bei **no** oder **off** versucht **gated** die Effekte von ICMP-Redirects aus der Kernel-Routingtabelle zu entfernen, wenn sie erkannt werden. Denken Sie daran, daß ICMP ein Teil von IP ist, weshalb Redirects in der Kernel-Tabelle installiert sein können, bevor sie von **gated** erkannt werden. Wenn Sie Redirects deaktivieren, entfernt **gated** umgeleitete Routen aktiv aus der Routing-Tabelle. Standardmäßig werden ICMP-Redirects bei Hosts aktiviert, die still auf interne Routing-Protokolle hören, während sie bei Gateways, die aktiv an internen Routing-Protokollen teilnehmen, deaktiviert werden.

Die Standardpräferenz für durch einen Redirect gelernte Routen liegt bei 30, was mit der **preference**-Option geändert werden kann. Die **interface**-Anweisung steuert die Behandlung von Redirects auf Schnittstellenebene. Redirects werden ignoriert, wenn **noredirects** angegeben wird, und sind erlaubt, wenn **redirects** angegeben wird (was per Voreinstellung angenommen wird). Die Anweisung **trustedgateways** aktiviert Redirects auf Gateway-Ebene. Standardmäßig werden Redirects von allen Routern im lokalen Netzwerk akzeptiert. Wird die **trustedgateways**-Anweisung verwendet, werden Redirects nur von Gateways akzeptiert, die in der *gateway_liste* aufgeführt sind. Diese Gateway-Liste besteht einfach aus Hostnamen oder Adressen. Die *trace_optionen* der **traceoptions**-Anweisung sind die standardmäßigen **gated**-Trace-Optionen.

Die icmp-Anweisung

icmp {
    traceoptions *trace_optionen* ; }

Bei einigen Systemen achtet **gated** auf alle ICMP-Meldungen, verarbeitet aber nur ICMP-Redirects. Diese Verarbeitung wird durch die redirect-Anweisung gesteuert. In Zukunft könnte die Funktionalität erweitert werden. Im Augenblick wird die **icmp**-Anweisung nur verwendet, um das Tracing von ICMP-Meldungen zu verarbeiten. Die von der **icmp**-Anweisung unterstützten Trace-Optionen sind:

packets
    Tracing aller ICMP-Pakete.

redirect
    Tracing von ICMP REDIRECT-Paketen.

routerdiscovery
    Tracing von ICMP ROUTER DISCOVERY-Paketen.

info
    Tracing von ICMP-Informationspaketen.

error
    Tracing von ICMP-Fehlerpaketen.

Die routerdiscovery-Anweisung

Das Router Discovery Protocol informiert Hosts über die im Netzwerk verfügbaren Router. Es stellt eine Alternative zu statischen Routen, Routing-Protokollen und ICMP-Redirects dar, wenn ein Host einfach nur die Adresse seiner Standard-Router wissen muß. Das Router Discovery Protocol ist in Form eines auf dem Router laufenden Servers und eines auf dem Host laufenden Clients implementiert. Sowohl die Server- (Router) als auch die Client-Software (Host) wird von **gated** zur Verfügung gestellt.

Sehen wir uns zuerst die Server-Konfigurationsanweisung an:

routerdiscovery server yes | **no** | **on** | **off** [{
    traceoptions *trace_optionen* ;
    interface *interface_liste*
        [**minadvinterval** *zeit*]
        [**maxadvinterval** *zeit*]

```
        [lifetime zeit] ;
    address interface_liste
        [advertise | ignore]
        [broadcast | multicast]
        [ineligible | preference präferenz] ; } ] ;
```

Die **routerdiscovery**-Anweisung für Client und Server unterstützt das Tracing. Das Trace-Flag **state** kann genutzt werden, um ein Tracing der Übergänge der finiten Maschine zu aktivieren. Das Tracing von Router Discovery Paketen wird aber nicht hier erledigt. Es wird über die ICMP-Anweisung aktiviert.

Die **interface**-Klausel definiert die physikalischen Schnittstellen und die für sie geltenden Parameter. Nur physikalische Schnittstellen können in der **interface**-Klausel definiert werden. Adressen werden in den nachfolgend gezeigten address-Klauseln festgelegt. Die Schnittstellenparameter sind:

maxadvinterval `zeit`

> Definiert das maximale Zeitintervall zwischen dem Senden von Router-Advertisements. Der Wert muß über vier Sekunden liegen und darf nicht größer als 30:00 Minuten sein. Voreingestellt sind 10:00 Minuten (600 Sekunden).

minadvinterval `zeit`

> Definiert das minimale Zeitintervall zwischen dem Senden von Router-Advertisements. Der Wert muß unter drei Sekunden liegen und darf nicht größer als **maxadvinterval** sein. Voreingestellt ist dreiviertel von maxadvinterval.

lifetime `zeit`

> Definiert, wie lange der Client die Adressen eines Router-Advertisements als gültig betrachten soll. Der Wert muß größer sein als **maxadvinterval** und darf nicht über 2:30:00 (zwei Stunden, 30 Minuten) liegen. Voreingestellt ist 3 x maxadvinterval.

Die Adreßklausel definiert die IP-Adressen und die für sie geltenden Parameter. Die Parameter der Adreßklausel sind:

advertise | ignore

> **advertise** gibt an, ob die Adresse in Router-Advertisements mit aufgenommen werden soll (was standardmäßig der Fall ist). **ignore** legt fest, daß die Adresse nicht enthalten sein soll.

broadcast | multicast

> **broadcast** legt fest, daß die Adresse in einem Broadcast-Router-Advertisement enthalten sein soll, weil einige Systeme im Netzwerk kein Multicasting unterstützen. Dies entspricht der Standardeinstellung, wenn der Router kein Multicasting unterstützt. **multicast** legt fest, daß die Adresse in einem Multicast-Router-Advertisement enthalten sein soll. Unterstützt das System kein Multicasting, wird die Adresse nicht angeboten.

ineligible | preference *präferenz*

> Definiert die Präferenz der Adresse als Standard-Router. Die *präferenz* ist ein 32-Bit Integerwert. Höhere Werte stehen für zu bevorzugende Adressen. Beachten Sie, daß das keine **gated**-Präferenz ist. Dieser Wert wird als Teil des Router Discovery Protocol übertragen. Das Schlüsselwort **ineligible** vergibt die Präferenz 80000000 (hex), was bedeutet, daß die Adresse nicht berechtigt ist, der Standard-Router zu sein. Hosts nutzen solche unberechtigten Adressen zur Verifikation von ICMP-Redirects.

Damit **routerdiscovery** funktionieren kann, müssen Hosts die **routerdiscovery** Client-Software besitzen. Sie ist Teil von **gated** und wird mit der **routerdiscovery**-Anweisung für Clients konfiguriert.

Die routerdiscovery-Anweisung für Clients

routerdiscovery client yes | no | on | off [{
    traceoptions *trace_optionen* ;
    preference *präferenz* ;
    interface *interface_liste*
      [enable | disable]
      [broadcast | multicast]
      [quiet | solicit] ; }] ;

Der Client verwendet die gleichen Trace-Optionen wie der Server. Die anderen Optionen sind allerdings unterschiedlich. Die vollständige Liste der Client-Optionen lautet:

preference *präferenz* ;

> Definiert die Präferenz der von **routerdiscovery** gelernten Standard-Routen. Voreingestellt ist 55. Im Gegensatz zur Server-Variante ist dieser Wert eine **gated**-Präferenz.

interface *interface_liste*

> Definiert die von **routerdiscovery** verwendeten Schnittstellen.

enable | disable

> Aktiviert bzw. deaktiviert **routerdiscovery** auf der Schnittstelle. Voreingestellt ist **enable**.

broadcast | multicast

> Legt fest, ob Router-Einladungen (*Solicitations*) per Broadcast oder Multicast über diese Schnittstelle gehen. Per Voreinstellung wird Multicasting genutzt, wenn es unterstützt wird, sonst Broadcasting. Wird das Schlüsselwort **multicast** angegeben, und ist kein Multicasting verfügbar, werden keine Router-Einladungen verschickt. Üblicherweise macht **gated** das Richtige, wenn diese Optionen nicht angegeben werden.

quiet | solicit

>Gibt an, ob Router-Einladungen über diese Schnittstelle gehen. Bei **solicit**, der Standardeinstellung, werden Router-Solicitations übertragen. **quiet** achtet auf Router-Advertisements, sendet aber keine Router-Solicitations.

Die kernel-Anweisung

kernel {
    options
        [nochange]
        [noflushatexit]
        [remnantholdtime *zeit*] ;
    routes *nummer* ;
    flash
        [limit *nummer*]
        [**type interface** | interior | all] ;
    background
        [limit *nummer*]
        [**priority flash** | higher | lower] ;
    traceoptions *trace_optionen* ; } ;

Die **kernel**-Anweisung definiert die Interaktionen zwischen **gated** und dem Kernel.

options

>Definiert drei mögliche Konfigurationsoptionen:

>**nochange**

>>Beschränkt **gated** auf das Einbinden und Hinzufügen. Nutzen Sie es bei frühen Versionen des Routing-Socket-Codes, die eine fehlerhaft arbeitende Änderungsoperation enthalten.

>**noflushatexit**

>>Verhindert die Löschung von Routen beim Herunterfahren. Normalerweise werden beim Herunterfahren alle Routen gelöscht, die keinen »Behalten«-Status haben. Wird bei Systemen mit Tausenden von Routen zum schnelleren Hochfahren verwendet.

>**remnantholddimte** *zeit*

>>Definiert die Zeitspanne, die die beim Hochfahren aus der Kernel-Forwardingtabelle gelesenen Routen vorgehalten werden. Voreingestellt sind 3 Minuten, wenn sie nicht innerhalb dieser Zeit überschrieben werden. Die *zeit* kann zwischen 0 und 15 Minuten liegen. Der Wert 0 sorgt für ein direktes Löschen der Routen.

routes *anzahl*

>Definiert die maximale Anzahl von Routen, die **gated** im Kernel installiert. Standardmäßig ist die Anzahl der Routen in der Kernel-Forwardingtabelle nicht beschränkt.

flash

Stellt die Parameter für Flash-Updates ein. Ändern sich Routen, wird der Prozeß, bei dem der Kernel informiert, als »Flash-Update« bezeichnet.

limit `anzahl`

Legt die maximale Anzahl von Routen fest, die während eines Flash-Updates verarbeitet werden. Voreingestellt sind 20. Der Wert −1 sorgt für die Verarbeitung aller Routenänderungen. Große Updates können die Verarbeitung »zeitkritischer« Protokolle verlangsamen. 20 ist ein guter Standardwert.

type interface | interior | all

Legt die Arten von Routen fest, die während eines Flash-Updates verarbeitet werden. Standardmäßig werden bei Flash-Updates nur Interface-Routen installiert. Mit **interior** werden auch interne Routen installiert, und mit **all** werden interne und externe Routen verarbeitet. Die Angabe von `flash limit -1 all` installiert alle Routen während des Flash-Updates, was das Verhalten früherer **gated**-Versionen imitiert.

background

Stellt die Parameter für die Hintergrundverarbeitung ein. Weil während eines Flash-Updates normalerweise nur Interface-Routen installiert werden, erfolgt die Verarbeitung der meisten Routen über Batches im Hintergrund.

limit `anzahl`

Legt die Anzahl der in einem Batch verarbeiteten Routen fest. Voreingestellt ist 120.

priority flash | higher | lower

Legt die Priorität der Verarbeitung von Batch-Updates fest. Voreingestellt ist **lower**, was bedeutet, daß Batch-Updates mit einer geringeren Priorität verarbeitet werden als Flash-Updates. Um Kernel-Updates mit der gleichen Priorität zu verarbeiten wie Flash-Updates, müssen Sie flash angeben.

Viele Tracing-Optionen arbeiten mit der Kernel-Schnittstelle, weil sie in vielen Fällen wie ein Routing-Protokoll behandelt wird. Die Kommandozeilen-Traceoptionen **symbols** und **iflist** liefern Informationen zum Kernel. Die Trace-Optionen der kernel-Anweisung sind:

remnants

Tracing der beim Start von **gated** vom Kernel gelesenen Routen.

request

Tracing der **gated**-Kernel-Operationen Hinzufügen/Löschen/Ändern (Add/Delete/Change).

Die verbleibenden Trace-Optionen gelten nur für Systeme, die den Routing-Socket zum Austausch von Routing-Informationen mit dem Kernel verwenden.

info

Tracing von Informationsmeldungen, die vom Routing-Socket empfangen wurden.

routes
> Tracing der mit dem Kernel ausgetauschten Routen.

redirect
> Tracing der vom Kernel empfangenen Redirect-Meldungen.

interface
> Tracing der vom Kernel empfangenen Meldungen zum Interface-Status.

other
> Tracing anderer vom Kernel empfangener Meldungen.

static-Anweisungen

static-Anweisungen definieren die von **gated** verwendeten statischen Routen. Eine einzelne **static**-Anweisung kann mehrere Routen angeben. Die **static**-Anweisung erscheint in der *gated.conf* hinter Protokollanweisungen und vor den Steuerungsanweisungen. Für **gated** sind statische Routen alle Routen, die mit **static**-Anweisungen definiert werden. Im Gegensatz zu den Routen in einer statischen Routing-Tabelle können diese Routen von Routen mit besseren Präferenzwerten überschrieben werden.

Die Struktur einer **static**-Anweisung ist wie folgt:

```
static {
    [default] | [[host] adresse [mask maske | masklen n]] gateway gateways
        [interface interface_liste]
        [preference präferenz]
        [retain]
        [reject]
        [blackhole]
        [noinstall] ;
    adresse [mask maske | masklen n] interface schnittstelle
        [preference präferenz]
        [retain]
        [reject]
        [blackhole]
        [noinstall] ; } ;
```

Die **static**-Anweisung besitzt zwei unterschiedliche Klauseln. Sie werden die mit dem Schlüsselwort **gateway** verwenden. Diese Klausel enthält ähnliche Informationen wie sie der **route**-Befehl zur Verfügung stellt. Eine statische Route ist definiert als Zieladresse, die durch ein Gateway zu erreichen ist. Das Format dieser Klausel ist wie folgt:

/default] | **[[host]** *adresse* **[mask** *maske* | **masklen** *nummer*]] **gateway** *gateways*
> Definiert eine statische Route durch ein oder mehrere Gateways. Das Ziel wird über das Schlüsselwort **default** (für die Standard-Route) oder über die Zieladresse definiert. Der Zieladresse kann das Schlüsselwort **host** vorangestellt werden, wenn

es sich um eine Hostadresse handelt, ihr kann aber auch eine Adreßmaske folgen. Die Adreßmaske kann mit dem Schlüsselwort **mask** und einer Adreßmaske in Punktnotation, oder mit dem Schlüsselwort **masklen** und der numerischen Präfixlänge angegeben werden. Die aufgeführten Gateways müssen in einem direkt verbundenen Netzwerk liegen. Die möglichen Konfigurationsparameter sind:

interface *interface_liste*

> Falls welche angegeben wurden, müssen die Gateways in der *gateway_liste* direkt über eine dieser Schnittstellen erreichbar sein.

preference *präferenz*

> Legt die **gated**-Präferenz für diese statische Route fest. Voreingestellt ist 60.

retain

> Verhindert, daß diese statische Route während eines sauberen Shutdowns entfernt wird. Normalerweise bleiben nur Interface-Routen in der Forwarding-Tabelle des Kernels erhalten. Nutzen Sie diese Option als Routing-Hilfe, wenn **gated** nicht läuft.

reject

> Installiert diese Route als »Reject-Route«. An eine Reject-Route gesendete Pakete werden aussortiert, und eine »nicht erreichbar«-Meldung wird an die Quelle zurückgeschickt. Nicht alle Kernel unterstützen Reject-Routen.

blackhole

> Installiert diese Route als »Blackhole-Route«. Eine Blackhole-Route ist eine Reject-Route, bei der keine »nicht erreichbar«-Meldung zurückgeschickt wird.

noinstall

> Weist das System an, diese Route über Routing-Protokolle anzubieten, ohne sie in der Forwarding-Tabelle des Kernels zu installieren.

Die andere Klausel der **static**-Anweisung verwendet das Schlüsselwort **interface** anstelle von **gateway**. Verwenden Sie diese Option nur, wenn Sie ein einzelnes physikalisches Netzwerk mit mehr als einer Netzwerkadresse besitzen, was selten vorkommt. **ifconfig** legt normalerweise nur ein Ziel für jede Schnittstelle an. Diese besondere Variante der static-Anweisung bindet zusätzliche Ziele für die Schnittstelle ein.

> *adresse* [**mask** *maske* | **masklen** *nummer*] **interface** *interface*

Die Optionen **preference, retain, reject, blackhole** und **noinstall** sind mit den oben beschriebenen Optionen identisch.

Die Standardpräferenz einer statischen Route liegt bei 60, womit statische Routen gegenüber verschiedenen anderen Routing-Quellen vorgezogen werden. Sollen andere Arten von Routen statische Routen überschreiben, müssen Sie das **preference**-Argument der **static**-Anweisung verwenden, um den Präferenzwert zu erhöhen. (Denken Sie daran, daß höhere Präferenzwerte für weniger gewünschte Routen stehen.)

Das folgende Beispiel definiert eine statische Standard-Route über das Gateway 172.16.12.1. Die Präferenz ist auf 125 gesetzt, so daß die von RIP gelernten Routen gegenüber statischen Routen vorgezogen werden:

```
static  {
    default gateway 128.66.12.1 preference 125 ;
  } ;
```

Steuerungsanweisungen

Die Steuerungsanweisungen definieren Ihre Routing-Policy. Häufig denken Administratoren bei den Begriffen »Routing-Policy« oder »Policy-basiertes Routing« an etwas, das innerhalb des Routing-Protokolls stattfindet.

In Wirklichkeit wird die Routing-Policy außerhalb des Routing-Protokolls in der Konfigurationsdatei definiert. Die Policy legt fest, welche Routen akzeptiert und welche Routen angeboten werden. **gated** macht dies mit Hilfe der beiden Steuerungsanweisungen **import** und **export**. Die **import**-Anweisung definiert die akzeptierten Routen und legt fest, von welchen Quellen diese Routen akzeptiert werden. Die **export**-Anweisung definiert die angebotenen Routen auf Basis der Quellen dieser Routen und der zum Anbieten verwendeten Protokolle.

Die **import**- und **export**-Anweisungen verwenden **gated**-Präferenzen, Routing-Metriken, Routing-Filter und AS-Pfade zur Definition der Routing-Policy. Präferenzen und Metriken werden mit den folgenden Schlüsselwörtern kontrolliert:

restrict

Besagt, daß die Routen nicht importiert (import-Befehl) oder exportiert (export-Befehl) werden dürfen. Dieses Schlüsselwort blockiert die Verwendung einer bestimmten Route.

preference *präferenz*

Definiert den Präferenzwert, der beim Vergleich dieser Route mit einer anderen Route verwendet wird. Die Präferenz wird beim Installieren von Routen, nicht beim Anbieten dieser Routen verwendet.

metric *metrik*

Legt die beim Anbieten dieser Route verwendete Metrik fest.

Routenfilter erkennen Routen anhand der Zieladresse. Routenfilter werden unter anderem bei Martians, **import**- und **export**-Anweisungen verwendet. Eine Route verwendet den am ehesten passenden Filter. Die Angabe mehr als eines Filters mit dem gleichen Ziel, der gleichen Maske und den gleichen Modifikatoren führt zu einem Fehler. Import- und Export-Routenfilter können wie folgt festgelegt werden:[2]

---

2 Routenfilter können zusätzliche Parameter enthalten. Bei **import**-Anweisungen enthalten sie eine Präferenz, bei **export**-Anweisungen eine Metrik. »preference« und »metric« sind weiter oben beschrieben.

adresse [mask *maske* | masklen *nummer*] [exact | refines]
Definiert einen Adreßbereich mit Hilfe einer Adresse und einer Adreßmaske. Die Adreßmaske kann mit dem Schlüsselwort **mask** und einer Maske in Punktnotation, oder mit dem Schlüsselwort **masklen** und einer numerischen Präfixlänge angegeben werden. Wird keine Maske definiert, gilt die natürliche Maske des Netzwerks. Zwei Optionen können verwendet werden:

exact
Erkennt ein Netzwerk, aber keine Subnetze oder Hosts dieses Netzwerks.

refines
Erkennt Subnetze und/oder Hosts in einem Netzwerk, nicht aber das Netzwerk selbst.

all
Erkennt alle möglichen Adressen.

default
Erkennt nur die Standard-Route.

host *adresse*
Erkennt einen einzelnen Host.

Ein Routing-Filter, der alles im Netzwerk 192.168.12.0 und den einzelnen Host 10.104.19.12 erkennt, enthält folgendes:

```
192.168.12.0 masklen 24 ;
host 10.104.19.12 ;
```

Werden keine Routing-Filter in **import**- oder **export**-Anweisungen definiert, werden alle Routen der angegebenen Quelle erkannt. Sind Filter aktiv, werden nur den Filtern entsprechende Routen im- oder exportiert.

Das Border Gateway Protocol (BGP) wurde so entworfen, daß es Policy-basiertes Routing unterstützt. Ein Schlüsselmerkmal von BGP ist die Tatsache, daß es sich um ein Pfadvektor-Protokoll handelt. Import- und Export-Anweisungen erlauben die Verwendung des AS-Pfadvektors zur Durchsetzung Ihrer Routing-Policy.

Ein AS-Pfad führt die autonomen Systeme einer Route von einem Ende zum anderen auf und zeigt die Vollständigkeit des Pfads an. Jedes von einer Route passierte autonome System stellt seine AS-Nummer an den Anfang des AS-Pfads.

Der »Ursprung« des Pfades zeigt seine Vollständigkeit an. Der Ursprung **igp** deutet an, daß die Route von einem internen Routing-Protokoll gelernt wurde und sehr wahrscheinlich vollständig ist. Der Ursprung **egp** zeigt an, daß die Route von einem externen Routing-Protokoll gelernt wurde und keine AS-Pfade unterstützt (z.B. EGP), und der Pfad deshalb wahrscheinlich nicht vollständig ist.

Ist die Pfadinformation definitiv unvollständig, wird **incomplete** als Ursprung verwendet. Alle Ursprünge können in **import**- und **export**-Anweisungen angegeben und deshalb in Ihrer Routing-Policy verwendet werden. Das Schlüsselwort **any** wird verwendet, wenn die Policy auf alle Ursprünge angewendet wird.

Der AS-Pfad kann in den Steuerungsanweisungen auch verwendet werden, indem man einen regulären Ausdruck für den AS-Pfad definiert.[3] Reguläre Ausdrücke für AS-Pfade stellen eine Mustererkennungssyntax bereit, die verwendet wird, um Routen basierend auf den ASNs in den AS-Pfaden zu filtern, die mit diesen Routen verknüpft sind.

Ein regulärer Ausdruck für AS-Pfade besteht aus ASNs und speziellen Operatoren. Tabelle B-1 führt die AS-Pfad-Operatoren auf. Der AS-Pfad-Operator arbeitet mit einem AS-Pfad-Term, der aus einer ASN, einem Punkt (der für eine beliebige ASN steht) oder einem in Klammern stehenden Unterausdruck bestehen kann.

Tabelle B-1: AS-Pfad-Operatoren

Symbol	Bedeutung
{m,n}	Mindestens m aber nicht mehr als n Wiederholungen.
{m}	Genau m Wiederholungen.
{m,}	m oder mehr Wiederholungen.
*	0 oder mehr Wiederholungen.
+	1 oder mehr Wiederholungen.
?	0 oder 1 Wiederholungen.
aspath_term | aspath_term	Erkennt entweder den AS-Term zur Linken oder den AS-Term zur Rechten.

Ein einfacher regulärer Ausdruck für einen AS-Pfad könnte wie folgt aussehen:

```
import proto bgp aspath 164+ origin any restrict ;
```

Damit werden alle Routen beschränkt, in deren Pfadvektor die ASN 164 einmal oder mehrmals vorkommt.

Die import-Anweisung

Das Format einer **import**-Anweisung variiert abhängig vom verwendeten Quellprotokoll. Das Format der **import**-Anweisungen für externe Gateway-Protokolle ist wie folgt:

import proto bgp | egp autonomoussystem *as_nummer*
 [restrict] |
 [[preference *präferenz*] {
 route_filter [restrict | (preference *präferenz*)]] ; } ;

import proto bgp aspath *aspath_regexp*
 origin any | igp | egp | incomplete

---

3 Reguläre Ausdrücke für AS-Pfade sind in RFC 1164 definiert.

[restrict] |
[[preference *präferenz*] {
route_filter [restrict | (preference *präferenz*)]] ; } ;

Der Import über BGP und EGP kann über die ASN kontrolliert werden. BGP kann zur Importkontrolle auch reguläre Ausdrücke verwenden. Routen, die von der Routing-Policy abgelehnt werden, werden in der Routing-Tabelle mit einer negativen Präferenz abgelegt. Eine negative Präferenz verhindert, daß eine Route in der Forwarding-Tabelle installiert oder an andere Protokolle exportiert wird. Diese Behandlung abgelehnter Routen verringert die Notwendigkeit einer Unterbrechung und Wiederherstellung einer Session, wenn sich die Routing-Policy während einer Rekonfiguration ändert.

Das Format der import-Anweisungen für RIP, HELLO und Redirect-Protokolle ist wie folgt:

import proto rip | hello | redirect
[interface *interface_liste* | gateway *gateway_liste*]
[restrict] |
[[preference *präferenz*] {
route_filter [restrict | (preference *präferenz*)]] ; } ;

Diese Anweisung kontrolliert, basierend auf dem Quellprotokoll, der Schnittstelle und dem Gateway, welche Routen importiert werden. Die Vorrangsreihenfolge verläuft vom allgemeinen (Protokoll) hin zum genauen (Gateway). Im Gegensatz zu BGP und EGP speichern diese Protokolle abgelehnte Routen aufgrund der kurzen Update-Intervalle nicht ab.

Die **preference**-Option wird bei RIP und HELLO nicht verwendet. RIP und HELLO verwenden keine Präferenzen, um zwischen Routen des gleichen Protokolls zu wählen. Sie verwenden Protokollmetriken.

Das Format der **import**-Anweisung für das OSPF-Protokoll ist:

import proto ospfase [tag *ospf_tag*] [restrict] |
[[preference *präferenz*] {
route_filter [restrict | (preference *präferenz*)]] ; } ;

Es liegt in der Natur von OSPF, daß nur der Import von ASE-Routen kontrolliert werden kann. Außerdem ist die Beschränkung des Imports von OSPF ASE-Routen nur dann möglich, wenn der Router als AS-Grenzrouter fungiert. Neben der Anweisung **import ospfase** müssen Sie also auch **export ospfase** verwenden. Verwenden Sie eine leere **export**-Anweisung zur Steuerung des Imports von ASEs, wenn keine ASEs exportiert werden. (Beachten Sie hierzu den folgenden Abschnitt zur export-Anweisung.) Wird ein Tag spezifiziert, wird die **import**-Anweisung nur auf Routen mit dem Tag angewandt. OSPF ASE-Routen, die aufgrund der Policy abgelehnt werden, werden in der Tabelle mit einer negativen Präferenz abgelegt.

OSPF-Routen werden in die **gated**-Routingtabelle mit der Präferenz 10 aufgenommen. Die Präferenz wird nicht zur Wahl von OSPF ASE-Routen verwendet. Zu diesem Zweck werden OSPF-Kosten (*costs*) verwendet.

Die export-Anweisung

Die Syntax der **export**-Anweisung ist der Syntax der **import**-Anweisung ähnlich, und die Bedeutung vieler Parameter ist auch identisch. Ein wichtiger Unterschied zwischen den beiden Anweisungen besteht darin, daß der Import von Routen über die Quellinformationen kontrolliert wird, während beim Export Quell- und Zielinformationen verwendet werden. Deshalb definieren **export**-Anweisungen, wohin die Routen gehen und woher sie kommen. Das Ziel der Route wird in der proto-Klausel am Anfang der **export**-Anweisung festgelegt. Die Quelle der Routen wird in der Exportliste definiert.

Jede export-Anweisung variiert bei jedem Protokoll leicht. Um Routen via EGP und BGP anzubieten, verwenden Sie die folgende Syntax:

export proto bgp | egp as `as_nummer`
    [restrict] |
    [[metric `metrik`] {
    `export_liste` ; }] ;

Routen werden via EGP und BGP an das angegebene autonome System exportiert. **restrict** blockiert Exporte an das AS. Gültige BGP- oder EGP-Metriken können angegeben werden. Ist keine Exportliste definiert, werden nur direkte Routen der angeschlossenen Schnittstellen exportiert. Wird eine Exportliste verwendet, muß diese explizit alles enthalten, was exportiert werden soll.

Um Routen via RIP und HELLO anzubieten, verwenden Sie die folgende Syntax:

export proto rip | hello
    [**interface** `interface_liste` | **gateway** `gateway_liste`]
    [restrict] |
    [[metric `metrik`] {
    `export_liste` ; }] ;

Mit RIP und HALLO exportierte Routen werden über das angegebene Protokoll gesendet und können über eine bestimmte Schnittstelle oder ein bestimmtes Gateway gehen. Legen Sie eine `metrik` fest, wenn Sie statische oder intern generierte Standard-Routen exportieren wollen. Die **metric**-Option wird nur verwendet, wenn Nicht-RIP-Routen via RIP oder Nicht-HELLO-Routen via HELLO exportiert werden.

Wird keine Exportliste angegeben, exportiert RIP direkte Routen und RIP-Routen, und HELLO exportiert direkte Routen und HELLO-Routen. Arbeiten Sie mit einer Exportliste, müssen Sie explizit alles angeben, was exportiert werden soll.

Um Routen via OSPF anzubieten, verwenden Sie diese Syntax:

export proto osfpase [**type 1** | **2**] [**tag** *ospf_tag*]
    [restrict] |
    [[**metric** *metrik*] {
    export_liste ; }] ;

Nur OSPF ASE-Routen können von **gated** exportiert werden. Es gibt zwei Arten von OSPF ASE-Routen: Typ 1 und Typ 2. Sie werden in Kapitel 7 und an anderer Stelle in diesem Anhang beschrieben. Der Standardtyp wird in der Anweisung **ospf protocol** festgelegt, kann aber hier überschrieben werden. Der *ospf_tag* ist eine willkürliche 32-Bit-Zahl, die zum Filtern von Routing-Informationen genutzt wird. Der Standard-Tag-wert wird in der Anweisung **ospf protocol** festgelegt, kann aber hier überschrieben werden.

Die Quelle der von einem Protokoll angebotenen Routen wird in der Exportliste definiert. Jeder der oben aufgeführten Befehle enthält eine Exportlisten-Option. Genau wie die Befehle selbst, variiert die Syntax der Exportliste abhängig vom Quellprotokoll der Routen. Die oben beschriebenen Befehle definieren die zum Anbieten der Routen verwendeten Protokolle. Die nachfolgend aufgeführten Exportlisten beschreiben die Protokolle, von denen die Routen stammen. Die Syntax der Exportlisten sorgt für die größte Verwirrung, weil sie mit der oben gezeigten Syntax nahezu identisch ist. In beiden Fällen definieren wir Protokolle, autonome Systeme, Schnittstellen, Gateways und so weiter. Im ersten Fall definieren wir die Protokolle, Schnittstellen etc., an die die Routen gesendet werden, und im diesem Fall definieren wir die Protokolle, Schnittstellen etc., von denen die Routen empfangen werden.

Zum Export von über BGP und EGP gelernten Routen verwenden Sie die folgende Syntax für die Exportliste:

export proto bgp | **egp autonomoussystem** *as_nummer*
    [restrict] |
    [[**metric** *metrik*] {
    route_filter [restrict | **metric** *metrik*] ; }] ;

Definiert die von einem angegebenen autonomen System via BGP oder EGP gelernten Routen. Die Routen können, basierend auf der Quell-ASN oder dem Routenfilter, beschränkt sein oder eine Metrik verwenden.

Ist BGP konfiguriert, weist **gated** allen Routen einen AS-Pfad zu. Bei internen Routen gibt der AS-Pfad **igp** als Ursprung an. Es werden keine autonomen Systeme in den AS-Pfad aufgenommen (das aktuelle AS wird beim Export der Route hinzugefügt). Bei EGP-Routen gibt der AS-Pfad **egp** als Ursprung und das Quell-AS als AS-Pfad an. Bei BGP-Routen wird der von BGP gelernte AS-Pfad verwendet. Wenn Sie BGP verwenden, kann der Export aller Routen mit der folgenden Syntax über den AS-Pfad kontrolliert werden:

proto *proto* | **all**
    aspath *aspath_regexp* **origin any** | **igp** | **egp** | **incomplete**
    [restrict] |

```
[[metric metrik] {
   route_filter [restrict | metric metrik] ; }] ;
```

Die Quelle der Routen kann ein beliebiges Protokoll (*proto*) oder alle Protokolle (**all**) sein. Der Import von Routen kann durch den Vergleich ihrer AS-Pfade mit dem regulären Ausdruck für AS-Pfade (*aspath_regexp*) oder durch einen Vergleich ihrer Adressen mit dem *route_filter* kontrolliert werden. Routenfilter und reguläre Ausdrücke für AS-Pfade werden weiter oben behandelt.

Zum Export von über RIP und HELLO gelernten Routen verwenden Sie die folgende Syntax für Exportlisten:

proto rip | hello
```
   [interface interface_liste | gateway gateway_liste]
   [restrict] |
   [[metric metrik] {
   route_filter [restrict | metric metrik] ; }] ;
```

Der Export von RIP- und HELLO-Routen kann über das Protokoll, die Quellschnittstelle, das Quell-Gateway oder über Routenfilter kontrolliert werden.

Zum Export von über OSPF gelernten Routen verwenden Sie die folgende Syntax für Exportlisten:

proto ospf | ospfase
```
   [restrict] |
   [[metric metrik] {
   route_filter [restrict | metric metrik] ; }] ;
```

Der Export von OSPF- und OSPF ASE-Routen kann über das Protokoll und Routenfilter kontrolliert werden. Der Export von OSPF-Routen kann auch mit *tag* kontrolliert werden. Hierzu wird die nachfolgende Syntax verwendet:

proto proto | all tag *tag*
```
   [restrict] |
   [[metric metrik] {
   route_filter [restrict | metric metrik] ; }] ;
```

OSPF und RIPv2 stellen ein Tag-Feld zur Verfügung. Für alle anderen Protokolle ist der Tag immer 0. Routen können basierend auf dem Inhalt des Tag-Feldes gewählt werden.

Es gibt andere Routing-Quellen, bei denen es sich nicht um echte Routing-Protokolle handelt. Auch für solche Quellen können Exportlisten definiert werden. Die beiden Exportlisten für diese Quellen sind:

proto direct | static | kernel
```
   [interface interface_liste]
   [restrict] |
   [[metric metrik] {
   route_filter [restrict | metric metrik] ; }] ;
```

Der Export dieser Routen kann über das »Quellprotokoll« und die Quellschnittstelle kontrolliert werden. Die »Protokolle« sind in diesem Fall Routen zu direkten Schnittstellen, statische Routen oder vom Kernel gelernte Routen.

proto default | aggregate
   [restrict] |
     [[**metric** *metrik*] {
     route_filter [restrict | **metric** *metrik*] ; }] ;

Der Export dieser Routen kann nur über das »Quellprotokoll« kontrolliert werden. **default** verweist auf mit der **gendefault**-Option erzeugte Routen. **aggregate** verweist auf mit aggregate-Anweisungen (dem Thema des nächsten Abschnitts) erzeugte Routen.

Die Aggregate-Anweisungen

Die Aggregation von Routen wird bei regionalen und nationalen Netzwerken verwendet, um die Anzahl der angebotenen Routen zu reduzieren. Bei sorgfältiger Planung kommen große Netzwerkbetreiber mit nur ein paar Aggregate-Routen aus, statt Hunderte von Client-Netzwerk-Routen anbieten zu müssen. Die Aggregation zu ermöglichen ist der Hauptgrund, warum CIDR-Blöcke in kontinuierlichen Adreßblöcken bereitgestellt werden.

Die meisten von uns haben nicht Hunderte von Routen, die es anzubieten gilt. Wir könnten aber durchaus eine klassenfreie Adresse besitzen, die aus ein paar wenigen Klasse-C-Adressen besteht, und wir müssen **gated** mitteilen, wie diese Adressen zu behandeln sind. Ältere **gated**-Versionen haben automatisch eine Aggregate-Route für ein natürliches Netzwerk erzeugt, wobei das alte Konzept der Klassen A, B und C herangezogen wurde. (D.h., die Schnittstellenadresse 192.168.16.1 erzeugt eine Route zu 192.168.16.0.) Durch die Einführung des klassenfreien Interdomain-Routings kann dieser Ansatz aber genau der falsche sein. **gated** aggregiert keine Routen, solange das mit einer aggregate-Anweisung nicht explizit konfiguriert wird:

aggregate default | address [**mask** *maske* | **masklen** *nummer*]
   [**preference** *präferenz*] [**brief**] {
   proto *proto*
     [**as** *as_nummer* | **tag** *tag* | **aspath** *aspath_regexp*]
     [restrict] |
     [[**preference** *präferenz*] {
     route_filter [restrict | (**preference** *präferenz*)]] ; } ;

Verschiedene Optionen sind bei der aggregate-Anweisung verfügbar:

preference *präferenz*;
   Definiert die Präferenz der resultierenden Aggregate-Route. Voreingestellt ist 130.

brief

> Legt fest, daß der AS-Pfad der Aggregate-Route der längste gemeinsame AS-Pfad sein soll. Standardmäßig wird ein AS-Pfad aufgebaut, der aus allen beitragenden AS-Pfaden besteht.

proto *proto*

> Nur vom angegebenen Protokoll gelernte Routen werden aggregiert. Der Wert für *proto* kann jedes momentan konfigurierte Protokoll sein. Dazu gehören auch die »Protokolle« **direct**, **static** und **kernel**, die wir im vorigen Abschnitt besprochen haben, **all** für alle möglichen Protokolle und **aggregate** für andere Routen-Aggregationen.

as *as_nummer*

> Nur vom angegebenen autonomen System gelernte Aggregate-Routen.

tag *tag*

> Nur Aggregate-Routen mit dem angegebenen Tag.

aspath *aspath_regexp*

> Nur Aggregate-Routen, die mit dem angegebenen AS-Pfad übereinstimmen.

restrict

> Gibt Routen an, die nicht aggregiert werden sollen.

Routen, deren Routenfilter übereinstimmen, können etwas zu der Aggregate-Route beitragen. Eine Route kann nur etwas zu einer Aggregate-Route beitragen, wenn diese allgemeiner ist als die Route selbst. Jede Route kann nur zu einer Aggregate-Route etwas beitragen, eine Aggregate-Route kann aber etwas zu einer allgemeineren Aggregate-Route beitragen.

Eine leichte Variation der Aggregation ist die Generierung einer Route, die auf dem Vorhandensein bestimmter Bedingungen basiert. Die gängigste Anwendung dieser Variante ist die Erzeugung eines Standardwertes basierend auf dem Vorhandensein einer Route von einem Peer in einem benachbarten Backbone. Das wird mit der **generate**-Anweisung gemacht.

generate default | address [**mask** *maske* | **masklen** *nummer*]
    [**preference** *präferenz*] {
    proto *proto*
      [**as** *as_nummer* | **tag** *tag* | **aspath** *aspath_regexp*]
      [**restrict**] |
      [[**preference** *präferenz*] {
      route_filter [**restrict** | **preference** *präferenz*]] ;   } ; } ;

Die **generate**-Anweisung verwendet viele Optionen, die auch bei der **aggregate**-Anweisung verwendet werden. Diese Optionen werden weiter oben beschrieben.

In diesem Kapitel:
- *Der named-Befehl*
- *Konfigurationsbefehle in named.boot*
- *Records der Zonendateien*

named-Referenz

Dieser Anhang enthält detaillierte Informationen zur **named**-Syntax sowie zu den zur Konfiguration verwendeten Befehlen und Dateien. Diese Referenz sollte zusammen mit den in Kapitel 8 enthaltenen Informationen genutzt werden. Die hier aufgeführten Informationen sind für jeden Domain-Administrator nützlich.

Der named-Befehl

Die Serverseite von DNS stellt der Nameserver-Daemon **named** dar. Die Syntax des **named**-Befehls lautet:[1]

named [–d *level*] [–p *port*[/*lokalerport*]] [[–b] *bootdatei*] [[–q] [[–r]

Die drei in der **named**-Kommandozeile verwendeten Optionen sind:

–d *level*
> Protokolliert Debugging-Informationen in der Datei */usr/tmp/named.run*. Das Argument *level* ist eine Zahl zwischen 1 und 9. Je höher der Level, desto detaillierter sind die geloggten Informationen, doch selbst wenn *level* nur auf 1 steht, wächst *named.run* sehr schnell. Wenn Sie das Debugging verwenden, müssen Sie die Größe der *named.run*-Datei im Auge behalten. Verwenden Sie SIGUSR2, um die Datei zu schließen, und löschen Sie sie, wenn sie zu groß wird. Die Signalbehandlung wird im nächsten Abschnitt beschrieben. Sie müssen das Debugging mit der Option –d nicht aktivieren, um Fehlermeldungen von **named** zu empfangen. **named** gibt Fehlermeldungen auf der Konsole aus und speichert sie in *messages*, selbst wenn das Debugging nicht aktiv ist. Die Option –d liefert *zusätzliche* Debugging-Informationen.

–p *port*[/*lokalerport*]
> Definiert den von **named** verwendeten TCP/UDP-Port. *port* ist die zur Verbindung mit dem entfernten Nameserver verwendete Portnummer. *lokalerport* ist die

---

1 Sun-Systeme verwenden **in.named** anstelle von **named**.

Nummer des Ports, an dem der lokale Nameserver-Daemon auf eingehende Verbindungen achtet. Wird die Option **–p** nicht angegeben, wird der Standardport (53) verwendet. Weil Port 53 allgemein bekannt ist, macht eine Änderung der Portnummer den Nameserver für Standardsoftware unzugänglich. Auf diesem Grund wird die Option **–p** nur zu Testzwecken eingesetzt.

–b *bootdatei*

Legt die Datei fest, die **named** als Konfigurationsdatei verwendet. Standardmäßig wird */etc/named.boot* verwendet, mit der Option **–b** kann der Administrator aber eine andere Konfigurationsdatei wählen. Beachten Sie, daß **–b** optional ist. Solange der Dateiname der *bootdatei* nicht mit einem Bindestrich beginnt, wird **–b** nicht benötigt. Jeder in der **named**-Befehlszeile stehende Dateiname wird als Name der Boot-Datei interpretiert.

–q

Loggt alle eingehenden Abfragen. **named** muß mit der QRYLOG-Option kompiliert werden, um diese Art des Loggings zu aktivieren.

–r

Schaltet die Rekursion aus. Mit dieser Option liefert der Server nur Antworten für Zonen, über die er die Autorität besitzt. Er führt die Query nicht über andere Server oder Zonen durch.

Signalbehandlung

named behandelt die folgenden Signale:

SIGHUP

Veranlaßt **named** dazu, *named.boot* und die Nameserver-Datenbank erneut einzulesen. **named** setzt seine Arbeit dann mit der neuen Konfiguration fort. Dieses Signal ist besonders nützlich, um bei sekundären Servern ein Neuladen der Datenbank vom primären Server zu erzwingen. Normalerweise werden die Datenbanken in bestimmten, regelmäßigen Zeitabständen vom primären Server heruntergeladen. Mit SIGHUP erfolgt dieses Neuladen sofort.

SIGINT

Veranlaßt **named** zu einem Dump seines Caches in die Datei */usr/tmp/named_dump.db*. Die Dump-Datei enthält die gesamten Domain-Informationen, die dem lokalen Nameserver bekannt sind. Die Datei beginnt mit den Root-Servern und macht mit jeder Domain unterhalb der Root weiter, über die der lokale Nameserver irgend etwas weiß. Wenn Sie sich die Datei ansehen, können Sie sich ein vollständiges Bild über die Informationen machen, die der Server gelernt hat.

SIGUSR1

Aktiviert das Debugging. Jedes nachfolgende SIGUSR1-Signal erhöht den Debugging-Level. Die Debugging-Information wird in */usr/tmp/named.run* gespeichert, als wäre die Option **–d** in der **named**-Befehlszeile angegeben worden. Das Debugging muß nicht mit der Option **–d** aktiviert worden sein, damit SIGUSR1 funktioniert. Gehen Sie von einem Problem aus, können Sie mit SIGUSR1 das Debugging aktivieren, ohne **named** anhalten und mit der Option **–d** neu starten zu müssen.

SIGUSR2

Schaltet das Debugging aus und schließt */usr/tmp/named.run.* Nach einem SIGUSR2-Signal können Sie *named.run* untersuchen oder die Datei löschen, wenn sie zu groß geworden ist.

Optional können weitere Signale von **named** verarbeitet werden. Um diese zusätzlichen Signale verwenden zu können, muß **named** aber mit den entsprechenden Optionen zur Unterstützung dieser Signale kompiliert worden sein:

SIGABRT

Schreibt statistische Daten in */var/tmp/named.stats.* **named** muß mit –DSTATS kompiliert werden, damit das Signal funktioniert.

SIGSYS

Schreibt Profiling-Daten in das Verzeichnis */var/tmp.* **named** muß mit Profiling kompiliert werden, damit dieses Signal funktioniert.

SIGTERM

Schreibt die primären und sekundären Datenbankdateien zurück. Wird vor dem Herunterfahren des Systems zur Sicherung von Daten verwendet, die durch dynamische Updates modifiziert wurden. **named** muß mit aktiviertem dynamischen Updating kompiliert sein.

SIGWINCH

Schaltet das Logging aller eingehenden Queries via **syslogd** ein und aus. **named** muß mit QRYLOG kompiliert worden sein.

Konfigurationsbefehle in named.boot

Die Datei */etc/named.boot* enthält die Nameserver-Konfiguration und teilt **named** mit, wo die Nameserver-Datenbankinformation zu finden ist. *named.boot* enthält die folgenden Arten von Records:

directory `verzeichnis-pfad`

Definiert ein Standardverzeichnis für alle nachfolgenden Dateireferenzen innerhalb der **named**-Konfiguration. Muß **named** einen Dump des Speichers anlegen, wird dieser Dump in diesem Verzeichnis abgelegt.

primary `domain-name dateiname`

Deklariert den lokalen Nameserver als primären Master-Server für die durch `domain-name` spezifizierte Domain. Als primärer Server lädt das System die Nameserver-Datenbank von der lokalen Platte aus der Datei, deren `name` im Feld `dateiname` steht.

secondary *domain-name server-adressliste dateiname*

Macht den lokalen Server zu einem sekundären Master-Server für die durch *domain-name* spezifizierte Domain. Die *server-addressliste* enthält die IP-Adresse mindestens eines Master-Servers für diese Domain. Mehrere Adressen können in der Liste angegeben werden, aber zumindest die Adresse des primären Servers muß angegeben werden. Der lokale Server probiert jeden Server in der Liste aus, bis er die Nameserver-Datenbank erfolgreich laden kann. Der lokale Server transferiert die gesamte Domain-Datenbank und speichert alle empfangenen Daten in der durch *dateiname* spezifizierten lokalen Datei ab. Nach Abschluß des Transfers beantwortet der lokale Server alle Queries zu dieser Domain mit voller Autorität.

cache . *dateiname*

Der **cache**-Befehl verweist auf eine Datei, die zur Initialisierung des Nameserver-Caches mit einer Liste von Root-Servern verwendet wird. Der Befehl beginnt mit dem Schlüsselwort **cache**, gefolgt vom Namen der Root-Domain (.), und endet mit dem Namen der Datei, die die Root-Server-Liste enthält. Die Datei kann einen beliebigen Namen haben, wird aber üblicherweise *named.ca*, *named.root* oder *root.cache* genannt. Der **cache**-Befehl ist in jeder *named.boot*-Datei enthalten. **named** benötigt die Liste der Root-Server als Ausgangspunkt für die Suche nach anderen DNS-Domains.

forwarders *server-adresse server-adresse ...*

Der **forwarders**-Befehl versorgt **named** mit einer Liste von Servern, die abgefragt werden können, wenn eine Abfrage mit dem eigenen Cache nicht aufgelöst werden kann. In der abgebildeten Syntax ist *server-adresse* die IP-Adresse eines Servers in Ihrem Netzwerk, der für den lokalen Host eine rekursive Nameserver-Abfrage durchführen kann. (Eine rekursive Abfrage bedeutet, daß der entfernte Server die Antwort auf die Query ermittelt, wenn er selbst die Antwort nicht kennt, und diese Antwort dann zurückliefert.) Die in der **forwarders**-Befehlszeile aufgeführten Server (die man auch als »Forwarder« bezeichnet) werden nacheinander abgefragt, bis einer auf die Query antwortet. Die aufgeführten Server entwickeln einen sehr umfangreichen Cache, vom dem jeder ihn nutzende Host profitiert. Aus diesem Grund wird ihre Verwendung häufig empfohlen. Wenn Sie **forwarders** einsetzen wollen, sollte Ihr Netzwerkadministrator eine Liste von Forwardern für Ihr Netzwerk definieren. Die Forwarder bauen einen umfangreichen Cache nur auf, wenn sie von vielen Hosts verwendet werden.[2]

slave

Der **slave**-Befehl zwingt den lokalen Server, nur die in der forwarders-Befehlszeile angegebenen Server zu verwenden. Der slave-Befehl kann nur verwendet werden, wenn auch eine **forwarders**-Zeile in *named.boot* enthalten ist. Ein Server mit einem **slave**-Befehl in *named.boot* wird auch als *Slave-Server* bezeichnet. Ein Slave-Server versucht nicht, die autoritativen Server einer Domain anzusprechen, selbst

---

2 In Kapitel 3 werden rekursive und nicht-rekursive Nameserver-Abfragen behandelt.

wenn die Forwarder die Query nicht beantworten. Unter allen Umständen fragt ein Slave-Server nur Forwarder ab. Der **slave**-Befehl wird verwendet, wenn eingeschränkter Netzwerkzugriff die Forwarder zu den einzigen Servern macht, die vom lokalen Host erreicht werden können. Der **slave**-Befehl wird nicht bei Systemen verwendet, die über einen vollwertigen Internetzugang verfügen, weil das die Flexibilität der Systeme einschränkt.

sortlist *netzwerk netzwerk ...*

Der **sortlist**-Befehl sorgt dafür, daß **named** Adressen der aufgeführten Netzwerke gegenüber Adressen anderer Netzwerke vorzieht. Normalerweise sortiert DNS die Adressen in einer Antwort nur, wenn der abfragende Host und der Nameserver im gleichen Netzwerk liegen. In diesem Fall wird das gemeinsame Netzwerk bevorzugt.

xfrnets *adresse*[&*maske*] *...*

Der **xfrnets**-Befehl beschränkt Zonentransfers auf Hosts mit der angegebenen *adresse*. Die *adresse* wird in Punktnotation angegeben und als Netzwerkadresse interpretiert. Das optionale Maskenfeld ändert die Interpretation der *adresse*. Ist ein Bit in der Maske gesetzt, bestimmt es, welche Hosts einen Zonendatei-Transfer empfangen dürfen. Beispielsweise erlaubt **xfrnets 172.16.0.0** jedem Host im Netzwerk 172.16 den Transfer von Zonendateien, während **xfrnets 172.16.12.3&255. 255.255.255** die Zonentransfers auf den Host 172.16.12.3 beschränkt. Aus Sicherheitsgründen wollen viele Sites nicht, daß alle Hostnamen ihrer Domain bekannt sind. **xfrnets** schränkt die Fähigkeit, die vollständige Domain zu empfangen, auf bestimmte, vertrauenswürdige Hosts ein. **tcplist** ist eine alternative Variante dieses Befehls, die aus Gründen der Kompatibilität mit älteren Server-Implementierungen immer noch gepflegt wird.

include *datei*

Der **include**-Befehl fügt den Inhalt der *datei* an der Stelle ein, an der der Befehl in der Boot-Datei steht. Er kann bei sehr großen Konfigurationen verwendet werden, die von verschiedenen Leuten gepflegt werden.

bogusns *adresse adresse ...*

Der **bogusns**-Befehl verhindert, daß Queries an den durch *adresse* bezeichneten Nameserver gesendet werden. Die *adresse* muß eine IP-Adresse sein, kein Domain-Name. Der Befehl wird eingesetzt, um eine Beschädigung des Caches zu vermeiden, wenn man weiß, daß der entfernte Nameserver fehlerhafte Informationen liefert. **bogusns** ist nur eine temporäre Lösung, die in der Boot-Datei verwendet wird, um dem Administrator der entfernten Domain die Möglichkeit zu geben, das eigentliche Problem zu lösen.

limit *name wert*

Der **limit**-Befehl ändert die internen Quotas von BIND. Der *wert* ist eine Zahl, die die neuen Quotas festlegt. **k** (Kilobyte), **m** (Megabyte) oder **g** (Gigabyte) können ganz nach Bedarf an den neuen Quota-Wert angehängt werden. *name* ist der Name der neu zu definierenden Quota. Vier verschiedene Werte sind für *name* möglich:

datasize setzt die Quota für die Datengröße des Prozesses.[3] **transfers-in** legt die Anzahl von Transfer-Unterprozessen fest, die BIND gleichzeitig ausführen kann. **transfers-per-ns** legt die maximale Anzahl von simultanen Zonentransfers fest, die zu einem beliebigen entfernten Nameserver möglich sind. Es können mehrere limit-Befehle in einer Boot-Datei stehen, jeweils einer für jede gesetzte Quota.

options `option option ...`

Der **options**-Befehl aktiviert optionale BIND-Features. Die Schlüsselwörter für `option` sind Boolesche Werte. Die Angabe einer `option` aktiviert die Option. Standardmäßig sind die optionalen Features nicht eingeschaltet. Gültige `option`-Werte sind: **query-log** – protokolliert alle Queries via syslogd, was zu einer sehr großen Menge an Logdaten führt. **forward-only** – alle Queries werden an die Forwarder weitergegeben. Entspricht dem **slave**-Befehl, wobei diese Syntax nun gegenüber **slave** bevorzugt wird. **fake-iquery** – der Nameserver täuscht bei inversen Queries eine Antwort vor, statt einen Fehler zurückzugeben. Wird verwendet, wenn Sie einige Clients besitzen, die Fehler nicht richtig behandeln können. **no-recursion** – der Nameserver beantwortet Queries nur für Zonen, über die er die Autorität besitzt. Alle anderen Queries werden mit einem Verweis auf einen anderen Server beantwortet. **no-fetch-glue** – der Nameserver holt für eine Antwort keine fehlenden Binde-Records (*glue records*) ein. Die daraus resultierende Antwort kann unvollständig sein. Wird zusammen mit **no-recursion** genutzt, um das Wachstum des Caches zu beschränken und die Gefahr einer Cache-Beschädigung zu verringern.

check-names `quelle aktion`

Der Befehl **check-names** weist den Nameserver an, die Hostnamen mit den in RFC 952 definierten Standards für Hostnamen zu vergleichen. Auf diese Weise wird sichergestellt, daß die Namen keine nicht druckbaren Zeichen enthalten. Die `quelle` ist die Quelle des Hostnamens oder der String-Daten, die es zu prüfen gilt. Als `quelle` kann **primary** für die primäre Zonendatei, **secondary** für die sekundäre Zonendatei oder **response** für die bei einer rekursiven Suche empfangene Antwort angegeben werden. Die `aktion` teilt dem Nameserver mit, was es zu tun gilt, wenn ein Fehler entdeckt wird: **fail** (Daten ablehnen; sie nicht laden, im Cache speichern oder weiterleiten), **warn** (Fehlermeldung an Systemlog senden) oder **ignore** (Daten verarbeiten, als wäre kein Fehler aufgetreten). Mehrere **check-names**-Befehle können in der Boot-Datei stehen, eine für jede Datenquelle. Die Aktion für jede Quelle kann unterschiedlich sein.

max-fetch `wert`

Der Befehl **max-fetch** übernimmt exakt die gleiche Funktion wie der oben beschriebene Befehl **limit transfers-in**. Der **limit**-Befehl stellt mittlerweile die bevorzugte Syntax dar.

---

3 Da es sich hier um eine Quota des Kernels handelt, kann dies nur bei Systemen verwendet werden, die einen Kernel-Aufruf zur Implementierung bereitstellen.

Bei Drucklegung dieser Ausgabe wurde bei einigen Konfigurationen ein experimenteller *named.boot*-Befehl unterstützt:

stub `domain-name server-adressliste dateiname`
> Dieser Befehl deklariert dieses System als »Stub-Server« für die durch `domain-name` spezifizierte Domain. Die Stub-Information wird von einem der in `server-adressliste` angegebenen Server heruntergeladen und in der mit `dateiname` bezeichneten Datei abgelegt. Das Format des **stub**-Befehls ist mit dem des **secondary**-Befehls identisch, und auch die Funktionen der Felder sind gleich. Allerdings hat der **stub**-Befehl einen nur sehr eingeschränkten Nutzen. Er wird nur verwendet, wenn der primäre Host nicht als Secondary für seine untergeordneten Domains fungiert. In diesem Fall stellt er sicher, daß der primäre Host die richtigen NS-Records für die untergeordneten Domains besitzt.

Es gibt einen *named.boot*-Befehl, der nicht mehr allzu verbreitet ist und kaum noch unterstützt wird. Sie werden gelegentlich auf Beschreibungen dieses Befehls stoßen, wenn Sie sich mit dem zum Nameservice verfügbaren Material beschäftigen, weshalb wir ihn an dieser Stelle auch erwähnen. Verwenden Sie ihn aber nicht in Ihren Konfigurationen. Der Befehl lautet:

domain `name`
> Dieser Befehl funktioniert in exakt der gleichen Art und Weise wie der domain-Befehl in *resolv.conf*. Es handelt sich um einen veralteten Befehl, der in zukünftigen BIND-Releases nicht mehr vorkommen darf. Sie benötigen diesen Befehl nicht, weil der Standard-Domainname einfach in *resolv.conf* definiert wird.

Records der Zonendateien

Zwei Arten von Einträgen werden zum Aufbau einer Zonendatei verwendet: *Steuerungseinträge*, die den Aufbau der Datei vereinfachen, und *Standard-Resource-Records*, die die in der Zonendatei enthaltenen Domain-Daten definieren. Es gibt nur zwei Steuerungseinträge:

$INCLUDE `dateiname`
> Gibt eine Datei an, deren Inhalt in die Zonendatei eingefügt werden soll. Die in dieser Datei enthaltenen Daten müssen gültige Steuerungseinträge oder Standard-Resource-Records sein. $INCLUDE ermöglicht die Verteilung einer großen Zonendatei auf kleine, besser zu pflegende Einheiten.
>
> Der verwendete `dateiname` liegt relativ zu dem in der directory-Anweisung der named.boot angegebenen Verzeichnis. Enthält also beispielsweise die *named.boot*-Datei für *almond* die Anweisung **directory** /etc und eine Zonendatei auf *almond* die Anweisung **$INCLUDE sales.hosts**, dann würde die Datei */etc/sales.hosts* in die Zonendatei eingefügt werden. Soll die Datei nicht relativ zu diesem Verzeichnis liegen, können Sie einen vollständig qualifizierten Namen wie */usr/dns/sales.hosts* angeben.

$ORIGIN `domainname`

Ändert den Standard-Domainnamen, der in der Zonendatei von nachfolgenden Records verwendet wird. Verwenden Sie diesen Befehl, um mehr als eine Domain in einer Zonendatei unterzubringen. Beispielsweise legt die Anweisung **$ORIGIN sales** in der Zonendatei *nuts.com* den Domain-Namen mit *sales.nuts.com* fest. Alle nachfolgenden Resource-Records wären relativ zu dieser neuen Domain.

Die **named**-Software verwendet **$ORIGIN**-Anweisungen, um ihre eigenen Informationen zu organisieren. Ein mit SIGINT angestoßener Dump der **named**-Datenbank erzeugt eine einzelne Datei mit allen dem Server bekannten Daten. Diese Datei, *named_dump.db*, enthält viele **$ORIGIN**-Einträge, um alle **named** bekannten Domains in einer einzigen Datei unterbringen zu können.

Diese beiden Steuerungseinträge sind hilfreich bei der Organisation und Kontrolle der Daten in einer Zonendatei. Die eigentlichen Datenbankinformationen sind aber alle in Standard-Resource-Records enthalten. Alle in *named.boot* enthaltenen Dateien steuern ihren Teil zur DNS-Datenbank bei, d.h., all diese Dateien enthalten Standard-Resource-Records.

Standard-Resource-Records

Das Format von Standard-Resource-Records, oder kurz RRs, ist in RFC 1033, *Domain Administrators Operations Guide*, definiert. Es sieht wie folgt aus:

`[name] [ttl] klasse typ daten`

Die einzelnen Felder im Standard-Resource-Record sind:

`name`

Der Name des von diesem Resource-Record betroffenen Objekts. Das benannte Objekt kann so spezifisch wie ein individueller Host sein, aber auch so allgemein wie eine gesamte Domain. Der für `name` angegebene String ist relativ zur aktuellen Domain, es sei denn, es wird ein voll qualifizierter Domain-Name verwendet.[4] Bestimmte Werte haben beim `name`n eine besondere Bedeutung:

Ein leeres Namensfeld bezeichnet das momentan benannte Objekt. Der aktuelle Name ist in Kraft, bis ein neuer Name im Namensfeld angegeben wird. Auf diese Weise können mehrere RRs auf das gleiche Objekt angewandt werden, ohne jedesmal den Namen des Objekts wiederholen zu müssen.

`..`

Zwei Punkte im Namensfeld bezeichnen die Root-Domain. Aber auch ein einzelner Punkt (der tatsächliche Name von Root) verweist auf die Root-Domain und wird weitaus häufiger verwendet.

---

4 Der voll qualifizierte Domain-Name muß bis zur Root angegeben werden, d.h., er muß mit einem Punkt enden.

@

Ein einzelnes at-Zeichen (@) im Namensfeld verweist auf den momentanen Ursprung. Dieser Ursprung ist ein vom System über den aktuellen Domain-Namen abgeleiteter oder ein explizit vom Systemadministrator mit dem **$ORI-GIN**-Befehl eingestellter Domain-Name.

*

Ein Sternchen im Namensfeld dient als Wildcard. Es steht für einen beliebigen String. Es kann mit einem Domain-Namen kombiniert, aber auch für sich allein stehend verwendet werden. Ein für sich stehendes Sternchen im Namensfeld bedeutet, daß das Resource-Record auf Objekte mit einer beliebigen Zeichenfolge und dem Namen der aktuellen Domain angewandt wird. Zusammen mit einem Domain-Namen gilt das Sternchen relativ zu dieser Domain. So steht beispielsweise *.*bitnet.* im Namensfeld für einen beliebigen String gefolgt vom String *.bitnet.*

`ttl`

Die TTL (»Time-To-Live«) gibt die Zeit in Sekunden an, die die Information in diesem Resource-Record im Cache gehalten werden soll. Die `ttl` wird als numerischer Wert von bis zu acht Zeichen Länge angegeben. Wird keine `ttl` angegeben, greift das System auf den für die gesamte Zonendatei definierten Wert zurück, der im Minimum-Feld des SOA-Records angegeben wird.

`klasse`

Dieses Feld definiert die Adreßklasse des Resource-Records. Die Internet-Adreßklasse heißt IN. Alle vom Internet-DNS verwendeten Resource-Records haben IN in diesem Feld stehen; eine Zonendatei kann aber auch Informationen enthalten, die nicht an das Internet gebunden sind. Beispielsweise werden Informationen für Hesiod-Server (einen am MIT entwickelten Nameserver) mit HS im Klassenfeld gekennzeichnet, während bei chaosnet-Informationen CH im Klassenfeld steht. Alle in diesem Buch verwendeten Resource-Records besitzen die Adreßklasse IN.

`typ`

Dieses Feld gibt den Typ der Daten an, die in diesem Record enthalten sind. Zum Beispiel gibt ein RR vom Typ A die Adresse des im Namensfeld stehenden Hosts an. Alle Typen von Standard-Resource-Records werden in diesem Anhang erläutert.

`daten`

Dieses Feld enthält die zum jeweiligen Resource-Record gehörenden Daten. Das Format und der Inhalt des Datenfelds hängen vom RR-Typ ab. Das Datenfeld bildet den eigentlichen Kern des RRs. Zum Beispiel enthält das Datenfeld bei einem A-Record die IP-Adresse.

Neben den Zeichen, die im Namensfeld eine besondere Bedeutung haben, verwenden Zonendatei-Records die folgenden anderen Spezialzeichen:

;

> Das Semikolon dient als Kommentarzeichen. Es gibt an, daß die restlichen Daten der Zeile einen Kommentar darstellen.

( )

> Klammern dienen als Fortsetzungszeichen. Verwenden Sie Klammern, um Daten über eine einzelne Zeile hinweg weiterzuführen. Die auf eine öffnende Klammer folgenden Daten werden über nachfolgende Zeilen hinweg als Teil der aktuellen Zeile betrachtet, bis eine schließende Klammer auftaucht.

\x

> Das Backslash dient als Fluchtsymbol bzw. Escape-Sequenz. Ein auf ein Backslash (\) folgendes nicht-numerisches Zeichen wird als Literal betrachtet, und jede besondere Bedeutung, die das Zeichen normalerweise haben könnte, wird ignoriert. So steht beispielsweise \; für ein Semikolon, nicht für einen Kommentar.

\ddd

> Auf ein Backslash können auch drei Dezimalzahlen folgen. Wird das Fluchtsymbol auf diese Weise verwendet, werden die Dezimalzahlen als absoluter Bytewert interpretiert. Zum Beispiel steht \255 für den Bytewert 11111111.

Das gleiche allgemeine Format von Resource-Records wird von allen Resource-Records der Zonendatei verwendet. Jedes Resource-Record wird nachfolgend beschrieben.

SOA-Record (Start of Authority)

Das SOA-Record (*Start of Authority*) markiert den Anfang einer Zone und ist üblicherweise das erste Record einer Zonendatei. Alle nachfolgenden Records sind ein Teil der durch SOA deklarierten Zone. Jede Zone hat nur ein SOA-Record, d.h., das nächste SOA-Record markiert den Anfang einer anderen Zone. Weil eine Zonendatei normalerweise mit einer einzelnen Zone verknüpft ist, enthält sie üblicherweise nur ein SOA-Record.

Das Format des SOA-Records ist:

```
[zone] [ttl] IN SOA ursprung kontakt(
    serial
        refresh
        retry
        expire
        minimum
    )
```

Die Komponenten des SOA-Records sind:

zone

> Der Name der Zone. Üblicherweise enthält das SOA-Namensfeld ein at-Zeichen (@). Bei einem SOA-Record verweist das at-Zeichen auf den Domain-Namen, der in der primary-Anweisung der *named.boot* für diese Zonendatei angegeben wurde.

`ttl`

Bei einem SOA-Record bleibt das TTL-Feld leer.

IN

Die Adreßklasse für alle Internet-RRs lautet IN.

SOA

SOA ist der RR-Typ. Alle hierauf folgenden Informationen sind Teil des Datenfeldes und spezifisch für das SOA-Record.

`ursprung`

Der Hostname des primären Master-Servers für diese Domain. Wird normalerweise als voll qualifizierter Domain-Name angegeben. Ist zum Beispiel *almond* der Master-Server für *nuts.com*, würde in diesem Feld *almond.nuts.com.* beim SOA-Record für *nuts.com* stehen.

`kontakt`

Die E-Mail-Adresse der für diese Domain verantwortlichen Person wird in diesem Feld eingetragen. Die Adresse hat eine leicht veränderte Form. Das üblicherweise in Internet-E-Mail-Adressen verwendete at-Zeichen (@) ist hier durch einen Punkt ersetzt. Ist also beispielsweise *david@almond.nuts.com* die E-Mail-Adresse des Administrators der Domain *nuts.com*, enthält das Kontaktfeld des SOA-Records von *nuts.com* den Wert *david.almond.nuts.com*.

`serial`

Die Versionsnummer der Zonendatei. Ein bis zu 8 Ziffern langes numerisches Feld, das üblicherweise eine einfache Zahl, z.B. 117, enthält. Die Zusammensetzung dieser Zahl ist aber dem Administrator überlassen. Einige verwenden ein Format, das die letzte Aktualisierung der Zone widerspiegelt, z.B. 92031100. Der wichtige Punkt bei der Seriennummer ist, unabhängig vom Format, daß sie jedesmal erhöht werden muß, wenn die Daten in der Zonendatei modifiziert werden. Dieses Feld ist extrem wichtig. Es wird von sekundären Master-Servern verwendet, um zu bestimmen, ob die Zonendatei aktualisiert wurde. Hierzu fordert der sekundäre Server das SOA-Record vom primären Server an und vergleicht die Seriennummer der ihm vorliegenden Daten mit der empfangenen Seriennummer. Hat sich die Seriennummer erhöht, fordert der sekundäre Server einen vollständigen Zonentransfer an. Sie müssen daher die Seriennummer bei jeder Aktualisierung Ihrer Zonendaten erhöhen, weil die neuen Daten anderenfalls nicht auf die sekundären Server verteilt werden.

`refresh`

Legt die Zeitspanne fest, die der sekundäre Server warten soll, bevor er auf dem primären Server prüft, ob die Zone aktualisiert wurde. Alle `refresh` Sekunden prüft der sekundäre Server die SOA-Seriennummer, um zu bestimmen, ob die Zonendatei neu geladen werden muß. Sekundäre Server prüfen die Seriennummer Ihrer Zonen bei jedem Neustart und bei jedem empfangenen SIGHUP-Signal. Da es aber wichtig ist, die Datenbank des sekundären Servers mit der des primären Servers abzugleichen, verläßt sich **named** nicht auf diese unvorhersehbaren Ereignisse. Das *refresh*-Intervall liefert einen vorhersehbaren Zyklus für das Neuladen der Zone, der vom Systemadministrator gesteuert wird. Der für *refresh* verwendete Wert ist eine Zahl von bis zu 8 Ziffern Länge. Er gibt die maximale Zeitspanne in Sekunden an, die die Datenbanken der primären und sekundären Server unsynchronisiert sein können. Ein kleiner *refresh*-Wert sorgt für eine hohe Synchronisation, allerdings ist ein niedriger *refresh*-Wert üblicherweise nicht notwendig. Ist der Wert kleiner als nötig, erhöhen Sie unnötig die Last für das Netzwerk und die sekundären Server. Der für *refresh* verwendete Wert sollte die Aktualisierungen Ihrer Domain-Datenbank realistisch widerspiegeln.

Die Domain-Datenbanken der meisten Sites sind recht stabil. Neue Systeme werden regelmäßig, aber nicht gerade stündlich eingebunden. Wenn Sie ein neues System einbinden, können Sie den Hostnamen und die Adresse vergeben, bevor das System einsatzbereit ist. Sie können diese Informationen dann in die Nameserver-Datenbank eintragen und an die sekundären Server verteilen, lange bevor die Daten eigentlich benötigt werden.

Sind umfangreiche Änderungen geplant, kann die *refresh*-Zeit kurzfristig verringert werden, während die Änderungen durchgeführt werden. Den normalen Wert setzen Sie recht hoch an, um die Last für das Netzwerk und die Server zu minimieren. Zwei- (43200 Sekunden) bis viermal (21600 Sekunden) pro Tag ein *refresh* ist für die meisten Sites ausreichend. Dieser Prozeß des Einlesens eines SOA-Records, des Vergleichs der Seriennummer und, falls nötig, des Herunterladens der Zonendatei wird als *Zonen-Refresh* bezeichnet. Aus diesem Grund wird der Name *refresh* für diesen Wert verwendet.

retry

> Gibt an, wie lange sekundäre Server warten sollen, bevor sie erneut versuchen, den primären Server anzusprechen, wenn dieser auf eine Zonen-Refresh-Anforderung nicht geantwortet hat. *retry* wird in Sekunden angegeben und ist bis zu 8 Ziffern lang. Sie dürfen den *retry*-Wert nicht zu klein einstellen. Antwortet der primäre Server nicht, könnte der Server oder das Netzwerk unten sein. Ein schnelles erneutes Ansprechen eines nicht funktionierenden Systems bringt nichts und kostet nur Netzwerkressourcen. Ein sekundärer Server mit vielen Zonen kann leicht Probleme bekommen, wenn die *retry*-Werte zu klein sind. Kann der sekundäre Server die primären Server verschiedener Zonen nicht erreichen, kann er leicht in einer Retry-Schleife hängen bleiben.[5] Vermeiden Sie Probleme, indem Sie eine (3600) oder eine halbe Stunde (1800) als *retry*-Wert angeben.

expire

> Legt fest, wie lange die Zonendaten vom sekundären Server vorgehalten werden, ohne einen Zonen-Refresh empfangen zu haben. Der Wert wird in Sekunden ange-

---

5 Der Server könnte die Perioden wechseln, wenn keine Antworten eingehen oder wenn Queries aufgelöst werden, oder er könnte einen Fehler der Art »zu viele Dateien offen« ausgeben.

geben und kann bis zu 8 Ziffern lang sein. Kann der sekundäre Server nach *expire* Sekunden die Zone nicht aktualisieren, werden alle Daten verworfen. Der *expire*-Wert ist normalerweise sehr hoch. 3.600.000 Sekunden (etwa 42 Tage) werden üblicherweise verwendet. Hat der primäre Server also 42 Tage lang nicht auf die alle *retry* Sekunden durchgeführten Versuche eines Zonen-Refreshs geantwortet, werden die Daten verworfen. 42 Tage sind ein guter Wert.

minimum

Dieser Wert dient als Standard-TTL für alle Resource-Records, bei denen kein expliziter TTL-Wert angegeben wurde. Der Wert ist eine bis zu 8 Ziffern lange Zahl, die angibt, wie viele Sekunden die RRs dieser Zone im Cache des entfernten Hosts vorgehalten werden sollen. Setzen Sie diesen Wert hoch an. Die meisten Records einer Zone bleiben lange Zeit unverändert. Hosts werden in Zonen eingebunden, aber Hostnamen (wenn sie richtig gewählt sind) und Adressen werden nicht oft geändert. Entfernte Server aufgrund einer kurzen TTL dazu zu zwingen, nicht veränderte Daten erneut anzufordern, ist reine Verschwendung von Ressourcen. Planen Sie die Änderung eines Records, definieren Sie eine kurze TTL für das Record, nicht für die gesamte Zone. Verwenden Sie ein kleines Minimum nur, wenn die gesamte Datenbank ersetzt werden soll. Für den normalen Betrieb sollten Sie mindestens eine Woche (604800) angeben.

Ein Beispiel für ein SOA-Record für die Domain *nuts.com* ist:

```
@    IN  SOA  almond.nuts.com. david.almond.nuts.com. (
              92031101          ; serial
              43200             ; refresh zweimal täglich
              3600              ; retry jede Stunde
              3600000           ; expire nach 1000 Stunden
              2419200           ; Standard-TTL von einem Monat
              )
```

Beachten Sie die Seriennummer dieses SOA-Records. Das Format unserer Seriennummer ist *jjmmttvv* – wobei *jj* das Jahr, *mm* den Monat, *tt* den Tag und *vv* die Version angibt. Mit dieser Art Seriennummer kann der Administrator genau erkennen, wann die Zone zuletzt aktualisiert wurde. Eine Versionsnummer ermöglicht mehrere Aktualisierungen an einem Tag. In unserem Beispiel wurde die Zonendatei am 11.3.92 geändert, und es war die erste Aktualisierung an diesem Tag.

Dieses SOA-Record teilt uns auch mit, daß *almond* der primäre Server für diese Zone ist, und daß die für diese Zone verantwortliche Person unter der E-Mail-Adresse *david@almond.nuts.com* erreicht werden kann. Es weist sekundäre Server an, zweimal am Tag auf Zonenänderungen zu achten und einmal stündlich einen neuen Versuch zu starten, falls keine Antwort eingeht. Ist nach 1000 Versuchen immer noch keine Antwort eingegangen, sollen die Daten dieser Zone verworfen werden. Besitzt ein RR dieser Zone keine explizite *ttl*, wird schließlich ein Standardwert von einem Monat verwendet.

NS-Record (Nameserver)

Nameserver-Records geben die autoritativen Server einer Zone an. Diese Records bilden die Elemente, über die die Domain-Hierarchie gebildet wird. NS-Records der Top-Level-Domains verweisen auf die Server der Second-Level-Domains, die wiederum auf die Server ihrer Subdomains verweisen. NS-Records, die auf die Server untergeordneter Domains verweisen, sind notwendig, damit auf diese Domains zugegriffen werden kann. Ohne NS-Records wären die Server für eine Domain unbekannt.

Das Format des NS-Records ist wie folgt:

`[domain] [ttl]` **IN NS** `server`

`domain`

> Der Name der Domain, für die der im Server-Feld angegebene Host den autoritativen Nameserver darstellt.

`ttl`

> Das TTL-Feld ist üblicherweise leer.

IN

> Die Adreßklasse ist IN.

NS

> Der Typ des Nameserver-RRs ist NS.

`server`

> Der Hostname eines Computers, der autoritativen Nameservice für diese Domain anbietet. Domains haben üblicherweise mindestens einen Server, der außerhalb der lokalen Domain liegt. Der Name des Servers kann nicht relativ zur lokalen Domain angegeben werden, sondern muß immer als voll qualifizierter Hostname angegeben werden. Der Konsistenz halber verwenden viele Administratoren bei allen Servern voll qualifizierte Domain-Namen, selbst wenn das bei Servern innerhalb der lokalen Domain nicht notwendig ist.

A-Record (Address)

Der Großteil der Resource-Records einer *named.hosts*-Zonendatei[6] sind Adreß-Records. A-Records werden genutzt, um Hostnamen in IP-Adressen umzuwandeln, was der üblichen Nutzung der DNS-Datenbank entspricht.

Das Adreß-RR enthält folgendes:

`[host] [ttl]` **IN A** `adresse`

`host`

> Der Name des Hosts, dessen Adresse im Datenfeld dieses Records steht. Der Hostname wird häufig relativ zur aktuellen Domain angegeben.

---

6 Kapitel 8 beschreibt die verschiedenen **named**-Konfigurationsdateien.

`ttl`
Das TTL-Feld ist üblicherweise leer.

IN
Die Adreßklasse ist IN.

A
Der Typ des Adreß-RRs ist A.

adresse
Die IP-Adresse des Hosts steht hier in Punktnotation, also z.B. 128.66.12.2.

Ein *glue record* oder »Binde-Record« ist eine spezielle Art von Adreß-Record. Die meisten Adreß-Records verweisen auf Hosts innerhalb der Zone, aber manchmal muß ein Adreß-Record auf einen Host in einer anderen Zone zeigen. Damit wird die Adresse eines Nameservers für eine untergeordnete Domain angegeben. Rufen Sie sich ins Gedächtnis zurück, daß das NS-Record den Server einer Subdomain über den Namen spezifiziert. Eine Adresse wird zur Kommunikation mit dem Server benötigt, d.h., ein A-Record muß ebenfalls angegeben werden. Das Adreß-Record in Kombination mit dem Nameserver-Record verbindet die Domains.

MX-Record (Mail Exchanger)

Das MX-Record leitet Mail an einen Mailserver weiter. Es kann die Mail für einen einzelnen Rechner oder für eine vollständige Domain weitergeben. MX-Records sind extrem hilfreich, wenn in der Domain einige Systeme sitzen, auf denen keine Mail-Software läuft. An diese Systeme adressierte Mail kann auf Systeme umgeleitet werden, die eine solche Software laufen lassen. MX-Records werden auch zur Vereinfachung der Mail-Adressierung verwendet, indem Mail an Server weitergegeben wird, die diese vereinfachten Adressen verstehen.

Das Format von MX-RRs ist wie folgt:

[*name*] [*ttl*] **IN MX** *präferenz host*

name
Der Name eines Hosts oder einer Domain, an die die Mail adressiert ist. Stellen Sie sich das als den Wert vor, der in einer Mail-Adresse auf das @ folgt. An diesen Namen adressierte Mail wird an den Mailserver weitergegeben, der im Host-Feld des MX-Records steht.

ttl
Das TTL-Feld ist üblicherweise leer.

IN
Die Adreßklasse ist IN.

MX
Der Typ des Mail Exchanger-RRs ist MX.

präferenz

> Ein Host oder eine Domain können mehr als ein MX-Record benutzen. Das Präferenzfeld legt fest, in welcher Reihenfolge die Mailserver genutzt werden. Server mit kleinen Präferenzwerten werden zuerst verwendet, weshalb der bevorzugte Server die Präferenz 0 hat. Präferenzwerte werden üblicherweise in Schritten von 5 oder 10 vergeben, damit neue Server zwischen bereits existierende eingefügt werden können, ohne ältere MX-Records ändern zu müssen.

host

> Der Name eines Mailservers, an den die Mail ausgeliefert wird, wenn sie an den Host oder die Domain gerichtet ist, die im Namensfeld steht.

Versteht ein entferntes System, wie mit MX-Records umzugehen ist, und möchte es Mail an einen Host senden, fordert es die MX-Records dieses Hosts an. DNS gibt alle MX-Records für diesen Host zurück. Der entfernte Server wählt das MX-Record mit der niedrigsten Präferenz und versucht, die Mail an diesen Server auszuliefern. Kann er keine Verbindung zu diesem Server herstellen, probiert er nacheinander alle Server in der Reihenfolge ihrer Präferenz, bis die Mail ausgeliefert werden kann. Liefert das DNS keine MX-Records zurück, liefert der entfernte Server die Mail direkt an den Host aus, an den die Mail adressiert ist. MX-Records legen nur fest, wie Mail weiterzuleiten ist. Das entfernte System und der Mailserver führen alle Aufgaben durch, die zur eigentlichen Auslieferung der Mail notwendig sind.

Weil das entfernte System zuerst ein MX-Record verwenden will, geben viele Domain-Administratoren MX-Records für jeden Host der Zone an. Viele dieser MX-Records verweisen auf den Host, an den die Mail adressiert ist, also beispielsweise ein MX für *almond* mit dem Wert *almond.nuts.com* im Host-Feld. Diese Records werden verwendet, um die Verarbeitungslast des entfernten Computers zu verringern. Eine nette Geste!

Ein wichtiger Anwendungsfall für MX-Records besteht darin, an Nicht-Internet-Sites gerichtete Mail mit der im Internet üblichen Adressierung auszuliefern. MX-Records erreichen dies, indem die Mail an Computer weitergegeben wird, die wissen, wie man Mail an solche Netzwerke ausliefert. Zum Beispiel können mit **uucp** arbeitende Sites eine Internet-Domain bei UUNET registrieren lassen. UUNET verwendet MX-Records, um die an diese nicht konnektierten Sites adressierte Internet-Mail an *uunet.uu.net* weiterzuleiten. Dieses System liefert dann die Mail per **uucp** an das letztendliche Ziel aus.

Hier einige Beispiele für MX-Records. Alle Beispiele sind für unsere imaginäre Domain *nuts.com*. In unserem ersten Beispiel leiten wir alle an *hazel.nuts.com* gerichtete Mail an *almond.nuts.com* um:

```
hazel      IN   MX    10 almond
```

Das zweite Beispiel ist ein MX-Record, das die Mail-Adressierung vereinfacht. Leute können Mail an jeden Benutzer der Domain schicken, ohne den eigentlichen Computer zu kennen, an dem der Benutzer seine Mails liest. An *benutzer@nuts.com* gerichtete Mail wird mit diesem MX-Record an *almond* weitergegeben. Dieser Mailserver weiß, wie man Mail an jeden einzelnen Benutzer der Domain ausliefert.

```
nuts.com.    IN    MX    10 almond.nuts.com.
```

Im letzten Beispiel verwenden wir ein MX-Record, das an einen beliebigen Host innerhalb der Domain adressierte Mail an einen zentralen Mailserver weiterleitet. An einen beliebigen Host adressierte Mail, egal ob *pecan.nuts.com*, *acorn.nuts.com* oder *anything.nuts.com*, wird an *almond* weitergeleitet. Diese Form ist der häufigste Einsatzbereich für Wildcards (*).

```
*.nuts.com.    IN    MX    10 almond.nuts.com.
```

In diesen Beispielen liegt die *präferenz* bei 10, so daß ein Mailserver mit einem niedrigeren Präferenzwert in die Zone eingefügt werden könnte, ohne das vorhandene MX-Record ändern zu müssen. Beachten Sie auch, daß die Hostnamen im ersten Beispiel relativ zur Domain *nuts.com* angegeben wurden. Die anderen Namen sind hingegen nicht relativ, weil sie mit einem Punkt enden. All diese Namen hätten als relative Namen angegeben werden *können*, weil alle Hosts in der Domain *nuts.com* liegen. Voll qualifizierte Namen wurden hier nur verwendet, um die Beispiele etwas zu variieren. Abschließend sei noch gesagt, daß das MX-Record mit dem Wildcard nur auf Hosts angewandt wird, die kein eigenes MX-Record besitzen. Liegt also unser Beispiel-Record für *hazel* in der gleichen Konfiguration wie unser Wildcard-Record, trifft das Wildcard-MX-Record nicht auf *hazel* zu.

CNAME-Record (Canonical Name)

Das Resource-Record CNAME definiert einen Alias für den offiziellen (kanonischen) Namen eines Hosts. Das CNAME-Record ist mit den »Spitznamen« in der Hosttabelle vergleichbar. Sie können damit alternative Hostnamen definieren, die es den Benutzern bequemer machen; Sie können aber auch generische Hostnamen anlegen, die von Anwendungen benötigt werden (z.B. *loghost* bei **syslogd**).

Das CNAME-Record wird häufig verwendet, um den Übergang von einem alten zu einem neuen Hostnamen zu erleichtern. Obwohl es natürlich besser ist, die Änderung eines Hostnamens durch eine vorsichtige Wahl des Hostnamens zu vermeiden, können solche Änderungen doch nicht immer verhindert werden. Namensänderungen brauchen immer recht lange, bis sie wirklich von jedem übernommen wurden, besonders wenn der Name in Mailinglisten zu finden ist, die von entfernten Sites betrieben werden. Um die Probleme für die entfernte Site zu verringern, können Sie ein CNAME-Record definieren, bis die Änderungen von jedem übernommen wurden.

Das Format von CNAME-Records ist wie folgt:

spitzname [*ttl*] **IN CNAME** *host*

spitzname
> Dieser Hostname ist ein Alias für den im *host*-Feld stehenden offiziellen Namen. Der *spitzname* kann jeder gültige Hostname sein.

ttl
> Das TTL-Feld ist üblicherweise leer.

IN

> Die Adreßklasse ist IN.

CNAME

> Der Typ des Canonical Name RRs ist CNAME.

host

> Der kanonische Name des Hosts. Hier muß der offizielle Hostname stehen, d.h., ein Alias ist nicht erlaubt.

Ein wichtiger Punkt, den es bei CNAME-Records zu beachten gilt, ist, daß alle anderen Resource-Records den offiziellen Hostnamen verwenden müssen, nicht den Alias. Ein CNAME-Record darf daher nicht zwischen einem Host und der Liste der mit diesem Host verknüpften RRs stehen. Das nachfolgende Beispiel zeigt ein richtig plaziertes CNAME-Record:

```
peanut    IN    A       128.66.12.2
          IN    MX      5 peanut.nuts.com.
          IN    HINFO   SUN-3/60 "SUN OS 4.0"
          IN    WKS     129.6.16.2 TCP ftp telnet smtp domain
          IN    WKS     128.66.12.2 UDP domain
goober    IN    CNAME   peanut.nuts.com.
```

In diesem Beispiel ist der Hostname *peanut* für die MX-, HINFO- und WKS-Records immer noch gültig, weil bei allen das Namensfeld leer ist. Das CNAME-Record setzt den Wert des Namensfeldes auf *goober*, der als Spitzname für *peanut* verwendet wird. Alle auf das CNAME-Record folgenden RRs mit leerem Namensfeld würden den Spitznamen *goober* verwenden, was aber nicht erlaubt ist. Eine falsche Plazierung von CNAME wäre also:

```
peanut    IN    A       128.66.12.2
goober    IN    CNAME   peanut.nuts.com.
          IN    MX      5 peanut.nuts.com.
          IN    HINFO   SUN-3/60 "SUN OS 4.0"
          IN    WKS     128.66.12.2 TCP ftp telnet smtp domain
          IN    WKS     128.66.12.2 UDP domain
```

Das falsch plazierte Record würde **named** zur Ausgabe der Fehlermeldung »goober.nuts.com has CNAME and other data (illegal)« veranlassen. Überprüfen Sie */usr/ adm/messages* auf **named**-Fehlermeldungen, um sicherzugehen, daß keine CNAME-Records an den falschen Stellen stehen.

PTR-Record (Domain Name Pointer)

PTR Resource Records werden zur Umwandlung von numerischen IP-Adressen in Hostnamen verwendet. Sie sind also das Gegenstück zum A-Record, das Hostnamen in Adressen umwandelt. PTR-Records werden zum Aufbau von inversen *in-addr.arpa*-Domains benutzt.

Viele Administratoren ignorieren inverse Domains, weil alles auch ohne sie gut zu funktionieren scheint. Ignorieren Sie sie nicht. Halten Sie die Zonen auf dem aktuellen

Stand. Verschiedene Programme verwenden bei der Ausgabe von Statusinformationen inverse Domains, um IP-Adressen auf Hostnamen abzubilden. Ein gutes Beispiel ist der Befehl **netstat**. Einige Service-Provider – *ftp.uu.net* ist das beste Beispiel – verwenden inverse Domains zur Nutzungsüberwachung ihrer Dienste. Können IP-Adressen nicht zurück auf Hostnamen abgebildet werden, wird die Verbindung abgelehnt.

Das Format des PTR-Records ist wie folgt:

name [*ttl*] **IN PTR** *host*

name

> Der hier stehende *name* ist eigentlich eine Nummer. Diese Nummer ist relativ zur aktuellen *in-addr.arpa*-Domain definiert. Die »Namen« in einer *in-addr.arpa*-Domain sind IP-Adressen in umgekehrter Reihenfolge. Ist *66.128.in-addr.arpa* die aktuelle Domain, dann steht im Namensfeld für *peanut* (128.66.12.2) der Wert *2.12*. Diese Ziffern (*2.12*) werden der aktuellen Domain (*66.128.in-addr.arpa*) vorangestellt und ergeben den Namen *2.12.66.128.in-addr.arpa*. Kapitel 4 behandelt die eindeutige Struktur der *in-addr.arpa*-Domain-Namen.

ttl

> Das TTL-Feld ist üblicherweise leer.

IN

> Die Adreßklasse ist IN.

PTR

> Der Typ des Domain Name Pointer RRs ist PTR.

host

> Der voll qualifizierte Domain-Name des Computers, dessen Adresse im Namensfeld steht. Der Hostname muß voll qualifiziert sein, weil der Name nicht relativ zur aktuellen *in-addr.arpa*-Domain liegen kann.

Viele Beispiele für PTR-Records finden Sie in der *named.rev*-Beispieldatei in Kapitel 8.

HINFO-Record (Host Information)

Das HINFO-Record liefert eine kurze Beschreibung der von einem bestimmten Host verwendeten Hardware und des Betriebssystems. Die Hard- und Software wird mit Hilfe einer Standardterminologie beschrieben, die im *Assigned Numbers*-RFC in den Abschnitten *Machine Names* (Hardware) und *System Names* (Software) definiert ist. Eine große Anzahl von Hard- und Software-Bezeichnungen ist in diesem RFC aufgeführt. Die meisten verwenden das gleiche allgemeine Format. Leerzeichen enthaltende Namen müssen in Anführungszeichen angegeben werden, weshalb Sie an manchen Stellen Bindestriche (-) finden werden, an denen Sie eigentlich Leerzeichen erwarten würden. Maschinennamen bestehen üblicherweise aus dem großgeschriebenen Namen des Herstellers und, getrennt durch einen Bindestrich, der Modellbezeichnung (z.B. IBM–PC/AT oder SUN–3/60). Der Systemname ist üblicherweise der Name des Betriebssystems des Herstellers in Großbuchstaben (z.B. DOS oder »SUN OS 4.0«).

Natürlich sorgen die schnellen Änderungen am Markt dafür, daß die Daten im *Assigned Numbers*-RFC ständig veraltet sind. Aus diesem Grund verwenden viele Administratoren eigene Werte für Maschinen- und Systemnamen.

Das Format des HINFO-Records ist wie folgt:

[*host*] [*ttl*] **IN HINFO** `hardware software`

`host`
> Der Hostname des Computers, dessen Hard- und Software im Datenabschnitt dieses Resource-Records beschrieben wird.

`ttl`
> Das TTL-Feld ist üblicherweise leer.

IN
> Die Adreßklasse ist IN.

HINFO
> HINFO ist der RR-Typ. Alle nachfolgenden Informationen sind Teil des HINFO-Datenfeldes.

`hardware`
> Bestimmt die von diesem Host verwendete Hardware. Enthält den Maschinennamen, wie er im *Assigned Numbers*-RFC definiert ist. Dieses Feld muß in Anführungsstrichen stehen, wenn irgendwelche Leerzeichen darin vorkommen. Ein einzelnes Leerzeichen trennt das Hardware-Feld vom nachfolgenden Software-Feld.

`software`
> Bestimmt das auf diesem Host laufende Betriebssystem. Enthält den Systemnamen, wie er im *Assigned Numbers*-RFC definiert ist. Verwenden Sie Anführungszeichen, wenn der Systemname irgendwelche Leerzeichen enthält.

Keine weit verbreitete Anwendung nutzt das HINFO-Record. Dieses Record liefert nur Informationen. Bei einigen sicherheitsbewußten Sites wird es nicht verwendet, weil diese Zusatzinformationen Einbrechern dabei helfen könnten, Angriffsversuche auf bestimmte Hardware und Betriebssysteme zu konzentrieren.

WKS-Record (Well-Known Services)

Das WKS-Record benennt die vom angegebenen Host unterstützten Netzwerkdienste. Die in WKS-Records verwendeten offiziellen Protokoll- und Dienstnamen sind im *Assigned Numbers*-RFC definiert. Die einfachste Möglichkeit, sich die Namen der »wellknown services«, also der »allgemein bekannten Dienste«, anzusehen, besteht darin, sich mit **cat** die */etc/services* Ihres Systems anzusehen. Jeder Host kann nicht mehr als zwei WKS-Records besitzen, jeweils eins für TCP und UDP. Weil normalerweise mehrere Dienste in einem WKS-Record aufgeführt werden, kann sich jedes Record über mehrere Zeilen erstrecken.

Das Format des WKS-Records ist wie folgt:

[*host*] [*ttl*] **IN WKS** *adresse protokoll dienste*

host

Der Hostname des Computers, der die angebotenen Dienste bereitstellt.

ttl

Das TTL-Feld ist üblicherweise leer.

IN

Die Adreßklasse ist IN.

WKS

Der RR-Typ ist WKS. Alle nachfolgenden Daten sind variable Informationen des WKS-Records.

adresse

Die IP-Adresse des Hosts in Punktnotation, z.B. 128.66.12.2.

protokoll

Das Transport-Protokoll, über das der Dienst angeboten wird – kann entweder TCP oder UDP sein.

dienste

Die Liste der von diesem Host angebotenen Dienste. Sie können so viele oder so wenige Dienste anbieten wie Sie wollen, aber die Namen der angebotenen Dienste müssen mit den Namen in */etc/services* übereinstimmen. Einzelne Elemente in der Liste der angebotenen Dienste werden durch Leerzeichen getrennt. Klammern werden genutzt, um die Liste über mehrere Zeilen hinweg fortzuführen.

Es gibt keine weit verbreiteten Anwendungen, die dieses Record nutzen. Es wird hauptsächlich verwendet, um allgemeine Informationen über das System bereitzustellen. Auch hier werden Sites mit hohen Sicherheitsanforderungen keine Angaben über die angebotenen Dienste machen. Einige Protokolle wie **tftp** und **finger** sind Hauptziele für Eindringlinge.

TXT-Record (Text)

Das TXT-Record enthält Stringdaten. Diese Textdaten können in einem beliebigen Format vorliegen. Es gibt keine Standard-TCP/IP-Anwendungen für die Verarbeitung von TXT-Records. Diese Records werden verwendet, um Informationen zum angegeben Objekt zu liefern. Einige Sites besitzen lokale Prozesse zur Verarbeitung von TXT-Records und definieren ein lokales Format für die Informationen. Beispielsweise könnte eine Site eine Ethernet-Adresse im TXT-Record angeben, während eine andere eine Raumnummer aufführt.

Das Format des TXT-Records ist wie folgt:

[*name*] [*ttl*] **IN TXT** *string*

`name`

Der Name des Domain-Objekts, mit dem die Stringdaten verknüpft sind.

`ttl`

Das TTL-Feld ist üblicherweise leer.

IN

Die Adreßklasse ist IN.

TXT

Der RR-Typ ist TXT.

`string`

Das `string`-Feld enthält die in Anführungszeichen eingeschlossenen Textdaten.

In diesem Kapitel:
- *dhcpd kompilieren*
- *Der dhcpd-Befehl*
- *Die Konfigurationsdatei dhcpd.conf*

dhcpd-Referenz

Dieser Anhang behandelt die Syntax des **dhcpd**-Befehls und der Konfigurationsdatei *dhcpd.conf*. Die Referenz behandelt den DHCP- (Dynamic Host Configuration Protocol) Server **dhcpd** des ISC (Internet Software Consortium). Um verstehen zu können, wie **dhcpd** in einer realistischen Netzwerkumgebung konfiguriert und verwendet wird, müssen Sie sich die Einführung und die Konfigurationsbeispiele in Kapitel 9 ansehen.

dhcpd befindet sich noch in der Entwicklung. Die Informationen in diesem Anhang basieren auf der Beta-Release 5, Patchlevel 16. Weil es sich um eine Beta-Release handelt, ist die Software immer noch Aktualisierungen und Änderungen unterworfen. Auf der Webseite *http://www.isc.org/dhcp.html* finden Sie die neuesten Informationen zu **dhcpd**. Und denken Sie daran, daß eine DHCP-Implementierung eines anderen Herstellers möglicherweise auf eine völlig andere Art und Weise konfiguriert wird.

dhcpd kompilieren

Den Quellcode für **dhcpd** können Sie sich über die ISC-Website *www.isc.org* oder über anonymes FTP von *ftp://ftp.isc.org/isc/dhcp* herunterladen. Während wir diesen Text schreiben, ist *DHCPD-BETA-5.16.tar.gz* die aktuelle, komprimierte **tar**-Datei, allerdings ändert sich der Name bei jeder neuen Version. Laden Sie die Datei herunter und dekomprimieren/entpacken Sie sie mit gunzip und tar:

```
> ftp ftp.isc.org
Connected to pub1.bryant.vix.com.
220 pub1.bryant.vix.com FTP server ready.
Name (ftp.isc.org:craig): anonymous
331 Guest login ok, send your complete email address as password.
Password:
230 Guest login ok, access restrictions apply.
ftp> cd isc/dhcp
250 CWD command successful.
ftp> binary
200 Type set to I.
ftp> get DHCPD-BETA-5.16.tar.gz
```

```
200 PORT command successful.
150 Opening BINARY mode data connection for DHCPD-BETA-5.16.tar.gz
226 Transfer complete.
181892 bytes received in 17 secs (10 Kbytes/sec)
ftp> quit
221 Goodbye.
> gunzip DHCPD-BETA-5.16.tar.gz
> tar -xvf DHCPD-BETA-5.16.tar
DHCPD-BETA-5.16/
DHCPD-BETA-5.16/cf/
DHCPD-BETA-5.16/cf/alphaosf.h
DHCPD-BETA-5.16/cf/bsdos.h
DHCPD-BETA-5.16/cf/freebsd.h
.
.
.
DHCPD-BETA-5.16/includes/
DHCPD-BETA-5.16/includes/netinet/
DHCPD-BETA-5.16/includes/netinet/if_ether.h
DHCPD-BETA-5.16/includes/netinet/ip.h
DHCPD-BETA-5.16/includes/netinet/udp.h
```

Wechseln Sie in das neu angelegte Verzeichnis (in unserem Beispiel DHCPD-BETA-5.16) und führen Sie **configure** aus. **configure** bestimmt die Art Ihres UNIX-Systems und erzeugt das korrekte Makefile für dieses System. Kann **configure** Ihre UNIX-Version nicht bestimmen, müssen Sie Ihr eigenes Makefile von Hand aufbauen. Als nächstes geben Sie **make** an, um den Daemon zu kompilieren. Zum Schluß kopieren Sie den Daemon und die Manpages in die richtigen Verzeichnisse:

```
# cd DHCPD-BETA-5.16
# configure
System Type: linux
# make
cc -g      -c dhcpd.c -o dhcpd.o
cc -g      -c dhcp.c -o dhcp.o
cc -g      -c bootp.c -o bootp.o
.
.
.
nroff -man dhcpd.conf.5 >dhcpd.conf.cat5
# make install
```

Der DHCP-Daemon sollte ohne Fehler kompiliert werden. Sollten beim Kompilieren Fehler auftreten, oder kann **configure** Ihre Systemkonfiguration nicht ermitteln, sollten Sie die Kompilierung abbrechen und in Erwägung ziehen, die Support-Gruppe zu informieren. Sie können der Mailingliste der Support-Gruppe unter *http://www.fugue.com/dhcp* beitreten. Sobald Sie beigetreten sind, können Sie eine Mail an die Mailingliste *dhcp-server@fugue.com* schicken, in der Sie Ihre Konfiguration und das Problem genau beschreiben. Die Liste wird von den meisten Leuten gelesen, die mit **dhcpd** arbeiten. Irgend jemand könnte Ihr Problem bereits gelöst haben.

Einfach nur **dhcpd** zu installieren reicht wahrscheinlich nicht aus. Denken Sie daran, daß es sich bei **dhcpd** um Beta-Software handelt. Lesen Sie die *README*-Datei sehr sorgfältig durch. **dhcpd** läuft auf einer Vielzahl unterschiedlicher Systeme, einschließlich OSF/1, den neuesten BSD-Derivaten, Solaris und Linux. Am besten läuft es unter OSF/1 und BSD. Bei anderen Systemen könnten einige Einschränkungen vorliegen. Zum Beispiel können sowohl Solaris als auch Linux nur eine Netzwerkschnittstelle unterstützen. **dhcpd** könnte außerdem eine systemspezifische Konfiguration verlangen. Das in unseren Beispielen verwendete Linux 2.0.0 ist hierfür ein exzellentes Beispiel. Um **dhcpd** erfolgreich in Betrieb nehmen zu können, mußte der folgende Eintrag in die */etc/hosts* aufgenommen werden:

```
255.255.255.255              all-ones
```

Und wir mußten eine spezifische Route für die beschränkte Broadcast-Adresse 255.255.255.255 aufnehmen:

```
# route add -host all-ones dev eth0
```

Um diese Broadcast-Adresse nach jedem Booten in die Routing-Tabelle des Kernels aufzunehmen, haben wir den folgenden Code in das Startup-Skript */etc/rc.d/rc.inet2* aufgenommen:

```
# Installation der beschränkten Broadcast-Route und Start von DHCP
if [ -f /etc/dhcpd.conf ]; then
  echo -n " dhcpd"
  route add -host all-ones dev eth0
  /usr/sbin/dhcpd
fi
```

Diese zur vollständigen Konfiguration notwendigen Zusatzschritte wurden in der *README*-Datei klar definiert. Lesen Sie also diese Datei, bevor Sie versuchen, **dhcpd** auszuführen.

Der dhcpd-Befehl

Die Syntax des **dhcpd**-Befehls ist wie folgt:

dhcpd [–p *port*] [–f] [–d] [–cf *config-datei*] [–lf *lease-datei*] [*if0* [...*ifn*]]

dhcpd wird normalerweise ohne irgendwelche Argumente in der Kommandozeile ausgeführt. Die meisten der verfügbaren Argumente werden nur zum Test und zum Debugging verwendet. Zwei Argumente fangen besondere Konfigurationsanforderungen ab:

–f

Führt **dhcpd** im Vordergrund aus. Standardmäßig wird **dhcpd** als Daemon-Prozeß im Hintergrund ausgeführt. Verwenden Sie –f, wenn **dhcpd** bei einem System-V UNIX-System aus der *inittab* heraus ausgeführt wird.

if0 [...ifn]

> Legt die Schnittstellen fest, an denen **dhcpd** auf BOOTREQUEST-Pakete achten soll. Hier handelt es sich um eine durch Whitespace getrennte Liste von Namen. dhcpd ec0 ec1 wd0 weist **dhcpd** zum Beispiel an, die Schnittstellen ec0, ec1 und wd0 abzufragen. Normalerweise wird dieses Argument nicht benötigt. In den meisten Fällen findet **dhcpd** alle installierten Schnittstellen und entfernt Nicht-Broadcast-Schnittstellen automatisch. Verwenden Sie dieses Argument nur, wenn **dhcpd** die richtigen Schnittstellen offensichtlich nicht ermitteln kann.

Die restlichen Kommandozeilen-Argumente werden zum Debuggen und zum Testen verwendet:

–p *port*

> Zwingt **dhcpd** dazu, einen Nicht-Standard-Port zu verwenden. Der allgemein bekannte Port für DHCP ist 67. Das Ändern des Ports bedeutet, daß Clients nicht mit dem Server kommunizieren können. In seltenen Fällen wird diese Option während des Testens genutzt.

–d

> Leitet Fehlermeldungen an STDERR weiter. Normalerweise werden Fehlermeldungen via syslog unter DAEMON abgelegt.

–cf *config-datei*

> Veranlaßt **dhcpd** dazu, die Konfigurationsdatei *config-datei* zu verwenden, statt *dhcpd.conf* zu benutzen. Verwenden Sie diese Möglichkeit nur zur Prüfung einer neuen Konfiguration, bevor diese als *dhcpd.conf* installiert wird. Verwenden Sie im normalen Betrieb die Standarddatei.

–lf *lease-datei*

> Veranlaßt **dhcpd** dazu, Informationen zum Leasing von Adressen aus der Datei *lease-datei* einzulesen, statt *dhcpd.leases* zu verwenden. Nutzen Sie diese Option nur zu Testzwecken. Die Änderung dieses Namens kann zur falschen Allozierung dynamischer Adressen führen. Verwenden Sie dieses Argument mit Vorsicht.

Sie können den **dhcpd**-Daemon mit dem Signal SIGTERM beenden. Die Prozeß-ID (PID) des **dhcpd**-Daemons ist in der Datei */var/run/dhcpd.pid* zu finden:

```
# kill -TERM 'cat /var/run/dhcpd.pid'
```

dhcpd verwendet drei Dateien. **dhcpd** schreibt seine PID in */var/run/dhcpd.pid*. Eine Liste der dynamisch vergebenen Adressen wird in */var/db/dhcpd.leases* geführt, und **dhcpd** liest seine Konfiguration aus */etc/dhcpd.conf*. Die beiden letzten Dateien legen Sie an. Legen Sie eine leere Lease-Datei an, bevor Sie **dhcpd** das erste Mal ausführen (z.B. mit *touch /var/db/dhcpd.leases*). Legen Sie eine Konfiguration an und speichern Sie diese in *dhcpd.conf* ab.

Die Konfigurationsdatei dhcpd.conf

Beim Start liest **dhcpd** seine Konfiguration aus der Datei */etc/dhcpd.conf*. *dhcpd.conf* definiert das vom DHCP-Server bediente Netzwerk und die Konfigurationsinformationen, die der Server seinen Clients bietet.

dhcpd.conf ist eine einfache Textdatei im ASCII-Format. Kommentare in der Datei werden mit einem Doppelkreuz (#) eingeleitet. Die Schreibweise von Schlüsselwörtern ist unerheblich. Whitespaces können zur Aufbereitung der Datei verwendet werden. Zusammengehörende Anweisungen werden in geschweiften Klammern eingeschlossen. IP-Adressen können als numerische Adressen oder als Hostnamen eingegeben werden.

Die Anweisungen in der Konfigurationsdatei definieren die Topologie des bedienten Netzwerks. In der Dokumentation werden diese Anweisungen als »Deklarationen« (declarations) bezeichnet, weil sie einen Teil der Netzwerktopologie deklarieren. Die diese Topologie definierenden Anweisungen sind **server-identifier**, **shared-network**, **subnet**, **group** und **host**. Wird er verwendet, darf der **server-identifier** nur einmal vorkommen. Alle anderen Anweisungen können wiederholt in der Konfigurationsdatei auftauchen. Die Anweisungen definieren eine hierarchische Struktur. Das **shared-network** enthält Subnetze, und Subnetze können Hosts enthalten.

Parameter und Optionen können mit jeder dieser Anweisungen assoziiert werden. Parameter definieren Werte zum Server und zum Protokoll, etwa die Dauer eines Adreß-Leasings oder die Position der Boot-Datei. Optionen versorgen Clients mit Werten für die in den RFCs definierten Standard-DHCP-Konfigurationsparameter, also beispielsweise, ob der Client das IP-Forwarding aktivieren soll. Außerhalb einer spezifischen Topologie-Anweisung stehende Parameter und Optionen gelten für alle von diesem Server bedienten Netzwerke. Die in einer **group**-Anweisung angegebenen Parameter und Optionen gelten für alle Netzwerke, Subnetze und Hosts, die in der Anweisung gruppiert werden. Optionen und Parameter der **shared-network**-Anweisung gelten für alle Subnetze des Netzwerks. Bei **subnet**-Optionen gelten die Optionen und Parameter für alle in diesem Subnetz. Bei **host** gelten die festgelegten Werte nur für den jeweiligen Host. Auf einer allgemeineren Ebene angegebene Optionen können durch eine Option auf einem spezifischeren Level überschrieben werden. **subnet**-Optionen überschreiben globale Optionen, und **host**-Optionen überschreiben **subnet**-Optionen. Diese Struktur ermöglicht dem Netzwerkadministrator die Definition von Konfigurationsinformationen für das gesamte Netzwerk und all seine Teile.

In den folgenden Abschnitten untersuchen wir die Syntax aller Topologie-Anweisungen sowie alle dazugehörenden Parameter und Optionen. Wir behandeln wesentlich mehr Parameter und Optionen, als Sie jemals benötigen werden. Sie müssen sich nicht ausführlich mit allen auseinandersetzen. Nutzen Sie diese Referenz, um sich die Details einzelner Parameter und Optionen bei Bedarf anzusehen. In Kapitel 9 finden Sie Beispiele für Anweisungen, Parameter und Optionen, die in realen Konfigurationen Verwendung finden.

Topologie-Anweisungen

server-identifier `hostname;`

Die Anweisung **server-identifier** dokumentiert die IP-Adresse des Servers. Sie wird manchmal am Anfang der Datei als erste Anweisung einer Gruppe von Parameter- und Options-Anweisungen angegeben, die für alle von diesem Server bedienten Netzwerke gelten. Die Dokumentation bezeichnet diese auch als »globale Parameter«.

group {[*parameter*] [*optionen*]}

Die **group**-Anweisung gruppiert **shared-network**-, **subnet**-, **host**- oder andere **group**-Anweisungen, um einen Satz von Parametern und Optionen auf alle Mitglieder der Gruppe anzuwenden.

shared-network *name* {[*parameter*] [*optionen*]}

Die Anweisung **shared-network** wird nur verwendet, wenn mehrere IP-Subnetze das gleiche physikalische Netzwerk verwenden. In den meisten Fällen liegen verschiedene Subnetze in verschiedenen physikalischen Netzwerken. Der anzugebende *name* kann ein beliebiger beschreibender Name sein (er wird nur in Debugging-Meldungen verwendet). Die mit diesem Netzwerk verknüpften Parameter und Optionen werden innerhalb geschweifter Klammern deklariert und auf alle Subnetze innerhalb des Netzwerks angewandt. Die Subnetze des Netzwerks müssen innerhalb der geschweiften Klammern der **shared-network**-Anweisung definiert werden. Es wird davon ausgegangen, daß jede **shared-network**-Anweisung mindestens zwei Subnetz-Anweisungen enthält, weil sonst keine **shared-subnet**-Anweisung notwendig ist. **dhcpd** kann nicht angeben, von welchem Subnetz eines Netzwerks ein Client booten soll. Aus diesem Grund werden dynamisch vergebene Adressen aus dem verfügbaren Wertebereich aller Subnetze gewählt und ganz nach Bedarf zugewiesen.

subnet *adresse* mask *netzmaske* { [*parameter*] [*optionen*]}

Die **subnet**-Anweisung definiert die IP-Adresse und die Adreßmaske jedes vom Daemon bedienten Subnetzes. Die Adresse und die Maske werden verwendet, um die zu jedem Subnetz gehörenden Clients zu identifizieren. Die innerhalb der geschweiften Klammern definierten Parameter und Optionen gelten für jeden Client im Subnetz. Jedes physikalisch mit dem Server verbundene Subnetz muß eine **subnet**-Anweisung besitzen, selbst wenn das Subnetz keinerlei Clients enthält.

host *hostname* {[*parameter*] [*optionen*]}

Die **host**-Anweisung definiert Parameter und Clients für einzelne Hosts. Jeder BOOTP-Client muß eine **host**-Anweisung in *dhcpd.conf* besitzen. Bei DHCP-Clients ist die **host**-Anweisung optional. Sie wird mit dem eigentlichen DHCP- oder BOOTP-Client über den vom Client gelieferten **dhcp-client-identifier** erkannt, oder indem die Hardware-Parameter mit der Hardware-Adresse des Clients verglichen werden. BOOTP-Clients kennen keinen dhcp-client-identifier, weshalb mit der Hardware-Adresse gearbeitet werden muß. DHCP-Clients können über den dhcp-client-identifier oder über die Hardware-Adresse erkannt werden.

Konfigurationsparameter

Die in diesem Abschnitt definierten Parameteranweisungen kontrollieren den Betrieb des DHCP-Servers und -Protokolls. Die Standard-DHCP-Konfigurationswerte werden den Clients so übergeben, wie sie in den Options-Anweisungen definiert sind, die wir im nächsten Abschnitt behandeln. Andere können nur mit bestimmten Anweisungen verwendet werden, was wir bei der Beschreibung der Parameter aber separat vermerken.

range [**dynamic-bootp**] `min-adresse` [`max-adresse`];
> Der **range**-Parameter definiert den Wertebereich der zur dynamischen Adreßzuweisung verfügbaren Adressen. Hierzu werden die niedrigste und die höchste IP-Adresse definiert, die für eine Zuweisung zur Verfügung stehen. Der **range**-Parameter muß mit einer **subnet**-Anweisung gekoppelt sein. Alle Adressen innerhalb des Wertebereichs des **range**-Parameters müssen innerhalb des Subnetzes liegen, in dem der **range**-Parameter deklariert ist. Das *dynamic-bootp*-Flag wird angegeben, wenn Adressen sowohl an BOOTP-Clients als auch an DHCP-Clients automatisch zugewiesen werden sollen. Der **range**-Parameter muß definiert werden, wenn Sie die dynamische Zuweisung von Adressen verwenden wollen. Enthält die **subnet**-Anweisung keinen **range**-Parameter, erfolgt keine dynamische Adreßvergabe an Clients des Subnetzes.

default-lease-time `sekunden`;
> Die Zeitspanne in Sekunden, für die eine Adresse geleast wird. Diese Spanne wird verwendet, wenn der Client keine bestimmte Leasing-Dauer anfordert.

max-lease-time `sekunden`;
> Die maximale Zeitspanne in Sekunden, die ein Adreß-Leasing gültig ist, egal welche Länge der Client angefordert hat.

hardware `typ adresse`;
> Definiert die Hardware-Adresse eines Clients. Momentan muß `typ` entweder `ethernet` oder `token-ring` sein. Die `adresse` muß die entsprechende physikalische Adresse des angegebenen Hardware-Typs sein. Der hardware-Parameter muß mit einer host-Anweisung verknüpft werden. Er ist notwendig, um BOOTP-Clients erkennen zu können. Bei DHCP-Clients ist dieser Parameter eine Alternative zur **dhcp-client-identifier**-Option.

filename `datei`;
> Legt die Boot-Datei für Clients ohne Platte fest. Die `datei` ist ein in Anführungszeichen stehender ASCII-String.

server-name `name`;
> Der dem Client übergebene Hostname des DHCP-Servers. Der `name` ist ein in Anführungszeichen stehender ASCII-String.

next-server `name`;
> Der Hostname oder die Adresse des Servers, von dem die Boot-Datei zu laden ist.

fixed-address *adresse*[, *adresse*...];

> Weist einem Host eine oder mehrere feste IP-Adressen zu. Der **fixed-address**-Parameter ist nur zusammen mit einer Host-Anweisung gültig. Wird mehr als eine Adresse angegeben, erhält der Client die Adresse, die für das Subnetz gültig ist, über das gebootet wird. Ist keine der Adressen für das Subnetz gültig, werden keine Konfigurationsdaten an den Client übertragen.

dynamic-bootp-lease-cutoff *datum*;

> Legt ein Ablaufdatum für die an BOOTP-Clients zugewiesenen Adressen fest. BOOTP-Clients haben keine Möglichkeit, Leases zu erneuern, und sie wissen auch nicht, daß Leases ablaufen. Standardmäßig weist **dhcpd** BOOTP-Clients permanente Adressen zu. Dieser Parameter ändert dieses Verhalten. Er wird nur unter besonderen Umständen eingesetzt, wenn die Lebensdauer aller Systeme im voraus bekannt ist. (Ein Beispiel wäre eine Universität, wo genau bekannt ist, daß alle Studenten-Systeme im Herbst entfernt werden.)

dynamic-bootp-lease-length *sekunden*;

> Definiert für die einem BOOTP-Client automatisch zugewiesene Adresse die Zeitspanne des Adreß-Leasings in Sekunden. Wie oben erwähnt, verstehen BOOTP-Clients nichts vom Adreß-Leasing. Dieser Parameter wird nur unter besonderen Umständen eingesetzt, bei denen die Clients BOOTP-Bootproms verwenden und ein DHCP unterstützendes Betriebssystem ausführen. Während der Bootphase fungiert der Client als BOOTP-Client, aber nach dem Booten führt der Client DHCP aus und weiß, wie Adreß-Leases zu erneuern sind. Verwenden Sie diesen und den vorangegangenen Befehl mit Vorsicht.

boot-unknown-clients *flag*;

> Teilt **dhcpd** mit, ob unbekannten Clients dynamisch Adressen zugewiesen werden sollen. Wird *flag* mit »false« angegeben, werden Adressen nur an Clients vergeben, die eine host-Anweisung in der Konfigurationsdatei vorweisen können. Standardmäßig steht dieses Flag auf »true«, und Adressen werden dynamisch an jeden Client in einem gültigen Subnetz zugewiesen.

get-lease-hostnames *flag*;

> Teilt **dhcpd** mit, ob ein DNS-Hostname an den Client übertragen werden soll, wenn eine IP-Adresse dynamisch zugewiesen wird. Steht *flag* auf »true«, nutzt **dhcpd** DNS zum Lookup der Hostnamen aller dynamisch zugewiesenen Adressen. Damit kann sich der DHCP-Durchsatz dramatisch verlangsamen. Standardmäßig steht *flag* auf »false«, d.h., es werden keine Lookups durchgeführt.

use-host-decl-names *flag*;

> Sorgt dafür, daß die in der host-Anweisung verwendeten Namen den Clients als Hostnamen zugewiesen werden.

DHCP-Optionen

Die bei **dhcpd** verfügbaren Options-Anweisungen decken alle momentan in den RFCs definierten DHCP-Konfigurationsoptionen ab. Darüber hinaus ist die Syntax der Options-Anweisungen bei *dhcpd.conf* erweiterbar. Eine neue Option kann über ihren dezimalen Optionscode identifiziert werden. Allen Optionen ist ein dezimaler Optionscode zugeordnet. Dieser Code ist entweder im RFC oder, bei herstellerspezifischen Optionen, in der Dokumentation des Herstellers beschrieben. Der einer neuen Option zugewiesene Wert kann in Form eines in Anführungszeichen stehenden Strings oder als durch Doppelpunkte getrennte Liste von Hexadezimalzahlen angegeben werden. Nehmen wir einmal an, daß eine DHCP-Option eingeführt wurde, die den Optionscode 133 erhalten hat. Nehmen wir weiterhin an, daß diese Option eine 16-Bit-Binärmaske mit sich führt. Sie wollen, daß Ihre ganzen Clients die 4 höchstwertigen Bits »einschalten« und alle anderen Bits »ausschalten«. Zu diesem Zweck könnten Sie die folgende Option in Ihre Konfiguration aufnehmen:

```
option option-133 F0:00
```

Alle Options-Anweisungen beginnen mit dem Schlüsselwort `option`. Auf das Schlüsselwort folgen dann der Name der Option und der dieser Option zugewiesene Wert. Im obigen Beispiel hat der Optionsname die Form **option-***nnn*, wobei *nnn* den dieser Option zugeordneten dezimalen Optionscode darstellt. In dieser Form kann jede neu auftauchende Option in die *dhcpd.conf* eingebunden werden. Der dieser imaginären Option zugewiesene Wert ist F000.

Wenn Sie sich die lange Liste der Standardoptionen ansehen, werden Sie sich fragen, ob sie jemals erweitert werden muß. Die Standardoptionen sind im folgenden Abschnitt aufgeführt. Die den Optionen zugewiesenen Wertetypen sind:

Adresse
Eine IP-Adresse in Punktnotation oder ein Hostname.

String
Eine in Anführungszeichen stehende Zeichenkette.

Zahl
Ein numerischer Wert.

Flag
Ein »Schalter« mit dem Wert 1 oder 0.

In diesem Buch unterscheiden wir zwischen »Gängigen Optionen« und »Anderen Optionen«.

Gängige Optionen

option subnet-mask `maske;`
Legt die Subnetz-Maske in Punktnotation an. Wird diese Subnetz-Maske nicht angegeben, verwendet **dhcpd** die Netzwerkmaske der **subnet**-Anweisung.

option time-offset *sekunden*;
> Gibt die Zeit in Sekunden an, die diese Zeitzone von der UTC (Coordinated Universal Time) abweicht.

option routers *adresse[, adresse...]*;
> Führt alle vom Client zu verwendenden Router in der Reihenfolge ihrer Präferenz auf.

option domain-name-servers *adresse[, adresse...]*;
> Führt alle vom Client zu verwendenden DNS-Nameserver in der Reihenfolge ihrer Präferenz auf.

option lpr-servers *adresse [, adresse...]*;
> Führt alle vom Client zu verwendenden LPR-Server in der Reihenfolge ihrer Präferenz auf.

option host-name *host*;
> Definiert den vom Client zu verwendenden Hostnamen.

option domain-name *domain*;
> Definiert den Domain-Namen.

option interface-mtu *bytes*;
> Definiert die vom Client zu verwendende MTU. Der kleinste gültige Wert für die MTU liegt bei 68.

option broadcast-address *adresse*;
> Definiert die Broadcast-Adresse für das Subnetz des Clients.

option static-routes *ziel gateway[, ziel gateway...]*;
> Führt alle vom Client zu verwendenden statischen Routen auf. Die Standard-Route kann auf diese Weise nicht festgelegt werden. Verwenden Sie die routers-Option für die Standard-Route.

option trailer-encapsulation 0 | 1;
> Legt fest, daß der Client mit Trailer-Kapselung arbeiten soll. Ausführlichere Informationen zur Trailer-Kapselung finden Sie in Kapitel 6. 0 bedeutet »nein«, der Client soll keine Trailer-Kapselung verwenden, während 1 »ja« bedeutet.

option nis-domain *string*;
> Eine Zeichenkette, die den Namen der NIS-Domain (Network Information Services) definiert.

option nis-servers *adresse[, adresse...]*;
> Führt die IP-Adressen der vom Client zu verwendenden NIS-Server in der Reihenfolge ihrer Präferenz auf.

option dhcp-client-identifier `string`;
>   Wird in der host-Anweisung zur Definition des DHCP Client-IDs verwendet. **dhcpd** kann die Client-ID verwenden, um DHCP-Clients anhand ihrer Hardware-Adresse zu identifizieren.

Andere Optionen

option time-servers `adresse[, adresse...]`;
>   Führt die vom Client zu verwendenden Time-Server in der Reihenfolge ihrer Präferenz auf.

option ien116-name-servers `adresse[, adresse...]`;
>   Führt die vom Client zu verwendenden IEN 116-Nameserver in der Reihenfolge ihrer Präferenz auf. IEN 116 ist ein veralteter Nameservice. Vermeiden Sie diesen Service und nutzen Sie das DNS.

option log-servers `adresse[, adresse...]`;
>   Führt die vom Client zu verwendenden MIT-LCS UDP-Logserver in der Reihenfolge ihrer Präferenz auf.

option cookie-servers `adresse[, adresse...]`;
>   Führt die dem Client zur Verfügung stehenden Cookie-Server in der Reihenfolge ihrer Präferenz auf.

option impress-servers `adresse[, adresse...]`;
>   Führt die dem Client zur Verfügung stehenden Image-Impress-Server in der Reihenfolge ihrer Präferenz auf.

option resource-location-servers `adresse[, adresse...]`;
>   Führt die vom Client zu verwendenden Resource-Location-Server in der Reihenfolge ihrer Präferenz auf.

option boot-size `blöcke`;
>   Die Anzahl der 512-Byte-Blöcke in der Boot-Datei.

option merit-dump `pfad`;
>   Der `pfad` ist ein Zeichenstring, der die Position der Datei angibt, in die im Falle eines Absturzes ein Core-Dump geschrieben werden soll.

option swap-server `adresse`;
>   Legt die IP-Adresse des Swap-Servers des Clients fest.

option root-path `pfad`;
>   Der `pfad` ist ein Zeichenstring, der die Position der Root-Festplatte des Clients angibt.

option ip-forwarding 0 | 1;
>   Legt fest, ob der Client ein IP-Forwarding durchführen soll. 0 deaktiviert, 1 aktiviert das IP-Forwarding.

option non-local-source-routing 0 | 1;

> Legt fest, ob der Client nicht-lokale Quellrouten erlauben soll. Quellrouten sind ein potentielles Sicherheitsproblem, weil sie von Eindringlingen verwendet werden können, um Daten in einer Weise aus dem lokalen Netzwerk zu routen, die vom lokalen Netzwerkadministrator nicht vorgesehen war. Die 0 deaktiviert das Forwarding von nicht-lokalen Quellrouting-Datagrammen, während die 1 diese Option aktiviert. 0 ist die gefahrlosere Einstellung.

option policy-filter *adresse maske*[, *adresse maske*...];

> Führt die IP-Adressen und Masken auf, die die einzig gültigen Ziel/Masken-Paare für eingehende Quellrouten darstellen. Jedes Quellrouting-Datagramm, dessen nächster Hop nicht mit einem der Filter übereinstimmt, wird vom Client aussortiert.

option max-dgram-reassembly *bytes*;

> Definiert das größte Datagramm (in Bytes), das der Client wieder zusammenbauen können muß. Der Wert für *bytes* darf 576 nicht unterschreiten.

option default-ip-ttl *ttl*;

> Definiert den Standard TTL-Wert für ausgehende Datagramme. Informationen zum TTL-Wert finden Sie bei der Betrachtung von **traceroute** in Kapitel 11.

option path-mtu-aging-timeout *sekunden*;

> Legt die Zeitspanne in Sekunden fest, die zum Timeout von Pfad-MTU-Werten verwendet wird, die nach dem in RFC 1191 definierten Mechanismus entdeckt werden.

option path-mtu-plateau-table *bytes*[, *bytes*...];

> Definiert eine Tabelle von MTU-Größen, die bei der in RFC 1191 definierten Pfad-MTU-Erkennung verwendet werden. Der MTU-Wert darf nicht kleiner sein als 68.

option all-subnets-local 0 | 1;

> Teilt dem Client mit, ob alle Subnetze des lokalen Netzwerks die gleiche MTU verwenden. Eine 1 bedeutet, daß alle Subnetze die gleiche MTU verwenden. 0 bedeutet, daß einige Subnetze kleinere MTUs verwenden.

option perform-mask-discovery 0 | 1;

> Legt fest, ob der Client ICMP verwenden soll, um die Subnetz-Maske zu ermitteln. Die 0 aktiviert diese Möglichkeit, die 1 deaktiviert sie. Weil der DHCP-Server die richtige Subnetz-Maske bereitstellen kann, wird diese Möglichkeit bei Netzwerken mit DHCP-Servern nur selten verwendet.

option mask-supplier 0 | 1;

> Legt fest, ob der Client auf ICMP-Subnetzmasken-Anforderungen reagieren soll. Die 0 steht für »nein«, die 1 für »ja«.

option router-discovery 0 | 1;

> Legt fest, ob der Client den in RFC 1256 definierten Router-Erkennungsmechanismus verwenden soll, um Router zu lokalisieren. Die 0 steht für »nein«, die 1 für »ja«.

Weil DHCP-Server eine korrekte Liste mit Routern vorhalten, wird diese Möglichkeit bei Netzwerken mit DHCP-Servern selten verwendet.

option router-solicitation-address *adresse*;
> Definiert die Adresse, an die der Client »Router-Einladungen« (Solicitation Requests) senden soll, wenn die Router-Erkennung aktiviert ist.

option arp-cache-timeout *sekunden*;
> Definiert die Zeitspanne in Sekunden, für die Einträge im ARP-Cache gehalten werden.

option ieee802-3-encapsulation 0 | 1;
> Gibt an, ob der Client die Ethernet-Kapselung nach Ethernet II (DIX) oder IEEE 802.3 durchführen soll. Bei einer 0 arbeitet der Client mit Ethernet-II-Kapselung, bei 1 wird die IEEE 802.3-Kapselung genutzt.

option default-tcp-ttl *ttl*;
> Definiert die Standard-TTL für TCP-Segmente. Die möglichen Werte liegen zwischen 1 und 255.

option tcp-keepalive-interval *sekunden*;
> Die Zeitspanne in Sekunden, die TCP warten soll, bevor eine Keepalive-Meldung übertragen wird. Bei 0 generiert TCP keine Keepalive-Meldungen. Von Keepalive-Meldungen wird generell abgeraten.

option tcp-keepalive-garbage 0 | 1;
> Legt fest, ob der Client TCP-Keepalive-Meldungen zusammen mit einem zusätzlichen Oktet sendet, um die Kompatibilität mit älteren Implementierungen zu wahren. Bei 0 wird kein zusätzliches Byte übertragen, bei 1 ja. Von Keepalive-Meldungen wird generell abgeraten.

option ntp-servers *adresse*[, *adresse*...];
> Führt die IP-Adressen der vom Client zu verwendenden NTP-Server (Network Time Protocol) in der Reihenfolge ihrer Präferenz auf.

option netbios-name-servers *adresse*[, *adresse*...];
> Führt die vom Client zu verwendenden NetBIOS-Nameserver (NBNS) in der Reihenfolge ihrer Präferenz auf.

option netbios-dd-server *adresse*[, *adresse*...];
> Führt die vom Client zu verwendenden NetBIOS Datagramm-Distribution-Server (NBDD) in der Reihenfolge ihrer Präferenz auf.

option netbios-node-type *typ*;
> Definiert den NetBIOS-Knotentyp des Clients. Der *typ* 1 steht für einen NetBIOS B-Knoten; 2 steht für einen P-Knoten; 4 ist ein M-Knoten, und 8 ist ein H-Knoten.

option netbios-scope `string`;

Eine Zeichenkette, die den in RFC 1001/1002 definierten Scope-Parameter für Net-BIOS über TCP/IP definiert.

option font-servers `adresse[, adresse...]`;

Führt die vom Client zu verwendenden X-Window Font-Server in der Reihenfolge ihrer Präferenz an.

option x-display-manager `adresse[, adresse...]`;

Führt die vom Client zu verwendenden Systeme in der Reihenfolge ihrer Präferenz auf, auf denen der X-Window Displaymanager läuft.

In diesem Kapitel:
- *sendmail kompilieren*
- *Der sendmail-Befehl*
- *m4 sendmail-Makros*
- *sendmail.cf im Detail*
- *Beispielkonfigurationen*

E

sendmail-Referenz

Dieser Anhang enthält Details zur Syntax des **sendmail**-Befehls, der Datei *sendmail.cf* und den **m4**-Makros, die zur Generierung dieser Datei verwendet werden. Der Anhang enthält auch Ausschnitte der in Kapitel 10 beschriebenen *sendmail.cf*-Beispieldatei. Wir zeigen Ihnen, wo Sie den neuesten Quellcode herunterladen können, und wie das System zu kompilieren ist. Eine Einführung in die Konfiguration von sendmail finden Sie in Kapitel 10.

Wir beginnen diesen Anhang mit dem Lokalisieren, Herunterladen und Kompilieren der neuesten sendmail-Version.

sendmail kompilieren

Der Quellcode für sendmail ist via FTP von *ftp.sendmail.org* verfügbar, wo er im Verzeichnis *pub/sendmail* abgelegt ist. Wenn Sie in dieses Verzeichnis wechseln, liefert Ihnen die ausgegebene Meldung Informationen zur neuesten Version von sendmail. sendmail wird ständig aktualisiert. Die nachfolgenden Beispiele basieren auf sendmail V8.8.5. Denken Sie daran, daß sich bei zukünftigen Releases etwas ändern kann. Lesen Sie immer die mit der neuen Software mitgelieferten README-Dateien und Installationsdokumente, bevor Sie mit einer Installation beginnen.

Laden Sie die komprimierte sendmail **tar**-Datei im Binärmodus herunter. Dekomprimieren und entpacken Sie die Datei. Wechseln Sie dann in das Verzeichnis *src*, das unterhalb des durch **tar** erzeugten sendmail-Verzeichnisses liegt. Geben Sie nun folgendes ein:

```
sh makesendmail
```

Laut Dokumentation ist das alles, was Sie bei den meisten Systemen tun müssen. Das funktioniert auch bei BSD 4.4-basierten Systemen. Es funktioniert aber nicht bei jedem System. Die für die Beispiele dieses Buches verwendeten Systeme, Solaris 2.5.1 und

Slackware 96 Linux, haben beide so ihre Probleme. Das Problem bei Solaris ist der fehlende C-Compiler. Bevor Sie überhaupt an eine Installation von sendmail denken können, müssen Sie den GNU C-Compiler **gcc** herunterladen und installieren. Das Problem bei Slackware ist etwas subtiler. Unterschiedliche Linux-Versionen packen Dateien an unterschiedliche Stellen im Dateisystem. Sehen wir uns also die Details einer Installation von sendmail V8.8.5 unter Slackware 96 einmal näher an.

Zuerst laden wir die **tar**-Datei herunter und legen die sendmail-Quellen im Verzeichnis */usr/src* ab, wo Slackware 96 verschiedene Quelldateien aufbewahrt:

```
# ftp ftp.sendmail.org
Connected to kohler.CS.Berkeley.EDU.
220 kohler.CS.Berkeley.EDU FTP server ready.
Name (ftp.cs.berkeley.edu:craig): anonymous
331 Guest login ok, send your complete email address as password.
Password: craig@nuts.com
230 Guest login ok, access restrictions apply.
ftp> cd pub/sendmail
250 CWD command successful.
ftp> binary
200 Type set to I.
ftp> get sendmail.8.8.5.tar.gz
200 PORT command successful.
150 Opening BINARY mode data connection.
226 Transfer complete.
992815 bytes received in 187 secs (5.2 Kbytes/sec)
ftp> quit
221 Goodbye.
# gunzip sendmail.8.8.5.tar.gz
# cp sendmail.8.8.5.tar /usr/src
# cd /usr/src
# tar -xvf sendmail.8.8.5.tar
```

Als nächstes führen wir **makesendmail** aus.

```
# cd sendmail-8.8.5/src
# ./makesendmail
Configuration: os=Linux, rel=2.0.0, rbase=2, rroot=2.0, arch=i586, sfx=
Creating obj.Linux.2.0.0.i586 using Makefile.Linux
Making dependencies in obj.Linux.2.0.0.i586
make: Nothing to be done for `depend'.
Making in obj.Linux.2.0.0.i586
cc -I. -O -I/usr/local/include -DNDBM -DNEWDB    -c alias.c -o alias.o
.
.
.
cc -I. -O -I/usr/local/include -DNDBM -DNEWDB    -c map.c -o map.o
map.c:42: ndbm.h: No such file or directory
make: *** [map.o] Error 1
```

makesendmail erkennt, daß es sich hier um ein Linux-System handelt, wählt aber ganz offensichtlich nicht das für Slackware 96 korrekte Makefile aus. Alle von **makesendmail** verwendeten Makefiles sind im Unterverzeichnis *src/Makefiles* zu finden. Zwei dieser

Dateien, *Makefile.Linux* und *Makefile.Linux.ppc*, sind für Linux gedacht. *Makefile.Linux.ppc* ist eine mögliche Lösung unseres Problems. Ersetzen Sie *Makefile.Linux* durch diese Variante und führen Sie **makesendmail** erneut aus:

```
# cd Makefiles
# mv Makefile.Linux Makefile.Linux.orig
# cp Makefile.Linux.ppc Makefile.Linux
# cd ..
# touch *
# ./makesendmail
Configuration: os=Linux, rel=2.0.0, rbase=2, rroot=2.0, arch=i586, sfx=
Making in obj.Linux.2.0.0.i586
cc -I. -O -I/usr/local/include -DNEWDB   -c alias.c -o alias.o
.
.
.
cc -I. -O -I/usr/local/include -DNEWDB   -c version.c -o version.o
cc -o sendmail alias.o ... version.o -L/usr/local/lib -ldb
groff -Tascii -mandoc aliases.5 > aliases.0
...
groff -Tascii -mandoc sendmail.8 > sendmail.0
```

Das sieht schon besser aus! sendmail konnte ohne Probleme kompiliert und gelinkt werden.

Ein kurzer Blick auf die Unterschiede der beiden Makefiles zeigt, daß sich nur vier Zeilen geändert haben. Von diesen vier Zeilen mußten nur zwei, DBMDEF und LIBS, geändert werden, um die Kompilierung erfolgreich durchführen zu können. Die möglichen Werte für die Datenbankdefinition (DBMDEF) sind in Tabelle E-1 aufgeführt.

Tabelle E-1: DBMDEF-Datenbankargumente

Argument	Funktion
NDBM	Das dbm-Format von BSD 4.3. Zugriff erfolgt mit ndbm(3).
NEWDB	Das neue BSD 4.4 Datenbankformat. Zugriff erfolgt mit db(3).
NIS	Sun NIS.
NISPLUS	Sun NIS+.
NETINFO	NetInfo von Next.
HESIOD	Hesiod-Server vom MIT.
LDAPMAP	X500 LDAP-Lookups.

Die im ersten ./**makesendmail**-Lauf ausgegebene Fehlermeldung gibt an, daß *ndbm.h* nicht gefunden werden konnte. Das Argument NDBM in unserer DBMDEF-Zeile ist also wohl der Schuldige. Die Kommentare in *Makefile.Linux* empfehlen darüber hinaus die Verwendung von DNEWDB und der ldb-Bibliothek. Eine mögliche Lösung könnte also darin bestehen, DBMDEF in **DBMDEF= -DNEWDB** und LIBS in **LIBS= -ldb** zu ändern.

Und genau das hat Paul DuBois in *Makefile.Linux.ppc* gemacht, die uns nun die fehlerfreie Kompilierung unter Slackware 96 erlaubt.

Er hat noch zwei weitere Zeilen geändert, die beide für die Kompilierung nicht besonders wichtig sind, aber ein gutes Beispiel dafür liefern, welche Dinge in einem Makefile geändert werden. Paul hat die Variable STDIR mit **STDIR=${DESTDIR}/var/log** festlegt. Diese Variable definiert, an welcher Stelle die Datei *sendmail.st* abgelegt wird. Die Lage von Dateien ist die am häufigsten geänderte Information in einem Makefile. Darüber hinaus hat er noch BINGRP auf **BINGRP= mail** gesetzt, damit die vom Slackware-System definierte Gruppe *mail* als Gruppen-ID für die sendmail-Binärdateien verwendet wird.

Sobald sendmail kompiliert wurde, können Sie es mit dem folgenden Befehl installieren:

```
# ./makesendmail install
```

Eine weitere Sache, die es zu prüfen gilt, bevor Sie die Installation als beendet betrachten können, ist der Befehl **makemap**. Mit diesem Befehl werden die von sendmail gelesenen Datenbanken aufgebaut. Die Tatsache, daß sendmail bei der Kompilierung bestimmter Datenbanktypen so seine Probleme hatte, läßt in uns den Verdacht aufkommen, daß bei der Kompilierung von makemap ähnliche Probleme auftauchen werden.

Zuerst wechseln wir in das Verzeichnis *sendmail-8.8.5/makemap* und sehen uns die beiden darin enthaltenen makefiles an. Eine dieser Dateien, nämlich *Makefile.dist*, ist die Art von makefile, die von Slackware Linux unterstützt wird. Wir ersetzen das Makefile durch *Makefile.dist* und starten einen Compiler-Lauf für makemap:

```
# cd ../makemap
# mv Makefile Makefile.orig
# cp Makefile.dist Makefile
# make
cc -I. -O -I../src -I/usr/sww/include -DNDBM -DNEWDB   -c makemap.c
   -o makemap.o
makemap.c:53: ndbm.h: No such file or directory
make: *** [makemap.o] Error 1
```

Genau wie wir es erwartet haben! makemap hat bei der Kompilierung die gleichen Probleme wie sendmail. Glücklicherweise liefert uns Paul DuBois' Lösung des sendmail-Problems die für die Variablen DBMDEF und LIBS notwendigen Änderungen. Außerdem überprüfen wir alle Verzeichnispfade des Makefiles, um sicher zu sein, daß sie für unser Slackware-System gültig sind:

```
# grep -v '^#' Makefile | grep '/'
SRCDIR= ../src
INCDIRS=-I${SRCDIR} -I/usr/sww/include
LIBDIRS=-L/usr/sww/lib
BINDIR= ${DESTDIR}/usr/sbin
LINKS= ${DESTDIR}/usr/ucb/newaliases ${DESTDIR}/usr/ucb/mailq
${OBJS}: ${SRCDIR}/conf.h
# ls /usr/sww
```

```
ls: /usr/sww: No such file or directory
# ls /usr/ucb
ls: /usr/ucb: No such file or directory
# whereis makemap
makemap: /usr/sbin/makemap
# whereis newaliases
newaliases: /usr/bin/newaliases
# whereis mailq
mailq: /usr/bin/mailq
```

Diese Tests zeigen uns, daß wir neben den Korrekturen von Paul DuBois noch Referenzen auf die nicht vorhandenen Verzeichnisse */usr/sww* und */usr/ucb* entfernen müssen, während wir gleichzeitig Referenzen auf */usr/bin* einbinden müssen, wo **mailq** und **newaliases** wirklich liegen. Nachdem wir diese Änderungen durchgeführt haben, zeigt uns **diff** den Code des neuen Makefiles. Ein erneutes **make** beweist, daß wir das Problem gelöst haben:

```
# diff Makefile.dist Makefile
22c22
< DBMDEF=       -DNDBM -DNEWDB
---
> DBMDEF=       -DNEWDB
30c30
< INCDIRS=-I${SRCDIR} -I/usr/sww/include
---
> INCDIRS=-I${SRCDIR}
36c36
< LIBDIRS=-L/usr/sww/lib
---
> LIBDIRS=
39c39
< LIBS= -ldb -ldbm
---
> LIBS= -ldb
53c53
< LINKS=        ${DESTDIR}/usr/ucb/newaliases ${DESTDIR}/usr/ucb/mailq
---
> LINKS=        ${DESTDIR}/usr/bin/newaliases ${DESTDIR}/usr/bin/mailq
# make
cc -I. -O -I../src -DNEWDB    -c makemap.c -o makemap.o
cc -o makemap  makemap.o    -ldb
```

Führen Sie **make install** aus, um die neue Version von makemap zu installieren. Nun sind wir fertig. Die Kompilierung von sendmail war nicht so einfach, wie die Dokumentation uns Glauben machen wollte, aber sie war auch nicht unmöglich.

Nun können wir sendmail ausführen. Der nächste Abschnitt beschreibt die Syntax des **sendmail**-Befehls.

Der sendmail-Befehl

Die Syntax des **sendmail**-Befehls ist scheinbar einfach:

sendmail [*argumente*] [*adresse* ...]

Diese Syntax täuscht etwas, weil sie die Tatsache verschleiert, daß es sehr viele Kommandozeilen-Argumente gibt. Tabelle E-2 führt alle Argumente auf.

Tabelle E-2: sendmail-Kommandozeilenargumente

Argument	Funktion
–U	Direkt vom Benutzer.
–V*envid*	Setzt die Envelope-ID auf *envid*.
–N*dsn*	Legt die Notifikation des Auslieferungsstatus mit *dsn* fest.
–M*xwert*	Setzt das Makro *x* auf den *wert*.
–R*return*	Legt fest, welcher Teil einer Nachricht bei einem Fehler zurückgegeben wird.
–B*type*	Legt den MIME-Typ fest.
–p*protokoll*	Legt das empfangende Protokoll und den Hostnamen fest.
–X*logdatei*	Loggt den gesamten Traffic in der angegebenen Logdatei.
–f*adr*	Die Maschinenadresse des Senders ist *adr*.
–r *adr*	Veraltete Form von –f.
–h *cnt*	Mail fallen lassen, wenn sie *cnt* mal weitergegeben wurde.
–F*name*	Legt den vollständigen Namen dieses Benutzers mit *name* fest.
–n	Es wird kein Aliasing oder Forwarding durchgeführt.
–t	Sende an jeden, der in To:, Cc: und Bcc: aufgeführt ist.
–bm	Liefere Mail aus (Standard).
–ba	Betrieb im Arpanet-Modus.
–bs	Verwende SMTP auf der Eingabeseite.
–bd	Betrieb als Daemon.
–bt	Betrieb im Testmodus.
–bv	Überprüfe Adressen. Mails werden nicht gesammelt oder ausgeliefert.
–bi	Initialisiere die Alias-Datenbank.
–bp	Gib die Mail-Queue aus.
–q[*zeit*]	Verarbeite in der Queue liegende Mail. Wiederhole im angegebenen *zeit*-intervall.
–C*datei*	Verwende *datei* als Konfigurationsdatei.
–d*level*	Setze den Debugging-Level.

Tabelle E-2: sendmail-Kommandozeilenargumente (Fortsetzung)

Argument	Funktion
−o*xwert*	Setze die Option *x* auf den angegebenen *wert*.
−i	Ignoriere Punkte in eingehenden Nachrichten.
−m	Auch an mich senden.
−v	Betrieb im Verbose-Modus.
−s*addr*	Alternative Form von –**f**.

Einige dieser Kommandozeilen-Argumente werden in Kapitel 10 behandelt:

−f

Erlaubt vertrauenswürdigen Benutzern das Überschreiben der Senderadresse bei ausgehenden Nachrichten. Aus Sicherheitsgründen ist diese Möglichkeit bei manchen Systemen deaktiviert. Veraltete Alternativformen dieses Arguments sind –**r** und –**s**.

−t

Liest die Header To:, Cc: und Bcc: von der Standardeingabe. Wird zum Senden von Nachrichten verwendet, die diese Header enthalten, oder wenn, wie in Kapitel 10, Testnachrichten versendet werden.

−bd

Betreibt sendmail im Hintergrund. Damit werden eingehende Mails gesammelt. Verwenden Sie dieses Argument für den **sendmail**-Befehl in Ihrem Bootskript.

−bt

Wird zum Testen von Umbildungsregeln für Adressen verwendet.

−bi

Initialisiert die Alias-Datenbank. Ist mit dem in Kapitel 10 besprochenen **newaliases**-Befehl identisch.

−q

Legt das Zeitintervall fest, in dem die Mail-Queue verarbeitet wird. Verwenden Sie es beim **sendmail**-Befehl in Ihrem Bootskript.

−C

Lädt eine alternative sendmail-Konfigurationsdatei. Nutzen Sie dieses Argument zum Testen Ihrer Konfiguration, bevor Sie die neue Konfiguration zur *sendmail.cf* machen.

−v

Erlaubt es Ihnen, sich den Austausch von SMTP-Befehlen in Echtzeit anzusehen.

−bv

Prüft die Verarbeitung von Adressen, ohne tatsächlich Mail zu senden.

Neben den beiden Argumenten (**–bd** und **–q**), die in der **sendmail**-Kommandozeile im Bootskript angegeben werden, um eingehende Mails zu verarbeiten, werden **sendmail**-Argumente hauptsächlich zum Debugging eingesetzt. Aus der obigen Liste werden **–bt**, **–C**, **–bv**, **–v** und **–t** in Kapitel 10 in den Debugging-Beispielen verwendet. Weitere Debugging-Argumente sind:

–bp

> Gibt eine Liste der Mails aus, die zur Auslieferung in der Queue stehen. Ist mit dem Befehl **mailq** identisch. Mail wird in der Queue abgelegt, wenn sie nicht direkt ausgeliefert werden kann, weil der entfernte Host momentan nicht in der Lage ist, die Mail anzunehmen. Sendmail arbeitet die Queue in regelmäßigen Intervallen ab, und versucht, die Mail in der Queue auszuliefern. Dieses Zeitintervall legen Sie mit dem Argument **–q** fest. Die Queue kann groß genug werden, um die Performance von sendmail zu beeinträchtigen, wenn ein wichtiger entfernter Host unten ist. **mailq** zeigt, wie viele Nachrichten in der Queue liegen, und gibt auch die Quelle und das Ziel jeder Mail an. Wenn die Queue eine direkte Verarbeitung verlangt, rufen Sie **sendmail** mit dem Argument **–q** ohne Zeitintervall auf. Damit wird die gesamte Queue verarbeitet. Einige Variationen des Arguments **–q** erlauben eine selektive Verarbeitung der Queue. Verwenden Sie **–qI***queue-id*, um nur Queue-Einträge mit der angegebenen Queue-ID zu verarbeiten. **–qR***empfänger* verarbeitet nur an einen bestimmten Empfänger gerichtete Nachrichten, und **–qS***sender* verarbeitet nur von einem bestimmten Sender stammende Nachrichten. Der **mailq**-Befehl gibt die Queue-ID, die Sender- und die Empfängeradresse jeder Nachricht in der Queue aus.

–o

> Legt eine sendmail-Option für diese Instanz von sendmail fest, z.B. **-oA/tmp/test-aliases**. Verwenden Sie dieses Argument, um alternative Optionseinstellungen zu testen, ohne die *sendmail.cf* zu editieren. **–o** verwendet die alte sendmail-Optionssyntax. Eine Alternativform dieses Arguments ist **–O**, bei dem die neue Optionssyntax (z.B. **-OAilasFile=/tmp/test-aliases**) verwendet wird. Beachten Sie hierzu auch die *sendmail-Optionen* an anderer Stelle dieses Anhangs.

–d

> Legt fest, welche Details beim Debugging von sendmail-Code ausgegeben werden. Kann zum Debugging von Umbildungsregeln verwendet werden (z.B. `sendmail - bt -d21.12`). Ansonsten ist **–d** beim Debugging von sendmail-Quellcode nützlich.

–h

> Setzt den Zähler, der zur Erkennung von Mail-Schleifen verwendet wird. Standardmäßig ist dieser Wert auf 30 gesetzt, was für den normalen Betrieb ein guter Wert ist. Wenn Sie ein Problem mit Mail-Schleifen debuggen, können Sie diesen Wert niedriger setzen, z.B. **–h10**, um die wiederholte Verarbeitung der Mail durch das System zu reduzieren. Normalerweise können Sie diesen Wert übernehmen.

Die verbleibenden Argumente werden nur selten in der Kommandozeile verwendet:

−B

Gibt den Body-Typ von MIME-Nachrichten an. Erlaubte Werte sind 7BIT oder 8BITMIME.

−N

Verlangt, daß der Sender über den Auslieferungsstatus der Mail informiert wird. Voreingestellt ist FAILURE, DELAY, was den Sender informiert, wenn die Mail nicht ausgeliefert werden kann oder in der Queue ablegt werden mußte. Andere mögliche Werte sind NEVER, um dem Sender keinerlei Statusinformationen weiterzugeben, und SUCCESS, um über die erfolgreiche Auslieferung von Mail zu informieren.

−M

Legt einen Makrowert für die Instanz von sendmail fest. Zum Beispiel setzt **−MM**nuts.com das Makro M auf *nuts.com*.

−p

Legt das Sendeprotokoll und den sendenden Host fest. Entspricht dem Setzen der internen Makros **s** und **r**. Besitzt ein System mehr als ein externes Mail-Protokoll, beispielsweise UUCP und SMTP, wird das System gezwungen, ein bestimmtes Protokoll für diese Mail zu verwenden.

−R

Legt fest, wie viele Informationen an den Sender zurückgegeben werden, wenn eine Nachricht nicht ausgeliefert werden kann. Der Wert kann HDRS für die Header oder FULL für die gesamte Nachricht sein.

−U

Gibt an, daß diese Mail direkt von einer Benutzerschnittstelle kommt und nicht von einem entfernten Mail-Handler weitergegeben wurde. Während wir dies schreiben, wird dieses Argument noch nicht genutzt, aber zukünftige Benutzer-Agents könnten es aufnehmen, wenn sie Mail an sendmail weitergeben.

−V

Fügt eine »Envelope-ID« in die ausgehende Nachricht ein, die zurückgegeben wird, wenn die Auslieferung der Nachricht fehlschlägt.

−X

Loggt alle Mail-Nachrichten in der angegebenen Logdatei. Das erzeugt sehr schnell eine sehr große Logdatei.

−n

Deaktiviert die Verarbeitung von Aliases und die Weiterleitung von Mail.

−bm

Weist sendmail an, Mail auszuliefern (was es sowieso macht).

–ba

Liest die From:-Zeile des Headers, um den Sender zu bestimmen. Verwendet aus drei Ziffern bestehende Antwortcodes und beendet Fehlerzeilen mit <CRLF>. Dieses Argument ist veraltet.

–bs

Weist sendmail an, SMTP für eingehende Mails zu verwenden. Bei Bedarf macht sendmail das auch ohne das Argument **–bs**.

–i

Normalerweise endet eine SMTP-Nachricht, wenn eine Zeile mit nur einem Punkt entdeckt wird. Dieses Argument weist sendmail an, Punkte in eingehenden Nachrichten zu ignorieren.

–m

Sendet eine Kopie der Mail an die Person, die die Mail gesendet hat. Normalerweise wird das über die Nachrichten-Header CC: oder BCC: erreicht, nicht mit **–m**.

Während wir dieses Buch schreiben, ist das die vollständige Liste der sendmail-Kommandozeilenargumente. Einige dieser Argumente wurden mit sendmail 8 eingeführt. Andere werden bei sendmail V8 als veraltet betrachtet. Werfen Sie einen Blick in die Manpage, um genau zu ermitteln, welche Argumente bei Ihrem System gültig sind.

Wenn der **sendmail**-Befehl ausgeführt wird, liest das System die Konfiguration aus der Datei *sendmail.cf*. Eine grundlegende *sendmail.cf* kann mit Hilfe der **m4**-Makros erzeugt werden, die zusammen mit dem Sendmail-Quellcode ausgeliefert werden. Kapitel 10 enthält hierzu einige Beispiele. Im nächsten Abschnitt finden Sie eine vollständige Liste der **m4**-Makros, die mit der sendmail-Distribution geliefert werden.

m4 sendmail-Makros

Die sendmail-Distribution wird mit verschiedenen Beispielkonfigurationen geliefert. Kapitel 10 enthält ein Beispiel zur Modifikation der *tcpproto.mc*-Datei, mit der eine Konfigurationsdatei erzeugt wird, die für ein Linux-System geeignet ist. Die Prototypdateien sind **m4**-Makro-Konfigurationsdateien, die als Ausgabe verwendbare *sendmail.cf*-Dateien generieren. Die Prototypdateien sind im Verzeichnis *sendmail/cf/cf* der sendmail-Distribution zu finden. Alle **m4**-Makro-Konfigurationsdateien enden mit der Namenserweiterung *.mc* Die *.mc*-Dateien können die folgenden **m4**-Makros enthalten:[1]

VERSIONID

Definiert die Versionsnummer der *.mc*-Quelldatei. Üblicherweise werden RCS- oder SCCS-Versionsnummern verwendet. Der Befehl ist optional.

OSTYPE

Verweist auf die **m4**-Quelldatei, die die betriebssystemspezifischen Informationen dieser Konfiguration enthält. Muß angegeben werden.

---

1 Die Makro-Befehle sind in der Reihenfolge ihres Vorkommens in der Konfigurationsdatei aufgeführt.

DOMAIN

Verweist auf die **m4**-Quelldatei, die die für diese Domain spezifischen Konfigurationsinformationen enthält. Optional.

FEATURE

Verweist auf die **m4**-Quelldatei, die ein optionales sendmail-Feature definiert. Wird von **m4** zur Verarbeitung der *.mc*-Quelldatei nicht benötigt, viele Konfigurationen besitzen aber mehrere FEATURE-Einträge.

HACKS

Verweist auf die **m4**-Quelldatei, die Site-spezifische Konfigurationsinformationen enthält. Hierbei handelt es sich um eine temporäre Konfiguration, die zur Behebung eines temporären Problems verwendet wird. Die Verwendung von HACKS wird nicht empfohlen.

SITECONFIG

Verweist auf die **m4**-Quelldatei mit **m4**-SITE-Befehlen, mit denen die mit diesem Host verbundenen UUCP-Sites definiert werden. Das Format des Befehls lautet **SITECONFIG**(*datei, lokaler-hostname, klasse*), womit die UUCP-Hostnamen aus *datei* eingelesen und in *klasse* abgelegt werden.

define

Definiert einen lokalen Wert. Die meisten »defines« stehen in den **m4**-Quelldateien, die in der *.mc*-Datei aufgerufen werden, nicht in der *.mc*-Datei selbst. Kann einen Wert für ein *sendmail.cf*-Makro, eine Option oder einen Befehl definieren.

MAILER

Verweist auf die **m4**-Quelldatei, die die Konfigurationsbefehle enthält, die einen sendmail-Mailer definieren. Mindestens ein MAILER-Befehl muß in der Konfigurationsdatei vorkommen. Generell wird mehr als ein MAILER-Befehl verwendet.

LOCAL_RULE_n

Leitet einen Codeabschnitt ein, der in Ruleset *n* einzubinden ist. *n* ist hierbei 0, 1, 2 oder 3. Der dem LOCAL_RULE_*n*-Befehl nachfolgende Code besteht aus normalen *sendmail.cf*-Umbildungsregeln.[2] Der LOCAL_RULE_*n*-Befehl wird selten verwendet.

LOCAL_CONFIG

Leitet einen Codeabschnitt ein, der in die *sendmail.cf* hinter dem Abschnitt mit den lokalen Informationen, aber vor den Umbildungsregeln einzubinden ist. Dieser Codeabschnitt enthält normale *sendmail.cf*-Konfigurationsbefehle. Dieses Makro wird nur selten verwendet.

---

2   Die einzige Ausnahme ist das UUCPSMTP-Makro, das bei der lokalen Regel verwendet werden kann. Im Dokument *New sendmail Configuration Files*, das mit der sendmail V8-Distribution geliefert wird, finden Sie Informationen zur UUCP-Konfiguration.

Die meisten Makros der *.mc*-Datei verweisen auf andere **m4**-Quelldateien. Die Makronamen OSTYPE, DOMAIN, FEATURE, MAILER, HACKS und SITECONFIG sind alles Namen von Unterverzeichnissen innerhalb des *sendmail/cf*-Verzeichnisses. Der an diese Makros übergebene Wert ist der Name einer Datei innerhalb des jeweiligen Verzeichnisses. Beispielsweise weist der Befehl FEATURE(nouucp) **m4** an, die Datei *nouucp.m4* aus dem Verzeichnis *feature* zu laden und den darin enthaltenen **m4**-Quellcode zu verarbeiten. Die wirklich wichtigen Teile der sendmail-Konfiguration sind in den Quelldateien enthalten, auf die die Befehle OSTYPE, DOMAIN, FEATURE und MAILER verweisen.

Die Makrobefehle HACK, SITECONFIG, LOCAL_RULE_*n* und LOCAL_CONFIG werden in einer Makro-Konfigurationsdatei nur selten verwendet. Um diesen Anhang etwas zu vereinfachen, werden wir sie nicht noch einmal erwähnen.[3] Ebenfalls der Einfachheit halber vermeiden wir eine Diskussion der UUCP-Konfiguration und konzentrieren uns auf SMTP. Trotzdem kann einem die **m4**-Konfiguration enorm komplex vorkommen. Bitte denken Sie daran, daß dieser Anhang als Referenz gedacht ist und daher so viele **m4**-Makros wie möglich aufführt. Die meisten dieser Makros werden Sie niemals verwenden. In Kapitel 10 finden Sie ein realistisches Beispiel für die Verwendung von **m4** zur Generierung der *sendmail.cf*-Datei.

Im folgenden Abschnitt liefern wir Ihnen zusätzliche Informationen zu den Makros OSTYPE, DOMAIN, FEATURE und MAILER, und liefern Details zu den verschiedenen Befehlen, die verwendet werden, um die von diesen Makros aufgerufenen **m4**-Quelldateien aufzubauen. Kapitel 10 enthält ein Beispiel für den Aufbau einer eigenen DOMAIN-Makro-Quelldatei. Die Quelldateien können jedes der bislang angesprochenen sowie die nachfolgend noch behandelten Makros enthalten. Auch die Makro-Konfigurationsdatei (*.mc*) kann jeden der nachfolgend aufgeführten Befehle enthalten. Tatsächlich kann mehr oder weniger jedes Makro in jeder Datei auftauchen.

Um ein wenig Ordnung in dieses Chaos zu bringen, haben wir die Befehle entsprechend den Dateien organisiert, in denen sie am ehesten zu finden sind. Diese Organisation entspricht dem, was Sie auch in der Dokumentation der sendmail-Distribution finden. Denken Sie aber daran, daß echte Dateien anders organisiert sein können. Wir beginnen mit den **define**- und den **FEATURE**-Makros, die die Grundpfeiler aller anderen Dateien sind.

define

Die Syntax des **define**-Makros ist:

```
define('parameter', 'wert')
```

Dabei ist der *parameter* der Name des Schlüsselworts eines sendmail-Konfigurationsparameters, und *wert* ist der diesem Konfigurationsparameter zugewiesene Wert. Der

---

3 Wenn Sie an Beispielen dieser Befehle interessiert sind, können Sie sich die mit der sendmail V8-Distribution gelieferte *ucbvax.mc* ansehen.

parameter und der *wert* werden normalerweise in Hochkommata angegeben, um eine fehlerhafte Makroerweiterung zu verhindern.

Viele der Konfigurationsparameter, die mit dem **define**-Befehl gesetzt werden können, sind nachfolgend aufgeführt. Die meisten Parameter entsprechen sendmail-Optionen, -Makros oder -Klassen. Der Name der von diesem Parameter gesetzten Option, des Makros oder der Klasse steht in der Parameterbeschreibung in eckigen Klammern ([]). Makronamen beginnen mit einem Dollarzeichen (**$j**), Klassennamen beginnen mit einem Dollar- und einem Gleichheitszeichen (**$=w**), und Optionen werden als lange Optionsnamen (**SingleThreadDelivery**) angegeben. Um mehr über diese Parameter zu erfahren, müssen Sie sich die Beschreibungen der Makros, Optionen und Klassen ansehen, die diese Parameter repräsentieren. Diese Beschreibungen folgen weiter hinten in diesem Anhang.

Weil viele **define**-Parameter direkt Optionen, Makros und Klassen entsprechen, hat der Befehl

```
define('confDOMAIN_NAME', 'peanut.nuts.com')
```

in einer **m4**-Quelldatei den gleichen Effekt wie

```
Djpeanut.nuts.com
```

in der *sendmail.cf*. Wenn Sie eine neue Version von sendmail kompilieren und installieren, sollten Sie die Konfiguration mit **m4** vornehmen und die Werte für Makros, Klassen und Optionen mit dem m4-Makro **define** festlegen.

Die Liste der **define**-Parameter ist recht lang. Weil aber die meisten Parameter auf einen vernünftigen Wert voreingestellt sind, müssen sie in der **m4**-Quelldatei nicht explizit eingestellt werden. Der Standardwert jedes Parameters (wenn es einen gibt) ist in der nachfolgenden Liste enthalten.

confMAILER_NAME
> Voreingestellt ist MAILER-DAEMON. Der bei Fehlermeldungen verwendete Name des Senders. [$n]

confDOMAIN_NAME
> Der vollständige Hostname. [$j]

confCF_VERSION
> Die Versionsnummer der Konfigurationsdatei. [$Z]

confFROM_HEADER
> Voreingestellt ist $?x$x <$g>$|g. . Das Format des From:-Headers.

confRECEIVED_HEADER
> Voreingestellt ist $?sfrom $s $.$?_($?s$|from $.$_) $.by $j ($v/$Z)$?r with r. id i?u for u.; $b . Das Format des Received:-Headers.

confCW_FILE
> Voreingestellt ist */etc/sendmail.cw*. Die Datei mit lokalen Host-Aliases. [$=w]

confCT_FILE
> Voreingestellt ist */etc/sendmail.ct*. Die Datei mit den Namen vertrauenswürdiger Benutzer. [$=t]

confTRUSTED_USERS
> Namen vertrauenswürdiger Benutzer, die neben *root*, *uucp* und *daemon* aufzunehmen sind.

confSMTP_MAILER
> Voreingestellt ist esmtp. Der für SMTP-Verbindungen verwendete Mailer. Muß smtp, smtp8 oder esmtp enthalten.

confUUCP_MAILER
> Voreingestellt ist uucp-old. Der Standard-UUCP-Mailer.

confLOCAL_MAILER
> Voreingestellt ist local. Der für lokale Verbindungen verwendete Mailer.

confRELAY_MAILER
> Voreingestellt ist relay. Der für das Relaying verwendete Mailer.

confSEVEN_BIT_INPUT
> Voreingestellt ist False. Zwingt die Eingabe auf 7 Bit. [SevenBitInput]

confEIGHT_BIT_HANDLING
> Voreingestellt ist pass8. Definiert die Behandlung von 8-Bit-Daten. [EightBitMode]

confALIAS_WAIT
> Voreingestellt ist 10m. Definiert die Zeitspanne, die auf die Regenerierung der Alias-Datei gewartet wird. [AliasWait]

confMIN_FREE_BLOCKS
> Voreingestellt ist 100. Die minimale Anzahl freier Blöcke, die im Queue-Dateisystem verfügbar sein müssen, um SMTP-Mail zu akzeptieren. [MinFreeBlocks]

confMAX_MESSAGE_SIZE
> Voreingestellt ist unendlich. Die maximale Größe einer Nachricht. [MaxMessageSize]

confBLANK_SUB
> Das Zeichen, durch das nicht geschützte Leerzeichen in E-Mail-Adressen ersetzt werden. [BlankSub]

confCON_EXPENSIVE
> Voreingestellt ist False. Weist das System an, Mails bis zum nächsten Queue-Lauf zu binden, wenn diese Mails an Mailer gebunden sind, die das e-Flag gesetzt haben. [HoldExpensive]

confCHECKPOINT_INTERVAL
Voreingestellt ist 10. Weist das System an, die Queue-Dateien zu prüfen, nachdem diese Anzahl von Einträgen verarbeitet wurde. [CheckpointInterval]

confDELIVERY_MODE
Voreingestellt ist die Auslieferung im Hintergrund. Legt den Standard-Auslieferungsmodus fest. [DeliveryMode]

confAUTO_REBUILD
Voreingestellt ist False. Regeneriert die Alias-Datei. [AutoRebuildAliases]

confERROR_MODE
Voreingestellt ist print. Definiert die Behandlung von Fehlern. [ErrorMode]

confERROR_MESSAGE
Verweist auf eine Datei mit einer Nachricht, die Fehlermeldungen vorangestellt wird. [ErrorHeader]

confSAVE_FROM_LINES
Weist das System an, UNIX-From:-Zeilen nicht zu entfernen. Diese werden entfernt, wenn die Option nicht gesetzt ist. [SaveFromLine]

confTEMP_FILE_MODE
Voreingestellt ist 0600. Datei-Zugriffsmodus für temporäre Dateien. [TempFileMode]

confMATCH_GECOS
Weist das System an, den E-Mail-Benutzernamen mit dem GECOS-Feld zu vergleichen. Diese Prüfung wird nicht durchgeführt, wenn dieser Wert nicht gesetzt ist. [MatchGECOS]

confMAX_HOP
Voreingestellt ist 25. Dieser Zähler wird zur Erkennung von Mailschleifen verwendet. [MaxHopCount]

confIGNORE_DOTS
Voreingestellt ist False. Weist das System an, Punkte in eingehenden Nachrichten zu ignorieren. [IgnoreDots]

confBIND_OPTS
Voreingestellt ist undefined. Legt Optionen für den DNS-Resolver fest. [ResolverOptions]

confMIME_FORMAT_ERRORS*
Voreingestellt ist True. Weist das System an, MIME-gekapselte Fehlermeldungen zu senden. [SendMimeErrors]

confFORWARD_PATH
Voreingestellt ist *$z/.forward.$w:$z/.forward*. Die Orte, an denen nach *.forward*-Dateien gesucht werden soll. [ForwardPath]

confMCI_CACHE_SIZE

Voreingestellt ist 2. Anzahl der offenen Verbindungen, die offengehalten werden können. [ConnectionCacheSize]

confMCI_CACHE_TIMEOUT

Voreingestellt ist 5m. Die Zeitspanne, für die inaktive offene Verbindungen im Cache gehalten werden. [ConnectionCacheTimeout]

confHOST_STATUS_DIRECTORY

Das Verzeichnis, in dem der Host-Status gesichert wird. [HostStatusDirectory]

confUSE_ERRORS_TO*

Voreingestellt ist False. Liefert Fehler mit Hilfe des Errors-To:-Headers aus. [UserErrorsTo]

confLOG_LEVEL

Voreingestellt ist 9. Detail-Level der Logdatei. [LogLevel]

confME_TOO

Voreingestellt ist False. Sendet eine Kopie an den Sender. [MeToo]

confCHECK_ALIASES

Voreingestellt ist False. Sieht jeden Alias nach, während die Alias-Datei aufgebaut wird. [CheckAliases]

confOLD_STYLE_HEADERS*

Voreingestellt ist True. Betrachtet Header ohne spezielle Zeichen als Header im alten Stil. [OldStyleHeaders]

confDAEMON_OPTIONS

Option für den SMTP-Daemon. [DaemonPortOptions]

confPRIVACY_FLAGS

Voreingestellt ist authwarnings. Die Flags schränken die Verwendung einiger Mail-Befehle ein. [PrivacyOptions]

confCOPY_ERRORS_TO

Adresse, an die Kopien von Fehlermeldungen gesendet werden sollen. [PostmasterCopy]

confQUEUE_FACTOR

Voreingestellt ist 600000. Wird genutzt, wenn ein ausgelastetes System berechnet, wann Mails in der Queue abgelegt, also nicht ausgeliefert werden sollen. [QueueFactor]

confDONT_PRUNE_ROUTES

Voreingestellt ist False. Route-Adressen nicht auf das mögliche Minimum kürzen. [DontPruneRoutes] confSAFE_QUEUE

Queue-Datei erzeugen und dann Auslieferung versuchen. Wird nur gemacht, wenn dieser Parameter spezifiziert wird. [SuperSafe]

confTO_INITIAL

Voreingestellt ist 5m. Maximale Wartezeit für die Antwort auf die Anfangsverbindung. [Timeout.initial]

confTO_CONNECT

Voreingestellt ist 0. Maximale Wartezeit für einen Verbindungsaufbau. [Timeout.connect]

confTO_ICONNECT

Maximale Wartezeit für den allerersten Verbindungsversuch zu einem Host. [Timeout.iconnect]

confTO_HELO

Voreingestellt ist 5m. Maximale Wartezeit auf eine HELO- oder EHLO-Antwort. [Timeout.helo]

confTO_MAIL

Voreingestellt ist 10m. Maximale Wartezeit auf die Antwort eines MAIL-Befehls. [Timeout.mail]

confTO_RCPT

Voreingestellt ist 1h. Maximale Wartezeit auf die Antwort eines RCPT-Befehls. [Timeout.rcpt]

confTO_DATAINIT

Voreingestellt ist 5m. Maximale Wartezeit auf die Antwort eines DATA-Befehls. [Timeout.datainit]

confTO_DATABLOCK

Voreingestellt ist 1h. Maximale Wartezeit auf einen Block während einer DATA-Phase. [Timeout.datablock]

confTO_DATAFINAL

Voreingestellt ist 1h. Maximale Wartezeit auf die Antwort auf einen abschließenden ».«. [Timeout.datafinal]

confTO_RSET

Voreingestellt ist 5m. Maximale Wartezeit auf die Antwort auf einen RSET-Befehl. [Timeout.rset]

confTO_QUIT

Voreingestellt ist 2m. Maximale Wartezeit auf die Antwort auf einen QUIT-Befehl. [Timeout.quit]

confTO_MISC
> Voreingestellt ist 2m. Maximale Wartezeit auf weitere Antworten auf einen SMTP-Befehl. [Timeout.misc]

confTO_COMMAND
> Voreingestellt ist 1h. Maximale Wartezeit auf das Absetzen eines Befehls. [Timeout.command]

confTO_IDENT
> Voreingestellt ist 30s. Maximale Wartezeit auf die Antwort auf eine IDENT-Query. [Timeout.ident]

confTO_FILEOPEN
> Voreingestellt ist 60s. Maximale Wartezeit für das Öffnen einer Datei. [Timeout.fileopen]

confTO_QUEUERETURN
> Voreingestellt ist 5d. Zeitspanne, nach der Nachrichten in der Queue als nicht auslieferbar (»undeliverable«) zurückgegeben werden. [Timeout.queuereturn]

confTO_QUEUERETURN_NORMAL
> Undeliverable-Timeout für Nachrichten mit normaler Priorität. [Timeout.queuereturn.normal]

confTO_QUEUERETURN_URGENT
> Undeliverable-Timeout für Nachrichten mit hoher Priorität (»urgent«). [Timeout.queuereturn.urgent]

confTO_QUEUERETURN_NONURGENT
> Undeliverable-Timeout für Nachrichten mit niedriger Priorität. [Timeout.queuereturn.non-urgent]

confTO_QUEUEWARN
> Voreingestellt ist 4h. Die Zeitspanne, nach der eine »Immer noch in der Queue«-Warnung (»still queued«) zurückgegeben wird. [Timeout.queuewarn]

confTO_QUEUEWARN_NORMAL
> Zeitspanne, nach der eine »Still Queued«-Warnung bei Nachrichten normaler Priorität gesendet wird. [Timeout.queuewarn.normal]

confTO_QUEUEWARN_URGENT
> Zeitspanne, nach der eine »Still Queued«-Warnung bei Nachrichten hoher Priorität gesendet wird. [Timeout.queuewarn.urgent]

confTO_QUEUEWARN_NONURGENT
> Zeitspanne, nach der eine »Still Queued«-Warnung bei Nachrichten niedriger Priorität gesendet wird. [Timeout.queuewarn.non-urgent]

confTO_HOSTSTATUS
> Voreingestellt ist 30m. Timer für alte Host-Statusinformationen. [Timeout.hoststatus]

confTIME_ZONE
Voreingestellt ist USE_SYSTEM. Legt die Zeitzone über das System (USE_SYSTEM) oder die Variable TZ fest (USE_TZ). [TimeZoneSpec]

confDEF_USER_ID
Voreingestellt ist 1:1. Standard-Benutzer- und Gruppen-ID. [DefaultUser]

confUSERDB_SPEC
Pfad auf die Benutzerdatenbank-Datei. [UserDatabaseSpec]

confFALLBACK_MX
MX-Backup-Host. [FallbackMXhost]

confTRY_NULL_MX_LIST
Voreingestellt ist False. Weist das System an, eine direkte Verbindung mit dem entfernten Host herzustellen, wenn MX auf den lokalen Host weist. [TryNullMXList]

confQUEUE_LA
Voreingestellt ist 8. Sendet Mail direkt an die Queue, wenn diese Durchschnittslast erreicht wird. [QueueLA]

confREFUSE_LA
Voreingestellt ist 12. Nimmt eingehende SMTP-Verbindungen nicht mehr an, wenn diese Durchschnittslast erreicht ist. [RefuseLA]

confMAX_DAEMON_CHILDREN
Lehnt Verbindungen ab, wenn diese Anzahl von Child-Prozessen erreicht ist. [MaxDaemonChildren]

confCONNECTION_RATE_THROTTLE
Maximale Anzahl der pro Sekunde erlaubten Verbindungen. [ConnectionRate-Throttle]

confWORK_RECIPIENT_FACTOR
Voreingestellt ist 30000. Der für jeden zusätzlichen Empfänger verwendete Faktor, um den die Priorität des Jobs verringert wird. [RecipientFactor]

confSEPARATE_PROC
Voreingestellt ist False. Liefert Nachrichten mit separaten Prozessen aus. [ForkEach-Job]

confWORK_CLASS_FACTOR
Voreingestellt ist 1800. Der zur Favorisierung eines Jobs mit hoher Priorität zu verwendende Faktor. [ClassFactor]

confWORK_TIME_FACTOR
Voreingestellt ist 90000. Der zur Verringerung der Priorität eines Jobs nach jedem Auslieferungsversuch zu verwendende Faktor. [RetryFactor]

confQUEUE_SORT_ORDER
> Voreingestellt ist Priority. Sortiert die Queue nach Priorität oder Host. [QueueSort-Order]

confMIN_QUEUE_AGE
> Voreingestellt ist 0. Die minimale Zeitspanne, die ein Job in der Queue gehalten werden muß. [MinQueueAge]

confDEF_CHAR_SET
> Voreingestellt ist unknown-8bit. Standard-Zeichensatz für unbenannte 8-Bit MIME-Daten. [DefaultCharSet]

confSERVICE_SWITCH_FILE
> Voreingestellt ist */etc/service.switch*. Pfad auf die Service-Switch-Datei. [ServiceSwitchFile]

confHOSTS_FILE
> Voreingestellt ist */etc/hosts*. Pfad auf die Hostnamen-Datei. [HostsFile]

confDIAL_DELAY
> Voreingestellt ist 0s. Zeitverzögerung, nach der eine Wählverbindung (»Dial on Demand«) erneut angewählt wird. 0s bedeutet, daß kein erneuter Versuch unternommen wird. [DialDelay]

confNO_RCPT_ACTION
> Voreingestellt ist **none**. Behandlung von Mail ohne Empfänger-Header: keine Behandlung (**none**); To:-Header hinzufügen (**add-to**); Apparently-To:-Header hinzufügen (**add-apparently-to**); Bcc:-Header hinzufügen (**add-bcc**); »To: undisclosed-recipients«-Header hinzufügen (**add-to-undisclosed**). [NoRecipientAction]

confSAFE_FILE_ENV
> Voreingestellt ist undefined. Mit **chroot()** in dieses Verzeichnis wechseln, bevor Dateien geschrieben werden. [SafeFileEnvironment]

confCOLON_OK_IN_ADDR
> Voreingestellt ist True. Behandelt Doppelpunkte in Adressen als normale Zeichen. [ColonOkInAddr]

confMAX_QUEUE_RUN_SIZE
> Voreingestellt ist 0. Beschränkt die Anzahl der in einem Queue-Lauf verarbeiteten Einträge. Eine 0 bedeutet keine Beschränkung. [MaxQueueRunSize]

confDONT_EXPAND_CNAMES
> Voreingestellt ist False. Bei True werden Spitznamen nicht in kanonische Namen umgewandelt. Bei False ja. [DontExpandCnames]

confFROM_LINE
> Voreingestellt ist From $g $d. Das Format der UNIX From:-Zeile. [UnixFromLine]

confOPERATORS
> Voreingestellt ist .:%@!^/[]+. Adreßoperator-Zeichen. [OperatorChars]

confSMTP_LOGIN_MSG
> Voreingestellt ist *$j sendmail $v/$Z; $b*. Die SMTP-Begrüßungsmeldung. [SmtpGreetingMessage]

confDONT_INIT_GROUPS
> Voreingestellt ist False. Bei True wird die initgroups(3)-Routine deaktiviert. Mit False wird sie verwendet. [DontInitGroups]

confUNSAFE_GROUP_WRITES
> Voreingestellt ist False. Bei True werden keine Programme oder Dateien aus *:include:-* und *.forward*-Dateien referenziert, die von den Gruppen geschrieben werden dürfen. [UnsafeGroupWrites]

confDOUBLE_BOUNCE_ADDRESS
> Voreingestellt ist *postmaster*. Treten Fehler auf, bei denen eine Fehlermeldung geschickt wird, geht die zweite Fehlermeldung an diese Adresse. [DoubleBounceAddress]

confRUN_AS_USER
> Voreingestellt ist undefined. Das Lesen und Ausliefern von Mail erfolgt unter diesem Benutzer. [RunAsUser]

confSINGLE_THREAD_DELIVERY
> Voreingestellt ist False. Erzwingt die Mail-Auslieferung in einem einzigen Thread, wenn sie zusammen mit HostStatusDirectory verwendet wird. [SingleThreadDelivery]

define-Makros sind die am häufigsten verwendeten Makros in **m4**-Quelldateien. Das nächste häufig verwendete Makro ist das FEATURE-Makro.

FEATURE

Das FEATURE-Makro verarbeitet **m4**-Quellcode aus dem Verzeichnis *cf/feature*. Die Quelldateien in diesem Verzeichnis definieren optionale sendmail-Features, die Sie in Ihre Konfigurationen aufnehmen können. Die Syntax des FEATURE-Makros lautet:

```
FEATURE(name, [argument])
```

Die FEATURE-Quelldatei kann mit einem oder ohne ein optionales Argument aufgerufen werden. Wird ein Argument an die Quelldatei übergeben, nutzt es die Quelldatei zur Generierung von Code für *sendmail.cf*. Beispielsweise generiert

```
FEATURE(mailertable, dbm /usr/lib/mailertable)
```

den Code für mailertable und definiert diese Tabelle als dbm-Datenbank, die in der Datei */usr/lib/mailertable* zu finden ist.

Bei sendmail V8 sind verschiedene Features verfügbar. Wir haben sie alle in Tabelle E-3 aufgeführt. Die Tabelle enthält den Namen jedes Features und seinen Zweck.

Tabelle E-3: sendmail V8-Features

Name	Zweck
use_cw_file	Lädt $=w aus */etc/sendmail.cw.*
use_ct_file	Lädt $=t aus */etc/sendmail.ct.*
redirect	Unterstützt die .REDIRECT-Pseudo-Domain.
nouucp	Die Verarbeitung von UUCP-Adressen wird nicht unterstützt.
nocanonify	Namen in $[... $]-Syntax werden nicht konvertiert.
stickyhost	Behandelt »benutzer« anders als »benutzer@local.host«[a]
mailertable	Mail über Mailer-Tabelle routen.
domaintable	Abbildung von Domain-Namen erfolgt über eine Domain-Tabelle.
bitdomain	Abbildung von Bitnet-Hosts auf Internet-Adressen erfolgt über eine Tabelle.
uucpdomain	Abbildung von UUCP-Hosts auf Internet-Adressen erfolgt über eine Tabelle.
always_add_domain	Der lokale Hostname wird zu allen lokal ausgelieferten Mails hinzugefügt.
allmasquerade	Masquerading wird auch auf Empfängeradressen angewandt.
limited_masquerade	Masquerading erfolgt nur bei in $=M aufgeführten Hosts.
masquerade_entire_domain	Masquerading aller Hosts innerhalb der Masquerading-Domains.
genericstable	Das Umschreiben lokaler Adressen erfolgt über eine Tabelle.
virtusertable	Bildet virtuelle Domain-Namen auf reale Mailadressen ab.
nodns	DNS wird nicht unterstützt.
nullclient	Alle Mails werden an einen zentralen Server weitergeleitet.
local_procmail	Verwendet procmail als lokalen Mailer.
bestmx_is_local	Mail als lokal akzeptieren, wenn sie an einen Host gerichtet ist, der uns als seinen MX-Server aufführt.
smrsh	Verwendet **smrsh**als Prog-Mailer.

a. Siehe die Diskussion von »stickyhost« im »DOMAIN«-Abschnitt an anderer Stelle dieses Anhangs.

Die **use_cw_file-** und **use_ct_file-**Features sind mit den Befehlen **Fw/etc/sendmail.cw** und **Fw/etc/sendmail.ct** in *sendmail.cf* identisch. In Kapitel 10 finden Sie Erläuterungen zu Host-Aliases ($=w) und vertrauenswürdigen Benutzern ($=t).

Der .REDIRECT-Pseudo-Domain-Code gibt eine Fehlermeldung an den Sender zurück, die ihn anweist, eine neue Adresse für den Empfänger zu verwenden. Wird zur Verarbeitung von Mails verwendet, deren Empfänger Mail schon längere Zeit nicht mehr über Ihre Site lesen, sie aber immer noch an die sehr alte Adresse erhalten. Aktivieren Sie dieses Feature mit dem Befehl **FEATURE(redirect)** und binden Sie Aliases für jede veraltete Adresse in der folgenden Form ein:

```
alte-adresse        neue-adresse.REDIRECT
```

Nehmen wir zum Beispiel an, daß Edward Winslow nicht länger ein gültiger Benutzer von *almond.nuts.com* ist. Sein alter Benutzername *ed* soll keine Mail mehr akzeptieren. Seine neue E-Mail-Adresse lautet *WinslowE@industry.com*. Wir tragen den folgenden Alias in */etc/aliases* ein:

```
ed                  WinslowE@industry.com.REDIRECT
```

Geht nun E-Mail für den *ed*-Account auf *almond* ein, wird der folgende Fehler an den Sender zurückgegeben:

```
551 User not local; please try <WinslowE@industry.com>
```

Verschiedene FEATURE-Makros nehmen keine Features in *sendmail.cf* auf, sondern entfernen sie vielmehr. nouucp entfernt den Code zur Behandlung von UUCP-Adressen bei Systemen, die keinen Zugriff auf UUCP-Netzwerke besitzen. nodns entfernt den Code für DNS-Lookups bei Systemen, die keinen Zugriff auf DNS haben. nocanonify, das selten genutzt wird, deaktiviert die $[*name*]$-Syntax, die Spitznamen und IP-Adressen umwandelt (siehe Tabelle 10-7). Schließlich entfernt das nullclient-Feature alles aus der Konfiguration, außer der Fähigkeit, über einen lokalen SMTP-Link Mail an einen einzelnen Mailserver weiterzugeben. Der Name des Mailservers wird als Argument in der nullclient-Befehlszeile übergeben. Zum Beispiel leitet **FEATURE(nullclient, ms. big.com)** die gesamte Mail an *ms.big.com* weiter, ohne irgendeine lokale Verarbeitung der Mail vorzunehmen.

Verschiedene Features hängen mit dem Mail-Relaying und dem Masquerading zusammen: stickyhost, allmasquerade, limited_masquerade und masquerade_entire_domain. Diese Features werden alle im Abschnitt »DOMAIN« dieses Anhangs behandelt.

Verschiedene Features definieren Datenbanken, die zu einer speziellen Verarbeitung von Adressen genutzt werden. All diese Features akzeptieren ein optionales Argument, mit dem die Datenbank definiert wird. (Beachten Sie hierzu den **mailertable**-Befehl am Anfang dieses Abschnitts. Er ist ein Beispiel für die Definition einer Datenbank mit einem optionalen Argument.) Wird dieses optionale Argument nicht angegeben, wird die Datenbankbeschreibung immer mit **hash -o** /etc/*dateiname* angenommen, wobei *dateiname* immer mit dem Namen des Features übereinstimmt. Beispielsweise verwendet **mailertable** standardmäßig die Definition hash -o /etc/mailertable. Die Datenbank-Features sind:

mailertable

Bildet Host- und Domain-Namen auf spezifische Mailer:Host-Paare ab.[4] Wenn der Host- oder Domain-Name in den Empfängeradressen einem Schlüsselfeld der mailertable-Datenbank entspricht, werden der Mailer und der Host für diese Adresse zurückgeliefert. Das Format von mailertable-Einträgen ist wie folgt:

```
domain-name       mailer:host
```

wobei *domain-name* entweder ein vollständiger Hostname (Host und Domain) oder ein Domain-Name ist. Wird ein Domain-Name verwendet, muß er mit einem Punkt (.) beginnen. Er steht für jeden Host in der angegebenen Domain.

domaintable

Wandelt einen alten Domain-Namen in einen neuen Domain-Namen um. Der alte Name bildet den Schlüssel, und der neue Name wird als Wert dieses Schlüssels zurückgegeben.

bitdomain

Wandelt einen Bitnet-Hostnamen in einen Internet-Hostnamen um. Der Bitnet-Name bildet den Schlüssel, und der Internet-Hostname wird als Wert zurückgegeben. Das bei sendmail V8 mitgelieferte Programm **bitdomain** kann zum Aufbau dieser Datenbank verwendet werden.

uucpdomain

Wandelt einen UUCP-Namen in einen Internet-Hostnamen um. Der UUCP-Hostname bildet den Schlüssel, und der Internet-Hostname wird als Wert zurückgegeben.

generictable

Wandelt die E-Mail-Adresse eines Senders um. Der Schlüssel für diese Datenbank ist entweder ein Benutzername oder eine vollständige E-Mail-Adresse (Benutzer- und Hostname). Der von dieser Datenbank zurückgegebene Wert ist immer eine vollständige E-Mail-Adresse. Ist der in der Datenbank stehende Wert keine vollständige Adresse, hängt **genericstable** den Wert von $j an, um eine vollständige Adresse zu erzwingen. **genericstable** wandelt die gleichen Adressen um, die auch für das Masquerading verarbeitet werden, und die das Masquerading betreffenden Features beeinflussen **genericstable**-Umwandlungen in genau der gleichen Weise. In Kapitel 10 finden Sie ein Beispiel für die Verwendung von **genericstable**, und im Abschnitt »DOMAIN« dieses Anhangs finden Sie Informationen zum Masquerading. Wenn Sie mit **genericstable** arbeiten und kein Masquerading einsetzen, können Sie die Funktionalität von MASQUERADE_DOMAIN und MASQUERADE_DOMAIN_FILE immer noch nutzen, indem Sie GENERICS_DOMAIN und GENERICS_DOMAIN_FILE verwenden. Die Befehle haben die gleiche Funktion und werden in der gleichen Weise verwendet wie ihre Masquerading-Gegenstücke, die wir im nachfolgenden Abschnitt beschreiben.

---

4 Eine Beschreibung des von Ruleset 0 zurückgegebenen Mailer/Host/Benutzer-Triples finden Sie in Kapitel 10.

virtusertable

Aliasing eingehender E-Mail-Adressen. Grundsätzlich handelt es sich hier um eine erweiterte Alias-Datenbank für Adressen, die nicht lokal auf diesem Host liegen. Der Schlüssel für diese Datenbank ist eine vollständige E-Mail-Adresse oder ein Domain-Name. Der von dieser Datenbank zurückgegebene Wert ist die Adresse des Empfängers, an den die Mail ausgeliefert werden soll. Wird ein Domain-Name als Schlüssel verwendet, muß er mit einem At-Zeichen (@) beginnen. An irgendeinen Benutzer in der angegebenen Domain gerichtete Mail wird an den Empfänger gesendet, der in der virtusertable-Datenbank definiert ist. Jeder in der virtusertable als Schlüssel verwendete Hostname muß auch in der Klasse w definiert sein.

Zwei der FEATURE-Befehle hängen mit Domains zusammen. Das Makro **always _add_domain** veranlaßt sendmail dazu, den lokalen Hostnamen in alle lokal ausgelieferten Mails einzufügen. Das geschieht auch mit den Teilen einer Mail, die normalerweise nur den Benutzernamen als Adresse angeben. Das Feature **bestmx_is_local** betrachtet Mail, die an einen Host adressiert ist, der den lokalen Host als bevorzugten MX-Server aufführt, als würde es sich um lokale Mail handeln. Wird dieses Feature nicht genutzt, wird an einen entfernten Host gebundene Mail direkt an diesen entfernten Host gesendet, selbst wenn sein MX-Record den lokalen Host als bevorzugten MX-Server aufführt. **bestmx_is_local** darf nicht verwendet werden, wenn Sie ein Wildcard-MX-Record für Ihre Domain verwenden.

Die letzten beiden Features werden verwendet, um optionale Programme für den lokalen und den Prog-Mailer auszuwählen. local_procmail wählt **procmail** als lokalen Mailer. Geben Sie den Pfad auf **procmail** als Argument im FEATURE-Befehl an. Das **smrsh**-Feature wählt die Restricted Shell (**smrsh**) von sendmail als Prog-Mailer. **smrsh** bietet gegenüber /bin/sh (die normalerweise als Prog-Mailer verwendet wird) eine erhöhte Sicherheit. Geben Sie den Pfad auf **smrsh** als Argument im FEATURE-Befehl an.

Die in diesem Abschnitt diskutierten FEATURE-Befehle und die im vorigen Abschnitt besprochenen **define**-Makros werden zum Aufbau der m4-Dateien verwendet. Der Rest dieses Abschnitts beschreibt den Zweck und die Struktur der OSTYPE-, DOMAIN- und MAILER-Quelldateien.

OSTYPE

Die Quelldatei für das OSTYPE-Makro definiert betriebssystemspezifische Parameter. Viele Betriebssysteme sind vordefiniert. Eine vollständige Liste der bereits definierten Systeme finden Sie im Verzeichnis *sendmail/cf/ostype*.

OSTYPE-Quelldateien bestehen hauptsächlich aus **define**-Makros. Tabelle E-4 führt die **define**-Parameter auf, die am häufigsten mit der OSTYPE-Quelldatei verknüpft sind. Sie beschreibt auch die Funktion jedes Parameters. Der Standardwert jedes Parameters folgt, wenn es einen gibt, in eckigen Klammern auf die Funktionsbeschreibung.

Tabelle E-4: OSTYPE-Defines

Parameter	Funktion
ALIAS_FILE	Name der Alias-Datei. [*/etc/aliases*]
HELP_FILE	Name der Hilfe-Datei. [*/usr/lib/sendmail.hf*]
QUEUE_DIR	Das die Queue-Dateien enthaltende Verzeichnis. [*/var/spool/ mqueue*]
STATUS_FILE	Name der Statusdatei. [*/etc/sendmail.st*]
LOCAL_MAILER_PATH	Das lokale Mail-Auslieferungsprogramm. [*/bin/mail*]
LOCAL_MAILER_FLAGS	Zu »lsDFM« hinzugefügte lokale Mailer-Flags. [**rmn**]
LOCAL_MAILER_ARGS	Argumente für die lokale Mail-Auslieferung. [**mail –d $u**]
LOCAL_MAILER_MAX	Maximale Größe lokaler Mail.
LOCAL_MAILER_CHARSET	Zeichensatz für lokale 8-Bit-MIME-Mail.
LOCAL_SHELL_PATH	Zur Auslieferung über Pipes laufender Mail verwendete Shell. [*/bin/sh*]
LOCAL_SHELL_FLAGS	Zu lsDFM hinzugefügte Flags für den Shell-Mailer. [**eu**]
LOCAL_SHELL_ARGS	Argumente für »prog«-Mail. [**sh -c $u**]
LOCAL_SHELL_DIR	Von der Shell verwendetes Verzeichnis. [*$z:/*]
USENET_MAILER_PATH	Für News verwendetes Programm. [*/usr/lib/news/inews*]
USENET_MAILER_FLAGS	Usenet Mailer-Flags. [**rlsDFMmn**]
USENET_MAILER_ARGS	Argumente für den Usenet-Mailer. [**–m –h –n**]
USENET_MAILER_MAX	Maximale Größe von Usenet-Mails. [100000]
SMTP_MAILER_FLAGS	Für alle SMTP-Mailer zu »mDFMUX« hinzugefügte Flags.
SMTP_MAILER_MAX	Maximale Größe von Meldungen für alle SMTP-Mailer.
SMTP_MAILER_ARGS	Argumente für SMTP-Mailer. [**IPC $h**]
ESMTP_MAILER_ARGS	Argumente für ESMTP-Mailer. [**IPC $h**]
SMTP8_MAILER_ARGS	Argumente für SMTP8-Mailer. [**IPC $h**]
RELAY_MAILER_ARGS	Argumente für Relay-Mailer. [**IPC $h**]
SMTP_MAILER_CHARSET	Zeichensatz für SMTP 8-Bit MIME-Mail.
UUCP_MAILER_PATH	Pfad auf das UUCP-Mail-Programm. [*/usr/bin/uux*]
UUCP_MAILER_FLAGS	Für den UUCP-Mailer zu »DFMhuU« hinzugefügte Flags.
UUCP_MAILER_ARGS	Argumente für UUCP-Mailer. \ [*uux––r–z–a$g–gC $h!rmail ($u)*]
UUCP_MAILER_MAX	Maximale Größe von UUCP-Nachrichten. [100000]
UUCP_MAILER_CHARSET	Zeichensatz für UUCP 8-Bit MIME-Mail.
FAX_MAILER_PATH	Pfad auf das FAX-Programm. [*/usr/local/lib/fax/mailfax*]
FAX_MAILER_ARGS	Argumente für FAX-Mailer. [**mailfax $u $h $f**]

Tabelle E-4: OSTYPE-Defines (Fortsetzung)

Parameter	Funktion
FAX_MAILER_MAX	Maximale Größe für ein FAX. [100000]
POP_MAILER_PATH	Pfad auf den POP-Mailer. [*/usr/lib/mh/spop*]
POP_MAILER_FLAGS	Für den POP-Mailer zu »lsDFM« hinzugefügte Flags. [**Penu**]
POP_MAILER_ARGS	Argumente für den POP-Mailer. [**pop $u**]
PROCMAIL_MAILER_PATH	Pfad auf das procmail-Programm. [*/usr/local/bin/procmail*]
PROCMAIL_MAILER_FLAGS	Für den Procmail-Mailer zu »DFMmn« hinzugefügte Flags. [**Shu**]
PROCMAIL_MAILER_ARGS	Argumente für den Procmail-Mailer. [**procmail –m $h $f $u**]
PROCMAIL_MAILER_MAX	Maximale Größe von Nachrichten für den Procmail-Mailer.
MAIL11_MAILER_PATH	Pfad auf den mail11-Mailer. [*/usr/etc/mail11*]
MAIL11_MAILER_FLAGS	Flags für den mail11-Mailer. [**nsFx**]
MAIL11_MAILER_ARGS	Argumente für den mail11-Mailer. [**mail11 $g $x $h $u**]
PH_MAILER_PATH	Pfad auf das phquery-Programm. [*/usr/local/etc/phquery*]
PH_MAILER_FLAGS	Flags für den phquery-Mailer. [**ehmu**]
PH_MAILER_ARGS	Argumente für den phquery-Mailer. [**phquery — $u**]
CYRUS_MAILER_FLAGS	Für den cyrus-Mailer zu »lsDFMnP« hinzugefügte Flags. [**A5@**]
CYRUS_MAILER_PATH	Pfad auf den cyrus-Mailer. [*/usr/cyrus/bin/deliver*]
CYRUS_MAILER_ARGS	Argumente für den cyrus-Mailer. [**deliver –e –m $h — $u**]
CYRUS_MAILER_MAX	Maximale Größe von Nachrichten für den cyrus-Mailer.
CYRUS_MAILER_USER	Vom cyrus-Mailer verwendeter Benutzer und Gruppe. [*cyrus:mail*]
CYRUS_BB_MAILER_FLAGS	Für den cyrusbb-Mailer zu »lsDFMnP« hinzugefügte Flags.
CYRUS_BB_MAILER_ARGS	Argumente für den cyrusbb-Mailer. [**deliver –e –m $u**]

Trotz dieser langen Parameterliste in Tabelle E-4 sind die meisten OSTYPE-Makros sehr kurz. Die längste OSTYPE-Datei der sendmail V8-Distribution enthält nur acht **define**s. Hierfür gibt es verschiedene Gründe. Erstens sind viele Parameter dieser Tabelle redundant. Sie definieren die gleichen Dinge für verschiedene Mailer, und kein Betriebssystem verwendet alle Mailer. Zweitens sind die Standardwerte häufig richtig. Ein **define** ist nur notwendig, wenn das Betriebssystem einen von der Voreinstellung abweichenden Wert benötigt.

DOMAIN

Die DOMAIN-Quelldatei definiert mit der lokalen Domain in Zusammenhang stehende Konfigurationsparameter. Kapitel 10 enthält als Beispiel eine DOMAIN-Datei für unsere imaginäre Domain *nuts.com*.

Tabelle E-5 enthält einige **define**-Makros, die üblicherweise in DOMAIN-Dateien auftauchen. (Die Syntax des **define**-Makros wurde bereits an anderer Stelle vorgestellt.)
Diese Tabelle führt die Parameter und die Funktion jedes Parameters auf. Alle Parameter werden zur Definition von Mailrelay-Hosts verwendet. Der Wert eines Parameters ist
entweder ein Hostname, z.B. der Name eines Mailrelay-Servers, oder ein Mailer:Host-
name-Paar, wobei der Mailer der interne Name eines lokalen sendmail-Mailers ist, während der Hostname den Namen des entfernten Mailrelay-Servers angibt. Wird nur der
Hostname verwendet, wird *relay* als Mailer angenommen, was dem Namen des SMTP
Relay-Mailers entspricht. Werden keine Werte für diese Parameter angegeben, werden
die BITNET-, DECNET- und FAX-Pseudo-Domains nicht verwendet, und der lokale
Mailer muß in der Lage sein, seine eigene »lokale« und UUCP-Mail zu verarbeiten.

Tabelle E-5: Mailrelay-Defines

Parameter	Funktion
UUCP_RELAY	Server für UUCP-adressierte E-Mail.
BITNET_RELAY	Server für BITNET-adressierte E-Mail.
DECNET_RELAY	Server für DECNET-adressierte E-Mail.
FAX_RELAY	Server für Mail an die .FAX-Pseudo-Domain[a]
LOCAL_RELAY	Server für unqualifizierte Namen.
LUSER_RELAY	Server für scheinbar lokale Namen, die nicht wirklich lokal sind.
MAIL_HUB	Server für alle eingehenden Mails.
SMART_HOST	Server für alle ausgehenden Mails.

a. Der »fax«-Mailer überschreibt diesen Wert.

Der von diesen Parametern definierte Vorrang der Relays verläuft vom spezifischsten
hin zum unspezifischsten. Sind sowohl der BITNET_RELAY als auch der SMART_HOST-
Relay definiert, wird der BITNET_RELAY für ausgehende BITNET-Mail verwendet, auch
wenn der SMART_HOST-Relay so definiert ist, daß er »alle« ausgehenden Mails verarbeitet. Wenn Sie LOCAL_RELAY und MAIL_HUB definieren, müssen Sie auch FEA-
TURE(stickyhost) verwenden, um das erwartete Verhalten zu erreichen.

Wird das stickyhost-Feature verwendet, behandelt LOCAL_RELAY alle lokalen Adressen
ohne Hostteil, und MAIL_HUB verarbeitet alle lokalen Adressen mit einem Hostteil.
Wird stickyhost nicht angegeben, wenn beide Relays definiert sind, wird LOCAL_RELAY
ignoriert, und MAIL_HUB verarbeitet alle lokalen Adressen.

Neben den in Tabelle E-5 aufgeführten defines gibt es eine ebenfalls in der DOMAIN-
Quelldatei auftretende Gruppe von Makros, die mit dem Masquerading und Relaying
zusammenhängen. Einige dieser Makros werden auch in den Beispielen in Kapitel 10
verwendet. Die Makros sind:

LOCAL_USER(*benutzernamen*)
Definiert lokale Benutzernamen, die nicht »relayed« werden sollen, selbst wenn LOCAL_RELAY oder MAIL_HUB definiert sind. Dieser Befehl entspricht dem Hinzufügen von Benutzernamen zur Klasse L der *sendmail.cf*-Datei.

MASQUERADE_AS(*host.domain*)
Wandelt den Hostteil der Senderadresse bei ausgehenden Mails in den mit *host.domain* definierten Domain-Namen um. Senderadressen ohne Hostnamen, bzw. Senderadressen, deren Hostname in der Klasse w zu finden ist, werden umgewandelt. Das hat den gleichen Effekt wie die Definition von *host.domain* für das M-Makro in *sendmail.cf*. Beachten Sie die Beispiele für MASQUERADE_AS und das M-Makro in Kapitel 10.

MASQUERADE_DOMAIN(*otherhost.domain*)
Wandelt den Hostteil der Senderadresse bei ausgehenden Mails in den Domain-Namen um, der durch den MASQUERADE_AS-Befehl definiert wurde, wenn der Hostteil der Senderadresse mit *otherhost.domain* übereinstimmt. Dieser Befehl muß zusammen mit MASQUERADE_AS verwendet werden. Der Effekt entspricht dem Hinzufügen von Hostnamen zur Klasse M in *sendmail.cf*. Siehe Kapitel 10.

MASQUERADE_DOMAIN_FILE(*dateiname*)
Lädt *otherhost.domain*-Hostnamen aus der Datei *dateiname*. Kann anstelle mehrerer MASQUERADE_DOMAIN-Befehle verwendet werden. Der Effekt entspricht dem Laden der Klasse M aus einer Datei über den Befehl **FM***dateiname* in *sendmail.cf*.

EXPOSED_USER(*benutzername*)
Deaktiviert das Masquerading, wenn der Benutzerteil einer Senderadresse dem *benutzername*n entspricht. Einige Benutzernamen wie etwa root sind auf vielen Systemen vertreten und daher innerhalb einer Domain nicht eindeutig. Bei diesen Benutzernamen macht es die Umwandlung des Hostteils der Adresse unmöglich, den Ursprung der Nachricht zu ermitteln, was es wiederum unmöglich macht, auf diese Mails zu antworten. Dieser Befehl verhindert, daß MASQUERADE_AS auf Senderadressen bestimmter Benutzer irgendeinen Einfluß hat. Entspricht dem Setzen dieser Werte in der Klasse E von *sendmail.cf*.

Verschiedene Features beeinflussen das Relaying und das Masquerading. FEATURE(stickyhost) haben wir bereits besprochen. Weitere Features sind:

FEATURE(masquerade_envelope)
Erzwingt, daß Envelope-Adressen in der gleichen Weise maskiert werden wie Senderadressen. Ein Beispiel für diesen Befehl finden Sie in Kapitel 10.

FEATURE(allmasquerade)
Erzwingt, daß Empfängeradressen in der gleichen Weise maskiert werden wie Senderadressen. Entspricht also der Hostteil der Empfängeradresse den Anforderungen des MASQUERADE_AS-Befehls, wird er umgewandelt. Verwenden Sie dieses Feature nicht, wenn Sie nicht genau wissen, daß jeder dem lokalen System

bekannte Alias auch dem Mailserver bekannt ist, der die Mail für die Masquerading-Domain verarbeitet.

FEATURE(limited_masquerade)

Beschränkt das Masquerading auf die in der Klasse M definierten Hosts. Die in der Klasse w definierten Hosts werden nicht maskiert.

FEATURE(masquerade_entire_domain)

MASQUERADE_DOMAIN wird so interpretiert, als würde es auf alle Hosts mit einer vollständigen Domain verweisen. Ohne dieses Feature werden nur Adressen umgewandelt, die dem durch MASQUERADE_DOMAIN definierten Wert genau entsprechen. Wird dieses Feature verwendet, werden alle Adressen umgewandelt, die mit dem durch MASQUERADE_DOMAIN definierten Wert enden. Nehmen wir zum Beispiel an, daß die Optionen MASQUERADE_AS(nuts.com) und MASQUERADE_DOMAIN(sales.nuts.com) definiert sind. Ist FEATURE (masquerade_entire_domain) gesetzt, wird jeder Hostname der Domain *sales.nuts.com* bei ausgehender E-Mail in *nuts.com* umgewandelt. Sonst wird nur der Hostname *sales.nuts.com* umgewandelt.

Weitere Informationen zu den verfügbaren Features finden Sie im Abschnitt »FEATURE«.

MAILER

Es ist durchaus möglich, daß Sie die Lage einer Datei in einer OSTYPE-Datei anpassen müssen, oder daß Sie domainspezifische Informationen in einer DOMAIN-Datei angeben müssen. Solange Sie aber kein eigenes Programm zur Auslieferung von Mail entwickeln, werden Sie keine MAILER-Quelldatei anlegen müssen. Statt dessen müssen Sie eine oder mehrere bereits existierende Dateien in Ihrer Makro-Konfigurationsdatei aufrufen.

Die verfügbaren MAILER-Dateien sind in Tabelle E-6 aufgeführt. Die Tabelle enthält jeden MAILER-Wert zusammen mit seiner Funktion. Der Aufruf erfolgt mit dem Befehl MAILER(*wert*) in der Makro-Konfigurationsdatei (*.mc*). Der *wert* ist dabei einer der Mailer-Namen aus der Tabelle.

Tabelle E-6: MAILER-Werte

Name	Funktion
local	und Prog-Mailer
smtp	Alle SMTP-Mailer: smtp, esmtp, smtp8 und relay
uucp	Alle UUCP-Mailer: uucp-old (uucp) und uucp-new (suucp)
usenet	Usenet-News-Unterstützung
fax	Fax-Unterstützung über die FlexFAX-Software
pop	Unterstützung für Post Office Protocol (POP)
procmail	Eine Schnittstelle für procmail

Tabelle E-6: MAILER-Werte (Fortsetzung)

Name	Funktion
mail11	Der DECnet mail11-Mailer
phquery	Das phquery-Programm für CSO-Phonebook
cyrus	Die cyrus- und cyrusbb-Mailer

Ihre Makro-Konfigurationsdatei sollte die Einträge MAILER(local) und MAILER(smtp) besitzen. Das liefert Ihnen die von sendmail benötigten lokalen und Prog-Mailer, den smtp-Mailer für Standard-SMTP-Mail, den esmtp-Mailer für Extended SMTP, den smtp8-Mailer für 8-bit MIME-Mail und den Relay-Mailer für die verschiedenen Mail-Relays, die im Abschnitt »DOMAIN« dieses Anhangs angesprochen wurden. Die Wahl von **local** und **smtp** versorgt Sie mit allem, was Sie für eine Standard-TCP/IP-Installation benötigen.

Von den verbleibenden Mailern wird nur uucp häufig eingesetzt. uucp unterstützt UUCP-Mail auf Systemen, die direkt mit UUCP-Netzwerken verbunden sind. Der Mailer uucp-old unterstützt Standard-UUCP-Mail, während der Mailer uucp-new für entfernte Sites genutzt wird, die mehrere Empfänger in einem Transfer verarbeiten können. Das System muß den Mailer verwenden, der den Fähigkeiten der anderen Seite entspricht. Verwenden Sie die Klasse U, um die Hostnamen der Systeme zu definieren, die den alten Mailer benötigen. Die Hostnamen der Systeme, die mit dem neuen Mailer arbeiten können, tragen Sie in die Klasse Y ein. Geben Sie MAILER(uucp) nach MAILER(smtp) ein, wenn Ihr System sowohl TCP/IP- als auch UUCP-Verbindungen besitzt. Diese Anordnung der MAILER-Anweisungen fügt zwei weitere Mailer zu den Standard-UUCP-Mailern hinzu: den Mailer uucp-dom zur Unterstützung von Standard-Domainnamen und den Mailer uucp-uudom zur Unterstützung von Standard-Domainnamen mit einem Standard-UUCP-Envelope.

Die anderen Mailer werden nur selten verwendet:

usenet

Ändert die sendmail-Umbildungsregeln so, daß lokale Mail mit ».usenet« im Benutzernamen an das Programm inews gesendet wird. Statt dieses Mailers sollten Sie einen Benutzer-Mail-Agent wählen, der Usenet-News unterstützt. Lassen Sie diese Arbeit nicht von sendmail erledigen.

fax

Bei sendmail V8 immer noch in einem experimentellen Zustand, obwohl die integrierte Fax-Unterstützung sehr nützlich sein kann, wenn sie funktioniert.

pop

Bei den meisten Systemen wird POP separat durch den **popd**-Daemon unterstützt, und der MAILER(pop) wird nicht verwendet.

procmail

Stellt nur eine Schnittstelle zu procmail zur Verfügung, die in mailertable verwendet wird. Die sendmail V8-Distribution liefert procmail nicht mit. Selbst wenn procmail als lokaler Mailer verwendet wird, wie das bei Slackware Linux der Fall ist, wird der Befehl **MAILER(procmail)** nicht benötigt.

mail11

Wird nur bei DECNET-Mailnetzwerken verwendet, die den mail11-Mailer verwenden.

phquery

Stellt ein Name-Lookup für den Directory-Service CSO Phonebook (ph) zur Verfügung. Directory-Services für den Benutzer werden üblicherweise beim Mail-Agent des Benutzers konfiguriert, nicht in sendmail.

cyrus

Das ist ein Programm zur lokalen Auslieferung von Mail. Es besitzt eine Mailbox-Architektur. cyrus und cyrusbb werden nicht häufig verwendet.

Damit endet unsere Betrachtung der **m4**-Makros. Das Ergebnis aller Dateien und Befehle, die an den **m4**-Prozessor übergeben werden, ist die Datei *sendmail.cf*. Der Rest dieses Anhangs enthält zusätzliche Details zur Konfiguration von *sendmail.cf* sowie Ausschnitte aus einer *sendmail.cf*-Datei. Den Großteil der Informationen zur *sendmail.cf* finden Sie in Kapitel 10.

sendmail.cf im Detail

Viele Optionen und Flags können bei der Konfiguration der *sendmail.cf* verwendet werden. Alle wichtigen Konfigurationsparameter werden in Kapitel 10 behandelt. Wenn Sie aber das Pech haben, vor einer Konfiguration zu stehen, bei der ein oder mehrere der eher obskuren Parameter angepaßt werden müssen, werden Sie sie in einer der folgenden Tabellen finden.

sendmail-Klassen

sendmail besitzt viele interne Makros. Seit sendmail V8 besitzt es auch einige interne Klassen. Einige dieser Klassen (e, n, q und s) wurden aufgenommen, um die neuen MIME-Features zu unterstützen. Einige wenige (k, m und w) enthalten die verschiedenen Hostnamen und Domains, die mit einem weithin verbundenen Host assoziiert sind. Die letzte (t) enthält die Liste der vertrauenswürdigen Benutzer. Die vollständige Liste der internen Klassen ist in Tabelle E-7 abgebildet.

Tabelle E-7: Interne sendmail-Klassen

Name	Inhalt
e	Unterstützte MIME-Übertragungskodierungen (Content-Transfer-Encoding). Initialisiert mit *7bit*, *8bit* und *binary*
k	Die Namen der UUCP-Knoten des Systems
m	Alle lokalen Domains für diesen Host
n	MIME-Body-Typen, die niemals von 8 auf 7 Bit kodiert werden dürfen. Initialisiert mit *multipart/signed*
q	MIME-Inhaltstypen, die nicht Base64-kodiert werden dürfen. Initialisiert mit *text/plain*
s	MIME-Subtypen, die rekursiv verarbeitet werden dürfen. Initialisiert mit *rfc822*
t	Die Liste der vertrauenswürdigen Benutzer
w	Alle Hostnamen, die das System als seine eigenen akzeptiert

sendmail-Optionen

Eine große Zahl von sendmail-Optionen kann innerhalb der **sendmail**-Konfigurationsdatei gesetzt werden. Kapitel 10 enthält die Syntax des option-Befehls (Tabelle 10-1) sowie verschiedene Beispiele für Optionen. Hier die vollständige Liste der Optionen:

AliasFile=[*klasse*:]*datei*, [*klasse*:]*datei*...
Bestimmt die Alias-Datei(en). Die *klasse* ist optional und mit »implicit« voreingestellt. Gültige Klassen sind »implicit«, »hash«, »dbm«, »stab« (interne Symboltabelle) und »nis«. Die gewählte Datenbankklasse muß einem Datenbanktyp entsprechen, der bei Ihrem System in **sendmail** kompiliert wurde. *datei* ist der Pfad auf die Alias-Datei.

AliasWait=*timeout*
Wartet *timeout* Minuten darauf, daß ein »@:@«-Eintrag in der Alias-Datenbank auftaucht, bevor hochgefahren wird. Läuft *timeout* ab, wird die Datenbank automatisch neu generiert, wenn **AutoRebuildAliases** gesetzt ist, anderenfalls wird eine Warnung ausgegeben.

AllowBogusHELO
Akzeptiert ungültige **HELO SMTP**-Befehle, die keinen Hostnamen enthalten.

AutoRebuildAliases
Generiert die Alias-Datenbank bei Bedarf automatisch neu. Die bevorzugte Methode besteht darin, die Alias-Datenbank mit einem expliziten **newaliases**-Befehl neu aufzubauen.

BlankSub=*c*
Verwendet *c* als Ersatz für Leerzeichen, um ungeschützte Leerzeichen in Adressen zu ersetzen. Standardmäßig bleiben die Leerzeichen unverändert erhalten.

CheckAliases

Überprüft, ob die Auslieferungsadresse jedes Aliases gültig ist, wenn die Alias-Datenbank neu aufgebaut wird. Diese Prüfung erfolgt normalerweise nicht. Diese Prüfung verlangsamt die Neugenerierung der Datenbank erheblich. Dies ist ein Boolescher Wert.

CheckpointInterval=n

Überprüfung der Query, nachdem *n* Elemente verarbeitet wurden. Damit wird die Wiederherstellung vereinfacht, wenn das System während der Queue-Verarbeitung abstürzt. Voreingestellt ist 10.

ClassFactor=faktor

Der Multiplikator, der verwendet wird, um Nachrichten mit einem hohen Wert im Priority:-Header zu bevorzugen. Voreingestellt mit 1800.

ColonOkInAddr

Akzeptiert Doppelpunkte in E-Mail-Adressen (z.B. *host:benutzer*). Doppelpunkte werden immer akzeptiert, wenn sie beim Mail-Routing in Paaren auftreten (*node-name::user*) oder in RFC 822-Gruppenkonstrukten (gruppenname: mitglied1, mitglied2, ...;) verwendet werden. Diese Option ist standardmäßig »an« (on), wenn der Versionslevel der Konfiguration kleiner als 6 ist.

ConnectionCacheSize=n

Die Anzahl der Verbindungen, die von dieser sendmail-Instanz offen gehalten (»gecached«) werden können. Voreingestellt ist 1. Das Maximum liegt bei 4. Eine 0 schließt die Verbindung unmittelbar nachdem die Daten übertragen wurden, was der traditionellen Vorgehensweise von sendmail entspricht.

ConnectionCacheTimeout=timeout

Die Zeitspanne, für die eine inaktive Verbindung offen gehalten wird. Nach *time-out* inaktiven Minuten wird sie geschlossen. Voreingestellt sind 5 Minuten.

ConnectionRateThrottle=n

Beschränkt die Anzahl innerhalb einer Sekunde eingehender Verbindungen auf *n*. Voreingestellt ist 0, was bedeutet, daß es keine Beschränkung gibt.

DaemonPortOptions=optionen

Legt die SMTP-Server-Optionen fest. Diese *optionen* bestehen aus »Schlüssel =Wert«-Paaren. Die Optionen sind:

- **Port**=*portnummer*, wobei *portnummer* jede gültige Portnummer sein kann. Kann mit der Nummer oder dem Namen aus */etc/services* angegeben werden. Voreingestellt ist port 25, smtp.

- **Addr**=maske, wobei maske eine IP-Adreßmaske in Punktnotation oder in Form eines Netzwerknamens ist. Voreingestellt ist INADDR-ANY, was alle Adressen akzeptiert.

- Family=*adressfamilie*, wobei *adressfamilie* eine gültige Adreßfamilie (siehe hierzu den **ifconfig**-Befehl) ist. Voreingestellt ist INET, was die Verwendung von IP-Adressen erlaubt.

- Listen=*n*, wobei *n* die erlaubte Anzahl der in der Queue liegenden Verbindungen ist. Voreingestellt ist 10.

- SndBufSize=*n*, wobei *n* die Größe des Sendepuffers angibt.

- RcvBufSize=*n*, wobei *n* die Größe des Empfangspuffers angibt.

DefaultCharSet=*zeichensatz*

Der im Content-Type:-Header angegebene Zeichensatz, wenn 8-Bit-Daten ins MIME-Format umgewandelt werden. Voreingestellt ist »unknown-8bit«. Diese Option wird durch das »Charset=«-Feld des Mailer-Deskriptors überschrieben.

DefaultUser=*benutzer[:gruppe]*

Die Standard-Benutzer- und Gruppen-ID von Mailern ohne S-Flag in ihren Definitionen. Wird die *gruppe* weggelassen, wird die mit dem *benutzer* in */etc/passwd* assoziierte Gruppe verwendet. Voreingestellt ist 1:1.

DeliveryMode=*x*

Im Modus *x* ausliefern. *x* kann hier den Wert i (interaktive Auslieferung), b (»background«, Auslieferung im Hintergrund), q (Nachricht in Queue ablegen) oder d (»defer«, bis zum Queue-Lauf verschieben) annehmen. Voreingestellt ist b.

DialDelay=*verzögerung*

Wartet *verzögerung* Sekunden, bevor ein erneuter Wählversuch nach einem fehlgeschlagenen Verbindungsaufbau unternommen wird. Voreingestellt ist 0 (kein erneuter Wählversuch).

DontExpandCnames

Deaktiviert die $[*name*$]-Syntax, die zur Umwandlung von Spitznamen in kanonische Namen verwendet wird.

DontInitGroups

Der Systemaufruf initgroups(3) wird nicht genutzt. Diese Einstellung reduziert die Last für den NIS-Server, beschränkt einen Benutzer aber auf die mit ihm in */etc/passwd* assoziierte Gruppe.

DontPruneRoutes

Explizite Mail-Routen werden nicht optimiert. Normalerweise macht sendmail die Verbindung so direkt wie möglich. Die Optimierung der Route kann aber bei einem hinter einem Firewall liegenden System unangebracht sein.

DoubleBounceAddress=*fehleradresse*

Sendet einen Bericht über einen Fehler, der beim Senden einer Fehlermeldung aufgetreten ist, an *fehleradresse*. Voreingestellt ist »postmaster«.

EightBitMode=`aktion`

Behandelt undeklarierte 8-Bit-Daten entsprechend der spezifizierten *aktion*. Mögliche Aktionen sind: **s** (strict, lehnt undeklarierte 8-Bit-Daten ab), **m** (mime, wandelt die Daten in MIME-Daten um) und **p** (pass, Daten werden unverändert durchgereicht).

ErrorHeader=`datei-oder-meldung`

Stellt *datei-oder-meldung* ausgehenden Fehlermeldungen voran. Ist `datei-oder-meldung` der Pfad auf eine Textdatei, muß dieser mit einem Slash beginnen. Ist diese Option nicht definiert, wird Fehlermeldungen nichts vorangestellt.

ErrorMode=`x`

Verarbeitet Fehlermeldungen entsprechend *x*, wobei *x* folgende Werte annehmen kann: **p** (Meldungen ausgeben); **q** (Liefert Exit-Status, aber keine Meldungen); **m** (Meldungen gehen per Mail zurück); **w** (Meldungen werden auf das Terminal des Benutzers geschrieben); **e** (Meldungen gehen per Mail zurück, und Exit-Status ist immer 0). Wird diese Option nicht definiert, werden die Fehlermeldungen ausgegeben.

FallbackMXhost=`fallbackhost`

Verwendet `fallbackhost` als MX-Backup-Host für jeden Host.

ForkEachJob

Führt einen separaten Prozeß für jedes aus der Queue gelieferte Element aus. Diese Option reduziert den zur Verarbeitung der Queue benötigten Speicherbedarf.

ForwardPath=`pfad`

Der *pfad*, in dem nach .forward-Dateien gesucht wird. Es können mehrere Pfade angegeben werden, die jeweils durch Doppelpunkte voneinander zu trennen sind. Voreingestellt ist *$z/.forward*.

HelpFile=`datei`

Der Pfad auf die Hilfedatei.

HoldExpensive

Mail wird für ausgehende Mailer, bei denen das Mailer-Flag **e** (expensive, also »teuer«) gesetzt ist, in der Queue abgelegt. Üblicherweise wird Mail sofort ausgeliefert.

HostsFile=`pfad`

Der Pfad auf die Hosts-Datei. Voreingestellt ist */etc/hosts*.

HostStatusDirectory=*pfad*

Das Verzeichnis, in dem Host-Statusinformationen abgelegt werden, so daß sie von den **sendmail**-Prozessen genutzt werden können. Normalerweise ist der Status eines Hosts oder einer Verbindung nur dem Prozeß bekannt, der diesen Status ermittelt. Damit diese Option funktionieren kann, muß ConnectionCacheSize zumindest auf 1 stehen.

IgnoreDots

Punkte werden bei eingehenden Nachrichten ignoriert. Bei SMTP-Mail können Punkte nicht ignoriert werden, weil sie das Ende der Mail kennzeichnen.

LogLevel=n

n legt fest, wie detailliert die Daten in der Logdatei sind. n ist mit 9 voreingestellt, was normalerweise ausreichend viele Details liefert.

MatchGECOS

Vergleicht den Benutzernamen aus der E-Mail-Adresse mit dem GECOS-Feld der *passwd*-Datei, wenn dieser Name nicht in der Alias-Datenbank oder im Namensfeld der *passwd* steht. Diese Option ist nicht empfehlenswert.

MaxDaemonChildren=n

Lehnt Verbindungen ab, wenn n Child-Prozesse eingehende Mail verarbeiten. Normalerweise schränkt **sendmail** Child-Prozesse nicht ein.

MaxHopCount=n

Geht davon aus, daß eine Nachricht in einer Schleife hängt, wenn sie mehr als n mal bearbeitet wurde. Voreingestellt ist 25.

MaxHostStatAge=n

Host-Statusinformationen werden n Minuten vorgehalten.

MaxMessageSize=n

Die maximale Größe einer Nachricht, die als Antwort auf ein ESMTP EHLO angeboten wird. Größere Nachrichten werden abgelehnt.

MaxQueueRunSize=n

Die maximale Anzahl von Elementen, die in einem einzigen Queue-Lauf verarbeitet werden. Per Voreinstellung gibt es keine Beschränkung.

MeToo

Sendet eine Kopie an den Absender.

MinFreeBlocks=n

Akzeptiert keine eingehenden Mails, solange im Queue-Dateisystem weniger als n Blöcke frei sind.

MinQueueAge=n

Verarbeitet keine Jobs, die weniger als n Minuten in der Queue liegen.

MustQuoteChars=s

Die Zeichen, die neben »@,;:\()[]« geschützt werden müssen, wenn sie im Namensteil einer Adresse vorkommen. Wird **MustQuoteChars** ohne einen Wert für s angegeben, wird ».« zu diesem Standardsatz von Zeichen hinzugefügt.

NoRecipientAction=$aktion$

Die durchzuführende $aktion$, wenn eine Nachricht keine gültigen Empfänger-Header enthält. Die gültigen $aktionen$ sind **none** (unmodifizierte Weitergabe),

add-to (Einfügen eines To:-Headers mit Hilfe der Empfängeradressen im Envelope), **add-apparently-to** (Einfügen eines Apparently-To:-Headers), **add-to-undisclosed** (Einfügen eines »To: undisclosed-recipients:;«-Headers) oder **add-bcc** (Einfügen eines leeren Bcc:-Headers).

OldStyleHeaders

Erlaubt Leerzeichen zur Trennung von Namen. Normalerweise werden Namen durch Kommata getrennt.

OperatorChars=*zeichenliste*

Die Liste der Operator-Zeichen, die normalerweise im Makro **o** definiert werden. Voreingestellt ist der Standardsatz von Operatoren. Beachten Sie hierzu die Betrachtung der Umbildung von Tokens sowie der Verwendung von Operatoren zur Erkennung von Tokens in Kapitel 10.

PostmasterCopy=*benutzername*

Kopiert Fehlermeldungen an *benutzername*. Standardmäßig werden keine Kopien von Fehlermeldungen an den Postmaster geschickt.

PrivacyOptions=*optionen*

Legt *optionen* für das SMTP-Protokoll fest, wobei *optionen* eine durch Kommata getrennte Liste mit einem oder mehreren der folgenden Schlüsselwörter ist:

- **public**: erlaubt alle Befehle
- **needmailhelo**: verlangt HELO oder EHLO vor MAIL
- **needexpnhelo**: verlangt HELO oder EHLO vor EXPN
- **noexpn**: deaktiviert EXPN
- **needvrfyhelo**: verlangt HELO oder EHLO vor VRFY
- **novrfy**: deaktiviert VRFY
- **restrictmailq**: beschränkt **mailq** auf Benutzer mit Gruppen-Zugriffsrechten auf das Queue-Verzeichnis
- **restrictqrun**: nur *root* und der Eigentümer des Queue-Verzeichnisses dürfen die Queue ausführen
- **noreceipts**: Gibt keine Meldungen bei erfolgreicher Auslieferung zurück
- **goaway**: deaktiviert alle SMTP-Statusabfragen
- **authwarnings**: fügt X-Authentication-Warning:-Header in Nachrichten ein

QueueDirectory=*verzeichnis*

verzeichnis ist der Pfad auf das Queue-Verzeichnis.

QueueFactor=*faktor*

Dieser Faktor wird zusammen mit der Differenz aus aktueller Last und dem Limit für die Durchschnittslast sowie der Priorität einer Nachricht genutzt, um zu bestimmen, ob eine Nachricht in der Queue zwischengespeichert oder direkt gesendet werden soll. Dies dient dazu, Nachrichten mit geringer Priorität in der Queue abzulegen, wenn das System gerade stark ausgelastet ist. Voreingestellt ist 600000.

QueueLA=n

Legt Nachrichten in der Queue ab, wenn die durchschnittliche Systemlast den Wert n übersteigt. Voreingestellt ist 8.

QueueSortOrder=$reihenfolge$

Sortiert die Queue in der angegebenen $reihenfolge$. Gültige $reihenfolge$n sind: **h** (nach Hostname); **t** (nach Sendezeit) oder **p** (nach Priorität). Voreingestellt ist die Sortierung nach Priorität.

ResolverOptions=$optionen$

Legt die $optionen$ des Resolvers fest. Die verfügbaren Optionen sind: **debug**, **aaonly**, **usevc**, **primary**, **igntc**, **recurse**, **defnames**, **stayopen** und **dnsrch**. Der Option kann ein Pluszeichen (+) vorangestellt werden, um sie zu aktivieren, oder ein Minuszeichen (–), um sie zu deaktivieren. Die Option **HasWildcardMX** wird ohne + oder - angegeben. Die Option wird einfach durch Angabe von **HasWildcardMX** aktiviert.

RunAsUser=$benuterid$[:**gruppenid**]

Führt sendmail nicht als *root*, sondern unter der angegebenen Benutzer- und Gruppen-ID aus. Das kann die Sicherheit erhöhen, wenn sendmail in einem gut gewarteten Firewall läuft. Bei vielseitig genutzten Systemen kann es hingegen die Sicherheit beeinträchtigen, weil viele Dateien von dieser Benutzer-ID gelesen und geschrieben werden müssen.

RecipientFactor=$faktor$

Die Priorität eines Jobs wird bei jedem weiteren Empfänger um diesen Faktor verringert. Jobs mit einer großen Anzahl von Empfängern erhalten so eine niedrige Priorität. Voreingestellt ist 30000.

RefuseLA=n

Lehnt eingehende SMTP-Verbindungen ab, wenn die durchschnittliche Systemlast den Wert n übersteigt. Voreingestellt ist 12.

RetryFactor=$factor$

Der Faktor, um den die Priorität eines Jobs bei jeder Verarbeitung verringert wird. Auf diese Weise wird verhindert, daß nicht auszuliefernde Mail immer wieder am Anfang der Queue erscheint. Voreingestellt ist 90000.

SafeFileEnvironment=$verzeichnis$

Es wird mit **chroot**(2) in das $verzeichnis$ gewechselt, bevor eine Datei geschrieben wird. Die Auslieferung an symbolische Links ist nicht möglich.

SaveFromLine

Sichert vor den Headern stehende From:-Zeilen im UNIX-Stil. Diese werden normalerweise verworfen.

SendMIMEErrors

Sendet Fehlermeldungen im MIME-Format.

ServiceSwitchFile=*pfad*

Der pfad auf eine Datei, in der die für verschiedene Dienste verwendeten Methoden aufgeführt sind. Die ServiceSwitchFile besteht aus Einträgen, die mit dem Namen des Dienstes beginnen, auf den der Name der Methode folgt. sendmail sucht nach Diensten namens »aliases« und »hosts« und unterstützt »dns«, »nis«, »nisplus« oder »files« als mögliche Methoden. Das System geht dabei davon aus, daß diese Methoden durch diese sendmail-Version entsprechend unterstützt werden. ServiceSwitchFile ist standardmäßig auf */etc/service.switch* gesetzt. Wenn diese Datei nicht existiert, verwendet sendmail die folgenden Service-Methoden: Aliases werden in den Aliases-Dateien nachgesehen, und Hosts werden zuerst über dns, dann nis und schließlich in der hosts-Datei nachgesehen. Ist ein solcher Service-Switch in das Betriebssystem integriert, wird er genutzt, und die Option wird ignoriert. Beachten Sie hierzu die Beschreibung der Datei *nsswitch.conf* in Kapitel 9.

SevenBitInput

Kürzt die Eingabe auf 7 Bit, um die Kompatibilität mit alten Systemen zu wahren. Sollte nicht notwendig sein.

SingleLineFromHeader

Dient der Kompatibilität mit einigen Versionen von Lotus Notes. Wandelt From:-Zeilen mit eingebetteten Zeilenvorschüben in eine lange Zeile um.

SingleThreadDelivery

Baut zu einem bestimmten Zeitpunkt nicht mehr als eine SMTP-Verbindung zu einem entfernten Host auf. Diese Option benötigt die Option HostStatusDirectory.

SmtpGreetingMessage=*meldung*

Die zum entfernten Host gesendete Begrüßung, wenn er die Verbindung mit dem SMTP-Serverport herstellt. Das ist der im Makro e definierte Wert.

StatusFile=*datei*

Loggt zusammenfassende Statistiken in *datei*. Standardmäßig werden keine zusammenfassenden Statistiken geloggt.

SuperSafe

Legt eine Queue-Datei an, selbst wenn eine unmittelbare Auslieferung versucht wird.

TempFileMode=*modus*

Verwendet den *modus* für die Zugriffsrechte von Queue-Dateien. Der *modus* ist ein oktaler Wert. Voreingestellt ist 0600.

Timeout._typ_=*timeout*

Legt Timeout-Werte fest, wobei *typ* die Sache ist, auf die der Timeout angewandt wird. *timeout* ist das für den Timer vorgesehene Zeitintervall. Tabelle E-8 führt die gültigen *typ*-Werte auf, die damit verknüpften Ereignisse sowie die voreingestellten *timeout*-Werte.

Tabelle E-8: Timeout-Typen

Typ	Warten auf	Standardwert
initial	Begrüßungsmeldung zu Beginn	5m
helo	Antwort auf HELO- oder EHLO-Befehl	5m
mail	Antwort auf MAIL-Befehl	10m
rcpt	Antwort auf RCPT-Befehl	1h
datainit	Antwort auf DATA-Befehl	5m
datablock	Lesen eines Datenblocks	1h
datafinal	Antwort auf abschließendes ».«	1h
rset	Antwort auf RSET-Befehl	5m
quit	Antwort auf QUIT-Befehl	2m
misc	Antwort auf NOOP- undVERB-Befehle	2m
ident	Antwort des IDENT-Protokolls	30s
fileopen	Öffnen einer *.forward-* oder *:include:*-Datei	60s
command	Lesen eines Befehls	1h
queuereturn	Rückgabe einer nicht auszuliefernden Nachricht aus der Queue	5d
queuewarn	Warnung, daß eine Nachricht immer noch in der Queue liegt	none
hoststatus	Entfernen des alten Hoststatus	30m

TimeZoneSpec=`tzinfo`

Legt die Informationen zur lokalen Zeitzone mit `tzinfo` fest. Ist **TimeZoneSpec** nicht gesetzt, wird der Systemstandard verwendet. Steht der Wert auf null, wird die TZ-Variable des Benutzers verwendet.

TryNullMXList

Direkte Verbindung zu jedem entfernten Host, der das lokale System als bevorzugten MX-Server angibt. Von der Verwendung dieser Option wird abgeraten.

UnixFromLine=`fromline`

Definiert das Format der From:-Zeilen im UNIX-Stil. Entspricht dem im Makro l gespeicherten Wert.

UnsafeGroupWrites

Für Gruppen schreibbare *:include:-* und *.forward-*Dateien können keine Programme referenzieren oder direkt in Dateien schreiben. Bei Dateien, die von allen geschrieben werden dürfen, gelten diese Einschränkungen immer.

UseErrorsTo

Sendet Fehlermeldungen an die im Errors-To:-Header aufgeführten Adressen. Normalerweise werden Fehler an den auf dem »Umschlag« (Envelope) stehenden Absender zurückgeschickt.

UserDatabaseSpec=*udbspec*

Die Benutzerdatenbank-Spezifikation.

UserSubmission

Zeigt an, daß es sich hier nicht um eine weitergeleitete Mail handelt, sondern um eine direkt von einem Mail-Agent stammende Übertragung.

Verbose

Ausführung im Verbal-Modus.

Ältere sendmail-Versionen verwenden eine andere Options-Syntax:

```
Oxwert
```

Bei dieser Syntax ist **O** der Befehl, *x* der aus einem Buchstaben bestehende Name der Option und *wert* der von sendmail für diese Option verwendete Wert. Einige Optionen sind Boolesche Werte und verlangen keinen Eingabewert. Tabelle E-9 führt alle Optionen im alten Stil auf.

Tabelle E-9: sendmail-Optionen im alten Stil

Name	Funktion
A*datei*	Definiert den Namen der Alias-Datei.
a*N*	Wartet *N* Minuten auf @:@ und generiert dann die Alias-Datei neu.
B*c*	Definiert das Substitutionszeichen für Leerzeichen.
c	Mail für »teure« Mailer in Queue ablegen.
D	Generiert die Alias-Datenbank neu.
db	Auslieferung im Hintergrundmodus.
di	Interaktive Auslieferung.
dq	Auslieferung während des nächsten Queue-Laufs.
ee	Fehlermeldungen per Mail senden und immer Exit-Status 0 zurückliefern.
em	Fehlermeldungen per Mail senden.
ep	Fehlermeldungen ausgeben.
eq	Nur den Exit-Status zurückgeben, keine Fehlermeldungen.
ew	Fehlermeldungen zurückschreiben.
F*n*	Setzt Zugriffsrechte für temporäre Dateien auf *n*.
f	Behält From:-Zeilen im UNIX-Stil.
g*n*	Setzt die Standard-Gruppen-ID für Mailer auf *n*.

Tabelle E-9: sendmail-Optionen im alten Stil (Fortsetzung)

Name	Funktion
H*datei*	Definiert den Namen der SMTP-Hilfedatei.
I	Verwendet den BIND-Nameserver zur Auflösung aller Hostnamen.
i	Ignoriert Punkte in eingehenden Nachrichten.
L*n*	Setzt den Logging-Level auf *n*.
M*xwert*	Setzt Makro *x* auf *wert*.
m	Auch an mich senden.
N*net*	Definiert den Namen des »Heimat-Netzwerks«.
o	Akzeptiert Header im alten Format.
Q*dir*	Definiert den Namen des Queue-Verzeichnisses.
q*n*	Definiert den Faktor *n*, mit dem über das Queueing von Jobs entschieden wird.
r*t*	Legt das Intervall *t* für Lese-Timeouts fest.
S*datei*	Definiert den Namen der Logdatei für Statistiken.
s	Erzeugt immer eine Queue-Datei, bevor die Auslieferung versucht wird.
T*t*	Setzt das Queue-Timeout auf *t*.
u*n*	Setzt die Standard-Benutzer-ID für Mailer auf *n*.
v	Betrieb im Verbal-Modus.
W*pass*	Definiert das für entferntes Debugging verwendete Paßwort.
X*l*	Lehnt SMTP-Verbindungen ab, wenn die Durchschnittslast *l* übersteigt.
x*l*	Legt Nachrichten in der Queue ab, wenn die Durchschnittslast *l* übersteigt.
Y	Liefert jeden in der Queue liegenden Job in einem separaten Prozeß aus.
y*n*	Für jeden zusätzlichen Empfänger wird die Priorität eines Jobs um *n* verringert.
Z*n*	Verringert die Priorität eines Jobs bei jeder Ausführung um *n*.
z*n*	Zusammen mit dem Vorrang verwendeter Faktor zur Bestimmung der Priorität einer Nachricht.

In Kapitel 10 finden Sie Beispiele für das Setzen von Optionen mit beiden Syntax-Varianten.

sendmail Mailer-Flags

Mailer-Flags werden im Feld F der Mailer-Definition deklariert. Jedes Mailer-Flag wird durch einen einzelnen Buchstaben gesetzt, der das Flag repräsentiert. Mit **F=lsDFMe** werden also beispielsweise sechs verschiedene Flags gesetzt. Tabelle E-10 führt die einzelnen Buchstaben und die jeweilige Funktion jedes Flags auf.

Tabelle E-10: sendmail Mailer-Flags

Name	Funktion
C	Fügt @*domain* bei Adressen hinzu, die kein @ enthalten.
D	Der Mailer verlangt eine Date:-Headerzeile.
E	Fügt > bei Zeilen ein, die mit From: beginnen.
e	Dies ist ein »teurer« Mailer. Siehe Option c.
F	Der Mailer verlangt eine From:-Headerzeile.
f	Der Mailer akzeptiert ein –f-Flag von vertrauenswürdigen Benutzern.
h	Behält Großbuchstaben in Hostnamen bei.
I	Der Mailer wird sich mit einem anderen sendmail in SMTP unterhalten.
L	Schränkt Zeilenlängen wie in RFC821 festgelegt ein.
l	Dies ist ein lokaler Mailer.
M	Der Mailer verlangt eine Message-Id:-Headerzeile.
m	Der Mailer kann in einer Transaktion an mehrere Benutzer senden.
n	Keine From:-Zeile im UNIX-Stil in die Nachricht einfügen.
P	Der Mailer verlangt eine Return-Path:-Zeile.
R	MAIL FROM:-Pfad statt der normalen Rückgabe-Adresse verwenden.
r	Der Mailer akzeptiert ein –r-Flag von vertrauenswürdigen Benutzern.
S	Benutzer-ID vor Aufruf des Mailers nicht zurücksetzen.
s	Entfernt Quoting-Zeichen aus der Adresse, bevor der Mailer aufgerufen wird.
U	Der Mailer verlangt From:-Zeilen im UNIX-Stil.
u	Großbuchstaben in Benutzernamen bleiben erhalten.
X	Stellt mit einem Punkt beginnenden Zeilen einen weiteren Punkt voran.
x	Der Mailer verlangt eine Full-Name:-Headerzeile.

Beispiele für die Deklaration von Mailer-Flags in Mailer-Definitionen finden Sie in Kapitel 10.

Der sendmail-Befehl K

Der sendmail-Befehl K wird innerhalb der *sendmail.cf*-Datei zur Definition einer Datenbank verwendet. Die Syntax des K-Befehls ist wie folgt:

K*name typ* [*argumente*]

Kapitel 10 enthält Beispiele für die Definition und Verwendung einer sendmail-Datenbank und beschreibt die Syntax des K-Befehls. Dieser Anhang führt die gültigen *typ*-Werte und *argumente* auf, die mit dem K-Befehl verwendet werden können.

Das Typ-Feld des K-Befehls bestimmt die Art der definierten Datenbank. Es existieren verschiedene interne, sendmail-spezifische Datenbanktypen sowie externe Typen, die von externen Bibliotheken abhängig sind. Die Unterstützung dieser externen Typen muß zu sendmail hinzu kompiliert werden. Hierzu müssen Sie die unterstützten Typen explizit in der DBMDEF-Variable des Makefiles angeben, das zur Generierung von sendmail verwendet wird. Ein Beispiel für die Kompilierung von sendmail finden Sie zu Beginn dieses Anhangs.

Die möglichen Werte für den Typ sind:

dbm

Das »neue« dbm-Datenbankformat. Der Zugriff erfolgt über die Bibliothek ndbm(3). Wird nur unterstützt, wenn sendmail mit NDBM kompiliert wurde.

btree

Das btree-Datenbankformat. Der Zugriff erfolgt über die Berkeley-Bibliothek db(3). Wird nur unterstützt, wenn sendmail mit NEWDB kompiliert wurde.

hash

Das hash-Datenbankformat. Der Zugriff erfolgt über die Berkeley-Bibliothek db(3). Wird nur unterstützt, wenn sendmail mit NEWDB kompiliert wurde.

nis

NIS Server-Lookups. Wird nur unterstützt, wenn sendmail mit NIS kompiliert wurde.

nisplus

NIS+ Server-Lookups. Wird nur unterstützt, wenn sendmail mit NISPLUS kompiliert wurde.

hesiod

MIT Hesiod Server-Lookups. Wird nur unterstützt, wenn sendmail mit HESIOD kompiliert wurde.

ldapx

X500 Directory-Suche per LDAP. Wird nur unterstützt, wenn sendmail mit LDAPMAP kompiliert wurde. sendmail unterstützt die meisten der Standard-Kommandozeilenargumente des ldapsearch-Programms.

netinfo

NeXT NetInfo-Lookups. Wird nur unterstützt, wenn sendmail mit NETINFO kompiliert wurde.

text

Lookups in Textdatei. Verlangt keine externen Datenbankbibliotheken oder Kompilierungsoptionen. Die Textdatenbank besteht aus einem Schlüsselfeld, einem Wertefeld und Feldtrennern.

stab

Eine interne Symboltabellen-Datenbank.

implicit

Das interne sendmail-Standardformat für die Alias-Datei, wenn kein Typ für diese Datei definiert wird.

user

Ein spezieller sendmail-Typ, der verwendet wird, um die Existenz eines Benutzers mittels getpwnam(3) zu prüfen.

host

Ein spezieller sendmail-Typ, der verwendet wird, um Spitznamen und IP-Adressen über den Domain-Name-Server in kanonische Namen umzuwandeln. Das ist eine alternative Form der $[*name*]$-Syntax.

sequence

Ein spezieller sendmail-Typ, der verwendet wird, um die Reihenfolge festzulegen, in der die vorher definierten Datenbanken durchsucht werden. Nehmen wir zum Beispiel an, Sie haben mit K-Befehlen drei Datenbanken (datei1, datei2 und datei3) definiert. Es ist nun möglich, einen vierten K-Befehl aufzunehmen, **Kalledateien sequence datei3 datei1 datei2**, der diese Datenbanken zu *alledateien* »kombiniert« und dabei die Suchreihenfolge datei3, datei1 und datei2 festlegt.

switch

Ein spezieller sendmail-Typ, der die Service-Switch-Datei nutzt, um die Reihenfolge festzulegen, in der die Datenbankdateien durchsucht werden. Das `argument` des K-Befehls beim `typ` »switch« muß dem Namen eines Dienstes in der Service-Switch-Datei entsprechen. Die in der Service-Switch-Datei mit dem Dienst-Namen verknüpften Werte werden genutzt, um die Namen der Datenbanken zu bestimmen, die in der Reihenfolge ihrer Definition durchsucht werden. Zum Beispiel sucht der Befehl **Kali switch aliases** nach dem Service-Switch-Eintrag für `aliases`. Enthält dieser Eintrag die Werte `nis files`, durchsucht sendmail die Datenbanken *ali.nis* und *ali.files*, und zwar in dieser Reihenfolge.

dequote

Ein spezieller sendmail-Typ, mit dem ungewollte Anführungszeichen (") aus E-Mail-Adressen entfernt werden.

Das auf die meisten Datenbanktypen folgende Argument ist ein Dateiname. Dieser Dateiname gibt die externe Datei an, in der die Datenbank enthalten ist. Nur der Basisname der Datei wird angegeben, d.h., sendmail hängt die für die jeweilige Datenbank richtige Erweiterung an. So wird beispielsweise aus `Krealname dbm /usr/etc/names` die Datei */usr/etc/names.db*, weil *.db* die richtige Erweiterung für dbm-Datenbanken ist.

Neben dem Dateinamen kann das Argument-Feld optional die folgenden Flags enthalten:

–o

Die Datenbank ist optional. sendmail macht ohne Fehler weiter, wenn die Datei nicht gefunden wird.

–N

Gültige Datenbankschlüssel werden mit einem NULL-Zeichen abgeschlossen.

–O

Gültige Datenbankschlüssel werden niemals mit einem NULL-Zeichen abgeschlossen. Geben Sie niemals –N und –O an, da es in diesem Fall keine gültigen Schlüssel gäbe! Die sicherste Lösung besteht darin, weder –N noch –O zu verwenden und es sendmail zu überlassen, die richtige Struktur des Schlüssels zu bestimmen. Verwenden Sie die Flags also nur, wenn Sie sich ganz sicher sind.

–a*x*

Hängt den String *x* an den Wert an, der bei einer erfolgreichen Suche zurückgegeben wurde.

–f

Großbuchstaben werden nicht in Kleinbuchstaben umgewandelt, bevor nach dem Schlüssel gesucht wird.

–m

Prüft, ob der Schlüssel in der Datenbank existiert, ersetzt den Schlüssel aber nicht durch den von der Datenbank zurückgegebenen Wert.

–k*keycol*

Die Position des Schlüssels innerhalb eines Datenbankeintrags. Bei den meisten Datenbanken steht der Schlüssel im ersten Feld, d.h., dieses Flag ist unnötig. Bei Lookups in Textdateien ist dieses Flag notwendig, und *keycol* gibt die Spalte an, in der der Schlüssel beginnt.

–v*valcol*

Die Position des Wertes innerhalb eines Datenbankeintrags. Bei den meisten Datenbanken folgt der Wert auf den Schlüssel, d.h., dieses Flag ist unnötig. Bei Lookups in Textdateien ist dieses Flag notwendig und gibt die Spalte an, in der das Wertefeld beginnt.

–z*delim*

Das Zeichen, das die Felder innerhalb der Datenbank trennt. Standardmäßig ein Whitespace.

–t

Ermöglicht Datenbank-Lookups basierend auf dem Fehlschlagen des Erreichens entfernter Server. Mail wird also nicht in der Queue abgelegt, um sie später zu verarbeiten. Dies wird primär bei Problemen mit dem DNS-Server verwendet. Wenn ein entfernter Server nicht antwortet, wird die Mail normalerweise in der Queue abgelegt, um sie zu einem späteren Zeitpunkt zu verarbeiten. Das Setzen dieses

Flags veranlaßt, daß die Mail direkt als unzustellbar an den Absender zurückgegeben wird.

−S*spacesub*

Verwendet *spacesub*, um Leerzeichen zu ersetzen, nachdem die Adresse mit der
Dequoting-Datenbank abgeglichen wurde.

Die in diesem Anhang enthaltenen vollständigen Listen aller Datenbanktypen und Flags
werden Ihnen dabei helfen, die vom **m4**-Prozessor in die *sendmail.cf* eingefügten K-
Befehle zu verstehen. Ihre eigenen K-Befehle werden wesentlich einfacher sein. Sie
werden sich an den Datenbanktyp halten, der von Ihren **sendmail**- und **makemap**-Ver-
sionen unterstützt wird, und Sie werden einfache Datenbanken aufbauen, die spezielle
Aufgaben erledigen. Kapitel 10 enthält Beispiele solcher Datenbanken, und der nächste
Abschnitt enthält einfache Skripts, die zum Aufbau solcher Datenbanken verwendet
werden.

Beispielskript

In Kapitel 10 wird die Datenbank *realnames* verwendet, um Login-Benutzernamen bei
ausgehenden Mails in das Format »Vorname Punkt Nachname« umzuwandeln. Das
nachfolgende Skript generiert die *realnames*-Datenbank aus der Datei */etc/passwd*.

```
#! /bin/sh
#
# Accounts ohne echten Login entfernen
grep -v ':*:' /etc/passwd | \
# Entferne "ungeschützte" Benutzernamen, d.h. in der Klasse E
# definierte Namen, die nicht umgeschrieben werden sollen.
grep -v '^root:' | \
# Trennende Doppelpunkte durch Whitespace ersetzen.
sed 's/:/ /g' | \
# Benutzername gefolgt von Vorname.Nachname ausgeben.
awk '{ print $1, $5"."$6 }' > realnames
# Generieren der realnames-Datenbank.
makemap dbm realnames < realnames
```

Die Generierung von *realnames* über die *passwd*-Datei ist vollständig vom Format dieser Datei abhängig. Die *passwd*-Datei *muß* ein konsistentes Format des GECOS-Feldes
aufweisen und eine konsistente Möglichkeit besitzen, Accounts ohne echten Login zu
erkennen. Ein Account ohne echten Login wird von niemandem für ein Login oder für
E-Mails verwendet. Es handelt sich dabei üblicherweise um System-Accounts, die vom
System oder von Anwendungen verwendet werden. Ein klassisches Beispiel ist der
uucp-Account. Jedes System besitzt eine Möglichkeit, die nicht für Logins verwendeten
Accounts zu kennzeichnen. Bei manchen Systemen steht ein Sternchen im Paßwort-
Feld, während andere Systeme ein Ausrufezeichen, die Buchstaben »NP«, ein »x« oder
sonst was verwenden. Das Beispielskript geht von einem Sternchen aus, was bei meinem Linux-System der Fall ist. (Meine Solaris-Systeme verwenden ein »x«.) Sehen Sie
sich Ihre *passwd*-Datei an, um zu sehen, was verwendet wird, und passen Sie das Skript
entsprechend an.

Das Beispielskript geht auch davon aus, daß die beiden ersten Werte des GECOS-Felds den Vor- und Nachnamen des Benutzers enthalten (getrennt durch ein Leerzeichen). Sieht der Anfang des GECOS-Feldes anders aus, erzeugt das Skript keine vernünftigen Werte. Die von Ihnen zum Einbinden neuer Benutzer verwendete Prozedur sollte ein konsistentes GECOS-Feld erzeugen. Inkonsistenz ist der Feind der Automatisierung. Das nachfolgende Beispiel zeigt eine Datei mit Inkonsistenzen und die so erzeugten fehlerhaften Daten:

```
% cat /etc/passwd
root:oRd1L/vMzzxno:0:1:System Administrator:/:/bin/csh
nobody:*:65534:65534::/:
daemon:*:1:1::/:
sys:*:2:2::/:/bin/csh
bin:*:3:3::/:/bin:
uucp:*:4:8::/var/spool/uucppublic:
news:*:6:6::/var/spool/news:/bin/csh
ingres:*:7:7::/usr/ingres:/bin/csh
audit:*:9:9::/etc/security/audit:/bin/csh
craig:1LrpKlz8sYjw:198:102:Craig Hunt:/home/craig:/bin/csh
dan:RSU.NYlKuFqzh2:214:885:Dan Scribner:/home/dan:/bin/csh
becca:monfTHdnjj:101:102:"Becky_Hunt":/home/becca:/bin/csh
dave:lniuhugfds:121:885:David H. Craig:/home/dave:/bin/csh
kathy:TUVigddehh:101:802:Kathleen S McCafferty:/home/kathy:/bin/csh
% build.realnames
% cat realnames
craig Craig.Hunt
dan Dan.Scribner
becca "Becky_Hunt"./home/becca
dave David.H.
kathy Kathleen.S
```

Ihre *passwd*-Datei könnte unter der Kontrolle verschiedener Systemadministratoren gewachsen sein. Sie kann viele Inkonsistenzen enthalten. Falls dem so ist, müssen Sie zuerst aufräumen, bevor Sie die E-Mail-Aliases aufbauen, und die Datei dann entsprechend pflegen.

Beispielkonfigurationen

In Kapitel 10 haben wir eine sendmail-Konfiguration entwickelt. Diese Konfiguration besitzt die folgenden Merkmale:

- Sie läuft auf einem Linux-System.
- Der Hostname des sendenden Systems wird bei allen ausgehenden Mails in den Domain-Namen umgebildet. Der Hostname wird in den Nachrichten-Headern und den Envelope-Headern umgebildet.
- Der Benutzername des Senders wird bei ausgehender Mail in den Vor- und Nachnamen des Benutzers umgewandelt.

Wir verwenden zwei Ansätze zur Erzeugung dieser Konfiguration. Zuerst haben wir die **m4**-Beispieldateien verwendet, die mit sendmail geliefert werden, um eine eigene Makro-Konfigurationsdatei aufzubauen. Als nächstes haben wir die gleiche Konfiguration erzeugt, indem wir die mit Slackware 96 Linux gelieferte *sendmail.cf*-Beispieldatei direkt geändert haben. In diesem Abschnitt wollen wir beide Beispielkonfigurationen noch einmal rekapitulieren.

Für viele Systemadministratoren besteht die einfachste Möglichkeit, eine Konfiguration zu erzeugen, darin, mit **m4**-Makrodateien zu arbeiten. Diese Makro-Quelldateien sind sehr kurz, und für viele Leute sind sie einfacher zu lesen als die *sendmail.cf*-Datei. Wenn Sie sendmail herunterladen und kompilieren, sollten Sie die Makro-Dateien verwenden, weil die Features dieser Dateien denen der heruntergeladenen sendmail-Version entsprechen.

Wir haben die von uns in Kapitel 10 angelegte Makrodatei *linux.mc* genannt. Diese Datei enthält die folgenden Makros:

```
VERSIONID('@(#)tcpproto.mc8.5 (Berkeley) 3/23/96')
OSTYPE(linux)
DOMAIN(nuts.com)
FEATURE(nouucp)
MAILER(local)
MAILER(smtp)
```

Sie entspricht mit nur zwei Änderungen der mit sendmail gelieferten *tcpproto.mc*. Zum einen ändern wir das OSTYPE-Makro, um Linux als Betriebssystem zu definieren. Als nächstes fügen wir die Zeile DOMAIN(nuts.com) ein, um eine »Domain-spezifische« Makrodatei aufzurufen, die wir selbst angelegt und *nuts.com.m4* genannt haben. Die Datei *nuts.com.m4* enthält die folgenden Zeilen:

```
MASQUERADE_AS(nuts.com)
FEATURE(masquerade_envelope)
FEATURE(genericstable)
```

Diese drei Zeilen führen alle für unsere Konfiguration benötigten Funktionen durch. Die MASQUERADE_AS-Anweisung bildet den Hostnamen in den Domain-Namen um. Die FEATURE(masquerade_envelope)-Anweisung stellt sicher, daß die Hostnamen sowohl in Envelope- als auch in Nachrichten-Headern umgeschrieben werden. Die Anweisung FEATURE(generictable) sorgt dafür, daß der Benutzername mit **genericstable** verarbeitet wird. Das ist die Datenbank, die wir zum Umwandlung in Vor- und Nachnamen verwenden.

Alle für unsere Konfiguration benötigten Funktionen werden mit fünf Zeilen erreicht. Die direkte Änderung der *sendmail.cf*-Datei verlangt da wesentlich mehr Aufwand. Die **m4**-Quelldateien können aber nur verwendet werden, wenn sie mit der sendmail-Version übereinstimmen. Aus diesem Grund wird **m4** am häufigsten von Administratoren verwendet, die sendmail selbst herunterladen und installieren. Die meisten Administratoren, die mit dem vom System gelieferten sendmail arbeiten, verwenden auch die mitgelieferte *sendmail.cf* des Systems. In Kapitel 10 verwenden wir die bei Slackware 96

Linux mitgelieferte Version der Datei *linux.smtp.cf*. Die genauen Änderungen an dieser Datei werden in Kapitel 10 erklärt. Ausschnitte der geänderten Datei sind in diesem Anhang aufgeführt und ausführlich kommentiert, um die Änderungen verständlicher zu machen. Ein vollständiges Listing der *sendmail.cf* würde 15 Seiten einnehmen. Vergleichen Sie das Listing mit den oben abgebildeten **m4**-Dateien.

Die Datei *linux.smtp.cf* ist mit der von **m4** erzeugten Konfigurationsdatei nicht identisch, selbst wenn Sie dem Beispiel im Abschnitt »Generierung der sendmail.cf mit m4-Makros« von Kapitel 10 folgen. Die Konfigurationen sind ähnlich, aber nicht identisch. Verwenden Sie den Text als allgemeine Orientierungshilfe zur Struktur und Funktion der Konfigurationsdatei. Erwarten Sie nicht, daß die Details genau mit Ihrer Datei übereinstimmen.

Der Ausschnitt zeigt den gesamten Abschnitt der lokalen Informationen, weil diese in Kapitel 10 ausführlich behandelt werden:

```
#++++++++++++++++++++++++++++++++++++++++++++++++++++++++++++++++++++++
# Der V-Befehl definiert den Versions-Level der Konfigurationssyntax.
# Level 6 wurde von sendmail-8.7.5 unterstützt, was der bei Slackware
# Linux 96 mitgelieferten Release von sendmail entspricht. Der
# Herstellername Berkeley bedeutet, daß die Standardsyntax der
# Berkeley-Distribution unterstützt wird.
#++++++++++++++++++++++++++++++++++++++++++++++++++++++++++++++++++++++
# level 6 config file format
V6/Berkeley


#++++++++++++++++++++++++++++++++++++++++++++++++++++++++++++++++++++++
# Wie bei den meisten sendmail-Konfigurationsdateien enthält der
# erste Abschnitt der Datei die Daten, bei denen eine Anpassung der
# Konfiguration am wahrscheinlichsten ist. In dieser Datei hat dieser
# Abschnitt den Titel "local info". Beachten Sie, daß wir verschiedene
# Dinge verschoben haben, um verwandte Elemente zusammenzubringen.
# In dieser Reihenfolge treten sie in linux.smtp.cf eigentlich nicht auf.
#++++++++++++++++++++++++++++++++++++++++++++++++++++++++++++++++++++++


##################
#   local info   #
##################
#++++++++++++++++++++++++++++++++++++++++++++++++++++++++++++++++++++++
# Ist Ihr Host über mehr als einen Hostnamen bekannt, werden die
# verschiedenen Hostnamen in der Klasse "w" definiert. In dieser
# Klasse sind alle Namen enthalten, für die Ihr Host Mails akzeptiert.
#++++++++++++++++++++++++++++++++++++++++++++++++++++++++++++++++++++++
Cwlocalhost


#++++++++++++++++++++++++++++++++++++++++++++++++++++++++++++++++++++++
# Das Makro j wird vom System korrekt definiert. Muß hier nicht gesetzt werden.
#++++++++++++++++++++++++++++++++++++++++++++++++++++++++++++++++++++++
# my official domain name
# ... define this only if sendmail cannot automatically determine
# your domain
#Dj$w.Foo.COM
#++++++++++++++++++++++++++++++++++++++++++++++++++++++++++++++++++++++
```

```
#Die Klasse P wird zur Speicherung der Pseudo-Domain verwendet.
# In dieser Datei wird sie nur verwendet, um einen Punkt (.) zu speichern,
# der zur Identifizierung kanonischer Namen verwendet wird. Die
# Punkt-Klasse (.), von der man annehmen könnte, daß sie zur
# Identifikation kanonischer Namen verwendet wird, wird an keiner
# anderen Stelle dieser Datei erwähnt.
#+++++++++++++++++++++++++++++++++++++++++++++++++++++++++++++++++++++++
CP.

# eine Klasse mit nur einem Punkt (zur Identifikation kanonischer Namen)
C..

#+++++++++++++++++++++++++++++++++++++++++++++++++++++++++++++++++++++++
# Mehrere unterschiedliche Mail-Relay-Server können definiert werden.
# In dieser Beispielkonfiguration verwenden wir keine. Das Makro L und
# die Klasse L sind nur von Bedeutung, wenn Relay-Server zur Verarbeitung
# "lokaler" Mail definiert sind.
#+++++++++++++++++++++++++++++++++++++++++++++++++++++++++++++++++++++++
# "Smart" Relay-Host (kann null sein)
DS

# an wen ich unqualifizierte Namen sende (null bedeutet lokale Auslieferung)
DR

# wer die gesamte lokale Mail erhält ($R hat Vorrang vor unqualifizierten Namen)
DH

# Ort, an den unbekannte Benutzer weitergeleitet werden
#Kuser user -m -a<>
#DLname_of_luser_relay

# Klasse L: Namen, bei denen lokal ausgeliefert wird, selbst wenn wir einen Relay
besitzen
#CL root

#+++++++++++++++++++++++++++++++++++++++++++++++++++++++++++++++++++++++
# Beispiele für K-Befehle sind in linux.smtp.cf enthalten. Von diesen ist
# nur die Dequoting-Datenbank aktiv. Die anderen sind standardmäßig
# auskommentiert. Die Aufgabe dieser Datenbanken wurde früher in
# diesem Anhang erläutert.
#+++++++++++++++++++++++++++++++++++++++++++++++++++++++++++++++++++++++
# Mailer-Tabelle (Domains überschreiben)
#Kmailertable dbm /etc/mailertable

# Domain-Tabelle (Domains hinzufügen)
#Kdomaintable dbm /etc/domaintable

# Dequoting-Map
Kdequote dequote

#+++++++++++++++++++++++++++++++++++++++++++++++++++++++++++++++++++++++
# Mehrere Zeilen dienen dem "Masquerading" von Adressen. Das Makro M
# definiert den Hostnamen, der bei ausgehender Mail anstelle des realen
# Hostnamens des Systems eingesetzt werden soll. Die Klasse M definiert
# weitere Hostnamen, die in den Hostnamen des M-Makros umgewandelt
```

```
# werden sollen. Die Klasse E definiert Benutzernamen, bei denen der
# Hostname nicht in $M umgewandelt werden soll.
#+++++++++++++++++++++++++++++++++++++++++++++++++++++++++++++++++++
# Klasse E: Namen sollen nicht als von diesem Host stammend
# bekanntgegeben werden, selbst wenn wir maskieren.
CE root
# Klasse M: In $M umzuwandelnde Domains
#CM

# Meine Maskierung (null für kein Masquerading) (siehe auch $=M)
DMnuts.com

#+++++++++++++++++++++++++++++++++++++++++++++++++++++++++++++++++++
# Wir haben diesen K-Befehl hinzugefügt, um eine Datenbank zu definieren,
# die wir zur Umwandlung von Benutzernamen in reale Vor- und Nachnamen
# angelegt haben.
#+++++++++++++++++++++++++++++++++++++++++++++++++++++++++++++++++++
# Datenbank zur Abbildung von Login-Namen in die Form Vorname.Nachname
Krealnames dbm /tmp/realnames

# In lokalen Benutzernamen nicht zu verwendende Operatoren (z.B. Netzwerkindikatoren)
CO @ %

# Mein Name für Fehlermeldungen
DnMAILER-DAEMON

#+++++++++++++++++++++++++++++++++++++++++++++++++++++++++++++++++++
# Das Makro Z enthält die Versionsnummer der Konfigurationsdatei.
# Modifizieren Sie diesen Wert bei jeder Änderung. Dokumentieren
# Sie Ihre Änderungen.
#+++++++++++++++++++++++++++++++++++++++++++++++++++++++++++++++++++
#  R1.0 - Modifiziert für peanut durch Craig
#       - Kommentare im Abschnitt mit lokalen Informationen aufgeräumt
#  R1.1 - Modifikation von Makro M. nuts.com wird nun bei ausgehender
#         Mail für den Hostnamen eingesetzt
#  R2.0 - S11 & S31 um Regel a erweitert, um Umbildung in Vorname.Nachname
#         zu erreichen
DZ8.7.3R2.0
```

In Kapitel 10 haben wir Ruleset 94 geändert, um das Masquerading für Envelope-Adressen zu aktivieren.

```
##################################################################
###  Ruleset 94 -- Envelope-Namen in maskierte Form umwandeln ###
##################################################################
#+++++++++++++++++++++++++++++++++++++++++++++++++++++++++++++++++++
# Um das Masquerading für Envelope-Adressen zu aktivieren, entfernen wir
# den Kommentar aus der ersten Zeile dieses Rulesets, damit Ruleset 93
# aufgerufen wird.
#+++++++++++++++++++++++++++++++++++++++++++++++++++++++++++++++++++
S94
R$+          $@ $>93 $1
R$* < @ *LOCAL* > $*$: $1 < @ $j . > $2
```

Die Mailer benötigen normalerweise keine Modifikation. Dennoch haben wir in Kapitel 10 einige Änderungen an den S-Rulesets des smtp-Mailers vorgenommen. Die Änderungen erfolgten in Ruleset 11 und Ruleset 31.

```
#+++++++++++++++++++++++++++++++++++++++++++++++++++++++++++++++++++++
#In Kapitel 10 haben wir eine zusätzliche Regel am Ende dieses
# Rulesets aufgenommen, um die Benutzernamen in der von uns erzeugten
# realnames-Datenbank nachzusehen und den realen Vor- und Nachnamen
# des Benutzers zurückzuliefern.
#+++++++++++++++++++++++++++++++++++++++++++++++++++++++++++++++++++++
#
# Envelope, Sender-Umbildung
#
S11
R$+          $: $>51 $1 sender/empfänger wie üblich
R$* :; <@>$@          list:; Spezialfall
R$*          $: $>61 $1 qualifizieren unqualifizierter Namen
R$+          $: $>94 $1 Masquerading
# Beim Masquerading Login-Namen in Vorname.Nachname umwandeln
R$- < @ $M . > $*$: $(realnames $1 $) < @ $M . > $2  user=>first.last


#
# Envelope, Empfänger-Umbildung
# auch Empfänger im Header, wenn Empfänger
# nicht maskiert werden
#
S21
R$+          $: $>51 $1 sender/empfänger wie üblich
R$+          $: $>61 $1 qualifizieren unqualifizierter Namen


#+++++++++++++++++++++++++++++++++++++++++++++++++++++++++++++++++++++
# In Kapitel 10 haben wir dieses Ruleset am Ende um eine
# einzige Regel erweitert, um die Benutzernamen in der von uns angelegten
# realnames-Datenbank nachzuschlagen und den realen Vor- und Nachnamen
# des Benutzers zurückzugeben. Die gleiche Modifikation haben wir auch
# oben vorgenommen. Häufig wird mehr als ein Ruleset modifiziert, um
# ein einzelnes neues Feature aufzunehmen.
#+++++++++++++++++++++++++++++++++++++++++++++++++++++++++++++++++++++
#
# Umbildung des Senders im Header und
# Masquerading des Empfängers im Header
#
S31
R$+          $: $>51 $1 sender/empfänger wie üblich
R:; <@>  $@          list:; Spezialfall

# spezielle Header-Umbildung
R$* <@> $*$@ $1 <@> $2 Null-Host durchgeben
R< @ $* > $*$@ < @ $1 > $2 route-addr durchgeben
R$*          $: $>61 $1 qualifizieren unqualifizierter Namen
R$+          $: $>93 $1 Masquerading
# Beim Masquerading Login-Namen in Vorname.Nachname umwandeln
R$- < @ $M . > $*$: $(realnames $1 $) < @ $M . > $2 user=>first.last
```

In diesem Kapitel:
- *IP Datagram Header*
- *TCP Segment Header*
- *ICMP Parameter Problem Message Header*

Ausgewählte TCP/IP-Header

In Kapitel 11 wurde wiederholt auf bestimmte TCP/IP-Header verwiesen. Diese Header werden in diesem Anhang dokumentiert. Es handelt sich hier nicht um eine ausführliche Liste mit Headern. Vielmehr werden nur die Header behandelt, die in Kapitel 11 bei den Beispielen zur Fehlersuche verwendet wurden:

- IP Datagram Header, definiert in RFC 791, *Internet Protocol*
- TCP Segment Header, definiert in RFC 793, *Transmission Control Protocol*
- ICMP Parameter Problem Message Header, definiert in RFC 792, *Internet Control Message Protocol*

Jeder Header wird mit einem Ausschnitt des RFCs präsentiert, das diesen Header definiert. Die Ausschnitte wurden allerdings etwas editiert, um besser in diesen Text zu passen. Dennoch wollen wir die besondere Bedeutung primärer Quellen bei Protokollproblemen noch einmal deutlich hervorheben. Die Header werden hier aufgeführt, damit Sie den Beispielen in Kapitel 11 besser folgen können. Im Falle eines echten Problems sollten Sie die echten RFCs verwenden. Eigene Kopien der RFCs erhalten Sie, indem Sie den Anweisungen in Kapitel 13 folgen.[1]

IP Datagram Header

Diese Beschreibung stammt von den Seiten 11 bis 15 von RFC 791, *Internet Protocol*, von Jon Postel, Information Sciences Institute, University of Southern California.

---

1 Anm. d. Übersetzers: Die Bezeichnung der einzelnen Felder wurde im Original belassen, ihre Bedeutung wird jeweils im Textteil erläutert.

Das Format des Internet-Headers

```
 0                   1                   2                   3
 0 1 2 3 4 5 6 7 8 9 0 1 2 3 4 5 6 7 8 9 0 1 2 3 4 5 6 7 8 9 0 1
+-+-+-+-+-+-+-+-+-+-+-+-+-+-+-+-+-+-+-+-+-+-+-+-+-+-+-+-+-+-+-+-+
|Version|  IHL  |Type of Service|          Total Length         |
+-+-+-+-+-+-+-+-+-+-+-+-+-+-+-+-+-+-+-+-+-+-+-+-+-+-+-+-+-+-+-+-+
|         Identification        |Flags|      Fragment Offset    |
+-+-+-+-+-+-+-+-+-+-+-+-+-+-+-+-+-+-+-+-+-+-+-+-+-+-+-+-+-+-+-+-+
|  Time to Live |    Protocol   |         Header Checksum        |
+-+-+-+-+-+-+-+-+-+-+-+-+-+-+-+-+-+-+-+-+-+-+-+-+-+-+-+-+-+-+-+-+
|                       Source Address                          |
+-+-+-+-+-+-+-+-+-+-+-+-+-+-+-+-+-+-+-+-+-+-+-+-+-+-+-+-+-+-+-+-+
|                     Destination Address                       |
+-+-+-+-+-+-+-+-+-+-+-+-+-+-+-+-+-+-+-+-+-+-+-+-+-+-+-+-+-+-+-+-+
|                     Options                    |    Padding    |
+-+-+-+-+-+-+-+-+-+-+-+-+-+-+-+-+-+-+-+-+-+-+-+-+-+-+-+-+-+-+-+-+
```

Version: 4 Bit

Das Versionsfeld gibt das Format des Internet-Headers an.
Dieses Dokument beschreibt die Version 4.

IHL: 4 Bit

"Internet Header Length" gibt die Länge des Internet-Headers in 32-Bit-
Wörtern an. Der Minimalwert für einen korrekten Header liegt bei 5.

Type of Service: 8 Bit

"Type of Service" gibt die gewünschte Servicequalität an. Die Bedeutung der Bits
ist nachfolgend aufgeführt.

Bits 0-2: Precedence (Vorrang, s.u.).
Bit   3: 0 = Normale Verzögerung, 1 = Geringe Verzögerung.
Bit   4: 0 = Normaler Durchsatz, 1 = Hoher Durchsatz.
Bit   5: 0 = Normale Zuverlässigkeit 1 = Hohe Zuverlässigkeit.
Bit   6-7: Reserviert für zukünftige Erweiterungen.

```
   0     1     2     3     4     5     6     7
+-----+-----+-----+-----+-----+-----+-----+-----+
|     |     |     |     |     |     |     |     |
| PRECEDENCE |  D  |  T  |  R  |  0  |  0  |
|     |     |     |     |     |     |     |     |
+-----+-----+-----+-----+-----+-----+-----+-----+
```

Precedence (Vorrang)

```
111 - Network Control
110 - Internetwork Control
101 - CRITIC/ECP
100 - Flash Override
011 - Flash
010 - Immediate
```

```
        001 - Priority
        000 - Routine
```

Total Length: 16 Bit

  Gesamtlänge des Datagramms in Bytes, inklusive Header und Daten.

Identification: 16 Bit

  Ein vom Sender vergebener Identifikationswert, der das Zusammensetzen von
  Datagramm-Fragmenten erleichtern soll.

Flags: 3 Bit

  Verschiedene Kontroll-Flags mit folgender Bedeutung:

    Bit 0: Reserviert, muß 0 sein.
    Bit 1: (DF) 0 = Fragmentierung erlaubt, 1 = Fragmentierung nicht erlaubt.
    Bit 2: (MF) 0 = Letztes Fragment, 1 = Weitere Fragmente folgen.

```
      0   1   2
    +---+---+---+
    |   | D | M |
    | 0 | F | F |
    +---+---+---+
```

Fragment Offset: 13 Bit

  Dieses Feld gibt an, an welche Stelle des Datagramms dieses Fragment gehört. Der
  Fragment-Offset wird in Einheiten zu 8 Oktets (64 Bit) angegeben. Das erste
  Fragment hat den Offset Null.

Time to Live: 8 Bit

  Dieses Feld gibt die maximale Zeit an, die dieses Datagramm im Internet-System
  verbleiben darf.

Protocol: 8 Bit

  Dieses Feld gibt das Transport-Protokoll an, an das die Daten dieses Datagramms
  weitergegeben werden. Die Werte verschiedener Protokolle sind im »Assigned
  Numbers«-RFC festgelegt.

Header Checksum: 16 Bit

  Prüfsumme des Headers. Weil sich einige Header-Felder ändern (z.B. die TTL),
  wird die Prüfsumme an jedem Ort überprüft und neu berechnet, an dem der Header
  verarbeitet wird. Der Algorithmus für die Prüfsumme ist wie folgt:

  Das Prüfsummenfeld enthält das 16-BitEinerkomplement des Einerkomplements aller
  16-Bit-Wörter des Headers. Für die Berechnung der Prüfsumme wird das
  Prüfsummenfeld selbst mit Null angenommen.

Source Address: 32 Bit

Die IP-Adresse der Quelle. Eine Beschreibung von IP-Adressen finden Sie in Kapitel 2.

Destination Address: 32 Bit

Die IP-Adresse des Ziels. Eine Beschreibung von IP-Adressen finden Sie in Kapitel 2.

Options: Variabel

Die Optionen können in Datagrammen enthalten sein, müssen es aber nicht. Sie müssen aber bei allen IP-Modulen (Hosts und Gateways) implementiert sein. Bei den in Kapitel 11 untersuchten Datagrammen wurden keinerlei Optionen verwendet.

TCP Segment Header

Diese Beschreibung stammt von den Seiten 15 bis 17 von RFC 793, *Transmission Control Protocol*, von Jon Postel, Information Sciences Institute, University of Southern California.

Das Format des TCP-Headers

```
  0                   1                   2                   3
  0 1 2 3 4 5 6 7 8 9 0 1 2 3 4 5 6 7 8 9 0 1 2 3 4 5 6 7 8 9 0 1
 +-+-+-+-+-+-+-+-+-+-+-+-+-+-+-+-+-+-+-+-+-+-+-+-+-+-+-+-+-+-+-+-+
 |          Source Port          |       Destination Port        |
 +-+-+-+-+-+-+-+-+-+-+-+-+-+-+-+-+-+-+-+-+-+-+-+-+-+-+-+-+-+-+-+-+
 |                        Sequence Number                        |
 +-+-+-+-+-+-+-+-+-+-+-+-+-+-+-+-+-+-+-+-+-+-+-+-+-+-+-+-+-+-+-+-+
 |                     Acknowledgment Number                     |
 +-+-+-+-+-+-+-+-+-+-+-+-+-+-+-+-+-+-+-+-+-+-+-+-+-+-+-+-+-+-+-+-+
 |  Data |           |U|A|P|R|S|F|                               |
 | Offset| Reserved  |R|C|S|S|Y|I|            Window             |
 |       |           |G|K|H|T|N|N|                               |
 +-+-+-+-+-+-+-+-+-+-+-+-+-+-+-+-+-+-+-+-+-+-+-+-+-+-+-+-+-+-+-+-+
 |           Checksum            |         Urgent Pointer        |
 +-+-+-+-+-+-+-+-+-+-+-+-+-+-+-+-+-+-+-+-+-+-+-+-+-+-+-+-+-+-+-+-+
 |                    Options                    |    Padding    |
 +-+-+-+-+-+-+-+-+-+-+-+-+-+-+-+-+-+-+-+-+-+-+-+-+-+-+-+-+-+-+-+-+
 |                             data                              |
 +-+-+-+-+-+-+-+-+-+-+-+-+-+-+-+-+-+-+-+-+-+-+-+-+-+-+-+-+-+-+-+-+
```

Source Port: 16 Bit

Die Quell-Portnummer.

Destination Port: 16 Bit

Die Ziel-Portnummer

Sequence Number: 32 Bit

Die Sequenznummer des ersten Oktets (Bytes) in diesem Segment, wenn SYN nicht
vorhanden ist. Ist SYN vorhanden, dann ist die Sequenznummer die Anfangs-
Sequenznummer (ISN), und das erste Datenbyte ist ISN+1.

Acknowledgment Number: 32 Bit

Ist das ACK-Bit gesetzt, enthält dieses Feld den Wert der Sequenznummer, die der
Sender des Segments als nächstes zu empfangen erwartet. Wird immer gesendet,
sobald eine Verbindung aufgebaut wurde.

Data Offset: 4 Bit

Die Anzahl der 32-Bit-Wörter im TCP-Header. Gibt an, wo die eigentlichen Daten
beginnen. Die Länge des TCP-Headers ist (selbst mit Optionen) immer ein
Vielfaches von 32.

Reserved: 6 Bit

Für zukünftige Erweiterungen reserviert. Muß Null sein.

Control Bits: 6 separate Bit-Werte (von links nach rechts):

URG: Urgent Pointer-Feld muß berücksichtigt werden
ACK: Acknowledgment-Feld muß berücksichtigt werden
PSH: Push-Funktion
RST: Verbindung zurücksetzen
SYN: Sequenznummern synchronisieren
FIN: Keine weiteren Daten vom Sender

Window: 16 Bit

Die Anzahl von Datenbytes, die der Sender dieses Segments zu akzeptieren bereit
ist.

Checksum: 16 Bit

Das Prüfsummenfeld ist das 16-Bit-Einerkomplement der Einerkomplement-Summe
aller 16-Bit-Wörter (Header und Daten).

Urgent Pointer: 16 Bit

Dieses Feld enthält den aktuellen Wert des Urgent-Pointers als positiven Offset
von der Sequenznummer dieses Segments. Dieser Zeiger verweist auf die
Sequenznummer des auf die dringenden Daten folgenden Oktets. Dieses Feld wird
nur bei Segmenten interpretiert, bei denen das Kontrollbit URG gesetzt ist.

Options: Variabel

Optionen können am Ende des TCP-Headers stehen und sind immer ein Vielfaches von
8 Bits lang.

ICMP Parameter Problem Message Header

Diese Beschreibung stammt von den Seiten 8 und 9 von RFC 792, *Internet Control Message Protocol*, von Jon Postel, Information Sciences Institute, University of Southern California.

Parameter Problem Message

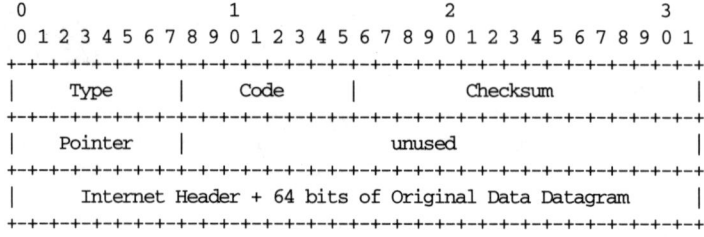

```
 0                   1                   2                   3
 0 1 2 3 4 5 6 7 8 9 0 1 2 3 4 5 6 7 8 9 0 1 2 3 4 5 6 7 8 9 0 1
+-+-+-+-+-+-+-+-+-+-+-+-+-+-+-+-+-+-+-+-+-+-+-+-+-+-+-+-+-+-+-+-+
|     Type      |     Code      |          Checksum             |
+-+-+-+-+-+-+-+-+-+-+-+-+-+-+-+-+-+-+-+-+-+-+-+-+-+-+-+-+-+-+-+-+
|    Pointer    |                  unused                       |
+-+-+-+-+-+-+-+-+-+-+-+-+-+-+-+-+-+-+-+-+-+-+-+-+-+-+-+-+-+-+-+-+
|      Internet Header + 64 bits of Original Data Datagram      |
+-+-+-+-+-+-+-+-+-+-+-+-+-+-+-+-+-+-+-+-+-+-+-+-+-+-+-+-+-+-+-+-+
```

Type

    12

Code

    0 = Pointer gibt den Fehler an.

Checksum

    Die Prüfsumme ist das 16-Bit-Einerkomplement der Einerkomplement-Summe der ICMP-Message mit diesem ICMP-Typ. Zur Berechnung der Prüfsumme muß das Prüfsummenfeld Null sein.

Pointer

    Wenn code = 0, gibt dieser Zeiger das Oktet an, in dem der Fehler erkannt wurde.

Internet Header + 64 Bit des fehlerhaften Datagramms

    Der Internet-Header zusammen mit den ersten 64 Bit des Datagramms, das diesen Fehler ausgelöst hat.

Index

- siehe Minuszeichen (-) zur Andeutung nicht
    gleichberechtigter Hosts
siehe Doppelkreuz (#) zur Kennzeichnung
    von Kommentaren
" siehe Anführungszeichen, Paar (") für
    'erwarte nichts'
() siehe runde Klammern () als Hinweis auf
    Weiterführungszeichen
* siehe Sternchen (*)
.. siehe Punkte, Paar (..) in Namensfeld,
    Verweis auf Root-Domain
; siehe Semikolon (;)
-> siehe Bindestrich, größer als (->)   23
@ siehe at-Zeichen (@)
\ siehe Backslash (\)
{} siehe geschweifte Klammern ({})
6-bit serielle Leitungen, Betrieb über   115
7-Bit-Kodierung   72
8-Bit-Kodierung   72

A
abenteuerlustige Benutzer, Unterstützung von
    276
abgelehnte Route   505
abonnieren   434
ABORT-Schlüsselwort   460
Abstract Syntax Notation One (ASN.1)   370
ACKD-Befehl, bei POP   68
Acknowledgment-Bit (ACK) gesetzt   20
Acknowledgment-Nummer, Feld   20
adaptive, protocol-Wert   159
Address Resolution Protocol (ARP)   43, 50, 76
    aktivieren   137

Befehl   43, 118
    zur Fehlersuche   333, 339–342
Proxy-Server für   118
Tabelle   448
    Inhalt ansehen   340
Unterstützung bei BSD   119
admin-Alias   283
Administration siehe Netzwerk, Administration
admintool   249, 382
Adressen
    Auflösung   43–44
    Broadcast-Adressen   33, 44, 85, 128, 133
        angeben   94
        beschränkte   77
        setzen   135
    E-Mail
        Verarbeitung   312
    Empfänger   312
    Gateway siehe Gateway
    Host   28
        Zuweisung   91
    Internetformat für   315
    IP-Adressen siehe IP-Adressen
    Klassen   27–30, 88
        Klassenregeln   182
            siehe auch Mustererkennung
    Maske, hexadezimale Schreibweise   133
    mehrere   211
    Mischung bei DHCP   80
    numerische   52
    Records   524–525
    reservierte   28, 33
    Sender   312, 322

Spoofing 89, 114
Timeout von 80
Übersetzung 112
Umwandlung 312
Verarbeitung
    durch verschiedene Umbildungsregeln
        307
    Prüfung 318
Vergabe
    dynamisch 79
    manuell 79
Zuweisung
    bei DHCP 79
    in Blöcken 91
    in kontinuierlichen Blöcken 30, 509
Zuweisung bei pppd 148
Adressierung 4, 25
Adreßklassen siehe Adressen, Klassen
Adreß-Spoofing siehe Adressen, Spoofing
Adreßzuweisung an einzelne Hosts 91
aggregate-Anweisungen (bei gated) 509–510
Aktualisierung 190
Alarm, bei Überwachungssystemen 371
Algorithmen
    Back-Off 262
    Dijkstra Shortest Path First (SPF) 186
    Distanzvektor 179
Aliases 47
    bei sendmail 280
    für Hostnamen 225
aliases-Datei 282
    Vergleich von Adressen mit 312
AliasFile-Option 297
allmulti-Parameter 139
alternative, multipart-Subtyp 71
America Online (AOL) 86
Andrew File System (AFS) 81
Anführungszeichen, Paar (") für 'erwarte nichts'
    151, 459
Annahmen, treffen 331, 364
anonymes FTP 423–426
Anwendungen
    Inhaltstyp 71
    Protokolle für 46
        weitläufig implementiert 22
    Sicherheitsaspekte für 396
Anwendungsschicht 7
    bei TCP/IP 22–23
ANY-Query 352

archie 427–430
    Client-Software 430
    Server 427
archie.internic.net 428
ARCnet-Schnittstelle 115
Ärger, achten auf 398–401
ARP siehe Address Resolution Protocol (ARP)
ARPA Internet Text Messages, Standardformat
    für 70
ARPANET 2–3, 13, 36, 142
ASCII-Daten (US) 72
AS-Pfad
    Vektor 503
AS-Pfadoperatoren, Übersicht der 504
Assigned Numbers RFC 45, 529
asynchrone Modems siehe Modems
asynchroner PPP-Daemon (aspppd) 156
at, Dateien ausgeführt von, bei
    Sicherheitsprüfungen 398
at-Zeichen (@)
    in Namensfeld, Verweis auf aktuellen Login
        519
    zum Ausschluß einzelner Parameter 262
    zur Referenzierung der aktuellen Domain
        223
Audiodaten 71
ausführbare Dateien, bei Sicherheitsprüfungen
    398
Ausgabefehler (Oerrs) 343
Authentizierung 90
    bei pppd 152–154, 452
    DES-verschlüsselte 255
    siehe auch Benutzer
    siehe auch Paket
Authentizierungsserver 244–245
Automatic Call Unit (ACU) 157
automount 241–243
    Befehl 241
    Dateisystem (autofs), definieren 241
    Konfigurationsdateien (Maps) 241
automount-Daemon (automountd) 241
Autonome Systeme (AS) 37, 178
    Definition 189
    externe Routen (ASE) 203, 476, 505
        Arten 507
    Liste der 503
    Nummer (ASN) 97, 474, 488
    unterteilen 186
auto-revarp-Parameter 139

autoritative Server   55, 62
   siehe auch nicht-autoritative Server

B

Backbones   185, 200
Back-Off-Algorithmen   262
Backslash (\)   246, 462, 520
Bandbreite
   effiziente Nutzung   184, 215
   erhöhen   114
base64-Kodierung   72
Basic Encoding Rules (BER)   370
basic, audio-Subtyp   71
Basisterminologie siehe Terminologie,
   Bedeutung einer einheitlichen
Bastion-Host   410, 412
Benutzer
   Authentizierung   255, 379–395
   Sicherheitsverantwortlichkeit   378
Bereichsgrenzrouter   185
Berkeley Internet Name Domain (BIND)   x,
   xiv, 61–62, 208, 334
   Debugging   226–230
   Konfigurationsarten   208–209
beschränken, DHCP-Server   78
BGP siehe Border Gateway Protocol (BGP)
bgp-Anweisung (bei gated)   485–490
bilaterale Vereinbarungen   38
Binär
   Daten   71
binary
   Kodierungstyp   72
BIND siehe Berkeley Internet Name Domain
   (BIND)
Bindestrich, größer-als (->)   272
Bitgruppen   20
Bitmasken   31
Bitübertragungsschicht   8, 129
Blackhole
   Route   501
   Schnittstelle   473
bogusns-Befehl   357, 515
Boolesche Werte
   bei dhcpd-Parametern   267
   bei printcap-Parametern   246
Boot
   Datei (bf)-Parameter   262
   Skripte, Daemons starten aus   233
   Verzeichnis (hd) definieren   261

BOOTP siehe Bootstrap Protocol (BOOTP)
bootp-2.4.3.tar-Datei   263
bootpd siehe BOOTP-Daemon (bootpd)
BOOTP-Daemon (bootpd)   256–273
   defaults Template-Parameter, Übersicht der
      261–262
   Konfigurationsparameter, Übersicht der
      258–259
bootp-DDS2.4.3.tar-Datei   257
BOOTP-Gateway (bootpgw)   263
bootpgw siehe BOOTP-Gateway (bootpgw)
BOOTREPLY-Paket   78
BOOTREQUEST-Paket   77, 262, 263, 269
Bootstrap Protocol (BOOTP)   x, 77–80, 445
   Clients   540
   Erweiterungen von DHCP   78
Border Gateway Protocol (BGP)   x, 37, 97, 189,
   191–192
   aktivieren (bei gated)   202, 503
   innerhalb autonomer Systeme   202
Breakdowns siehe Katastrophenpläne
Broadcast-Adressen siehe Adressen
Browser   419
BSD-Compress-Schema   452
BSD-Systeme
   erneutes Mounten von Dateisystemen   238
   Kernel-Konfigurationsdatei   116–122
byteorientierte Masken   34

C

Cache
   Beschädigung   356
cache
   Anweisung   214, 514
   Initialisierungsdatei   219–221
Caching   55
   einzelner Antworten   62
'cannot connect'-Fehler (keine Verbindung)
   66
cf/cf-Verzeichnis   285
cf/feature-Verzeichnis   567
cf/ostype-Verzeichnis   286
cgm, image-Subtyp   71
Challenge Handshake Authentication Protocol
   (CHAP)   153, 452, 457
challenge-String   153
CHAP siehe Challenge Handshake
   Authentication Protocol (CHAP)
Chapman, Brent   375

chap-secrets-Datei 153
chatkey 446
chat-Skript 151–152
chat-Skriptsprache 453, 459–462
   Escapesequenzen, Übersicht der 462
CIDR siehe Classless Inter-Domain Routing
   (CIDR)
Cipher 408
Cisco-Router 405
Classless Inter-Domain Routing (CIDR) 31
   Adreßmaske 27, 31
   Blöcke 509
Client-Anweisung 497
CNAME siehe Kanonischer Name (Canonical
   Name, CNAME) Resource-Records
Collis-Feld 343
com-Domain 56
Commercial Information Exchange (CIX) 3
comp.security-Newsgruppe 377
Computer Emergency Response Team (CERT)
   Advisories 378
Computer Security Resource Clearinghouse
   420
Computer/Computer-Dienste
   Server für 231
Conditionals in Makrodefinitionen 295
conf/master-Verzeichnis 222
connection-Befehlszeilenoption, bei pppd 151
Content-Transfer-Encoding-Header 72–73
Content-Type-Header 71–72
COPS-Programme (Computer Oracle Password
   and Security) 401–403
Core-Gateways 36, 190
count-Feld 337
count-to-infinity-Problem 182–184
Crash
   Neustart nach 250
   Zurücksetzen von Locks nach 233
cron, Dateien ausgeführt von, bei
   Sicherheitsprüfungen 398
crtscts-Option 145
CSLIP siehe Van Jacobson Header-
   Komprimierung
-Ctest.cf-Argument 320
cua-Geräte 163
cyrus und cyrusbb, Mailer 578

D
Daemons 53, 123
   UID 124
Darstellungsschicht 7
Data Link-Layer Protocol 120
   bei PPP 143
Data Terminal Ready (DTR), Modem-
   Steuerleitung 455
DATA-Befehl, bei SMTP 65
Datagramme 10, 13–16
   fragmentierte 16, 113
   Header 45, 47
   Konvertierung der Quelladresse 89
   Markierung des Endes 142
   Routing 14
   stillschweigend aussortieren 366
   verbindungsfreie Auslieferung 18
   Weiterleitung 117
   siehe auch IP-Datagramme
   siehe auch User Datagram Protocol (UDP)
Datei
   für alle lesbar 380
   Lock-Requests, behandeln 233
   Prüfung 399
   Übertragung, interaktiv 22
Dateien suchen 426–430
Dateisysteme
   gemeinsame Nutzung, Gründe für 233
   Sharing 233–236
Daten, Bezeichnungen für 10
Datenbanken bei sendmail 310
   definieren (K-Befehl) 311
Datenflußsteuerung 17, 21
Datenkommunikationsmodell 5–8
Datenkomprimierung, bei SLIP nicht
   vorhanden 143
dazwischenliegendes Gateway siehe Gateway
dazwischenliegendes System (IS, Intermediate
   System) 484
   siehe auch Gateway
DCD (Data Carrier Detect), Modem-
   Steuerleitung 455
DCD-Anzeige ('carrier-detect'), Überwachung
   152
DDN Protocol Handbook 9
DDN-Sicherheits-Bulletins 378
Debugging 212, 512
dedizierte Verbindungen 145, 158
defaultroute-Option 145

Defense Communications Agency (DCA)   2
define-Makro (bei sendmail)   557, 558–567
definition-Anweisungen (bei gated)   474–475
Demultiplexing   45
'Denial of Service'-Attacken   375
dequote-Datenbank   315
designierter Router   188
Destination Unreachable (Ziel nicht
      erreichbar), Meldung   17
DES-verschlüsselte Authentizierung siehe
      Authentizierung
device-Anweisung   121–122
/dev-Verzeichnis   163
dezentralisierte Pflege   34
dgram-Sockets   123
DHCP siehe Dynamic Host Configuration
      Protocol (DHCP)
dhcpd.conf-Datei   265–270
Diagnose-Werkzeuge   332–334
Dial-up IP (dip)   146, 160–161
      Skript
            für SLIP   160
            spezielle Variablen, Übersicht der   445
Dial-up IP (dip)-Beispielskript   449–450
Dial-up IP (dip)-Skriptdatei   444–450
Dial-up IP (dip)-Tool-Referenz   443–450
Dial-up PPP   146–150
'Dictionary-Guessing'   380
dig   334, 335, 358–359
      Query-Typen   358
digest multipart-Subtyp   71
digitale Signatur, System   409
Dijkstra Shortest Path First (SPF), Algorithmus
      186
dip siehe Dial-up IP (dip)
diplogin-Befehl   161
directive-Anweisungen (bei gated)   467
directory
      Anweisung   216
direkte Auslieferung   66
Distfile   271
Distributed File System (DFS)   81
DMBDEF-Variable   591
dmesg-Befehl   129
DNS siehe Domain Name Service (DNS)
docs/warnings-Datei   403
Dokumentation
      historische, von Problemen   331
      Nutzung   104

Domain
      Administration   62, 208
            kontaktieren   441
      Eintrag, in resolv.conf   211
      Herunterladen einer kompletten   229
      Hierarchie   56–58, 208
      Name (dn)   60–61, 85
            bei NIS   252
            bestimmen   98–100
            Parameter   261
            vollständig qualifiziert   61
      Nameserver (ds)   92
            Parameter   261
      organisatorische   56
Domain Name Pointer (PTR) Resource-Records
      223, 528–529
Domain Name Service (DNS)   23, 53, 55–63
      abfragen   314
      starten   123
      Vorteile des   55, 62
Domain, anlegen   58–60
domain/named.root   357
Domain-Bereitstellung siehe Network
      Information Center (NIC)
DOMAIN-Makro (bei sendmail)   557
domainname-Befehl   253
DOMAIN-Quelldatei (bei sendmail)   571, 573–
      576
      Definition der Mail-Relays   574
domaintable-Datenbank   316
Doppelkreuz (#) zur Kennzeichnung von
      Kommentaren   53, 124, 198, 242, 246, 258,
      444, 537
Doppelpunkt (:)
      Anfang und Ende von Feldern   246, 250
      Trennung von Parametern   258
Drucker
      Ausgabe der Queue   249
      mehrere   247
      Sicherheit   247
Drucker-Spoolverzeichnis, anlegen   245, 247
ds.internic.net   432
Dummy-Schnittstelle   114
dump   204
Dynamic DNS   80
Dynamic Host Configuration Protocol (DHCP)
      x, 78–80, 265
      basierend auf Bootstrap Protocol (BOOTP)
      263

Daemon (dhcpd) 265–270
  Befehl 535–536
  kompilieren 533–535
  konfigurieren 537–546
  Referenz 533–546
  Verwendung der neuesten Version 533
  Interaktion mit 78
  Optionen
    andere 543–546
    häufig verwendete 541–543
    verfügbare 541–546
  Vorteile des 265–270
dynamic-bootp
  Flag 539
  lease-cutoff-Parameter 268
  lease-length-Parameter 268
dynamisch
  Routing 170
  Routing-Tabelle 95
  Zuweisung von Adressen 79, 92
    Automatisch bei DHCP 265
    favorisierende Umstände 96
dynamisch bereitgestellte Ports 48

E

Echo-Nachricht 17, 171
edu-Domain 56
EGP siehe Exterior Gateway Protocol (EGP)
egp-Anweisung (bei gated) 490–493
EHLO-Befehl, bei ESMTP 73, 320
Einbruch, einschätzen 374–376
Eindringlinge 114
  siehe auch finger, Firewalls und TFTP-
    Protokolle
Eingabefehler (Ierrs) 343
Elektronische Post (E-Mail)
  Auslieferung 22
  für Dateitransfers 75
  für RFCs 433
  wachsende Bedeutung der 275
Empfänger-Adressen siehe Adressen
Endlosschleifen, Erkennung möglicher 308
Endsysteme siehe Hosts
enriched, text-Subtyp 71
enterpriseSpecific-Trap 369
entfernte Hosts, prüfen 17
entfernte Server 149
  Dateizugriff bei 232

kontaktieren der Administratoren 332, 335
Probleme für Firewalls 414
Vertrauen ('trust') niemals ausweiten auf
  385
Enthüllung von Informationen 375
Entschlüsselung 408
'equal-cost multi-path'-Routing 189
erneutes Mounten von Dateisystemen nach
  einem Neustart 238–241
Erreichbarkeitsinformation 37, 189, 193
erwarte nichts (") 151
Erweiterbarkeit
  bei Monitoren 371
  von SMTP 73
ESMTP siehe Extended SMTP (ESMTP)
ESTABLISHED-Zustand 490
/etc/aliases-Datei 66, 252
/etc/aspppd.cf-Datei 156
/etc/auto_direct-Datei 243
/etc/auto_home-Datei 242
/etc/auto_master-Datei 241
/etc/bootptab-Datei 258, 272
  aktualisieren 264
  Konfigurationsparameter 263
/etc/default/passwd-Datei 383
/etc/defaultdomain-Datei 253, 254
/etc/dfs/dfstab-Datei 235, 245
/etc/dhcpd.conf-Datei 265–270
/etc/diphosts-Datei 161–163
/etc/ethers-Datei 76, 251, 342
/etc/exports-Datei 245
/etc/fstab-Datei 238
/etc/gated.conf-Datei 193
  anlegen 206
/etc/gateways-Datei 178
  Einlesen beim Startup 180
/etc/group-Datei 251, 424
/etc/hosts.allow-Datei 406
/etc/hosts.deny-Datei 406
/etc/hosts.equiv-Datei 389
  bei Sicherheitsprüfungen 398
/etc/hosts.lpd-Datei 248
  bei Sicherheitsprüfungen 398
/etc/hosts-Datei 53, 128, 173, 243, 252
  ändern 62
  anlegen 54
  in Maps 63
/etc/inetd.conf-Datei 257
  bei Sicherheitsprüfungen 398

Daemons entfernen aus   396
    einbinden von tcpd   406
/etc/init.d/autofs-Skript   241
/etc/init.d/inetinit-Skript   178
/etc/init.d/sendmail-Skript   281
/etc/init.d-Verzeichnis   233
/etc/lp/Systems-Datei   250
/etc/lp-Verzeichnis   249
/etc/named.boot-Datei   357, 512
/etc/named.ca-Datei   357
/etc/named.pid-Datei   356
/etc/networks-Datei   55, 134, 173, 252
    in Maps   63
/etc/passwd-Datei   155, 161, 245, 251, 287, 425
    bei Sicherheitsprüfungen   398
    schützen   380
/etc/pcnfsd.conf-Datei   245
/etc/ppp/options.device-Datei   451
/etc/ppp/options-Datei   146, 150, 451
/etc/ppp-Verzeichnis, schützen   458
/etc/printcap-Datei   246–247
/etc/protocols-Datei   45–48, 124, 252
/etc/rc.d/rc.inet1-Skript   177
/etc/rc.d/rc.M, Startup-Skript   281
/etc/resolv.conf-Datei   208, 210, 358
/etc/services-Datei   123, 252, 257, 274, 275
/etc/shadow-Datei   380
/etc/ssh_known_hosts-Datei   393
/etc/system-Datei   109
/etc/yp.conf-Datei   254
Ethernet   16, 92
    Adressen   12
        DHCP-Clients bestimmen mit   269
        Liste der   340
    Fast, Ports (100 Mbps)   343
    Karten, konfigurieren   114, 129
    LAN   115
    Netzwerke   12
    Schnittstellen   121, 128, 137, 141
    Switch   344
    Unterstützung bei BSD   119
Ethernet, Unterteilung eines   343–345
EthernetFreeBSD-Gerätetreiber, Übersicht der
    121–122
expect, Skriptsprache   450
expire-Feld   382
EXPN-Befehl
    bei ESMTP   75
    bei SMTP   66

export-Anweisung (bei gated)   506–509
Extended SMTP (ESMTP)   74, 320
    private Erweiterungen zu   75
Exterior Gateway Protocol (EGP)   37, 190–191,
    369
    Nachbarn   190
External-body Nachrichten-Subtyp   72
externe Routing-Protokolle   189–192

F
Fachchinesisch siehe Terminologie, Bedeutung
    einer einheitlichen
fallbackhost   582
fast-Ports siehe Ethernet
Faxunterstützung, integriert   577
FDDI-Netzwerk   139
    Backbone   363
FEATURE-Makro   286
    bei sendmail   557, 567–571
        Features, Übersicht der   567–568
Federal Information Exchanges (FIXs)   3
Fehler
    Erkennung   13, 364
        Punkt-zu-Punkt   18
    Korrektur, nicht verfügbar bei SLIP   143
    Meldungen
        bei Fehlersuche   331, 335
        Weitergabe an Benutzer   309
    menschliche   331
    Recovery   13
Fehlersuche
    Nameservice   351–359
    Netzwerkzugriff   338–345
    Protokoll-Probleme   360–367
    Routing   345–351
    serielle Verbindungen   163–167
    Tips   331–332
        Benutzer einbeziehen   342
        Zeit erkaufen   340
    Verbindung prüfen   334–338
Feld für Hersteller-Erweiterungen, bei BOOTP
    79
Fenster   21
Feuer   376
Fiber Digital Data Interface (FDDI)   120
    siehe auch FDDI-Netzwerk
File Transfer Protocol (FTP)   22, 270
    als Problem für Firewall   414
    Server, aufsetzen   424–426

siehe anonymes FTP
siehe TFTP-Protokoll
Fileserver, Namen von   102
Filesharing   23, 81
   verschieden von Filetransfer   81
Filter
   bei Monitoren   371
   siehe auch Paket, Filter
FIN-Bit   20
   »keine weiteren Daten vom Sender«   20
find-Befehl, bei Sicherheitstests   399
finger
   als Ziel für Eindringlinge   531
   Service   124
   Zugriff auf Daemon überwachen   406
Finite State Machine (FSM, Finiter Automat)
   Diagramme oder Tabellen   468
   Übergänge, Ablaufverfolgung   496
Firewalls   256, 410–416
   Beschränkung der Konnektivität   315
   Blockade von Fehlersuchmaßnahmen durch
     331
   BSD-System nutzen als   118
   Definition   410, 413
   Funktionen   413–414
   Linux-System nutzen als   112
   Nachteile   413
   Notwendigkeit einer professionellen
     Installation   414
   Routing-Steuerung in   414–416, 581, 585
FIRST-Mailingliste   377
Flags   40, 171
   Definieren von Schnittstellen-
     Charakteristika   132
Flags-Feld   16
foo.org-Datenbank   405
Forum of Incident Response and Security
   Teams (FIRST)   377
.forward-Datei   283
forwarders-Befehl   215, 514
Fragmentation Offset-Feld   16
fragmentierte Datagramme siehe Datagramme
Fragmentierung   16
   Vermeidung der   139
Frames   10
FreeBSD-Systeme   116, 118
FTP siehe File Transfer Protocol (FTP)
ftp.bunyip.com   430
ftp.isc.org   222

ftp://rs.internic.net/netinfo/networks.txt   55
FYIs (For Your Information) editieren   441

G

g3fax, image-Subtyp   71
gated siehe Gateway Routing Daemon (gated)
gated.conf, Konfigurationsanweisungen   198
Gated-Konsortium   195
Gateway   14, 41, 95
   Adressen   173
   aktiv   181
   bei BSD-Kernel   117
   dazwischenliegendes   350
   lokal   39
Gateway Routing Daemon (gated)   193–206
   Ausführung beim Startup   205–206
   Befehl   463–466
   Befehle, Übersicht der   195
   Dokumentation   421
   Einsatz   204
   Konfiguration   195–205
     eines Hosts   198–199
     externer Gateways   201–204
     interner Gateways   199–201
     Sprache für   466
   Referenz   463–510
   Test der Konfiguration   204–205
   und ripquery   334
Gateway to Gateway Protocol (GGP)   36
gdc-Befehl   205
Geheimhaltung
   definiert   375
   Schlüssel zur   153
GENERIC-Kernel   116, 122
geografische Domains   56
Gerüchte über Viren   378
geschweifte Klammern ({})
   Konfigurationsanweisungen umschließend
     198, 466, 537
   lange Variablennamen umschließend   291
   Makronamen umschließend   293
get-Befehl   148, 161
getriggerte Updates   184
gif, image-Subtyp   71
gleichwertige Hosts   389
global
   Optionen   269
   Schablone   260
Glue-Records   516, 525

gov-Domain 56
Grafiken
    bewegte 71
    Bilder 71
Graph, gerichtet 186
Grenzrouter 203
grep 140, 345
große Übertragungsfenster 114
group-Anweisungen 269, 487, 491
gute Skalierbarkeit 37, 55, 91, 190

H
Handshaking 12, 19
    Drei-Wege 191
    TCP 49
Hayes-Modems 148
    Kompatibilitätsprobleme 166
Header 9, 13, 71–73
    .h-Dateien 119
    Komprimierung 115
hello
    Befehl 73, 179
    Nachrichten 190
    Pakete 187–188
hello-Anweisung (bei gated) 483
HELO-Befehl, bei POP 68
HELP-Befehl
    bei ESMTP 75
    bei nslookup 230
    bei SMTP 66
herstellerneutrale Sprache 369
herstellerspezifische Syntax 292
Hierarchie
    der Verantwortlichkeit 377
    in einem System 56
    von Datenbanken 255
High-level Data Link Control (HDLC) 143
High-Speed-Wählmodems siehe Modems
HINFO siehe Host Information (HINFO)
    Resource-Record
Hinweis-Datei (hints file) 219
Hop
    Hopzähler 182
    nächster 42
    siehe auch Next-Hop-Route
Host Information (HINFO) Resource-Record
    355, 529–530
Hosts
    Adressen siehe Adressen

Liste der 407
Multihoming 14
Namen (hn) 52
    Parameter 261
    Übergang von alt nach neu erleichtern
        527
Namen (hn) wählen 101
Tabelle 52
    System, Probleme mit 54
    siehe auch entfernte, Hosts, prüfen
hosts
    Datei, Vorsicht bezüglich 135
Hosttabelle 53–55
Host-to-Host Transport Layer siehe
    Transportschicht
htable
    Befehl 55
    networks.txt 55
html, text-Subtyp 71
HTTP siehe Hypertext Transfer Protocol
    (HTTP)
Hypertext Transfer Protocol (HTTP) 22, 419
    Nachrichten-Subtyp 72

I
ICMP siehe Internet Control Message Protocol
    (ICMP)
icmp-Anweisung (bei gated) 495
IDA sendmail 279
Identifikationsfeld 16
IDRP siehe InterDomain Routing Protocol
    (IDRP)
IEEE 802.3 8
ifconfig 76, 127–141, 159, 170
    bei der Fehlersuche 333, 336, 338–339
    einbinden in Startup-Dateien 140
    Linux-Implementierung 177
    Werte indirekt einstellen 135
I-Heard-You (I-H-U)-Nachrichten 190
image, Inhaltstyp 71
IMAP 103
import-Anweisung (bei gated) 504–506
in-addr.arpa
    Domain-Dateien 100, 223, 359, 441
    inverse 528
inetd 122–126
    bootpd starten aus 256
    bootpgw starten aus 263
    POP3 starten aus 274

inetd.conf-Datei   123, 257
Information
    Integrität sicherstellen   375
    Ressourcen, finden   419
    sammeln, erste Phase der Problemlösung
        330
    Weitergabe an Benutzer   104
        Verbreitung von Maskeninformationen
        94
Informationen sammeln siehe Information
Inhaltstypen   71
Initial Sequence Number (ISN)   21
Inkompatibilitätsprobleme, behandeln   113
Installation, Planungsformulare   104–106
int-Domain   57
Integrität von Information siehe Information
interaktiv
    Logins   103
    Modus   227
    Protokolle   270
InterDomain Routing Protocol (IDRP)   191
Interface-Anweisungen (bei gated)   471–473
Intermediate System to Intermediate System
    (IS-IS)-Protokoll   179
internal-Schlüsselwort   124
International Network Center (InterNIC)   90
International Standards Organization (ISO)   6,
    369
interne Angriffe   376
Internet
    explosionsartiges Wachstum des   x, 3–4, 29,
        191
    global   54, 86, 409
    militärischer Ursprung des   2–3
    Routingarchitektur   36–39
Internet Control Message Protocol (ICMP)   17
    Parameterproblem Message-Header   606
    Tracing von Nachrichten   495
Internet Control Protocol (IPCP)   144
Internet Engineering Task Force (IETF)   32
    RFC-Seite   431
Internet Header Length (IHL)   13
Internet Message Access Protocol (IMAP)   275–
    276
Internet Protocol (IP)   12–16
Internet Resource Registries (IRR)   90
Internet Routing Registry (IRR)   39
Internet Service Providers (ISPs)   3, 87, 148
    Dienste   98

konnektierte oder nicht-konnektierte
    Verbindungen zwischen   191
    Wahl eines   87
Internet Software Consortium (ISC)   265, 533
Internet Talk Radio   113, 118
Internet-Daemon (inetd)   122–126
Internetkonnektiert oder nicht-konnektiert
    86–87
Internet-Registrierung   88
Internetschicht   12–17
InterNIC   98, 220, 357, 438
Intranet   86
inverse Domain   100
    Dateien   222–223, 528
IP-Adressen   27–33, 128
    eindeutige   88
    falsche   339
    klassenfreie   30–32
    Verknappung   30, 32
IP-Datagramme
    Header   601
    Weiterleitung   112
IP-Router siehe Gateway
IPv6   32
IPX-Netzwerke, reine   454
IRQ-Parameter   139
ISDN-Schnittstelle   115
    experimentell   122
isis-Anweisung (bei gated)   483–485
IS-IS-Protokoll   484
    Trace-Optionen   484
ISPs siehe Internet Service Providers (ISPs)

J
joe-Accounts   380
jpeg, image-Subtyp   71

K
Kabel
    Kategorie 5   345
    prüfen   165, 342, 345
    Unshielded Twisted Pair (UTP)   345
Kabeltester   333, 338, 343
Kanonischer Name (Canonical Name, CNAME)
    Resource-Records   225, 314, 527–528
Kapselung   9
    von Datagrammen   11
    von E-Mail   71
Katastrophenpläne   372, 376, 379, 416

K-Befehle 325, 590–595
KEEPALIVE 192
keepalive 115, 489
'keine Antwort' (no answer)-Fehlermeldung
     336
Kernel
     Konfigurationsdatei 109–122
          wann ändern 110
kernel-Anweisung (bei gated) 498–500
Klammern () zur Angabe von
     Fortsetzungszeichen 520
Klartext 408
Klasse w, Definition 313
Kodierung
     Daten
          binär 72
          privater Code 73
     Text 72, 408
Kollisionsrate 131, 343
     reduzieren 343
Kommunikation, persönliche siehe
     Elektronische Post (E-Mail)
Kommunikationssteuerungsschicht 8
Konfiguration
     Probleme 339
Konfiguration eines Systems, Voraussetzungen
     85
Konfigurationsparameter (bei dhcpd) 539–540
Konfigurations-Server 75–77
kontinuierliche Blöcke siehe Adressen,
     Zuweisung
Kontrollinformation 9
Kopierbefehl (cp), bei NFS 232
kostengünstigster Pfad 187
Krisen siehe Katastrophenpläne
Krypto-Prüfsumme 189

L
LAN
     Anwendungen 81
     proprietär 81
     Server 51
     siehe auch Ethernet
Lance Ethernet-Schnittstelle 131
langsame Konvergenz 182
Laptop als Testausrüstung 333
last-Befehl, bei Sicherheitsprüfungen 399

Lastverteilung (load balancing) 114, 189, 344
Line Printer (LP) Drucker-Service, bei Solaris
     249–251
Line Printer Daemon (lpd) 246–249
     Befehle, Übersicht der 248
Line Printer Remote (lpr)-Programm 248
Link Control Protocol (LCP) 143, 456
Link-State
     Datenbank 186
     Routing-Protokolle 179, 185
Link-State Advertisements (LSAs) 188, 476
linux.mc Makro-Steuerdatei 288
linux.smtp.cf-Datei 289, 313
Linux-Systeme xiii, 106, 281
     Dateisysteme neu mounten bei 238
     ifconfig-Befehl bei 133, 138
     Kernel-Konfiguration 110–116
          von PPP 145
     Verzeichnisse exportieren bei 235
list-of-lists 433
LISTSERV 434
Literale 306
LK-Schlüsselwort 381
LOCALDOMAIN-Variable 211
localhost 53, 171, 221
LOCALRES-Umgebungsvariable 358
lock-Daemon (lockd) 233
Locking-Anforderung siehe Datei
loghost 53
Login
     entferntes (remote) 22
Login-Aktivität
     bei Sicherheitsprüfungen
          Sicherheit 399–401
lokales Gateway siehe Gateway
Loopback
     Adresse 32, 53, 221
     Dateien 209
     Device 119
     Domain 215
     Route 41, 171, 415
     Schnittstelle 106, 131, 141
lpd siehe Line Printer Daemon (lpd)
lpr-Befehl, bei UNIX 82
lpr-Server, IP-Adresse 261
lpsystem-Befehl 251
ls-Befehl 229, 352

M

m4-Makros 285–289, 556–578
Magic-Number Verhandlungen 455
Mail
  Adressen 427
  Aliases 282–284
  Gateway 103
  Nachrichten, gekapselt 71
  Relay 103
  Server 103
    und Zusammenarbeit 73
Mail Exchanger (MX) Record 218, 225, 227,
  314, 525–527
/mail/imap.tar.Z-Datei 275
Mail-Auslieferung
  einzelner Thread 567
Mailbox-Server 273–276
  synchronisieren 275
Mailer
  Definitionsfelder 300
    gängige 302
  lokal 300
MAILER-Quelldatei (bei sendmail) 557, 576–
  578
  verfügbare Werte, Übersicht der 576–577
mailertable-Datenbank 316
Mailinglisten
  abonnieren 434
  und sendmail 280
  zum Austausch von Informationen und
    Ideen 433–436
  zur Verbreitung von
    Sicherheitsinformationen 377–378
Mailserver 63–75
majordomo 434
make config-Befehl 110–116
make install.man 257
make zImage-Befehl 116
make-Befehl 110
  bei NIS 253
makemap-Befehl 287, 550, 594
Makros, erweitern 306
Management Information Base (MIB) 370
  Compiler 371
Map
  Datenbank zugewiesener Name 310
  Generierung der 186
  siehe auch /etc/hosts-Datei, /etc/networks-
    Datei, Automounter-Daemon

  (automountd), IMAP, Network
    Information Service (NIS) und
    portmapper
Martians (ungültige Adressen) 89
Maskeninformation siehe Information
Maskierung 31, 34
Masquerading 570, 575–576
Maximum Receive Unit (MRU) 455
Maximum Transmission Unit (MTU) 16, 130,
  132, 139, 443
  Bestimmung der kleinsten 113
maxpacketsize 491
MBONE 113, 118
menschlicher Fehler 331
Message Digest 5 (MD5) Kryptografische
  Prüfsumme 189, 199, 481
messages
  Inhaltstyp 71
  multipart-Subtyp 71
Metasymbole 304
  zur Transformation von Adressen 306–307
Metriken 138
  Inkompatibilität 194
  Willkürlichkeit von 181
Metropolitan Area Exchanges (MAEs) 3
MIB siehe Management Information Base
  (MIB)
MIBI und MIBII 370
mil-Domain 56
MIME siehe Multipurpose Internet Mail
  Extensions (MIME)
minicom 164–165
Minuszeichen (-) zur Andeutung nicht
  gleichberechtigter Hosts 390
mixed, multipart-Subtyp 71
mknod-Befehl 164
mobile Systeme, Anforderungen an 79
mode-Befehl 149
Modems
  asynchrone 120
  DCD-Anzeige (carrier-detect), überwachen
    152
  Dokumentation 164
  High-Speed Wählmodems 142
  Konfiguration prüfen 164–167
  synchrone 120
  siehe auch Automatic Call Unit (ACU)
Module, ladbare 113
more-Befehl 229

Mosaic-Browser   419
mount
    Daemon (mountd)   233
    Mountpunkt   237
mount-Befehl   237–238
Mounting
    entfernte Dateisysteme
        übliche Gründe   237
    entfernter Dateisysteme   236–243
    Verzeichnis   232
mpeg, video-Subtyp   71
Multicast
    Adressen   27, 33, 44, 185
    Routing, Unterstützung   113, 118
Multicasting   133, 139
Multichannel Memorandum Distribution
    Facility (MMDF)   279
Multihome
    Host   117, 211
        Architektur   412
    Site   98
Multihome-Hosts siehe Hosts
multipart, Inhaltstyp   71
Multipart-Nachrichten siehe Nachrichten
Multipart-Verschlüsselung siehe
    Verschlüsselung
Multiplexing   25, 45
Multipurpose Internet Mail Extensions (MIME)
    8, 70–75
    als Standard   103
    Typen   71
    und sendmail   302
Mustererkennung   304–306
    Symbole zur   295
MX siehe Mail Exchanger (MX) Record

N
Nachbarn
    akquirieren   190
    erlauben   203, 492
Nachrichten   10, 17
    mehrere Objekte in einer Nachricht   70
    Prioritäten zuweisen   298
Name   52
Name Service Switch-Datei (nsswitch.conf)
    255
named.boot-Datei   213–217
    Konfigurationsbefehle   513–517
        Übersicht der   214

named.hosts-Datei   224–226
named.local-Datei   221–222
named.rev-Datei   222–223
named-Server-Daemon   123, 208
    Befehl   511–513
    booten   219
    konfigurieren   213–226
    Prozeß   62
    Referenz   511–532
    Start beim Hochfahren   226
Nameserver (NS)   23, 207
    Adressen   85
    Fehlersuche   335
    Prozeß   61
Nameserver (NS) siehe Domain Name Service
    (DNS)
nameserver-Eintrag, in resolv.conf   210
National Center for Supercomputer
    Applications (NCSA)   419
National Institute of Standards and Technology
    (NIST)   377, 420
National Science Foundation (NSF)   3, 191
natürliche Maske   31
NBMA-Schnittstellen ('non-broadcast multi-
    access')   471, 478
Net/Dest siehe Network/Destination
netconfig   106
net-Domain   56
Netscape-Browser   419
netstat
    Ausgabe der Routing-Tabelle   415
    Fehlersuche mit   334, 336, 342–343
    -in-Befehl   130
    -ni-Befehl   167
    -nr-Befehl   39, 175, 345
Network Access Points (NAPs)   3, 38, 191
Network File System (NFS)   23, 81, 231–245,
    270
    Vorteile des   232
Network Information Center (NIC)   58, 90
Network Information Service (NIS)   63, 251–
    255
    Maps   63, 135, 306
Network Management Station (NMS)   367
Network News Transfer Protocol (NNTP)   435
Network Terminal Protocol (TELNET)   22
'network unreachable'-Fehlermeldung   335,
    345
Network/Destination   130, 140

Netzsteuerungsprotokolle 143
Netzwerk
  Administration 52
    Definition 1, 329
    dezentralisiert 34
    Informationsbedarf zu ix
    Probleme vermeiden 342, 367
    Sicherheitsverantwortlichkeiten 378
    Vereinfachung 93
  Administration siehe Domain,
    Administration
  Adreßübersetzung (NAT) 89
    Vorteile 89
  Adreßübersetzung (NAT), Nachteile 89–90
  an das Internet angebunden oder nicht 86–
    87
  Aufbau xi
  Einbrüche, zunehmend 374
  gemeinsames Medium (shared media) 345
  Hardware
    mit integrierter Diagnose-Software 338
    Probleme mit 338, 342, 345
  Hardware siehe physikalisches Netzwerk
  heterogenes 5
  Maske 39
    bei RIP-2 184
  News 435
  Nummern 28, 91
  Nutzung, überwachen 113
  Prozesse 210
  Reichweite
    beschränkt 182
    siehe auch Bandbreite
  Ressourcen, Überwachung 379
  Schnittstellen 52
    aktivieren/deaktivieren 136
    Informationsbedarf zu 128
  Server 46
    konfigurieren 231
  Topologie 30
  Überwachung des Datenverkehrs 360
  ungewöhnliche Aktivität im 397
  Unternehmensnetzwerke siehe
    Unternehmen
  unzuverlässiges 337
  vielgenutztes 343
  von Überwachungssoftware erzeugte
    Übersicht 371

X.25 16
Zugriff
    Balance zwischen Sicherheit und 373
    Fehlersuche 338–345
  zugrundeliegendes 11
Netzwerk-Administration
  'Gefühl' entwickeln für 397
Netzwerke
  ohne Internetanbindung 86
  unterteilte 91
Netzwerk-Pflegekit, fertig 332
Netzwerkprobleme, Herangehensweise 329–
  331
Netzzugangsschicht 8, 10–12, 129
  Protokolle 77
neu registrierte Hosts 54
news, message-Subtyp 72
Newsgruppen 435–436
  zu Sicherheitsinformationen 377
Newsreader, Nutzung 435
Next-Hop-Route 189
  Festlegung 173
  Festlegung der
    bei RIP-2 184
NFS siehe Network File System (NFS)
nfs.client-Skript 233
nfs.server-Skript 233
NFS-basierte Druckerdienste 245
NFS-Daemon (nfsd) 232
NFSNET-Backbone 3
NIC siehe Network Information Center (NIC)
nicht-authentizierte Benutzer 244
nicht-autoritative Server 62
nicht-rekursive Abfragen 60
NIS siehe Network Information Service (NIS)
NIS+ 255–256
NIST Computer Security Alerts 377
nobody-UID 124, 234
Notation, Punktnotation 34
Notfälle siehe Katastrophenpläne
NP-Schlüsselwort 381
nservers-Option 232
NSFNET 38
  Backbone 179
nslookup 99, 226–230
  bei der Fehlersuche 334, 335, 351–356
NS-Query 352
NS-Records 223, 225

nsswitch.conf-Datei   255, 586
numerische Adressen siehe Adressen
numerische Werte, bei printcap-Parametern
   247

O
Objektbezeichner   370
octet-stream, application-Subtyp   71
offene Protokoll-Suite   81
Oktet   72
One-time Passwords In Everything (OPIE)
   386–388
ONEX-Befehl, bei ESMTP   75
Open Shortest Path First (OSPF)-Protokoll   x,
   23, 185–189
   aktivieren (bei gated)   200, 203, 476
   Pakete authentizieren   479
Open Systems Interconnect (OSI)
   Referenzmodell   6–8, 129
opiekey-Software   387
opiepassword   387
options
   Anweisung   117–119
      bei gated   470–471
      INET   117
   Eintrag, bei resolv.conf   212
   Feld, bei DHCP   79
Optionsgruppe, bei Aufruf von dip (Dialup IP)
   443
org-Domain   57
OSI siehe Open Systems Interconnect (OSI)
   Referenzmodell
ospf-Anweisung (bei gated)   475–480
ospfase-Protokoll   203
OSTYPE-Makro   286
   bei sendmail   556, 571–573
OSTYPE-Makrodefinitionen, Übersicht der
   571–573
owner-admin-Alias   283

P
Pakete   10
   abfangen   120
   Authentizierung   185
   beschädigt   130
   einstreuen falscher   119
   Filter
      bei Firewalls   411
      konstruieren   361
   verwendete Primitive, Übersicht der   361
   in Queue   131
   Optionen bei DHCP   78
   Packet-Switching   13
   Routing   14
   Update   179
Pakete zur seriellen Kommunikation   164
Paketfilter   360–361
Paketgröße   336
pap-secrets-Datei   153
Parallel Line IP (PLIP)   114
parallel, multipart-Subtyp   71
partial, message-Subtyp   72
passive-Option
   bei pppd   155
   bei RIP   181, 200
passwd-Befehlszeile   382
password
   Befehl   149
Password Authentication Protocol (PAP)   153,
   456, 457
passwordone-time   385–388
Paßwort
   wählen   383–385
Paßwort-basierte Authentizierung   189, 200,
   244
Paßwörter
   Alterung (Aging)   381
   aufschreiben   387
   behalten   385
   Einmal-Paßwörter   x
      Systeme   386
   erraten/stehlen   379
   häufig ändern
      Tricks zur Vermeidung   380, 381
   möglichst zufälliges, konstruieren   384
   Wahl
      Richtlinien   384
   siehe auch shadow-Paßwort-Datei
Path-MTU-Discovery-Code   113
PC NFS Authentifizierungs- und Printserver
   (pcnfsd)   244–245
PCI-Bus   122
PCM (Pulse Code Modulation), audio-Subtyp
   71
Peer   51, 191, 470
   Klauseln   203
   Kommunikation auf Peer-Ebene   7
   Subklauseln   488

Perimeter-Netzwerk   410
Personal
  beschränkt   93
Pfadvektor-Protokolle   191
physikalische serielle Ports   163
physikalische Sicherheit   376
physikalisches Netzwerk   14, 34, 43, 76
  Adresse, eingebettet in Antworten   78
  Unabhängigkeit von   4, 127
ping-Befehl   167, 171–172
  ausgegebene Statistiken   337, 343
  bei der Fehlersuche   334–338
Pipe-Zeichen (|) zur Trennung mehrerer
  Druckernamen   246
plain, text-Subtyp   71
Planungsformulare   104–106
plumb/unplumb-Parameter   139
Pluszeichen (+) als Indikator für
  vertrauenswürdigen Host   389
Point-to-Point Protocol (PPP)   115, 119, 143–
  144
  als Standard   446
  Daemon (pppd)   145–146
    Befehlszeilenoptionen   146
    Sicherheit in   152–154
    tools-Reference   451–458
    Überschreiben ausgetauschter Adressen
      146
  Installation   140
  installieren   144–157
  Server-Konfiguration   154–156
    bei Solaris   156–157
  Tools-Referenz   443–462
  und Zusammenarbeit   144
Point-to-Point-Schnittstellen   139–140
Poison Reverse   183
policy-basiertes Routing   191
  Datenbank   38
Polling   190, 368
  Trap-gesteuertes   368
POP siehe Post Office Protocol (POP)
pop3d.tar   274
popper17.tar   274
Port   8, 48
  Nummern   22, 45, 46–48
    zuweisen   49
    zufällig generiert   78
portmapper   47

Ports
  dedizierte   343
  selbsterkennende   343
Positive Acknowledgment
  with Re-transmission (PAR)   19
positive Bestätigung   19, 21
Post Office Protocol (POP)   67–70, 103
  Befehle, Übersicht der   68
  Mailserver   273–274
Post-Office-Server siehe Mailbox-Server
PostScript Anwendungs-Subtyp   71
PPP siehe Point-to-Point Protocol (PPP)
ppplogin   154
.ppprc-Datei   451
Präfixlänge   32
Predictor-1-Komprimierung   457
Pretty Good Privacy (PGP)   410
primäre Nameserver   62, 209, 513
  konfigurieren   216
printcap-Datei   246–247
Printserver   81
  konfigurieren   102, 246
Priorität von Nachrichten, zuweisen   298, 485
private-Argument   138
Probleme
  das Offensichtliche nicht übersehen   332
  vermeiden   367
  siehe auch Netzwerk
procmail   578
prog-Muster   427
Promiskuitätsmodus
  Schnittstelle   120, 139, 360
Protocol Data Units (PDUs)   368
proto-Klauseln   203, 444, 506
Protokoll
  Analyzer   120, 360, 385
  Client/Server   367
  Manager/Agent   367
  Name, Alias   45
  Nummer   16, 45–46
  Stack   6, 330
  Standards siehe Internet Protocol (IP)
  Suite   7
  Tracing   464
  unbedeutendere   46
Protokoll-Anweisungen (bei gated)   475–500
Protokoll-Probleme, Fehlersuche   360–367
Protokoll-Standards   4–5

proxyarp-Option   457
Proxy-Server   90, 118, 412
   Bereitstellung bei Firewall   414
Prüfsummen   19, 366
   Neuberechnung   89, 118
ps-Befehl   397
pseudo-device-Anweisung   119–121
Pseudo-Domains   315
Pseudo-Terminals   119
PTR siehe Domain Name Pointer (PTR)
   Resource-Records
ptys siehe Pseudo-Terminals
Public-Key-Verschlüsselung   409
Puffer-Überläufe   139
Punkte, Paar (..) in Namensfeld, Verweis auf
   Root-Domain   518
Punktnotation   34
Punkt-zu-Punkt
   Datenverschlüsselung   409
   Routen   42, 66, 189, 191, 503
   Schnittstellen   473
      Definition   130

Q
Quell-Gateways   482
Quellport-Nummer   18, 22
Query-Response-Modell   18
Queuing   66
quicktime, video-Subtyp   71
QUIT-Befehl
   bei POP   68
   bei SMTP   65
Quoted-Printable-Kodierung   72

R
range-Parameter   268, 539
RARP siehe Reverse Address Resolution
   Protocol (RARP)
raw-Sockets   123
rcp-Befehl (remote copy)   271
RCS (Release Control System)-Format   286
rdist siehe rdist-Befehl (Remote File
   Distribution)
rdist-Befehl (Remote File Distribution)   271–
   273
   verwendete Primitive   271
READ-Befehl, bei POP   68
Records siehe Dokumentation
Redirect Message   17, 40, 175

redirect-Anweisung (bei gated)   494–495
Refresh-Werte   522
Regeln siehe Protokoll, Standards
registrierte Hosts   54
reine Cache-Server   62, 209, 214–215
reine Resolver-Konfigurationen   61, 208, 209,
   212
Reject-Route   501
rekursive Suche   60
Remote File System (RFS)   81
Remote Procedure Call (RPC) Services   47
report-Datei   460
REPORT-Schlüsselwort   460
Requests for Comments (RFCs)   5, 12, 36
   neuester Stand   73
   verbindliche Quelle   366
Requests for Comments (RFCs) abrufen   431–
   433
reset-Befehl   148
resolv.conf-Datei   210–212
Resolver
   Code   61
   definiert   208
   konfigurieren   210–213
   Optionen   585
RETR-Befehl, bei POP   68
Reverse Address Resolution Protocol (RARP)
   76–77, 113
   /etc/ethers-Datei bei   251
   einbinden in Linux-Kernel   139
rfc822, message-Subtyp   71
rfc-index.txt   433
RFCs siehe Requests for Comments (RFCs)
.rhosts-Datei   389, 391–392
richtext, text-Subtyp   71
RIP REQUEST-Befehl   348
RIP siehe Routing Information Protocol (RIP)
RIP Version 2 (RIP-2)   184–185
   aktivieren (bei gated)   199
rip-Anweisung (bei gated)   480–483
RIPE-181-Standard   39
ripquery   334, 347
Riseaux IP Europeens (RIPE) Network Control
   Center (NCC)   39
Risks Forum   378
rlogin
   Befehl   86, 119, 385
   Service   46

ro-Option ('read-only')
    bei Linux-Systemen 235, 236
    bei Solaris-Systemen 234
Root
    Domain 56
    Server 56
        Einträge, beschädigte 356
        Konfiguration 214
root
    UID 124
root=host-Option (Root-Zugang für
    spezifizierte Hosts) 234
Route
    doppelt, »stillschweigend ignoriert« 489
    Filter 203
    Server-Eintrag, fehlerhaft 220
route
    Befehl 138, 159, 172, 177
route add-Befehl 346
routed-Daemon 123, 179
Routen, Punkt-zu-Punkt siehe Punkt-zu-Punkt-
    Protokoll
Router
    interne 411
    Zusammenarbeit mit 490
routerdiscovery-Anweisung (bei gated) 495–
    498
routerid 200, 474
Routing 25
    Aufgabe des 169
    Bereiche, Hierarchie der 185
    Datagramme siehe Datagramme
    Definition 169
    Domains 37
    Fehlersuche 345–351
    gebräuchliche Konfigurationen 170
    Information, austauschen 23
    Konsolidierung 30
    Metrik 173
    Multipath 189
    Planung 95–98
    Policy 193, 502
    Protokolle 85, 94
        Definition 169
        und gated 204
        wählen 192
    Tabellen 170
        ansehen 167
        instabile 489

    manueller Aufbau 169
    prüfen 346
    siehe auch dynamisch, Routing, statisch,
        Routing
Routing Arbiter Database (RADB) 38
Routing Information Protocol (RIP) 31, 138,
    179–184
    aktivieren (bei gated) 198
    Betrieb 180
    Nachteile 182–184
    starten 123
    Updates prüfen 347–348
Routing-Arbiter 38, 191
Routing-Konvergenz, Verzögerung der 182
Routing-Metrik 138
Routing-Protokolle
    interne 178–189
Routing-Tabellen 39–42
    minimale 170–172
RRs siehe Standard Resource-Records (RRs)
rs.internic.net 441
RS232C 8
Rulesets 311–313
runde Klammern () als Hinweis auf
    Weiterführungszeichen
rw-Option ('read/write')
    bei Linux-Systemen 236
    bei Solaris-Systemen 234

S

Safe, Lagerung von Sicherheitsinformationen
    im 395
SATAN siehe Security Administrator's Tool for
    Analyzing Networks (SATAN)
Schichten (Layer) 6, 9–23
Schnittstellen
    mehrere 132
    Namen bestimmen von 129–132
    nicht aktiviert (*) 130
    prüfen mit ifconfig 132–133
    Stecker 8
Schwellwerte, Alarm auslösen 371
scp-Befehl (secure copy) 393
search-Eintrag, bei resolv.conf 211
secure shell (ssh) 392–395
    Befehl 393
    Daemon (sshd) 393
SECURE_USERS-Variable 402
SECURE-Variable 402

Security Administrator's Tool for Analyzing
   Networks (SATAN)   403–405
Segmente   10
   Format   19
   Header   19
sekundäre Nameserver   62, 209, 514
   Konfiguration   216–217
selbstdefinierte Mail-Weiterleitung   283
Semikolon (;)
   als Abschluß von gated-
      Konfigurationsanweisungen   198, 466
   bei named, als Kommentarzeichen   520
Sender-Adressen siehe Adressen
sendmail   xiv, 103, 279–328
   Aliases bei   282–284
   als Daemon ausführen   281
   Argumente zum Testen und Debuggen   318
   Befehl   552–556
   Befehl, Argumente, Übersicht der   552–553
   Datei   284–327
      Definition vertrauenswürdiger Benutzer
         (T)   298
      Definition von Mail-Headern (H)   299
      Kommentare untersuchen   290
      modifizieren
         Optionen   317
      Optionen und Flags   578–595
      testen
         Befehle, Übersicht der   321
   interne Makros, Übersicht der   293–294
   Klassen, Übersicht der   578
   kompilieren   547–551
   Konfiguration   291–304
   Konfigurationsbefehle, Auflistung   291–292
   Mailer-Flags, Übersicht der   589–590
   Optionen   579–589
   Referenz   547–600
   Version 8   x
   Verwendung der neuesten Version   327,
      547
   Verwendung von Datenbanken   325–327
sendmail.cf-Datei
   anpassen   313–317
   Anpassen lokaler Informationen   313–317
   Klasse definieren, Befehl (C und F)   295–
      297
   lokalisieren, Beispiel   284–289
   Mailer definieren, Befehl (M)   299–304

Mail-Vorrang definieren, Befehl (P)   298–
   299
Makro definieren, Befehl (D)   293–295
Optionen setzen, Befehl (O)   297–298
Struktur der   289–290
testen   318–327
Umbildungsregeln (R-, S- und K-Befehle)
   304–313
   Adreßtransformation   306–311
   Mustererkennung   304–306
Umbildungsregeln prüfen   321–325
Version, Befehl (V)   292–293
sendmail.tar-Datei   285
Sequenznummer-Feld   20
Serial Line IP (SLIP)   115, 119, 142–143
   Installation   158–167
   Server-Konfiguration   161–163
   siehe auch Parallel Line IP (PLIP)
serielle Geräte
   manuell einbinden   164
serielle Leitungen
   Lastverteilung   114
   simultane Nutzung mehrerer   114
serielle Protokolle
   Debugging   163–167
   Wahl   144, 447
serielle Schnittstellen   141
Server
   Cache, Dumping   354
   Konfigurationsanweisung   495
   Master   209
   mehrere   243
   Programm, Pfad auf   124
   siehe auch entfernte Server
server
   Befehl   228
service-Liste   407
set debug-Befehl   230
set domain-Befehl   228
set ruleset (S) Befehl   311–313
set type-Befehl   358
setgid-Zugriffsrecht, vermeiden   399
setuid   239
shadow-Paßwort-Datei   380–383
share-Befehl   234, 244
Shellskripte   399
Shortest Path First (SPF)
   Algorithmus   186

Berechnung   188
Protokoll   179
showmount-Befehl   102, 236
Sicherheit
    Angriffe   89
        informieren anderer, Bedeutung   399,
            401
        siehe auch Adressen, Spoofing
    bei Druckern   102
    in Anwendungen integrierte Mechanismen
        389–392
    Informationsquellen   377–378
    Planung   374–379
    Policy   374
    Policy, aufschreiben einer   378–379
    Risiken   86, 93, 119, 120, 125, 234, 426
    Überwachung   397–405
    Veröffentlichungen, Liste   416
    siehe auch Drucker und Eindringlinge
Sicherungsschicht   8, 129
SIGHUP-Signal   257, 357, 457, 458, 465, 512
SIGINT-Signal   356, 458, 465, 512
Signalverarbeitung
    bei gated   465–466
    bei named   512–513
    bei pppd   458
SIGTERM-Signal   465, 536
SILO-Überläufe   139
Simple Gateway Management Protocol (SGMP)
    369
Simple Mail Transfer Protocol (SMTP)   22, 64–
    67
    als Standard   103
    Befehle, Übersicht der   64
    und sendmail   280
Simple Mail Transfer Protocol (SMTP)
    Erweiterungen   73–75
Simple Network Management Protocol (SNMP)
    367–371
Sites ohne Internetanbindung, Auslieferung
    von Mail an   526
Skriptdateien   136, 460
    Aufruf von dip (Dialup IP)   443
    Tips zum Debugging   165–167
    siehe auch Startup-Skript, Systeme und
        UNIX
Skriptsprache   147
Slackware 96   106
slattach-Befehl   158–160

slave-Befehl   514
SLIP END-Zeichen   142
SLIP ESC-Zeichen   142
SLIP siehe Serial Line IP (SLIP)
SMTP siehe Simple Mail Transfer Protocol
    (SMTP)
SNMP siehe Simple Network Management
    Protocol (SNMP)
snmp-Anweisung (bei gated)   493–494
snoop   334, 360–363
    detaillierte Analyse mit   335
SOA siehe Start of Authority (SOA)-Record
SOA-Record (Start Of Authority)   218, 221, 223,
    225, 353, 520–523
Socket   8, 48–49
    Arten   123
    Paare   50
SOCKS   414
Software
    auf dem neuesten Stand halten   396
    entfernen, unnötige   396
    veraltet, Sicherheitsprobleme mit   380
Solaris-Systeme   xiii, 40, 45, 75, 76, 109, 281
    Dateisysteme neu mounten bei   238
    ifconfig-Befehl bei   133, 138
    Line Printer (LP) Druckerdienste bei   249–
        251
    Verzeichnisse exportieren   234
        Informationen ermitteln   236
sortlist-Befehl, bei resolv.conf   211
Source Code Control System (SCCS)-Format
    286
Source Quench Message   17
Source-Routing   113
Spannungspegel   8
Speicher/Speicher-Kopien   137
Split Horizon-Regel   183
ssh siehe secure shell (ssh)
.ssh/identity.pub   394
.ssh/known_hosts-Datei   393
ssh-keygen   393
Stack siehe Protokoll, Stack
Standard
    Domain   60, 211
        Verwendung   61
    Gateway   41, 95
        Adresse   85
    Maske   31
    Paßwörter   380

Route 32, 41, 173
    definieren 180
    Werte 79
Standard Resource-Records (RRs) 217–219
    bei named 518–531
Startup-Skript 177, 226
statd-Daemon (Status Monitor) 233
static-Anweisungen (bei gated) 500–502
statisch
    Routen
        Installation beim Startup 177–178
    Routen einfügen 174
    Routing 170
    Routing-Tabelle 95, 414
        Aufbau 172–178
    Zuweisung von Adressen 92
        Gründe 96
Sternchen (*)
    bei Namensfeld, als Wildcard-Zeichen 519
    für nicht aktivierte Schnittstelle 130
Steueranweisungen (bei gated) 502–509
stillschweigendes Aussortieren von
    Datagrammen siehe Datagramme
Store-and-Forward-Protokolle 66
Stream 10
    Sockets 123
Stringwerte, bei printcap-Parametern 247
Stromausfälle, mögliche Auswirkungen 262, 270
Structure of Management Information (SMI) 369
Stub-Area 186, 478
Subdomains 58, 223
Subnetz-Anweisungen, bei dhcpd 267
Subnetze 34–36, 59
    Administration 376
    Gründe für 92–93
    häufiger Wechsel zwischen 79
    Masken (sm) 34, 85, 128
        definieren 92–94
        fehlerhaft konfigurierte 339
        Parameter 261
        zuweisen 133–135, 447
    Unternehmen siehe Unternehmen
    zur Verteilung der Kontrolle 376
Subnetzmasken variabler Länge (VLSMs) 94
Subtypen 71
Sun Microsystems xiii, 63, 81, 253, 306
    NIS+ bei 255

Supernetting 31
Superuser-Privilegien 220, 253, 463
Switches
    asymmetrisch 343
    siehe auch Paket
symmetrische Verschlüsselung 409
SYN-Bit (Synchronize Sequence Numbers)
    gesetzt 20
synchrone Modems siehe Modems
synchrones PPP, Unterstützung 120
Synchronisation 21
Synchronize Sequence Numbers (SYN) 20
syslogd 53, 453, 459
System siehe Netzwerk

T
tabellarische Daten, Ausgabe bei
    Überwachungssoftware 371
Tabellen, manuell anpassen 44
Tabulatorzeichen, zur Trennung von Feldern
    304
Tastatur-Interrupts 239
TCP siehe Transport Control Protocol (TCP)
TCP/IP-Protokoll
    als Standard 103
    Architektur 9
    ausgewählte Header 601–606
    Definition 2, 8
    elementares Verständnis 329
    Geschichte des 2–4
    im firmeneigenen 'Intranet' ix
    über serielle Verbindung 141–144
    Vorteile 1, 4, 11, 29
tc-Parameter 261
tcpd (Wrapper-Daemon) 406
    Zugriffskontrolldateien 406–408
tcpdump 334
Telefonleitungen, Standleitungen 345
telnet 22, 48, 119, 427
    Test 273, 340
TempFileMode-Option 297
Terminologie, Bedeutung einer einheitlichen
    6, 10
Text (TXT) Resource-Record 531
text, Inhaltstyp 71
TFTP-Protokoll 125, 270
    als Ziel für Eindringlinge 531
tiff, image-Subtyp 71
Time Exceeded Message 349

Timeout 19, 115
  Adressen siehe Adressen
  bei Solaris 156
  bei wait-Befehl 150
Timeout.queuereturn-Option 297
TIMEOUT-Schlüsselwort 460
  Typen, Übersicht der 586–587
Timestamping 468
Token Ring 93
  Netzwerk 15
  Schnittstelle 115
Tokens 305
Tools siehe Diagnose-Tools
Top-Level-Domains 56
Topologie-Anweisungen (bei dhcpd) 538
trace
  Datei 204
traceroute 334, 336, 346, 348–351
Tracing
  Anweisungen (bei gated) 467–470, 491
  Optionen 470
Traffic, Last reduzieren 343
Trailer-Kapselung 133, 137
Training
  Bedeutung 331
  Sicherheitstraining 385
Transport Control Protocol (TCP) 17, 19–22
  Segment-Header 604
  siehe auch tcpd (Wrapper-Daemon)
Transportschicht 8, 17–22
  Datagrammübergabe 16
Tripwire 399
/try-Befehl 323
/tryflags-Befehl 323
TTL siehe TTL-Werte (Time-To-Live)
TTL-Werte (Time-To-Live) 218, 349, 490, 519
tty-Geräte 155, 163
Tunneling 120

U
U.S. Naval Research Laboratory (NRL) 386
Überflutung (flooding) 188, 477
Übergabe von Daten siehe
  Datenkommunikationsmodell
Überlastung des Servers 262
Überläufe siehe Pufferüberläufe
Übertragungsfenster, Größe 114
Überwachung der Systemnutzung 113

Überwachungssoftware 370
  automatische 401
UID (Benutzer-ID) 124
Umbildungsregeln
  eingebaute Rekursion 308
  sequentielle Verarbeitung 307
  Syntax 308
  Verwenden externer Datenbanken bei
    310–311
umgehen mit dem Unerwarteten 329
Umleitung von Routen 17
umount-Befehl 238
unbestimmte Token 306
  substituieren 307
unerreichbare Ziele, erkennen 17
ungenutzte Accounts
  Sicherheitsprobleme mit 381
  vom System entfernen 385
unicast 33
Unicast-Adressen siehe Adressen
Uniform Resource Locator (URL) 420
UNIX 2
  Anbieter, Sicherheitsinformationen 377
  Computer xi
  Kernel 94
  Systeme x, 61, 179, 192
    Installationsskripte für 131
  Versionen 55, 127
UNIX-Befehle
  deaktivieren 395
  r-Befehle 271, 389
  tar 274
  untar 275
  Verwendbarkeit 232
UNIX-spezifische Dienste 46
'unknown host'-Fehlermeldung 335, 351
unkodierte Binärdaten 72
Unmount von Verzeichnissen, beim Booten
  238
Unreachable Port Message 349
Unternehmen
  Netzwerke 86
  Subnetze 114
Unterteilung 343
UPDATE-Meldungen 191
URL siehe Uniform Resource Locator (URL)
Usenet-News 577
User Datagram Protocol (UDP) 8, 10, 17–18
  Prüfsummenfehler bei 118

/usr/adm/messages-Datei, bei
  Sicherheitsprüfungen 401
/usr/etc/bootpd-Datei 272
/usr/sbin/imapd-Datei 275
/usr/src/linux-Quellverzeichnis 110
/usr/src/sys/i386/conf-Verzeichnis 116
/usr/tmp/gated_dump-Datei 465
USRX-Befehl, bei ESMTP 75
UUCP-artige Lockdateien 152, 455
UUCP-Protokoll 66, 301
  Bang-Syntax 315
uucp-Service 124
  Systeme angebunden über 296
UUCP-Sites, bedienen 557, 577

V

V.35 8
Van Jacobson Header-Komprimierung 115,
  158
  deaktivieren 457
/var/run/dhcpd.pid-Datei 536
/var/spool/mqueue, temporäre Dateien 297
veraltete Dateien, Definition 273
veraltete Software siehe Software
Verantwortlichkeiten 23, 85, 95, 104, 109
Verbal-Modus (verbose mode) 166, 443, 459
VERB-Befehl, bei ESMTP 75
Verbindungen, Fehlersuche 334–338
  siehe auch Firewalls
Verbreitung öffentlicher Schlüssel 409
Vermutungen, überprüfen 325
Verschlüsselung 90, 153, 408–410
  Anwendung 409
  multipart-Subtyp 71
VERSIONID-Makro 286
verteilte Architektur 191
verteilte Kontrolle 376–378
verteilte Server, Pflege 270–273
Vertrauen 373
Vertrauensfaktor 332
vertrauenswürdiger Host 389
  Sicherheit 244
Verzeichnisse
  gemeinsame Nutzung 232
  Voraussetzungen zum Mounten von 236
Verzögerungen, einfügen 149, 166
video, Inhaltstyp 71
vielgenutzte Netzwerke siehe Netzwerk
view-Befehl 229, 352

virtuell
  Links 479
  virtuelle Terminals 119
VIRUS-L-Liste 378
voice-message, multipart-Subtyp 71
Vollduplex 155
vollständige Zonentransfers 62
Vorrang 298
Vorrangwerte 194–195, 472–473, 488, 501, 502
  für hohe Kosten stehende 200
  negative 505
VRFY-Befehl, bei SMTP 66

W

Wählverbindungen 145
wait-status 124
Webseiten, ausliefern 22
Weiterleitung (forwarding) 16
Well-Known Services (WKS) Resource-Record
  45, 530–531
Welt, Zugriffsrechte 244
Werkzeuge
  für Netzwerk-Ausrüstung und -Verkabelung
  332
White Pages 437–441
who-Befehl 397
whois-Befehl 99, 437–441
Wide Area Networks (WANs) 81, 141, 337, 345
wohlbekannte Ports 48, 78
World Wide Web 419–423
Wrapper 405–408
  tcpd 126
wtmp-Datei, bei Sicherheitsprüfungen 399
www.fugue.com/dhcp 534
www.internic.net 431

X

X.400-Protokoll 66
XDR 8
xinetd-Software 405
x-token, Kodierungstyp 73

Y

ypbind 252
ypcat 254
  Befehl 252
ypmatch 254
ypserv 252
ypwhich 254

Z

Zeiger 59
Zeilenlängenbeschränkung 72
zeitweilig auftretende Probleme 340
zentraler Administrator siehe Netzwerk,
    Administration
Zerlegen des Problems in handhabbare Teile
    331
Ziel
    Feld 41
    Host 39
    siehe auch unerreichbare Ziele, erkennen
Zieladresse 14, 27
Zielport-Nummer 18, 22

Zone 208
    Dateien 209
    Transfer 62, 209, 217, 229
Zonendatei
    bei named 517–531
Zugriffskontrolle 405–416
    Dienste unter, Übersicht der 406
    Ebenen der 234
    Software 405
Zusammenarbeit siehe Dynamic Host
    Configuration Protocol (DHCP), Point-to-
    Point Protocol (PPP) und Router
Zuverlässigkeit 19
Zuweisung von Adressen 79
    default-lease-time 267
    erneuern 264

Über den Autor

Craig Hunt arbeitet seit 25 Jahren mit Computern. In den ersten Jahren nach seinem B.A.-Abschluß an der American University hat er ein Naturcamp für Großstadtkinder geleitet, aber der Ruf des Computers war doch stärker als der Ruf der Wildnis. Craig begann als Programmierer und später als Systemprogrammierer für die Regierung zu arbeiten. Er verließ die Bundesbehörde und ging zu Honeywell, um am WWMCCS-Netzwerk zu arbeiten. (Das war in der Zeit vor TCP/IP, als das Netzwerk noch mit NCP arbeitete.) Von Honeywell ging Craig zum National Instituts of Standards and Technology, wo er auch heute noch arbeitet und die Advanced Network Technologies Division leitet. Craig ist Mitglied im Federal Networking Council, in der Large Scale Network Working Group und im Next Generation Internet Implementation Team. Er hielt in den 80er Jahren am Montgomery College ein Seminar zum Thema TCP/IP-Netzwerkadministration und referiert heute bei Networld+Interop über das gleiche Thema. Neben *TCP/IP Netzwerk-Administration* hat er noch *TCP/IP – Netzanbindung von PCs* und Anhang C von *Einrichten von Internet-Firewalls* geschrieben. Momentan arbeitet er an einer Windows NT-Fassung von *TCP/IP Netzwerk-Administration*.

Craig lebt mit seiner Frau und seinen Kindern in Gaitherburg, Maryland. Er liebt die freie Natur, verbringt seinen Urlaub gerne in den Bergen und am Meer und hat eine Leidenschaft für Rock 'n' Roll.

Über den Übersetzer

Peter Klicman wurde 1965 in Prag geboren und lebt seit 1968 in Köln. In seinem bereits 1983 gegründeten Unternehmen arbeitet er als unabhängiger Sachverständiger für Systeme der Datenverarbeitung sowie als Internet-Provider und freier Unternehmensberater. Zu seinen Kunden zählen unter anderem namhafte Banken, Versicherungen und Verlage.

Seine Arbeit für den O'Reilly Verlag brachte ihn zur technischen Dokumentation. Neben Buchübersetzungen (z.B. *Programmieren mit Perl, DNS und BIND* und die zweite Auflage von *Java in a Nutshell*) führt er für die freie Wirtschaft komplette Dokumentations- und Entwicklungsprojekte durch.

Kolophon

Das auf dem Cover von *TCP/IP Netzwerk Administration* abgebildete Tier ist eine Landkrabbe. Landkrabben findet man im tropischen Amerika, West-Afrika und im indopazifischen Raum, wo sie in Höhlen in Feldern, Sümpfen und Mangrovendickichten leben. Manchmal werden sie bis zu 8 Kilometer weit im Inland gefunden, zum Laichen kehren sie aber ans Meer zurück. Landkrabben sind eine Untergruppe der über 4500 Krabbenarten. Der gleichen Unterklasse der Höheren Krebse zugeordnet wie Garnelen, Hummer und Flußkrebse, unterscheiden sie sich jedoch von diesen durch die Struktur ihres Hinterleibs. Im Gegensatz zu diesen anderen Krebsen ist der Hinterleib verkürzt und unter dem Brustabschnitt gewunden. Außerdem ist ihr Rückenpanzer ungewöhnlich breit. In den Vereinigten Staaten wiegen Landkrabben zwar höchstens 600 Gramm, und ihr Rückenpanzer ist nur 10 bis 13 cm breit, aber im allgemeinen reicht die Größe von Krabben von weniger als einem Zentimeter Durchmesser bis hin zu jener der größten Krabbe, der Japanischen Seespinne, deren Scheren eine Spannweite von über drei Metern erreichen können.

Edie Freedman entwarf das Cover zu diesem Buch. Das Tier wurde von einem Stich aus dem 19. Jahrhundert aus dem Dover Pictorial Archive übernommen. Das Cover-Layout wurde von Hanna Dyer mit Quark XPress 3.3 erstellt, wobei die Schriftart ITC Garamond verwendet wurde.

Netzwerk-Administration

UNIX System-Administration

Æleen Frisch
806 Seiten, 1996, 79,- DM
ISBN 3-930673-04-5

Dieses Buch stellt eine grundlegende Hilfestellung bei allen Fragen der Administration von Unix-Systemen dar. Themenschwerpunkte sind: Organisation und Aufbau des Dateisystems, Backup-Sicherungen, Restaurieren verlorener Dateien, Netzwerk, Kernel-Konfiguration, Mail-Services, Drucker und Spooling-System sowie grundlegende System-Sicherheitsvorkehrungen.

TCP/IP Netzwerk-Administration, 2. Auflage

Craig Hunt
654 Seiten, 1998, 79,- DM
ISBN 3-89721-110-6

Die 2. Auflage von *TCP/IP Netzwerk-Administration* ist eine komplette Anleitung zur Einrichtung und Verwaltung von TCP/IP-Netzwerken. Neben den Grundlagen der TCP/IP Netzwerk-Administration werden in dieser Auflage fortschrittliche Routing-Protokolle (RIPv2, OSPF und BGP), die Konfiguration wichtiger Netzwerk-Dienste (PPP, SLIP, sendmail, DNS, BOOTP und DHCP) und einige einfache Installationen für NIS und NFS besprochen. Weitere Kapitel befassen sich u.a. mit Themen wie Fehlersuche und Sicherheit.

DNS und BIND, 2. Auflage

Übersetzung der 3. engl. Auflage
Paul Albitz & Cricket Liu
494 Seiten, 1999, 74,-DM
ISBN 3-89721-160-2

DNS und BIND gibt einen Einblick in die Entstehungsgeschichte des DNS und erklärt dessen Funktion und Organisation. Außerdem werden die Installation von BIND (für die Versionen 4.9 und 8) und alle für diese Software relevanten Themen wie Parenting (Erzeugen von Sub-Domains) oder Debugging behandelt.

Sendmail – kurz & gut

Bryan Costales & Eric Allman
88 Seiten, 1997, 14,80 DM
ISBN 3-89721-201-1

Dieses Büchlein dient als komprimiertes Nachschlagewerk, das alle Befehle, Optionen, Makro-Definitionen und vieles mehr zu sendmail (V8.8) auflistet und knapp erklärt.

Samba

Robert Eckstein, David Collier-Brown & Peter Kelly
448 Seiten, 2000, 74,- DM, inkl. CD-ROM
ISBN 3-89721-161-0

Diese maßgebliche Dokumentation zu Samba, die vom Samba-Entwicklerteam offiziell anerkannt wurde, behandelt die Themen Konfiguration, Performance, Sicherheit, Protokollierung und Fehlerbehebung und erläutert sie an zahlreichen Beispielen.

TCP/IP – Netzanbindung von PCs

Craig Hunt
474 Seiten, 1996, 69,- DM
ISBN 3-930673-28-2

TCP/IP – Netzanbindung von PCs bietet Ihnen praktische, detaillierte Informationen, wie Sie PCs an ein TCP/IP-basiertes Netzwerk und einen Unix-Server anschließen. Es erklärt ausführlich Theorie, Grundlagen, Installation und Konfiguration von TCP/IP auf PCs.

Aufbau und Betrieb von IP-Netzwerken mit Cisco-Routern

Scott M.Ballew
368 Seiten, 1998, 69,- DM
ISBN 3-89721-117-3

Das Buch gibt detaillierte Hinweise zum Entwurf eines IP-Netzwerks und zur Auswahl der Geräte und Routineprotokolle und erklärt dann die Konfiguration von Protokollen wie RIP, OSPF, EIGRP und BGP. Die dargestellten Prinzipien sind auf alle IP-Netzwerke übertragbar, unabhängig davon, welcher Router verwendet wird.

Virtuelle Private Netzwerke

Charlie Scott, Paul Wolfe & Mike Erwin
230 Seiten, 1999, 69,- DM
ISBN 3-89721-123-8

Ein virtuelles „privates" Netzwerk ist eine Kombination verschiedener Technologien, die es ermöglichen, sichere Verbindungen – sogenannte Tunnels – über reguläre Leitungen herzustellen. Dieses Buch geht neben der Planung und dem Aufbau eines solchen Netzwerkes auch auf die Kosten, die Konfiguration und die Abstimmung von VPNs mit anderen Technologien z.B. Firewalls ein.

O'REILLY®

anfragen@oreilly.de • http://www.oreilly.de • +49 (0)221-97 31 60-0

Linux

Linux in a Nutshell, 2. Auflage

Ellen Siever & die Mitarbeiter von O'Reilly
634 Seiten,1999, 59,- DM
ISBN 3-89721-116-5

Linux in a Nutshell ist das Nachschlagewerk für Benutzer, Programmierer und Systemadministratoren und beschreibt alle wichtigen Befehle, die in den verbreitetsten Linux-Distributionen enthalten sind.

Linux – Wegweiser für Netzwerker

Olaf Kirch
394 Seiten, 1996, 59,- DM
ISBN 3-930673-18-5

Dieser Wegweiser behandelt alle für die Vernetzung grundlegenden Softwarepakete unter Linux. Besprochen wird neben einigen Hardware-Fragen wichtige Netzwerksoftware (UUCP, SLIP und PPP, NFS und NIS, mail, TCP/IP) sowie die Konfiguration eines Netzes und serieller Peripherie.

Linux-Gerätetreiber

Alessandro Rubini
464 Seiten, 1998, 69,- DM
ISBN 3-89721-122-X

Dieses Buch richtet sich an alle, die unter Linux periphere Geräte unterstützen oder neue Hardware entwickeln wollen. Es erklärt Schritt für Schritt, wie man Treiber für eine große Bandbreite an Geräten schreibt, liefert viele Beispiele, die man sofort anpassen und einsetzen kann, und gibt Einblick in die Interna des Linux-Kernels.

Linux – Wegweiser für Onliner

Michael Renner
278 Seiten, 1999, 54,- DM
ISBN 3-89721-132-7

Linux ist ein ideales Betriebssystem für all jene, die intensiv das Internet nutzen möchten. Dieses Praxisbuch zeigt Linux-Onlinern, wie sie ihr System komfortabel einrichten, Arbeitsschritte automatisieren, vorhandene Leistungskapazität möglichst optimal ausnutzen und so Onlinezeiten verkürzen.

Linux – Wegweiser zur Installation & Konfiguration, 3. Auflage

Matt Welsh, Matthias Kalle Dalheimer &
Lar Kaufman
848 Seiten, 2000, 69,- DM
ISBN 3-89721-133-5

Dieser Wergweiser erklärt Ihnen alles, was Sie wissen müssen, um Linux zu verstehen, es zu installieren und um damit arbeiten zu können. Neben einer umfassenden Installationsanleitung enthält das Buch u.a. eine Einführung in Unix, Hinweise zur System- und Netzwerkverwaltung, einen Überblick über X Windows sowie Informationen über Kernel-Updates, Werkzeuge für die Programmierung und jetzt auch Kapitel zu KDE und Samba.

Linux – Wegweiser zur Programmierung & Entwicklung

Matthias Kalle Dalheimer
484 Seiten, 1997, 59,- DM
ISBN 3-930673-77-0

Dieses Buch richtet sich an Programmierer und Software-Entwickler, die sich einen Überblick über die Vielfalt der Programmierwerkzeuge unter Linux verschaffen wollen: Es ist keine Anleitung zum Programmieren, sondern soll helfen, die interessantesten Sprachen und Tools kennenzulernen und die geeignetsten auszuwählen.

KDE – Anwendung und Programmierung

Matthias Kalle Dalheimer & Tanja Dalheimer
322 Seiten, 1999, 59,- DM
ISBN 3-89721-131-9

Mit KDE wird dem Anwender von UNIX-Systemen ein Desktop geboten, dessen Funktionalität, Konsistenz und Anwenderfreundlichkeit weit über die traditionellen Linuxoberflächen hinausgeht. Kalle Dalheimer, einer der Hauptentwickler von KDE, zeigt, wie Sie den Desktop an Ihre Bedürfnisse anpassen und sogar eigene KDE-Programme schreiben können.

O'REILLY®

anfragen@oreilly.de • http://www.oreilly.de • +49 (0)221-97 31 60-0

Windows NT

Windows NT in a Nutshell

Eric Pearce
378 Seiten, 1997, 49,- DM
ISBN 3-89721-103-3

Windows NT in a Nutshell ist ein umfassendes Nachschlagewerk für alle, die ein NT-System benutzen oder verwalten. Es dokumentiert systematisch NTs komplexe Benutzerschnittstelle (GUI) und alle Dialogfelder, Menüs und Optionen sowie die Vielzahl der Kommandozeilenbefehle und enthält außerdem zahlreiche realitätsnahe Beispiele zum Einsatz von Befehlen sowie ausgeklügelte Strategien zu Problemlösungen.

Windows NT Benutzer-Administration

Ashley J. Meggitt & Timothy D. Ritchey
228 Seiten, 1998, 59,- DM
ISBN 3-89721-111-4

Windows NT Benutzer-Administration behandelt eingehend die wichtigsten Aspekte der Benutzer-Administration wie Benutzer-Sicherheit, Benutzer-Anpassung und Überwachung von System-Ressourcen. Anfänger können sich einen Überblick über die Aufgaben und die Notwendigkeit der Benutzerverwaltung verschaffen, für erfahrene NT-Administratoren werden anhand von realitätsnahen Beispielen Werkzeuge und Techniken zur Lösung tagtäglicher Probleme der Benutzer-Administration besprochen.

Windows NT-Registrierung

Paul Robichaux
390 Seiten, 1998, 79,- DM
ISBN 3-89721-119-X

Die Windows NT-Registrierung ist die zentrale Datenbank für alle Konfigurationseinstellungen von Hardware, Software und Anwendungen. Dieses Buch ist ein unentbehrliches Nachschlagewerk für Systemadministratoren zur Wartung und Pflege sowie Überwachung und Aktualisierung der Registrierungsdatenbank. Es beschreibt Aufbau, Inhalt und Ort der Registrierung sowie die verfügbaren Tools des Resource Kits, die Registrierungs-Editoren und den Zugriff auf die Registrierung aus Anwendungen heraus.

Windows NT System-Administration

Æleen Frisch
512 Seiten, 1998, 79,- DM
ISBN 3-89721-118-1

Æleen Frisch, die Autorin des Bestsellers Unix System-Administration, vermittelt auf der Basis ihres fundierten Fachwissens und ihrer vielfältigen praktischen Erfahrung, wie eine möglichst effektive Nutzung des Windows NT-Systems erreicht werden kann. Sie behandelt dabei die mit dem Windows NT-Betriebssystem und dem Resource Kit mitgelieferten Standard-Hilfsprogramme genauso wie die wichtigsten kommerziellen und frei erhältlichen Werkzeuge.

Windows NT – Daten sichern & wiederherstellen

Jody Leber
314 Seiten, 1999, 69,- DM
ISBN 3-89721-120-3

Dieses Buch bietet eine praktische Anleitung zum Einrichten eines effektiven Backup-Systems sowohl für kleinere als auch für größere Netzwerkumgebungen. Es behandelt neben NT-eigenen Werkzeugen auch Software- und Hardwarelösungen anderer Anbieter.

Windows NT TCP/IP Netzwerk-Administration

Craig Hunt & Robert Bruce Thompson
528 Seiten, 1999, 79,- DM
ISBN 3-89721-170-X

Dieses Buch ist ein vollständiger Leitfaden zum Einrichten und Betreiben eine TCP/IP-Netzwerkes unter Windows NT – und das erste Buch, das sich ausschließlich auf die Netzanbindung von NT konzentriert. Dabei werden Grundlagen, wie z.B. die Funktion und Arbeitsweise des Protokolls TCP/IP, die Installation von TCP/IP und die Netzwerkdienste IIS, RRAS, DNS, WINS und DHCP, ebenso erläutert wie fortgeschrittene Themen, unter die z.B. die Fehlersuche bei TCP/IP-Problemen, Netzwerksicherheit und die Informationsressourcen fallen.

O'REILLY®

anfragen@oreilly.de • http://www.oreilly.de • +49 (0)221-97 31 60-0

Kontaktieren Sie uns

1. Besuchen Sie uns auf unserer Homepage
http://www.oreilly.de/

- Ankündigungen von Neuerscheinungen
- Gesamtkatalog der englischen und deutschen Titel
- Probekapitel und Inhaltsverzeichnisse unserer Bücher

2. Tragen Sie sich in unsere Mailingliste ein

Neuerscheinungen

Wenn Sie automatisch per E-Mail über Neuerscheinungen informiert werden möchten, schicken Sie eine E-Mail an:
majordomo@oreilly.de
Setzen Sie die folgende Information in die erste Zeile Ihrer Nachricht (nicht in die Subject-Zeile):
- für Informationen über neue englische Titel:
  subscribe ora-news + Ihre E-Mail-Adresse
- für Informationen über neue deutsche Titel:
  subscribe oreilly-aktuell + Ihre E-Mail-Adresse

Oder füllen Sie einfach das entsprechende Formular auf unserem Web-Server aus:
- http://www.oreilly.de/oreilly/majordomo.form.html

3. Bestellen Sie unseren gedruckten Katalog

- über unseren Web-Server:
  http://www.oreilly.de/oreilly/katalog.html
- oder per Post, telefonisch oder per Fax

4. Beziehen Sie die Beispiele aus unseren Büchern (per FTP)

- ftp an:
  ftp.oreilly.de
  (login: *anonymous*
  password: Ihre E-Mail-Adresse)

- oder mit Ihrem Web-Browser über:
  ftp://ftp.oreilly.de/

5. Treten Sie mit uns per E-Mail in Kontakt

- *anfragen@oreilly.de*
  für generelle Anfragen und Informationen

- *order@oreilly.de*
  für Bestellungen

- *kommentar@oreilly.de*
  für Anmerkungen zu unseren Büchern

- *proposals@oreilly.de*
  um Manuskripte und Buchvorschläge an uns zu senden

- *presse@oreilly.de*
  für Journalisten, die mehr über uns oder unsere Bücher erfahren möchten

O'Reilly Verlag GmbH & Co. KG
Balthasarstraße 81, 50670 Köln
Tel.   49 (0)221/973160-0   (9 bis 18 Uhr)
Fax   49(0)221/973160-8

O'REILLY

anfragen@oreilly.de • http://www.oreilly.de • +49 (0)221-97 31 60-0